21世纪经济学系列教材

总　序

改革开放以来，经济社会的发展对中国经济学教育、教学产生了重要的影响，提出了新的要求。为了使经济学教育、教学根植于我国改革开放和现代化建设的肥沃土壤，服务于时代和实践的需求，中国人民大学出版社从本世纪初就开始组织国内知名经济学者编写适应新时期经济学教学的“21世纪经济学系列教材”。

十多年来，21世纪经济学系列教材已经逐步推出了许多适合中国特点的经济学教科书，影响了一批又一批的青年学子。这其中，我国经济学界杰出教育家、西方经济学学科主要奠基人之一高鸿业先生主编的《西方经济学》，已成为我国高校经济学专业的权威性教材，读者早已超过千万！中国马克思主义政治经济学的奠基人宋涛先生的《政治经济学教程》，对马克思主义政治经济学在中国的传播、普及和发展发挥了重要作用。该系列已经出版的其他教材，如孙久文教授的《区域经济学教程》、彭刚教授的《发展经济学教程》、王则柯教授的《博弈论教程》、黄卫平教授的《国际经济学教程》等等，都产生了广泛的影响，为中国的经济学教育作出了贡献。

近几年来，中国的经济学教育、教学面临新的形势，取得了长足的进步：一是我国经济学界教育思想、教育观念已经发生了重大转变，更加重视素质教育；二是教学内容有了重大改革，在学科专业调整建设、课程体系、教学内容改革方面取得了进展；三是教育、教学方法有了重大进步，更加重视理论联系实际，实验、实践、案例教学逐步加强，现代化教学手段被广泛应用。

有鉴于此，为了应对新的形势与变化，中国人民大学出版社在认真调查研究高等学校经济学专业本科培养方案和课程教学大纲的基础上，组织专家学者，经过反复研究论证、合理定位、精心写作、吐故纳新，进一步整合优化了“21世纪经济学系列教材”。这套教材将涵盖经济学专业所有的基础课、主干课、核心课，使学生通过《政治经济学》《微观经济学》《宏观经济学》等基础理论教材的学习，掌握经济学的基础理论，培养厚实的经济学理论功底；通过《产业经济学》《区域经济学》《国际经济学》等应用类主干课程教材的学习，掌握现实经济部门的运行和发展；通过《经济学说史》《经济思想史》《世界经济史》等经济史学类教材的学习，理解经济学的发展和演变规律；通过《计量经济学》《统计学》等经济学方法类教材的学习，掌握经济学的思考方法和具体的研究方法；通过《博弈论》《行为经济学》等专业教材的学习，了解经济学理论的前沿进展；通过《西方经济学典型题题解》《政治经济学学习与教学手册》等基础课程的配套教辅书的学习，牢固掌握所学经济学理论。

这套教材的编写特色主要体现在以下几个方面：

第一，作者阵容强大，教学经验丰富。作者大都是来自中国人民大学、北京大学、清华大学、南开大学、复旦大学、浙江大学、武汉大学等国内重点大学的学科带头人，有很高的科研水平和丰富的教学经验。

第二，在教材编写和内容安排上，强调基础知识、基本理论、基本技能。同时充分吸收国内外优秀教材的优点，定位明确，体系科学，概念准确，深入浅出。

第三，融合本学科现有的研究成果，反映本学科研究的最新进展，反映中国改革开放和现代化建设实践中的新成果，反映当今世界发生的深刻变革对经济学理论和实践产生的影响。

第四，教材重视加入现实经济生活中的案例、新闻素材等内容，使教材的可读性更强，更能够与当前中国经济现实结合起来，使学生能够学以致用。

中国人民大学出版社希望通过这套教材的出版，与广大教师、学生一起研究和探讨，进一步提高中国经济学教材的编写水平，提高经济学教学质量，为经济学的发展，为培养具有创新能力与实践能力、具有国际视野又了解中国国情的高层次经济学人才作出新的贡献。

第八版序言

本书是教育部组织统编的高校《西方经济学》教科书。由中国人民大学高鸿业教授和吴汉洪教授、北京大学刘文忻教授、上海财经大学冯金华教授以及复旦大学尹伯成教授共五名教学人员组成编写组，高鸿业教授任主编。

本书第一版至第七版顺次于 1996 年、2001 年、2004 年、2007 年、2011 年、2014 年和 2018 年出版。第一版的序言指出："正如西方学者所承认的那样，西方经济学是一门具有演变性的学科。随着时间的流逝，西方经济学会出现新的内容以及不同的着重方面，反映这些情况的教科书必然也应如此。因此，本书在将来势必要进行修改和增删。"以第七版而言，其出书的时间距今已有三年多。有鉴于此，第八版的编撰成为应有之举。此外，使用本书的经验和改善本书的章节安排也使新版的编撰成为必要。

第八版的主要修改和增删之处可以被分为微观、宏观、总论和其他这四个部分加以说明：

第一，微观经济学部分的变动主要有：

(1) 对原教材第七版第七章第三节的内容进行了修改，改写了古诺模型和斯塔克伯格模型，增加了伯特兰模型，并阐释了相关模型的联系与比较。

(2) 对原教材第七版第十章补充了对占优策略和占优策略均衡的说明。

(3) 对原教材第七版第十一章，区分了逆向选择和道德风险，并在对保险市场的分析中做了说明；增加了"信息不完全与旧车市场"的内容；删除了本章原来的"信息与劳动市场"的内容。

第二，宏观经济学部分的变动主要有：

(1) 对原教材第七版第十二章第六节增加了"采购经理指数"的内容。

（2）对原教材第七版第十三章增加了一节，说明国民收入由什么决定。

（3）改写了原教材第七版第十四章的内容。

（4）对原教材第七版第十五章，改写了 AS 曲线的相关部分，并对该章第四节“模型的结构和应用”的内容进行了补充。

（5）对原教材第七版第十七章中的泰勒规则的内容进行了补充。

（6）对原教材第七版第十九章的部分内容进行了一些修改。

（7）更新了宏观经济学部分的一些数据。

第三，对原教材第七版第一章和第二十二章的调整包括：

（1）将第一章第一节和第二节合并为第一节“人类经济活动与经济学的由来和演变”；增加了第二节“西方经济学的研究对象与方法”。

（2）对第二十二章增加了第二节“政府与市场的明确定位”、第五节“加快构建以国内大循环为主体、国内国际双循环相互促进的新发展格局”；修改了第六节的内容。

第四，其他修改。

第八版同时利用多媒体技术对本书的专栏与案例等部分内容进行数字化处理并做长期更新，具体见本书正文最后的立体化数字资源说明。

同时，鉴于本书部分章节难度较高，编者对这部分章节做了加星号（“*”）的处理，读者可以根据自己的需要来学习。

本书加星号的章节有：

第三章第七节　不确定性和选择

第八章第七节　资本的供给曲线和利率的决定

第十章第三节　完全信息静态博弈：混合策略均衡

第十七章第五节　博弈论在宏观经济政策中的应用

第二十章第二节　投资

第二十章第三节　货币需求

第二十一章第四节　一个新古典宏观经济学的 AD—AS 模型

第二十一章第七节　一个新凯恩斯主义的 AD—AS 模型

本书编写者感谢下列同志①（排名不分先后）：

杨志坚（教育部），刘占昌（中宣部），舒元（中山大学），史晋川（浙江大学），石士钧（宁波大学），彭迪云（南昌大学），徐光远（云南大学），罗节礼（四川联合大学），邢艳霞（黑龙江大学），宛士春（青海大学），韩学瑜（新疆大学），刘长庚（湘潭大学），林元辉（广西大学），刘骏民（南开大学），何璋（北京师范大学），蒋长流（安徽大学），胡希宁（中共中央党校），孙新雷（郑州大学），黎诣远（清华大学），吴宇辉（吉林大学），丁冰（首都经济贸易大学），李景霞（山西财经学院），刘东（南京大学），田秋生（兰州大学），郭其友（厦门大学），杜月生

① 本书所列人员的工作单位是指该同志向本书提交意见时的工作单位，特此说明。

（深圳大学），秦岭（辽宁大学），汪洪涛（同济大学），张东辉（山东大学），邵旦萍（浙江省委党校），杨玉生（辽宁大学），安小会（天津理工大学），田原（新疆大学），徐则荣（首都经济贸易大学），鲍林（江苏师范大学），曹龙（西安理工大学），常艳花（山西工商学院），陈力洁（天津理工大学），陈龙江（广东外语外贸大学），崔向阳（南京财经大学），董喆（山东英才学院），杜建华（河南大学），杜龙波（山东工商学院），杜运伟（南京邮电大学），段永军（辽东学院），樊西玉（山东外事职业大学），冯和平（湖南商务职业技术学院），冯英杰（郑州航空工业管理学院），付光新（山东大学威海分校），谷静（河北环境工程学院），桂徐雄（合肥师范学院），郭丰（湖南理工学院），郭丽楠（防灾科技学院），郭晴（广东外语外贸大学），韩未斌（四川工业科技学院），贺文华（邵阳学院），胡良益（宿州学院），胡晓梅（宿州学院），黄嘉伟（上海城建职业学院），贾小玫（西安交通大学），江燕燕（南昌航空大学科技学院），李程宇（郑州轻工业大学），李存华（山西工程技术学院），李建波（河南经贸职业学院），李似鸿（江西师范大学），李苏（北方民族大学），李潇潇（宿州学院），林松（南阳师范学院），刘海波（东北师范大学），刘群（天津理工大学），刘武艺（阜阳师范大学），刘洋（湘南学院），刘元胜（吉林财经大学），刘姿含（云南民族大学），禄晓龙（贵州医科大学），罗栋（湘潭大学），毛东俊（苏州科技大学），彭积敷（长沙理工大学），冉启英（新疆大学），饶振宾（南昌工程学院），商海岩（山东财经大学），邵晋平（杭州技师学院），施颖（广东财经大学），时洪洋（江西中医药大学），宋炜（西安建筑科技大学），苏旭峰（塔里木大学），孙大山（青岛大学），孙艳香（浙江中医药大学），孙颖（山东女子学院），唐彬（陕西师范大学），唐志良（长沙理工大学），王贵春（重庆大学），王灏（河南财经政法大学），王虎林（长沙理工大学），王佳（河南财经政法大学），王帅龙（商丘工学院），王万光（上海杉达学院），王莹（烟台大学），王智林（邵阳学院），吴克胜（河南理工大学），吴兰德（南京大学金陵学院），夏秋（江西财经大学），谢晓燕（河北北方学院），熊晴海（南京航空航天大学），徐震（景德镇学院），许先普（湘潭大学），许彦（天津理工大学），杨国颖（云南大学旅游文化学院），杨君（浙江理工大学），杨丽（山东财经大学），杨庆许（河南理工大学），杨湘波（湖南女子学院），姚明霞（中国人民大学），姚宗建（安徽工程大学），易艳玲（贵州工程应用技术学院），尹德洪（北京物资学院），喻寒（重庆工商大学派斯学院），喻文丹（长沙师范学院），张飞雁（东华理工大学），张景铭（重庆工商大学派斯学院），张克荣（阜阳师范大学），张兰婷（青岛理工大学），张利军（衡阳师范学院），张清辉（兰州理工大学），张秀英（东北师范大学），张永恒（河南理工大学），张禹青（贵州民族大学），张志彬（湖南科技大学），郑炳（北京掌腾教育科技有限公司），郑妍（河南大学民生学院），周蓉（成都信息工程大学），周宗根（江西师范大学），朱雅玲（陕西师范大学），刘晓辉（太原理工大学），张顺（大连民族大学），方胜春（上海师范大学），刘辑川（江西农业大学），陈劳琨（上海纺织大学），龙志和（西南交通大学），张若华（云南大学），张旭坤（杭州大学），张建华（华中科技大学），徐长生（华中科技大学），陈新（郑州大学），林勇（华南师范大学），张昌廷（河北经贸大学），刘凤良（中国人民大学），赵红梅（山西财经大学），石奇（南京财经大学），董长瑞（山东经济学院），刘文（山东财政学院），左峰（山东大学威海分校），牛勇平（中国煤炭经济学院），刘国亮（山东大学），李莉（西安财经学院），徐丹丹（北京工商大学），江世银（四川大学锦城学院），韩可卫（武汉工程大学），曾凡诠（江汉大学文理学院），黄颖（华中科技大学武昌分校），焦雨生（华中科技大学武昌分校），柯学其（湖北工业大学工程技术学院），彭定赟（武汉理工大学），张跃平（中南民族大学），范小仲（中南民族大学），张伟（湖北大学），鲁盛康（湖北第二师范学院），陆向兰（武汉大学珞珈学院），李习平（湖北中医药大学），韦鸿（长江大学），张颖（中南大学），罗光强（湖南农业大学），高志仁（湖南师范大学），陈乐一（湖南大学），彭长（湖南财政经济学院），潘志强（湘潭大学），陈跃（湖南工业大学），朱玉林（中南林业科技大学），郑小兰（河北经贸大学），高永国（河北师范大学），李胜军（邢台学院），于振英（石家庄经济学院），裴育（南京审计学院），孙国锋（南京审计学院），管怀鎏（南通大学），王卫平（南通大学），赵春玲（南京财经大学），苏华山（南京财经大学），李政军（南京师范大学），申俊喜（南京师范大学），孙玉松（扬州大学），成新华（扬州大学），史修松（淮阴工学院），许忠荣（宿迁学院），盖锐（金陵科技学院），柏凌（三江学院），黄友军（三江学院），刘东皇（江苏理工大学），陈平（南昌大学科学技术学院），胡华兵（江西农业大学），郑享清（南昌大学），杨治平（九江学院），张平（九江学院），程国江（东华理工大学），陈胜祥（江西师范大学），邓久根（江西师范大学），席小炎（江西财经大学），李志刚（江西科技师范大学），吴光华（江西科技师范大学），刘雪梅（南昌理工学院），王昆（江西理工大学），揭新华（上饶师范学院），曾家健（赣南师范学院），王阳（北京理工大学珠海学院），黄河清（广东金融学院），赵卓（广东财经大学），魏作磊（广东外语外贸大学），彭仁贤（广东药学院），万勇（广东石油化工学院），龙游宇（韶关学院），熊启泉（华南农业大学），黄天柱（陕西科技大学），吕靖烨（西安科技大学），苏永乐（西安财经学院），赵云（西北大学现代学院），贾县民（西安外事学院），陈豫浩（福建江夏学院），朱红恒（河南财经政法大学），何伟（郑州升达经贸管理学院），刘金荣（黄淮学院），王菲（西亚斯国际学院），孙常辉（黄河科技学院），王晓东（河南中医学院），任志安（安徽财经大学），王华（合肥学院），周端明（安徽师范大学），朱剑峰（阜阳师范学院），张英彦（宿州学院），熊启滨（安徽科技学院），汪陈友（淮南师范学院），项桂娥（池州学院），姜辉（中国计量学院），段先盛（中国计量学院），孙景蔚（杭州电子科技大学），王勇（浙江万里学院），陈建（浙江万里学院），任建雄（浙江万里学院），周小和（浙江万里学院），龙勤泰（浙江农林大学），王成军（浙江农林大学），周建华（温州大学），王芳芳（温州大学），揭仕军（上海财经大学浙江学院），游建章（浙江大学宁波理工学院），李辉（大连财经学院），王力男

（大连财经学院），刘伟（辽宁工程技术大学），仲维清（辽宁工程技术大学），卢铁玲（辽宁财贸学院），张丹（辽宁财贸学院），陈雁（辽宁财贸学院），盛彬彬（长春大学旅游学院），王新道（长春大学旅游学院），唐柳洁（云南财经大学），熊辉（云南财经大学），蔡四青（云南大学滇池学院），覃巍（广西大学），王鹏飞（广西民族师范学院），郭霄星（广西民族师范学院），纪明（广西师范大学），陆升军（广西师范大学），张恒（成都信息工程学院），李伟（四川师范大学），周正非（四川师范大学），郭志钢（西南石油大学），郑寿春（西南石油大学），谢薇（四川大学），詹蕾（四川大学），杨劬（成都理工大学），高辉（成都理工大学），赵修文（西华大学），黄琦（西华大学），宁一非（西南科技大学），李仁方（西南科技大学），曹正勇（四川农业大学），郑焕刚（四川大学锦城学院），于璐（四川大学），杜海涛（西南民族大学），钟大能（西南民族大学），郭玉坤（西南民族大学），廖周伟（西南交通大学），吴国艳（山东财经大学东方学院），陈雯（湖南财政经济学院），易经章（中南大学），王晓军（湖南人文科技学院），方阳娥（南京审计学院），梁香青（南京审计学院），李涛（南京审计学院），叶林祥（南京财经大学），黄雪琴（南京财经大学），周宁（南京财经大学），周春平（扬州大学），吴敏（金陵科技学院），马凌（金陵科技学院），周荣荣（三江学院），朱佩枫（南京中医药大学），熊季霞（南京中医药大学），周卫民（淮阴工学院），陈慧娟（淮阴工学院），谢海燕（南京审计大学金审学院），尹君（南京审计大学金审学院），赵平（淮海工学院），翟仁祥（淮海工学院），凡院连（中北学院），叶瑶（中北学院），刘芳（南京财经大学红山学院），华嘉会（南京财经大学红山学院），司增琸（江苏师范大学），丁浩（江苏师范大学），薛鹏（江南大学），徐海俊（江南大学），任保全（常州大学），姜国刚（常州大学），杨言午（无锡太湖学院），顾俊祺（无锡太湖学院），徐林萍（南京大学金陵学院），何斌锋（南京大学金陵学院），吴凤媛（东南大学成贤学院），戴竹青（东南大学成贤学院），王子敏（南京邮电大学），李婵娟（南京邮电大学），吴爱民（常熟理工学院），司子强（常熟理工学院），刘吉双（盐城师范学院），夏青（中国矿业大学），周春应（南京林业大学），孙少琴（南京信息工程大学），周明伟（南京理工大学），黄胜华（江苏教育学院），罗霞（泰州学院），童霞（南通大学），罗序斌（江西师范大学），刘滨（江西农业大学），吴春雅（江西农业大学），姚林如（南昌航空大学），蔡玉文（南昌航空大学），盛世明（上饶师范学院），陈俊（景德镇陶瓷大学），夏海清（景德镇陶瓷大学），何翔（江西农业大学南昌商学院），张黎莉（江西理工大学），马钦玉（江西理工大学），闫观谓（九江学院），彭春燕（宜春学院），焦雨生（武昌首义学院），梁世夫（中南民族大学），李立亚（湖北第二师范学院），汪朝阳（江汉大学），曾光（华中农业大学），杜为公（武汉轻工大学），张立勇（武汉东湖学院），陈端计（东莞理工学院）。

上面列出的所有同志在本书前几版中都以会上发言或书信往来的方式对本书的

编写提出了宝贵的意见，其中相当大的部分已为本书所采纳。以此而论，本书也可以说是全国众多高等院校协作的结果。对上述全体同志，本书编写组致以谢意。此外，许多教学人员和读者都向本书的撰写者提出了反馈意见，对此，我们也在此致谢。

本书的编写分工大致和过去相同，即：高鸿业撰写第一、第二十二章和各章结束语的评议部分并对全书修纂定稿；刘文忻撰写第二到第七章；冯金华撰写第八到第十一章；尹伯成撰写第十二到第十四章、第十七章并对本版第一章和第二十二章的部分内容进行了一定的修改；吴汉洪撰写第十五章、第十六章、第十八到第二十一章，并做了大量的联系和校对工作。虽然高鸿业教授在2007年逝世了，但是最新版本的主旨仍然和最初的版本保持一致：介绍西方主流经济学的理论框架并加以简要的评论，以便达到“洋为中用”的目的，而与此同时，又能避免它可能带来的不良的副作用。

本书被评为普通高等教育“十五”和“十一五”国家级规划教材，并于2002年获得北京市第七届哲学社会科学优秀成果一等奖和教育部全国普通高等学校优秀教材一等奖。2005年，本书被评为北京市普通高等学校精品教材。2007年，本书获第五届吴玉章人文社会科学奖一等奖。对所有这一切，本书的编写人员深感荣幸。

2021年恰逢高鸿业教授诞辰100周年，这也使得本书第八版成为对高鸿业教授的一个有意义的纪念。

限于编写人员的知识水平和教学经验，本书的缺点和疏漏之处在所难免。因此，希望使用本书的同志继续向编写人员提出意见。

编写组

2021年2月

目 录

第一章 引　论

本教材是《西方经济学》，因此有必要先说明一下人类经济活动的特点、经济学的由来和演变、西方经济学的研究对象与方法、如何正确认识和对待西方经济学以及本教材的结构等有关问题。

第一节　人类经济活动与经济学的由来和演变

一、人类经济活动

经济学是研究人类经济活动的学问。什么是人类经济活动？人由动物进化而来后，就有了经济活动，因为人和动物的区别是，动物只能靠本能（与生俱来的能力，如蜘蛛织网、蜜蜂馕蜜）来觅食、保温、栖息、逃生等以生存和繁衍，而人能进行有目的的活动，靠生产和消费来生存和发展。生产和消费就是经济活动。

人类经济活动有一些特点：一是经济活动并非由个人进行，而是一些人一起活动，是社会性活动，不管社会是开始时叫部落，还是后来叫国家；二是经济活动要有效率，必须分工合作，不管是开始时的男女之间的家庭式分工，还是后来演变成各行各业的社会分工；三是人类会繁殖并且要求生活不断得到改善，因此总会感觉到赖以生存的经济资源不足或者稀缺，从而会产生如何以有限的资源满足自己最重要的需要的所谓资源配置方式和创造新产品的活动问题；四是经济活动要能持续不断地进行，大家必须遵循一定的规矩和制度，不管这种规矩和制度的形式如何；五是人类会对经济活动规律不断加以认识和记载，即形成人类经济思想。

在中国，从先秦到近现代，都有丰富的经济思想；在外国，从古希腊到近现代，也有大量经济思想。但是通常认为，只有研究市场经济规律的学问才能被称为现代经济学，所以只有1776年亚当·斯密的《国富论》问世以后世界上才开始有了真正的经济学。在此之前的经济思想是经济学史前时期的经济思想。由于市场经济在西方资产阶级革命以后才大发展起来，因此研究市场经济的经济学一开始是西方发达国家的产物。

二、什么是西方经济学

西方经济学是一个内容相当广泛而松散的名词，迄今在世界上尚不存在一个众所认同的定义。它可以泛指大量与经济问题有关的各种不同的文献、资料和统计报告，其中包括教科书、官方文件、私营经济记录、专业或非专业著作、报纸杂志的文章和报道，等等。这些不同的文献、资料和统计报告一般说来至少应含有下列三种类别的内容。

第一，企事业的经营管理方法和经验，如市场分析、存货管理、产品质量控制、车间生产流程布局等。这类主题着重使用运筹学、数理统计和其他方法来研究经营企事业的有效手段和总结企事业的营运经验。例如，市场分析是使用经济计量学或其他研究方法来对某种商品市场（如棉花市场）或某类市场（如金融市场）进行剖析，报道该市场的一般情况，估计进入该市场的困难程度和盈利的可能性。存货管理研究如何用最低的成本来储备最优数量的设备零件、生产原料和制成品或半成品，以便能随时满足有关部门的良好运行所需要的数量。产品质量控制则论述如何使用数理统计或其他方法来检验和控制产品的质量以及各种控制方法的效益和成本，等等。

这种类别的内容可以牵涉到现代西方经济理论，也可以与它无关。是否牵涉到或在多大程度上牵涉到经济理论，往往取决于被研究的问题的性质。例如，市场分析与经济理论具有轻微程度的关系，而车间生产流程布局则是一个纯技术问题，与经济理论完全无关。总之，这一方面的内容偏重于纯粹的企业管理技术，较少涉及与意识形态密切相关的经济理论。正是由于这一原因，同这一方面有关的课程和著作往往被认为是属于经济管理专业的范围。

第二，对一个经济部门或经济领域或经济问题的集中研究成果，如资源经济学、商业经济学、农业经济学、石油经济学，对税收、财政、通货膨胀问题的论述等。它们的研究对象关系到经济生活中的某一特定部门或领域。例如，石油经济学考察世界石油的资源、市场、成本、利润、开采的技术、面临的问题等；农业经济学则对农业作出类似研究；对税收问题的论述可以涉及税收的种类、征收的方法等与税收有关的一切方面。

由于研究对象的性质的差异，在这种类别的西方经济学中，纯技术分析比第一种类别少，经济理论的成分则比第一种类别要多。对于一个部门或问题的全面研究不能局限于对该部门或问题的纯技术的论述，而必须涉及它与整个社会经济的联系以及管理它的经济政策。例如，石油经济学不能单纯论述石油资源分布、石油开采等技术事项，还必须对国际石油市场、各国的石油政策作出理论分析；而对税收问题的研究往往牵涉到各种赋税的利弊和税收政策。一旦牵涉到利弊和效果，则又会牵涉到对哪些人有利弊和有效果的问题，而利弊的判别和政策的选择又往往需要理论依据。因此，有关第二种类别的西方经济学的课程和著作一般被放在经济学专业的领域之内，被当做这一专业的理论的应用部分。

第三，经济理论的研究和考察，如微观经济学、宏观经济学、数理经济学、动态经济学、福利经济学、经济思想史等。这一方面的主要内容为经济理论以及根据经济理论而制定的经济政策和有关问题的解决途径。例如，宏观经济学企图建立理论或模型，以便说明社会经济中的各个总量之间的关系，从而为宏观经济政策奠定理论基础。

很显然，和上述第一种、第二种类别相比，第三种类别在理论上具有更大的比重，即意识形态的成分较多而纯粹技术的成分则相对较少，仅限于一些分析的概念和方法以及某些具体的论点。例如，数理经济学和动态经济学的全部内容都属于经济理论的范围，只有它们所使用的数学方法或某些概念和个别论点才能被当做纯技术的部分。有关这一方面的课程和著作通常被看做经济学专业的基础和核心，是这一专业的最重要的组成部分。

上述三种类别不但没有明确的界限，而且缺乏统一的划分标准，它不过是一种粗略的划分方式。然而，从这种概括的划分方式中，我们可以看到：按照第一种、第二种和第三种类别的顺序，纯技术的内容越来越少，而经济理论，即意识形态的成分则越来越多。本书所涉及的西方经济学是就第三种类别而言的，也就是说，我们在这里所论述的主要是现代西方经济学偏重于理论的部分。即使就这种类别而言，内容仍然相当广泛，因为西方经济学中存在着许多不同的派别。其中一些派别居于主要和统治地位，其他一些派别则处于次要和受冷遇的地位。本书的内容主要包括居于统治地位的流行说法。它构成西方院校所讲授的经济学概论课程的基本内容，一般也被认为是西方经济学最基本和最重要的部分。本书所称经济学即指西方经济学。

要想洞悉现代西方经济学的理论部分的性质，必须首先了解它的由来和演变。

三、现代西方经济学的由来和演变

资产阶级经济学从它产生一直到现在，经历了重商主义、古典经济学、庸俗经济学和庸俗经济学后这四个阶段。庸俗经济学产生于 18 世纪末，当时，古典学派仍然居于主要地位。1830 年以后，资产阶级经济学从古典学派的阶段走上了庸俗的道路。马克思指出：在当时，“资产阶级在法国和英国夺得了政权。从那时起，阶级斗争在实践方面和理论方面采取了日益鲜明的和带有威胁性的形式。它敲响了科学的资产阶级经济学的丧钟。现在问题不再是这个或那个原理是否正确，而是它对资本有利还是有害，方便还是不方便，违背警章还是不违背警章。”① 马克思所指的庸俗经济学在19世纪60年代以后逐渐退居次要地位，其主要任务在于反对当时的空想社会主义。庸俗经济学阶段大致结束于19世纪70年代。

在这一时期，西方经济学经历了一次以边际效用学派的兴起为代表的重大变动。那时，杰文斯在英国、门格尔在奥地利、瓦尔拉斯在瑞士顺次建立了英国学派、奥地利学派和洛桑学派。这三个派别的学说并不完全一致，但是，它们具有一个重要的共同点，即放弃了斯密和李嘉图的劳动价值论并且提出边际效用价值论来与马克思的劳动价值论相对立。

到了1890年，英国剑桥大学教授马歇尔把三个派别的边际效用论和当时资产阶级经济学的一些其他说法，如供求论、节欲论、生产费用论等综合在一起，构成了一个折中的理论体系。以马歇尔的理论体系为基础，再加上瓦尔拉斯、庇古、克拉克、威克斯迪特等人提出的新论点，形成了以马歇尔和瓦尔拉斯为代表的西方经济思想。自从19世纪末期以来，以马歇尔和瓦尔拉斯为代表的西方经济学广泛流行于西方世界。按照西方经济学家的说法，马歇尔和瓦尔拉斯等人把完全竞争和充分就业假设作为既存的条件，进而从供给与需求的角度来分析市场价格，以便解决资源在生产上的配置、资源的报酬等问题。就意识形态方面而论，他们所说的主要是宣扬资本主义的论调。他们建立了一个被理想化了的资本主义的模式，并且根据这一模式得出结论，认为价格制度不但能使每种生产要素都得到应有的报酬，能使每个消费者都得到最大的满足，而且在宏观经济运行中，能够起到自行调节的作用，以便消除或熨平周期性的经济波动。这套理论企图把资本主义说成是一个理想的社会。西方著名经济学家罗宾逊夫人承认：马歇尔“为私有制的企业制度提供了一幅安慰人心的图像”②。在这种宣扬资本主义的理论之下，自由放任、国家不干预经济生活的政策势必被解释为最好的政策，因为既然资本主义已经是一个“理想的社会”，国家对经济生活的干预就只能使这个社会变坏，不能使它变得更好。这种思想随着资本主义的发展而有所削弱，但是直到20世纪30年代，它仍然具有很大的影响。

在20世纪30年代，由于历史条件的变迁，传统的西方经济学先后经历了三次比较重大的修改和补充。

第一次修改和补充涉及垄断问题。尽管列宁早已指出，资本主义已于19世纪末20世纪初进入垄断阶段，但是，直到20世纪30年代初期，传统的西方经济学仍然把垄断当做“例外的现象”。这种理论和现实的背离严重地损害了传统的西方

---

① 马克思. 资本论：第1卷. 2版. 北京：人民出版社，2004：17.

② 罗宾逊. 序言//克雷格尔. 政治经济学的重建. 2版. 伦敦：麦克米伦公司，1978：9.（全书脚注中英文版的很多书籍都被译成了中文，英文版可参见本书附录一“参考文献”。）

经济学在宣传上的作用。[①] 为了改变这种状态，西方经济学家张伯伦和罗宾逊于1933年夸大某些经济现象的作用，企图修补传统的垄断例外论的漏洞。[②] 虽然张伯伦和罗宾逊的理论在当时的资产阶级经济学界轰动一时，但是，他们修补传统的西方经济学的范围和程度，要远逊于其后的凯恩斯对传统的西方经济学所作的第二次修改和补充。

第二次修改和补充出现于1936年。那时，由于西方世界在1929年后陷入大萧条状态，资本主义社会处于覆灭的危险之中。因此，西方国家日益为甚地以解决失业问题为目标来干预经济生活，以便摆脱萧条状态，从而保证政治上的稳定局面。在这种情况下，传统的西方经济学已经不能完全适应西方社会的需要。西方社会固然仍旧欢迎资本主义是“理想的社会”的说法，但是，如果自由放任、国家不干预经济生活的政策被解释为最好的政策，那么，西方国家以解决失业问题为目标来干预经济生活的理论根据是什么呢？为了提供这种理论根据，凯恩斯于1936年出版了《就业、利息和货币通论》（一般被简称为《通论》）。[③] 在这本书里，凯恩斯宣称：资本主义的自发作用不能保证资源的使用达到充分就业水平，因此，资本主义国家必须干预经济生活以便解决失业和经济的周期性波动问题。他的意思是：只要资本主义国家采用干预经济生活的政策来解决失业问题，资本主义就依然是传统经济学所颂扬的“理想的社会”。这样，凯恩斯不但维护了传统的西方经济学对资本主义的宣扬，而且为西方国家干预经济生活的政策奠定了理论基础。

希克斯于1939年出版的《价值与资本》[④] 一书代表着对传统西方经济学的第三次修改和补充。该书牵涉到两个方面的问题：价值论与一般均衡论。

马歇尔的价值论被称为基数效用论（简称基数论），而基数效用论有两个使西方学者在理论上处于不利地位的假设条件，即：效用量是可以衡量的和边际效用量随着物品数量的增加而递减。前者把作为主观心理评价的效用说成可以衡量的东西很难令人信服，而根据后者的边际效用递减的说法，货币的边际效用必须也是递减的。按照这一说法，同样的一美元，对穷人的效用要大于对富人的效用，因为富人持有的货币收入大于穷人。这样，如果从富人那里取走一美元而把它给予穷人，那么，整个社会的效用总量或福利便会增加。这种“转移支付”显然不利于资产阶级，从而也是资产阶级经济学必须加以否定的。

在《价值与资本》中，希克斯提出了序数效用论（简称序数论）。序数论可以在形式上避免基数论两个不利于资产阶级的假设条件，而与此同时又能得到马歇尔用基数论所得到的需求曲线。序数论显然对资产阶级有利。因此，《价值与资本》出版以后，序数论逐渐代替了基数论而成为西方正统经济思想的一个基本前提。此

---

① 斯拉法. 竞争条件下的收益规律. 经济学杂志，1926，36（144）.

② 张伯伦. 垄断竞争理论. 6版. 波士顿：哈佛大学出版社，1948. 罗宾逊. 不完全竞争经济学. 伦敦：麦克米伦公司，1933.

③ 凯恩斯. 就业、利息和货币通论. 伦敦：麦克米伦公司，1936.

④ 希克斯. 价值与资本. 牛津：牛津大学出版社，1939.

外，该书的出版也对瓦尔拉斯的一般均衡论起到了推广和普及的作用，以至一般均衡构成当今微观经济学的一个必要的组成部分。尽管如此，希克斯的这一修改和补充与凯恩斯的第二次修改和补充相比，无论在范围上还是程度上显然都居于远为次要的地位。

第二次世界大战以后，凯恩斯主义的流行使得整个西方经济学的体系出现了显著的漏洞。一方面，传统的西方经济学以个量分析为主，根据对单个消费者、厂商和生产要素所有者的分析得出资本主义市场的各种因素能够自行调节该社会种种矛盾的结论，并据此主张实行自由放任、国家不干预经济生活的政策。另一方面，凯恩斯则偏重于分析总量变量，根据他所建立的涉及总量变量的理论，得出资本主义市场的各种因素不能自行协调来解决失业问题的结论，并据此主张实行国家干预经济生活的政策。这样，在西方经济理论体系内部就产生了干预和反干预以及由此造成的各种矛盾和不调和之处。

有鉴于此，以萨缪尔森为首的一些西方经济学家逐渐建立了新古典综合派的理论体系。该学派把包括第一次与第三次修改和补充的传统的西方经济学当做研究个量问题的微观经济学，把构成第二次修改和补充内容的凯恩斯主义理论称为考察总量问题的宏观经济学。它宣称：前者以充分就业为分析的前提，后者则着重研究各种不同水平的就业量的情况。因此，两种理论是相辅相成的，可以被纳入同一体系之中，而传统的自由放任和凯恩斯的国家干预的主张不过是代表同一理论体系所涉及的两种不同的情况。与此同时，该学派还把现代资本主义说成是“混合经济”，由“私营”和“公营”两个部分组成，前者的不足之处可以由后者加以弥补。前者的作用由微观经济学分析，后者的必要性则由宏观经济学论证。这样，新古典综合派不但企图弥补西方经济理论体系内部的漏洞，而且企图通过理论体系的一致性来维护资本主义是理想社会的说法。

新古典综合派的理论体系在第二次世界大战以后一直居于正统地位，并且在西方经济学界享有威信。这种状况大致在 20 世纪 60 年代中期以后由于历史条件的变迁而有所改变，改变之处在于下列四点：

首先，进入 20 世纪 70 年代以后，西方世界出现的滞胀，即失业与通货膨胀并存，给新古典综合派的宏观经济学部分以很大的打击。按照该派宏观部分的理论，当经济活动处于充分就业状态时，通货膨胀率应该为零。如果经济活动小于充分就业水平，那么，不但不存在通货膨胀，而且价格水平会下降。只有当经济活动大于充分就业水平时，才会出现通货膨胀现象。这就是说，该学派的理论表明，失业（经济活动小于充分就业水平）和通货膨胀是不可能并存的。这一结论显然违背存在于西方的滞胀的事实。

该学派不但无法解释滞胀的存在，而且提不出解决这一问题的对策。按照它的宏观理论，在失业问题存在的条件下，政府应该增加预算支出和赤字，以便扩大有效需求，从而增加就业量；而当通货膨胀出现时，政府必须减少预算支出和取得预算盈余，以便降低有效需求，从而消除通货膨胀。这种政策建议在失业问题和通货膨胀并存时便会带来自相矛盾的后果。如果西方国家采用增加预算支出和赤字的政策来解决失业问题，那么，有效需求的扩大必将使通货膨胀恶化。如果它通过减少预算支出和取得预算盈余来制止通货膨胀，那么，有效需求的减少必将降低消费和投资支出，使失业问题更加严重。简言之，医治一种疾病成为加重另一种疾病的手段。在失业问题和通货膨胀并存的条件下，政策的选择处于进退两难的境地。这便是当时特别是 1973—1975 年爆发的世界性经济危机之后主要西方国家所面临的困难局面。对于这种困难局面，以萨缪尔森为首的新古典综合派早已承认无法摆脱。

理论的困难和政策的无能严重地动摇了新古典综合派的宏观理论的正确性。许多西方经济学中的其他派别纷纷对该学派进行抨击和责难，企图以自己的理论在整体或部分上取代新古典综合派，并且按照自己的理论提出政策建议。① 参与抨击和责难的各个派别包括货币主义、供给学派、新剑桥学派、新奥地利学派、新制度学派和理性预期学派，其中在政策实践上影响较大的有货币主义和理性预期学派。

其次，一部分西方学者对新古典综合派所含有的原有的微观经济学部分的基本假设前提提出了质疑并且根据质疑提出了新的见解。在某些情况下，这种新见解甚至逐渐形成了新的经济学分支学科。例如，原有的微观经济学的一个基本假设前提是市场经济的参与者都具有完备的市场信息，对此，新出现的分支学科——信息经济学认为，这一前提是参与者不可能完全做到的。因此，一些参与者掌握的信息可以多于另一些人。这样一来，掌握较多信息的参与者可能对掌握较少信息的参与者进行欺诈，而当欺诈存在时，市场经济就不可能达到“理想状态”。

再次，一些西方学者也分别从不同的角度和领域来研究经济现象。这些研究成果有：人文经济学、演化经济学、国际政治经济学等等。它们顺次从人类学、社会学、国际政治等角度或领域来解释经济现象，从而给原有的新古典综合派的学说增添了新的内容。

最后，西方学者使用了更多的研究方法。除了使用比以往更为复杂和高深的数学和计量经济学的方法以外，他们还试图设计出一套目标和操作程序来对实际的人进行试验，以便找出实际的人的经济行为。此外，他们也运用计算机来模拟不同条件下人的经济行为，企图探索这种行为所导致的结果。

目前，宏观和微观经济学的综合已经成为西方学者的共识，从而综合的字样便失去了它存在的意义。很可能是由于这一原因，以萨缪尔森为代表的新古典综合派已经放弃了“新古典综合”的名称，把自己称为现代经济学或现代主流经济学。② 以现代经济学或现代主流经济学的名义，对上述第一点涉及的宏观部分，他们除了维持原有的基本观点以外，还尽量吸收和容纳其他派别的论点，特别是货币主义和

① 在西方经济学中，“学派”这一名词既可以指较严格意义上的不同派别，也可以指较为松散意义上的派别。本书所说的学派是就后者的意义而言的，它的含义仅仅是具有某些共同学术思想的人。因此，不同学派之间的共同之处可以远多于它们之间的分歧。

② 萨缪尔森，诺德豪斯. 经济学. 19 版. 纽约：麦格劳-希尔公司，2009.

理性预期学派的说法。对上述第二点涉及的微观部分，他们容忍对基本假设前提的质疑，并且采纳了其中有用的论点，认为新的论点可以增强经济学的解释能力。虽然对基本假设前提的质疑有损于理想社会的说法，但是，他们深信，微观经济政策至少可以使经济社会接近于理想状态。就上述第三、第四点而论，主流经济学对它们持赞赏的态度，但由于新的研究领域和方法尚未能取得重大成果，因此它们对主流经济学的影响是有限的。

总的来说，上述四点并未造成重大影响。现代西方经济学和过去的新古典综合派无论在形式上还是在实质性的内容上都是基本相同的。特别是在改善市场经济的运行方面，现代西方经济学和过去一样，仍然提不出肯定有效的对策。政策的选择也仍然和过去一样，主要取决于对意识形态的考虑、利益集团力量的对比以及经验提供的数据。

第二节　西方经济学的研究对象与方法

一、西方经济学的研究对象

1. 西方经济学研究什么

人是万物之灵。人具有追求幸福、发展自己的欲望，这是人们进行一切活动的最终目的。因此一切要以人为本。人和动物的根本区别在于人进行的任何活动都是有目的的，而动物的活动都只是出于本能。因此，最蹩脚的建筑师也比最聪明的蜘蛛要强得多，因为建筑师在造房子前已经有了一个蓝图，而蜘蛛织网只是一种本能活动。人进行活动的目的，不管是直接的还是间接的，最终都是追求幸福，满足欲望。

人类追求幸福的欲望是无止境的。一种欲望满足了，又会产生另一种更高程度的、更大的欲望。例如，吃饱穿暖了，又想吃得更好、穿得更好，还想获得安全、要求公平正义、受人尊重等。所有欲望的满足都需要一定的手段，也就是物品和“服务”。这些物品中的极少数可能无须通过人的努力就可取得，如阳光、空气，传统上可称“自由物品”，而绝大多数必须借助生产资源通过人类劳动制造出来。**凡是需要人付出代价才能取得的物品称为“经济物品”。**

相对于人的无穷无尽的欲望而言，“经济物品”以及生产这些物品的资源总是不足的，这就是稀缺性。这里所说的稀缺性，不是指物品和资源绝对数量少，而是指相对于人的欲望的无限性来说，再多的物品和资源也是不足的。可见，稀缺性总是相对意义上的。贫穷的人的生活资料固然稀缺，亿万富翁也会感到有的东西稀缺，至少他们一天只有 24 小时可供享受，时间对他们来说就是稀缺的。

经济资源是稀缺的，使得产生了如何有效地利用经济资源来生产物品以最大限度地满足人类的欲望的选择问题。选择问题包括：(1) 生产什么（what）物品和劳务以及生产多少（how much）?（2）如何（how）生产?（3）为谁（for whom）生产?（4）现在还是将来（when）生产? 这些问题被认为是人类社会共有的基本经济问题，西方经济学正是为解决这些问题而产生的。

稀缺性永远存在，但稀缺性会改善，因为人具有发现可利用的资源以及创造产品的能力。这种能力既来自科学技术的不断进步，也来自社会制度的不断改进。科学技术进步会使许多新的经济物品被创造出来，例如，古代没有电灯、电话、飞机、火车，现代人都享受到了，这是科学技术进步的结果，而如交换和贸易促进了分工和劳动生产率提高，大大增加了可享受的物品，则是社会制度改进的结果。

人类如何配置和利用稀缺资源以及开发产品以不断满足自己的欲望，就是西方经济学的研究对象。西方经济学的研究对象包括人们的经济利益问题，如果不存在资源稀缺性，就不会存在人们的经济利益问题了。

2. 资源配置和机会成本

资源配置要优化，就是要按人的各种欲望的轻重缓急程度来分配有限的资源，做到合理使用。这就必然会产生另一个问题，即为了满足某种欲望，不得不牺牲另一种欲望的满足，或者为了生产某种物品，不得不牺牲其他物品的生产。**当把一定的经济资源用于生产某种产品时所放弃的另一些产品生产上最大的收益被称为这种产品生产的机会成本。**之所以称其为机会成本，是因为它并不是生产这种产品所支出的实际成本，而是指为了生产这种产品而放弃了在其他各种产品生产上取得收益的机会，这其中取得最大收益的机会就是为生产这种产品所付出的代价即成本。人们从事各项经济活动，作出各种经济决策，都必须考虑机会成本，以免得不偿失。任何经济活动都会有得有失，“得”就是收益，“失”就是机会成本。顾名思义，机会成本是有机会的成本，如果没有取得收益的各种机会，就不可能有机会成本的问题。市场经济越发达，经济活动中机会越多，经济活动的机会成本就会越大。

3. 经济体制

实现资源的合理配置和利用及产品的开发，都要靠正确的方法，这通常被称为**经济体制**问题。迄今为止人类社会的经济体制大体上经历了以下四种类型：

一是自给自足的**自然经济**，即自己生产供自己消费，每个家庭或村落都生产其消费的大部分物品，只有少数从外界交换而来，中国古代千百年来的农耕经济就是这样。在这种体制下经济效率低下，发展缓慢。

二是**计划经济**，即生产资料归政府掌握，政府用计划来解决资源配置和利用问题，产品的数量、品种、价格、消费和投资等均由中央政府以指令性计划决定，产品分配也由国家统一进行，想以此达到资源的合理配置和利用。这种体制否定了市场的作用，被实践证明效率低下，于是产生了社会主义国家市场化取向的经济改革。

三是**市场经济**，其基本特征是产权明晰，经济决策高度分散，资源配置和利用问题由自由竞争中的市场价格机制来解决。从事经济活动的人既有动力积极参与各种经济活动（因为在经济活动中得到的利益可归于自己），也有能力作出各项经济活动决策（因为经济活动主体有权决定自己怎样行动）。市场经济能充分调动人们的积极性，因此也有利于积极推动科学研究和技术创新。例如，有了技术创新的专利权保护制度，可充分调动万众创新的积极性，这就十分有利于经济物品的开发，使社会总生产能力提高。市场经济不但能激发人们创新的积极性，而且能将创新成果转化为市场价值，为社会所承认，因而市场经济不但能有效配置既有经济资源，而且能开发潜在的资源，创造出人类需要的各种产品。事实表明，市场经济不仅有利于资源的合理配置，而且有利于资源的合理和充分利用，效率较高。

专栏1-1
亚当·斯密的
市场经济观

然而，市场经济尽管效率较高，但在克服垄断和外部性、提供公共物品、管理信息、调节收入分配、控制经济波动等诸多方面显得无能为力，需要国家或者说政府起作用，于是一种市场竞争和政府适度干预相结合的所谓**混合经济**体制就产生了，也就是第四种经济体制。单纯的市场经济只顾效率，而混合经济能兼顾效率和公平，且能克服市场失灵，因此为世界上大多数国家所采用。

综上，可以说，西方经济学就是一门既研究市场如何配置、利用资源和开发产品，又研究政府如何调节经济的学问。

4. 微观经济学和宏观经济学

以经济资源的配置、利用和产品的开发为对象来划分，西方经济学从总体上可分为**微观经济学**与**宏观经济学**。要弄明白什么是微观经济学和宏观经济学，首先要认识市场经济中两个最基本的经济活动主体即居民户和企业。居民户即一个个或者说一户户的人，企业即一个个生产者或者说供给者。研究微观经济即研究单个经济单位的经济活动规律的学科称为微观经济学。单个经济单位的经济活动或者行为包括：家庭如何消费，如何以有限的收入来获取尽可能大的满足；单个企业（或者厂商）如何经营，如何以有限的资源投入（或者成本）来获取尽可能大的利润；单个生产要素所有者（劳动、资本、土地等的所有者）如何提供生产要素以获取尽可能多的收入。单个经济单位的经济行为涉及的经济变量包括：供给量、需求量、价格、成本和利润等。在微观经济领域，参与经济活动的单个经济单位主要就是上面所说的居民户和企业两大类。居民户一方面是企业所生产的产品的消费者或者购买者（需求者），另一方面是企业从事生产经营所需要的生产要素（劳动、资本和土地等）的供给者（例如，工人向企业提供劳动，提供资金，出租土地、厂房）。企业则相反，它一方面是产品的生产者（供给者），另一方面是生产要素的需求者。微观经济学通过对这些单个经济单位的行为和单个经济变量的分析，一方面研究消费者（居民户）对各种产品的需求与生产者（企业）对这些产品的供给怎样决定各种产品的产销量和价格，另一方面也研究消费者（居民户）作为生产要素的供给者与生产者（企业）作为生产要素的需求者的相互关系如何决定生产要素的使用量及其价格（工资、利息、利润及租金等）。这些都涉及市场经济中的价格机制运行问题，因此，微观经济学又被称为价格理论。微观经济学理论主要包括消费者如何购买消费品的理论、企业如何生产产品的理论，以及工资、利息、利润和租金如何决定的分配理论。

与微观经济学不同，宏观经济学以整个社会经济或者国民经济活动为考察对象，研究社会总体经济问题、相应的经济变量的总量如何决定以及这些总的经济变量间的相互关系。由于现代社会是分为一个个国家的，因此总体经济问题包括社会经济波动、经济增长、物价水平变动、国家财政收支、进出口贸易和国际收支等。总的经济变量包括：GDP、就业量、总消费支出、社会总储蓄和投资、物价指数、利率和汇率等。宏观经济学通过对这些宏观经济问题和宏观经济变量的研究来分析一国的国民收入、就业量和物价水平怎样决定，其中国民收入的决定和变动是一条主线，所以宏观经济学又被称为国民收入决定理论。微观经济学和宏观经济学是既有差别，又相互联系的。正如森林是由树木组成的一样，宏观经济总量也是由微观经济个量加总而成的。例如，如果每个家庭都增强了消费支出意愿，整个社会的消费支出水平就会提高。

还要注意的是，微观经济学和宏观经济学不是仅从概念上就可以区分清楚的。例如，价格、产出、消费、投资、供给和需求这些概念在微观经济学和宏观经济学中都有，但含义不一样。比方说，价格这个概念在微观经济学中指单个产品的价格，如猪肉每斤 15 元、大米每斤 3 元等，而宏观经济学中的价格指价格指数或物价水平，如果以 2018 年为基期，价格指数为 1，2019 年价格指数若为 1.03，或 103%，则表示 2019 年物价水平比 2018 年上升了 3%。

专栏 1-2
凯恩斯的经济理论

二、西方经济学的研究方法

研究西方经济学的方法说法很多，从各个不同的角度来说主要有：

1. 实证分析与规范分析

经济学研究经济现象，首先有一个立场、观点。从这个角度来看，西方经济学的研究方法有两种。一种是只研究经济现象是什么，即经济现状如何，为何会如此，可能会怎样发展变化，至于这种经济现象好不好，该不该如此，则不作评价，这种研究称为**实证分析**。另一种则是要对经济现象及其变化作出好不好或该不该如此的判断和评价，这种研究称为**规范分析**。例如，中国自改革开放以来，人们的收入差距有所扩大，对此有两种不同的研究方法：一是分析收入差距如何、差距扩大的原因何在、变化趋势如何等，这就是实证分析；二是研究收入差距扩大好不好、该不该、是否公平等，这就是规范分析。

事实上，由于人总是有立场、观点的，因此，研究经济问题时多少总会带有规范分析的味道，但要注意，切不可用自己的感情、情绪和态度来代替对客观经济事实的观察和思考。

2. 矛盾统一与均衡分析方法

任何经济现象内部都包含矛盾，是对立统一体。例如，市场中买者总希望价格低点，卖者总希望价格高点，这就是一对矛盾，但经过讨价还价最终还是会达成一致，形成均衡价格，达到对立统一。任何市场经济活动中都有这种交易双方由矛盾对立走向统一均衡的现象，在西方经济学中分析这种现象的方法称为均衡分析方法。通常说来，如果经济活动的参与者在经济活动中认为达到某种状态或局面时就取得了最好的效果，那么这种局面或状态就达到了**均衡**。例如，某消费者用一定的货币量选购商品，在达到一定数量时感到已获得最大满足，那么他就会决定购买这一定数量的商品，这就是所谓消费者均衡。又如，某企业用一定的成本生产商品，在达到一定数量时感到已取得最大效益（利润），那么它就会决定生产这一定数量的商品，这就是所谓生产者均衡或者厂商均衡。均衡分析就是要研究满足什么样的条件才能达到经济均衡。

在西方经济学中有所谓稳定均衡与不稳定均衡的说法。西方经济学中所讲的均衡，乃指一种不再变动的状态，但这里的“不再变动”，并非指不会变动，而是指没有变动的必要，因为这种状态是最好的情况，再变动只会使情况恶化。如果条件变了，例如消费者收入增加了，均衡就会被打破。这时，如果有其他力量能够恢复均衡，就称其为**稳定均衡**。如果任何力量都无法恢复均衡，则称其为**不稳定均衡**。

均衡分析可以分为局部均衡分析与一般均衡分析。**局部均衡分析**是在假定其他条件不变的情况下来分析某一时间、某一市场的某种商品（或生产要素）的供给与需求达到均衡时的价格决定。这里讲的其他条件不变，是指这一市场的某种商品的供求和价格等对这一市场其他商品的供求和价格等不产生影响，而这一市场其他商品的供求和价格以及其他所有市场的商品供求和价格等对这一市场的该商品的供求和价格等也不产生影响。它把研究范围只局限于某一市场或某一经济单位的某种商品或某种经济活动，并假定这一商品市场或经济单位与其他商品市场或经济单位互不影响，所以称为局部均衡分析。比如马歇尔的均衡价格论，就是假定某一商品或生产要素的价格只取决于该商品或生产要素本身的供求状况，而不受其他商品价格和供求等因素的影响。这就是典型的局部均衡分析。

一般均衡分析指在分析某种商品价格的决定时，是在假定各种商品和生产要素的供给、需求、价格相互影响的条件下来分析所有商品和生产要素的供给和需求同时达到均衡时所有商品和生产要素的价格如何被决定。也就是说，一种商品的价格不仅取决于它本身的供给和需求状况，而且受到其他商品的价格和供求状况的影响，因而一种商品的价格和供求均衡，只有在所有商品的供求都达到均衡及其价格都得以决定时才能决定。一般均衡分析方法是法国经济学家瓦尔拉斯首创的。它重视不同市场中商品的产量和价格的关系，强调经济体系中各部门、各市场的相互作用，认为影响某种商品的价格或供求数量的因素的任何变化，都会影响其他商品的均衡价格和均衡数量。因此，一般均衡分析是关于整个经济体系的价格和产量结构的一种研究方法，是一种比较周到和全面的分析方法。但由于一般均衡分析涉及市场或经济活动的方方面面，而这些又是错综复杂和瞬息万变的，因而这种分析实际上非常复杂。所以在西方经济学中，传统上大多采用局部均衡分析。局部均衡分析对所需结果给出一个初始值，所研究的市场与经济的其余部分联系越弱，这种近似就越好，从而局部均衡分析就越有用。

3. 静态分析、比较静态分析和动态分析

与均衡分析密切相关的是静态分析、比较静态分析和动态分析方法。

静态分析就是分析经济现象的均衡状态以及有关的经济变量达到均衡状态所需具备的条件，它完全抽掉了时间因素和具体变动过程，是一种静止地、孤立地考察某些经济现象的方法。例如考察市场价格时，它研究的是价格随供求关系上下波动的趋势或者是供求决定的均衡价格。也就是说，这种分析只考察任一时点上的均衡状态，注重的是经济变量对经济体系产生影响的最后结果。

比较静态分析就是分析在已知条件发生变化以后经济现象均衡状态的相应变化，以及有关的经济变量在达到新的均衡状态时的相应变化，即对经济现象的有关经济变量一次变动（而不是连续变动）的前后进行比较。也就是说，它比较一个经济变动过程的起点和终点，而不涉及转变期间和具体变动过程本身的情况，实际上只是对两种既定的自变量和它们各自相应的因变量的均衡值加以比较。例如，已知某种商品的供求状况，可以考察其供求达到均衡时的价格和产量。这就是静态分析。现在如果由于消费者的收入增加而导致对该商品的需求增加，从而产生新的均衡，则价格和产量都会较之前提高。这里，只对新的均衡所达到的价格和产量与原均衡中的价格和产量进行比较。这便是比较静态分析。

动态分析则对经济变动的实际过程进行分析，其中包括分析有关变量在一定时间过程中的变动，这些经济变量在变动过程中的相互影响和彼此制约的关系，以及它们在每一时点上变动的速率，等等。这种分析考察时间因素的影响，并把经济现象的变化当做一个连续的过程来看待。

在微观经济学中，无论是个别市场的供求均衡分析，还是个别厂商的价格、产量均衡分析，都采用静态和比较静态分析方法。动态分析方法在蛛网理论及其应用“生猪—玉米循环”等研究中被采用。在宏观经济学中，则主要采用的是比较静态和动态分析方法。凯恩斯在《就业、利息和货币通论》一书中采用的主要是比较静态分析方法。例如在讨论社会对消费品的需求将随着国民收入的增加而增加时，他主要对两种经济现象进行比较，即比较由于国民收入变动而产生的前后两个不同的总量消费需求，而不分析社会对消费品需求的变化过程，不说明前一时期的收入、本期收入是如何制约本期消费的，也不研究收入和消费在每一时点上变动的速率。凯恩斯的后继者们在发展凯恩斯经济理论方面的贡献主要是长期化和动态化方面的研究，如经济增长理论和经济周期理论。瑞典学派的宏观经济分析中的“事前”“事后”分析所涉及的过程分析或期间分析也都是动态分析。

4. 抽象方法与经济模型

研究经济现象，既不能像研究自然科学那样用显微镜，也不能用化学试剂，而是要用抽象方法，即从错综复杂的现象中抽出最重要、最本质的东西来研究经济变化的规律。经济学家常用的一种所谓经济模型，就是这种方法。**经济模型**是指用来描述与研究对象有关的经济变量之间的依存关系的理论结构。简单地说，把经济理论用变量的函数关系来表示就叫做经济模型。因此一个经济模型可用文字说明（叙述法），也可用数学方程式表达（代数法），还可用几何图形表达（几何作图法）。例如，下一章研究的均衡价格决定模型就是一种经济模型。

经济现象包括各种主要变量和次要变量，错综复杂，千变万化。如果在研究中把所有变量都考虑进去，就会使得实际研究不可行。所以任何经济模型都是在一些假设前提下，舍掉若干次要因素或变量，把复杂现象简化和抽象为为数不多的主要变量，然后按照一定函数关系把这些变量编成单一的方程或联立的方程组。根据建立模型的目的不同，以及要探讨的变量的相互关系不同，对同一个经济问题的研究，可以建立多个不同的模型，并且把模型涉及的变量区分为内生变量和外生变量。例如，在下一章阐述的均衡价格决定模型中，价格和成交量就是内生变量，影响需求和供给的其他各种变量就是外生变量。

5. 数学方法与边际分析

经济现象变化中存在不少经济变量的相互依存关系，研究这种关系在很多情况下可以运用数学方法，这使数学在经济学中有了用武之地。许多问题运用数学方法来分析，往往能看得更加一目了然。例如，利率提高一些，企业投资成本就会高一些，在其他情况不变时，投资需求量就会下降一些。于是利率和投资需求间就会发生一定的依存关系或者说函数关系。再如，经济学研究如何达到“最优”，这就使微积分中求极值的方法有了用处，经济学家经常用数学模型探讨经济问题的道理即在于此。又如，动态分析中运用差分方程，投入产出分析中运用线性代数，等等。在 19 世纪 70 年代欧洲产生了所谓边际主义革命以后，经济分析运用数学方法更是形成了一种潮流，产生了一种经济学数学化的趋势，使不少人认为越是运用高深的数学工具的经济学就越是高级的经济学。这是一种片面的认识。经济学研究的经济现象本身是复杂的，其变化是受多种因素制约的，并且人的经济行为也是多变的，未来总具有不确定性，因此，很难建立一个确定无误的经济数学模型。再者，还要看假定的约束条件是否符合现实、是否会变化，如果不符合现实或者发生了变化，就难以推导出正确的结论。因此不重视数学是不对的，但数学只是工具，它本身不是经济学。

经济学的数学分析中经常用到一种边际分析方法，这使得微积分在经济学研究中大有用处。其实，经济学中的所谓“边际”，是说人们作经济决策只是在边际上作选择。比方说，人们在决定如何花费伙食费时，只会考虑将多少钱用于主食，将多少钱用于副食，而不会考虑将其全用于主食或副食即极端的非此即彼，是关于这样或者那样“多一点”还是“少一点”的问题，这就是边际分析。例如，所谓厂商行为最优时的边际成本等于边际收益，只是说行动到哪一步能达到扣除成本后的净收益（即利润）最大，而不是说不花成本或乱花成本来采取行动。

三、理性人假定

理性人假定是经济理论分析中关于人类经济行为的一个基本假定。经济学的诸多命题都是在一定的假设条件下推演出来的。作为经济主体的居民、厂商和政府，尽管在经济生活中作用不同、各具特点，但由于理论抽象的需要，在理论分析中一般都被视为理性人。它意指经济决策的主体（居民、厂商和政府）都充分理智，既不会感情用事，也不会轻信盲从，而是精于判断和计算，其行为符合始终如一的偏好原则。

假如在经济活动中有 X、Y 两种方案或 X、Y、Z 三种方案需要经济活动的主体加以选择，理性人将有如下三种行为特征：（1）完整性，即了解自己的偏好，或偏好 X 甚于 Y，或偏好 Y 甚于 X，或对这两种方案的偏好无差异，无论在什么情况下都只能三者择其一。不可能同时既偏好 X 甚于 Y，又偏好 Y 甚于 X。（2）传递性，即若他偏好 X 甚于 Y，又偏好 Y 甚于 Z，那么，他必然会合乎逻辑地偏好 X 甚于 Z。（3）有理性地选择，即若 X 能给他带来最大的利益，在其他情况不变时，他决不会选择 Y 或 Z。这种理性人所追求的经济目标也体现着最优化原则。具体地说，消费者追求满足最大化，生产要素所有者追求收入最大化，生产者追求利润最大化，政府则追求目标决策最优化。

这种理性人实际上就是英国古典经济学家亚当·斯密在《国富论》中所讲的“经济人”。但斯密的“经济人”是指“人”，主要指资本家和企业家，而理性人假定则包括经济活动的所有参与者，既包括资本家、企业家、工人、生产者和消费者，也包括政府，即理性人假定把政府也人格化了。

在理性人假定中，经济活动主体行为的基本动力是利益最大化，从而行为准则是既定目标的最优化，当然，这并不意味着经济活动主体在行动中就一定能实现最优目标，也不意味着这一目标一定是好的。在现实经济生活中，人们在作出某项决策时，并不总是能深思熟虑；人们在许多场合，往往是按习惯办事，受骗上当也是难免的；人们在进行经济决策时，除了经济利益外，还受到社会、政治以及道德等方面因素的影响或制约。之所以要作这样的假定，无非是要在影响人们经济行为的众多复杂因素中抽出主要的基本因素，以便作经济分析。

需要指出，这些方法不存在哪一种对与不对的问题，也不存在哪一种是主要与非主要的问题，它们是从不同角度说的，并且相互之间有一定的联系。例如，均衡分析和理性人假定就密切相关，因为均衡分析实际上也就是要研究理性人实现最优选择需要满足什么条件，最优选择的结果是什么。比如，对于一个以利润最大化为目标的企业而言，如果在当前产量水平下增加一单位产量给其带来的收益（即边际收益）大于这一单位产量给其带来的成本（即边际成本），则说明企业的当前产量不是均衡产量，因为企业此时增加产量，利润会增加。当产量增加到这样一个水平，即再增加一单位产量给企业带来的收益恰好等于这一单位产量所带来的成本（即边际收益等于边际成本）时，这个产量水平就是利润最大化的产量水平，也即均衡产量水平（因为企业不会再改变产量），企业达到这一产量水平的条件就是边际收益等于边际成本。

四、几条经济学原理

在理性人假定下，可以得出一些重要的也是公认的经济学原理，主要包括：

（1）由于人的经济行为的根本目的是追求幸福或利益，因此，人们在经济活动中总会对激励作出反应。有效的激励会鼓励人们刻苦研究，努力创新，认真经营，积极工作。

（2）由于人们行为的最终目的是追求利益，因此，不管做何事，都会比较成本和收益。世上没有免费的午餐，即没有不花成本或代价就能取得收益的，除非用偷窃（趁人不知道而将别人的财物据为已有的行为）、抢劫（不经同意强把别人的财物夺占为已有的行为）、诈骗（用虚假信息使人上当而占有别人财物的行为）、霸占（依仗权势横行无忌地占有别人财物的行为）等手段。市场经济中不存在“天上掉下的馅饼”。世界上不存在不花代价就获得收益的好事，人们能做的只是力求用尽量小的成本取得尽量大的收益。

（3）分工和专业化使人们的劳动生产率大大提高，使产品越做越好，使产量越来越高，但分工必须依赖交换，否则人们不仅不能获得自己必需的一切物品，而且无法获得分工给自己带来的利益；反过来，交换又会促进分工，使分工越来越细，人们的工作越来越专业化，从而会给自己带来更大的利益。可见，分工和交换能相互促进。

（4）市场是联系与组织人类分工和交易的纽带，不仅给经济活动提供信息，而且能增强市场竞争中经济活动主体的活力和动力。但人们在市场交换中必须自由自愿、信息透明、平等互利。否则，交易就无法正常进行，市场就不能健康发展。

（5）利益最大化总是经济活动主体的既定目标，但由于过去是不能召回的，未来是不可知的，因此任何经济活动的成效总具有不确定性。这就是风险。由于这种不确定性和风险的存在，需要有一批善于判断未来并愿意承担风险的人来组织生产经营，发现未被满足的市场空间，从事技术和制度创新。这样的人就是企业家。企业家在市场经济社会中是十分宝贵的稀缺资源，是市场经济活动的带头人，是技术进步的引领者，是经济发展的排头兵，因此必须给他们以可靠的保护和足够的激励。

（6）交易正常和市场健康全赖有一个健全、完善的制度。制度是协调人们从事有序的市场经济活动必不可少的行为规则。没有规矩不成方圆。符合理性人假定要求的制度，能有效规范人们的市场经济行为，减少交易中的摩擦和成本，降低不确定性，增强预见性。一个好的制度能激发市场经济活动中人们的积极性和主动性，给社会的市场经济带来活力。

（7）市场要有效运行和发展，离不开一个有为的政府。政府在市场经济中的定位必须合理，对经济活动的干预必须适度，对经济人能否切实执行制度的监督检查和处理必须到位。事实证明，产权的切实保护、制度的贯彻执行、经济的健康运行、生态环境的保护、经济发展计划的制订和落实等，都离不开政府的作用。政府要用好的制度来引导和规范人们的经济行为，以保障社会经济健康发展。

第三节 正确认识和对待西方经济学

一、西方经济学的科学性问题

西方经济学理论是西方经济学家对西方资本主义市场经济运行和发展历史及现实经验教训的总结和描述，但这套理论的科学性程度是存在一些问题的。

第一，西方经济学还不能说是经过实践检验的真理。许多理论如无差异曲线、等产量曲线、向右上方倾斜的供给曲线和生产要素的边际产品曲线理论等都还没有被经济实践证实。例如，无差异曲线理论认为，不同消费品在满足消费者的需要时可以相互替代，多用一点X少用一点Y，或者多用一点Y少用一点X，能够得到同样的满足，X和Y之间具有边际替代关系。这种理论难以符合实际。显然，除了同种类并且具有相同或者相似效用的商品之间会有某些替代性外，绝大多数商品之间不存在替代关系。鞋子和帽子无法相互替代，长裤和短裤也很难相互替代。同样，等产量曲线也不靠谱。造房子的工人和钢筋、水泥怎么相互替代？西方经济学家提出这些理论，都只是要提出一些分析工具，目的是要说明，消费品之间如果存在替代关系，消费者会用同样的钱买更多更好的东西来满足需要；同样，如果生产同样商品的生产要素可以相互替代，生产者一定会用同样的成本生产更多的产量。但是，这些工具其实只适用于极少数情况，并不具有普遍性。

第二，西方经济学还缺乏科学应当有的内部的一致性。在西方经济学中，互相矛盾的说法大量存在。例如新古典宏观经济学与新凯恩斯主义之间的矛盾，传统新古典理论的市场能够自我调节和凯恩斯的市场不能自我调节的对立，人们规避风险的倾向和企业家创新精神的抵触，等等。为什么会有如此多不同的甚至完全对立的理论？一是因为社会客观经济情况在不断变化，二是因为不同经济学流派的经济学家观察和思考问题的角度和方法不同。可能还有其他一些原因。因此，西方经济学很难像许多学科特别是自然科学那样具有内部的一致性。

第三，西方经济学具有一些苛刻的甚至是不合实际的假设条件。例如，假设消费品和资本品可以无限分割，这怎么可能呢？又如，假设收入分配对劳动生产率没有影响，这不是违反西方经济学的利己人假定吗？再如，假设在完全竞争市场，买者和卖者无限多，产品同质，信息完全，资源能够充分流动。如果认真考虑一下，就会发现，这些条件分明是完全没有竞争的条件。众所周知，差别是竞争产生的条件。如果奥运会不设立奖牌，就没有竞争了，还有谁会拼命努力争创纪录？如果所有企业都不得有利益差别，都吃国家的“大锅饭”，没有竞争了，经济还能发展吗？什么都一样了，显然就不是完全竞争，而是完全不竞争了。

二、数学工具的使用问题

经济学研究中无疑需要运用数学工具，不重视运用数学工具是不对的。但是这种运用应当是正确的、恰当的，而不能滥用、误用。

现在有一种不良倾向，即不管研究什么经济问题，都要搞一套数学模型，弄一个目标函数，列几个约束条件，然后再做一些数学推导，从中引申出几点结论，便认为大功告成。至于结论是否正确，约束条件是否合理，是否从实际中来，则不去多管，认为只要数学公式成立，推导步骤正确，就是科学的了；而且认为数学公式越多，推导越复杂，科学性就越强，理论也就越深刻。这实在是经济学对数学的滥用、误用。数学仅仅是一种科学方法，与西方经济学的内容无关。数学可以对正确的内容进行论证，也可以给错误的东西披上一层科学的外衣。一门学科是否为科学取决于其内容，而不是它是否使用数学方法。生物学、解剖学等并不大量使用数学，但没有人怀疑它们是科学。经济学需要数学作为研究工具，但决定经济学是否为科学的是它的思想内容，而不是它使用的数学工具。

三、西方经济学的意识形态问题

第一，西方经济学在意识形态上宣传资本主义制度的合理性和优越性，从而加强对该制度永恒存在的信念。早在200多年以前，西方经济学的鼻祖亚当·斯密就已经提出了著名的被称为“看不见的手”的原理，用以论证资本主义相对于封建社会的优越性。为此，他写道：“每个人都在力图应用他的资本，来使其生产品能得到最大的价值。一般地说，他并不企图增进公共福利，也不知道他所增进的公共福利为多少。他所追求的仅仅是他个人的安乐，仅仅是他个人的利益。在这样做时，有一只看不见的手引导他去促进一种目标，而这种目标绝不是他所追求的东西。由于追逐他自己的利益，他经常促进了社会利益，其效果要比他真正想促进社会利益时所得到的效果为大。”①

斯密虽然提出了“看不见的手”的原理，但却仅以论断的方式把该原理陈述出来，并没有对它加以证明。有鉴于此，斯密之后的西方经济学家纷纷致力于这一论证工作。西方学者亨特指出：“过去 150 年以来的正统经济学家，正和中世纪的经济学家一样，几乎毫无疑问地接受了对他们所在的社会制度的基本论断（包括斯密的论断——引者）。他们无休止地进行工作，以便为这一论断建立一个出色的合乎逻辑的体系。”②

西方学者建立这一合乎逻辑的体系的过程就是西方经济学发展的过程，这一合乎逻辑的体系即为西方经济学的内容，而西方经济学所讲的资本主义是理想社会的说法不过是斯密的论断的另一种表达方式。萨缪尔森在其著名的教科书中写道：“西方经济学的最伟大的成就之一就是理解亚当·斯密的论点的确切含义……在这种制度（指资本主义——引者）中整个社会经济是有效率的。”③ 目前，建立合乎逻辑的体系的工作仍在进行。所有这一切，我们已经在本章第一节中提供了发展的线索，读者还会在本书中看到较详细的论述。总之，宣传资本主义制度的合理性和优越性以便加强对该制度永恒存在的信念，是西方经济学企图为西方社会解决的意识形态问题。

第二，作为资本主义制度的上层建筑，西方经济学也必须为这一制度所面临的经济问题提供政策建议。资本主义制度具有它内在与外在的矛盾和缺陷，而这些矛盾和缺陷往往造成它必须加以解决的经济问题，如失业、垄断、经济萧条、劳资对立、通货膨胀、贫富悬殊等等，这些问题有时会达到非常严重的程度，以至有可能危及西方社会的存在。例如，萨缪尔森说：“为了理解如何把经济学的成果应用于人类社会的核心问题——这是我们学习经济学的最基本的原因。”④ 他所说的人类社会显然是指现代资本主义社会。另一本流行的教科书写道：“经济学是一个范围广泛的学科；这不仅是就它提出的问题而言的，而且是就它使用的解决问题的方法而言的。”⑤ 该书接着说：“世界上许多最迫切的问题都是经济方面的。”⑥ 由此可见，研究经济学的目的涉及西方国家如何解决它的国内和国外的重要经济问题。凯恩斯的《就业、利息和货币通论》在西方一般被认为是旨在拯救 1929 年后处于大萧条状态下的资本主义的著作。

既然西方经济学的第二个任务是解决资本主义的经济问题，而资本主义的经济问题又主要由市场机制的运行所造成，那么，为了解决它的经济问题，西方经济学

---

① 亚当·斯密. 国富论：下册. 伦敦：丹特公司，1955：246.

② 亨特，施瓦茨. 对经济理论的批判. 伦敦：企鹅出版社，1972：188.

③④ 萨缪尔森，诺德豪斯. 经济学. 19 版. 纽约：麦格劳-希尔公司，2009.

⑤⑥ 鲍莫尔，布兰德. 西方经济学：原理和政策. 7 版. 纽约：德里顿出版社，1997：3.

必须对造成它的经济问题的市场机制进行研究。更具体地说，西方经济学必须对市场经济运行的经验加以总结，以便根据总结出的经验提出政策建议。上面的两段引文中所提到的把经济学知识用于解决经济问题不外乎说总结市场经济的经验并把经验提升为理论，以便为改善其运行提供依据。

综上所述，作为资本主义制度的上层建筑，西方经济学企图为其经济基础解决两个问题：第一，在意识形态上，宣传资本主义制度的合理性和优越性，从而加强对该制度永恒存在的信念。第二，总结资本主义的市场经济运行的经验并把经验提升为理论，以便为改善其运行，甚至在必要时为拯救其存在提供政策建议。

从上述两个问题中可以看到，西方经济学具有双重性质，它既是资本主义的意识形态，又是资本主义市场经济运行的经验总结。

尽管如此，西方学者对意识形态问题还是持有尽量加以隐讳的态度，特别是在教科书中，这些教科书往往以科学著作自居，很少甚至根本不谈意识形态问题。这往往会使初学者产生误解，以为西方经济学只从事经济变量之间关系的实证研究，并不涉及意识形态。但实际上不是如此。

首先，实证研究本身并不能摆脱意识形态的影响，因为实证研究涉及对资料、数据和事实的选择，而这种选择又取决于研究者的目的、价值判断和意识形态。其次，即使对同样的事实，也可以作出不同的解释。最后，西方经济学并不全然进行实证研究。福利经济学就是一个显著的例子。此外，西方经济学不可避免要涉及政策建议，而政策建议就与意识形态有关。

四、现行西方经济学面临的挑战

上面说过，西方经济学理论是西方经济学家对西方资本主义市场经济运行和发展历史及现实情况的经验总结。如果实际情况发生变化，现行的理论就会受到挑战。目前，西方主流经济学理论就遇到了这种情况。

例如，传统的西方经济学理论告诉我们，由理性的投资者构成的“有效”市场发出的价格信号通常是正确的。然而，2008 年由美国次贷危机引发的严重金融危机告诉人们，事实并不是这样。这场危机就是在过分金融自由化的环境下，美国金融生态环境出现了社会信用恶化、监管缺失、市场秩序混乱、信息不对称、道德风险等一系列问题的情况下产生的。它告诉人们，经济自由是必要的，但必须和有效的监管相结合，否则经济学关于经济人具有完全理性的假定就会脱离实际，产生像这场次贷危机这样的大问题。这场金融危机还告诉我们，虚拟经济不能离开实体经济而发展。虚拟经济指资本采取脱离实体经济的价值形态，以票据方式持有权益，按特定规律运动以实现价值增值所形成的经济活动，而实体经济则指物质产品和精神产品的生产、销售以及提供相关服务的经济活动，既包括工、农、交通运输、邮电、建筑等生产活动，也包括商业、教育、文化、艺术等产品和服务的生产。虚拟经济产生于实体经济发展的内在需要，为实体经济服务，可提高实体经济运行的效率，为企业分散风险，降低实体经济波动导致的不确定性。但是虚拟经济发展往往与投机活动共存，因此虚拟经济比实体经济更容易形成泡沫。这场金融危机告诉人们，虚拟经济的发展必须以实体经济的发展为基础，基于实体经济发展的需要，不能过分脱离实体经济发展的实际需要。

又如，现代信息技术的发展对现有的传统西方经济学的一些理论也形成了挑战。互联网技术的发展使原有的一些生产理论和成本理论对一些经济现象失去了解释力。智能技术的发展和应用可能对原有的失业理论和经济周期理论的发展产生多大影响，有待观察。更值得重视的是大数据技术的兴起将对经济学研究和发展带来巨大影响。大数据的规模性、多样性将会使经济学研究不再是基于相关经济现象的样本数据，而是基于所有数据，不再探索难以捉摸的因果关系，而是更注重相关关系，不再注重静态分析，而是注重动态的、及时的分析与预测，从而会对基于统计检验的计量经济学和经济模型形成很大的挑战。总之，新技术革命带来的社会经济新变化必然要求现有经济学理论有相应的变化和发展。

五、正确对待西方经济学

资本主义经济制度是一种资本剥削雇佣劳动的制度，但这种剥削是通过发展现代商品经济来实现的。资本主义生产是资本价值增值和商品生产的统一。一方面，西方经济学是资本主义的意识形态，作为西方社会上层建筑的一部分，必然要宣传资本主义经济制度的合理性、优越性和永恒性，宣传资本主义私有制度才是符合人性的、最有活力的；另一方面，它又是西方经济学家对现代商品经济运行经验的总结，也是社会化大生产规律的反映，这些经验总结都是人类文明成果的一部分。对于后者，应当加以借鉴，因为我国的社会主义经济制度和资本主义经济制度尽管有根本区别，但都实行市场经济，都进行社会化大生产，都需要市场对资源配置起决定性作用，都需要政府的政策调节，因此西方经济学中那些市场经济运行经验的总结与国家调节经济的政策建议和经验教训对我们都有参考价值。

因此，我们对西方经济学应当持有的正确态度是，对于那些为资本主义私有制辩护的意识形态的东西，对于那些宣传资本主义制度才是符合人性的、合理的、最有活力的东西，必须加以分析和批判，而对于那些现代商品经济运行经验的总结，对于那些反映社会化大生产规律的东西，应当加以吸收和借鉴。当然，西方经济学中哪些是和社会主义对立的资本主义意识形态的一面，哪些是对发展我们社会主义市场经济有用的经验总结和管理方法的一面，西方经济学文献并不会直接标明，需要我们通过认真研究才能作出判断。为此，我们就必须认真学习这些理论，弄清其精神实质。根本否定或者全盘照搬的方法和态度都是要不得的。

第四节 本书结构和有关学习西方经济学的几点建议

一、本书结构

西方经济学讲述市场经济理论。本书分为微观经济学和宏观经济学两部分，都以供给和需求为总路子。微观经济学部分在引论后的第二章说明需求、供给和均衡价格，第三章说明家庭需求即消费者选择，从第四章到第七章说明企业供给问题，第八章说明生产要素价格的决定，第九章讨论一般均衡论和福利经济学，第十章说明博弈论的基本理论，最后第十一章讨论市场失灵和政府政策。

宏观经济学部分在说明了宏观经济的基本指标及其衡量后，接下来说明总需求决定的几个模型以及经济波动和政府政策，然后阐述经济增长，即说明总供给增长问题，之后的两章分别说明宏观经济活动要以微观经济主体的活动为基础和现代西方经济学的两大流派，最后说明西方经济学对中国改革、开放与发展的参考作用问题。

二、有关学习西方经济学的几点建议

目前我国高校中与财经管理有关的专业几乎都开设了西方经济学这门课程，内容基本上都是由新古典综合派发展而来的现代西方主流经济学的那套东西。本书的内容体系大体上也是如此。看起来这一内容体系相当庞杂。就如何学习本书而言，我们提出以下几点建议供参考。

第一，把握基本理论主线。西方微观经济学研究资源配置。在市场经济中，资源配置是通过价格机制实现的，而价格是由供求决定的，因此供给与需求分析是微观经济学的主线。产品和生产要素的供求在不同市场结构（垄断和竞争的情况）中的表现和作用构成微观经济学的主要内容。西方宏观经济学研究资源利用。在市场经济中资源利用表现为国民收入的决定。宏观经济学分析国民收入如何决定，由简单到复杂、由抽象到具体的三个模型即收入—支出模型、*IS—LM* 模型和 *AD—AS* 模型就构成宏观经济学的一条主线。国民收入的波动和政策调控同样是在这些模型中实现的。可见，要掌握看起来似乎很庞杂的内容体系，关键是首先要掌握微观、宏观的这些主线。

第二，把握基本分析方法。西方经济学家对研究西方经济学提出了许多方法，如实证分析、规范分析方法，局部均衡分析、一般均衡分析方法，静态分析、比较静态分析和动态分析方法，抽象方法，数学方法，等等，这些在本书中都会讲到。

第三，学会使用配套书籍。西方经济学的基本教材的内容大多限于基本理论框架以及主要理论观点的阐述，不可能穷尽理论产生背景、案例分析以及练习题等，但是这些理论产生背景、案例分析以及练习题等又都是帮助理解和消化经济理论所必需的。为此一些教材往往还有一些配套书籍，本书同样如此。本书编者不但编写了微观、宏观的分册教材，还出版了它们的简写版本《微观经济学原理》《宏观经济学原理》以及更加简明的《经济学基础》，并编写出版了《西方经济学学习与教学手册》《西方经济学典型题题解》等配套书。这些书籍虽然不属于基本教材，但是都对学习有好处。就拿《西方经济学典型题题解》来说，书中的习题不论采取何种形式，都有助于加深读者对西方经济学基本理论的理解，有助于读者学会对基本理论的应用。

第四，学会理论联系实际。学习西方经济理论，要联系思考中国经济改革、开放和发展中的诸多现实问题。当前以习近平同志为核心的党中央提出的经济新常态判断、供给侧改革策略、五大发展理念、“一带一路”倡议以及党的十九大文件等，都为我们提出了更多需要理论联系实际的课题。当然，由于我国的国情和西方发达国家不一样，从社会制度、历史方位和发展阶段等各方面看，我国的经济发展都有自己的特点，因此用西方经济理论考察中国的经济问题时不能简单套用或者类比，而只有结合我国的实际情况作深入思考，才能得出一些正确的结论。

第五节 结 束 语

本章学习要点可以归结如下：

(1) 经济学是研究人类经济活动的学问。生产和消费就是人类经济活动。

(2) 西方经济学从产生到现在经历了一个相当长的演变过程。

(3) 西方经济学的研究对象，通常被认为是经济资源的配置和利用以及产品的开发。经济资源的配置和利用以及产品的开发方式是经济体制问题。迄今为止人类的经济体制经历了四种类型。以经济资源的配置和利用以及产品的开发为对象来划分，现代西方经济理论大体上可划分为微观经济学与宏观经济学两大部分。

(4) 研究西方经济学的方法说法很多，从各个不同的角度来说主要有：实证分析与规范分析方法，均衡分析方法，静态分析、比较静态分析和动态分析方法，抽象方法，数学方法，等等。

(5) 应当正确认识和对待西方经济学。

(6) 从市场经济角度提出本书的大体结构并就如何学习本书提出一些建议供参考。

对本章的内容应当注意的是：

本章是全书的一个引论，主要是概括介绍一下西方经济学的研究对象、西方经济学的大体演变过程以及如何正确对待西方经济学等问题。这里值得我们注意的是介绍西方经济学的研究对象时所涉及的四种资源配置方式的内容，其中说到市场经济体制在资源配置中的效率较高，我们在领会这一点时可结合我国改革开放的实际。我国的经济改革取向是社会主义市场经济化。可以说我国经济改革不断深化实际上就是在市场化道路上不断向前迈进。党的十八届三中全会提出的一个重大理论观点是，要使市场在资源配置中起决定性作用和更好发挥政府作用。正如习近平同志所说，“市场经济本质上就是市场决定资源配置的经济。健全社会主义市场经济体制必须遵循这条规律，着力解决市场体系不完善、政府干预过多和监管不到位问题。作出‘使市场在资源配置中起决定性作用’的定位，有利于在全党全社会树立关于政府和市场关系的正确观念，有利于转变经济发展方式，有利于转变政府职能，有利于抑制消极腐败现象。”① 在党的十九大报告中，习近平再次提出要“构建市场机制有效、微观主体有活力、宏观调控有度的经济体制，不断增强我国经济创新力和竞争力”，“加快完善社会主义市场经济体制。经济体制改革必须以完善产权制度和要素市场化配置为重点，实现产权有效激励、要素自由流动、价格反应灵活、竞争公平有序、企业优胜劣汰”。只有真正认识“使市场在资源配置中起决定性作用”的定位，才能夺取我国经济改革的更大胜利，实现中华民族伟大复兴的“中国梦”。

① 习近平．关于《中共中央关于全面深化改革若干重大问题的决定》的说明．人民日报，2013－11－16.

第二章 需求、供给和均衡价格

作为学习微观经济学的起点，本章将在第一节介绍微观经济学的研究对象及其理论体系的框架等基础性内容，还将通过“对微观经济学的鸟瞰”，使得读者对本书将要展开的微观经济学各章内容之间的相互关系及其内在逻辑有一个大致的了解。

在市场经济中，需求和供给是价格机制运行的重要力量。任何商品的价格都是在需求和供给的相互作用下形成的，需求、供给和价格影响着每一个经济个体的决策行为，进而影响着经济社会的资源配置。本章从第二节起，将介绍基于买方行为的需求和基于卖方行为的供给这两个概念，以及在市场上由买卖双方的供求行为相互作用决定均衡价格的理论。此外，本章还将介绍供求弹性知识。最后，介绍运用需求、供给和均衡价格基本原理的几个事例。

第一节　微观经济学的特点

一、微观经济学的研究对象

微观经济学以对经济个体的行为分析为基础，研究现代西方经济社会市场机制的运行和对经济资源的配置作用，以及相关的改善途径。

1. 稀缺性与选择

人类在经济活动中都面临一个基本的事实，那就是资源的稀缺性。稀缺性是指一个经济社会拥有的资源是有限的，因此不能生产人们希望拥有的所有产品和劳务。稀缺性一方面源于自然禀赋、要素投入、技术水平及其所决定的生产出来的产品和劳务的数量是有限的，另一方面源于人类对自身欲望的追求是无限的。无论是对一个社会还是对经济个体来说，都存在着资源稀缺性问题。譬如，受收入和时间的限制，我们每个人都不可能得到希望消费的每一件物品，也不可能参加所有希望参加的活动。当然，一个经济社会也不可能提供所有居民希望享用的全部产品和劳务。

任何欲望的实现都离不开对经济资源的耗费。由于资源的稀缺性，每一经济个体都必然会面临选择以及如何选择的问题。比如，某企业家拥有一笔资金，他既可以将这笔资金全部投资于 A 项目，也可以将其全部投资于 B 项目，而资金的有限性使得他只能从中选择一个投资项目而放弃另一个投资项目。再比如，某人很想外出旅游一段日子，但他必须放弃那段时间的工作与相应的收入，即他需要在外出旅游享受快乐与继续工作获取收入之间作出选择，因为对于任何人来说时间都是稀缺的。

既然经济资源的稀缺性使得经济个体必须进行选择，那么，经济个体应该如何进行选择呢？或者说，从微观经济学的角度看，经济个体选择的思维方式及其行为又具有哪些特点呢？

2. 理性选择与权衡取舍

我们知道，在西方经济学中有一个基本的假设条件，即“合乎理性的人”的假设条件，亦被简称为“理性人”或“经济人”的假设条件。西方经济学家认为，这个假设条件是对从事经济活动的所有人的基本特征的一般抽象，这个被抽象出来的“理性人”的基本特征是指：每一个从事经济活动的人都是利己的。也可以说，每一个从事经济活动的人所采取的行为都是力图以自己最小的经济代价去获取自己最大的经济利益。

据此，当资源稀缺性使得每一个人都必须在各种可能的生产或消费活动中作出取舍时，每个人的选择行为便都是理性的。个人的理性选择是指经济个体总是选择能够给自己带来最大经济利益的经济活动。要做到这一点，经济个体就需要对其可能从事的各种经济活动进行成本—收益比较，以权衡取舍。仍然考虑上面的例子，对于那位企业家来说，就需要通过对 A、B 两个项目进行成本—收益比较分析，从中选择一个能够给自己带来最大利润的项目。对于那位计划旅游的消费者来说，就需要对旅游所需付出的成本（包括因旅游而失去的工资收入）与旅游所能获得的快乐进行比较，以决定自己是否去旅游及选择旅游的最佳天数，从而使自己能够获得最大的效用。

经济学家指出，在经济个体进行成本—收益分析时，应该从机会成本的角度来计算成本。因为资源的稀缺性使得任何一种产品的生产总是以放弃其他产品的生产为代价的，这种放弃或代价就是机会成本。而且，机会成本是以放弃的在其他各种可能的产品生产中所获得的最高收入来衡量的。以机会成本来考量成本，是经济个体实现自身利益最大化的基础。①

经济学家还指出了边际分析在成本—收益分析中的重要性。“边际”可以理解成“边界”或“边缘”的意思，边际分析意味着经济个体总是通过对选择变量（如产量、消费量）的“边界”即“边际”意义上的调整，来实现最大的经济利益。比如，理性的厂商不是简单地调整总成本和总收益，而是依据对边际成本与边际收益的比较，来对每一单位的新增产量进行权衡取舍，从而实现最大的利润。②

3. 市场经济：个人利益与社会利益

在市场经济中，每个人的理性选择都只是追逐他自己的最大利益，并在买卖交易活动中实现各自的最大利益目标。就消费者而言，他购买商品只是为了实现自己的最大效用，他并不追求生产者的利益。同样，就生产者而言，他生产和销售产品只是为了实现自己的最大利润，他也不会去追求消费者的利益。

进一步地，在市场的交易活动中，当一个人作出买或卖的理性选择时，他便与无数个生产他所需要的产品的人联系起来，或者与无数个购买他所销售的产品的人联系起来，而所有这些人都作出了追求自身最大利益的理性选择。那么，就一个经济社会而言，整体的社会利益又会如何呢？

按照资产阶级古典政治经济学家亚当·斯密在其1776年出版的著作《国富论》中提出的著名的被称为“看不见的手”的原理的说法，人们在追逐自己的利益的时候，被一只“看不见的手”引导着，结果却经常促进了社会的利益。③西方经济学家认为，微观经济学论述了这只“看不见的手”即市场的作用，正是市场价格机制的自发调节，引导着买者和卖者的行为，并在竞争性市场条件下实现了社会福利的最大化。

4. 政府的作用

尽管“看不见的手”的作用如此重要，但它也不是万能的，市场经济还需要政府。其原因在于，首先，市场经济需要政府对产权的保护，以及对市场经济秩序和规则的维护。其次，市场经济还存在一些自身无法解决的问题，即市场失灵问题，它们也需要政府来解决。譬如，在现实经济活动中存在由垄断势力导致的低效率，这就需要政府对垄断企业进行管制。又如，由企业生产的外部性导致的诸如环境污染等问题，也需要政府出面进行干预。诸如此类的一系列市场失灵问题都需要政府执行相应的政策予以解决。④ 最后，从经济社会的效率和公平两大目标的角度而言，政府在促进效率和公平方面都发挥着重要的作用。

5. 微观经济学对个体经济单位考察的三个层次

微观经济学的具体考察对象是个体经济单位，个体经济单位包括单个消费者、

---

① 关于机会成本概念的具体介绍，请阅读本书第五章第一节。

② 关于建立在边际分析基础上的厂商追求利润最大化原则的论述，请阅读本书第六章第二节。

③ 亚当·斯密．国富论：上册．北京：中国人民大学出版社，2016：560.

④ 关于市场失灵和微观经济政策的具体内容，请阅读本书第十一章。

单个生产者和单个市场等。

围绕微观经济学的研究对象，微观经济学对个体经济单位的考察是在三个逐步深入的层次上进行的。第一个层次是分析单个消费者和单个生产者的经济行为。它分析单个消费者如何进行最优的消费决策以获得最大的效用，单个生产者如何进行最优的生产决策以获取最大的利润。第二个层次是分析单个市场的均衡价格的决定。这种单个市场均衡价格的决定，是作为单个市场中所有的消费者和所有的生产者最优经济行为相互作用的结果而出现的。第三个层次是分析所有单个市场均衡价格的同时决定。这种决定是作为所有单个市场相互作用的结果而出现的，或者说，是作为经济社会中全部市场上的全部消费者和全部生产者的最优经济行为相互作用的结果而出现的。

显然，微观经济分析所涉及的经济变量都是经济个量及其相互关系，也正是从这个意义上，它才被称为微观经济学或个量分析。

二、对微观经济学的鸟瞰

在学习微观经济学之初，可以对它所涉及的领域作一鸟瞰，以便大致了解微观经济学理论体系的框架。下面用图 2－1 加以说明。

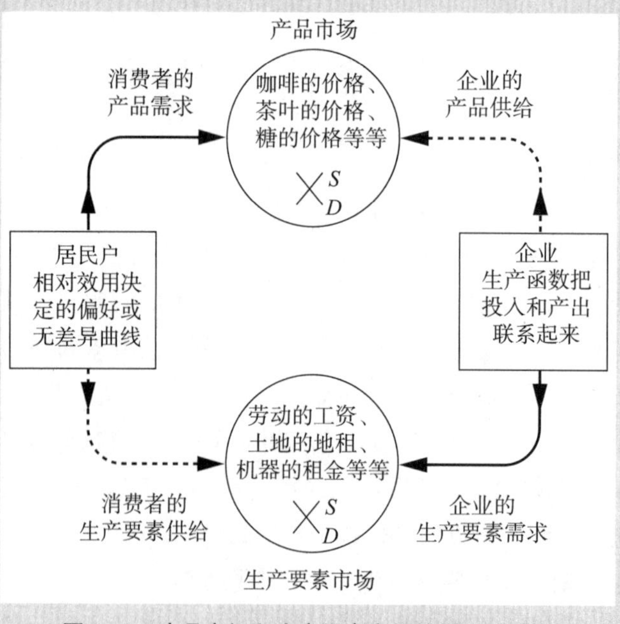

图 2－1　产品市场和生产要素市场的循环流动图

首先要指出的是，在该图中出现的一些专门术语及涉及的基本原理，在本书后面的有关内容中都会得到详细的说明。在此，初学者只需要对该图的内容有一个大致的了解，从而对微观经济学的理论体系掌握一个粗略的轮廓。

该图的左、右两个方框分别表示居民户和企业。居民户指的是消费者，企业指的是厂商。这里的每一个消费者和每一个厂商都具有双重身份：单个消费者和单个厂商分别以产品的需求者和产品的供给者的身份出现在产品市场上，又分别以生产要素的供给者和生产要素的需求者的身份出现在生产要素市场上。图的上方和下方分别表示产品市场和生产要素市场。消费者和厂商的经济活动通过产品市场和生产要素市场的供求关系的相互作用而联系起来。图中的需求关系都用实线表示，供给关系都用虚线表示。

从图中的居民户方面看，出于对自身经济利益的追求，消费者的经济行为首先表现为在生产要素市场上提供生产要素，如提供一定数量的劳动、土地等，以取得收入，然后在产品市场上购买所需的产品，如一定数量的咖啡、茶叶等，最后在消费中得到最大的效用满足。从图中的企业方面看，同样也是出于对自身经济利益的追求，厂商的经济行为首先表现为在生产要素市场上购买生产所需的生产要素，如雇用一定数量的工人、租用一定数量的土地等，然后进入生产过程，生产出一定数量的产品如咖啡、茶叶等，最后通过产品的出售获得最大的利润。

在图的上半部分，消费者对产品（如咖啡、茶叶）的需求和厂商对产品（如咖啡、茶叶）的供给相遇于产品市场，由此便决定了每一种产品（如咖啡、茶叶）市场的均衡价格和均衡数量。在完全竞争的产品市场的长期均衡条件下，厂商的超额利润为零，产品市场的均衡价格会降至长期平均成本的最低水平，也就是说，厂商是以最低的价格出售产品的。在图的下半部分，消费者对生产要素（如劳动、土地）的供给和厂商对生产要素（如劳动、土地）的需求相遇于生产要素市场，由此又决定了每一种生产要素（如劳动、土地）市场的均衡价格（如工资、地租）和均衡数量，并进一步决定厂商对生产要素供给者的报酬支付。

通过对图 2-1 的介绍，我们可以清楚地看到：在完全竞争条件下，无论是在产品市场，还是在生产要素市场，单个消费者和单个厂商的经济活动都表现为在市场机制的作用下各自追求自身经济利益最大化的过程。正是在这一过程中，每个产品市场和每个生产要素市场，进而所有的市场，都实现了供求相等的均衡状态。在这样的完全竞争的均衡状态中，每一种产品都以最低的成本被生产出来，每一种产品也都以最低的价格在市场上被出售，消费者获得最大的满足，厂商获得最大的利润，生产要素的提供者根据各自对生产的贡献都得到了相应的报酬。

在以上内容的基础上，本书的一般均衡论进一步证明在完全竞争条件下所有单个市场同时均衡的状态是可以存在的。本书的福利经济学则以一般均衡论为出发点，论述一般均衡状态符合“帕累托最优状态”。这样，整个资本主义经济实现了有效的资源配置。这就是微观经济学所要论证的核心思想。此外，微观经济学还包括微观经济政策分析。因为西方经济学家认为，现实的资本主义经济在某些方面与上述的完全竞争经济的最优状态是有偏离的，这就需要执行一定的微观经济政策来加以矫正，以克服市场失灵，使得现实的经济更有效运行。

按照上面介绍的微观经济学的理论体系的框架，本书上篇微观经济学部分的内容是这样安排的：作为微观经济理论分析的出发点，第二章首先简要介绍价格理论的两个基本概念——市场的需求和供给，以及由需求和供给决定的市场均衡价格。第三章消费者选择介绍消费者行为理论，其内容涉及图 2-1 的左上方。第四章生产技术、第五章成本和第六章及第七章的市场论介绍生产者行为理论和市场理论，其内容涉及图 2-1 的右上方。以上六章所涉及的领域都是产品市场，也就是图 2-1 的上半部分。第八章转入对生产要素市场的分析。该章首先分别介绍生产要素的需求者即生产者的经济行为和生产要素的供给者即消费者的经济行为，也就是图 2-1 的右下方和左下方，然后介绍生产要素市场由供求决定的均衡价格。第八章的生产要素理论亦被称为分配理论，涉及的是图 2-1 的下半部分。此外，第九章介绍一般均衡论和福利经济学。第十一章介绍市场失灵和微观经济政策。这两章涉及图 2-1 的整体。①

第二节　需　求

在市场经济中，价格是经济活动参与者相互之间联系和传递经济信息的机制，并且，价格机制使经济资源得到有效配置。例如，当某种稀缺的昂贵原料被用来生产一种产品时，这种产品的生产成本进而在市场上的价格必然就会很高。于是，生产者就会节省对这种原料的使用，甚至会有积极性去寻找新材料和新技术，以减少或替代对这种原料的使用。而且，消费者会因为产品的高价而自愿减少对产品的需求量。既然在市场经济中价格的作用如此重要，那么，市场价格是如何形成的呢?

我们在上节对图 2-1 的分析中已经清楚地看到，消费者和厂商的经济行为的相互联系表现为产品市场和生产要素市场供求关系的相互作用，而正是在这种供求关系的相互作用下形成了市场的均衡价格。任何商品的价格都是由需求和供给这两种市场力量共同决定的，因此，作为微观经济学分析的起点，本节和下一节将分别介绍竞争性市场的需求和供给这两个基本概念。竞争性市场的主要特征是：市场上有无数的买者和卖者，买卖双方就同一种无差别的商品进行交易，所以，任何个人的买进或卖出的行为都不会对商品的市场价格产生影响。也就是说，每一个买者或卖者都只能是市场价格的接受者。②

本节将利用需求曲线这一分析工具，介绍竞争性市场的需求、需求定理以及需求的变动等基本概念。

---

① 第十章为博弈论初步。在 20 世纪后半叶，博弈论发展成微观经济学的一个重要研究领域，1994 年的诺贝尔经济学奖被授予三位博弈论专家。博弈论丰富了对寡头厂商等经济个体的策略决策行为的分析，故本书专设第十章予以介绍。

② 关于完全竞争市场的条件，请阅读本书第六章第一、二节的相关内容。

一、价格与需求数量：需求曲线

1. 需求函数

一种商品的需求数量是指消费者在一定时期内愿意并且能够购买的这种商品的数量。正如我们所见，在现实经济生活中，一种商品的需求数量受到多种因素的影响，其中主要的因素有：该商品的价格、消费者的收入水平、相关商品的价格、消费者的偏好、消费者对该商品的价格预期，以及消费者的人数等。它们各自对商品的需求数量的影响如下：

关于商品自身的价格。一般说来，一种商品的价格越高，该商品的需求量就会越小；相反，价格越低，需求量就会越大。

关于消费者的收入水平。对于大多数商品来说，当消费者的收入水平提高时，就会增加对商品的需求量；相反，当消费者的收入水平下降时，就会减少对商品的需求量。

关于相关商品的价格。当一种商品自身的价格保持不变，而与它相关的其他商品的价格发生变化时，这种商品的需求量也会发生变化。例如，在夏天的西瓜市场上，当产自本地的西瓜的价格不变而产自外地的西瓜的价格上升时，人们往往就会增加对本地西瓜的购买，从而使得本地西瓜的需求量上升。

关于消费者的偏好。当消费者对某种商品的偏好程度增强时，该商品的需求量就会增加；相反，当偏好程度减弱时，需求量就会减少。

关于消费者对商品的价格预期。当消费者预期某种商品的价格在下一期会上升时，就会增加对该商品的现期需求量；当消费者预期某种商品的价格在下一期会下降时，就会减少对该商品的现期需求量。

关于消费者的人数。一个商品市场上消费者人数的增减会直接影响该市场上需求量的多少。

所谓**需求函数表示一种商品的需求数量和影响该需求数量的各种因素之间的相互关系**。也就是说，在以上的分析中，影响需求数量的各因素是自变量，需求数量是因变量。一种商品的需求数量是所有这些影响因素的函数。但是，如果我们对影响一种商品需求数量的所有因素同时进行分析，就会使问题变得复杂起来。在处理这种复杂的多变量的问题时，通常可以将问题简化，即一次把注意力集中在一个影响因素上，而同时假定其他影响因素保持不变。在这里，由于一种商品的价格是决定需求数量的最基本的因素，所以，我们假定其他因素保持不变，仅仅分析一种商品的价格对该商品需求数量的影响，即把一种商品的需求数量仅仅看成是这种商品的价格的函数，于是，可以得到一个简单的**需求函数**：

$$Q^d = f(P) \tag{2.1}$$

式中，P 为商品的价格；Q^d 为商品的需求数量。

由需求函数（2.1）式可知，随着市场价格 P 的变化，消费者会不断调整自己的需求数量 Q；一般说来，对应每一个市场价格 P，都会有一个市场的需求数量 Q 与其相匹配。由此，我们给出需求的概念：**一种商品的需求是指在其他因素不变的条件下消费者在一定时期内在各种可能的价格水平愿意并且能够购买的该商品的数量。** 根据此定义可知，需求必须是指消费者具有购买欲望又有购买能力的有效需求。倘若消费者对商品只有购买欲望却没有购买能力，比如无钱支付，则不构成有效需求。

由需求函数（2.1）式和相应的需求的定义出发，我们会问这样一个问题：既然在商品市场上价格与需求数量呈现出一一对应的关系，那么，这种对应关系会有什么规律吗？这对于我们了解市场需求及市场机制运行是至关重要的。下面，我们利用需求曲线来分析和回答这个问题。

2. 需求曲线

我们先来看一个某商品市场的需求表，即表 2-1。

从表 2-1 可以清楚地看到某商品的价格与需求量之间的函数关系。譬如，当商品价格为 1 元时，商品的需求量为 700 单位；当价格上升为 2 元时，需求量下降为 600 单位；当价格进一步上升为 3 元时，需求量下降为更少的 500 单位；如此等等。

表 2-1　某商品的需求表

价格—需求量组合	A	B	C	D	E	F	G
价格（元）	1	2	3	4	5	6	7
需求量（单位）	700	600	500	400	300	200	100

商品的需求曲线是根据需求表中商品不同的价格—需求量组合在平面坐标图上所绘制的一条曲线。图 2-2 是根据表 2-1 绘制的一条需求曲线。

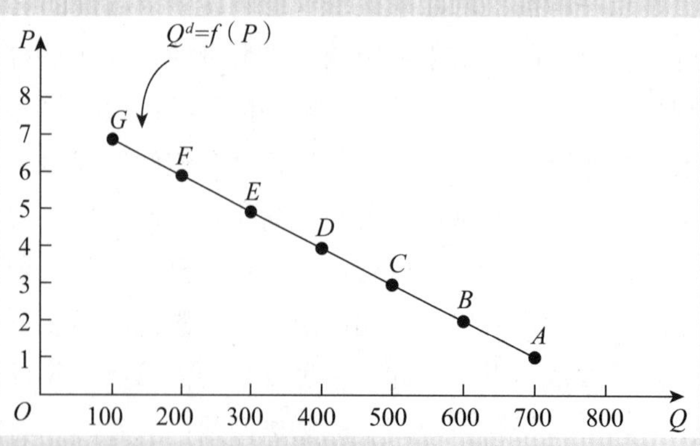

图 2-2　某商品的需求曲线

在图 2-2 中，横轴表示商品的数量，纵轴表示商品的价格。需要指出的是，与数学上的习惯相反，微观经济学在分析需求曲线和供给曲线时，通常以纵轴表示自变量 P，以横轴表示因变量 Q。

图中的需求曲线是这样得到的：根据表 2-1 中每一个商品的价格—需求量组合，在平面坐标图中描绘相应的各点 A、B、C、D、E、F、G，然后顺次连接这些点，便得到需求曲线 $Q^d=f(P)$。它表示在不同价格水平上消费者愿意而且能够购买的商品数量。所以，需求曲线是以几何图形来表示商品的价格和需求量之间的函数关系的。

微观经济学在论述需求函数时，一般都假定商品的价格和相应的需求数量的变化具有无限分割性，即具有连续性。正是由于这一假定，在图 2-2 中才可以将商品的各个价格—需求量的组合点 A、B、C……连接起来，从而构成一条平滑的、连续的需求曲线。

图 2-2 中的需求曲线是一条直线，实际上，需求曲线可以是直线型的，也可以是曲线型的。当需求函数为线性函数时，相应的需求曲线是一条直线，直线上各点的斜率是相等的。当需求函数为非线性函数时，相应的需求曲线是一条曲线，曲线上各点的斜率是不相等的。在微观经济分析中，为了简化分析过程，在不影响结论的前提下，大多使用线性需求函数。线性需求函数的通常形式为：

$$Q^d=\alpha-\beta\cdot P \tag{2.2}$$

式中，α、β 为常数，且 α、$\beta>0$。① 该函数所对应的需求曲线为一条直线。

3. 需求定理

建立在需求函数 $Q^d=f(P)$ 基础上的需求表表 2-1 和需求曲线图 2-2 都反映了商品市场的价格变动与所引起的需求量变动两者之间的关系。在需求表表 2-1 中，商品的需求量随着商品价格的上升而减少。在图 2-2 中，需求曲线有一个明显的特征，即需求曲线是向右下方倾斜的；或者说，需求曲线的斜率为负。它们都表示商品的价格和需求量呈反方向变动的关系。

由此，我们得到**需求定理：在其他因素保持不变的条件下，一种商品的价格上升，则对该商品的需求量减少；一种商品的价格下降，则对该商品的需求量增加。简言之，商品的价格和需求量呈反方向变动。**②

至于需求曲线为什么一般是向右下方倾斜的，或者说，商品市场的价格和需求量之间呈反方向变动的具体原因是什么，将在第三章消费者选择中得到深入的分析和说明。本节只是描述了关于商品的价格和需求量这两个变量相互关系的现象特征，而并没有解释关于这种现象特征的原因。

---

① 在需求函数 $Q^d=\alpha-\beta\cdot P$ 中，α 表示需求曲线在横轴上的截距，即：当 $P=0$ 时，$Q^d=\alpha$。$-\beta$ 表示需求曲线相对于价格轴的斜率，即：$-\beta=\dfrac{\Delta Q^d}{\Delta P}$，或者 $-\beta=\lim\limits_{\Delta P\to 0}\dfrac{\Delta Q^d}{\Delta P}=\dfrac{dQ^d}{dP}$。

② 在一般情况下，商品的价格和需求量之间呈反方向变动的关系。但是，在吉芬品的特殊场合，价格和需求量之间呈同方向变动的关系。关于这一点，详见本书第三章第五节。

二、沿着需求曲线的移动和需求曲线位置的移动

我们已经知道，商品市场上有很多因素影响着商品的需求数量。如上所述，在其他因素保持不变的情况下，如果我们只考虑某商品的价格变化对该商品需求数量的影响，那么，我们就可以用一条需求曲线来表示。但是，如果我们需要考虑除某商品价格以外的其他因素变化对该商品需求数量的影响，那就要用需求曲线位置的移动来表示。也就是说，我们需要区分沿着需求曲线的移动和需求曲线位置的移动，下面给出具体的分析说明。

1. 需求量的变动：沿着需求曲线的移动

在其他因素保持不变的条件下，仅由商品自身价格变化所导致的商品需求数量的变化，被称为需求量的变动。在几何图形中，需求量的变动表现为沿着一条既定的需求曲线的移动。

仍以图 2-2 来说明：在图中有一条既定的需求曲线，在商品的价格由 1 元逐步上升为 7 元导致商品的需求数量由 700 单位逐步减少为 100 单位的过程中，商品的价格—需求量组合沿着既定的需求曲线由 A 点出发经过 B、C、D、E、F 点，运动到 G 点。显然，需求量的变动是用沿着既定需求曲线 $Q^d=f(P)$ 的价格—需求量组合点的移动来表示的，也就是说，它并不体现整个需求状态的变化。

2. 需求的变动：需求曲线位置的移动

事实上，除了商品自身的价格以外，还有其他一系列因素会影响该商品的需求数量，例如，消费者收入水平的变动、相关商品价格的变动、消费者偏好的变化、商品预期价格的变化，以及消费者人数的变化等。除商品自身价格以外的其他因素变化所导致的商品需求数量的变化，被称为需求的变动。在几何图形中，需求的变动表现为需求曲线的位置发生移动。

具体地说，在一个商品市场上，如果在任何一个既定的价格水平上其他因素的变动使得该商品的需求数量都增加了，则称为需求的增加。需求的增加表现为需求曲线的位置向右移动。相反，如果其他因素的变动使得在任何一个既定的价格水平上该商品的需求数量都减少了，则称为需求的减少。需求的减少表现为需求曲线的位置向左移动。显然，需求变动所引起的需求曲线位置的移动，表示整个需求状态的变化。

以图 2-3 为例加以说明。原有的需求曲线为 D_1。在商品价格不变的前提下，如果其他因素的变化如消费者的收入增加使得需求增加，则表现为需求曲线 D_1 向右移动到 D_2 曲线的位置。相反，如果其他因素的变化如消费者的收入减少使得需求减少，则表现为需求曲线 D_1 向左移动到 D_3 曲线的位置。这种需求曲线位置的移动表示在每一个既定的价格水平需求数量都增加或者减少了。例如，在任何一个既定的价格水平如 P_0，消费者的收入增加使得需求数量由与 D_1 曲线对应的 Q_1 增加为与 D_2 曲线对应的 Q_2；反之，消费者的收入减少则使得需求数量由与 D_1 曲线对

应的 Q_1 减少为与 D_3 曲线对应的 Q_3。显然，需求的变动所引起的需求曲线位置的移动，表示整个需求状态的变化。

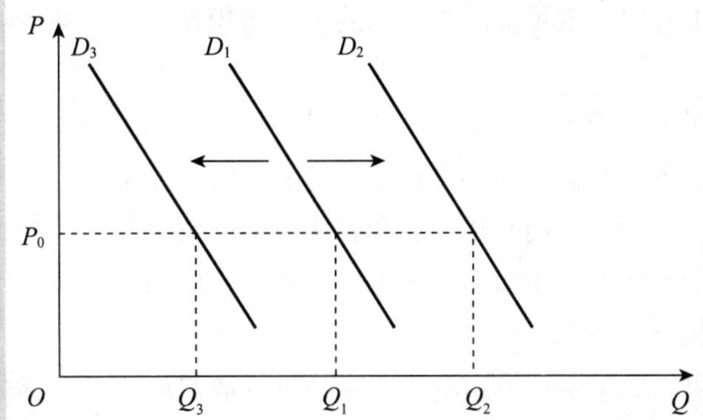

图 2-3　需求的变动和需求曲线的移动

最后，需要指出的是，围绕竞争性市场均衡价格决定模型，本节关注的是该模型所涉及的一个基本概念即竞争性市场的需求。至于如何理解个体需求及其与市场需求之间的关系，将在第三章第六节予以介绍。

第三节　供　给

本节将利用供给曲线这一分析工具，介绍竞争性市场的供给、供给定理，以及供给的变动等基本概念。

一、价格与供给数量：供给曲线

1. 供给函数

一种商品的供给数量是指生产者在一定时期内愿意而且能够提供出售的这种商品的数量。一种商品的供给数量受到多种因素的影响，其中主要的因素有：该商品的价格、生产的成本、生产的技术水平、相关商品的价格、生产者对未来的预期，以及生产者的人数等。它们各自对商品的供给数量的影响如下：

关于商品自身的价格。一般说来，一种商品的价格越高，生产者提供的产量就越大；相反，商品的价格越低，生产者提供的产量就越小。

关于生产的成本。在商品自身的价格不变的条件下，生产成本上升会减少利润，从而使得商品的供给量减少；相反，生产成本下降会增加利润，从而使得商品的供给量增加。

关于生产的技术水平。在一般情况下，生产技术水平的提高可以降低生产成本，增加生产者的利润，生产者会提供更多的产量。

关于相关商品的价格。在一种商品的价格不变而其他相关商品的价格发生变化时，该商品的供给量会发生变化。例如，对蔬菜大棚的种植户来说，在黄瓜价格不变而西红柿价格上升时，就可能减少黄瓜的种植面积和产量，而增加西红柿的种植面积和产量。

关于生产者对未来的预期。如果生产者对未来的预期是乐观的，如预期商品的价格会上涨，生产者往往会扩大生产，增加商品供给。如果生产者对未来的预期是悲观的，如预期商品的价格会下降，生产者往往会缩减生产，减少商品供给。

关于生产者的人数。一个商品市场上生产者数量增加，会使市场上该商品的供给量增加；或者相反。

一种商品的供给数量是所有影响这种商品供给数量的因素的函数。如果假定其他因素均不发生变化，仅考虑一种商品的价格变化对其供给数量的影响，即把一种商品的供给数量只看成是这种商品的价格的函数，则可以得到一个简单的**供给函数**：

$$Q^s = f(P) \tag{2.3}$$

式中，P 为商品的价格；Q^s 为商品的供给数量。

由供给函数（2.3）式可知，随着市场价格 P 的变化，生产者会不断调整商品的供给数量 Q；一般说来，在每一个市场价格水平 P，对应地都会有一个市场的供给数量 Q。据此，我们给出供给的概念：**一种商品的供给是指在其他因素不变的条件下生产者在一定时期内在各种可能的价格水平愿意并且能够提供出售的该商品的数量。**显然，供给指的是有效供给，即要求生产者既具有提供出售商品的愿望，又具备提供出售商品的能力。倘若只有愿望而没有能力，则不构成有效供给。

2. 供给曲线

由供给函数（2.3）式和相应的供给的定义出发，我们会思考这样一个问题：在商品的供给量随着商品价格的变化而变化的过程中，会呈现哪些基本的特征呢？为此，我们先来看一个某商品市场的供给表，即表 2－2。

表 2－2　某商品的供给表

价格—供给量组合	A	B	C	D	E
价格（元）	2	3	4	5	6
供给量（单位）	0	200	400	600	800

表 2－2 清楚地表示了商品的价格和供给量之间的函数关系。例如，当价格为 6 元时，商品的供给量为 800 单位；当价格下降为 4 元时，商品的供给量减少为 400 单位；当价格进一步下降为 2 元时，商品的供给量减少为零。

商品的供给曲线是根据供给表中的商品的价格—供给量组合在平面坐标图上所

绘制的一条曲线。图 2-4 便是根据表 2-2 所绘制的一条供给曲线。

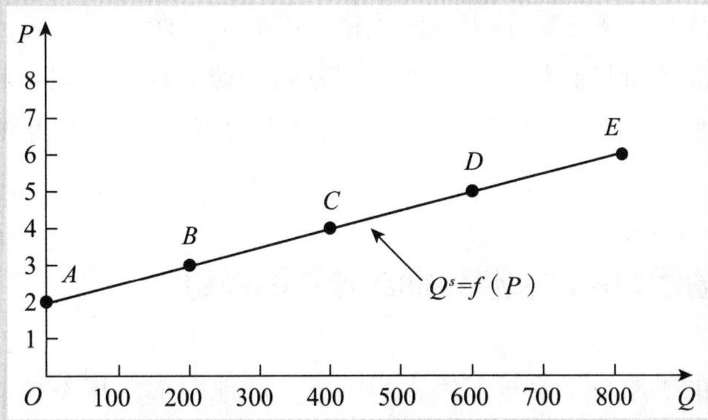

图 2-4　某商品的供给曲线

图中的横轴表示商品数量，纵轴表示商品价格。在平面坐标图上，把根据供给表中商品的价格—供给量组合所得到的相应的坐标点 A、B、C、D、E 连接起来的线，就是该商品的供给曲线 $Q^s=f(P)$。它表示在不同的价格水平上生产者愿意而且能够提供出售的商品数量。供给曲线是以几何图形来表示商品的价格和供给量之间的函数关系的。和需求曲线一样，供给曲线也是一条平滑的和连续的曲线，它是建立在商品的价格和相应的供给数量的变化具有无限分割性即连续性的假设上的。

如同需求曲线一样，供给曲线可以是直线型的，也可以是曲线型的。如果供给函数是线性函数，则相应的供给曲线是直线型的，如图 2-4 中的供给曲线。如果供给函数是非线性函数，则相应的供给曲线就是曲线型的。直线型供给曲线上各点的斜率是相等的，曲线型供给曲线上各点的斜率则不相等。在微观经济分析中，使用较多的是线性供给函数。它的通常形式为：

$$Q^s=-\delta+\gamma \cdot P \tag{2.4}$$

式中，δ、γ 为常数，且 δ、$\gamma>0$。① 与该函数相对应的供给曲线为一条直线。

3. 供给定理

我们可以看到，在供给表即表 2-2 中，商品的供给量随着商品价格的上升而上升。在图 2-4 中，供给曲线呈现向右上方倾斜的基本特征；或者说，供给曲线的斜率为正。无论是供给表还是供给曲线都告诉我们：商品的价格和供给量呈同方向变动的关系。

由此，我们得到**供给定理：在其他因素保持不变的条件下，一种商品的价格上**

---

① 在供给函数 $Q^s=-\delta+\gamma \cdot P$ 中，$-\delta$ 是供给曲线（严格地说，是供给曲线的延长线）在横轴上的截距，它表示商品价格为零时的供给量；它意味着：能使生产者提供产量的价格必定是 $P>\frac{\delta}{\gamma}$。γ 表示供给曲线相对于价格轴的斜率，即：$\gamma=\frac{\Delta Q^s}{\Delta P}$，或者 $\gamma=\lim\limits_{\Delta P \to 0}\frac{\Delta Q^s}{\Delta P}=\frac{\mathrm{d}Q^s}{\mathrm{d}P}$。

升，则该商品的供给量增加；一种商品的价格下降，则该商品的供给量减少。简言之，商品的价格和供给量呈同方向变动。

至此，我们描述了关于商品市场的价格和供给量这两个变量之间相互关系的现象特征，至于商品的价格和供给量之间呈同方向变动的具体原因，或者说，为什么供给曲线一般是向右上方倾斜的，将在第六章完全竞争市场中得到深入的分析和说明。

二、沿着供给曲线的移动和供给曲线位置的移动

商品市场上的供给数量受很多因素影响。在其他因素保持不变的情况下，如果我们只考虑某商品的价格变化对该商品供给数量的影响，那么，我们就可以如前面所分析的那样，用一条供给曲线来表示。但是，如果我们需要考虑除某商品价格以外的其他因素变化对该商品供给数量的影响，那么，就要用供给曲线位置的移动来表示。也就是说，我们需要区分沿着供给曲线的移动和供给曲线位置的移动，下面展开具体的分析说明。

1. 供给量的变动：沿着供给曲线的移动

在其他因素保持不变的条件下，仅由商品自身价格变化所导致的商品供给量的变化，被称为供给量的变动。在几何图形中，供给量的变动表现为沿着一条既定的供给曲线的移动。

仍以图 2－4 来说明：图中有一条既定的供给曲线。随着商品价格上升所引起的供给数量的逐步增加，A 点沿着既定的供给曲线逐步移动到 E 点。显然，供给量的变动是用沿着既定供给曲线的价格—供给量组合点的移动来表示的。由于这种价格—供给量组合点的移动都发生在既定的同一条供给曲线上，故可以认为它并不体现整个供给状态的变化。

2. 供给的变动：供给曲线位置的移动

在商品自身的价格保持不变时，其他一些因素也会影响商品市场的供给数量。这些其他因素可以是生产成本的变动、生产技术的变化、相关商品价格的变动、生产者对未来预期的变化，以及生产者人数的变化等。除商品自身价格以外的其他因素变化所导致的商品供给数量的变化，被称为供给的变动。在几何图形中，供给的变动表现为供给曲线的位置发生移动。

具体地说，在一个商品市场上，如果在任何一个既定的价格水平，其他因素的变动使得商品的供给数量都增加了，则称为供给的增加。供给的增加表现为供给曲线的位置向右移动。相反，如果其他因素的变动使得任何一个既定的价格水平上的供给数量都减少了，则称为供给的减少。供给的减少表现为供给曲线的位置向左移动。

以图 2－5 为例加以说明。原有的供给曲线为 S_1。在除商品自身价格以外的其他因素变动的影响下，若供给增加，则供给曲线 S_1 向右移动到 S_2 曲线的位置；若

供给减少，则供给曲线 S_1 向左移动到 S_3 曲线的位置。由供给变化引起的供给曲线位置的移动，表示在每一个既定的价格水平供给数量都增加或者减少了。比如，在任意一个既定的价格水平如 P_0，生产成本下降使得供给数量由与 S_1 曲线对应的 Q_1 增加为与 S_2 曲线对应的 Q_2；反之，生产成本上升使得供给数量由与 S_1 曲线对应的 Q_1 减少为与 S_3 曲线对应的 Q_3。显然，供给的变动所引起的供给曲线位置的移动，表示整个供给状态的变化。

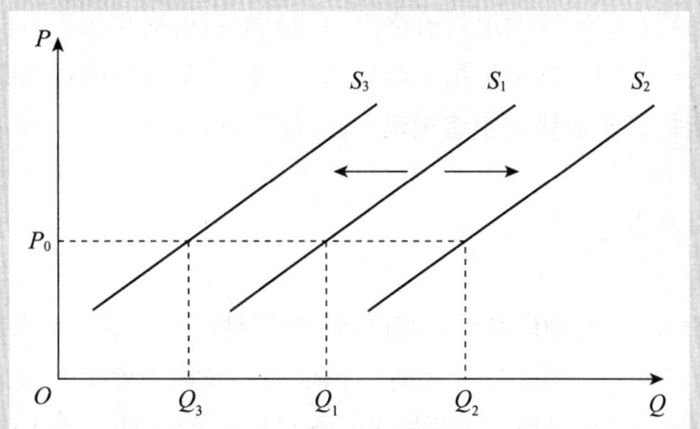

图 2-5　供给的变动和供给曲线的移动

最后，与前面对市场需求的分析类似，在此需要指出的是，围绕竞争性市场均衡价格决定模型，本节关注的是该模型所涉及的另一个基本概念即竞争性市场的供给。至于如何理解个体供给及其与市场供给之间的关系，我们将在第六章第四节展开分析。

第四节　均衡价格

我们已经知道，需求曲线说明了消费者对某种商品在每一价格水平的需求量是多少，供给曲线说明了生产者对某种商品在每一价格水平的供给量是多少。但是，它们都没说明这种商品本身的市场价格究竟是如何决定的。那么，商品的价格是如何决定的呢？微观经济学中的商品价格是指商品的均衡价格。商品的均衡价格是在商品的市场需求和市场供给这两种相反力量的相互作用下形成的。下面，我们将需求曲线和供给曲线结合在一起分析竞争性市场均衡价格的形成及其变动。

一、均衡的含义

在西方经济学中，均衡是一个被广泛运用的重要的概念。**均衡的最一般的含义是指经济事物中有关的变量在一定条件的相互作用下所达到的一种相对静止的状**

态。经济事物之所以能够处于这样一种静止状态，是由于在此状态中有关该经济事物的各参与者的力量能够相互制约和相互抵消，也由于在此状态中有关该经济事物的各方面的经济行为者的愿望在一定条件下都能得到满足。正因为如此，西方经济学家认为，经济学的研究往往在于寻找在一定条件下经济事物的变化最终趋于相对静止之点的均衡状态。

在微观经济分析中，市场均衡可以分为局部均衡和一般均衡。**局部均衡**是就单个市场或部分市场的供求与价格之间的关系和均衡状态进行分析。**一般均衡**是就一个经济社会中的所有市场的供求与价格之间的关系和均衡状态进行分析。一般均衡假定各种商品的供求和价格都是相互影响的，任何一个市场的均衡只有在其他所有市场都达到均衡状态的条件下才能实现。

二、均衡价格的决定

在西方经济学中，**一种商品的均衡价格是指该种商品的市场需求量和市场供给量相等时的价格。**在均衡价格水平上相等的供求数量被称为**均衡数量**。从几何意义上说，一种商品市场的均衡出现在该商品的市场需求曲线和市场供给曲线的交点上，该交点被称为均衡点。均衡点上的价格和相等的供求量分别被称为均衡价格和均衡数量。在市场的均衡价格水平上需求量和供给量相等的状态，也被称为市场出清的状态。

现在把前面图 2－2 中的需求曲线和图 2－4 中的供给曲线结合在一起，用图 2－6 说明一种商品的市场均衡价格的决定。

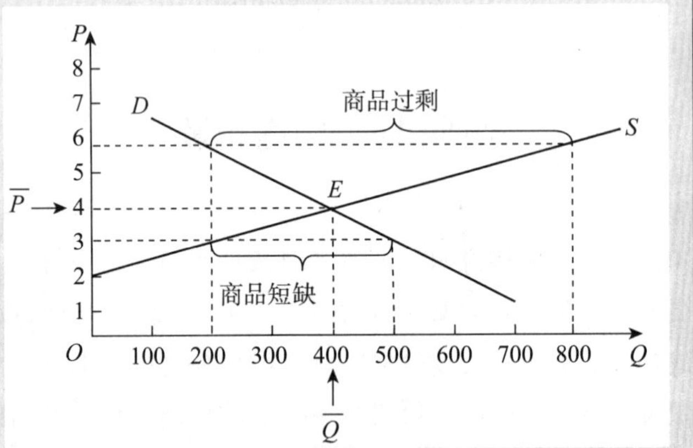

图 2－6　均衡价格的决定

在图 2－6 中，D 曲线为市场的需求曲线，S 曲线为市场的供给曲线。需求曲线 D 和供给曲线 S 相交于 E 点，E 点为均衡点。在均衡点 E，均衡价格 $\overline{P}=4$ 元，均衡数量 $\overline{Q}=400$。显然，在均衡价格 4 元的水平，消费者的购买量和生产者的销售量是相等的，都为 400 单位。也可以反过来说，在均衡数量 400 的水平，消费者愿意支付的最高价格和生产者愿意接受的最低价格是相等的，都为 4 元。因此，这样一种状态便是一种使买卖双方都感到满意并愿意持续下去的均衡状态。

均衡价格的决定也可以用与图 2-6 相对应的表 2-3 来说明。由表 2-3 清楚可见，商品的均衡价格为 4 元，商品的均衡数量为 400 单位。

表 2-3 某商品市场均衡价格的决定

价格（元）	6	5	**4←均衡**	3	2
需求量（单位）	200	300	**400**	500	600
供给量（单位）	800	600	**400**	200	0

商品的均衡价格是如何形成的呢?

商品的均衡价格表现为商品市场上需求和供给这两种相反的力量共同作用的结果，它是在市场供求力量的自发调节下形成的。当市场价格偏离均衡价格时，市场上会出现需求量和供给量不相等的非均衡状态。一般说来，在市场机制的作用下，这种供求不相等的非均衡状态会逐步消失，实际的市场价格会自动地回复到均衡价格水平。

仍用图 2-6 或相应的表 2-3 来说明均衡价格的形成。当市场的实际价格高于均衡价格如为 6 元时，商品的需求量为 200 单位，供给量为 800 单位。这种供给量大于需求量的商品过剩或超额供给的市场状况，一方面会使需求者压低价格来购买商品，另一方面又会使供给者减少商品的供给量。这样，该商品的市场价格必然下降，一直下降到均衡价格 4 元的水平。与此同时，随着价格由 6 元下降为 4 元，商品的需求量逐步地由 200 单位增加为 400 单位，商品的供给量逐步地由 800 单位减少为 400 单位，从而达到供求量相等的均衡数量 400 单位。相反地，当市场的实际价格低于均衡价格如为 3 元时，商品的需求量为 500 单位，供给量为 200 单位。这种需求量大于供给量的商品短缺或超额需求的市场状况，一方面会使需求者提高价格来得到他所要购买的商品量，另一方面又会使供给者增加商品的供给量。这样，该商品的市场价格必然上升，一直上升到均衡价格 4 元的水平。在价格由 3 元上升为 4 元的过程中，商品的需求量逐步地由 500 单位减少为 400 单位，商品的供给量逐步地由 200 单位增加为 400 单位，最后达到供求量相等的均衡数量 400 单位。由此可见，当市场上的实际价格偏离均衡价格时，市场上总存在着变化的力量，使买卖双方各自作出调整，最终达到市场的均衡或市场出清。

三、均衡价格的变动

前面指出，竞争性市场的均衡价格取决于市场的需求和供给的相互作用，这意味着当市场的需求或供给发生变化时，市场的均衡价格水平也会随之发生变化。换句话说，在几何图形中，由于一种商品的均衡价格是由该商品市场的需求曲线和供给曲线的交点决定的，于是，需求曲线或供给曲线的位置移动都会使均衡价格水平发生变动。下面将说明需求的变动和供给的变动对均衡价格及均衡数量的影响。

1. 需求变动的影响

在供给不变的情况下，需求增加会使需求曲线向右平移，从而使得均衡价格和均衡数量都提高；需求减少会使需求曲线向左平移，从而使得均衡价格和均衡数量都下降。如图 2-7 所示。

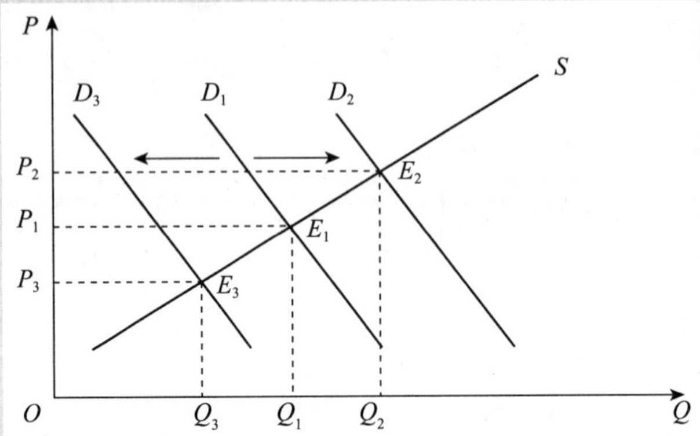

图 2-7 需求的变动对均衡的影响

在图 2-7 中，既定的供给曲线 S 和最初的需求曲线 D_1 相交于 E_1 点。在均衡点 E_1，均衡价格为 P_1，均衡数量为 Q_1。需求增加使需求曲线 D_1 向右平移至 D_2 曲线的位置，D_2 曲线与 S 曲线相交于 E_2 点。在均衡点 E_2，均衡价格上升为 P_2，均衡数量增加为 Q_2。相反，需求减少使需求曲线 D_1 向左平移至 D_3 曲线的位置，D_3 曲线与 S 曲线相交于 E_3 点。在均衡点 E_3，均衡价格下降为 P_3，均衡数量减少为 Q_3。

2. 供给变动的影响

在需求不变的情况下，供给增加会使供给曲线向右平移，从而使得均衡价格下降、均衡数量增加；供给减少会使供给曲线向左平移，从而使得均衡价格上升、均衡数量减少。如图 2-8 所示。

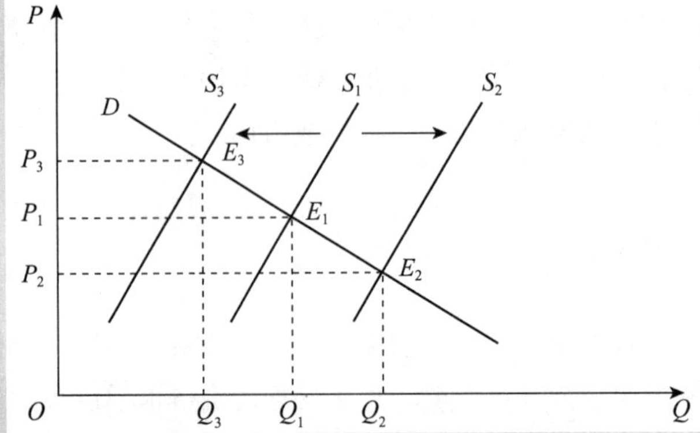

图 2-8 供给的变动对均衡的影响

在图 2－8 中，既定的需求曲线 D 和最初的供给曲线 S_1 相交于 E_1 点。在均衡点 E_1 的均衡价格和均衡数量分别为 P_1 和 Q_1。供给增加使供给曲线 S_1 向右平移至 S_2 曲线的位置，并与 D 曲线相交于 E_2 点。在均衡点 E_2，均衡价格下降为 P_2，均衡数量增加为 Q_2。相反，供给减少使供给曲线 S_1 向左平移至 S_3 曲线的位置，且与 D 曲线相交于 E_3 点。在均衡点 E_3，均衡价格上升为 P_3，均衡数量减少为 Q_3。

综上所述，可以得到**供求定理：在其他条件不变的情况下，需求变动分别引起均衡价格和均衡数量的同方向变动；供给变动引起均衡价格的反方向变动，引起均衡数量的同方向变动。**

3. 需求和供给同时变动的影响

事实上，市场的需求和供给经常会同时发生变化，这种情况下的均衡价格和均衡数量的变化往往是不确定的，它需要结合供求变化的具体情况来考虑。以图 2－9 为例，假定由消费者收入水平上升引起的需求增加与由厂商技术进步引起的供给增加同时发生，而且，图 2－9（a）、图 2－9（b）两分图都同样表示了这种变化：需求的增加使得两分图中的需求曲线都由 D_1 向右移动到 D_2 的位置；供给的增加使得两分图中的供给曲线都由 S_1 向右移动到 S_2 的位置。最后，我们却发现，图 2－9（a）中的均衡价格由 P_1 上升到 P_2，而图 2－9（b）中的均衡价格却由 P_1 下降到 P_2。其原因究竟何在呢?

我们知道，如果仅仅考虑需求增加的影响，那么，市场的均衡价格应该是上升的，正如图 2－9（a）、图 2－9（b）两分图中的均衡点 E_1、E_2 所示；如果仅仅考虑供给增加的影响，那么，均衡价格应该是下降的，正如图 2－9（a）、图 2－9（b）两分图中的均衡点 E_1、E_3 所示。显然，需求的增加和供给的增加各自对均衡价格产生的作用是相反的。因此，在需求增加与供给增加这两种力量的共同作用下，均衡价格到底是上升还是下降，取决于这两种力量的比较。

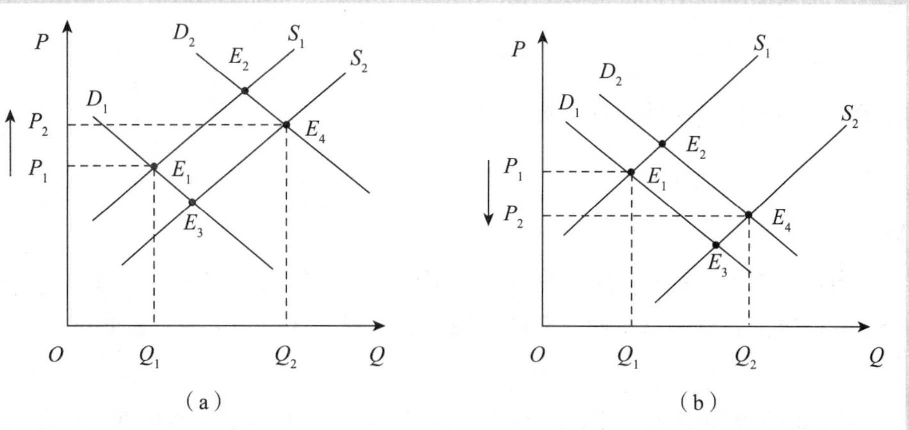

图 2－9　需求和供给同时变动对均衡的影响

仔细观察与比较图 2－9（a）、图 2－9（b）两分图可以发现，图 2－9（a）中需求的增加相对比较大，其效果占主导地位，所以，如均衡点 E_1、E_4 所示，最终的均衡价格由 P_1 上升到 P_2。而图 2-9（b）中供给的增加相对比较大，其效果占主导地位，所以，如均衡点 E_1、E_4 所示，最终的均衡价格反而由 P_1 下降到 P_2。此外，显而易见的是，无论是需求的增加还是供给的增加，都是商品数量的增加，所以，在图 2-9（a）、图 2-9（b）两分图中，均衡数量必定都是增加的，即都由 Q_1 增加到 Q_2。①

总之，当市场上供求两种力量同时发生变化时，需要综合具体情况来分析供求变化对均衡价格和均衡数量的影响。②

四、均衡价格决定的数学模型

由本节前面的内容可知，关于均衡价格决定模型，我们既可以用文字语言的形式来陈述，也可以用几何图形来表示。此外，我们还可以用数学方程组的形式来表示均衡价格决定模型③。下面是一个给定具体的需求函数和供给函数条件下的均衡价格决定模型，我们将以此来计算和分析均衡价格的决定及其变动。

假定：$Q^d=800-100P$

$Q^s=-400+200P$

$Q^d=Q^s$

求：均衡价格 $\overline{P}$ 和均衡数量 $\overline{Q}$。

解：将供求函数代入均衡条件得：

$$800-100P=-400+200P$$

解得均衡价格 $\overline{P}=4$。

将 $\overline{P}=4$ 代入需求函数得均衡数量为：

$$\overline{Q}=\overline{Q}^d=800-100\times4=400$$

或将 $\overline{P}=4$ 代入供给函数得均衡数量为：

$$\overline{Q}=\overline{Q}^s=-400+200\times4=400$$

所以，均衡解 $(\overline{P},\overline{Q})=(4,400)$。

下面，我们进一步用数学模型表示需求的变动对均衡的影响、供给的变动对均衡的影响，以及需求和供给同时变动对均衡的影响。这便是下面分析的三种情况。

---

① 需求的价格弹性和供给的价格弹性的大小，也会对供求同时变化时均衡价格和均衡数量的变动产生影响，在此不再涉及。读者在学习了本章第五节的弹性知识后，可对此问题进行思考分析。

② 感兴趣的读者可以自己作图来分析需求和供给同时发生变化对均衡价格和均衡数量的影响的其他各种情况。

③ 读者可阅读本书第一章第二节有关经济模型的内容。

第一种情况：需求的变动对均衡的影响。

我们假定：在以上模型中，供给函数不变，即仍为 $Q^s=-400+200P$；需求曲线由于收入水平提高而向右平移，即需求曲线的横截距变大，例如需求函数由原来的 $Q^d=800-100P$ 改变为 $Q^d=1\,100-100P$。于是，根据均衡条件有

$$1\,100-100P=-400+200P$$

解得：$\overline{P}=5$，且 $\overline{Q}=600$。

显然，与原模型相比，收入增加导致的需求增加，不仅使得均衡价格提高，而且使得均衡数量增加。

第二种情况：供给的变动对均衡的影响。

我们假定：在原模型中，需求函数不变，即仍为 $Q^d=800-100P$；供给曲线由于生产成本的增加而向左平移，即供给曲线的横截距变小，例如供给函数由原来的 $Q^s=-400+200P$ 改变为 $Q^s=-700+200P$。于是，根据均衡条件有

$$800-100P=-700+200P$$

解得：$\overline{P}=5$，且 $\overline{Q}=300$。

显然，与原模型相比，生产成本上升导致的供给减少，不仅使得均衡价格提高，而且使得均衡数量减少。

第三种情况：需求和供给同时变动对均衡的影响。

假定原模型中的需求和供给同时发生变动，即消费者收入的增加和厂商生产成本的增加同时发生：需求函数变为 $Q^d=1\,100-100P$，且供给函数变为 $Q^s=-700+200P$。于是，根据均衡条件有

$$1\,100-100P=-700+200P$$

解得：$\overline{P}=6$，且 $\overline{Q}=500$。

比较以上三种情况可见，在第一种情况中，只考虑消费者收入增加导致的需求增加，则均衡价格上升为 5；在第二种情况中，只考虑厂商生产成本增加导致的供给减少，则均衡价格也上升为 5；而在第三种情况中，在以上需求的增加和供给的减少这两种力量同时发生作用时，则均衡价格上升到一个更高的水平，为 6。

在以上均衡价格数学模型的分析中，在既定的需求函数和供给函数的条件下，求解均衡价格和均衡数量，这属于静态分析。当消费者收入增加、厂商生产成本增加导致模型的外生变量发生变化时，求解相应的内生变量即均衡价格和均衡数量，并对不同条件下的均衡状态进行比较分析，这便属于比较静态分析。

五、价格与资源配置

本章至此介绍了竞争性市场的需求、供给和均衡价格的基本原理。这些基本原理对于我们分析和思考现实的市场经济活动很有用。在实际的市场经济中，需求和

供给共同决定了各种商品的价格；价格影响着每个消费者和生产者的决策行为，价格是引导资源配置的信号。

我们知道，稀缺资源的有效配置是经济学研究的中心问题。在市场经济中，价格机制对资源配置发挥着决定性作用。譬如，对于消费者来说，通过对各种商品价格的比较，消费者理性地决定不同商品的购买数量，并且根据商品价格的变化及时调整商品的购买组合，从而在有限的收入条件下获得尽可能大的效用。对于生产者来说，当商品的市场价格较高且有利润时，生产者就有激励增加该商品的产量；相反，当商品的市场价格较低且有亏损时，生产者就会减少该商品的产量，甚至停产。正是价格这一信号自发地引导着经济个体的行为和经济社会的资源配置。

对于一个经济社会来说，在竞争性商品市场上，无数的买者和卖者各自追求个人利益的经济决策是分散的，而价格机制协调与引导着市场趋向需求量和供给量相等的均衡状态，实现稀缺资源的有效配置。

至于市场经济中价格机制对资源配置的决定性作用，本书将进行系统的阐述。

专栏 2-1
羊肉价格的上涨

专栏 2-2
2014 年国际石油价格的暴跌

第五节　需求弹性和供给弹性

一、弹性的一般含义

我们已经知道，当一种商品的价格发生变化时，这种商品的需求数量会发生变化。除此之外，当消费者的收入水平或者相关商品的价格等其他因素发生变化时，这种商品的需求数量也会发生变化。同样地，当一种商品的价格发生变化，或者这种商品的生产成本等其他因素发生变化时，这种商品的供给数量会发生变化。由此，我们会很自然地想知道，譬如，当一种商品的价格下降 1%时，这种商品的需求量和供给量究竟分别会上升和下降多少？又如，当消费者的收入水平上升 1%时，商品的需求量究竟增加了多少？等等。利用相关的弹性概念可以回答这类问题。

弹性概念在经济学中得到了广泛的应用。一般说来，只要两个经济变量之间存在函数关系，我们就可用弹性来表示因变量对于自变量变化的反应敏感程度。具体地说，它是这样一个数字，它告诉我们，当一个经济变量发生 1%的变动时，由它引起的另一个经济变量变动的百分比。例如，弹性可以表示当一种商品的价格上升1%时，相应的需求量变化的百分比具体是多少。

在经济学中，**弹性的一般公式为：**

$$\textbf{弹性系数}=\frac{\textbf{因变量的变动比例}}{\textbf{自变量的变动比例}}$$

设两个经济变量之间的函数关系为 $Y=f(X)$，则弹性的一般公式还可以表示为：

$$e=\frac{\frac{\Delta Y}{Y}}{\frac{\Delta X}{X}}=\frac{\Delta Y}{\Delta X}\cdot\frac{X}{Y} \tag{2.5}$$

式中，e 为弹性系数；ΔX、ΔY 分别为变量 X、Y 的变动量。该式表示：当自变量 X 变化百分之一时，因变量 Y 变化百分之几。

若经济变量的变化量趋于无穷小，即：当（2.5）式中的 $\Delta X\to 0$ 且 $\Delta Y\to 0$ 时，则弹性公式为：

$$e=\lim_{\Delta X\to 0}\frac{\frac{\Delta Y}{Y}}{\frac{\Delta X}{X}}=\frac{\frac{dY}{Y}}{\frac{dX}{X}}=\frac{dY}{dX}\cdot\frac{X}{Y} \tag{2.6}$$

通常将（2.5）式称为**弧弹性**公式，将（2.6）式称为**点弹性**公式。

需要指出的是，由弹性的定义公式可以清楚地看到，弹性是两个变量各自变化比例的一个比值，所以，弹性是一个具体的数字，它与自变量和因变量的度量单位无关。

本节将以需求的价格弹性为重点，考察与需求和供给有关的几个弹性概念。

二、需求的价格弹性的含义

需求方面的弹性主要包括需求的价格弹性、需求的交叉价格弹性和需求的收入弹性。其中，需求的价格弹性又被简称为需求弹性。下面将详细考察需求的价格弹性。

需求的价格弹性表示在一定时期内一种商品的需求量变动对于该商品的价格变动的反应程度。或者说，它表示在一定时期内一种商品的价格变化百分之一时所引起的该商品的需求量变化的百分比。其公式为：

$$\text{需求的价格弹性系数}=-\frac{\text{需求量变动率}}{\text{价格变动率}}$$ ①

需求的价格弹性可以分为弧弹性和点弹性。

---

① 关于公式中的负号，会在下面对（2.7）式的解释中得到说明。

需求的价格弧弹性表示某商品需求曲线上两点之间的需求量的变动对于价格变动的反应程度。简单地说，它表示需求曲线上两点之间的弹性。假定需求函数为 $Q=f(P)$，ΔQ 和 ΔP 分别表示需求量的变动量和价格的变动量，以 e_d 表示需求的价格弹性系数，则需求的价格弧弹性的公式为：

$$e_d=-\frac{\frac{\Delta Q}{Q}}{\frac{\Delta P}{P}}=-\frac{\Delta Q}{\Delta P}\cdot\frac{P}{Q} \tag{2.7}$$

在通常情况下，由于商品的需求量和价格是呈反方向变动的，即 $\frac{\Delta Q}{\Delta P}$ 为负值，所以，为了便于比较，就在（2.7）式中加了一个负号，以使需求的价格弹性系数 e_d 取正值。

当需求曲线上的价格和相应的需求量的变化量趋于无穷小时，需求的价格弹性要用点弹性来表示。也就是说，它表示需求曲线上某一点的需求量变动对于价格变动的反应程度。在（2.7）式的基础上，需求的价格点弹性的公式为：

$$e_d=\lim_{\Delta P\to 0}-\frac{\Delta Q}{\Delta P}\cdot\frac{P}{Q}=-\frac{\mathrm{d}Q}{\mathrm{d}P}\cdot\frac{P}{Q} \tag{2.8}$$

比较（2.7）式和（2.8）式可见，需求的价格弧弹性和点弹性的本质是相同的。它们的区别仅在于：前者表示需求曲线上两点之间价格变动时的弹性，而后者表示在需求曲线的某一点上价格变动量无穷小时的弹性。

三、需求的价格弹性：弧弹性

1. 需求的价格弧弹性的计算

图 2-10 是需求函数 $Q^d=2\,400-400P$ 的几何图形。

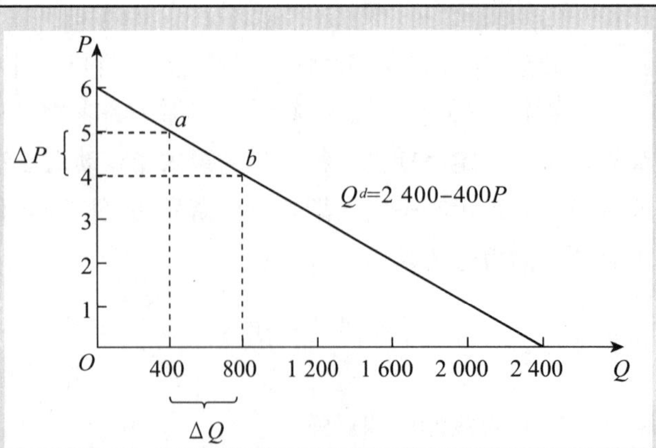

图 2-10　需求的价格弧弹性

图中需求曲线上 a、b 两点的价格分别为 5 和 4，相应的需求量分别为 400 和 800。当商品的价格由 5 下降为 4 时，或者当商品的价格由 4 上升为 5 时，应该如何计算相应的弧弹性值呢？根据（2.7）式，相应的弧弹性分别计算如下。

由 a 点到 b 点（即降价时）：

$$e_d=-\frac{\Delta Q}{\Delta P}\cdot\frac{P}{Q}=-\frac{Q_b-Q_a}{P_b-P_a}\cdot\frac{P_a}{Q_a}=-\frac{800-400}{4-5}\times\frac{5}{400}=5$$

由 b 点到 a 点（即涨价时）：

$$e_d=-\frac{\Delta Q}{\Delta P}\cdot\frac{P}{Q}=-\frac{Q_a-Q_b}{P_a-P_b}\cdot\frac{P_b}{Q_b}=-\frac{400-800}{5-4}\times\frac{4}{800}=2$$

显然，由 a 点到 b 点和由 b 点到 a 点的弧弹性系数值是不相同的。其原因在于：尽管在上面两个计算中，ΔQ 和 ΔP 的绝对值都相等，但由于 P 和 Q 所取的基数值不相同，所以，两种计算结果便不相同。这样一来，在需求曲线的同一条弧上，涨价和降价产生的需求的价格弹性系数值便不相等。所以，要根据涨价和降价的具体情况，来求得不同的 e_d 值。

但是，如果仅仅是一般地计算需求曲线上某一段的需求的价格弧弹性，而不是具体地强调这种需求的价格弧弹性是作为涨价还是降价的结果，则为了避免不同的计算结果带来的不便，一般通常取两点价格的平均值$\left(\frac{P_1+P_2}{2}\right)$和两点需求量的平均值$\left(\frac{Q_1+Q_2}{2}\right)$来分别代替（2.7）式中的 P 值和 Q 值，因此，需求的价格弧弹性计算公式（2.7）又可以写为：

$$e_d=-\frac{\Delta Q}{\Delta P}\cdot\frac{\frac{P_1+P_2}{2}}{\frac{Q_1+Q_2}{2}} \tag{2.9}$$

该公式也被称为需求的价格弧弹性的中点公式。

根据中点公式（2.9），上例中 a、b 两点间的需求的价格弧弹性为：

$$e_d=\frac{400}{1}\times\frac{\frac{5+4}{2}}{\frac{400+800}{2}}=3$$

由此可见，需求的价格弧弹性的计算可以有三种情况，它们分别是涨价时计算的 e_d、降价时计算的 e_d，以及按中点公式计算的 e_d。至于到底应该采用哪一种计算方法，需要视具体情况和需要而定。

2. 需求的价格弧弹性的五种类型

我们已经知道，需求的价格弹性是告诉我们，当商品的价格变动 1%时，需求量变动的百分比究竟有多大。于是，我们完全可以设想：在商品的价格变化1%的前提下，需求量的变化率可能大于1%，这时有 $e_d>1$；需求量的变化率也可能小于1%，这时有$e_d<1$；需求量的变化率也可能恰好等于1%，这时有$e_d=1$。进一步讲，由于 $e_d>1$ 表示需求量的变动率大于价格的变动率，即需求量对于价格变动的反应是比较敏感的，所以，$e_d>1$ 被称为**富有弹性**。由于 $e_d<1$ 表示需求量的变动率小于价格的变动率，即需求量对于价格变动的反应欠敏感，所以，$e_d<1$ 被称为**缺乏弹性**。$e_d=1$ 是一种巧合的情况，它表示需求量和价格的变动率刚好相等。$e_d=1$ 被称为**单一弹性**或**单位弹性**。以上这三种类型的需求的价格弧弹性分别如图2-11（a）、图2-11（b）和图2-11（c）所示。

读者可以根据需求的价格弧弹性的中点公式（2.9），计算出图2-11（a）、图2-11（b）和图2-11（c）中每条需求曲线 A、B 两点之间的需求的价格弧弹性系数值顺次大约为2.1、0.6和1，也就是说，它们顺次是 $e_d>1$、$e_d<1$ 和$e_d=1$。

比较图2-11（a）和图2-11（b）可以看出，就需求的价格弧弹性而言，富有弹性的需求曲线相对比较平坦，缺乏弹性的需求曲线相对比较陡峭。但是，特别需要引起注意的是，尽管在经济学中，往往把富有弹性的需求绘制成一条相对平坦的曲线和把缺乏弹性的需求绘制成一条相对陡峭的曲线已成为一种习惯，这种绘制方法通常也是可行的，但是，在有些场合，这种绘制方法便会成为一种不好的甚至错误的方法。譬如，在图2-11（a）中横轴上每0.5厘米的刻度由10、20、30、40、50改为11、12、13、14、15以后，平坦的需求曲线就是缺乏弹性的了。所以在使用这种绘制方法时必须十分小心。关于这一点，在以后分析需求曲线的斜率和需求的价格点弹性的关系时，会得到进一步的说明。

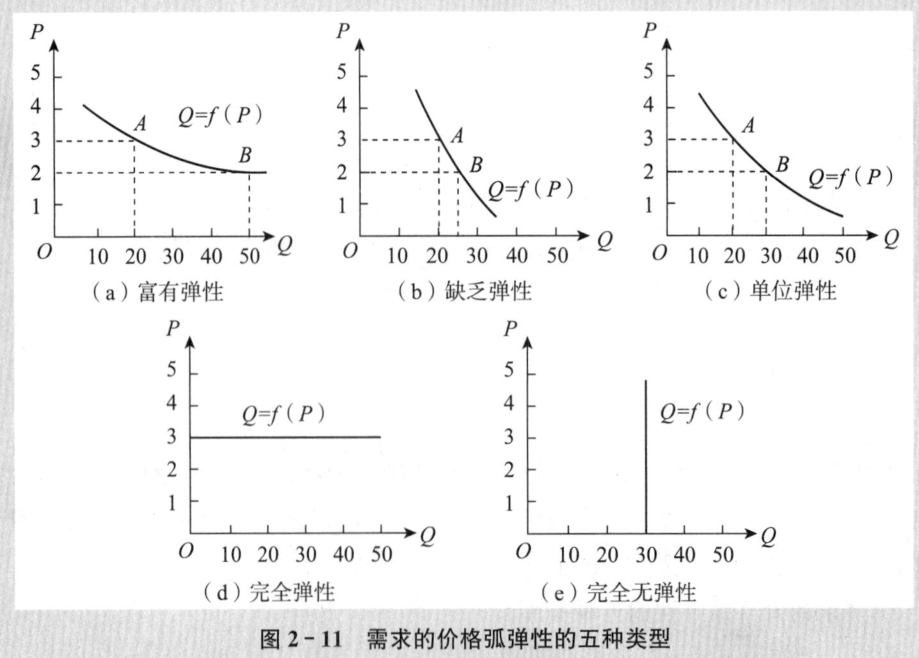

图2-11 需求的价格弧弹性的五种类型

再看图 2－11（d）和图 2－11（e）。图 2－11（d）中需求曲线为一条水平线。水平的需求曲线表示在既定的价格水平（如图中的 $P=3$）需求量是无限的。从需求的价格弹性的角度看，对于水平的需求曲线来说，只要价格有一个微小的上升，就会使无穷大的需求量一下子减少为零。也就是说，相对于无穷小的价格变化率，需求量的变化率是无穷大的，即有 $e_d=\infty$，这种情况被称为**完全弹性**。图 2－11（e）中的需求曲线是一条垂直线。垂直的需求曲线表示相对于任何价格水平需求量都是固定不变的（如图中总是有 $Q=30$）。从需求的价格弹性的角度看，对于垂直的需求曲线来说，无论价格如何变化，需求量的变化量总是为零，即有 $e_d=0$，这种情况被称为**完全无弹性**。

利用图 2－11 以弧弹性为例分析的需求弹性的五种情况，是区分需求弹性大小的五种基本类型。在需求的价格点弹性的事例中，这五种基本类型也同样存在。下面的分析会说明这一点。

最后，需要指出，这五种基本类型也适用于其他任何一个具体的弹性概念。

四、需求的价格弹性：点弹性

1. 需求的价格点弹性的计算

可以利用需求的价格点弹性的定义公式即（2.8）式，来计算给定的需求曲线上某一点的弹性。仍用需求函数 $Q^d=2\,400-400P$ 来说明这一计算方法。

根据（2.8）式，由需求函数 $Q^d=2\,400-400P$ 可得：

$$e_d=-\frac{\mathrm{d}Q}{\mathrm{d}P}\cdot\frac{P}{Q}=-(-400)\cdot\frac{P}{Q}=400\,\frac{P}{Q}$$

在图 2－10 需求曲线上的 a 点，当 $P=5$ 时，由需求函数可得：$Q^d=2\,400-400\times5=400$，即相应的价格—需求量组合为（5，400）。将其代入上式，便可得：

$$e_d=400\,\frac{P}{Q}=\frac{400\times5}{400}=5$$

即图 2－10 需求曲线上 a 点的需求的价格弹性值为 5。

同样地，在图 2－10 需求曲线上的 b 点，当 $P=4$ 时，由需求函数可得 $Q^d=2\,400-400\times4=800$，即相应的价格—需求量组合为（4，800），于是有：

$$e_d=400\,\frac{P}{Q}=\frac{400\times4}{800}=2$$

即图 2－10 中需求曲线上 b 点的需求的价格弹性值为 2。

除此之外，还可以根据需求的价格点弹性的几何意义来计算相应的点弹性值。

2. 需求的价格点弹性的几何意义

下面，我们分别从线性需求曲线和非线性需求曲线的不同角度，来分析需求的价格点弹性的几何意义。

先考虑线性需求曲线的点弹性。用图 2-12 来说明。

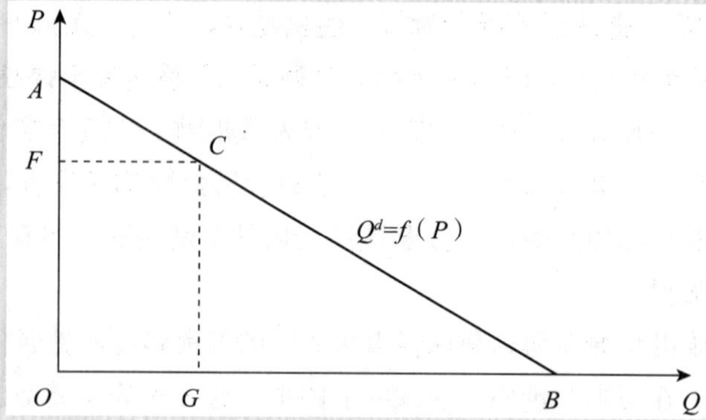

图 2-12　线性需求曲线的点弹性

在图中，线性需求曲线分别与纵坐标轴和横坐标轴相交于 A、B 两点，令 C 点为该需求曲线上的任意一点。从几何意义上看，根据点弹性的定义，C 点的需求的价格弹性可以表示为：

$$e_d=-\frac{\mathrm{d}Q}{\mathrm{d}P}\cdot\frac{P}{Q}=\frac{GB}{CG}\cdot\frac{CG}{OG}=\frac{GB}{OG}=\frac{CB}{AC}=\frac{FO}{AF} \tag{2.10}$$

由此可得出这样一个结论：线性需求曲线上的任何一点的弹性，都可以通过由该点出发向价格轴或数量轴引垂线的方法来求得。具体地，在图 2-10 的例子中，线性需求曲线上 a、b 两点的弹性值可按以下方法来分别计算。

在 a 点：

由 a 点向数量轴作垂线，再根据（2.10）式中的 $e_d=\frac{GB}{OG}$，可得$e_d=\frac{2\,000}{400}=5$。

或者，由 a 点向价格轴作垂线，再根据（2.10）式中的 $e_d=\frac{FO}{AF}$，可得 $e_d=\frac{5}{1}=5$。

类似地，在 b 点：

$$e_d=\frac{1\,600}{800}=2 \qquad 或者 \qquad e_d=\frac{4}{2}=2$$

对比一下，可以发现，在此用几何方法计算出的 a、b 两点的弹性值与前面直接用点弹性定义公式计算出的弹性值是相同的。

显然，线性需求曲线上的点弹性有一个基本特征：在线性需求曲线上的点的位置越高，相应的点弹性系数值就越大；相反，位置越低，相应的点弹性系数值就越小。这一特征在图 2-13（a）中得到了充分的体现。在图 2-13（a）中，随着需求曲线上的点的位置由最低的 A 点逐步上升到最高的 E 点，相应的点弹性由 $e_d=0$ 逐步增加到 $e_d=\infty$。具体地分析，在该线性需求曲线的中点 C，有 $e_d=1$，因为

$CA=EC$。在中点 C 以下部分的任意一点如 B 点，有 $e_d<1$，因为 $BA<EB$。在中点 C 以上部分的任意一点如 D 点，有 $e_d>1$，因为 $DA>ED$。在线性需求曲线的两个端点，即需求曲线分别与数量轴和价格轴的交点 A 点和 E 点，则分别有 $e_d=0$ 和 $e_d=\infty$。可见，向右下方倾斜的线性需求曲线上每一点的弹性都是不相等的。这一结论对于除了即将要说明的两种特殊形状的线性需求曲线以外的所有线性需求曲线都是适用的。

在图 2－13（b）和图 2－13（c）中各有一条特殊形状的线性需求曲线。图 2－13（b）中一条水平的需求曲线上的每一点的点弹性均为无穷大，即 $e_d=\infty$。图 2－13（c）中一条垂直的需求曲线上的每一点的点弹性均为零，即 $e_d=0$。可见，对于线性需求曲线上每一点的点弹性都不相等的结论来说，水平的和垂直的需求曲线是两种例外。

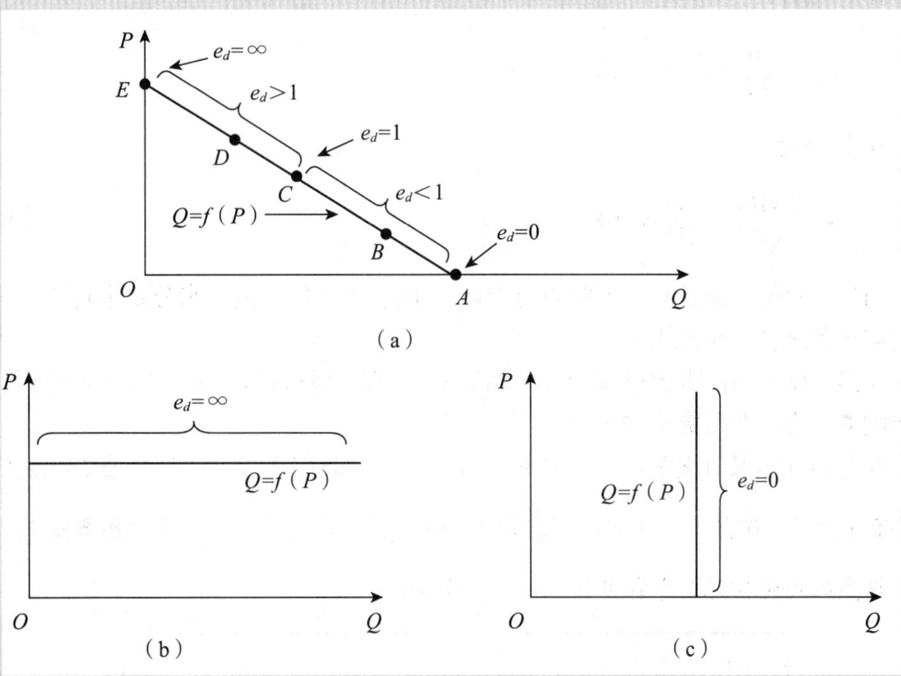

图 2－13　线性需求曲线点弹性的五种类型

再考虑非线性需求曲线的点弹性。用图 2－14 来说明。

关于非线性需求曲线上的任何一点的弹性的几何意义，可以先过该点作需求曲线的切线，然后用与推导线性需求曲线的点弹性的几何意义类似的方法来得到。具体地，为了计算图中非线性需求曲线上 C、F 两点的弹性值，先过 C、F 两点分别作两条切线，各自交 P 轴和 Q 轴于 A、B 点和 A'、B'点。再从 C、F 两点出发向 Q 轴引垂线，各自交 Q 轴于 G、H 两点。读者可以依据与图 2－12 中类似的推导方法，自己证明：

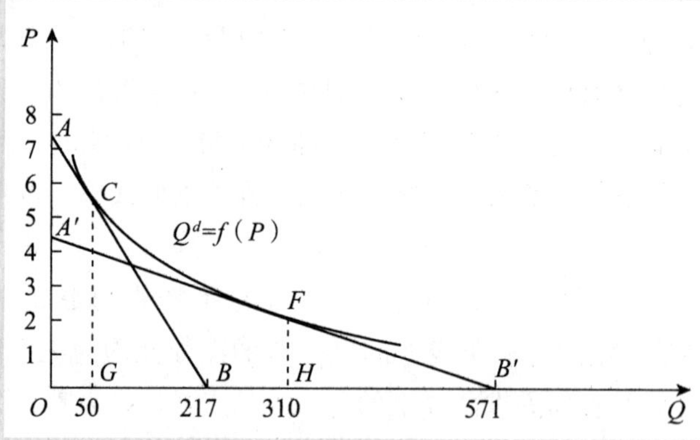

图 2-14 非线性需求曲线的点弹性

在 C 点有：

$$e_d=\frac{GB}{OG}=\frac{167}{50}=3.34$$

在 F 点有：

$$e_d=\frac{HB'}{OH}=\frac{261}{310}\approx 0.84$$

当然，也可以通过 C、F 两点分别向 P 轴引垂线的方法，来分别求得 C、F 两点的需求点弹性。在此从略。

显然，就非线性需求曲线而言，曲线的不同形状和曲线上的点的位置不同，都会影响需求点弹性系数值的大小。

在非线性需求曲线中，直角双曲线的点弹性是很有特点的。那就是曲线上的每点都有 $e_d=1$。在图 2-15 中，需求函数 $Q=\frac{500}{P}$ 的几何图形是一条直角双曲线，曲线上每点的点弹性都是单位弹性 $e_d=1$。例如：

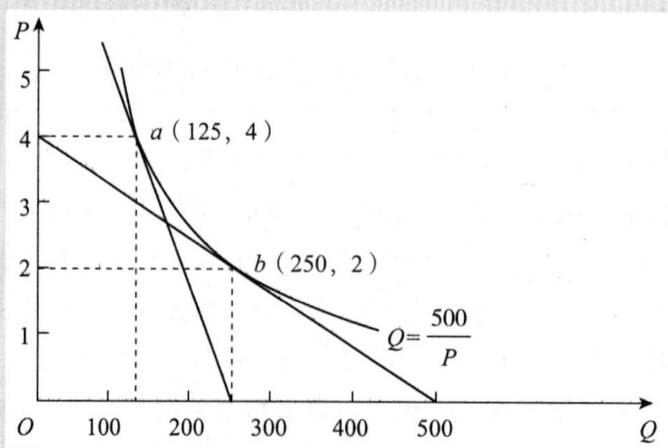

图 2-15 需求直角双曲线的点弹性

在 a 点：

$$e_d=\frac{250-125}{125}=1$$

在 b 点：

$$e_d=\frac{500-250}{250}=1$$

如此等等。

需求直角双曲线的点弹性具有这一特点的原因在于：对于任何直角双曲线的需求函数 $Q=\frac{K}{P}$（其中，常数 $K>0$）来说，不管价格的变化率是多少，需求量总是以相同的比率呈反方向变化，从而使得需求曲线上每点的点弹性系数 $-\frac{\frac{dQ}{Q}}{\frac{dP}{P}}$ 的值均为 1。①

最后，要注意的是，在考察需求的价格弹性问题时，需求曲线的斜率和需求的价格弹性是两个紧密联系却又不相同的概念，必须严格加以区分。

首先，经济学使用弹性而不是曲线的斜率来衡量因变量对自变量反应的敏感程度，由于弹性没有度量单位，所以，弹性之间大小的比较很方便。不同的是，斜率是可以有度量单位的，例如，草莓的价格变化（以人民币元计）所引起的草莓需求量的变化（以千克计），等等。此外，不同的物品往往又会使用不同的计量单位。所以，为了比较弹性数值的大小，消除度量单位是很有必要的。其次，由前面对需求的价格点弹性的分析可以清楚地看到，需求曲线在某一点的斜率为 $\frac{dP}{dQ}$。而根据需求的价格点弹性的计算公式，需求的价格点弹性不仅取决于需求曲线在该点的斜率的倒数值 $\frac{dQ}{dP}$，而且取决于该点的价格—需求量的比值 $\frac{P}{Q}$。所以，这两个概念虽有联系，但区别也是很明显的。这种区别在图 2-13（a）中得到了充分体现：图中线性需求曲线上每点的斜率都是相等的，但每点的点弹性值都是不相等的。

由此可见，直接把需求曲线的斜率和需求的价格弹性等同起来是错误的。严格区分这两个概念，对于线性需求曲线与非线性需求曲线的弧弹性和点弹性来说，都是有必要的。②

五、需求的价格弹性和厂商的销售收入

在实际的经济生活中会发生这样一些现象：有的厂商降低自己的产品价格，能

---

① 读者可以证明，根据弧弹性的中点公式（2.9），也可以得出直角双曲线的需求函数的弧弹性均为 $e_d=1$。

② 从广泛的意义上说，凡是考察具有函数关系的两个经济变量之间的弹性时，严格区分该函数的斜率和弹性这两个概念都是有必要的。

使自己的销售收入得到提高，而有的厂商提高自己的产品价格，能使自己的销售收入得到提高。这意味着，以降价促销来增加销售收入的做法，对有的产品适用，对有的产品却不适用。如何解释这些现象呢？这便涉及商品的需求的价格弹性的大小和厂商的销售收入两者之间的相互关系。

我们知道，厂商的销售收入等于商品的价格乘以商品的销售量。在此假定厂商的商品销售量等于市场上对其商品的需求量。这样，厂商的销售收入就又可以表示为商品的价格乘以商品的需求量，即厂商销售收入$=P\cdot Q$，其中，P 表示商品的价格，Q 表示商品的销售量即需求量。

前面已经讲过，商品的需求的价格弹性表示商品需求量的变化率对于商品价格的变化率的反应程度。这意味着，当一种商品的价格 P 发生变化时，这种商品需求量 Q 的变化情况，进而提供这种商品的厂商的销售收入 $P\cdot Q$ 的变化情况，将必然取决于该商品的需求的价格弹性的大小。所以，在商品的需求价格弹性和提供该商品的厂商的销售收入之间存在着密切的关系。这种关系可归纳为以下三种情况。

第一种情况：**对于 $e_d>1$ 的富有弹性的商品，降低价格会增加厂商的销售收入；相反，提高价格会减少厂商的销售收入，即厂商的销售收入与商品的价格呈反方向变动。**这是因为，当 $e_d>1$ 时，厂商降价所引起的需求量的增加率大于价格的下降率。这意味着价格下降所造成的销售收入的减少量必定小于需求量增加所带来的销售收入的增加量。所以，降价最终带来的销售收入 $P\cdot Q$ 值是增加的。相反，在厂商提价时，最终带来的销售收入 $P\cdot Q$ 值是减少的。这种情况如图 2-16（a）所示。

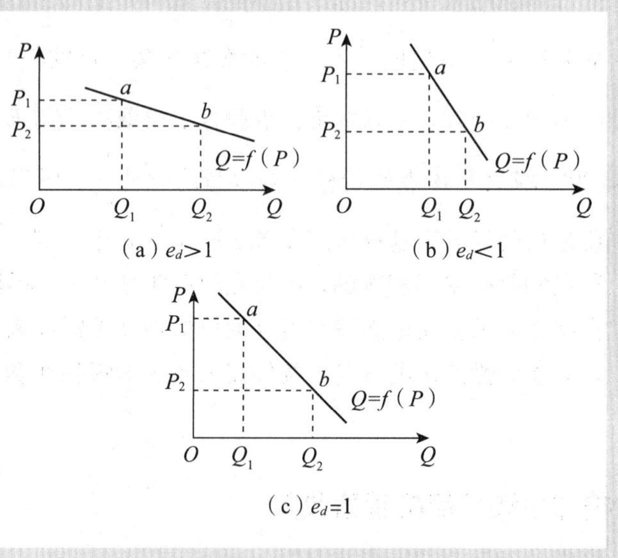

图 2-16　需求弹性与销售收入

图 2-16（a）中需求曲线上 a、b 两点之间的需求是富有弹性的，两点之间的价格变动率引起一个较大的需求量的变动率。具体地看，当价格为 P_1，需求量为 Q_1 时，销售收入 $P_1\cdot Q_1$ 相当于矩形 OP_1aQ_1 的面积；当价格为 P_2，需求量为 Q_2

时，销售收入$P_2 \cdot Q_2$相当于矩形OP_2bQ_2的面积。显然，前者面积小于后者面积。这就是说，若厂商从a点运动到b点，则降价会使销售收入增加；若从b点运动到a点，则提价会使销售收入减少。

可以具体举例说明这种情况。假设某商品的$e_d=2$。开始时，商品的价格为10元，需求量是100，厂商的销售收入=10元×100=1 000元。当商品的价格上升1%，即价格为10.10元时，由于$e_d=2$，所以，相应的需求量的下降率为2%，即需求量下降为98，厂商的销售收入=10.10元×98=989.80元。显然，厂商提价后的销售收入反而下降了。

第二种情况：**对于$e_d<1$的缺乏弹性的商品，降低价格会使厂商的销售收入减少；相反，提高价格会使厂商的销售收入增加，即销售收入与商品的价格呈同方向变动。**其原因在于：当$e_d<1$时，厂商降价所引起的需求量的增加率小于价格的下降率。这意味着需求量增加所带来的销售收入的增加量并不能全部抵消价格下降所造成的销售收入的减少量。所以，降价最终使销售收入$P \cdot Q$值减少。相反，在厂商提价时，最终带来的销售收入$P \cdot Q$值是增加的。用图2-16（b）来说明这种情况。图中需求曲线上a、b两点之间的需求是缺乏弹性的，两点之间的价格变动率引起一个较小的需求量的变动率。价格分别为P_1和P_2时，销售收入分别为矩形OP_1aQ_1的面积和矩形OP_2bQ_2的面积，且前者面积大于后者面积。这就是说，当厂商降价，即由a点运动到b点时，销售收入是减少的；相反，当厂商提价，即由b点运动到a点时，销售收入是增加的。

第三种情况：**对于$e_d=1$的具有单位弹性的商品，降低价格或提高价格对厂商的销售收入都没有影响。**这是因为，当$e_d=1$时，厂商变动价格所引起的需求量的变动率和价格的变动率是相等的。这样一来，由价格变动所造成的销售收入的增加量或减少量刚好等于由需求量变动所带来的销售收入的减少量或增加量，所以，无论厂商是降价还是提价，销售收入$P \cdot Q$值都是固定不变的。如图2-16（c）所示。图中需求曲线上a、b两点之间的需求弹性为单位弹性。价格为P_1时的销售收入即矩形OP_1aQ_1的面积等于价格为P_2时的销售收入即矩形OP_2bQ_2的面积。显然，不管厂商是因降价由a点运动到b点，还是因提价由b点运动到a点，其销售收入量都是不变的。

读者可以自己举出具体数字例子，分别说明第二种和第三种情况。

以上三种情况都是以需求的弧弹性为例进行分析的。事实上，经数学证明，对这三种情况进行分析所得到的结论，对需求的点弹性也是适用的。①

与以上三种情况相对应，也可以根据商品的价格变化所引起的厂商的销售收入

---

① 假定需求函数为$Q=f(P)$，于是，厂商的销售收入为$P \cdot Q=P \cdot Q(P)$，进一步可以得到以下式子：

$$\frac{\mathrm{d}(P \cdot Q)}{\mathrm{d}P}=Q+P \cdot \frac{\mathrm{d}Q}{\mathrm{d}P}=Q\left(1+\frac{P}{Q} \cdot \frac{\mathrm{d}Q}{\mathrm{d}P}\right)=Q(1-e_d)$$

由上式可得：当$e_d \lesseqgtr 1$时，有$\frac{\mathrm{d}(P \cdot Q)}{\mathrm{d}P} \gtreqless 0$。

的变化，来判断商品的需求的价格弹性的大小。如果某商品价格变化引起厂商销售收入反方向的变化，则该商品是富有弹性的；如果某商品价格变化引起厂商销售收入同方向的变化，则该商品是缺乏弹性的；如果厂商的销售收入不随商品价格的变化而变化，则该商品具有单位弹性。

将 $e_d=\infty$ 和 $e_d=0$ 的两种特殊情况考虑在内，商品的需求的价格弹性和厂商的销售收入之间的综合关系如表 2－4 所示。

表 2－4　需求的价格弹性和厂商的销售收入

弹性 / 销售收入 / 价格变化	$e_d>1$	$e_d=1$	$e_d<1$	$e_d=0$	$e_d=\infty$
降价	增加	不变	减少	同比例于价格的下降而减少	在既定价格下可以无限增加，因此，厂商不会降价
涨价	减少	不变	增加	同比例于价格的上升而增加	会减少为零

最后，再指出一点，因为厂商的销售收入就等于消费者的购买支出，所以，以上关于需求的价格弹性和厂商的销售收入之间关系的分析和结论，对于需求的价格弹性和消费者的购买支出之间的关系同样适用。

六、影响需求的价格弹性的因素

影响需求的价格弹性的因素有很多，其中主要有以下几个。

第一，**商品的可替代性。**一般说来，一种商品的可替代品越多，相近程度越高，则该商品的需求的价格弹性往往就越大；相反，该商品的需求的价格弹性往往就越小。例如，在苹果市场，当国光苹果的价格上升时，消费者就会减少对国光苹果的需求量，增加对相近的替代品如红富士苹果的购买。这样，国光苹果的需求弹性就比较大。又如，对于食盐来说，没有很好的可替代品，加之食盐又是生活必需品，所以，食盐价格的变化所引起的需求量的变化几乎等于零，它的需求的价格弹性是极其微小的。

对一种商品所下的定义越明确、越狭窄，这种商品的相近的替代品往往就越多，需求的价格弹性也就越大。譬如，某种特定商标的豆沙馅面包的需求要比一般的甜馅面包的需求更有弹性，甜馅面包的需求又比一般的面包的需求更有弹性，而面包的需求的价格弹性比一般的面粉制品的需求的价格弹性又要大得多。

第二，**商品用途的广泛性。**一般说来，一种商品的用途越是广泛，它的需求的价格弹性就可能越大；相反，用途越是狭窄，它的需求的价格弹性就可能越小。这是因为，如果一种商品具有多种用途，当它的价格较高时，消费者只购买较少的数量用于最重要的用途上。当它的价格逐步下降时，消费者的购买量就会逐渐增加，将商品越来越多地用于其他的各种用途上。

第三，**商品对消费者生活的重要程度。**一般说来，生活必需品的需求的价格弹性较小，非必需品的需求的价格弹性较大。例如，面粉的需求的价格弹性较小，音乐会入场券的需求的价格弹性较大。

第四，**商品的消费支出在消费者预算总支出中所占的比重。**消费者在某商品上的消费支出在预算总支出中所占的比重越大，该商品的需求的价格弹性可能就越大；反之，则越小。例如，火柴、盐、铅笔、肥皂等商品的需求的价格弹性就是比较小的。这是因为，消费者每月在这些商品上的支出是很小的，消费者往往不太重视这类商品价格的变化。

专栏 2-3
春节期间商家的降价与提价

第五，**所考察的消费者调节需求量的时间。**一般说来，所考察的调节时间越长，则需求的价格弹性可能就越大。这是因为，在消费者决定减少或停止对价格上升的某种商品的购买之前，他一般需要花费时间去寻找和了解该商品的替代品。例如，当石油价格上升时，消费者在短期内通常不会较大幅度地减少石油需求量。但设想在长期内，消费者可能找到替代品，于是，石油价格上升会导致石油的需求量较大幅度地下降。

需要指出，一种商品需求的价格弹性的大小是各种影响因素综合作用的结果。所以，在分析一种商品的需求的价格弹性的大小时，要根据具体情况进行全面的综合分析。

七、弹性概念的扩大

根据本节一开始给出的弹性概念的一般公式可知，在任何两个具有函数关系的经济变量之间都可以建立弹性，以研究这两个经济变量变动的相互影响。在西方经济学中有许多弹性，下面将先后考察供给的价格弹性、需求的交叉价格弹性和需求的收入弹性。

1. 供给的价格弹性

供给方面的弹性包括供给的价格弹性、供给的交叉价格弹性和供给的预期价格弹性等。在此考察的是供给的价格弹性，它通常被简称为供给弹性。

供给的价格弹性表示在一定时期内一种商品的供给量变动对于该商品价格变动的反应程度。或者说，它表示在一定时期内一种商品的价格变化百分之一时所引起的该商品供给量变化的百分比。它是商品的供给量变动率与价格变动率之比。

与需求的价格弹性一样，供给的价格弹性也分为弧弹性和点弹性。

供给的价格弧弹性表示某商品供给曲线上两点之间的弹性。供给的价格点弹性表示某商品供给曲线上某一点的弹性。假定供给函数为 $Q=f(P)$，以 e_s 表示供给的价格弹性系数，则供给的价格弧弹性的公式为：

$$e_s=\frac{\frac{\Delta Q}{Q}}{\frac{\Delta P}{P}}=\frac{\Delta Q}{\Delta P}\cdot\frac{P}{Q} \tag{2.11}$$

供给的价格点弹性的公式为：

$$e_s = \lim_{\Delta P \to 0} \frac{\Delta Q}{\Delta P} \cdot \frac{P}{Q} = \frac{\mathrm{d}Q}{\mathrm{d}P} \cdot \frac{P}{Q} \tag{2.12}$$

在通常情况下，商品的供给量和商品的价格是呈同方向变动的，供给量的变化量和价格的变化量的符号是相同的。所以，在上面两个公式中，$\frac{\Delta Q}{\Delta P}$ 和 $\frac{\mathrm{d}Q}{\mathrm{d}P}$ 两项均大于零，作为计算结果的 e_s 为正值。

供给的价格弹性根据 e_s 值的大小也分为五种类型。$e_s>1$ 表示富有弹性；$e_s<1$ 表示缺乏弹性；$e_s=1$ 表示单一弹性或单位弹性；$e_s=\infty$ 表示完全弹性；$e_s=0$ 表示完全无弹性。①

供给的价格弹性的计算方法和需求的价格弹性是类似的。给定具体的供给函数，则可以根据要求，由（2.11）式求出价格上升或价格下降时的供给的价格弧弹性，也可以由中点公式一般地求出供给的价格弧弹性。供给的价格弧弹性的中点公式为：

$$e_s = \frac{\Delta Q}{\Delta P} \cdot \frac{\frac{P_1 + P_2}{2}}{\frac{Q_1 + Q_2}{2}} \tag{2.13}$$

供给的价格点弹性可以直接用（2.12）式求出。

供给的价格点弹性也可以用几何方法来求得。在此，利用图 2－17 以线性供给函数为例加以说明。图 2－17 是线性供给函数 $Q^s = -2\ 000 + 1\ 000P$ 的几何图形。

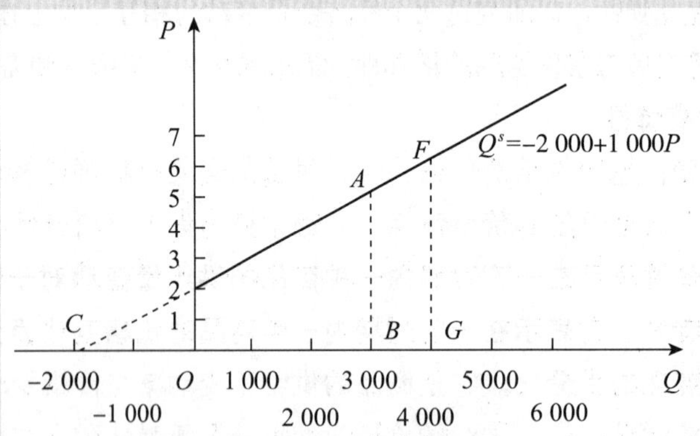

图 2－17　线性供给曲线的点弹性（一）

根据（2.12）式，供给曲线上 A 点的点弹性为：

① 读者可以参照前面的图 2－11，独立绘制供给的价格弧弹性五种类型的示意图：通常，对于向右上方倾斜的供给曲线而言，富有弹性的供给曲线比较平坦，缺乏弹性的供给曲线比较陡峭。水平形状的供给曲线表示完全弹性，垂直形状的供给曲线表示完全无弹性。关于供给的价格点弹性五种类型的示意图，见以下的图 2－18 和图 2－19。

$$e_s=\frac{\mathrm{d}Q}{\mathrm{d}P}\cdot\frac{P}{Q}=\frac{CB}{AB}\cdot\frac{AB}{OB}=\frac{CB}{OB}=\frac{5\ 000}{3\ 000}\approx 1.67$$

同理，在 F 点有：

$$e_s=\frac{CG}{OG}=\frac{6\ 000}{4\ 000}=1.5$$

从线性供给曲线的点弹性的几何意义出发，可以进一步找出线性供给曲线点弹性的有关规律。如图 2－18 所示。

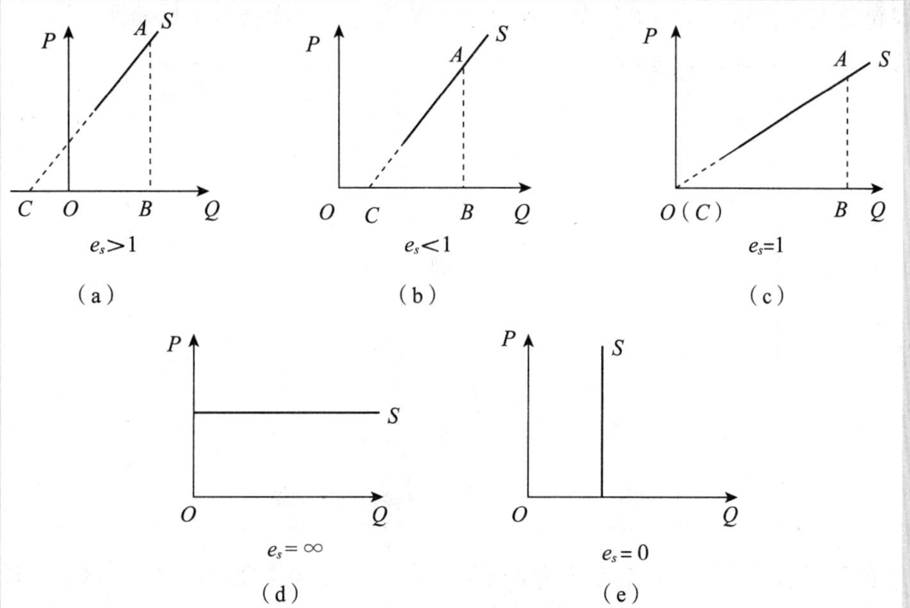

图 2－18　线性供给曲线的点弹性（二）

图 2－18 (a) 中线性供给曲线上的所有点弹性均大于 1。例如在 A 点，因为 $CB>OB$，所以 $e_s>1$。图 2－18 (b) 中线性供给曲线上的所有点弹性均小于 1。例如在 A 点，因为 $CB<OB$，所以 $e_s<1$。图 2－18 (c) 中线性供给曲线上的所有点弹性均为 1。例如在 A 点，因为 $CB=OB$，所以 $e_s=1$。

由此可以得出这样的规律：若线性供给曲线的延长线与坐标横轴的交点（如图 2－18 中的 C 点）位于坐标原点的左边，则该供给曲线上任何一点的弹性都是大于 1 的。若交点位于坐标原点的右边，则该供给曲线上任何一点的弹性都是小于 1 的。若交点恰好就是坐标原点，则该供给曲线上任何一点的弹性均为 1。

除此之外，图 2－18 (d) 有一条水平的供给曲线，曲线上所有的点弹性均为无穷大，即 $e_s=\infty$。图 2－18 (e) 有一条垂直的供给曲线，曲线上所有的点弹性均为零，即 $e_s=0$。这两种特殊的情况和前面分析的三种情况一起，构成了线性供给曲线点弹性的五种类型。

关于曲线型供给曲线的点弹性的几何意义，可以先过该点作供给曲线的切线，其后的推导过程与线性供给曲线是相同的。例如，图 2－19 中曲线型供给曲线上 A 点的切线交横轴于 C 点，则 A 点的供给弹性为：

$$e_s=\frac{\mathrm{d}Q}{\mathrm{d}P}\cdot\frac{P}{Q}=\frac{CB}{AB}\cdot\frac{AB}{OB}=\frac{CB}{OB}$$

$$=\frac{2\ 000}{4\ 000}=0.5$$

同样地，可以根据曲线型供给曲线上过任意一点的点的切线与坐标横轴的交点是位于坐标原点的左边，还是位于坐标原点的右边，或者恰好就是坐标原点，来分别判断该点的供给是富有弹性的，还是缺乏弹性的，抑或具有单位弹性。

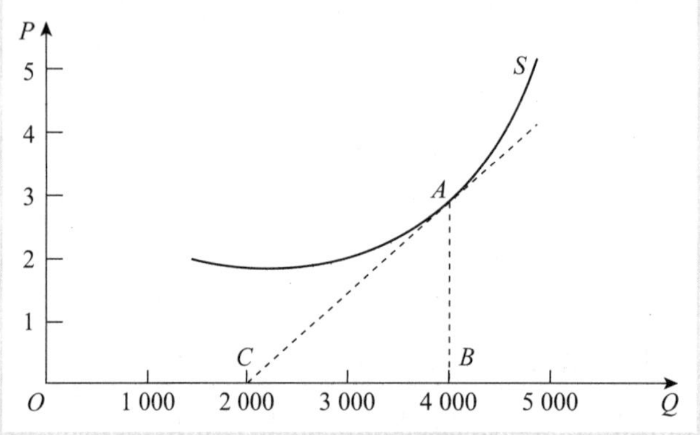

图 2－19　曲线型供给曲线的点弹性

在影响供给的价格弹性的众因素中，时间是一个很重要的因素。当商品的价格发生变化时，厂商对产量的调整需要一定的时间。在很短的时间内，厂商若要根据商品的涨价及时地增加产量，或者根据商品的降价及时地缩减产量，都存在不同程度的困难，相应地，供给的价格弹性是比较小的。但是，在长期内，生产规模的扩大与缩小，甚至转产，都是可以实现的，供给量可以对价格变动作出较充分的反应，供给的价格弹性也就比较大了。

除此之外，在其他条件不变时，生产成本随产量变化而变化的情况及产品的生产周期的长短，也是影响供给的价格弹性的另外两个重要因素。就生产成本来说，如果产量增加只引起边际成本的轻微的提高，则意味着厂商的供给曲线比较平坦，供给的价格弹性可能比较大；相反，如果产量增加引起边际成本的较大的提高，则意味着厂商的供给曲线比较陡峭，供给的价格弹性可能比较小。① 就产品的生产周期来说，在一定的时期内，对于生产周期较短的产品，厂商可以根据市场价格的变化较及时地调整产量，供给的价格弹性相应就比较大；相反，生产周期较长的产品的供给的价格弹性就往往较小。

① 读者在学习了本书第六章的内容以后，就可以理解这一说法。

2. 需求的交叉价格弹性

如前所述，一种商品的需求量受多种因素的影响，相关商品的价格就是其中的一个因素。假定其他因素都不发生变化，仅仅研究一种商品的价格变化和它的相关商品的需求量变化之间的关系，则需要运用需求的交叉价格弹性的概念。需求的交叉价格弹性也被简称为需求的交叉弹性。

需求的交叉价格弹性表示在一定时期内一种商品的需求量变动对于它的相关商品的价格变动的反应程度。或者说，它表示在一定时期内一种商品的价格变化百分之一时所引起的另一种商品的需求量变化的百分比。它是该商品的需求量变动率和它的相关商品的价格变动率的比值。

假定商品 X 的需求量 Q_X 是它的相关商品 Y 的价格 P_Y 的函数，即 $Q_X=f(P_Y)$，则商品 X 的需求的交叉价格弧弹性公式为：

$$e_{XY}=\frac{\frac{\Delta Q_X}{Q_X}}{\frac{\Delta P_Y}{P_Y}}=\frac{\Delta Q_X}{\Delta P_Y}\cdot\frac{P_Y}{Q_X} \tag{2.14}$$

式中，ΔQ_X 为商品 X 的需求量的变化量；ΔP_Y 为相关商品 Y 的价格的变化量；e_{XY} 为当商品 Y 的价格发生变化时，商品 X 的需求的交叉价格弹性系数。

当商品 X 的需求量的变化量 ΔQ_X 和相关商品价格的变化量 ΔP_Y 均为无穷小时，则商品 X 的需求的交叉价格点弹性公式为：

$$e_{XY}=\lim_{\Delta P_Y\to 0}\frac{\Delta Q_X}{\Delta P_Y}\cdot\frac{P_Y}{Q_X}=\frac{\mathrm{d}Q_X}{\mathrm{d}P_Y}\cdot\frac{P_Y}{Q_X} \tag{2.15}$$

需求的交叉价格弹性系数的符号取决于所考察的两种商品的相关关系。

商品之间的相关关系可以分为两种，一种为替代关系，另一种为互补关系。一般可以简单地说，**如果两种商品之间可以互相代替以满足消费者的某一种欲望，则称这两种商品之间存在着替代关系，这两种商品互为替代品。**如苹果和梨就是互为替代品。**如果两种商品必须同时使用才能满足消费者的某一种欲望，则称这两种商品之间存在着互补关系，这两种商品互为互补品。**如网球和网球拍就是互为互补品。

若两种商品之间存在着替代关系，则一种商品的价格与它的替代品的需求量之间呈同方向的变动，相应的需求的交叉价格弹性系数为正值。这是因为，例如，当苹果的价格上升时，人们会在减少苹果的购买量的同时，增加对苹果的替代品如梨的购买量。**若两种商品之间存在着互补关系，则一种商品的价格与它的互补品的需求量之间呈反方向的变动，相应的需求的交叉价格弹性系数为负值。**这是因为，例如，当网球拍的价格上升时，人们会减少对网球拍的需求量，这样，作为网球拍的互补品的网球的需求量也会因此而下降。**若两种商品之间不存在相关关系，则意味着其中任何一种商品的需求量都不会对另一种商品的价格变动作出反应，相应的需**

求的交叉价格弹性系数为零。

同样的道理，反过来，可以根据两种商品之间的需求的交叉价格弹性系数的符号，来判断两种商品之间的相关关系。若两种商品的需求的交叉价格弹性系数为正值，则这两种商品之间存在替代关系。若为负值，则这两种商品之间存在互补关系。若为零，则这两种商品之间无相关关系。

3. 需求的收入弹性

前面所考察的需求的价格弹性、供给的价格弹性和需求的交叉价格弹性都是就商品的供求数量与商品的价格相互之间的关系进行研究。实际上，弹性关系并不仅限于商品的供求数量和价格之间，弹性概念被广泛地运用于各种相关的经济变量之间。需求的收入弹性就是建立在消费者的收入量和商品的需求量之间关系上的一个弹性概念，它也是一个在西方经济学中被广泛运用的弹性概念。

需求的收入弹性表示在一定时期内消费者对某种商品的需求量的变动对于消费者收入量变动的反应程度。或者说，它表示在一定时期内消费者的收入变化百分之一时所引起的商品需求量变化的百分比。它是商品的需求量的变动率和消费者的收入量的变动率的比值。

假定某商品的需求量 Q 是消费者收入水平 M 的函数，即 $Q=f(M)$，则该商品的需求的收入弹性公式为：

$$e_M=\frac{\frac{\Delta Q}{Q}}{\frac{\Delta M}{M}}=\frac{\Delta Q}{\Delta M}\cdot\frac{M}{Q} \tag{2.16}$$

或

$$e_M=\lim_{\Delta M\to 0}\frac{\Delta Q}{\Delta M}\cdot\frac{M}{Q}=\frac{\mathrm{d}Q}{\mathrm{d}M}\cdot\frac{M}{Q} \tag{2.17}$$

（2.16）式和（2.17）式分别为需求的收入弧弹性和点弹性公式。

根据商品的需求的收入弹性系数值，可以给商品分类。首先，商品可以分为两类，分别是**正常品**和**劣等品**（亦称低档品）。其中，正常品是指消费者对该商品的需求量与收入呈同方向变化的商品；劣等品是指消费者对该商品的需求量与收入呈反方向变化的商品。对于消费者来说，大多数商品都是正常品。然后，还可以将正常品再进一步区分为**必需品**和**奢侈品**两类。以上的商品分类方法，可以用需求的收入弹性来表示。具体地说，$e_M>0$ 的商品为正常品，因为 $e_M>0$ 意味着消费者对该商品的需求量与收入水平呈同方向变化。$e_M<0$ 的商品为劣等品，因为 $e_M<0$ 意味着消费者对该商品的需求量与收入水平呈反方向变化。在正常品中，$e_M<1$ 的商品为必需品，$e_M>1$ 的商品为奢侈品。这是因为，例如，当消费者的收入水平下降时，尽管消费者对必需品和奢侈品的需求量都会有所减少，但对必需品的需求量的减少是有限的，或者说，是缺乏弹性的；而对奢侈品的需求量的减少是较多的，或者说，是富有弹性的。

在需求的收入弹性的基础上，如果具体地研究消费者用于购买食物的支出量对于消费者收入量变动的反应程度，就可以得到食物支出的收入弹性。西方经济学中的**恩格尔定律指出：在一个家庭或一个国家中，食物支出在收入中所占的比例随着收入的增加而减小。**[①] **用弹性概念来表述恩格尔定律可以是：对于一个家庭或一个国家来说，富裕程度越高，则食物支出的收入弹性就越小；反之，则越大。**许多国家经济发展过程的统计资料表明恩格尔定律是成立的。

专栏 2-4
我国居民收入和恩格尔系数

除了上述在经济学文献中经常出现的弹性概念外，根据所研究的具体经济问题的不同需要，经济学家也经常建立其他各种弹性关系。例如，一些经济学家研究一个国家的电力消耗量和国民生产总值（GNP）之间的弹性关系，这对于如何根据对一国经济增长的预测来合理安排本国的电力工业的发展是有实际意义的。

第六节　运用需求、供给和均衡价格的事例

运用需求、供给及其所决定的均衡价格的基本原理，可以描述和解释实际的市场经济活动。本节介绍这方面的几个事例。

一、易腐商品的售卖

有些商品，尤其是一些食品，由于具有易腐的特点，必须在一定的时间内被销售出去，否则，销售者会蒙受经济损失。那么，对于这类商品的销售者来说，应该如何定价，才能既保证全部数量的商品能在规定的时间内卖完，又能使自己获得尽可能多的收入呢？下面以夏天的鲜鱼的销售为例来分析这类问题。

夏天的鲜鱼必须在当天被卖掉。如果鲜鱼的销售者能够准确地知道市场上的消费者在一天内在各个价格水平对其鲜鱼的需求数量，或者说，如果他能准确地了解市场一天内对其鲜鱼的需求曲线，那么，他就可以根据这一需求曲线以及准备出售的全部的鲜鱼的数量，来决定能使其获得最大收入的最优价格。用图 2-20 来具体说明。

图 2-20 表示的是某鲜鱼销售者所面临的对他的鲜鱼的需求曲线。从图中的既定鲜鱼的需求曲线上，可以了解一天内在每一个价格水平上的鲜鱼需求数量。假定

① 恩格尔（1821—1896 年）是德国的统计学家，他于 1857 年在一个研究报告中提出了该定律。恩格尔以后的经济学家有时也用食物支出的收入弹性来表述该定律。

销售者在一天内需要卖掉的鲜鱼数量为 Q_1，则他应该根据需求曲线将价格定在 P_1 的水平。这样，他就能卖掉全部鲜鱼，并得到他所能得到的最大收入。

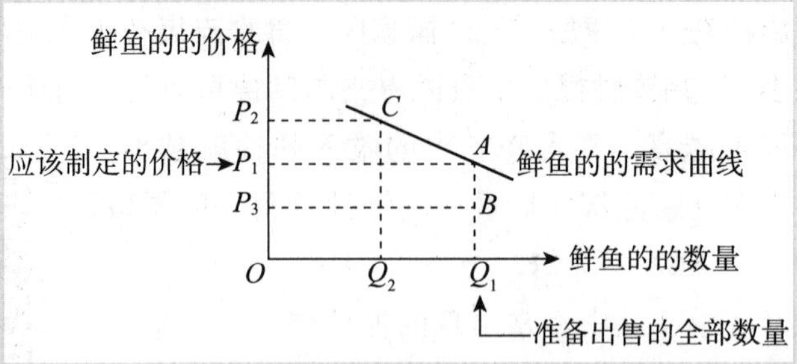

图 2-20 鲜鱼的定价

这是因为，根据鲜鱼的需求曲线，如果价格定得过高，为 P_2，则销售者将有 Q_2Q_1 数量的鲜鱼卖不出去。由于鲜鱼的需求一般是富有弹性的，销售者会因定价过高导致的销售量大幅度减少而使总收入减少。总收入的减少量相当于图中矩形 OP_1AQ_1 和 OP_2CQ_2 的面积之差。相反，如果价格定得过低，为 P_3，则销售者虽然能卖掉全部鲜鱼，但总收入却因单位价格过低而减少，减少量相当于图中的矩形 P_3P_1AB 的面积。由此可见，对于准备出售的鲜鱼量 Q_1 而言，唯有 P_1 的价格水平是能给销售者带来最大收入的最优价格。

上例告诉我们，对于鲜鱼等易腐商品的销售者来说，准确了解其出售商品的需求曲线是多么重要。因为只有这样，销售者才能在有限的时间段内及时卖出全部商品并获得尽可能高的销售收入。其实，不仅对易腐商品的销售者而言，对任何产品的销售者而言，深入市场，准确了解消费者的需求状况，都是其作出利润最大化决策的前提。至于这一点，将在本书第六、七章市场理论的分析中得到充分的体现。

二、价格放开

在我国经济体制改革中，为了增加那些在市场上供给数量相对缺乏的政府限价商品的生产，有一种看法认为：只要把政府的限价取消，这类商品的供给量就会增加。事实是否如此，需要根据商品的供给的价格弹性作具体的分析。

在多数情况下，商品的供给曲线向右上方倾斜，相应的供给的价格弹性系数大于零。对于供给的价格弹性大于零的原限价商品来说，随着政府限价的取消，商品的供给量会得到提高。尤其是，如果商品的供给的价格弹性很大，限价的取消可以带来供给量的大幅度增加。例如在图 2-21（a）中，政府原先对某商品的限价为 P_1，在这个价格上供给量 Q_1 小于需求量 Q_2，市场上该商品是短缺的。政府的限价取消以后，随着市场实际价格的上升，供给量会逐步地提高，需求量会逐步地减少，最后在价格 P_e 和数量 Q_e 的水平上实现供求相等的均衡状态。

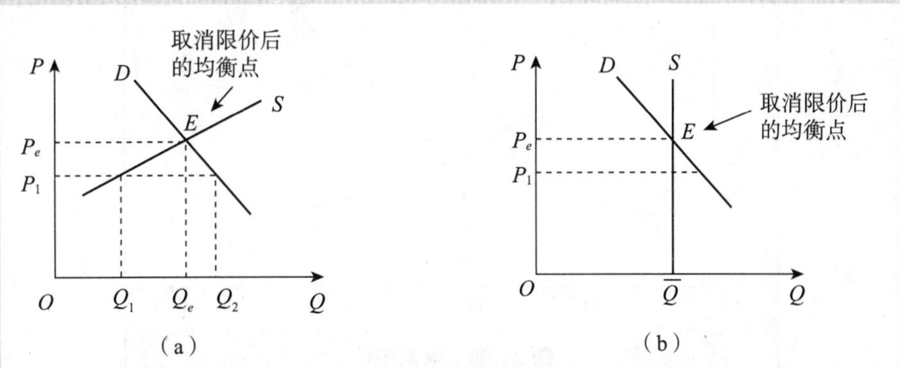

图 2-21　取消限价和供给的价格弹性

但是，在考虑这一问题时，还应该考虑到某些特殊的情况。某些商品的生产由于受到资源条件和技术水平等因素的限制，供给数量在一定时期内是固定不变的。这就是说，这些商品的供给曲线是一条垂直线，相应的供给的价格弹性为零。在这样的特殊情况下，限价的取消不会带来供给量的改变，而只能使商品的市场价格上涨。例如在图 2-21（b）中，供给曲线为一条垂直线，政府原先的限价为 P_1，政府取消限价的结果是使实际的市场价格上涨到 P_e 的均衡水平，而供给数量却没有增加。所以，在这种情况下，要增加那些原先由政府限价生产的商品的产量，除了取消政府限价之外，还应该根据具体情况作出综合分析，从根本上消除制约产量增长的因素。

三、最高限价和最低限价

政府根据不同的经济形势会采取不同的经济政策，在此介绍有关政府的价格政策的两种做法：最高限价和最低限价。

1. 最高限价

最高限价也被称为限制价格。它是政府所规定的某种商品的最高价格，即防止商品价格上升到限价水平之上。最高限价总是低于市场的均衡价格。

图 2-22 表示政府对某种商品实行最高限价的情形。开始时，该商品市场的均衡价格为 P_e，均衡数量为 Q_e。假设政府实行最高限价政策，规定该商品的市场最高限价为 P_0。由图中可见，最高限价 P_0 低于均衡价格 P_e，且在最高限价 P_0 的水平，市场需求量 Q_2 大于市场供给量 Q_1，市场上出现了供不应求的情况。

政府实行最高限价的目的往往是为了抑制某些产品的价格上涨，尤其是为了应对通货膨胀。有时，为了限制某些行业，特别是限制一些垄断性很强的公用事业的价格，政府也会采取最高限价的做法。但政府实行最高限价的做法也会带来一些不良的影响。最高限价下的供不应求会导致市场上消费者排队抢购和黑市交易盛行。

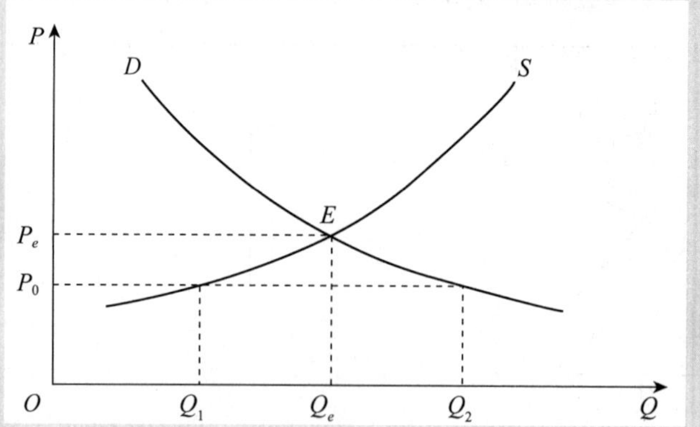

图 2-22　最高限价

在这种情况下，政府往往又不得不采取配给的方法来分配产品。此外，生产者也可能粗制滥造，降低产品质量，形成变相涨价。

2. **最低限价**

最低限价也被称为支持价格。它是政府所规定的某种商品的最低价格，即防止商品价格下跌到此限价水平之下。最低限价总是高于市场的均衡价格。

图 2-23 表示政府对某种商品实行最低限价的情形。开始时的市场均衡价格为 P_e，均衡数量为 Q_e。之后，政府实行最低限价所规定的市场价格为 P_0。由图中可见，最低限价 P_0 高于均衡价格 P_e，且在最低限价 P_0 的水平，市场供给量 Q_2 大于市场需求量 Q_1，市场上出现了产品过剩的情况。

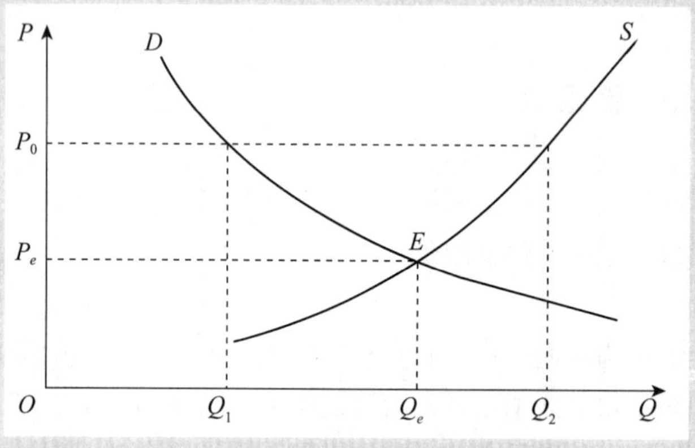

图 2-23　最低限价

政府实行最低限价的目的通常是为了扶持某些行业的发展。农产品的支持价格就是一些西方国家所普遍采取的旨在扶持农业发展的政策，在实行这一政策时，政府通常收购市场上过剩的农产品。除了农产品的支持价格以外，政府也可以采取其他办法来扶植农业的发展，这一点在下一个问题中还会提及。

在此，我们已经对最高限价和最低限价的目的、效果和可能产生的不良影响进行了分析，作为进一步的考察，我们还将在以后的第六章第八节对最高限价和最低限价的社会福利效应展开分析。

四、谷贱伤农

在农业生产活动中，存在着一种经济现象：在丰收的年份，农民的收入反而减少了。这种现象在我国民间被形象地称为“谷贱伤农”。其实，这种表面看起来难以理解的现象，是可以用需求的价格弹性原理来加以解释的。

在前面分析需求的价格弹性与厂商的销售收入时，我们得到这样一个结论：对于缺乏弹性的商品来说，商品的价格与厂商的销售收入呈同方向的变化。现在，我们可以把这一结论具体运用到农产品的场合。其实，造成这种“谷贱伤农”经济现象的根本原因在于：农产品（如谷类）的需求往往是缺乏弹性的，我们具体地利用图 2－24 来解释这种经济现象。

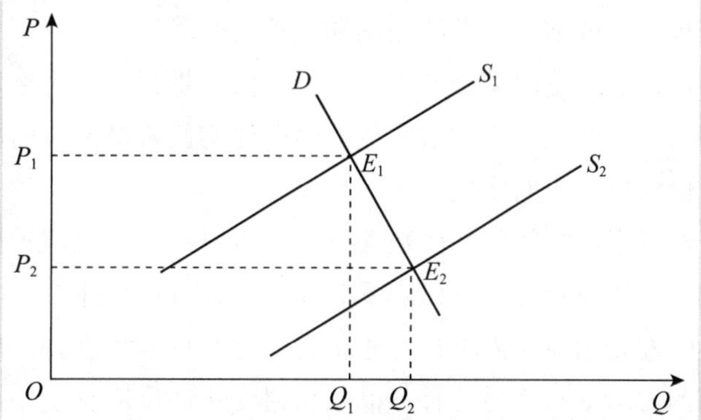

图 2－24　缺乏弹性的需求曲线和谷贱伤农

在图 2－24 中，农产品的需求曲线 D 是缺乏弹性的。农产品的丰收使供给曲线由 S_1 的位置向右平移至 S_2 的位置，在缺乏弹性的需求曲线的作用下，农产品的均衡价格大幅度地由原先的 P_1 下降到 P_2，而农产品的均衡数量仅小幅度地由原先的 Q_1 增加到 Q_2。由于农产品均衡价格的下降幅度大于农产品均衡数量的增加幅度，因而最后农民的总收入量减少。总收入的减少量相当于图中矩形 $OP_1E_1Q_1$ 和 $OP_2E_2Q_2$ 的面积之差。

类似地，在歉收年份，同样由于缺乏弹性的需求曲线的作用，农产品均衡数量减少的幅度将小于由它所引起的均衡价格的上升幅度，最后致使农民的总收入量增加。在图 2－24 中，只需先假定农产品的歉收使供给曲线由 S_2 的位置向左平移至 S_1 的位置，随后便可以具体地说明这种与丰收年份相反的情况。

基于以上的经济事实及其经验，在一些国家，为了保护农场主和农民的利益，保护和支持农业的发展，政府纷纷采取了支持农产品价格的一些做法，其中包括：在一定的条件下，通过适当减少某些农产品的种植面积，来减少这些农产品的供给，从而将这些农产品的价格维持在一定的水平，以保证农场主和农民的收入。①

第七节　结束语

本章要点可以归结如下：

（1）一种商品的需求指消费者在一定时期内在各种可能的价格水平愿意而且能够购买的商品数量。市场的需求可以用一条需求曲线来表示。需求曲线一般向右下方倾斜，它表示商品的需求量与价格呈反方向的变化。

一种商品的供给指生产者在一定时期内在各种可能的价格水平愿意而且能够提供出售的商品数量。市场的供给可以用一条供给曲线来表示。供给曲线一般向右上方倾斜，它表示商品的供给量与价格呈同方向的变化。

（2）除商品价格以外的其他因素的变化，会导致需求曲线或者供给曲线的位置发生移动。它们也分别被称作需求的变动和供给的变动。

（3）均衡价格指能够使商品市场上需求量与供给量相等的价格。均衡价格是在市场机制的作用下自发形成的。需求的变化会引起均衡价格同方向的变化，供给的变化会引起均衡价格反方向的变化。

（4）当两个经济变量之间存在函数关系时，可以用弹性来表示因变量对于自变量变化的反应程度。任何弹性都可以表示为弧弹性或者点弹性。

需求的价格弹性表示商品需求量对于价格变化的反应程度。需求的交叉价格弹性表示一种商品的需求量对于另一种商品的价格变化的反应程度。需求的收入弹性表示商品的需求量对于收入变化的反应程度。供给的价格弹性表示商品的供给量对于价格变化的反应程度。

（5）利用弹性公式可以具体计算弧弹性和点弹性的数值。此外，点弹性的数值还可以从几何关系的角度来求得。一般地，弹性系数按大小可以归纳为五类，它们是：富有弹性、缺乏弹性、单位弹性，以及完全弹性与完全无弹性。

（6）就需求的价格弹性而言，对于富有弹性的商品，则商品的价格与厂商的销售收入呈反方向的变化，也就是说，厂商降低商品价格便可以增加销售收入。对于缺乏弹性的商品，则商品的价格与厂商的销售收入呈同方向的变化，也就是说，厂商提高商品价格便可以增加销售收入。对于具有单位弹性的商品，则商品价格的变化对厂商的销售收入无影响。

（7）如果两种商品之间存在替代关系，则需求的交叉价格弹性系数大于零；如果两种商品之间存在互补关系，则需求的交叉价格弹性系数小于零；如果两种商品

① 正文中的“谷贱伤农”现象产生的根本原因在于农产品（如谷类）的需求通常是缺乏弹性的。但是，如果在某些特殊的场合，个别农产品的需求是富有弹性的，那么，当这种农产品丰收使得价格下降时，其需求量会以更大的幅度增加，最终农民的收入将不是减少而是增加的。

之间无相关关系，则需求的交叉价格弹性系数等于零。

（8）对于正常品来说，需求的收入弹性大于零；对于劣等品来说，需求的收入弹性小于零。在正常品中，必需品的需求的收入弹性小于1；而奢侈品的需求的收入弹性大于1。

（9）恩格尔定律：对于一个国家或一个家庭而言，随着收入水平的提高，购买食物的支出在总收入中所占的比重不断下降。用弹性概念表述该定律可以是：对于一个家庭或一个国家而言，富裕程度越高，则食物支出的收入弹性越小；反之，则越大。

本章的内容又可以被分为两个部分：一个部分为对微观经济学的整个理论框架的鸟瞰，即第一节的内容；另一个部分是介绍与供求曲线有关的基础知识，即第二节到第六节的内容。关于本章所包含的这两个部分的内容，我们应注意下列三点：

第一，在对理论框架作一鸟瞰的部分中，可以看到微观经济学的整个理论体系所企图证明的结果，即：以利己心为动力的资本主义市场经济，通过供求关系，能以最有效率的方式或接近于最有效率的方式来配置资源，使得整个社会得到最大的福利。如果接受这一论证的结果，那么，既然资本主义已经是如此理想的制度，那就没有必要去推行社会主义的市场经济。

这里的问题是：上述的论证结果并不符合事实。它之所以不符合事实，是由于两个方面的原因。一方面，资本主义国家的经济实践表明，这一制度并不能使社会得到最大的福利。失业、危机、贫富悬殊、金融动荡、道德败坏等都是显见的例子。关于这一方面的事例，由于读者可以经常接触到，因而本书不拟进行过多的论述。另一方面，上述的论证结果是根据违反事实的假设条件得到的。由于假设条件脱离现实，所以由此得到的结论也必然如此。既然本书的主要任务在于介绍西方经济理论，那么本书必须对理论据以成立的假设条件加以说明。对这些假设条件的说明将陆续在本书适当的章节中，特别是在各章的结束语中出现。

第二，在这个结束语中，我们对本章第一节提到的西方经济学中的“理性人”或“经济人”的最基本假设加以说明。“理性人”或“经济人”的含义是完全利己的人。换言之，就是随时随地追求自己的利益，并使之最大化的人。

为了论证亚当·斯密的“看不见的手”的原理，西方学者必须作出“理性人”的假设，因为只有这种人才符合该原理的要求。此外，正如我们在后面各章中将看到的那样，只有这种随时随地使自己的利益最大化的人才能使西方学者把微积分学中寻求极大值的数学方法应用到西方经济学的分析之中，以便得到肯定的解答或答案。否则，如果放弃这个假设条件，而认为参与经济活动的人仅仅是部分地利己（例如，80%利己），那么，西方学者便不能提供肯定的答案，因为微积分学中的数学方法不能对追求80%的利益最大化的问题给出解答。

关于在经济中生活的现实的人是否符合“理性人”的假设，西方学者依然在争论。① 限于篇幅，我们在这里不能对此加以详细的论述，但是，总的来说，西方学

① 勒克斯．亚当·斯密的错误．伦敦：香勃拉出版公司，1990.

者倾向于承认，在假设的“理性人”和现实的人之间存在着差距，从而，根据这一假设得到的结果不过是一种理想化的状态，或是一种极端的状态，以便于衡量理论与现实之间的距离。在这里，为了避免对“理性人”的假设的误解，有必要对下列两点加以注意：

首先，虽然西方学者一般承认，由于“理性人”的假设条件难以符合现实，所以据此得到的结果不过是一种理想化或极端的状态，但是，当他们把这种结果应用于实际的经济问题时，他们往往并不明确指出这一点，有时甚至把这种理想化或极端的结果用于指导实践。对于这种做法存在的问题，读者应加以注意。

其次，从字面的意义上看，“理性人”似乎应被解释为“实事求是”的人，或“讲道理”的人，或“做事合情合理”的人。由于这一原因，不熟悉西方经济学术语的人们经常误解“理性人”的真正含义，以致会认为“理性人”是一种符合事实的假设。现在我们看到，事实并非如此。

第三，通过供求关系，尽管资本主义市场经济不能以最有效率的方式配置资源，但它能够通过供求关系来配置资源。马克思在《资本论》中也使用了供求关系来说明资本主义的资源配置以及配置中的缺点。这里的差别不在于供求是否能配置资源，而在于是否能以最优方式配置资源。

虽然我们否定供求关系能以最优的方式配置资源，但是，我们并不否定它的重要作用。事实上，在包括社会主义市场经济在内的一切市场经济中，供求关系都是配置资源的一个非常重要的手段。因此，本章包含的有关供求曲线的基本知识也适用于我国，而且已经在我国的经济理论和实践中得到广泛的应用。

习题

一、简答题

1. 下列各事件对 x 商品的需求有何影响？

（1）x 商品的生产厂商投入大量资金做广告宣传。

（2）生产 x 商品的工人的工资增加了。

（3）y 商品是 x 商品的替代品，y 商品的价格下降了。

（4）消费者的收入增加了。

2. 下列各事件对棉花供给有何影响？

（1）气候恶劣导致棉花歉收。

（2）种植棉花所需的化肥的价格上升。

（3）政府对种植棉花的农户实施优惠政策。

（4）棉花价格上升。

3. 已知某一时期内某商品的需求函数为 $Q^d=50-5P$，供给函数为 $Q^s=-10+5P$。

（1）求均衡价格 P_e 和均衡数量 Q_e，并作出几何图形。

(2) 假定供给函数不变，由于消费者的收入水平提高，需求函数变为 $Q^d=60-5P$。求出相应的均衡价格 P_e 和均衡数量 Q_e，并作出几何图形。

(3) 假定需求函数不变，由于生产技术水平提高，供给函数变为 $Q^s=-5+5P$。求出相应的均衡价格 P_e 和均衡数量 Q_e，并作出几何图形。

(4) 利用 (1)、(2) 和 (3)，说明静态分析和比较静态分析的联系与区别。

(5) 利用 (1)、(2) 和 (3)，说明需求变动和供给变动对均衡价格与均衡数量的影响。

4. 假定某社区的音乐会门票价格是由市场力量决定的，其需求与供给情况如表 2-5 所示。

表 2-5 需求与供给表

价格（元）	需求量（张）	供给量（张）
20	1 400	800
40	1 100	800
60	800	800
80	500	800
100	200	800

(1) 画出相应的需求曲线和供给曲线。你发现供给曲线有什么特点？为什么？

(2) 音乐会门票的均衡价格和均衡数量各是多少？

(3) 该社区明年将增加一批新居民，这批新居民对社区音乐会门票的需求情况如表 2-6 所示。

表 2-6 新增居民的需求表

价格（元）	需求量（张）
20	840
40	660
60	480
80	300
100	120

绘制将新老居民合在一起计算出的社区音乐会门票需求表。新的均衡价格和均衡数量各是多少？

(4) 为了更好地满足新老居民对文化生活的需求，社区决定扩建音乐厅，由此将音乐会门票的供给增加到 1 280 张。届时，音乐会门票的均衡价格和均衡数量又将各是多少？

5. 每逢春节来临，一些新鲜蔬菜的价格就会有所上升，譬如蒜苗、西红柿、黄瓜、豆角等。试利用供求曲线图说明其原因。

6. 图 2-25 中有三条线性的需求曲线 AB、AC 和 AD。

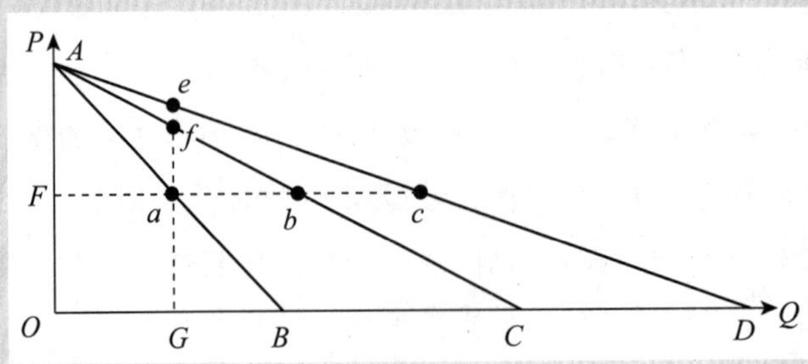

图 2-25

(1) 比较 a、b、c 三点的需求的价格点弹性的大小。

(2) 比较 a、e、f 三点的需求的价格点弹性的大小。

7. 利用图 2-26 比较需求的价格点弹性的大小。

(1) 在图 2-26 (a) 中，两条线性需求曲线 D_1 和 D_2 相交于 a 点。试问：在交点 a，这两条直线型需求曲线的需求的价格点弹性相等吗？

(2) 在图 2-26 (b) 中，两条曲线型需求曲线 D_1 和 D_2 相交于 a 点。试问：在交点 a，这两条曲线型需求曲线的需求的价格点弹性相等吗？

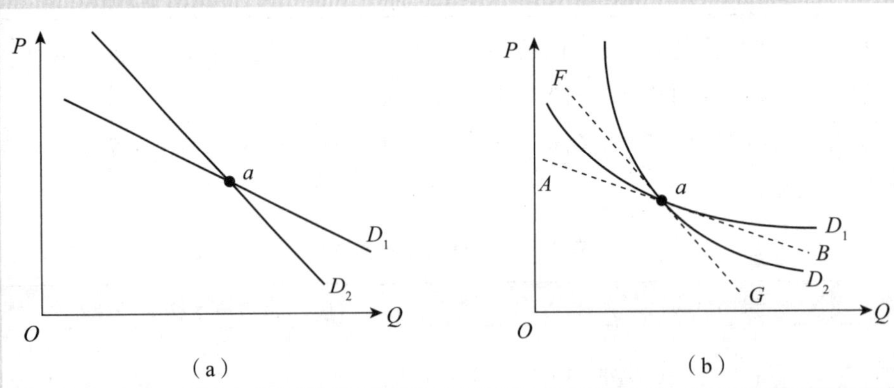

图 2-26

二、计算题

1. 假定表 2-7 是需求函数 $Q^d=500-100P$ 在一定价格范围内的需求表。

表 2-7　某商品的需求表

价格（元）	1	2	3	4	5
需求量	400	300	200	100	0

(1) 求出价格 2 元和 4 元之间的需求的价格弧弹性。

(2) 根据给出的需求函数，求 $P=2$ 元时的需求的价格点弹性。

(3) 根据该需求函数或需求表作出几何图形，利用几何方法求出 $P=2$ 元时的需求的价格点弹性。它与 (2) 的结果相同吗？

2. 假定表 2－8 是供给函数 $Q^s=-2+2P$ 在一定价格范围内的供给表。

表 2－8　某商品的供给表

价格（元）	2	3	4	5	6
供给量	2	4	6	8	10

（1）求出价格 3 元和 5 元之间的供给的价格弧弹性。

（2）根据给出的供给函数，求 $P=3$ 元时的供给的价格点弹性。

（3）根据该供给函数或供给表作出几何图形，利用几何方法求出 $P=3$ 元时的供给的价格点弹性。它与（2）的结果相同吗？

3. 假定某消费者关于某种商品的消费数量 Q 与收入 M 之间的函数关系为 $M=100Q^2$。

求：当收入 $M=6\,400$ 时的需求的收入点弹性。

4. 假定需求函数为 $Q=MP^{-N}$，其中 M 表示收入，P 表示商品价格，$N(N>0)$ 为常数。

求：需求的价格点弹性和需求的收入点弹性。

5. 假定某商品市场上有 100 个消费者，其中，60 个消费者购买该市场 $\frac{1}{3}$ 的商品，且每个消费者的需求的价格弹性均为 3；另外 40 个消费者购买该市场 $\frac{2}{3}$ 的商品，且每个消费者的需求的价格弹性均为 6。

问：按 100 个消费者合计的需求的价格弹性系数是多少？

6. 假定某消费者的需求的价格弹性 $e_d=1.3$，需求的收入弹性 $e_M=2.2$。求：

（1）在其他条件不变的情况下，商品价格下降 2%对需求数量的影响。

（2）在其他条件不变的情况下，消费者的收入提高 5%对需求数量的影响。

7. 假定在某市场上 A、B 两厂商是生产同种有差异的产品的竞争者；该市场对 A 厂商的需求曲线为 $P_A=200-Q_A$，对 B 厂商的需求曲线为 $P_B=300-0.5Q_B$；两厂商目前的销售量分别为 $Q_A=50$，$Q_B=100$。

（1）目前 A、B 两厂商的需求的价格点弹性 e_{dA} 和 e_{dB} 各是多少？

（2）如果 B 厂商降价使得 B 厂商的需求量增加为 $Q'_B=160$，同时使竞争对手 A 厂商的需求量减少为 $Q'_A=40$，那么，A 厂商的需求的交叉价格弹性 e_{AB} 是多少？

（3）如果 B 厂商追求销售收入最大化，那么，你认为 B 厂商的降价是一个正确的行为选择吗？

8. 假定某商品的需求的价格弹性为 1.6，现售价格为 $P=4$。

问：该商品的价格下降多少，才能使得销售量增加 10%？

9. 假定小李的两个消费场景如下：

（1）当话剧门票价格为 120 元时，小李打算买两张话剧门票。但事实上话剧门票价格上涨为 180 元，于是小李决定放弃看话剧。求小李关于话剧门票需求的价格弹性。

（2）小李在某公司上班，公司附近只有一家可供用餐的快餐店。当每份套餐的价格为8元时，小李每天中午都在该快餐店用餐；当每份套餐的价格上涨为12元时，他仍然每天中午都在该快餐店用餐。求小李关于快餐需求的价格弹性。

（3）对小李的两个消费场景而言，为什么（1）和（2）的结果相差甚远？

三、论述题

1. 利用图阐述需求的价格弹性的大小与厂商的销售收入之间的关系，并举例说明。

2. 利用图2-1简要说明微观经济学的理论体系框架。

第三章

消费者选择

上一章介绍了需求曲线和供给曲线的基本特征，即需求曲线一般向右下方倾斜，供给曲线一般向右上方倾斜，但并没有说明形成这些特征的背后原因是什么。在微观经济学里，构造需求曲线和供给曲线是分别以对消费者行为和生产者行为的分析为依据的。作为上一章内容的深入，本章将分析需求曲线背后的消费者的选择行为，并从对消费者选择行为的分析中推导出需求曲线。之后的三章（即第四章、第五章、第六章）将分析供给曲线背后的生产者行为，即从对生产者决策行为的分析中推导出供给曲线，并把需求曲线和供给曲线结合在一起，进一步分析产品市场的均衡状态。通过第三章到第六章的分析，将使得供求曲线的相互作用及其结果（即市场均衡价格）体现为产品市场中的消费者行为和生产者行为的相互作用及其结果。

第一节　效用论概述

由于消费者选择行为的目标是在一定的约束条件下追求自身的最大效用，所以，消费者选择理论亦可被称为效用论。本节将从效用这一概念出发介绍相关的基础知识。

一、效用的概念

效用是指对商品满足人的欲望的能力评价，或者说，效用是指消费者在消费商品时所感受到的满足程度。一种商品对消费者是否具有效用，取决于消费者是否有消费这种商品的欲望，以及这种商品是否具有满足消费者欲望的能力。效用这一概念与人的欲望是联系在一起的，是消费者对商品满足自己欲望的能力的一种主观心理评价。

二、基数效用和序数效用

既然效用是用来表示消费者在消费商品时所感受到的满足程度的，那么，就产生了对这种“满足程度”即效用大小的度量问题。在这一问题上，西方经济学家先后提出了基数效用和序数效用的概念，并在此基础上形成了分析消费者行为的两种方法，它们分别是**基数效用论者的边际效用分析法和序数效用论者的无差异曲线分析法**。

从19世纪70年代起至20世纪初期，西方经济学家普遍使用基数效用的概念。基数效用论者认为，效用如同长度、重量等概念一样，可以具体地用数字来衡量，效用之间的具体数量比较是有意义的。表示效用大小的计量单位被称作**“效用单位”**。例如，对某个人来说，吃一顿丰盛的晚餐和看一场高水平的足球赛的效用分别为5效用单位和10效用单位，于是这两种消费的效用之和为15效用单位，且后者的效用是前者的效用的2倍。

从20世纪30年代起，序数效用的概念为大多数西方经济学家所使用。序数效用论者认为，效用是一个有点类似于香、臭、美、丑那样的概念，效用的大小是无法具体度量的，效用之间的比较只能通过顺序或等级来表示。仍就上面的例子来说，消费者要回答的是偏好哪一种消费，即哪一种消费的效用排第一，哪一种消费的效用排第二。或者是说，要回答的是宁愿吃一顿丰盛的晚餐，还是宁愿看一场高水平的足球赛。进一步地，序数效用论者还认为，对效用的绝对数值意义上的衡量是困难的，人们确实很难说出某种消费的效用比另一种消费的效用究竟具体大多少。而且，序数效用论者指出，以序数来表示效用比以基数来度量效用所受到的限制要少；对于消费者行为的大多数分析而言，不使用基数效用的概念也能得到说明，基数效用的假设并不是必需的。

在本节的余下部分，我们将介绍基数效用论者的边际效用分析法，具体分析消费者效用最大化的均衡条件，说明边际效用递减规律在推导需求曲线中的基础作用。这部分内容将使得消费者理性选择的基本原则能易于为读者所理解。本章从第二节起将介绍序数效用论者的无差异曲线分析法。

三、基数效用论和边际效用分析法概述

基数效用论者提出了边际效用递减规律。边际效用递减规律是基数效用论者分析消费者行为，并进一步推导消费者需求曲线的基础。

1. 边际效用递减规律

(1) 总效用和边际效用。

基数效用论者将效用区分为总效用（total utility）和边际效用（marginal utility），它们的英文简写分别为 TU 和 MU。**总效用**是指消费者在一定时间内从一定数量商品的消费中所得到的效用量的总和。**边际效用**是指消费者在一定时间内增加一单位商品的消费所得到的效用量的增量。假定消费者对一种商品的消费数量为 Q，则总效用函数为：

$$TU=f(Q) \tag{3.1}$$

相应的边际效用函数为：

$$MU=\frac{\Delta TU(Q)}{\Delta Q} \tag{3.2}$$

当商品的增加量趋于无穷小，即 $\Delta Q \to 0$ 时有：

$$MU=\lim_{\Delta Q \to 0}\frac{\Delta TU(Q)}{\Delta Q}=\frac{\mathrm{d}TU(Q)}{\mathrm{d}Q} \tag{3.3}$$

这里要指出的是，在西方经济学中，边际分析是基本的分析方法之一，“边际”概念则是一个重要的基本概念。边际效用是本书出现的第一个边际概念。在此，有必要强调一下，边际量的一般含义是表示一单位的自变量的变化量所引起的因变量的变化量。边际量的一般定义公式为：

$$\text{边际量}=\frac{\text{因变量的变化量}}{\text{自变量的变化量}} \tag{3.4}$$

在此涉及的边际效用函数的定义公式，即（3.2）式和（3.3）式，是（3.4）式的两种具体形式。以后，还会涉及各种具体形式的边际概念。①

下面，我们利用表 3-1 来具体说明总效用与边际效用之间的关系。由表中可见，当商品的消费量由 0 增加为 1 时，总效用由 0 增加为 10 效用单位，总效用的增量即边际效用为 10 效用单位（因为 10－0＝10）。当商品的消费量由 1 增加为 2 时，总效用由 10 效用单位上升为 18 效用单位，总效用的增量即边际效用下降为 8 效用单位（因为 18－10＝8）。依此类推，当商品的消费量增加为 6 时，总效用达到最大值，为 30 效用单位，而边际效用已递减为 0（因为 30－30＝0）。此时，消费者对该商品的消费已达到饱和点。当商品的消费量再增加为 7 时，边际效用会进一步递减为负值，即－2 效用单位（因为 28－30＝－2），总效用便下降为 28 效用单位了。

---

① 关于边际量的概念，以及边际量、总量和平均量之间的关系，在以后的第四章第二节会作详细的分析。

表 3-1　某商品的效用表　　货币的边际效用 λ=2

商品数量 (1)	总效用 (2)	边际效用 (3)	价格 (4)
0	0		
1	10	10	5
2	18	8	4
3	24	6	3
4	28	4	2
5	30	2	1
6	30	0	0
7	28	−2	

根据表 3-1 所绘制的总效用和边际效用曲线如图 3-1 所示。

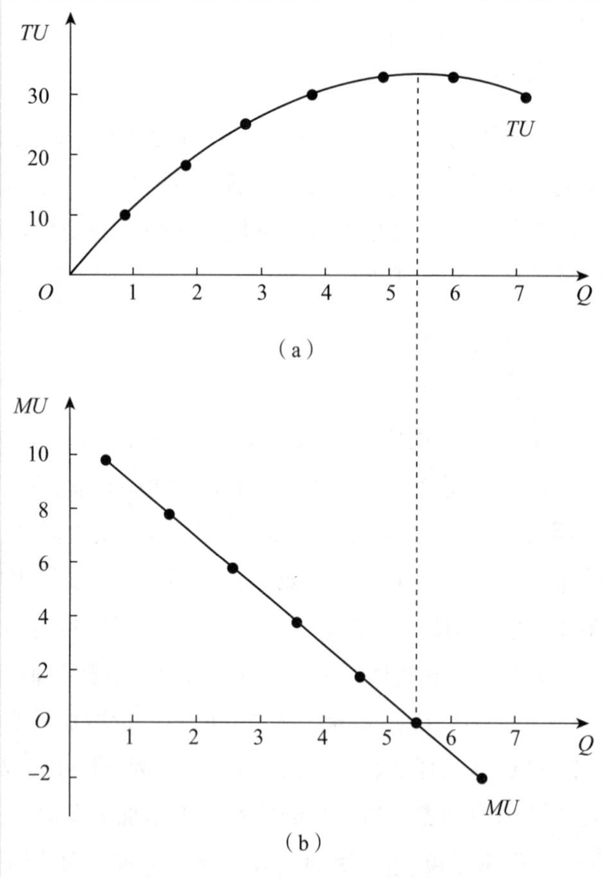

图 3-1　某商品的效用曲线

图中的横轴表示商品的数量，纵轴表示效用量，*TU* 曲线和 *MU* 曲线分别为总效用曲线和边际效用曲线。由于边际效用被定义为消费品的一单位变化量所带来的总效用的变化量，又由于图中的商品消费量是离散的，所以，图中 MU 曲线上的每一个值都记在相应的两个消费数量的中点上。

在图中，MU 曲线是向右下方倾斜的，它反映了边际效用递减规律，相应地，TU 曲线是以递减的速率先上升后下降的。具体而言，边际效用与总效用之间的相互关系为：当边际效用为正值时，总效用曲线呈上升趋势；当边际效用递减为零时，总效用曲线达到最高点；当边际效用继续递减为负值时，总效用曲线呈下降趋势。从数学意义上讲，如果效用曲线是连续的，则每一消费量上的边际效用值就是总效用曲线上相应的点的斜率。这一点也体现在边际效用的定义公式（3.3）中。

（2）边际效用递减规律及其原因。

边际效用递减规律的内容是：在一定时间内，在其他商品的消费量保持不变的条件下，随着消费者对某种商品消费量的增加，消费者从该商品连续增加的每一消费单位中所得到的效用增量即边际效用是递减的。通常被用来体现该规律的例子类似如下：在一个人饥饿的时候，吃第一个包子给他带来的效用是很大的。此后，随着这个人所吃的包子数量的连续增加，虽然总效用是不断增加的，但每一个包子给他带来的效用增量即边际效用是递减的。当他完全吃饱的时候，包子的总效用达到最大值，而边际效用却降为零。如果他还继续吃包子，就会感到不适，这意味着包子的边际效用进一步降为负值，总效用也开始下降。具体地，可以进一步用表 3-1 中的第（1）、（2）和（3）栏来说明。譬如，这个人吃第一个包子时，他对第一个包子给自己带来的效用的评价为 10，即第一个包子的边际效用为 10 效用单位。当他吃第二个包子时，他对第二个包子的效用的评价下降为 8 效用单位，即第二个包子的边际效用为 8 效用单位，但这时他吃两个包子的总效用＝10＋8＝18 效用单位。类似地，当他吃第三个包子时，他对第三个包子的效用的评价进一步下降为 6 效用单位，即第三个包子的边际效用为 6 效用单位，而此时吃三个包子的总效用＝10＋8＋6＝24 效用单位。依此类推，直至他吃第六个包子时，边际效用递减为零，总效用达到最大值 30 效用单位。而到吃第七个包子时，边际效用递减为－2 效用单位，总效用开始下降为 30－2＝28 效用单位。

为什么在消费过程中会呈现出边际效用递减规律呢？边际效用递减规律成立的原因，首先，可以是随着相同消费品数量的连续增加，从人的生理和心理的角度讲，从每一单位消费品中所感受到的满足程度和对重复刺激的反应程度是递减的。其次，还可以是在一种商品具有几种用途时，消费者总是将第一单位的消费品用在最重要的用途上，将第二单位的消费品用在次重要的用途上，如此等等。这样，消费品的边际效用便随着消费品的用途重要性的下降而递减。最后，还有很重要的一点，在现实生活中消费者对任何一种商品的消费都有饱和点，与这一事实相对应的另一个事实就是边际效用递减。因为只有当消费商品的边际效用逐步递减为零时，消费者才达到消费饱和点。

2. 货币的边际效用

经济学家认为，货币如同商品一样，也具有效用。消费者用货币购买商品，就是用货币的效用去交换商品的效用。商品的边际效用递减规律对于货币也同样适用。通常，对于一个消费者来说，随着货币收入量的不断增加，货币的边际效用是递减的。这就是说，随着某消费者货币收入的逐步增加，每增加一元钱给该消费者所带来的边际效用一般是越来越小的。

但是，在分析消费者行为时，又通常假定货币的边际效用是不变的。这是因为，在一般情况下，消费者在一定时期内的收入是给定的，而且，单位商品的价格往往只占消费者总货币收入量中的很小部分，所以，当消费者对某种商品的购买量发生很小的变化时，所支出的货币的边际效用的变化是非常小的，可以略去不计。这样，货币的边际效用便通常被假定为是一个不变的常数。

3. 消费者均衡

消费者均衡是研究单个消费者如何把有限的货币收入分配在各种商品的购买中以获得最大的效用。也可以说，它是研究单个消费者在既定收入下实现效用最大化的均衡条件。这里的均衡是指消费者实现最大效用时既不想再增加、也不想再减少任何商品购买数量的一种相对静止的状态。

在基数效用论者那里，消费者实现效用最大化的均衡条件是：如果消费者的货币收入水平是固定的，市场上各种商品的价格是已知的，那么，消费者应该使自己所购买的各种商品的边际效用与价格之比相等。或者说，消费者应使自己花费在各种商品购买上的最后一元钱所带来的边际效用相等。

假定：消费者用既定的收入 I 购买 n 种商品，P_1，P_2，…，P_n 分别为 n 种商品的既定价格，λ 为不变的货币的边际效用。用 X_1，X_2，…，X_n 分别表示 n 种商品的数量，用 MU_1，MU_2，…，MU_n 分别表示 n 种商品的边际效用，则**消费者效用最大化的均衡条件**可以用公式表示为：

$$P_1X_1+P_2X_2+\cdots+P_nX_n=I \tag{3.5}$$

$$\frac{MU_1}{P_1}=\frac{MU_2}{P_2}=\cdots=\frac{MU_n}{P_n}=\lambda \text{①} \tag{3.6}$$

上面的（3.5）式是限制条件；（3.6）式是在限制条件下消费者实现效用最大化的均衡条件。（3.6）式表示**消费者应选择最优的商品组合，使得自己花费在各种商品上的最后一元钱所带来的边际效用相等，且等于货币的边际效用。**

下面以消费者购买两种商品为例，具体说明消费者效用最大化的均衡条件。

与（3.5）式和（3.6）式相对应，在购买两种商品情况下的**消费者效用最大化的均衡条件**为：

$$P_1X_1+P_2X_2=I \tag{3.7}$$

$$\frac{MU_1}{P_1}=\frac{MU_2}{P_2}=\lambda \tag{3.8}$$

---

① 关于效用最大化均衡条件的数学推导，请阅读本书第 103 页注释②。

为什么说只有当消费者实现了$\frac{MU_1}{P_1}=\frac{MU_2}{P_2}=\lambda$的均衡条件时，才能获得最大的效用呢？或者说，该均衡条件的经济含义是什么呢？

先从$\frac{MU_1}{P_1}=\frac{MU_2}{P_2}$的关系分析：

当$\frac{MU_1}{P_1}<\frac{MU_2}{P_2}$时，这说明对于消费者来说，用同样的一元钱购买商品 1 所得到的边际效用小于购买商品 2 所得到的边际效用。这样，理性的消费者就会调整这两种商品的购买数量：减少对商品 1 的购买量，增加对商品 2 的购买量。在这样的调整过程中，一方面，在消费者用减少 1 元钱的商品 1 的购买来相应地增加 1 元钱的商品 2 的购买时，由此带来的商品 1 的边际效用的减少量是小于商品 2 的边际效用的增加量的，这意味着消费者的总效用是增加的；另一方面，在边际效用递减规律的作用下，商品 1 的边际效用会随着其购买量的不断减少而递增，商品 2 的边际效用会随着其购买量的不断增加而递减。消费者一旦将其购买组合调整到用同样一元钱购买这两种商品所得到的边际效用相等，即达到$\frac{MU_1}{P_1}=\frac{MU_2}{P_2}$，他便得到了由减少商品 1 的购买和增加商品 2 的购买所带来的总效用增加的全部好处，即消费者此时获得了最大的效用。

相反，当$\frac{MU_1}{P_1}>\frac{MU_2}{P_2}$时，这说明对于消费者来说，用同样的一元钱购买商品 1 所得到的边际效用大于购买商品 2 所得到的边际效用。根据相同的道理，理性的消费者会进行与前面相反的调整过程，即增加对商品 1 的购买，减少对商品 2 的购买，直至$\frac{MU_1}{P_1}=\frac{MU_2}{P_2}$，从而获得最大的效用。

再从$\frac{MU_i}{P_i}=\lambda(i=1, 2)$的关系分析：

当$\frac{MU_i}{P_i}<\lambda(i=1, 2)$时，这说明消费者用一元钱购买第 i 种商品所得到的边际效用小于所付出的这一元钱的边际效用。也可以理解为，消费者这时购买的第 i 种商品的数量太多了，事实上，消费者总可以把这一元钱用在至少能产生相等的边际效用的其他商品的购买上，以获得尽可能大的效用。这样，理性的消费者就会减少对第 i 种商品的购买，在边际效用递减规律的作用下，直至$\frac{MU_i}{P_i}=\lambda(i=1, 2)$的条件实现为止。

相反，当$\frac{MU_i}{P_i}>\lambda(i=1, 2)$时，这说明消费者用一元钱购买第 i 种商品所得到的边际效用大于所付出的这一元钱的边际效用。也可以理解为，消费者对第 i 种商品的消费量是不足的，消费者应该继续购买第 i 种商品，以获得更多的效用。这样，理性的消费者就会增加对第 i 种商品的购买。同样，在边际效用递减规律的作用下，直至$\frac{MU_i}{P_i}=\lambda(i=1, 2)$的条件实现为止。

下面以表3-2为例，进一步具体说明（3.7）式和（3.8）式的消费者的均衡条件。

表3-2　某消费者的边际效用表

商品数量（Q）	1	2	3	4	5	6	7	8
商品1的边际效用（MU_1）	11	**10**	9	8	7	6	5	4
商品2的边际效用（MU_2）	19	17	15	13	12	**10**	8	6

在表3-2中，假设某消费者在某一时期内将8元钱全部用于商品1和商品2的购买，两商品的价格分别为$P_1=1$元，$P_2=1$元。那么，能给该消费者带来最大效用的购买组合应该是什么呢?

在商品的边际效用MU连续下降的情况下，消费者只有使每一元钱所带来的效用尽可能最大，才能最后使总效用最大。具体地看，根据表3-2，理性的消费者将会用第一元钱购买第一单位的商品2，由此得到19效用单位，他不会用第一元钱去购买第一单位的商品1，因为这样只能得到11效用单位。同理，根据追求最大效用的原则，他将用第二、第三、第四和第五元钱去购买第二、第三、第四和第五单位的商品2，分别获得17、15、13和12效用单位。再用第六元钱去购买第一单位的商品1，获得11效用单位。最后，用第七、第八元钱去购买第二单位的商品1和第六单位的商品2，这时，分别花费在这两种商品上的最后一元钱所带来的边际效用是相等的，都是10效用单位。至此，该消费者的全部收入8元都用完，并以最优购买组合$X_1=2$单位和$X_2=6$单位，实现了效用最大化的均衡条件：

$$P_1X_1+P_2X_2=1\times2+1\times6=8$$

$$\frac{MU_1}{P_1}=\frac{MU_2}{P_2}=\frac{10}{1}=\lambda$$

此时，消费者获得了最大的总效用，为107效用单位。

如果消费者购买4单位的商品1和4单位的商品2，就会出现$\frac{MU_1}{P_1}=\frac{8}{1}<\frac{13}{1}=\frac{MU_2}{P_2}$的情况，则消费者自然会减少对商品1的购买和增加对商品2的购买。相反，如果消费者购买1单位的商品1和7单位的商品2，就会出现$\frac{MU_1}{P_1}=\frac{11}{1}>\frac{8}{1}=\frac{MU_2}{P_2}$的情况，则消费者自然会增加对商品1的购买和减少对商品2的购买。以上两种调整过程都各自要持续到消费者以（$X_1=2$，$X_2=6$）的购买组合实现效用最大化的均衡条件为止。

4. 推导需求曲线

边际效用递减规律是基数效用论者推导消费者的需求曲线的基础。

基数效用论者指出，消费者对商品愿意支付的最高价格应该取决于商品的边际效用。具体而言，某一单位的某种商品的边际效用越大，则消费者为购买这一单位的该种商品所愿意支付的最高价格就越高；反之，某一单位的某种商品的边际效用越小，则消费者为购买这一单位的该种商品所愿意支付的最高价格就越低。由于边际效用递减规律的作用，随着消费者对某种商品消费数量的连续增加，该商品的边际效用递减，相应地，消费者为购买每一单位的该种商品所愿意支付的最高价格也越来越低。这意味着，建立在边际效用递减规律上的需求曲线是向右下方倾斜的。基数效用论者关于推导需求曲线的这般理解是很直观的。①

进一步地，基数效用论从消费者效用最大化的均衡条件出发来具体推导需求曲线。其中，边际效用递减规律是构造消费者需求曲线的基础。

根据前面的效用最大化均衡条件（3.6）式，考虑消费者购买一种商品的情况，那么，效用最大化均衡条件可以写为

$$\frac{MU}{P}=\lambda \tag{3.9}$$

（3.9）式意味着：由于对于任何一种商品来说，随着需求量的不断增加，边际效用是递减的，因此，为了保证均衡条件（3.9）式的实现，在货币边际效用 λ 不变的前提下，消费者愿意支付的最高价格 P 必定同比例于 MU 的递减而递减。（3.9）式还表示：**消费者应该选择最优的商品购买数量，使得最后一元钱购买该商品所得到的边际效用与所付出的最后一元钱的货币的边际效用相等。**下面仍以表 3-1 为例来说明。

假定表 3-1 中货币的边际效用 $\lambda=2$。为了实现 $\frac{MU}{P}=\lambda$ 的均衡条件，当商品的消费量为 1 时，边际效用为 10，则消费者为购买第一单位的商品所愿意支付的最高价格为 5（即 10÷2=5）。当商品的消费量增加为 2 时，边际效用递减为 8，则消费者为购买第二单位的商品所愿意支付的最高价格下降为 4（即 8÷2=4）……直至商品的消费量增加为 5 时，边际效用进一步递减为 2，消费者为购买第 5 单位的商品所愿意支付的最高价格降为 1（即 2÷2=1）。显然，随着商品消费量的不断增加，消费者愿意支付的最高价格 P 同比例于 MU 的递减而递减。

当然，也可以反过来，从商品价格变化的角度来理解和推导需求曲线。根据均衡条件（3.9）式，在表 3-1 中，如果给定的商品市场的价格较高，为 5，则消费者对商品的最优购买数量是 1，从而使得消费者用最后一元钱购买商品所得到的边际效用（即 10÷5=2）等于所付出的最后一元钱的货币的边际效用（$\lambda=2$）；如果给定的商品市场的价格下降为 4，则消费者对商品的最优购买数量增加为 2，从而

---

① 马歇尔．经济学原理：第 1 册．北京：中国社会科学出版社，2007：201-202.

仍然使得消费者用最后一元钱购买商品所得到的边际效用（即 8÷4=2）等于所付出的最后一元钱的货币的边际效用（$\lambda=2$）。依此类推，直至当商品市场的价格下降为 1 元时，消费者对商品的最优购买数量增加为 5。很清楚，在效用最大化的 $\frac{MU}{P}=\lambda$ 均衡条件下，随着商品市场价格的不断下降，消费者对该商品的最优购买数量即需求量是不断增加的。

根据以上分析，将表 3-1 中第（1）栏和第（4）栏的对应关系描绘在图 3-2 中，便得到单个消费者对该商品的需求曲线。图中的**需求曲线是向右下方倾斜的，它体现了需求定理，即在其他因素不变的条件下，商品的价格和需求量呈反方向的变动。而且，需求曲线上的每一点都是能够给消费者带来最大效用的商品的价格—需求量组合点。**

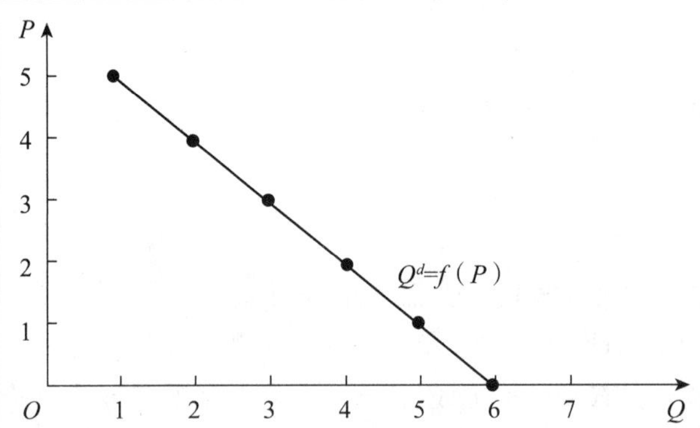

图 3-2 单个消费者的需求曲线

此外，效用最大化均衡条件（3.9）式还可以改写为

$$MU=\lambda P \tag{3.10}$$

（3.10）式表示：**消费者应该选择最优的商品购买数量，使得最后一单位商品所带来的边际效用与为购买这一单位商品所付出的货币的总效用相等。**我们还可以根据均衡条件（3.10）式来理解对需求曲线的推导。在表 3-1 中，当商品的价格为 5 时，消费者的最优购买数量应该是 1，这样才能使得最后一单位商品所带来的边际效用 MU 与为购买这单位商品所付出的货币的总效用 λP 相等，即等于 10。当商品的价格下降为 4 时，消费者的最优购买数量应该增加为 2，这样，最后一单位商品所带来的边际效用 MU 与为购买这单位商品所付出的货币的总效用 λP 才能相等，即等于 8，如此等等。由此，我们同样得到了图 3-2 中向右下方倾斜的需求曲线。[①]

① 在正文中推导出的需求曲线向右下方倾斜。必须指出，这里不考虑商品价格变化对消费者实际收入水平的影响，即假定一种商品的消费支出只占消费者收入的很小一部分，于是，商品价格变化对消费者实际收入水平的影响很小，以至可略去不计。这样的话，替代效应就是需求曲线向右下方倾斜的全部原因，即需求曲线总是向右下方倾斜。请参见本章第五节替代效应和收入效应的内容。

总之，由以上分析可以清楚地看到：无论是根据效用最大化的均衡条件（3.9）式，还是根据（3.10）式，来推导消费者的需求曲线，边际效用递减规律都发挥着基础性的作用。正是在边际效用递减规律的作用下，消费者需要根据商品价格的不断变化，来对商品的最优购买数量作出相反方向的调整，即若商品价格上涨，则最优的商品购买数量下降；或者反之。唯有如此，消费者才能实现效用最大化的均衡。

5. 消费者剩余

我们知道，随着消费者对某种商品消费数量的不断增加，该商品的边际效用是递减的，所以，消费者对每一单位该商品的支付意愿也是递减的。消费者的支付意愿是指消费者对商品所愿意支付的最高价格。但是，事实上，消费者在购买商品时是按实际的市场价格来支付的，于是，在消费者愿意支付的最高价格和实际的市场价格之间就产生了一个差额，这个差额构成消费者剩余。举一个例子来说明：假定包子的市场价格为 3 元。当某消费者在一个包子都没有的情况下购买第一个包子时，第一个包子的边际效用是很大的，他认为值得付 5 元去购买，即他愿意支付的最高价格为 5 元。于是，当这个消费者以市场价格 3 元购买第一个包子时，就创造了额外的 2 元的消费者剩余。随着消费者对包子消费量的逐个增加，包子的边际效用是递减的，他为购买第二个、第三个和第四个包子所愿意支付的最高价格分别递减为 4.5 元、4 元和 3.5 元。这样，他为购买总共四个包子所愿意支付的最高总金额＝5 元＋4.5 元＋4 元＋3.5 元＝17 元。但他实际按市场价格支付的总金额＝3 元×4＝12 元，两者的差额＝17 元－12 元＝5 元，这个差额就是消费者剩余。也正是从这种感觉上，他认为购买 4 个包子是值得的，能使自己的境况得到改善。由此可见，**消费者剩余是消费者在购买一定数量的某种商品时愿意支付的最高总价格和实际支付的总价格之间的差额。**

消费者剩余可以用几何图形来表示，即用消费者需求曲线以下、市场价格线以上的面积来表示，如图 3－3 中的阴影部分面积所示。具体地看，在图 3－3 中，需求曲线以反需求函数的形式 $P^d=f(Q)$给出，它可以用来表示消费者对每一单位商品所愿意支付的最高价格。假定该商品的市场价格为 P_0，消费者的购买量为 Q_0。那么，根据消费者剩余的定义，我们可以推断，在商品数量 0 到 Q_0 区间需求曲线以下的面积表示消费者为购买 Q_0 数量的商品所愿意支付的最高总金额（即总价格），即相当于图中的面积 $OABQ_0$；而实际支付的总金额（即总价格）等于市场价格 P_0 乘以购买量 Q_0，即相当于图中的矩形面积 OP_0BQ_0。这两块面积的差额即图中的阴影部分面积 P_0AB，就是消费者剩余。

消费者剩余也可以用数学公式来表示。令反需求函数为 $P^d=f(Q)$，价格为 P_0 时的消费者的需求量为 Q_0，则消费者剩余为：

$$CS=\int_0^{Q_0} f(Q)\mathrm{d}Q-P_0Q_0 \tag{3.11}$$

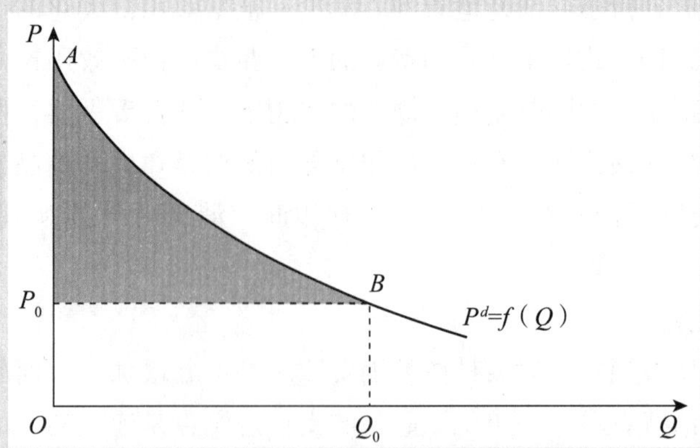

图 3-3　消费者剩余

式中，CS 为消费者剩余的英文简写，式子右边的第一项即积分项表示消费者愿意支付的最高总金额，第二项表示消费者实际支付的总金额。

以上，我们利用单个消费者的需求曲线得到了单个消费者剩余，这一分析可以扩展到整个市场：类似地，我们可以由市场的需求曲线得到整个市场的消费者剩余，市场的消费者剩余可以用市场需求曲线以下、市场价格线以上的面积来表示，如图 3-4 所示。① 图中，市场均衡价格和均衡数量分别为 P_0 和 Q_0，市场的消费者剩余表示为阴影部分的面积。②

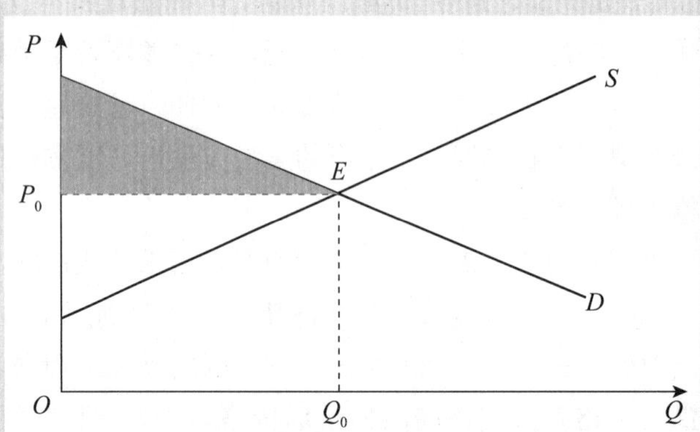

图 3-4　市场的消费者剩余

最后需要指出，消费者剩余是消费者的主观心理评价，它反映消费者通过购买和消费商品所感受到的状态的改善。因此，消费者剩余通常被用来度量和分析社会福利问题。

---

① 关于单个消费者的需求曲线和市场需求曲线之间的关系，将在本章第六节予以具体说明。

② 在此给出的消费者剩余这一概念，在后面由无差异曲线分析法推导出的需求曲线那里也是成立的，故在后面不再赘述。

6. 消费者剩余的变化

当商品价格发生变化时，消费者剩余会如何变化呢？我们用图 3－5 来进行分析。

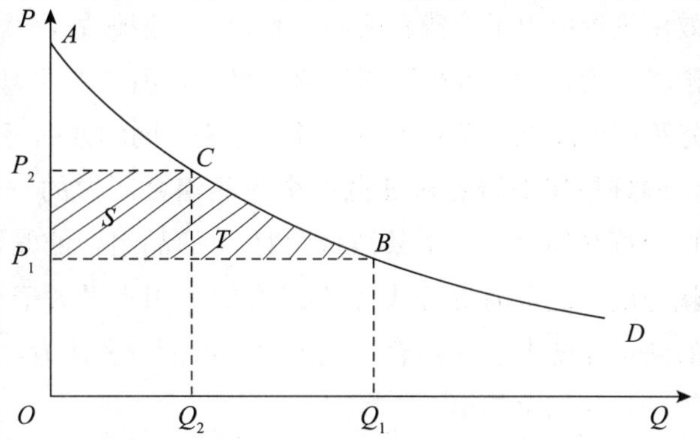

图 3－5　消费者剩余的变化

在图 3－5 中，假定商品的市场价格由 P_1上升为 P_2，相应地，消费者对商品的需求量由 Q_1减少为 Q_2。当商品的市场价格为 P_1时，消费者剩余相当于近似三角形 P_1AB 的面积；当市场价格上升为 P_2时，消费者剩余相当于近似三角形 P_2AC 的面积。显然，价格上升使得消费者剩余减少了；图中两个三角形的面积之差即近似梯形的阴影部分的面积，便表示由于价格上升而导致的消费者剩余的损失。

具体地看，图中表示消费者剩余损失的阴影面积由两部分构成，一部分是标记为 S 的矩形的面积，另一部分是标记为 T 的近似三角形的面积。其中，矩形的阴影面积 S 表示消费者为了继续购买商品数量 Q_2而不得不支付更高价格所遭受的福利损失，或者说，消费者必须多支付（P_2-P_1）Q_2的货币量，才能继续购买商品数量 Q_2。近似三角形的阴影面积 T 表示由于价格上升导致消费量减少 Q_2Q_1而导致的福利损失。

相反，如果假定商品的市场价格由 P_2下降为 P_1，那么，图中近似梯形的阴影面积则表示消费者剩余的增加。其中，矩形的阴影面积 S 表示消费者能够以更低价格继续购买商品数量 Q_2而增加的福利，或者说，消费者为此可以少支付（P_2-P_1）Q_2的货币量；近似三角形的阴影面积 T 表示由于价格下降带来的消费增量 Q_2Q_1而增加的福利。

第二节　无差异曲线

序数效用论者用无差异曲线分析法来考察消费者的选择行为，并在此基础上推导出消费者的需求曲线，阐述需求曲线的经济含义。

一、关于偏好的假定

序数效用论者认为，商品给消费者带来的效用的大小应该用顺序或等级来表示。为此，序数效用论者提出了消费者偏好的概念。所谓偏好，就是爱好或喜欢的意思。序数效用论者认为，对于各种不同的商品组合，消费者的偏好程度是有差别的，正是这种偏好程度的差别，反映了消费者对这些不同的商品组合的效用水平的评价。准确地说，**偏好是指消费者对任意两个商品组合所做的一个排序**。具体地讲，给定 A、B 两个商品组合，如果某消费者对 A 商品组合的偏好程度大于 B 商品组合，那么也就是说，这个消费者认为 A 组合的效用水平大于 B 组合，A 组合给该消费者带来的满足程度大于 B 组合；或者说，该消费者认为，在效用水平的排序上，A 组合排第一，B 组合排第二。

序数效用论者提出了关于消费者偏好的三个基本的假定：

第一个假定是**偏好的完全性**。偏好的完全性指消费者总是可以比较和排列所给出的两个不同的商品组合。换言之，对于任何两个商品组合 A 和 B，消费者总是可以作出，而且只能作出以下三种判断中的一种：对 A 的偏好大于对 B 的偏好；或者对 B 的偏好大于对 A 的偏好；或者对 A 和 B 的偏好相同（即 A 和 B 是无差异的）。偏好的完全性的假定保证消费者对于任意两个商品组合的偏好的表达方式是完备的（即完全的），即消费者总是可以把自己对任意两个商品组合的偏好评价准确地表达出来。

第二个假定是**偏好的可传递性**。偏好的可传递性指对于任何三个商品组合 A、B 和 C，如果消费者对 A 的偏好大于对 B 的偏好，对 B 的偏好大于对 C 的偏好，那么，在 A、C 这两个组合中，消费者必定有对 A 的偏好大于对 C 的偏好。偏好的可传递性假定保证了消费者偏好的一致性，因而也是理性的。

第三个假定是**偏好的非饱和性**。该假定指如果两个商品组合的区别仅在于其中一种商品的数量不相同，那么，消费者总是偏好含有这种商品数量较多的那个商品组合，即消费者对每一种商品的消费都没有达到饱和点。或者说，对于任何一种商品，消费者总是认为数量多比数量少好。此外，这个假定还意味着，消费者认为值得拥有的商品都是“好的东西”（goods），而不是“坏的东西”（bads）。在这里，“坏的东西”指诸如空气污染、噪声等只能给消费者带来负效用的东西。在我们以后的分析中，不涉及“坏的东西”。

二、无差异曲线及其特点

为了简化分析，假定消费者只消费两种商品。这样，我们就可以直接在二维平面图上讨论无差异曲线。

无差异曲线是用来表示消费者偏好相同的两种商品的所有组合的。或者说，它是表示能够给消费者带来相同的效用水平或满足程度的两种商品的所有组合的。下面用表 3-3 和图 3-6 具体说明无差异曲线的构建。

表 3-3　某消费者的无差异表

商品组合	无差异表 a		无差异表 b		无差异表 c	
	X_1	X_2	X_1	X_2	X_1	X_2
A	20	130	30	120	50	120
B	30	60	40	80	55	90
C	40	45	50	63	60	83
D	50	35	60	50	70	70
E	60	30	70	44	80	60
F	70	27	80	40	90	54

表 3-3 是某消费者关于商品 1 和商品 2 的无差异表列，表中列出了关于这两种商品各种不同的组合。该表由三个子表即无差异表 a、无差异表 b 和无差异表 c 组成，每一个子表中都包含六个商品组合，且假定每一个子表中六个商品组合的效用水平是相同的。以无差异表 a 为例：表 a 中有 A、B、C、D、E 和 F 六个商品组合。在 A 组合中，商品 1 和商品 2 的数量各为 20 和 130；在 B 组合中，商品 1 和商品 2 的数量各为 30 和 60；如此等等。而且，消费者对这六个组合的偏好程度是无差异的。同样地，消费者对无差异表 b 中的所有六个商品组合的偏好程度也都是相同的，无差异表 c 中六个商品组合给消费者带来的满足程度也都是相同的。

但需要注意的是，无差异表 a、无差异表 b 和无差异表 c 各自所代表的效用水平的大小是不一样的。只要对表中的商品组合进行仔细观察和分析，就可以发现，根据偏好的非饱和性假设，或者说，根据商品数量“多比少好”的原则，可以得出结论：无差异表 a 所代表的效用水平低于无差异表 b，无差异表 b 又低于无差异表 c。

根据表 3-3 绘制的无差异曲线如图 3-6 所示。图中的横轴和纵轴分别表示商品 1 的数量 X_1 和商品 2 的数量 X_2，曲线 U_1、U_2 和 U_3 顺次代表与无差异表 a、无差异表 b 和无差异表 c 相对应的三条无差异曲线。这三条无差异曲线是这样得到的：以无差异曲线 U_1 为例，先根据无差异表 a 描绘出相应的六个商品组合点 A、B、C、D、E 和 F，然后用曲线把这六个点连接起来（在商品数量可以无限细分的假定下），便形成了平滑的无差异曲线 U_1。用相同的方法，可以根据无差异表 b 和无差异表 c，分别绘制出无差异曲线 U_2 和 U_3。

需要指出，在表 3-3 中我们只列出了三个无差异子表，相应地，在图 3-6 中我们只得到了三条无差异曲线。实际上，我们可以假定消费者的偏好程度无限多，也就是说，我们可以有无穷个无差异子表，从而得到无数条无差异曲线。表 3-3 和图 3-6 只不过是一种分析的简化而已。

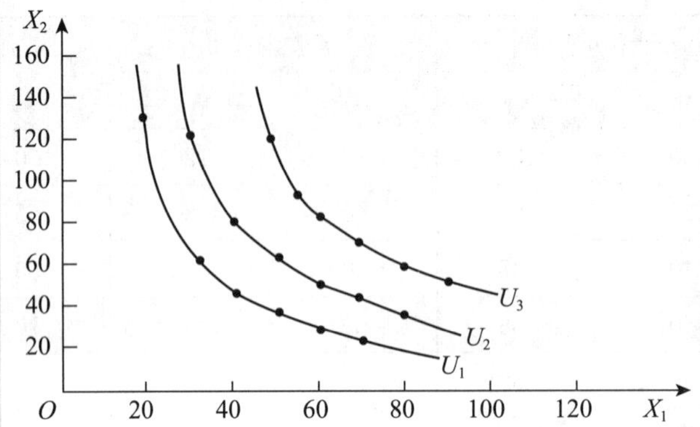

图 3-6　某消费者的无差异曲线

除以上方法之外，无差异曲线也可以从三维空间的几何图形中得到说明。在图 3-7 中，水平面的两个坐标轴 OX_1 和 OX_2 分别表示商品 1 和商品 2 的数量，高度坐标轴表示效用水平。在图中水平面上的任何一点都表示两种商品的一个组合，与每一商品组合相对应的效用水平都可以在效用曲面 $OAZB$ 上找到。例如，在水平面的 P'点上，相应的商品组合是商品 1 和商品 2 的数量分别为 X_{11}和 X_{21}，由 P'点出发垂直向上可以在效用曲面上找到与该商品组合相对应的效用水平为 PP'。如果由商品组合 P'点出发，在保持效用水平不变的前提下，用商品 1 去替代商品 2，或用商品 2 去替代商品 1，就会在水平面上得到一条曲线 $R'P'S'$。显然，该曲线上所有的商品组合的效用水平均相同，即在图中有$RR'=PP'=SS'$。所以，水平面上的 $R'P'S'$ 曲线就是一条无差异曲线。在图中，我们还画出了另一条无差异曲线 $T'Q'V'$，它的效用水平高于无差异曲线 $R'P'S'$。

在此，我们引入效用函数的概念。**效用函数表示某一商品组合给消费者所带来的效用水平。**假定消费者只消费两种商品，则效用函数为：

$$U=f(X_1,X_2) \tag{3.12}$$

式中，X_1 和 X_2 分别为两种商品的数量；U 为效用水平。在此基础上，与无差异曲线相对应的效用函数为：

$$U=f(X_1,X_2)=U^0 \tag{3.13}$$

式中，U^0 为常数，表示一个不变的效用水平。该效用函数有时也被称为**等效用函数**。用效用函数来理解图 3-7 是很方便的：(3.12) 式对应的是图中的效用曲面；(3.13) 式对应的是图中的无差异曲线。

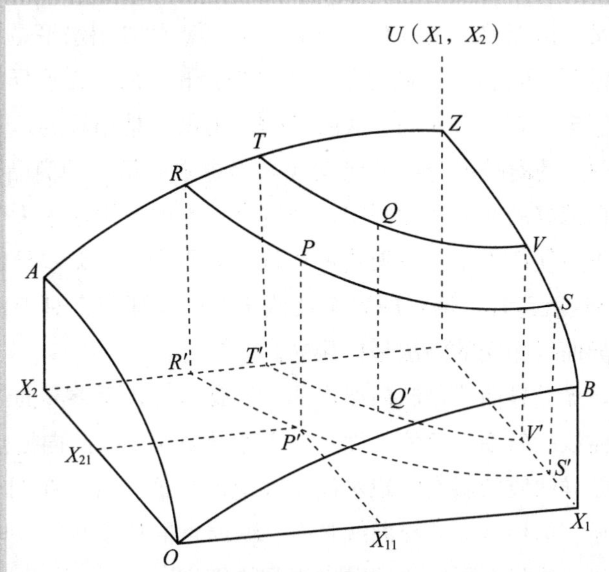

图 3-7 效用曲面和无差异曲线

无差异曲线具有以下三个基本特征：

第一个特征，由于通常假定效用函数是连续的，所以，在同一坐标平面上的任何两条无差异曲线之间，可以有无数条无差异曲线。可以这样想象：我们可以画出无数条无差异曲线，以至覆盖整个平面坐标图。所有这些无差异曲线之间的相互关系是：离原点越远的无差异曲线代表的效用水平越高，离原点越近的无差异曲线代表的效用水平越低。如同在图 3-7 中，无差异曲线 $T'Q'V'$ 的效用水平高于无差异曲线 $R'P'S'$。

第二个特征，在同一坐标平面图上的任何两条无差异曲线均不会相交。这一点可用图 3-8 来说明。

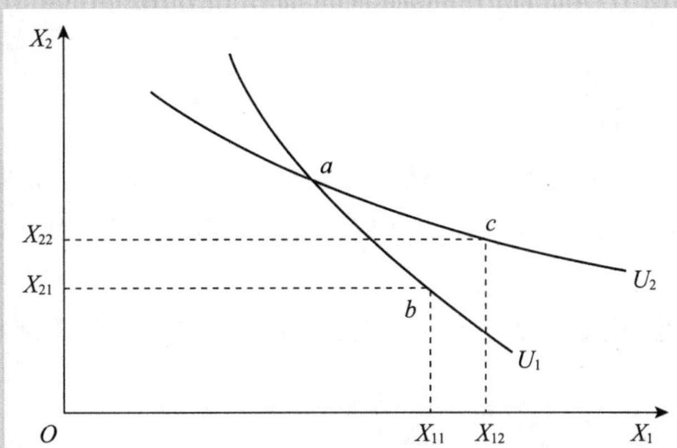

图 3-8 违反偏好假定的无差异曲线

在图中，两条无差异曲线相交于 a 点，这种画法是错误的。其理由在于：根据无差异曲线的定义，由无差异曲线 U_1 可得 a、b 两点的效用水平是相等的即无差异的，由无差异曲线 U_2 可得 a、c 两点的效用水平是相等的即无差异的。于是，根据偏好的可传递性假定，必定有 b 和 c 这两点的效用水平是相等的。但是，观察和比较图中 b 和 c 这两点的商品组合，可以发现 c 组合中的每一种商品的数量都多于 b 组合，于是，根据偏好的非饱和性假定，必定有 c 点的效用水平大于 b 点的效用水平。这样一来，矛盾便产生了：该消费者在认为 b 点和 c 点无差异的同时，又认为 c 点要优于 b 点，这就违背了偏好的完全性假定。由此证明：对于任何一个消费者来说，两条无差异曲线相交的画法是错误的。

第三个特征，无差异曲线是凸向原点的。这就是说，无差异曲线不仅向右下方倾斜，即无差异曲线的斜率为负值，而且，无差异曲线是以凸向原点的形状向右下方倾斜的，即无差异曲线的斜率的绝对值是递减的。这一特征在图 3－6 和图 3－7 中都表现得很明显。为什么无差异曲线具有凸向原点的特征呢？它取决于商品的边际替代率递减规律。这将在下一个问题中得到详细说明。

三、商品的边际替代率

1. 商品的边际替代率的含义

可以想象一下，当一个消费者沿着一条既定的无差异曲线上下滑动的时候，两种商品的数量组合会不断地发生变化，而效用水平却保持不变。这就说明，在维持效用水平不变的前提条件下，消费者在增加一种商品的消费数量的同时，必然会放弃一部分另一种商品的消费数量，即两商品的消费数量之间存在着替代关系。由此，经济学家建立了商品的边际替代率（英文简写为 *MRS*）的概念。**在维持效用水平不变的前提下，消费者增加一单位某种商品的消费数量时所需要放弃的另一种商品的消费数量，被称为商品的边际替代率。**商品 1 对商品 2 的边际替代率的定义公式为：

$$MRS_{12}=-\frac{\Delta X_2}{\Delta X_1} \tag{3.14}$$

式中，ΔX_1 和 ΔX_2 分别为商品 1 和商品 2 的变化量。由于 ΔX_1 是增加量，ΔX_2 是减少量，两者的符号肯定是相反的，所以，为了使 MRS_{12} 的计算结果是正值，以便于比较，就在公式中加了一个负号。

当商品数量的变化趋于无穷小时，则商品的边际替代率公式为：

$$MRS_{12}=\lim_{\Delta X_1\to 0}-\frac{\Delta X_2}{\Delta X_1}=-\frac{\mathrm{d}X_2}{\mathrm{d}X_1} \tag{3.15}$$

显然，由（3.15）式可知，**无差异曲线上某一点的边际替代率就是无差异曲线在该点的斜率的绝对值。**

2. 商品的边际替代率递减规律

西方经济学家指出，在两商品的替代过程中，普遍存在一种现象，这种现象被称为商品的边际替代率递减规律。具体地说，**商品的边际替代率递减规律是指：在维持效用水平不变的前提下，随着一种商品的消费数量的连续增加，消费者为得到每一单位的这种商品所需要放弃的另一种商品的消费数量是递减的。**之所以会普遍发生商品的边际替代率递减现象，其原因在于：随着一种商品的消费数量的逐步增加，消费者想要获得更多的这种商品的愿望就会递减，从而，他为了多获得一单位的这种商品而愿意放弃的另一种商品的数量就会越来越少。

从几何意义上讲，由于无差异曲线上某一点的两商品的边际替代率就是无差异曲线在该点的斜率的绝对值，所以，在连续的意义上，边际替代率递减规律决定了无差异曲线的斜率的绝对值是递减的，即无差异曲线是凸向原点的。

下面，再利用图 3－9 从商品离散的角度来具体说明商品的边际替代率递减规律和无差异曲线形状之间的关系。在图中，当消费者沿着既定的无差异曲线由 a 点运动到 b 点时，商品 1 的增加量为 ΔX_1，相应的商品 2 的减少量为 ΔX_2。这两个变量的比值的绝对值即 $-\dfrac{\Delta X_2}{\Delta X_1}$，就是由 a 点运动到 b 点的 MRS_{12}。在图中，由于无差异曲线是凸向原点的，这就保证了当商品 1 的数量一单位一单位地逐步增加时，即在消费者由 a 点经 b、c、d 点运动到 e 点的过程中，每增加一单位的商品 1 所需放弃的商品 2 的数量是递减的。

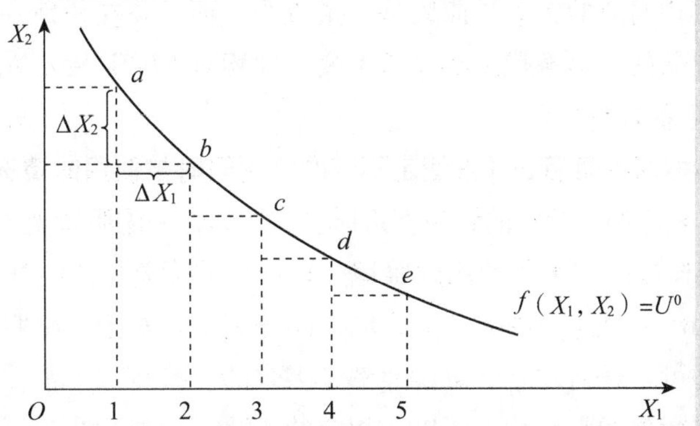

图 3－9 商品的边际替代率递减规律和无差异曲线的形状

四、无差异曲线的特殊形状

无差异曲线的形状表明在维持效用水平不变的前提下一种商品对另一种商品的替代程度。由边际替代率递减规律决定的无差异曲线的形状是凸向原点的，这是无差异曲线的一般形状。下面，考虑两种特殊的情况，相应的无差异曲线有着特殊的形状。

1. 完全替代品的情况

完全替代品指两种商品之间的替代比例固定不变的情况。因此，在完全替代的情况下，两商品之间的边际替代率 MRS_{12} 就是一个常数，相应的无差异曲线是一条斜率不变的直线。例如，在某消费者看来，一杯牛奶和一杯咖啡之间是无差异的，两者总是可以以1∶1 的比例相互替代，相应的无差异曲线如图 3－10（a）所示。

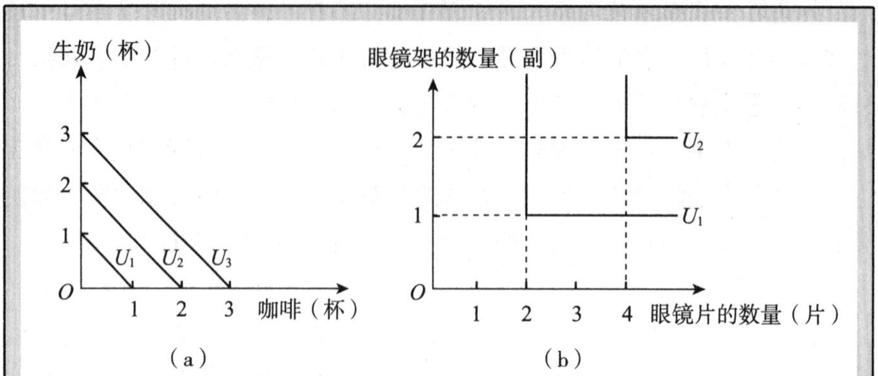

图 3－10　完全替代品和完全互补品的无差异曲线

假定某消费者只消费两种商品，而且这两种商品之间是完全替代的关系，则相应的效用函数的通常形式为：

$$U(x_1, x_2)=ax_1+bx_2 \tag{3.16}$$

式中，x_1、x_2 分别表示两种商品的数量；常数 a、$b>0$。该效用函数也被称为线性效用函数，与其相对应的无差异曲线是一条直线。而且，在任何一条直线型的无差异曲线上，两商品的边际替代率都保持不变，即均有 $MRS_{12}=a/b$。

2. 完全互补品的情况

完全互补品指两种商品必须按固定不变的比例同时被使用的情况。因此，在完全互补的情况下，相应的无差异曲线为直角形状。例如，一副眼镜架必须和两片眼镜片同时配合，才能构成一副可供使用的眼镜，则相应的无差异曲线如图 3－10（b）所示。图 3－10（b）中无差异曲线 U_1 的水平部分表示，对于一副眼镜架而言，只需要两片眼镜片即可，任何超量的眼镜片都是多余的。换言之，消费者不会放弃这一副眼镜架去换取额外的眼镜片，所以，相应的 $MRS_{12}=0$。图 3－10（b）中无差异曲线 U_1 的垂直部分表示，对于两片眼镜片而言，只需要一副眼镜架即可，任何超量的眼镜架都是多余的。换言之，消费者会放弃所有超量的眼镜架，只保留一副眼镜架与两片眼镜片相匹配，所以，相应的$MRS_{12}=\infty$。

假定某消费者只消费两种商品，而且这两种商品之间是完全互补的关系，则相应的效用函数的通常形式为：

$$U(x_1, x_2)=\min\{ax_1, bx_2\} \tag{3.17}$$

式中，x_1、x_2 分别表示两种商品的数量；常数 a、$b>0$；符号 min 表示效用水平由括号中最小的一项决定。只有在无差异曲线的直角点上，两种互补商品才刚好按固定比例被消费，所以，在任何一条关于完全互补品的无差异曲线的直角点上，都有$U=ax_1=bx_2$。

第三节 效用最大化与消费者选择

无差异曲线描述了消费者对不同商品组合的偏好，它仅仅表示了消费者的消费意愿，这种意愿构成分析消费者行为的一个方面。另一方面，消费者在购买商品时，必然会受到自己的收入水平和市场上商品价格的限制，这就是预算约束。预算约束可以用预算线来表示。

一、预算线

1. 预算线的含义

预算线又被称为**预算约束线、消费可能线**和**价格线**。**预算线表示在消费者的收入和商品的价格给定的条件下，消费者的全部收入所能购买到的两种商品的各种组合。**

假定某消费者的一笔收入为 120 元，全部用来购买商品 1 和商品 2，其中，商品 1 的价格$P_1=4$元，商品 2 的价格$P_2=3$元。那么，全部收入都用来购买商品 1 可得 30 单位，全部收入都用来购买商品 2 可得 40 单位。由此作出的预算线为图 3-11 中的线段AB。

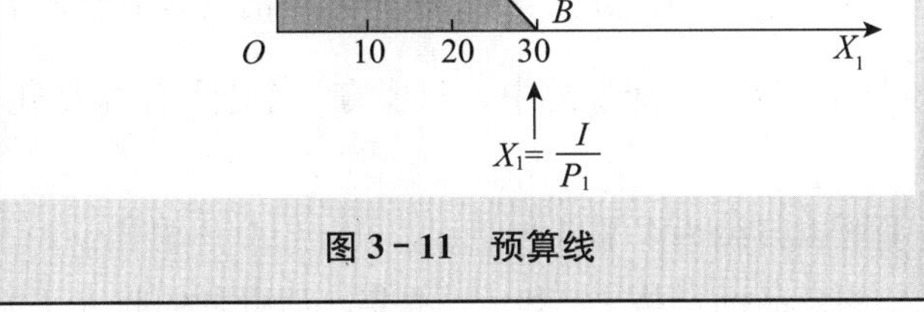

图 3-11 预算线

图中预算线的横截距OB和纵截距OA分别表示全部收入用来购买商品 1 和商品 2 所能购买到的数量。预算线的斜率是两商品的价格之比的负值即$-\frac{P_1}{P_2}$，因为预算线的斜率可以写为：

$$-\frac{OA}{OB}=-\frac{\dfrac{120}{P_2}}{\dfrac{120}{P_1}}=-\frac{P_1}{P_2}$$

下面，我们由以上的具体例子转向对预算线的一般分析。

假定以 I 表示消费者的既定收入，以 P_1 和 P_2 分别表示商品 1 和商品 2 的既定价格，以 X_1 和 X_2 分别表示商品 1 和商品 2 的数量，那么，相应的预算等式为：

$$P_1X_1+P_2X_2=I \tag{3.18}$$

该式表示：消费者购买商品 1 和商品 2 的总支出等于他的全部收入。而且，可以用 $\frac{I}{P_1}$和$\frac{I}{P_2}$来分别表示全部收入仅购买商品 1 或商品 2 所能购买到的数量，它们分别表示预算线的横截距和纵截距。此外，(3.18) 式可以改写成如下形式：

$$X_2=-\frac{P_1}{P_2}X_1+\frac{I}{P_2} \tag{3.19}$$

(3.19) 式的预算线方程告诉我们，预算线的斜率为$-\frac{P_1}{P_2}$，纵截距为$\frac{I}{P_2}$。

除此之外，从图 3-11 中还可以看到，预算线 AB 把平面坐标图划分为三个区域：预算线 AB 以外的区域中的任何一点，如 a 点，是消费者利用全部收入都不可能实现的商品购买的组合点。预算线 AB 以内的区域中的任何一点，如 b 点，表示消费者的全部收入在购买该点的商品组合以后还有剩余。唯有预算线 AB 上的任何一点，才是消费者的全部收入刚好花完所能购买到的商品组合点。图中的阴影部分区域（包括直角三角形的三条边），被称为消费者的预算可行集或预算空间。

2. 预算线的变动

从以上分析可知，只要给定消费者的收入 I 及两商品的价格 P_1 和 P_2，则相应的预算线的位置和形状也就决定了。这是因为，预算线的横、纵截距分别为$\frac{I}{P_1}$、$\frac{I}{P_2}$，预算线的斜率为$-\frac{P_1}{P_2}$。由此自然可以推断，在消费者的收入 I、商品 1 的价格 P_1 和商品 2 的价格 P_2 这三个变量之中，只要有一个变量发生变化，原有的预算线就会发生变动。

预算线的变动可以归纳为以下四种情况。

第一种情况：两商品的价格 P_1 和 P_2 不变，消费者的收入 I 发生变化。这时，相应的预算线的位置会发生平移。其理由是，P_1 和 P_2 不变，意味着预算线的斜率$-\frac{P_1}{P_2}$保持不变。于是，I 的变化只能使得预算线的横、纵截距$\frac{I}{P_1}$和$\frac{I}{P_2}$发生变化。如图 3-12 (a) 所示，假定原有的预算线为 AB，消费者的收入 I 增加，使预算线由 AB 向右平移至 $A'B'$；相反，消费者的收入 I 减少，使预算线由 AB 向左平移至

$A''B''$。前者表示消费者的全部收入用来购买任何一种商品所能购买到的数量都因收入的增加而增加；相反，后者表示消费者的全部收入用来购买任何一种商品所能购买到的数量都因收入的减少而减少。

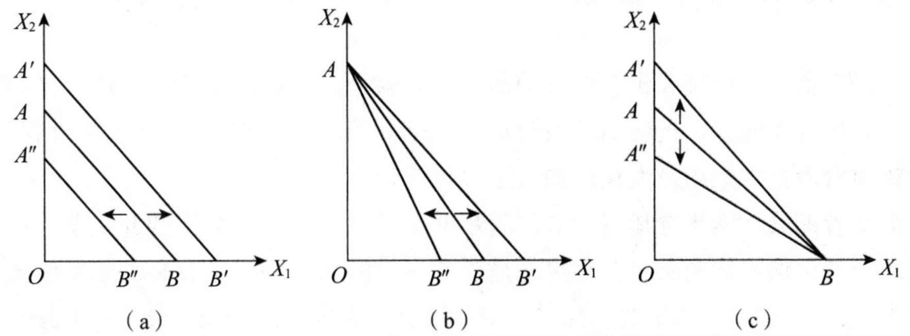

图 3-12　预算线的变动

第二种情况：消费者的收入 I 不变，两种商品的价格 P_1 和 P_2 同比例同方向发生变化。这时，相应的预算线的位置也会发生平移。其理由是，P_1 和 P_2 同比例同方向的变化并不影响预算线的斜率 $-\frac{P_1}{P_2}$，而只能使预算线的横、纵截距 $\frac{I}{P_1}$ 和 $\frac{I}{P_2}$ 发生变化。仍如图 3-12（a）所示：P_1 和 P_2 的同比例上升，使预算线 AB 向左平移至 $A''B''$；相反，P_1 和 P_2 的同比例下降，却使得预算线 AB 向右平移至 $A'B'$。前者表示消费者的全部收入用来购买其中任何一种商品所能购买到的数量都同比例于价格的上升而减少，而后者则表示消费者的全部收入用来购买其中任何一种商品所能购买到的数量都同比例于价格的下降而增加。

第三种情况：消费者的收入 I 不变，商品 1 的价格 P_1 发生变化而商品 2 的价格 P_2 保持不变。这时，预算线的斜率 $-\frac{P_1}{P_2}$ 会发生变化，预算线的横截距 $\frac{I}{P_1}$ 也会发生变化，但是，预算线的纵截距 $\frac{I}{P_2}$ 保持不变。如图 3-12（b）所示：P_1 下降，使得预算线由 AB 移至 AB'。它表示消费者的全部收入用来购买商品 1 所能购买到的数量因 P_1 的下降而增加，但全部收入用来购买商品 2 所能购买到的数量并未受到影响。相反，P_1 上升，使得预算线由 AB 移至 AB''。它表示消费者的全部收入用来购买商品 1 所能购买到的数量因 P_1 的上升而减少，但全部收入用来购买商品 2 所能购买到的数量并未受到影响。

同样的道理，在图 3-12（c）中，仅由商品 2 的价格 P_2 的下降与上升，分别引起预算线由 AB 移至 $A'B$ 和 $A''B$。读者可以自己分析其理由和经济含义。

第四种情况：消费者的收入 I 与两种商品的价格 P_1 和 P_2 都同比例同方向发生变化。这时预算线不发生变化。其理由是，此时预算线的斜率 $-\frac{P_1}{P_2}$ 以及预算线的截距$\frac{I}{P_1}$和$\frac{I}{P_2}$都不会发生变化。它表示消费者的全部收入用来购买任何一种商品所能购买到的数量都未发生变化。

二、效用最大化和消费者选择

在已知消费者偏好和预算约束的前提下，就可以分析消费者对最优商品组合的选择。具体的做法是，把前面考察过的消费者的无差异曲线和预算线结合在一起，来分析消费者追求效用最大化的购买选择行为。

消费者的最优购买选择行为必须满足两个条件：第一，最优的商品购买组合必须是消费者最偏好的商品组合。也就是说，最优的商品购买组合必须是能够给消费者带来最大效用的商品组合。第二，最优的商品购买组合必须位于给定的预算线上。

关于第二点，只要再看一下图 3－11 中被预算线划分的三个区域，马上就可以明白。这就是：预算线左边的区域中的任何一个商品组合都是不可取的，因为消费者的收入未花完，消费者应该将其全部收入都用于实现效用最大化的目标。而预算线右边的区域中的任何一个商品组合对于消费者来说都是不现实的，或者说，都是无力购买的。所以，最优的购买组合只能出现在预算线上。

下面，利用图 3－13 来具体说明消费者的最优购买选择行为。

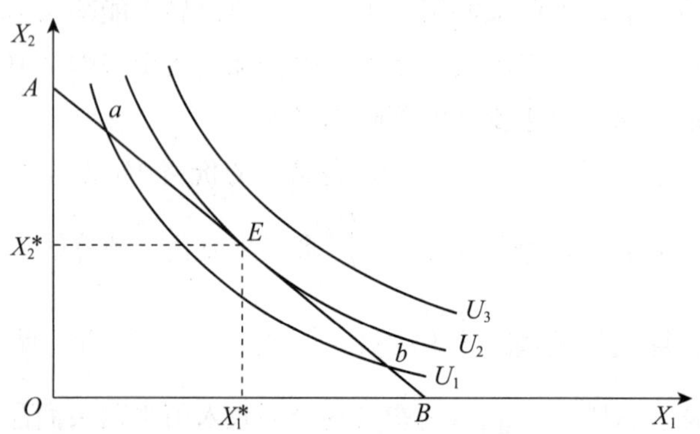

图 3－13　消费者的均衡

首先，把要分析的问题准确表述如下：假定消费者的偏好给定，再假定消费者的收入和两种商品的价格给定，那么，消费者应该如何选择最优的商品组合，以获得最大的效用呢？认真考虑一下这个问题，可以得到以下两点：第一，消费者偏好给定的假定，意味着给定了一个由该消费者的无数条无差异曲线所构成的无差异曲线簇。为了简化分析，我们从中抽取三条，这便是图 3－13 中三条无差异曲线 U_1、U_2 和 U_3 的由来。第二，消费者的收入和两商品的价格给定这一假定，意味着给定了该消费者的一条预算线，这便是图 3－13 中唯一的预算线 AB

的由来。

然后，在图 3－13 中找出该消费者实现效用最大化的最优商品组合。面对图 3－13 中的一条预算线和三条无差异曲线，我们说，只有预算线 AB 和无差异曲线 U_2 的切点 E，才是消费者在给定的预算约束下能够获得最大效用的均衡点。在均衡点 E 处，相应的最优购买组合为（X_1^*，X_2^*），所实现的最大效用水平由无差异曲线 U_2 表示。

为什么唯有 E 点才是消费者效用最大化的均衡点呢？这是因为，就无差异曲线 U_3 来说，虽然它代表的效用水平高于无差异曲线 U_2，但它与既定的预算线 AB 既无交点又无切点。这说明消费者在既定的收入水平下无法实现无差异曲线 U_3 上的任何一点的商品组合的购买。就无差异曲线 U_1 来说，虽然它与既定的预算线 AB 相交于 a、b 两点，这表明消费者利用现有收入可以购买 a 点或 b 点的商品组合，但是，这两点的效用水平低于无差异曲线 U_2，因此，理性的消费者不会用全部收入去选择购买无差异曲线 U_1 上 a 点或 b 点的商品组合。事实上，就 a 点或 b 点来说，若消费者能改变购买组合，选择 AB 线段上位于 a 点右边或 b 点左边的任何一点的商品组合，则都可以达到比 U_1 更高的无差异曲线，以获得比 a 点或 b 点的效用更大的效用。这种沿着 AB 线段由 a 点往右或由 b 点往左的运动，最后必定在 E 点达到均衡。显然，只有当既定的预算线 AB 和无差异曲线 U_2 相切于 E 点时，消费者才在既定的预算约束条件下获得最大的满足。故 E 点就是消费者实现效用最大化的均衡点。

最后，找出消费者效用最大化的均衡条件。在切点 E，无差异曲线和预算线两者的斜率是相等的。我们已经知道，无差异曲线的斜率的绝对值就是两商品的边际替代率 MRS_{12}，预算线的斜率的绝对值可以用两商品的价格之比 $\frac{P_1}{P_2}$ 来表示。由此，在均衡点 E 有：

$$MRS_{12}=\frac{P_1}{P_2} \tag{3.20}$$

这就是消费者效用最大化的均衡条件。它表示：**在一定的预算约束下，为了实现最大的效用，消费者应该选择最优的商品组合，使得两商品的边际替代率等于两商品的价格之比。也可以这样理解：在消费者的均衡点上，消费者愿意用一单位的某种商品去交换的另一种商品的数量（即 MRS_{12}），应该等于该消费者能够在市场上用一单位的这种商品去交换得到的另一种商品的数量（即 $\frac{P_1}{P_2}$）。**

为什么说只有当 $MRS_{12}=\frac{P_1}{P_2}$ 时，消费者才能获得最大的满足呢？

因为如果 $MRS_{12}=-\frac{\mathrm{d}X_2}{\mathrm{d}X_1}=\frac{1}{0.5}>\frac{1}{1}=\frac{P_1}{P_2}$，那么，从不等式右边看，在市场上，消费者减少 1 单位的商品 2 的购买，就可以增加 1 单位的商品 1 的购买。而从

不等式的左边看，消费者偏好认为，在减少 1 单位的商品 2 时，只需增加 0.5 单位的商品 1，就可以维持原有的满足程度。这样，消费者就因多得到 0.5 单位的商品 1 而使总效用增加。所以，在这种情况下，理性的消费者必然会不断地减少对商品 2 的购买和增加对商品 1 的购买，以便获得更大的效用。例如，在图 3-13 中的 a 点，无差异曲线的斜率的绝对值大于预算线的斜率的绝对值，即 $MRS_{12}>\frac{P_1}{P_2}$，于是，消费者会沿着预算线 AB 减少对商品 2 的购买和增加对商品 1 的购买，逐步达到均衡点 E。

相反，如果 $MRS_{12}=-\frac{dX_2}{dX_1}=\frac{0.5}{1}<\frac{1}{1}=\frac{P_1}{P_2}$，那么，从不等式的右边看，在市场上，消费者减少 1 单位的商品 1 的购买，就可以增加 1 单位的商品 2 的购买。而从不等式的左边看，消费者偏好认为，在减少 1 单位的商品 1 时，只需增加 0.5 单位的商品 2，就可以维持原有的满足程度。这样，消费者就因多得到 0.5 单位的商品 2 而使总效用增加。所以，在这种情况下，理性的消费者必然会不断地减少对商品 1 的购买和增加对商品 2 的购买，以便获得更大的效用。例如，在图 3-13 中的 b 点，无差异曲线的斜率的绝对值小于预算线的斜率的绝对值，即 $MRS_{12}<\frac{P_1}{P_2}$，于是，消费者会沿着预算线 AB 减少对商品 1 的购买和增加对商品 2 的购买，逐步向均衡点 E 靠近。

很清楚，只有当消费者将两种商品的消费量调整到 $MRS_{12}=\frac{P_1}{P_2}$，或者说，调整到由消费者主观偏好决定的两商品的边际替代率和市场上的两商品的价格之比相等时，消费者才处于既不想再增加也不想再减少任何一种商品购买量的这样一种均衡状态。这时，消费者获得了最大的满足。

至此，我们简单介绍了基数效用论者如何运用边际效用分析法研究消费者的选择行为，也详细介绍了序数效用论者如何运用无差异曲线分析法研究消费者的选择行为。在此需要指出的是，虽然它们各自运用的是不同的分析方法，但两者所得出的消费者的均衡条件实质上是相同的。以下的推导将说明这一点。

在保持效用水平不变即一条无差异曲线给定的前提下，消费者增加一种商品的数量所带来的效用增加量和相应减少另一种商品的数量所带来的效用减少量必定是相等的，即有：

$$|MU_1\cdot\Delta X_1|=|MU_2\cdot\Delta X_2|$$

上式可以写为：

$$MRS_{12}=-\frac{\Delta X_2}{\Delta X_1}=\frac{MU_1}{MU_2} \tag{3.21}$$

或 $$MRS_{12}=\lim_{\Delta X_1\to 0}-\frac{\Delta X_2}{\Delta X_1}=\frac{MU_1}{MU_2}\text{①} \tag{3.22}$$

根据以上两个式子，序数效用论者关于消费者的均衡条件即（3.20）式可以改写为：

$$MRS_{12}=\frac{MU_1}{MU_2}=\frac{P_1}{P_2} \tag{3.23}$$

或 $$\frac{MU_1}{P_1}=\frac{MU_2}{P_2}=\lambda \tag{3.24}$$

式中，λ 为货币的边际效用。而（3.24）式与基数效用论者关于消费者的均衡条件是相同的［见（3.6）式和（3.8）式］。②

专栏 3-1
受欢迎的自助餐

---

① 假设效用函数为 $U=U(X_1, X_2)$，则 $U=U(X_1, X_2)=U^0$（常数）代表一条无差异曲线的方程。在等式两边取全微分，有：$\frac{\partial U}{\partial X_1}\mathrm{d}X_1+\frac{\partial U}{\partial X_2}\mathrm{d}X_2=0$。

$$\therefore\quad -\frac{\mathrm{d}X_2}{\mathrm{d}X_1}=\frac{\frac{\partial U}{\partial X_1}}{\frac{\partial U}{\partial X_2}}=\frac{MU_1}{MU_2}，即有\ MRS_{12}=-\frac{\mathrm{d}X_2}{\mathrm{d}X_1}=\frac{MU_1}{MU_2}。$$

② 下面是关于效用最大化的数学模型。

设消费者的效用函数 $U=U(X_1, X_2)$，预算约束为 $I=P_1X_1+P_2X_2$，求消费者在预算约束下的效用最大化的最优商品数量组合。相应的拉格朗日函数为：

$$L(X_1, X_2, \lambda)=U(X_1, X_2)+\lambda(I-P_1X_1-P_2X_2)$$

式中，λ 为拉格朗日乘数。效用最大化的一阶条件为：

$$\frac{\partial L}{\partial X_1}=U_1-\lambda P_1=0$$

$$\frac{\partial L}{\partial X_2}=U_2-\lambda P_2=0$$

$$\frac{\partial L}{\partial \lambda}=I-P_1X_1-P_2X_2=0$$

式中，$U_i=\frac{\partial U}{\partial X_i}$，$i=1, 2$。

由一阶条件中的前两个式子可得：

$$\frac{U_1}{U_2}=\frac{P_1}{P_2}$$

式中，$\frac{U_1}{U_2}$ 可以表示商品的边际替代率。所以，效用最大化的必要条件为：两商品的边际替代率等于两商品的价格之比。

由一阶条件中的前两个式子还可得：

$$\frac{U_1}{P_1}=\frac{U_2}{P_2}=\lambda$$

式中，拉格朗日乘数 λ 表示货币的边际效用。所以，效用最大化的必要条件也可表述为：消费者花费在各种商品上的最后一元钱所带来的边际效用都相等，且等于货币的边际效用。

由一阶条件的三个式子，可求出两商品的需求函数 $X_i=X_i(P_1, P_2, I)$，$i=1, 2$。

这里，略去了该最大化问题的二阶条件。

第四节　价格变化和收入变化对消费者均衡的影响

本节属于比较静态分析，将先后考察商品价格变化和消费者收入变化对消费者均衡的影响，并在此基础上分别推导出消费者的需求曲线和恩格尔曲线。

一、价格变化：价格—消费曲线

在其他条件均保持不变时，一种商品价格的变化会使消费者效用最大化的均衡点的位置发生移动，并由此可以得到价格—消费曲线。**价格—消费曲线是在消费者的偏好、收入以及其他商品的价格不变的条件下，与某种商品的不同价格水平相联系的消费者效用最大化的均衡点的轨迹。**具体以图 3－14 来说明价格—消费曲线的形成。

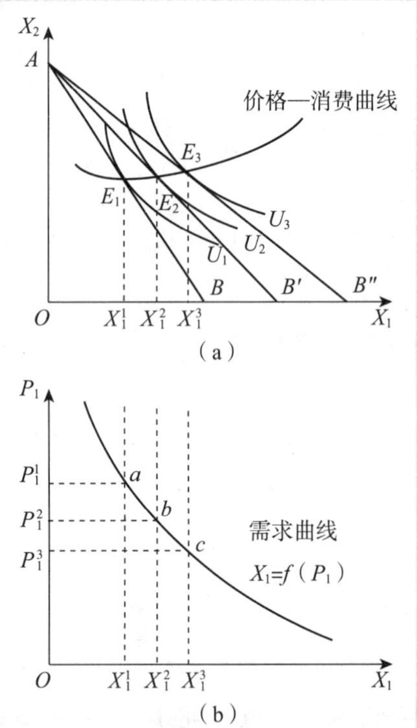

图 3－14　价格—消费曲线和消费者的需求曲线

在图中，假定商品 1 的初始价格为 P_1^1，相应的预算线为 AB，它与无差异曲线 U_1 相切于效用最大化的均衡点 E_1。如果商品 1 的价格由 P_1^1 下降为 P_1^2，相应的预算线由 AB 移至 AB'，于是，AB' 与另一条较高的无差异曲线 U_2 相切于均衡点 E_2。如果商品 1 的价格再由 P_1^2 继续下降为 P_1^3，相应的预算线由 AB' 移至 AB''，于是，AB''与另一条更高的无差异曲线 U_3 相切于均衡点E_3……不难发现，随着商品1的价格的不断变化，可以找到无数个诸如 E_1、E_2 和 E_3 那样的均衡点，它们的轨迹就是价格—消费曲线。

二、消费者的需求曲线

由消费者的价格—消费曲线可以推导出消费者的需求曲线。

分析图 3-14（a）中价格—消费曲线上的三个均衡点 E_1、E_2 和 E_3，可以看出，在每一个均衡点上，都存在着商品 1 的价格与商品 1 的需求量之间一一对应的关系。这就是：在均衡点 E_1 处，商品 1 的价格为 P_1^1，则商品 1 的需求量为 X_1^1。在均衡点 E_2 处，商品 1 的价格由 P_1^1 下降为 P_1^2，则商品 1 的需求量由 X_1^1 增加为 X_1^2。在均衡点 E_3 处，商品 1 的价格进一步由 P_1^2 下降为 P_1^3，则商品 1 的需求量由 X_1^2 再增加为 X_1^3。根据商品 1 的价格和需求量之间的这种对应关系，把每一个 P_1 数值和相应的均衡点上的 X_1 数值绘制在商品的价格—数量坐标图上，便可以得到单个消费者的需求曲线。这便是图 3-14（b）中的需求曲线 $X_1=f(P_1)$。在图 3-14（b）中，横轴表示商品 1 的数量 X_1，纵轴表示商品 1 的价格 P_1。图 3-14（b）中需求曲线 $X_1=f(P_1)$ 上的 a、b、c 点分别和图 3-14（a）中价格—消费曲线上的均衡点 E_1、E_2、E_3 相对应。

至此，我们介绍了序数效用论者如何从对消费者选择行为的分析中推导出消费者的需求曲线。由图 3-14 可见，序数效用论者所推导的**需求曲线一般是向右下方倾斜的，它表示商品的价格和需求量呈反方向变化。尤其是，需求曲线上与每一价格水平相对应的商品需求量都是可以给消费者带来最大效用的均衡数量。**

三、收入变化：收入—消费曲线

在其他条件不变而仅有消费者的收入水平发生变化时，消费者效用最大化的均衡点的位置也会改变，并由此可以得到收入—消费曲线。**收入—消费曲线是在消费者的偏好和商品的价格不变的条件下，与消费者的不同收入水平相联系的消费者效用最大化的均衡点的轨迹。**

以图 3-15 来具体说明收入—消费曲线的形成。

在图 3-15（a）中，随着消费者收入水平的不断提高，预算线由 AB 移至 $A'B'$，再移至$A''B''$，于是，形成了三个不同收入水平下的消费者效用最大化的均衡点 E_1、E_2 和 E_3。如果收入水平的变化是连续的，则可以得到无数个这样的均衡点的轨迹，这便是图 3-15（a）中的收入—消费曲线。图 3-15（a）中的收入—消费曲线是向右上方倾斜的，它表示：随着收入水平的提高，消费者对商品 1 和商品 2 的需求量都是上升的，所以，图 3-15（a）中的两种商品都是正常品。

在图 3-15（b）中，采用与图 3-15（a）中类似的方法，随着收入水平的连续提高，描绘出了另一条收入—消费曲线。但是图 3－15（b）中的收入—消费曲线是向后弯曲的，它表示：随着收入水平的提高，消费者对商品 1 的需求量开始时是增加的，但在收入上升到一定水平之后，消费者对商品 1 的需求量反而减少了。这说明，在一定的收入水平上，对于消费者来说，商品 1 由正常品变成了劣等品。我们可以在日常经济生活中找到这样的例子。譬如，对某些消费者来说，在收入水平较低时，土豆是正常品；而在收入水平较高时，土豆就有可能成为劣等品。这是因为，在他们变得较富裕的时候，他们可能会减少对土豆的消费量，而增加对肉类与其他食物的消费量。

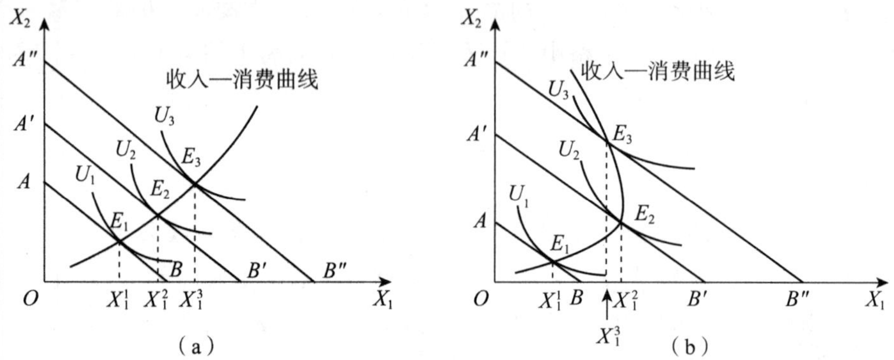

图 3－15　收入—消费曲线

四、恩格尔曲线

由消费者的收入—消费曲线可以推导出消费者的恩格尔曲线。

恩格尔曲线表示消费者在每一收入水平对某商品的需求量。与恩格尔曲线相对应的函数关系为 $X=f(I)$，其中，I 为收入水平，X 为某种商品的需求量。

图 3－15 中的收入—消费曲线反映了消费者的收入水平和商品的需求量之间存在着一一对应的关系：以商品 1 为例，当收入水平为 I_1 时，商品 1 的需求量为 X_1^1；当收入水平提高为 I_2 时，商品 1 的需求量增加为 X_1^2；当收入水平再提高为 I_3 时，商品 1 的需求量变动为 X_1^3…… 把这种一一对应的收入和需求量的组合描绘在相应的平面坐标图中，便可以得到相应的恩格尔曲线，如图 3－16 所示。

图 3－16（a）和图 3－15（a）是相对应的，图中的商品 1 是正常品，商品 1 的需求量 X_1 随着收入水平 I 的上升而增加。图 3－16（b）和图 3－15（b）是相对应的，在一定的收入水平上，图中的商品 1 由正常品转变为劣等品。或者说，在较低的收入水平范围，商品 1 的需求量与收入水平呈同方向的变动，恩格尔曲线斜率为正；在较高的收入水平范围，商品 1 的需求量与收入水平呈反方向的变动，恩格尔曲线斜率为负。

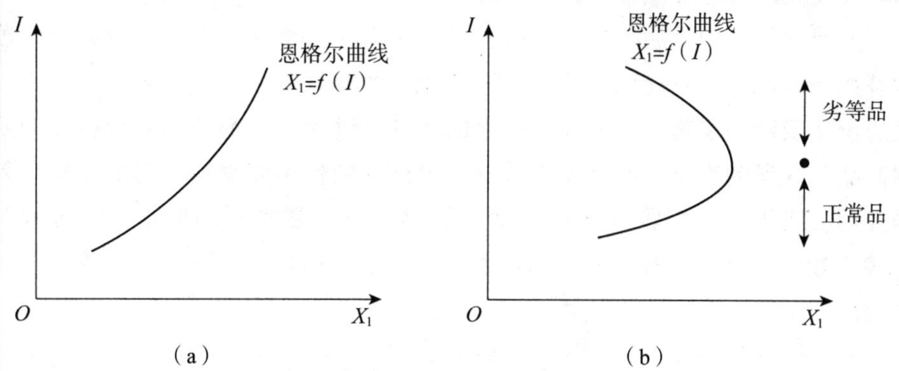

图 3-16 恩格尔曲线

第五节 替代效应和收入效应

一种商品价格的变化会引起该商品的需求量的变化，这种变化可以被分解为替代效应和收入效应两个部分。本节将分别讨论正常品与劣等品的替代效应和收入效应，并以此进一步说明这两类商品的需求曲线的形状特征。

一、替代效应和收入效应的含义

当一种商品的价格发生变化时，会对消费者产生两种影响：一是使消费者的实际收入水平发生变化。在这里，实际收入水平的变化被定义为效用水平的变化。① 二是使商品的相对价格发生变化。这两种变化都会改变消费者对该种商品的需求量。

例如，在消费者购买商品 1 和商品 2 两种商品的情况下，当商品 1 的价格下降时，一方面，对于消费者来说，虽然货币收入不变，但是现有的货币收入的购买力增强了，也就是说实际收入水平提高了。实际收入水平的提高，会使消费者改变对这两种商品的购买量，从而达到更高的效用水平，这就是收入效应。另一方面，商品 1 价格的下降，使得商品 1 相对于价格不变的商品 2 来说，较以前便宜了。商品相对价格的这种变化，会使消费者增加对商品 1 的购买而减少对商品 2 的购买，这就是替代效应。显然，替代效应不考虑实际收入水平变动的影响，所以，替代效应不改变消费者的效用水平。当然，也可以同样地分析商品 1 的价格提高时的替代效

① 在分析商品价格变化的替代效应和收入效应时，关于消费者实际收入水平的变动可以有两种定义方式。其一，将其定义为消费者效用水平的变动。其二，将其定义为消费者所购买的商品组合的变动。本书的分析采用前一种定义方式，即以消费者的效用水平来表示实际收入水平。

应和收入效应，只是情况刚好相反罢了。

综上所述，一种商品价格变动所引起的该商品需求量变动的总效应可以被分解为替代效应和收入效应两个部分，即**总效应＝替代效应＋收入效应**。其中，**由商品的价格变动所引起的商品相对价格的变动，进而由商品的相对价格变动所引起的商品需求量的变动，称为替代效应。由商品的价格变动所引起的实际收入水平的变动，进而由实际收入水平变动所引起的商品需求量的变动，称为收入效应**。替代效应不改变消费者的效用水平，收入效应则表示消费者的效用水平发生了变化。

二、正常品的替代效应和收入效应

下面以图 3－17 为例分析正常品价格下降时的替代效应和收入效应。

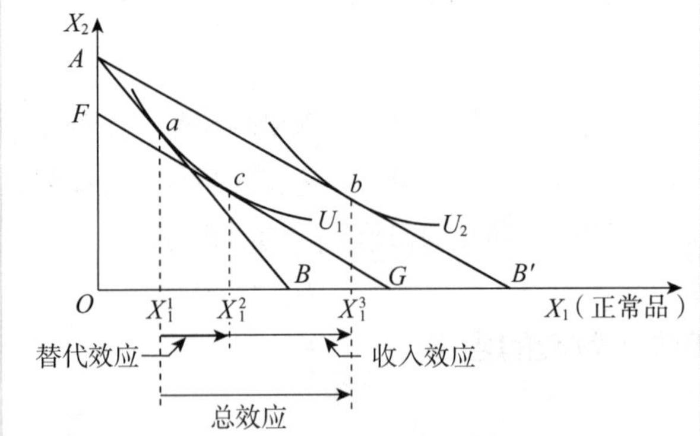

图 3－17　正常品的替代效应和收入效应

图 3－17 中的横轴 OX_1 和纵轴 OX_2 分别表示商品 1 和商品 2 的数量，其中，商品 1 是正常品。在商品价格变化之前，消费者的预算线为 AB，该预算线与无差异曲线 U_1 相切于 a 点，a 点是消费者效用最大化的一个均衡点。在均衡点 a 上，相应的商品 1 的需求量为 X_1^1。现假定商品 1 的价格 P_1 下降使预算线的位置由 AB 移至 AB'。新的预算线 AB' 与另一条代表更高效用水平的无差异曲线 U_2 相切于 b 点，b 点是商品 1 的价格下降以后的消费者的效用最大化的均衡点。在均衡点 b 上，相应的商品 1 的需求量为 X_1^3。比较 a、b 两个均衡点，商品 1 的需求量的增加量为 $X_1^1X_1^3$，这便是商品 1 的价格 P_1 下降所引起的总效应。这个总效应可以被分解为替代效应和收入效应两个部分。

为了将总效应分解为替代效应和收入效应，我们需要利用补偿预算线这一分析工具。

什么是补偿预算线？**补偿预算线**用来表示：当商品的价格发生变化导致消费者的实际收入水平发生变化时，设想给予消费者一定数量的货币补偿以使消费者回到原有的实际收入水平即原有的效用水平。① 让我们再回到图 3－17：由于商品 1 的价格下降，消费者效用最大化的均衡点由 a 点移至 b 点，即消费者由原来的无差异曲线 U_1 的效用水平上升到无差异曲线 U_2 的更高效用水平。下面，为了表示使消费者回到原有的实际收入水平即原有的效用水平，我们作一条平行于预算线 AB' 且与无差异曲线 U_1 相切于 c 点的补偿预算线 FG。在切点 c 可见，消费者回到了原有的无差异曲线 U_1 的效用水平，即回到了原有的实际收入水平。

通过补偿预算线 FG，我们可以将总效应 $X_1^1X_1^3$ 分解为两部分，其中，替代效应为 $X_1^1X_1^2$，收入效应为 $X_1^2X_1^3$。下面予以具体分析。

首先，通过比较效用最大化的两个均衡点 a、c 来寻找替代效应。很清楚，均衡点 a、c 均处于无差异曲线 U_1 上，即效用水平不变。此外，预算线 AB 和补偿预算线 FG 先后与无差异曲线 U_1 相切于均衡点 a、c，且它们各自以预算线的不同斜率表示了商品的相对价格的变化：与预算线 AB 相比，补偿预算线 FG 的斜率的绝对值较小，它表示在商品 2 的价格保持不变而商品 1 的价格下降的情况下，商品 1 的相对价格下降了。于是，消费者就会增加对商品 1 的购买并减少对商品 2 的购买，或者说，用商品 1 来替代商品 2。所以，与均衡点 a、c 相对应的需求量的变化量 $X_1^1X_1^2$ 就是替代效应，显然，它是由商品的相对价格的变化导致的，而实际收入水平即效用水平保持不变。在这里，正常品的价格 P_1 下降所引起的需求量的增加量 $X_1^1X_1^2$ 是一个正值，即替代效应的符号为正。也就是说，正常品的替代效应与价格呈反方向的变动。

然后，通过比较效用最大化的两个均衡点 c、b 来寻找收入效应。很直观，由于总效应是 $X_1^1X_1^3$，减去替代效应 $X_1^1X_1^2$，收入效应自然就是 $X_1^2X_1^3$。但是，仅仅这样来理解收入效应是不够的。我们更应该看到，过切点 c 的补偿预算线 FG 与过切点 b 的预算线 AB' 是平行的，即它们的斜率是相同的，这表示在 c、b 两个均衡点的商品 1 的相对价格保持不变（即均为新的相对价格）。此外，比较 c、b 两个均衡点还可以发现，无差异曲线的位置由 U_1 上升到 U_2，它表示消费者的效用水平提高了，或者说，商品 1 的价格 P_1 下降使得消费者的实际收入水平上升了，从而使得消费者对正常品 X_1 的需求量由 X_1^2 增加到 X_1^3。正因为如此，与均衡点 c、b 相对应的需求量的增加量 $X_1^2X_1^3$ 就是收入效应。显然，它是由实际收入水平的变化（表现为效用水平的变化）引起的，而商品的相对价格保持不变。在这里，正常品价格 P_1 下降所引起的需求量的增加量 $X_1^2X_1^3$ 是一个正值，即收入效应的符号为正。也就是说，正常品的收入效应与价格呈反方向的变动。

综上所述，**对于正常品来说，替代效应与价格呈反方向的变动，收入效应也与**

① 关于补偿预算线所涉及的货币补偿，可以是设想在商品价格上升时给予消费者一定数量的货币补偿，也可以是设想在商品价格下降时从消费者那里取走一定数量的货币即负补偿。总之，通过货币补偿使得消费者能回到商品价格变化之前的原有的实际收入水平即原有的效用水平。补偿预算线只是一种分析工具，这种货币补偿事实上并没有发生。

价格呈反方向的变动，在它们的共同作用下，总效应必定与价格呈反方向的变动。正因为如此，正常品的需求曲线是向右下方倾斜的。[①]

三、正常品和劣等品的区别与收入效应

在分析劣等品的替代效应和收入效应之前，我们有必要先看一下正常品和劣等品的区别，以及由此带来的这两类商品的各自收入效应的特点。

商品可以分为正常品和劣等品两大类。正常品和劣等品的区别在于：正常品的需求量与消费者的收入水平呈同方向的变动，即：正常品的需求量随着消费者收入水平的提高而增加，随着消费者收入水平的下降而减少。劣等品的需求量与消费者的收入水平呈反方向的变动，即：劣等品的需求量随着消费者收入水平的提高而减少，随着消费者收入水平的下降而增加。

相应地，可以推知：当某正常品的价格下降（或上升）导致消费者实际收入水平提高（或下降）时，消费者会增加（或减少）对该正常品的需求量。也就是说，正常品的收入效应与价格呈反方向的变动。这就是上面的结论，也是在图 3－17 中 c 点必定落在 a、b 两点之间的原因。而对于劣等品来说，当某劣等品的价格下降（或上升）导致消费者的实际收入水平提高（或下降）时，消费者会减少（或增加）对该劣等品的需求量。也就是说，劣等品的收入效应与价格呈同方向的变动。这意味着，在类似于图 3－17 的分析中，c 点的位置会发生变化。

由于正常品和劣等品的区别不会对它们各自的替代效应产生影响，所以，对于所有的商品来说，替代效应与价格都是呈反方向的变动的。

四、劣等品的替代效应和收入效应

下面用图 3－18 来分析劣等品价格下降时的替代效应和收入效应。

图中的横轴 OX_1 和纵轴 OX_2 分别表示商品 1 和商品 2 的数量，其中，商品 1 是劣等品。商品 1 的价格 P_1 变化前的消费者的效用最大化的均衡点为 a 点，P_1 下降以后的消费者的效用最大化的均衡点为 b 点，因此，价格下降所引起的商品 1 的需求量的增加量为 $X_1^1X_1^2$，这便是总效应。然后，通过作与预算线 AB' 平行且与无差异曲线 U_1 相切的补偿预算线 FG，便可将总效应分解成替代效应和收入效应。具体地看，P_1 下降所引起的商品相对价格的变化，使消费者由均衡点 a 运动到均衡点 c，相应的需求增加量为 $X_1^1X_1^3$，这就是替代效应，$X_1^1X_1^3$ 为正值。而 P_1 下降所引起的消费者的实际收入水平的变动，使消费者由均衡点 c 运动到均衡点 b，需求量由 X_1^3 减少到 X_1^2，这就是收入效应。收入效应 $X_1^2X_1^3$ 为负值，其原因在于：价

① 关于替代效应和收入效应，较高深的西方数理经济学教材结合斯拉茨基方程（Slutsky equation）有较详尽的论述，本书从略。读者可以从本书附录提供的参考文献中找到论述这一问题的资料。

格 P_1 下降所引起的消费者的实际收入水平的提高，会使消费者减少对劣等品商品1的需求量。由于收入效应是一个负值，所以，图中的 b 点必定落在 a、c 两点之间。

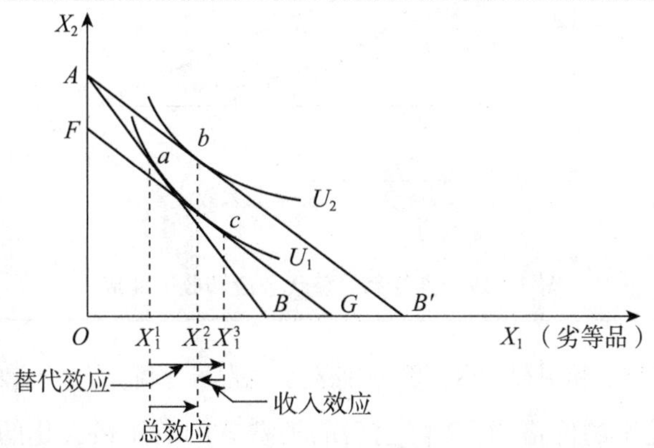

图 3-18　劣等品的替代效应和收入效应

图 3-18 中的商品1的价格 P_1 下降所引起的商品1的需求量的变化的总效应为 $X_1^1X_1^2$，它是正的替代效应 $X_1^1X_1^3$ 和负的收入效应 $X_1^2X_1^3$ 之和。由于替代效应 $X_1^1X_1^3$ 的绝对值大于收入效应 $X_1^2X_1^3$ 的绝对值，或者说，由于替代效应的作用大于收入效应的作用，所以，总效应 $X_1^1X_1^2$ 为正值。

综上所述，**对于劣等品来说，替代效应与价格呈反方向的变动，收入效应与价格呈同方向的变动，而且，在大多数场合，替代效应的作用大于收入效应的作用**（如图 3-18 所示），**所以，总效应与价格呈反方向的变动，相应的需求曲线是向右下方倾斜的。**

五、一个特例：吉芬品的替代效应和收入效应

我们来思考一个问题：在上面对劣等品的一般分析中，劣等品的替代效应的作用大于收入效应的作用，所以，总效应与价格呈反方向的变动，相应的需求曲线向右下方倾斜。但是，如果某劣等品的收入效应的作用大于替代效应的作用，那么又会如何呢？答案自然是：这种劣等品的总效应与价格呈同方向的变动，其需求曲线将向右上方倾斜。其实，这就是劣等品中的特殊物品，这类收入效应的作用大于替代效应的作用的劣等品被称为吉芬品，它以英国人罗伯特·吉芬（1837—1910）的名字命名。吉芬发现，1845年爱尔兰发生灾荒，土豆价格上升，但是土豆的需求量反而增加了。在当时，这个难以解释的反常经济现象被称为“吉芬难题”。

为什么吉芬品的需求曲线向右上方倾斜呢？下面用图 3-19 来分析这个问题。

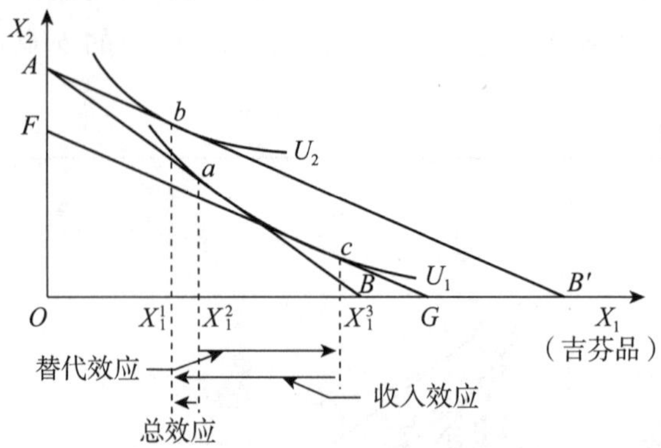

图 3-19　吉芬品的替代效应和收入效应

图中的横轴 OX_1 和纵轴 OX_2 仍分别表示商品 1 和商品 2 的数量，其中，商品 1 是吉芬品。商品 1 的价格 P_1 下降前后的消费者的效用最大化的均衡点分别为 a 点和 b 点，相应的商品 1 的需求量的减少量为 $X_1^1X_1^2$，这就是总效应。通过补偿预算线 FG 可得：与均衡点 a、c 相对应的 $X_1^2X_1^3$ 是替代效应，为正值；与均衡点 c、b 相对应的 $X_1^1X_1^3$ 是收入效应，为负值。而且，负的收入效应 $X_1^1X_1^3$ 的绝对值大于正的替代效应 $X_1^2X_1^3$ 的绝对值，所以，最后形成的总效应 $X_1^1X_1^2$ 为负值。在图中，a 点必定落在 b、c 两点之间。

很清楚，**吉芬品是一种特殊的劣等品。作为劣等品，吉芬品的替代效应与价格呈反方向的变动，收入效应则与价格呈同方向的变动。吉芬品的特殊性就在于：它的收入效应的作用很大，以至超过了替代效应的作用，从而使得总效应与价格呈同方向的变动。这也就是吉芬品的需求曲线呈现出向右上方倾斜的特殊形状的原因。**

运用以上分析的结论就可以解释"吉芬难题"了。在 19 世纪中期的爱尔兰，购买土豆的消费支出在大多数贫困家庭的收入中占一个较大的比例，于是，土豆价格的上升导致贫困家庭的实际收入水平大幅度下降。在这种情况下，变得更穷的人们不得不大量地增加对劣等品土豆的购买，这样形成的收入效应是很大的，它超过了替代效应，造成了土豆的需求量随着土豆价格的上升而增加的特殊现象。

现将本节分析正常品、劣等品和吉芬品的替代效应与收入效应所得到的结论综合于表 3-4 中。

表 3-4　商品价格变化所引起的替代效应和收入效应

商品类别	替代效应与价格的关系	收入效应与价格的关系	总效应与价格的关系	需求曲线的形状
正常品	反方向变化	反方向变化	反方向变化	向右下方倾斜
劣等品	反方向变化	同方向变化	反方向变化	向右下方倾斜
吉芬品	反方向变化	同方向变化	同方向变化	向右上方倾斜

第六节　市场需求曲线

基数效用论和序数效用论各自从对单个消费者选择行为的分析中，推导出了单个消费者对某种商品的需求曲线。本节将在此基础上进一步推导市场需求曲线和相应的市场需求函数。

商品的市场需求是指在一定时期内在各种不同的价格水平上市场中所有消费者对某种商品的需求量。商品的市场需求不仅依赖于每一个消费者对该商品的需求数量，还依赖于该市场中所有消费者的数目。显然，**商品市场的需求数量是每一个价格水平上所有消费者对该商品需求数量的加总。**所以，只要有了商品市场上每个消费者的需求表或需求曲线，就可以很方便地通过加总的方法，得到该商品市场的需求表或需求曲线。下面用表 3－5 和图 3－20 来说明。

表 3－5　从单个消费者的需求表到市场需求表

商品价格 (1)	消费者 A 的需求量 (2)	消费者 B 的需求量 (3)	市场需求量 (4)＝(2)＋(3)
0	20	30	50
1	16	24	40
2	12	18	30
3	8	12	20
4	4	6	10
5	0	0	0

在表 3－5 中，假设某商品市场上只有 A、B 两个消费者，他们各自在每一个价格水平的需求量分别为表中第（2）、（3）栏。通过把每一个价格水平上的 A、B 两个消费者的需求量加总，便得到每一个价格水平上的市场需求量，为表中第（4）栏。

图 3－20 是根据表 3－5 绘制的需求曲线。图中的市场需求曲线是 A、B 两个消费者的需求曲线的水平加总，即在每一个价格水平上，都有市场需求量$Q^d = Q^d_A + Q^d_B$。

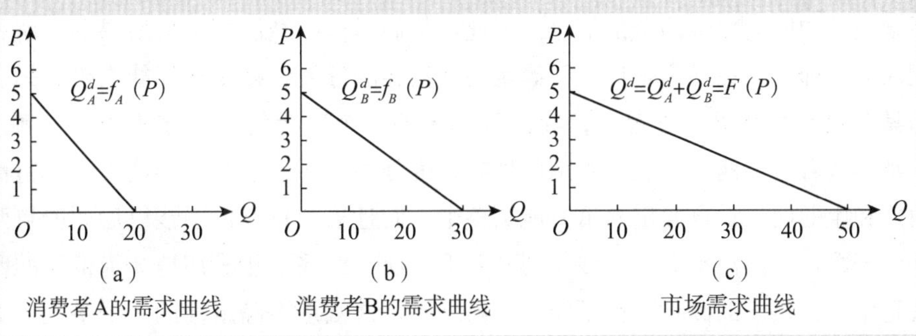

图 3－20　从单个消费者的需求曲线到市场需求曲线

假定某商品市场上有 n 个消费者，他们各自具有不同的个人需求函数，则根据以上分析，可得该商品的市场需求函数为：

$$D(P)=\sum_{i=1}^{n}D_i(P) \quad i=1，2，\cdots，n \tag{3.25}$$

式中，$D_i(P)$ 为单个消费者 i 的需求函数；$D(P)$ 为市场需求函数。

由于**市场需求曲线是单个消费者的需求曲线的水平加总**，所以，如同单个消费者的需求曲线一样，**市场需求曲线一般也是向右下方倾斜的**。市场需求曲线表示某商品市场在一定时期内在各种不同的价格水平上所有消费者愿意而且能够购买的该商品的数量。更重要的是，根据前面的分析可知，**市场需求曲线上的每个点都表示在相应的价格水平上可以给全体消费者带来最大的效用水平或满足程度的市场需求量。**

专栏 3-2
互联网和消费者选择

*第七节　不确定性和选择

本章至此以前的内容都是分析确定情况下的消费者行为，没有涉及不确定情况下的消费者行为。然而，在现实经济生活中存在着各种不确定因素。在充满不确定因素的经济活动中，消费者在风险情况下的态度及其行为决策，将是本节所要介绍的主要内容。

一、不确定性与风险

为了分析不确定条件下的消费者选择行为，首先介绍两个基本的概念：不确定性与风险。

在前面对消费者选择的分析中，实际上暗含了一个假设条件，即完全信息的假设条件。完全信息假设条件的意思是：从事经济活动的个人掌握了与其所从事的经济活动有关的所有变量的全部信息。因此，他们对自己经济行为的后果的了解是准确无误的，即不存在不确定性。**不确定性是指经济行为者在事先不能准确地知道自己的某个决策的结果，或者说，经济行为者的一个决策的可能结果不止一种。**例如，某消费者去买西瓜。假定西瓜的生熟程度分为三等：熟过了的西瓜、熟得恰好的西瓜和生的西瓜；再假定西瓜只能买整个，而且买者只有付了钱以后才能将西瓜切开。于是，在该消费者付完钱、切开西瓜之前，他并不能确切地知道他买的西瓜到底是生还是熟，即面临三种可能的生熟结果，这就是不确定性的一个事例。类似这种不确定的情况，在经济生活中是经常可以碰到的，例如，消费者的投资决策、消费者购买彩票的行为等等。在这类场合，消费者事先都不能准确地知道自己某个决策行为的结果。

消费者在知道自己某种行为决策的各种可能的结果的同时，如果消费者还知道各种可能的结果发生的概率，则可以称这种不确定的情况为风险。在上例中，如果该消费者还知道他购买到熟过了的西瓜、熟得恰好的西瓜和生的西瓜的概率分别为5%、35%和60%的话，则称这种不确定的情况为风险。

在微观经济学中，对不确定条件下消费者行为的分析通常仅指对风险条件下消费者行为的分析。下面，我们将会明白“概率”是在不确定条件下讨论消费者选择行为的一个不可或缺的基本要素。

本章本节之前的确定条件下的消费者选择理论，显然无法被用来说明不确定条件下的消费者行为。如何建立起一套理论及方法来分析消费者在面临风险情况下的经济行为，便是本节所要介绍的内容。

二、不确定性和彩票

消费者在各种风险事例中会面临各种不同的可能的结果，从经济学的角度看，任何一个可能的结果都可以被抽象地表示为一笔等价的货币量。据此，经济学家指出，对各种具体的不确定情况下消费者行为的分析，均可以抽象为对消费者购买彩票的决策行为的分析。

那么，在经济学中，又是如何来描述一张彩票的呢？

假设某消费者持有100元的初始货币财富量，他面临是否购买某种彩票的决策。具体情况是：一张彩票的购买支出是5元；该彩票只有两种可能的结果，即中彩得200元和不中彩得0元，其概率分别为2.5%和97.5%。面对这样一张彩票，他可以不买，也可以买。如果消费者不买彩票，那么，他总是可以稳妥地持有100元的初始货币量，当然，也不必支付5元的彩票购买成本。这样，他在避免买彩票所可能遭受的损失的同时，也失去了买彩票所可能得到的更多货币。如果消费者买彩票，那么，他就有两种可能的结果：一种结果是中彩，使得他拥有295元，因为初始货币持有量100元－彩票的购买支出5元＋奖金200元＝295元；另一种结果是没中彩，使得他只持有95元，因为初始货币持有量100元－彩票的购买支出5元＝95元。

在经济学分析中，可以用符号来表示消费者所面临的具有不确定结果的彩票。假定某消费者所面临的一种彩票具有两种可能的结果，并且，事后发生且仅仅只发生一种结果。令第一种结果发生时消费者拥有的货币财富量为W_1，第二种结果发生时消费者拥有的货币财富量为W_2；第一种和第二种结果发生的概率分别为p和$1-p$，其中$0<p<1$。那么，在经济学分析中，此彩票就被表示为：$L=(p,1-p;W_1,W_2)$。再考虑到两种结果不会同时发生，所以，在知道了第一种结果的概率的同时，也就知道了第二种结果的概率。于是，该彩票也通常被简洁地表示为：$L=(p;W_1,W_2)$。将这种表示方法具体运用到上面的例子中，则有$L=(0.025;295,95)$。

仍需指出，其实，消费者中彩所得的奖金既可以是物品，也可以是一笔钱，等等。由于消费者的任何中奖所得总是可以被表示为一定的货币量，所以，在经济学分析中，彩票的每种可能的结果都被抽象为一笔货币量。

三、期望效用和期望值的效用

在分析不确定条件下的消费者行为时，期望效用和期望值的效用是两个基本概念。下面仍以彩票为例来介绍这两个概念。

1. 期望效用

如同在确定条件下消费者行为追求的目标是为了获得最大的效用一样，在不确定条件下消费者行为追求的目标也是为了得到最大的效用。但是，在不确定条件下，由于消费者事先并不知道哪种结果事实上会发生，所以，他是在事先作出最优的决策，以使他的期望效用最大化。

对于一张彩票 $L=(p; W_1, W_2)$ 来说，**彩票的期望效用函数**为：

$$E(U(p; W_1, W_2))=pU(W_1)+(1-p)U(W_2) \tag{3.26}$$

式中，p 和 $1-p$ 分别为 W_1 和 W_2 发生的概率。

以上的彩票的期望效用函数也可简写为：

$$E(U(W_1, W_2))=pU(W_1)+(1-p)U(W_2) \tag{3.27}$$

期望效用函数也被称为冯・诺依曼-摩根斯坦效用函数。[①] 由（3.26）式和（3.27）式可见，**消费者的期望效用就是消费者在不确定条件下可能得到的各种结果的效用的加权平均数。**

由于期望效用函数的建立，因此，对不确定条件下的消费者面临风险的行为的分析，就成了对消费者追求期望效用最大化的行为的分析。

2. 期望值的效用

对于一张彩票 $L=(p; W_1, W_2)$ 来说，**彩票的期望值**为：

$$pW_1+(1-p)W_2 \tag{3.28}$$

由（3.28）式可知，彩票的期望值是彩票不同结果下的消费者所拥有的货币财富量的加权平均数。相应地，**彩票期望值的效用**为：

$$U(pW_1+(1-p)W_2) \tag{3.29}$$

四、消费者的风险态度

面对风险，每个消费者的态度是不相同的，所以，他们各自的行为选择也是不

① 约翰・冯・诺依曼（John von Neumann）是一位数学家，奥斯卡・摩根斯坦（Oscar Morgenstern）是一位经济学家，他们在 20 世纪 40 年代共同建立了冯・诺依曼-摩根斯坦方法，为分析不确定条件下的消费者行为奠定了基础；见约翰・冯・诺依曼，摩根斯坦．博弈论与竞争行为．普林斯顿：普林斯顿大学出版社，1947。

一样的。以购买彩票为例，有的消费者可能害怕风险，他们一般不会去买彩票，而是稳妥地保持自己现已拥有的货币财富量。有的消费者可能喜欢冒险，他们总是去买彩票。有的消费者可能对风险采取中立态度，他们觉得买或不买彩票都是无所谓的。在现实生活中，有许多类似的事例。例如，不同的消费者的风险态度，也会对消费者在面临风险情况下购买保险的行为产生影响。很清楚，消费者对待风险的态度，影响着消费者在不确定情况下的行为决策。

西方经济学家将消费者对待风险的态度分为三类：风险回避者、风险爱好者和风险中立者。这三类风险态度的判断标准如下。

以消费者面临一张彩票 $L=(p;W_1,W_2)$ 为例来分析。首先，假定消费者在无风险条件下（即不购买彩票的条件下）可以持有的确定的货币财富量等于彩票的期望值即 $pW_1+(1-p)W_2$。那么，如果某消费者认为在无风险条件下持有这笔确定的货币财富量的效用大于在风险条件下彩票的期望效用，即 $U(pW_1+(1-p)W_2)>pU(W_1)+(1-p)U(W_2)$，则该消费者为**风险回避者**。如果某消费者认为在无风险条件下持有这笔确定的货币财富量的效用小于在风险条件下的彩票的期望效用，即 $U(pW_1+(1-p)W_2)<pU(W_1)+(1-p)U(W_2)$，则该消费者为**风险爱好者**。如果某消费者认为在无风险条件下持有这笔确定的货币财富量的效用等于在风险条件下的彩票的期望效用，即 $U(pW_1+(1-p)W_2)=pU(W_1)+(1-p)U(W_2)$，则该消费者为**风险中立者**。

与以上的分析相对应，假定消费者的效用函数为 $U=U(W)$，其中，W 为货币财富量，且效用函数 $U=U(W)$ 为增函数，那么，消费者的风险态度也可以根据其效用函数的特征来判断。风险回避者的效用函数是严格向上凸出的，如图 3－21 所示。风险爱好者的效用函数是严格向下凸出的，如图 3－22 所示。风险中立者的效用函数是线性的，如图 3－23 所示。由图中可见，风险回避者、风险爱好者和风险中立者的效用函数 $U=U(W)$，分别满足前面提到的关于这三种风险态度的判断标准，即它们分别满足彩票的期望值的效用$U(pW_1+(1-p)W_2)$大于、小于和等于彩票的期望效用 $pU(W_1)+(1-p)U(W_2)$。①

具体分析图 3－21。图中的效用函数 $U(W)$ 是严格向上凸出的，效用曲线上任意两点间的弧都高于这两点间的弦。根据该消费者的效用曲线 $U(W)$，消费者在无风险条件下持有一笔确定的货币财富量的效用 $U(pW_1+(1-p)W_2)$ 相当于图中 A 点的高度，而拥有一张具有风险的彩票的期望效用 $pU(W_1)+(1-p)U(W_2)$ 相当于图中 B 点的高度。显然 A 点高于 B 点。所以，严格向上凸出的效用函数 $U=U(W)$ 满足风险回避者的判断条件。至于对图 3－22 和图 3－23 的分析，与对图 3－21的分析类似，在此从略。

---

① 从数学的角度讲，令消费者的效用函数为 $U=U(W)$，且 $U'(W)>0$。当 $U''(W)<0$ 时，消费者为风险回避者；当 $U''(W)>0$ 时，消费者为风险爱好者；当 $U''(W)=0$ 时，消费者为风险中立者。

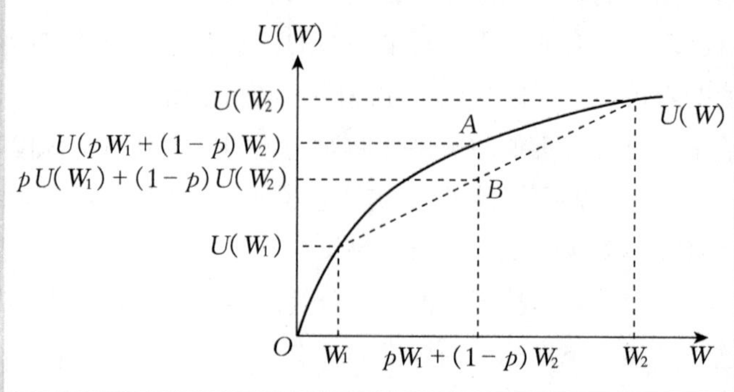

图 3-21　风险回避者的效用函数 $U(W)$

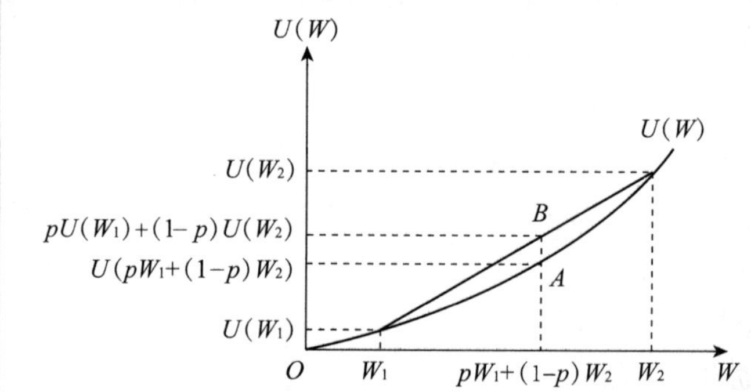

图 3-22　风险爱好者的效用函数 $U(W)$

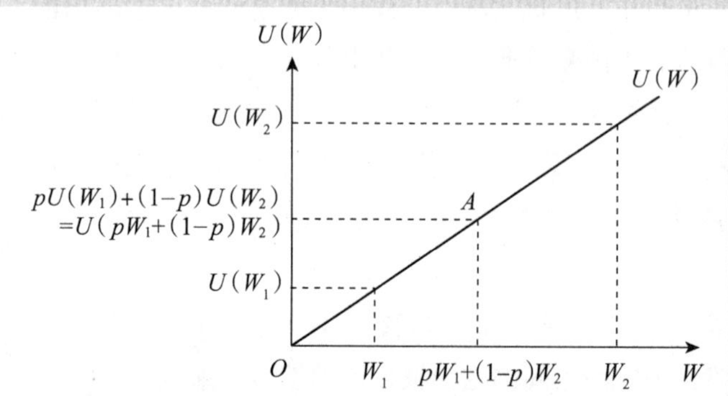

图 3-23　风险中立者的效用函数 $U(W)$

最后需要指出的是，在理论分析中，消费者对待风险的态度可以分为以上三类。但一般说来，在实际经济生活中，大多数消费者都是风险回避者。

五、风险与保险

在现实生活中，消费者总面临着风险条件下的选择。经验表明，在一般的情况下，消费者都是风险回避者。因此，风险回避型消费者便会采用购买保险的手段，来回避或化解自己所面临的风险。

在面临风险的情况下，风险回避型消费者愿意放弃一部分收入去购买保险，以消除风险，从而使自己处于一种稳定可靠的状态。在购买保险的经济活动中，风险回避型消费者是保险的需求方，保险公司是保险的供给方。下面，我们来讨论消费者和保险公司是如何在自愿互利的原则下进行保险商业活动的。①

假定某消费者拥有一笔价值为 W 万元的财产；他面临财产遭受失窃、火灾等风险。如果风险发生，他将损失 L 万元，风险发生的概率为 p。再假设该消费者为回避财产风险愿意向保险公司支付保险费 S 万元，这样，一旦风险发生，保险公司将赔付消费者的全部财产损失。

首先，考察保险活动的需求方即风险回避型消费者。对于消费者来说，他愿意付出一笔钱购买保险，使得无论风险是否发生他都能够保持一笔稳定的财产 $W-S$。现在的问题是：消费者到底愿意支付多少保险费来回避自己所面临的风险呢？也就是说，他愿意支付的保险费 S 到底是多少？直观地看，其原则就是：消费者愿意支付的保险费 S 应该等于他的财产的期望损失（亦即等于保险公司的期望赔付金额），也就是

$$S=p\cdot L+(1-p)\cdot 0=p\cdot L \tag{3.30}$$

根据上式，可进一步得

$$W-S=p\cdot(W-L)+(1-p)\cdot W \tag{3.31}$$

（3.31）式告诉我们，消费者愿意支付的保险费 S 应该使得购买保险后稳定可靠的财产 $W-S$ 等于在风险条件下的财产期望值 $p\cdot(W-L)+(1-p)\cdot W$。

由此可见，消费者愿意支付的保险费 S 的决定原则可以用以上两个式子来表示。其中，（3.30）式易于理解，下面来探讨（3.31）式的经济含义。我们已经知道，风险回避者的基本特征是，他们总认为风险条件下的彩票的期望值的效用大于彩票的期望效用。在此例中，（3.31）式左边的 $W-S$ 表示消费者购买保险以后的稳定可靠的财产，式子右边的 $p\cdot(W-L)+(1-p)\cdot W$ 表示消费者在面临风险条件下的财产的期望值（它相当于在风险条件下的彩票的期望值），换言之，（3.31）式表示消费者购买保险以后的稳定可靠的财产刚好等于风险条件下的财产的期望值。于是，由风险回避者的基本特征可知，购买保险以后消费者的稳定可靠财产的效用一定大于风险条件下的财产的期望效用。正鉴于此，风险回避型消费者愿意购买保险，而且他愿意支付的保险费 S 应该满足（3.30）式或（3.31）式。

下面，我们具体运用一个例子来说明以上原则。假定某消费者的初始财产为 50 万元，他面临诸如失窃、火灾等风险；如果风险发生，他将损失 20 万元，风险发生

① 这是指精算公平保险（actuarially fair insurance），即交易双方都没有从概率上吃亏或占对方的便宜，其定义为保险费（S）等于损失（L）的期望值，即 $S=p\cdot L+(1-p)\cdot 0=pL$。

的概率为10%；财产损失的期望值为2（=20×0.1)万元。如果该消费者支付的保险费等于财产损失的期望值，即2万元，则他的具体情况如表3-6所示。

表3-6

	风险发生	风险不发生	财产期望值
不购买保险	30万元	50万元	48万元
购买保险	48万元	48万元	48万元
概率	0.1	0.9	

由表3-6可知，如果消费者购买保险，他支付的保险费$S=2$万元，那么，不管风险是否发生，扣除保险费后他都持有稳定的收入48(=50-2）万元。也就是说，他刚好使得购买保险条件下的稳定可靠的财产量等于风险条件下的财产的期望值即48万元。而根据风险回避者的基本特征可知，由于该消费者在购买保险条件下的稳定可靠财产量的效用等于在风险条件下的财产的期望值的效用，所以其必然大于在不购买保险条件下的财产的期望效用。①

总之，对于风险回避型消费者而言，只要购买保险的支出等于财产的期望损失，消费者总是愿意购买保险，以使自己不管风险是否发生都能保持稳定可靠的财产，或者说，使自己在遭受损失时能够得到全部的补偿，从而消除了风险。

此外，我们还可以这样来理解消费者购买保险的行为：在面临风险而没有购买保险的条件下，如果损失发生，则消费者的收入会急剧下降到很低的水平，此时收入的边际效用是很高的；如果损失不发生，则消费者的收入会保持在一个高水平，此时收入的边际效用是很低的。所以，在面临风险的条件下，理性的消费者应该通过购买保险，将损失不发生情况下的收入转移到损失发生情况下的收入中去，从而提高他的总效用水平。

最后，考察保险的供给方即保险公司。在此，需要指出，保险公司是风险中立的，保险公司追求的是利润最大化。为了分析的方便，假定保险公司的运营成本为零，于是保险公司追求利润最大化的目标便可以改写为追求收益最大化的目标。根据前面所描述的例子，如果损失不发生，保险公司无须支付补偿费，则保险公司的收益为S；如果损失发生，保险公司需支付补偿费，且补偿费等于消费者的损失L，则保险公司的收益为$S-L$。由此，我们可得保险公司的期望收益为：

$$p\cdot(S-L)+(1-p)\cdot S=-p\cdot L+S \tag{3.32}$$

因此，只要保险公司的期望收益

---

① 表中的数字也说明，这一保险事例符合精算公平保险的要求，因为p(风险发生的概率)$=0.1=\frac{S}{L}=\frac{2\text{万元}}{20\text{万元}}$。

$$-p \cdot L+S \geqslant 0 \tag{3.33}$$

则保险公司就愿意接受这项投保业务。换言之，由（3.33）式可知，只要 $S \geqslant p \cdot L$，即消费者支付的保险费 S 大于或等于财产的期望损失 $p \cdot L$，则保险公司就愿意接受这项投保业务。由（3.33）式还可推知，只要 $p \leqslant S/L$，即损失发生的概率 p 小于或等于 S/L，则保险公司就愿意接受这项投保业务。①

第八节 结 束 语

本章要点可以归结如下：

（1）追求效用最大化是消费者的行为目标。消费者选择理论分为基数效用论与序数效用论，其中，基数效用论者运用边际效用分析法研究消费者行为；序数效用论者运用无差异曲线分析法研究消费者行为。在当代西方经济学中，占主导地位的是序数效用论者的分析方法。本章主要介绍序数效用论的无差异曲线分析法。

（2）基数效用论的边际效用递减规律是指：在一定时期内，在其他条件不变的前提下，随着消费者对某种商品消费量的连续增加，该消费者从连续增加的每一单位商品消费中所得到的边际效用是递减的。以边际效用递减规律为基础，消费者效用最大化的均衡条件是：消费者应该使得自己花费在每种商品购买上的最后一元钱所带来的边际效用相等，且等于货币的边际效用。根据消费者效用最大化均衡条件推导出的消费者的需求曲线是向右下方倾斜的。

（3）序数效用论运用无差异曲线分析法考察消费者行为。在消费者的偏好、收入和商品价格给定的条件下，消费者唯一的预算线与无差异曲线簇中的一条无差异曲线的切点表示消费者均衡。在消费者效用最大化的均衡点上，预算线和无差异曲线的斜率相等，即两商品的边际替代率等于两商品的价格之比。序数效用论的效用最大化的均衡条件与基数效用论的效用最大化的均衡条件在本质上是相同的。

（4）由消费者效用最大化均衡点出发，可以得到与某种商品的不同价格水平相联系的消费者效用最大化的均衡点的轨迹，这就是价格—消费曲线。由价格—消费曲线出发，可进一步推导消费者的需求曲线。消费者的需求曲线一般是向右下方倾斜的。需求曲线表示：需求曲线上与每一个价格水平相联系的商品需求量都是可以给消费者带来最大效用的最优消费量。由一个商品市场上所有单个消费者的需求曲线的水平加总，可以得到该商品市场的需求曲线。

（5）由消费者效用最大化均衡点出发，可以得到与消费者的不同收入水平相联系的消费者效用最大化的均衡点的轨迹，这就是收入—消费曲线。由收入—消费曲

① 由此可知，保险公司能够接受的最低保险费为 $S=p \cdot L$。这就意味着，若 $S>p \cdot L$，则保险公司便可以获得利润。至于追求效用最大化的消费者，为了回避风险所愿意支付的最高保险费如何确定，则需运用“确定性等价”这一概念，在此从略。

线出发，可进一步推导恩格尔曲线。正常品的恩格尔曲线的斜率为正，劣等品的恩格尔曲线的斜率为负。

（6）消费者剩余是消费者在购买一定数量的某种商品时愿意支付的最高总价格和实际支付的总价格之间的差额。单个消费者剩余可以用其需求曲线以下、市场价格线以上的面积来表示。市场消费者剩余是市场上所有消费者剩余的加总。市场消费者剩余可以用市场需求曲线以下、市场价格线以上的面积来表示。商品价格的变化会导致消费者剩余的变化。

（7）商品的总效应等于替代效应加收入效应。任何商品的价格都与替代效应呈反方向变化。正常品的价格与收入效应呈反方向的变化，而劣等品的价格与收入效应呈同方向变化。于是，对于正常品来说，商品的价格与总效应呈反方向变化，即正常品的需求曲线向右下方倾斜。对于劣等品来说，大多数劣等品的替代效应的作用大于收入效应的作用，故大多数劣等品的价格与总效应呈反方向变化，即它们的需求曲线也向右下方倾斜。对于劣等品中的一类特殊商品吉芬品来说，它们的替代效应的作用小于收入效应的作用，故吉芬品的价格与总效应呈同方向变化，即吉芬品的需求曲线向右上方倾斜。

（8）消费者的风险态度可以区分为三类：风险回避、风险爱好和风险中立。这三类风险态度的判断条件是：假定消费者不购买彩票条件下的确定性收入等于彩票的期望值，如果对于消费者而言，彩票的期望值的效用分别大于、小于或等于彩票的期望效用，那么，消费者的风险态度分别为风险回避、风险爱好或风险中立。

结合本章介绍的消费者选择的内容，似乎有必要对下列两点加以说明。

第一，基数效用论大致流行于第二次世界大战以前，英国牛津大学的埃奇渥斯和剑桥大学的马歇尔都是其代表性人物。

从专业技术上看，基数论被认为具有三大缺点。首先，效用是一个主观的心理概念，从而它的大小能否加以衡量构成一个难以解决的问题。例如，某人可能认为米饭比馒头好吃，但是，好吃的量的大小却很难用精确的数量表达出来。虽然基数论者认为，效用和重量、长度等相同，其大小都可以加以衡量，甚至建议将“尤特尔”（util）作为衡量单位，但西方学者对此一直持怀疑态度。其次，效用既然是一个主观的心理概念，那么，不同人的效用之间的可比性就构成一个更难以解决的问题。例如，即使甲、乙两人各自从吃馒头中得到的效用可以用各自的效用单位加以衡量，我们也仍然不能判别在甲、乙二人之间，究竟谁得到更大的效用。最后，基数论的成立依赖于边际效用递减，而边际效用的递减又被认为是一种“先验的”规律，即不能加以证明而仅凭大家的经验和内省所认同的规律。这种脆弱的理论基础被认为有损于基数论的科学性。不仅如此，边际效用递减还在意识形态上使资产阶级特别是很富有的阶层处于不利的地位。因为正如马歇尔所指出的那样，货币（金钱）也必须服从边际效用递减的规律①，既然如此，那么由于富人持有的货币量远

① 马歇尔．经济学原理．8版．伦敦：麦克米伦公司，1920：95－96.

大于穷人，所以前者的边际效用小于后者。如果把一美元钱从富人手中转移到穷人手中，那么整个社会的效用（福利）便会增加。这样，边际效用的递减便可以成为收入平均化的理论根据。

第二，有鉴于基数论的上述三大缺点，在第二次世界大战以后，在希克斯的《价值与资本》的推动下，序数论取代了基数论的地位，其理由据说是序数论能够不依赖于效用的可衡量性和边际效用的递减而推导出向右下方倾斜的需求曲线。实际上，序数论的这种优点仅仅是形式上的，此外，序数论本身也存在着自己的缺点。对此，下面将加以说明。

首先，本章第二节表明，序数论要求消费者对不同的商品组合判别出他的偏好的次序，即能判别出 $A>B$、$A<B$ 或 $A\sim B$。这里的问题是：如果 A、B 之间没有可以共同衡量的东西，消费者如何能加以判别？而如果存在着这种东西，它又是什么？此外，虽然序数论者声称不依赖于“边际效用递减”来推导出需求曲线，但是序数论却使用了本章第二节介绍的“边际替代率递减”的说法。这一递减说法的根据何在？

围绕着这两个问题，西方学者在 20 世纪 40 年代前后展开了争论；争论的结局和西方经济学历次的争论一样，都是不了了之。然而，由此而得到的总体印象是：序数论仅仅在形式上改变了基数论的说法，二者在实质上是相同的。

其次，序数论虽然在形式上摆脱了基数论的缺点，但是，它自己也存在着难以弥补的漏洞，具体说来，漏洞至少有四个。

（1）无差异曲线表示可以给消费者带来相同满足程度的两种商品的各种组合。建立无差异曲线要有一个前提：消费者总是可以通过两商品之间的替代来维持一定的满足程度。但事实上，人们的欲望具有不同的类别，不同类别的欲望要从不同类别的商品的消费中才能得到满足。一位对效用论颇有研究的西方学者指出：人的欲望可以被区分为生理欲望、社会欲望和个人欲望这三种类别，而每一类别的欲望只能由属于该类别的商品加以满足，从而，不同类别的商品是不能相互替代的。[①] 对于一个饿着肚子而又爱好音乐的消费者而言，几十张音乐会的门票也许抵不上一顿午餐；而对于立志于接受大学教育（社会欲望）的人，很难用大量的食品使他放弃大学文凭。这里必须说明：在无差异曲线中，消费者不能把不同数量的商品换成钱，然后加以比较，他们只能比较从不同数量的商品消费中所得到的效用量或满足程度。因此，对于人们的各种不同类别的欲望，很难说社会上所有的商品都可以相互替代，如无差异曲线所要求的那样。

（2）在本章对序数效用论的论述中，我们用两种商品的组合来说明消费者的偏好和无差异曲线。然而，在现实生活中，这种组合当然不限于两种商品，而应把社会上全部商品的品种都包括在内。根据序数效用论者关于偏好的假设，对于任何商品组合，消费者总是可以表达自己的偏好程度，即判断出效用的等级大小。或者

---

① 杰奥尔杰斯库-勒根．效用//格林沃尔德．经济学百科全书．纽约：麦格劳-希尔公司，1982：940.

说，消费者总是可以在自己的偏好序列上，为每一个商品组合找到一个相应的点。其实，在商品数量众多的条件下，消费者很难甚至不可能对各种商品组合的偏好加以判断和比较，如序数效用论者所假设的那样。例如，按照序数效用论的说法，消费者总是可以判断出两千克面包和一千克土豆的搭配所带来的效用比一千克面包和两千克土豆的搭配所带来的效用大、小还是两者相等。如果一个社会里的产品数量不太多，消费者判断不同的组合的优劣，表达自己的偏好，也许是可能的。然而，在实际生活中，在消费者面对着成千上万的产品种类的各种不同组合的情况下，要想使消费者都准确表达自己的偏好是不现实的。

（3）根据商品的边际替代率递减规律的假定，无差异曲线应该是凸向原点的。但现实并不能对这一假定作出保证。

在两种商品（X_1 和 X_2）的情况下，要想保证无差异曲线凸向原点，必须满足下列条件①：

$$U_2^2U_{11}-2U_1U_2U_{12}+U_1^2U_{22}<0$$

在上述条件中，U_1 和 U_2 分别为 X_1 和 X_2 的边际效用；U_{11} 和 U_{22} 分别为 X_1 和 X_2 的边际效用的增量；U_{12} 为 X_1 和 X_2 的“交叉”边际效用的增量，即消费 X_1 后再消费 X_2 的总效用的增量。

考察上述条件中的第一项，U_2^2 是一个正数，因为任何正负数值的平方必然是正数；上式第三项中的 U_1^2 也是一个正数，其原因与 U_2^2 相同。在上式第二项中，在 X_1 和 X_2 达到满足的饱和点以前，U_1 和 U_2（顺次代表 X_1 和 X_2 的边际效用）均可以被看做是正数值。在此情况下，上面的不等式是否能得到满足取决于 U_1、U_2 的数值以及 U_{11}、U_{22}、U_{12} 的数值和符号（即正值或负值）。由于在一般情况下，没有办法肯定这些数值和符号，所以不能保证上面的不等式得以满足，从而，无差异曲线未必凸向原点。因此，不能保证整个序数论分析的结论是正确的。

---

① 假设效用函数为 $U=U(X_1, X_2)$，则无差异曲线的方程为

$$U(X_1, X_2)=c=\text{常数} \quad (1)$$

对（1）式两边取全微分，可以得到：$\frac{\partial U}{\partial X_1}\mathrm{d}X_1+\frac{\partial U}{\partial X_2}\mathrm{d}X_2=0$ (2)

因此 $$\frac{\mathrm{d}X_2}{\mathrm{d}X_1}=-\frac{\partial U}{\partial X_1}\Big/\frac{\partial U}{\partial X_2}=-\frac{U_1}{U_2} \quad (3)$$

如果无差异曲线凸向原点，则有：$\frac{\mathrm{d}^2X_2}{\mathrm{d}X_1^2}=\frac{\mathrm{d}}{\mathrm{d}X_1}\left(-\frac{U_1}{U_2}\right)>0$ (4)

$$\therefore \quad \frac{\mathrm{d}^2X_2}{\mathrm{d}X_1^2}=-\frac{U_2^2U_{11}-2U_1U_2U_{12}+U_1^2U_{22}}{U_2^3}>0 \quad (5)$$

由于 $U_2^3>0$，所以，$-(U_2^2U_{11}-2U_1U_2U_{12}+U_1^2U_{22})>0$，因此得到

$$U_2^2U_{11}-2U_1U_2U_{12}+U_1^2U_{22}<0 \quad (6)$$

熟悉数学的读者可以看到，满足（6）式即可满足效用最大化的二阶条件。所有这一切都是西方学者认可的事实。例如，参阅阿契鲍尔德，李普赛．数理经济学引论．纽约：哈珀与罗出版公司，1976：255－256；蒋中一．数理经济学的基本方法．3版．纽约：麦格劳-希尔公司，1984：400－403；亨德森，邝特．微观经济理论．3版．纽约：麦格劳-希尔公司，1980：8－15。

（4）在序数论中，价格不进入效用函数。事实上，价格也不可能进入效用函数，因为效用论的目的是通过需求曲线决定价格。如果价格进入效用函数，那便是用价格来决定价格，从而失掉了效用论存在的意义。这就是说：商品价格并不影响消费者对该商品效用大小的判别。这也就意味着：消费者之所以喜爱某一高价商品如龙虾，纯然是由于龙虾的味道和营养，而不是由于龙虾的高价使消费者很少能享用它，从而使消费者倍加珍惜龙虾。上述说法显然违反事实。在一般情况下，很少有消费者能撇开价格因素，而单独考虑商品效用的大小。只有不懂世故的幼童，根本不知道价格是怎样一回事，才会脱离价格而判别他对商品的喜爱程度。

总之，虽然序数论在形式上弥补了基数论的缺点，但是，实际上它仍然是一个比较牵强的说法。

价值论在世界范围内一向是一个存在争议的主题；目前，争论仍在进行中，有兴趣的读者可以参阅本书末所罗列的有关阅读书目。在这里，我们必须指出：我们并不反对效用的存在，甚至在一定的限度内承认边际效用递减的事实。我们所反对的仅仅是把它们用于决定商品的价值，即效用价值论。此外，无差异曲线本身是一个有用的分析工具。在合适的情况下，它也可被用来考察我们的经济问题。

习题

一、简答题

1. 已知一件衬衫的价格为 80 元，一份肯德基快餐的价格为 20 元，在某消费者关于这两种商品的效用最大化的均衡点上，用一份肯德基快餐去替代衬衫的边际替代率 MRS 是多少？

2. 假设某消费者的均衡如图 3-24 所示。其中，横轴 OX_1 和纵轴 OX_2 分别表示商品 1 和商品 2 的数量，线段 AB 为消费者的预算线，曲线 U 为消费者的无差异曲线，E 点为效用最大化的均衡点。已知商品 1 的价格 $P_1=2$ 元。

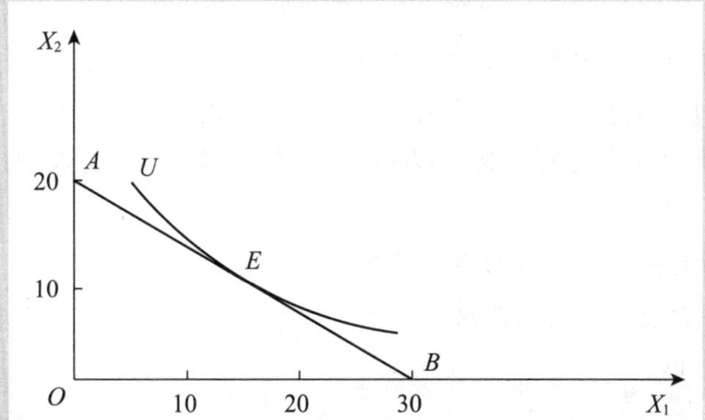

图 3-24　某消费者的均衡

(1) 求消费者的收入。

(2) 求商品 2 的价格 P_2。

(3) 写出预算线方程。

(4) 求预算线的斜率。

(5) 求 E 点的 MRS_{12} 的值。

3. 对消费者实行补助有两种方法：一种是发给消费者一定数量的实物补助，另一种是发给消费者一笔现金补助，这笔现金额等于按实物补助折算的货币量。试用无差异曲线分析法，说明哪一种补助方法能给消费者带来更大的效用。

4. 假设某商品市场上只有 A、B 两个消费者，他们的需求函数各自为 $Q_A^d=20-4P$ 和 $Q_B^d=30-5P$。

(1) 列出这两个消费者的需求表和市场需求表。

(2) 根据 (1)，画出这两个消费者的需求曲线和市场需求曲线。

5. 某消费者是一个风险回避者，他面临是否参与一场赌博的选择：如果他参与这场赌博，他将以 5%的概率获得 10 000 元，以 95%的概率获得 10 元；如果他不参与这场赌博，他将拥有 509.5 元。那么，他会参与这场赌博吗？为什么？

二、计算题

1. 已知某消费者关于 X、Y 两商品的效用函数为 $U=\sqrt{xy}$，其中 x、y 分别为对商品 X、Y 的消费量。

(1) 求该效用函数关于 X、Y 两商品的边际替代率表达式。

(2) 在总效用水平为 6 的无差异曲线上，若 $x=3$，求相应的边际替代率 MRS_{xy}。

(3) 在总效用水平为 6 的无差异曲线上，若 $x=4$，求相应的边际替代率 MRS_{xy}。

(4) 该无差异曲线的边际替代率是递减的吗？

2. 已知某消费者每年用于商品 1 和商品 2 的收入为 540 元，两商品的价格分别为 $P_1=20$ 元和 $P_2=30$ 元，该消费者的效用函数为 $U=3X_1X_2^2$，该消费者每年购买这两种商品的数量应各是多少？每年从中获得的总效用是多少？

3. 假定某消费者的效用函数为 $U=x_1^{\frac{3}{8}}x_2^{\frac{5}{8}}$，两商品的价格分别为 P_1、P_2，消费者的收入为 M。求该消费者关于商品 1 和商品 2 的需求函数。①

4. 假定某消费者的效用函数为 $U=q^{0.5}+3M$，其中，q 为某商品的消费量，M 为收入。求：

(1) 该消费者关于该商品的需求函数。

(2) 该消费者关于该商品的反需求函数。

(3) 当 $p=\frac{1}{12}$、$q=4$ 时的消费者剩余。

---

① 本章习题中出现的“需求函数”均指将消费者关于商品的需求数量表示为收入和价格的函数。

5. 设某消费者的效用函数为柯布-道格拉斯类型的，即 $U=x^{\alpha}y^{\beta}$，商品 x 和商品 y 的价格分别为 P_x 和 P_y，消费者的收入为 M，α 和 β 为常数，且 $\alpha+\beta=1$。

(1) 求该消费者关于商品 x 和商品 y 的需求函数。

(2) 证明当商品 x 和商品 y 的价格以及消费者的收入均以相同的比例变化时，消费者对两商品的需求量维持不变。

(3) 证明消费者效用函数中的参数 α 和 β 分别为商品 x 和商品 y 的消费支出占消费者收入的份额。

6. 假定肉肠和面包卷是完全互补品。人们通常以一根肉肠和一个面包卷为比率做一个热狗，并且已知一根肉肠的价格等于一个面包卷的价格。

(1) 求肉肠的需求的价格弹性。

(2) 求面包卷对肉肠价格的需求的交叉弹性。

(3) 如果肉肠的价格是面包卷的价格的两倍，那么，肉肠的需求的价格弹性和面包卷对肉肠价格的需求的交叉弹性各是多少？

7. 已知某消费者的效用函数为 $U=X_1X_2$，两商品的价格分别为 $P_1=4$，$P_2=2$，消费者的收入为 $M=80$。现在假定商品 1 的价格下降为 $P_1=2$。

(1) 由商品 1 的价格 P_1 下降导致的总效应，使得该消费者对商品 1 的购买量发生多少变化？

(2) 由商品 1 的价格 P_1 下降导致的替代效应，使得该消费者对商品 1 的购买量发生多少变化？

(3) 由商品 1 的价格 P_1 下降导致的收入效应，使得该消费者对商品 1 的购买量发生多少变化？

8. 某消费者消费两种商品 X 和 Y，假定无差异曲线在各点的斜率的绝对值均为 $\frac{y}{x}$，x、y 为两商品的数量。

(1) 说明每一种商品的需求数量均不取决于另一种商品的价格。

(2) 证明每一种商品的需求的价格弹性均等于 1。

(3) 证明每一种商品的需求的收入弹性均等于 1。

(4) 每一种商品的恩格尔曲线的形状如何？

三、论述题

1. 根据基数效用论者关于消费者均衡的条件：

(1) 如果 $\frac{MU_1}{P_1}\neq\frac{MU_2}{P_2}$，消费者应该如何调整两种商品的消费数量？为什么？

(2) 如果 $\frac{MU_i}{P_i}\neq\lambda$，其中常数 λ 表示不变的货币的边际效用，消费者应该如何对该种商品 i 的消费数量进行调整？为什么？

2. 基数效用论者是如何推导需求曲线的？

3. 用图说明序数效用论者对消费者均衡条件的分析，以及在此基础上对需求曲线的推导。

4. 分别用图分析正常品、劣等品和吉芬品的替代效应与收入效应，并进一步说明这三类商品的需求曲线的特征。

5. 我国一些城市生活和生产的用电激增，导致用电紧张，电力供给不足。请设计一种方案供政府来缓解或消除这一现象，并回答以下问题：

（1）这种措施对消费者剩余有什么影响？

（2）这种措施对生产资源的配置会产生哪些影响？

（3）这种措施对消费者的收入会产生什么影响？政府又可以做些什么？

第四章

生产技术

在上一章，我们从消费者选择行为的分析中推导出了消费者的需求曲线；从本章开始，我们将从生产者行为的分析中推导供给曲线。

厂商进行生产既要考虑技术问题，也要考虑经济问题。生产技术决定生产成本，进而影响厂商所追求的利润的大小。据此，本章将考察企业的生产技术，然后第五章将考察由企业的生产技术所决定的生产成本，最后在第六章将成本和收益结合在一起，考察厂商追求利润最大化的决策行为，并推导生产者的供给曲线。

本章的内容安排如下：第一节介绍有关厂商和生产的基本概念；第二节以一种可变生产要素的短期生产函数，考察短期生产技术规律及不同生产阶段的特点；第三节以两种可变生产要素的长期生产函数，考察反映长期生产技术特征的等产量曲线和规模报酬。第四节是结束语。

第一节　厂商和生产的基本概念

一、厂商

在微观经济学中，**生产者亦称厂商或企业，指能够作出统一的生产决策的单个经济单位。**下面介绍厂商的组织形式和厂商的目标。

1. 厂商的组织形式

厂商主要有三种组织形式：个人企业、合伙制企业和公司制企业。

个人企业指单个人独资经营的厂商组织。个人企业家通常既是所有者也是经营管理者。个人业主的利润动机明确且强烈，生产决策自由灵活，企业规模一般比较小，易于管理。但个人企业往往资金有限，限制了生产的发展，而且较易于破产。

合伙制企业指两个人以上合资经营的厂商组织。相对个人企业而言，合伙制企业的资金较多，规模较大；分工和专业化得到一定的加强。但由于多人所有并参与管理，不利于协调统一；其资金和生产规模仍有限，在一定程度上不利于生产的发展；合伙人之间的契约关系欠稳定。

公司制企业指按照公司法建立和经营的具有法人资格的厂商组织。它是现代企业的一种重要组织形式。公司由股东所有，公司的经营权掌握在董事会监督下的总经理手里。在资本市场上，公司制企业是一种非常有效的融资组织形式，它主要利用发行公司债券和公司股票来筹集资金。其中，公司债券是由公司发行的一种债权凭证，它以公司许诺在将来某一特定时间偿还一笔固定数量货币和定期付息的方式，从居民户和其他厂商那里借款融资。公司债券所有者不是公司的所有者，也不参与公司的管理。公司股票是由公司发行的一定数量的具有一定票面价值的投资凭证。股票所有者是公司股东即所有者，股东有权参与公司的管理和索取公司的利润，也有义务承担公司的损失。由于公司制企业能够通过发行债券和股票的形式筹集大量资金，所以，公司制企业往往资金雄厚，有利于实现规模生产，有利于强化分工与协作。公司制企业的组织形式相对稳定，有利于生产的长期发展。但公司制企业组织可能由于规模庞大，给企业内部的管理协调带来一定的困难。公司所有权和管理权的分离也带来了一系列问题，特别是管理者在经营活动中能否体现所有者意愿的问题。

2. 厂商的目标

在微观经济学中，关于厂商行为的基本假设是：厂商追求利润最大化的目标，它是经济学“理性人”假设在厂商理论中的体现。从本章开始的生产者行为分析都被置于此基本假设之下。

但是，在现实生产活动中，厂商偏离利润最大化目标的现象也时有发生。譬如，在现代公司制企业组织中，所有权和经营权是分离的，所有者和经理之间是委托—代理的契约关系。由于两者的信息不对称，经理就有可能偏离利润最大化目标，而追求个人效用最大化。再譬如，由于企业的内部矛盾和利益冲突，个别企业可能不得不放弃利润最大化目标，而追求企业内部各方满意度最大化。关于对利润最大化目标的偏离问题，经济学家进行了深入研究并提出了一系列解决方案。①

总之，有一点是很清楚的：从长期来看，倘若一个企业不以利润最大化为目标，则终将会被激烈竞争的市场所淘汰；实现利润最大化是任何一个企业竞争生存的基本准则。据此，在以下对生产者行为的分析中，我们始终使用厂商的目标是追求利润最大化这一基本假设。

---

① 关于此问题的具体描述，可阅读本书第十一章第四节。

二、生产

为了追求最大的利润，任何厂商都会采用适当的技术进行生产。**生产技术**指生产过程中投入量与产出量之间的数量关系，它通常用生产函数来表示。利用生产函数可以分析投入量变化所导致的产量变化的基本特征和规律。

1. 生产函数

厂商的生产过程可以被看成是从投入生产要素到生产出产品的过程。生产要素一般划分为四个类型：劳动、土地、资本和企业家才能。劳动是人类在生产活动中提供的体力和智力的总和。土地不仅指土地本身，还包括地上和地下的一切自然资源，如森林、江河湖泊、海洋、矿藏等。资本可以是货币形态的，也可以是实物形态的。资本的实物形态，又称为资本品或投资品，如厂房、机器设备、动力燃料、原材料等。企业家才能指企业家组织建立和经营管理企业的才能。通过对生产要素的运用，厂商可以提供各种实物产品，如房屋、食品、机器、日用品等，也可以提供各种劳务，如金融、旅游、医疗、理发服务等。

生产函数表示在一定时期内在给定的技术条件下，生产中所使用的各种生产要素的数量与所能生产的最大产量之间的关系。任何生产函数都是以给定的生产技术为前提的。一旦生产技术发生变化，则会形成新的生产函数。新的生产函数可以表现为要素投入量和产量发生变化。

假定 X_1，X_2，…，X_n 顺次表示某产品生产过程中所使用的 n 种生产要素的投入数量，Q 表示所能生产的最大产量，则生产函数为

$$Q=f(X_1, X_2, \cdots, X_n) \tag{4.1}$$

该生产函数表示在一定时期内在既定的生产技术下的生产要素组合（X_1，X_2，…，X_n）所能生产的最大产量为 Q。**“最大产量”**是对生产函数的本质规定，它强调生产函数所体现的生产技术是有效率的，其产量是在现有条件下不可能再增大的产量。

为了简化分析，通常假定生产中只使用劳动和资本两种生产要素。若以 L 表示劳动投入数量，以 K 表示资本投入数量，则生产函数为

$$Q=f(L, K) \tag{4.2}$$

任何一种生产活动都可以用生产函数来表示，如一个企业或一家饭店均存在各自的生产函数；此外，运用生产函数还可以分析诸如一所学校或医院等的运行情况。所以，估计和研究各种生产函数对经济理论研究和实际经济活动都具有重要意义。

2. 生产的短期和长期

厂商的生产可以区分为短期和长期，它们各自的生产技术特征和规律是不相同

的。如何区分生产的短期和长期呢？**生产的短期指生产者来不及调整全部生产要素的数量，至少有一种生产要素的数量是固定不变的生产周期。**由此，短期生产的要素投入区分为固定要素投入和可变要素投入。诸如机器设备、厂房等在短期内无法进行数量调整的要素为固定要素投入；诸如劳动、原材料、燃料等在短期内可以进行数量调整的要素为可变要素投入。**生产的长期指生产者可以调整全部生产要素的生产周期。**例如，生产者在长期可以通过对全部要素投入量的调整，来缩小或扩大生产规模，甚至进入或退出一个行业的生产。由于在长期生产中每种要素投入数量都是可以调整的，因而也就不存在可变要素投入与固定要素投入的区分。

生产的短期和长期的区分是以能否变动全部要素投入数量为标准的。对于不同产品的生产而言，其短期和长期的时期长度各异。比如，一个大型炼油厂的规模变动可能需要三年才能完成，而一个豆腐作坊的规模变动可能仅需一个月即可。也就是说，炼油厂的短、长期的分界线为三年，而豆腐作坊的短、长期的分界线仅为一个月。

接下来的第二、三节，将分别以一种可变要素的生产函数来考察短期的生产技术特征，以两种可变要素的生产函数来考察长期的生产技术特征。

第二节　短期生产函数

假定资本投入量是固定的，以 $\overline{K}$ 表示，劳动投入量是可变的，以 L 表示，则生产函数可以写成

$$Q=f(L,\ \overline{K}) \tag{4.3}$$

这便是一种可变生产要素的短期生产函数，它表示：在生产技术和资本投入量给定的条件下，由可变要素劳动投入量变化所导致的最大产量的变化。那么，随着劳动投入量的变化，产量的变化会呈现出哪些基本特征和规律？厂商的生产要素的合理投入区间又应该在哪里？这需要从劳动的总产量、平均产量和边际产量三者及其相互关系的角度来考察，这将构成本节短期生产理论的主要内容。

一、总产量、平均产量和边际产量的概念

由短期生产函数 $Q=f(L,\ \overline{K})$ 可以得到劳动的总产量（total product）、平均（average product）和边际产量（marginal product），它们的英文缩写顺次是 TP_L、AP_L 和 MP_L。

劳动的总产量 TP_L 表示与可变要素劳动的每一投入数量相对应的最大总产量。其定义公式为

$$TP_L = f(L, \overline{K}) \tag{4.4}$$

劳动的平均产量 AP_L 表示平均每一单位可变要素劳动的投入量所生产的产量。其定义公式为

$$AP_L = \frac{TP_L(L, \overline{K})}{L} \tag{4.5}$$

劳动的边际产量 MP_L 表示增加一单位可变要素劳动的投入量所增加的产量。其定义公式为

$$MP_L = \frac{\Delta TP_L(L, \overline{K})}{\Delta L} \tag{4.6}$$

或者

$$MP_L = \lim_{\Delta L \to 0} \frac{\Delta TP_L(L, \overline{K})}{\Delta L} = \frac{\mathrm{d}TP_L(L, \overline{K})}{\mathrm{d}L} \tag{4.7}$$

类似地，对于劳动投入量固定、资本投入量可变的短期生产函数 $Q=f(\overline{L}, K)$ 来说，相应的资本的总产量、平均产量和边际产量的定义公式分别是

$$TP_K = f(\overline{L}, K) \tag{4.8}$$

$$AP_K = \frac{TP_K(\overline{L}, K)}{K} \tag{4.9}$$

$$MP_K = \frac{\Delta TP_K(\overline{L}, K)}{\Delta K} \tag{4.10}$$

或者

$$MP_K = \lim_{\Delta K \to 0} \frac{\Delta TP_K(\overline{L}, K)}{\Delta K} = \frac{\mathrm{d}TP_K(\overline{L}, K)}{\mathrm{d}K} \tag{4.11}$$

根据以上概念及其定义，可以编制一个关于一种可变要素的短期生产函数的总产量、平均产量和边际产量的表列，表 4-1 就是一个例子。表中的短期生产函数为 $Q=f(L, \overline{K})$，资本投入量固定为 $\overline{K}=3$；随着劳动投入量的变化，劳动的总产量、平均产量和边际产量的变化如表 4-1 所示。

表 4-1　一种可变生产要素（劳动）的短期生产：总产量、平均产量和边际产量

劳动投入量 L	资本投入量 $\overline{K}$	劳动的总产量 TP_L	劳动的平均产量 $AP_L=\frac{TP_L}{L}$	劳动的边际产量 $MP_L=\frac{\Delta TP_L}{\Delta L}$
0	3	0	0	
1	3	3	3	3
2	3	8	4	5

续表

劳动投入量 L	资本投入量 $\overline{K}$	劳动的总产量 TP_L	劳动的平均产量 $AP_L=\frac{TP_L}{L}$	劳动的边际产量 $MP_L=\frac{\Delta TP_L}{\Delta L}$
3	3	12	4	4
4	3	15	$3\frac{3}{4}$	3
5	3	17	$3\frac{2}{5}$	2
6	3	17	$2\frac{5}{6}$	0
7	3	16	$2\frac{2}{7}$	−1
8	3	13	$1\frac{5}{8}$	−3

图 4－1 是根据表 4－1 绘制的产量曲线图。在图中，劳动的总产量 TP_L 曲线、平均产量 AP_L 曲线和边际产量 MP_L 曲线均明显呈现出先升后降的形状。

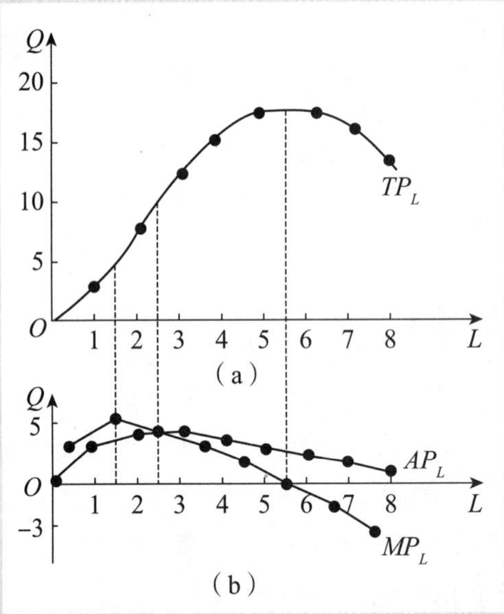

图 4－1　一种可变生产要素的短期生产函数的产量曲线（一）

仔细观察表 4－1 和图 4－1，或许会产生一个令人困惑的问题：随着劳动投入量的不断增加，为什么总产量不是始终增加的？或者说，为什么总产量最终反而下降了呢？我们会在本节的分析中给出答案。在此，先介绍边际报酬递减规律。

二、边际报酬递减规律

1. 边际报酬递减规律

在短期生产中普遍存在一种现象：在技术水平和其他因素不变的条件下，在连续等量地将某一种可变生产要素投入增加到其他一种或几种数量固定不变的生产要素上去的过程中，该可变要素的边际产量先是递增的，在这种可变要素的投入量增加到一定数量之后，其边际产量便是递减的了。这就是短期生产的**边际报酬递减规律**。此规律亦被称为**边际产量递减规律**或**边际收益递减规律。**[①] 边际报酬递减规律在表 4－1 和图 4－1 中都得到了体现，边际产量 MP_L 曲线明显是先上升而后下降的。

边际报酬递减规律成立的原因在于：在任何产品的短期生产中，一种可变要素和其他固定要素之间均存在一个最佳的投入数量组合，换言之，可变要素投入量与固定要素投入量应该相互匹配。设想：在固定要素资本的投入量给定和可变要素劳动的投入量为零的初始点，远远没有达到最佳投入数量组合，于是，在劳动投入量连续增加且逐步接近最佳投入数量组合的过程中，劳动的边际产量是递增的；一旦劳动投入量的增加实现了最佳投入数量组合，其边际产量就会达到最大值；在这之后，随着劳动投入量的继续增加且越来越偏离最佳投入数量组合，劳动的边际产量便呈现出递减的趋势了。

举一个现实生产中的例子：对于给定的 10 亩麦田来说，在技术水平和其他因素不变的条件下，考虑仅仅化肥使用量变动（即一种可变要素变动）所导致的边际产量效果。如果只施用 1 千克化肥，可想而知，其作用是微不足道的，这 1 千克化肥所带来的总产量的增加量即边际产量是很小的。之后，在连续等量地增加化肥且达到最佳施用量的过程中，化肥的边际产量会逐步提高即递增，直至达到化肥施用的最佳效果即最大的边际产量。但是，在超过化肥最佳施用量之后还继续增加化肥投入，施用化肥的边际产量就会下降即递减。甚至，倘若施用过多的化肥，还会烧坏庄稼，对小麦生长带来不利的影响，导致负的边际产量。

边际报酬递减规律强调的是：在短期生产中，随着一种可变要素投入量的持续增加，其**边际产量最终必然会递减**，甚至会出现边际产量为负的糟糕情形。正是基于此，该规律被命名为边际产量“递减”规律，以提醒人们注意这一点。换言之，可变要素投入量并不总是越多越好，而是要恰当，要与固定要素投入量相匹配。

2. 技术进步与边际产量曲线

我们知道，边际报酬递减规律发生作用有前提条件：一是技术水平给定，二是其他因素保持不变。因此，任何前提条件的变化都会导致边际产量曲线的变动。理

---

① 就边际报酬递减规律而言，其“报酬”一般被视为实物产量，故此规律亦被称为边际产量递减规律。若将“报酬”视为产品收益且假定产品价格不变，则此规律也可被称为边际收益递减规律。

解这一点，有助于我们应用边际报酬递减规律来解释一些实际经济现象。

技术进步通常可以使得边际产量曲线向上移动，如图 4-2 所示。假定图中描述的是农业技术进步前后的情形。在原有的农业技术水平，农业劳动的边际产量由 MP_L^1 曲线表示。随着农业技术的进步，例如采用了改良的种子、更有效的化肥、更高效的农业机械等等，农业的劳动生产率得到提高。新技术所带来的农业劳动生产率的提高可以表现为：每增加一单位农业劳动投入量的边际产量都比原先提高了，即农业劳动的边际产量曲线可能上升到诸如 MP_L^2 曲线甚至 MP_L^3 曲线的位置。①

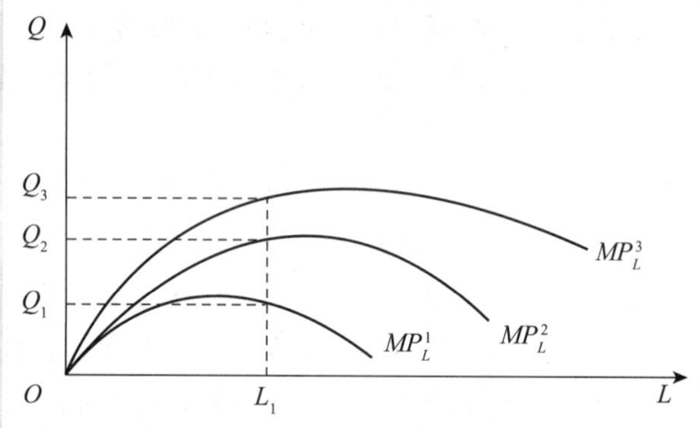

图 4-2　技术进步与边际产量曲线

比较对应原技术和新技术的边际产量曲线可以看到，譬如，当农业劳动投入量为 L_1 时，在技术进步前，劳动的边际产量沿 MP_L^1 曲线已经递减为 Q_1，而在技术进步后，劳动的边际产量却沿 MP_L^2 曲线递增为 Q_2。依此类推，如果发生持续的技术进步，也可能使得农业劳动的边际产量曲线上移到譬如 MP_L^3 曲线的位置，于是，农业劳动投入量为 L_1 时的边际产量将继续上升为 Q_3。

毫无疑问，在技术进步的作用下，农业劳动的边际产量变化会带来总产量变化，即总产量曲线通常也会上移。正如现实生产活动所示，长期持续的农业技术进步带来了农作物总产量的大幅度增长。②

除了"技术水平给定"的要求之外，边际报酬递减规律还要求"其他因素保持不变"，可以包括可变要素劳动是同质的、外部生产环境是基本稳定的等等。类似地，如果"其他因素"发生变化，那么，它们同样会影响边际产量曲线的位置。比如，工人经过培训之后操作技能大幅提高，可以使边际产量曲线上移；再比如，农作物遭受严重的自然灾害，可以使边际产量曲线下移；等等。

总之，只要技术水平给定和其他因素保持不变，则边际产量递减规律就总是会发生作用。这一点在图 4-2 中得到体现：每一条边际产量 MP_L 曲线都是先上升后

① 至于劳动的边际产量 MP_L^2 曲线和 MP_L^3 曲线的具体位置（包括其最高点的位置），需视具体情况而定。图 4-2 描述的是技术进步使得劳动的边际产量曲线上升的其中一种可能的情况。

② 这一点也是理解本章专栏 4-1 的内容的基础。

下降的，这是因为每一条边际产量曲线所对应的技术水平和其他因素都是给定的。

最后，需要说明的是，我们在图 4－2 中分析的仅是技术进步导致边际产量曲线变动的一种情形。至于在经济理论研究和分析实际经济问题中所涉及的边际产量曲线的各种变化形态，则均需视具体情况而定。

三、总产量、平均产量和边际产量的相互关系

下面利用图 4－3 来说明短期生产中各类产量的变化特征及其相互之间的关系。①

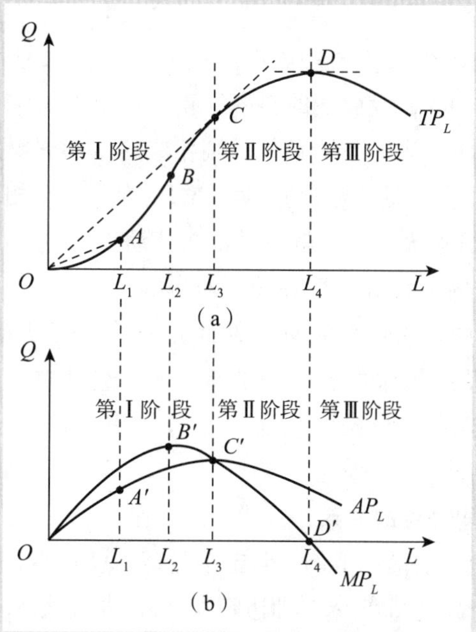

图 4－3　一种可变生产要素的短期生产函数的产量曲线（二）

由图 4－3（b）可见，劳动的边际产量 MP_L 曲线先上升，并在 B' 点达到最高点，之后便呈下降的趋势，它体现了边际报酬递减规律。下面将以短期生产的此技术规律为基础，来分析总产量和平均产量各自的特征，以及各类产量曲线之间的相互关系。

1. 边际产量和总产量的关系

由于劳动的边际产量是指增加一单位劳动所增加的产量，因此，可以推知：在劳动的边际产量为正值的生产阶段（其间边际产量由递增变为递减），每增加一单位劳动投入量都能使总产量得到增加。在此阶段，相对于固定的资本投入量而言，

① 为了便于作图，在图 4－3 中，假定图 4－3（a）的纵轴的单位刻度大于图 4－3（b）的纵轴的单位刻度；图 4－3（a）、图 4－3（b）的横轴的单位刻度是相同的。这一假定对于本章后面类似的图都适用。

劳动投入量不足，因此增加劳动投入量有利于资本作用的发挥。劳动的边际产量一旦递减为零，就意味着固定资本量实现了充分利用，从而使得总产量达到最大值。之后，在劳动的边际产量继续递减为负值的生产阶段，则每增加一单位劳动投入量都会使得总产量下降。显然，在此阶段，劳动投入量相对过多。总之，边际产量和总产量之间的一般关系可以简单表述为：**只要边际产量是正的，则总产量总是增加的；只要边际产量是负的，则总产量总是减少的；当边际产量为零时，则总产量达到最大值点。**

关于边际产量和总产量之间的上述一般关系，可以用数学公式和几何图形来表示。

从数学公式的表达形式看，边际产量 $MP_L=\dfrac{\mathrm{d}TP_L}{\mathrm{d}L}$，即 TP_L 曲线的斜率就是相应的 MP_L 值。于是，在图 4－3 中可见，在劳动投入量小于 L_4 的生产区间，MP_L 均为正值，则相应的 TP_L 曲线的斜率为正，即 TP_L 曲线是上升的。在劳动投入量大于 L_4 的生产区间，MP_L 均为负值，则相应的 TP_L 曲线的斜率为负，即 TP_L 曲线是下降的。在劳动投入量恰好为 L_4 时，MP_L 为零，则相应的 TP_L 曲线的斜率为零，即 TP_L 曲线达到最大值。这就是说，在劳动投入量 L_4 上，MP_L 曲线为零值时的 D' 点与 TP_L 曲线的最大值点 D 是相互对应的。

此外，在图 4－3 中，边际产量 MP_L 曲线先上升，在 B' 点达到最大值，然后再下降。于是，相应的 TP_L 曲线的斜率先是递增的，经过拐点 B 之后，TP_L 曲线的斜率是递减的。这就是说，在劳动投入量 L_2 上，MP_L 曲线的最大值点 B' 与 TP_L 曲线的拐点 B 是相互对应的。

2. 边际产量和平均产量的关系

先看一个大家都熟悉的简单事例：假定某篮球男队的平均身高为 1.95 米。如果新加入的一名队员的身高为 2.05 米（即边际身高），那么该球队的平均身高就会因此而提高。相反，如果新加入的一名队员的身高为 1.85 米（即边际身高），那么该球队的平均身高就会因此而下降。由此，我们可以很方便地知晓边际量和平均量之间的一般关系：只要边际量大于平均量，则平均量被拉上；只要边际量小于平均量，则平均量被拉下。此外，当边际量等于平均量时，则平均量达到极大值。将此一般关系运用于边际产量和平均产量，则可以用公式表示为：**当 $MP_L>AP_L$ 时，AP_L 是上升的；当 $MP_L<AP_L$ 时，AP_L 是下降的；当 $MP_L=AP_L$ 时，AP_L 达到极大值。**①

① 关于这一点，可以用数学方法证明如下。

AP_L 曲线的斜率可以表示为：

$$\frac{\mathrm{d}AP_L}{\mathrm{d}L}=\frac{\mathrm{d}}{\mathrm{d}L}\left(\frac{TP_L}{L}\right)=\frac{\frac{\mathrm{d}TP_L}{\mathrm{d}L}\cdot L-TP_L}{L^2}=\frac{1}{L}\left(TP_L'-\frac{TP_L}{L}\right)=\frac{1}{L}(MP_L-AP_L)$$

因为 $L>0$，所以，当 $MP_L>AP_L$ 时，AP_L 曲线的斜率为正，即 AP_L 曲线是上升的；当 $MP_L<AP_L$ 时，AP_L 曲线的斜率为负，即 AP_L 曲线是下降的；当 $MP_L=AP_L$ 时，AP_L 曲线的斜率为零，即 AP_L 曲线达到极值点（在此为极大值点）。

以上关系在图 4-3（b）中得到体现：在劳动投入量小于 L_3 的区间，MP_L 曲线高于 AP_L 曲线，则 AP_L 曲线是上升的，即平均产量被拉上。相反，在劳动投入量大于 L_3 的区间，MP_L 曲线低于 AP_L 曲线，则 AP_L 曲线是下降的，即平均产量被拉下。此外，由于 MP_L 曲线是先上升后下降的（即边际报酬递减规律），所以，在劳动投入量恰好等于 L_3 时，MP_L 曲线与 AP_L 曲线相交于 AP_L 曲线的极大值点 C'。

此外，由图中还可见，不管是从产量曲线上升还是下降的趋势而言，MP_L 曲线的变动都要快于 AP_L 曲线的变动。

3. 平均产量和总产量的关系

根据平均产量的定义公式 $AP_L=\frac{TP_L(L,\ \overline{K})}{L}$ 可以得到，在图 4-3（a）中，例如，当劳动投入量为 L_1 时，平均产量 $=\frac{AL_1}{OL_1}$，它就是线段 OA 的斜率，其数值等于图 4-3（b）中 $A'L_1$ 的高度。推而广之，可得出一般结论：**连接坐标原点与 TP_L 曲线上任何一点的连线的斜率，均可以表示为相应的平均产量值。**

设想：将坐标原点连续地与 TP_L 曲线上所有的点相连接，便可以得到无数条连线。其中有一条连线最陡峭（即斜率最大），就是从原点出发与 TP_L 曲线相切于 C 点的切线。它提示：在切点 C 相对应的劳动投入量 L_3 上，平均产量是最大的，即 AP_L 曲线达到极大值点 C'。这就是说，在劳动投入量 L_3 上，TP_L 曲线上的切点 C 和 AP_L 曲线的最高点 C' 是相互对应的；当然，MP_L 曲线与 AP_L 曲线也必定相交于 AP_L 曲线的极大值点 C'。

四、短期生产的三个阶段

根据产量变化的特征，可以将短期生产划分为三个阶段，如图 4-3 所示。

第Ⅰ阶段是劳动投入量从零增加到 L_3 的区间。在此阶段，边际产量 MP_L 上升达到最大值点 B' 之后下降；相应地，总产量 TP_L 始终是上升的，尽管上升的速率由递增变为递减。此外，边际产量 MP_L 始终大于平均产量 AP_L，从而使得平均产量 AP_L 保持上升趋势并达到最高点 C'。这说明：相对于固定资本量而言，此阶段的劳动投入量相对较少；生产者只要增加劳动投入量，就可以增加平均产量 AP_L 和总产量 TP_L。因此，在第Ⅰ阶段，任何厂商都会连续增加劳动投入量，直至将生产扩展到第Ⅱ阶段，由此得到产量增加的全部好处。

第Ⅲ阶段是劳动投入量从 L_4 开始继续增加的区间。在此阶段，平均产量 AP_L 继续下降；边际产量 MP_L 甚至已经下降为负值；总产量 TP_L 也呈现下降趋势。这说明：相对于固定资本量而言，此阶段的劳动投入量过多；换言之，减少劳动投入量是有利的。因此，在第Ⅲ阶段，即使劳动要素是免费供给的，理性的生产者也不会增加劳动投入量，而是通过减少劳动投入量将生产收缩退回到第Ⅱ阶段，由此扭转极其不利的生产局面。

由此可见，在短期生产中，厂商既不会将生产停留在第Ⅰ阶段，也不会将生产扩展到第Ⅲ阶段。事实上，厂商都是在第Ⅱ阶段进行生产，这样不仅可以得到在第Ⅰ阶段持续增加劳动投入所带来的全部好处，而且可以避免将劳动投入增加到第Ⅲ阶段所带来的不利影响。总之，**第Ⅱ阶段是理性厂商短期生产的决策区间，或称生产要素的合理投入区间。**

专栏 4-1
关于边际报酬递减规律

最后，从图 4-3 中可见，在第Ⅱ阶段的起点，平均产量 AP_L 曲线达到最高点，且与边际产量 MP_L 曲线相交。在第Ⅱ阶段的终点，总产量 TP_L 曲线达到最大值，相应的边际产量 MP_L 等于零，即边际产量 MP_L 曲线与水平轴相交。至于追求利润最大化的厂商究竟应该在第Ⅱ阶段选择哪一点进行生产，还有待以后结合成本以及收益和利润进行深入的分析。

第三节　长期生产函数

假定厂商使用两种可变要素劳动和资本来生产一种产品，则生产函数可以写成

$$Q=f(L,\ K) \tag{4.12}$$

式中，L、K 分别表示劳动、资本的可变投入数量。这便是两种可变要素的长期生产函数。

该生产函数表示长期内在技术水平不变的条件下，两种可变要素投入的各种组合所能生产的最大产量。显然，由（4.12）式可知，只要劳动和资本中的任何一种或者两种可变要素投入数量发生变化，产量就会发生变化。也就是说，长期生产中可能呈现出无数多的要素组合与产量之间的复杂关系。那么，如何描述长期生产的要素投入组合和产出之间的基本联系呢？为此，本节将介绍有关长期生产的两个基本分析工具：一是等产量曲线，它从两种可变要素相互替代的角度来考察长期生产的技术特征；二是规模报酬，它从两种可变要素都以相同比例变化的角度来考察长期生产的技术特征。

一、等产量曲线

1. 等产量曲线及其特征

假定长期生产的产量给定为 Q^0，则（4.12）式的长期生产函数可以写为

$$Q=f(L,\ K)=Q^0 \tag{4.13}$$

对（4.13）式稍加观测，就可以推知：如果产量 Q^0 给定，那么，厂商在长期就可以灵活地选择要素投入组合。例如，当资本短缺时，厂商就可以使用较多的劳

动和较少的资本，即以劳动替代资本来生产 Q^0 的产量；又如，当劳动成本提高时，厂商就可以使用较多的资本和较少的劳动，即以资本替代劳动来生产 Q^0 的产量。这一直观的想法是构造和理解等产量曲线的基础，下面利用图 4-4 和图 4-5 来具体说明。

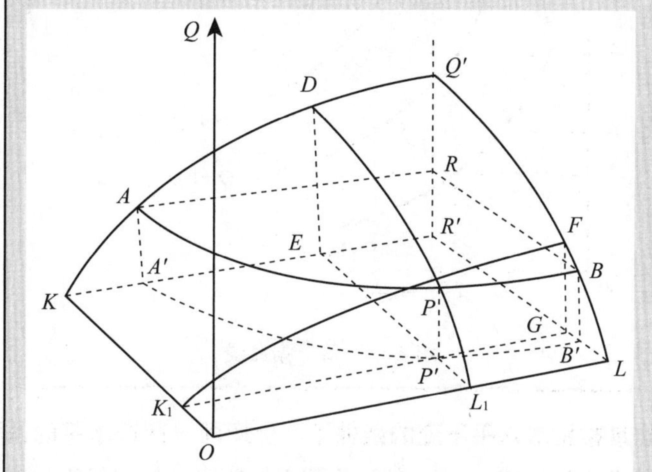

图 4-4 由产量曲面到等产量曲线

图 4-4 是关于长期生产函数 $Q=f(L, K)$ 的三维空间图。由图中的坐标原点出发，水平面的两个坐标轴 OL 和 OK 分别表示劳动投入量和资本投入量，高度纵坐标轴 OQ 表示产量，$OKQ'L$ 为产量曲面。产量曲面上的任何一点都代表由相应的一个要素投入组合生产的最大产量。例如，产量曲面上的一点 P，它表示产量水平为 $PP'=RR'$；将 P 点垂直投影到 $L—K$ 平面上，便得到 P' 点，并由 P' 点可知生产 $PP'=RR'$ 产量的劳动投入量和资本投入量分别为 OL_1 和 OK_1。

那么，我们是否可以找到生产 RR' 产量水平的所有的要素投入组合呢？这是可以的。设想：在产量水平 RR' 的高度，用一个平行于 $L—K$ 平面的平面去切产量曲面 $OKQ'L$，就会得到一条曲线 APB。APB 曲线是在产量曲面上表示 RR' 产量水平的所有点的轨迹，即有诸如 $RR'=AA'=PP'=BB'$ 等。把 APB 曲线垂直投影到 $L—K$ 平面上，便得到曲线 $A'P'B'$。$A'P'B'$ 曲线表示生产同一产量水平 RR' 的两种可变要素的各种不同组合的轨迹。例如，在 $A'P'B'$ 曲线上的三点 A'、P'、B'，尽管各自的要素投入组合是不相同的，但是它们都能生产相等的产量水平 RR'。据此，我们称 $A'P'B'$ 曲线为一条等产量曲线。

进一步设想：如果在纵坐标轴 OQ 的每一个产量水平的高度，都用一个平行于 $L—K$ 平面的平面去切产量曲面 $OKQ'L$，会得到无数条（类似于 APB 曲线的）曲线，再将每一条这样的曲线各自垂直投影到 $L—K$ 平面，那么就会得到无数条（类似于 $A'P'B'$ 曲线的）等产量曲线，它们被称为等产量曲线簇。

把由三维空间图中得到的等产量曲线转换到二维平面坐标图中，可以得到在分析长期生产时通常所使用的等产量曲线，如图 4－5 所示，我们在图中保留了三条等产量曲线。

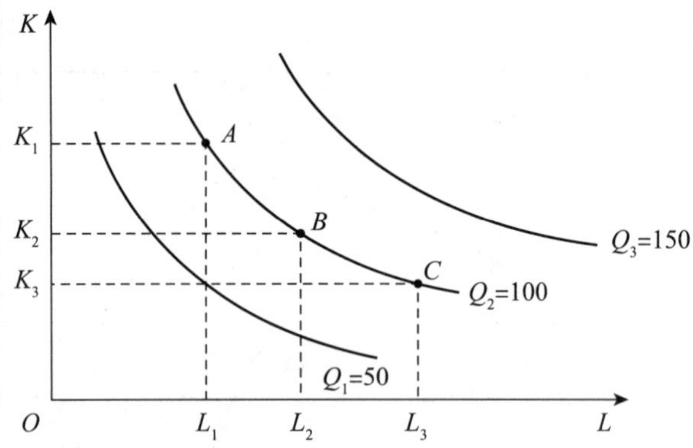

图 4－5　等产量曲线

等产量曲线是在技术水平不变的条件下，生产同一产量水平的两种生产要素投入量的所有不同组合的轨迹。图中有三条等产量曲线，分别代表生产产量 $Q_1=50$、$Q_2=100$ 和 $Q_3=150$ 的各要素投入组合。以等产量曲线 Q_2 为例，它表示 100 单位的产量既可以使用 A 点的要素投入组合（L_1，K_1）生产出来，也可使用 B 点的要素投入组合（L_2，K_2）或者 C 点的要素投入组合（L_3，K_3）生产出来；事实上，等产量曲线 Q_2 上任何一点的要素投入组合都可以生产 100 单位的产量。此类分析可推广至其他任何一条等产量曲线。

仅从分析工具的角度看，等产量曲线和无差异曲线的特征是相似的。由图 4－5 可见，等产量曲线具有以下特征：第一，在一个坐标平面上可以有无数条等产量曲线。每一条等产量曲线都代表一个产量水平，不同的等产量曲线代表不同的产量水平。等产量曲线与原点之间的距离表示产量水平的高低，离原点越近（或越远）的等产量曲线代表的产量水平越低（或越高）。第二，同一坐标平面上的任何两条等产量曲线都不会相交。第三，等产量曲线是凸向原点的。

2. 边际技术替代率

由等产量曲线可以得到边际技术替代率，其英文缩写为 $MRTS$。

想象一下，在图 4－5 中，为了生产 100 单位的产量，厂商可以沿着既定的等产量曲线 Q_2 由 A 点下滑到 C 点，即不断增加劳动投入量以替代资本投入量；相反，厂商也可以沿着既定的等产量曲线 Q_2 由 C 点上升到 A 点，即不断增加资本投入量以替代劳动投入量。无论是在要素替代的哪种场合，理性的厂商都会思考这样的问题：为了生产 100 单位的产量，每增加一单位劳动投入量（或资本投入量）究竟可以替代几单位的资本投入量（或劳动投入量）呢？如何通过恰当的要素替代达到最优的要素组合呢？为此，引入边际技术替代率的概念。**在维持产量水平不变的条件下，增加一单位某种要素的投入量时所需要减少的另一种要素的投入量，被称**

为两要素的边际技术替代率。劳动对资本的边际技术替代率的定义公式为：

$$MRTS_{LK}=-\frac{\Delta K}{\Delta L} \tag{4.14}$$

式中，ΔL 和 ΔK 分别表示劳动投入的增加量和资本投入的减少量；由于它们的符号是相反的，故在公式中加一个负号使得 $MRTS_{LK}$ 取正值，以便于比较。

或者，在等产量曲线某一点上的劳动对资本的边际技术替代率的定义公式为：

$$MRTS_{LK}=\lim_{\Delta L\to 0}-\frac{\Delta K}{\Delta L}=-\frac{\mathrm{d}K}{\mathrm{d}L} \tag{4.15}$$

显然，由（4.15）式可知，等产量曲线上某一点的边际技术替代率就是等产量曲线在该点斜率的绝对值。

此外，边际技术替代率还可以表示为两要素的边际产量之比。这是因为边际技术替代率是就给定的等产量曲线而言的，于是，在维持产量水平不变的前提下，当用劳动投入来替代资本投入时，由增加劳动投入量所带来的总产量的增加量与由此减少资本量投入量所带来的总产量的减少量必定是相等的，即有：

$$|\Delta L\cdot MP_L|=|\Delta K\cdot MP_K|$$

整理得：

$$-\frac{\Delta K}{\Delta L}=\frac{MP_L}{MP_K}$$

由边际技术替代率的定义公式得：

$$MRTS_{LK}=-\frac{\Delta K}{\Delta L}=\frac{MP_L}{MP_K} \tag{4.16}$$

或者有：

$$MRTS_{LK}=-\frac{\mathrm{d}K}{\mathrm{d}L}=\frac{MP_L}{MP_K} \tag{4.17}$$

可见，边际技术替代率还可以表示为两要素的边际产量之比。①

3. 边际技术替代率递减规律

在长期生产中普遍存在一种现象：**在维持产量不变的前提下，在一种可变要素**

---

① 关于这一点，也可以用微分方法证明如下。

假设等产量曲线的生产函数为：$Q=f(L,\ K)=Q^0$

在等式两边取全微分得：$\frac{\partial f}{\partial L}\mathrm{d}L+\frac{\partial f}{\partial K}\mathrm{d}K=\mathrm{d}Q^0=0$

$\therefore\quad -\frac{\mathrm{d}K}{\mathrm{d}L}=\frac{\partial f}{\partial L}\Big/\frac{\partial f}{\partial K}=\frac{MP_L}{MP_K}$

由边际技术替代率的定义公式可得：$MRTS_{LK}=-\frac{\mathrm{d}K}{\mathrm{d}L}=\frac{MP_L}{MP_K}$

的投入量不断增加的过程中，每一单位这种可变要素所能替代的另一种可变要素的数量是递减的。这一现象被称为边际技术替代率递减规律。由图 4-6 可见，在两种要素投入的组合沿着既定的等产量曲线 Q^0 由 a 点顺次运动到 b、c 和 d 点的过程中，劳动投入量由 L_1 顺次等量地增加到 L_2、L_3 和 L_4，即有 $L_2-L_1=L_3-L_2=L_4-L_3$，而相应的资本投入的减少量顺次为 $K_1-K_2>K_2-K_3>K_3-K_4$。显然，在产量不变的条件下，劳动对资本的边际技术替代率是递减的。

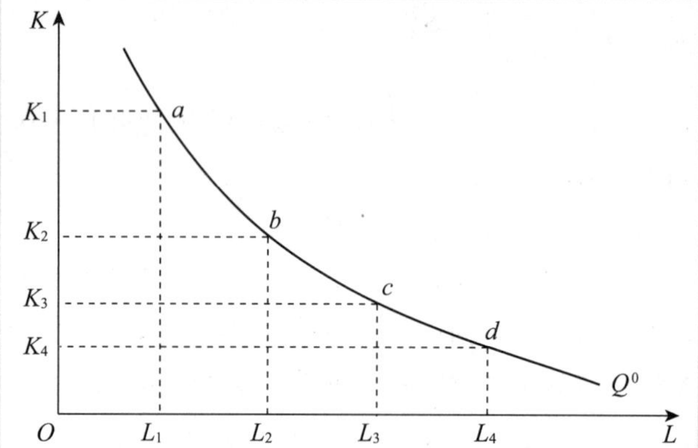

图 4-6　边际技术替代率递减

边际技术替代率递减的主要原因是：在产量给定的前提下，在资本投入量很多和劳动投入量很少的情况下（如图 4-6 中的 a 点），用劳动去替代资本相对是比较容易的，少量的劳动就可以替代较大数量的资本；但是，在劳动投入增加到相当多的数量和资本投入被替代到只剩相当少的数量的情况下（如图 4-6 中的 d 点），再用劳动去替代资本就将是很困难的了。

前面提到，等产量曲线一般具有凸向原点的特征。这一特征是由边际技术替代率递减规律所决定的。因为由（4.15）式可知，等产量曲线上每一点的边际技术替代率就是等产量曲线在该点的斜率的绝对值，所以，在边际技术替代率递减规律的作用下，等产量曲线的斜率的绝对值是递减的，即等产量曲线展示出凸向原点的一般特征。

4. 技术进步与等产量曲线

在长期生产中通常会发生技术进步，它使生产效率得到提高。如何在长期生产分析中体现技术进步的作用呢？等产量曲线便是一个可利用的分析工具。我们知道，构成等产量曲线的前提是技术水平不变。由此设想：如果生产技术进步了，那么，在图 4-4 三维空间图中原有的产量曲面的高度就会整体提升，相应地，反映在图 4-5 二维平面图中原有的等产量曲线簇的位置就会整体向原点移动。

图 4-7 是体现技术进步的简化图示。起初，等产量曲线 $Q=200$ 表示生产 200 单位产量的所有资本和劳动的投入组合。由于发生了技术进步，原有的等产量曲线

$Q=200$ 移动到新的等产量曲线 $Q'=200$ 的位置。新的等产量曲线表示可以用更少的要素投入来生产相同的产量水平：例如，比较（等产量曲线 Q'上的）a 点与（等产量曲线 Q 上的）b 点可知，为了生产 200 单位产量，在资本投入量 K_1水平，原来的劳动投入量为 L_2，而技术进步以后的劳动投入量减少为 L_1；或者，比较（等产量曲线 Q'上的）a 点与（等产量曲线 Q 上的）c 点可知，为了生产 200 单位产量，在劳动投入量 L_1水平，技术进步以后的资本投入量由原来的 K_2减少为 K_1。更一般的情况是，比较（等产量曲线 Q'上的）a 点与（等产量曲线 Q 上的）b、c 点之间的任意一点如 d 点，则技术进步以后生产 200 单位产量的劳动和资本投入量都减少了。

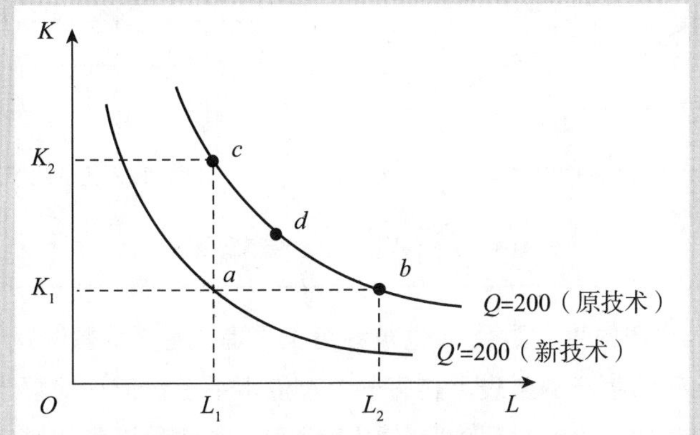

图 4-7　技术进步与等产量曲线

二、不同形状的等产量曲线

生产要素的相互替代是长期生产的一个技术特征。从生产要素替代的角度看，有两种极端的情况：一种极端的情况是两种要素总是以固定的比例进行替代，也被称为完全替代。另一种极端的情况是两种要素之间完全不能替代，即两要素的投入比例是固定的。而一般的情况介于以上两种极端情况之间，那就是两种要素之间可以进行替代，而且替代的比例是变化的，即呈现出边际技术替代率递减的现象。下面将先后介绍这三种替代情况下的生产函数及其对应的等产量曲线。

1. 固定替代比例的生产函数（也被称为线性生产函数）

固定替代比例的生产函数表示在每一产量水平上任何两种生产要素之间的替代比例都是固定的。假定生产过程中只使用劳动和资本两种生产要素，固定替代比例的生产函数的通常形式为

$$Q=aL+bK \tag{4.18}$$

式中，常数 a、$b>0$。固定替代比例的线性生产函数所对应的等产量曲线是一条直线。

直线型的等产量曲线上所有点的边际技术替代率均为常数，即 $MRTS_{LK}=a/b$。①

假定劳动和资本之间的替代比例固定为 2∶1，则相应的等产量曲线如图 4-8（a）所示。图中每一条等产量曲线上的任意一点的 $MRTS_{LK}$ 均为常数，即总有 $MRTS_{LK}=1/2$。

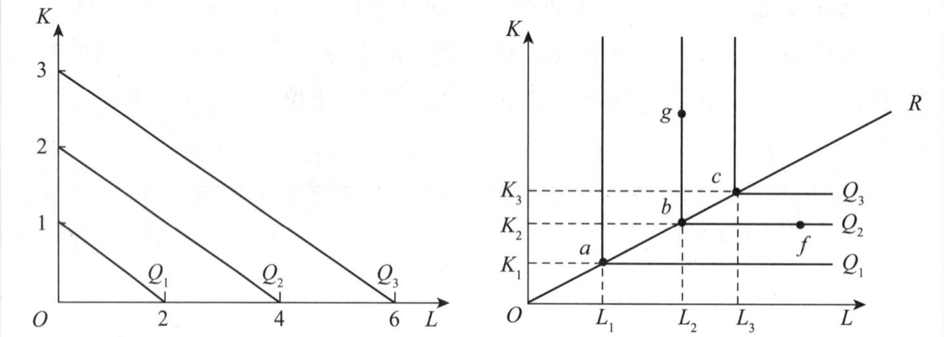

（a）固定替代比例的等产量曲线　　（b）固定投入比例的等产量曲线

图 4-8　特定形状的等产量曲线

2. 固定投入比例的生产函数（也被称为里昂惕夫生产函数②）

固定投入比例的生产函数表示在每一个产量水平上任何一对要素投入量之间的比例都是固定的。假定生产过程中只使用劳动和资本两种要素，固定投入比例的生产函数的通常形式为

$$Q=\min\left\{\frac{L}{u},\ \frac{K}{v}\right\} \tag{4.19}$$

式中，常数 u、$v>0$，分别为劳动和资本的生产技术系数，它们分别表示生产一单位产量所需要的固定的劳动投入量和固定的资本投入量。

（4.19）式表示：产量 Q 取决于 $\frac{L}{u}$ 与 $\frac{K}{v}$ 这两个比值中最小的那一个。通常假定（4.19）式中 L、K 都满足最小的要素投入组合的效率要求，故有

$$Q=\frac{L}{u}=\frac{K}{v} \tag{4.20}$$

进一步地，可以有

① 令固定替代比例的线性生产函数为 $Q=aL+bK$，则有 $MRTS_{LK}=-\frac{\mathrm{d}K}{\mathrm{d}L}=\frac{MP_L}{MP_K}=\frac{a}{b}$。

② 华西里·里昂惕夫（Wassily Leontief，1906—1999 年），著名的俄裔美籍经济学家。里昂惕夫是投入—产出分析研究的先驱。他因发展了投入—产出分析方法并为这种方法在经济领域问题上的运用作出了贡献，于 1973 年荣获诺贝尔经济学奖。里昂惕夫在投入—产出分析方法的研究中，运用一些生产函数来表示不同经济部门之间的相关性。

$$\frac{K}{L}=\frac{v}{u} \tag{4.21}$$ [①]

（4.21）式清晰地体现了该生产函数的固定投入比例的性质，即两种要素的投入比例总是等于两种要素的生产技术系数之比 v/u。

固定投入比例生产函数的等产量曲线是直角型的，如图 4－8（b）所示。图中有一条从原点出发的射线 OR，它与三条直角型的等产量曲线 Q_1、Q_2和 Q_3分别相交于直角顶点 a、b 和 c。以直角型的等产量曲线 Q_2为例，直角顶点 b 的要素组合（L_2，K_2）是生产 Q_2产量的最小要素投入组合；在两条直角边上的其他任何一点都不是生产 Q_2产量的最小的要素投入组合，例如，g 点表示资本投入量过多，f 点表示劳动投入量过多。此外，如果厂商生产的产量由 Q_2增加为 Q_3，或者减少为 Q_1，则厂商会沿着射线 OR 由 b 点移至 c 点，或者移至 a 点，它表示两要素投入量以相同的比例增减，故要素投入比例保持不变，即有

$$\frac{K_1}{L_1}=\frac{K_2}{L_2}=\frac{K_3}{L_3}=\frac{v}{u}$$

或者说，射线 OR 上的每一点均满足（4.20）式。所以，从原点出发经过等产量曲线直角顶点 a、b 和 c 点的射线 OR 表示所有产量水平的最小要素投入量的组合；无论是增产还是减产，厂商的有效生产都一定沿着射线 OR 运行。

3. 柯布-道格拉斯生产函数

柯布-道格拉斯（Cobb-Douglas）生产函数由数学家柯布和经济学家道格拉斯于 20 世纪 30 年代初共同提出。柯布-道格拉斯生产函数的一般形式为

$$Q=AL^{\alpha}K^{\beta} \tag{4.22}$$

式中，常数 A、α、$\beta>0$。

柯布-道格拉斯生产函数所对应的等产量曲线满足

$$Q=AL^{\alpha}K^{\beta}=Q^0 \tag{4.23}$$

由上式可见，产量 Q^0是给定的常数，故 L 与 K 呈反方向的变动。而且，该生产函数所对应的等产量曲线是凸向原点的，即满足边际技术替代率递减规律，也被称为等产量曲线的“常态”，即如图 4－6 所示，它体现了生产要素替代的一般情形。

不仅如此，柯布-道格拉斯生产函数还以简洁的形式，描述了经济学家所关心的其他一些经济性质。譬如，该生产函数中的参数 α、β 的经济含义是：当 $\alpha+\beta=1$ 且劳动和资本各自按其边际产量获得实物报酬时，α 和 β 分别表示劳动和资本的实物所得在总产量中所占的份额。根据柯布和道格拉斯两人对美国 1899—1922 年期

---

① 固定投入比例的生产函数也可写成如下形式：$Q=\min\{aL, bK\}$，式中，常数 a、$b>0$。显然，该式与（4.19）式在本质上是一致的。对该固定投入比例的生产函数来说，在任意一条等产量曲线的直角顶点上，均有 $Q=aL=bK$。

间有关经济资料的分析和估算，α 值约为 0.75，β 值约为 0.25，即在这一期间的总产量中，劳动和资本的实物所得的相对份额分别为 75%和 25%。此外，根据参数 α 和 β 之和，还可以判断规模报酬的情况。若 $\alpha+\beta>1$，则为规模报酬递增；若 $\alpha+\beta=1$，则为规模报酬不变；若 $\alpha+\beta<1$，则为规模报酬递减。①

总之，柯布-道格拉斯生产函数以其良好的性质，被广泛应用于经济理论研究以及对实际生产活动的分析中。

三、规模报酬

在长期的生产中，企业的生产规模发生变化，自然会使得产量也发生变化。我们或许会思考类似这样的问题：如果企业的生产规模扩大一倍，其产量是否一定也增加一倍呢？这就需要用规模报酬的概念来分析。在这里，企业生产规模的变化指生产中的全部要素投入量以相同的比例发生变化。规模报酬分析是考察当企业内部各种生产要素投入量按相同比例变化时所带来的产量变化。规模报酬变化可以分为规模报酬不变、递增和递减三种情况。

关于规模报酬不变。**产量增加的比例等于各种要素投入量增加的比例，称为规模报酬不变。**例如，当劳动和资本投入量都增加 100%时，产量也增加 100%。一般可以预计两个相同的工人使用两台相同的机器所生产的产量，是一个这样的工人使用一台这样的机器所生产的产量的两倍，这就是规模报酬不变的情况。

关于规模报酬递增。**产量增加的比例大于各种要素投入量增加的比例，称为规模报酬递增。**例如，当劳动和资本投入量都增加 100%时，产量的增加大于 100%。产生规模报酬递增的主要原因是企业生产规模扩大所带来的生产效率的提高。它可以表现为：生产规模扩大以后，企业能够利用更先进的技术和机器设备等，而较小规模的企业可能无法做到；随着对较多的人力和机器的使用，企业内部的生产分工能够更合理和专业化；此外，人数较多的技术培训和具有一定规模的生产经营管理也可以提高效率。

关于规模报酬递减。**产量增加的比例小于各种要素投入量增加的比例，称为规模报酬递减。**例如，当劳动和资本投入量都增加 100%时，产量的增加小于 100%。产生规模报酬递减的主要原因是企业生产规模过大，以致生产的各个方面难以协调，从而降低了生产效率。它可以表现为：过大的生产规模可能破坏了企业内部的合理分工与协作，庞大的经营管理机构导致了低效率，以及获取生产决策所需的各种信息愈加不易，等等。

以上规模报酬的三种情况可以用等产量曲线来表示，如图 4-9 中的三幅分图所示。在每幅分图中，都有三条等产量曲线 Q_1、Q_2、Q_3 与一条从原点出发的射线 OR 相交。当劳动和资本投入组合沿着过原点的射线 OR 变动时，它表示劳动和资

① 关于规模报酬的具体分析，请见下文。

本投入量按相同的比例增减，以生产更高或更低的产量。

图 4 - 9（a）表示规模报酬不变。在 A 点，厂商使用 10 单位劳动和 5 单位资本，生产 100 单位产量。在 B 点，厂商使用 20 单位劳动和 10 单位资本，生产 200 单位产量，即劳动和资本投入量是原来的两倍，产量也是原来的两倍。在 C 点，劳动和资本投入量是原来的三倍，产量也是原来的三倍。在规模报酬不变的情况下，图中有线段 $OA=AB=BC$。

图 4 - 9（b）表示规模报酬递增。从 D 点到 E 点，产量从 100 单位增加到 200 单位，以相同比例增加的劳动和资本投入量却不到原来的两倍；在 F 点，产量增加到 300 单位，劳动和资本投入量更是小于原来的三倍。在规模报酬递增的情况下，图中有线段 $OD>DE>EF$。

图 4 - 9（c）表示规模报酬递减。图中等产量曲线之间的距离越来越大，即有 $OG<GH<HI$。

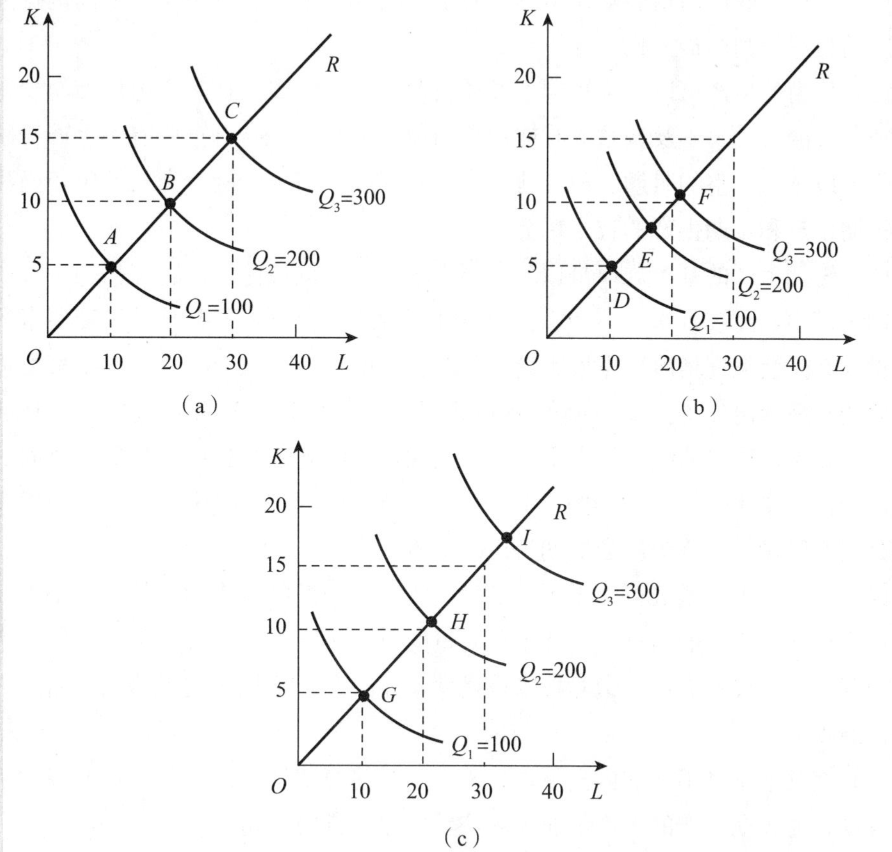

图 4 - 9　规模报酬

我们也可用以下数学公式来定义规模报酬的三种情况。

令生产函数为 $Q=f(L, K)$，且常数 $\lambda>1$，于是有：

如果 $f(\lambda L, \lambda K)=\lambda f(L, K)$，则为规模报酬不变。

如果 $f(\lambda L, \lambda K)>\lambda f(L, K)$，则为规模报酬递增。

如果 $f(\lambda L, \lambda K)<\lambda f(L, K)$，则为规模报酬递减。①

一般说来，在长期生产过程中，企业的规模报酬变化呈现出如下规律：当企业从最初很小的生产规模开始逐步扩大时，企业面临规模报酬递增的阶段。在企业得到了由规模报酬递增所带来的全部好处以后，便会进入规模报酬不变的阶段：企业可以通过新建相同规模的工厂而在较长的时期内保持在规模报酬不变的阶段。在这以后，企业若继续扩大已有的工厂规模，就会进入规模报酬递减的阶段。

第四节 结束语

本章要点可以归结如下：

（1）生产者或厂商指能够作出统一的生产决策的个体经济单位。厂商进行生产所追求的目标是利润最大化。

（2）厂商的生产可以分为短期生产和长期生产。短期指在生产中厂商至少有一种生产要素的数量来不及调整的时期；长期指在生产中厂商对于所有的生产要素的数量都可以进行调整的时期。相应地，我们分别以短期生产函数和长期生产函数来讨论短期生产和长期生产的技术特征。

（3）短期生产的基本规律是边际报酬递减规律。该规律强调：在任何一种产品的短期生产中，在技术水平不变和其他条件不变的前提下，任何一种可变要素的边际产量都必然会从递增阶段发展为递减阶段。也就是说，任何一种可变要素的边际产量曲线都呈现出先上升后下降的倒 U 形的特征。由短期边际产量曲线的特征可以推导出短期总产量曲线与短期平均产量曲线，并以此了解这些产量曲线之间的相互关系（详见图 4－3）。短期生产可以分为三个阶段，厂商的生产要素的合理投入区间是第Ⅱ阶段，亦称为厂商短期生产的决策区间。

（4）由长期生产函数可以得到等产量曲线。等产量曲线表示在技术水平不变的条件下生产同一产量的两种生产要素投入量的所有不同组合。等产量曲线的斜率可以用边际技术替代率表示，边际技术替代率是递减的。该规律使得等产量曲线一般是凸向原点的。

（5）在其他条件不变的前提下，技术进步会使短期生产的边际产量曲线的位置向上移动，使长期生产的等产量曲线的位置向原点方向移动。

（6）规模报酬属于长期生产的概念。规模报酬递增、规模报酬不变和规模报酬

---

① 规模报酬的三种情况也可以用齐次生产函数来定义。令生产函数 $Q=f(L, K)$ 为 r 次齐次函数，即满足 $f(\lambda L, \lambda K)=\lambda^r f(L, K)$，那么，若令 $\lambda>1$，则齐次度 $r>1$ 表示规模报酬递增，$r=1$ 表示规模报酬不变，$r<1$ 表示规模报酬递减。

递减分别指长期生产中全部生产要素增加的比例小于、等于或大于它所导致的产量增加的比例。在企业扩大规模的长期生产过程中，一般会先后经历规模报酬递增、规模报酬不变和规模报酬递减这样三个阶段。

关于本章所介绍的生产技术理论，似乎有下列两点值得读者加以注意：

第一，人类的生产活动总是在一定形态的社会中进行。除了鲁滨逊式的童话故事以外，很少发现个人长期单独进行生产的事例。既然生产必须在一定形态的社会中进行，那么，生产必然会受到它所在社会的形态的制约。例如，资本主义社会以追求剩余价值为生产的动机，因此，这一社会的生产必须首先服从剩余价值规律，简言之，寻求利润最大化。

然而，本章所介绍的生产是一般性的生产，即抽掉了生产关系后所剩下的生产的一般条件。这些条件既然为一切社会所共有，那么，显然不能从这些条件中找到某一具体社会的生产的特点，正如人们不能从人类的共同点来识别具体个人的特征一样。这一事例告诉我们，本章所描绘的生产和资本主义生产的实际情况有一定的距离。

正是由于本章所介绍的内容是生产的一般，所以它的内容也与社会主义市场经济的生产有关。例如，它可以提醒我们：在社会主义市场经济中，为了降低生产成本，必须寻求生产要素的最优组合。又如，社会主义的企业同样存在着规模报酬的递增、递减和不变的问题，因此，在扩大原有企业的规模和新建同样企业之间进行选择的时候，必须把这一点考虑在内。

第二，尽管本章所介绍的一般性生产对社会主义市场经济有借鉴意义，但是，由于这种对一般性生产的论述抽象掉了现实的生产中的两个技术性的重要内容，所以本章的生产论与现实尚有相当大的差距，从而它对我国的借鉴意义受到限制。现把两个被抽象掉的技术性的内容分述如下：

首先，本章第三节关于等产量曲线的介绍表明，不同数量的生产要素的组合可以得到相同的产量。然而，在现实生活中，具备一定数量的生产要素并不足以使生产得以进行。除此以外，还需要掌握生产的技术。事实上，每一种生产要素的组合都代表一定的技术；一般说来，较多劳动和较少资本的组合往往意味着水平较低的技术，而较少的劳动和较多的资本则代表比较先进的技术。因此，等产量曲线的存在就等于假设所有厂商都已经掌握了从简陋到先进的全部生产技术。关于这一点，西方学者承认，“新古典经济学（即本书所介绍的居于正统地位的西方经济学。——引者）的技术概念已经被包含在生产函数之中。该函数的‘存在’意味着技术对任何人都是免费的，从而可以为一切生产者所使用。”① 正是由于这一原因，厂商才能像下一章第二节所介绍的那样，来寻求最优的生产要素的组合。这显然是过分简单化的说法。

在现实的市场经济中，由于取得技术必须付出代价，又由于技术的商业秘密的

---

① 李德尔．对正统经济学的批判．伦敦：麦克米伦公司，1998：41.

性质，任何厂商都不可能掌握由简陋到先进的全部技术。例如，可口可乐的配方是一个严防外泄和高度机密的数据。在这种限制下，厂商所掌握的技术非常有限，而只能在有限技术的条件下谋取利润。此外，生产某些产品（如高质量的钢材）的技术往往要求特殊的设备和环境。如果设备和环境不够完善，即使投入大量的人力也无济于事。这就是说，生产要素必须具有严格的固定比例，从而，等产量曲线会呈现出如图 4－8（b）所示的情况，而不会成为凸向原点的平滑曲线。若是如此，在下一章的分析中，在等产量曲线和等成本线之间就不会存在一个切点。这样，产量最大化和成本最小化便没有现实的根据。

其次，本章介绍的生产理论也抽象掉了企业家的技术创新的作用。早在 1911 年，西方著名的经济学家熊彼特就已经提到了这一点。他认为①，资本主义市场经济的发展主要取决于厂商的技术创新，而企业家正是技术创新的执行者。因此，在推动市场经济发展的过程中，企业家的技术创新起着关键性的作用。然而，在本章所介绍的生产理论中，如果企业家发挥作用，他的任务仅仅是在各种已知的技术中选择最适合自己的一种，根本谈不上技术创新。

我们在上面指出了西方的生产理论的缺陷，其目的并不在于把它全部推翻，而是想说明生产理论与现实之间存在着很大的差异。因此，当把该理论用于中国的现实时，我们必须对此加以考虑。

习题

一、简答题

1. 如何准确区分生产的短期和长期这两个基本概念？

2. 下面是一张一种可变生产要素的短期生产函数的产量表（见表 4－2）。

表 4－2

可变要素的数量	可变要素的总产量	可变要素的平均产量	可变要素的边际产量
1		2	
2			10
3	24		
4		12	
5	60		
6			6
7	70		
8			0
9	63		

① 熊彼特．经济发展理论．波士顿：哈佛大学出版社，1934.

(1) 在表中填空。

(2) 该生产函数是否表现出边际报酬递减？如果是，是从第几单位的可变要素投入量开始的？

3. 区分边际报酬递增、不变和递减的情况与规模报酬递增、不变和递减的情况。

4. 假设生产函数 $Q=\min\{5L, 2K\}$。

(1) 作出 $Q=50$ 时的等产量曲线。

(2) 推导该生产函数的边际技术替代率。

(3) 分析该生产函数的规模报酬情况。

5. 已知柯布-道格拉斯生产函数为 $Q=AL^{\alpha}K^{\beta}$，其中 α、$\beta>0$。请讨论该生产函数的规模报酬情况。

6. 如果一个生产函数呈规模报酬不变，那么，该生产函数的边际技术替代率是否一定是不变的？为什么？

7. 如何区分固定投入比例的生产函数与具有规模报酬不变特征的生产函数？

二、计算题

1. 已知生产函数 $Q=f(L, K)=2KL-0.5L^2-0.5K^2$，假定厂商目前处于短期生产，且 $\overline{K}=10$。

(1) 写出在短期生产中劳动的总产量 TP_L 函数、劳动的平均产量 AP_L 函数和劳动的边际产量 MP_L 函数。

(2) 分别计算当劳动的总产量 TP_L、劳动的平均产量 AP_L 和劳动的边际产量 MP_L 各自达到最大值时厂商的劳动投入量。

(3) 何时有 $AP_L=MP_L$？它的值又是多少？

2. 已知生产函数为 $Q=\min\{2L, 3K\}$。

(1) 当产量 $Q=36$ 时，L 与 K 值分别是多少？

(2) 如果生产要素的价格分别为 $P_L=2$，$P_K=5$，则生产 480 单位产量时的最小成本是多少？

3. 假设某企业的短期生产函数为 $Q=35L+8L^2-L^3$。

(1) 求该企业的平均产量函数和边际产量函数。

(2) 如果企业使用的生产要素的数量为 $L=6$，是否处于短期生产要素的合理投入区间？为什么？

4. 已知生产函数 $Q=AL^{1/3}K^{2/3}$。判断：

(1) 在长期生产中，该生产函数的规模报酬属于哪一种类型？

(2) 在短期生产中，该生产函数是否受边际报酬递减规律的支配？

5. 令生产函数 $f(L, K)=\alpha_0+\alpha_1(LK)^{\frac{1}{2}}+\alpha_2K+\alpha_3L$，其中 $0\leqslant\alpha_i\leqslant1$，$i=0$，1，2，3。

(1) 当满足什么条件时，该生产函数表现出规模报酬不变的特征？

（2）证明：在规模报酬不变的情况下，相应的边际产量是递减的。

6. 假定某厂商的短期生产函数为 $Q=f(L, \overline{K})$，给定生产要素价格 P_L、P_K 和产品价格 P，且利润 $\pi>0$。

证明：该厂商在短期生产的第Ⅰ阶段不存在利润最大化点。

7. 已知某厂商的固定投入比例的生产函数为 $Q=\min\{2L, 3K\}$。

（1）令 $P_L=1$，$P_K=3$。求厂商为了生产120单位产量所使用的 K、L 值以及最小成本。如果要素价格变化为 $P_L=4$，$P_K=2$，厂商为了生产120单位产量所使用的 K、L 值以及最小成本又是多少？请予以比较与说明。

（2）令 $P_L=4$，$P_K=3$。求 $C=180$ 时的 K、L 值以及最大产量。

三、论述题

1. 用图说明短期生产函数 $Q=f(L, \overline{K})$ 的 TP_L 曲线、AP_L 曲线和 MP_L 曲线的特征及其相互之间的关系。

2. 假定某厂商的生产技术给定，在该生产技术下可以采用四种生产方法来生产2 000单位产量，如表4-3所示。

表4-3

生产方法	劳动使用量	资本使用量
A	100	600
B	160	500
C	165	700
D	90	700

（1）请剔除表4-2中明显无效率的生产方法。

（2）“生产方法B是有效率的。因为它所使用的资源总量最少，只有660单位。”你认为这种说法正确吗？为什么？

（3）在（1）中剔除了明显无效率的生产方法后，你能在余下的生产方法中找出有效率的生产方法吗？请说明理由。

第五章 成 本

上一章介绍了厂商的生产技术，本章将考察由生产技术决定的厂商的生产成本。成本是下一章分析厂商追求利润最大化行为的基础。

首先，需指出的是，成本最小化是对成本概念的基本规定，它对于理解本章的内容是至关重要的。其次，还有一点很直观：厂商采取什么样的生产技术，就会产生与之相匹配的生产成本。由于短期和长期的生产技术特征各不相同，因此，短期成本和长期成本各具特点。鉴于此，本章的内容安排如下：第一节介绍成本的基本概念；第二节从成本最小化的角度来推导和理解生产的总成本；第三节以短期生产的边际报酬递减规律为基础，考察短期各类成本曲线的特征；第四节以长期生产的规模经济和规模不经济的变化规律为基础，考察长期各类成本曲线的特征。第五节是结束语。

第一节 成本的基本概念

企业的生产成本通常被看成是厂商对所购买的生产要素的货币支出。然而在经济学中，仅从这样的角度来理解成本概念是不够的，本节将介绍有关成本的几个基本概念。

一、机会成本

1. 什么是机会成本

机会成本是用来表示稀缺性和选择之间关系的基本概念。

从经济资源的稀缺性这一前提出发，当人们使用一定的经济资源生产某种产品时，这些经济资源就不可能被同时用于其他的生产用途。这就是说，人们对任何一种产品的生产，都是以放弃使用相同的经济资源在其他产品生产中所能获得的收入为代价的。所谓的代价就是成本。那么，这个代价即成本究竟应该以什么标准来衡量呢？经济学家指出，它必须以使用相同的经济资源在其他各种生产用途中所能获得的最高收入来衡量。于是，便产生了机会成本的概念。企业的**机会成本是指生产者所放弃的使用相同的生产要素在其他生产用途中所能获得的最高收入。**从机会成本的角度来考量生产成本，将有利于经济资源的有效配置。

举一个例子。假定某厂商利用一组经济资源既可以生产A产品，也可以生产B产品或C产品。在面临这三种选择时，如果该厂商决定生产A产品，那么，它就放弃了利用相同的经济资源在B或C产品生产中所能得到的收入。如果相同的经济资源被用在B、C产品的生产中所能得到的收入分别为900万元、1 000万元，那么，我们可以说，该厂商生产A产品的机会成本就是它所放弃的在生产B或C产品中所能得到的最高收入，即1 000万元。换言之，如果该厂商生产A产品的收入小于1 000万元，那么，它选择生产A产品显然就是一个错误的决定，而正确的选择是：它应该把相同的经济资源投放到C产品的生产中，从而获得尽可能高的收入（即1 000万元）。由此可见，机会成本的概念是与稀缺资源的有效配置密切联系在一起的。企业的生产成本应该从机会成本的角度来理解，这是经济学效率要求的基本体现。

事实上，机会成本概念并不仅仅局限于对厂商生产成本的分析，它被广泛运用于对各种经济活动的分析之中。

2. 显成本和隐成本

由于资源的稀缺性，生产者对任何资源的使用都是有代价的。从这个意义上讲，厂商的所有生产成本都是机会成本。

企业的生产成本可具体分为显成本和隐成本两部分。无论是显成本还是隐成本，都需要以机会成本的概念来理解和度量。

企业生产的**显成本**指厂商在生产要素市场上购买或租用他人所拥有的生产要素的实际支出。也就是说，显成本是需要企业支出货币的投入成本。例如，某厂商雇用了一定数量的工人、从银行获得了一定数量的贷款，并租用了一定数量的土地。为此，这个厂商就需要向工人支付工资、向银行支付利息、向土地所有者支付地租，这些货币支出便构成了该厂商生产的显成本。重要的是，从机会成本的角度讲，这笔显成本支出的总价格必须等于这些生产要素所有者将相同的生产要素投入到其他用途中时所能得到的最高收入，否则，该厂商就不能购买或租用到这些生产要素，并保持对它们的使用权。

企业生产的**隐成本**指厂商自己所拥有的且被用于自己企业生产过程中的那些生产要素的总价格。或者说，隐成本是指不需要企业支出货币的投入成本。例如，为了进行生产，某企业所有者还动用了自己所拥有的资金和土地，并亲自管理企业。

观察现实生产活动，我们会发现，厂商对自己所拥有的生产要素往往是无偿使用的，即企业所有者通常并不领取相应的利息、地租和工资收入。从机会成本的角度看，这种不计报酬的做法是错误的。因为当厂商利用自有的生产要素进行生产时，便放弃了使用相同的生产要素在其他生产用途中所能得到的最高收入，这便是厂商从事当前生产的机会成本。所以，应将此类机会成本计入厂商生产的总成本。由于此类成本往往不发生实际的货币支付而被忽视，故被称为隐成本。

此外，经济学家还指出，既然厂商借用他人的资本需要支付利息，租用他人的土地需要支付地租，聘用他人来管理企业需要支付薪金，那么，同样的道理，当厂商使用自有生产要素时，也应该得到报酬。所不同的是，企业所有者应该自己向自己支付利息、地租和薪金。当然，这笔报酬也必须按照厂商自有生产要素在其他用途中所能得到的最高收入来支付。否则，该厂商会把自有生产要素转移出自己的企业，以便在其他生产机会中获得更高的报酬。

二、会计利润和经济利润

什么是利润？简言之，利润是总收益和总成本之间的差额。但是，由于关注企业财务报告的会计人员所使用的成本概念与关注企业行为的经济学家所使用的成本概念有所不同，因此，有必要先区分会计成本和经济成本。

会计师所关注的企业成本通常是仅指显成本的**会计成本**。而经济学家所关注的企业成本是从机会成本角度考虑的、包含了显成本和隐成本两部分的**经济成本，即所有机会成本**。

据此，**会计利润**等于总收益减去会计成本（即减去显成本）；而**经济利润**是会计利润再减去隐成本，或者说，经济利润等于总收益减去经济成本（即减去显成本和隐成本之和）。可想而知，会计利润是大于经济利润的，两者的区别在于：会计利润包含了隐成本，而经济利润扣除了隐成本。

当然，对于实际经营活动的财务报告来说，会计成本和会计利润的科目都是有意义的。但是，对于企业的生产决策而言，厂商必须考虑稀缺资源的机会成本，进行权衡比较，以有效地使用有限的资源。总之，经济学家关注的是经济成本（即机会成本）和经济利润；生产者所追求的最大的利润指的就是最大的经济利润。经济利润也被称为超额利润。

在经济学中，还需要区分经济利润和正常利润。从机会成本的角度看，当一个企业所有者同时又具备企业家才能时，企业所有者也应对自己所提供的企业家才能给予报酬支付，这部分报酬支付通常被称为**正常利润**。显然，正常利润是生产成本的一部分，它以隐成本计入成本。而且，企业所有者在自己企业从事经营管理所得到的报酬应该等于他所放弃的在其他企业从事经营管理所能得到的最高报酬。

专栏 5－1
服装店的张老板是盈利的还是亏损的？

由于正常利润属于成本，因此，经济利润中不包含正常利润。这意味着，当厂商的经济利润为零时，厂商的正常利润已全部实现了。

三、沉没成本

厂商在进行生产决策时需要考虑机会成本，但是，却不需要考虑沉没成本。

什么是沉没成本？沉没成本是已经支付而且无法回收的成本。例如，专用设备的成本支出、埋在地底下的自来水管道的成本支出，等等。这类成本一旦支出，便无法回收。或者说，即便厂商退出生产也无法使沉没成本消失。所以，沉没成本不应该影响厂商的未来生产决策。

举一个例子。某厂商已经为专用设备支出的成本为 1 000 万元，该设备除了在该企业使用之外，别无他用，即其机会成本为零。该厂商预计未来其他生产成本的总支出将为 2 000 万元，且总收益将为 2 500 万元。那么，该厂商应该选择生产还是不生产呢？

也许有人会建议该厂商选择不生产，其理由是：考虑到已支出的专用设备成本 1 000 万元，再加上未来的其他生产成本支出 2 000 万元，最终的总成本会高达 3 000 万元，它超过预期的未来总收益 2 500 万元，故进行生产是不值得的。

其实以上的选择是错误的。因为它忽视了一个重要的事实：在专用设备上已支出的 1 000 万元是沉没成本，无论如何都无法回收。既然如此，那么，只要未来的收益大于未来的成本，进行生产就是有利的，即可获得 500 万元的利润。如果囿于沉没成本 1 000 万元而选择不生产，那么该厂商就放弃了 500 万元的未来利润，而 1 000 万元的沉没成本并不会因此而消失。所以，在沉没成本总是存在的前提下，该厂商选择生产要比不生产强，换言之，厂商在进行生产决策时不需要考虑沉没成本。①

我们还可以用日常的生活经验来理解沉没成本。譬如，在星期天，你在路途上耗费两小时到达某剧场，然后买票进入剧场。但演出开始后不久，你沮丧地发现演出很无趣。那么，你是应该强迫自己待在剧场里继续忍受下去，还是选择离开？其实，你已耗费的两小时和票钱都是无法挽回的，类似于沉没成本，它们不会因为你的忍受而得到任何补偿。既然如此，你当然应该选择离开，去开始更愉快的活动。所以，不要因为可惜“沉没成本”而放弃对其他更好项目的选择。

第二节　成本最小化

对于追求利润最大化的厂商而言，每一产量水平的生产成本都必须是最小的，即

① 在现实生产经营活动中，企业财务有可能会摊销沉没成本，即每年分摊提取折旧。尽管这种摊销资本支出的方法在财务上是可行的，但是，沉没成本的性质并没有因此而发生变化。企业的经营者们知道沉没成本是不会消失的，在对未来进行生产决策时不需要考虑沉没成本。

成本最小化是对生产成本的基本规定。所以，在微观经济学中，成本最小化问题是成本分析的起点。本节将从成本最小化问题出发来推导与理解短期和长期的总成本。

一、等成本线

为了分析成本最小化问题，需要先介绍等成本线。

等成本线是一个和消费者选择理论中的预算线非常相似的分析工具。[①] **等成本线是在给定的成本和生产要素价格条件下，生产者可以购买到的两种生产要素的各种不同数量组合的轨迹。**假定厂商使用劳动和资本两要素进行生产，且劳动的价格即工资率为 w，资本的价格即利率为 r，厂商的成本支出为 C，则成本方程为：

$$C=wL+rK \tag{5.1}$$

由成本方程可得：

$$K=-\frac{w}{r}L+\frac{C}{r} \tag{5.2}$$

根据以上式子可以得到等成本线，如图 5－1 所示。由于（5.2）式的成本方程是线性的，所以，等成本线必定是一条直线。图中横截距$\frac{C}{w}$表示既定的全部成本都用于购买劳动时所能购买到的数量，纵截距$\frac{C}{r}$表示既定的全部成本都用于购买资本时所能购买到的数量，连接这两点的线段就是等成本线。它表示既定的全部成本所能购买到的劳动和资本的各种组合。

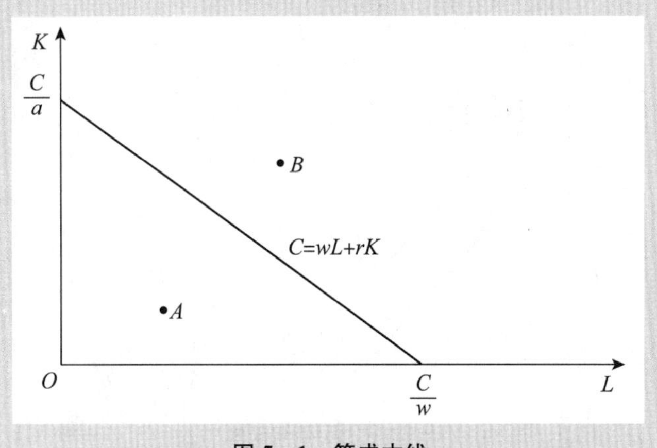

图 5－1　等成本线

① 由于本节的等成本线和第三章第三节的预算线是十分相似的分析工具，而且，我们在前面对预算线已经展开了详尽的介绍，所以，本节对等成本线的介绍将会简要一些。读者在需要时，可以参考前面有关预算线的内容。

根据（5.2）式，等成本线的纵截距为$\frac{C}{r}$，等成本线的斜率为$-\frac{w}{r}$，即为两种生产要素价格之比的负值。

在图 5-1 中，等成本线以内区域中的任何一点，如 A 点，表示用既定的全部成本购买该点的劳动和资本的组合以后还有剩余。等成本线以外的区域中的任何一点，如 B 点，表示用既定的全部成本购买该点的劳动和资本的组合是不够的。唯有等成本线上的任何一点，才表示用既定的全部成本能刚好购买到的劳动和资本的组合。

由于给定成本和要素价格，便有一条等成本线与其相对应，所以，任何关于成本和要素价格的变动都会使等成本线发生变化。关于这种变动的具体情况，与第三章第三节对预算线的分析类似，读者可以自己参照进行分析。

二、成本最小化

1. 成本最小化

假定在一定的技术条件下厂商使用两种可变生产要素劳动和资本生产一种产品，且劳动的价格 w 和资本的价格 r 是给定的。如果企业要以最小的成本来生产既定的产量 Q，那么，它应该如何选择最优的劳动投入量和资本投入量的组合呢？简言之，厂商如何实现既定产量下的成本最小化呢？

把厂商的等产量曲线和等成本线置于同一个平面坐标系中，就可以确定厂商在既定产量条件下实现最小成本的最优要素组合点，即生产的均衡点。下面用图 5-2 来说明。

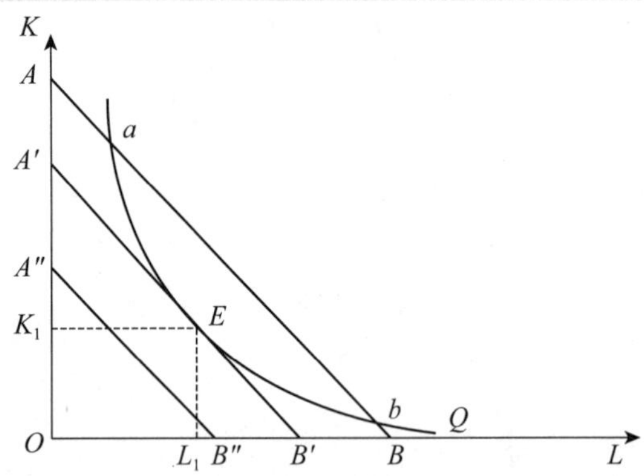

图 5-2　成本最小化

图中有一条等产量曲线 Q 和三条等成本线 AB、$A'B'$ 和 $A''B''$。唯一的等产量曲线 Q 代表既定的产量。三条等成本线具有相同的斜率（即表示既定的两要素的价格），但代表三个不同的成本量，其中，等成本线 AB 代表的成本大于等成本线 $A'B'$ 代表的成本，等成本线 $A'B'$ 代表的成本大于等成本线 $A''B''$ 代表的成本。唯一

的等产量曲线 Q 与其中一条等成本线 $A'B'$ 相切于 E 点，这就是生产的均衡点或最优要素组合点。它表示：在既定的产量条件下，生产者应该选择 E 点的要素组合 (L_1, K_1)，才能实现最小的成本。

这是因为，等成本线 $A''B''$ 虽然代表的成本较低，但它与既定的等产量曲线 Q 既无交点又无切点，它无法实现等产量曲线 Q 所代表的产量。等成本线 AB 虽然与既定的等产量曲线 Q 相交于 a、b 两点，但它代表的成本过高，通过沿着等产量曲线 Q 由 a 点向 E 点或者由 b 点向 E 点的移动，都可以生产相同的产量而使成本下降。所以，只有在切点 E 的要素组合，才是在既定产量条件下实现最小成本的要素组合。

再进一步具体地分析等产量曲线 Q 与等成本线 AB 的两个交点 a 点和 b 点。

如果厂商开始时在 a 点进行生产。由图可见，在 a 点，等产量曲线的斜率的绝对值大于等成本线的斜率的绝对值。我们已经知道，等产量曲线上某一点的斜率的绝对值等于该点上的两要素的边际技术替代率，等成本线的斜率的绝对值等于两要素的价格之比，所以，在 a 点，两要素的边际技术替代率大于两要素的价格之比。譬如说，当 $MRTS_{LK}=-\frac{\mathrm{d}K}{\mathrm{d}L}=\frac{3}{1}>\frac{2}{1}=\frac{w}{r}$时，根据不等式的左边，在生产过程中，在维持产量水平不变的前提下，厂商可以用 1 单位的劳动去替代 3 单位的资本（因为 $MRTS_{LK}=-\frac{\mathrm{d}K}{\mathrm{d}L}=\frac{3}{1}$）。而根据不等式的右边，在生产要素市场上，3 单位资本的购买成本却可以购买到 1.5 单位的劳动（因为$\frac{w}{r}=\frac{2}{1}$），于是，厂商节省了 0.5 单位劳动的购买成本而使成本变小。

相反，如果厂商开始时在 b 点进行生产。由图可见，在 b 点，等产量曲线的斜率的绝对值小于等成本线的斜率的绝对值，它表示在 b 点上的两要素的边际技术替代率小于两要素的价格之比。譬如说 $MRTS_{LK}=-\frac{\mathrm{d}K}{\mathrm{d}L}=\frac{2}{4}<\frac{2}{1}=\frac{w}{r}$。这时，厂商可以在生产过程中用 2 单位的资本去替代 4 单位劳动，并保持相同的产量水平（因为 $MRTS_{LK}=-\frac{\mathrm{d}K}{\mathrm{d}L}=\frac{2}{4}$），而在生产要素市场上 4 单位劳动的购买成本却可以购买到 8 单位的资本（因为$\frac{w}{r}=\frac{2}{1}$）。于是，厂商节省了 6 单位资本的购买成本而使成本变小。

由此可见，只要 $MRTS_{LK}>\frac{w}{r}$，厂商就会不断地用劳动去替代资本，即在图中沿着等产量曲线 Q 由 a 点不断向 E 点靠近；只要 $MRTS_{LK}<\frac{w}{r}$，厂商就会不断地用资本去替代劳动，即在图中沿着等产量曲线 Q 由 b 点不断向 E 点靠近。在以上的调整中，厂商可以不断以更低的成本来生产相同的产量 Q，最后，厂商在

$MRTS_{LK}=\frac{w}{r}$时实现生产的均衡。在图中，既定的等产量曲线 Q 和等成本线 $A'B'$ 的切点 E 便是生产的均衡点。

综上所述，由于边际技术替代率反映了两要素在生产中的技术替代比率，要素的价格之比反映了两要素在市场购买中的替代比率，所以，只要两者不相等，厂商总可以通过对要素组合的重新选择，以更小的总成本去生产给定的产量。只有在两要素的边际技术替代率和两要素的价格之比相等时，生产者才能实现生产的均衡。在图中则是唯一的等产量曲线 Q 和其中一条等成本线 $A'B'$ 的切点 E 才是厂商的生产均衡点。于是，在生产均衡点 E 有：

$$MRTS_{LK}=\frac{w}{r} \tag{5.3}$$

它表示：**厂商应该选择最优的生产要素组合，使得两要素的边际技术替代率等于两要素的价格之比，从而实现既定产量条件下的最小成本。**

由于边际技术替代率可以表示为两要素的边际产量之比，所以，上式可以写为：

$$MRTS_{LK}=\frac{MP_L}{MP_K}=\frac{w}{r}\ ① \tag{5.4}$$

进一步，可以有：

$$\frac{MP_L}{w}=\frac{MP_K}{r} \tag{5.5}$$

它表示：**为了实现既定产量条件下的最小成本，厂商应该通过对两要素投入量的不断调整，使得花费在每一种要素上的最后一单位的成本支出所带来的边际产量相等。**

---

① 可以用数学方法求得实现既定产量条件下最小成本的要素组合。即在 $Q=f(L,K)=Q^0$ 的限制条件下，求使得 $wL+rK$ 具有最小值的最优生产要素组合解。相应的拉格朗日方程为：

$$M(L,K,\mu)=wL+rK+\mu[Q^0-f(L,K)]\ (\mu\ 为拉格朗日乘数)$$

成本最小化的一阶条件为：

$$\frac{\partial M}{\partial L}=w-\mu\cdot\frac{\partial f}{\partial L}=0 \tag{1}$$

$$\frac{\partial M}{\partial K}=r-\mu\cdot\frac{\partial f}{\partial K}=0 \tag{2}$$

$$\frac{\partial M}{\partial \mu}=Q^0-f(L,K)=0 \tag{3}$$

由（1）式、（2）式得：

$$MRTS_{LK}=\frac{\partial f}{\partial L}\Big/\frac{\partial f}{\partial K}=\frac{MP_L}{MP_K}=\frac{w}{r} \tag{4}$$

（4）式便是既定产量条件下实现最小成本的最优要素组合原则。

根据（1）式、（2）式、（3）式，可以求出最优的两要素的投入函数，即厂商的要素需求函数 $L^*=L(w,r,Q^0)$，$K^*=K(w,r,Q^0)$，以及成本函数 $C^*=C(w,r,Q^0)=wL(w,r,Q^0)+rK(w,r,Q^0)$。

本注释略去了最小化问题的二阶条件。

2. 成本最小化：进一步的思考

我们已经知道，成本最小化的均衡点是等产量曲线和等成本线的切点（如图 5－2 所示）。其中，等产量曲线代表了一定的技术水平，等成本线的斜率表示要素的相对价格。因此，如果生产的技术水平发生变化，或者要素的相对价格发生变化，则会影响等产量曲线或等成本线，进而影响成本最小化均衡点的位置。下面分别予以讨论。

（1）关于技术进步与最小总成本。

在图 5－3 中，假定厂商要生产的产量给定为 200 单位。原有技术水平下的等产量曲线为 $Q=200$，该等产量曲线与等成本线 AB 相切于均衡点 E。技术进步以后，原有的等产量曲线 $Q=200$ 向原点方向移至等产量曲线 $Q'=200$ 的位置，新的等产量曲线 $Q'=200$ 与等成本线 $A'B'$ 相切于均衡点 E'。

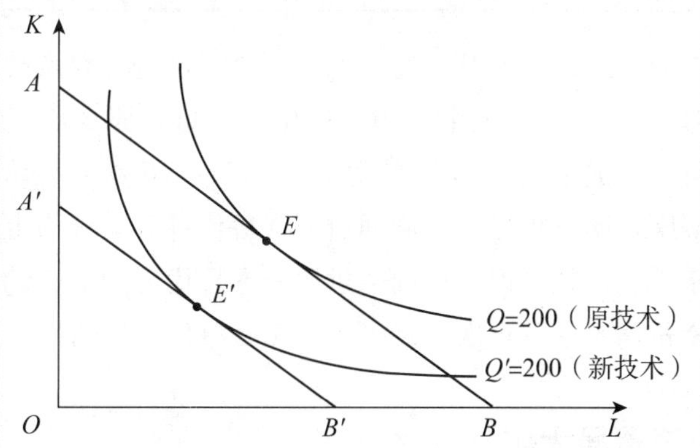

图 5－3 技术进步与最小总成本

比较分别过均衡点 E 和 E' 的两条等成本线可见，同样是生产 200 单位的产量，等成本线 $A'B'$ 所表示的成本显然小于等成本线 AB 所表示的成本。由此可见，技术进步使得厂商生产相同产量时的最小总成本降低了，即节省了总成本支出。

（2）关于要素价格变化与最小总成本。

在图 5－4 中，假定厂商要生产的产量给定为 100 单位，以等产量曲线 $Q=100$ 表示；劳动的价格和资本的价格给定，以等成本线 AB 的斜率表示。等产量曲线 $Q=100$ 与等成本线 AB 相切于均衡点 E，即厂商生产 100 单位的最优要素组合是 (L_1, K_1)，其最小总成本就是等成本线 AB 所代表的成本。

如果资本的价格不变而劳动的价格上升，那么，等成本线的斜率就会变得更陡峭。面对劳动价格的上升，厂商会减少劳动的使用量，而增加资本的使用量，即以资本来替代劳动，于是，等产量曲线 $Q=100$ 与劳动价格上升以后的更陡峭的等成本线 $A'B'$ 相切于均衡点 E'。在新的均衡点 E'，厂商的劳动使用量由原来的 L_1 减少至 L_2，资本使用量由原来的 K_1 增加到 K_2；生产 100 单位产量的最小总成本由

等成本线 $A'B'$ 表示。

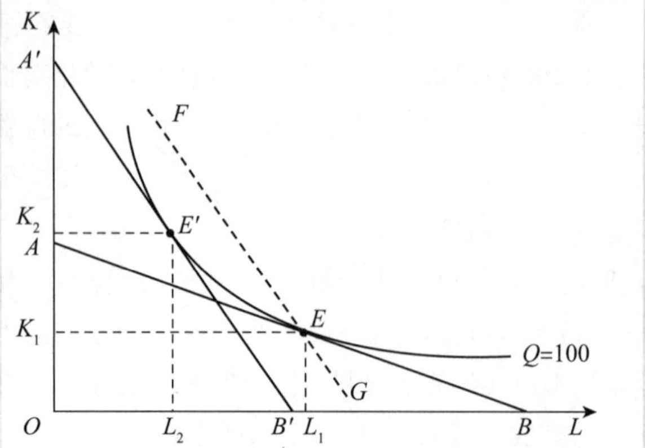

图 5-4　要素价格变化与最小总成本

设想一下，在劳动的价格上升以后，如果厂商不是进行要素替代，而是继续使用原有的要素组合（L_1，K_1）来生产 100 单位的产量，那么，其生产成本将由过均衡点 E（且平行于等成本线 $A'B'$）的等成本线 FG（虚线）表示。比较等成本线 FG 与等成本线 $A'B'$，明显可见，厂商通过要素替代将劳动价格上升所带来的成本增量降到了最低水平。这就是说，厂商通过用资本替代劳动对劳动价格上升作出了反应，在新的要素价格水平下再次实现了生产 100 单位产量的最小总成本。

三、对偶问题：产量最大化

与成本最小化密切相关的问题是产量最大化。理性的厂商在产量给定的条件下会追求成本最小化，而在成本给定的条件下会追求产量最大化。作为对成本最小化问题的进一步理解，在此分析产量最大化问题。厂商如何实现既定成本条件下的产量最大化呢？在图 5-5 中，有一条等成本线 AB 和三条等产量曲线 Q_1、Q_2 和 Q_3。等成本线 AB 的位置和斜率取决于既定的成本量 C 和既定的两要素的价格之比的负值 $-\frac{w}{r}$。由图中可见，唯一的等成本线 AB 与其中一条等产量曲线 Q_2 相切于 E 点，该点就是生产的均衡点。它表示：在既定成本条件下，厂商应该按照 E 点的生产要素组合进行生产，即劳动投入量和资本投入量分别为 L_1 和 K_1，这样，厂商就会获得最大的产量。

为什么 E 点就是最优的生产要素组合点呢？这就需要分析代表既定成本的唯一的等成本线 AB 与三条等产量曲线 Q_1、Q_2 和 Q_3 之间的关系。先看等产量曲线 Q_3，其代表的产量虽然高于等产量曲线 Q_2 代表的产量，但唯一的等成本线 AB 与等产量曲线 Q_3 既无交点又无切点。这表明产量 Q_3 是厂商在既定成本下无法实现的产量，因为厂商利用既定的成本只能购买到位于等成本线 AB 上或等成本线 AB 以内区域的要素组合。再看等产量曲线 Q_1，等产量曲线 Q_1 虽然与唯一的等成本线 AB 相交于 a、b 两点，但等产量曲线 Q_1 所代表的产量是比较低的。因为此时厂商在不增加成本的情况下，只需由 a 点出发向右或由 b 点出发向左沿着既定的等成本线 AB 改变要素组合，就可以增加产量。所以，只有在唯一的等成本线 AB 和等产量曲线 Q_2 的切点 E 的要素组合，才是实现既定成本条件下的最大产量的要素组合。任何更高的产量在既定成本条件下都是无法实现的，任何更低的产量都是无效率的。

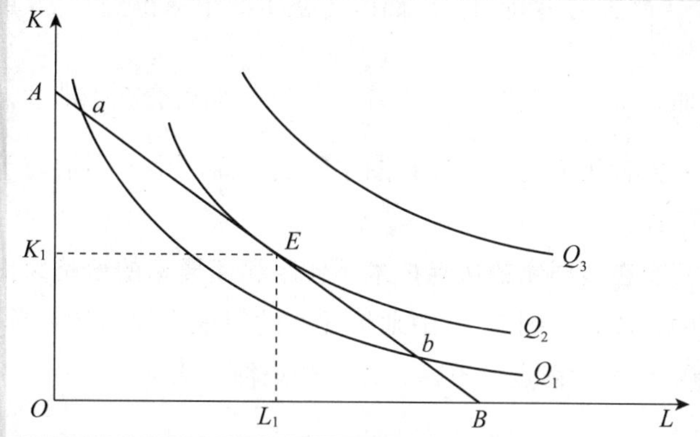

图 5-5 产量最大化

再进一步具体地分析等成本线 AB 和等产量曲线 Q_1 的两个交点 a 点和 b 点。

如果厂商开始时在 a 点进行生产。由图可见，在 a 点，等产量曲线的斜率的绝对值大于等成本线的斜率的绝对值，它表示在 a 点两要素的边际技术替代率大于两要素的价格之比，即有 $MRTS_{LK}>\frac{w}{r}$。譬如说，在 a 点，$MRTS_{LK}=-\frac{\mathrm{d}K}{\mathrm{d}L}=\frac{4}{1}>\frac{1}{1}=\frac{w}{r}$。这时，由不等式右边的 $\frac{w}{r}=\frac{1}{1}$ 可知，在生产要素市场上，厂商在不改变总成本支出的情况下，减少 1 单位的资本购买就可以增加 1 单位的劳动购买，而由不等式左边的 $MRTS_{LK}=-\frac{\mathrm{d}K}{\mathrm{d}L}=\frac{4}{1}$ 可知，在生产过程中，厂商在减少 1 单位的资本投入量时，只需增加 0.25 单位的劳动投入量，就可以维持原有的产量水平。结果，整个不等式告诉我们，厂商因为在生产中多得到 0.75 单位的劳动投入量而使总产量增加。所以，只要 $MRTS_{LK}>\frac{w}{r}$，厂商就会在不改变总成本支出的条件下不断地用劳动去替代资本，表现在图中就是厂商的生产会沿着等成本线 AB 由 a 点不断向 E 点靠近。

如果厂商开始时在 b 点进行生产。由图可见，在 b 点，等产量曲线的斜率的绝对值小于等成本线的斜率的绝对值，这表示在 b 点两要素的边际技术替代率小于两要素的价格之比，即有 $MRTS_{LK}<\frac{w}{r}$。譬如说，在 b 点，$MRTS_{LK}=-\frac{\mathrm{d}K}{\mathrm{d}L}=\frac{1}{4}<$

$\frac{1}{1}=\frac{w}{r}$。与上面的厂商在 a 点时的做法相反，此时，厂商会在不改变总成本支出的情况下，在生产要素市场上，以少购买 1 单位劳动的成本支出去多购买 1 单位的资本（因为 $\frac{w}{r}=\frac{1}{1}$）。而在生产过程中，厂商在减少 1 单位的劳动投入量时，只需增加 0.25 单位的资本投入量，就可以维持原有的产量水平（因为 $MRTS_{LK}=-\frac{\mathrm{d}K}{\mathrm{d}L}=\frac{1}{4}$）。结果，整个不等式告诉我们，厂商因为在生产中多得到 0.75 单位的资本投入量而使总产量增加。所以，只要 $MRTS_{LK}<\frac{w}{r}$，厂商就会在不改变总成本支出的条件下不断地用资本去替代劳动，表现在图中就是厂商的生产会沿着等成本线 AB 由 b 点不断向 E 点靠近。

综上所述，**只有在两要素的边际技术替代率和两要素的价格之比相等时，生产者才能实现生产的均衡。**在图 5－5 中则是唯一的等成本线 AB 和等产量曲线 Q_2 的切点 E 才是厂商的生产均衡点。于是，在生产均衡点 E 有：

$$MRTS_{LK}=\frac{w}{r} \tag{5.6}$$

因为边际技术替代率可以表示为两要素的边际产量之比，所以，上式可以写为：

$$MRTS_{LK}=\frac{MP_L}{MP_K}=\frac{w}{r} \text{ ①} \tag{5.7}$$

进一步，可以有：

---

① 可以用数学方法求得实现既定成本条件下最大产量的要素组合。即在 $wL+rK=C^0$ 的限制条件下，求得使 $Q=f(L,K)$ 具有最大值的最优要素组合解。为解决这一问题，建立拉格朗日方程：

$$N(L,K,t)=f(L,K)+t(C^0-wL-rK) \quad (t \text{ 为拉格朗日乘数})$$

产量最大化的一阶条件为：

$$\frac{\partial N}{\partial L}=\frac{\partial f}{\partial L}-tw=0 \tag{1}$$

$$\frac{\partial N}{\partial K}=\frac{\partial f}{\partial K}-tr=0 \tag{2}$$

$$\frac{\partial N}{\partial t}=C^0-wL-rK=0 \tag{3}$$

由（1）式、（2）式得：

$$MRTS_{LK}=\frac{\partial f}{\partial L}\Big/\frac{\partial f}{\partial K}=\frac{MP_L}{MP_K}=\frac{w}{r} \tag{4}$$

（4）式便是既定成本条件下实现最大产量的要素组合原则。

根据(1)式、(2)式、(3)式，可以求出最优的两要素的投入函数 $K^*=K(w,r,C^0)$，$L^*=L(w,r,C^0)$。本注释略去了最大化问题的二阶条件。

$$\frac{MP_L}{w}=\frac{MP_K}{r} \tag{5.8}$$

它表示：**厂商可以通过对两要素投入量的不断调整，使得最后一单位的成本支出无论用来购买哪一种生产要素所获得的边际产量都相等，从而实现既定成本条件下的最大产量。**

以上就是厂商在既定成本条件下实现最大产量的均衡原则。该原则与厂商在既定产量条件下实现最小成本的均衡原则是相同的，见（5.3）式、（5.4）式和（5.5）式。这也体现了成本最小化问题和产量最大化问题之间的对偶关系，其实，它们都是厂商追求利润最大化的具体行为方式。

此外，利用图 5－6 可以进一步说明成本最小化和产量最大化之间的对偶关系。在生产技术和要素价格不变的前提下，先考虑成本最小化问题：令约束条件产量 Q 给定（以等产量曲线 Q 表示），则 E 点是实现最小成本的均衡点，相应的劳动和资本投入量分别为 L_1 和 K_1，生产产量 Q 的最小成本由等成本线 AB 表示。再考虑产量最大化问题：令约束条件成本给定，且令给定的约束成本值就是前面实现的最小成本，即等成本线 AB 所表示的成本，于是，可以看到图中的 E 点还是实现最大产量的均衡点，相应的劳动和资本投入量仍然分别为 L_1 和 K_1，实现的最大产量则由等产量曲线 Q 表示。所以，成本最小化和产量最大化之间的对偶关系可以进一步理解为：在其他条件不变的前提下，如果将其中任何一个问题所实现的最小成本或最大产量作为另一个问题的约束条件，那么，这两个问题的最优要素组合是相同的，或者说，这两个最优化问题的均衡点 E 的位置是相同的。

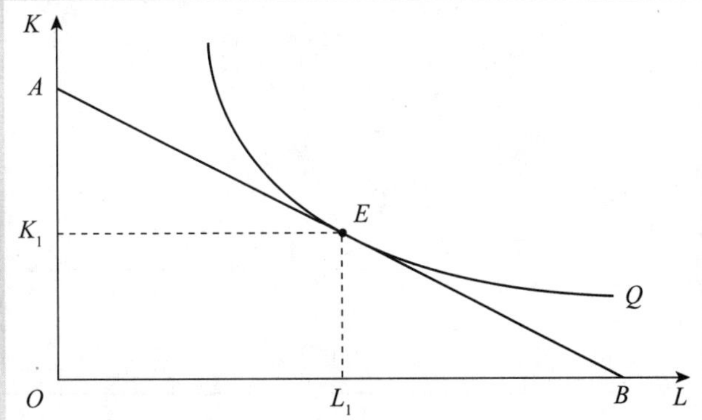

图 5－6 对偶关系：成本最小化和产量最大化

四、扩展线和生产总成本

下面将先介绍扩展线，然后利用扩展线来推导与理解长期总成本和短期总成本。

1. 扩展线

成本最小化和产量最大化分析是推导和理解扩展线的基础。

在生产要素的价格、生产技术和其他条件不变时，如果企业改变成本，等成本线就会发生平移；如果企业改变产量，等产量曲线就会发生平移。这些不同的等产量曲线将与不同的等成本线相切，形成一系列不同的生产均衡点，这些生产均衡点的轨迹就是扩展线。如图 5－7 所示，图中的曲线 ON 是一条扩展线。显然，扩展线上每一个生产均衡点都满足成本最小化或产量最大化的均衡原则：两要素的边际技术替代率等于两要素的价格之比，即有

$$MRTS_{LK}=\frac{w}{r} \tag{5.9}$$

或者

$$MRTS_{LK}=\frac{MP_L}{MP_K}=\frac{w}{r} \tag{5.10}$$

此外，由于生产要素的价格保持不变，两要素的价格之比是固定的，所以，在扩展线上的所有生产均衡点的边际技术替代率都是相等的。

扩展线表示：在生产要素价格、生产技术和其他条件不变的情况下，当生产的成本或产量发生变化时，厂商必然会沿着扩展线来选择最优的生产要素组合，从而实现既定产量条件下的最小成本，或实现既定成本条件下的最大产量。**扩展线是厂商在长期扩张或收缩生产时所必须遵循的最优路径。**

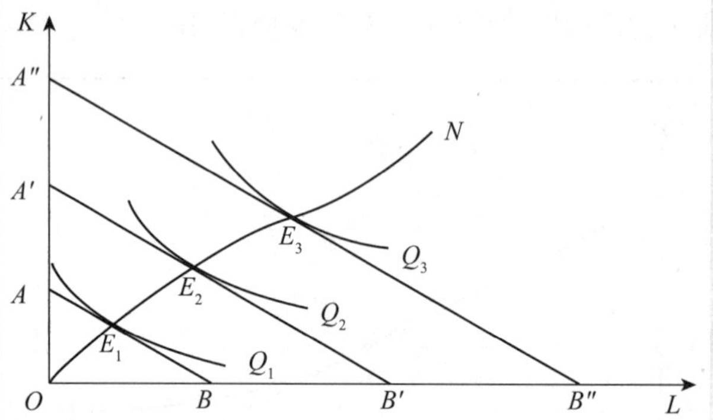

图 5－7　扩展线

2. 扩展线与长期总成本

扩展线是厂商长期生产的最优路径，利用扩展线从成本最小化角度出发，便可以得到长期生产的总成本。在图 5－7 中，我们把扩展线上的 E_1、E_2 和 E_3 三点看成是分别对应三个不同产量的成本最小化的均衡点，于是，均衡点 E_1 表示生产 Q_1 产量的最小成本 C_1 由与等产量曲线 Q_1 相切于该点的等成本线 AB 代表，类似地，均衡点 E_2 表示生产 Q_2 产量的最小成本 C_2 由与等产量曲线 Q_2 相切于该点的等成本线 $A'B'$ 代表，均衡点 E_3 表示生产 Q_3 产量的最小成本 C_3 由与等产量曲线 Q_3 相切于该

点的等成本线 $A''B''$ 代表。依此类推，在扩展线上连续变化的每一个产量水平上，都可以找到相应的长期生产的最小总成本。

由此可得结论：**长期总成本表示在长期生产中在每一个产量水平上的最小的生产成本。**“最小的生产成本”这一性质便是我们通过对扩展线的分析所得到的对长期总成本的初步但也是本质的认识。至于对长期成本曲线的系统分析，将在本章第四节展开。

3. 扩展线与短期总成本

虽然扩展线是厂商长期生产的最优路径，但对扩展线图形稍加处理，仍然可以从成本最小化角度分析得到短期生产的总成本，具体见图 5-8。

在图 5-8 中，三条等产量曲线 Q_1、Q_2 和 Q_3 顺次与三条等成本线 AB、$A'B'$、$A''B''$ 相切于 F、G 和 H 三点，连接这三点的曲线 OR 为厂商生产的扩展线。现在，为了分析短期生产成本问题，假定在短期内厂商的资本投入量固定为 $\overline{K}_0$，它用与横轴平行的直线 $\overline{K}_0J$ 表示。在这种短期生产的情况下，厂商只能沿着水平线 $\overline{K}_0J$ 来调整可变要素劳动的投入量，以适应产量的变化。

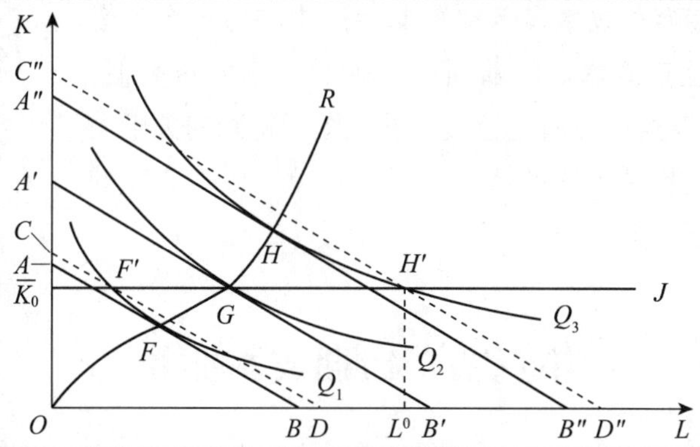

图 5-8 扩展线和短期总成本

如果厂商生产的产量为 Q_2，那么，厂商选择的最优要素组合位于 G 点，G 点不仅是等产量曲线 Q_2 和水平线 $\overline{K}_0J$ 的交点，而且恰好是等产量曲线 Q_2 和等成本线 $A'B'$ 的切点。因此，G 点既是厂商短期的生产要素最优组合点，又是厂商长期的生产要素最优组合点。在 G 点，生产 Q_2 产量的最小成本既是短期总成本又是长期总成本，它们都由与等产量曲线 Q_2 相切于 G 点的等成本线 $A'B'$ 代表。

如果厂商将产量由 Q_2 增加到 Q_3，在长期内，厂商可以达到扩展线上的生产均衡点 H。但是，在短期内，厂商做不到这一点。由于受固定资本投入量 $\overline{K}_0$ 的限制，厂商所能作出的最好选择是达到等产量曲线 Q_3 和水平线 $\overline{K}_0J$ 的交点 H'。在 H' 点，劳动投入量为 L^0，生产 Q_3 产量的最小成本由过 H' 点的等成本线 $C''D''$ 代表。这是因为，在固定资本投入量 $\overline{K}_0$ 的约束下，当厂商只能沿着水平线 $\overline{K}_0J$ 来选择劳动投入量时：如果厂商选择的劳动投入量小于 L^0，那么，厂商将无法生产 Q_3

的产量；如果厂商选择的劳动投入量大于 L^0，那么，其生产成本将大于等成本线 $C''D''$ 代表的成本。所以，唯有选择劳动投入量 L^0，才能实现生产 Q_3 产量的成本最小。此外，在图中明显可见，对于生产同一个产量 Q_3 来说，短期总成本（由过 H' 点的等成本线 $C''D''$ 代表）大于长期总成本（由与等产量曲线 Q_3 相切于 H 点的等成本线 $A''B''$ 代表）。

类似地，如果厂商将产量由 Q_2 减少为 Q_1，由于受固定的资本投入量 $\overline{K}_0$ 的约束，厂商不能达到扩展线上的长期均衡点 F，而只能达到等产量曲线 Q_1 与水平线 $\overline{K}_0J$ 的交点 F'，生产 Q_1 产量的短期最小成本由过 F' 点的等成本线 CD 代表。显然，对于生产同一个产量 Q_1 来说，短期总成本（由过 F' 点的等成本线 CD 代表）也大于长期总成本（由与等产量曲线 Q_1 相切于 F 点的等成本线 AB 代表）。

从以上分析中可以清楚地看到，水平线 $\overline{K}_0J$ 与等产量曲线 Q_1、Q_2 和 Q_3 有三个相交点 F'、G 和 H'，过这三点的等成本线 CD、$A'B'$ 和 $C''D''$ 分别表示短期内生产 Q_1、Q_2 和 Q_3 产量的最小总成本。设想一下：假定产量的变化是连续的，则可以从水平线 $\overline{K}_0J$ 上读出在短期生产每一个产量的最小总成本。

由此可见，**短期总成本表示在短期生产中在每一个产量水平上的最小的生产成本。**与前面的长期总成本分析类似，“最小的生产成本”这一性质是通过扩展线图形得到的关于短期总成本的初步但也是本质的认识。至于对短期成本曲线的系统分析，将在下一节展开。

专栏 5-2
餐企联合建 B2B 采购平台

第三节　短期成本曲线

在上一节，我们利用扩展线分别从长期和短期的角度探讨了对应于每一个产量的最小生产成本，也就是说，建立了产量和成本之间的一一对应关系。那么，我们进一步要问的是：随着产量的连续变化，成本的具体变化又具有哪些特征呢？这便是本章第三节短期成本曲线和第四节长期成本曲线将要阐述的内容。

厂商的生产技术及其特征决定厂商的成本曲线的特征。本节主要考察的问题是：随着产量的变化，各类短期成本曲线所呈现的特征及其相互之间的关系。我们将会看到短期生产的边际报酬递减规律对于理解短期成本曲线的特征是至关重要的。

一、由短期生产函数到短期总成本函数

由厂商的短期生产函数出发，可以得到相应的短期总成本函数；且由厂商的短期总产量曲线出发，也可以得到相应的短期总成本曲线。下面，给出具体的分析与

推导。

1. 由短期生产函数到短期总成本函数

假定厂商在短期内使用劳动和资本这两种要素生产一种产品，其中，劳动投入量是可变的，资本投入量是固定的，则短期生产函数为：

$$Q=f(L,\overline{K}) \tag{5.11}$$

(5.11) 式表示：在资本投入量固定的前提下，可变要素劳动投入量 L 和产量 Q 之间存在着一一对应关系。这种关系可以理解为：厂商可以通过对劳动投入量的调整来实现不同的产量水平。也可以反过来理解为：厂商根据不同的产量水平的要求，来确定相应的劳动投入量。根据后一种理解，且假定生产要素市场上劳动的价格 w 和资本的价格 r 是给定的，则可以用下式来表示厂商在每一产量水平上的短期总成本：

$$STC(Q)=w\cdot L(Q)+r\cdot\overline{K} \tag{5.12}$$

式中，$w\cdot L(Q)$ 为可变成本部分；$r\cdot\overline{K}$ 为固定成本（也称不变成本）部分，两部分之和构成厂商的短期总成本，STC 是短期总成本的英文简写。如果以 $\Phi(Q)$表示可变成本$w\cdot L(Q)$，以 b 表示固定成本 $r\cdot\overline{K}$，则短期总成本函数可以写成以下形式：

$$STC(Q)=\Phi(Q)+b \tag{5.13}$$

至此，我们由（5.11）式的短期生产函数出发，写出了相应的短期总成本函数。显然，短期总成本是产量的函数。

2. 由短期总产量曲线到短期总成本曲线

在以上分析的基础上，进一步利用（5.12）式可以很方便地由厂商的短期总产量曲线求得相应的短期总成本曲线。其具体做法如下：以第四章生产技术的图 4-1 (a) 的短期总产量曲线图为例，在图中的总产量 TP_L 曲线上，找到与每一个总产量相对应的可变要素劳动投入量 L（参见表 4-1），再用所得到的 L 去乘已知的劳动价格 w（在此假定 $w=2$），便可得到每一总产量水平的可变成本 $w\cdot L(Q)$。将这种总产量与可变成本之间的对应关系描绘在平面坐标图中，即可得到短期可变成本曲线，如图 5-9 所示。图中的横轴 Q 代表产量，纵轴 C 代表成本，由原点出发的曲线 $w\cdot L(Q)$就是短期可变成本曲线。

由于短期固定成本为 $r\cdot\overline{K}$，所以，将短期可变成本曲线向上垂直平移 $r\cdot\overline{K}$ 单位，便得到短期总成本曲线 $STC(Q)$，在此有$STC(Q)=w\cdot L(Q)+r\cdot\overline{K}$。显然，图 4-1 (a) 的短期总产量曲线和图 5-9 的短期总成本曲线之间存在着相互对应的关系。①

---

① 由于厂商在短期内不可能将生产推进到图 4-3 中的劳动的边际产量为负的生产的第Ⅲ阶段，所以，按照一般的习惯，图 5-9 中短期总成本曲线是由图 4-1 (a) 中生产的第Ⅰ、Ⅱ阶段的短期总产量曲线推导而来的。

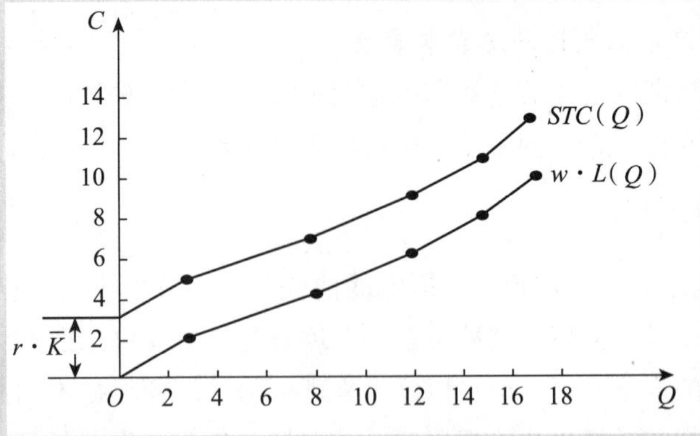

图 5-9　短期总成本曲线

下面将具体分析各类短期成本曲线的特征及其相互之间的关系。

二、短期成本的分类

在短期，厂商的成本有不变成本部分和可变成本部分之分。具体地讲，厂商的短期成本有以下七种：总不变成本、总可变成本、总成本、平均不变成本、平均可变成本、平均总成本和边际成本。它们的英文缩写顺次为：*TFC*、*TVC*、*TC*、*AFC*、*AVC*、*AC* 和 *MC*。

总不变成本 *TFC* 是厂商在短期内为生产一定数量的产品对不变生产要素所支付的总成本。例如，建筑物和机器设备的折旧费等就属于总不变成本。由于在短期内不管企业的产量为多少，这部分不变要素的投入量都是不变的，所以，总不变成本是一个常数，它不随着产量的变化而变化。即使在产量为零时，总不变成本也仍然存在。如图 5-10（a）所示，图中的横轴 *Q* 表示产量，纵轴 *C* 表示成本，总不变成本 *TFC* 曲线是一条水平线。它表示在短期内，无论产量如何变化，总不变成本 *TFC* 都是固定不变的。

总可变成本 *TVC* 是厂商在短期内为生产一定数量的产品对可变生产要素所支付的总成本。例如，厂商对原材料、燃料动力和工人工资的支付等就属于总可变成本。总可变成本 *TVC* 曲线如图 5-10（b）所示，它是一条由原点出发向右上方倾斜的曲线。*TVC* 曲线表示：由于在短期内厂商是根据产量的变化不断地调整可变要素的投入量，所以，总可变成本随着产量的变动而变动。当产量为零时，总可变成本也为零。在这以后，总可变成本随着产量的增加而增加。总可变成本的函数形式为：

$$TVC=TVC(Q) \tag{5.14}$$

总成本 *TC* 是厂商在短期内为生产一定数量的产品对全部生产要素所支付的总成本。它是总不变成本和总可变成本之和。总成本 *TC* 曲线如图 5-10（c）所示，它是从纵轴上相当于总不变成本 *TFC* 高度的点出发的一条向右上方倾斜的曲线。

TC 曲线表示：在每一个产量上的总成本由总不变成本和总可变成本共同构成。总成本用公式表示为：

$$TC(Q)=TFC+TVC(Q) \tag{5.15}$$

平均不变成本 *AFC* 是厂商在短期内平均每生产一单位产品所支付的不变成本。 平均不变成本 AFC 曲线如图 5－10（d）所示，它是一条向两轴渐近的双曲线。[①] AFC 曲线表示：在总不变成本固定的前提下，随着产量的增加，平均不变成本是越来越小的。平均不变成本用公式表示为：

$$AFC(Q)=\frac{TFC}{Q} \tag{5.16}$$

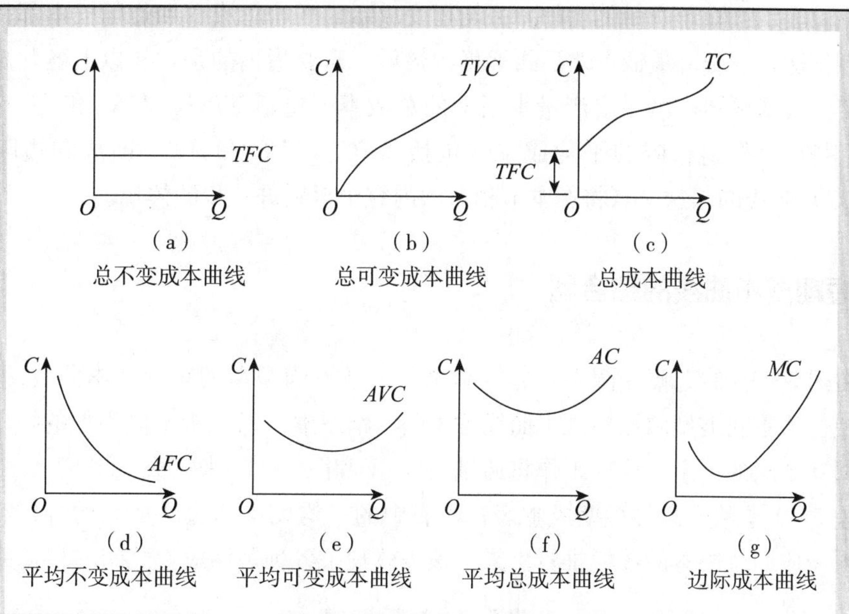

图 5－10　各类短期成本曲线

平均可变成本 *AVC* 是厂商在短期内平均每生产一单位产品所支付的可变成本。 用公式表示为：

$$AVC(Q)=\frac{TVC(Q)}{Q} \tag{5.17}$$

平均总成本 *AC* 是厂商在短期内平均每生产一单位产品所支付的全部成本。 它等于平均不变成本和平均可变成本之和。用公式表示为：

$$AC(Q)=\frac{TC(Q)}{Q}=AFC(Q)+AVC(Q) \tag{5.18}$$

---

① 为了便于作图，在图 5－10 中，假定图 5－10（a）、图 5－10（b）和图 5－10（c）中纵轴的单位刻度均大于图 5－10（d）、图 5－10（e）、图 5－10（f）和图 5－10（g）中纵轴的单位刻度，所有分图的横轴的单位刻度是相同的。这一假定对于本章后面类似的图都适用。

边际成本 MC 是厂商在短期内增加一单位产量时所增加的总成本。用公式表示为：

$$MC(Q)=\frac{\Delta TC(Q)}{\Delta Q} \tag{5.19}$$

或者 $$MC(Q)=\lim_{\Delta Q\to 0}\frac{\Delta TC(Q)}{\Delta Q}=\frac{\mathrm{d}TC}{\mathrm{d}Q} \tag{5.20}$$

由（5.20）式可知，在每一个产量水平上的边际成本 MC 值就是相应的总成本 TC 曲线的斜率。

平均可变成本 AVC 曲线、平均总成本 AC 曲线和边际成本 MC 曲线顺次如图 5-10（e）、图 5-10（f）和图 5-10（g）所示。这三条曲线都呈现出 U 形的特征。它们表示：随着产量的增加，平均可变成本、平均总成本和边际成本都是先递减，各自达到自身的最低点之后再递增。最后，需要指出的是，从以上各种短期成本的定义公式可知，由一定产量水平上的总成本（包括 TFC、TVC 和 TC）曲线出发，是可以得到相应的平均成本（包括 AFC、AVC 和 AC）曲线和边际成本（即 MC）曲线的。这一点将在本节稍后的内容中得到进一步的体现。

三、短期成本曲线的综合图

在图 5-10 的七幅分图中，分别画出了七条不同类型的短期成本曲线。现在，我们把这些不同类型的短期成本曲线置于同一幅图中，以分析不同类型的短期成本曲线相互之间的关系。这项工作将通过表 5-1 和图 5-11 来完成。

表 5-1 是某厂商的短期成本表列。表中的平均成本和边际成本的各栏均可以分别由相应的总成本的各栏推算出来。该表体现了各种短期成本之间的相互关系。

表 5-1 短期成本表

产量 Q	总成本			平均成本			边际成本 MC
	总不变成本 TFC	总可变成本 TVC	总成本 TC	平均不变成本 AFC	平均可变成本 AVC	平均总成本 AC	
0	1 200	0	1 200				
1	1 200	600	1 800	1 200.0	600.0	1 800.0	600
2	1 200	800	2 000	600.0	400.0	1 000.0	200
3	1 200	900	2 100	400.0	300.0	700.0	100
4	1 200	1 050	2 250	300.0	262.5	562.5	150
5	1 200	1 400	2 600	240.0	280.0	520.0	350
6	1 200	2 100	3 300	200.0	350.0	550.0	700

图 5-11 是根据表 5-1 绘制出的短期成本曲线图，它是一幅典型的短期成本曲线的综合图。

仔细观察图 5-11，除了发现那些在图 5-10 中已经得到体现的短期成本曲线的特征以外，可以更深入地了解各类短期成本曲线的特征及其相互之间的联系。

先分析图 5－11（a）。由图中可见，*TC* 曲线是一条由水平的 *TFC* 曲线与纵轴的交点出发的向右上方倾斜的曲线。在每一个产量上，*TC* 曲线和 *TVC* 曲线两者的斜率都是相同的，并且，*TC* 曲线和 *TVC* 曲线之间的垂直距离等于固定的总不变成本 *TFC*。这显然是由于 *TC* 曲线是通过把 *TVC* 曲线向上垂直平移 *TFC* 的距离而得到的。

此外，在图 5－11（a）中，*TC* 曲线和 *TVC* 曲线在同一个产量水平（2.5 单位）各自存在一个拐点 *B* 和 *C*。在拐点以前，*TC* 曲线和 *TVC* 曲线的斜率是递减的；在拐点以后，*TC* 曲线和 *TVC* 曲线的斜率是递增的。

再分析图 5－11（b）。由图中可见，不仅 *AVC* 曲线、*AC* 曲线和 *MC* 曲线均呈 U 形特征，而且，*MC* 曲线与 *AVC* 曲线相交于 *AVC* 曲线的最低点 *F*，与 *AC* 曲线相交于 *AC* 曲线的最低点 *D*。

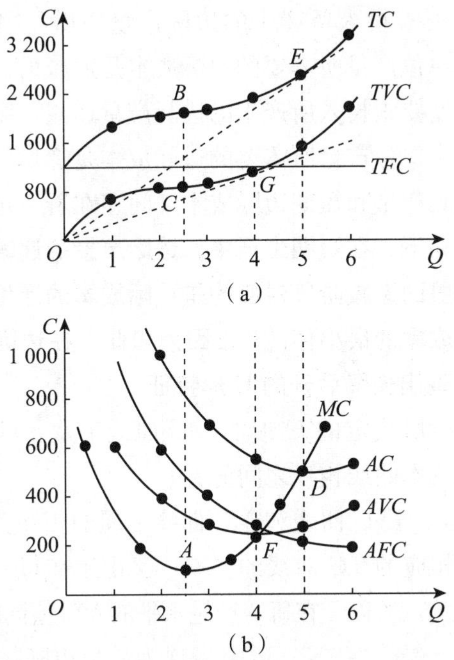

图 5－11 短期成本曲线

最后，将图 5－11（a）和图 5－11（b）结合在一起分析。我们可以发现，图 5－11（b）中 *MC* 曲线的最低点 *A* 恰好对应图 5－11（a）中 *TC* 曲线的拐点 *B* 和 *TVC* 曲线的拐点 *C*，或者说，*A*、*B*、*C* 三点同时出现在同一个产量水平（2.5 单位）。在图 5－11（b）中的 *AVC* 曲线达到最低点 *F* 时，图 5－11（a）中的 *TVC* 曲线恰好有一条从原点出发的切线（以虚线表示），与 *TVC* 曲线相切于 *G* 点。或者说，*G*、*F* 两点同时出现在同一个产量水平（4 单位）。类似地，在图 5－11（b）中的 *AC* 曲线达到最低点 *D* 时，图 5－11（a）中的 *TC* 曲线恰好有一条从原点出发的切线（以虚线表示），与 *TC* 曲线相切于 *E* 点。或者说，*E*、*D* 两点同时出现在同一个产量水平（5 单位）。

至于短期成本曲线呈现出以上这些特征的原因，将在下面运用短期生产的边际报酬递减规律进行深入的解释。

四、短期成本变动的决定因素：边际报酬递减规律

边际报酬递减规律是短期生产的一条基本规律，因此，它也决定了短期成本曲线的特征。

边际报酬递减规律是指在短期生产过程中，在生产技术水平和其他条件不变的前提下，随着一种可变要素投入量的连续增加，它所带来的边际产量先是递增的，达到最大值以后再递减。对于这一规律，我们也可以从产量变化所引起的边际成本变化的角度来理解：假定生产要素的价格是固定不变的，在开始时的边际报酬递增阶段，增加一单位可变要素投入所产生的边际产量递增，则这意味着可以反过来说：在这一阶段增加一单位产量所需要的边际成本是递减的。在以后的边际报酬递减阶段，增加一单位可变要素投入所产生的边际产量递减，则这意味着也可以反过来说：在这一阶段增加一单位产量所需要的边际成本是递增的。显然，边际报酬递减规律作用下的短期边际产量和短期边际成本之间存在着一定的对应关系。这种对应关系可以简单地表述如下：**在短期生产中，边际产量的递增阶段对应的是边际成本的递减阶段，边际产量的递减阶段对应的是边际成本的递增阶段，与边际产量的最大值相对应的是边际成本的最小值。**[①] **正因为如此，在边际报酬递减规律作用下的边际成本 *MC* 曲线表现出先降后升的 U 形特征。**

从边际报酬递减规律所决定的 U 形的 *MC* 曲线出发，可以解释其他的短期成本曲线的特征以及短期成本曲线相互之间的关系。

第一，关于 *TC* 曲线、*TVC* 曲线和 *MC* 曲线之间的相互关系。由于在每一个产量水平上的 *MC* 值就是相应的 *TC* 曲线的斜率，又由于在每一产量上的 *TC* 曲线和 *TVC* 曲线的斜率是相等的，所以，在每一产量水平的 *MC* 值同时就是相应的 *TC* 曲线和 *TVC* 曲线的斜率。[②] 于是，在图5-11中表现为：与边际报酬递减规律作用下的 *MC* 曲线的先降后升的特征相对应，*TC* 曲线和 *TVC* 曲线的斜率也由递减变为递增。而且，*MC* 曲线的最低点 *A* 与 *TC* 曲线的拐点 *B* 和 *TVC* 曲线的拐点 *C* 相对应。

第二，关于 *AC* 曲线、*AVC* 曲线和 *MC* 曲线之间的相互关系。我们已经知道，对于任何一对边际量和平均量而言，只要边际量小于平均量，边际量就把平均量拉下；只要边际量大于平均量，边际量就把平均量拉上；当边际量等于平均量时，平

---

① 这一对应关系将在本书第 180 页得到进一步的数学证明。

② 这一点也可以证明如下：

$\because\ TC(Q)=TVC(Q)+TFC$

$\therefore\ MC=\frac{\mathrm{d}TC}{\mathrm{d}Q}=\frac{\mathrm{d}TVC}{\mathrm{d}Q}+0$

均量必达本身的极值点。将这种关系具体到 AC 曲线、AVC 曲线和 MC 曲线的相互关系上，可以推知，由于在边际报酬递减规律作用下的 MC 曲线有先降后升的 U 形特征，所以，AC 曲线和 AVC 曲线也必定有先降后升的 U 形特征。而且，如图 5－11 所示：U 形的 MC 曲线与 U 形的 AC 曲线相交于 AC 曲线的最低点 D，与 U 形的 AVC 曲线相交于 AVC 曲线的最低点 F。在 AC 曲线的下降段，MC 曲线低于 AC 曲线；在 AC 曲线的上升段，MC 曲线高于 AC 曲线。类似地，在 AVC 曲线的下降段，MC 曲线低于 AVC 曲线；在 AVC 曲线的上升段，MC 曲线高于 AVC 曲线。①

此外，对产量变化的反应，边际成本 MC 要比平均总成本 AC 和平均可变成本 AVC 敏感得多。反映在图 5－11 中，不管是下降还是上升，MC 曲线的变动都快于 AC 曲线和 AVC 曲线。

最后，比较图中 AC 曲线的最低点 D 与 AVC 曲线的最低点 F，可以发现，AVC 曲线降到最低点 F 时，AC 曲线还没有降到最低点 D，而且 D 点高于 F 点。这是因为：在平均总成本中不仅包括平均可变成本，还包括平均不变成本。正是由于平均不变成本的作用，AC 曲线的最低点 D 的出现既慢于又高于 AVC 曲线的最低点 F。

五、由总成本曲线到平均成本曲线和边际成本曲线

以上，我们已经讨论了短期的七条成本曲线及其特征。在此，我们再换一个角度，即由总成本曲线（TFC 曲线、TVC 曲线和 TC 曲线）出发，用几何方法推导出相应的平均成本曲线（即 AFC 曲线、AVC 曲线和 AC 曲线）和边际成本曲线（MC 曲线）。

首先，由 TFC 曲线推导 AFC 曲线可用图5－12 说明。因为 $AFC(Q)=\dfrac{TFC}{Q}$，所以，在任何产量水平上的 AFC 值都可以由连接原点到 TFC 曲线上相应的点的线段的斜率给出。在图 5－12（a）中，在产量水平 Q_1 上的 AFC 值可由线段 Oa 的斜

---

① AC 曲线和 MC 曲线之间的关系可以用数学证明如下：

$$\frac{dAC}{dQ}=\frac{d}{dQ}\left(\frac{TC}{Q}\right)=\frac{TC'\cdot Q-TC}{Q^2}=\frac{1}{Q}\left(TC'-\frac{TC}{Q}\right)=\frac{1}{Q}(MC-AC)$$

由于 $Q>0$，所以，当 $MC<AC$ 时，AC 曲线的斜率 $\frac{dAC}{dQ}$ 为负，AC 曲线是下降的；当 $MC>AC$ 时，AC 曲线的斜率 $\frac{dAC}{dQ}$ 为正，AC 曲线是上升的；当 $MC=AC$ 时，AC 曲线的斜率 $\frac{dAC}{dQ}$ 为零，AC 曲线达到极值点（在此为极小值点）。

类似地，AVC 曲线和 MC 曲线之间的关系可以用数学证明如下：

$$\frac{dAVC}{dQ}=\frac{d}{dQ}\left(\frac{TVC}{Q}\right)=\frac{TVC'\cdot Q-TVC}{Q^2}=\frac{1}{Q}\left(TVC'-\frac{TVC}{Q}\right)=\frac{1}{Q}(MC-AVC)$$

由于 $Q>0$，所以，当 $MC<AVC$ 时，AVC 曲线的斜率 $\frac{dAVC}{dQ}$ 为负，AVC 曲线是下降的；当 $MC>AVC$ 时，AVC 曲线的斜率 $\frac{dAVC}{dQ}$ 为正，AVC 曲线是上升的；当 $MC=AVC$ 时，AVC 曲线的斜率 $\frac{dAVC}{dQ}$ 为零，AVC 曲线达到极值点（在此为极小值点）。

率给出，即$AFC_1=\frac{aQ_1}{OQ_1}$。同样地，在产量水平 Q_2 上，有 $AFC_2=\frac{bQ_2}{OQ_2}$；在产量水平 Q_3 上，有 $AFC_3=\frac{cQ_3}{OQ_3}$。由于总不变成本是固定的，即 $aQ_1=bQ_2=cQ_3$，而产量 $OQ_1<OQ_2<OQ_3$，因此，$AFC_1>AFC_2>AFC_3$。这说明，随着产量的增加，平均不变成本 AFC 是递减的。图 5-12（b）是根据图 5-12（a）绘制出的相应的 AFC 曲线，图中的$a'Q_1$、$b'Q_2$ 和 $c'Q_3$ 分别代表 AFC_1、AFC_2 和 AFC_3。

其次，由 TVC 曲线推导 AVC 曲线可用图 5-13 说明。因为 $AVC(Q)=\frac{TVC(Q)}{Q}$，所以，在任何产量水平上的 AVC 值都可以由连接原点到 TVC 曲线上相应的点的线段的斜率给出。在图 5-13（a）中，在产量水平 Q_1、Q_2 和 Q_3 上的 AVC 值分别由线段 Oa、Ob 和 Oc 的斜率给出。其中，在 Q_2 的产量上，一条由原点出发的直线与 TVC 曲线相切于 b 点，而且，在原点与 TVC 曲线上点的所有连线中，这条直线（即切线）是最平坦的一条。这说明：随着产量的不断增加，连接原点到 TVC 曲线上相应的点的线段的斜率在 b 点之前是递减的，在 b 点之后是递增的，而在 b 点是最小的。或者说，随着产量的不断增加，AVC 值先是递减的，在达到最小值以后再递增。图 5-13（b）是根据图 5-13（a）绘制出的 AVC 曲线。图 5-13（b）中的 $a'Q_1$、$b'Q_2$和 $c'Q_3$ 的值分别等于图 5-13（a）中从原点出发的

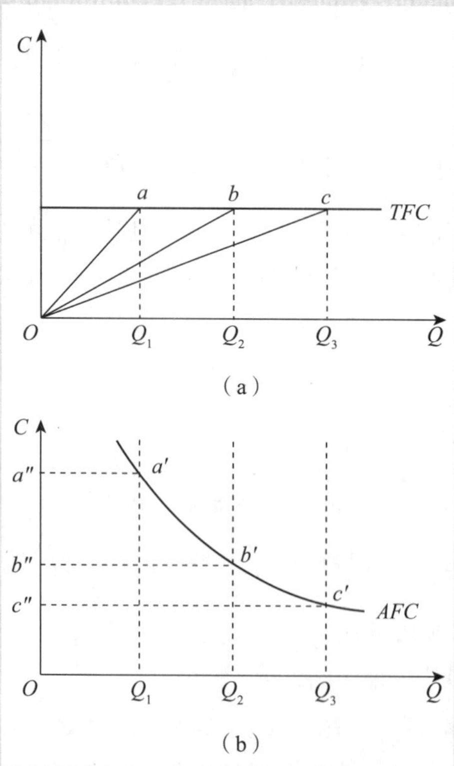

图 5-12 由 *TFC* 曲线到 *AFC* 曲线

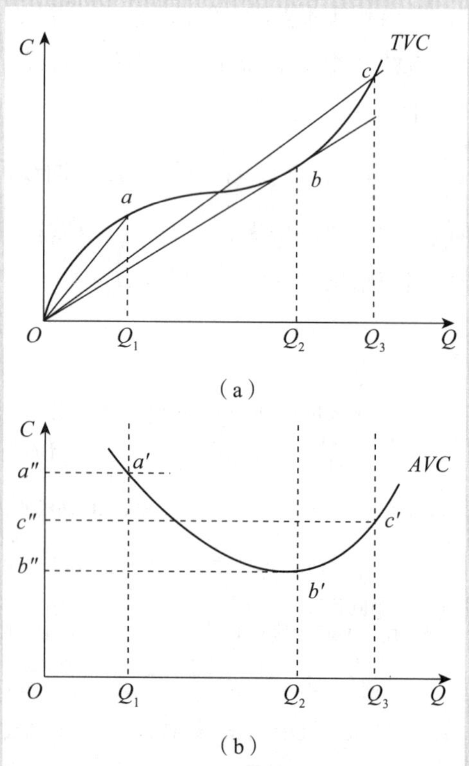

图 5-13 由 *TVC* 曲线到 *AVC* 曲线

直线 Oa、Ob 和 Oc 的斜率，它们分别表示生产 Q_1、Q_2 和 Q_3 产量的平均可变成本 AVC。图中的 AVC 曲线呈先降后升的 U 形，在 b'点达到最小值；图 5－13（a）中 TVC 曲线上的切点 b 和图 5－13（b）中 AVC 曲线的最低点 b'是相对应的。

再次，由 TC 曲线推导 AC 曲线可以用图 5－14 说明。与上面推导 AVC 曲线类似，因为 $AC(Q)=\dfrac{TC(Q)}{Q}$，所以，任何产量水平上的 AC 值都可以由连接原点到 TC 曲线上相应的点的线段的斜率给出。在图 5－14（a）中，在产量水平 Q_1、Q_2 和 Q_3 上的 AC 值顺次由线段 Oa、Ob 和 Oc 的斜率给出，TC 曲线在 b 点有一条由原点出发的切线。这表明，随着产量的不断增加，连接原点和 TC 曲线上的点的线段的斜率，在 b 点之前是递减的，在 b 点之后是递增的，在 b 点达到最小值。与此相对应，在图 5－14（b）中，AC 曲线呈先降后升的 U 形，该曲线在 b'点达到最小值。图 5－14（a）中 TC 曲线上的切点 b 与图 5－14（b）中 AC 曲线的最低点 b'是相对应的。

最后，由 TC 曲线和 TVC 曲线推导 MC 曲线可以用图 5－15 说明。前面已经指出，任何产量水平上的 MC 值既可由 TC 曲线又可由 TVC 曲线上相应的点的斜率给出。由图 5－15（a）中 TC 曲线和 TVC 曲线的先降后升的斜率，可得图 5－15（b）中相应的 U 形的 MC 曲线，而且图 5－15（a）中 TC 曲线和 TVC 曲线的拐点 a 和 a'，与图 5－15（b）中 MC 曲线的最低点 a''是相对应的。

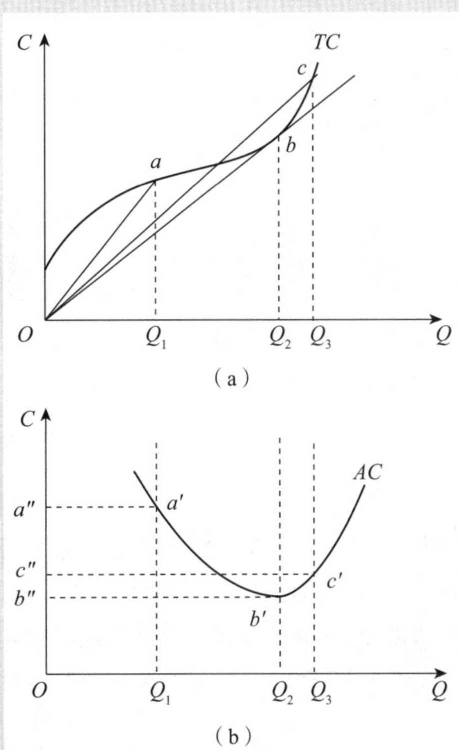

图 5－14 由 TC 曲线到 AC 曲线

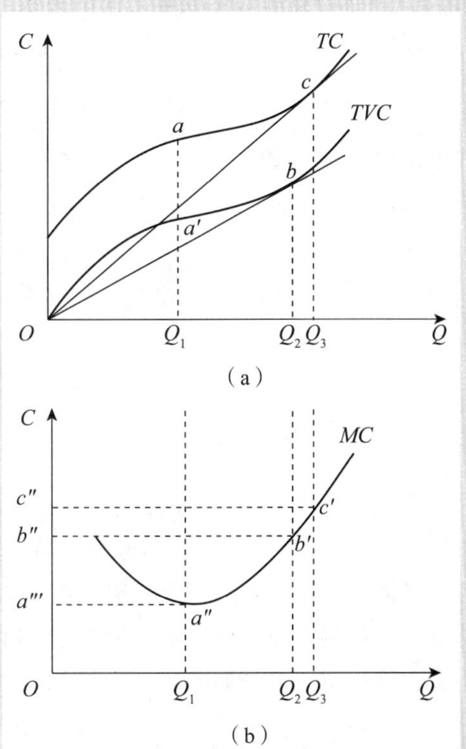

图 5－15 由 TC 曲线和 TVC 曲线到 MC 曲线

此外，在图5-15（a）中，TVC 曲线有一条从原点出发的切线，切点为 b，这意味着 AVC 此时达到最小值。由此推知，与该切点 b 相对应的图5-15（b）中 MC 曲线上的 b' 点，应该是 MC 曲线和 AVC 曲线的交点。类似地，与图5-15（a）中 TC 曲线上的切点 c 相对应，图5-15（b）中 MC 曲线上的 c' 点也应该是 MC 曲线和 AC 曲线的交点。

六、短期产量曲线与短期成本曲线之间的关系

前面已经指出，短期生产的边际报酬递减规律决定了短期成本曲线的特征。在此，我们将进一步分析短期生产条件下的生产函数和成本函数之间的对应关系，或者说，分析短期产量曲线和短期成本曲线之间的关系。

假定短期生产函数为：

$$Q=f(L,\ \overline{K}) \tag{5.21}$$

短期成本函数为：

$$TC(Q)=TVC(Q)+TFC \tag{5.22}$$

式中

$$TVC(Q)=w\cdot L(Q) \tag{5.23}$$

且假定生产要素劳动的价格 w 是给定的。

1. 边际产量和边际成本之间的关系

根据（5.22）式和（5.23）式，有：

$$TC(Q)=TVC(Q)+TFC=w\cdot L(Q)+TFC$$

式中，TFC 为常数。

由上式可得：

$$MC=\frac{\mathrm{d}TC}{\mathrm{d}Q}=w\ \frac{\mathrm{d}L}{\mathrm{d}Q}+0$$

即：

$$MC=w\cdot\frac{1}{MP_L} \tag{5.24}$$

由此可得以下两点结论：

第一，（5.24）式表明边际成本 MC 和边际产量 MP_L 两者的变动方向是相反的。具体地讲，由于边际报酬递减规律的作用，可变要素的边际产量 MP_L 先上升，达到一个最高点以后再下降，所以，边际成本 MC 先下降，达到一个最低点以后再上升。这种对应关系如图5-16（b）、图5-16（c）所示[①]：MP_L 曲线的上升段对

① 为了便于作图，在图5-16中，假定图5-16（a）中纵轴的单位刻度大于图5-16（b）中纵轴的单位刻度，图5-16（d）中纵轴的单位刻度大于图5-16（c）中纵轴的单位刻度。

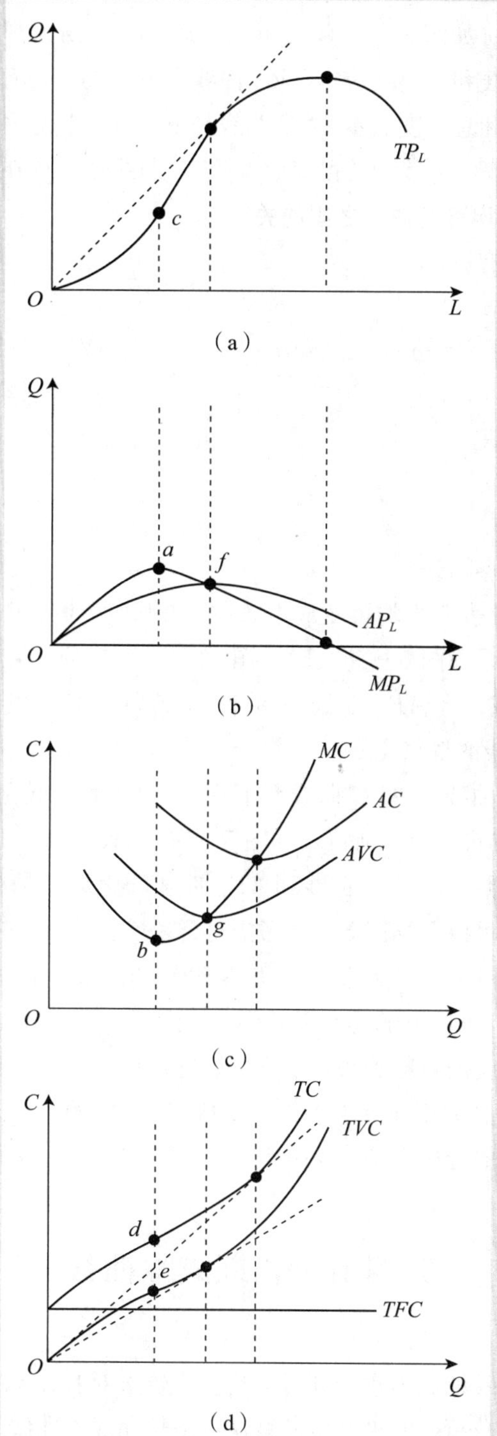

图 5－16 短期生产函数和短期成本函数之间的对应关系

应 MC 曲线的下降段；MP_L 曲线的下降段对应 MC 曲线的上升段；MP_L 曲线的最高点 a 对应 MC 曲线的最低点 b。

第二，由以上的边际产量和边际成本的对应关系可以推知，总产量和总成本之间也存在着对应关系。如图 5-16（a）、图 5-16（d）所示：当总产量 TP_L 曲线下凸时，总成本 TC 曲线和总可变成本 TVC 曲线是下凹的；当总产量 TP_L 曲线下凹时，总成本 TC 曲线和总可变成本 TVC 曲线是下凸的；当总产量 TP_L 曲线存在一个拐点 c 时，总成本 TC 曲线和总可变成本 TVC 曲线也各存在一个拐点 d 和 e。

2. 平均产量和平均可变成本之间的关系

根据（5.23）式有：

$$AVC=\frac{TVC}{Q}=w\,\frac{L}{Q}$$

即

$$AVC=w\cdot\frac{1}{AP_L} \tag{5.25}$$

由此可得以下两点结论：

第一，（5.25）式表明平均可变成本 AVC 和平均产量 AP_L 两者的变动方向是相反的。这种对应关系如图 5-16（b）、图 5-16（c）所示：当 AP_L 曲线呈递增时，AVC 曲线呈递减；当 AP_L 曲线呈递减时，AVC 曲线呈递增；AP_L 曲线的最高点 f 对应 AVC 曲线的最低点 g。

第二，由于 MC 曲线与 AVC 曲线交于 AVC 曲线的最低点，MP_L 曲线与 AP_L 曲线交于 AP_L 曲线的最高点，所以，如图 5-16（b）、图 5-16（c）所示，MC 曲线和 AVC 曲线的交点 g 与 MP_L 曲线和 AP_L 曲线的交点 f 是对应的。

在本节结束时，可以根据图 5-16 考虑这样一个问题：在第四章第二节分析短期生产函数时指出，在短期内厂商一定是在生产的第Ⅱ阶段进行生产，在这一阶段，MP_L 不仅递减，而且小于或等于 AP_L（见图 4-3）。现在，根据短期生产函数和短期成本函数之间的对应关系，是否可以这样说：在短期内厂商一定是在边际成本 MC 不仅递增而且大于或等于平均可变成本 AVC 的阶段进行生产呢？这个推论是正确的。下一章的分析会证明这一点。

第四节　长期成本曲线

本节将对厂商的长期成本进行分析。我们将顺次对长期总成本、长期平均成本和长期边际成本进行分析，并进一步考察这三条长期成本曲线之间的相互关系。

在长期内，厂商可以根据产量的要求调整全部的生产要素投入量，甚至进入或退出一个行业，因此，厂商所有的成本都是可变的。厂商的长期成本可以分为长期总成本、长期平均成本和长期边际成本。它们的英文缩写顺次为 LTC、LAC 和 LMC。

为了区分短期成本和长期成本，从本节开始，在短期总成本、短期平均成本和短期边际成本的英文缩写前都冠之以“S”，如短期总成本写为 STC 等，在长期成本的英文缩写前都冠之以“L”，如长期总成本写为 LTC 等。

一、长期总成本函数和长期总成本曲线

厂商在长期对全部要素投入量的调整意味着对企业的生产规模的调整。也就是说，从长期看，厂商总是可以在每一个产量水平上选择最优的生产规模进行生产。**长期总成本 *LTC* 是指厂商在长期中在每一个产量水平上通过选择最优的生产规模所能达到的最低总成本。**相应地，长期总成本函数写成以下形式：

$$LTC=LTC(Q) \tag{5.26}$$

根据对长期总成本函数的规定，可以由短期总成本曲线出发，推导长期总成本曲线。

在图 5 - 17 中，有三条短期总成本曲线 STC_1、STC_2 和 STC_3，它们分别代表三个不同的生产规模。由于短期总成本曲线的纵截距表示相应的总不变成本 TFC 的数量，因此，从图中三条短期总成本曲线的纵截距可知，STC_1 曲线所表示的总不变成本小于 STC_2 曲线，STC_2 曲线所表示的总不变成本又小于 STC_3 曲线，而总不变成本的高低（如厂房、机器设备等）往往表示生产规模的大小。因此，从三条短期总成本曲线所代表的生产规模看，STC_1 曲线最小，STC_2 曲线居中，STC_3 曲线最大。

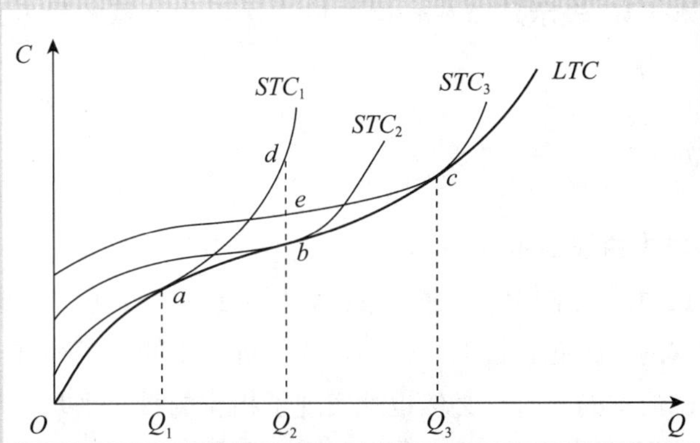

图 5 - 17 最优生产规模的选择和长期总成本曲线

假定厂商生产的产量为 Q_2，那么厂商应该如何调整生产规模以降低总成本呢？在短期内，厂商可能面临 STC_1 曲线所代表的过小的生产规模或 STC_3 曲线所代表的过大的生产规模，于是，厂商只能按较高的总成本来生产产量 Q_2，即在 STC_1 曲线上的 d 点或 STC_3 曲线上的 e 点进行生产。但在长期，情况就会发生变化。厂商在长期可以变动全部的要素投入量即选择最优的生产规模，于是，厂商必然会选

择 STC_2 曲线所代表的生产规模进行生产，从而将总成本降低到所能达到的最低水平，即厂商是在 STC_2 曲线上的 b 点进行生产。类似地，在长期内，如果厂商生产的产量为 Q_1，那么，厂商会选择 STC_1 曲线所代表的生产规模，在 a 点进行生产；如果厂商生产的产量为 Q_3，那么，厂商会选择 STC_3 曲线所代表的生产规模，在 c 点进行生产。这样，厂商就在每一个既定的产量水平实现了最低的总成本。

虽然在图中只有三条短期总成本曲线，但在理论分析上可以假定有无数条短期总成本曲线。这样一来，厂商可以在任何一个产量水平上，都找到相应的一个最优的生产规模，都可以把总成本降到最低水平。也就是说，可以找到无数个类似于 a、b 和 c 的点，这些点的轨迹就形成了图中的长期总成本 LTC 曲线。显然，**长期总成本曲线是无数条短期总成本曲线的包络线。**在这条包络线上，在连续变化的每一个产量水平上，都存在着 LTC 曲线和一条 STC 曲线的切点，该 STC 曲线所代表的生产规模就是生产该产量的最优生产规模，该切点所对应的总成本就是生产该产量的最低总成本。所以，LTC 曲线表示长期内厂商在每一产量水平上由最优生产规模带来的最小生产总成本。

长期总成本 LTC 曲线是从原点出发向右上方倾斜的。它表示：当产量为零时，长期总成本为零，以后随着产量的增加，长期总成本是增加的。而且，长期总成本 LTC 曲线的斜率先递减，经过拐点之后，又变为递增。这一特征会在以下内容中得到说明。

二、长期平均成本函数和长期平均成本曲线

长期平均成本 LAC 表示厂商在长期内按产量平均计算的最低总成本。长期平均成本函数可以写为：

$$LAC(Q)=\frac{LTC(Q)}{Q} \tag{5.27}$$

1. 长期平均成本曲线的推导

前面在分析长期总成本曲线时强调指出，厂商在长期是可以实现每一个产量水平上的最小总成本的。因此，根据（5.27）式便可以推知：厂商在长期实现每一产量水平上的最小总成本的同时，必然也就实现了相应的最小平均成本。所以，长期平均成本曲线可以根据（5.27）式由长期总成本曲线画出。具体的做法是：把长期总成本 LTC 曲线上每一点的长期总成本值除以相应的产量，便得到这一产量上的长期平均成本值。再把每一个产量和相应的长期平均成本值描绘在产量和成本的平面坐标图中，便可得到长期平均成本 LAC 曲线。此外，长期平均成本曲线也可以根据短期平均成本曲线求得。为了更好地理解长期平均成本曲线和短期平均成本曲线之间的关系，以下着重介绍后一种方法。

在图 5－18 中有三条短期平均成本曲线 SAC_1、SAC_2 和 SAC_3，它们各自代表

了三个不同的生产规模。在长期，厂商可以根据产量要求，选择最优的生产规模进行生产。假定厂商生产 Q_1 的产量，则厂商会选择 SAC_1 曲线所代表的生产规模，以 OC_1 的平均成本进行生产。而对于产量 Q_1 而言，平均成本 OC_1 是低于其他任何生产规模下的平均成本的。假定厂商生产的产量为 Q_2，则厂商会选择 SAC_2 曲线所代表的生产规模进行生产，相应的最小平均成本为 OC_2；假定厂商生产的产量为 Q_3，则厂商会选择 SAC_3 曲线所代表的生产规模进行生产，相应的最小平均成本为 OC_3。

如果厂商生产的产量为 Q'_1，则厂商既可选择 SAC_1 曲线所代表的生产规模，也可选择 SAC_2 曲线所代表的生产规模。因为这两个生产规模都以相同的最低平均成本生产同一个产量。这时，厂商有可能选择 SAC_1 曲线所代表的生产规模，因为该生产规模相对较小，厂商的投资可以少一些。厂商也有可能考虑到今后扩大产量的需要，而选择 SAC_2 曲线所代表的生产规模。厂商的这种考虑和选择，对于其他的类似的两条 SAC 曲线的交点所对应的产量，如 Q'_2 的产量，同样是适用的。

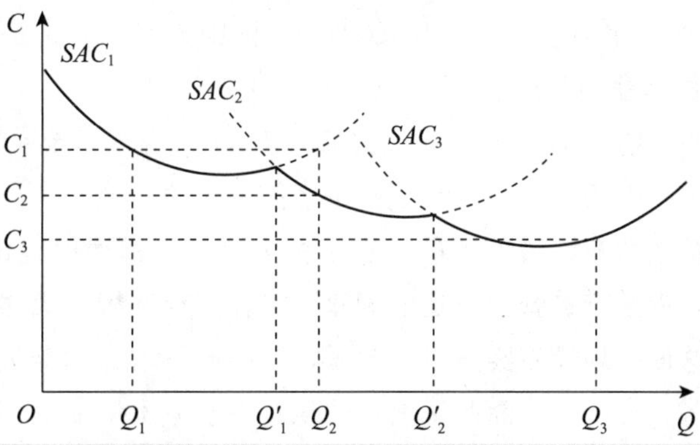

图 5-18 最优生产规模的选择

在长期中，厂商总是可以在每一产量水平上找到相应的最优的生产规模进行生产。而在短期内，厂商做不到这一点。假定厂商现有的生产规模由 SAC_1 曲线代表，而其需要生产的产量为 Q_2，那么，厂商在短期内就只能以 SAC_1 曲线上的平均成本 OC_1 来生产，而不可能以 SAC_2 曲线上的更低的平均成本 OC_2 来生产。

由以上分析可见，沿着图 5-18 中所有的 SAC 曲线的实线部分，厂商总是可以找到长期内生产某一产量的最低平均成本。由于在长期内可供厂商选择的生产规模有很多，在理论分析中，可假定生产规模可以无限细分，从而可以有无数条 SAC 曲线，于是，便得到图 5-19 中的长期平均成本 LAC 曲线。显然，**长期平均成本曲线是无数条短期平均成本曲线的包络线**。在这条包络线上，在连续变化的每一个产量水平，都存在 LAC 曲线和一条 SAC 曲线的切点，该 SAC 曲线所代表的生产规模就是生产该产量的最优生产规模，该切点所对应的平均成本就是相应的最低平均成本。LAC 曲线表示厂商在长期内在每一产量水平上，通过选择最优生产规模所实现的最小的平均成本。

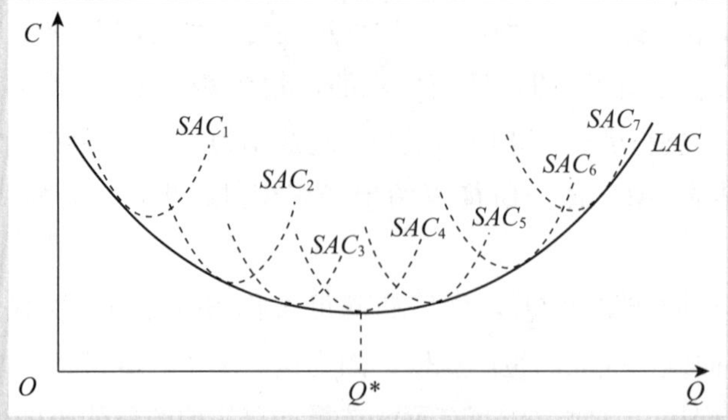

图 5-19　长期平均成本曲线

此外，从图 5-19 还可以看到，*LAC* 曲线呈现出 U 形的特征。而且，在 *LAC* 曲线的下降段，*LAC* 曲线相切于所有的 *SAC* 曲线最低点的左边；在 *LAC* 曲线的上升段，*LAC* 曲线相切于所有的 *SAC* 曲线最低点的右边。只有在 *LAC* 曲线的最低点上，*LAC* 曲线才相切于相应的 *SAC* 曲线（图中为 SAC_4 曲线）的最低点。

2. 长期平均成本曲线的形状

图 5-19 中的长期平均成本曲线呈先降后升的 U 形，长期平均成本曲线的 U 形特征是由长期生产中的规模经济和规模不经济决定的。

在企业生产扩张的开始阶段，厂商由于扩大生产规模而使经济效益得到提高，这便是规模经济。在生产扩张到一定的规模以后，厂商继续扩大生产规模，就会使经济效益下降，这便是规模不经济。或者说，厂商产量增加的倍数大于成本增加的倍数，为规模经济；相反，厂商产量增加的倍数小于成本增加的倍数，为规模不经济。由于规模经济和规模不经济都是由厂商变动自己的企业生产规模引起的，所以，也被称作**内在经济和内在不经济**。一般来说，在企业的生产规模由小到大的扩张过程中，会先后出现规模经济和规模不经济。正是**长期生产的规模经济和规模不经济的作用，决定了长期平均成本 *LAC* 曲线表现出先下降后上升的 U 形特征**。正如图 5-19 所示：在产量小于 Q^* 的生产阶段，由于规模经济的作用，*LAC* 曲线不断下降；在产量大于 Q^* 的生产阶段，由于规模不经济的作用，*LAC* 曲线不断上升。只有在产量等于 Q^* 时，规模经济的作用全部释放，*LAC* 曲线降到最低点，此时的生产规模用 SAC_4 曲线表示，此生产规模也可以被称为最小成本的效率规模。

在上一章分析生产函数时我们曾指出，企业长期生产表现出规模报酬先是递增的，然后是递减的。规模报酬的这种变化规律，也是造成 *LAC* 曲线先降后升特征的一个原因。需要指出的是，规模报酬分析是以厂商以相同的比例变动全部要素投入量为前提的，即各生产要素投入量之间的比例保持不变。而事实上，厂商长期生产的规模经济和规模不经济，既可以产生于各生产要素投入量之间的比例保持不变的境况，也可以产生于各生产要素投入量之间的比例发生变化的境况。或者说，规模经济和规模不经济的内涵包含了规模报酬的变化。因此，在更一般的意义上，我们说长期生产的规模经济和规模不经济的技术特征是 LAC 曲线呈 U 形特征的决定因素。

3. 长期平均成本曲线的位置移动

上面提到的企业的规模经济和规模不经济（即企业的内在经济和内在不经济）是就一条给定的长期平均成本 LAC 曲线而言的。至于长期平均成本 LAC 曲线的位置变化的原因，则需要用企业的外在经济和外在不经济的概念来解释。**企业的外在经济是由于厂商的生产活动所依赖的外界环境得到改善而产生的。**例如，整个行业的发展，可以使行业内的单个厂商从中受益。相反，**如果厂商的生产活动所依赖的外界环境恶化了，则为企业的外在不经济。**例如，整个行业的发展，使得生产要素的价格上升，交通运输紧张，从而给行业内的单个厂商的生产带来困难。**外在经济和外在不经济是由企业以外的因素引起的，它影响厂商的长期平均成本 LAC 曲线的位置。**在图 5－20 中，企业的外在经济使 LAC_1 曲线向下移至 LAC_2 曲线的位置。相反，企业的外在不经济使 LAC_2 曲线向上移至 LAC_1 曲线的位置。

专栏 5－3
油轮的规模

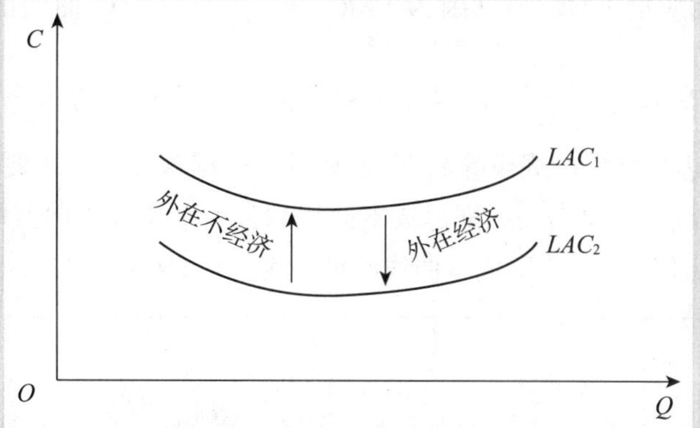

图 5－20 长期平均成本曲线的移动

通过由规模经济和规模不经济决定的长期平均成本曲线的 U 形特征，不仅可以解释下面将要分析的长期边际成本曲线的形状特征，而且可以进一步解释前面所分析的长期总成本曲线的形状特征。这些都将在下面的有关内容中得到说明。

三、长期边际成本函数和长期边际成本曲线

长期边际成本 LMC 表示厂商在长期内增加一单位产量所引起的最低总成本的增量。长期边际成本函数可以写为：

$$LMC(Q)=\frac{\Delta LTC(Q)}{\Delta Q} \tag{5.28}$$

或

$$LMC(Q)=\lim_{\Delta Q\to 0}\frac{\Delta LTC(Q)}{\Delta Q}=\frac{\mathrm{d}LTC(Q)}{\mathrm{d}Q} \tag{5.29}$$

显然，每一产量水平上的 LMC 值都是相应的 LTC 曲线的斜率。

1. 长期边际成本曲线的推导

长期边际成本 LMC 曲线可以由长期总成本 LTC 曲线得到。因为 $LMC=\frac{\mathrm{d}LTC}{\mathrm{d}Q}$，所以，只要把每一个产量水平上的 LTC 曲线的斜率值描绘在产量和成本的平面坐标图中，便可得到长期边际成本 LMC 曲线。

长期边际成本 LMC 曲线也可以由短期边际成本 SMC 曲线得到。下面将对这种方法予以具体说明。

从推导长期总成本曲线的图 5-17 中可见，长期总成本曲线是无数条短期总成本曲线的包络线。在长期内的每一个产量水平上，LTC 曲线都与一条代表最优生产规模的 STC 曲线相切，这说明在切点上这两条曲线的斜率是相等的。由于 LTC 曲线的斜率是相应的 LMC 值（因为 $LMC=\frac{\mathrm{d}LTC}{\mathrm{d}Q}$），$STC$ 曲线的斜率是相应的 SMC 值（因为 $SMC=\frac{\mathrm{d}STC}{\mathrm{d}Q}$），因此可以推知，在长期内的每一个产量水平上，$LMC$ 值都与代表最优生产规模的 SMC 值相等。根据这种关系，便可以由 SMC 曲线推导 LMC 曲线。但是，与长期总成本曲线和长期平均成本曲线的推导不同，长期边际成本曲线不是短期边际成本曲线的包络线。它的推导如图 5-21 所示。

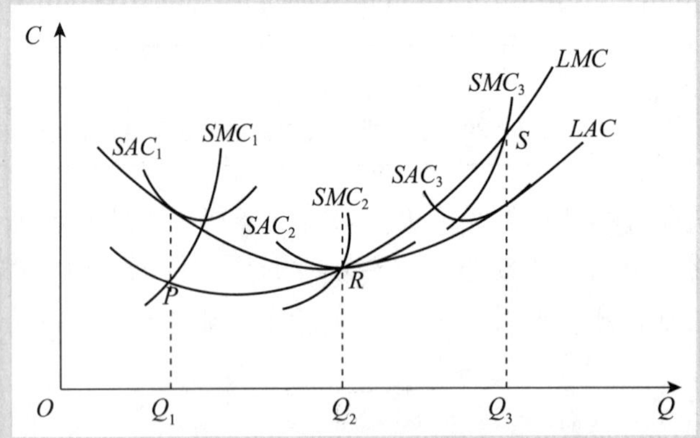

图 5-21　长期边际成本曲线

在图 5-21 中，在 Q_1 的产量上的最优生产规模由 SAC_1 曲线和 SMC_1 曲线代表，且短期边际成本 SMC 值由 P 点给出。考虑到长期内每一个产量水平上的 LMC 值都与代表最优生产规模的 SMC 值相等，所以，在 Q_1 的产量上，PQ_1 既是最优的短期边际成本，又是长期边际成本，即有 $LMC=SMC_1=PQ_1$。同理，在 Q_2 的产量上，有 $LMC=SMC_2=RQ_2$。在 Q_3 的产量上，有$LMC=SMC_3=SQ_3$。在生产规模可以无限细分的条件下，可以得到无数个类似于 P、R 和 S 的点，将这些点连接起来便得到一条平滑的长期边际成本 LMC 曲线。

2. 长期边际成本曲线的形状

如图 5-21 所示，长期边际成本曲线呈 U 形，它与长期平均成本曲线相交于长期平均成本曲线的最低点 R。其原因在于：根据边际量和平均量之间的关系，当 LAC 曲线处于下降段时，LMC 曲线一定位于 LAC 曲线的下方，也就是说，此时 $LMC<LAC$，LMC 将 LAC 拉下；相反，当 LAC 曲线处于上升段时，LMC 曲线一定位于LAC 曲线的上方，也就是说，此时 $LMC>LAC$，LMC 将LAC 拉上。因为 LAC 曲线在规模经济和规模不经济的作用下呈先降后升的 U 形，这就使得 LMC 曲线也必然呈先降后升的 U 形，并且，两条曲线相交于 LAC 曲线的最低点 R。①

进一步地，根据 LMC 曲线的形状特征，可以解释 LTC 曲线的形状特征。因为LMC 曲线呈先降后升的U形，且LMC 值又是LTC 曲线上相应的点的斜率，所以，LTC 曲线的斜率必定要随着产量的增加表现出先递减达到拐点以后再递增的特征，如图 5-17 所示。

至此可以清楚地看到，厂商在长期生产中随着产量的变化而对生产规模不断进行调整的过程中所展示的规模经济和规模不经济的规律，是理解长期平均成本曲线进而长期边际成本曲线和长期总成本曲线的各自特征及其相互关系的重要基础。这再次说明了生产技术特征决定生产成本特征。

四、干中学：降低长期成本

我们已经知道，导致长期成本下降的原因有多种。首先，长期的生产成本通常总是低于短期的生产成本。因为厂商在长期可以选择最优的生产规模进行生产，而在短期会受到既定生产规模的限制。这一点在推导 LTC 曲线和LAC 曲线的过程中已经得到体现（参见图 5-17 和图 5-19）。除此之外，厂商利用规模经济，也能降低长期生产成本，这表现为 LAC 曲线的下降部分（参见图 5-19）。当然，如果厂商能幸运地得到外在经济的好处，其生产成本也会下降，具体表现为 LAC 曲线的

---

① LAC 曲线和LMC 曲线之间的关系可以用数学证明如下：

$$\frac{\mathrm{d}LAC}{\mathrm{d}Q}=\frac{\mathrm{d}}{\mathrm{d}Q}\left(\frac{LTC}{Q}\right)=\frac{LTC'\cdot Q-LTC}{Q^2}=\frac{1}{Q}\left(LTC'-\frac{LTC}{Q}\right)=\frac{1}{Q}(LMC-LAC)$$

由于$Q>0$，所以，当 $LMC<LAC$ 时，LAC 曲线的斜率$\frac{\mathrm{d}LAC}{\mathrm{d}Q}$为负，$LAC$ 曲线是下降的；当$LMC>LAC$ 时，LAC 曲线的斜率$\frac{\mathrm{d}LAC}{\mathrm{d}Q}$为正，$LAC$ 曲线是上升的；当 $LMC=LAC$ 时，LAC 曲线的斜率$\frac{\mathrm{d}LAC}{\mathrm{d}Q}$为零，$LAC$ 曲线达到极值点（在此为极小值点）。

位置下移（见图 5－20）。下面，再介绍与降低长期成本有关的一个概念：干中学。

1. 干中学和学习曲线

在现实的生产活动中，人们往往能从生产实践中获得知识和技能，从而提高生产效率，降低生产成本。所谓的干中学是指工人、工程技术人员和生产管理者等从经验中获得生产技能与知识，从而降低长期生产成本。一般说来，随着企业生产一种产品的时间的增长，或者说，随着该产品累计的生产数量的增多，工人的熟练程度和生产技能就会逐步提高，工程技术人员也会根据经验不断改进工艺设计，生产管理者也会学会更有效地组织协调生产流程的各个环节，如此等等，这些都是**干中学**的效果，从而使得长期生产成本下降。

干中学可以用学习曲线来表示。假定某机械制造公司生产某种机器设备，随着该机器设备被一批批地生产出来，干中学得到体现，我们用图 5－22 的学习曲线来加以描述。图中的横轴表示机器设备的累计生产批次，纵轴表示每批机器设备的劳动投入量（小时），图中向右下方倾斜的曲线便是学习曲线。**学习曲线**表示：随着累计的生产批次的增加，即随着累计产品数量的增加，生产每批机器设备所投入的劳动量是递减的，这意味着每批次生产的平均成本是下降的。① 由图 5－22 还可以看到，学习曲线的斜率是递减的。它表示：在生产的开始阶段，即在累计生产批次的较低阶段，干中学的效应是比较大的；随着累计生产批次的增加，干中学的效应逐步变小；当累计生产批次足够大即干中学的效应得到充分体现时，学习曲线便变得平坦，甚至有可能几乎成为一条与横轴平行的水平线。

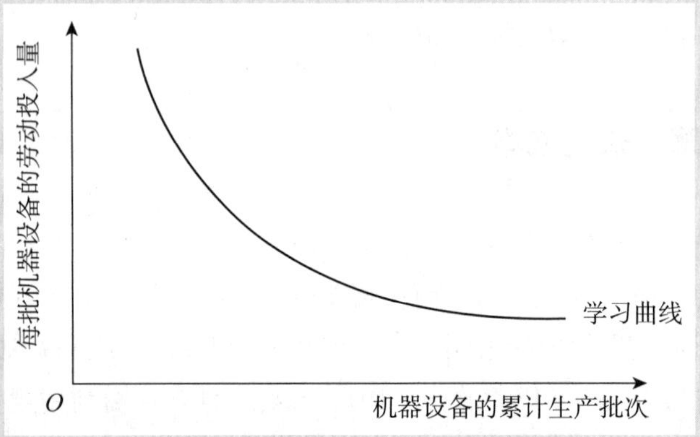

图 5－22 学习曲线

学习曲线所体现的学习效应，可以用公式表示为

$$L=A+BN^{-\beta} \tag{5.30}$$

① 在图 5－22 中，横轴表示累计的生产批次。其实，根据实际情况，横轴也可以表示为累计的产量，例如，大型油轮的累计产量，相应地，纵轴表示每单位产品的劳动使用量。它们都表示随着累计的产品数量的增加，学习效应导致的单位产品的劳动投入量的减少。

式中，L 为单位产出的劳动投入量；N 为累计的产量；常数 A、$B>0$；通常有 $0<\beta<1$。由式中的 N 可知：当 $N=1$ 时，则 $L=A+B$，它表示生产第一单位产品的劳动投入量为 $A+B$，此时不存在学习效应。之后，随着 N 的不断增加，L 会逐步变小，这便是学习效应。由式中的 β 还可知：如果 $\beta=0$，则 $L=A+B$，它表示随着累计产量 N 的增加，单位产出的劳动投入量保持不变，所以，不存在学习效应。如果 $\beta=1$，则 $L=A+B/N$，它表示当累计产量 $N\rightarrow\infty$ 时，有 $L=A$，即学习效应得到充分体现，$L=A$ 就是干中学所能达到的单位产出的最低劳动投入量。在一般情况下，有 $0<\beta<1$，所以，β 值的大小反映了学习效应的大小。

2. 学习效应和规模经济

在长期，干中学使得单位产出的劳动投入量下降，这意味着生产的边际成本和平均成本都是下降的，所以，还可以利用长期平均成本 LAC 曲线来表示学习效应。于是，随之需要考虑的问题是，在长期产量增加的过程中，导致长期平均成本 LAC 下降的原因可以有两个：其一是规模经济，其二是学习效应。显然，它们是两条不同的影响途径，需要加以区分。下面用图 5 - 23 加以说明。

在图 5 - 23 中，当产量由 Q_1 增加到 Q_2 时，规模经济使得厂商的生产沿着 LAC_1 曲线由 A 点下移到 B 点；同时，学习效应会使得 LAC_1 曲线下移到 LAC_2 曲线的位置。综合考虑，厂商生产 Q_2 时的生产应该处于 LAC_2 曲线上的 C 点。于是，厂商在长期既得到了规模经济的好处，又得到了干中学的好处。

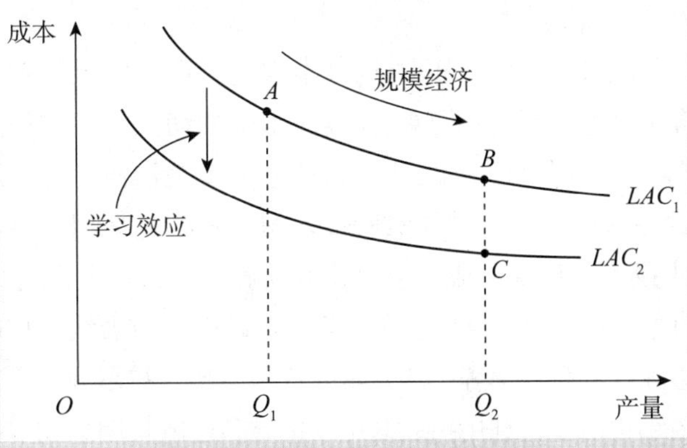

图 5 - 23　学习效应和规模经济

在实际生产活动中，干中学是非常重要的。譬如说，当一个企业准备进入一个新行业或者引入一个新产品时，通常会预计初期阶段的生产成本很高，但倘若还能考虑到长期生产的学习效应，那么，便可预测到未来的生产成本会逐步下降，甚至可能有较大幅度的下降。在这样的场合，对学习效应的考虑会直接影响厂商是否进入一个新行业或者引入一个新产品的重要决策，以及对未来生产的具体设计和策划。

第五节 结束语

本章要点可以归结如下：

(1) 机会成本是用来表示稀缺性和选择之间关系的基本概念。企业的**机会成本是指生产者所放弃的使用相同的生产要素在其他生产用途中所能获得的最高收入**。企业的生产成本具体分为显成本和隐成本两部分。**显成本**指厂商在生产要素市场上购买或租用他人所拥有的生产要素的实际支出。显成本是需要企业支出货币的投入成本。**隐成本**指厂商自己所拥有的且被用于自己企业生产过程中的那些生产要素的总价格。隐成本是不需要企业支出货币的投入成本。无论是企业生产的显成本还是隐成本，都需要从机会成本的角度来理解和度量。

(2) 关注企业财务报告的会计人员所使用的成本概念与关注企业行为的经济学家所使用的成本概念有所不同。**会计成本**仅指显成本；**经济成本**是从机会成本角度考虑的、包含了显成本和隐成本两部分的成本。据此，**会计利润**等于总收益减去会计成本；**经济利润**是会计利润再减去隐成本，或者说，经济利润等于总收益减去经济成本即减去机会成本。生产者所追求的最大的利润指的就是最大的经济利润。

(3) 厂商在进行生产决策时不需要考虑沉没成本。沉没成本是已经支付而且无法回收的成本。即便厂商退出生产也无法使沉没成本消失。所以，沉没成本不应该影响厂商的未来生产决策。

(4) 成本最小化是对厂商生产成本的基本规定。厂商实现既定产量条件下的最小成本的生产均衡点发生在等产量曲线和等成本线的切点。在均衡点上，两要素的边际技术替代率等于两要素的价格之比，它还进一步表示：只有当厂商将最后一单位的货币成本无论用来购买哪一种要素所带来的边际产量都相等时，才能实现既定产量条件下的最小成本。厂商的成本最小化问题和产量最大化问题之间存在着对偶关系。由成本最小化和产量最大化问题出发，可以得到扩展线。扩展线上的每一点都满足两要素的边际技术替代率等于两要素的价格之比。扩展线是厂商长期生产的最优路径。由成本最小化出发，利用扩展线可以推导和理解长期总成本和短期总成本。

(5) 短期成本有七种：总成本 TC、总不变成本 TFC、总可变成本 TVC，平均总成本 AC、平均不变成本 AFC、平均可变成本 AVC，以及边际成本 MC。在理解七条短期成本曲线各自的特征及其相互之间的关系时，关键是抓住短期生产的基本规律即边际报酬递减规律。根据该规律，我们可以由先上升后下降的倒 U 形的短期生产的边际产量 MP 曲线出发，推导出相应的先下降后上升的呈 U 形的短期边际成本曲线。并且，进一步由边际成本曲线出发，推导和理解其他六条短期成本曲线（详见图 5-11）。

(6) 长期成本有三种：长期总成本 LTC、长期平均成本 LAC 和长期边际成本 LMC。在理解三条长期成本曲线各自的特征及其相互之间的关系时，关键是抓住：

在长期，厂商在每一个产量上都是通过对最优生产规模的选择来将生产成本降到最低水平的。也就是说，在长期，厂商通过对最优生产规模的选择，使得每一单位的产量都以最小的成本被生产出来。由此，可以推导出长期总成本 LTC 曲线是无数条短期总成本 STC 曲线的包络线，长期平均成本 LAC 曲线也是无数条短期平均成本 SAC 曲线的包络线，并进一步推导出长期边际成本 LMC 曲线。

此外，企业长期生产的规模经济和规模不经济（即内在经济和内在不经济）决定了长期平均成本 LAC 曲线的 U 形特征；企业长期生产的外在经济和外在不经济决定了长期平均成本 LAC 曲线位置的高低。而且，由长期平均成本 LAC 曲线的 U 形特征出发，可以进一步解释三条长期成本曲线之间的相互关系。

(7) 干中学是指工人、工程技术人员和生产管理者等从经验中获得生产技能和知识。干中学能降低长期的生产成本，被称为学习效应。在长期生产的产量增加过程中，规模经济和学习效应都会使得长期平均成本 LAC 下降，但是，它们是两个需要区分的不同概念。

关于本章介绍的成本理论，下列三点有必要加以注意：

第一，本章是上一章的延续和引申。在上一章中，西方学者根据假设的生产函数的特点得到厂商的总产量曲线、平均产量曲线和边际产量曲线，而本章则根据这三条曲线得到了总成本曲线、平均成本曲线和边际成本曲线。作为上一章的延续和引申，本章也具有和上一章相似的缺点和有用之处，即脱离社会形态的影响而论述一般性的成本。一方面，这种论述的缺点是脱离了资本主义的本质而仅从技术方面考察厂商的成本。这样，我们就难以从成本论中认识到资本主义厂商的成本方面的特色。例如，在资本主义厂商的成本中，存在着大量远高于社会主义厂商的“纯粹的流通费用”①；在本章中则根本看不到这一点。另一方面，作为一般性的成本的论述，它的有用之处是向我们提供了在社会主义市场经济中也会出现的各种成本的范畴，如总成本、平均成本、边际成本、不变成本和可变成本等等。这些成本的考虑对社会主义企业的合理决策会起到一定的作用。

第二，本章引入了“机会成本”这一有用的概念，而没有接触过西方经济学的人往往不会考虑到这一点。“机会成本”的概念告诉我们，任何稀缺资源的使用，不论在实际中是否为之支付代价，总会形成“机会成本”，即为了这种使用所牺牲的其他使用能够带来的益处。因此，这一概念拓宽和深化了对消耗在一定生产活动中的经济资源的成本的理解。对相同的经济资源在不同的生产用途中所得到的不同收入的比较，将使得经济资源从所得收入相对低的生产用途上，转移到所得收入相对高的生产用途上，或者说，将使得经济资源从生产效率低的用途上，转移到生产效率高的用途上；否则，便是一种浪费。因此，以机会成本来估算生产中的各种成本，对于社会主义条件下的整个经济或单个部门、单个企业的资源的合理配置问题，不仅在经济理论的研究方面，而且在实际应用方面，都具有参考价值。

① 马克思．资本论：第2卷．2版．北京：人民出版社，2004：146－170.

第三，还应指出：在长期平均成本 LAC 曲线的形状问题上，在西方经济学的分析中，它总是被假定为U形的，也就是说，长期平均成本 LAC 曲线总是被假定存在着一个最低点。下一章的内容将会说明，微观经济分析所要得到的一个很重要的结论是：资本主义制度下的完全竞争的生产成本是最低的，而长期平均成本 LAC 曲线的U形假定是使这一结论得以成立的一个关键性的假定。但事实上，西方学者对企业实际情况的研究表明[①]，在不少行业中企业的长期平均成本 LAC 曲线并非呈U形，而是大致呈L形。由此可见，作为微观经济学的一个关键性的假定，它在一定程度上不符合事实。对于这一点，我们在下一章的结束语中还将加以论述。

和上一章的结束语一样，我们在这里虽然也指出了成本理论与现实之间的差距，但其目的并不在于推翻成本理论，而是想提醒读者，在把成本理论应用于我国时，必须为这种差距留有余地。

习题

一、简答题

1. 表5-2是一个关于短期生产函数 $Q=f(L,\overline{K})$ 的产量表。

表5-2　短期生产的产量表

L	1	2	3	4	5	6	7
TP_L	10	30	70	100	120	130	135
AP_L							
MP_L							

(1) 在表中填空。

(2) 根据(1)，在一幅坐标图上作出 TP_L 曲线，在另一幅坐标图上作出 AP_L 曲线和 MP_L 曲线。（提示：为了便于作图与比较，TP_L 曲线图的纵坐标的单位刻度通常大于 AP_L 曲线图和 MP_L 曲线图。）

(3) 根据(1)，并假定劳动的价格 $w=200$，完成下面的相应的短期成本表，即表5-3。

表5-3　短期生产的成本表

L	Q	$TVC=w\cdot L$	$AVC=\frac{w}{AP_L}$	$MC=\frac{w}{MP_L}$
1	10			
2	30			
3	70			
4	100			

① 例如，参见霍尔，赫契．价格理论和企业行为．牛津经济论文集．1939，2(1)：22-25.

续表

L	Q	$TVC=w\cdot L$	$AVC=\frac{w}{AP_L}$	$MC=\frac{w}{MP_L}$
5	120			
6	130			
7	135			

(4) 根据表5-3，在一幅坐标图上作出 TVC 曲线，在另一幅坐标图上作出 AVC 曲线和 MC 曲线。(提示：为了便于作图与比较，TVC 曲线图的纵坐标的单位刻度通常大于 AVC 曲线图和 MC 曲线图。)

(5) 根据 (2)、(4)，说明短期产量曲线和短期成本曲线之间的关系。

2. 假定某企业的短期成本函数是 $TC(Q)=Q^3-5Q^2+15Q+66$。

(1) 指出该短期成本函数中的可变成本部分和不变成本部分。

(2) 写出下列相应的函数：$TVC(Q)$、$AC(Q)$、$AVC(Q)$、$AFC(Q)$ 和 $MC(Q)$。

3. 图5-24是某厂商的 LAC 曲线和 LMC 曲线图。

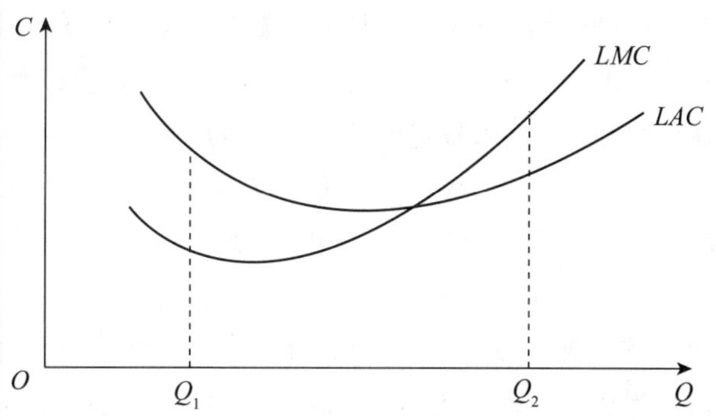

图5-24　成本曲线

请分别在 Q_1 和 Q_2 的产量上画出代表最优生产规模的 SAC 曲线和 SMC 曲线。

4. 短期平均成本 SAC 曲线与长期平均成本 LAC 曲线都呈现出U形特征。请问：导致它们呈现这一特征的原因相同吗？为什么？

二、计算题

1. 假定某厂商短期生产的平均成本函数为 $SAC(Q)=\frac{200}{Q}+6-2Q+2Q^2$。

求：该厂商的边际成本函数。

2. 已知某企业的短期总成本函数是 $STC(Q)=0.04Q^3-0.8Q^2+10Q+5$，求最小的平均可变成本值。

3. 假定某厂商短期生产的边际成本函数为 $SMC=3Q^2-30Q+100$，且生产10单位产量时的总成本为1 000。求：

（1）固定成本值。

（2）总成本函数、总可变成本函数，以及平均成本函数、平均可变成本函数。

4. 假定某厂商短期生产的边际成本函数为 $SMC(Q)=3Q^2-8Q+100$，且已知当产量 $Q=10$ 时的总成本 $STC=2\,400$，求相应的 STC 函数、SAC 函数和 AVC 函数。

5. 假定生产某产品的边际成本函数为 $MC=110+0.04Q$。

求：当产量从 100 增加到 200 时总成本的变化量。

6. 已知生产函数为

(a) $Q=5L^{\frac{1}{3}}K^{\frac{2}{3}}$；

(b) $Q=\dfrac{KL}{K+L}$；

(c) $Q=KL^2$；

(d) $Q=\min\{3L, K\}$。

求：（1）厂商长期生产的扩展线方程。

（2）当 $P_L=1$，$P_K=1$，$Q=1\,000$ 时，厂商实现最小成本的要素投入组合。

7. 已知某企业的生产函数为 $Q=L^{\frac{2}{3}}K^{\frac{1}{3}}$，劳动的价格 $w=2$，资本的价格 $r=1$。求：

（1）当成本 $C=3\,000$ 时，企业实现最大产量时的 L、K 和 Q 的均衡值。

（2）当产量 $Q=800$ 时，企业实现最小成本时的 L、K 和 C 的均衡值。

8. 假定在短期生产的固定成本给定的条件下，某厂商使用一种可变要素 L 生产一种产品，其产量 Q 关于可变要素 L 的生产函数为 $Q(L)=-0.1L^3+2L^2+20L$。求：

（1）该生产函数的平均产量为极大值时的 L 使用量。

（2）该生产函数的平均可变成本为极小值时的总产量。

9. 假定在短期生产的固定成本给定的条件下，某厂商使用一种可变要素 L 生产一种产品，其短期总成本函数为 $STC=5Q^3-18Q^2+100Q+160$。

问：当产量 Q 为多少时该成本函数开始呈现出边际产量递减特征？

10. 已知生产函数 $Q=K^{0.5}L^{0.5}$。令 $P_L=1$，$P_K=2.25$，且短期中固定要素投入量为 $\overline{K}=4$。

（1）推导短期总成本、平均成本和边际成本函数。

（2）证明：当短期平均成本达到最小值时，短期平均成本等于短期边际成本。

11. 假定某厂商的需求函数为 $Q=100-P$，平均成本函数为 $AC=\dfrac{120}{Q}+2$。

（1）求该厂商实现利润最大化时的产量、价格以及利润量。

（2）如果政府对每单位产品征税 8 元，那么，该厂商实现利润最大化时的产量、价格以及利润量又是多少？与（1）中的结果进行比较。

12. 已知某厂商使用 L 和 K 两种要素生产一种产品，其固定替代比例的生产函数为 $Q=4L+3K$。

（1）作出等产量曲线。

(2) 边际技术替代率是多少？

(3) 讨论其规模报酬情况。

(4) 令 $P_L=5$，$P_K=3$。求 $C=90$ 时的 K、L 值以及最大产量。

(5) 令 $P_L=3$，$P_K=3$。求 $C=90$ 时的 K、L 值以及最大产量。

(6) 令 $P_L=4$，$P_K=3$。求 $C=90$ 时的 K、L 值以及最大产量。

(7) 比较 (4)、(5) 和 (6)，你得到了什么结论？

三、论述题

1. 试画图说明短期成本曲线相互之间的关系。

2. 有人认为："既然长期平均成本 LAC 曲线是无数条短期平均成本 SAC 曲线的包络线，它表示在长期对于所生产的每一个产量水平厂商都可以将平均成本降到最低，那么，长期平均成本 LAC 曲线一定与所有的短期平均成本 SAC 曲线相切于各 SAC 曲线的最低点。"你认为这句话正确吗？请说明理由。

3. 请说明决定长期平均成本 LAC 曲线形状和位置的因素。

4. 比较消费者选择理论中的无差异曲线分析法与生产技术和成本理论中的等产量曲线分析法。

第六章

完全竞争市场

本章和下一章的内容构成市场理论。市场理论的中心问题是分析不同类型市场中厂商追求利润最大化的行为，以及不同类型市场均衡价格和均衡产量的决定。本章分析完全竞争市场，下一章分析不完全竞争市场。

第一节　厂商和市场的类型

什么是市场？一个市场可以是一个有形的买卖商品的交易场所，也可以是利用现代化通信工具进行商品交易的接洽点。从本质上讲，**市场是商品买卖双方相互作用并得以决定其交易价格和交易数量的一种组织形式或制度安排。**

任何一种交易商品都有一个市场。经济中有多少种交易商品，相应地就有多少个市场。例如，可以有石油市场、土地市场、大米市场、自行车市场、铅笔市场等等。经济中所有的市场可以分为生产要素市场和产品市场这两类。我们在本章和下一章研究产品市场，至于生产要素市场将在第八章进行研究。

在经济分析中，根据不同的市场结构的特征，将市场划分为**完全竞争市场、垄断竞争市场、寡头市场和垄断市场**四种类型。决定市场类型划分的主要因素有以下四个：第一，市场上厂商的数目；第二，厂商所生产的产品的差别程度；第三，单个厂商对市场价格的控制程度；第四，厂商进入或退出一个行业的难易程度。其中，第一个因素和第二个因素是最基本的决定因素。在以后的分析中，我们可以体会到，第三个因素是第一个因素和第二个因素的必然结果，第四个因素是第一个因素的延伸。关于完全竞争市场、垄断竞争市场、寡头市场和垄断市场的划分及其相应的特征可以用表 6-1 来概括。

表 6-1 市场类型的划分和特征

市场类型	厂商数目	产品差别程度	对价格的控制程度	进出一个行业的难易程度	接近哪种商品市场
完全竞争	很多	完全无差别	没有	很容易	一些农产品
垄断竞争	很多	有差别	有一些	比较容易	一些轻工产品、零售业
寡　头	几个	有差别或无差别	相当程度	比较困难	钢、汽车、石油
垄　断	唯一	唯一的产品，且无相近的替代品	很大程度，但经常受到管制	很困难，几乎不可能	公用事业，如水、电

表 6-1 只是一个简单的说明，读者能从表中获得一个初步的印象就可以了。在以后对每一类市场进行考察时，我们会对每一类市场的特征作出详细的分析。

与市场这一概念相对应的另一个概念是行业。**行业指为同一个商品市场生产和提供商品的所有厂商的总体。**市场和行业的类型是一致的。譬如，石油市场对应的是石油行业；又譬如，完全竞争市场对应的是完全竞争行业，垄断竞争市场对应的是垄断竞争行业，如此等等。

为什么在研究厂商追求利润最大化的行为时要区分不同的市场结构呢？我们知道，厂商的利润取决于收益和成本。其中，厂商的成本主要取决于厂商的生产技术方面的因素（已在第四章生产技术和第五章成本中涉及），而厂商的收益则取决于市场对其产品的需求状况。在不同类型的市场条件下，厂商所面临的对其产品的需求状况是不相同的，所以，在分析厂商的利润最大化决策时，需要区分不同的市场类型。

第二节 利润最大化

本节首先介绍完全竞争市场的条件，然后介绍完全竞争厂商的需求曲线和收益曲线，最后分析完全竞争厂商实现利润最大化的均衡原则。

一、完全竞争市场的条件

完全竞争市场须具备以下四个条件：

第一，**市场上有大量的买者和卖者**。由于市场上有无数的买者和卖者，所以，相对于整个市场的总需求量和总供给量而言，每一个买者的需求量和每一个卖者的供给量都是微不足道的，都好比是一桶水中的一滴水。任何一个买者买与不买，或买多与买少，以及任何一个卖者卖与不卖，或卖多与卖少，都不会对市场的价格水平产生任何影响。于是，在这样的市场中，每一个消费者和每一个厂商对市场价格都没有任何控制力量，他们每一个人都只能被动地接受既定的市场价格，他们被称为**价格接受者**。

第二，**市场上每一个厂商提供的商品都是完全同质的**。这里的商品同质指厂商之间提供的商品是完全无差别的，它不仅指商品的质量、规格、商标等完全相同，还指购物环境、售后服务等方面完全相同。这样一来，对于消费者来说，无法区分产品是由哪一个厂商生产的，或者说，购买任何一个厂商的产品都是一样的。在这种情况下，如果有一个厂商单独提价，那么，其产品就会完全卖不出去。当然，单个厂商也没有必要单独降价。因为在一般情况下，单个厂商总是可以按照既定的市场价格实现属于自己的那一个相对来说很小的销售份额。所以，厂商既不会单独提价，也不会单独降价。可见，完全竞争市场的第二个条件，进一步强化了在完全竞争市场上每一个买者和卖者都是既定市场价格的接受者的说法。

第三，**所有的资源都具有完全的流动性**。这意味着厂商进入或退出一个行业是完全自由和毫无困难的。所有资源都可以在各厂商之间和各行业之间完全自由地流动，不存在任何障碍。这样，任何一种资源都可以被及时地投向能获得利润的生产，并及时地从亏损的生产中退出。在这样的过程中，缺乏效率的企业将被市场淘汰，取而代之的是具有效率的企业。

第四，**信息是完全的**。即市场上的每一个买者和卖者都掌握与自己的经济决策有关的一切信息。这样，每一个消费者和每一个厂商都可以根据自己所掌握的完全信息，作出自己的最优经济决策，从而获得最大的经济利益。而且，由于每一个买者和卖者都知道既定的市场价格，都按照这一既定的市场价格进行交易，这也就排除了由于信息不通畅而可能导致的一个市场同时按照不同的价格进行交易的情况。

符合以上四个假定条件的市场被称为完全竞争市场。经济学家指出，完全竞争市场是一个非个性化的市场。因为市场中的每一个买者和卖者都是市场价格的被动接受者，而且，他们中的任何一个成员都既不会也没有必要去改变市场价格；每个厂商生产的产品都是完全相同的，毫无自身的特点；所有的资源都可以完全自由地流动，不存在同种资源之间的报酬差距；市场上的信息是完全的，任何一个交易者都不具备信息优势。因此，完全竞争市场中不存在交易者的个性。所有的消费者都是相同的，都是无足轻重的，相互之间意识不到竞争；所有的生产者也都是相同的，也都是无足轻重的，相互之间也意识不到竞争。因此，我们说，完全竞争市场中不存在现实经济生活中的那种真正意义上的竞争。

由以上分析可见：理论分析中所假设的完全竞争市场的条件是非常苛刻的。在现实经济生活中，真正符合以上四个条件的市场是不存在的。通常只是将一些农产品市场，如大米市场、小麦市场等，看成是比较接近完全竞争市场的。既然在现实经济生活中并不存在完全竞争市场，为什么还要建立和研究完全竞争市场模型呢？西方经济学家认为，这是因为，从对完全竞争市场模型的分析中，可以得到关于市场机制及其配置资源的一些基本原理，而且，该模型也可以为其他类型市场的经济效率分析和评价提供一个参照。

二、完全竞争厂商的需求曲线

市场上对某个厂商的产品的需求状况，可以用该厂商所面临的需求曲线来表示，该曲线也被简称为厂商的需求曲线。在完全竞争市场条件下，厂商的需求曲线是什么形状的呢？在完全竞争市场上，由于厂商是既定市场价格的接受者，所以，**完全竞争厂商的需求曲线是一条由既定市场价格水平出发的水平线**，如图 6－1 所示。在图 6－1（a）中，市场的需求曲线 D 和供给曲线 S 相交的均衡点 E 所决定的市场的均衡价格为 P_e，相应地，在图 6－1（b）中，由给定的价格水平 P_e 出发的水平线 d 就是厂商的需求曲线。[①] 假定厂商的销售量等于需求量，那么，水平的需求曲线 d 意味着：在给定的市场价格 P_e，在单个完全竞争厂商的眼里，它所面临的市场需求量是无限大的，它可以出售任意数量的商品。而且，无论其销售量是多少，都不能改变既定的市场价格 P_e。水平的需求曲线 d 还表示：完全竞争厂商的需求具有完全的弹性，若单个厂商的商品价格高于 P_e，则会一个商品都卖不出去。总之，完全竞争厂商只能接受既定的市场价格，厂商既不能也没必要去改变这一价格水平。

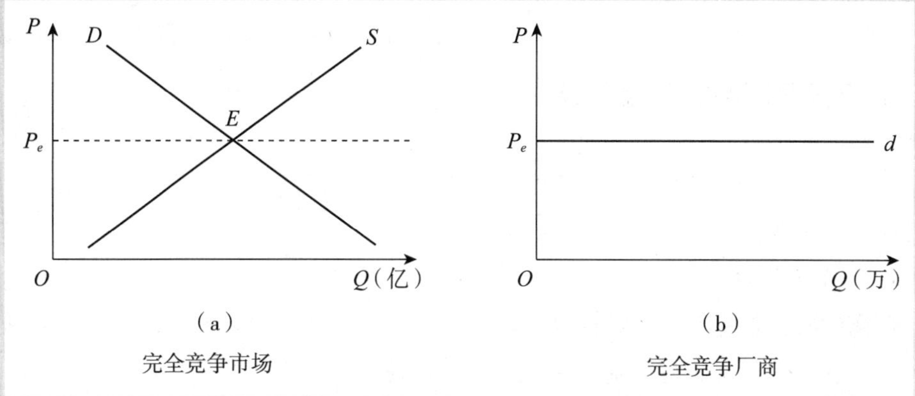

图 6－1 完全竞争厂商的需求曲线

需要注意的是，在完全竞争市场中，单个消费者和单个厂商无力影响市场价格，他们中的每一个人都是被动地接受既定的市场价格，但这些并不意味着完全竞争市场的价格是固定不变的。在其他一些因素的影响下，如消费者收入水平的普遍提高、先进技术的推广、政府有关政策的作用等，众多消费者的需求量和众多生产者的供给量发生变化时，市场的供求曲线的位置就有可能发生移动，从而形成市场

① 由于图 6－1（a）表示市场的供求状况，图 6－1（b）表示一个厂商所面临的需求状况，而一个厂商所面临的需求量仅占市场总需求量的极小一个份额，所以，图 6－1（a）中数量横轴的单位刻度（例如以亿表示）远远大于图 6－1（b）中数量横轴的单位刻度（例如以万表示）。在以后类似的图中，均作如此处理。

的新的均衡价格。在这种情况下，我们就会得到由新的均衡价格水平出发的一条水平线，如图 6-2 所示。在图中，开始时市场需求曲线为 D_1，供给曲线为 S_1，市场均衡价格为 P_1，相应的厂商的需求曲线是由价格水平 P_1 出发的一条水平线 d_1。以后，当市场需求曲线的位置由 D_1 移至 D_2，同时供给曲线的位置由 S_1 移至 S_2 时，市场均衡价格上升为 P_2，于是相应的厂商的需求曲线是由新的价格水平 P_2 出发的另一条水平线 d_2。不难看出，厂商的需求曲线可以出自各个不同的市场的均衡价格水平，但它们总是呈水平线的形状。

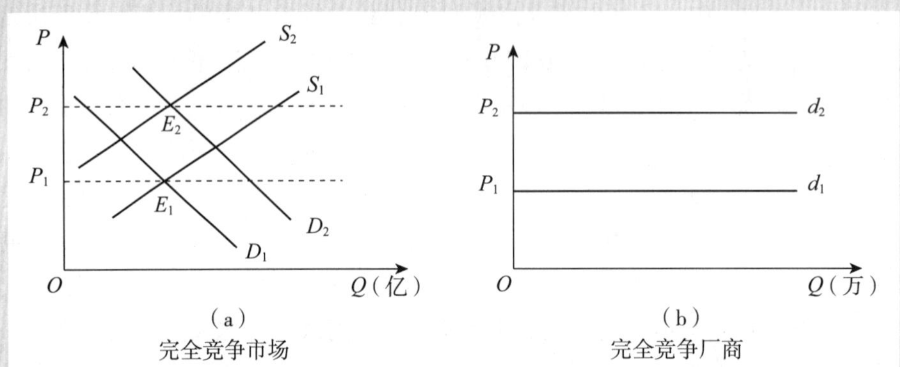

图 6-2　完全竞争市场价格的变动和厂商的需求曲线

三、完全竞争厂商的收益曲线

在此，我们先一般性地介绍厂商的收益这一概念，然后具体分析完全竞争厂商收益曲线的一些特征及其相互之间的关系。

1. 厂商的收益

厂商的收益就是厂商的销售收入。厂商的收益可以分为总收益、平均收益和边际收益，它们的英文简写分别为 TR、AR 和 MR。

总收益指厂商按一定价格出售一定数量产品时所获得的全部收入。在完全竞争市场上，以 P 表示既定的市场价格，以 Q 表示销售总量，总收益的定义公式为：

$$TR(Q)=P\cdot Q \tag{6.1}$$

平均收益指厂商平均每销售一单位产品所获得的收入。平均收益的定义公式为：

$$AR(Q)=\frac{TR(Q)}{Q} \tag{6.2}$$

边际收益指厂商增加一单位产品销售所获得的总收入的增量。边际收益的定义公式为：

$$MR(Q)=\frac{\Delta TR(Q)}{\Delta Q} \tag{6.3}$$

或者

$$MR(Q)=\lim_{\Delta Q\to 0}\frac{\Delta TR(Q)}{\Delta Q}=\frac{\mathrm{d}TR(Q)}{\mathrm{d}Q} \tag{6.4}$$

由（6.4）式可知，每一销售量上的边际收益 MR 值就是相应的总收益 TR 曲线的斜率。

2. 完全竞争厂商的收益曲线

厂商的收益取决于市场上对其产品的需求状况，或者说，厂商的收益取决于厂商的需求曲线的特征。在不同的市场类型中，厂商的需求曲线具有不同的特征。下面将说明完全竞争厂商的需求曲线是如何决定相应的收益曲线的。

在以后的分析中，我们均假定厂商的销售量等于厂商所面临的需求量。① 这样，完全竞争厂商的水平的需求曲线又可以表示：在每一个销售量上，厂商的销售价格是固定不变的，于是，我们必然会有厂商的平均收益等于边际收益，且等于既定的市场价格的结论，即必有 $AR=MR=P$。这一点可以利用表 6－2 予以具体说明。表 6－2 是某厂商的收益表。由表中可见，在所有的销售量水平，产品的市场价格都是固定的，均为 $P=1$（因为单个完全竞争厂商的销售量变化不可能对产品的市场价格产生影响）。这样一来，厂商每销售一单位产品的平均收益是不变的，它等于价格 $P=1$，而且，每增加一单位产品销售所增加的收益即边际收益是不变的，也等于价格 $P=1$。也就是说，有 $AR=MR=P=1$。此外，在表中，随着销售量的增加，由于产品价格保持不变，所以，总收益是以不变的速率上升的。

图 6－3 是根据表 6－2 绘制的收益曲线图，该图体现了完全竞争厂商的收益曲线的特征。由图可见，**完全竞争厂商的平均收益 AR 曲线、边际收益 MR 曲线和需求曲线 d 三条线重叠，它们都用同一条由既定价格水平出发的水平线来表示。**其理由是显然的：在厂商的每一个销售量水平都有 $AR=MR=P$，且厂商的需求曲线本身就是一条由既定价格水平出发的水平线。此外，**完全竞争厂商的总收益 TR 曲线是一条由原点出发的斜率不变的上升直线。**其理由在于，在每一个销售量水平，MR 值都是 TR 曲线的斜率，且 MR 值等于固定不变的价格水平。关于这一点，也可以用公式说明如下：

$$MR=\frac{\mathrm{d}TR}{\mathrm{d}Q}=\frac{\mathrm{d}(P\cdot Q)}{\mathrm{d}Q}=P$$

---

① 此假定是一个合理的假定，因为此假定意味着厂商是根据市场上对其产品的需求量来决定其销售量的。

表 6-2　某完全竞争厂商的收益

销售量 Q	价格 P	总收益 $TR=P\cdot Q$	平均收益 $AR=\frac{TR}{Q}$	边际收益 $MR=\frac{\Delta TR}{\Delta Q}$
100	1	100	1	1
200	1	200	1	1
300	1	300	1	1
400	1	400	1	1
500	1	500	1	1

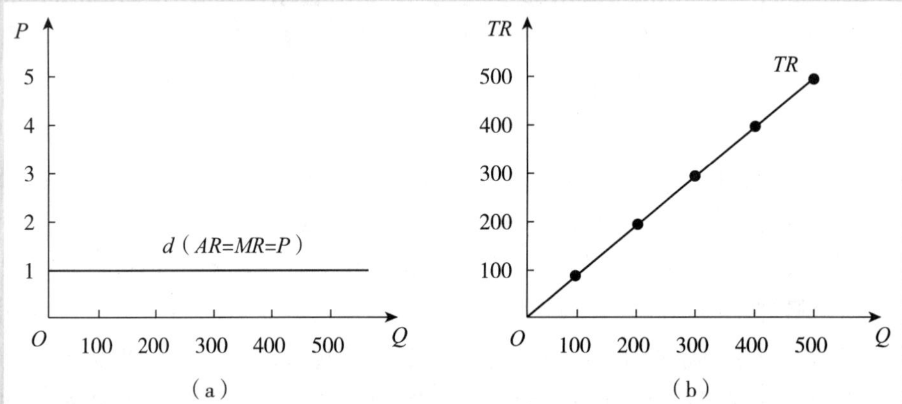

图 6-3　某完全竞争厂商的收益曲线

四、利润最大化的均衡条件

厂商进行生产的目的是追求最大化的利润，那么，厂商实现利润最大化的原则是什么呢？或者说，什么是厂商实现利润最大化的均衡条件呢？下面，我们将以完全竞争厂商的短期生产为例推导利润最大化的均衡条件。

先利用图 6-4 来寻找厂商实现最大利润的生产均衡点。① 在图中，有某完全竞争厂商的一条短期生产的边际成本 SMC 曲线和一条由既定价格水平 P_e 出发的水平的需求曲线 d，这两条线相交于 E 点。我们说，E 点就是厂商实现最大利润的生产均衡点，相应的产量 Q^* 就是厂商实现最大利润时的均衡产量。这是因为，具体地看，当产量小于均衡产量 Q^*，例如为 Q_1 时，厂商的边际收益大于边际成本，即有 $MR>SMC$。这表明厂商增加一单位产量所带来的总收益的增加量大于所付出的总成本的增加量，也就是说，厂商增加产量是有利的，可以使利润得到增加。所

① 在图 6-4 中，纵轴 P 表示价格。由于纵轴表示的是货币数量，所以，它可以同时被用来表示收益 R、成本 C 和利润 π 等货币量。在以后类似的图中，均作相同的处理。

以，如图中指向右方的箭头所示，只要 $MR>SMC$，厂商就会增加产量。同时，随着产量的增加，厂商的边际收益 MR 保持不变而厂商的边际成本 SMC 是逐步增加的，最后，$MR>SMC$ 的状况会逐步变成 $MR=SMC$ 的状况。在这一过程中，厂商得到了扩大产量所带来的全部好处，获得了它所能得到的最大利润。相反，当产量大于均衡产量 Q^*，例如为 Q_2 时，厂商的边际收益小于边际成本，即有 $MR<SMC$。这表明厂商增加一单位产量所带来的总收益的增加量小于所付出的总成本的增加量，也就是说，厂商增加产量是不利的，会使利润减少。所以，如图中指向左方的箭头所示，只要 $MR<SMC$，厂商就会减少产量。同时，随着产量的减少，厂商的边际收益仍保持不变，而厂商的边际成本 SMC 是逐步下降的，最后 $MR<SMC$ 的状况会逐步变成 $MR=SMC$ 的状况。在这一过程中，厂商所获得的利润逐步达到最高水平。

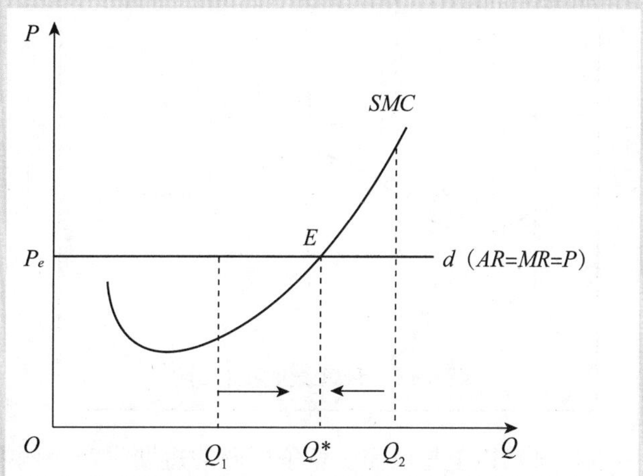

图 6-4　利润最大化（一）

由此可见，不管是增加产量，还是减少产量，厂商都是在寻找能够带来最大利润的均衡产量，而这个均衡产量就是使得 $MR=SMC$ 的产量。所以，我们说，**边际收益 MR 等于边际成本 MC 是厂商实现利润最大化的均衡条件。**

下面，利用图 6-5 来进一步说明边际收益等于边际成本的利润最大化的均衡条件。

在图 6-5（a）中，MR 曲线和 SMC 曲线的交点 E 就是利润最大化的均衡点①，相应的利润最大化产量是 Q^*。与图 6-5（a）相对应，在图 6-5（b）中，在均衡产量水平 Q^*，总收益 TR 曲线和短期总成本 STC 曲线的斜率相等（取决于在 Q^* 时有 $MR=SMC$），这两条曲线之间的垂直距离表示厂商所实现的最大利润。在图 6-5（c）中，利润 π 曲线在均衡产量水平 Q^* 处达到最高点。

① 图 6-5（a）中左边的 MR 曲线和 SMC 曲线的另一个交点不是利润最大化的均衡点。恰恰相反，它是利润最小化的点。这一结论在图中是显而易见的。至于其原因，详见第 207 页注释①。

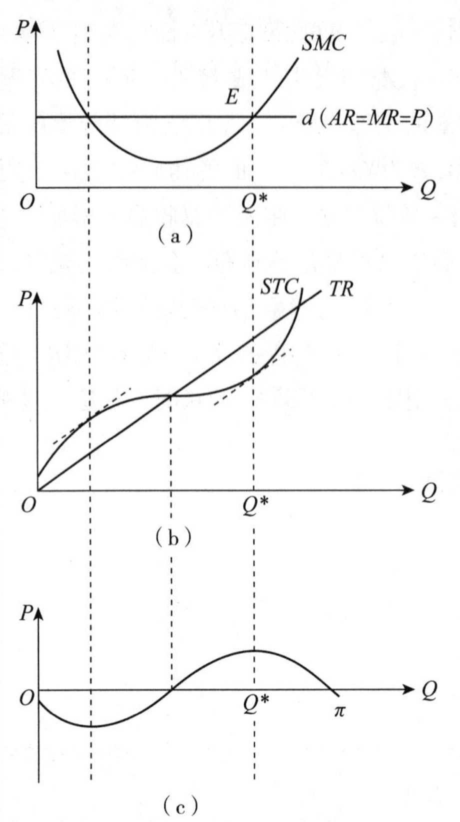

图 6-5　利润最大化（二）

在此需指出一点，虽然以上是以完全竞争厂商的短期生产为例推导利润最大化的均衡条件，但是，这一均衡条件不仅对于不完全竞争市场的厂商，而且对于长期生产，也都是适用的。总之，一般地说，边际收益等于边际成本是厂商实现最大利润的均衡条件，通常写为 $MR=MC$。

$MR=MC$ 的利润最大化的均衡条件，也可以用数学方法证明如下。

令厂商的利润等式为：

$$\pi(Q)=TR(Q)-TC(Q) \tag{6.5}$$

满足上式利润最大化的一阶条件为：

$$\begin{aligned}\frac{\mathrm{d}\pi(Q)}{\mathrm{d}Q}&=\frac{\mathrm{d}TR(Q)}{\mathrm{d}Q}-\frac{\mathrm{d}TC(Q)}{\mathrm{d}Q}\\&=MR(Q)-MC(Q)=0\end{aligned}$$

即

$$MR(Q)=MC(Q) \tag{6.6}$$

所以，厂商应该根据 $MR=MC$ 的原则来确定最优的产量，以实现最大的利润。[①] 最后，需要说明的是 $MR=SMC$ 的均衡条件，有时也被称为利润最大或亏损最小的均衡条件。这是因为，当厂商实现 $MR=MC$ 的均衡条件时，并不意味着厂商一定能获得利润。从更广泛的意义上讲，实现 $MR=MC$ 的均衡条件，能保证厂商处于由既定的成本状况（由给定的成本曲线表示）和既定的收益状况（由给定的收益曲线表示）所决定的最好的境况。这就是说，如果在 $MR=MC$ 时，厂商是获得利润的，则厂商所获得的一定是最大的利润；相反，如果在 $MR=MC$ 时，厂商是亏损的，则厂商所遭受的一定是最小的亏损。

第三节　完全竞争厂商的短期均衡和短期供给曲线

一、完全竞争厂商的短期均衡

在完全竞争厂商的短期生产中，市场的价格是给定的，而且，固定要素的投入量是无法变动的，即生产规模是给定的。因此，**在短期，厂商是在给定的生产规模下，通过对产量的调整来实现 $MR=SMC$ 的利润最大化的均衡条件。**

当厂商实现 $MR=SMC$ 时，有可能获得利润，也有可能亏损，把各种可能的情况都考虑在内，完全竞争厂商的短期均衡可以具体表现为图 6-6 中的五种情况。

在图 6-6（a）中，根据 $MR=SMC$ 的利润最大化的均衡条件，厂商利润最大化的均衡点为 MR 曲线和 SMC 曲线的交点 E，相应的均衡产量为 Q^*。在 Q^* 的产量上，平均收益为 EQ^*，平均成本为 FQ^*。由于平均收益大于平均成本，厂商获得利润。在图中，厂商的单位产品的利润为 EF，产量为 OQ^*，两者的乘积 $EF\cdot OQ^*$ 等于总利润量，它相当于图中的阴影部分的面积。

在图 6-6（b）中，厂商的需求曲线 d 与 SAC 曲线相切于 SAC 曲线的最低点，这一点是 SAC 曲线和 SMC 曲线的交点。这一点恰好也是 $MR=SMC$ 的利润最大

---

① 正文中略去了利润最大化的二阶条件。

满足上述（6.5）式利润最大化的二阶条件为：

$$\frac{d^2\pi(Q)}{dQ^2}=MR'(Q)-MC'(Q)<0$$

即有　$MR'(Q)<MC'(Q)$

由利润最大化的一阶条件和二阶条件可以得到这样的结论：厂商应该选择最优的产量使得边际收益等于边际成本，即 $MR=MC$，且边际收益曲线的斜率小于边际成本曲线的斜率，即 $MR'<MC'$，这样，厂商才能获得最大的利润。

显然，用数学方法证明的厂商利润最大化的均衡条件，除了有 $MR=MC$ 的一阶条件以外，还有 $MR'<MC'$ 的二阶条件。但习惯上往往将利润最大化的均衡条件简称为 $MR=MC$。

本书正文尽管略去了二阶条件，但事实上，正如有些读者已经发现的，在所有的有关分析中，厂商的利润最大化的均衡点都出现在 $MR=MC$ 且 $MR'<MC'$ 的产量点上。如在图 6-5（a）中，在 Q^* 的均衡量上，不仅有 $SMR(Q^*)=MC(Q^*)$，而且有 $MR'(Q^*)=0$，$SMC'(Q^*)>0$，即满足 $MR'(Q^*)<SMC'(Q^*)$。显然，图 6-5（a）中左边的 MR 曲线和 SMC 曲线的交点不是利润最大化的均衡点。因为在该点上，虽然 $MR=SMC$，但 $MR'>SMC'$，即利润最大化的二阶条件不成立，它恰恰满足利润最小化的二阶条件。

化的均衡点 E。在均衡产量 Q^* 上，平均收益等于平均成本，都为 EQ^*，厂商的利润为零，但厂商的正常利润实现了。由于在这一均衡点 E 上，厂商既无利润，也无亏损，所以，该均衡点也被称为厂商的**收支相抵点**。

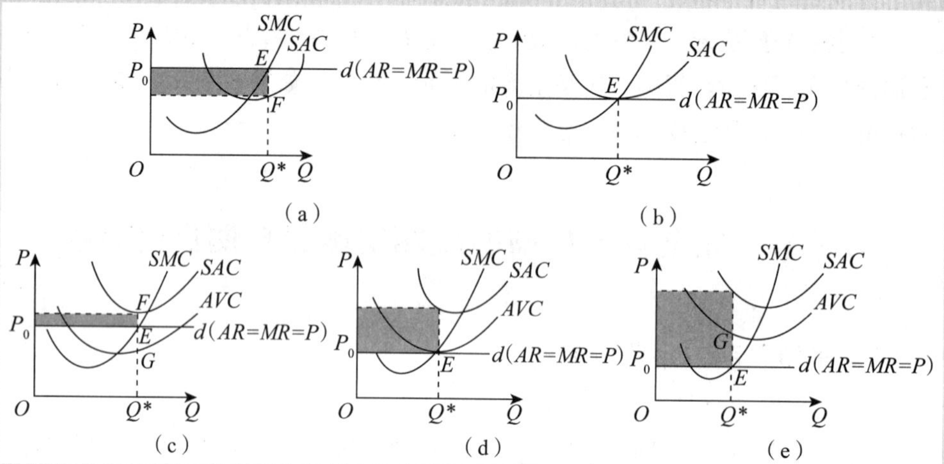

图 6-6　完全竞争厂商短期均衡的各种情况

在图 6-6（c）中，由均衡点 E 和均衡产量 Q^* 可知，厂商的平均收益小于平均成本，厂商是亏损的，其亏损量相当于图中的阴影部分的面积。但由于在 Q^* 的产量上，**厂商的平均收益 *AR* 大于平均可变成本 *AVC*，所以，厂商虽然亏损，但仍继续生产。**这是因为，只有这样，厂商才能在用全部收益弥补全部可变成本以后还有剩余，以弥补在短期内总是存在的不变成本的一部分。所以，在这种亏损情况下，生产的结果好于不生产。

在图 6-6（d）中，厂商的需求曲线 d 与 AVC 曲线相切于 AVC 曲线的最低点，这一点是 AVC 曲线和 SMC 曲线的交点。这一点恰好也是 $MR=SMC$ 的利润最大化的均衡点。在均衡产量 Q^* 上，厂商是亏损的，其亏损相当于图中的阴影部分的面积。此时，**厂商的平均收益 *AR* 等于平均可变成本 *AVC*，厂商可以继续生产，也可以不生产，也就是说，厂商生产或不生产的结果都是一样的。**这是因为，如果厂商生产，则全部收益只能弥补全部的可变成本，不变成本得不到任何弥补。如果厂商不生产，厂商虽然不必支付可变成本，但是全部不变成本仍然存在。由于在这一均衡点上，厂商处于关闭企业的临界点，所以，该均衡点也被称为**停止营业点或关闭点**。

在图 6-6（e）中，在均衡产量 Q^* 上，厂商的亏损量相当于阴影部分的面积。此时，**厂商的平均收益 *AR* 小于平均可变成本 *AVC*，厂商将停止生产。**这是因为，在这种亏损情况下，如果厂商还继续生产，则全部收益连可变成本都无法全部弥补，就更谈不上对不变成本的弥补了。而事实上只要厂商停止生产，可变成本就可以降为零。显然，此时不生产的结果好于生产。

由以上分析可见，**厂商短期生产与否的决策与不变成本无关，它只取决于市场**

价格 P（亦等于厂商的平均收益 AR）和平均可变成本 AVC 的比较。在 $MR=SMC$ 利润最大化原则所确定的产量水平，只要 $P>AVC$，厂商就会进行生产，如图 6-6（a）、图 6-6（b）、图 6-6（c）所示；只要 $P<AVC$，厂商就会停止生产，如图 6-6（e）所示。当市场价格 P 等于最低的平均可变成本 AVC 时，厂商则处于停止生产的临界点，如图 6-6（d）所示，故等于最低平均可变成本的市场价格有时也被称为企业的**停产价格**。

综上所述，完全竞争厂商短期均衡的条件是：

$$MR=SMC \tag{6.7}$$

式中，$MR=AR=P$。在短期均衡时，厂商的利润可以大于零，也可以等于零，或者小于零。

二、完全竞争厂商的短期供给曲线

回忆一下，所谓供给曲线是用来表示在每一个价格水平厂商愿意而且能够提供的产品的数量。在完全竞争市场上，厂商的短期供给曲线可以利用短期边际成本 SMC 曲线来表示，关于这一点的具体说明如下。

对完全竞争厂商来说，有 $P=MR$，所以，完全竞争厂商的短期均衡条件 $MR=SMC$ 又可以写成 $P=MC(Q)$。此式可以这样理解：在每一个给定的价格水平 P，完全竞争厂商应该选择最优的产量 Q，使得 $P=MC(Q)$成立，从而实现最大的利润。这意味着在价格 P 和厂商的最优产量 Q（即厂商愿意而且能够提供的产量）之间存在着一一对应的关系，而厂商的 SMC 曲线恰好准确地表明了这种商品的价格和厂商的短期供给量之间的关系。我们将图 6-6 关于厂商短期均衡的五种可能的情况置于一坐标图中进行分析，见图 6-7（a）。

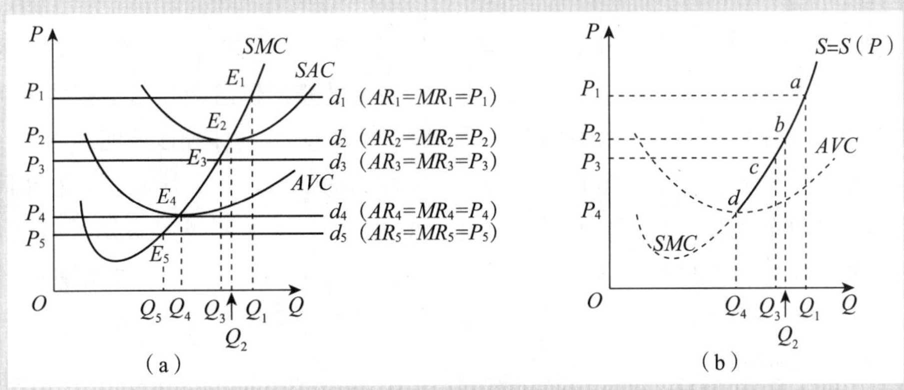

图 6-7　由完全竞争厂商的短期边际成本曲线到短期供给曲线

仔细地分析图 6-7（a）可以看到，当市场价格分别为 P_1、P_2、P_3 和 P_4 时，厂商根据 $MR=SMC$（即 $P=SMC$）的原则，选择的最优产量顺次为 Q_1、Q_2、Q_3

和 Q_4。很清楚，SMC 曲线上的 E_1、E_2、E_3 和 E_4 点明确地表示了这些不同的价格水平与相应的不同的最优产量之间的对应关系。但必须注意到，厂商只有在 $P \geqslant AVC$ 时，才会进行生产，而在 $P < AVC$ 时，厂商会停止生产。所以，**厂商的短期供给曲线应该用 *SMC* 曲线上大于和等于 *AVC* 曲线最低点的部分来表示，即用 *SMC* 曲线上大于和等于停止营业点的部分来表示。**如图 6－7（b）所示，图中 SMC 曲线上的实线部分就是完全竞争厂商的短期供给曲线 $S=S(P)$，该线上的 a、b、c 和 d 点分别与图 6－7（a）中 SMC 曲线上的 E_1、E_2、E_3 和 E_4 点相对应。

由图 6－7（b）可见，**完全竞争厂商的短期供给曲线是向右上方倾斜的，它表示了商品的价格和供给量之间同方向变化的关系。更重要的是，完全竞争厂商的短期供给曲线表示厂商在每一个价格水平的供给量都是能够给它带来最大利润或最小亏损的最优产量。**

专栏 6－1
航空公司的淡季航班

至此，我们便完成了自第四章生产技术开始的从厂商追求利润最大化行为的考察中推导完全竞争厂商的短期供给曲线的分析内容。

第四节　完全竞争行业的短期供给曲线

本节的主要内容是：首先由完全竞争厂商的短期供给曲线出发，推导完全竞争行业的短期供给曲线。然后，在短期供给曲线的基础上，介绍短期生产者剩余的概念。

一、完全竞争行业的短期供给曲线

在任何价格水平上，一个行业的供给量都等于行业内所有厂商的供给量的总和。据此，假定生产要素的价格不变，则**一个行业的短期供给曲线由该行业内所有厂商的短期供给曲线的水平加总得到。**[①] 下面，用图 6－8 具体加以说明。

在图中，假定某完全竞争行业中有 100 个相同的厂商，每个厂商都具有相同的短期成本曲线和相应的短期供给曲线，用图 6－8（a）中的实线 S 表示。将这 100 个相同的厂商的短期供给曲线水平相加，便得到图 6－8（b）中行业的短期供给曲线 S。很清楚，在每一个价格水平，行业的供给量都等于这 100 个厂商的供给量的

① 若考虑到行业产量变化对生产要素价格的影响，那么，关于完全竞争行业的短期供给曲线是行业内所有厂商的短期供给曲线水平相加所构成的这一结论，就成了一种粗略的或不准确的说法了。这是因为，生产要素价格的变化，会使厂商的短期生产成本发生变化和相应的短期成本曲线的位置发生移动，从而使得厂商的短期供给曲线的位置发生移动，并进一步影响行业的短期供给曲线的构成和位置。但由于本节仅仅是为了说明完全竞争行业和厂商的短期供给曲线之间的基本关系，所以，设立了生产要素价格不变这一假定。

总和。例如，当价格为 P_1 时，每个厂商的供给量都为 10，则行业的供给量为1 000（=10×100），当价格为 P_2 时，每个厂商的供给量都为 25，则行业的供给量为 2 500(=25×100)，如此等等。

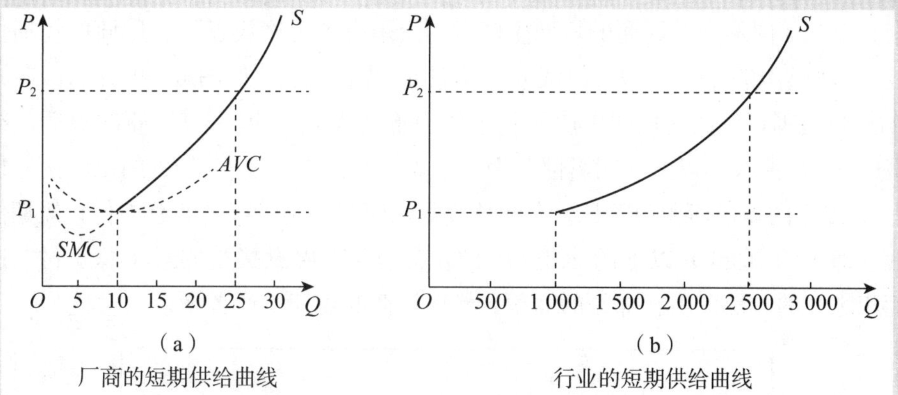

图 6-8　完全竞争行业的短期供给曲线

我们可以将厂商的短期供给函数和行业的短期供给函数之间的关系用公式表示为：

$$S(P)=\sum_{i=1}^{n}S_i(P) \tag{6.8}$$

式中，$S_i(P)$为第 i 个厂商的短期供给函数；$S(P)$表示行业的短期供给函数。如果行业内的 n 个厂商具有相同的短期供给函数，则（6.8）式可以写成：

$$S(P)=n\cdot S_i(P) \tag{6.9}$$

显然，完全竞争行业的短期供给曲线保持了完全竞争厂商的短期供给曲线的基本特征。这就是，**行业的短期供给曲线也是向右上方倾斜的，它表示市场的产品价格和市场的短期供给量呈同方向的变动。而且，行业的短期供给曲线上与每一价格水平相对应的供给量都是可以使全体厂商在该价格水平获得最大利润或实现最小亏损的最优产量。**

二、短期生产者剩余

生产者剩余是与消费者剩余相对应的概念，这两个概念通常结合在一起使用，并被广泛地运用于有关经济效率和社会福利问题的分析之中。在此，我们介绍短期生产者剩余的概念，包括厂商的短期生产者剩余和市场的短期生产者剩余。

1. 厂商的短期生产者剩余

利用厂商的短期供给曲线，可以得到厂商的短期生产者剩余。

在短期，厂商的生产者剩余指厂商在提供一定数量的某种产品时实际接受的总

支付和愿意接受的最小总支付之间的差额。厂商的短期生产者剩余的含义是：在生产中，只要每一单位产品的价格高于生产该单位产品的边际成本，厂商进行生产就是有利的。鉴于此，在经济学中，当厂商在短期中生产一定的产量时，把每一单位产品上的价格高于生产该单位产品的边际成本的部分加总，称为厂商的短期生产者剩余。在几何图形中，厂商的短期生产者剩余用市场价格线以下、厂商的短期供给曲线（即短期边际成本 *SMC* 曲线）以上的面积来表示，如图 6－9 所示：在 0 到 Q_0的产量范围，厂商的短期生产者剩余便用价格线 P_0J 以下、厂商的短期供给曲线（即 *SMC* 曲线）以上的阴影部分面积来表示。其中，在产量 Q_0的范围内，价格线 P_0J 以下的矩形面积OP_0EQ_0表示总收益，即厂商实际接受的总支付；短期供给曲线（即 *SMC* 曲线）以下的面积 $OHEQ_0$表示厂商愿意接受的最小总支付。这两块面积之间的差额即阴影部分的面积，构成厂商的短期生产者剩余。

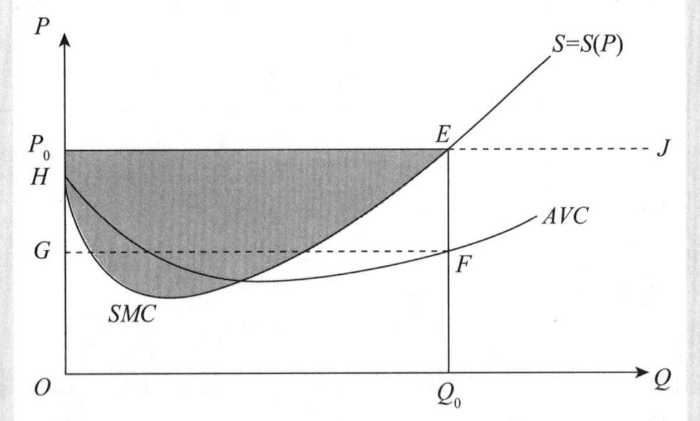

图 6－9　厂商的短期生产者剩余

厂商的短期生产者剩余也可以用数学公式来定义。令厂商的短期反供给函数为 $P^s=f(Q)$，且市场价格为 P_0时厂商的供给量为 Q_0，则厂商的短期生产者剩余为：

$$PS=P_0Q_0-\int_0^{Q_0}f(Q)\mathrm{d}Q \tag{6.10}$$

或者

$$PS=P_0Q_0-\int_0^{Q_0}SMC(Q)\mathrm{d}Q \tag{6.11}$$

在以上两式中，*PS* 为生产者剩余的英文简写，式子右边的第一项都表示总收益，即厂商实际接受的总支付，第二项都表示厂商愿意接受的最小总支付。

此外，在短期内，由于所有产量的边际成本之和就等于总可变成本，因此，厂商的短期生产者剩余也可以用厂商的总收益和总可变成本之间的差额来表示，即 $PS=TR-TVC$。与此相对应，在图 6－9 中，厂商的短期生产者剩余也可以由矩形面积 GP_0EF 给出，它等于总收益（相当于矩形面积 OP_0EQ_0）减去总可变成本（相当于矩形面积 $OGFQ_0$）。其实，从本质上讲，在短期中，由于固定成本不变，所以，只要总收益大于总可变成本，厂商进行生产就是有利的，就能得到生产者剩余。（在前面分析完全竞争厂商在短期是否继续生产的问题时，我们已经阐述了相应的观点。）

最后，由于厂商的短期生产者剩余 $PS=TR-TVC$，即有 $PS=TR-TVC=\pi+TFC$，因此，若 $\pi\geqslant0$，则厂商的短期生产者剩余 $PS\geqslant TFC$，若$\pi<0$，则厂商的短期生产者剩余 $PS<TFC$。

2. 市场的短期生产者剩余

利用市场的短期供给曲线，可以得到市场的短期生产者剩余。

市场的生产者剩余是市场上所有厂商的生产者剩余的加总。正因为如此，市场的短期生产者剩余用市场价格线以下、行业的短期供给曲线以上的面积来表示，如图 6－10 所示。在图中，D 曲线是市场的需求曲线，S 曲线是市场的短期供给曲线，市场的短期均衡价格和均衡数量分别为 P_0 和 Q_0，图中的阴影部分的面积便是市场的短期生产者剩余。

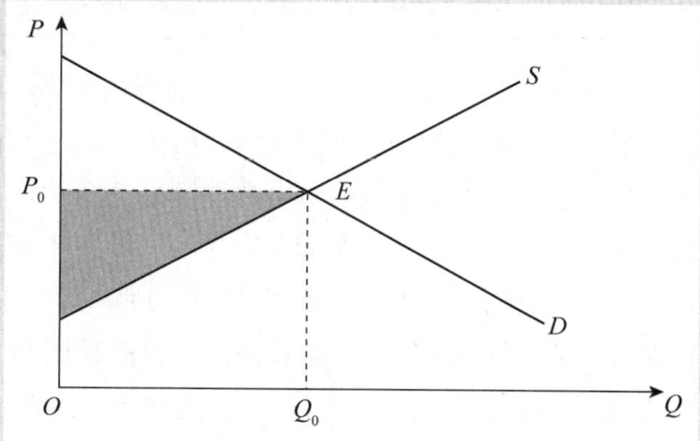

图 6－10　市场的短期生产者剩余

第五节　完全竞争厂商的长期均衡

在完全竞争厂商的长期生产中，所有的生产要素都是可变的，厂商是通过对全部生产要素的调整，来实现 $MR=LMC$ 的利润最大化的均衡原则的。在完全竞争市场价格给定的条件下，**厂商在长期生产中对全部生产要素的调整可以表现为两个方面，一方面表现为对最优生产规模的选择，另一方面表现为进入或退出一个行业的决策。**下面结合这两方面的调整加以分析。

一、厂商对最优生产规模的选择

首先，我们分析厂商在长期生产中对最优生产规模的选择。下面利用图6－11

加以说明。

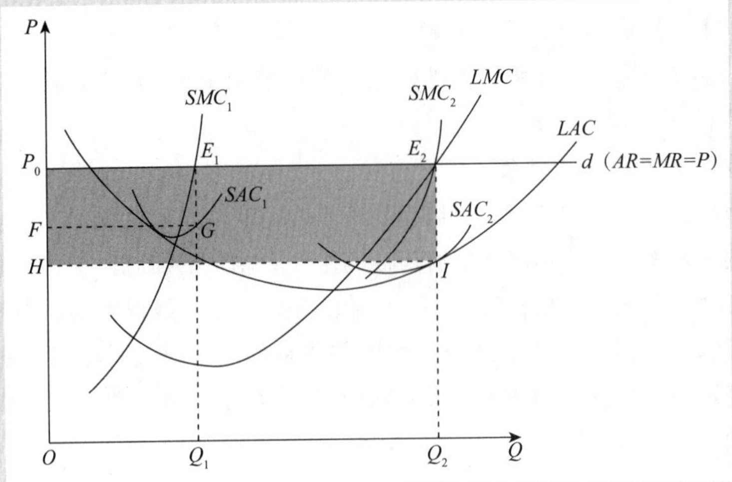

图 6-11 长期生产中厂商对最优生产规模的选择

在图中，假定完全竞争市场的价格为 P_0。在 P_0 的价格水平，厂商应该选择哪一个生产规模，才能获得最大的利润呢？在短期内，假定厂商已拥有的生产规模以 SAC_1 曲线和 SMC_1 曲线表示。由于在短期内生产规模是给定的，所以，厂商只能在既定的生产规模下进行生产。根据短期利润最大化的均衡条件 $MR=SMC$，厂商选择的最优产量为 Q_1，所获得的利润为图中较小的那一块阴影部分的面积 FP_0E_1G。而在长期内，情况就不相同了。在长期内，根据长期利润最大化的均衡条件 $MR=LMC$，厂商会达到长期均衡点 E_2，并且选择 SAC_2 曲线和 SMC_2 曲线所代表的最优生产规模进行生产，相应的最优产量为 Q_2，所获得的利润为图中较大的那一块阴影部分的面积 HP_0E_2I。很清楚，**在长期，厂商通过对最优生产规模的选择，使自己的境况得到改善，从而获得了比在短期内所能获得的更大的利润。**

二、厂商进出一个行业

接下来，我们分析厂商在长期生产中进入或退出一个行业的决策及其对单个厂商利润的影响。以图 6-12 来说明。

厂商在长期生产中进入或退出一个行业，实际上是生产要素在各个行业之间的调整，生产要素总是会流向能获得更大利润的行业，也总是会从亏损的行业退出。正是行业之间生产要素的这种调整，使得完全竞争厂商长期均衡时的利润为零。具体地说，以图 6-12 为例，如果开始时的市场价格较高，为 P_1，根据 $MR=LMC$ 的利润最大化原则，厂商选择的产量为 Q_1，相应的最优生产规模由 SAC_1 曲线和 SMC_1 曲线代表。此时，厂商获得利润，这便会吸引一部分厂商进入该行业的生产。随着行业内厂商数量的逐步增加，市场上的产品供给就会增加，市场价格就会

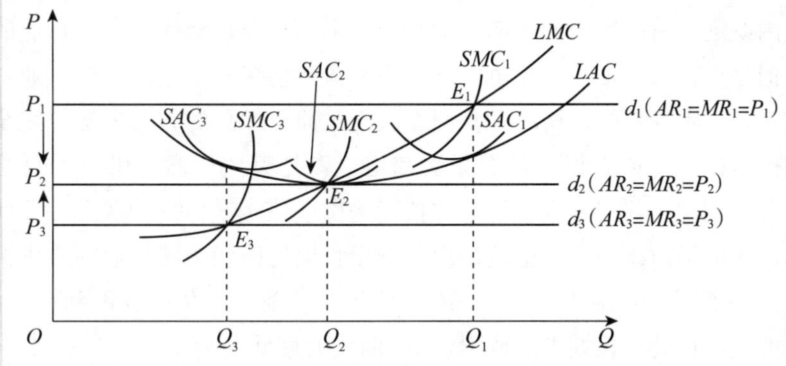

图 6-12　长期生产中厂商进入或退出行业

逐步下降，相应地，单个厂商的利润就会逐步减少。只有当市场价格水平下降到使单个厂商的利润减少为零时，新厂商的进入才会停止。相反，如果市场价格较低，为 P_3，则厂商根据 $MR=LMC$ 的利润最大化原则选择的产量为Q_3，相应的最优生产规模由 SAC_3 曲线和 SMC_3 曲线代表。此时，厂商是亏损的，这使得行业内原有厂商中的一部分退出该行业的生产。随着行业内厂商数量的逐步减少，市场的产品供给就会减少，市场价格就会逐步上升。相应地，单个厂商的亏损就会减少。只有当市场价格水平上升到使单个厂商的亏损消失即利润为零时，原有厂商的退出才会停止。总之，不管是新厂商的进入，还是原有厂商的退出，最后，这种调整一定会使市场价格达到等于长期平均成本的最低点的水平，即图中的价格水平 P_2。在这一价格水平，行业内的每个厂商都既无利润，也不亏损，但都实现了正常利润。于是，厂商失去了进入或退出该行业的动力，行业内的每个厂商都实现了长期均衡。

图中的 E_2 点是完全竞争厂商的长期均衡点。在厂商的长期均衡点 E_2，LAC 曲线达最低点，相应的 LMC 曲线经过该点；厂商的需求曲线 d_2 与 LAC 曲线相切于该点；代表最优生产规模的 SAC_2 曲线与 d_2 曲线和 LAC 曲线相切于该点，相应的 SMC_2 曲线经过该点。总之，**完全竞争厂商的长期均衡出现在 LAC 曲线的最低点。这时，生产的平均成本降到长期平均成本的最低点，商品的价格也等于最低的长期平均成本。**

最后，我们得到完全竞争厂商的长期均衡条件为：

$$MR=LMC=SMC=LAC=SAC \tag{6.12}$$

式中，$MR=AR=P$。此时，单个厂商的利润为零。

第六节　完全竞争行业的长期供给曲线

我们知道，一个行业的总产量是行业内所有厂商的产量的加总。在短期，完全竞争行业内厂商的数量是固定的，所以，正如前面所分析的那样，我们能够很方便地将行业内既定数量的厂商的短期供给曲线水平加总，这样便得到了行业的短期供给曲线。但是，在长期，完全竞争厂商会根据盈亏情况自由进出一个行业，行业内厂商的数量是不断变化的，所以，我们无法通过简单加总的方法来推导完全竞争行业的长期供给曲线，或者说，我们无法知道应该把哪些厂商的供给加总起来。此外，还需要注意的是，完全竞争行业的长期均衡应该是这样一种状态：任何厂商都没有激励进入或退出该行业。也就是说，处于长期均衡状态的行业的总供给量能够使得行业内每个厂商的 $MR=MC=AC$，即每个厂商最大化的经济利润均等于零；每个厂商的生产都处于长期平均成本 LAC 曲线的最低点。

至此为止，始终假定生产要素的价格是给定不变的。但是，在长期，在厂商根据盈亏情况进入或退出一个行业的过程中，整个行业产量的变化会对两类市场产生影响：一方面，它使得产品市场的供给发生变化，从而影响产品市场的价格（上一节分析完全竞争厂商的长期均衡时已涉及）；另一方面，它使得生产要素市场的需求发生变化，从而可能影响生产要素市场的价格。所以，当我们从行业长期生产的角度分析问题时，不仅要考虑产品市场价格的变化，还要考虑生产要素市场价格的变化。根据行业产量变化对生产要素市场价格所可能产生的不同影响，在此将完全竞争行业区分为**成本不变行业、成本递增行业和成本递减行业**，这三类行业的长期供给曲线各具自身的特征。本节的主要内容是推导这三类行业的长期供给曲线，并在此基础上介绍长期生产者剩余的概念。

一、成本不变行业的长期供给曲线

成本不变行业是这样一种行业，该行业的产量变化所引起的生产要素需求的变化，不对生产要素的价格产生影响。这可能是因为这个行业对生产要素的需求量只占生产要素市场需求量的很小一部分。在这种情况下，行业的长期供给曲线是一条水平线。下面用图 6－13 进行分析。

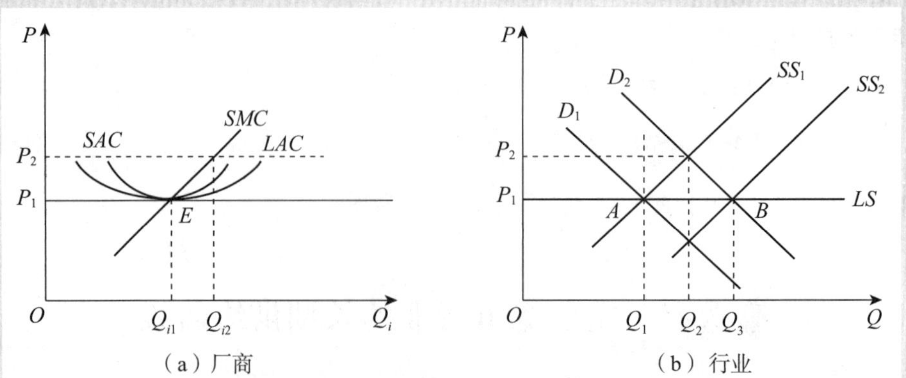

图 6－13　成本不变行业的长期供给曲线

我们应该由完全竞争厂商和行业的长期均衡点出发，来推导完全竞争行业的长期供给曲线。在图 6－13 中，由市场需求曲线 D_1 和市场短期供给曲线 SS_1 的交点 A 决定的市场均衡价格为 P_1。在价格水平 P_1，完全竞争厂商在 LAC 曲线的最低点 E 实现长期均衡，每个厂商的利润均为零。由于行业内不再有厂商的进入和退出，故称 A 点为行业的一个长期均衡点。此时，厂商的均衡产量为 Q_{i1}，行业均衡产量为 Q_1，且有 $Q_1=\sum_{i=1}^{n}Q_{i1}$。

假定外生因素的影响使市场需求增加，D_1 曲线向右移至 D_2 曲线的位置，且与 SS_1 曲线相交，相应的市场价格水平由 P_1 上升到 P_2。在新的价格水平 P_2，厂商在短期内沿着代表既定生产规模的 SMC 曲线，将产量由 Q_{i1} 提高到 Q_{i2}，并获得利润。

从长期看，由于单个厂商获得利润，新厂商便受到吸引而加入该行业，导致行业供给增加。行业供给增加会产生两方面的影响。一方面，它会增加对生产要素的需求。但由于是成本不变行业，所以，生产要素的价格不发生变化，企业的成本曲线的位置不变。另一方面，行业供给增加会使厂商的 SS_1 曲线不断向右平移，随之，市场价格逐步下降，单个厂商的利润也逐步减少。这个过程一直要持续到单个厂商的利润消失为止，即 SS_1 曲线一直要移动到 SS_2 曲线的位置，从而使得市场价格又回到了原来的长期均衡价格水平 P_1，单个厂商又在原来的 LAC 曲线的最低点 E 实现长期均衡。所以，D_2 曲线和 SS_2 曲线的交点 B 是行业的又一个长期均衡点。此时有 $Q_3=\sum_{i=1}^{n}Q_{i1}$ 。市场的均衡产量的增加量为 Q_1Q_3，它是由新加入的厂商提供的，但行业内每个厂商的均衡产量仍为 Q_{i1}。

连接 A、B 这两个行业长期均衡点的直线 LS 就是行业的长期供给曲线。**成本不变行业的长期供给曲线是一条水平线。**它表示：成本不变行业是在不变的均衡价格水平提供产量，该均衡价格水平等于厂商的不变的长期平均成本的最低点。市场需求的变化会引起行业长期均衡产量的同方向的变化，但长期均衡价格不会发生变化。

二、成本递增行业的长期供给曲线

成本递增行业是这样一种行业，该行业产量增加所引起的生产要素需求的增加，会导致生产要素价格的上升。成本递增行业是较为普遍的情况，这是因为经济资源总是稀缺的，所以，对生产要素需求的增加，一般会使生产要素的价格上升。成本递增行业的长期供给曲线是一条向右上方倾斜的曲线，下面用图 6－14 进行分析。

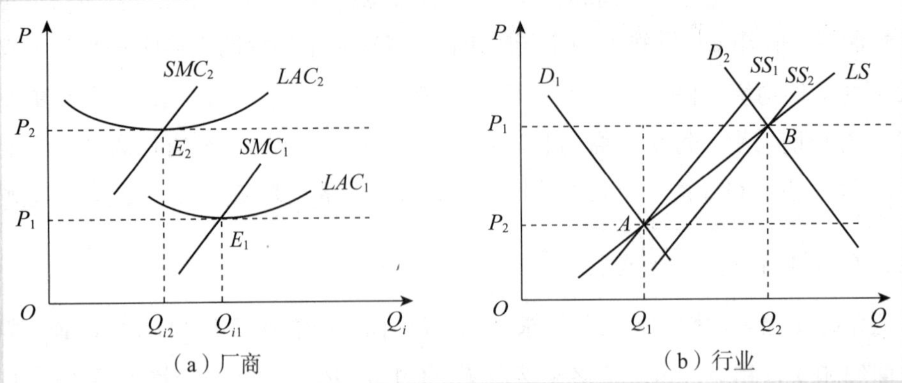

图 6-14 成本递增行业的长期供给曲线

在图中，开始时单个厂商的长期均衡点 E_1 和行业的长期均衡点 A 是相互对应的。它们表示：在市场均衡价格水平 P_1，厂商在 LAC_1 曲线的最低点实现长期均衡，且每个厂商的利润都为零。

假定市场需求增加使市场需求曲线向右移至 D_2 曲线的位置，并与原市场短期供给曲线 SS_1 相交，形成新的更高的价格水平。在此价格水平，厂商在短期内将仍以 SMC_1 曲线所代表的既定的生产规模进行生产，并由此获得利润。

在长期，新厂商会由于利润的吸引而进入该行业的生产，整个行业供给增加。一方面，行业供给增加，会增加对生产要素的需求。与成本不变行业不同，在成本递增行业，生产要素需求的增加使得生产要素的市场价格上升，从而使得厂商的成本曲线的位置上升，即图中的 LAC_1 曲线和 SMC_1 曲线的位置向上移动。另一方面，行业供给增加直接表现为市场的 SS_1 曲线向右平移。那么，这种 LAC_1 曲线和 SMC_1 曲线的位置上移及 SS_1 曲线的位置右移的过程，一直要持续到什么水平才会停止呢？如图 6-14 所示，它们分别达到 LAC_2 曲线和 SMC_2 曲线的位置及 SS_2 曲线的位置，从而分别在 E_2 点和 B 点实现厂商的长期均衡和行业的长期均衡。此时，在由 D_2 曲线和 SS_2 曲线决定的新的市场均衡价格水平 P_2，厂商在 LAC_2 曲线的最低点实现长期均衡，每个厂商的利润又都为零，且 $Q_2=\sum_{i=1}^{n}Q_{i2}$。①

连接 A、B 这两个行业长期均衡点的线 LS 就是行业的长期供给曲线。**成本递增行业的长期供给曲线是向右上方倾斜的。**它表示：在长期，行业的产品价格和供给量呈同方向的变动。市场需求的变动不仅会引起行业长期均衡价格的同方向的变动，同时还会引起行业长期均衡产量的同方向的变动。

在经济生活中，成本递增行业是比较普遍的现象，所以，向右上方倾斜的长期供给曲线也被广泛用来分析一些经济问题。

---

① 在此需说明，图 6-14（a）中的厂商的长期均衡产量 Q_{i2} 小于原来的厂商的长期均衡产量 Q_{i1}。实际上，Q_{i2} 可以小于、大于、等于 Q_{i1}，这要视具体情况而定。这一说明对图 6-15 同样适用。

三、成本递减行业的长期供给曲线

成本递减行业是这样一种行业，该行业产量增加所引起的生产要素需求的增加，反而使生产要素的价格下降了。行业成本递减的原因可以是外在经济的作用。这可能主要是因为生产要素行业的产量的增加，使得行业内单个企业的生产效率提高，从而使得所生产出的生产要素的价格下降。成本递减行业的长期供给曲线是向右下方倾斜的。下面用图 6－15 进行分析。

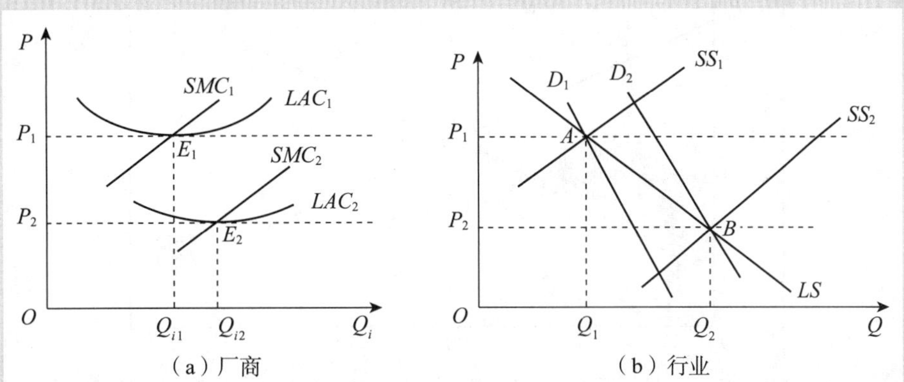

图 6－15　成本递减行业的长期供给曲线

与对图 6－14 的分析相似，开始时，厂商在 E_1 点实现长期均衡，行业在 A 点实现长期均衡，E_1 点和 A 点是相互对应的。所不同的是，在图 6－15 中，在市场价格上升，因而新厂商由于利润的吸引而加入该行业的过程中，一方面，在成本递减行业的前提下，行业供给增加所导致的对生产要素需求的增加，反而使得生产要素的市场价格下降了，它使得图中原来的 LAC_1 曲线和 SMC_1 曲线的位置向下移动；另一方面，行业供给增加仍直接表现为 SS_1 曲线的位置向右移动。这两种变动一直要持续到厂商在 E_2 点实现长期均衡和行业在 B 点实现长期均衡为止。此时，在由 D_2 曲线和 SS_2 曲线决定的新价格水平 P_2，厂商在 LAC_2 曲线的最低点实现长期均衡，每个厂商的利润又都恢复为零，且 $Q_2=\sum_{i=1}^{n}Q_{i2}$ 。

连接 A、B 这两个行业长期均衡点的线 LS 就是行业的长期供给曲线。**成本递减行业的长期供给曲线是向右下方倾斜的。**它表示：在长期，行业的产品价格和供给量呈反方向的变动。市场需求的增加会引起行业长期均衡价格的反方向的变动，同时还会引起行业长期均衡产量的同方向的变动。

四、长期生产者剩余

我们已经知道，市场的短期生产者剩余可以用市场价格线以下、行业短期供给曲线以上的部分来表示（见图 6－10）。类似地，市场的长期生产者剩余也可以用市场价格线以下、行业长期供给曲线以上的部分来表示，如图 6－16 所示：在市场需求曲线与行业长期供给曲线共同作用下的市场的均衡价格和均衡数量分别为 P_0 和 Q_0，阴影部分的面积就是市场的长期生产者剩余。由图可以想到，如果是成本不变行业，其长期供给曲线就是一条水平线，那么，就不会有长期生产者剩余。唯有在成本递增行业的长期供给曲线斜率为正的情况下，才会产生图 6－16 中所示的市场的长期生产者剩余。

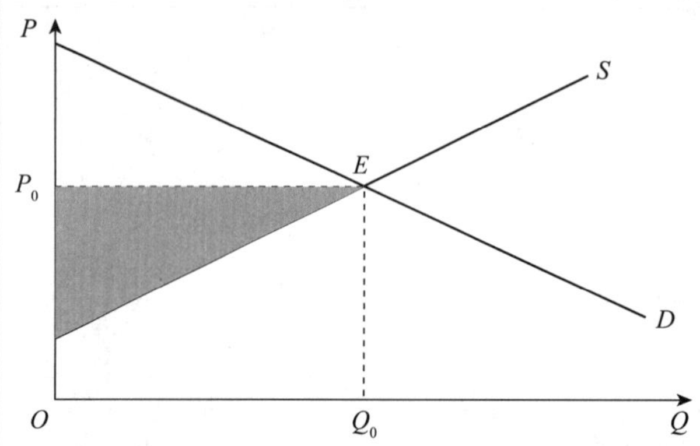

图 6－16　市场的长期生产者剩余

尽管市场的短期生产者剩余和市场的长期生产者剩余的图示很相似，即都可以用市场价格线以下、行业供给曲线以上的部分来表示，但是，两者的含义是不同的。

在短期，厂商的生产者剩余可以表示为厂商的利润 π 加固定成本 TFC，并在此基础上，加总形成市场的生产者剩余。但是，在长期，厂商没有固定成本即 $TFC=0$，且厂商长期均衡时利润 $\pi=0$。显然，从短期生产者剩余的角度，无法说明长期生产者剩余这一概念。

长期生产者剩余可以用李嘉图租金的概念来加以说明。① 早在 1817 年李嘉图便描述了这种情况。在完全竞争的某种谷物市场上，假定厂商们拥有的土地的肥沃程度是有差别的：有的是肥沃的土地，其耕种成本低；有的是贫瘠的土地，其耕种成本高。如果农产品的价格较低，则只有肥沃的土地被投入使用；如果农产品的价格提高，则贫瘠的土地才能被投入使用。在长期，随着农产品需求的增加、农产品价格的提高，行业内原有的土地肥沃的厂商获得利润。于是，在利润的吸引下，更多的新厂商进入，贫瘠的土地也被逐步投入使用。在市场实现长期均衡时，面对同一个均衡价格水平，“边际”意义上的那个使用最贫瘠土地的厂商的经济利润为零，

① 早在 19 世纪早期，大卫・李嘉图就第一个描述了长期生产者剩余，亦被称为李嘉图租金。参见大卫・李嘉图的《政治经济学及赋税原理》(1817)，1965 年再版（伦敦：登特父子公司）。

新厂商的进入停止；但是，行业内那些土地肥沃程度优于“边际”厂商且耕种成本低于“边际”厂商的其他所有厂商均获得了利润。换言之，其他所有厂商所获得的利润不会因为新厂商的自由加入而消失，即能长期保持所获得的利润，这就是厂商的长期生产者剩余。由此可见，厂商的长期生产者剩余是由于厂商们之间投入要素的差异所导致的成本不同而产生的。在市场长期均衡时，拥有稀缺的高质量要素投入的厂商能获得利润，即获得长期生产者剩余，尽管“边际”意义上的那个拥有低质量要素投入的厂商的利润为零。将所有这些厂商的长期生产者剩余相加，便是市场的长期生产者剩余。

在图 6 - 16 中，斜率为正的行业长期供给曲线上的每一点都可以代表在不同的市场价格水平某些厂商的最低的长期平均成本。当市场的均衡价格为 P_0时，对于每一个厂商来说，P_0-AC 都代表每一单位产量的利润，将其加总便得到所有厂商的总利润即市场的长期生产者剩余，如图中阴影部分的面积所示。可见，市场的长期生产者剩余可以用市场价格线以下、行业长期供给曲线以上的部分来表示。而且，图中的市场长期供给曲线向右上方倾斜，即它是成本递增行业的长期供给曲线，它意味着要素的价格即生产成本会随要素需求的增加而上升，也就是说，厂商使用的投入要素是稀缺的。

第七节 完全竞争市场的短期均衡和长期均衡

本节将对消费者和厂商相互作用下的完全竞争市场的短期均衡和长期均衡作一个简要的说明，也可以将本节内容看成是对前面学习过的消费者选择、生产技术、成本和完全竞争市场各章内容之间的基本联系所作的一个简单小结。在此基础上，本节还将介绍消费者统治这一概念及其理论基础。

一、完全竞争市场的短期均衡和长期均衡

图 6 - 17 是一组完全竞争市场均衡的综合图，我们利用该图进行具体的分析。①

图 6 - 17（a）、图 6 - 17（b）中分别有甲、乙两个消费者的需求曲线 d_1、d_2。根据消费者选择理论，我们知道，单个消费者的需求曲线 d_1 和 d_2 各自是从单个消费者追求自身效用最大化的行为中推导出来的，单个消费者的需求曲线上的每一点都表示在一定价格水平上能够给单个消费者带来最大效用的需求量。图 6 - 17（c）中的市场需求曲线 D 是由图 6 - 17（a）、图 6 - 17（b）中两个消费者的需求曲线 d_1 和 d_2 水平加总而得到的。无疑，市场需求曲线 D 上的每一点同样都表示在一定

① 在完全竞争市场中，应该有无数的买者和卖者。在图 6 - 17 中我们假定市场上只有两个消费者甲、乙和两个厂商 A、B。这一假设仅仅是为了分析方便而设立的。这是一个合理的简化，并不影响分析的结论。

价格水平下能够给市场上每一个消费者带来最大效用的需求量。

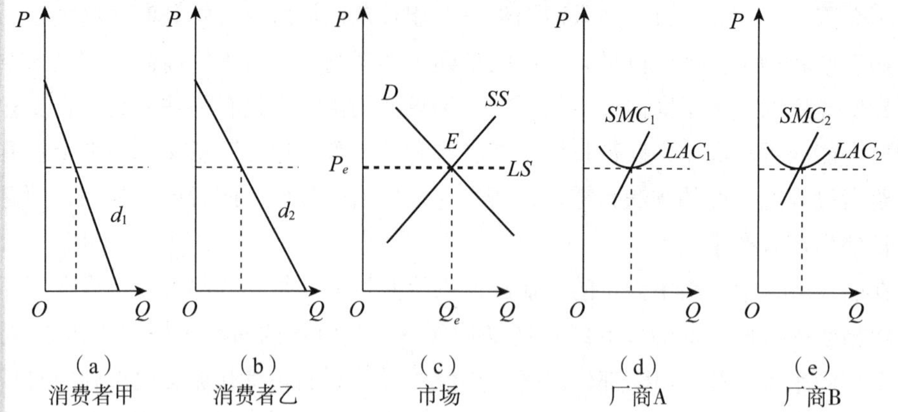

图 6－17　完全竞争市场均衡的综合图

图 6－17（d）、图 6－17（e）中分别有 A、B 两个完全竞争厂商的成本曲线。根据生产技术理论、成本理论和完全竞争市场理论，我们知道，由单个完全竞争厂商追求利润最大化的行为可以推导出厂商的短期供给曲线，它是厂商的 SMC 曲线上大于和等于 AVC 曲线最低点的部分（图中略去了 AVC 曲线），所以，我们可以把图中的 SMC_1 曲线和 SMC_2 曲线分别看成是厂商 A 和 B 的短期供给曲线。单个厂商短期供给曲线上的每一点都表示在一定价格水平上可以给单个厂商带来最大利润的供给量。图 6－17（c）中的行业短期供给曲线 SS 是由图 6－17（d）、图 6－17（e）中的两个厂商的短期供给曲线即 SMC_1 曲线和 SMC_2 曲线水平加总而得到的。显然，市场短期供给曲线 SS 上的每一点同样都表示在一定价格水平上可以给行业中每一个厂商带来最大利润的供给量。

在图 6－17（c）中，市场需求曲线 D 和市场短期供给曲线 SS 相交于 E 点，E 点是市场的一个短期均衡点，相应的均衡价格为 P_e，均衡数量为 Q_e。仔细观察一下，可以发现，E 点同时又是市场的一个长期均衡点，因为有一条成本不变行业的水平的长期供给曲线 LS 与市场需求曲线 D 也相交于 E 点。① 由市场的长期均衡点 E 出发，我们可以得到哪些结论呢？由 E 点可知，市场的长期均衡价格和长期均衡数量分别为 P_e 和 Q_e。就市场长期均衡价格 P_e 而言，它等于厂商的 LAC 曲线的最低点。这表明，在完全竞争市场的长期均衡点上，所有厂商的生产成本都降到了最低的水平，它等于最低的长期平均成本，而且，市场的长期均衡价格也降到了这一最低的水平。再就市场长期均衡数量 Q_e 而言，它既等于市场上所有消费者的需求量之和，又等于市场上所有厂商的供给量之和，所以，市场刚好出清，既不存在供不应求，又不存在产品过剩。更重要的是，此时，一

① 在此运用成本递增行业或成本递减行业的长期供给曲线进行分析也都是可以的，都不影响结论。

方面，所有的厂商都以最低的成本提供产品，并且都获得了最大的利润（尽管利润为零），另一方面，所有的消费者都以最低的价格购买产品，并各自都得到了最大的效用。

正因为如此，西方学者提出，完全竞争市场长期均衡状态的形成及其特征表明，完全竞争的市场机制能够以有效的方式配置经济资源。这部分内容构成了对完全竞争市场经济的"看不见的手"的原理进行论证的一个重要组成部分。

二、消费者统治说法的理论基础

消费者统治是流行于西方经济学文献中的一个概念，它是指在一个经济社会中消费者在商品生产这一最基本的经济问题上所起的决定性作用。这种作用表现为：消费者用货币购买商品是向商品投"货币选票"。"货币选票"的投向和数量，取决于消费者对不同商品的偏好程度，体现了消费者的经济利益和意愿。而生产者为了获得最大的利润，必须依据"货币选票"的情况来安排生产，决定生产什么、生产多少以及如何生产等。这说明，生产者是根据消费者的意志来组织生产、提供产品的。西方学者认为，这种消费者统治的经济关系，可以促使社会的经济资源得到合理的利用，从而使全社会的消费者都得到最大的满足。

而我们从前面的分析中已经知道，完全竞争市场的长期均衡状态表明社会的经济资源得到了有效的配置，经济中的全体消费者都获得了最大的效用。正是基于此，微观经济学中对完全竞争市场的长期均衡状态的分析通常被用来作为对消费者统治说法的一种证明。

第八节　完全竞争市场的福利

经济学家指出，完全竞争市场实现了福利最大化，即总剩余最大化。在这里，总剩余等于市场的消费者剩余与生产者剩余的总和。本节将首先考察完全竞争市场的福利最大化。然后，对价格控制和销售税的福利效应进行分析。

一、完全竞争市场的福利最大化

在此，利用图 6－18 来分析完全竞争市场的福利。在图中，E 是完全竞争市场的均衡点，均衡价格和均衡数量分别为 P^* 和 Q^*；市场的消费者剩余为图中浅色的阴影部分面积，市场的生产者剩余为图中深色的阴影部分面积，市场的总剩余为消费者剩余和生产者剩余之和，即图中全部的阴影部分面积。

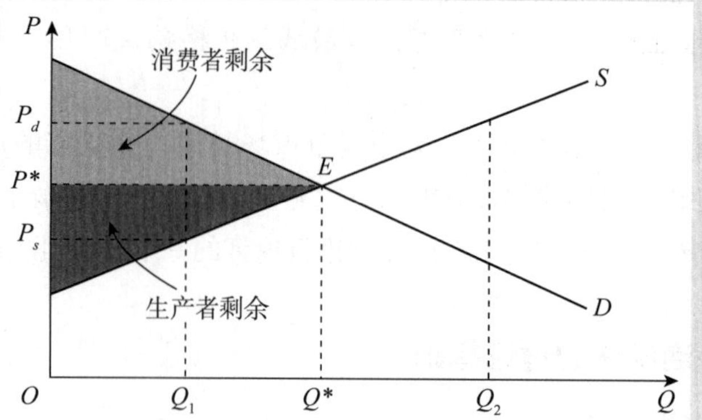

图 6－18　完全竞争市场的总剩余

图中的总剩余表示完全竞争市场的均衡实现了福利最大化。原因在于：在图中，在任何小于 Q^* 的数量上，譬如在 Q_1 的数量上，市场的总剩余都不是最大的，因为可以通过增加交易量来增加福利。具体地看，在第 Q_1 单位的数量上，由需求曲线可知，消费者愿意支付的最高价格 P_d 高于市场的均衡价格 P^*，所以，消费者是愿意增加这一单位产品的购买的，并由此获得更多的消费者剩余；与此同时，由供给曲线可知，生产者能够接受的最低价格 P_s 低于市场的均衡价格 P^*，所以，生产者也是愿意增加这一单位产品的销售的，并由此获得更多的生产者剩余。所以，在自愿互利的交易原则下，只要市场的交易数量小于均衡数量 Q^*，市场的交易数量就会增加，并在交易过程中使得买卖双方的福利都增加，市场的总福利也由此增大。这一交易数量扩大的过程会一直持续到均衡的交易数量 Q^* 实现为止，市场的总福利也就达到了不可能再增大的地步，即不可能在一方利益增大而另一方利益不受损的情况下增加市场的总剩余。也就是说，完全竞争市场均衡实现了福利最大化。

那么，反过来，在任何大于 Q^* 的数量上，譬如在 Q_2 的数量上，情况又会如何呢？事实上，Q_2 的交易数量是不可能发生的。原因很简单：在第 Q_2 单位的数量上，消费者愿意支付的最高价格低于市场的均衡价格 P^*，生产者能够接受的最低价格高于市场的均衡价格 P^*，这种使双方都受损的买卖是不可能成交的。所以，自愿互利的市场交易最后达到的均衡数量为 Q^*，相应的均衡价格为 P^*，完全竞争市场的均衡实现了最大的福利。

总之，完全竞争市场的交易实现了最大的福利，或者说，完全竞争市场机制的运行是有效的。

下面，我们将分析政府的价格控制和销售税的福利效应。

二、价格控制

政府的价格控制通常包括最高限价和最低限价。我们已在第二章第六节从运用供求和均衡价格的角度，介绍了这两种价格控制的目的、做法及其效果。在此，我们将进一步分析这两种价格控制的福利效应。

1. 最高限价

我们用图 6-19 来分析最高限价的福利效应。

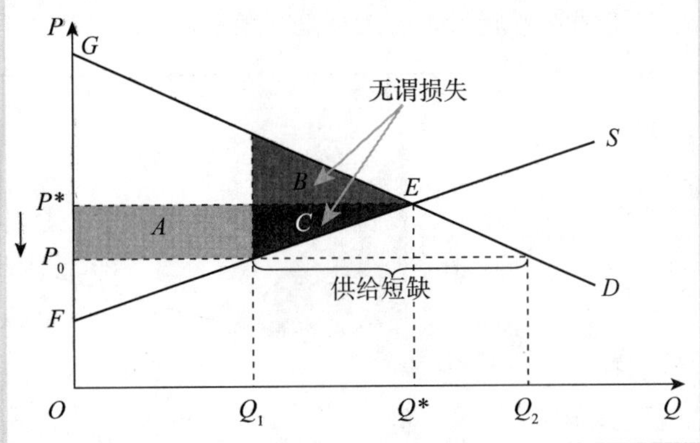

图 6-19　最高限价

在图中，在无价格控制时，市场的均衡价格和均衡数量分别为 P^* 和 Q^*，消费者剩余为三角形 GP^*E 的面积，生产者剩余为三角形 P^*FE 的面积。假定政府认为价格水平 P^* 过高并实行了最高限价政策，规定市场的最高价格为 P_0，它低于市场的均衡价格 P^*。于是，在最高限价 P_0 处，生产者的产量减少为 Q_1，消费者的需求量增加为 Q_2，商品短缺的现象发生了。在最高限价政策下，消费者和生产者各自的损益如何？总剩余又会发生什么变化？

首先看消费者。由于厂商的供给数量只有 Q_1，所以，消费者只能购买到 Q_1 数量的商品，一部分原有的消费者将买不到商品。其中，对仍能买到商品的消费者来说，他们的消费者剩余由于商品价格的下降而增加了，其增加量相当于矩形面积 A；对没有买到商品的原有消费者来说，他们的消费者剩余的损失相当于三角形面积 B。总体来说，市场上消费者剩余的变化为 $A-B$。

然后看生产者。由于厂商的供给数量只有 Q_1，这意味着一部分原有生产者将退出生产。其中，对继续生产的厂商而言，它们的生产者剩余由于商品价格的下降而减少了，其损失相当于矩形面积 A；对退出生产的厂商而言，它们的生产者剩余的损失相当于三角形面积 C。总体来说，市场上生产者剩余的变化为 $-A-C$。

最后，分析市场总剩余的变化。市场总剩余的变化等于市场上消费者剩余的变化加生产者剩余的变化，即为 $(A-B)+(-A-C)=-B-C$。其中，由降价导致的生产者剩余的损失（$-A$）转化为消费者剩余的增加（A）；$-B-C$ 表示最高限价导致的市场总剩余的损失。在经济学中，这两个三角形 B 和 C 构成的面积被称为社会福利的**无谓损失**。

进一步考虑，由于政府实行最高限价的目的是更多地顾及消费者的福利，因而，由图中可见，市场上消费者剩余的增加量 A 大于损失量 B，总的说来，消费者的福利是增加了，即政府最高限价的目的达到了。但是，如果消费者的需求是缺乏弹性的，消费者对价格下降可能无法作出充分的回应，那么，就会出现另一种局面，见图 6-20。在图中，陡峭的需求曲线表示消费需求对价格的变化是缺乏弹性的，于是，市场上消费者剩余的损失量 B 大于增加量 A，这样的最高限价既减少了生产者剩余，又减少了消费者剩余，这无疑是很糟糕的。

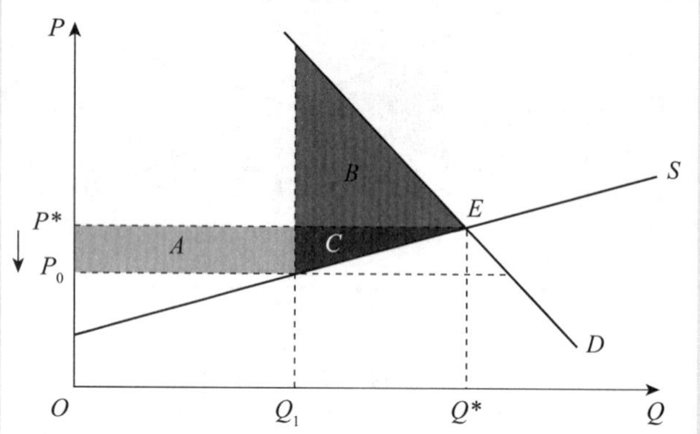

图 6-20 需求弹性和最高限价

2. 最低限价

与上面的情况相反，假设政府实行了最低限价，下面我们利用图 6-21 来分析该政策的福利效应。

在图中，假定政府实行的最低限价 P_0 高于市场均衡价格 P^*，于是，消费者的需求量减少为 Q_1，生产者的供给量增加为 Q_2，供给过剩的现象发生了。

我们先来分析这样一种情况：在最低限价 P_0 下，由于市场需求量减少为 Q_1，因此，生产者的实际销售量至多只能是 Q_1。在此，假定厂商的实际产量也是 Q_1。换言之，我们在此先不考虑供给过剩的情况。

对消费者而言，在高价位继续购买商品的消费者的剩余损失相当于矩形面积 A，退出购买的消费者的剩余损失相当于三角形面积 B，总的消费者剩余的变化为 $-A-B$。对生产者而言，在实际销售量 Q_1 的范围，生产者剩余的增加量相当于矩形面积 A，在销售量从 Q^* 减少到 Q_1 的范围，生产者剩余的损失相当于三角形面积 C，总的生产者剩余的变化为 $A-C$。最后，市场总剩余的变化等于 $(-A-B)+(A-C)=-B-C$。其中，由提价导致的消费者剩余的损失（$-A$）转化为生产者剩余的增加（A），这也反映了政府实行最低限价的目的往往是更多地顾及生产者的福利；与前面的最高限价一样，最低限价导致的社会福利的无谓损失也表示为 $-(B+C)$。

但是，需要指出的是，以上分析的情况是比较乐观的，也就是说，生产者能够准确预测到在最低限价 P_0 他们只能卖出 Q_1 数量的商品，并且，他们实际提供的产量也是 Q_1，此时市场的无谓损失表示为 $-(B+C)$。如果情况不是这样，即生产者

在最低限价 P_0 按照他们的供给意愿来进行生产，那么，社会福利的无谓损失就会更大。如图 6-21 所示，在最低限价 P_0，生产者将产量增加为 Q_2，于是，供给过剩的现象发生了！由于市场需求量只有 Q_1，生产者将有（Q_2-Q_1）数量的产品卖不出去，即没有销售收入来弥补这部分产品的成本损失。考虑到行业的供给曲线可以表示行业的总边际成本，所以，卖不出去的产量（Q_2-Q_1）的总成本损失相当于图中的阴影部分的梯形面积 F。这样一来，生产者剩余的变化为 $A-C-F$。只要梯形 F 达到一定面积，则最低限价会造成生产者剩余的净损失。也就是说，政府的初衷是顾及生产者利益的最低限价，不仅减少了消费者剩余，还减少了生产者剩余。总之，考虑到供给过剩的情况，最低限价导致的社会福利的无谓损失会更大，表示为 $-(B+C+F)$。

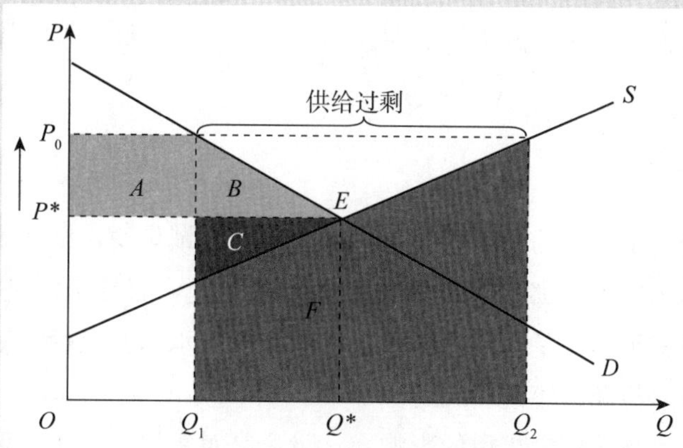

图 6-21　最低限价

下面，我们对最高限价和最低限价的福利效应作一综合分析。

虽然这两种限价政策对价格调控的方向是相反的，但是，它们都使得市场交易量减少。具体地看，在图 6-19 中，最高限价导致需求量 Q_2 大于供给量 Q_1（即供给短缺）；在图 6-21 中，最低限价导致供给量 Q_2 大于需求量 Q_1（即供给过剩）。于是，根据市场交易的短边决定原则，最高限价下的市场交易量取决于小的供给量 Q_1（因为消费者只能购买到 Q_1 数量的商品），最低限价下的市场交易量取决于小的需求量 Q_1（因为销售量通常总是等于需求量）。很清楚，这两种限价政策都使市场交易量由均衡数量 Q^* 减少为 Q_1，使得一部分生产者或一部分消费者退出了市场交易活动。

如前所述，只有当完全竞争市场买卖双方的交易达到供求相等的均衡数量 Q^* 时，市场福利才是最大的（见图 6-18）。由于两种限价政策都使市场交易量由 Q^* 减少为 Q_1，它们限制了市场的交易，从而导致了社会福利的损失。事实上，在产量 Q_1 到 Q^* 的范围，消费者愿意支付的最高价格都高于生产者愿意接受的最低价格，买卖双方进行自愿交易是互利的。但是，限价政策却使得这部分交易无法实现：要么是最高限价下的生产者因为价格过低而只愿意提供 Q_1 数量的产品，要么是最低限价下的消费者因为价格过高而只愿意购买 Q_1 数量的商品。于是，市场交易规模都只能限制在 Q_1，它小于 Q^*。正因为如此，经济学家指出，这两种价格控制都由于限制了市场机制的有效运行而导致了社会福利的无谓损失。

最后需要指出，正如本书在第二章第六节中所述：各国政府在一定时期都会采取某些限价政策，这些政策的实行往往是基于经济形势的需要和为了实现一些经济目标，都是必要的。但是，实行限价政策也会带来一些负面影响。在本节，我们又进一步分析了限价政策的福利效应：虽然低于均衡价格的最高限价增进了部分消费者的利益，高于均衡价格的最低限价增进了部分生产者的利益，但它们的代价是都导致了社会福利的无谓损失。由此，经济学家指出，在设计和执行限价政策时，需要综合考虑与权衡限价政策的利弊，兼顾效率与公平，合理且精心地设计与实施，并且可以配套实施一些其他做法，以期收到尽可能好的限价政策的效果。

三、销售税

我们在此分析销售税的福利效应。如果政府征收销售税，譬如说，对每一单位商品征收 t 元的销售税，那么，我们会思考以下问题：商品价格是否也上涨 t 元？销售税最终由谁来承担？是由消费者还是由生产者来承担？最后，销售税的福利效应如何？下面来分析和回答这些问题。

我们以从量税来分析销售税的影响。从量税是对每销售一单位商品计征一定货币量的税收。在图 6－22 中，无从量税时某商品市场的均衡价格和均衡数量分别为 P^* 和 Q^*。现假定政府对销售每一单位商品征收 t 元的从量税。由于征收销售从量税，这便使得消费者支付的商品买价高于生产者得到的净价格，两者之间的差额刚好等于须上缴的销售每一单位商品的从量税额 t 元。这种关系在图 6－22 中表现为：在消费者的需求曲线和生产者的供给曲线之间打进了一个垂直的“楔子” FH，该“楔子”的高度就是单位商品的从量税额 t，即消费者支付的买价为 P_d，生产者得到的净价格是 P_s，P_d 和 P_s 之间的垂直距离就是单位商品的从量税额 t，相应的商品交易量为 Q_1。由这个基本分析框架出发，可以进一步对销售税展开分析。①

---

① 在图 6－22 中，在需求曲线和供给曲线之间打入了一个垂直的“楔子”，其高度等于单位商品的从量税额 t。利用此图，我们既可以分析税款由生产者支付的情况，也可以分析税款由消费者支付的情况。这是因为，若单独考虑税款由生产者支付的情况，则可以将图中的供给曲线 S 垂直向上平移 t 元，或者说，将供给曲线 S 垂直向上平移到过 F 点的位置。若单独考虑税款由消费者支付的情况，则可以将图中的需求曲线 D 垂直下移 t 元，或者说，将需求曲线 D 垂直向下平移到过 H 点的位置。由此可以发现，在以上两种情况中，消费者支付的买价总是 P_d，生产者得到的净价格总是 P_s；商品交易量也总为 Q_1；而且消费者和生产者各自承担的单位商品的税额不会发生变化。正因为如此，在经济分析中，通常将对销售从量税的分析图示简化为图 6－22 的形式，使得我们可以方便地对从量税展开一般分析，其结论既适用于税款由生产者支付的情况，也适用于税款由消费者支付的情况。

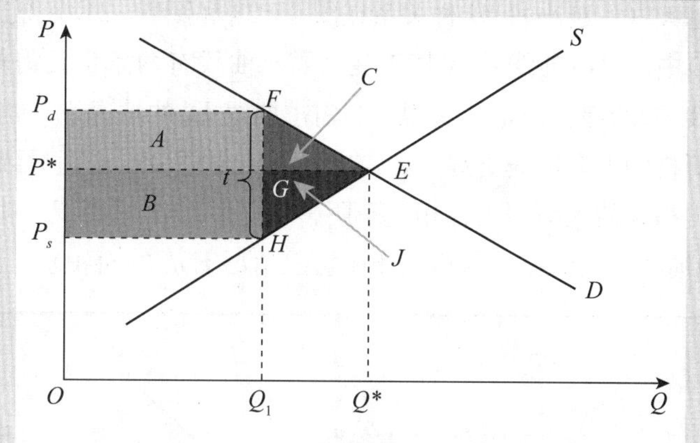

图 6-22　销售税的福利效应

第一，销售税导致商品价格上升。在图中，商品价格由原来的均衡价格 P^* 上升到 P_d，相应地，消费者的需求量和生产者的供给量都由原来的均衡数量 Q^* 减少到 Q_1，即市场的交易规模缩小为 Q_1。需要注意的是，商品价格上升的幅度小于单位商品的从量税额，即 $(P_d - P^*) < t$。这就是说，尽管单位商品的从量税额为 t，但商品价格的上涨幅度并不等于 t，事实上，其上升的幅度通常总是小于 t。

第二，销售税是由消费者和生产者共同承担的。由图可见，由于征收销售从量税，消费者支付的商品买价由 P^* 上升到 P_d，多支付的部分相当于 FG，这就是消费者承担的单位商品的税额；生产者得到的净价格由 P^* 减少为 P_s，减少的部分相当于 GH，这就是生产者承担的单位商品的税额；两者之和就是单位商品的税额，即 $FG+GH=t$。

第三，在以上分析的基础上，我们进一步分析销售税的福利效应。销售税导致的市场价格上升以及市场交易规模缩小，使得消费者和生产者的剩余都减少：消费者剩余的损失相当于矩形面积 A 加三角形面积 C，表示为 $-A-C$；生产者剩余的损失相当于矩形面积 B 加三角形面积 J，表示为 $-B-J$。政府的财政收入由于销售税而增加，其获得的销售税总额等于单位商品的从量税额乘以销售量，即 $(P_d - P_s) \cdot Q_1 = t \cdot Q_1$，即相当于图中两个矩形面积 $A+B$。考虑到政府的税收收入通常用于社会公共项目的支出，亦可视为社会福利。于是，从市场整体的角度看，福利变化量=消费者剩余的变化量+生产者剩余的变化量+政府的销售税收入 $=(-A-C)+(-B-J)+(A+B)=-C-J$。具体地看，在消费者剩余的损失（$-A-C$）和生产者剩余的损失（$-B-J$）中，$-A-B$ 转化为政府收入 $A+B$，而余下的 $-C-J$ 则表示福利的无谓损失。所以，销售税最终导致了市场福利的减少。

此外，我们会联想并思考这样一个问题：如果消费者或者生产者对于销售税所导致的商品价格的上升反应强烈，那么，市场需求量或供给量的减少就会更多，市场福利的无谓损失就会更大。这就是说，销售税的福利效应与需求弹性及供给弹性之间有着密切的联系：需求弹性或供给弹性越大（或越小），则销售税所导致的福利无谓损失就越大（或越小）。这种关系在图 6－23 和图 6－24 中得到了体现。

在图 6－23 中，供给曲线 S 保持不变，需求曲线有两条，且需求曲线 D_2 的弹性大于需求曲线 D_1 的弹性。也就是说，在需求曲线 D_2 的情况下，消费者对销售税所导致的商品价格的上升反应更强烈，需求量的减少更多，从而导致市场交易规模更小，最终使得福利的无谓损失（相当于阴影三角形 Ecd 的面积）明显大于需求曲线 D_1 情况下的福利的无谓损失（相当于阴影三角形 Eab 的面积）。

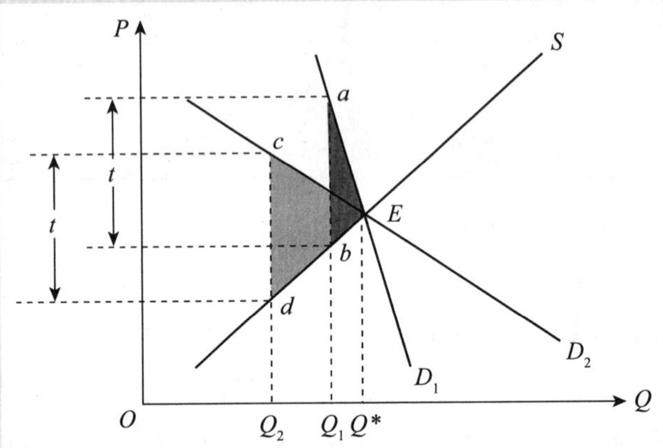

图 6－23　需求弹性与无谓损失

在图 6－24 中，需求曲线 D 保持不变，供给曲线有两条。弹性较大的供给曲线 S_2 表示生产者对销售税所导致的商品价格的上升反应更强烈，供给量的减少更多，从而导致市场交易规模更小，最终使得福利的无谓损失（相当于阴影三角形 Ecd 的面积）明显大于弹性较小的供给曲线 S_1 情况下福利的无谓损失（相当于阴影三角形 Eab 的面积）。

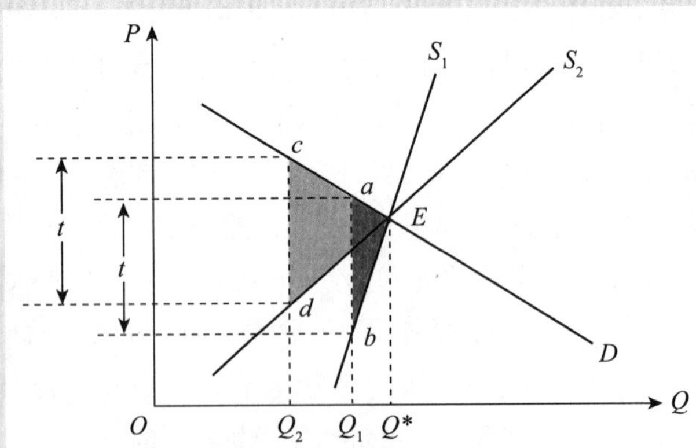

图 6－24　供给弹性与无谓损失

最后，经济学家指出，税收在多数情况下会引起福利损失即效率损失，并据此提出税收应遵循效率损失最小的原则。譬如，在征收销售税时，可以考虑尽量对需求弹性或供给弹性较小的商品征收销售税，以降低福利的无谓损失。再譬如，在对不同商品课税时，要想使总福利损失最小即效率损失最小，就应该使得对不同商品征得的最后一单位税收所引起的效率损失相等，即使得各商品的边际税收的效率损失相等。

第九节　结束语

本章要点可以归结如下：

(1) 在经济研究中，市场结构可以分为四类，它们是完全竞争市场、垄断竞争市场、寡头市场和垄断市场。

(2) 在完全竞争市场上的每一个消费者和每一个生产者都是既定市场价格的接受者。完全竞争厂商的需求曲线是从既定的市场价格出发的一条水平线，由此，厂商的平均收益曲线、边际收益曲线和厂商的需求曲线三线是重合的。完全竞争厂商实现利润最大化或亏损最小化的原则是：边际收益等于边际成本，即 $MR=MC$。此原则对于所有不同市场结构条件下的厂商的短期生产和长期生产都是适用的。

(3) 在短期，完全竞争厂商是在既定的生产规模下，通过对产量的调整来实现 $MR=SMC$ 的利润最大化原则的。在厂商 $MR=SMC$ 的短期均衡点上，其利润可以大于零，或小于零，或等于零。当厂商的利润小于零（即亏损）时，厂商需要根据平均收益 AR 与平均可变成本 AVC 的比较，来决定是否继续生产。当 $AR>AVC$ 时，则厂商虽然亏损，但仍继续生产；当 $AR<AVC$ 时，则厂商必须停止生产；当 $AR=AVC$ 时，则厂商处于生产与不生产的临界点。

(4) 以完全竞争厂商的短期均衡分析为基础，可推导完全竞争厂商的短期供给曲线。完全竞争厂商的短期供给曲线 $Q^s=f(P)$ 是厂商短期边际成本 SMC 曲线的一部分，具体地说，它是厂商短期边际成本 SMC 曲线上大于和等于平均可变成本 AVC 曲线最低点的那一部分。完全竞争厂商的短期供给曲线的经济含义是：由于它是向右上方倾斜的，所以，它表示厂商的供给量与商品价格呈同方向的变化。此外，该曲线还表示厂商在每一价格水平上的供给量都是可以给它带来最大利润或最小亏损的最优产量。

将完全竞争厂商的短期供给曲线水平加总，便可以得到完全竞争行业的短期供给曲线。显然，在完全竞争市场上，行业的短期供给曲线保持了厂商的短期供给曲线的基本特征与性质，这便是：完全竞争行业的短期供给曲线也是向右上方倾斜的，所以，它表示整个行业的供给量与商品价格呈同方向的变化。此外，行业的短期供给曲线还表示在每一价格水平上的行业供给量都是可以给行业内的每一个厂商带来最大利润或最小亏损的最优的行业生产量。

(5) 利用厂商的短期供给曲线，可以得到厂商的短期生产者剩余。在短期，厂商的生产者剩余指厂商在提供一定数量的某种产品时实际接受的总支付和愿意接受的最小总支付之间的差额。市场的短期生产者剩余是市场上所有厂商短期生产者剩余的加总。

（6）在长期，完全竞争厂商是通过对全部生产要素的调整，来实现 $MR=LMC$ 的利润最大化原则的。厂商对全部生产要素的调整可以表现为两个方面：一方面，厂商在每一个产量水平上都选择最优的生产规模进行生产；另一方面，厂商可以根据经营的盈亏情况，选择进入或退出一个行业。当行业内每一个厂商都盈利时，新的厂商便会加入该行业的生产；当行业内每一个厂商都亏损时，行业内原有厂商的一部分就会退出该行业的生产。显然，完全竞争厂商长期均衡时利润一定刚好等于零。据此，完全竞争厂商的长期均衡一定发生在长期平均成本 LAC 曲线的最低点。在这个最低点上，生产者的平均成本降到了 LAC 曲线的最低水平，消费者购买商品的价格也降到了 LAC 曲线的最低水平。

（7）在推导完全竞争行业的长期供给曲线时，需要考虑当一部分厂商进入或退出一个行业时，它们对生产要素市场的需求以至对生产要素市场的价格所产生的影响。据此，便有成本不变行业、成本递增行业和成本递减行业。在此基础上，可推导出成本不变行业的长期供给曲线是一条水平线，成本递增行业的长期供给曲线是向右上方倾斜的，以及成本递减行业的长期供给曲线是向右下方倾斜的。

（8）厂商的长期生产者剩余可以利用李嘉图租金的概念来加以说明，它是由于厂商之间投入要素的差异所导致的成本不同而产生的。在市场长期均衡时，拥有稀缺的高质量要素投入的厂商能获得并保持利润，即获得长期生产者剩余。将市场上所有厂商的长期生产者剩余加总，便得到市场的长期生产者剩余，它可以利用成本递增行业的向右上方倾斜的行业长期供给曲线来表示。

（9）完全竞争市场实现了最大的福利，即完全竞争市场机制的运行是有效的。最高限价和最低限价限制了市场机制的有效运行，导致市场交易规模偏离了有效的市场交易规模，从而导致了市场福利的无谓损失。销售税也导致了市场福利的无谓损失。政府在设计和实施相关政策时应结合其利弊予以综合考虑。

在本章中，西方学者通过对完全竞争厂商和行业的短期和长期均衡的分析，推导出完全竞争厂商和行业的短期供给曲线以及行业的长期供给曲线，说明了完全竞争市场的价格和产量的决定。在此基础上，西方学者强调了完全竞争市场能以最低的成本进行生产来使消费者得到最大的满足。

本章所建立的完全竞争经济的理论模式为资本主义市场经济描绘了一个完美的境界。但是，我们在指出本章内容中存在的一些不符合事实的地方以后，就可以发现，用这样一个高度抽象的理想经济模型来逼近资本主义市场经济的现实情况不能令人信服。

第一，关于完全竞争市场的假设条件是很抽象的。如：市场上的产品完全没有差别；厂商可以没有任何障碍地自由进入或退出一个行业；市场上的大量交易者中的任何一个人都完全掌握与自己的经济决策有关的所有信息；等等。姑且就完全相同的产品这一假设条件而论，衣服有不同的原料与样式，烟酒有不同的品牌和口味，即使鸡蛋也有大小和品种之分。西方学者也承认，如果以上述条件为根据，那么，除了证券市场能比较接近这种模式以外，完全竞争市场在现实经济生活中是根本不存在的。

第二，特别应该指出的是：贯穿市场论始终的另一个重要假定是，任何一个厂商都是按 $MR=MC$ 的利润最大化的均衡条件来安排生产的。事实上，在现实的企业的生产经营活动中，厂商并不一定遵照这一准则来安排生产，甚至完全不按照这一准则来安排生产。而且，厂商往往对于自己所面临的需求曲线和成本曲线的准确形状并非很了解。西方经济学者赖斯特写道：西方国家的学生向他们的老师提出抗议，因为他们的作为企业主的爸爸并不像老师们所说的，“按照边际收益和边际成本相等来求得最大利润”。①

第三，即使厂商按照 $MR=MC$ 的公式来安排生产，我们也不能保证厂商已经达到了利润最大化，因为短期利润与长期利润并不是相互独立即无关的；有时，短期利润的增加可以减少长期利润。例如，假设短期利润为 10 万元。如果厂商把其中的 4 万元用于技术改造，那么，它下一年的利润可以达到 20 万元，而本年的利润则缩小为 6 万元。这样，该厂商的长期利润（在这里为两年利润之和）为 26 万元。如果厂商不进行技术改造，那么，长期利润（两年利润之和）为 20 万元。由此可见，单凭 $MR=MC$ 的公式，厂商未必能达到利润真正最大化。在现实的经济实践中，存在着大量的企业的“短期行为”损害其长期利益的事例，其原因即在于此。

第四，西方学者在论证消费者统治时使用了 U 形的 LAC 曲线。只有当 LAC 曲线为 U 形的时候，LAC 曲线才能和价格线相切于 LAC 曲线的最低点，从而使西方学者得出资本主义制度能以最低的成本进行生产这一结论。

然而，我们在第五章的结束语中已经指出：实际的情况表明，在许多行业中，LAC 曲线不是 U 形的，而是 L 形的。既然如此，那么，在相当大的产量范围内，厂商的 LAC 曲线的水平线段与水平的价格线合二为一，无法找到二者的相切之点，即无法找到厂商的唯一长期均衡点，因此，西方学者所宣扬的长期均衡点的种种好处也就难以存在。

第五，在西方社会中，消费者是否真正进行“统治”很值得怀疑。首先，消费者统治的基础是他的货币选票，而货币选票是按货币单位计算的，即每一美元消费的款项都代表一张选票。消费量大者的选票多于消费量小者的选票。由于消费量的大小主要取决于收入的多寡，所以富人的选票多于穷人。因此，在收入悬殊的情况下，富裕的消费者才是真正的皇帝，而贫穷的消费者不过是居于次要地位的统治者。其次，能够自己独立进行决策的人才是真正的统治者。然而在西方，厂商为了拓宽产品的销路，往往进行大规模的广告宣传来影响消费者的决策。例如，某些消费者可能喜欢喝茶而不喜欢喝咖啡。在咖啡厂商的鼓动下，消费者可能把他的偏好从茶改变为咖啡。在这种情况下，消费者成为被生产者牵着鼻子走的“统治者”。美国经济学家加尔布雷思把这种情况称为“生产者统治”。②

---

① 赖斯特．关于工资—就业问题的边际分析的缺陷．美国经济评论，1946，36（1）．

② 加尔布雷思．新工业国．2 版．波士顿：霍顿-米夫林公司，1971．

所有上述五种批评都来自西方经济学的文献，也都为西方学者所承认。鉴于这一事实，西方经济学教科书往往说明，完全竞争市场不过是一种设想的理想状态，其存在的目的是便于衡量现实与理想的差距。以此而论，完全竞争市场模型是无可厚非的。然而，在为数众多的文献中，西方学者却忘掉了这一点。他们往往把这一模型和西方的现实混为一谈，其原因可能来自学术上的疏漏，也可能出于意识形态的考虑。不论其动机如何，这种做法都值得我们加以警惕。

对完全竞争模型的指责并不意味着否定竞争的有益作用。这一有益作用不但在理论上为一切经济学者所认可，也为各国的经济实践所证实。

根据马克思主义政治经济学，资本家或企业之间的竞争使价值规律得以运行，商品必须按社会必要劳动时间进行交换。这样，效率较高、劳动消耗低于社会必要劳动时间的企业便会得到较多的剩余价值，从而获得发展的优势，而效率较低、劳动消耗高于社会必要劳动时间的企业便会受到惩罚，甚至为竞争所淘汰。正是在这一过程中，竞争在相当大的范围内，培植了企业的进取心、毅力和大胆进取的精神，从而提高了企业的效率。由于这些原因，马克思把竞争称为“资产阶级经济的重要推动力”①。很显然，在马克思主义政治经济学中，竞争被认为是提高企业效率的一个决定性因素。我国经济体制改革的一个重要举措便是引入竞争机制，并且取得了显著的效果。

以西方经济学而论，从亚当·斯密的“看不见的手”的原理一直到目前的完全竞争模型都在强调竞争的有益作用。从西方经济的实践来看，竞争的效果也是明显的。经济合作与发展组织（简称经合组织）根据多年的经验，得出了结论：“多年以来，在经济合作与发展组织中，竞争被认为是导向经济效率的基本环节。”② 一篇总结英国私有化成果的文章写道：“英国的私有化越来越偏向于把国有变为私有的转变，而忽视甚至减少了对竞争的促进。我们认为，国有和私有企业的经营状态并不能证实这种偏向是对的。这些事实突出表现了竞争的作用，而使人怀疑在没有竞争条件下的私有化究竟有多大价值。”③

总之，竞争是重要和有效的，但绝不像完全竞争模型所说的那么神奇。这也许是我们对本章所应得出的结论。

习题

一、简答题

1. 请区分完全竞争市场条件下单个厂商的需求曲线、单个消费者的需求曲线以及市场的需求曲线。

2. 为什么完全竞争厂商是“市场价格的接受者”？既然如此，完全竞争市场的

① 马克思，恩格斯．马克思恩格斯全集：第46卷下．北京：人民出版社，1980：47.

② 经济合作与发展组织．竞争与经济发展．巴黎：经济合作与发展组织出版署，1991：3.

③ 吉利，赖瓦西，汤普逊．政治与经济政策．伦敦：霍顿与斯特劳顿公司，1987：277.

价格还会变化吗？

3. 你认为花钱做广告宣传是完全竞争厂商获取更大利润的营销手段吗？

4. 完全竞争厂商的短期供给曲线与短期生产的要素合理投入区间之间有什么联系？

二、计算题

1. 已知某完全竞争行业中单个厂商的短期成本函数为 $STC=0.1Q^3-2Q^2+15Q+10$。

(1) 求当市场上产品的价格为 $P=55$ 时，厂商的短期均衡产量和利润。

(2) 当市场价格下降为多少时，厂商必须停产？

(3) 求厂商的短期供给函数。

2. 某完全竞争厂商的短期边际成本函数为 $SMC=0.6Q-10$，总收益函数为 $TR=38Q$，且已知产量 $Q=20$ 时的总成本为 $STC=260$。

求该厂商利润最大化时的产量和利润。

3. 假定某完全竞争行业内单个厂商的短期总成本函数为 $STC=Q^3-8Q^2+22Q+90$，产品的价格为 $P=34$。

(1) 求单个厂商实现利润最大化时的产量和利润量。

(2) 如果市场供求变化使得产品价格下降为 $P=22$，那么，厂商的盈亏状况将如何？如果亏损，亏损额是多少？(保留整数部分。)

(3) 在 (2) 的情况下，厂商是否还会继续生产？为什么？

4. 假定某完全竞争厂商的短期总成本函数为 $STC=0.04Q^3-0.4Q^2+8Q+9$，产品的价格 $P=12$。求该厂商实现利润最大化时的产量、利润量和生产者剩余。

5. 已知某完全竞争的成本不变行业中单个厂商的长期总成本函数为 $LTC=Q^3-12Q^2+40Q$。试求：

(1) 当市场的产品价格为 $P=100$ 时，厂商实现 $MR=LMC$ 时的产量、平均成本和利润。

(2) 该行业长期均衡时的价格和单个厂商的产量。

(3) 当市场的需求函数为 $Q=660-15P$ 时，行业长期均衡时的厂商数量。

6. 已知某完全竞争的成本递增行业的长期供给函数为 $LS=5\ 500+300P$。试求：

(1) 当市场需求函数为 $D=8\ 000-200P$ 时，市场的长期均衡价格和均衡产量。

(2) 当市场需求增加、市场需求函数为 $D=10\ 000-200P$ 时，市场的长期均衡价格和均衡产量。

(3) 比较 (1)、(2)，说明市场需求变动对成本递增行业的长期均衡价格和均衡产量的影响。

7. 已知某完全竞争市场的需求函数为 $D=6\ 300-400P$，短期市场供给函数为 $SS=3\ 000+150P$；单个企业在 LAC 曲线最低点的价格为 6，产量为 50；单个企业的成本规模不变。

（1）求市场的短期均衡价格和均衡产量。

（2）判断（1）中的市场是否同时处于长期均衡，求行业内的厂商数量。

（3）如果市场的需求函数变为 $D'=8\ 000-400P$，短期供给函数变为 $SS'=4\ 700+150P$，求市场的短期均衡价格和均衡产量。

（4）判断（3）中的市场是否同时处于长期均衡，并求行业内的厂商数量。

（5）判断该行业属于什么类型。

（6）需要新加入多少企业，才能提供由（1）到（3）所增加的行业总产量？

8. 在一个完全竞争的成本不变行业中单个厂商的长期成本函数为 $LTC=Q^3-40Q^2+600Q$，该市场的需求函数为 $Q^d=13\ 000-5P$。求：

（1）该行业的长期供给曲线。

（2）该行业实现长期均衡时的厂商数量。

9. 已知完全竞争市场上单个厂商的长期成本函数为 $LTC=Q^3-20Q^2+200Q$，市场的产品价格为 $P=600$。

（1）该厂商实现利润最大化时的产量、平均成本和利润各是多少？

（2）该行业是否处于长期均衡？为什么？

（3）该行业处于长期均衡时每个厂商的产量、平均成本和利润各是多少？

（4）判断（1）中的厂商是处于规模经济阶段还是处于规模不经济阶段。

10. 假定某完全竞争行业有 100 个相同的厂商，单个厂商的短期总成本函数为 $STC=Q^2+6Q+20$。

（1）求市场的短期供给函数。

（2）假定市场的需求函数为 $Q^d=420-30P$，求该市场的短期均衡价格和均衡产量。

（3）假定政府对每一单位商品征收 1.6 元的销售税，那么，该市场的短期均衡价格和均衡产量是多少？消费者和厂商各自负担多少税收？

11. 假定某完全竞争市场的需求函数为 $Q^d=68-4P$，行业的短期供给函数为 $Q^s=-12+4P$。

（1）求该市场的短期均衡价格和均衡产量。

（2）在（1）的条件下，该市场的消费者剩余、生产者剩余和社会总福利分别是多少？

（3）假定政府对每一单位商品征收 2 元的销售税，那么，该市场的短期均衡价格和均衡产量是多少？此外，消费者剩余、生产者剩余和社会总福利的变化又分别是多少？

三、论述题

1. 为什么完全竞争厂商的短期供给曲线是 *SMC* 曲线上等于和大于 *AVC* 曲线最低点的部分？

2. 画图说明完全竞争厂商长期均衡的形成及其条件。

3. 利用图说明完全竞争市场的福利最大化，并利用图分析价格控制和销售税的福利效应。

第七章

不完全竞争市场

不完全竞争市场是相对于完全竞争市场而言的，除完全竞争市场以外的所有的或多或少带有一定垄断因素的市场都被称为不完全竞争市场。不完全竞争市场分为三个类型，它们是垄断市场、寡头市场和垄断竞争市场。其中，垄断市场的垄断程度最高，寡头市场居中，垄断竞争市场最低。本章的主要内容是分别说明这三类不完全竞争市场的价格和产量的决定，并就包括完全竞争市场在内的不同市场进行比较。

第一节　垄　断

一、垄断市场的条件

垄断市场是指整个行业中只有唯一的厂商的市场组织。具体地说，垄断市场的条件主要有三点：第一，市场上只有唯一的厂商生产和销售商品；第二，该厂商生产和销售的商品没有任何相近的替代品；第三，其他任何厂商进入该行业都极为困难或不可能。在这样的市场中，排除了任何竞争因素，独家垄断厂商控制了整个行业的生产和市场的销售，所以，**垄断厂商可以控制和操纵市场价格。**

形成垄断的原因主要有以下几个：第一，独家厂商控制了生产某种商品的全部资源或基本资源的供给。这种对生产资源的独占，排除了经济中的其他厂商生产同种产品的可能性。第二，独家厂商拥有生产某种商品的专利权。这便使得独家厂商可以在一定的时期内垄断该产品的生产。第三，政府的特许。政府往往在某些行业实行垄断的政策，如铁路运输部门、供电供水部门等，于是，独家企业就成了这些行业的垄断者。第四，自然垄断。有些行业的生产具有这样的特点：一方面，从企业生产的角度看，企业的生产需要在一个很高的产量水平上才能充分实现规模经济，以至整个行业的产量只有由一个企业来生产时才有可能达到这样的生产规模。而另一方面，从市场需求的角度看，只要发挥这一企业在这一生产规模上的生产能力，就可以满足整个市场对该种产品的需求。于是，在这类产品的生产中，行业内总会有某个厂商凭借雄厚的经济实力和其他优势，最先达到这一生产规模，从而垄断整个行业的生产和销售。这就是**自然垄断**。

如同完全竞争市场一样，垄断市场的假设条件也很严格。在现实经济生活中，垄断市场也几乎是不存在的。在西方经济学中，由于完全竞争市场的经济效率被认为是最高的，从而完全竞争市场模型通常被用来作为判断其他类型市场的经济效率高低的标准，那么，垄断市场模型就是从经济效率最低的角度来提供这一标准的。

二、垄断厂商的需求曲线和收益曲线

1. 垄断厂商的需求曲线

由于垄断市场中只有一个厂商，所以，**市场的需求曲线就是垄断厂商所面临的需求曲线，它是一条向右下方倾斜的曲线。**仍假定厂商的销售量等于市场的需求量，于是，向右下方倾斜的垄断厂商的需求曲线表示：垄断厂商可以通过减少销售量的办法来提高市场价格，也可以通过增加销售量的办法来压低市场价格，即垄断厂商可以通过改变销售量来控制市场价格，而且，垄断厂商的销售量与市场价格呈反方向的变动。

2. 垄断厂商的收益曲线

厂商所面临的需求状况直接影响厂商的收益，这便意味着厂商的需求曲线的特征将决定厂商的收益曲线的特征。垄断厂商的需求曲线是向右下方倾斜的，其相应的平均收益 AR 曲线、边际收益 MR 曲线和总收益 TR 曲线的一般特征如图 7－1 所示：第一，由于厂商的平均收益 AR 总是等于商品的价格 P，所以，在图中，垄断厂商的 AR 曲线和需求曲线 d 重合，为同一条向右下方倾斜的曲线。第二，由于 AR 曲线是向右下方倾斜的，则根据平均量和边际量之间的相互关系可以推知，垄断厂商的边际收益 MR 总是小于平均收益 AR。因此，图中 MR 曲线位于 AR 曲线的左下方，且 MR 曲线也向右下方倾斜。第三，由于每一销售量上的边际收益 MR 值就是相应的总收益 TR 曲线的斜率，所以，在图中，当 $MR>0$ 时，TR 曲线的斜率为正；当 $MR<0$ 时，TR 曲线的斜率为负；当 $MR=0$ 时，TR 曲线达到最大值点。

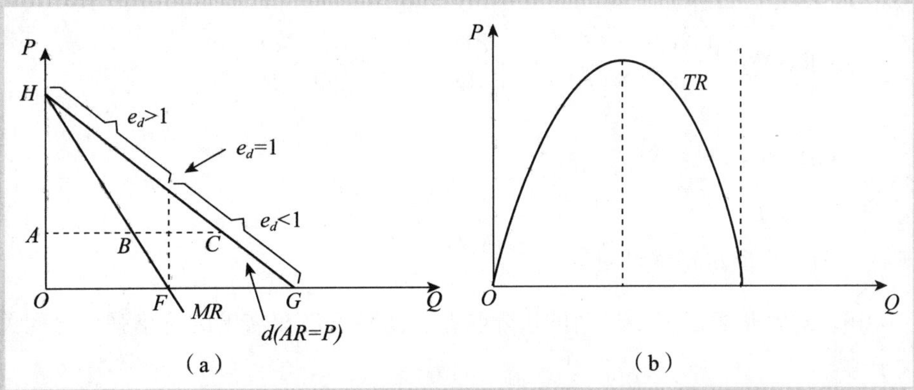

图 7-1　垄断厂商的需求曲线和收益曲线

垄断厂商的需求曲线 d 可以是直线型的［如图 7-1（a）所示］，也可以是曲线型的。图 7-1 体现了当垄断厂商的需求曲线为直线型时 AR 曲线、MR 曲线和 TR 曲线相互之间的一般关系。需要指出的是，当垄断厂商的需求曲线 d 为直线型的时，相应的 MR 曲线还有其他一些基本的特征，关于这一点的具体分析如下。

假定线性的反需求函数为：

$$P(Q)=a-bQ \tag{7.1}$$

式中，常数 a、$b>0$。由上式可得总收益函数和边际收益函数分别为：

$$TR(Q)=P(Q)\cdot Q=aQ-bQ^2 \tag{7.2}$$

$$MR(Q)=\frac{\mathrm{d}TR(Q)}{\mathrm{d}Q}=a-2bQ \tag{7.3}$$

根据（7.1）式和（7.3）式可求得需求曲线和边际收益曲线的斜率分别为：

$$\frac{\mathrm{d}P(Q)}{\mathrm{d}Q}=-b \tag{7.4}$$

$$\frac{\mathrm{d}MR(Q)}{\mathrm{d}Q}=-2b \tag{7.5}$$

由此可得以下结论：当垄断厂商的需求曲线 d 为直线型的时，d 曲线和 MR 曲线的纵截距是相等的（在此均为 a）。此外，MR 曲线的斜率（在此为 $-2b$）是 d 曲线的斜率（在此为 $-b$）的两倍，在图中表现为 MR 曲线的横截距是 d 曲线横截距的一半，或 MR 曲线平分由纵轴到需求曲线 d 的任何一条水平线［如在图 7-1（a）中有 $OF=FG$、$AB=BC$ 等等］。

3. 边际收益、商品价格和需求的价格弹性

当厂商所面临的需求曲线向右下方倾斜时，厂商的边际收益、商品价格和需求的价格弹性三者之间的关系可以证明如下。

假定反需求函数为 $P=P(Q)$，则可以有

$$TR(Q)=P(Q)\cdot Q$$

$$MR(Q)=\frac{\mathrm{d}TR(Q)}{\mathrm{d}Q}=P+Q\cdot\frac{\mathrm{d}P}{\mathrm{d}Q}=P\left(1+\frac{\mathrm{d}P}{\mathrm{d}Q}\cdot\frac{Q}{P}\right)$$

即

$$MR=P\left(1-\frac{1}{e_d}\right) \tag{7.6}$$

式中，e_d 为需求的价格弹性，即 $e_d=-\frac{\mathrm{d}Q}{\mathrm{d}P}\cdot\frac{P}{Q}$。

（7.6）式就是表示垄断厂商的边际收益、商品价格和需求的价格弹性之间关系的式子。

由（7.6）式可得以下三种情况：

当 $e_d>1$ 时，有 $MR>0$。此时，TR 曲线斜率为正，表示厂商的总收益 TR 随着销售量 Q 的增加而增加。

当 $e_d<1$ 时，有 $MR<0$。此时，TR 曲线斜率为负，表示厂商的总收益 TR 随着销售量 Q 的增加而减少。

当 $e_d=1$ 时，有 $MR=0$。此时，TR 曲线斜率为零，表示厂商的总收益 TR 达到极大值点。

以上三种情况在图 7－1 中都得到了体现。①

最后需要指出的是，以上对垄断厂商的需求曲线和收益曲线所作的分析，对于其他非完全竞争市场条件下的厂商同样适用。只要非完全竞争市场条件下厂商所面临的需求曲线是向右下方倾斜的，相应的厂商的各种收益曲线就具有以上所分析的基本特征。

三、垄断厂商的短期均衡

垄断厂商为了获得最大的利润，也必须遵循 $MR=MC$ 的原则。**在短期内，垄断厂商无法改变固定要素投入量，垄断厂商是在既定的生产规模下通过对产量和价格的调整，来实现 $MR=SMC$ 的利润最大化的原则。**这可用图 7－2 来说明。

图中的 SMC 曲线和 SAC 曲线代表垄断厂商的既定的生产规模，d 曲线和 MR 曲线分别代表垄断厂商的需求和收益状况。根据 $MR=SMC$ 的利润最大化的均衡条件，短期均衡点为 E，垄断厂商将产量和价格分别调整到 Q_1 和 P_1 的水平。在短期均衡产量 Q_1 上，垄断厂商的平均收益为 FQ_1，平均成本为 GQ_1，平均收益大于平均成本，垄断厂商获得利润。单位产品的平均利润为 FG，总利润量相当于图中阴影部分的矩形面积。

① 读者可能已经注意到，在此利用（7.6）式分析商品的需求的价格弹性和厂商的总收益之间的关系所得到的结论，与在第二章第五节中分析商品的需求的价格弹性与厂商的销售收入之间的关系所得到的结论本质上是相同的。

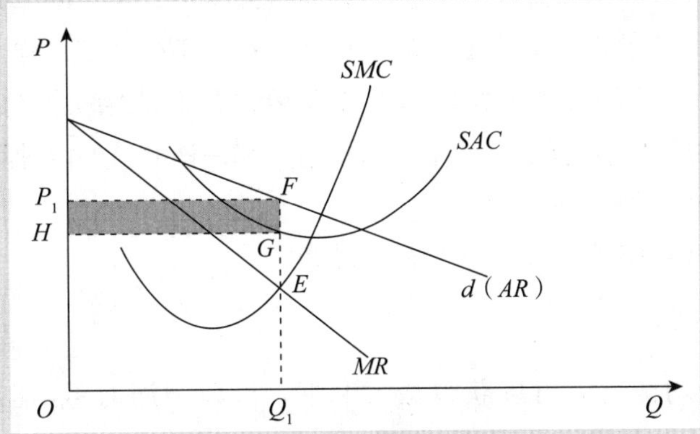

图 7-2　垄断厂商的短期均衡（一）

为什么垄断厂商只有在 $MR=SMC$ 的均衡点上，才能获得最大的利润呢？

这是因为，只要 $MR>SMC$，垄断厂商增加一单位产量所得到的收益增量就会大于所付出的成本增量。这时，厂商增加产量是有利的。随着产量的增加，如图所示，MR 会下降，而 SMC 会上升，两者之间的差额会逐步缩小，最后达到 $MR=SMC$ 的均衡点，厂商也由此得到了增加产量的全部好处。而当 $MR<SMC$ 时，情况正好与上面相反。所以，垄断厂商的利润在 $MR=SMC$ 处达到最大值。

如果认为垄断厂商在短期内总能获得利润，这就错了。垄断厂商在 $MR=SMC$ 的短期均衡点上，可以获得最大的利润，也可能是亏损的（尽管亏损额是最小的）。造成垄断厂商短期亏损的原因，可能是既定的生产规模的成本过高（表现为相应的成本曲线的位置过高），也可能是垄断厂商所面临的市场需求过小（表现为相应的需求曲线的位置过低）。垄断厂商短期均衡时的亏损情况如图7-3所示。

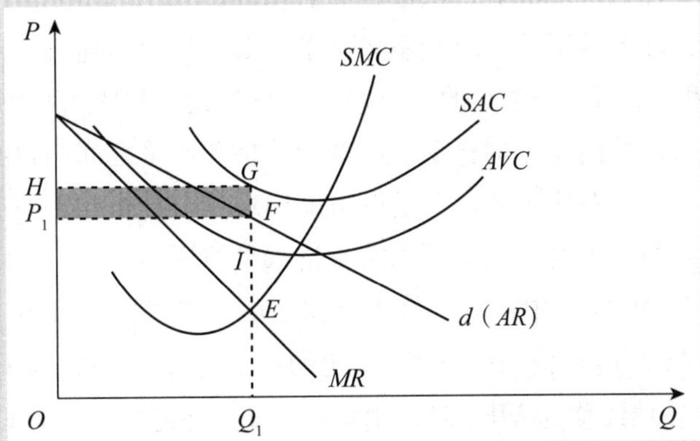

图 7-3　垄断厂商的短期均衡（二）

在图 7-3 中，垄断厂商遵循 $MR=SMC$ 的原则，将产量和价格分别调整到 Q_1 和 P_1 的水平。在短期均衡点 E，垄断厂商是亏损的，单位产品的平均亏损额为 GF，总亏损额相当于图中阴影部分的矩形面积。与完全竞争厂商相同，在短期生产亏损的情况下，若 $AR>AVC$，垄断厂商就继续生产；若 $AR<AVC$，垄断厂商就停止生产；若 $AR=AVC$，垄断厂商则认为生产和不生产都一样。在图 7-3 中，平均收益 FQ_1 大于平均可变成本 IQ_1，所以，垄断厂商是继续生产的。至于垄断厂商在短期亏损时还可能选择退出或生产与不生产都一样的另外两种状态，读者可以自己作图加以分析。①

由此可以得到垄断厂商的短期均衡条件为：

$$MR=SMC \tag{7.7}$$

垄断厂商在短期均衡点上可以获得最大利润，可以利润为零，也可以蒙受最小亏损。

四、垄断厂商的供给曲线

在上一章的完全竞争市场理论中，从完全竞争厂商的短期边际成本曲线推导出完全竞争厂商的短期供给曲线，并进一步得到行业的短期供给曲线。但是，在垄断市场条件下并不存在这种具有规律性的厂商的供给曲线。

供给曲线表示在每一个价格水平生产者愿意而且能够提供的产品数量。它表现了产量和价格之间的一一对应的关系。

在完全竞争市场条件下，每一个厂商都无法控制市场价格，它们都是在每一个既定的市场价格水平，根据 $P=SMC$ 的均衡条件来确定唯一的能够带来最大利润（或最小亏损）的产量。例如，在图 6-7 中，随着完全竞争厂商所面临的呈水平线形状的需求曲线的位置上下平移，价格 P_1 对应的唯一的均衡产量为 Q_1，价格 P_2 对应的唯一的均衡产量为 Q_2，如此等等。这种价格和产量之间一一对应的关系，是构造完全竞争厂商和行业的短期供给曲线的基础。

但是，垄断市场条件下的情况就不相同了。垄断厂商是通过对产量和价格的同时调整来实现 $MR=SMC$ 的原则的，而且，P 总是大于 MR。随着厂商所面临的向右下方倾斜的需求曲线的位置的移动，厂商的价格和产量之间不再必然存在如完全竞争条件下那样的一一对应关系，而是有可能出现一个价格水平对应几个不同的产量水平，或一个产量水平对应几个不同的价格水平的情形。

例如，在图 7-4（a）中，MC 曲线是固定的。当垄断厂商的需求曲线为 d_1、边际收益曲线为 MR_1 时，由均衡点 E_1 决定的产量为 Q_1，价格为 P_1。当需求曲线移为 d_2、边际收益曲线移为 MR_2 时，由均衡点 E_2 决定的产量为 Q_2，价格为 P_2，且 $P_2=P_1$。于是，同一个价格水平 $P_1=P_2$ 对应两个不同的产量 Q_1 和 Q_2。在图 7-4（b）中，MC 曲线仍是固定的，d_1 曲线、MR_1 曲线和 d_2 曲线、MR_2 曲线

① 在此对垄断厂商短期均衡的分析只涉及获得利润和亏损这两种情况。事实上，在垄断厂商的短期均衡点上，还可能有利润恰好等于零。当厂商的利润为零时，必有 $AR=SAC$。关于这种情况的分析，正文中从略。

分别为两组不同的需求曲线和边际收益曲线。比较 $MR_1=SMC$ 和 $MR_2=SMC$ 的两个均衡点 E_1 和 E_2（为同一均衡点），可以发现，同一个产量水平 $Q_1=Q_2$ 对应的却是两个不同的价格 P_1 和 P_2。因此，在垄断市场条件下无法得到如完全竞争市场条件下那样具有规律性的可以表示产量和价格之间一一对应关系的厂商和行业的短期供给曲线。

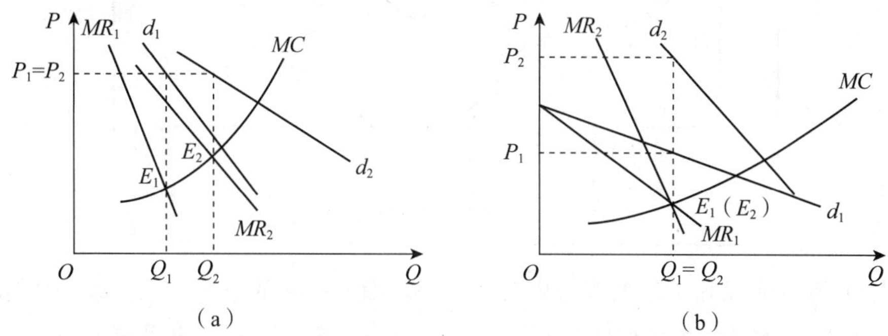

图 7-4 垄断厂商的产量和价格

由此可以得到更一般的结论：**凡是在或多或少的程度上带有垄断因素的不完全竞争市场中，或者说，凡是在单个厂商对市场价格具有一定的控制力量，相应地，单个厂商的需求曲线向右下方倾斜的市场中，是不存在具有规律性的厂商和行业的短期和长期供给曲线的。**其理由跟上面对垄断厂商不存在短期供给曲线的分析相同。这一结论也适用于下面两节将要分析的垄断竞争市场和寡头市场，即不存在垄断竞争厂商和寡头厂商的供给曲线。

五、垄断厂商的长期均衡

垄断厂商在长期内可以调整全部生产要素的投入量即生产规模，从而实现最大的利润。垄断行业排除了其他厂商进入的可能性，因此，与完全竞争厂商不同，如果垄断厂商在短期内获得利润，那么，其利润在长期内不会因为新厂商的加入而消失，垄断厂商在长期内是可以保持利润的。

垄断厂商在长期内对生产的调整一般可以有三种可能的结果：第一种结果，垄断厂商在短期内是亏损的，但在长期，又不存在一个可以使其获得利润（或至少使亏损为零）的最优生产规模，于是，该厂商退出生产。第二种结果，垄断厂商在短期内是亏损的，在长期内，该厂商通过对最优生产规模的选择，摆脱了亏损的状况，甚至获得利润。第三种结果，垄断厂商在短期内利用既定的生产规模获得了利润，在长期中，该厂商通过对生产规模的调整，使自己获得更大的利润。至于第一种情况，不需要再分析。对第二种情况和第三种情况的分析是相似的，下面利用

图 7－5 着重分析第三种情况。①

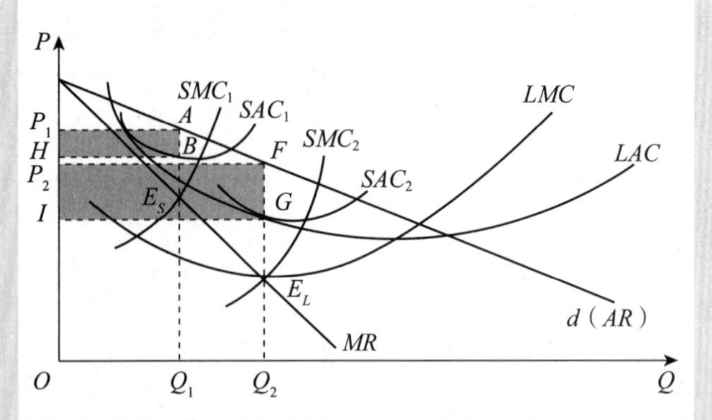

图 7－5　垄断厂商的长期均衡

图中的 d 曲线和 MR 曲线分别表示垄断厂商所面临的市场需求曲线和边际收益曲线，LAC 曲线和 LMC 曲线分别为垄断厂商的长期平均成本曲线和长期边际成本曲线。

假定开始时垄断厂商短期是在由 SAC_1 曲线和 SMC_1 曲线所代表的生产规模上进行生产。在短期内，垄断厂商只能按照 $MR=SMC$ 的原则，在现有的生产规模上将均衡产量和均衡价格分别调整到 Q_1 和 P_1。在短期均衡点 E_S 上，垄断厂商获得的利润为图中较小的阴影部分面积 HP_1AB。

在长期中，垄断厂商通过对生产规模的调整，能进一步增大利润。按照 $MR=LMC$ 的长期均衡原则，垄断厂商的长期均衡点为 E_L，长期均衡产量和均衡价格分别为 Q_2 和 P_2，垄断厂商所选择的相应的最优生产规模由 SAC_2 曲线和 SMC_2 曲线所代表。此时，垄断厂商获得了比短期更大的利润，其利润量相当于图中较大的阴影部分面积 IP_2FG。

由此可见，**垄断厂商之所以能在长期内获得更大的利润，原因在于在长期内企业的生产规模是可调整的，而且市场对新加入厂商是完全关闭的。**

如图 7－5 所示，在垄断厂商的 $MR=LMC$ 的长期均衡产量 Q_2 上，代表最优生产规模的 SAC_2 曲线和 LAC 曲线相切于 G 点，相应的 SMC_2 曲线、LMC 曲线和 MR 曲线相交于 E_L 点。所以，垄断厂商的长期均衡条件为：

$$MR=LMC=SMC \tag{7.8}$$

垄断厂商在长期均衡点上一般可获得利润。

最后，由于垄断厂商所面临的需求曲线就是市场的需求曲线，垄断厂商的供给量就是全行业的供给量，所以，本节所分析的垄断厂商的短期和长期的均衡价格与

① 在此略去对第二种情况的分析。感兴趣的读者可以参照正文中对第三种情况的分析，自己作图对第二种情况进行分析。

均衡产量的决定，就是垄断市场的短期和长期的均衡价格与均衡产量的决定。

六、价格歧视

在有些情况下，垄断厂商会对同一种产品收取不同的价格，这种做法往往会增加垄断厂商的利润。**以不同价格销售同一种产品，被称为价格歧视。**①

垄断厂商实行价格歧视，必须具备以下基本条件：

第一，市场的消费者具有不同的偏好，且这些不同的偏好可以被区分开。这样，厂商才有可能对不同的消费者或消费群体收取不同的价格。

第二，不同的消费群体或不同的销售市场是相互隔离的。这样就排除了中间商在低价处买进商品，转手又在高价处出售商品而从中获利的情况。

价格歧视可以分为一级、二级和三级价格歧视，下面分别予以考察。

1. 一级价格歧视

如果厂商对每一单位产品都按消费者所愿意支付的最高价格出售，这就是一级价格歧视。一级价格歧视也被称作完全价格歧视。一级价格歧视如图 7－6 所示：当厂商销售第一单位产品 Q_1 时，消费者愿意支付的最高价格为 P_1，于是，厂商就按此价格出售第一单位产品。当厂商销售第二单位产品时，厂商又按照消费者愿意支付的最高价格 P_2 出售第二单位产品。依此类推，直到厂商销售量为 Q_m 为止，即以价格 P_m 销售第 m 单位的产品。这时，垄断厂商得到的总收益相当于图中阴影部分的面积。而如果厂商不实行价格歧视，都按同一个价格 P_m 出售 Q_m 的产量，总收益仅为 OP_mBQ_m 的面积。

下面，我们进一步利用图 7－7 分析一级价格歧视所产生的影响。

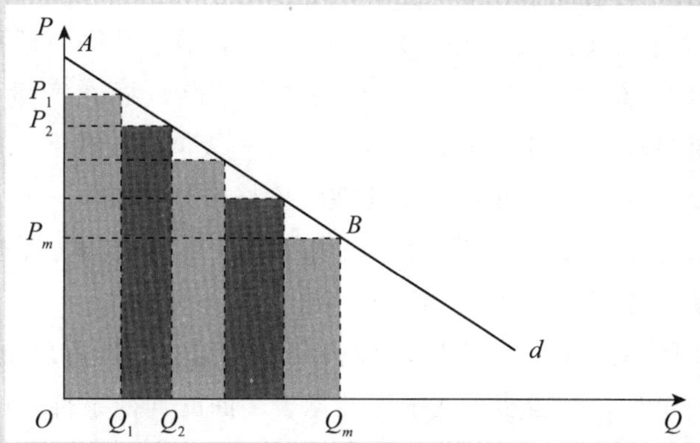

图 7－6　一级价格歧视（一）

① 要注意区分差别定价和价格歧视。如果同一种产品由于成本不同而以不同的价格出售，则属于差别定价的做法，而不是价格歧视。严格地说，价格歧视要求所出售的同种产品具有相同的成本。

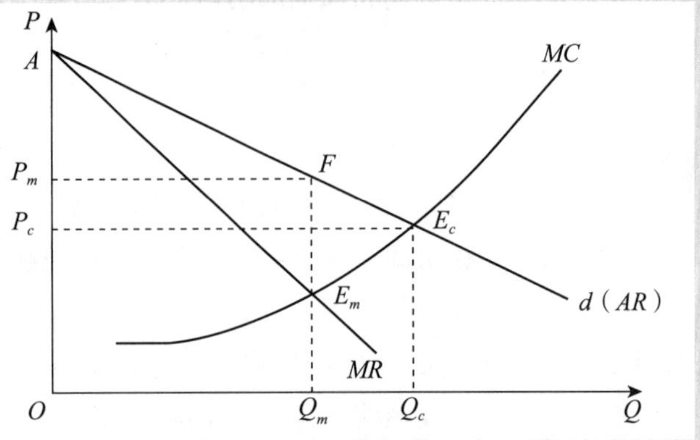

图 7-7　一级价格歧视（二）

在图中，如果垄断厂商不实行价格歧视，则垄断厂商由需求曲线 d 和边际收益 MR 曲线出发，根据 $MR=MC$ 原则所确定的均衡价格为 P_m，均衡数量为 Q_m，市场上消费者剩余为图中的三角形面积 P_mAF。如果垄断厂商实行一级价格歧视，且假定产量和价格的变化是连续的，则垄断厂商将由需求曲线 d 出发来确定每一单位商品的不同销售价格。由此可以发现：

第一，垄断厂商实行一级价格歧视时的产量将为 Q_c，它大于无价格歧视时的产量 Q_m。具体地看，厂商在实行一级价格歧视时，在产量小于 Q_m 的范围内，消费者为每一单位产品所愿意支付的最高价格（由 d 曲线得到）均大于 P_m，所以，垄断厂商增加产量是有利的。需要注意的是，在产量达到 Q_m 以后，在 Q_m 到 Q_c 的产量范围，消费者为每一单位产品所愿意支付的最高价格（由 d 曲线得到）虽然小于 P_m 但仍然大于 MC，所以，垄断厂商增加产量还可以获利。因此，实行一级价格歧视的垄断厂商始终有动力将产量一直增加到 Q_c 为止。在第 Q_c 单位的产量上，d 曲线和 MC 曲线相交，即有 $P=MC$，垄断厂商也由此获得了将产量增加到 Q_c 的全部好处。反之，在大于 Q_c 的产量范围，均有 $P<MC$，故垄断厂商是不可能将生产推进到此产量范围的。总之，实行一级价格歧视的垄断厂商在产量 Q_c 实现了 $P=MC$，它大于无价格歧视时的产量 Q_m。第二，在一级价格歧视下，垄断厂商的总收益相当于 OAE_cQ_c 的面积，由此获得了比在无价格歧视下按同一价格 P_m 销售全部产量 Q_m 时更大的利益。第三，一级价格歧视使得消费者剩余全部被垄断厂商所占有，转化为垄断厂商的收益（或利润）。

总之，在一级价格歧视下，垄断厂商占有了全部的消费者剩余。此外，在 Q_c 的产量上，有 $P=MC$，它居然实现了完全竞争厂商的均衡条件，达到了完全竞争厂商的均衡产量。从这一点可以说，一级价格歧视下的资源配置是有效的。

2. 二级价格歧视

二级价格歧视不如一级价格歧视那么严重。一级价格歧视要求垄断者对每一单位的产品都制定一个价格，而**二级价格歧视要求对不同的消费数量段规定不同的价格。**例如，当消费者购买 6 单位产品时，其价格为 6 元；当消费者再购买 4 单位产品时，这新增的 4 单位产品购买量的价格便下降为 5 元；如此等等。

在图 7-8 中，垄断者规定了三个不同的价格水平。在第一个消费段上，垄断者规定的价格最高，为 P_1；当消费数量增加到第二个消费段时，价格下降为 P_2；当消费数量再增加到第三个消费段时，价格便下降为更低的 P_3。

如果不存在价格歧视，垄断厂商的产品价格为 P_3，则垄断厂商的总收益相当于矩形 OP_3DQ_3 的面积，消费者剩余相当于三角形 AP_3D 的面积。如果实行二级价格歧视，则垄断厂商的总收益（或利润）的增加量相当于矩形 P_3P_1BE 加矩形 $EGCF$ 的面积，这一面积恰好就是消费者剩余的损失量，留给消费者的剩余仅相当于三角形 AP_1B、BGC 和 CFD 的面积之和。

由此可见，实行二级价格歧视的垄断厂商的收益（或利润）会增加，部分消费者剩余被垄断者占有。此外，垄断者会达到或接近 $P=MC$ 的有效资源配置的产量。

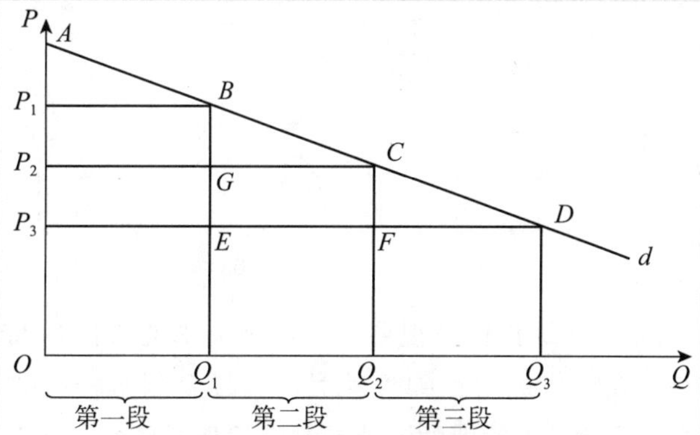

图 7-8　二级价格歧视

3. 三级价格歧视

垄断厂商对同一种产品在不同的市场上（或对不同的消费群体）收取不同的价格，这就是三级价格歧视。例如，同种产品，在富人区的价格高于在贫民区的价格；同样的教科书，学生们打折购买。更一般地，同种产品，国内市场和国外市场的价格不一样；城市市场和乡村市场的价格不一样；“黄金时间段”和“非黄金时间段”的价格不一样；等等。

下面具体分析三级价格歧视的做法。分析中假定某垄断厂商在两个分割的市场上出售同种产品。

首先，厂商应该根据 $MR_1=MR_2=MC$ 的原则来确定产量和价格。其中，MR_1 和 MR_2 分别表示市场 1 和市场 2 的边际收益，MC 表示产品的边际成本。这是因为：第一，就不同的市场而言，厂商应该使各个市场的边际收益相等。只要各个市场的边际收益不相等，厂商就可以通过不同市场之间的销售量的调整来获得更大的利益。例如，当 $MR_1>MR_2$ 时，厂商自然会减少市场 2 的销售量而增加市场

1 的销售量，以获得更大的利益。这种调整一直会持续到 $MR_1=MR_2$ 为止。第二，厂商应该使生产的边际成本 MC 等于各市场相等的边际收益。只要两者不等，厂商就可以通过增加或减少产量来获得更大的利益，直至实现 $MR_1=MR_2=MC$ 的条件。

其次，根据（7.6）式，在市场 1 有

$$MR_1=P_1\left(1-\frac{1}{e_{d1}}\right)$$

在市场 2 有

$$MR_2=P_2\left(1-\frac{1}{e_{d2}}\right)$$

再根据 $MR_1=MR_2$ 的原则，可得

$$P_1\left(1-\frac{1}{e_{d1}}\right)=P_2\left(1-\frac{1}{e_{d2}}\right)$$

整理得

$$\frac{P_1}{P_2}=\frac{1-\dfrac{1}{e_{d2}}}{1-\dfrac{1}{e_{d1}}} \tag{7.9}$$

由（7.9）式可知，三级价格歧视要求厂商在需求的价格弹性较小的市场上制定较高的产品价格，在需求的价格弹性较大的市场上制定较低的产品价格。实际上，对那些对价格变化反应不敏感的消费者制定较高的价格，而对那些对价格变化反应敏感的消费者制定较低的价格，是有利于垄断者获得更大的利润的。①②

第二节　垄断竞争

一、垄断竞争市场的条件

完全竞争市场和垄断市场是理论分析中的两种极端的市场组织。在现实经济生活中，通常存在的是垄断竞争市场和寡头市场。其中，垄断竞争市场与完全竞争市场比较接近。

垄断竞争市场是这样一种市场组织，一个市场中有许多厂商生产和销售有差别的同种产品。根据垄断竞争市场的这一基本特征，西方经济学家提出了生产集团的

① 关于三级价格歧视对资源配置的影响的分析比较复杂，在正文中不涉及。

② 关于对垄断厂商的管制问题，请读者阅读本书第十一章第一节的内容。

概念。因为在完全竞争市场和垄断市场条件下，行业的含义是很明确的，它是指生产同一种无差别的产品的厂商的总和。而在垄断竞争市场，产品差别这一重要特点使得上述意义上的行业不存在。为此，在垄断竞争市场理论中，**把市场上大量的生产非常接近的同种产品的厂商的总和称作生产集团。**例如，汽车加油站集团、快餐食品集团、美容美发集团等。

具体地说，垄断竞争市场的条件主要有以下三点：

第一，在生产集团内有大量的企业生产有差别的同种产品，这些产品彼此之间都是非常接近的替代品。例如，牛肉方便面和鸡肉方便面是有差别的同种产品，二者具有较密切的替代性。

在这里，产品差别不仅指同一种产品在质量、构造、外观、销售服务条件等方面的差别，还指商标、广告方面的差别，以及以消费者的想象为基础的任何虚构的差别。例如，虽然在两家不同饭馆出售的同一种菜肴（如清蒸鱼）在实质上没有差别，然而，消费者在心理上却认为一家饭馆的清蒸鱼比另一家饭馆的清蒸鱼鲜美很多，即存在着虚构的产品差别。

一方面，由于市场上的产品之间存在着差别，或者说，由于带有自身特点的产品都是唯一的，因此，每个厂商对自己的产品的价格都具有一定的垄断力量，从而使得市场中具有垄断的因素。一般说来，产品的差别越大，厂商的垄断程度也就越高。另一方面，由于有差别的产品相互之间又是很相似的替代品，或者说，每个厂商的产品都会遇到大量的其他的相似产品的竞争，因此，市场中又具有竞争的因素。如此，便构成了垄断因素和竞争因素并存的垄断竞争市场的基本特征。例如，不同品牌的香烟、饮料和方便面市场等。

第二，一个生产集团中的企业数量非常多，以至每个厂商都认为自己行为的影响很小，不会引起竞争对手的注意和反应，因而自己也不会受到竞争对手的任何报复措施的影响。

第三，厂商的生产规模比较小，因此，进入和退出一个生产集团比较容易。

在现实生活中，垄断竞争的市场组织在零售业和服务业中是很普遍的。例如，餐饮业、修理业、蔬菜水果零售业、美容美发业等。

在垄断竞争生产集团中，各个厂商的产品是有差别的，厂商们相互之间的成本曲线和需求曲线未必相同。但是在垄断竞争市场模型中，西方学者总是假定生产集团内的所有厂商都具有相同的成本曲线和需求曲线，并以**代表性企业**进行分析。这一假定使分析得以简化，而又不影响结论的实质。

二、垄断竞争厂商的需求曲线

由于垄断竞争厂商可以在一定程度上控制自己产品的价格，即通过改变自己所生产的有差别的产品的销售量来影响商品的价格，所以，如同垄断厂商一样，垄断竞争厂商所面临的需求曲线也是向右下方倾斜的。所不同的是，由于各垄断竞争厂商的产品相互之间都是很接近的替代品，市场中的竞争因素又使得垄断竞争厂商的需求曲线具有较大的弹性，因此，**垄断竞争厂商向右下方倾斜的需求曲线是比较平坦的，相对地比较接近完全竞争厂商的水平形状的需求曲线。**

垄断竞争厂商所面临的需求曲线有两种，它们通常被区分为 d 需求曲线和 D 需求曲线。下面用图 7－9 分别说明这两种需求曲线。

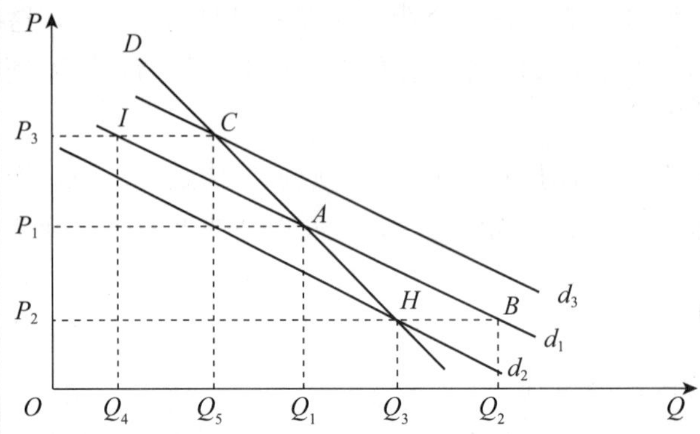

图 7－9　垄断竞争厂商的需求曲线

关于 d 需求曲线。**d 需求曲线表示：在垄断竞争生产集团内的某个厂商改变产品价格，而其他厂商的产品价格都保持不变时，该厂商的产品价格和销售量之间的关系。**在图 7－9中，假定某垄断竞争厂商开始时处于价格为 P_1 和产量为 Q_1 的 A 点上，它想通过降价来增加自己产品的销售量。因为该厂商认为，它降价以后不仅能增加自己产品的原有买者的购买量，而且能把买者从生产集团内的其他厂商那里吸引过来。并且，该垄断竞争厂商认为其他厂商不会对它的降价行为作出反应。随着它的商品价格由 P_1 下降为 P_2，它的销售量会沿着 d_1 需求曲线由 Q_1 增加为 Q_2。因此，它预期自己的生产可以沿着 d_1 需求曲线由 A 点运动到 B 点，即产量可以有较大的增加。所以，d 需求曲线也被称为主观需求曲线或预期的需求曲线。

关于 D 需求曲线。**D 需求曲线表示：在垄断竞争生产集团内的某个厂商改变产品价格，而且集团内的其他所有厂商也使产品价格发生相同变化时，该厂商的产品价格和销售量之间的关系。**在图 7－9 中，如果某垄断竞争厂商将价格由 P_1 降为 P_2，集团内其他所有厂商也都将价格由 P_1 降为 P_2，于是，该垄断竞争厂商的实际销售量是 D 需求曲线上的 Q_3，Q_3 小于它的预期销售量即 d_1 需求曲线上的 Q_2。这是因为集团内其他厂商的买者没有被该厂商吸引过来，每个厂商的销售量增加仅来自整个市场的价格水平的下降。所以，该垄断竞争厂商降价的结果是使自己的销售量沿着 D 需求曲线由 A 点运动到 H 点。同时，d_1 需求曲线也相应地从 A 点沿着 D 需求曲线向下平移到 H 点，即向下平移到 d_2 需求曲线的位置。d_2 需求曲线表示当整个生产集团将价格固定在新的价格水平 P_2 以后，该垄断竞争厂商单独变动价格时在各个价格下的预期销售量。

所以，关于 D 需求曲线，还可以说，它表示垄断竞争生产集团内的单个厂商在每一市场价格水平的实际销售份额。若生产集团内有 n 个垄断竞争厂商，不管全体 n 个厂商将市场价格调整到何种水平，D 需求曲线总是表示每个厂商的实际销售份额为市场总销售量的 $\frac{1}{n}$。所以，D 需求曲线也被称为实际需求曲线或份额需求曲线。

从以上的分析中我们可以得到关于 d 需求曲线和 D 需求曲线的一般关系：第一，当垄断竞争生产集团内的所有厂商都以相同方式改变产品价格时，整个市场价格的变化会使得单个垄断竞争厂商的 d 需求曲线的位置沿着 D 需求曲线发生平移。第二，由于 d 需求曲线表示单个垄断竞争厂商单独改变价格时所预期的产品销售量，D 需求曲线表示每个垄断竞争厂商在每一市场价格水平实际所面临的市场需求量，所以，d 需求曲线和 D 需求曲线相交意味着垄断竞争市场的供求相等状态。第三，很显然，d 需求曲线的弹性大于 D 需求曲线的弹性，即前者较之于后者更平坦一些。

三、垄断竞争厂商的短期均衡

西方经济学家通常以垄断竞争生产集团内的代表性企业来分析垄断竞争厂商的短期均衡和长期均衡。以下分析中的垄断竞争厂商均指代表性企业。

在短期内，垄断竞争厂商是在现有的生产规模下通过对产量和价格的调整，来实现 $MR=SMC$ 的均衡条件。现用图 7-10 来分析垄断竞争厂商的短期均衡的形成过程。

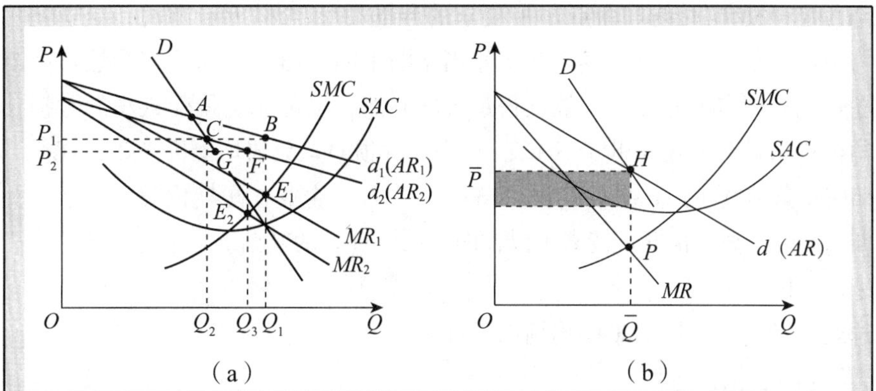

图 7-10　垄断竞争市场代表性企业的短期均衡

在图 7-10（a）中，SAC 曲线和 SMC 曲线表示代表性企业的现有生产规模，d 曲线和 D 曲线表示代表性企业的两种需求曲线，MR_1 曲线是相对于 d_1 曲线的边际收益曲线，MR_2 曲线是相对于 d_2 曲线的边际收益曲线。假定代表性企业最初在 d_1 曲线和 D 曲线相交的 A 点上进行生产。就该企业在 A 点的价格和产量而言，与

实现最大利润的 $MR_1=SMC$ 的均衡点 E_1 所要求的产量 Q_1 和价格 P_1 相差甚远。于是，该厂商决定将生产由 A 点沿着 d_1 需求曲线调整到 B 点，即将价格降低为 P_1，将产量增加为 Q_1。

然而，由于生产集团内每一个企业所面临的情况都是相同的，而且，每个企业都是在假定自己改变价格而其他企业不会改变价格的条件下采取了相同的行动，即都把价格降为 P_1，都计划生产 Q_1 的产量，于是，事实上，当整个市场的价格降为 P_1时，每个企业的产量都毫无例外地是 Q_2（取决于份额需求曲线 D），而不是 Q_1（取决于主观需求曲线 d）。也就是说，首次降价的结果是使代表性企业的经营位置 A 点沿 D 曲线运动到 C 点，相应地，每个企业的 d_1 曲线也都向下平移到过 C 点的 d_2 曲线的位置。

在 C 点的位置上，d_2 曲线与 D 曲线相交，相应的边际收益曲线为 MR_2。很清楚，C 点上的代表性企业的产品价格 P_1 和产量 Q_2 仍然不符合在新的市场价格水平下的 $MR_2=SMC$ 的均衡点 E_2 上的价格 P_2 和产量 Q_3 的要求（即 F 点的价格和产量）。因此，该企业会再一次降价。与第一次降价相似，每一个企业都按自己的主观预期将沿着 d_2 曲线由 C 点运动到 F 点；而事实上，整个生产集团内的每个企业都将沿着市场份额需求曲线 D 由 C 点运动到 G 点。相应地，d_2 曲线向下平移到过 G 点的位置，并与 D 曲线相交（图中从略）。依此类推，代表性企业为实现 $MR=SMC$ 的利润最大化原则，会继续降低价格，d 曲线会沿着 D 曲线不断向下平移，并在每一个新的市场价格水平与 D 曲线相交。

上述过程一直要持续到代表性企业没有理由再继续降价为止，即一直要持续到企业所追求的 $MR=SMC$ 的均衡条件实现为止。如图 7－10（b）所示，代表性企业连续降价行为的最终结果是，将使得 d 曲线和 D 曲线的交点 H 上的产量和价格，恰好是 $MR=SMC$ 时的均衡点 E 所要求的产量 $\overline{Q}$ 和价格 $\overline{P}$。此时，企业便实现了短期均衡，并获得了利润，其利润量相当于图中的阴影部分面积。当然，垄断竞争厂商在短期均衡点上并非一定能获得最大的利润，也可能是蒙受最小的亏损。这取决于均衡价格是高于还是低于 SAC。在企业亏损时，只要均衡价格高于 AVC，企业在短期内总是继续生产；只要均衡价格低于 AVC，企业在短期内就会停产。关于其他短期均衡时的盈亏情况，读者可以在图 7－10（b）的基础上，参考图 7－3，自己作图并进行分析。

总之，垄断竞争厂商短期均衡的条件是：

$$MR=SMC \tag{7.10}$$

在短期均衡的产量上，必定存在一个 d 曲线和 D 曲线的交点，它意味着市场上的供求是相等的。此时，垄断竞争厂商可能获得最大利润，可能利润为零，也可能蒙受最小亏损。

四、垄断竞争厂商的长期均衡

在长期内，垄断竞争厂商不仅可以调整生产规模，还可以加入或退出生产集团，这便意味着，垄断竞争厂商在长期均衡时的利润必定为零。这就是说，在垄断竞争厂商的长期均衡产量上，d 需求曲线必定与 LAC 曲线相切。简单地看，这些情况与完全竞争厂商是相似的。但由于垄断竞争厂商所面临的是两条向右下方倾斜的需求曲线，因此，垄断竞争厂商的长期均衡的实现过程及其状态具有自身的特点。

垄断竞争厂商的长期均衡的形成过程可以用图 7－11 来说明。

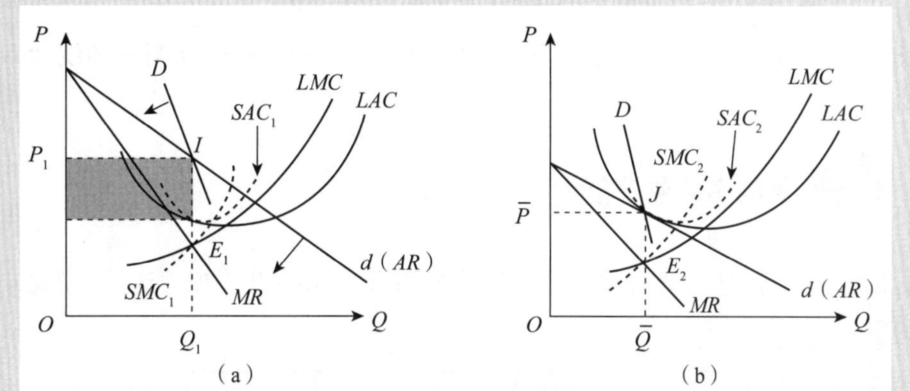

图 7－11　垄断竞争市场代表性企业的长期均衡

在图 7－11（a）中，假定代表性企业开始时在 I 点上经营。在 I 点所对应的产量 Q_1 上，最优生产规模由 SAC_1 曲线和 SMC_1 曲线所代表；企业的边际收益 MR 曲线、长期边际成本 LMC 曲线和短期边际成本 SMC_1 曲线相交于均衡点 E_1；d 曲线和 D 曲线相交于 I 点，即市场供求相等；企业获得利润，其利润量相当于图中的阴影部分面积。

由于生产集团内存在着利润，新的厂商就会被吸引进来。随着生产集团内企业数量的增加，在市场需求规模不变的条件下，每个企业所面临的市场销售份额都会减少。相应地，代表性企业的份额需求曲线 D 便向左下方平移［如图 7－11（a）中左上方的箭头所示］，从而使企业原有的均衡点 E_1 的位置受到扰动。当企业为建立新的均衡而降低价格时，d 曲线便沿着 D 曲线也向左下方平移［如图 7－11（a）中右下方的箭头所示］。而且，由于新厂商的加入使得市场竞争加剧，所以，单个厂商的 d 需求曲线会变得更平坦一些［如图 7－11（b）所示］。这种 D 曲线和 d 曲线不断地向左下方移动的过程，一直要持续到不再有新厂商加入为止。也就是说，一直要持续到生产集团内的每个厂商的利润都为零为止。最后，厂商在图 7－11（b）中的 E_2 点实现长期均衡。

在代表性企业的长期均衡产量 $\overline{Q}$ 上，SAC_2 曲线和 SMC_2 曲线表示生产 $\overline{Q}$ 产量的最优生产规模；MR 曲线、LMC 曲线和 SMC_2 曲线相交于同一均衡点 E_2，即有 $MR=LMC=SMC$；d 曲线与 LAC 曲线相切于 LAC 曲线与 SAC_2 曲线的切点 J，即有 $AR=LAC=SAC$，厂商的利润为零；D 曲线与 d 曲线也相交于 J 点，这意味着市场上的供求相等。

以上分析了代表性企业由盈利到利润为零的长期均衡的实现过程，至于代表性企业由亏损到利润为零的长期均衡的实现过程，其道理是一样的，只是表现为生产集团内一部分原有厂商退出的一个相反的过程而已。对这一过程的分析此处从略。

总而言之，垄断竞争厂商的长期均衡条件为：

$$MR=LMC=SMC \tag{7.11}$$

$$AR=LAC=SAC \tag{7.12}$$

在长期均衡的产量上，垄断竞争厂商的利润为零，且存在一个 d 需求曲线和 D 需求曲线的交点。

五、垄断竞争的多余生产能力

在此，我们先介绍理想的产量和垄断竞争厂商的多余生产能力这两个概念，可利用图 7－12 来说明。

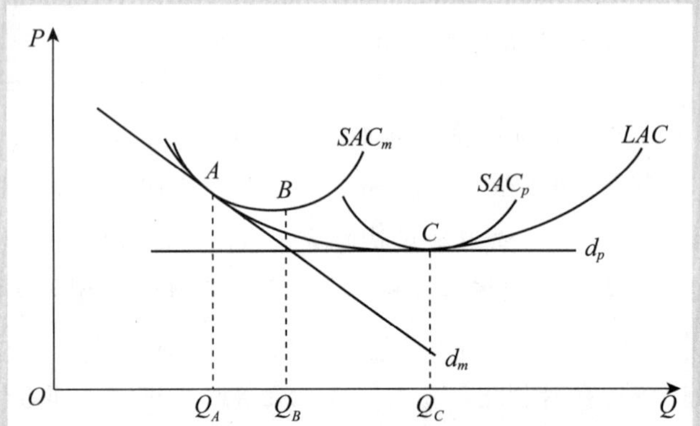

图 7－12　垄断竞争和多余的生产能力

在图 7－12 中，d_m 曲线代表垄断竞争厂商所面临的 d 需求曲线，d_p 曲线代表完全竞争厂商所面临的 d 需求曲线。由于垄断竞争厂商所面临的 d_m 需求曲线是向右下方倾斜的，所以，在长期均衡利润等于零时，d_m 曲线只能与 LAC 曲线相切于 LAC 曲线最低点的左边如 A 点。设想，如果该企业是一个完全竞争企业，那么，在长期均衡利润等于零时，完全竞争厂商所面临的水平的 d_p 需求曲线必定与 LAC 曲线相切于 LAC 曲线的最低点 C。比较图 7－12 中的 A 点和 C 点，不难发现，A 点所对应的产量 Q_A 小于 C 点所对应的产量 Q_C。西方经济学家**一般把完全竞争厂商**

在长期平均成本 LAC 曲线最低点上的产量称作理想的产量，把实际产量与理想产量之间的差额称作多余的生产能力。由图中可见，垄断竞争厂商的长期均衡产量 Q_A 小于理想的产量 Q_C，多余的生产能力为 Q_AQ_C。

垄断竞争厂商的多余生产能力 Q_AQ_C 可以分解为两个部分，它们分别是 Q_AQ_B 和 Q_BQ_C。其中，Q_AQ_B 表示垄断竞争厂商在长期均衡点上没有在已经建立的由 SAC_m 曲线所代表的生产规模的最低平均总成本 B 点进行生产，或者说，企业没有充分地利用现有的生产设备。Q_BQ_C 表示垄断竞争厂商在长期均衡点上没有建立一个由 SAC_p 曲线所代表的能够产生最低长期平均总成本的生产规模进行生产，或者说，垄断竞争厂商应该更多地使用社会资源，以扩大生产规模，将生产的平均总成本降到最低水平即 LAC 曲线的最低点 C。

垄断竞争理论的创始人之一张伯伦认为：如果经济中存在着以产品差别为基础的价格竞争，企业可以在一定程度上通过改变自己产品的销售量来影响商品价格，即企业的需求曲线是向右下方倾斜的，则垄断竞争企业在长期均衡点上必然存在着相对于 LAC 曲线最低点的产量（如图中 Q_C）而言的多余的生产能力（如图中的 Q_AQ_C）。张伯伦还指出，这种多余的生产能力可以理解为垄断竞争市场为产品的多样化（即产品差异）所付出的代价。

也有经济学家指出，垄断竞争模型中厂商的实际产量小于理想的产量，反映在现实经济生活中就是生产某些相似产品的小规模的企业过于拥挤，如过分稠密的汽车加油站和零售店。正是由于垄断竞争行业内厂商的数量过多，每个厂商的规模都过小，因此，每个厂商都不能充分利用多余的生产能力。设想，如果垄断竞争行业内的厂商数量能够减少，每个厂商的规模能够扩大，以尽可能充分地利用多余的生产能力，那么，每个厂商的平均成本也会随产量的增加而下降。但事实上，垄断竞争行业的产品多样化，使得行业内的厂商数量必然是很多的。

六、非价格竞争

在垄断竞争市场上，厂商之间既存在价格竞争，也存在非价格竞争。就价格竞争而言，它虽然能使一部分厂商得到好处，但从长期看，价格竞争会导致产品价格持续下降，最终使厂商的利润消失。因此，非价格竞争便成为垄断竞争厂商普遍采取的另一种竞争方式。

在垄断竞争市场上，由于每一个厂商生产的产品都是有差别的，所以，垄断竞争厂商往往通过改进产品品质、精心设计商标和包装、改善售后服务以及进行广告宣传等手段，来扩大自己产品的市场销售份额，这就是非价格竞争。在完全竞争市场，由于每一个厂商生产的产品都是完全同质的，所以，厂商之间不可能存在非价格竞争。

垄断竞争厂商进行非价格竞争，仍然是为了获得最大的利润。进行非价格竞争是需要花费成本的。例如，改进产品性能会增加生产成本，增设售后服务网点需要增加投入，广告宣传的费用也是相当可观的。厂商进行非价格竞争所花费的总成本必须小于由此所增加的总收益，否则，厂商是不会进行非价格竞争的。很显然，边际收益等于边际成本的利润最大化原则，对于非价格竞争仍然是适用的。

经济学家对非价格竞争的评价主要涉及两个方面：一方面，非价格竞争作为厂商之间相互竞争的一种形式，强化了市场的竞争程度，并且，非价格竞争的一些具体做法客观上满足了消费者的某些需要；另一方面，非价格竞争增强了消费者对某些产品的依赖程度，从而使得厂商加强了对自己产品的垄断程度。

尤其是关于广告的作用这一问题，更是引起了经济学家的广泛关注。一般说来，经济学家认为，广告可以分为信息性广告和劝说性广告两类。就信息性广告而言，它提供了关于商品的比较充分的信息，有利于消费者作出最佳的购买决策，并节约了消费者的信息搜寻成本。而且，信息性广告之间的相互竞争，有利于经济资源的合理配置。相反，劝说性广告却很少能提供对消费者来说真正有用的信息。尽管劝说性广告也会增加厂商的销售量，但被诱导的消费者往往并不能够购买到自己实际上需要且真正满意的商品。在现实生活中，每一个广告宣传往往都既带有提供信息的成分，同时又带有劝说的成分。正因为如此，在评价广告的作用时要进行具体的分析。

第三节　寡　头

一、寡头市场的特征

寡头市场亦即寡头垄断市场，指在一个行业中只有少数几家厂商控制产品生产和销售的市场组织。在实际经济活动中，寡头市场是很盛行的，例如，石油能源业、飞机制造业、航空运输业、电信业、互联网业、电脑和手机制造业等，这些行业的生产和销售通常仅由少数几家企业所控制。

形成寡头市场的主要原因可以有：某些产品的生产需要在相当大的产量水平上才能实现规模经济；少数几家企业对生产所需的基本生产资源供给的控制；政府的扶植和支持等等。可见，寡头市场的成因和垄断市场很相似，只是在程度上有所差别。寡头市场是最接近垄断市场的一种市场组织。

寡头行业可按不同方式分类。根据产品特征，寡头行业可区分为纯粹寡头行业和差别寡头行业。在纯粹寡头行业，厂商们之间生产的同种产品没有差别，即同质产品。例如，可以将钢铁、石油、天然气等寡头行业看成是纯粹寡头行业。在差别寡头行业，厂商们之间生产的同种产品是有差别的，即异质产品。例如，可以将拥有不同品牌和型号的汽车行业、冰箱行业、电脑和手机行业等看成是差别寡头行业。此外，根据厂商们之间行动合作与否，还可区分为独立行动的（即非合作的）寡头行业和有勾结行为的（即合作的）寡头行业。

与完全竞争厂商和垄断厂商不同，完全竞争厂商是市场价格的接受者，垄断厂商是市场价格的唯一制定者，而寡头市场的产量和价格水平取决于各寡头厂商的决策及其相互影响。这是因为，寡头市场上只有几个厂商，它们各自的产量在行业总产量中占有一个很大的份额，每个厂商的产量和价格变动都会对其他竞争对手以至整个行业的产量和价格产生举足轻重的影响，并最终影响厂商各自的利润。因此，每个寡头厂商在行动时，都必须知道或猜测自己的行动对其他厂商的影响以及其他厂商可能作出的反应，然后决定自己的最优行动。真实世界中寡头厂商的行为方式及其相互影响是多样化和复杂的。一般说来，有多少种关于寡头竞争对手之间行为互动方式的假定，就可以有多少个寡头模型，并得到各自不同的均衡结果。在微观经济学中，没有任何一个寡头模型可以作为分析寡头厂商行为和寡头市场产量及价格决定的一般理论。

本节将介绍寡头市场理论中几个具有代表性的模型。为简化起见，本节的分析仅涉及两厂商的寡头市场，即“双头模型”，其结论不失一般性。

二、古诺模型

在前面有关章节的分析中，厂商的决策都是各自选择最优的产量，以实现自身的利润最大化。那么，在寡头市场上，为数不多的厂商又是如何决策的呢？法国经济学家古诺于 1838 年提出了关于两个寡头厂商的产量竞争模型，分析了寡头厂商的产量决策行为及其均衡的基本特征。作为经典的寡头模型，古诺模型通常被作为介绍寡头厂商理论的起点。

古诺模型假定：两寡头厂商生产和销售同质的产品，譬如矿泉水，它们的生产成本均为零。两厂商都知晓它们共同面临的市场需求曲线，市场价格取决于两厂商的总产量。两厂商的决策变量都是产量，它们同时选择产量以最大化各自的利润。

在古诺模型假定下，设市场的线性反需求函数为：

$$P=18-Q=18-(Q_1+Q_2) \tag{7.13}$$

式中，P 为商品的市场价格；Q 为市场的需求量，Q_1 和 Q_2 分别为厂商 1 和厂商 2 的产量，即有 $Q=Q_1+Q_2$。下面将以这一具体的需求函数为例来分析古诺模型。

1. 反应曲线

在古诺模型中，市场价格取决于两厂商的总产量，且影响到每个厂商的利润。由于两厂商的决策变量是产量，且同时选择产量，因此，每个厂商在决定自己的产量时必须先猜测对方将生产的产量，即每个厂商都是在它所推测的对方产量水平的前提下，选择自己的利润最大化产量。这也可以理解为，每个厂商都是消极地以自己的产量去适应对方的产量。

就厂商 1 而言，我们思考一个问题：如果厂商 1 猜测到厂商 2 将生产的产量，那么，厂商 1 是如何决定自己将应该生产多少的呢？以图 7－13 来说明。

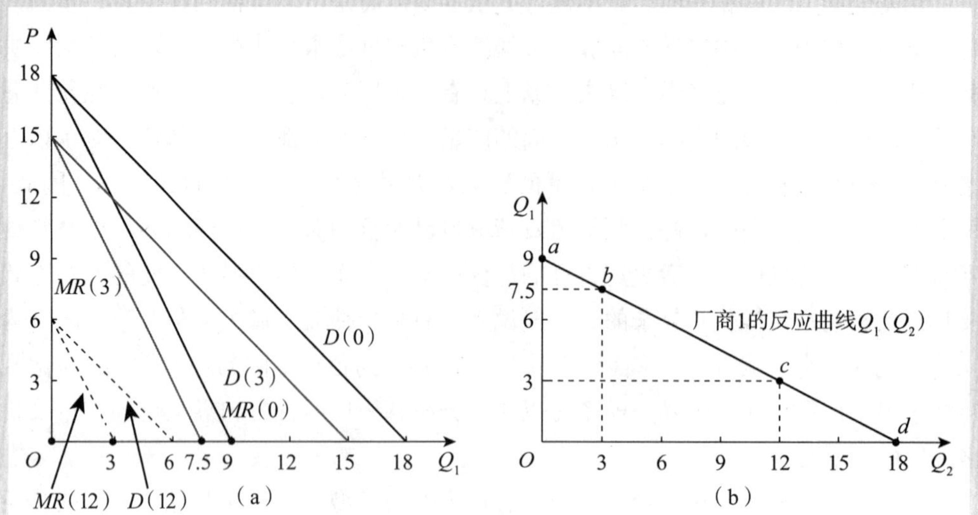

图 7-13 厂商 1 的反应曲线

在图 7-13（a）中，如果厂商 1 认为厂商 2 的产量将为零，那么，厂商 1 的需求曲线就将是整个市场的需求曲线，以 $D(0)$ 表示，相应的边际收益曲线以 $MR(0)$ 表示。已假定生产成本为零，所以，厂商 1 根据利润最大化原则 $MR=MC=0$，选择的最优产量为 9。如果厂商 1 认为厂商 2 的产量将会增加为 3，那么，厂商 1 的需求曲线 $D(0)$ 便向左平移 3 单位，形成新的需求曲线 $D(3)$ 和边际收益曲线 $MR(3)$，厂商 1 根据 $MR=MC=0$ 所选择的利润最大化产量为 7.5。依此类推，如果厂商 1 认为厂商 2 的产量还将会依次增加为 12、18，那么，厂商 1 选择的最优产量将依次减少为 3、0。

在图 7-13（b）中，将图 7-13（a）中厂商 1 所推测的厂商 2 将生产的每个产量水平与厂商 1 相应所选择的最优产量的组合标示出来，便有 a、b、c、d 点。连接这些点，就构成了厂商 1 的反应曲线 $Q_1(Q_2)$。显然，厂商 1 的最优产量是它所推测的厂商 2 的产量的减函数。一般地，**反应曲线表示厂商利润最大化的产量与它所推测的竞争对手将生产的产量之间的关系。**

类似地，我们也可以得到厂商 2 的反应曲线 $Q_2(Q_1)$，在此不再赘述。

2. 古诺均衡

反应曲线是理解古诺均衡的一个基础概念。下面将推导两寡头厂商各自的反应函数，并进一步求古诺模型的均衡解。

在以上古诺模型的假设条件下，已知市场的线性反需求函数为：

$$P=18-Q=18-(Q_1+Q_2)$$

对于厂商 1 来说，其利润等式为：

$$\begin{aligned}\pi_1&=TR_1-TC_1=P\cdot Q_1-0\text{（因为已假定 }TC_1=0\text{）}\\&=[18-(Q_1+Q_2)]\cdot Q_1\end{aligned}$$

$$=18Q_1-Q_1^2-Q_1Q_2$$

厂商 1 利润最大化的一阶条件为①：

$$\frac{\partial \pi_1}{\partial Q_1}=18-2Q_1-Q_2=0$$

$$Q_1=9-\frac{Q_2}{2} \tag{7.14}$$

（7.14）式就是厂商 1 的反应函数。它表示厂商 1 对它所认为的厂商 2 将生产的任一产量 Q_2 都会作出的反应，即确定能够给自己带来最大利润的产量 Q_1。

类似地，对于厂商 2 来说，有

$$\pi_2=18Q_2-Q_2^2-Q_1Q_2$$

$$\frac{\partial \pi_2}{\partial Q_2}=18-2Q_2-Q_1=0$$

$$Q_2=9-\frac{Q_1}{2} \tag{7.15}$$

（7.15）式是厂商 2 的反应函数。它表示厂商 2 的最优产量是它所推测的厂商 1 将生产的产量的函数。

联立两厂商的反应函数（7.14）式和（7.15）式，得到方程组：

$$\begin{cases} Q_1=9-\dfrac{Q_2}{2} \\ Q_2=9-\dfrac{Q_1}{2} \end{cases}$$

由此方程组，便求得古诺均衡解：两厂商的产量为 $Q_1=Q_2=6$。行业的总产量为 $Q=Q_1+Q_2=12$，将总产量代入市场的反需求函数得均衡价格为 $P=18-Q=6$，两厂商的利润为 $\pi_1=\pi_2=36$。

以上的古诺均衡可以用图来表示，见图 7-14。图中的横轴 OQ_1 和纵轴 OQ_2 分别表示厂商 1 和厂商 2 的产量，厂商 1 的反应曲线 $Q_1=9-\frac{Q_2}{2}$ 和厂商 2 的反应曲线 $Q_2=9-\frac{Q_1}{2}$ 相交于 E 点，该点便是古诺均衡点，两厂商的均衡产量为 $Q_1=Q_2=6$。

在上面的分析中，无论是代数法通过两厂商的反应函数方程组来求得古诺均衡解，还是图形分析法通过两厂商反应曲线的交点来寻找古诺均衡点，都体现了古诺模型的基本假定，即两厂商同时选择产量以实现各自的最大利润。

在古诺均衡处，每个厂商都在对方产量给定时实现了自己的利润最大化产量，每个厂商都不可能再通过单独改变自己的产量来使自己的境况变得更好，于是它们

① 在本节内容中，均略去关于厂商利润最大化的二阶条件。

都没有改变自己产量的冲动，从而实现了市场均衡。需要指出的是，这样的古诺均衡状态也可被称为纳什均衡。纳什均衡是博弈论的一个基本概念。在纳什均衡中，如果其他参与者不改变自己的最优策略，每个参与者都不会改变自己的最优策略。鉴于此，古诺均衡亦被称为古诺-纳什均衡。

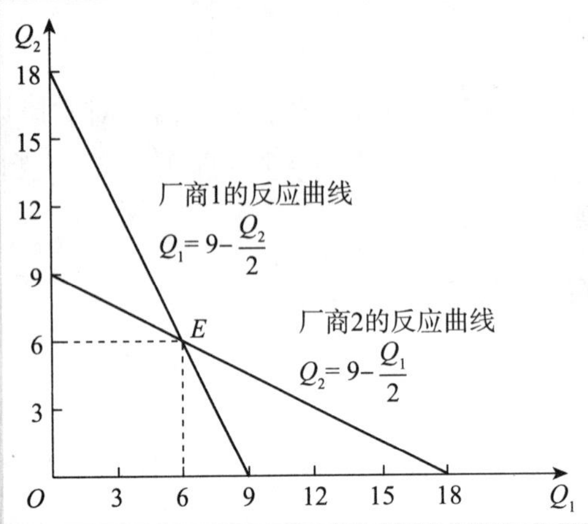

图 7-14 古诺均衡

3. 古诺均衡、完全竞争均衡和垄断均衡的比较

在此将继续使用上面的具体例子来进行比较分析，即：令市场的线性反需求函数为 $P=18-Q=18-(Q_1+Q_2)$，厂商的生产成本为零。

古诺模型是一个非合作的寡头模型，因为每个厂商都是独立行动的。如果上面两寡头厂商采取合作行为，譬如组成卡特尔，那么，其结果是比古诺均衡更好还是更差呢？在卡特尔情况下，两厂商就会如同一个垄断厂商那样行动。经计算可知，按照垄断厂商 $MR=MC$ 的利润最大化原则，卡特尔的总产量为 $Q=9$，市场价格为 $P=9$，总利润为 81；按卡特尔协议平分，每个厂商的产量都为 4.5，各自获得的利润都为 40.5。显然，与非合作的古诺均衡相比，两厂商合作的结果会更好一些。或者说，对于两厂商而言，垄断均衡的结果要好于古诺均衡的结果。

如果两厂商按照完全竞争条件下的利润最大化原则 $P=MC$ 来确定产量水平，那么，其结果又会怎样呢？经计算可得，行业总产量为 $Q=18$，市场价格为 $P=0$。每个厂商的产量为 9，每个厂商的利润均为零。可见，对于两厂商而言，完全竞争均衡的结果比古诺均衡的结果要差。

总之，对两厂商在不同均衡条件下的结果而言，垄断条件下的行业总产量和每个厂商的产量都是最低的，市场价格最高，每个厂商获得的利润都是最大的。完全竞争条件下的行业总产量和每个厂商的产量都是最高的，市场价格最低，每个厂商的利润都为零。显然，寡头市场条件下两厂商的古诺均衡结果则介于垄断均衡与完全竞争均衡之间。

4. 古诺均衡的一般形式

在以上的分析中，采用的是一个线性反需求函数的具体实例，以易于分析和理解。下面将介绍古诺模型及其均衡解的一般形式。

在古诺模型的一般分析中，通常令市场的线性反需求函数为 $P=a-bQ$；厂商的成本函数为 $C_i=cQ_i$，$i=1$，2，即两厂商的边际成本均恒等于 c，且固定成本均为零；其中，常数 a、b、$c>0$，$a>c$。

于是，两厂商的反应函数方程组为：

$$\begin{cases} Q_1=\dfrac{a-bQ_2-c}{2b} \\ Q_2=\dfrac{a-bQ_1-c}{2b} \end{cases}$$

由此得古诺均衡解为：每个厂商的产量为 $Q_1=Q_2=\dfrac{a-c}{3b}$，行业总产量为 $Q=\dfrac{2(a-c)}{3b}$，市场价格为 $P=\dfrac{a+2c}{3}$；每个厂商的利润为 $\pi_1=\pi_2=\dfrac{(a-c)^2}{9b}$。

为简化分析，令 $b=1$，即市场线性反需求曲线为 $P=a-Q$，则古诺均衡解为：每个厂商的产量为 $Q_1=Q_2=\dfrac{a-c}{3}$，行业总产量为 $Q=\dfrac{2(a-c)}{3}$，市场价格为 $P=\dfrac{a+2c}{3}$；每个厂商的利润为 $\pi_1=\pi_2=\dfrac{(a-c)^2}{9}$。

若进一步简化，令 $b=1$，且 $c=0$，则古诺均衡解为：每个厂商的产量为 $Q_1=Q_2=\dfrac{a}{3}$，行业总产量为 $Q=\dfrac{2a}{3}$，市场价格为 $P=\dfrac{a}{3}$；每个厂商的利润为 $\pi_1=\pi_2=\dfrac{a^2}{9}$。

双头古诺均衡的这一结论可以推广。令寡头厂商的数量 $m\geqslant 2$，在线性反需求函数和每个厂商的边际成本均恒等于零且固定成本均为零的条件下，古诺均衡为：

$$\text{每个寡头厂商的产量}=\text{市场总容量}\cdot\frac{1}{m+1} \tag{7.16}$$

$$\text{行业的总产量}=\text{市场总容量}\cdot\frac{m}{m+1} \tag{7.17}$$

其中，市场总容量是当市场价格 $P=0$ 时的市场需求量。在几何图形中，线性反需求曲线 $P(Q)$ 的横截距表示市场总容量。

三、伯特兰模型

古诺模型是两寡头厂商的产量竞争模型，每个厂商各自在猜测竞争对手产量决策的前提下同时选择自己的最优产量。但是，在实际经济活动中，厂商之间还会展开价格竞争，有时甚至还很激烈。在古诺模型之后，另一位法国经济学家伯特兰于

1883 年提出了寡头厂商之间的价格竞争模型，被称为伯特兰模型。

伯特兰模型假定：两寡头厂商生产和销售同质的产品，两厂商的边际成本均恒等于 $c>0$，且固定成本均为零；两厂商的决策变量是价格，它们同时选择价格以最大化各自的利润。我们将会看到，作为寡头厂商同时行动的两个模型，即价格竞争的伯特兰模型和数量竞争的古诺模型，在生产和市场需求条件相同的背景下，两者的均衡结果却是很不相同的。

1. 伯特兰模型中厂商的需求曲线

在伯特兰的价格竞争模型中，关键的是，因为两厂商的产品是同质的，因此，只要任何一方的产品价格低于对方的产品价格，消费者就都会去购买低价位的同种产品；低价位的厂商将获得整个市场需求，而高价位的厂商的市场需求只能是零。当然，如果两厂商制定相同的价格水平，那么，它们将平分市场需求。具体地，就厂商 1 而言，它所面临的需求曲线为

$$D_1(P_1,P_2)=\begin{cases}D(P_1) & \text{如果 } P_1<P_2\\ D(P_1)/2 & \text{如果 } P_1=P_2\\ 0 & \text{如果 } P_1>P_2\end{cases} \tag{7.18}$$

其中，$D_1(P_1,\ P_2)$ 为厂商 1 的需求函数，$D(P_1,\ P_2)$ 为市场需求函数。同理，对于厂商 2 也有类似的需求曲线，不再赘述。

2. 伯特兰模型的均衡

在以上单个厂商需求曲线的基础上，再考虑到两厂商具有相同的边际成本 c，且固定成本都为零，我们来推导两厂商同时决策的价格竞争的均衡。

在伯特兰模型中，面对单个厂商的需求曲线即（7.18）式，每个厂商都明白：唯有使自己的产品价格低于竞争对手的产品价格，才能获得整个市场需求和最大利润。而且，每个厂商都认为其竞争对手也是如此考虑和行动的。那么，每个厂商会同时将价格降到何等水平呢？答案是：每个厂商会同时将价格降到等于边际成本的水平，即 $P_1=P_2=c$。由于每个厂商的边际成本不变，均为 c，且固定成本均为零，故每个厂商的边际成本均等于其平均成本，所以，在 $P_1=P_2=c$ 时每个厂商的利润均为零（实现了正常利润）。这便是伯特兰均衡。

伯特兰均衡是如何形成的呢？具体而言，可以考虑以下三种情况。

如果两厂商的价格不等，且均大于边际成本，即有 $P_1>P_2>c$ 或 $P_2>P_1>c$，那么，高价位的厂商就会把价格降到低于竞争对手的水平，而其竞争对手则会再降价。由于每个厂商始终都有使得自己的定价低于竞争对手的定价的冲动，而且，每个厂商都推测到了这一点，所以，两厂商同时决策的价格竞争的均衡只能是：$P_1=P_2=c$。

如果两厂商的价格是相等的，但均大于边际成本，即有 $P_1=P_2>c$，那么，在这种情况下，是否因为两厂商的价格相等就实现了价格竞争的均衡呢？这是不可能的。因为只要其中任何一个厂商稍许降低一些价格，它就可以夺得整个市场需求和

更大的利润。由于每个厂商都会这样推测与行动，所以，两厂商同时选择的价格水平只能是等于边际成本，且利润为零，实现 $P_1=P_2=c$ 的均衡。

如果两厂商的价格无论相同与否，都小于边际成本，那么，两厂商都会因亏损而不生产。这种情况是不存在的。

综上所述，唯有 $P_1=P_2=c$ 才是两厂商同时决策的价格竞争的均衡。

进一步地，为什么说两厂商价格竞争的结果 $P_1=P_2=c$ 就是一种均衡状态呢？

这是因为没有一个厂商会偏离此均衡状态。在 $P_1=P_2=c$ 的均衡状态中，以厂商 1 为例，厂商 1 是不会提价的，因为如果降价，等于将自己的市场需求拱手让与厂商 2。当然，厂商 1 也不会降价，因为如果降价，会使自己遭受亏损。同样的推理对厂商 2 也成立。可见，在 $P_1=P_2=c$ 的状态中，没有哪个厂商可能再作出价格改变从而使得自己的境况变得更好，所以，对于两厂商来说最好的状态就是伯特兰均衡 $P_1=P_2=c$，即市场价格等于边际成本：$P=MC$。

3. 对伯特兰模型的评论

我们已经知道，作为一个寡头厂商模型，古诺均衡的产量和价格介于完全竞争均衡和垄断均衡之间：其产量低于完全竞争均衡的产量，但高于垄断均衡的产量；其价格高于完全竞争均衡的价格，但低于垄断均衡的价格。然而，在此我们却发现，同样属于寡头厂商模型，伯特兰均衡居然与完全竞争均衡相同：产品价格等于边际成本，厂商利润为零，行业总产量是社会福利最优的产量。

伯特兰均衡与完全竞争均衡相同的结论是令人费解的。在现实中，寡头市场的价格通常会高于边际成本，寡头厂商一般总是能获得利润。伯特兰模型的结论不符合真实世界寡头市场的基本特征，这被称为“伯特兰悖论”。伯特兰模型缺乏现实感的原因何在？或者说，如何解释“伯特兰悖论”？经济学家认为，其主要原因在于该模型的假设与现实不符，通过改变假设条件可以弱化伯特兰模型的结论，增强现实感。经济学家对伯特兰模型的评论与解释主要如下：

第一，在伯特兰模型中，企业没有生产能力的限制，每个厂商总是可以提供能够满足整个市场需求的任意产量，譬如在厂商所面临的市场需求量翻倍增加的情况下。在现实中，企业的生产能力是有限的。在短期，厂商是在既定的生产规模下进行生产；即便在长期，厂商的生产能力也受到技术、经济等因素的制约。在生产能力的限制下，单个厂商降价时其产量可能不足以满足整个市场的需求，其竞争对手就可以对剩余的市场需求部分索取较高的价格。也可以说，在生产能力的限制下，即便某厂商的价格高于其竞争者，也未必会失去所有的消费者。因此，厂商没有太强的降价动力，通常不会将价格降至边际成本的水平。

第二，在伯特兰模型中，假定两厂商生产的产品是同质的，即互为完全替代品。在现实中，寡头们的产品是异质的，譬如产品的销售地点、包装是各异的。其实，同种产品之间总会有哪怕是细微的差别。由于消费者的偏好不同，异质产品之间的价格通常是不相同的，因而不会有如同伯特兰均衡中两厂商产品价格相同的均衡结果。

第三，在伯特兰模型中，假定两厂商同时一次性地选择价格，此假定意味着两厂商采取的是非合作的独立行动。在现实中，两厂商选择价格的行为可以有先后，譬如价格领导模型，其产品的均衡价格便不同于伯特兰均衡。不仅如此，两厂商的定价行为还可以多期重复互动。在多期重复互动的过程中，为了避免竞争对手的降价报复和价格战的两败俱伤，为了追求长期稳定的高利润，厂商们会采取合作行动的方式如成立卡特尔，共同将寡头市场的价格长期维持在高位，并长期获取利润。

尽管如此，经济学家们仍指出，伯特兰模型是有用的。作为一个早期的寡头理论，该模型从厂商们之间竞争性定价的策略行为及其相互影响的角度来研究寡头市场，这对当时的寡头理论的研究具有重要意义。经济学家们对伯特兰模型的评论从一个侧面反映了寡头理论的深化与发展。

至此，关于同时行动的寡头模型，我们分别介绍了两厂商同时选择产量的古诺模型和同时选择价格的伯特兰模型。下面，我们将介绍厂商先后行动的寡头模型，其中，在斯塔克伯格模型中先行动的厂商将首先确定产量，在价格领导模型中先行动的厂商将首先确定价格。

四、斯塔克伯格模型

古诺模型中的两厂商同时选择产量，但现实中的情况往往不是这样。德国经济学家斯塔克伯格于 1934 年提出了一个寡头模型，该模型假定两厂商先后选择产量，并提出了将寡头厂商的角色定位为“领导者”或“追随者”的分析范式。根据此分析范式，古诺模型中同时选择产量的两寡头厂商通常实力相当，每一方均为对方产量的追随者，即两厂商互为追随者，它们在市场上的地位是对称的。而斯塔克伯格模型中的两寡头厂商是先后选择产量，通常在行业中处于支配地位的大企业先选择产量，它被称为领导者，后选择产量的企业则被称为追随者，两厂商在市场上的地位是不对称的。据此，斯塔克伯格模型也被称为产量领导模型。

假定寡头市场上两厂商生产相同的产品，厂商 1 是先行动的领导者，厂商 2 是后行动的追随者。厂商 1 首先选择自身利润最大化的产量；厂商 2 只能接受厂商 1 所确定的产量，然后进行产量决策。可见，先行动的厂商 1 具有先动优势。那么，具体而言，两厂商各自将会如何考虑并先后选择产量以实现各自的最大利润？其均衡又有什么特征？

由于厂商 1 先行动，所以，厂商 2 是在知道并且只能接受厂商 1 的产量的前提下来选择自己的最优产量的，而厂商 1 必定是在了解厂商 2 对自己所选择的产量的反应方式的基础上来决定自己先走一步的最优产量的。由此，我们需要“逆向”求解斯塔克伯格均衡，具体步骤如下：第一步，由厂商 2 的利润最大化模型，求厂商 2 的反应函数；第二步，将厂商 2 的反应函数代入厂商 1 的利润最大化模型，求厂商 1 的最优产量；第三步，将厂商 1 的最优产量代入厂商 2 的反应函数，求厂商 2 的最优产量；第四步，求市场的均衡价格和每个厂商的利润。

下面我们将继续使用与古诺模型相同的具体例子来求斯塔克伯格模型的均衡解，即设市场的线性反需求函数为 $P=18-Q=18-(Q_1+Q_2)$，两厂商生产同质产品，它们的生产成本均为零。需要注意的是，与同时行动的古诺模型不同，斯塔克伯格模型中厂商 1 行动在先，厂商 2 行动在后。

先考虑追随者厂商 2 的行为方式。厂商 2 的利润等式为

$$\begin{aligned}\pi_2&=TR_2-TC_2\\&=[18-(Q_1+Q_2)]Q_2-0\\&=18Q_2-Q_1Q_2-Q_2^2\end{aligned}$$

厂商 2 利润最大化的一阶条件是

$$\frac{\partial \pi_2}{\partial Q_2}=18-Q_1-2Q_2=0$$

由此得厂商 2 的反应函数为

$$Q_2=9-0.5Q_1 \tag{7.19}$$

再考虑领导者厂商 1 的行为方式。厂商 1 的利润等式为

$$\begin{aligned}\pi_1&=TR_1-TC_1\\&=[18-(Q_1+Q_2)]Q_1-0\end{aligned} \tag{7.20}$$

由于厂商 1 是在知道厂商 2 的反应方式的基础上来决定自己的利润最大化产量的，所以，将厂商 2 的反应函数（7.19）式代入厂商 1 的利润等式（7.20）式。于是，厂商 1 的利润等式被改写为

$$\begin{aligned}\pi_1&=\{18-[Q_1+(9-0.5Q_1)]\}Q_1\\&=9Q_1-0.5Q_1^2\end{aligned}$$

厂商 1 利润最大化的一阶条件是

$$\frac{d\pi_1}{dQ_1}=9-Q_1=0$$

解得厂商 1 的利润最大化的产量为 $Q_1=9$。将 $Q_1=9$ 代入厂商 2 的反应函数（7.19）式，得厂商 2 的利润最大化的产量 $Q_2=4.5$。即斯塔克伯格均衡解为

$$\begin{cases}Q_1=9\\Q_2=4.5\end{cases}$$

并得：产品的市场价格为 $P=4.5$；厂商 1 的利润为 $\pi_1=40.5$，厂商 2 的利润为 $\pi_2=20.25$。

我们已经知道，在同样的需求函数 $P=18-Q$ 和两厂商生产成本均为零的条件下，同时行动的古诺模型均衡解为两厂商的产量均为 6，利润均为 36。因此，不难发现，与古诺均衡相比较，先行动的厂商 1 的产量和利润都增加了，追随其后的厂

商 2 的产量和利润都减少了。这体现了具有先动优势的厂商 1 所得到的好处。

在以上分析中使用的是一个具体的例子。在斯塔克伯格模型的一般形式分析中，通常可以令市场的线性反需求函数为 $P=a-Q$，厂商的成本函数为 $C_i=cQ_i$，$i=1$，2，且 $a>c>0$，则经计算可得，在均衡时有：先行动的厂商 1 的产量 $Q_1=\frac{a-c}{2}$，后行动的厂商 2 的产量 $Q_2=\frac{a-c}{4}$，行业总产量 $Q=\frac{3(a-c)}{4}$，市场价格 $P=\frac{a+3c}{4}$；厂商 1 的利润 $\pi_1=\frac{(a-c)^2}{8}$，厂商 2 的利润 $\pi_2=\frac{(a-c)^2}{16}$。我们已经知道，在相同的市场需求函数和成本函数条件下，同时行动的古诺模型均衡有：$Q_1=Q_2=\frac{a-c}{3}$，$\pi_1=\pi_2=\frac{(a-c)^2}{9}$。因此，一般地有

$$Q_1^C<Q_1^S,\ \pi_1^C<\pi_1^S;\ Q_2^C>Q_2^S,\ \pi_2^C>\pi_2^S$$

其中，带有上标 C、S 的数值分别表示古诺均衡解和斯塔克伯格均衡解的相关数值。

五、价格领导模型

在寡头厂商先后行动的模型中，斯塔克伯格模型亦被称为产量领导模型，下面将介绍寡头厂商的**价格领导模型**。

假定寡头市场上两厂商生产相同的产品，厂商 1 为领导者，首先决定市场价格，厂商 2 为追随者，接受此价格；两厂商提供的产量共同满足整个市场的需求。据此可以推知：厂商 1 作为领导者，首先根据 $MR=MC$ 的原则确定并宣布能够给自己带来最大利润的产品价格；厂商 2 作为追随者，只能如同完全竞争厂商那样成为被动的“价格接受者”，并按 $P=MC$ 来决定自己的最优产量 $Q_2(P)$，此最优反应函数 $Q_2(P)$ 就是厂商 2 的供给曲线。需要注意的是，厂商 1 在首先决定价格时，不仅了解厂商 2 对自己将要确定的市场价格的最优产量反应方式，而且知道在扣除了厂商 2 的产品供给之后它所面临的市场需求，即厂商 1 的剩余需求。所以，与先后行动的斯塔克伯格模型一样，在先后行动的价格领导模型中仍需要“逆向”寻找均衡解。

根据以上分析，应该如何来求解价格领导模型的均衡呢？其具体步骤可以如下：第一步，由价格追随者厂商 2 的利润最大化原则 $P=MC_2$ 出发，求得厂商 2 的最优反应函数，即厂商 2 的供给函数 $Q_2^s(P)$。第二步，由市场需求函数 $Q(P)$ 减去厂商 2 的供给函数 $Q_2^s(P)$，求得厂商 1 的剩余需求函数 $Q_1^d(P)$ 及相应的边际收益函数 $MR_1(Q_1)$。第三步，由厂商 1 的利润最大化原则 $MR_1=MC_1$，求得厂商 1 的最优产量和价格，即厂商 1 首先宣布的市场价格。第四步，将厂商 1 确定的市场价格代入厂商 2 的供给函数 $Q_2^s(P)$，求得厂商 2 的最优产量，以及两厂商的利润。

下面利用图 7－15 来分析价格领导模型。

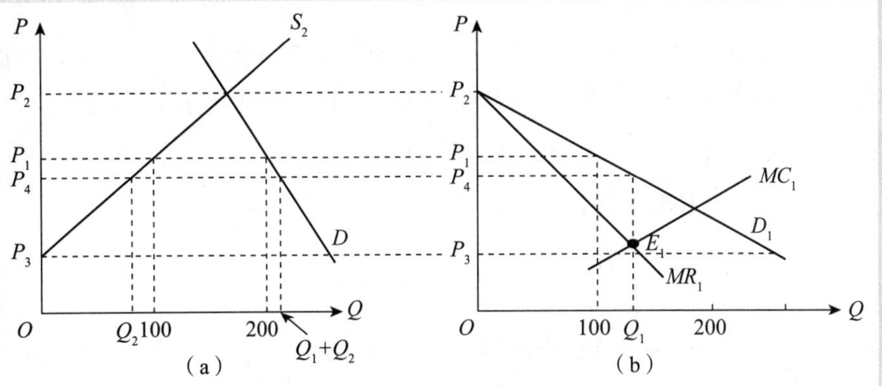

图 7-15 价格领导模型

在图 7-15(a)中，S_2曲线表示追随者厂商 2 的供给曲线，D 曲线表示寡头市场的需求曲线。这两条线之间的关系如下：已知两厂商的产量共同满足整个市场的总需求，而且领导者厂商 1 能预测到追随者厂商 2 在给定市场价格下所提供的产量及自己所面临的市场的剩余需求量，于是，在图 7-15(a)中，当市场价格为 P_1 且整个市场的需求量为 200 时，厂商 1 知道厂商 2 的供给量是 100，那么，厂商 1 的市场剩余需求量为 100（=200−100）。在很高的价格水平 P_2 处，厂商 2 提供的产量满足整个市场的需求，厂商 1 的市场剩余需求量则降为零；在很低的价格水平 P_3 处，厂商 2 提供的产量为零，厂商 1 的市场剩余需求量则为整个市场需求。从图 7-15(a)中市场的需求曲线 D 和厂商 2 的供给曲线 S_2，可以方便地得到图 7-15(b)中厂商 1 所面临的剩余需求曲线 D_1。

在图 7-15(b)中，与厂商 1 的剩余需求曲线 D_1 相对应的边际收益曲线为 MR_1，边际成本曲线为 MC_1。厂商 1 根据利润最大化原则 $MR_1 = MC_1$ 选择的最优产量是 Q_1，最优的价格是 P_4，而 P_4 正是厂商 1 首先宣布的市场价格。再回到图 7-15(a)，给定领导者厂商 1 所决定的市场价格为 P_4 时，正如厂商 1 所预期的那样，追随者厂商 2 被动地接受此价位，并根据 $P_4 = MC_2$，或者说，在供给曲线 S_2 上，选择与 P_4 相对应的最优产量 Q_2（因为对于被动接受市场价格的厂商 2 而言，就如同完全竞争厂商，其供给曲线就是相应的边际成本曲线）；市场的总产量为 Q_1+Q_2，刚好等于市场的总需求。

下面运用一个具体的例子来求解价格领导模型的均衡。

假定：某寡头市场上有两个厂商，它们生产相同的产品，其中，厂商 1 为领导者，其成本函数为 $TC_1 = 1.2Q_1^2 + 6$；厂商 2 为追随者，其成本函数为 $TC_2 = 1.5Q_2^2 + 8$。该市场的需求函数为 $Q = 100 - 0.5P$。

先考虑追随者厂商 2 的行为方式。对于厂商 2 来说，它只能接受厂商 1 所确定的产品市场价格 P，所以，厂商 2 的利润最大化原则是 $P = MC_2$，由此，可得 $P = MC_2 = 3Q_2$，整理得厂商 2 的供给函数为：

$$S_2(P)=Q_2(P)=P/3 \tag{7.21}$$

再考虑领导者厂商 1 的行为方式。由于在任何一个市场价格水平厂商 1 的剩余需求量都等于市场总需求量减去厂商 2 所提供的产量，所以，厂商 1 的剩余需求函数为：

$$\begin{aligned} D_1(P) &= D(P)-S_2(P) \\ &= (100-0.5P)-P/3 \\ &= 100-\frac{5}{6}P \end{aligned} \tag{7.22}$$

相应的厂商 1 的反需求函数和边际收益函数分别为：

$$P=120-\frac{6}{5}Q_1 \qquad MR_1=120-\frac{12}{5}Q_1$$

于是，根据厂商 1 实现自身利润最大化的原则 $MR_1=MC_1$ 有

$$120-\frac{12}{5}Q_1=2.4Q_1$$

由此得厂商 1 的最优产量 $Q_1=25$，将其代入厂商 1 的反需求函数，得厂商 1 所决定的市场价格 $P=90$。将 $P=90$ 代入厂商 2 的供给函数（7.21）式，得厂商 2 的最优产量 $Q_2=30$。于是，两厂商的利润分别为 $\pi_1=1\ 494$，$\pi_2=1\ 342$。

六、弯折的需求曲线模型

美国经济学家斯威齐于 1939 年提出了**弯折的需求曲线模型**，故此模型也被称为斯威齐模型。弯折的需求曲线模型被用来解释寡头市场上的价格刚性现象。

该模型的基本假设是：如果某个寡头厂商提高价格，行业中的其他寡头厂商都不会跟着改变价格，因而提价的寡头厂商的销售量的减少是很多的；如果某个寡头厂商降低价格，行业中的其他寡头厂商会将价格降到相同的水平以避免销售份额的减少，因而该寡头厂商的销售量的增加是很有限的。简言之，若某寡头厂商提价，则其他寡头厂商都不响应；若某寡头厂商降价，则其他寡头厂商都跟进。

在以上假设条件下可推导出寡头厂商的弯折的需求曲线，用图 7－16 加以说明。图中有某寡头厂商的一条 dd 需求曲线和一条 DD 需求曲线，它们与上一节分析的垄断竞争厂商所面临的两条需求曲线的含义是相同的。当某个寡头厂商变动价格时，dd 需求曲线表示行业内其他寡头厂商保持价格不变情况下该厂商所面临的需求曲线；DD 需求曲线表示行业内其他寡头厂商都以相同方式改变价格情况下该厂商所面临的需求曲线。相应地，dd 需求曲线较平坦，DD 需求曲线较陡峭。假定开始时的市场价格为 dd 需求曲线和 DD 需求曲线的交点 B 所决定的 $\overline{P}$，那么，根据该模型的基本假设条件，该寡头厂商由 B 点出发，提价所面临的需求曲线是 dd 需求曲线左上方的 dB 段，降价所面临的需求曲线是 DD 需求曲线右下方的 BD

段，于是，这两段共同构成的该寡头厂商的需求曲线为 dBD。显然，这是一条弯折的需求曲线，折点是 B 点。这条弯折的需求曲线表示该寡头厂商从 B 点出发，在各个变化了的价格水平上所面临的市场需求量。

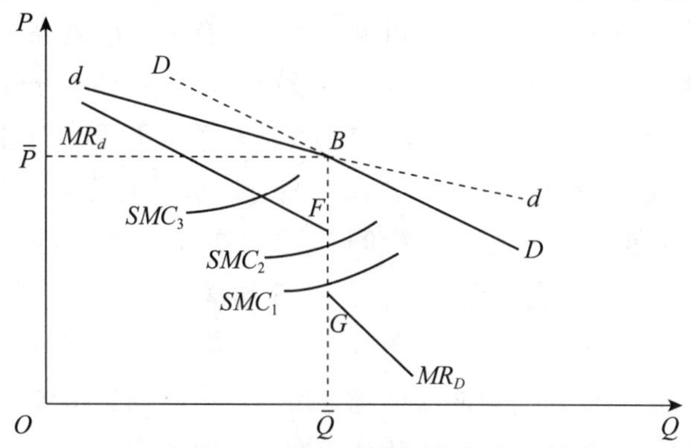

图 7-16　弯折的需求曲线模型

由弯折的需求曲线可以得到间断的边际收益曲线。在 $Q<\overline{Q}$ 的产量范围，与需求曲线 dB 段所对应的边际收益曲线为 MR_d；在 $Q>\overline{Q}$ 的产量范围，与需求曲线 BD 段所对应的边际收益曲线为 MR_D；两者结合在一起，便构成了寡头厂商的间断的边际收益曲线，其间断部分为产量 $Q=\overline{Q}$ 时的垂直虚线 FG。边际收益曲线的垂直间断部分表示在产量 $Q=\overline{Q}$ 时边际收益的取值范围为垂直区间 FG，其上限是 F 点的高度，下限是 G 点的高度。

利用间断的边际收益曲线，便可以解释寡头市场上的价格刚性现象。在图中，SMC_1 曲线穿过边际收益曲线的垂直间断部分 FG，寡头厂商根据 $MR=SMC$ 的原则确定均衡产量和均衡价格分别为 $\overline{Q}$ 和 $\overline{P}$。当边际成本曲线上升到 SMC_2 曲线的位置时，SMC_2 曲线仍穿过边际收益曲线的垂直间断部分 FG，寡头厂商根据 $MR=SMC$ 的原则将均衡产量和均衡价格仍分别保持在 $\overline{Q}$ 和 $\overline{P}$。除非边际成本发生很大变化，如上升到 SMC_3 曲线的位置，才会影响寡头厂商利润最大化的均衡产量和均衡价格。

专栏 7-1
石油价格和石油输出国组织

虽然弯折的需求曲线模型为寡头市场较为普遍的价格刚性现象提供了一种解释，但是该模型并没有说明具有刚性的价格本身，如图中的价格水平 $\overline{P}$ 是如何形成的，这也被认为是该模型的一个缺陷。

第四节　不同市场的比较

本节将对不同市场的经济效益进行比较。在此，高的经济效益表示对资源的充分利用或能以最有效的生产方式进行生产；低的经济效益表示对资源的利用不充分或没有以最有效的方式进行生产。不同市场组织下的经济效益是不相同的，市场组织的类型直接影响经济效益的高低。西方经济学家通过对不同市场条件下厂商的长期均衡状态的分析得出结论：完全竞争市场的经济效益最高[①]，垄断竞争市场较高，寡头市场较低，垄断市场最低。可见，市场的竞争程度越高，则经济效益就越高；反之，市场的垄断程度越高，则经济效益就越低。其具体分析如下。

在完全竞争市场条件下，厂商的需求曲线是一条水平线，而且，厂商的长期利润为零，所以，在完全竞争厂商达到长期均衡时，水平的需求曲线与 LAC 曲线相切于 LAC 曲线的最低点；产品的均衡价格最低，它等于最低的长期平均成本；产品的均衡产量最高。（关于完全竞争厂商的长期均衡可见图 6－12。）在不完全竞争市场条件下，厂商的需求曲线是向右下方倾斜的。厂商的垄断程度越高，需求曲线就越陡峭；垄断程度越低，需求曲线就越平坦。在垄断竞争市场上，厂商的长期均衡利润为零，所以，在垄断竞争厂商达到长期均衡时，向右下方倾斜的、相对比较平坦的需求曲线与 LAC 曲线相切于 LAC 曲线的最低点的左边；产品的均衡价格比较低，它等于生产的平均成本；产品的均衡产量比较高；企业存在着多余的生产能力。（关于垄断竞争厂商的长期均衡可见图 7－11 和图 7－12。）在垄断市场上，厂商在长期内获得利润，所以，在垄断厂商达到长期均衡时，向右下方倾斜的、相对比较陡峭的需求曲线与 LAC 曲线相交；产品的均衡价格最高，且高于生产的平均成本；产品的均衡产量最低。（关于垄断厂商的长期均衡可见图 7－5。）设想，垄断厂商若肯放弃一些利润，价格就可以下降一些，产量就可以增加一些。在寡头市场上，没有统一的寡头厂商均衡模型。一般认为，寡头市场是与垄断市场比较接近的市场组织，在长期均衡时，寡头厂商的产品的均衡价格比较高，产品的均衡产量比较低。

除此之外，西方经济学家认为，一个行业内的厂商在长期均衡时是否实现了价格等于长期边际成本即 $P=LMC$，也是判断该行业是否实现了有效的资源配置的一个条件。商品的市场价格 P 通常被看成商品的边际社会价值，商品的长期边际成本 LMC 通常被看成商品的边际社会成本。当 $P=LMC$ 时，商品的边际社会价值等于商品的边际社会成本，它表示资源在该行业得到了有效的配置。倘若不是这样，当 $P>LMC$ 时，商品的边际社会价值大于商品的边际社会成本，它表示相对于该商品的需求而言，该行业的商品供给是不足的，应该有更多的资源被转移到该行业的生产中来，以使这种商品的供给增加，价格下降，最后实现商品的边际社会价值等于商品的边际社会成本，这样，社会的境况就会变得好一些。

在完全竞争市场，在厂商的长期均衡点上有 $P=LMC$，它表明资源在该行业得到了有效的配置。在不完全竞争市场，在不同类型的厂商的长期均衡点上都有 $P>LMC$，它表示资源在这些非竞争行业生产中的配置是不足的。尤其在垄断市场，独家厂商所维持的低产高价，往往使得资源配置不足的现象更为突出。

---

① 关于完全竞争市场的经济效率，本书第九章将进行更深入的分析。

以上是西方经济学家在不同市场组织的经济效益比较问题上的基本观点。此外，西方经济学家对这一问题的研究还涉及以下几个方面。

第一，关于垄断市场与技术进步的关系。西方经济学家认为，一方面，在有些情况下，垄断厂商会阻碍技术进步。因为垄断厂商只要依靠自己的垄断力量就可以长期获得利润，所以，垄断厂商往往缺乏技术创新的动力，甚至为了防止潜在竞争对手的新技术和新产品对其垄断地位造成的威胁，还有可能通过各种方式阻碍技术进步。但是另一方面，在不少情况下，垄断又是有利于技术进步的。这是因为，垄断厂商利用高额利润所形成的雄厚经济实力，有条件进行各种科学研究和重大的技术创新，并将成果运用于实际生产过程；而且，垄断厂商还可以利用自己的垄断地位，在长期内保持由于技术进步而带来的更高的利润。关于垄断有利于技术进步的观点，在一定程度上对寡头厂商也是适用的。

第二，关于规模经济。西方经济学家认为，对不少行业的生产来说，只有大规模的生产才能获得规模经济的好处，而这往往只有在寡头市场和垄断市场条件下才能做到。不能设想，无数个如同完全竞争行业或垄断竞争生产集团内的企业，可以在有效率的水平上经营钢铁生产和铁路运输等。

第三，关于产品的差别。西方经济学家认为，在完全竞争市场条件下，所有厂商的产品都是完全相同的，这无法满足消费者的各种偏好。在垄断竞争市场条件下，众多厂商之间的产品是有差别的，多样化的产品使消费者有更多的选择自由，可满足不同的需要。但是，产品的一些虚假的非真实性的差别，也会给消费者带来损失。在产品差别这一问题上，产品差别寡头行业也存在与垄断竞争生产集团类似的情况。

专栏 7-2
垄断与竞争：
电信业的改革

第四，关于广告支出。西方经济学家认为，垄断竞争市场和产品差别寡头市场的大量广告，有的是有用的，因为它们为消费者提供了信息。但是，过于庞大的广告支出会造成资源的浪费和抬高销售价格，再加上某些广告内容过于夸张和具有太大的诱导性，这些都是于消费者不利的。

第五节　结 束 语

本章要点可以归结如下：

（1）垄断市场中只有一个厂商，垄断厂商的需求曲线就是市场的需求曲线。垄断厂商的需求曲线是向右下方倾斜的，它表示垄断厂商可以通过销售量的调整来控制或操纵市场价格。垄断厂商的平均收益曲线与需求曲线重合，边际收益曲线位于平均收益曲线的下方；且有 $MR=P\left(1-\frac{1}{e_d}\right)$。垄断厂商关于需求曲线和收益曲线的这些特征，对于其他非完全竞争市场结构中的厂商也都是适用的，只要这些厂商对市场价格有或多或少的控制力度，那么，这些厂商的需求曲线就是向右下方倾斜的。

（2）在短期，垄断厂商在既定的生产规模下，通过对产量和价格的调整来实现 $MR=SMC$ 的利润最大化原则。在厂商 $MR=SMC$ 的短期均衡点上，其利润可以大于零，或者小于零，或者等于零。当厂商的利润小于零（即亏损）时，厂商需要根据平均收益 AR 与平均可变成本 AVC 的大小的比较，来决定是否继续生产（其决定原则与完全竞争厂商短期生产时的分析相同，在此从略）。

在长期，由于垄断厂商是通过选择最优的生产规模来实现 $MR=LMC$ 的利润最大化原则的，所以，垄断厂商长期均衡的利润总是大于短期均衡的利润。

（3）由于垄断厂商的需求曲线是向右下方倾斜的，所以，在考虑垄断厂商的供给曲线时会发生一个价格对应几个产量，或者一个产量对应几个价格的情况。鉴于此，我们说，垄断厂商没有供给曲线，因为厂商的供给曲线要求商品的价格与供给量存在一一对应的关系。这一结论对于所有的非完全竞争厂商都是适用的，即所有的非完全竞争厂商也都没有供给曲线，这是因为所有非完全竞争厂商的需求曲线都是向右下方倾斜的。

（4）价格歧视分为一级、二级和三级价格歧视。一级价格歧视指厂商对每一单位的商品都按照消费者所愿意支付的最高价格出售。二级价格歧视指厂商对同种商品的不同消费数量收取不同的价格。一方面，一级和二级价格歧视分别使厂商全部和部分地攫取了消费者剩余，并将这部分消费者剩余转化为利润。但另一方面，一级和二级价格歧视实现了 $P=MC$ 的资源有效配置的原则。

三级价格歧视指厂商对同一种商品在不同的市场或者对不同的消费群体收取不同的价格。在实行三级价格歧视时，厂商根据 $MR_1=MR_2=MC$ 的原则来决定不同市场上的产量与价格。一般说来，在需求的价格弹性较大的市场上，厂商的定价较低；相反，在需求的价格弹性较小的市场上，厂商的定价较高。

（5）垄断竞争市场上既有竞争的因素，又有垄断的因素。垄断竞争厂商有两条向右下方倾斜的需求曲线：d 需求曲线是单个厂商独自变动价格时的需求曲线；D 需求曲线是市场上所有的厂商都以相同的方式改变价格时单个厂商的需求曲线。d 需求曲线和 D 需求曲线的交点意味着商品市场的供求相等。

在短期，当垄断竞争厂商实现 $MR=SMC$ 的均衡时，其利润可以大于零，或者小于零，或者等于零。当厂商的利润小于零（即亏损）时，厂商同样需要根据平均收益 AR 与平均可变成本 AVC 的比较，来决定是否继续生产。此外，在垄断竞争厂商的短期均衡产量上，一定存在 d 需求曲线和 D 需求曲线的一个交点，以表示商品市场上供求相等。

在长期，垄断竞争厂商通过选择最优的生产规模来实现 $MR=LMC$ 的利润最大化原则。由于在垄断竞争市场上，厂商进出行业是比较容易的，所以，长期均衡时厂商的利润一定等于零，即垄断竞争厂商的 d 需求曲线与 LAC 曲线相切。此外，在垄断竞争厂商的长期均衡产量上，同样一定存在着 d 需求曲线和 D 需求曲线的一个交点，以表示商品市场的供求相等。此外，垄断竞争厂商长期均衡时尚留有多余的生产能力没有得到利用。

（6）在寡头市场上，厂商们之间的行为是相互影响的。在产量竞争的古诺模型中，运用反应函数来表示同时选择产量的两寡头厂商之间行为的相互作用，并由此得到古诺均衡。在价格竞争的伯特兰模型中，同时选择价格的两寡头厂商的竞争均衡是每个厂商都将价格降至 $P=MC$ 的水平；经济学家对伯特兰悖论提出了解释。在斯塔克伯格模型中，两厂商先后选择产量，该模型分析了先后行动的两厂商各自追求利润最大化产量的行为特征及其均衡，处于领导地位的厂商往往能获得先动优势的好处。价格领导模型阐述了寡头市场上领导型厂商和追随型厂商各自的最优行为的特征及其决定市场价格的过程和均衡结果。弯折的需求曲线模型利用间断的边际收益曲线解释了寡头市场上的价格刚性。

在本章中，西方学者考察了垄断、寡头和垄断竞争这三种不完全竞争市场的产量和价格的决定，并进一步结合完全竞争市场，对不同市场组织下的经济效益进行了比较。本章的内容具有积极的意义，但也存在着缺点。积极的意义可以被归结为两点：

第一，和完全竞争市场相比，不完全竞争市场不能实现最有效率的资源分配，其中垄断分配资源的效率最低。这一结论为西方国家的反垄断政策、对垄断管制的政策提供了理论根据。西方反垄断政策和对垄断的管制具有大量的文献和资料，构成西方经济学中的一个分支。在这里我们不可能对它详加论述，然而，必须指出其中一个突出之点，即：尽管反垄断政策一直在执行，然而，西方世界的生产集中程度越来越严重。这表明，反垄断政策的成果非常有限。

随着我国市场经济的推进，我国也陆续制定了一系列有关市场竞争的立法。在这一方面[①]，我国有必要借鉴西方的理论与经验。

第二，本章所涉及的垄断市场组织与技术进步的关系、产品的差别对消费者的影响、规模经济和垄断的关系、广告对消费者的影响等内容，也有一定的参考价值。

本章的内容也有两个很大的缺点：

第一，西方学者仅把对垄断的研究限制在纯粹的经济领域，而闭口不谈它在政治上的作用。事实上，在现代西方社会中，垄断集团凭借着它们巨大的经济实力，已经在许多方面，特别是在政治领域中施加重大的影响。如果把垄断集团当做一个国家，而把它的年销售额看成它的国内生产总值（GDP），那么，在 20 世纪 80 年代末，埃克森石油公司和美孚石油公司顺次与墨西哥和韩国的GDP不相上下。[②] 雄厚的经济力量使得它们能控制新闻媒介、研究机关、社会组织、政治团体、院外集团，并通过这些机构来施加政治影响。关于这些，实际的事例经常在新闻报道中出现，这里不再列举。

西方学者有时也以科研领域的分工来为他们限于经济领域的研究进行辩解。当然，研究方面的分工是应该容许的，但是，无论如何，西方经济学家规避垄断的政

---

① 吴汉洪．西方寡头市场理论与中国市场竞争立法．北京：经济科学出版社，1998.

② 罗斯吉勃．外资在贫困国家的神话与现实．纽约：普拉格出版社，1989：3-4.

治作用的研究至少表明，他们的研究成果是不全面的。

第二，在本章所讲的垄断竞争市场中，西方学者把与垄断很少相关甚至完全没有关系的“产品差别”当做导致垄断的决定性因素。这种对垄断形成的原因的分析在很大程度上是违反事实的。例如，一方面，服装产品有很大的差别，而服装行业的垄断程度却比较轻微。另一方面，不同品种的石油之间的差别较小，然而，在世界范围内，石油行业几乎毫无例外地为垄断集团所控制，前面提到的埃克森石油公司和美孚石油公司便是显著的例子。事实上，垄断企业所生产的往往是标准化产品，因此，垄断程度越高，流行的产品之间的差别就越小。

因此，强调“产品差别”导致垄断的说法至少起着误导的作用，使得人们对垄断产生的真正原因形成错觉。正如一位西方学者所说：“确实，阅读了垄断竞争的经典著作的读者必然会感觉到，我们社会所面临的垄断问题主要是由街头上的小杂货店而不是由大钢铁公司所造成的。”①

总之，生产集中发展到一定的阶段，就会引起垄断，而垄断的庞大的经济力量又会在政治上造成强烈的影响。只有这一已经为过去和现在的事实所证实的结论才是我们应该理解垄断问题的关键。

习题

一、简答题

1. 根据图 7－17 中某垄断厂商的线性需求曲线 d 和相应的边际收益曲线 MR，试求：

(1) A 点所对应的 MR 值。

(2) B 点所对应的 MR 值。

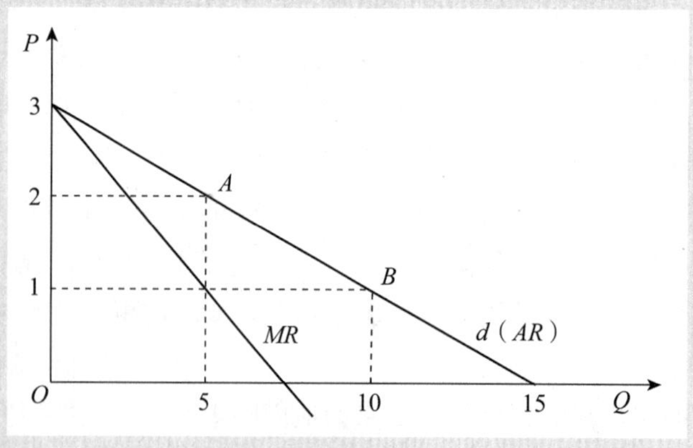

图 7－17

① 鲁斯希尔德．价格理论和寡头//美国经济学会．价格理论论文集．霍姆伍德：伊尔文公司，1952：444.

2. 图 7-18 是某垄断厂商的长期成本曲线、需求曲线和收益曲线。试在图中标出：

(1) 长期均衡点及相应的均衡价格和均衡产量。

(2) 长期均衡时代表最优生产规模的 *SAC* 曲线和 *SMC* 曲线。

(3) 长期均衡时的利润量。

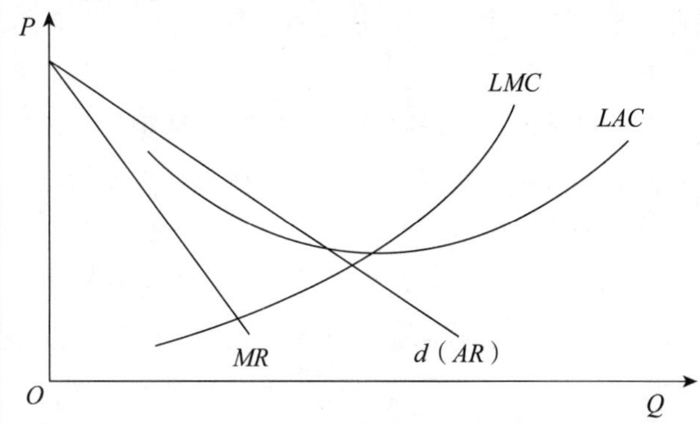

图 7-18

3. 为什么垄断厂商实现 $MR=MC$ 的利润最大化均衡时，总有 $P>MC$？你是如何理解这种状态的？

二、计算题

1. 已知某垄断厂商的短期总成本函数为 $STC=0.1Q^3-6Q^2+140Q+3\ 000$，反需求函数为 $P=150-3.25Q$。

求：该垄断厂商的短期均衡产量与均衡价格。

2. 已知某垄断厂商的短期总成本函数为 $STC=0.6Q^2+3Q+2$，反需求函数为 $P=8-0.4Q$。

(1) 求该厂商实现利润最大化时的产量、价格、收益和利润。

(2) 求该厂商实现收益最大化时的产量、价格、收益和利润。

(3) 比较 (1) 和 (2) 的结果。

3. 已知某垄断厂商的反需求函数为 $P=100-2Q+2\sqrt{A}$，总成本函数为 $TC=3Q^2+20Q+A$，其中，A 表示厂商的广告支出。

求：该厂商实现利润最大化时 Q、P 和 A 的值。

4. 已知某垄断厂商利用一个工厂生产一种产品，其产品在两个分割的市场出售，它的成本函数为 $TC=0.5Q^2+7Q$，两个市场的需求函数分别为 $Q_1=30-0.5P_1$，$Q_2=100-2P_2$。

(1) 求当该厂商实行三级价格歧视时，它追求利润最大化前提下的两市场各自的销售量、价格，以及厂商的总利润。

(2) 求当该厂商在两个市场上实行统一的价格时，它追求利润最大化前提下的销售量、价格，以及厂商的总利润。

(3) 比较 (1) 和 (2) 的结果。

5. 假定某垄断厂商生产两种相关联的产品，其中任何一种产品需求量的变化都会影响另一种产品的价格，这两种产品的市场需求函数分别为 $P_1=120-2Q_1-0.5Q_2$，$P_2=100-Q_2-0.5Q_1$。这两种产品的生产成本函数是相互独立的，分别为 $TC_1=50Q_1$，$TC_2=0.5Q_2^2$。求该垄断厂商关于每一种产品的产量和价格。

6. 假定某垄断厂商生产一种产品，其总成本函数为 $TC=0.5Q^2+10Q+5$，市场的反需求函数为 $P=70-2Q$。

(1) 求该厂商实现利润最大化时的产量、产品价格和利润量。

(2) 如果要求该垄断厂商遵从完全竞争厂商利润最大化的原则，那么，该厂商的产量、产品价格和利润量又是多少？

(3) 试比较 (1) 和 (2) 的结果，你可以得出什么结论？

7. 已知某垄断竞争厂商的长期总成本函数为 $LTC=0.001Q^3-0.51Q^2+200Q$；如果该产品的生产集团内的所有厂商都按相同的比例调整价格，那么，每个厂商的份额需求曲线 D 为 $P=238-0.5Q$。求：

(1) 该厂商长期均衡时的产量与价格。

(2) 该厂商长期均衡时主观需求曲线 d 上的需求的价格点弹性值。（保留整数部分。）

(3) 如果该厂商的主观需求曲线 d 是线性的，推导该厂商长期均衡时的主观需求函数。

8. 在某垄断竞争市场，代表性厂商的长期总成本函数为 $LTC=5Q^3-200Q^2+2\,700Q$，反需求函数为 $P=2\,200A-100Q$。

求长期均衡时代表性厂商的产量和产品价格，以及 A 的数值。

9. 某寡头行业有两个厂商，厂商 1 的成本函数为 $C_1=8Q_1$，厂商 2 的成本函数为 $C_2=0.8Q_2^2$，该市场的反需求函数为 $P=152-0.6Q$。

求该寡头市场的古诺模型解。

10. 某寡头行业有两个厂商，厂商 1 为领导者，其成本函数为 $C_1=13.8Q_1$，厂商 2 为追随者，其成本函数为 $C_2=20Q_2$，该市场的反需求函数为 $P=100-0.4Q$。

求该寡头市场的斯塔克伯格模型解。

11. 某寡头厂商的广告对其需求的影响为：

$$P=88-2Q+2\sqrt{A}$$

对其成本的影响为：

$$C=3Q^2+8Q+A$$

式中，A 为广告费用。

(1) 求在无广告的情况下，利润最大化时的产量、价格与利润。

(2) 求在有广告的情况下，利润最大化时的产量、价格、广告费用和利润。

(3) 比较 (1) 与 (2) 的结果。

12. 假定某寡头市场有两个厂商生产同种产品，市场的反需求函数为 $P=100-Q$，两厂商的成本函数分别为 $TC_1=20Q_1$，$TC_2=0.5Q_2^2$。

(1) 假定两厂商按古诺模型行动，求两厂商各自的产量和利润量，以及行业的总利润量。

(2) 假定两厂商联合行动组成卡特尔，追求共同利润最大化，求两厂商各自的产量和利润量，以及行业的总利润量。

(3) 比较 (1) 与 (2) 的结果。

13. 假定某寡头厂商面临一条弯折的需求曲线，产量在 0～30 单位范围内时需求函数为 $P=60-0.3Q$，产量超过 30 单位时需求函数为 $P=66-0.5Q$；该厂商的短期总成本函数为 $STC=0.005Q^3-0.2Q^2+36Q+200$。

(1) 求该寡头厂商利润最大化的均衡产量和均衡价格。

(2) 假定该厂商成本增加，导致短期总成本函数变为 $STC=0.005Q^3-0.2Q^2+50Q+200$，求该寡头厂商利润最大化的均衡产量和均衡价格。

(3) 对以上 (1) 和 (2) 的结果作出解释。

三、论述题

1. 试述古诺模型的主要内容和结论。

2. 弯折的需求曲线模型是如何解释寡头市场上的价格刚性现象的?

第八章

生产要素价格的决定

前述各章讨论了消费商品（或称为产品）的价格和数量的决定。这一部分内容通常被看成是所谓的“价值”理论。由于讨论的范围局限于产品市场本身，所以它对价格决定的论述并不完全。首先，它在推导产品需求曲线时，假定消费者的收入水平是既定的，但并未说明收入水平是如何决定的；其次，它在推导产品供给曲线时，假定生产要素（简称要素）的价格是既定的，但并未说明要素价格是如何决定的。由于消费者的收入水平在很大程度上取决于其拥有的要素的价格和使用量，故价格理论的上述两点不完全性可以概括为它缺乏对要素价格和使用量决定的解释。为了弥补这个不足，需要研究**生产要素市场**。本章前三节讨论完全竞争厂商和市场的**要素需求**理论，后面各节分析其供给方面及要素价格的决定。因为要素的价格和使用量是决定消费者收入水平的重要因素，所以生产要素理论在西方经济学中又被看成所谓的“分配”理论。于是，从产品市场转到生产要素市场也意味着从价值理论转到分配理论。

第一节　完全竞争厂商使用生产要素的原则

一、完全竞争厂商

以前在分析产品市场时，我们曾经给完全竞争市场和完全竞争厂商下过一个定义（参见第六章第二节）。在那里，完全竞争产品市场被描述为具有如下特点：大量的具有完全信息的买者和卖者买卖完全相同的产品。显然，这种完全竞争厂商实际上只是“产品市场上的完全竞争厂商”。一旦从产品市场的分析扩展到产品市场加要素市场，则仅仅是产品市场完全竞争就不足以说明厂商的完全竞争性，还必须要求要素市场是完全竞争的。

和完全竞争产品市场一样，**完全竞争要素市场**的基本性质可以描述为：要素的供求双方人数都很多；要素没有任何区别；要素供求双方都具有完全的信息；要素可以充分自由地流动；等等。显然，完全满足这些要求的要素市场在现实生活中也是不存在的。

本章讨论完全竞争条件下要素价格的决定，并把同时处于完全竞争产品市场和完全竞争要素市场中的厂商称为**完全竞争厂商**。按照这个规定，**不完全竞争厂商**包括如下三种情况：第一，在产品市场上完全竞争，但在要素市场上不完全竞争；第二，在要素市场上完全竞争，但在产品市场上不完全竞争；第三，在产品市场和要素市场上都不完全竞争。

二、完全竞争厂商的要素使用原则

这里假定，完全竞争厂商只使用一种生产要素、生产单一产品、追求最大限度的利润。在这些假定下，我们首先论述一般西方经济学教材关于完全竞争厂商使用生产要素的一般原则。利润最大化要求任何经济活动的“边际收益”和“边际成本”都必须相等。这一点不仅适用于产品数量的决定，而且适用于要素使用量的决定。只不过在这两种决定中，它们的“边际收益”和“边际成本”的含义有所不同。而由于不同的含义，“边际收益”（或“边际成本”）又有不同的名称。这一点在学习分配论时应当引起注意。

下面先来考察厂商使用要素的“边际收益”。

1. 使用要素的“边际收益”——边际产品价值

在介绍完全竞争产品市场理论的第六章第二节中，我们曾遇到过一种厂商的收益函数，它等于产品产量与产品价格的乘积，用公式可表示为：

$$R(Q)=Q\cdot P \tag{8.1}$$

式中，R（或该节中的 TR）、Q 和 P 分别为厂商的总收益、产量和产品价格。在上述公式中，产品价格 P 是既定常数。这是因为，在完全竞争条件下，产品买卖双方数目很多且产品毫无差别，故任何一个厂商单独增加或减少其产量都不会影响产品价格。换句话说，产品价格与单个厂商的产量多少没有关系。由于产品价格固定不变，厂商的收益便可以被看成取决于另一个因素，即产量。因此，总收益 R 被看成是产量 Q 的函数。由收益函数求收益对产量的一阶导数即得所谓的边际收益。边际收益表示厂商增加一单位产量所增加的收益。

现在把讨论从产品市场向要素市场方面深入一步。在产品市场分析中，收益只被看成是产量的函数而与生产要素无关。一旦转入要素市场，则应进一步看到，产量本身又是生产要素的函数。设完全竞争厂商使用的生产要素为劳动 L，则使用一定量的劳动要素将创造出一定量的产量。我们知道，要素与产量之间的这种数量关系就是所谓的生产函数：

$$Q=Q(L) \tag{8.2}$$

该式是第四章中（4.1）式或（4.2）式的简化形式。若将上式代入（8.1）式，则可以将收益看成生产要素的（复合）函数：

$$R(L)=Q(L)\cdot P \tag{8.3}$$

由于仍然是局限于讨论完全竞争的情况，上式中的产品价格仍然是固定不变的常数。

下面考虑收益函数的一阶导数。在产品市场理论中，收益是产量的函数。因此，收益可以对产量求导数。我们知道，收益对产量的导数就是所谓产品的边际收益 MR。而在完全竞争条件下，这个边际收益等于产品的价格，即 $MR=P$。现在研究的是生产要素的使用问题。在要素市场理论中，收益成了要素的（复合）函数。因此，为了求得要素的边际收益，必须以要素为自变量求取导数。求得的导数是什么呢？根据（8.3）式可知，这个导数为 $MP\cdot P$。式中，第一个因子 MP 就是以前讨论过的要素的**边际产品**（又称边际产量或边际生产率），即：

$$MP=\frac{\mathrm{d}Q(L)}{\mathrm{d}L}$$

它表示增加使用一单位要素所增加的产量。要素的边际产品 MP 与既定产品价格 P 的乘积 $MP\cdot P$ 显然就表示增加使用一单位要素所增加的收益。这就是完全竞争厂商使用生产要素的"边际收益"。为了与前面的产品的边际收益概念相区别，通常把使用要素的"边际收益"叫做**边际产品价值**，并用 VMP 表示。于是有：

$$VMP=MP\cdot P \tag{8.4}$$

它表示在完全竞争条件下，厂商增加使用一单位要素所增加的收益。这里再次强调，应特别注意边际产品价值 VMP 与产品的边际收益 MR 的区别：产品的边际收益或者简称边际收益通常是对产量而言的，故被称为产品的边际收益；边际产品价值则是对要素而言的，是要素的边际产品价值。

由于要素的边际产品 MP 是产量对要素的导数，故它也是要素的函数。为了表示这层意思，有时也把它写成 $MP(L)$。根据所谓"边际生产力递减规律"，该函数曲线向右下方倾斜，即：随着要素使用量的增加，其边际产品将不断下降。更进一步，要素的边际产品价值 VMP 也是要素的函数，也可以写成 $VMP(L)$，并且，由于产品价格 P 为正的常数，边际产品价值曲线显然也与边际产品曲线一样向右下方倾斜。

表 8-1 给出了某个只使用劳动要素的厂商的边际产品价值的部分数据。图 8-1 则是根据表 8-1 中的这部分数据绘制的。在图中，横轴表示劳动要素的数量 L，纵

轴表示边际产品 MP 和边际产品价值 VMP。① 由图可见，边际产品价值曲线与边际产品曲线一样均向右下方倾斜，但二者的位置不同。一般来说，边际产品价值曲线位置的高低取决于两个因素，即要素的边际产品函数 $MP(L)$② 和产品价格 P。随着价格水平的上升或要素的边际产品的上升，边际产品价值曲线将向右上方移动。反之亦然。边际产品价值函数与边际产品函数的相对位置关系则取决于产品价格是大于 1 还是小于或等于 1。如果产品价格大于 1（如上例中 $P=2$），则对于给定的某个要素数量，边际产品价值大于边际产品，因而整条边际产品价值曲线高于

表 8-1　厂商的边际产品和边际产品价值

要素数量 L	边际产品 MP	产品价格 P	边际产品价值 $VMP=MP\times P$
1	10	2	20
2	9	2	18
3	8	2	16
4	7	2	14
5	6	2	12
6	5	2	10
7	4	2	8
8	3	2	6
9	2	2	4
10	1	2	2

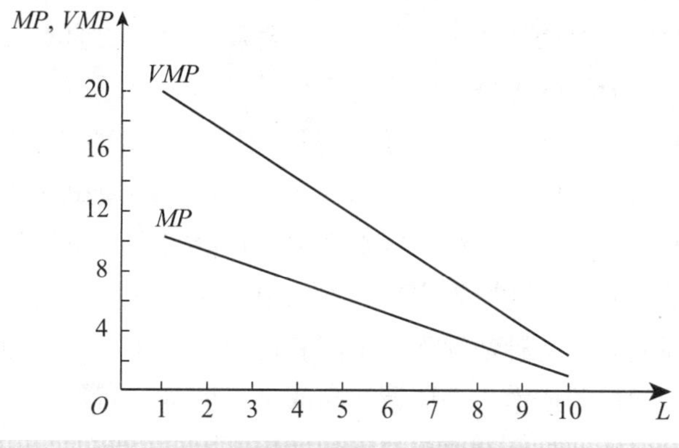

图 8-1　厂商的边际产品和边际产品价值

① 为了能够在同一张图中表示边际产品 MP 和边际产品价值 VMP，我们把前者看成是当价格为 1 时的后者的特例。

② 边际产品函数变动不同于边际产品变动。前者表现为边际产品曲线的移动，它由要素数量以外的原因的变化引起；后者表现为沿着边际产品曲线的运动，它由要素数量本身的变化引起。这里的意思与第二章讨论的需求（或供给）的变动和需求量（或供给量）的变动类似。

边际产品曲线。如果产品价格小于 1，则情况恰好相反，边际产品价值曲线将位于边际产品曲线的下方。特别是，当产品价格恰好等于 1 时，边际产品价值退化为边际产品，两条曲线完全重合。

2. 使用要素的“边际成本”——要素价格

本书第五章曾专门讨论过厂商的成本函数。不过在那里，成本函数是表示厂商的成本与产量水平之间的各种关系，或简言之，成本仅被看成产量的函数：

$$C=C(Q) \tag{8.5}$$

但是，由于产量本身又取决于所使用的生产要素的数量，故成本也可以直接表示为生产要素的函数。这一函数即为第五章中所提到过的成本方程。根据成本方程便可以得到要素使用的成本概念。若设所使用的劳动要素的价格即工资为 w，则使用要素的成本就可表示为：

$$C=w\cdot L \tag{8.6}$$

即成本等于要素价格和要素数量的乘积。式中，要素价格 w 是既定不变的常数。这是因为，在完全竞争条件下，要素买卖双方数量很多且要素毫无区别，任何一个厂商单独增加或减少其要素购买量都不会影响要素价格。换句话说，要素价格与单个厂商的要素使用量没有关系。由于要素价格为既定常数，使用要素的“边际成本”即成本函数对要素的导数恰好就等于劳动的价格：

$$\frac{\mathrm{d}C(L)}{\mathrm{d}L}=w \tag{8.7}$$

它表示完全竞争厂商增加使用一单位生产要素所增加的成本。容易理解（8.7）式的含义，例如，设劳动的价格为固定的每小时 5 元，则厂商每增加使用一小时劳动就需要且仅需要付出 5 元的成本。于是它所使用的要素的“边际成本”为 5 元。与边际产品价值的情况一样，这里应特别注意的是，本章使用的成本和边际成本概念不同于第五章的相应概念。关键的区别在于，在论述产品市场的第五章中，成本是作为产量的函数，而在论述要素市场的本章中，成本是作为要素的函数。正是这一不同引起了边际成本在两种情况下的不同表现形式：在第五章中，边际成本是指增加一单位产品所增加的成本，是所谓产品的边际成本；而在本章中，它指增加一单位要素所增加的成本，是所谓要素使用的边际成本。

由于使用要素的成本被看成是要素数量的函数，故它对要素的导数即使用要素的边际成本亦是要素数量的函数。不过在完全竞争条件下，这个函数采取了最为简单的形式：它实际上是一个常数。因此，该函数曲线在图形上表现为一条水平直线。参见图 8-2。图中横轴为要素数量，纵轴为使用要素的边际成本。假定劳动的价格从而使用劳动的边际成本为 w_0，则 w_0 不随着劳动使用量 L 的变化而变化。

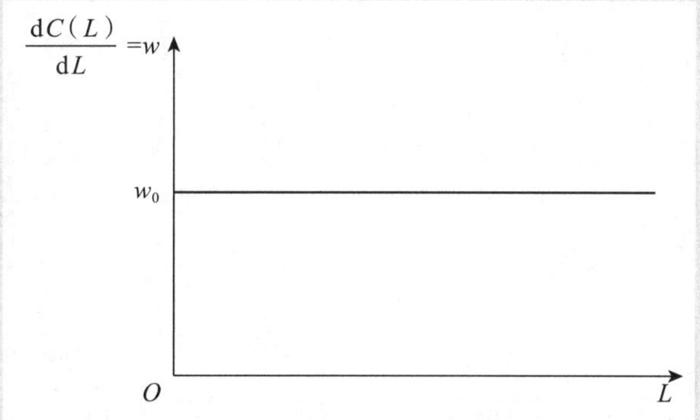

图 8-2　使用要素的边际成本

3. 使用要素的原则

厂商使用要素的原则是利润最大化这个一般原则在要素使用问题上的具体化，它可以简单地表述为：使用要素的"边际成本"和相应的"边际收益"相等。根据上面的讨论，在完全竞争条件下，厂商使用要素的边际成本等于要素价格 w，而使用要素的边际收益是所谓的边际产品价值 VMP，因此，**完全竞争厂商使用要素的原则**可以表示为：

$$VMP=w \tag{8.8}$$

或者

$$MP \cdot P=w \tag{8.9}$$

当上述原则或条件被满足时，完全竞争厂商达到了利润最大化，此时使用的要素数量为最优要素数量。

为了更好地理解这个原则，不妨先来考察 $VMP \neq w$ 时的情况。如果 $VMP>w$，则增加使用一单位生产要素所带来的收益就会大于所引起的成本，于是厂商将决定增加要素的使用以提高利润。随着要素使用量的增加，要素的价格不变，而要素边际产品下降从而边际产品价值将下降，从而最终使 $VMP=w$；反之，如果 $VMP<w$，则减少使用一单位要素所损失的收益就会小于所节省的成本，因而厂商将决定减少要素的使用以提高利润。随着要素使用量的减少，要素的边际产品上升从而边际产品价值将上升，最终也将达到 $VMP=w$。总的来说，不论是 VMP 大还是 w 大，只要二者不相等，厂商都未达到利润最大化，现有要素使用量都不是最优数量，厂商都将改变（增加或减少）要素使用量。只有当 $VMP=w$，即边际产品价值恰好等于要素价格时，厂商的要素使用量才使利润达到了最大。

也可以用数学方法推导上述要素使用原则。假设 π 代表完全竞争厂商的利润，它是要素 L 的函数，则由利润的定义可有：

$$\pi(L)=P \cdot Q(L)-w \cdot L \tag{8.10}$$

为了达到利润最大化①，必须使

$$\frac{\mathrm{d}\pi(L)}{\mathrm{d}L}=P\left[\frac{\mathrm{d}Q(L)}{\mathrm{d}L}\right]-w=0$$

即

$$P\left[\frac{\mathrm{d}Q(L)}{\mathrm{d}L}\right]=w$$

而这便是

$$VMP=w$$

专栏 8-1
要素需求和产品供给

第二节　完全竞争厂商对生产要素的需求曲线

完全竞争厂商对生产要素 L 的需求函数反映的是：在其他条件不变时，完全竞争厂商对要素 L 的需求量与要素价格 w 之间的关系。这个关系容易用要素需求表来表示。表 8-2 是只使用一种生产要素的某个完全竞争厂商的要素需求表。该表与表 8-1 相比，增加了表示要素价格的最后一栏。其中，要素价格也与产品价格一样是既定不变的常数——不因要素数量的变化而变化。为了保证利润达到最大化，厂商使用的要素量必须使要素价格与要素的边际产品价值相等。因此，要素需求表表 8-2 中最后一栏与倒数第二栏的数字完全一样。现在给定一个要素价格，例如为 100，为了使要素使用量达到最优，边际产品价值亦必须为 100，而与边际产品价值 100 相对应的要素数量为 1。因此，要素价格为 100 时，要素需求量为 1。同样地，给定另外一个要素价格，例如为 50，由表 8-2 可以找到另外一个相对应的要素需求量是 6。依此类推。表 8-2 的最后一栏和第一栏合起来就表示厂商的**要素需求曲线**。

表 8-2　完全竞争厂商的要素需求表

要素数量 L	边际产品 MP	产品价格 P	边际产品价值 $VMP=MP\times P$	要素价格 w
1	10	10	100	100
2	9	10	90	90
3	8	10	80	80
4	7	10	70	70
5	6	10	60	60
6	5	10	50	50
7	4	10	40	40
8	3	10	30	30
9	2	10	20	20
10	1	10	10	10

① 这里只讨论利润最大化的一阶条件（即必要条件），而假定二阶条件（即充分条件）已经满足。

要素需求函数还可以从（8.9）式中推导出来。为了更清楚地看出这一点，把（8.9）式稍稍改写为

$$P \cdot MP(L)=w \tag{8.11}$$

式中，$MP(L)$ 为边际产品，是要素的函数。由于产品价格 P 为既定常数，故上式显然确定了从要素价格 w 到要素使用量 L 的一个函数关系，即确定了完全竞争厂商对要素的一个需求函数。

为了说明这个函数的特点，假定一开始时，厂商使用的要素数量为最优数量，即（8.11）式已经满足。现在让要素价格 w 上升，于是有 $P \cdot MP(L)<w$。为了重新恢复均衡，厂商必须调整要素使用量 L，使 $MP(L)$ 从而 $P \cdot MP(L)$ 亦上升；而根据边际生产力递减这一性质，只有通过减少要素使用量才能达到这个目的。这样便得到了结论：**随着要素价格的上升，厂商对要素的最佳使用量即需求量将下降。**因此，完全竞争厂商的要素需求曲线与其边际产品价值曲线一样向右下方倾斜。

更进一步，利用要素使用原则（8.11）式还可以说明，在完全竞争条件下，厂商对单一要素的需求曲线将与其边际产品价值曲线完全重合。参见图 8-3。首先，已知（8.11）式左边边际产品价值是要素 L 的函数，它由图中向右下方倾斜的曲线 VMP 表示；其次，如果把公式右边的要素价格 w 也看成是 L 的函数，则它的形状就是一条水平线，这是因为，根据要素市场完全竞争的假定，无论单个厂商如何改变要素使用量，要素价格均不受影响。于是给定一个要素价格 w_0，就有一条水平直线（仍然用 w_0 表示）；最后，要素使用原则 $VMP=w$ 在图形上的表示就是 VMP 曲线与 w_0 曲线的交点 A。A 点表明，当要素价格为 w_0 时，要素需求量为 L_0。换句话说，边际产品价值曲线 VMP 上的 A 点亦是要素需求曲线上的一点。同样地，如果给定另外一个要素价格，则有另外一条水平直线与 VMP 相交于另外一点。根据同样的分析即知，新的交点也是要素需求曲线上的一点。于是，在使用一种生产要素（以及不考虑其他厂商的调整）的情况下，完全竞争厂商对要素的需求

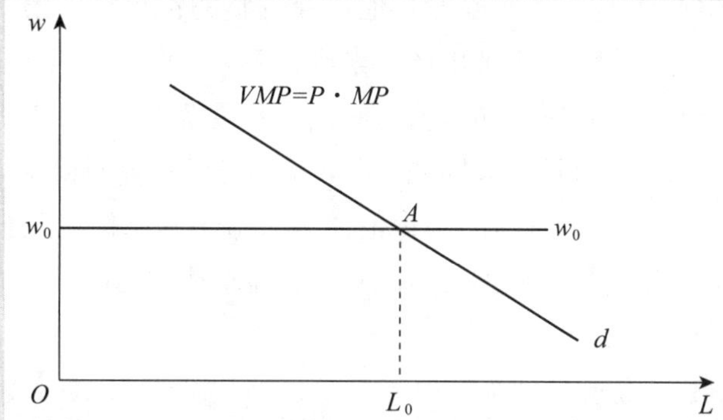

图 8-3　完全竞争厂商的要素需求曲线

曲线与要素的边际产品价值曲线恰好重合。

应当指出的是，尽管要素的需求曲线与其边际产品价值曲线重合为一条线，但这同一条线在这两个场合的含义却是截然不同的。首先，它包含的变量的含义不同。作为边际产品价值曲线，它的 L 表示要素使用量，而作为要素需求曲线，这个 L 却是表示最优要素使用量或要素需求量；其次，它反映的函数关系也不同：在边际产品价值曲线场合，自变量为要素使用量 L，边际产品价值是要素使用量的函数，而在要素需求曲线场合，自变量却是要素价格 w，要素需求 L 是要素价格的函数。

由于要素需求曲线与边际产品价值曲线重合，故前者也与后者一样，将由于产品价格和边际产品函数这两个因素的变动而变动。注意到这一点有助于理解它们之所以重合的条件。要素需求曲线与要素的边际产品价值曲线重合意味着：当要素价格变化时，要素需求量是沿着一条既定的边际产品价值曲线而变化的（参见图 8－3）。这就要求，当要素价格变化时，要素的边际产品价值曲线不得随之改变；或者更进一步说，它的两个组成部分即要素的边际产品曲线和产品价格不得随之改变。否则，要素需求曲线必将“脱离”其边际产品价值曲线。例如，如果要素的边际产品曲线或产品价格随着要素价格的变化而变化，则给定一个要素价格 w_0，就有一条相应的边际产品价值曲线 VMP_0，而根据要素使用原则 $VMP_0=w_0$，可得到一要素需求量 L_0。显然，(w_0, L_0)点位于曲线 VMP_0 上。如果再给定另外一个要素价格 w_1，则有另外一条边际产品价值曲线 VMP_1 与之相对应。再根据要素使用原则 $VMP_1=w_1$，又可得到一要素需求量 L_1。显然，新点(w_1, L_1)位于新的曲线 VMP_1 上，而非原来的曲线 VMP_0 上。因此，要素需求曲线不再与某一条边际产品价值曲线重合。

由此可见，要素需求曲线等于边际产品价值曲线的结论实际上要依赖于两个“潜在假定”：第一，要素的边际产品曲线不受要素价格变化的影响；第二，产品价格不受要素价格变化的影响。一方面，如果局限于讨论只有一种生产要素的情况（如本章所假定的那样），则第一个假定自然满足①；另一方面，如果局限于讨论只有一个厂商进行生产调整，并不考虑其他厂商调整的情况，则第二个假定自然满足。但是一旦扩大到考虑使用多种生产要素或者多个厂商调整行为，则上述假定就不再合理，从而不能再用边际产品价值曲线代表要素需求曲线。换句话说，在考虑共同使用多种要素以及多个厂商共同调整时，完全竞争厂商对要素 L 的需求曲线一般说来就不再等于该要素的边际产品价值曲线。由于本章假定只使用一种生产要素，下面只讨论多个厂商共同调整的情况对要素需求造成的影响。

---

① 如果除了劳动要素 L 之外，厂商还使用其他要素，如资本要素 K，则当资本和劳动这两种要素不是相互独立的，而是相互联系的（不论这种关系的性质如何，不论它们是相互补充的还是相互替代的）时，劳动价格的下降将使劳动的边际产品价值曲线上升。反之亦然。一般较高深的西方经济学教材往往有关于这方面的论述。在这本初级教材中，我们将略而不论。

第三节　从厂商的需求曲线到市场的需求曲线

前面已经说过，在一定的条件下，完全竞争厂商的要素需求曲线就是其要素的边际产品价值曲线。现在进一步讨论整个完全竞争市场的要素需求曲线。在这里，首先碰到的问题是：如何从单个厂商的要素需求曲线推导出市场的要素需求曲线？初看起来，似乎可以认为：既然单个厂商的要素需求曲线等于边际产品价值曲线，就可以通过简单加总市场上所有厂商的边际产品价值曲线而求得市场的要素需求曲线。然而，这是错误的。

上一节已经说明，单个完全竞争厂商的要素需求曲线等于其边际产品价值曲线要有一定的条件。其中，一个条件是假定其他厂商均不进行调整。否则，厂商的要素需求曲线将“脱离”边际产品价值曲线。当我们从单个厂商转到研究整个市场的情况时，这个条件显然不再得到满足，因而单个厂商的边际产品价值曲线不再代表其要素需求曲线，它们的简单加总也不再代表整个市场的要素需求曲线。

下面首先考虑使用同一种生产要素的多个厂商同时调整的情况，并研究在此种情况下某单个厂商（例如厂商 m）对要素 L 的需求曲线。在研究使用一种要素的完全竞争厂商 m 的要素需求曲线时，如果不考虑其他厂商的调整活动，则要素价格的变化就不会影响产品的价格，从而不会改变要素的边际产品价值曲线。其理由如下：设要素价格发生变化，根据其他厂商均不调整的假定，要素价格变化只引起厂商 m 的要素需求量和使用量的变化，从而只引起它的产品数量的变化。由于厂商 m 是产品市场上的完全竞争者，故其产量变化并不能改变产品的价格。如果允许其他厂商也进行调整，则情况将完全不同。现在要素价格变动不仅引起厂商 m，而且引起所有其他厂商的要素需求量和使用量，从而其产量的变动。尽管在完全竞争条件下，单个厂商的产量变化不影响价格，但全体厂商的产量都变化时却不是如此。要素价格变化所引起的全体厂商的产量变动将改变产品的供给曲线，从而在产品市场需求量不变时，将改变产品的市场价格。产品价格的改变再反过来使每一个厂商从而厂商 m 的边际产品价值曲线发生改变。于是，厂商 m 的要素需求曲线也不再等于其边际产品价值曲线。

我们利用图 8－4 来推导多个厂商同时调整情况下厂商 m 的要素需求曲线。在图 8－4 中，横轴为要素数量，纵轴为要素价格。设给定初始要素价格为 w_0，相应地有一个产品价格 P_0，从而有一条边际产品价值曲线 $P_0 \cdot MP$。根据该曲线可确定 w_0 下的要素需求量 L_0，于是 $H(L_0, w_0)$ 点即为所求需求曲线上的一点。如果这时没有其他厂商的调整，则整条需求曲线就可以被看成是 $P_0 \cdot MP$。假定让要素价格下降到 w_1，则要素需求量就应增加到 L_2。但现在由于其他厂商也进行调整，因此要素价格下降使 L 的边际产品价值曲线向左下方移动，例如移到 $P_1 \cdot MP$，从而在要素价格 w_1 下，L 的需求量不再是 L_2，而是稍稍更少一些的 L_1。于是又得到要素需求曲线上的一点 $I(L_1, w_1)$。

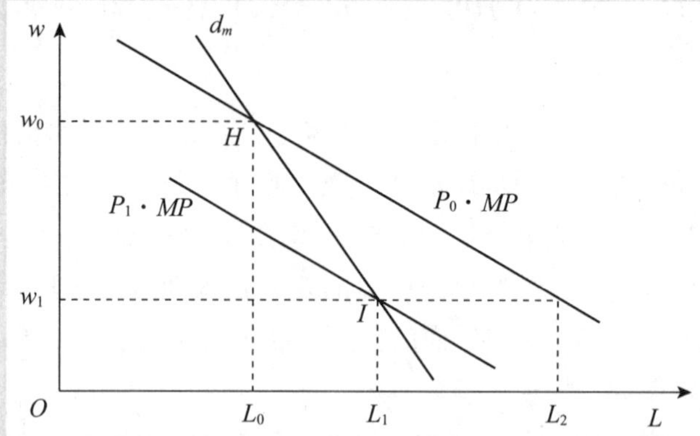

图 8-4 多个厂商调整时 *m* 的要素需求曲线

重复上述过程，可以得到其他与 H、I 性质相同的点。将这些点连接起来，即得到多个厂商调整情况下厂商 m 对要素 L 的需求曲线 d_m。d_m 表示经过多个厂商相互作用的调整即经过行业调整之后得到的第 m 个厂商的要素需求曲线，可简称行业调整曲线。一般来说，d_m 曲线仍然是向右下方倾斜的，但比边际产品价值曲线要陡峭一些。

到目前为止，我们所讨论的一直仍然是完全竞争市场上单个厂商的要素需求曲线。紧接着的一个工作就是把要素的需求理论从单个厂商推广到整个市场。不过，如果已经求得了在行业调整情况下每个单个厂商的要素需求曲线 d_m，则整个市场的要素需求曲线就不难从中推得。

例如，假定完全竞争要素市场中包含 n 个厂商（n 是一个很大的数）。其中，每个厂商经过行业调整后的要素需求曲线分别为 d_1，d_2，…，d_n，整个市场的要素需求曲线 D 可以被看成是所有这些厂商的要素需求曲线的简单水平相加，即：

$$D = \sum_{m=1}^{n} d_m \tag{8.12}$$

特别是，如果假定这 n 个厂商的情况均一样，即：

$$d_1 = d_2 = \cdots = d_n$$

则市场的要素需求曲线就是：

$$D = \sum_{m=1}^{n} d_m = n \cdot d_m$$

式中，d_m 可以是任何一个厂商的要素需求曲线。参见图 8-5。图 8-5 包括两个子图。图 8-5（a）是某单个厂商的要素需求曲线 d_m，图 8-5（b）是市场的要素需求曲线 D。当要素价格为 w_0 时，该厂商的要素需求量为 L_0，整个市场的要素需求量为 $n \cdot L_0$（假定所有 n 个厂商的情况完全相同）。

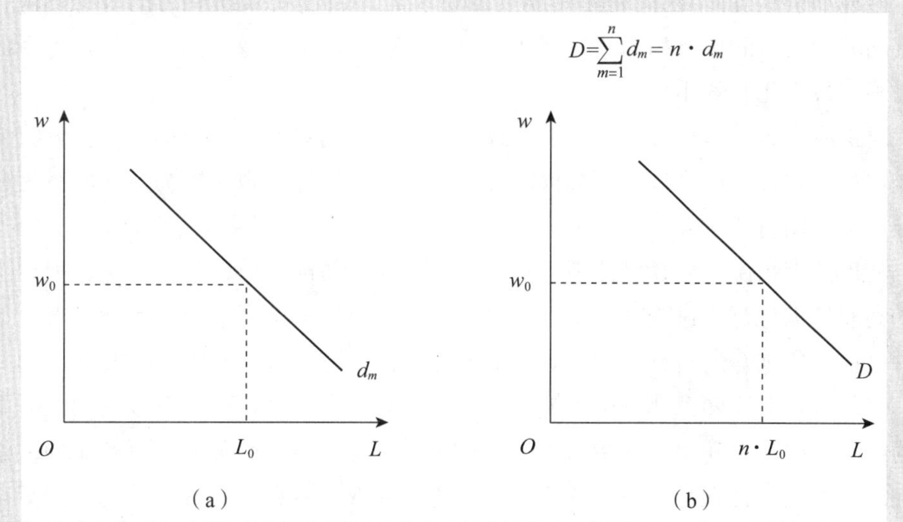

图 8-5　单个厂商和整个市场的要素需求曲线

在上面推导市场的要素需求曲线的过程中，特别应当注意的是，被简单地水平相加的是每个厂商的“真正的”要素需求曲线，即是在考虑了多个厂商共同行动所引起的全部调整之后得到的行业调整曲线 d_m，而不能是边际产品价值曲线 $P \cdot MP$。

第四节　对供给方面的概述

前面三节从要素使用者角度讨论了要素的需求。现在要转到要素所有者方面来研究要素的供给，并把要素的供给和需求结合起来，得出要素价格和使用量的决定理论，从而完成对要素市场的分析。

一、要素所有者、最大化行为和供给问题

如前所述，所谓从要素使用者角度讨论要素需求，就是从要素使用者即生产者或厂商的利润最大化行为出发，来研究其对要素的需求量是如何随着要素价格的变化而变化的。与此相仿，可以把要素供给研究看成是从要素所有者的最大化行为出发来分析其对要素的供给量是如何随着要素价格的变化而变化的。因此，首先要问的问题是：谁是要素的供给者？什么是要素供给者的最大化行为？

我们知道，在西方经济学的要素需求理论中，要素使用者是“单一”的，即是生产者或厂商，因而其行为目标也是“单一”的，即追求利润的最大化。转到供给方面之后，问题稍稍复杂一些：要素所有者既可以是生产者，也可以是消费者。生产者生产许多将要再次投入生产过程的“中间产品”或“中间生产要素”（如钢材、车床等），因而是中间要素的所有者；消费者则向市场提供“原始生产要素”（如劳

动、土地和资本等），因而是原始要素的所有者。由于要素所有者的身份不同，因而它们的行为目的也不相同。按照西方学者的假定，生产者和消费者的行为目的分别是利润最大化和效用最大化。

要素所有者及其行为目标的不一致自然会影响到对要素供给的分析。最重要的影响便是要素供给原则肯定不会再像要素需求原则那样一致，因为不同的行为目标将导出不同的行为原则，进而影响诸如分析的方法、形式甚至某些结论等等。因此，从理论上来说，要素供给理论须分成两个并列的部分分别加以讨论：根据生产者的利润最大化行为讨论其对中间要素的供给，根据消费者（或资源所有者，如劳动、土地和资本等的所有者）的效用最大化行为讨论其对原始要素的供给。

但是，在上述两个部分中的第一部分即中间要素的供给与一般产品的供给并无任何区别，因为中间要素即中间产品本身就是一般产品，而关于一般产品的供给理论在产品市场，特别是在完全竞争产品市场的分析（参见第六章）中已经详细讨论过，因此本章关于要素供给的讨论可以完全局限在要素所有者为消费者、其行为目的为效用最大化这一范围之内，即是从消费者的效用最大化行为出发来建立其要素供给量与要素价格之间关系的理论。

一旦局限在消费者范围之内，要素供给问题便有一个明显的特点：消费者拥有的要素数量（简称资源）在一定时期内总是既定不变的。例如，消费者拥有的时间一天只有 24 小时，其可能的劳动供给不可能超过这个数；又如，消费者拥有的土地也是固定的，比如说为 2 公顷，则他可能的土地供给也只有这么多；再如，消费者拥有的收入每日为 500 元，则他不可能储蓄（即供给资本）得比这更多；等等。

由于资源是既定的，消费者只能将其拥有的全部既定资源的一部分（当然，这部分可以小到 0，也可能大到等于其资源总量）作为生产要素来提供给市场。全部既定资源中除去供给市场的生产要素外，剩下的部分可称为“保留自用”（或简称“自用”）的资源。因此，所谓要素供给问题可以看成是：消费者在一定的要素价格水平下，将其全部既定资源在“要素供给”和“保留自用”两种用途上进行分配以获得最大效用。

二、要素供给原则

1. 效用最大化条件

怎样才能使效用达到最大呢？显然，在这里为获得最大的效用必须满足如下条件：**用于“要素供给”的资源的边际效用要与用于“保留自用”的资源的边际效用相等。**如果要素供给的边际效用小于保留自用的边际效用，则可以将原来用于要素供给的资源转移一单位到保留自用上去从而增大总的效用。之所以能够如此是因为，减少一单位要素供给所损失的效用要小于增加一单位保留自用资源所增加的效用；反之，如果要素供给的边际效用大于保留自用的边际效用，则可以反过来，将原来用于保留自用的资源转移一单位到要素供给上去。根据同样的道理，这样改变的结果亦将使总的效用增大。最后，由于边际效用是递减的，上述调整过程可以最终达到均衡状态，即要素供给的边际效用和保留自用的边际效用相等。

2. 要素供给的边际效用

剩下来的问题是：什么是要素供给的效用（及边际效用）？什么是自用资源的效用（及边际效用）？显然，把资源作为生产要素供给市场本身对消费者来说并无任何效用。消费者之所以供给生产要素是为了获得收入。正是因为这种要素带来的收入具有效用，因此，要素供给的效用是所谓“间接效用”：要素供给通过收入而与效用相联系。假设要素供给增量（例如劳动供给增量）为 ΔL，由此引起的收入增量为 ΔY，而由收入增量引起的效用增量为 ΔU，则：

$$\frac{\Delta U}{\Delta L}=\frac{\Delta U}{\Delta Y}\cdot\frac{\Delta Y}{\Delta L}$$

取极限即得：

$$\frac{\mathrm{d}U}{\mathrm{d}L}=\frac{\mathrm{d}U}{\mathrm{d}Y}\cdot\frac{\mathrm{d}Y}{\mathrm{d}L} \tag{8.13}$$

式中，$\mathrm{d}U/\mathrm{d}L$ 即为要素供给的边际效用，它表示要素供给量增加一单位所带来的消费者效用增量①；$\mathrm{d}U/\mathrm{d}Y$ 和 $\mathrm{d}Y/\mathrm{d}L$ 则分别为收入的边际效用和要素供给的边际收入。因此，(8.13) 式表示：要素供给的边际效用等于要素供给的边际收入与收入的边际效用的乘积。

一般来说，单个消费者不过是要素市场上的众多要素所有者之一，即它是要素市场上的完全竞争者。它多提供或少提供一点要素供给量并不影响要素的市场价格。或者说，它所面临的要素需求曲线是一条水平线。在这种情况下，要素供给的边际收入显然就等于要素的价格，即有：

$$\frac{\mathrm{d}Y}{\mathrm{d}L}=w$$

于是 (8.13) 式可化简为：

$$\frac{\mathrm{d}U}{\mathrm{d}L}=w\cdot\frac{\mathrm{d}U}{\mathrm{d}Y} \tag{8.14}$$

这便是完全竞争条件下消费者要素供给的边际效用公式。

如果消费者不是要素市场上的完全竞争者，则要素供给的边际效用表达式当然仍然为一般形式的 (8.13) 式。

3. 自用资源的边际效用

与要素供给提供间接效用相比，自用资源的情况稍稍复杂一些：它既可带来间

① 这里略去了可能存在的所谓要素供给的“边际负效用”。

接效用，亦可带来直接效用，而且更为重要的是带来直接效用。例如，拿消费者拥有的时间资源来说，如果不把时间用于劳动（即不作为劳动要素去供给市场），则可以将它用于做家务、看电影或干脆休息。显然，自用时间在这里是通过不同的途径产生效用的。在第一种情况下，它节省了本来需请别人来做家务的昂贵开支，因而和要素供给一样，可以说是间接地带来了效用，即通过节约开支相对增加收入从而间接增加效用；在后两种情况下，它则直接地增加了消费者的效用，因为它直接地满足了消费者的娱乐和健康的需要。

为了分析的简单方便起见，以后假定自用资源的效用都是直接的，即不考虑类似于上述时间可以用来做家务这类现象。若用 l 表示自用资源数量，则自用资源的边际效用就是效用增量与自用资源增量之比的极限值 $\mathrm{d}U/\mathrm{d}l$，它表示增加一单位自用资源所带来的效用增量。

4. 要素供给原则的推导

借助于上面给出的要素供给的间接效用和自用资源的直接效用概念，可以将效用最大化条件表示为①：

$$\frac{\mathrm{d}U}{\mathrm{d}l}=\frac{\mathrm{d}U}{\mathrm{d}Y}\cdot w \tag{8.15}$$

或

$$\frac{\mathrm{d}U/\mathrm{d}l}{\mathrm{d}U/\mathrm{d}Y}=w \tag{8.16}$$

如果考虑有所谓“收入的价格” w_y，则显然有 $w_y=1$。于是可以将（8.16）式写成：

$$\frac{\mathrm{d}U/\mathrm{d}l}{\mathrm{d}U/\mathrm{d}Y}=\frac{w}{w_y} \tag{8.17}$$

上式左边为资源与收入的边际效用之比，右边则为资源与收入的价格之比。这个公式与产品市场分析中的效用最大化公式是完全一致的（参见第三章第三节）。

上述要素供给原则可以推导如下：设消费者拥有的单一既定资源总量为 $\overline{L}$，资源价格（亦即要素价格）为 w，在该要素价格下，消费者的自用资源量为 l，从而其要素供给量为 $\overline{L}-l$，从要素供给中得到的收入为 $Y=w(\overline{L}-l)$。消费者的效用来自两个方面，即自用资源和要素供给的收入，故效用函数可写为 $U=U(Y, l)$。消费者在既定资源数量条件下决定资源在要素供给和保留自用两种用途之间的分配，故约束条件（即预算线）为 $(\overline{L}-l)+l=\overline{L}$，或者，改写成收入与要素供给量的关系即得：$Y+w\cdot l=w\cdot\overline{L}$。于是消费者的要素供给问题可以表述为：

在约束条件 $Y+w\cdot l=w\cdot\overline{L}$ 下使效用函数 $U=U(Y, l)$ 达到最大。

---

① 这里假定存在众多的消费者提供相同的生产要素。

对该问题求解即得利润最大化条件，亦即要素供给原则（8.16）式。①

三、无差异曲线分析

与第三章的情况一样，上面关于要素供给原则的讨论也可以利用无差异曲线的分析工具来进行说明。

参见图8-6。在图中，横轴 l 表示自用资源的数量，纵轴 Y 表示要素供给所带来的收入。因此，图中每一点均代表一个收入 Y 和自用资源 l 的组合。U_0、U_1 和 U_2 是消费者的三条无差异曲线。在同一条曲线上，不同的点代表着相同的效用水平。与通常的无差异曲线一样，在这里，U_0、U_1 和 U_2 也被假定为向右下方倾斜和凸向原点。这意味着，收入和自用资源都是"好商品"，多多益善，并且它们的重要程度均随着数量的增加而下降；此外，较高的无差异曲线代表着较高的效用，即：$U_2>U_1>U_0$。

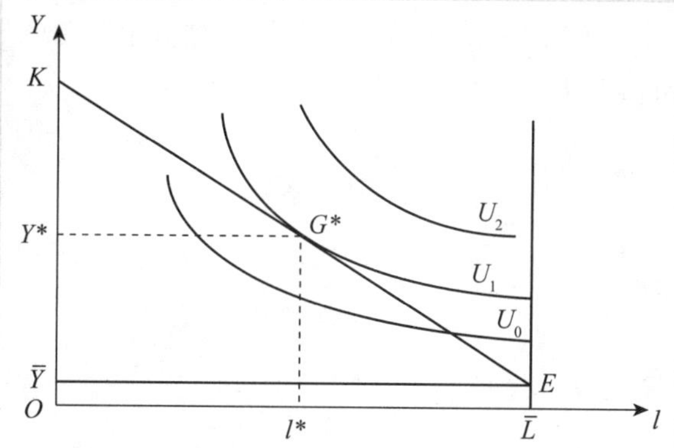

图8-6　要素供给的原则：无差异曲线分析

再设消费者在初始时拥有 $\overline{L}$ 单位的既定资源（比如每天24小时）和 $\overline{Y}$ 单位的非要素收入（例如为财产收入），即他处于图中 E 点的位置。如果消费者将其全部初始资源 $\overline{L}$ 都作为生产要素供给市场，则所得到的要素收入就是 $\overline{L}\cdot w$（w 为要素价格），从而其拥有的全部收入（要素收入加上非要素收入）就是 $K=\overline{L}\cdot$

---

① 求要素供给原则的数学方法可以论述如下：设消费者即要素所有者的效用函数为：

$$U=U(Y, l)$$

受到的限制条件为：

$$Y+w\cdot l=w\cdot\overline{L}$$

令　$$f=U(Y, l)+\lambda(Y+w\cdot l-w\cdot\overline{L})$$

在这里，λ 为拉格朗日乘数。于是新函数 f 的一阶条件为：

$$\partial f/\partial Y=\partial U/\partial Y+\lambda=0$$

$$\partial f/\partial l=\partial U/\partial l+\lambda w=0$$

$$\partial f/\partial \lambda=Y+w\cdot l-w\cdot\overline{L}=0$$

假设二阶条件能够得到满足，解上面联立方程中的前两个即可以求得要素供给原则（8.16）式。

$w+\overline{Y}$。于是连接 E 点和纵轴上 K 点的直线显然就是该消费者的预算线。

消费者现在的问题是：在预算约束之下选择最优（即使效用量最大）的收入 Y 和自用资源 l 的组合。这个最优组合当然就是预算线与无差异曲线 U_1 的切点 G^* 的组合（这里的逻辑与第三章中的消费者选择理论完全相同）。换句话说，消费者的效用最大化行为是在初始的全部资源 $\overline{L}$ 中，保留数量为 l^* 的资源自用，而将其余的（$\overline{L}-l^*$）部分作为生产要素供给市场以获得收入，从而使自己的收入从初始的 $\overline{Y}$ 增加到 Y^*。

由图可知，最优点 G^* 必须满足如下条件：无差异曲线的斜率等于预算线的斜率。

预算线的斜率容易推得，它等于：

$$-\frac{K-\overline{Y}}{\overline{L}}=-\overline{L}\cdot\frac{w}{\overline{L}}=-w$$

即预算线的斜率是要素价格的相反数。①

什么是无差异曲线的斜率呢？从形式上看，无差异曲线的斜率可以表示为收入增量与自用资源增量之比的极限值 $\mathrm{d}Y/\mathrm{d}l$，即收入对自用资源的导数。于是，最优点 G^* 的必要条件可以写为：

$$\frac{\mathrm{d}Y}{\mathrm{d}l}=-w$$

两边同乘（-1）即得：

$$-\frac{\mathrm{d}Y}{\mathrm{d}l}=w \tag{8.18}$$

上式左边可称为资源供给的边际替代率，它表示：消费者为增加一单位自用资源所愿意减少的收入量；而右边的要素价格可以看成是消费者为增加一单位自用资源所必须放弃的收入量。因此，（8.18）式的含义是：消费者为增加一单位自用资源所愿意减少的收入量要等于必须放弃的收入量。

如果假定效用可以用基数来衡量，则资源供给的边际替代率 $-\mathrm{d}Y/\mathrm{d}l$ 可以表示为自用资源和收入的边际效用之比②：

---

① 一般说来，预算线的斜率应等于要素价格与收入价格之比的相反数，即等于 $-w/w_y$，其中，w_y 表示收入的价格。但收入的价格按定义等于 1，故预算线的斜率在这里就简化为 $-w$。

② 设要素所有者的效用函数为：

$$U=U(Y,\ l)$$

其全微分为：

$$\mathrm{d}U=(\partial U/\partial Y)\cdot\mathrm{d}Y+(\partial U/\partial l)\cdot\mathrm{d}l$$

由于在无差异曲线上有 $\mathrm{d}U=0$，故：

$$(\partial U/\partial Y)\cdot\mathrm{d}Y+(\partial U/\partial l)\cdot\mathrm{d}l=0$$

解之即得：

$$-\mathrm{d}Y/\mathrm{d}l=(\partial U/\partial l)/(\partial U/\partial Y)$$

$$-\frac{\mathrm{d}Y}{\mathrm{d}l}=\frac{MU_l}{MU_Y}$$

将上式代入（8.18）式即得到前面在基数效用基础上得到的要素供给原则（8.16）式。

四、要素供给问题

现在回到图 8－6 中来进一步考察要素供给问题。显而易见，消费者的要素供给量等于资源总量与最优自用资源量之差 $\overline{L}-l^*$。式中，$\overline{L}$ 为固定不变的常数，l^* 则取决于无差异曲线与预算线的切点 G^* 的位置。在给定偏好即无差异曲线不变（以及非要素收入 $\overline{Y}$ 不变）的条件下，l^* 又取决于预算线的斜率，即要素价格 w。反过来说，在消费者的初始非要素收入、初始资源数量以及偏好均既定不变的条件下，给定一个要素价格，就有一个要素供给量。这正是我们所力图确定的要素供给量与要素价格之间的关系。

参见图 8－7。与图 8－6 一样，图 8－7 中横轴 l 和纵轴 Y 亦分别为消费者的自用资源和收入；U_0、U_1 和 U_2 为三条无差异曲线，E 点为消费者的初始状态。如果要素价格为 w_0，则将全部资源都作为要素供给市场时，全部收入就等于 $K_0=\overline{L}\cdot w_0+\overline{Y}$。于是预算线为 EK_0。如果要素价格上升，例如上升到 w_1 和 w_2，则将全部资源作为要素供给市场的全部收入将分别为 $K_1=\overline{L}\cdot w_1+\overline{Y}$ 和 $K_2=\overline{L}\cdot w_2+\overline{Y}$，从而相应的预算线分别为 EK_1 和 EK_2。换句话说，随着要素价格的上升，预算线将绕着初始状态点 E 顺时针旋转，反之亦然。随着预算线绕着 E 点顺时针旋转，它与既定的无差异曲线簇的切点亦不断变化。所有这些切点的集合为曲线 PEP，可称之为**价格扩展线**。价格扩展线 PEP 反映了自用资源数量 l（以及要素收入）如何随着要素价格的变化而变化，从而反映了要素供给量（它等于固定资源总量减去自用资源数量）如何随着要素价格的变化而变化，即要素供给曲线关系。

从价格扩展线得到要素供给曲线的方法如下：给定要素价格 w_0，由图 8－7 可知，预算线为 EK_0，从而，最优自用资源量为 l_0，要素供给量为（$\overline{L}-l_0$），于是得到要素供给曲线上的一点（$\overline{L}-l_0$，w_0），参见图 8－8 中的 A 点；设要素价格上升到 w_1，再上升到 w_2，则预算线分别为 EK_1 和 EK_2，从而最优自用资源量下降到 l_1，再下降到 l_2，于是要素供给量上升到（$\overline{L}-l_1$），再上升到（$\overline{L}-l_2$）。于是又得到要素供给曲线上的两点：（$\overline{L}-l_1$，w_1）和（$\overline{L}-l_2$，w_2），参见图 8－8 中的 B 点和 C 点。重复以上做法可以得到与 A 点、B 点和 C 点具有同样性质的其他点。将所有这些点连接起来即得要素供给曲线。

值得注意的是，在图 8－8 中给出的要素供给曲线具有向右上方倾斜的正斜率性质，这只是作为例子说明要素供给曲线如何从消费者行为理论中推出，并不意味

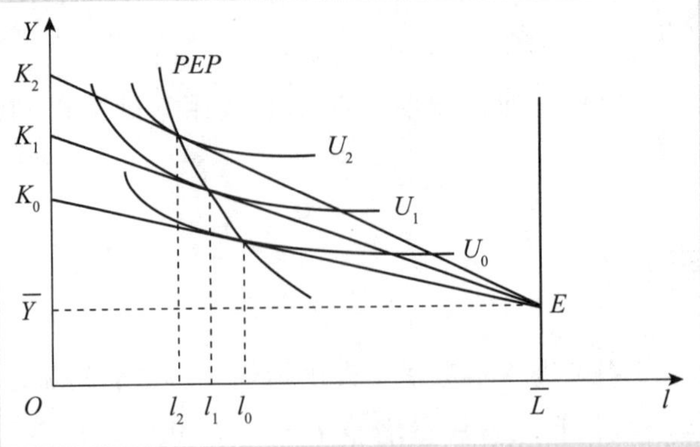

图 8-7　价格扩展线

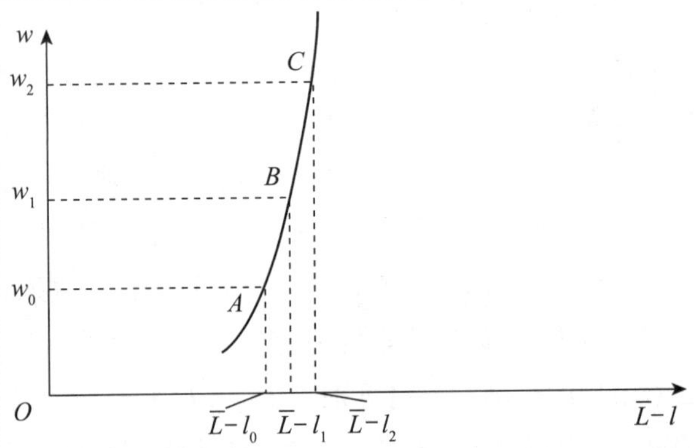

图 8-8　要素供给曲线

着要素供给曲线总是向右上方倾斜。事实上，要素供给曲线可以向右上方倾斜，也可以垂直，甚至可以向右下方倾斜。其形状究竟如何取决于无差异曲线的形状（以及初始状态的情况）。或者更具体地说，其形状取决于消费者效用函数 $U=U(Y, l)$ 的特点。一般而言，在效用函数 U 中，自变量的第一项（Y）表明，收入 Y 与要素本身的特点并无关系：无论是什么要素带来的收入都被假设为是一样的，只要其数量相同，就有一样的效用；但效用函数中自变量的第二项自用资源（例如现在的 l）却可能因为其性质不同而对效用的影响大相径庭。有些东西保留下来即足以增加效用，例如时间资源就是如此；另外一些东西保留下来却未必能增加效用，或者即使能增加效用，其效果也微不足道，可以忽略不计，例如不存在其他用途的土地就可能属于此类情况；还有一些东西保留下来不仅不能增加效用，反而会减少效用，例如收入。保留收入意味着减少当前的消费，从而减少当前的效用。因此，无差异曲线形状之区别，从而要素供给曲线形状之不同，实际上与要素的特点有关。鉴于此，下面我们将针对不同种类的要素分别讨论其要素供给方面的特点。首先讨论劳动要素，然后分析土地和资本。劳动、土地和资本恰好是西方经济学在传统上按职能划分的三种生产要素。

第五节　劳动供给曲线和工资率的决定

一、劳动和闲暇

劳动供给涉及消费者对其拥有的既定时间资源的分配。说消费者拥有的时间资源是既定的具有两层含义。首先，每天只有 24 小时，这是不会改变的；其次，在这固定的 24 小时之中，有一部分必须用于睡眠而不能挪作他用。必需的睡眠时间虽不是绝对地不变，但对于特定的消费者而言，短期内不会变化很大。如果将必需的睡眠时间挪作他用，则消费者的满足程度即效用以及劳动生产力都将受到很大的影响。为了方便起见，这里假定消费者每天必须用于睡眠的时间是 8 小时。因此，消费者可以自由支配的时间资源每天为固定的 24－8＝16 小时。

由上述假定，消费者可能的劳动供给只能来自 16 小时之中，而不能超过它。其最大劳动供给为 16 小时。设劳动供给量为 6 小时，则全部时间资源中的剩余部分为 16－6＝10 小时，称为"闲暇"。闲暇包括除必需的睡眠时间和劳动供给之外的全部活动时间。例如，用于吃、喝、玩、乐即用于各种消费活动的时间。在现实生活中，闲暇也可用于非市场活动的"劳动"，例如干家务活。为简单起见，这里不考虑这种情况。若用 H 表示闲暇，则 $16-H$ 就代表消费者的劳动供给量。因此，劳动供给问题就可以被看成消费者如何决定其固定的时间资源 16 小时中闲暇 H 所占的部分，或者说，消费者如何决定其全部资源在闲暇和劳动供给两种用途上的分配。

消费者选择一部分时间作为闲暇来享受，选择其余时间作为劳动供给。前者即闲暇直接增加了效用，后者则可以带来收入，通过将收入用于消费再增加消费者的效用。因此，就实质而言，消费者并非在闲暇和劳动二者之间进行选择，而是在闲暇和劳动收入之间进行选择。或者更一般地说，是在自用资源和收入之间进行选择。显然，上一节讨论的模型完全适合用来分析目前的问题。

二、劳动供给曲线

参见图 8－9 和图 8－10。先看图 8－9。图中横轴 H 表示闲暇，纵轴 Y 与以前一样表示收入。消费者的初始状态点 E 现在表示的是非劳动收入 $\overline{Y}$ 与时间资源总量 16 小时的组合。假定劳动的价格即工资为 w_0，则可能的最大收入（劳动收入加非劳动收入）为 $K_0=16w_0+\overline{Y}$。于是消费者在工资 w_0 条件下的预算线为连接初始状态点 E 与纵轴上 K_0 点的直线 EK_0。EK_0 与无差异曲线 U_0 相切，切点为 A。与 A 点对应的最优闲暇量为 H_0，从而劳动供给量为（$16-H_0$）。于是得到**劳动供给曲线**（参见图 8－10）上的一点 a（$16-H_0$，w_0）。

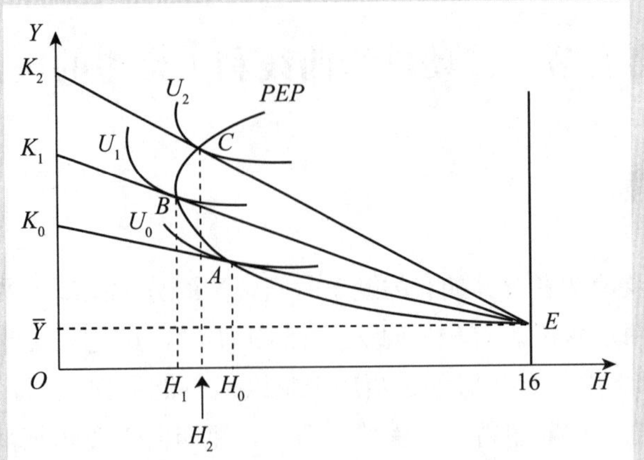

图 8-9　时间资源在闲暇和劳动供给之间的分配

再回到图 8-9。现在让劳动的价格上升到 w_1，再上升到 w_2，则消费者的预算线将绕着初始状态点 E 顺时针旋转到 EK_1 和 EK_2，其中 $K_1=16w_1+\overline{Y}$，$K_2=16w_2+\overline{Y}$。预算线 EK_1 和 EK_2 分别与无差异曲线 U_1 和 U_2 相切，切点分别为 B 和 C。均衡点 B 和 C 对应的最优闲暇量分别为 H_1 和 H_2，从而相应的劳动供给量分别为 $(16-H_1)$ 和 $(16-H_2)$。现又得到劳动供给曲线（参见图 8-10）上的两点：$b\ (16-H_1,\ w_1)$、$c\ (16-H_2,\ w_2)$。

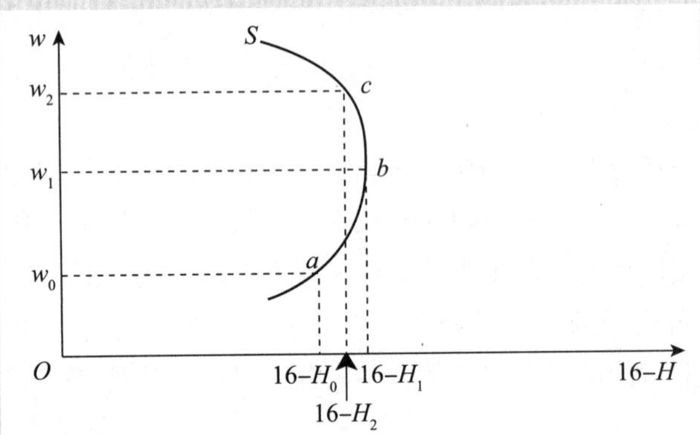

图 8-10　消费者的劳动供给曲线

重复上述过程，可得到图 8-9 中类似于 A 点、B 点和 C 点的其他点。将这些点连接起来，即得到图 8-9 中的价格扩展线 PEP；相应地，在图 8-10 中可得到类似于 a 点、b 点和 c 点的其他点，将所有这些点连接起来，即得到消费者的劳动供给曲线 S。

与一般的供给曲线不同，图 8-10 描绘的劳动供给曲线具有一个鲜明的特点，即它具有一段“向后弯曲”的部分。当工资较低时，随着工资的上升，消费者为较高的工资所吸引将减少闲暇，增加劳动供给量。在这个阶段，劳动供给曲线向右上方倾斜。但是，工资上涨对劳动供给的吸引力是有限的。当工资上涨到 w_1 时，消费者的劳动供给量达到最大。此时如果继续增加工资，劳动供给量非但不会增加，反而会减少。于是劳动供给曲线从工资 w_1 处起开始向后弯曲。

劳动供给曲线的这个特点也可以从图 8－9 中消费者随工资变化对闲暇的需求量的变化中看出。由图可知，随着工资的上升，从而预算线在纵轴的截距的上升，消费者的闲暇需求量是先减后增的，即从 H_0 减少到 H_1，然后又增加到 H_2。在时间资源总量既定时，这当然意味着劳动供给量是先增后减的，即从 $16-H_0$ 增加到 $16-H_1$，然后又减少到 $16-H_2$。

三、替代效应和收入效应

劳动供给曲线为什么会向后弯曲？为了解释这个问题，我们换一个角度来看劳动供给、劳动的价格即工资以及它们之间的关系。首先，可以将劳动供给看成闲暇需求的反面。因为在时间资源总量给定的条件下，劳动供给的增加就是闲暇需求的减少；反之亦然。二者之间存在反方向变化关系。其次，劳动的价格即工资实际上就是闲暇的机会成本：增加一单位时间的闲暇，意味着失去本来可以得到的一单位劳动的收入，即工资。于是，亦可以将工资看成闲暇的价格。最后，在上述关于劳动供给及工资的重新解释的基础上，劳动供给量随工资而变化的关系即劳动供给曲线便可以用闲暇需求量随闲暇价格而变化的关系即闲暇需求曲线来加以说明，只不过后者与前者正好相反而已。换句话说，解释劳动供给曲线向后弯曲现在变成了解释闲暇需求曲线为什么向右上方倾斜。现在可以运用第三章第五节中对一般商品需求曲线形状的讨论来回答上述问题了。

我们知道，对正常品的需求曲线总是向右下方倾斜的，即需求量随着价格的上升而下降。其原因有两个：一是替代效应，二是收入效应。正常品价格上涨后，由于替代效应，消费者转向相对便宜的其他替代品；由于收入效应，消费者相对“更穷”一些，以至减少对正常品的购买。就一般的正常品而言，替代效应和收入效应共同作用使其需求曲线向右下方倾斜。

现在来考虑闲暇商品的情况。对闲暇商品的需求亦受到替代效应和收入效应两个方面的影响。先看替代效应。假定闲暇的价格即工资上涨，于是，相对于其他商品而言，闲暇这个商品现在变得更加“昂贵”了（其机会成本上升了）。于是消费者减少对它的“购买”，而转向其他替代品。因此，由于替代效应，闲暇需求量与闲暇价格反方向变化。这一点与其他正常品一样。再来看收入效应。在这里，闲暇商品完全与众不同。在假定其他条件不变时，对一般商品来说，价格上升意味着消费者的实际收入下降，但闲暇价格的上升却相反，意味着实际收入的上升。因为消费者此时享有同样的闲暇即提供同样的劳动量可以获得更多的收入。随着收入的增加，消费者将增加对商品的消费，从而亦增加对闲暇商品的消费。结果，由于收入效应，闲暇的需求量与闲暇价格的变化方向相同。这样一来，在一般正常品场合在同一方向起作用的替代效应和收入效应，在闲暇商品场合却起着相反的作用。因此，随着闲暇价格的上升，闲暇的需求量究竟是下降还是上升取决于这两种效应的大小。如果替代效应大于收入效应，则闲暇的需求量随着其价格的上升而下降；反之，如果收入效应大于替代效应，则闲暇的需求量随着其价格的上升而上升。这就意味着劳动供给曲线向后弯曲。

那么，闲暇价格变化的收入效应会不会超过替代效应？对一般商品（不仅是正常品，还包括一部分劣等品）来说，收入效应通常要小于替代效应。消费者消费的商品有很多种，而每一种只占消费者预算的很小部分，而且有很相近的替代品。因此，单种商品价格变动通常对消费者的收入并不会造成很大影响，却非常容易引起消费者的替代行为。例外的情况仅是所谓的吉芬品。现在讨论到闲暇商品，情况却有所不同。消费者的收入的大部分可能来自劳动供给（当然还有一部分非劳动收入）。假定其他因素不变，闲暇价格即工资的上升会大大提高消费者的收入水平。因此，闲暇价格变化的收入效应较大。如果原来的工资即闲暇价格较低，则此时工资稍稍上涨的收入效应不一定能抵消、当然更谈不上超过替代效应，因为此时的劳动供给量亦较小，从而由工资上涨引起的整个劳动收入增量（它等于工资增量与劳动供给量之乘积）并不是很大；但如果工资已经处于较高水平（此时劳动供给量也相对较大），则工资上涨引起的整个劳动收入增量就很大，从而可以超过替代效应。于是劳动供给曲线在较高的工资水平上开始向后弯曲。

上述论述用一般的语言来说就是：在工资的提高使人们富足到一定的程度以后，人们会更加珍视闲暇。因此，当工资达到一定高度而又继续提高时，人们的劳动供给量不但不会增加，反而会减少。

四、劳动的市场供给曲线和均衡工资的决定

将所有单个消费者的劳动供给曲线水平相加，即得到整个市场的劳动供给曲线。尽管许多单个消费者的劳动供给曲线可能会向后弯曲，但劳动的市场供给曲线却不一定也是如此。在较高的工资水平上，现有的工人也许提供较少的劳动，但高工资也会吸引新的工人进来，因而总的市场劳动供给一般还是随着工资的上升而增加，从而市场劳动供给曲线仍然是向右上方倾斜的。

由于要素的边际生产力递减和产品的边际收益递减，要素的市场需求曲线通常总是向右下方倾斜。劳动的市场需求曲线也不例外。将向右下方倾斜的劳动需求曲线和向右上方倾斜的劳动供给曲线综合起来，即可决定均衡工资水平。参见图 8－11。图中劳动需求曲线 D 和劳动供给曲线 S 的交点是劳动市场的均衡点。该均衡点决定了均衡工资为 w_0，均衡劳动数量为 L_0。因此，均衡工资水平由劳动市场的供求曲线决定，且随着这两条曲线的变化而变化。劳动供给曲线位置的变化显然有如下几个原因。第一，非劳动收入即财富：较大的财富增强了消费者保留时间以自用的能

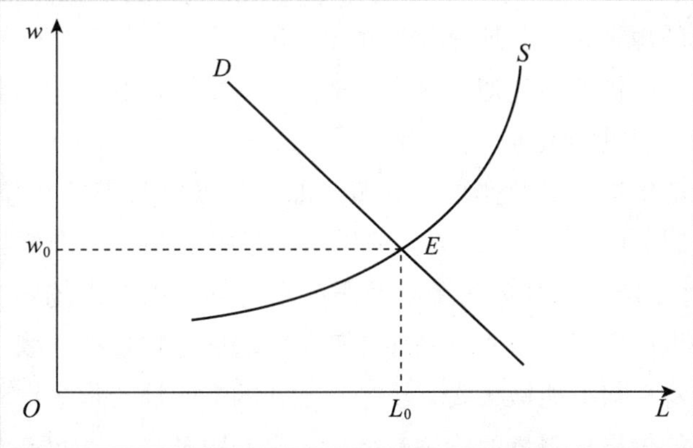

图 8-11　均衡工资的决定

力，从而减少了他的劳动供给。第二，社会习俗：例如某些社会不容许妇女参加工作而只能做家务。改变这个习俗将大大增加劳动供给。第三，人口：人口的总量及其年龄、性别构成显然对劳动供给有重大影响。

第六节　土地的供给曲线和地租的决定

经济学上的土地泛指一切自然资源，其特点被描述为“原始的和不可毁灭的”。说它是原始的，是因为它不能被生产出来；说它是不可毁灭的，是因为它在数量上不会减少。土地数量既不能增加也不能减少，因而是固定不变的。或者也可以说，土地的**“自然供给”**是固定不变的，它不会随着**土地价格**的变化而变化。①

当然，如果土地价格合适，人们可以沿海岸造陆地、变沙漠为良田，从而“创造”出土地；而如果人们采用一种会破坏土壤肥力的方式耕种，则土地也有“毁灭”的可能。不过，为简单起见，这里不考察土地数量的这些变化，而明确假定它为既定不变的，并在该假定下考察土地的“市场供给”（注意不是自然供给）的情况。

一、土地、土地供给和土地价格

在正式讨论土地（以及资本）的供给之前，有几个概念需要首先明确。

第一，生产要素服务的源泉和生产要素服务本身。生产要素服务的源泉不同于生产要素服务本身。例如，劳动服务的源泉是人类或劳动者，但劳动服务却是用

① 实际上也可以说，劳动的“自然供给”是固定不变的，即它不会随着劳动价格的变化而变化，至少在短期内是如此。在长期中，经济因素会通过影响出生率和死亡率来改变劳动的自然供给。

“人—时”（或代表劳动者在某个特定时期的工作量的其他单位）来衡量的；同样，土地是土地服务的源泉，但土地服务本身却是用“公顷—年”（即使用 1 公顷土地 1 年）之类的单位来衡量的。类似的区别也适用于资本，比如，建筑物和机器作为源泉也不同于它们所提供的服务。

第二，源泉的供给（以及需求）和服务的供给（以及需求）。源泉的供求是指卖和买生产要素服务的“载体”；服务的供求则是指卖和买生产要素服务本身而非其“载体”。有些生产要素服务的源泉及服务本身都可以在市场中交易，例如，土地和资本；有些生产要素则不能，例如劳动。劳动服务可以被买卖，但劳动服务的源泉（即人类自身）却不能被买卖，至少在现在的文明社会是这样。①

第三，源泉的价格和服务的价格。如果源泉和服务二者均可在市场上交易，则就有两个价格，即源泉的价格和服务的价格。例如，就土地而言，有一个“1 公顷土地（即源泉）的价格”，还有一个“使用 1 公顷土地 1 年（即服务）的价格”。再如建筑物和机器，它们本身有一个市场价格（即源泉的价格），还有一个使用它们一定时间的价格（即服务的价格）。这两个价格显然不同，因而有必要加以区分。生产要素服务的源泉的价格，特别是资本品（如机器）的价格，系由它们的市场供求曲线决定，其过程与前面已经论述过的商品价格的决定大致相同。我们在分配论中不再重复。因此，分配论中所论述的是生产要素服务价格的决定。劳动是一个例外。由于只有劳动服务能够买卖，因此，只有一个价格，即劳动服务的价格。

为明确起见，假定下面讨论的土地、土地供给及土地价格（资本、资本供给及资本价格）均是指土地服务、土地服务的供给及土地服务的价格（资本服务、资本服务的供给以及资本服务的价格）。其中，土地服务的价格称为地租②（资本服务的价格称为利率）。

由于劳动是一个例外，只有劳动服务能够买卖，只存在劳动服务的价格即工资，故在上一节中，没有对劳动服务的源泉和劳动服务等也作类似的区分。在谈到劳动供给和劳动价格时，它必定是指劳动服务的供给和劳动服务的价格，不会引起任何误解。

---

① 在历史上曾经有过买卖奴隶（即劳动者）的现象。

② 既然资本和土地这类生产要素具有两种价格，那么，对于一个使用它的厂商而言，究竟是购买它合算，还是租用它合算？答案是，在完全竞争的条件下，二者的结果相同。这里加以简要说明。

如果某台机器的市场价格（源泉的价格）为 P，使用寿命为 n 年，年折旧额为 D，n 年后的价值为 0，每年能为厂商带来的收益为 R，市场利率为 r，则该机器的源泉价格的现值是：

$$V=\frac{R-D}{1+r}+\frac{R-D}{(1+r)^2}+\cdots+\frac{R-D}{(1+r)^n}$$

如果 $P>V$，即市场价格高于机器将带来的收益的现值，那么，购置机器不合算，厂商便租用它。在完全竞争的情况下，这会使 P 下降，一直到 $P=V$ 时为止。

如果 $P<V$，即市场价格低于机器将带来的收益的现值，那么，租用机器不合算，厂商便购买它。在完全竞争的情况下，这会使 P 上升，一直到 $P=V$ 时为止。

结果是：购买与租用机器没有差别。

二、土地的供给曲线

前面说过，土地的自然供给即自然赋予的土地数量是（或者假定是）固定不变的：它不会随着土地价格即地租的变化而变化。现在要考虑土地的市场供给情况：它是否也与土地价格没有关系呢？

为了回答这个问题，下面仍然从分析单个土地所有者的行为开始。

假定土地所有者是消费者，从而其行为目的是效用最大化。它所用的土地数量在一定时期内也是既定的和有限的。和前一节分析的劳动者一样，土地所有者现在要解决的问题是：如何将既定数量的土地资源在保留自用和供给市场这两种用途上进行分配以获得最大的效用？

与供给劳动的情况类似，供给土地本身不直接增加效用。土地所有者供给土地的目的是获得土地收入，而土地收入可以用于各种消费目的，从而增加效用。因此，土地所有者实际上是在土地供给所可能带来的收入与自用土地之间进行选择。于是土地所有者的效用函数可以写为：

$$U=U(Y,q)$$

式中，Y 和 q 分别为土地收入和自用土地数量。

现在的问题是：自用土地是如何增加土地所有者的效用的呢？显然，如果不用来供给市场，则土地可以用来建造花园或高尔夫球场等等。土地的这些消费性使用当然会增加土地所有者的效用，就像劳动者场合的闲暇的作用一样。不过一般来说，土地的消费性使用只占土地的一个很微小的部分，不像时间的消费性使用占全部时间的一个较大的部分。如果假定不考虑土地的消费性使用这个微小部分，即不考虑土地所有者自用土地的效用，则自用土地的边际效用等于 0，从而效用函数简化为：

$$U=U(Y) \tag{8.19}$$

换句话说，效用只取决于土地收入而与自用土地数量的大小无关。在这种情况下，为了获得最大效用就必须使土地收入达到最大（因为效用总是收入的递增函数），而为了使土地收入最大又要求尽可能地多供给土地（假定土地价格总为正）。由于土地所有者拥有的土地为既定的，例如为 $\overline{Q}$，故他将供给 $\overline{Q}$ 量的土地——无论土地价格 R 是多少。因此，土地供给将在 $\overline{Q}$ 的位置上垂直，参见图 8-12。

同样的结论也可以通过无差异曲线分析法得到，参见图 8-13。在图中，横轴 q 表示自用土地数量，纵轴 Y 表示土地收入。土地所有者的初始状态点 E 表明，它的非土地收入为 $\overline{Y}$，拥有的全部土地数量为 $\overline{Q}$。两条预算线 EK_0 和 EK_1 分别对应于土地价格为 R_0 和 R_1 的两种情况，即 $K_0=\overline{Q}\cdot R_0+\overline{Y}$，$K_1=\overline{Q}\cdot R_1+\overline{Y}$。图中真正特殊的地方是其无差异曲线：它们均为水平直线，例如 U_0 和 U_1。无差异曲线为水平直线表示土地所有者的效用只取决于土地收入，与自用土地数量无关。

例如在水平直线 U_0 上，每一点的收入均相等，故它们是无差异的，尽管它们的自用土地数量不同。同样，高位的无差异曲线表示较高的效用，即 $U_1>U_0$，这是因为前者的收入大于后者。显然，无差异曲线簇的这种特殊形状就是（8.19）式效用函数的形象表示，或者说，是土地没有自用用途假定的形象表示。

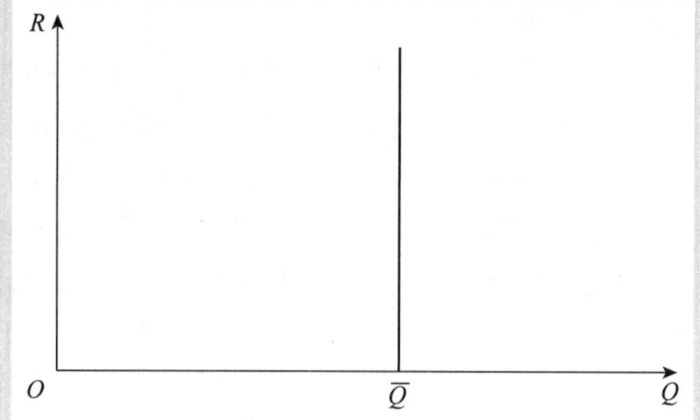

图 8－12　土地的供给曲线

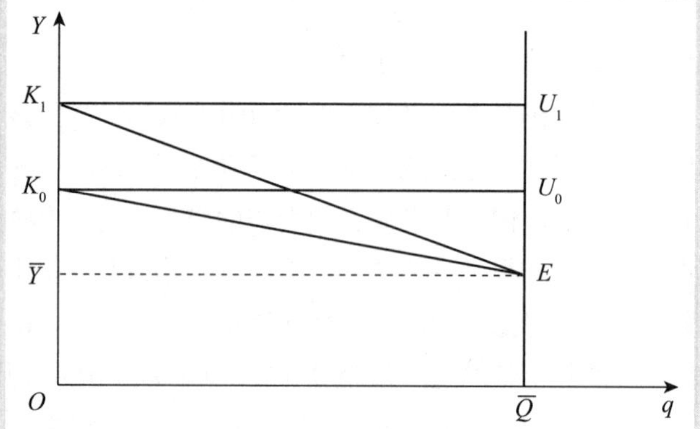

图 8－13　土地供给的无差异曲线分析

水平的无差异曲线簇显然表明：无论土地价格如何变化，最优的自用土地数量总为 0，从而土地供给量总为 $\overline{Q}$，即等于土地所有者拥有的全部土地资源。例如，设土地价格为 R_0，预算线为 EK_0，此时的最大效用组合点或均衡点显然为 K_0 点，因为这是在预算约束 EK_0 条件下能达到最大效用 U_0 的点。与 K_0 相对应，最优自用资源为 0，从而土地供给量为 $\overline{Q}$；再设土地价格上升到 R_1，预算线变为 EK_1，最大效用组合点为 K_1 点，但与 K_1 点相对应的最优自用资源仍然为 0，从而土地供给量仍然为 $\overline{Q}$。换句话说，土地供给量总是为 $\overline{Q}$，与土地价格的高低无关，于是**土地供给曲线**垂直。

值得注意的是，在上面的讨论中，之所以得到土地供给曲线垂直的结论，并不是因为自然赋予的土地数量是（或假定是）固定不变的，而是因为我们假定了土地只有一种用途即生产性用途，而没有自用用途。如果土地只有生产性用途，则它对该用途的供给曲线当然是垂直的。事实上，这个结论不仅适用于土地，同样适用于任何其他要素。我们可以作出下面的一般性陈述：任意一种资源，如果只能（或假定只能）用于某种用途，而无其他用途，则该资源对该种用途的供给曲线就一定是垂直的。借用机会成本的概念则可以这样说：任意一种资源，如果它在某种用途上的机会成本等于0，则它对该种用途的供给曲线就垂直；即使该资源价格下降，它也不会转移到其他方面（因为无利可得），即它的供给量不会减少。例如，考虑某些土地资源，如果它们只能用来种玉米，则它们对种玉米的供给曲线就垂直，种玉米土地的价格下降不会减少它们的供给量；又例如，考虑某些高度专业化的劳动，如果这些劳动只适用于某个特殊的生产，则当劳动时间无自用价值时，它们对该生产的供给曲线就垂直，当劳动时间有自用价值时，供给曲线在劳动价格大于其自用价值时垂直。由此又可得到更加一般的结论：任意一种资源对其用途的供给曲线在其机会成本水平之上垂直。

由此可见，土地数量本身的固定不变并不能说明土地供给曲线垂直。要使（用于生产的）土地供给曲线垂直，必须假定土地没有自用用途，没有自用价值，或者说，假定土地在生产性使用上的机会成本等于0。这个假定显然并不完全符合实际，因为土地对土地所有者确实有某些消费性用途，尽管这些用途相对于其拥有的全部土地数量来说也许很小。如果将土地的自用价值也考虑进来，则土地的供给曲线就可能不再那么垂直，而是略微向右上方倾斜。此外，如果土地除了一种用途之外还有其他用途，比如，农业土地可以被用来盖厂房、修道路等等，则在农用土地的价格下降以后，用于种植农作物的土地可能就会减少——一部分原来用于农业的土地会转移到现在相对而言更加有利可图的盖厂房或修道路上。这样，具有多种用途的土地的供给曲线就会向右上方倾斜，甚至就会和一般商品的供给曲线没有差别。

当然，利用另一种办法也可以得到土地供给曲线垂直的结论，那就是，我们不是像上面那样考虑用于生产目的的土地供给，而是考虑所谓用于一切目的的土地供给，即既包括生产性使用也包括消费性自用的土地供给，则在这种情况下，土地的供给就等于供给市场和“供给”给土地所有者自身的两部分之和，于是，它是真正固定不变的了，即土地价格的变化只能改变这两个部分的相对大小，但显然不能改变其总和。不过这样一来，我们可以按同样的逻辑认为其他资源的供给曲线也是垂直的。例如，我们可以将闲暇也看成劳动的一种方式，于是全部劳动供给分为供给市场的和自用的两部分。这样定义的劳动供给显然也是固定的，它不因劳动价格变化而变化。显而易见，这种解释对经济分析并无多大用处。

真正有意义的供给总是指为市场目的而提供的供给，不包括自用部分。我们的分析将遵循这个“原则”。

三、使用土地的价格和地租的决定

将所有单个土地所有者的土地供给曲线水平相加，即得到整个市场的土地供给曲线。再将向右下方倾斜的市场的土地需求曲线与土地供给曲线结合起来，即可决定使用土地的均衡价格。参见图 8-14。图中土地需求曲线 D 与土地供给曲线 S 的交点是土地市场的均衡点。该均衡点决定了土地服务的均衡价格 R_0。特别是，如果假定土地没有自用价值，则单个土地所有者的土地供给曲线为垂直线，故市场的土地供给曲线亦为垂直线。

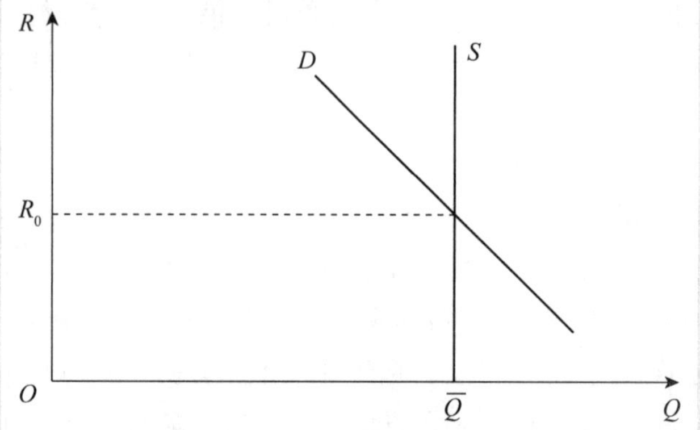

图 8-14　土地服务的均衡价格

当土地供给曲线垂直时，它与土地需求曲线的交点所决定的土地服务的价格具有特殊意义：它常常被称为"地租"①。参见图 8-15 中的 R_1。由于此时土地的供给曲线垂直且固定不变，故地租完全由土地的需求曲线决定，而与土地的供给曲线无关：它随着需求曲线的上升而上升，随着需求曲线的下降而下降。如果需求曲线下降到 D'，则地租将消失，即等于 0。

根据上述地租决定理论，可以给出一个关于地租产生的解释。假设一开始时，土地供给量固定不变，为 $\overline{Q}$，对土地的需求曲线为 D'，从而地租为 0；现在由于技术进步使土地的边际生产力提高，或由于人口增加使粮食需求增加从而粮食价格上涨，对土地的需求曲线便开始向右移动，从而地租开始出现。因此，可以这样来说明地租产生的（技术）原因：地租产生的根本原因在于土地的稀少，供给不能增加；如果给定了不变的土地供给，则地租产生的直接原因就是土地需求曲线的右移。土地需求曲线右移是因为土地的边际生产力提高或土地产品（如粮食）的需求增加从而粮价提高。如果假定技术不变，则地租就由于土地产品价格的上升而产

① 有的人把地租看成土地服务的价格，有的人则将固定供给要素的价格称为"租金"。本书遵循后一种意见，但用地租专指土地供给固定时使用土地的价格，而将租金留给一般的固定供给要素。

生，且随着产品价格的上涨而不断上涨。

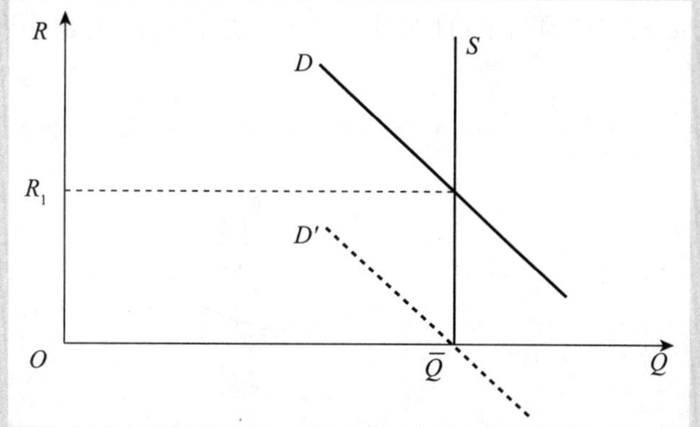

图 8－15　地租及其产生原因

四、租金、准租金和经济租金

根据地租的概念，西方学者又对它从几个方向作了进一步的发展。

1. **租金**

按照上面的定义，地租是当土地供给固定时土地服务的价格，因而地租只与固定不变的土地有关。但在很多情况下，不仅土地可以被看成是固定不变的，而且许多其他资源可以被看成是固定不变的，例如某些人的天赋才能，就很有些像土地一样，其供给是自然固定的。这些固定不变的资源也有相应的服务价格。这种服务价格显然与土地的地租非常类似。为与特殊的地租相区别，可以把这种供给数量同样固定不变的一般资源的服务价格叫做“**租金**”①。换句话说，地租是当所考虑的资源为土地时的租金，而租金则是一般化的地租。

2. **准租金**

现在进一步来分析租金。租金以及特殊的地租均与资源的供给固定不变相联系。这里的固定不变显然对（经济学意义上的）短期和长期都适用。但是，在现实生活中，有些生产要素尽管在长期中可变，但在短期中却是固定的。例如，由于厂商的生产规模在短期不能变动，其固定生产要素对厂商来说就是固定供给的：它不能从现有的用途中退出而转到收益较高的其他用途中，也不能从其他相似的生产要素中得到补充。这些要素的服务价格在某种程度上也类似于租金，通常被称为“**准租金**”。所谓准租金就是对供给量暂时固定的生产要素的支付，即固定生产要素的收益。

准租金可以用厂商的短期成本曲线来加以分析。参见图 8－16。其中 MC、AC

① 有时，租金一词被用来泛指一般资源的服务价格，而不管该资源的供给如何。

和 AVC 分别表示厂商的边际成本、平均总成本和平均可变成本。假定产品价格为 P_0，则厂商将生产 Q_0。这时的总可变成本为面积 $OGBQ_0$，它代表了厂商对生产 Q_0 所需的可变生产要素量必须作出的支付。固定要素得到的则是剩余部分 GP_0CB。这就是准租金。

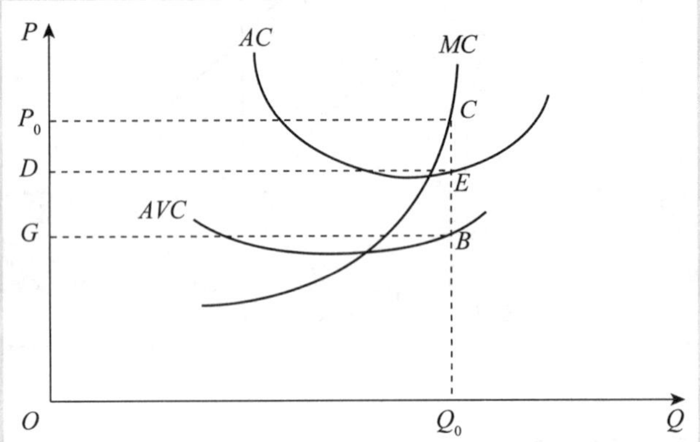

图 8-16 准租金

如果从准租金 GP_0CB 中减去总固定成本 $GDEB$，则得到经济利润 DP_0CE。可见，准租金为总固定成本与经济利润之和。当经济利润为 0 时，准租金便等于总固定成本。当然，准租金也可能小于总固定成本——当厂商有经济亏损时。

3. 经济租金

再回到租金是固定供给要素的服务价格这个定义上来。固定供给意味着，要素价格的下降不会减少该要素的供给量。或者更进一步，要素收入的减少不会减少该要素的供给量。据此，也可以将租金看成这样一种要素收入：其数量的减少不会引起要素供给量的减少。有许多要素的收入尽管从整体上看不同于租金，但其收入的一部分却可能类似于租金，亦即如果从该要素的全部收入中减去这一部分，并不会影响要素的供给。我们将这一部分要素收入称作**"经济租金"**。

经济租金的几何解释类似于所谓的生产者剩余。参见图 8-17。图中要素供给曲线 S 以上、要素价格 R_0 以下的阴影区域 AR_0E 为经济租金。要素的全部收入为 OR_0EQ_0。但按照要素供给曲线，要素所有者为提供 Q_0 量要素所愿意接受的最低要素收入是 $OAEQ_0$。因此，阴影部分 AR_0E 是要素的"超额"收益，即使去掉，也不会影响要素的供给量。

经济租金的大小显然取决于要素供给曲线的形状。供给曲线越陡峭，经济租金部分就越大。特别是，当供给曲线垂直时，全部要素收入均变为经济租金，它恰好等于租金或地租（回忆租金及地租的定义）。由此可见，租金实际上是经济租金的一种特例，即当要素供给曲线垂直时的经济租金，而经济租金则是更为一般的概念，它不仅适用于供给曲线垂直的情况，也适用于供给曲线不垂直的一般情况。在另一个极端上，如果供给曲线成为水平的，则经济租金便完全消失。

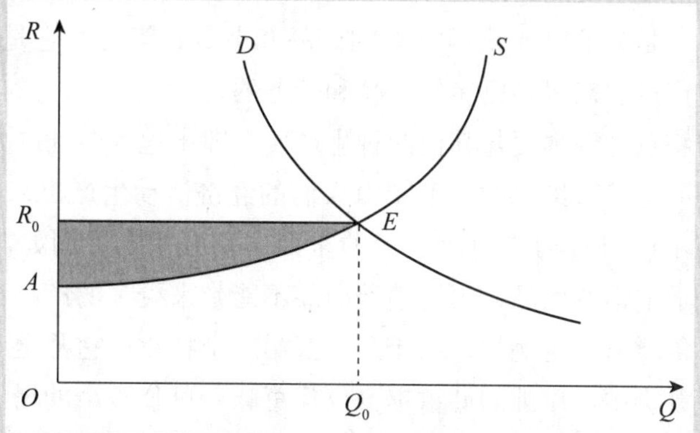

图 8-17　经济租金

总之，经济租金是要素收入（或价格）的一个部分，该部分并非为获得该要素于当前使用中所必需，它代表着要素收入中超过其在其他场所可能得到的收入部分。简言之，经济租金等于要素收入与其机会成本之差。

*第七节　资本的供给曲线和利率的决定

前面分别讨论了劳动和土地两种生产要素。现在考虑与它们并列的第三种生产要素，即所谓“资本”要素①。资本这个词在不同的场合，因为不同的需要，被解释成不同的东西，从而又引出不同的关于资本的理论。因此，有必要先来说明一下本节中所要分析的资本的含义。

一、资本和利率

1. 资本

在日常生活中，资本常常被看成一个包罗万象的东西：它代表着一个经济系统的所有有形资源，包括劳动人口以及一切有用之物。例如，消费品（住房、家具等）、生产资料（工厂、机器等），甚至现金余额和自然资源如土地。显而易见，这个关于资本的“概念”并不适合我们在此分析的目的。如果将此作为定义，则资本不再是与劳动及土地并列的生产要素（因为它包括了后两者），甚至不再是生产要素（因为它包括了消费商品）。

作为与劳动和土地并列的一种生产要素，资本的独特特点可以概括如下：第

① 将资本看成与劳动和土地并列的一种生产要素的做法存在许多问题。实际上很难将它们截然分开。例如，现代社会的劳动力并非“原始”的劳动力，而是所谓“人力资本”；土地同样包含了人类的生产活动在内。

一，它的数量是可以改变的，即它可以通过人们的经济活动生产出来；第二，它之所以被生产出来，是为了以此获得更多的产品和劳务；第三，它是作为投入要素，即通过被用于生产过程来得到更多的产品和劳务的。

由于第一个特点，资本便与其他两种生产要素即土地和劳动区别开来了。因为土地和劳动均是"自然"给定的，不能由人们的经济活动生产出来[①]；由于第二及第三个特点，资本便与一切非生产要素的东西区别开来了。例如，由于第二个特点，它不同于普通的消费商品，因为消费商品不能带来更多的产品和劳务，其价值仅等于自身而不能增值；再例如，由于第二及第三个特点，它甚至不同于单纯的储蓄，因为在现代社会中，单纯的储蓄本身仅仅意味着可贷资金的增加，如果这些资金并不实际贷出，则不能增值；即使贷出，从而增值，也可能不是被用于生产过程。

根据上述三个特点，可以将资本定义为：由经济制度本身生产出来并被用作投入要素以便进一步生产更多的产品和劳务的物品。

2. 利率

一方面，作为生产要素服务的源泉，资本本身具有一个市场价格，即所谓资本价值。例如，一台机器、一幢建筑物在市场上可按一定价格出售。另一方面，资本也与土地和劳动等其他要素一样，可以在市场上被租借（注意不是出售）出去。因此，作为生产要素服务，资本服务也有一个价格，即使用资本的价格，或者说，资本所有权所得到的价格。这个价格通常被称为利率，并用 r 来表示。

例如，一台价值为 1 000 元的机器被使用一年得到的收入为 100 元。用这个年收入除以机器本身的价值即得到该机器每单位价值服务的年收入：100/1 000＝10%。这就是该机器服务的价格或（年）利率：$r=10\%$。

由此可见，资本服务的价格或利率等于资本服务的年收入与资本价值之比。用公式表示即为：

$$r=\frac{Z}{P} \tag{8.20}$$

式中，Z 为资本服务的年收入；P 为资本价值。

对于不同的资本来说，它们的价值或者年收入可能并不相同，但资本服务的年收入与资本价值的比率却有趋于相等的趋势。例如，设资本 A 具有较高的利率，则人们将购买它，从而它的市场价格即资本价值被抬高，于是根据（8.20）式，它的利率将下降。这个过程将一直继续下去，直到 A 的利率与其他资本的利率相等时为止。

① 前面指出过，土地等要素也不是绝对地不能被经济活动"创造"出来。

二、资本的供给

现在根据上面给出的资本定义来讨论资本的供给问题：以效用最大化为目的的资本所有者如何向市场供给资本要素？由资本的定义可知，资本与土地及劳动的一个根本区别在于：资本的数量是可以变化的，即它可以被人们的经济活动创造出来，而土地和劳动则是“自然给定”的。这个根本区别使得资本的供给问题完全不同于土地和劳动的供给问题。在有关土地和劳动的场合，所要研究的是资源所有者如何对既定的土地或劳动在要素供给和保留自用之间进行选择。尽管对单个人来说，他可以通过购买例如土地来增加其所拥有的土地数量，但这同时也意味着，其他人拥有的土地数量相应地减少了。因此，从整个社会来看，这种买卖行为并没有改变总的土地数量。除非买卖双方的土地自用价值有很大差别，否则土地所有权的转移本身并不会对土地的市场供给状况产生任何影响。

资本的情况就完全不同了：单个人完全可以在不影响其他人资本拥有量的情况下增加自己的资本资源。这就是“储蓄”，即保留其收入的一部分不用于当前的消费。当一个人进行储蓄而非消费时，他就增加了自己拥有的资本数量。他可以自己生产新资本，例如孤岛上的鲁滨逊为织一张网而放弃某些当前消费；此外，他也可以购买资本的所有权，如股票、债券等等。后一种方式在现代社会中更为常见。当储蓄者购买股票或债券时，其他人则得到一笔所需要的资金去建造厂房和机器等新资本。无论如何，单个人的资本数量由于储蓄而增加，或者相反，由于负储蓄而减少。

因为资源所有者拥有的资本数量是可变的，故现在面临的不再是单一的既定资本的供给问题，而首先是如何确定最优的资本拥有量的问题。只有在确定了最优资本拥有量之后，才可以讨论这个既定最优量的供给问题。这后一个问题与土地及劳动的供给问题并无二致，均涉及既定资源在要素供给和自用用途之间的分配。如果假定资本的自用价值等于 0（这个假定与土地自用价值为 0 相比并不更加不符合实际），则既定资本资源的供给也是固定的，其供给曲线为一条垂直线。至于前一个问题，即最优资本拥有量问题实际上就是确定最优储蓄量的问题。假定资源所有者的原有资本存量为 K_0，最优资本量为 K^*，则当 $K_0<K^*$ 时，资源所有者将通过储蓄来增加其资本拥有量，以达到最优水平；反之则进行负储蓄。因此，资源所有者的资本供给问题现在归结为如何将既定收入在消费和储蓄两方面进行分配的问题。

更进一步分析，资源所有者进行储蓄从而增加资本拥有量，其目的是什么呢？与提供劳动和土地一样，其目的当然也是将来能够得到更多的收入，从而有可能在将来进行更多的消费。这样一来，既定收入如何在消费和储蓄之间分配的问题，又可以看成在现在消费和未来消费之间的选择。于是我们面临的是所谓消费者的**长期消费决策**问题。

长期消费决策与第三章讨论的同一时期在不同商品之间的选择并无多大区别。为了分析的简单起见，假定只有一种商品，只有今年和明年两个时期，并且消费者可以将商品借出或借入。在这些假定之下，长期消费决策可以用图 8－18 来说明。在图中，横轴 C^0 代表今年消费的商品量，纵轴 C^1 代表明年消费的商品量。U_1、U_2 和 U_3 是消费者的三条无差异曲线。无差异曲线在这里表示的是给消费者带来同等满足的今年消费的商品量和明年消费的商品量的各种组合，它与普通的无差异曲线一样，也是向右下方倾斜的，且凸向原点，并且较高位的无差异曲线代表较高的效用。无差异曲线向右下方倾斜表明，为了保证总的效用水平不变，减少今年的消费量就必须用增加明年的消费量来弥补，反之亦然。无差异曲线凸向原点表明，今年消费对明年消费的"边际替代率"递减，因为随着今年消费量的提高，从而明年消费量的下降，今年消费的"边际效用"下降，而明年消费的"边际效用"则上升，于是今年消费替代明年消费的能力将下降。

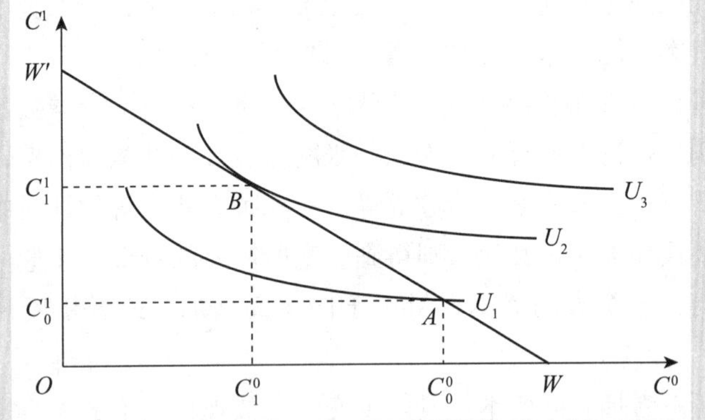

图 8－18 长期消费决策

再来看预算线 $W'W$。假定消费者今年得到的商品量（或收入）为 C_0^0，明年将得到的商品量（或收入）为 C_0^1。① 于是消费者的初始状态可以用图中的 A 点(C_0^0,C_0^1)表示。显而易见，A 点是预算线上的一点。处于 A 点的消费者可以借出一部分他今年的商品，也可以借入一部分别人今年的商品。如果再假定他所面临的市场利率为 r，则他减少一单位商品的今年消费就可以增加 $(1+r)$ 单位商品的明年消费。换句话说，预算线的斜率必为 $-(1+r)$，其中负号说明预算线是向右下方倾斜的。因此，预算线具备两个特点。第一，它必须经过初始状态点 A；第二，它的倾斜程度由市场利率 r 完全确定，随着 r 的上升而愈加陡峭。将这两个特点综合在一起，即得如下结论：随着利率的上升，预算线将绕着初始状态点 A 顺时针旋转；反之亦然。最后，如果消费者将明年的商品均提前到今年消费，则他今年可能有的最大消费就是：

① 这里不考虑不确定性，即认为消费者明年肯定得到 C_0^1。

$$W=C_0^0+\frac{C_0^1}{1+r}$$

它由预算线与横轴的交点表示。该点决定了预算线与纵轴之间水平方向的最大距离。

消费者的均衡位置当然是在预算线与无差异曲线 U_2 的切点 B，即他的长期最优消费决策是：今年消费 C_1^0，明年消费 C_1^1。比较一下初始状态 A 与均衡状态 B 即知，处于 A 点的消费者尽管今年拥有的商品量为 C_0^0，但却决定只消费其中的一部分即 C_1^0，而将另一部分（$C_0^0-C_1^0$）储蓄起来，并按利率 r 借出去①，从而能够在明年将消费从 C_0^1 提高到 C_1^1。

于是，由以上分析可知，给定一个市场利率 r，消费者今年有一个最优的储蓄量从而贷出量。② 如果进一步令利率变化，例如，设市场利率提高，则预算线将绕着初始点 A 顺时针旋转，从而将与另一无差异曲线相切，得到另一个均衡点及另一个最优储蓄量和贷出量。将不同利率水平下消费者的最优储蓄量画在图 8-19 中，就得到一条储蓄或贷款供给曲线。在图中，横轴 Q 表示储蓄或贷款供给。一般来说，随着利率的上升，人们的储蓄也会被诱使增加，从而曲线向右上方倾斜。但与劳动供给曲线的情况相同，当利率处于很高的水平时，储蓄或贷款供给曲线亦可能出现向后弯曲的现象。

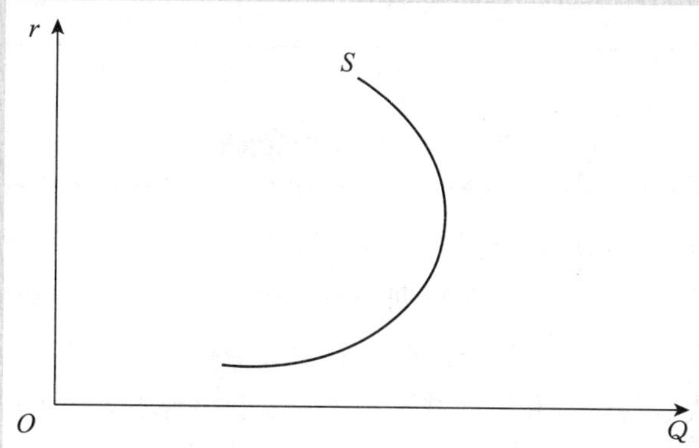

图 8-19　储蓄或贷款供给曲线

三、资本市场的均衡

由以上讨论可知，资本数量的变化是储蓄的结果。但储蓄是一个“流量”，要通过储蓄来显著地改变资本“存量”通常需要相当长的时间。如同涓涓细流不断流入一个大水库，需经过一段相当长的时间才能显著改变水库的水位。从短期来看，

① 单个消费者的借贷行为并不影响市场利率。

② 另一些消费者可能进行负储蓄或借入，如果其初始位于预算线上 B 点以上的部分。

储蓄当然还是在增加资本，但增加的数量与原有的庞大资本存量相比可能微不足道。特别是，如果从一个非常短的时期，例如就从一个“时点”来考察，则储蓄流量就趋向于零，而资本存量固定不变。为了分析的方便起见，我们假定储蓄在短期中对资本数量不产生影响，即短期中资本存量固定不变。

由于假定资本数量在短期中为既定的，又由于以前已经假定了资本的自用价值为零，故资本的短期供给曲线是一条垂直线。例如，设一开始时，资本数量为 Q_1。于是，相应的短期资本供给曲线就是 S_1S_1。参见图 8-20。垂直的短期资本供给曲线表明，在短期中，资本供给 Q 与利率 r 的高低无关。资本的需求曲线 D 当然仍是向右下方倾斜的。资本的需求曲线 D 和短期供给曲线 S_1S_1 的交点决定了短期均衡利率水平为 r_1，资本数量为 Q_1。

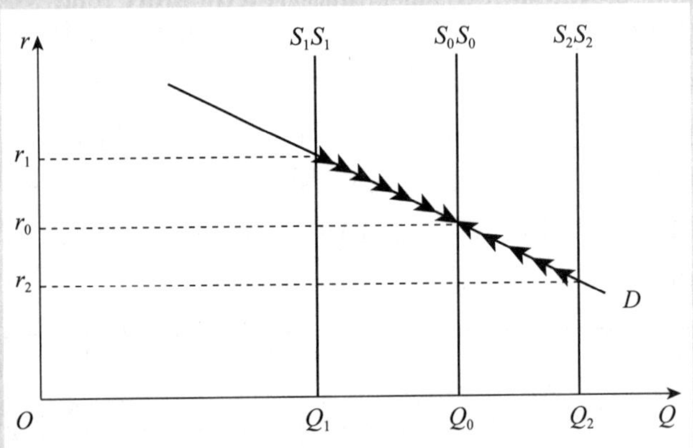

图 8-20　资本市场的均衡

图 8-20 中的（Q_1，r_1）是资本市场的短期均衡状态。从长期来看，它可能均衡，也可能不均衡。这是因为，在短期均衡（Q_1，r_1）上，一方面，利率 r_1 决定了储蓄（从而投资）的数量，另一方面，短期资本存量 Q_1 决定了折旧的数量。如果由（Q_1，r_1）决定的储蓄和折旧并不相等，就会出现不等于零的净投资，从而资本存量就会随之发生变化。例如，在短期均衡状态（Q_1，r_1），如果储蓄大于折旧，就存在正的净投资，正的净投资将导致资本存量从原来的 Q_1 水平上增加；反之，如果储蓄小于折旧，就存在负的净投资，负的净投资将导致资本存量从原来的 Q_1 水平上减少。由此可见，尽管 Q_1 在短期中是均衡的，但在长期中却可能并不均衡。只有当某个短期均衡的利率和资本存量所决定的储蓄与折旧正好相等时，这个短期均衡才同时也是长期均衡。

现在来看资本市场是如何从短期均衡走向长期均衡的。假定在一开始时的短期均衡状态（Q_1，r_1），利率相对较高而资本存量相对较低。相对较高的利率意味着相对较高的储蓄，相对较低的资本存量意味着相对较低的折旧。于是，在（Q_1，r_1）上，储蓄大于折旧，即净投资大于零。净投资大于零导致资本存量增加。这意味着，从长期来看，短期资本供给曲线将沿着资本的需求曲线 D 从原来的 S_1S_1 向右移动

(参见图 8 - 20 中沿 D 曲线指向右下方的箭头)。随着短期资本供给曲线的向右移动，利率将下降而资本存量将增加，结果，储蓄相应下降而折旧相应增加①，原先的储蓄与折旧的差距会缩小。这个过程将一直继续下去，直到储蓄与折旧之间的差距缩小到零，即二者趋于相等为止。设短期资本供给曲线右移到 S_0S_0 时，储蓄恰好等于折旧，则 S_0S_0 与资本需求曲线 D 的交点 (Q_0，r_0) 既表示资本市场的短期均衡，也表示它的长期均衡。在 (Q_0，r_0) 上，由于储蓄和折旧恰好相等，净投资为零，故资本存量将稳定在 Q_0 的水平上不再变化，资本市场达到了长期均衡。除非资本的需求曲线上移或者人们对未来消费的偏好增强，利率 r_0 和资本数量 Q_0 将维持不变。

反过来，假定一开始时的短期资本供给曲线为图 8 - 20 中的 S_2S_2，短期均衡状态为 (Q_2，r_2)，此时，利率相对较低而资本存量相对较高。一方面，由于利率相对较低，故储蓄和投资也相对较低；另一方面，由于资本存量相对较高，故折旧也相对较高。于是，在 (Q_2，r_2) 上有储蓄小于折旧，即存在着负的净投资。负的净投资导致资本存量减少。这意味着，从长期来看，短期资本供给曲线将从原来的 S_2S_2 沿着资本的需求曲线 D 向左移动 (参见图 8 - 20 中沿 D 曲线指向左上方的箭头)。随着短期资本供给曲线的向左移动，利率将上升而资本存量将下降，结果，储蓄相应增加而折旧相应减少，原先的储蓄与折旧的差距会缩小。这个过程将一直继续下去，直到储蓄与折旧趋于相等为止。换句话说，短期资本供给曲线同样会左移到 S_0S_0。

专栏 8 - 2
美国的要素收入

第八节 洛伦兹曲线和基尼系数

到此为止，我们已经分析了西方经济学分配论中的要素价格决定理论。生产要素价格的决定理论是分配论的一个重要部分，但并不构成分配论的全部内容。除了包括要素价格决定之外，分配论还包括收入分配的不平等程度等等。② 为了研究国民收入在国民之间的分配，美国统计学家 M. O. 洛伦兹提出了著名的**洛伦兹曲线**。洛伦兹首先将一国总人口按收入由低到高排序，然后考虑收入最低的任意百分比人口所得到的收入百分比，例如，收入最低的 20%人口、40%人口等所得到的收入比例分别为 3%、7.5%等 (参见表 8 - 3)，最后，将这样得到的人口累计百分比和收入累计百分比的对应关系描绘在图形上，即得到洛伦兹曲线。参见图 8 - 21。图中

① 这里假定在所讨论的范围内储蓄供给曲线没有向后弯曲。

② 此外，本书第九章第八节还将讨论公平与效率的关系以及政府为解决收入分配不平等而制定的相关政策等问题。

横轴 OH 表示人口（按收入由低到高分组）的累计百分比，纵轴 OM 表示收入的累计百分比，ODL 为该图的洛伦兹曲线。由该曲线（或表 8-3）可知，在这个国家中，收入最低的 20%人口所得到的收入仅占总收入的大约 3%，而收入最低的 80%人口所得到的收入还不到总收入的一半！

表 8-3　收入分配资料

人口累计（%）	收入累计（%）
0	0
20	3
40	7.5
60	29
80	49
100	100

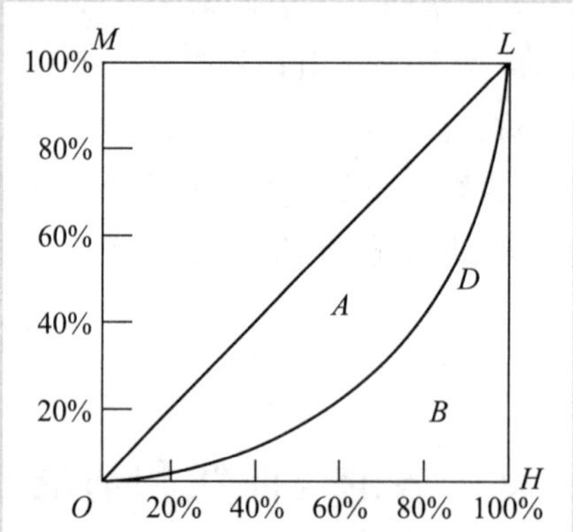

图 8-21　洛伦兹曲线

显而易见，洛伦兹曲线的弯曲程度具有重要意义。一般来说，它反映了收入分配的不平等程度。弯曲程度越大，收入分配越不平等；反之亦然。特别是，如果所有收入都集中在某个人手中，而其余人口均一无所获，则收入分配达到完全不平等，洛伦兹曲线成为折线 OHL；而如果任一人口百分比均等于其收入百分比，从而人口累计百分比等于收入累计百分比，则收入分配就是完全平等的，洛伦兹曲线成为通过原点的 45°线 OL。

一般来说，一个国家的收入分配，既不是完全不平等的，也不是完全平等的，而是介于两者之间；相应的洛伦兹曲线，既不是折线 OHL，也不是 45°线 OL，而是像 ODL 那样向横轴凸出，尽管凸出的程度有所不同。收入分配越不平等，洛伦兹曲线就越是向横轴凸出，从而它与完全平等线 OL 之间的面积就越大。因此，可以将洛伦兹曲线与45°线之间的部分A叫做“不平等面积”；当收入分配达到完全不平等时，洛伦兹曲线成为折线OHL，OHL与45°线之间的面积$A+B$就是“完全不平等面积”。不平等面积与完全不平等面积之比，称为**基尼系数**，是衡量一个国家贫富差距的标准。若设G为基尼系数，则：

$$G=\frac{A}{A+B}$$

显然，基尼系数不会大于1，也不会小于0，即有$0\leqslant G\leqslant 1$。

专栏8-3
经合组织成员国的基尼系数

第九节　结束语

本章要点可以归结如下：

(1) 厂商使用生产要素的目的是实现利润的最大化。为了达到利润的最大化，厂商必须让自己使用要素的“边际收益”和“边际成本”正好相等。

(2) 对完全竞争厂商来说，它使用要素的“边际收益”等于边际产品价值（要素的边际产品和产品价格的乘积），而“边际成本”等于要素价格。于是，完全竞争厂商使用要素的原则是：边际产品价值等于要素价格。由完全竞争厂商的要素使用原则可以推导出它对要素的需求曲线。该需求曲线向右下方倾斜，即要素需求量随着要素价格的下降而增加。

(3) 劳动供给问题可以被看成消费者如何决定其拥有的既定时间资源在闲暇和劳动供给两种用途上的分配。单个消费者的劳动供给曲线一般向右上方倾斜，即他的劳动供给量将随着工资的增加而增加；但在很高的工资水平上，也可能随着工资的增加而减少。此时，即出现劳动供给曲线“向后弯曲”。

(4) 土地的“自然供给”是固定不变的。土地的“市场供给”在假定不考虑自用土地的效用时也是固定不变的。在这种情况下，土地的供给曲线就是一条垂直线。但是，在考虑土地的自用效用或者土地具有多种用途的情况下，土地的供给曲线也会向右上方倾斜。

(5) 资本是由经济制度本身生产出来并被用作投入要素以便进一步生产更多产品和劳务的物品。资本供给问题首先是确定最优资本拥有量的问题。最优资本拥有量实际上可以被看成是最优储蓄量的问题。确定最优储蓄量又可以被看成是在当前消费和将来消费之间进行选择的问题。

按照西方经济学的要素理论，生产要素的价格取决于其需求曲线和供给曲线的交点。要素需求曲线上的每一点都表示要素的边际产品价值等于要素价格，要素供给曲线上的每一点都表示要素供给所带来的收入的效用等于要素自用的效用。因此，要素供求曲线的交点从而要素价格应当同时等于要素的边际产品价值和要素自用的效用。更进一步说，按照西方经济学的观点，要素的边际产品价值就是要素在生产上的“贡献”，而要素自用的效用又可以被看成是要素不自用即要素供给的“负效用”。这样一来，西方经济学家们就得出结论：要素所有者是按照要素的贡献大小得到要素的价格即报酬的，而他之所以得到该报酬，是因为他提供要素时遭受了等值的“负效用”的损失，因而需要得到补偿。

对于西方经济学的分配论，可以提出一系列质疑。结合本章的内容，在这里提出其中四点：

第一，边际生产率分配论不能成立。本章第二节说明，生产要素的边际生产率（如 $MP(L)$）系根据生产函数求得的，而生产函数所包括的变量又必须用实物单位加以表示。例如，产品（Q）可用重量、长度、容积、个数等表示；劳动（L）可用日、小时等表示；土地可用公顷或其他面积单位表示。

然而，资本却找不到一个大致适用的实物单位。首先提出疑问的英国经济学家罗宾逊夫人指出，资本代表一组形状不同、功能各异的实物，如化肥、车床、拖拉机、通信工具、运输器材等。既然它们缺乏一个共同的单位，那么生产函数中的资本（K）也就无法加以衡量，从而也就找不到资本的边际生产率。这样，边际生产率分配论赖以成立的 $MP(K)$＝利息的说法就无从建立。①

必须指出，货币在这里不能被用作衡量单位。这里之所以不能将货币作为衡量资本的单位，原因在于：用货币单位来衡量实物资本不外乎是找出它的货币价值，而实物资本的货币价值在西方经济学中被认为是它的预期收益的现值的总和。② 例如，假定有一台车床，其使用寿命为两年，两年后即一文不值。假设该车床第一年和第二年能带来的预期收益顺次为 R_1 元和 R_2 元，那么它第一年和第二年的预期收益的现值顺次为 $R_1/(1+r)$元和 $R_2/(1+r)^2$ 元。因此，该车床的货币价值为两年的预期收益现值的总和：

$$\text{车床的货币价值}=\frac{R_1}{1+r}+\frac{R_2}{(1+r)^2}$$

式中，r 代表利率。由此可见，要想找出实物资本的货币价值，必须首先知道利率（或利息）的大小，然后才能计算出资本的边际生产率。既然如此，如何还能像边际生产率分配论那样，用计算出来的资本的边际生产率去决定已知的利率的高低呢？

针对这一问题以及经济增长论的有关问题，西方经济学界展开了长达数年之久的“两个剑桥的争论”。参加争论的一方是以罗宾逊夫人为代表的英国剑桥大学的学者，另一方是以萨缪尔森和索洛为代表的位于美国剑桥的麻省理工学院的学者。

---

① 罗宾逊．生产函数和资本理论．经济研究评论，1955—1956，23（2）.

② 琼斯．经济增长导论．北京：北京大学出版社，2002.

争论的胜利似乎偏向罗宾逊夫人一方①，至少可以说是没有结果的②。目前，资本衡量的问题已经成为无人问津的悬案。尽管这样，边际生产率分配论仍然在西方经济学的教科书中广泛流行。

我们并不反对生产函数和由此得到的边际生产率。它们至少在理论上是客观存在的，而且是很有用的概念。我们所反对的是那些根据这些概念形成的一些武断的说法，边际生产率分配论就是其中之一。

第二，姑且不去追究资本衡量问题。一方面，按照边际生产率分配论，资本的需求曲线和供给曲线相交于均衡点。这时，利息等于资本的边际产品价值，即它对生产的贡献。另一方面，从供给方面来看，利息又等于资本家不自己享用资本而承受的“负效用”。

在均衡时，劳动者得到工资作为补偿，因为他牺牲了闲暇或休息，由于从事生产而吃苦受累，从而承受了“负效用”。这是有目共睹的事实，并不需要加以特别的解释。然而，为什么资本家由于不自用资本而承受“负效用”？西方学者对此必须加以说明。

首先提出解释的是与马克思同时代的牛津大学教授西尼尔。西尼尔说，资本家由于“节欲”而遭受负效用。然而，这里的问题是吃苦受累可以创造产品，而坐在那里“节欲”是什么东西也制造不出来的。马克思把西尼尔的说法称为“用阿谀的词句来替换经济学的范畴。如此而已”③。以后的马歇尔很可能嫌“节欲”的字眼太刺目，使用了“等待”的名词，意思是说，资本家不自用资金，而把它投入企业，目的在于取得利息，即等待利息以在将来取得更多的消费。因此，他遭受了“等待”的负效用。由于“等待”同样不能创造产品，所以名词的改变解决不了问题。由于“节欲”和“等待”的含义似乎过于牵强附会，所以目前流行的西方经济学教科书既不明确使用“节欲”，也不使用“等待”，而是对资本家的负效用问题采取敷衍了事的做法，不作明确的回答。

事实说明，资本家是否进行投资或投资的多寡根本与“节欲”或“等待”无关。家财万贯的资本家的投资决策不会影响他的消费水平。如果资本家的投资与消费有关，二者的关系甚至会恰恰相反。资金越雄厚的资本家一般投资得越多，生活水平也越高，从而进行的“节欲”或“等待”就越少。

第三，收入分配理论牵涉到对不同的社会人群或阶级的收入作出评价的问题，即以经济学的术语来解释各种人群的收入是否正当或公平合理的问题。因此，它含有强烈的时代意识色彩。西方学者承认，收入分配理论的作用在于从该理论中提炼出“特点，用以解释各种人群或阶级的收入的社会意义”④。

---

① 罗宾逊．序言//克雷格尔．政治经济学的重建．2版．伦敦：麦克米伦公司，1978：Ⅸ．

② 布劳．剑桥的革命：成功还是失败了．伦敦：公共事务研究所，1975．

③ 马克思．资本论：第1卷．2版．北京：人民出版社，2004：689．

④ 沙玛尼．微观经济理论．纽约：布莱克威尔公司，1987：459．

因此，时代意识的差别会使得形成不同的收入分配理论。在西方经济学中，除了边际生产率分配论以外，至少还存在着两种分配论，即古典的和新剑桥学派的分配论，从而，正如西方学者所承认的那样，并不存在“一个为经济学者普遍接受的分配论”①。边际生产率分配论不过是目前最流行的一种而已。

第四，撇开所有的否定边际生产率分配论的意见，姑且承认它是正确的，那么，它仍然是一个不完整的理论，因为一个完整的分配论不但要像边际生产率分配论那样，能够解释在一定的社会条件下各种人群或阶级得到不同收入的理由，而且要说明一定的社会条件得以形成的原因。以此而论，马克思主义的分配论要比边际生产率分配论远为完整，因为前者除了解释不同阶级的收入来源以外，还说明了造成不同阶级收入的社会条件是如何形成的。

本章的结束语对边际生产率分配论虽然持有否定的意见，但并不否定该理论所包含的供求曲线决定工资、利息和地租的内容，因为作为生产要素的价格，三者在市场经济中必须由供求的力量决定，至少在表面现象上是如此。我们所否定的仅仅是该理论对供求曲线的解释。

习题

一、简答题

1. 说明生产要素理论在微观经济学中的地位。

2. 试述完全竞争厂商及市场在存在和不存在行业调整情况下的要素需求曲线。

二、计算题

1. 设一厂商使用的可变要素为劳动 L，其生产函数为：

$$Q=-0.01L^3+L^2+38L$$

式中，Q 为每日产量，L 为每日投入的劳动小时数，所有市场（劳动市场及产品市场）都是完全竞争的，单位产品价格为 0.10 美元，小时工资为 5 美元，厂商要求利润最大化。问厂商每天要雇用多少小时劳动？

2. 已知劳动是唯一的可变要素，生产函数为 $Q=A+10L-5L^2$，产品市场是完全竞争的，劳动价格为 W，试说明：

（1）厂商对劳动的需求函数。

（2）厂商对劳动的需求量与工资反方向变化。

（3）厂商对劳动的需求量与产品价格同方向变化。

3. 某完全竞争厂商雇用一个劳动日的价格为 10 元，其生产情况如表 8 - 4 所示。当产品价格为 5 元时，它应雇用多少个劳动日？

---

① 沙玛尼．微观经济理论．纽约：布莱克威尔公司，1987：459.

表 8-4

劳动日数	3	4	5	6	7	8
产出数量	6	11	15	18	20	21

4. 某劳动市场的供求曲线分别为 $D_L=4\,000-50W$，$S_L=50W$。请问：

(1) 均衡工资为多少？

(2) 假如政府对工人提供的每单位劳动征税 10 美元，则新的均衡工资为多少？

(3) 实际上对单位劳动征收的 10 美元税收由谁支付？

(4) 政府征收到的税收总额为多少？

5. 某消费者的效用函数为 $U=lY+l$，其中，l 为闲暇，Y 为收入（他以固定的工资率出售其劳动所获得的收入）。求该消费者的劳动供给函数。他的劳动供给曲线是不是向上倾斜的？

6. 一厂商生产某产品，其单价为 15 元，月产量为 200 单位，产品的平均可变成本为 8 元，平均不变成本为 5 元。试求准租金和经济利润。

三、论述题

1. 试述消费者的要素供给原则。

2. 如何从要素供给原则推导要素供给曲线？

3. 劳动供给曲线为什么向后弯曲？

4. 土地的供给曲线为什么垂直？

5. 试述资本的供给曲线。

6. “劣等土地上永远不会有地租”这一说法对吗？

7. 为什么说西方经济学的生产要素理论是庸俗的分配论？

8. 我们知道，完全竞争厂商的要素使用原则是 $MP\cdot P=W$。这里，P 和 W 分别是产品和要素的价格，MP 是要素的边际产品。试说明，在卖方垄断条件下，上述要素使用原则会发生哪些变化。

9. 我们知道，在产品市场上，垄断卖方的产品供给曲线是不存在的。试说明，在要素市场上，垄断买方的要素需求曲线也不存在。

10. 为什么说租金或地租是经济租金的一种特例？

11. 图 8-22 是某消费者的长期消费决策示意图。试说明其中各个符号、各条曲线以及整个图形的含义。

12. 图 8-23 是关于洛伦兹曲线的示意图。试根据该图，说明以下各项的含义。

(1) 45°线 OL。

(2) 曲线 ODL。

(3) 折线 OHL。

(4) 不平等面积。

(5) 完全不平等面积。

(6) 基尼系数。

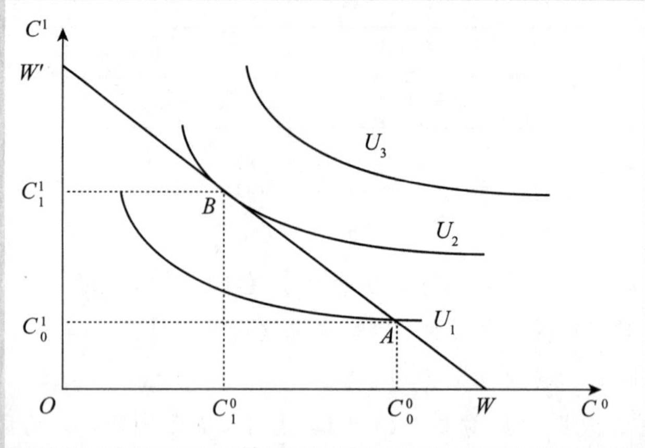
C^1
W'
U_3
C_1^1
B
U_2
U_1
C_0^1
A
O
C_1^0
C_0^0
W
C^0

图 8-22

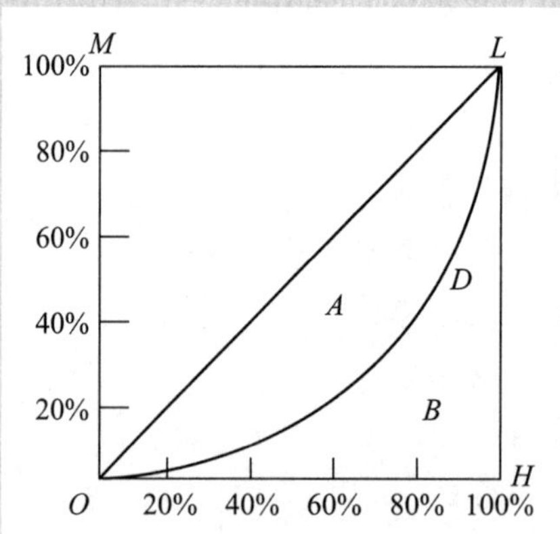
M
L
100%
80%
60%
40%
20%
D
A
B
O
20%
40%
60%
80%
100%
H

图 8-23

第九章

一般均衡论和福利经济学

到目前为止，我们所讨论的全部理论均属于**局部均衡**分析的范畴。局部均衡分析研究的是单个（产品或要素）市场；其方法是把所考虑的某个市场从相互联系的构成整个经济体系的市场全体中“取出来”单独加以研究。在这种研究中，该市场商品的需求和供给仅仅被看成是其本身价格的函数，其他商品的价格则被假定不变，而这些不变价格的高低只影响所研究商品的供求曲线的位置；所得到的结论是：该市场的需求和供给曲线共同决定了市场的均衡价格和均衡数量。

现在要进一步将局部均衡分析发展为**一般均衡**分析，即要将所有相互联系的各个市场看成一个整体来加以研究。在一般均衡分析中，每一商品的需求和供给都不仅取决于该商品本身的价格，而且取决于所有其他商品（如替代品和互补品）的价格。每一商品的价格都不能单独地决定，而必须和其他商品价格联合决定。当整个经济的价格体系恰好使所有商品都供求相等时，市场就达到了一般均衡。

本章要着重讨论的问题是：在市场经济体系中，这种一般均衡状态是否存在？如果存在，它又是否具有经济效率？前一个问题自然是一般均衡论的对象，后一个问题则属于福利经济学的内容。

第一节　一般均衡

一、局部均衡和一般均衡

以前曾经碰到过不同市场之间的相互作用、相互影响问题。例如，我们知道，就产品市场而言，某种产品 A 的价格上升将引起其替代品 B 和互补品 C 的需求曲线分别右移和左移，从而使 B 和 C 的价格分别上升和下降。如果再进一步分析下去，则 B 和 C 的价格变化一方面会继续影响它们各自的替代品和互补品的价格，另一方面又会反过来影响产品 A 的价格…… 于是，某种产品价格的变化将波及许多其他产品市场。同样地，就要素市场而言，某种要素 f 的价格变化亦将改变其替代要素和互补要素的需求曲线从而改变它们的价格。进一步分析，则这些替代要素和互补要素的价格变化也会继续影响它们各自的替代要素和互补要素价格的变化，并反过来影响初始要素 f 的价格…… 于是，某种要素价格的变化也将波及许多其他要素市场。最后，产品市场和要素市场之间也是相互联系、相互影响的：产品价格的提高将提高相应要素的需求曲线，而要素价格的提高则将降低相应产品的供给曲线，如此等等。

为了更好地理解整个经济体系中各个不同市场的相互作用过程，还是先考察一个简化的市场经济情况。在该经济中，总共包括四个市场，即两个要素市场、两个产品市场。为方便起见，假定第一个要素市场为原油市场，第二个要素市场为煤市场，煤为原油的替代要素，第一个产品市场是汽油市场，汽油以原油为投入要素，第二个产品市场为小汽车市场，小汽车是汽油的互补品。

现在假定，所有市场在刚开始的时候均处于均衡状态。参见图 9－1。图9－1由图 9－1（a）、图 9－1（b）、图 9－1（c）和图 9－1（d）四个子图构成，它们分别代表原油、煤、汽油和小汽车市场。在每一个子图中，初始状态均由供求曲线 S 和 D 给出，相应的均衡价格和均衡产量均由 P_0 和 Q_0 表示（当然，不同市场中的 P_0 和 Q_0 表示的是不同的产品或要素，并且其数值大小亦不一定相同）。

我们从图 9－1（a）开始考察。假定原油的供给由于某种非价格因素的影响而减少，即它的供给曲线从原来的 S 向左移动，例如，左移到 S'。根据以前的局部均衡分析，供给曲线移到 S' 将使原油的价格上升到 P_1，原油产量则下降到 Q_1。如果不考虑各个市场之间的相互依赖关系，则这就是全部的结果：P_1 和 Q_1 分别为新的均衡价格和均衡产量。

但是，一旦我们从局部均衡分析上升到一般均衡分析，情况就不再相同。原油市场的价格变化将打破其他市场的原有均衡，从而引起它们的调整；而其他市场的调整又会反过来进一步影响原油市场，从而最终的原油均衡价格和产量并不一定就是 P_1 和 Q_1。

首先来看图 9－1（c）即产品市场——汽油市场。原油是汽油的投入要素。投入要素的价格上升就是汽油的成本增加，于是，汽油的供给将减少。换句话说，原油价格的上涨使得汽油的供给曲线向左移动，例如移到 S'。S' 与原来的需求曲线相交决定了汽油的新均衡价格为 P_1，新均衡产量为 Q_1。

其次讨论图 9－1（b）即另一个要素市场——煤市场。由于原油和煤互为替代品，故原油价格的上升造成煤的需求的增加，即煤的需求曲线从 D 向右移到 D'，从而均衡价格上升到 P_1，均衡产量增加到 Q_1。

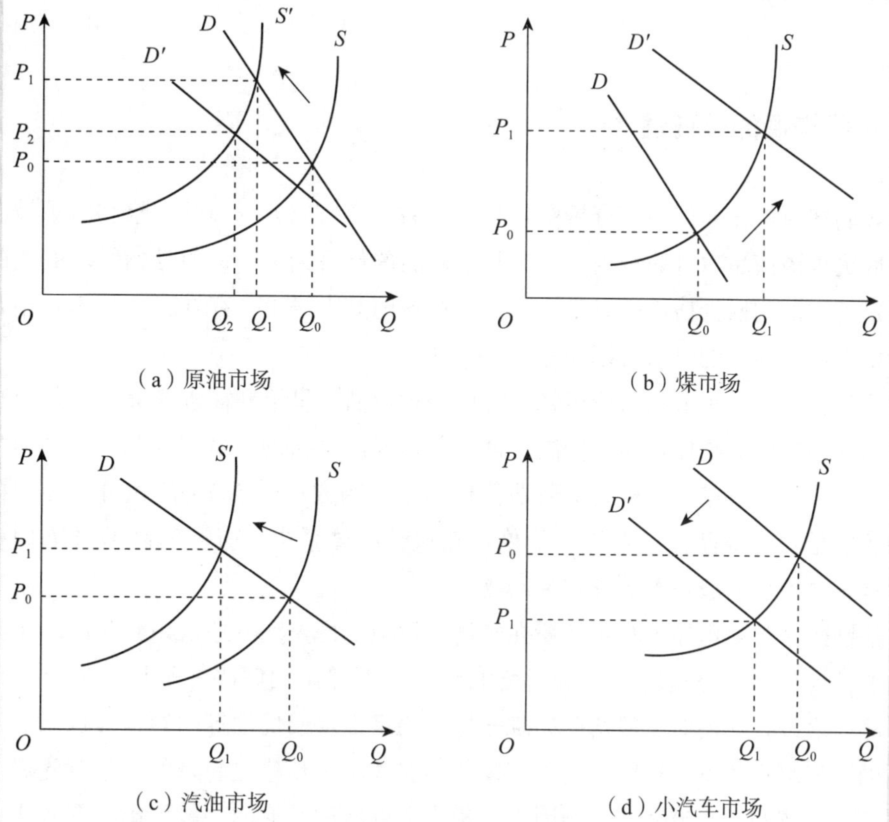

图 9-1　市场之间的相互关系

最后来看图 9-1（d）即另一个产品市场——小汽车市场。小汽车和汽油是所谓的互补品。在图 9-1（c）中的汽油的市场价格上升之后，其互补品即小汽车的需求将减少。换句话说，小汽车的需求曲线由于汽油价格上升而向左移动，例如左移到 D'。结果小汽车的均衡价格下降到 P_1，均衡产量减少到 Q_1。

到此为止，我们已经讨论了原油市场供给减少从而原油价格上升对所有其他市场的影响：其产品汽油的价格上升、其替代品煤的价格上升，以及小汽车的价格下降。所有这些其他市场价格的变化亦会反馈回来影响原油市场。首先，汽油价格上升将增加对原油的需求，而汽油产量的下降则减少该需求，故汽油市场的反馈效应可能是使原油需求曲线左移或右移；其次，小汽车市场价格下降及产量减少很可能使原油需求曲线左移；最后，煤市场价格上升及产量上升的反馈效应则是增加对原油的需求。最终的结果是，原油的需求曲线可能左移，也可能右移，取决于两方面力量的大小。在图 9-1（a）中，假定左移的力量超过了右移的力量，于是原油需求曲线向左移动到位置 D'。此时，原油的均衡价格和产量不再分别等于局部均衡分析中的 P_1 和 Q_1，而是分别为 P_2 和 Q_2。

由于现在图 9-1（a）中的原油价格又发生了变化，故该变化按照上述分析又会影响其他市场，受到影响的其他市场均又会反过来再影响原油市场，如此等等，一直继续调整下去，直到最后所有市场又都重新达到均衡状态——新的**一般均衡状态**。

二、一般均衡的存在性

我们知道，在局部均衡分析中，某种商品（产品或劳务）的供给和需求被假定为只取决于该商品本身的价格，而与其他商品的价格无关；该商品的供求曲线的交点决定了它的均衡价格，或者换个说法，在该商品市场上，存在一个均衡价格，在该价格上，该商品的供求恰好相等。

但是，由上一小节的讨论可知，任何一种商品的供给和需求实际上不仅取决于该商品本身价格的高低，而且取决于许多其他商品价格的高低。因此，每种商品的供求均可以被看成是所有价格即所谓价格体系的函数。① 与局部均衡分析相似的一个问题便是：是否存在一组均衡价格，在该价格体系中，所有商品的供求均相等呢？这就是所谓**一般均衡的存在性**问题。

法国经济学家里昂・瓦尔拉斯在经济学说史上最先充分地认识到一般均衡问题的重要性。他第一个提出了一般均衡的数学模型并试图解决一般均衡的存在性问题。除此之外，他还对**一般均衡的唯一性、稳定性及最优性**等问题作过探索。瓦尔拉斯的一般均衡体系是按照从简单到复杂的路线一步步建立起来的。他首先撇开生产、资本积累和货币流通等复杂因素，集中考察所谓交换的一般均衡。在解决了交换的一般均衡问题之后，他加入更加现实的假定——商品是生产出来的，从而讨论了生产（以及交换）的一般均衡。但是，生产的一般均衡仍然不够“一般”，它只考虑了消费品的生产而忽略了资本品的生产和再生产。因此，瓦尔拉斯进一步提出其关于“资本积累”的第三个一般均衡模型。他的最后一个模型是“货币和流通理论”，考虑了货币交换和货币窖藏的作用，从而把一般均衡论从实物经济推广到了货币经济。

尽管瓦尔拉斯最先认识到一般均衡问题的重要性，但他关于一般均衡存在性的证明却是错误的。按照瓦尔拉斯的看法，由于在所有市场的供给和需求都相等的均衡条件中，独立的方程数目与变量数目相等，故一般均衡的存在是有保证的。②

尽管瓦尔拉斯计算方程数目和变量数目的方法相当不能令人满意，但它在很长

---

① 如果商品 A 的供求与商品 B 的价格无关，则可以认为在 A 的供求函数中，B 的价格前面的系数为零。

② 瓦尔拉斯的论证逻辑显然是错误的。例如，下述两个联立的独立方程恰好也只有两个未知数：

$$x+y=1$$
$$x+y=-1$$

但它显然无解，因为这两个方程是不相容的。

此外，即使方程组有解，还存在如下问题，即所得解是否有经济意义？例如，方程 $x^2=-1$ 有一个解 i，但 i 为虚数单位，并无经济意义。在许多情况下，甚至负数也没有经济意义。例如价格等就不能为负数。

的时间里为人们所接受，无人提出疑问。这种情况直到 20 世纪二三十年代之后才有所改变。后来的西方经济学家利用集合论、拓扑学等数学方法，在相当严格的假定条件下证明：一般均衡体系存在着均衡解，而且，这种均衡可以处于稳定状态，同时满足经济效率的要求。这些假设条件有：任何厂商都不存在规模报酬递增；每一种商品的生产都必须至少使用一种原始生产要素；任何消费者所提供的原始生产要素都不得大于它的初始存量；每个消费者都可以提供所有的原始生产要素；每个消费者的序数效用函数都是连续的；消费者的欲望是无限的；无差异曲线凸向原点；等等。总之，在一定的假设条件全部得到满足时，一般均衡体系就有均衡解存在。①

三、实现一般均衡的“试探过程”

即使在理论上确实存在着一般均衡状态，即存在着一组价格，能使每一个市场的供求都相等，还有一个问题需要解决：实际的经济体系是否会达到这个一般均衡状态呢？

如果现行价格恰好为均衡价格，使得所有市场都达到供求一致，则在这种情况下，实际经济体系当然就处于一般均衡状态不再变化。但是，如果现行价格并不等于均衡值呢？这时，麻烦就可能出现：实际的交易可能会发生在“错误”的价格水平上。交易者并不知道均衡价格在什么水平上；或者，他们可以通过价格的不断调整来确定均衡状态，但这种调整过程也许需要很长的时间，在其完成之前不能保证不发生交易。一旦发生“错误”的交易，则西方经济学的一般均衡体系就未必能成立。

为了避免上述困难，瓦尔拉斯假定，在市场上存在一位“拍卖者”。该拍卖者的任务是寻找并确定能使市场供求一致的均衡价格。他寻找均衡价格的方法如下：首先，他随意报出一组价格，家户和厂商根据该价格申报自己的需求和供给。如果所有市场供求均一致，则他就将该组价格固定下来，家户和厂商就在此组价格上成交；如果供求不一致，则家户和厂商可以抽回自己的申报，而不必在错误的价格上进行交易。拍卖者则修正自己的价格，报出另一组价格。改变价格的具体做法是：当某个市场的需求大于供给时，就提高该市场的价格，反之，则降低其价格。这就可以保证新的价格比原先的价格更加接近均衡价格。如果新报出的价格仍然不是均衡价格，则重复上述过程，直到找到均衡价格为止。这就是瓦尔拉斯体系中达到均衡的所谓“试探过程”。

---

① 由于关于一般均衡存在性的现代证明都要涉及高深的、复杂的数学工具，详细的论述将超出本书的范围。

第二节　经济效率

一、实证经济学和规范经济学

前面讨论的无论是局部均衡还是一般均衡，主要都属于所谓**实证经济学**的部分。实证经济学研究实际经济体系是怎样运行的，它对经济行为作出有关的假设，根据假设分析和陈述经济行为及其后果，并试图对结论进行检验。例如，西方经济学从一系列假定出发说明了整个经济体系在理论上存在所谓一般均衡状态，即存在一组使得所有商品的供求都恰好相等的价格。[①] 这就是实证经济学。

从“实证”的角度来看，经济学对经济现象的研究至少包括如下三个方面。

第一是“描述”，即回答“是什么”的问题。描述性经济学的任务主要是把有关经济现象的数据整理和汇编出来，用这些经过处理之后已经“井然有序”的数据来描述经济现象的一些重要特征。例如，对市场行为的分析常常就是从对市场结构的描述开始的：在该市场中，有多少厂商？它们的规模有多大？生产的产品是完全相同的还是略有差异？等等。

第二是“解释”，即回答“为什么”的问题。解释性经济学的主要任务是通过对已知经济现象的分析来说明隐藏在其背后的原因。例如，某种商品的市场价格上升，是已知的经济现象；对该现象的解释则可能是：该商品的需求增加，或者该商品的供给减少，或者需求增加和供给减少同时存在。可以说，经济学教科书的“主体”就是由此类解释性理论构成的。

第三是“预测”，即回答“会如何”的问题。预测性经济学的主要任务是根据理论和假设去发现原来未知的经济现象。预测性经济学与解释性经济学非常相似。从形式上看，预测是对未知现象的推断，而解释是对已知现象的说明。这里，所谓“未知现象”，既可以是尚未发生过的，也可以是已经发生但尚未被研究者知晓的。如果解释针对的不是已知现象而是未知现象，则解释也就具有了预测的性质。不过，对未知现象的预测并非原来意义（真正意义）上的解释。原来意义上的解释是发现已知现象背后的原因，而预测要发现的却是未知现象本身（当然连带地也包括未知现象背后的原因）。这些未知现象的存在可以根据现有的理论和假设推断出来。

但是，除了“是什么”（以及“为什么”和“会如何”）的问题之外，西方经济学家还试图回答“应当是什么”（以及“应当如何”）之类的问题，即他们试图从一定的社会价值判断标准出发，根据这些标准，对一个经济体系的运行进行评价，并进一步说明一个经济体系应当怎样运行，以及为此提出相应的经济政策。这些便属于所谓**规范经济学**的内容。例如，尽管西方经济学说明了一般均衡的存在，

---

① 注意，“在理论上存在”意味着必须满足该理论赖以成立的很多苛刻的假设条件。

但这种一般均衡状态是否对整个社会是"最优"的呢？即是否还存在其他更好的经济状态，在这些状态下，每个人从而整个社会的"福利"要更大一些呢？这些都牵涉到优劣、好坏的问题，即价值判断的问题。对这些问题的研究属于规范经济学。

本章剩余部分所讨论的福利经济学就是一种规范经济学。具体来说，福利经济学是在一定的社会价值判断标准条件下，研究整个经济的**资源配置**与个人福利的关系，特别是市场经济体系的资源配置与福利的关系，以及与此有关的各种政策问题。换句话说，福利经济学研究要素在不同厂商之间的最优分配以及产品在不同家户之间的最优分配。简言之，福利经济学研究资源的最优配置。

二、判断经济效率的标准

如何判断各种不同的资源配置的优劣，以及确定所有可能的资源配置中的最优资源配置呢？为了回答这个问题，先来考虑如下简单情况：假定整个社会只包括两个人，如甲和乙，且只有两种可能的资源配置状态，如 A 和 B。甲和乙在 A 和 B 之间进行选择，是状态 A 优于状态 B，还是相反，状态 B 优于状态 A？或者，状态 A 与状态 B 二者无差异？

对于每一个单个人如甲或乙，假定他可以在两种资源配置状态 A 和 B 中作出明确的选择，即他或者认为 A 优于 B，或者认为 A 劣于 B，或者认为 A 与 B 无差异。三者必居其一。因此，单个人甲对 A 和 B 的选择具有如下三种可能：

$$A \succ B \qquad A \sim B \qquad A \prec B$$

式中，符号"$\succ$"、"$\sim$"和"$\prec$"分别表示甲的三种看法，即"优于"、"无差异于"和"劣于"。同样地，单个人乙对 A 和 B 的选择也具有如下三种可能，即：

$$A \succ' B \qquad A \sim' B \qquad A \prec' B$$

式中，符号"$\succ'$"、"$\sim'$"和"$\prec'$"分别表示乙的"优于"、"无差异于"和"劣于"三种看法。

现在的问题是，从社会（即由甲和乙两个人构成的社会）的角度看，这两种资源配置状态 A 和 B 孰优孰劣呢？如果甲和乙持有同样的看法，即都认为 A 优于 B（或 A 劣于 B，或 A 与 B 无差异），则自然也可认为，从社会的角度看，亦有 A 优于 B（或 A 劣于 B，或 A 与 B 无差异）。可惜的是，这种情况并不总是出现。特别是，当一个社会包括许多单个人的时候，要使所有这些单个人的意见完全一致几乎是不可能的。具体讨论如下。

由于甲有三种可能的选择，乙也有三种可能的选择，因此从整个社会来看就存在九种可能的选择情况：

1. $A \succ B$，$A \succ' B$　　2. $A \succ B$，$A \sim' B$　　3. $A \succ B$，$A \prec' B$

4. $A \sim B$，$A \succ' B$　　5. $A \sim B$，$A \sim' B$　　6. $A \sim B$，$A \prec' B$

7. $A<B$，$A>'B$　　8. $A<B$，$A\sim'B$　　9. $A<B$，$A<'B$

这九种可能的选择情况，按甲和乙的不同态度可分为三大类型。第一类型是甲和乙的意见完全相反，这包括上述第 3 种和第 7 种两种情况；第二类型是甲和乙的意见完全相同，这包括第 1 种、第 5 种和第 9 种三种情况；第三类型是甲和乙的意见基本一致，这包括剩余的第 2 种、第 4 种、第 6 种和第 8 种四种情况。

首先来看第一类型。如甲和乙的意见完全相反，则是否能够从社会的角度对状态 A 和 B 的优劣作出明确的说明？这里显然遇到了麻烦。除非能够假定甲的意见（或者乙的意见）无关紧要，从而可以不加考虑，否则不能判断 A 与 B 的优劣。换句话说，在这种情况下，从社会的角度看，状态 A 与 B 是“不可比较的”，即没有任何“客观”的标准对它们进行判断。

如果去掉不可比较的第一类型的两种情况，则剩下的其余两大类型共七种情况均可看成是可以比较的。就第二类型而言，甲和乙的看法完全一致，此时自然可以认为甲和乙两人的共同看法就代表了社会的看法。因此，第 1 种、第 5 种和第 9 种这三种情况分别意味着从社会的角度看，A 优于、无差异于及劣于 B。

在第三类型中，甲和乙的看法基本一致，但不是完全一致。不过，在这种情况下，也可能由个人的观点形成社会的看法。例如，我们以其中的第 2 种情况为例。此时有 $A>B$、$A\sim'B$，即甲认为 A 优于 B，而乙认为二者无差异。这表明，如果让资源配置状态从 B 变动到 A，则从整个社会来看，这种改变至少使得甲的境况变好，而没有使乙的境况变坏。也就是说，这种变动的净结果是增进了甲的福利，从而也增进了社会的福利。因此，在第 2 种情况下，可以得到的结论是：社会认为 A 优于 B。第三类型中其余第 4 种、第 6 种和第 8 种等情况亦可按上述方法进行同样的分析。

将以上所说总结起来，便有可能得到两人社会在两种可能的资源配置状态中的一种选择标准：

如果两人中至少有一人认为 A 优（或劣）于 B，而没有人认为 A 劣（或优）于 B，则从社会的角度看，亦有 A 优（或劣）于 B。如果两人都认为 A 与 B 无差异，则从社会的角度看，亦有 A 与 B 无差异。

显而易见，上述结论不只适用于两人社会在两种可能的资源配置中进行选择的简单情况，它也可以很容易地被推广到多人社会在多种资源配置状态中进行选择的一般情况。社会的选择标准只需稍作变动，内容如下（其中 A 与 B 是任意两种状态）：

如果至少有一人认为 A 优于 B，而没有人认为 A 劣于 B，则认为从社会的角度看亦有 A 优于 B。

这就是所谓的帕累托最优状态标准，简称**帕累托标准**。

利用帕累托最优状态标准，可以对资源配置状态的任意变化作出“好”与“坏”的判断：如果既定的资源配置状态的改变使得至少有一个人的境况变好，而没有使任何人的境况变坏，则认为这种资源配置状态的变化是“好”的；否则认为是“坏”的。这种以帕累托标准来衡量为“好”的状态改变被称为**帕累托改进**。更进一步，利用帕累托标准和帕累托改进，可以定义所谓“最优”资源配置，即：如果对于某种既定的资源配置状态，所有的帕累托改进均不存在，即在该状态下，任意改变都不可能使至少一个人的境况变好而又不使任何人的境况变坏，则称这种资源配置状态为**帕累托最优状态**。换言之，如果对于某种既定的资源配置状态，还存在帕累托改进，即在该状态上，还存在某种（或某些）改变可以使至少一个人的境况变好而不使任何人的境况变坏，则这种状态就不是帕累托最优状态。

帕累托最优状态又被称作**经济效率**。满足帕累托最优状态就是具有经济效率的；反之，不满足帕累托最优状态就是缺乏经济效率的。例如，如果产品在消费者之间的分配已经达到这样一种状态，即任何重新分配都会至少降低一个消费者的满足水平，那么，这种状态就是最优的或最有效率的状态。同样地，如果要素在厂商之间的配置已经达到这样一种状态，即任何重新配置都会至少降低一个厂商的利润，那么，这种状态就是最优的或最有效率的状态。

第三节　交换的帕累托最优条件

本节开始论述达到帕累托最优状态所必须满足的条件。这些条件被称为**帕累托最优条件**。它包括**交换的最优条件**、**生产的最优条件**以及**交换和生产的最优条件**。本节先讨论交换的最优条件。

首先还是考虑两种既定数量的产品在两个单个消费者之间的分配问题，然后将所得的结论推广到一般情况。

假定两种产品分别为 X 和 Y，其既定数量为 $\overline{X}$ 和 $\overline{Y}$，两个消费者分别为 A 和 B。下面用一种叫做埃奇渥斯盒状图的工具来分析这两种产品在两个消费者之间的分配。参见图 9－2。盒子的水平长度表示整个经济中第一种产品 X 的数量 $\overline{X}$，盒子的垂直高度表示第二种产品 Y 的数量 $\overline{Y}$。O_A 为第一个消费者 A 的原点，O_B 为第二个消费者 B 的原点。从 O_A 水平向右测量消费者 A 对第一种产品 X 的消费量 X_A，垂直向上测量他对第二种产品 Y 的消费量 Y_A；从 O_B 水平向左测量消费者 B 对第一种产品 X 的消费量 X_B，垂直向下测量他对第二种产品 Y 的消费量 Y_B。

现在考虑盒中的任意一点，如 a 点。a 点对应于消费者 A 的消费量（X_A，Y_A）和消费者 B 的消费量（X_B，Y_B）。下式成立：

$$\begin{aligned} X_A+X_B&=\overline{X} \\ Y_A+Y_B&=\overline{Y} \end{aligned} \tag{9.1}$$

换句话说，盒中任意一点确定了一套数量，表示每一个消费者对每一种产品的消费，且满足（9.1）式。因此，盒子（包括边界）确定了两种产品在两个消费者之间的所有可能的分配情况。特别是，在盒子的垂直边上的任意一点，表明某个消

费者不消费 X，在盒子的水平边上的任意一点，表明某个消费者不消费 Y。

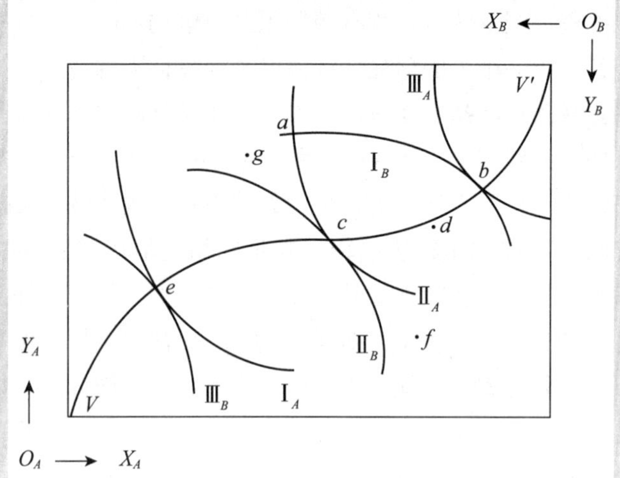

图 9-2　交换的帕累托最优

现在的问题是，在埃奇渥斯盒中的全部可能的产品分配状态中，哪一些是帕累托最优状态呢？为了分析这一点，需要在埃奇渥斯盒状图中加入消费者偏好的信息，即加入每个消费者的无差异曲线。一方面，由于 O_A 是消费者 A 的原点，故 A 的无差异曲线向右下方倾斜且向 O_A 点凸出。图中，Ⅰ$_A$、Ⅱ$_A$ 和Ⅲ$_A$ 是消费者 A 的三条代表性无差异曲线。其中，Ⅲ$_A$ 代表较高的效用水平，而Ⅰ$_A$代表较低的效用水平。一般来说，从 O_A 点向右移动，标志着消费者 A 的效用水平提高。另一方面，由于 O_B 是消费者 B 的原点，故 B 的无差异曲线向右下方倾斜，且向 O_B 点凸出。图中，Ⅰ$_B$、Ⅱ$_B$ 和Ⅲ$_B$ 是消费者 B 的三条代表性无差异曲线。其中，值得注意的是，Ⅲ$_B$ 代表较高的效用水平，而Ⅰ$_B$代表较低的效用水平。一般来说，从 O_B 点向左移动，标志着消费者 B 的效用水平提高。

现在在埃奇渥斯盒状图中任选一点表示两种产品在两个消费者之间的一个初始分配。例如，选择一点 a。由于假定效用函数是连续的，故 a 点必然处于消费者 A 的某条无差异曲线上，同时也处于消费者 B 的某条无差异曲线上，即消费者 A 和 B 分别有一条无差异曲线经过 a 点。因此，这两条无差异曲线或者在 a 点相交，或者在 a 点相切。假定两条无差异曲线在 a 点相交（如图 9-2 所示，a 点是无差异曲线Ⅱ$_A$ 和Ⅰ$_B$的交点）。容易看出，a 点不可能是帕累托最优状态。这是因为，通过改变该初始分配状态，例如从 a 点变动到 b 点，则消费者 A 的效用水平从无差异曲线Ⅱ$_A$ 提高到Ⅲ$_A$，而消费者 B 的效用水平并未变化，仍然停留在无差异曲线Ⅰ$_B$上。因此，在 a 点仍然存在帕累托改进的余地。当然，在 a 点，还存在其他形式的帕累托改进。例如，从 a 点变动到 c 点，则消费者 A 的效用水平不变，它仍然在无差异曲线Ⅱ$_A$ 上，但消费者 B 的效用水平却得到了提高：从无差异曲线Ⅰ$_B$提高到Ⅱ$_B$。而如果让 a 点变动到 d 点，则消费者 A 和 B 的效用水平均会提高。由此得出结论：

在交换的埃奇渥斯盒状图中，任意一点，如果它处在消费者 A 和 B 的两条无差异曲线的交点上，则它就不是帕累托最优状态，因为在这种情况下，总存在帕累托改进的余地，即总可以改变该状态，使至少一个人的境况变好而没有人的境况变坏。

另外，如果假定初始的产品分配状态处于两条无差异曲线的切点如 c 点，则容易看出，此时不存在任何帕累托改进的余地，即它为帕累托最优状态。改变 c 点的状态只有如下几种可能：向右上方移到消费者 A 较高的无差异曲线上，则 A 的效用水平提高了，但消费者 B 的效用水平却下降了；向左下方移到消费者 B 的较高的无差异曲线上，则 B 的效用水平提高了，但消费者 A 的效用水平却下降了；剩下来的唯一可能则是消费者 A 和 B 的效用水平都降低。例如，从 c 点移到 g 点或 f 点，都属此种情况。由此可得结论：在交换的埃奇渥斯盒状图中，任意一点，如果它处在消费者 A 和 B 的两条无差异曲线的切点上，则它就是帕累托最优状态，并被称为交换的帕累托最优状态。在这种情况下，不存在帕累托改进的余地，即任何改变都不能使至少一个人的境况变好而没有人的境况变坏。

无差异曲线的切点不止 c 点一个。b 点和 e 点以及其他许多未在图 9-2 中画出的点也都是无差异曲线的切点，从而都代表帕累托最优状态。所有无差异曲线的切点的轨迹构成曲线 VV'，叫做**交换的契约曲线**（或**效率曲线**），它表示两种产品在两个消费者之间的所有最优分配（即帕累托最优状态）的集合。

应当指出，在交换的帕累托最优集合中，即在交换的契约曲线 VV' 上，两个消费者的福利分配具有不同的情况。当我们沿着 VV' 曲线从 e 点移到 c 点时，消费者 A 通过牺牲消费者 B 的利益而境况变好；反之亦然。根据帕累托标准，我们不能说 VV' 曲线上的任何点比曲线上的其他点都要更好一些。例如，我们不能说 c 点比 e 点代表更好的分配。根据帕累托标准，它们是不可比较的，因为从 e 点移到 c 点（或者相反）使一个人的境况变好，却使另一个人的境况变坏。我们所能够说的仅仅是，给定任何不在曲线 VV' 上的点，总存在比它更好的点，而这些点在曲线 VV' 上。

如果社会具有明显的关于福利分配的偏好，例如，假设经济处于 e 点，而社会宁愿以牺牲消费者 B 的利益使消费者 A 更好一些，比如说，宁愿要 c 点而非 e 点，则根据这个分配偏好，社会将使经济沿着曲线 VV' 从 e 点移到 c 点。这是从帕累托最优状态集合中，根据社会的分配偏好选择其中的某些状态。

从交换的帕累托最优状态可以得到交换的帕累托最优条件。我们知道，交换的帕累托最优状态是无差异曲线的切点，而无差异曲线的切点的条件是在该点上两条无差异曲线的斜率相等。本书第三章第二节已经说明：无差异曲线的斜率的绝对值又叫做两种产品的边际替代率（更准确地说，是产品 X 代替产品 Y 的边际替代率）。因此，交换的帕累托最优状态的条件可以用边际替代率的术语来表示：要使两种产品 X 和 Y 在两个消费者 A 和 B 之间的分配达到帕累托最优状态，则对于这两个消费者来说，这两种产品的边际替代率必须相等。如设对于消费者 A 和 B 来说，X 代替 Y 的边际替代率分别用 MRS_{XY}^{A} 和 MRS_{XY}^{B} 来表示，则交换的帕累托最优状态条件的公式就是：

$$MRS_{XY}^{A}=MRS_{XY}^{B} \tag{9.2}$$

为了说明上面的边际条件，可以举一个数字例子来帮助加深理解。假定在初始的分配中，消费者 A 的边际替代率 MRS_{XY}^{A} 等于 3，消费者 B 的边际替代率 MRS_{XY}^{B} 等于 5。一方面，这意味着 A 愿意放弃 1 单位 X 来交换不少于 3 单位的 Y。因此，A 若能用 1 单位 X 交换到 3 单位以上的 Y 就增加了自己的福利。另一方面，B 愿意放弃不多于 5 单位的 Y 来交换 1 单位 X。因此，B 若能用 5 单位以下的 Y 交换到 1 单位 X 就增进了自己的福利。由此可见，如果消费者 A 用 1 单位 X 交换 4 单位 Y，而消费者 B 用 4 单位 Y 交换 1 单位 X，则他们两个人的福利都得到了提高。只要两个消费者的边际替代率不相等，上述这种重新分配（使某些消费者境况变好而不使其他消费者境况变坏）就总是可能的，就总存在帕累托改进的余地。换句话说，当边际替代率不相等时，产品的分配未达到帕累托最优。

第四节　生产的帕累托最优条件

本节的讨论与上节非常相似。上节交换的帕累托最优研究了两种既定数量的产品在两个消费者之间的分配情况，本节生产的帕累托最优则要研究两种既定数量的要素在两个生产者之间的分配情况。假定这两种要素分别为 L 和 K，其既定数量为 $\overline{L}$ 和 $\overline{K}$，两个生产者分别为 C 和 D。于是要素 L 和 K 在生产者 C 和 D 之间的分配状况亦可以用埃奇渥斯盒状图来表示。参见图 9-3。盒子的水平长度表示整个经济中第一种要素 L 的数量 $\overline{L}$，盒子的垂直高度表示第二种要素 K 的数量 $\overline{K}$。O_C 为第一个生产者 C 的原点；O_D 为第二个生产者 D 的原点。从 O_C 水平向右测量生产者 C 对第一种要素的生产消费量 L_C，垂直向上测量它对第二种要素的生产消费量 K_C；从 O_D 水平向左测量生产者 D 对第一种要素 L 的生产消费量 L_D，垂直向下测量它对第二种要素 K 的生产消费量 K_D。

考虑盒中任意一点如 a' 点。a' 点对应于生产者 C 的生产消费量（L_C，K_C）和生产者 D 的生产消费量（L_D，K_D）。很明显，下式成立：

$$\begin{aligned} L_C+L_D&=\overline{L} \\ K_C+K_D&=\overline{K} \end{aligned} \tag{9.3}$$

即盒中任意一点确定了两种要素在两个生产者之间的所有可能的分配情况。

在埃奇渥斯盒中的全部可能的要素分配状态中，哪一些是帕累托最优状态呢？为此，在盒中加入每个生产者的生产函数的信息，即其等产量曲线。一方面，由于 O_C 是生产者 C 的原点，故 C 的等产量曲线如 Ⅰ$_C$、Ⅱ$_C$ 和 Ⅲ$_C$ 所示。其中 Ⅲ$_C$ 代表较高的产量水平，Ⅰ$_C$ 代表较低的产量水平。一般说来，从 O_C 点向右移动，标志着生产者C的产量水平提高。另一方面，由于O_D是生产者D的原点，故D的等产量曲线如I_D、II_D和III_D所示。其中，值得注意的是，III_D代表较高的产量水平，I_D代表较低的产量水平。一般说来，从O_D点向左移动，标志着生产者D的产量水平提高。

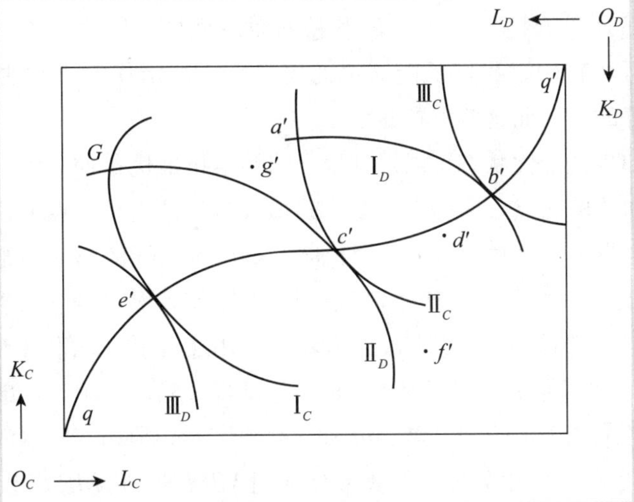

图9-3　生产的帕累托最优

现在在埃奇渥斯盒中任选一点如a'点。由于假定生产函数是连续的，故a'点必然处于生产者C和D的等产量曲线的交点或切点上。假定a'点是等产量曲线的交点（如图9-3所示，a'点是等产量曲线II_C和I_D的交点）。容易看出，a'点不可能是帕累托最优状态。这是因为，通过改变该初始分配状态，例如让a'点变动到b'点，则生产者C的产量水平从等产量曲线II_C提高到III_C，而生产者D的产量水平并未变化，仍然停留在等产量曲线I_D上。因此，在a'点仍然存在帕累托改进的余地。此外，让a'点变动到c'点，则生产者C的产量未提高，但生产者D的产量却提高了。如果让a'点变动到d'点，则生产者C和D的产量均会提高。由此得出结论：在生产的埃奇渥斯盒状图中，任意一点，如果它处在生产者C和D的两条等产量曲线的交点上，则它就不是帕累托最优状态。

另外，如果假定初始的要素分配状态处于两条等产量曲线的切点如c'点，则容易看出此时不存在任何帕累托改进的余地，即它为帕累托最优状态。改变c'点的状态只有如下几种可能：向右上方移到生产者C较高的等产量曲线上，则生产者D的产量水平会下降；向左下方移到生产者D较高的等产量曲线上，则生产者C的产量水平会下降；剩下的唯一可能则是生产者C和D的产量水平都降低。例如，从c'点移到g'点和f'点，都属此种情况。由此可得结论：在生产的埃奇渥斯盒状图中，任意一点，如果它处在生产者C和D的两条等产量曲线的切点上，则它就是帕累托最优状态，并被称为生产的帕累托最优状态。

等产量曲线的切点不止c'点一个，b'点和e'点等也都是等产量曲线的切点，从而也都是帕累托最优状态。所有等产量曲线的切点的轨迹构成曲线 qq'。qq'曲线叫做**生产的契约曲线**（或效率曲线），它表示两种要素在两个生产者之间的所有最优分配（即帕累托最优）状态的集合。

与交换的契约曲线一样，在生产的契约曲线上，即在生产的帕累托最优集合中，两个生产者的福利分配也具有不同的情况。当我们沿着 qq'曲线从 e'点移到 c'点时，生产者 C 通过牺牲生产者 D 的利益而境况变好；反之亦然。根据帕累托标准，它们是不可比较的。我们所能够说的仅仅是，给定任何不在曲线 qq'上的点，总存在比它更好的点，而这些点在曲线 qq'上。

从生产的帕累托最优状态可以得到生产的帕累托最优条件。生产的帕累托最优状态是等产量曲线的切点，而等产量曲线的切点的条件是在该点上，两条等产量曲线的斜率相等。本书第四章第三节已经说明，等产量曲线的斜率的绝对值又叫做两种要素的边际技术替代率（更准确地说，是要素 L 代替要素 K 的边际技术替代率）。因此，生产的帕累托最优状态的条件可以用边际技术替代率的术语来表示：要使两种要素 L 和 K 在两个生产者 C 和 D 之间的分配达到帕累托最优状态，则对于这两个生产者来说，这两种要素的边际技术替代率必须相等。如设对于生产者 C 和 D 来说，L 代替 K 的边际技术替代率分别用 $MRTS^C_{LK}$ 和 $MRTS^D_{LK}$ 来表示，则生产的帕累托最优状态条件的公式就是：

$$MRTS^C_{LK}=MRTS^D_{LK} \tag{9.4}$$

可以举一个简单的数字例子来说明上述最优条件。假定在初始的分配中，生产者 C 的边际技术替代率 $MRTS^C_{LK}$ 等于 3，生产者 D 的边际技术替代率 $MRTS^D_{LK}$ 等于 5。一方面，这意味着 C 愿意放弃 1 单位 L 来交换不少于 3 单位的 K。因此，C 若能用 1 单位 L 交换到 3 单位以上的 K，就增进了自己的福利。另一方面，D 愿意放弃不多于 5 单位的 K 来交换 1 单位 L。因此，D 若能以 5 单位以下的 K 交换到 1 单位 L，就增进了自己的福利。由此可见，如果生产者 C 用 1 单位 L 交换 4 单位 K，而生产者 D 用 4 单位 K 交换 1 单位 L，则他们两个人的福利都得到了提高。只要两个生产者的边际技术替代率不相等，上述这种重新分配（使某些生产者境况变好而不使其他生产者境况变坏）就总是可能的。

第五节　交换和生产的帕累托最优条件

一、问题和假定

第三节讨论交换的帕累托最优条件，第四节讨论生产的帕累托最优条件，现在要将交换和生产这两个方面综合起来，讨论交换和生产的帕累托最优条件。应当注意的是：交换和生产的最优条件并不是将交换的最优条件和生产的最优条件简单地并列起来。交换的最优只是说明消费是最有效率的；生产的最优只是说明生产是最有效率的。两者的简单并列，只是说明消费和生产分开来看时各自独立地达到了最优，但并不能说明，当将交换和生产综合起来看时，也达到了最优。这一点在下面将会看得很清楚。

为了把交换和生产结合在一起加以论述，我们将在前两节中分别研究它们时所作的那些假定也合并如下，即假定整个经济只包括两个消费者 A 和 B，他们在两种产品 X 和 Y 之间进行选择，以及只包括两个生产者 C 和 D，它们在两种要素 L 和 K 之间进行选择以生产两种产品 X 和 Y。为了方便起见，假定 C 生产 X，D 生产 Y。并且假定消费者的效用函数亦即无差异曲线簇为给定不变的，生产者的生产函数即等产量曲线簇为给定不变的。下面先从生产方面开始讨论，再过渡到消费问题，最后推出交换和生产的帕累托最优条件。

二、生产可能性曲线

1. 从生产契约曲线到生产可能性曲线

由以上假定，现在的生产问题是两个生产者 C 和 D 在两种要素 L 和 K 之间进行选择，分别生产两种产品 X 和 Y。根据第四节，可以用生产的埃奇渥斯盒状图的工具加以分析。回到图 9－3。我们知道图中的生产契约曲线 qq' 代表了所有生产的帕累托最优状态的集合。具体说来，生产契约曲线 qq' 上的每一点均表示两种投入在两个生产者之间的分配为最优，即表示最优投入。但是，仔细观察后却发现，生产契约曲线还向我们提供了另一个有用的信息，即在该曲线上的每一点也都表示了一定量投入要素在最优配置时所能生产的一对最优的产出：曲线上的每一点均为两个生产者的等产量曲线的切点，故它同时处在（两个生产者的）两条等产量曲线上，从而代表了两种产品的产量；这两种产出还是帕累托意义上的最优产出，即此时要增加某一产出的数量，就不得不减少另一种产出的数量。

例如，考虑图 9－3 中生产契约曲线上的一点 c'。它是两条等产量曲线 II_C 和 II_D 的切点。如果设 II_C 所表示的产出 X 的数量为 X_1，II_D 所表示的产出 Y 的数量为 Y_1，则 c' 点就表示最优产出量（X_1，Y_1）。同样地，生产契约曲线上的另外一点 e' 是等产量曲线 I_C 和 III_D 的切点。如果设 I_C 和 III_D 所表示的产出分别为 X_2 和 Y_2，则 e' 点就表示最优产出量（X_2，Y_2）。遍取生产契约曲线上的每一点，可得到相应的所有最优产出量。

现在考虑上述所有最优产出量的集合的特点。参见图 9－4。图中横轴表示最优产出量中 X 的数量，纵轴表示最优产出量中 Y 的数量。利用图 9－4，可以画出最优产出量的轨迹。例如，对应于图 9－3 中生产契约曲线上的 c' 点，最优产出量为（X_1，Y_1），该产出量在图 9－4 中就是 c'' 点。同样地，对应于生产契约曲线上的 e' 点，最优产出量为（X_2，Y_2），该产出量在图 9－4 中就是 e'' 点。将生产契约曲线上的每一点均通过这种方法“变换”到图 9－4 中，便得到曲线 PP'。曲线 PP' 通常被称为**生产可能性曲线**（或**产品转换曲线**）。显而易见，生产可能性曲线 PP'就是最优产出量集合的几何表示。

2. 生产可能性曲线的特点

图 9-4 中一般形状的生产可能性曲线 PP'具有两个特点：第一，它向右下方倾斜；第二，它向右上方凸出。第一个特点容易解释。从生产的契约曲线可知，当沿着该曲线运动时，一种产出的增加必然伴随着另一种产出的减少，即在最优产出量中，两种最优产出的变化是相反的。例如，当我们从 e''点移到 c''点时，X 的产出增加了，但 Y 的产出却下降了。这种反方向变化说明了两种最优产出之间的一种“转换”关系，即可以通过减少某种产出数量来增加另一种产出数量。这也正是生产可能性曲线又被称为产品转换曲线的原因。如果设产出 X 的变动量为 ΔX，产出 Y 的变动量为 ΔY，则它们的比率的绝对值 $|\Delta Y/\Delta X|$ 可以衡量 1 单位产品 X 转换为产品 Y 的比率。该比率的极限则被定义为产品 X 对产品 Y 的**边际转换率**（MRT），亦即：

$$MRT_{XY}=\lim_{\Delta X\to 0}\left|\frac{\Delta Y}{\Delta X}\right|=\left|\frac{\mathrm{d}Y}{\mathrm{d}X}\right|$$

换句话说，**所谓产品的边际转换率就是生产可能性曲线的斜率的绝对值**。

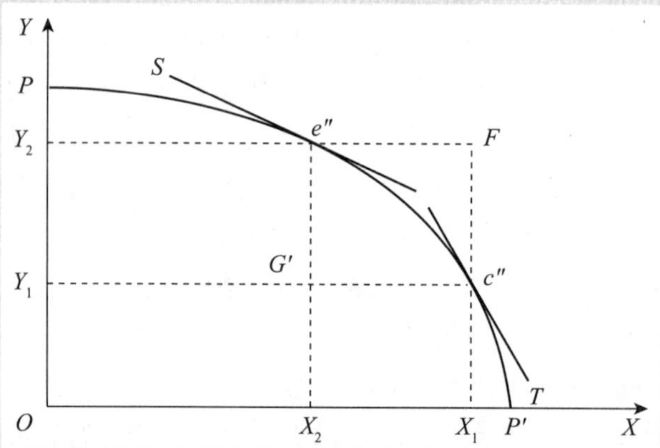

图 9-4　生产可能性曲线

现在来看生产可能性曲线的第二个特点：向右上方凸出。如果借用产品的边际转换率这个概念，则可以将生产可能性曲线的第二个特点描述为：产品的边际转换率递增。例如，在图 9-4 中，当 X 的数量为 X_2 时，相应的边际转换率等于生产可能性曲线上 e''点的切线 S 的斜率的绝对值，而当 X 的数量增加到 X_1 时，相应的边际转换率等于 c''点的切线 T 的斜率的绝对值。显而易见，T 的斜率的绝对值要大于 S 的斜率的绝对值。因此，随着产品 X 数量的增加，X 转换为 Y 的边际转换率也在增大。

为什么产品的边际转换率是递增的呢？原因在于要素的边际报酬在递减。① 为方便起见，我们将生产的埃奇渥斯盒状图中的两种生产要素 L 和 K “捆” 在一起，看成一种要素，比如称它为要素（$L+K$），并假定该要素在产品 X 和 Y 生产上的边际报酬是递减的。为什么存在产品的边际转换率，或者为什么产品 X 可能转换成产品 Y？因为通过减少产出 X，可以“释放”出一部分要素（$L+K$），而释放出的这部分要素（$L+K$）可以用来生产产出 Y。由此，c''点的产品的边际转换率高于 e''点可能有如下两个原因。第一，在 c''点减少一单位 X 所释放出的要素（$L+K$）要比在 e''点同样减少一单位 X 所释放出的要素（$L+K$）多；第二，在 c''点释放出的每一单位要素（$L+K$）所生产的产出 Y 要比在 e''点释放出的每一单位要素（$L+K$）所生产的产出 Y 多。如果假定要素（$L+K$）的边际生产力递减，则上述两个原因就都存在。对应于 c''点的是较多的 X 和较少的 Y，对应于 e''点的则正好相反，是较多的 Y 和较少的 X。因此，一方面，要素（$L+K$）在 c''点上生产 X 的边际生产力要小于在 e''点上的情况，即与 e''点相比，在 c''点上生产一单位 X 需要用更多的要素（$L+K$），这意味着，在 c''点上减少一单位 X 生产所释放出的投入要素（$L+K$）较多；另一方面，要素（$L+K$）在 c''点上生产 Y 的边际生产力要大于在 e''点上的情况，即与 e''点相比，在 c''点上每一单位要素（$L+K$）生产的产出 Y 要更多。由此可见，由于要素（$L+K$）的边际生产力递减，在较高的 X 产出水平从而较低的 Y 产出水平上，一方面减少一单位 X 所释放出的要素较多，另一方面所释放出的每一要素生产 Y 的边际生产力也较高，故产品 X 替换产品 Y 的边际转换率也较高。

上述推理可以用符号简单推导如下。首先将产品的边际转换率公式稍稍变动为：

$$MRT_{XY}=\left|\frac{\mathrm{d}Y}{\mathrm{d}X}\right|=\left|\frac{\mathrm{d}Y}{\mathrm{d}(L+K)}\cdot\frac{\mathrm{d}(L+K)}{\mathrm{d}X}\right|=\left|\frac{\dfrac{\mathrm{d}Y}{\mathrm{d}(L+K)}}{\dfrac{\mathrm{d}X}{\mathrm{d}(L+K)}}\right|$$

式中，($L+K$）为单独一种要素；$\mathrm{d}Y/\mathrm{d}(L+K)$ 和 $\mathrm{d}X/\mathrm{d}(L+K)$ 分别为要素（$L+K$）生产 Y 和 X 的边际生产力。随着产出 X 的增加，从而产出 Y 的减少，$\mathrm{d}X/\mathrm{d}(L+K)$ 减小，而 $\mathrm{d}Y/\mathrm{d}(L+K)$ 增大，从而

$$\left|\frac{\mathrm{d}Y}{\mathrm{d}X}\right|=\left|\frac{\mathrm{d}Y}{\mathrm{d}(L+K)}\cdot\frac{\mathrm{d}(L+K)}{\mathrm{d}X}\right|$$

即产品的边际转换率增大。这就证明了边际转换率递增，从而生产可能性曲线向右上方凸出这条性质。

3. 生产不可能性区域和生产无效率区域

图 9－4 中的生产可能性曲线 PP'将整个产品空间分为三个互不相交的组成部

① 除了边际报酬递减的原因外，还有其他原因，如生产产品时所使用的要素的比例的差异等。

分：曲线 PP'本身，曲线 PP'右上方的区域，以及曲线 PP'左下方的区域。一方面，由于生产可能性曲线上每一点均表示在现有资源（$\overline{L}$，$\overline{K}$）和技术条件下整个经济所能达到的最大产出组合，故在生产可能性曲线右上方的区域实际上是在目前条件下所不可能达到的区域，即在现有资源和技术条件下，不可能生产出例如 F 点（X_1，Y_2）那样的产出组合。因此，右上方的区域是所谓“生产不可能性区域”。另一方面，在生产可能性曲线左下方的区域则是“生产无效率区域”，也就是说，如果经济处于该区域中，则它还没有达到其可能有的最大产出。例如，在生产可能性曲线左下方的一点 G'，其所对应的产量为 X_2 和 Y_1。由于在生产的埃奇渥斯盒状图 9-3 中，X_2 的产出由等产量曲线 I_C 表示，Y_1 的产出由等产量曲线 II_D 表示，故 G'点就对应于等产量曲线 I_C 和 II_D 的交点，即图 9-3 中的 G 点。G 点不是等产量曲线的切点，不在生产契约曲线上，故不是生产的帕累托最优状态，其投入要素的配置不是最优的，从而它所代表的产出量也不是最优的。通过重新配置投入要素，例如，让图 9-3 中的 G 点沿等产量曲线 I_C 移到 e'点，则产出 X 没有变化，但产出 Y 增加到等产量曲线 III_D 所代表的较高水平。在图 9-4 中，这相当于 G'点向上垂直移动到 e''点。如果让图 9-3 中的 G 点沿等产量曲线 II_D 移到 c'点，则产出 Y 没有变化，但产出 X 增加到由等产量曲线 II_C 所代表的较高水平。在图 9-4 中，这相当于从 G'点向右水平移动到 c''点。如果让图 9-3 中的 G 点沿等产量曲线 I_C 和 II_D 之间的任一路线移到 e' 和 c' 两点之间的生产契约曲线上，则这相当于在图 9-4 中让 G'点沿任一路线移动到 e''点和 c''点之间的生产可能性曲线上。如果允许缺乏效率的“浪费性”生产，即把生产可能性曲线左下方区域亦看成可行的生产范围，则全部可行生产范围就是闭（包括边界在内）的区域 $OPP'O$。这样一来，可以给生产可能性曲线另外一个解释，即它是生产可能性区域的“边界”，或简单地叫做生产可能性边界。

4. 生产可能性曲线的变动

生产可能性曲线位置的高低取决于投入要素的数量和技术状况。我们知道，生产可能性曲线上任意一点都表示在既定要素数量和技术状况条件下所可能生产的最大产出组合。如果要素数量或者技术状况发生了变化，则可能生产的最大产出组合就可能发生变化，从而生产可能性曲线的位置就可能发生变化，如图 9-5 所示。假定初始的资源数量和技术状况所确定的生产可能性曲线为 $P'P'$。$P'P'$ 上任意一点均表示在既定条件下经济所可能生产的最大产出组合。考虑 $P'P'$上的 c'点。与 c'点对应的产出组合（X_1，Y_1）就是所有可能的最大产出组合中的一种。现在假定资源数量增加了，则在 X 和 Y 的生产上均有更多的资源，于是 X 和 Y 的最大产量均有增加。假定增加的资源数量以某种方式被分配到 X 和 Y 这两种产品的生产上，使得 X 和 Y 的最大产出组合增加到（X_2，Y_2）。于是在原来条件下得到的生产可能性

专栏 9-1
生产可能性曲线：
从个人到社会

曲线 $P'P'$ 上的 c' 点现在在资源数量增加的条件下移到了 c'' 点（X_2，Y_2）。同样地，如果假定技术进步，则亦有如此效果。实际上，资源数量增加和技术进步不仅使 c' 点向右上方移动，而且使原生产可能性曲线上的其他点亦向右上方移动。这意味着，由于资源数量增加和技术进步，生产可能性曲线本身开始向右上方移动，例如移到了 $P''P''$ 的位置。

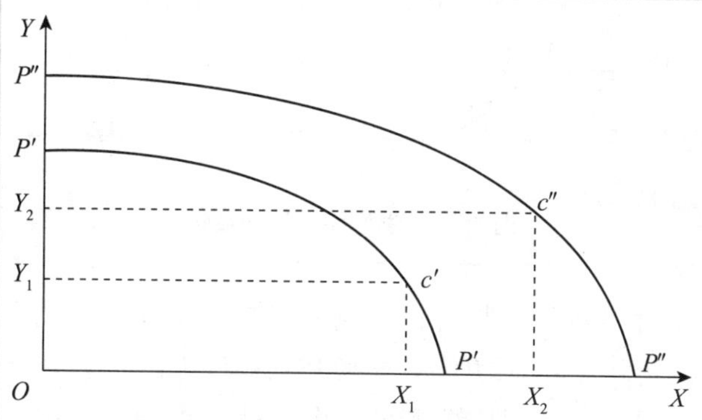

图 9-5　生产可能性曲线的变动

三、生产和交换的帕累托最优条件

在详细地讨论了生产可能性曲线的情况之后，我们来研究如何利用该曲线将生产和交换两个方面综合在一起，从而得到生产和交换的帕累托最优条件。参见图 9-6。首先，在图中的生产可能性曲线上任选一点，例如为 B 点。一方面，由生产可能性曲线的性质可知，B 点是生产契约曲线上的一点，故满足生产的帕累托最优条件。另一方面，B 点表示一对产出的最优组合，即图 9-6 中生产和交换的最优组合（$\overline{X}$，$\overline{Y}$）。如果从 B 点出发分别引一条垂直线到 $\overline{X}$ 和一条水平线到 $\overline{Y}$，则得到一个矩形 $A\overline{Y}B\overline{X}$。该矩形恰好与第三节中引入的交换的埃奇渥斯盒状图相同：它的水平长度和垂直高度分别表示两种产出的给定数量 $\overline{X}$ 和 $\overline{Y}$。如果设 A 点和 B 点分别为消费者 A 和 B 的原点，则该矩形中任意一点也都表示既定产出 $\overline{X}$ 和 $\overline{Y}$ 在两个消费者之间的一种分配。于是，我们可将第三节中的全部讨论都照搬到这里来。

按照第三节的分析，埃奇渥斯盒状图 $A\overline{Y}B\overline{X}$ 中的交换契约曲线为 VV'。VV' 上的任意一点均为交换的帕累托最优状态。因此，给定生产契约曲线上一点，即给定一个生产的帕累托最优状态，现在有一条交换的契约曲线，即有无穷多个交换的帕累托最优状态与之对应。在这无穷多个交换的帕累托最优状态中，任意一点例如 C 点都表示交换在单独来看时已经处于最优状态，但并不一定表示在与生产联合起来看时亦达到了最优状态。下面利用产品的边际转换率和边际替代率这两个概念来加以说明。

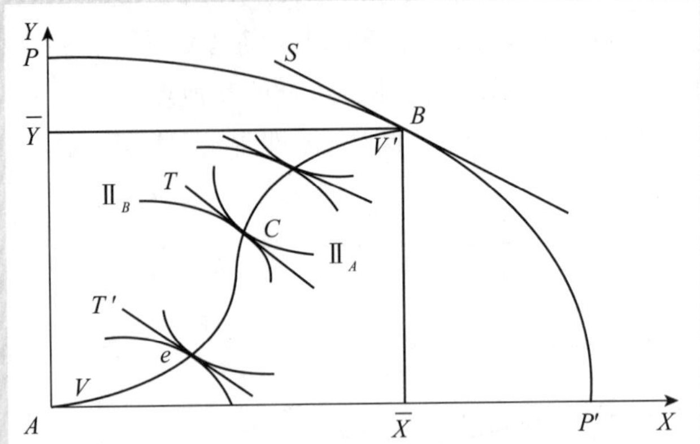

图 9-6 生产和交换的最优

在图 9-6 中，生产可能性曲线上 B 点的切线 S 的斜率绝对值是产品 X 在该点上转换为产品 Y 的边际转换率 MRT，交换契约曲线上的 C 点是无差异曲线 Ⅱ_A 和 Ⅱ_B 的切点。Ⅱ_A 和 Ⅱ_B 的共同切线 T 的斜率绝对值是产品 X 在该点上替代产品 Y 的边际替代率 MRS。切线 S 和 T 可能平行，也可能不平行，即产品的边际转换率与边际替代率可能相等，也可能不相等。如果边际转换率与边际替代率不相等，则可以证明这时并未达到生产和交换的帕累托最优状态。我们举例说明如下。假定产品的边际转换率为 2，边际替代率为 1，即边际转换率大于边际替代率。边际转换率等于 2 意味着生产者通过减少 1 单位 X 的生产可以增加 2 单位的 Y。边际替代率等于 1 意味着消费者愿意通过减少 1 单位 X 的消费来增加 1 单位 Y 的消费。在这种情况下，如果生产者少生产 1 单位 X，从而少给消费者 1 单位 X，但多生产 2 单位 Y，则从多生产的 2 单位 Y 中拿出 1 单位给消费者即可维持消费者的满足程度不变，从而多余的 1 单位 Y 就代表了社会福利的净增加。这就说明了如果产品的边际转换率大于边际替代率，则仍然存在帕累托改进的余地，即仍未达到生产和交换的帕累托最优状态。

同样可以分析产品的边际转换率小于边际替代率的情况。例如假定产品的边际转换率为 1，边际替代率为 2。此时如果生产者减少 1 单位 Y 的生产，从而少给消费者 1 单位 Y，但多生产 1 单位 X，则从多生产的 1 单位 X 中拿出半个单位 X 给消费者即可维持消费者的满足程度不变，从而多余的半个单位 X 就代表了社会福利的净增加。这就说明了，如果产品的边际转换率小于边际替代率，则仍然存在帕累托改进的余地，即仍然未达到生产和交换的帕累托最优状态。

给定生产可能性曲线上的一点 B 和与 B 点相对应的交换契约曲线上的一点 C，只要 B 点的产品的边际转换率不等于 C 点的产品的边际替代率，则 C 点就仅表示交换的帕累托最优状态，而非生产和交换的帕累托最优状态。由此即得生产和交换的帕累托最优条件：

$$MRS_{XY}=MRT_{XY} \tag{9.5}$$

即产品的边际替代率等于边际转换率。例如，在图 9－6 中的交换契约曲线上，e 点的边际替代率与生产可能性曲线上 B 点的边际转换率相等，因为过 e 点的无差异曲线的切线 T' 与过 B 点的生产可能性曲线的切线 S 恰好平行。因此，e 点满足生产和交换的帕累托最优条件。

四、总结

本节的讨论可以总结如下：给定两种生产要素的既定数量 $\overline{L}$ 和 $\overline{K}$（及两个生产者），则以 $\overline{L}$ 和 $\overline{K}$ 可构造一个生产的埃奇渥斯盒状图。在生产的埃奇渥斯盒状图中加进两个生产者的生产函数即等产量曲线。由等产量曲线切点的轨迹可得到生产的契约曲线 qq'。qq' 上任一点均满足生产的帕累托最优条件。此外，qq' 上任一点均表示一个最优的产出组合（X，Y）。所有最优产出组合的轨迹即为生产可能性曲线 PP'。在生产可能性曲线上任选一点 B，就给定了一个最优产出组合（$\overline{X}$，$\overline{Y}$）。以 $\overline{X}$ 和 $\overline{Y}$ 可构造一个交换的埃奇渥斯盒状图。在交换的埃奇渥斯盒状图中加进两个消费者的效用函数即无差异曲线，则由这些无差异曲线切点的轨迹可得到交换的契约曲线 VV'。VV' 上任意一点都满足交换的帕累托最优。如果 VV' 上有一点，如 e 点，其边际替代率恰好等于生产可能性曲线 PP' 上 B 点的边际转换率，则此时 e 点亦满足生产和交换的帕累托最优。

第六节　完全竞争和帕累托最优状态

本章的第一节说明了完全竞争经济在一定的假定条件下，存在着一般均衡状态。接下来的几节又描述了经济的帕累托最优状态。现在自然要问：竞争的均衡与帕累托最优状态之间是什么关系呢？西方经济学的回答包括如下两个关于福利经济学的基本定理，即福利经济学第一和第二定理。

一方面，福利经济学第一定理声称：在一定的条件下，任何的竞争性市场均衡都是帕累托最优的，或者说，任何的竞争性市场都将导致资源的帕累托有效配置。关于这个定理，有两点需要注意。第一是它成立的条件，其中包括完全竞争、完全信息、没有外部性、没有规模经济等。如果没有这些条件，则定理的结论就不一定能够成立，或者说，市场机制就不一定能够导致资源的帕累托有效配置。第二是它的结论。即使所要求的条件都能够得到满足，根据福利经济学第一定理，所得到的结果也只是帕累托意义上的资源有效配置，即得到的是这样一种资源配置，该配置的任何改变都不会使某个人境况变好而不使其他人境况变坏。但是，正如前面说过的，帕累托意义上的资源有效配置，并不一定就是真正意义上的“社会最优”，因为后者还要考虑许多其他因素，如收入的分配状况等。换句话说，对“社会最优”

来说，尽管帕累托有效配置是“必要”的——因为非帕累托有效配置意味着低效率，但却不是“充分”的——例如，帕累托有效配置并不一定意味着“公平”的收入分配。实际上，存在着无穷多种可能的帕累托有效配置，其中包括了极不公平的收入分配情况。如果竞争性的市场导致的是这些极不公平的帕累托有效配置，则它显然就不是社会真正需要的结果。

另一方面，福利经济学第二定理则声称：在一定的条件（这些条件包括消费者的偏好和生产者的技术都具有凸性等）下，任何的帕累托有效配置都可以通过一套竞争性的市场价格以及某个恰当的收入分配状态来实现。与第一定理相比，第二定理的政策含义要更强一些，因为根据这个定理，政府可以在无穷多的帕累托有效配置中，选择某个“社会最优”（如具有“公平分配”性质）的配置，并通过市场机制和某个恰当的收入分配状态来实现它——其中，那个恰当的收入分配状态可以通过改变初始的收入分配状态来达到。这里存在的问题是，由于政府不了解所有人的消费偏好和所有企业的生产函数等，故它并不一定知道以及即使知道了也不一定能够实现那个恰当的收入分配状态。

早在两百多年前，亚当·斯密就曾断言：人们在追求自己的私人目的时，会在一只“看不见的手”的指导下，实现增进社会福利的社会目的。每一个人所考虑的都不是社会利益，而是他自身的利益。但是，他对自身利益的研究自然会或不如说必然会引导他作出最有利于社会的选择。所以，每一个人都受一只“看不见的手”的指导，去尽力达到一个并非他本意想达到的目的。当代西方经济学家提出的关于福利经济学的基本定理把亚当·斯密的上述思想进一步发展成了一个更加精致的**“看不见的手”**的原理：给定一些理想条件，单个家户和厂商在完全竞争经济中的最优化行为将导致资源的帕累托有效配置和社会福利的最大化。

下面对竞争性市场导致帕累托有效配置（即福利经济学第一定理）的情况做一些具体说明。

首先将帕累托最优条件综合表述如下。尽管前几节是在两个消费者、两种产品、两个生产者、两种投入要素的简单情况下推导出这些条件的，但它们显然也适用于多个消费者、多种产品、多个生产者、多种要素的一般情况。

1. 交换的最优条件

任何两种产品的边际替代率对所有的消费者都相等。用公式表示即是：

$$MRS_{XY}^{A}=MRS_{XY}^{B} \tag{9.2}$$

式中，X 和 Y 为任意两种产品；A 和 B 为任意两个消费者。

2. 生产的最优条件

任何两种要素的边际技术替代率对所有生产者都相等。用公式表示即是：

$$MRTS_{LK}^{C}=MRTS_{LK}^{D} \tag{9.4}$$

式中，L 和 K 为任意两种要素；C 和 D 为任意两个生产者。

3. **生产和交换的最优条件**

任何两种产品的边际替代率都等于它们的边际转换率。用公式表示即是：

$$MRS_{XY}=MRT_{XY} \tag{9.5}$$

式中，X 和 Y 为任意两种产品。

当上述三个边际条件均得到满足时，称整个经济达到了帕累托最优状态。

现在考虑在完全竞争经济中，帕累托最优状态是如何实现的。我们知道，完全竞争经济在一些假定条件下存在着一般均衡状态，即存在一组价格，使得所有产品的需求和供给都恰好相等（这里不考虑自由产品）。设这一组均衡价格为 P_X，P_Y，…，P_L，P_K，…。式中，P_X，P_Y，…分别表示产品 X，Y，…的均衡价格；P_L，P_K，…分别表示要素 L，K，…的价格。在完全竞争条件下，每个消费者和每个生产者均是价格的接受者，他们将在既定的价格条件下实现自己的效用最大化和利润最大化。换句话说，均衡价格体系 P_X，P_Y，…，P_L，P_K，…对所有消费者和生产者均是相同的。首先来看消费者的情况。任意一个消费者例如 A 在完全竞争经济中的效用最大化条件是对该消费者来说，任意两种产品的边际替代率都等于这两种产品的价格比率（参见第三章第三节），即有：

$$MRS_{XY}^{A}=\frac{P_X}{P_Y} \tag{9.6}$$

同样地，其他消费者如 B 在完全竞争条件下的效用最大化条件亦是对 B 而言，任意两种产品的边际替代率都等于这两种产品的价格比率，即：

$$MRS_{XY}^{B}=\frac{P_X}{P_Y} \tag{9.7}$$

由（9.6）式和（9.7）式即得到：

$$MRS_{XY}^{A}=MRS_{XY}^{B}$$

这就是交换的帕累托最优条件（9.2）。因此，在完全竞争经济中，产品的均衡价格实现了交换的帕累托最优状态。

其次来看生产者的情况。在完全竞争经济中，任意一个生产者例如 C 的利润最大化条件之一是对该生产者来说，任意两种要素的边际技术替代率都等于这两种要素的价格比率（参见第五章第二节），即有：

$$MRTS_{LK}^{C}=\frac{P_L}{P_K} \tag{9.8}$$

同样地，其他生产者如 D 在完全竞争条件下的利润最大化条件亦是对 D 而言，任意两种要素的边际技术替代率都等于这两种要素的价格比率，即：

$$MRTS_{LK}^{D}=\frac{P_L}{P_K} \tag{9.9}$$

由（9.8）式和（9.9）式即得到：

$$MRTS_{LK}^{C}=MRTS_{LK}^{D}$$

这就是生产的帕累托最优条件（9.4）。因此，在完全竞争经济中，要素的均衡价格实现了生产的帕累托最优状态。

最后来看生产者和消费者综合在一起的情况。现在的问题是要说明完全竞争经济如何满足生产和交换的帕累托最优状态，即在完全竞争条件下，产品的边际转换率是如何与边际替代率相等的。为此，先对产品的边际转换率再作一点解释。我们知道，产品 X 对产品 Y 的边际转换率就是：

$$MRT_{XY}=\left|\frac{\Delta Y}{\Delta X}\right|$$

它表示增加 $|\Delta X|$ 就必须减少 $|\Delta Y|$，或者，增加 $|\Delta Y|$ 就必须减少 $|\Delta X|$。因此，一方面，$|\Delta Y|$ 可以被看成是 X 的边际成本（机会成本）；另一方面，$|\Delta X|$ 也可以被看成是 Y 的边际成本。如果用 MC_X 和 MC_Y 分别代表产品 X 和 Y 的边际成本，则产品 X 对产品 Y 的边际转换率可以定义为两种产品的边际成本的比率：

$$MRT_{XY}=\left|\frac{\Delta Y}{\Delta X}\right|=\frac{MC_X}{MC_Y} \tag{9.10}$$

现在容易说明完全竞争均衡的帕累托最优性质了。在完全竞争中，生产者利润最大化的条件是产品的价格等于其边际成本，于是有：

$$P_X=MC_X \qquad P_Y=MC_Y$$

即有：

$$\frac{MC_X}{MC_Y}=\frac{P_X}{P_Y} \tag{9.11}$$

再由消费者效用最大化条件：

$$MRS_{XY}^{A}=\frac{P_X}{P_Y} \tag{9.6}$$

即得：

$$MRT_{XY}=\frac{P_X}{P_Y}=MRS_{XY} \tag{9.12}$$

式中，MRS_{XY} 表示每一个消费者的共同的边际替代率。（9.12）式即是生产和交换的帕累托最优条件。因此，在完全竞争经济中，产品的均衡价格实现了生产和交换的帕累托最优状态。

专栏 9-2
铅笔自述和价格机制

第七节　社会福利函数

一、效用可能性曲线

完全竞争经济在一定的假定条件下可以达到帕累托最优状态，即满足帕累托最优的三个条件。但是，帕累托最优的三个条件并不是对资源最优配置的完整描述，因为它没有考虑收入分配问题。实际上，存在无穷多个同时满足所有三个帕累托最优条件的经济状态，其中甚至可以包括收入分配的极端不平等情况。

我们知道，在图 9－6 中，生产可能性曲线 PP' 上任意一点均代表着生产的帕累托最优状态。在曲线 PP' 上任给一点如 B 点，等于给定了一个最优产出组合如（$\overline{X}$，$\overline{Y}$）。以该产出组合可构造一个交换的埃奇渥斯盒状图，从而得到一条交换的契约曲线 VV'。曲线 VV' 上任意一点均代表交换的帕累托最优状态，在曲线 VV' 上还存在一点如 e 点，在该点上两条相切的无差异曲线的共同斜率恰好等于生产可能性曲线上 B 点的斜率，从而 e 点还满足生产和交换的帕累托最优条件。由此可知，按上述方法得到的 e 点同时满足所有三个帕累托最优条件。

现在进一步对 e 点加以考察。e 点是两条无差异曲线的切点，而这两条相切的无差异曲线分别代表着两个消费者 A 和 B 的两个效用水平。如果我们用 U_A^e 和 U_B^e 来分别表示消费者 A 和 B 在 e 点的效用水平，则 e 点实际上对应着一个效用水平组合（U_A^e，U_B^e）。由于 e 点是满足所有三个帕累托最优条件的，故它所对应的一个效用水平组合（U_A^e，U_B^e）可以被看成是“最优”效用水平组合。

仿照上述，如果我们在生产可能性曲线 PP' 上另选一点如 B' 点，则可以得到一点 e' 满足帕累托最优的三个条件。再由 e' 点得到一个最优效用水平组合（$U_A^{e'}$，$U_B^{e'}$）。这样一来，我们就在生产可能性曲线和最优效用水平组合之间建立起了一种对应关系。给定生产可能性曲线上的一点，可以得到一个最优效用水平组合。显而易见，由于生产可能性曲线上的点有无穷多个，因此同时满足三个帕累托最优条件的最优效用组合也有无穷多个。现在要问，这所有的最优效用水平组合之间具有什么样的关系呢？

容易看出，在满足全部帕累托最优条件的情况下，消费者 A 的效用水平与消费者 B 的效用水平的变化方向一定是正好相反的。要提高某个消费者的效用水平，就必须降低另一个消费者的效用水平。如果不是这样，则总可以通过某种重新安排，使某个消费者的境况变好而不使其他消费者的境况变坏。换句话说，还存在帕累托改进的余地。这表明并非所有帕累托最优条件均被满足。

由于在最优效用水平组合中，两个消费者的效用水平反方向变化，故它们之间的关系可以用图 9－7 中向右下方倾斜的一条曲线 UU' 来表示。图中横轴 U_A 代表消费者 A 的效用水平，纵轴 U_B 代表消费者 B 的效用水平。曲线 UU' 被称为**效用可能**

性曲线。它代表消费者所有最优效用水平组合的集合，说明了在一个消费者的效用水平给定之后，另一个消费者所可能达到的最大效用水平。例如，在图 9－7 中，给定消费者 A 的效用水平为 U_A^e，则消费者 B 的效用水平为 U_B^e，它们的组合由 e 点表示。值得注意的是，除了效用可能性曲线向右下方倾斜这一性质之外，无法知道更多的其他性质，例如它的位置及凹凸性等等。特别是，由于效用水平的高低本来就是一个序数概念，而不能用基数来测量，故用来表示效用水平的数值是“随意”的——只要我们用大的数字代表较大的效用即可。这意味着在图 9－7 中，效用可能性曲线 UU' 的位置和凹凸性都是“随意”的。

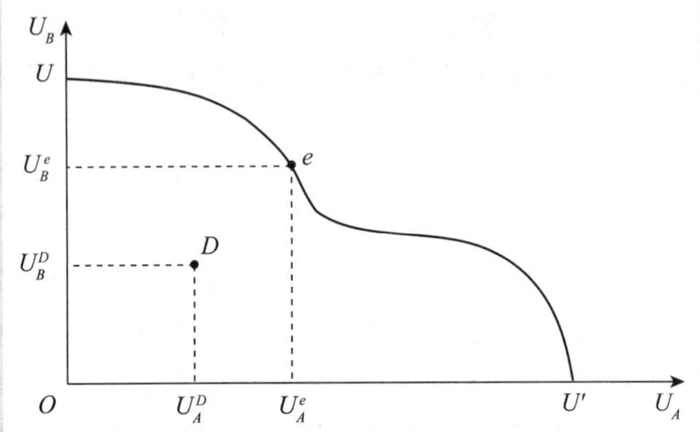

图 9－7　效用可能性曲线

和生产可能性曲线的情况相仿，效用可能性曲线 UU' 亦将整个效用空间划分为三个互不相交的组成部分。在 UU' 右上方的区域，是在既定资源和技术条件下所无法达到的，故可以看成是“效用不可能”区域；而在 UU' 左下方的区域，则是“无效率”区域：在既定的资源和技术条件下，经济没有达到它可能达到的最优效用水平组合。例如在该区域中的 D 点，代表着效用水平组合（U_A^D，U_B^D）。它显然缺乏效率。如果能够重新配置资源，就能够使经济从 D 点移到效用可能性曲线上的 e 点，从而使两个消费者的效用水平均得到提高。“无效率”点的存在或者是由于交换的无效率，或者是由于生产的无效率，或者是由于生产和交换的无效率，即是由于三个帕累托最优条件中有一个或两个或三个未得到满足。

如果将所有的无效率点都看成是可能的经济状态，则所有可能的效用水平组合的集合就是封闭（包括边界）的区域 $OUU'O$。由此可以给效用可能性曲线另外一个解释，即它是效用可能性区域的“边界”，故亦称为效用可能性边界。福利经济学的目的是要在效用可能性区域中寻找一点或一些点，使社会福利达到最大；帕累托最优条件仅仅告诉我们，社会福利必须在该效用可能性区域的边界上，即在效用可能性曲线上达到，但并没有告诉我们，究竟在效用可能性曲线上的哪一点或哪些点上达到。

二、社会福利函数和最大社会福利

为了解决上述问题，需要知道在效用可能性曲线上每一点所代表的社会福利的相对大小，或者更一般地说，需要知道效用可能性区域或整个效用空间中每一点所代表的社会福利的相对大小：这就是所谓的**社会福利函数**。社会福利函数是社会中所有个人的效用水平的函数。因此，在我们的两人社会中，社会福利函数 W 可以写成：

$$W=W(U_A, U_B) \tag{9.13}$$

给定上式，由一个效用水平组合(U_A, U_B)可以求得一个社会福利水平。如果我们固定社会福利水平为某个值，例如令 $W=W_1$，则社会福利函数成为：

$$W_1=W(U_A, U_B) \tag{9.14}$$

上式表明了当社会福利水平为 W_1 时两个消费者之间的效用水平 U_A 和 U_B 的关系。该关系的几何表示就是图 9-8 中的曲线 W_1。曲线 W_1 被称为社会无差异曲线，在该曲线上，不同的点代表着不同的效用组合，但所表示的社会福利却是一样的。故从社会角度来看，这些点均是“无差异的”。同样地，如果令社会福利水平为 W_2 和 W_3，亦可以得到相应的社会无差异曲线 W_2 和 W_3。通常假定这些社会无差异曲线与单个消费者的无差异曲线一样，亦是向右下方倾斜且凸向原点的，并且较高位的社会无差异曲线代表较高的社会福利水平。

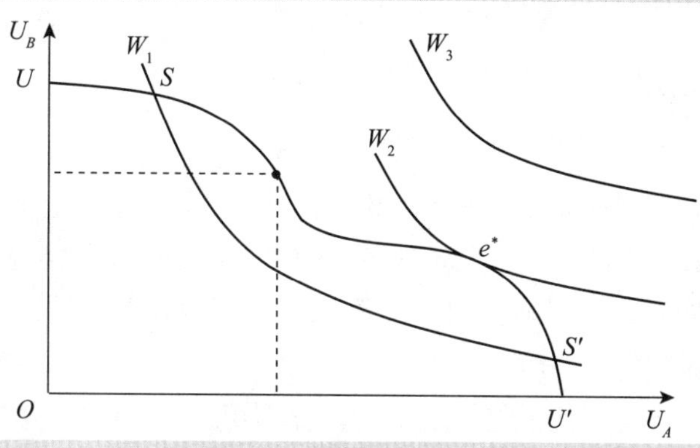

图 9-8 最大社会福利

有了社会福利函数即社会无差异曲线，则结合效用可能性曲线 UU' 即可决定最大的社会福利，参见图 9-8。最大社会福利显然在效用可能性曲线 UU' 和社会无差异曲线 W_2 的切点 e^* 上达到。这一点叫做“限制条件下的最大满足点”。这是能导致最大社会福利的生产和交换的唯一点。之所以叫做限制条件下的最大满足点，是因为它要受到既定的生产资源和生产技术条件等的限制。UU' 曲线和社会无差异曲线 W_1 交于 S 点和 S' 点。这两点所代表的社会福利都低于 W_2，因而不是最大的社会福利；W_3 是比 W_2 更高的社会无差异曲线，因而代表更大的社会福利，但这种更大的社会福利超出了效用可能性曲线，也就是超出了在现有条件下所能够达到的最大水平。

如果确实存在上述所谓社会福利函数，则可以在无穷多的帕累托最优状态中进一步确定那些使社会福利最大化的状态。如果真能做到这一点，则资源配置问题便可以被看成是彻底解决了。例如，假定按照图 9－8，社会福利在 e^* 点达到最大。这个 e^* 点同时表明三个帕累托最优条件均被满足，即它对应于图 9－6 中的 e 点。作为图 9－6 中的 e 点，一方面它表明了既定产出在两个消费者之间的最优分配状况，即消费者 A 消费 X_A、Y_A 量的产品，消费者 B 消费 X_B、Y_B 量的产品；另一方面它又与生产可能性曲线 PP' 上的 B 点相对应，从而与生产的埃奇渥斯盒状图 9－3 中生产契约曲线上的一点 b' 相对应。b' 点表明了既定投入要素在两个生产者之间的最优分配状况，即生产者 C 消费 L_C、K_C 量的要素，生产者 D 消费 L_D、K_D 量的要素。于是，假定整个经济可得的要素总量为 $\overline{L}$ 和 $\overline{K}$，则按如下办法配置资源即可使整个社会福利达到最大：将要素总量在 C 和 D 两个生产者之间如此分配，使 C 得到 L_C、K_C，D 得到 L_D、K_D，从而生产出产品 $\overline{X}$、$\overline{Y}$；再将产品产量在 A 和 B 两个消费者之间如此分配，使 A 得到 X_A、Y_A，使 B 得到 X_B、Y_B。

由此可见，彻底解决资源配置问题的关键在于社会福利函数。社会福利函数究竟存不存在呢？换句话说，能不能从不同个人的偏好中合理地形成所谓的社会偏好呢？可惜的是，阿罗于 1951 年在相当宽松的条件下证明了这是不可能的。这就是有名的**“不可能性定理”**。

三、不可能性定理

阿罗意识到，所谓形成社会福利函数，就是在已知社会所有成员的个人偏好次序的情况下，通过一定的程序，把各种各样的个人偏好次序归结为单一的社会偏好次序。这是否总能做到呢？阿罗用较高深的数学证明，在能被一般人接受的条件下，这是不可能做到的。下面举例加以说明。

考虑这样一个社会，其中包括三个人，分别用 1、2 和 3 代表。这三个人在三种社会状态 a、b 和 c 之间进行选择。假定每一个人在各种社会状态上的偏好都是严格的，即没有人在任意两个状态之间感到无差异。每个人的偏好都具有“可传递性”，即如果他偏好 a 甚于 b，偏好 b 又甚于 c，那么，他必然会偏好 a 甚于 c。在这里，我们把某个人的某个特定的偏好次序记为 $(a, b, c)_i$，$i=1, 2, 3$，表示第 i 个人偏好 a 甚于 b、偏好 b 又甚于 c。这意味着下述三个成对的偏好次序，即 $(a, b)_i$、$(a, c)_i$、$(b, c)_i$。一个特定的社会偏好次序则表示为 $[a, b, c]$，它意味着社会偏好 a 甚于 b、偏好 b 又甚于 c，即包括三个成对的社会偏好次序：$[a, b]$、$[a, c]$、$[b, c]$。现在假定单个人的偏好次序分别为 $(a, b, c)_1$、$(b, c, a)_2$、

$(c, a, b)_3$，并按照这些偏好对每一对可能的社会状态进行投票；社会的偏好次序则按“大多数规则”从这些单个人投票中得出。

首先对 a 和 b 两种社会状态进行投票。根据上面假定的单个人偏好次序，投票结果应为：

$$(a, b)_1、(b, a)_2、(a, b)_3$$

于是，按大多数规则，社会偏好次序就是 $[a, b]$。

其次考虑社会状态 b 和 c。我们有：

$$(b, c)_1、(b, c)_2、(c, b)_3$$

于是，按大多数规则，社会偏好次序为 $[b, c]$。

最后是 a 和 c。各个个人的偏好次序为：

$$(a, c)_1、(c, a)_2、(c, a)_3$$

于是，按大多数规则，社会偏好次序为 $[c, a]$。

于是，整个投票结果是：社会偏好 a 甚于 b、偏好 b 甚于 c、偏好 c 甚于 a！显而易见，这种所谓的“社会偏好次序”包含内在的矛盾，因为它缺乏次序的基本要求，即“可传递性”。如果具有“可传递性”，那么，当社会偏好 a 甚于 b、偏好 b 又甚于 c 时，就应该偏好 a 甚于 c。因此，在上述给定的具有“可传递性”的单个人偏好类型中，按照投票的大多数规则，不能得出合理的社会偏好次序。换句话说，此时不存在社会福利函数。

上面是就某一种特定的个人偏好类型，即相互冲突的 $(a, b, c)_1$、$(b, c, a)_2$ 和 $(c, a, b)_3$，说明按照投票的大多数规则不能形成社会的偏好次序。这当然不是说，在任何情况下都不能从个人偏好次序形成社会偏好次序。恰好相反，如果我们重新给定个人的偏好类型，或者改变大多数规则，则完全有可能形成社会的偏好次序。例如，如果我们用“独裁”规则代替大多数规则，则独裁者的个人偏好就成为“社会”的偏好；又例如，如果我们用完全一致的个人偏好类型代替上述相互冲突的类型，例如，假设个人偏好为：

$$(a, b, c)_1、(a, b, c)_2、(a, b, c)_3$$

则按照大多数规则亦可形成确定的社会偏好次序 $[a, b, c]$。

但是，上述两种情况存在很大局限性。“独裁”规则可以从任何的个人偏好类型中形成“社会”偏好次序，但这样形成的“社会”偏好次序并不能真正地反映社会的偏好。假定个人偏好类型完全一致也是完全不现实的。社会福利函数应当适用于所有类型的个人偏好情况，而不应仅仅适用于完全一致的情况。但是，就一般情况而言，我们有阿罗的不可能性定理①：

① 阿罗的不可能性定理有时也被称为“福利经济学第三定理”。

在非独裁的情况下，不可能存在适用于所有个人偏好类型的社会福利函数。①

四、惯性和均衡的多样性

前面说过，西方学者认为，在完全竞争的条件下，互利的自愿交易可以导致帕累托最优。然而，在现实经济中，由于存在各种各样的“摩擦”，帕累托最优状态并不一定真的能够达到，或者即使能够达到，也不一定就是真正意义上的社会最优。下面举几个例子（第十一章中将有更多事例的说明）。

1. 惯性

要能够从初始的低效率状态变动到帕累托最优状态，经济主体必须对自己当前所处的状态以及通过变化可能达到的状态具有充分的认识——他要确切地知道，与当前的状态相比，变化后的状态对自己是更加有利，还是更加不利，或者“无差异”。然而，在复杂的现实生活中，人们对这一点并不是那么有把握：他们也许无法在不同的经济状态之间进行比较，也许无法对某项改变的结果作出准确的估计，或者即使“预期”某项改变可能对自己有好处，但也知道这种预期是有“风险”的，即不能完全排除出现相反结果的可能性。在这种情况下，经济主体的行为往往就是“维持现状”。这就是所谓的初始状态的“惯性”。初始状态的惯性意味着：由于改变的结果是不确定的，即使初始状态是低效率的，它也可能会长期持续下去。

2. 均衡的多样性

前面曾经说过，在存在社会福利函数的条件下，可以确定所谓“社会”的最优状态——它就是社会无差异曲线与效用可能性曲线的切点。但是，进一步考察，社会福利函数（从而社会无差异曲线）取决于环境、制度、文化、信仰、道德、风俗、习惯等诸多因素。当这些因素不同（或者当这些因素变化）时，社会福利函数就可能不同，从而社会的最优状态也可能不同。下面是几种典型的情况（假定每个社会都只由 A、B 两个成员组成）。

（1）加法型社会福利函数。

如果一个社会强调的是所有成员的效用总和（而非其分配），则它的社会福利函数就可以写成如下的加法形式：

$$W(x)=U_A(x)+U_B(x)$$

式中，x 表示所消费的商品数量，$W(x)$表示社会福利，它等于社会成员 A 的效用

① 更具体地说，阿罗认为，任何一个合理的社会福利函数起码必须满足如下要求：

第一，其定义域不受限制，即它适用于所有可能的个人偏好类型。

第二，非独裁，即社会偏好不以一个人或少数人的偏好来决定。

第三，帕累托原则，即如果所有个人都偏好 a 甚于 b，则社会偏好 a 甚于 b。

第四，无关变化的独立性。这一要求可简单理解为：只要所有个人对 a 与 b 的偏好不变（不管对例如 a 与 c 的偏好如何变化），则社会对 a 与 b 的偏好就不变。

阿罗证明了：满足上述四个条件且具有可传递性偏好次序的社会福利函数不存在。

U_A 加上社会成员 B 的效用 U_B。加法型社会福利函数也叫做功利主义的社会福利函数。它的社会无差异曲线如图 9－9（a）所示。例如，令 $W=W_1$（W_1 为某一大于零的常数），则根据功利主义的社会福利函数有：$U_B=W_1-U_A$。换句话说，U_B 是 U_A 的一个"线性"函数，故它在图 9－9（a）中可表示为标有 W_1 的直线型社会无差异曲线。加法型社会福利函数或直线型社会无差异曲线意味着，社会福利的大小只取决于社会成员的效用总和，而与其分配无关。换句话说，无论是穷人还是富人，其效用的增加对社会福利的贡献都是一样的。

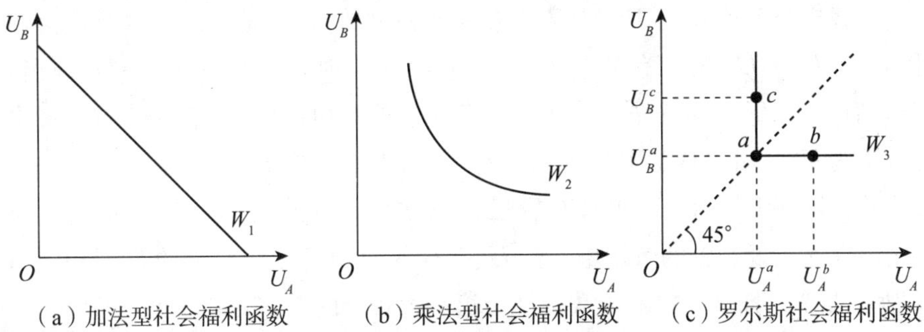

图 9－9　各种社会福利函数和社会无差异曲线

（2）乘法型社会福利函数。

如果一个社会比功利主义更加重视收入的分配和平等问题，则它的社会福利函数就可能具有如下的乘法形式：

$$W(x)=U_A(x)\cdot U_B(x)$$

乘法型社会福利函数也叫做贝努利-纳什社会福利函数。它的社会无差异曲线如图 9－9（b）所示。例如，令 $W=W_2$（W_2 为某一大于零的常数），则根据贝努利-纳什社会福利函数有：$U_B=W_2/U_A$。换句话说，U_B 是 U_A 的一个"反比例"函数，故它在图 9－9（b）中可表示为标有 W_2 的双曲线型社会无差异曲线。乘法型社会福利函数或双曲线型社会无差异曲线意味着，当社会成员的效用总量给定时，分配越是平等，社会福利就越大，反之，分配越不平等，社会福利就越小。例如，设 U_A 和 U_B 的总和为 10，则当效用的分配绝对平等（$U_A=5$、$U_B=5$）时，乘法型社会福利函数达到最大，即有：

$$W=U_A\cdot U_B=5\times5=25$$

而当效用的分配从平等变得不平等时，乘法型社会福利函数就会变小。例如，当 $U_A=6$、$U_B=4$ 时有：

$$W=U_A\cdot U_B=6\times4=24<25$$

特别是，当效用的分配绝对不平等（$U_A=10$、$U_B=0$）时，乘法型社会福利函数达到最小，即有：

$$W=U_A \cdot U_B=10\times 0=0$$

（3）罗尔斯社会福利函数。

与加法型和乘法型的社会福利函数相比，罗尔斯社会福利函数更加重视提高社会上境况最差的那些人的生活水平。它可以写成：

$$W=\min\{U_A, U_B\}$$

其几何表示如图 9－9（c）中标有 W_3 的直角 L 形社会无差异曲线所示。为了说明这一点，我们令 $W=W_3$（W_3 为某一大于零的常数）。于是，由罗尔斯社会福利函数可知：当 $U_A<U_B$ 时，有 $W_3=U_A$；当 $U_A=U_B$ 时，有 $W_3=U_A=U_B$；当 $U_A>U_B$ 时，有 $W_3=U_B$。先来看直角 L 形曲线 W_3 的直角顶点 a。在 a 点处，社会成员 A 的效用为 U_A^a，社会成员 B 的效用为 U_B^a。由于 a 点位于 45°线上，故有 $U_A^a=U_B^a$。这意味着：$W_3=U_A^a=U_B^a$。再来看位于 a 点水平右方的任意一点（如 b 点）。与 a 点相比，在 b 点处，A 的效用增加到 U_A^b，B 的效用仍然为原来的 U_B^a。由于 $U_B^a<U_A^b$，故按照罗尔斯社会福利函数，社会福利由较小的 U_B^a 决定，从而仍然等于 W_3。换句话说，b 点和 a 点具有相同的社会福利 W_3，即位于同一条社会无差异曲线 W_3 上。最后来看位于 a 点垂直上方的任意一点（如 c 点）。与 a 点相比，在 c 点处，A 的效用仍然为原来的 U_A^a，B 的效用增加到 U_B^c。由于 $U_A^a<U_B^c$，故按照罗尔斯社会福利函数，社会福利由较小的 U_A^a 决定，从而仍然等于 W_3。换句话说，c 点和 a 点具有相同的社会福利 W_3，即位于同一条社会无差异曲线 W_3 上。综上所述可知，与罗尔斯社会福利函数相对应的社会无差异曲线确实为直角 L 形。

显而易见，当社会福利函数不同时，社会的最优状态也不相同。例如，在图 9－10 中，UU' 是整个社会的效用可能性曲线，W_1、W_2 和 W_3 分别代表与加法型、乘法型和罗尔斯社会福利函数相对应的社会无差异曲线。W_1、W_2 和 W_3 分别

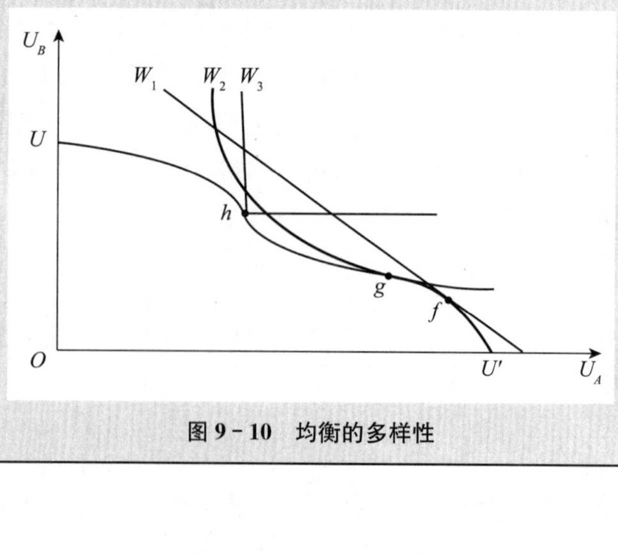

图 9－10　均衡的多样性

与 UU' 在 f、g 和 h 点处相切。这意味着，加法型社会福利函数条件下的社会最优状态为 f 点，乘法型社会福利函数条件下的社会最优状态为 g 点，罗尔斯社会福利函数条件下的社会最优状态为 h 点。从效率的角度来看，f、g 和 h 点都满足帕累托最优的要求，但从分配的角度来看，g 点比 f 点更加平等，h 点又比 g 点和 f 点更加平等。这意味着，即使每个人都具有相同的利己动机，但由于环境、社会成规等不同，自由竞争的市场经济也可能会导致不同的结果。

第八节　效率与公平

到目前为止，本书所论述的主要是效率问题。然而，除了效率之外，公平常常也是一个社会所追求的目标。在本节中，为明确起见，效率被理解为资源的更加优化的配置，公平被理解为收入的更加平等的分配。需要说明的是，尽管公平问题非常重要，但到目前为止，西方经济学在究竟如何定义和实现公平以及如何解决公平与效率之间的矛盾等方面，仍然没有提供一个令人满意的答案。

一、效率与公平的矛盾

西方学者认为，效率与公平这两个目标有时是相互促进的。例如，加强对低收入劳动者的教育和培训就能够一举两得：它既可以提高这些劳动者的生产效率，又可以改善整个社会的收入分配。然而，不容否认的是，在很多情况下这两个目标却是相互矛盾的：一方面，为了提高效率，有时必须忍受更大程度的不平等；另一方面，为了增进公平，有时又必须牺牲更多的效率。社会常常不得不面临一个困难的选择："是要更高的效率，还是要更大程度的公平？"如何在效率与公平之间进行权衡，找到二者在不同条件下的最优组合，是经济学需要解决的一个重大现实问题。

效率与公平的矛盾可以从两个方面来说明。首先，效率的提高并不一定意味着公平的增进。伴随着效率的提高，收入分配的状况既可能得到改善，也可能保持不变，甚至可能进一步恶化。其次，公平的增进也不一定有利于效率的提高。随着分配的改善，经济效率可能会提高，也可能会下降。

1. 缺乏公平的效率提高

为了说明在提高效率的过程中，收入分配方面可能发生的各种变化，考虑一个只由两人组成的简单"社会"。参见图 9-11。在图中，横轴 1 和纵轴 2 分别表示这两个社会成员所得到的产出数量，亦即他们的收入。该社会可能生产的最大产量为 Q。Q 要在两个社会成员之间进行分配。分配的方法多种多样，可以是非常平等的，例如，把全部的产出数量在两个社会成员之间平均分配，也可以是非常不平等的，例如，让某个人得到产出的绝大部分甚至全部，而让另一个人只得到很少一部分，甚至完全得不到。全部可能的收入分配方法组成图中的 QQ 曲线。由此可见，

QQ 曲线上的每一点都是最有效率的，区别只在于收入的分配方面。

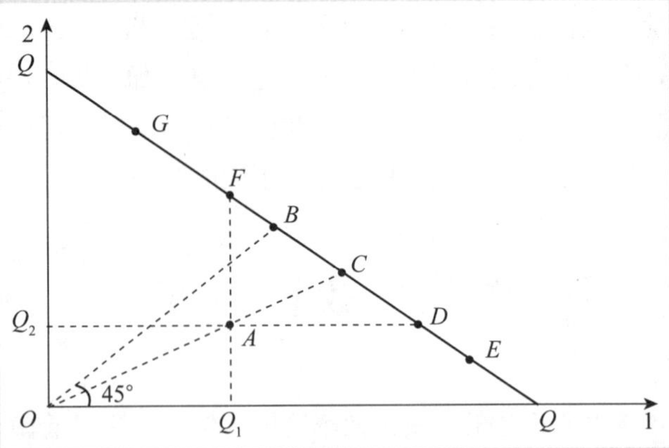

图 9-11　伴随效率提高的分配变化

假定该社会实际的“生产—分配”情况由图中的 A 点表示。A 点意味着，第一个人得到的产出数量为 Q_1，第二个人得到的产出数量为 Q_2。于是，整个社会的产出数量为Q_1+Q_2。仔细观察可以发现，A 点具有两个特点。第一，在 A 点上，有 $Q_1>Q_2$，即第一个人所得到的要大于第二个人所得到的，说明该社会的分配不是绝对平等的；第二，在 A 点上，有 $Q_1+Q_2<Q$，即现实的产出数量小于可能的最大产出数量，说明该社会的生产不是最有效率的。

提高经济的效率意味着增加产出的数量。在图 9-11 中，这就是从状态 A 向 QQ 曲线移动。从效率的角度来看，QQ 曲线上的任意一点都要比 A 点更好。例如，当我们从 A 点向 B 点或 C 点的方向移动时，每一个人的收入都随之增加。又例如，当我们从 A 点向 D 点或 F 点的方向移动时，一个人的收入不变，而另一个人的收入增加。上述两种情况都是所谓的“帕累托改进”，因为在这两种情况下，都至少有一个人的境况变好，而没有一个人的境况变坏。最后，当我们从 A 点向 E 点或 G 点的方向移动时，一个人的收入增加，但另一个人的收入减少。由于增加的收入要大于减少的收入，故如果让收入增加的人拿出一部分来“补偿”收入减少的人，则每个人的收入仍然都可以增加。这种情况被称为所谓的“潜在的帕累托改进”。之所以是“潜在”的帕累托改进，是因为它必须在“补偿”之后才可以成为实际的帕累托改进。

尽管从效率的角度来看，QQ 曲线上的每一点都要比初始的 A 点更好，但从公平的角度来看，就不一定如此了。伴随效率的提高，收入分配的状况会发生各种各样的变化。图 9-11 给出了四种有代表性的情况。

（1）从 A 点向 B 点移动：分配随着效率的提高而改善。

从图 9-11 中可以看到，在 B 点上，产出的分配是完全平等的，因为 B 点位于过原点的 45°线上，从而它到横轴和纵轴的距离相等。因此，经济状态从 A 点向 B 点移动表明收入的分配状况将随着效率的提高而不断地得到改善。特别是，当经

济状态移动到 B 点时，社会既实现了最大程度的效率，也实现了最大程度的平等。从这个意义上说，B 点是最优的效率与公平的结合。

（2）从 A 点向 C 点移动：分配随着效率的提高而不变。

C 点正好位于从原点向 A 点引出的射线上。由过原点的射线的性质可以知道，此时两个社会成员所得到的产出数量将总是保持着同样比例的变化。因此，当经济状态从 A 点向 C 点移动时，尽管经济效率在不断提高，但收入分配状况却没有任何改变，即既没有变得更好，也没有变得更坏。不过，如果按照所谓的“罗尔斯标准”①，这种情况也可以看成是收入分配的改善。罗尔斯认为，政府的目标应当是使社会上境况最坏的那些人的福利达到最大。这意味着，当社会上境况最坏的人的收入提高时，即可认为收入分配的状况得到了改善。在图 9－11 中，当经济状态从 A 点变化到 C 点时，收入最低的第二个人的收入是增加的，故它代表了收入分配状况的改善。实际上，按照罗尔斯标准，从 A 点变化到 QQ 曲线上位于 F 点和 D 点之间的任何一点，都意味着收入分配的改善。

（3）从 A 点向 D 点或 E 点移动：分配随着效率的提高而恶化。

在前一种情况下，即当经济状态从 A 点向 D 点移动时，第一个人的收入增加，第二个人的收入不变。效率提高的好处完全由第一个人得到。第二个人的收入虽然没有绝对的下降，但却有了相对的下降。在后一种情况下，即当经济状态从 A 点向 E 点移动时，第一个人的收入增加，第二个人的收入减少。第二个人的收入不仅有相对的下降，而且有绝对的下降。无论是哪一种情况，由于第一个人的收入本来就比较多，故收入的分配将朝着加剧不平等的方向进一步发展。值得注意的是，在第二种情况下，即当经济从 A 点变化到 E 点时，如果只考虑经济的效率，则这种变化是“好”的，但是，如果同时考虑到效率和公平两个方面，则这种变化是好还是坏就难以断言了——尽管与 E 点相比，A 点在效率上要更低一些，但更加公平一些。有时，社会可能宁愿选择 A 点而不是 E 点。这涉及公平与效率之间的权衡。

（4）从 A 点向 F 点或 G 点移动：分配随着效率的提高而先改善后恶化。

在前一种情况下，即当经济状态从 A 点向 F 点移动时，第二个人的收入增加，第一个人的收入不变。效率提高的好处将完全由第二个人得到。在后一种情况下，即当经济状态从 A 点向 G 点移动时，第二个人的收入增加，第一个人的收入减少。由于在 A 点的初始状态上，第二个人的收入要少于第一个人的收入，故这种收入分配的变化在一开始时会帮助第二个人赶上第一个人，起到缩小收入差距、改善分配状况的作用。但是，在第二个人的收入已经赶上了第一个人之后，这种收入分配的变化就会走向反面，加大不平等的程度。

在以上四种情况中，除了第一种情况以外，其余三种情况都说明，随着经济效率的提高，收入分配的状况可能会不变、恶化或者是先改善而后恶化。由此可见，效率的提高并不能够自然而然地改善收入的分配。

---

① 罗尔斯．正义论．剑桥：哈佛大学出版社，1977.

2. 缺乏效率的公平增进

在某些情况下，收入的平等化可能会有助于效率的提高。例如，过低的工资不仅会影响工人的工作态度，而且会影响他们的工作能力，因为在过低的工资水平下，他们无法享受到起码的教育和保健服务。在这种情况下，如果能够提高工人的工资水平，从而改善收入的分配状况，就能够提高他们的生产效率，从而提高整个社会的生产效率。

然而，在另外一些情况下，收入的平等化不仅不能够提高反而会降低经济的效率。平等化的效率损失包括两个方面。一个是直接的效率损失，它是为获得更大程度的平等而不得不支出的各种费用；另一个是间接的效率损失，它产生于平等化本身所带来的各种“反刺激”效应。

（1）平等化的直接效率损失。

和其他社会目标一样，“公平”也不是可以免费得到的。为了增进社会的平等，改善收入的分配，就必须建立一套制度来把富人的一部分收入“转移”到穷人手里，就必须建立专门的机构、购买专门的设备、雇用专门的人员来做这件事。所有这一切都要耗费大量的资源。这些为收入转移而消耗的资源就是平等化的直接效率损失——因为它们本来可以用于增加社会的生产，提高经济的效率。

（2）平等化的间接效率损失。

平等化的直接效率损失涉及的只是社会为了得到更大程度的平等而付出的努力。这一部分损失一般来说数量较小，也比较容易测量。和直接的效率损失相比，平等化的间接效率损失问题要更加重要，也更加复杂。所谓间接的效率损失是指，平等化本身所可能造成的对劳动、储蓄和投资等经济活动的各种“反刺激”效应。举一个极端的例子：如果收入的分配是绝对平均的，即不管每一个人的干劲有多大、成绩如何，最后所得到的收入都完全一样，那么就很难保证人们工作、储蓄和投资的积极性。即使是那些较小的平等化努力，也仍然会扭曲市场经济中的“努力—报酬”机制，从而影响人们工作、储蓄和投资的积极性。显而易见，如果把所有这些“反刺激”效应加在一起，则不仅其数量巨大，而且难以精确度量。

我们知道，税收和转移支付是政府改善收入分配的两个最重要的手段。但是，无论是税收还是转移支付，它们的“反刺激”效应都是非常明显的。以对劳动、资本等生产要素征收的税收为例。在这种情况下，税收就造成了雇主支付给生产要素的报酬和生产要素实际得到的报酬之间的差距：它一方面提高雇主支付的成本，从而减少雇主对生产要素的需求，另一方面又减少生产要素所得到的收入，从而减少它们的供给，结果都会导致产出数量的下降。

在供给方面控制生产的有两个重要的相对价格，一是所谓的“闲暇价格”，二是当前消费的价格。它们都受到税收的影响。在税率提高以后，当前的收入会下降，这意味着闲暇的相对价格会下降，引诱人们从工作转向闲暇；同样，随着税率的提高，人们预期的通过现在储蓄和投资而在未来可能得到的收入（如利息和利润）也会下降。换句话说，就是当前消费的相对价格会下降。这将导致人们多消费、少储蓄、少投资。相反，如果减税，人们就会反过来从闲暇转向工作，从消费转向储蓄和投资。由此可见，税率的高低会影响人们对“干不干”（工人劳不劳动、企业投不投资）的选择。

税率的高低不仅会影响“干不干”，而且会影响“在哪里干”：是参加政府“看得见”的合法经济活动，还是进入地下经济？人们愿意从事合法经济活动是因为它的市场大、效率高，可以使人们得到更加优厚的报酬。如果税收负担过重，超过了合法经济的好处，人们就会转入地下经济。合法经济—地下经济之间的替代降低了生产的效率，同时也减少了政府的税收。

“在哪里干”不仅包括在合法经济和地下经济之间的选择，而且包括在合法经济内部的各种经济活动之间的选择。即使税率之高还不足以使人们转入地下，也可能使人们从较高水平的生产转向较低水平的生产。在累进税结构中，非技术工人会由于成为半技术工人而蒙受损失，半技术工人会由于成为技术工人而蒙受损失，最后，技术工人会由于成为企业家而蒙受损失。在投资方面也存在这样的问题。例如，高税率可能使得投资活动从风险投资转向一般投资，因为“高风险—高回报”的风险投资受累进税的影响要更大一些。

税率变动不仅造成被征税对象的变动，而且这种影响是连锁的和累积的。下面这个例子有点极端，但却非常生动地说明了这种连锁和累积影响的作用。如果对专业足球队征收100%的税收，它就会立刻消失。随着足球队的消失，足球杂志和足球报纸也会跟着消失，甚至电视机的销售量也会大大下降。足球专家们只得另谋职业。足球迷们原来多干活有一个目的，就是挣钱看球赛。现在既然已经无球可看，他们便也会减少工作。还不止如此。足球事业关系到人民的福利，因而是必不可少的。高额税收扼杀了私人球队，政府只好自己雇用球员，组织球队。结果，足球运动从私人的活动变成了政府的活动。但是，政府经营被西方学者认为具有较低的效率和较高的成本，所以尽管运动恢复了，经济效率却损失了。

二、“效率优先” 和“兼顾公平”

如何解决效率与公平之间的矛盾？对此，西方学者并无一致的答案。然而，大体说来，他们较为普遍的一个思路是“效率优先、兼顾公平”。

1. 效率优先

所谓效率优先，就是在决定收入分配的问题上，首先考虑效率，把效率当做决定收入分配的第一位的因素。经济效率高，所得到的收入也高；反之，经济效率低，所得到的收入也低。只是在保证效率的基础上，再考虑兼顾公平的问题。

那么，怎样才能做到效率优先呢？就是要让市场机制在收入分配领域里充分地发挥作用，即要让市场的供求关系决定各种生产要素的价格，决定收入的分配，也就是要承认个人的天赋能力的差别、承认后天努力的差别、承认努力结果（这些结果可能包含了纯粹运气的作用）的差别，总之，承认一切合法和合理的差别，并把这些差别与它们的结果即收入联系起来。在这里，所谓“合理”的和“合法”的差别就是指上述由个人的“天赋”、“努力”或“运气”之类的因素造成的差别，而不包括利用各种非法手段造成的差别。

按照西方经济学的观点，只有在竞争性的市场经济中决定收入的分配才可以使各种经济资源达到最优的配置，才可以使经济的效率达到最大。任何对市场机制的不必要的和不恰当的干预都只能起到妨碍资源优化配置和降低经济效率的作用。市场机制通过奖勤罚懒、优胜劣汰的办法，刺激人们去努力工作、储蓄和投资。如果没有这一机制，社会就要寻找其他的替代办法。比如，积极鼓励“奉献精神”，或者强制要求“完成任务”，等等。然而，在目前的社会发展阶段上，这些替代办法至多也只能暂时地适用于少数社会成员，而不能长期适用于大多数社会成员。

下面以劳动市场中的工资决定为例来加以说明。参见图 9－12。图中的横轴 N 表示劳动的数量，纵轴 w 表示实际的工资。向右下方倾斜的 D_N 是劳动需求曲线。本书第八章说明，劳动需求曲线之所以向右下方倾斜，是因为劳动的边际产品递减同时产品的边际收益也递减。由于这一点，企业只有在较低的工资水平上才愿意雇用较多的劳动量。向右上方倾斜的 S_N 是劳动供给曲线。本书第八章也已经说明，劳动供给曲线之所以向右上方倾斜，是因为劳动成本递增。由于这一点，工人只有在较高的工资水平上才愿意提供较多的劳动量。劳动需求曲线 D_N 与劳动供给曲线 S_N 的交点决定了市场均衡的就业和工资分别为 N_0 和 w_0。这里的 w_0 就是由市场机制决定的劳动价格，它决定了工人的收入水平。

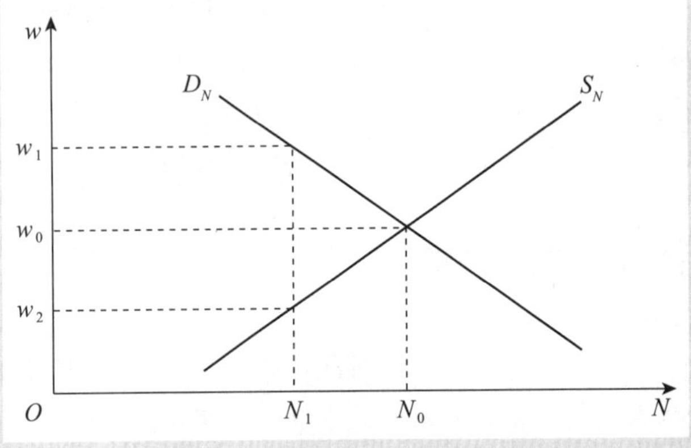

图 9－12　效率优先的收入分配

按照西方经济理论，由市场决定的工资水平 w_0 是最有效率的。可以从两个方面来说明这一点。首先，可以从均衡工资 w_0 上看。在 w_0 上，劳动的需求量和供给量恰好相等，都等于 N_0，实际的就业量既不过剩，也不短缺。其次，还可以从均衡就业 N_0 上看。在就业量 N_0 上，劳动需求曲线的高度和劳动供给曲线的高度也是相等的，都等于 w_0。劳动需求曲线的高度代表劳动的“边际收益”，劳动供给曲线的高度代表劳动的“边际成本”。因此，在均衡的就业量 N_0 上，劳动的“边际收益”恰好等于劳动的“边际成本”，从而社会所得到的好处达到了最大。

现在来看政府干预劳动市场的结果。一方面，如果政府认为上述的均衡工资 w_0 太低，而用法律规定一个最低的工资 w_1，则我们立刻就会发现，在 w_1 上，资源的最优配置被破坏了：在 w_1 上，劳动供给曲线位于劳动需求曲线的右方，即劳动供给大于劳动需求。但是，实际的就业量是由较小的一方即劳动需求决定的，它等于 N_1。于是，这就出现了大量的公开的和非自愿的失业。此外，在 N_1 上，我们看到，劳动需求曲线的高度要高于劳动供给曲线的高度。这意味着，劳动的“边际收益”要大于劳动的“边际成本”。在这种情况下，如果能够降低工资，从而增加就业数量，就能够增加社会的福利。但是，由于工资是法律规定的，不得低于 w_1，这种本来可以得到的社会福利只好被牺牲掉了。

另一方面，如果政府认为均衡工资 w_0 太高，它也可能会制定一个最高工资，例如为 w_2。由图 9－12 可以清楚地看到，与前面的最低工资一样，这种最高工资也会导致同样的效率低下的结果。唯一的区别是，在这种情况下，失业从前面的公开的和非自愿的变成了隐蔽的和“自愿”的。

2. 兼顾公平

效率优先不是不要公平。在坚持效率优先的条件下，还必须兼顾公平。为了做到效率优先、兼顾公平，需要做好以下几方面的工作。

（1）减少和消除不合理的收入。

首先是要减少和消除那些不合乎市场经济要求的不合理的甚至不合法的收入。按照西方经济学的看法，这些不合理和不合法的收入分配，并不是实行市场经济的结果；恰恰相反，它们是市场经济不健全的表现，是对市场经济正常运行的破坏。这些不合理和不合法的收入是导致收入分配差距过大的一个重要原因。特别值得提醒注意的是，这些不合理、不合法的收入不仅严重恶化了收入的分配，而且会引起群众的不满，导致社会的不稳定，影响经济效率的提高。因此，减少和消除这些不合理和不合法的收入，既可以改善收入的分配，同时也可以起到提高经济效率的作用。

（2）促进机会均等。

机会的均等意味着公平的竞争，意味着所有参加竞争的人在赛跑之前都位于同一条起跑线上。如果在比赛时，允许一部分人先跑几步，那就不是机会均等，而是机会不均等。机会的不均等表明竞赛本身就是不公平的。机会的不均等可能来自如下几个方面。第一，天生能力的差别，例如，由于天生的体能或智力方面的不同而引起的能力差别；第二，家庭背景的差别，例如，出身于富裕家庭的子女能够比出身于贫穷家庭的子女受到更多和更好的教育；第三，社会待遇的差别，例如，有些人（特别是女性）可能在就业和受教育问题上受到各种公开的或隐蔽的歧视。当然，与真正的体育比赛不同，要制定一条明确的机会均等的起跑线并非一件易事。比如，抽象地看，由于天生能力、家庭背景和社会待遇等不同而带来的个人差异，都属于机会的不均等，但人们仍然会觉得，这三者之间还是有一定区别的。一些人可以承认天生差别的合理性，但却可能不大赞同依靠家庭关系来获得成功。至于歧视待遇，则更是大多数人所反对的。

收入的不平等既可以在机会均等的基础上产生，也可以在机会不均等的基础上产生。相比较而言，由于机会不均等而造成的收入不平等要显得更加“不公平”一些。这是因为，如果人们是在同一条起跑线上同时起跑的，那么，无论最后的名次如何，其结果至少在道义上是无可指责的。然而，如果人们在起跑前所处的位置就不一样，则这种比赛就很难称得上是一种真正的比赛了。

在现实生活中，一个机会比较均等的社会常常意味着其收入的分配也比较平等。反之，机会的不均等则常常扩大收入不平等的程度。实际上，在很多情况下，收入的不平等主要反映的是机会的不均等。这样，消除机会的不均等就成了改善收入分配的一条重要途径。不仅如此，很多的机会不均等也是影响经济效率的重要障碍。例如，贫穷家庭中的子女常常不能得到基本的教育。这对整个社会来说，就是一种人力资源的损失，它导致了整个经济的低效率。因此，和前面所说的消除不合理、不合法的收入一样，在一定程度上纠正机会的不均等，往往也能够一举两得，即同时增进社会平等和经济效率。

为了促进机会均等，至少有以下几项工作可以去做。首先是争取在就业机会方面有更大程度的平等。换句话说，就是要禁止在就业问题上的歧视，特别是对女性的歧视。比如，就大学毕业生来说，女性常常比男性更难找到合适的工作。其次是争取在受教育机会方面有更大程度的平等。不仅要普及小学教育，而且要努力普及中学教育，还要创造条件（例如建立各种奖学金和助学金制度）使得那些成绩优秀的学生能够上大学，而不会因为暂时付不起学费就被拒之门外。最后是争取更大的共享信息的机会均等。许多的收入不平等和机会不均等，最后都可以溯源到信息不均等。因此，向广大人民群众特别是贫穷人口和贫穷地区提供最广泛的就业、教育、科技与市场等方面的信息，也是改善收入分配的一条重要途径。

（3）限制某些行业、某些个人的垄断性收入。

由于政府的特许，或者由于其他原因，如规模报酬递增等等，在经济中常常会出现许多垄断企业。这些垄断企业，无论是在生产上，还是在分配上，都有其内在的“缺陷”。一方面，根据西方理论，垄断意味着低效率。与竞争性厂商相比，垄断厂商的价格过高、产量过低。于是，消费者花费了更多的收入却只能购买到更少的商品。整个社会的福利无疑受到了损害。此外，垄断厂商生产的成本也较高，不像竞争性厂商那样位于平均成本曲线的最低点。另一方面，垄断又意味着不公平。垄断厂商凭借其垄断地位，通过限制其他厂商“进入”同一行业，限制了其他厂商的竞争，从而能够获得巨额的垄断利润。某些行业的个人收入增长过快、收入水平偏高的现象有相当一部分就是发生在这些垄断性行业。

垄断既缺乏效率，又缺乏公平，因此，政府有必要对它进行干预。比如，为了保证公平，政府可以为垄断企业制定一个“公平价格”。在该价格水平上，垄断企业的平均收益和平均成本恰好相等，结果，垄断利润将不再存在。与没有政府干预条件下的垄断价格相比，这个公平价格不仅可以改善收入的分配，而且可以提高生产的效率。

（4）实现生存权利和消灭贫穷。

贫穷是收入分配中的一个特殊问题。贫穷讲的是在收入分配的阶梯上处于最底层的那一部分人的情况。这些人需要把收入的绝大部分甚至全部都用来购买基本的生活必需品。其中最贫穷者甚至倾其所有也仍然难以维持自己与家庭成员的生存和健康。

贫穷的存在不仅大大影响了收入分配状况的改善，而且它本身就是一个严重的经济和社会问题。一个健全和理智的社会是不能坐视它的一部分成员陷于困境而不闻不问的。此外，由于贫穷，许多人得不到适当的保健和教育，更不用说从容地为长远利益来考虑储蓄和投资了。这就在很大程度上影响了整个经济效率的提高。

因此，向贫穷宣战至少有三个方面的意义。第一，它通过直接减少陷于贫穷的人口数量，提高了这一部分人的福利水平。第二，它通过增加贫穷人口的收入，改善了整个社会的收入分配状况。实际上，就改善收入分配而言，提高那些处于最底层的人的收入是最重要的也是最有效的方法。第三，它通过向贫穷人口提供更多和更好的保健、教育等等，提高了他们的生产效率，进而提高了整个经济的效率。

三、收入再分配的具体措施

1. 税收政策

税收是政府用来改变收入分配状况的一个重要手段。税收的再分配作用包括如下两个方面。第一，它通过对不同的人征收不同数量的税收而直接地改变收入的分配。第二，它通过改变市场的相对价格而间接地改变收入的分配。一方面，税收会引起生产要素的价格例如工资或利润的变化，从而影响个人和家庭的福利；另一方面，税收又会引起一般商品的价格的变化，同样也影响个人和家庭的福利。

考察一个国家的税收制度对收入分配的影响，需要注意三个问题。首先，应当把重点放在整个税收制度上，即放在所有税种上，而不是只放在某个或几个特殊的税种上。例如，一个国家的个人所得税可能是有利于改善收入分配的，但并不能由此得出结论说，这个国家的整个税收制度也是有利于改善收入分配的，因为可能还存在其他种类的税收，起着相反的作用。这些起相反作用的税收的负面影响可能正好抵消甚至可能超过个人所得税的好处，结果使得整个税收制度对收入分配不起作用或者起到不好的作用。

其次，需要分析各种税收的真正“归宿”。所谓税收的归宿，就是指真正支付税收款项、承受税收负担的人。对于个人所得税来说，纳税人和税收归宿基本上是一回事，但是对于许多其他种类的税收（例如销售税、公司利润税等）来说，就不一定也是如此了。名义上的纳税人并不一定就是最后真正支付税收的人。在许多情况下，纳税人可以把税收“转嫁”到别人身上。这种转嫁的能力取决于税收的性质、纳税人和负税人的特点。例如，作为一种销售税，香烟税常常是对生产香烟的企业而非对吸烟者个人征收的。但是，由于吸烟者对香烟的需求价格弹性很小，生产香烟的企业可以很容易地通过价格上涨的办法把大部分香烟税转嫁到吸烟者身上。

最后，在弄清了各种税收的真正归宿之后，接下来需要考虑的就是整个税收制度的“累进”性质。其一，如果随着收入的增加，税收在收入中所占的比例变得越来越大，它就是累进税。使某种税成为累进税的最简单方法就是让这种税的税率随着收入水平的提高而提高。其二，如果随着收入的增加，税收在收入中所占的比例变得越来越小，它就是累退税。其三，如果随着收入的增加，税收在收入中所占的比例保持不变，它就是比例税。不同性质的税收对收入分配的影响是不同的。累进税可以改善收入的分配，促进平等，累退税则正好相反，会进一步拉大收入分配的差距。比例税对收入的分配状况则基本上没有什么影响。当然，通过比例税（以及其他税）征收的税收可以用于政府的转移支付，或用于举办公共事业，从而对收入分配产生影响。

不同种类的税收，其累进性质是不同的。个人所得税常常是累进的，因为它的税率随着收入水平的提高而提高。其他种类的税收则相对比较复杂。比如，销售税初看起来对富人和穷人都是“一视同仁”的，因为每个消费者都在应税商品上花费一个同样的百分比的税收。然而，这种表面上的比例税实际上却是累退的！这是因为，一般来说，穷人要在消费上支出其收入的较大部分，而富人则只在消费上支出其收入的较小部分，所以穷人缴纳的销售税在他们的收入中所占的比重要远远超过富人。由此可见，表面上具有比例性质的销售税会起着扩大收入差距的作用。

一个国家的个人所得税可能是累进的，起着改善收入分配的作用，但其他种类的税收却可能不是如此。整个税收制度到底是累进的还是累退的，对收入分配的影响到底是正的还是负的，取决于所有税收种类的综合作用。美国的一项研究认为，在1966—1985年期间，美国的个人所得税尽管是累进的，但全部的税收负担却大体上是成比例的，即每个美国人缴纳的全部税收占其收入的比例大体相同。例如，美国1985年的数据表明，就全部税收占收入的比例而言，收入最低的10%的家庭大约为22%，收入最高的10%的家庭大约为25%。[①] 整个税收制度有一点累进，但累进的程度很轻。由此可见，美国在上述时期内收入分配的变化主要不是来自税收方面。

2. 政府支出

与税收相比，政府的支出计划在改善收入分配的问题上似乎应当有更大的作为。然而，即使是在这一方面，同样也有必要细致地来分析各种不同的政府支出计划所可能具有的不同的收入分配效应。

有些政府支出项目明显不利于收入分配的改善。例如，政府债券的利息支付就

---

① 凯斯，费尔．经济学原理．9版．北京：中国人民大学出版社，2010.

是如此。在大多数情况下，利息收入主要都落到了高收入阶层的手中，因而它是加剧收入不平等的因素之一。

也有一些政府的补助计划初看起来好像对穷人有利，但其实不然。例如，让我们设想政府对汽油的消费实行补贴。由于穷人也要消费汽油，所以他们无疑会从政府的补贴中得到好处。但是，穷人对汽油的消费可能远远少于更加富裕的阶层。如果最穷的40%的家庭只消费20%的市场出售的汽油，那么这意味着，政府对穷人每补贴1美元，收入较高的家庭就可以得到4美元的补贴！显而易见，这种对汽油的政府补贴计划不是缩小而是扩大了收入的不平等。

在西方社会，尽管确实存在着一些不利于收入分配的政府支出项目，但我们还是应该看到，政府支出在很多方面能够明显地改善收入分配状况。这些方面包括：

- 对基本食品消费的补助计划。
- 公共卫生（如饮水卫生、营养、保健等）计划。
- 初等和中等教育（如小学、普通中学、各类职业中学等）计划。
- 关于退休、伤残、失业人员的社会保障计划。
- 农业发展（如灌溉、水土保持、农村交通等）计划。
- 落后地区发展计划。

上述这些政府支出项目常常能够在一定程度上提高贫穷人口和贫困地区的实际收入水平，降低整个社会的收入不平等程度。

3. 其他措施

政府除了利用各种税收和支出手段来直接地改变收入分配之外，还可以通过价格控制、重新分配产权等来间接地达到同一个目的。①

西方政府对价格的管制有多种形式，其中包括关税、最低工资法、农产品价格支持、加速折旧、工资—价格控制，等等。与政府的税收和支出计划一样，政府对价格的管制也会影响市场的价格结构，并通过这种影响来改变收入的分配状况。由于市场价格的变化，一些人得到了好处，另一些人受到了损失。例如，提高某种产品的关税，会增加该种产品的国内生产者的收入，同时又会伤害国内消费者的利益。又例如，实施最低工资法可以增加仍在工作的低工资工人的收入，但会减少那些由于实施该法而失业的工人的收入。总之，价格控制的收入分配效应是不容忽视的。

政府重新分配产权的形式也是多种多样的。例如，政府放宽原先较严的对捕鱼的限制、颁布污染控制的标准、颁布食品卫生标准、禁止在某些场合做香烟广告，等等。与价格控制相比，重新分配产权对再分配的影响常常要更加猛烈。重新分配产权实际上已经不再是仅仅影响市场的价格结构，而是已经具有所谓改变“游戏规则”的性质。

---

①　税收和政府支出也有间接影响收入分配的作用。由于篇幅所限，本书没有涉及这一点。

第九节 结 束 语

本章要点可以归结如下：

（1）一般均衡分析是把所有相互联系的各个市场看成一个整体。在一般均衡分析中，每一商品的需求和供给都不仅取决于该商品本身的价格，而且取决于所有其他商品（如替代品和互补品）的价格。当整个经济的价格体系恰好使所有商品的供求都相等时，市场就达到了一般均衡。实际经济体系的一般均衡被假定为通过“拍卖者”的“试探过程”来达到。

（2）帕累托最优状态的标准是：如果至少有一人认为 A 优于 B，而没有人认为 A 劣于 B，则认为从社会的角度看，亦有 A 优于 B。以帕累托最优状态标准来衡量的“好”的状态改变被称为帕累托改进。如果对于某种既定的资源配置状态，所有的帕累托改进都不存在，则就达到了帕累托最优状态。帕累托最优状态被认为是经济最有效率的状态。

（3）帕累托最优状态要满足三个条件。交换的最优条件：对于任意两个消费者来说，任意两种产品的边际替代率都相等；生产的最优条件：对于任意两个生产者来说，任意两种产品的边际技术替代率都相等；交换和生产的最优条件：任意两种产品的边际替代率与边际转换率都相等。在完全竞争条件下，帕累托最优的三个条件均能得到满足。

（4）社会福利函数是社会上所有个人的效用水平的函数。如果存在社会福利函数，则从社会福利函数可以得到社会无差异曲线。社会无差异曲线与效用可能性曲线的切点代表了可能达到的最大社会福利。但是，阿罗的不可能性定理说明，在非独裁的情况下，不可能存在适用于所有个人偏好类型的社会福利函数。

总的说来，本章可以说是微观经济学论证“看不见的手”的原理的最后一个环节。它包括了两个重要的部分，即一般均衡论和福利经济学。对这两个部分，可以分别提出几个值得思考的问题：

一般均衡论试图证明：供求相等的均衡不但可以存在于单个市场，而且可以同时存在于所有市场。这个理论是整个西方经济学的一个必不可少的部分，即西方微观经济学论证“看不见的手”的原理的一个必要环节。它之所以是一个必要环节，是因为个别市场的均衡状态被西方学者认为具有一系列“优点”，只有当社会上的所有市场都处于均衡状态，即处于一般均衡时，这些“优点”才能实现，从而才具有现实意义。关于个别市场处于均衡状态时的“优点”，如消费者得到最大的满足(效用)、厂商能以最优的生产要素组合来进行生产等等，以前各章已经加以论述。除此之外，西方学者还认为，当社会上的所有市场都处于均衡状态时，社会能进一步得到更多的“好处”。本章的福利经济学即在说明这一点。

一般均衡论要依赖于一些极为苛刻的假设条件才能被证明成立。这些假设条件在资本主义的现实经济生活中往往并不存在。在这里，我们举出经常出现于西方文献中的三个例子。

第一个例子，完全竞争的假设。我们已经说过，现实世界中不存在这种市场。

第二个例子，回避规模报酬递增的假设。在现实世界中，虽然存在着规模报酬递减和不变的情况，但规模报酬递增的事例大量存在。事实上，规模报酬递增的情况很可能占有决定性的地位；世界各国的企业的规模不断扩大的事实似乎可以证实这一点；企业扩大规模正是为了取得规模报酬递增的有利之处。因此，排除规模报酬递增情况的假设不但不符合事实，而且和事实背道而驰。

第三个例子，拍卖者的假设。瓦尔拉斯均衡和现在的一般均衡论都依赖于这一假设，才能保证均衡价格的存在。其原因之一在于：这一假设条件意味着，在拍卖者最终喊出能使市场供求相等的价格以前，当他喊出能使供求逐步趋于相等的调节价格时，参与交易的人只能报出他们愿意出售和购买的数量，但不能据此进行实际的交易。这一限制是必要的。因为一般均衡论要求所有市场在同一时间达到供求相等的均衡状态。①

如果容许参与交易的人在非均衡价格下进行交易，那么就不能保证一切市场在同一时间达到均衡状态，从而也就不能保证一般均衡的实现。例如，在面粉市场，假设瓦尔拉斯的均衡价格为每千克 2 元，这个均衡价格是谁（包括拍卖者在内）都不知道的。当拍卖者喊出的价格达到每千克 1 元时，一部分面粉厂商可能愿意出售 50 000 千克。如果容许它们出售，则目前面粉的市场价格为 1 元。这时，其他的面粉厂商就会形成误解或“期望”，认为面粉的价格不会再高于 1 元，因此，它们纷纷出售。这样，它们的收入会比在均衡价格时要少，从而它们支付给面粉工人的工资也要少于均衡工资。由于收入减少，面粉工人购买其他物品的数量也会减少，从而其他厂商得到的收入会降低；减少的过程会以如此的方式继续下去。在这种情况下，没有理由来保证，经济制度会走向原有的瓦尔拉斯均衡。②

从以上三个例子中可以看到，既然一般均衡论赖以成立的假设条件脱离现实已经达到了很严重的程度，那么，该理论根据这些假设条件所取得的成果也必然是脱离现实的。关于这一点，西方学者承认，一般均衡论好像一座富丽堂皇的宫殿，它能满足人们的幻想，却不能有助于居住问题的解决。英国剑桥大学经济学者克赖格尔写道：“无论那个不应被假设的拍卖者是否出现，‘看不见的手’都和许多宗教中的幽灵一样，只有相信它的存在，才能存在。”③

尽管如此，许多西方经济学的教科书仍然避而不谈一般均衡论的虚构的假设条件，并且任意夸大该理论的现实意义。对此，著名的英国经济学家卡尔多写道：“均衡（指一般均衡。——引者）理论已经达到这样一个阶段，在这样一个阶段中，

① 穆尔堡．经济理论的社会限度．纽约：劳特利奇公司，1995：64.

② 沙玛尼．微观经济理论．纽约：布莱克威尔公司，1987：515－518.

③ 克雷格尔．政治经济学的重建．2 版．伦敦：麦克米伦公司，1978：14.

纯理论家们已经成功地（也许是顺便地）证明：该理论的含义在现实中不可能存在。但是，他们还未能把这一信息传达给教科书的作者们，或传达到教室中去。”①另一位在一般均衡论上很有声望的剑桥大学教授哈恩说：“给一般均衡论造成困难的该理论的朋友们是某些教科书的作者。他们的教科书使一般均衡论的敌人从这些教科书中找出无穷尽的任意和夸大的论断，并对这些论断进行连篇累牍的攻击。这些朋友们的罪状是对一般均衡论机械地加以运用并且显然没有真正地理解它。”②对此，初学者特别要加以注意。

福利经济学的目的在于说明：完全竞争模型可以导致帕累托最优状态，即对整个社会来说是配置资源的最优状态。从这一部分的内容中，可以找到三个值得我们思考的问题。

第一，沿袭功利主义的传统，西方学者只能根据效用量的多少来判别优劣。由于不同人的效用量的多少是无法加以比较的，所以西方学者不得不使用帕累托最优状态作为牵涉到两个人以上的群体的福利判别标准。然而，关于帕累托标准，我们应该注意到下列两点：

（1）帕累托最优状态假设每个人得到的效用量都是相互独立的，即个人的效用量不受其他人的影响。例如，一个人在吃窝窝头时，不会因为旁边的人吃红烧肉而感到嘴馋，从而减少他从窝窝头中得到的效用。否则，从两个人都吃窝窝头到一个人吃窝窝头、另一个人吃红烧肉就不能被认为是帕累托状态的改善，因为吃窝窝头的那个人的效用已经减少了。简言之，帕累托标准要求人们没有“红眼病”。

（2）帕累托最优状态可以为任何一种分配比例进行辩护。例如，当两个人分享数量固定的（如 10 个）包子时，任何一种分配比例都符合帕累托最优状态，这是因为，由于包子的数量是固定的，所以不论分配的比例如何，一个人都不能在不减少另一个人的包子的条件下得到更多的包子。

第二，在操作上，帕累托标准适用的范围受到很大的限制，而这一限制使这种标准难以解决大多数的实际问题。为了说明这一点，考察图 9-13。

图 9-13 表示在一个由 A 和 B 两人组成的社会中，两个人的效用量的各种不同组合的情况。在 e 点，A 和 B 的效用量分别为 U_A^e 和 U_B^e。通过 e 点，有两条用虚线表示的垂直线和水平线。这两条虚线把该图区分为四个区域，我们称之为左上、左下、右上和右下区域。

很明显，如果将帕累托状态作为判别优劣的标准，那么，处于右上区域的任何点（包括虚线在内）都优于 e 点，因为该区域中的任何一点都符合在不减少一个人的效用的条件下使另一个人的效用增加。例如在 g 点，U_B 虽然保持不变，U_A 却有所增加。在 f 点，U_A、U_B 都有所增加。而处于左下区域中的任何一点（包括虚线在内）都劣于 e 点，因为该区域中的任何一点都表示两个人的效用均在减少，如 k

① 鲍斯金．经济学与人类福利．纽约：学术出版社，1979：1240.

② 拜尔，克里斯多尔．经济理论的危机．纽约：基本图书出版社，1981：126.

点所示；或者，如该区域的边缘即虚线上的点所表示的那样，在一个人的效用不变的情况下，另一个人的效用却减少了。例如，h 点即是其中的一点。因此，帕累托标准适用于 e 点的右上区域和左下区域。

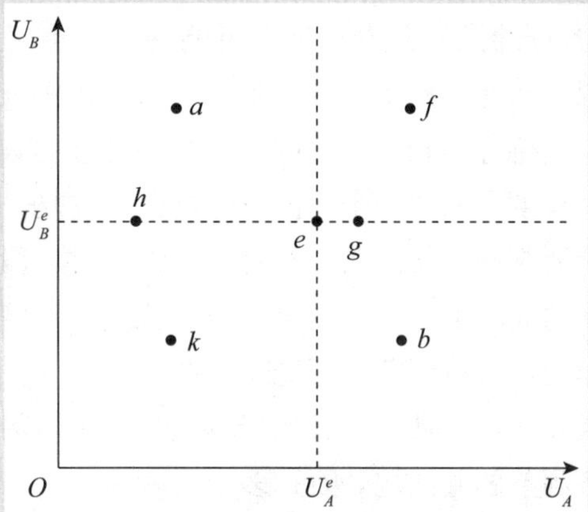

图 9-13　帕累托标准应用范围的限制

然而，在 e 点的左上区域和右下区域（不包括虚线在内），就无法用帕累托标准来判别优劣；因为在这两个区域中，一个人的效用增加，另一个人的效用却减少了。例如在 a 点，U_B 增加而 U_A 减少；在 b 点，情况则相反。在这种场合，无法用帕累托标准来判别这些点是优于还是劣于 e 点。

针对这一问题，西方学者提出了一些解决办法，但主要由于无法对不同人的效用量加以比较，这些办法并不能解决问题。例如，剑桥大学教授卡尔多提出的办法是，从 e 点移动到 a 点，如果 B 的效用量的增加给 B 带来的好处大于 A 的效用量的减少给 A 带来的坏处，而 B 又能使 A 对此表示同意，即好坏相抵而有余，那么，便可据此认为，整个社会得到的效用量有所增加，从而 a 点优于 e 点。① 这里的问题是：在一个效用最大化的利己社会中，A 不可能对此表示同意。卡尔多所做的不过是用“同意”的办法来掩盖由于无法对 A 和 B 的效用量加以比较而造成的困难。

必须指出，一个人效用增加、另一个人效用减少的事例代表人与人之间的利益产生矛盾的情况，而在现实中需要判别优劣的往往是这种情况。例如累进的所得税不利于富人而有利于穷人；是否推行这种所得税的征收理应取决于它是否能提高社会福利，而恰恰在这些必须解决问题的场合，帕累托标准不能发挥作用。与此相反，在那些连普通人都能判别优劣的问题上，如人民的生活水平普遍提高的情况，或者，如在不影响沿海地区经济增长速度的前提下加速发展内地的经济，即某些人得到的效用不变而另一些人的效用增加的情况，帕累托标准偏偏又可以适用。对此，一位西方学者写道：“把经济分析限制于这种情况，即限制于无须加以判别的

---

① 为了简化论述，这里略去卡尔多提出的办法所引起的一些经济技术问题。参见穆尔堡．经济理论的社会限度．纽约：劳特利奇公司，1995：70－72.

情况，就是把经济分析置于不可能发挥作用的狭隘领域。”① 由此可见，帕累托标准的实用价值是很有限的。

第三，由于不能对不同个人的效用加以比较，又由于在利己的社会中各个人的经济利益往往处于矛盾状态，所以在这样的条件下，要想建立一个社会福利函数（包括判别图 9-13 中各点的优劣在内）是不可能的。有鉴于此，研究福利经济学的西方学者，如伯格森、西托夫斯基、利特尔、萨缪尔森等人最终认为，在建立社会福利函数的问题上，道德标准和公正原则都是必要的前提，而我们知道，道德标准和公正原则又在很大程度上取决于个人的价值判断和立场。从这里可以看到，标榜实证主义、以摆脱价值判断自诩的西方经济学，在经过一段迂回曲折的研究道路之后，又回到价值判断的立场上来。这一事实告诉我们，经济学的研究，如果要想对现实问题产生导向作用，价值判断是不能避免的。

以建立社会福利函数而论，社会主义比资本主义更加容易达到目的，因为在前者的条件下，个人经济利益的共同之处要远多于后者。

习题

一、简答题

1. 局部均衡分析与一般均衡分析的关键区别在什么地方？

2. 试评论瓦尔拉斯的拍卖者假定。

3. 试说明福利经济学在西方微观经济学中的地位。

4. 什么是帕累托最优？满足帕累托最优需要具备什么样的条件？

5. 为什么说交换的最优条件加生产的最优条件不等于交换和生产的最优条件？

6. 为什么完全竞争的市场机制可以导致帕累托最优状态？

7. 一般而言生产可能性曲线为什么向右下方倾斜？为什么向右上方凸出？

8. 阿罗的不可能性定理说明了什么问题？

9. 如果对于生产者甲来说，以要素 L 替代要素 K 的边际技术替代率等于 3，对于生产者乙来说，以要素 L 替代要素 K 的边际技术替代率等于 2，那么有可能发生什么情况？

10. 假定整个经济原来处于一般均衡状态，如果现在由于某种原因，商品 X 的市场供给增加，试考察：

（1）X 的替代品市场和互补品市场会有什么变化？

（2）在生产要素市场上会有什么变化？

（3）收入的分配会有什么变化？

二、计算题

1. 设某经济只有 a、b 两个市场。a 市场的需求和供给函数分别为 $Q_{da}=13-$

① 穆尔堡．经济理论的社会限度．纽约：劳特利奇公司，1995：70.

$2P_a+P_b$ 和 $Q_{sa}=-4+2P_a$，b 市场的需求和供给函数分别为 $Q_{db}=20+P_a-P_b$ 和 $Q_{sb}=-5+4P_b$。

(1) 试求当 $P_b=1$ 时，a 市场的局部均衡。

(2) 试求当 $P_a=1$ 时，b 市场的局部均衡。

(3) ($P_a=1$，$P_b=1$) 是否代表一般均衡？

(4) ($P_a=5$，$P_b=3$) 是不是一般均衡价格？

(5) 一般均衡价格和一般均衡产量为多少？

2. 设某经济的生产可能性曲线满足如下的资源函数（或成本函数）：

$$c=(x^2+y^2)^{\frac{1}{2}}$$

式中，c 为参数。如果根据生产可能性曲线，当 $x=3$ 时，$y=4$，试求生产可能性曲线的方程。

3. 设某经济的生产可能性曲线为

$$y=\frac{1}{2}(100-x^2)^{1/2}$$

试说明：

(1) 该经济可能生产的最大数量的 x 和最大数量的 y。

(2) 生产可能性曲线向右下方倾斜。

(3) 生产可能性曲线向右上方凸出。

(4) 边际转换率递增。

(5) 点 ($x=6$，$y=3$) 的性质。

4. 设 a、b 两个消费者消费 x、y 两种产品。两个消费者的效用函数均为 $u=xy$。消费者 a 消费的 x 和 y 的数量分别用 x_a 和 y_a 表示，消费者 b 消费的 x 和 y 的数量分别用 x_b 和 y_b 表示。e ($x_a=10$，$y_a=50$，$x_b=90$，$y_b=270$) 是相应的埃奇渥斯盒状图中的一点。

(1) 试确定：在 e 点处，消费者 a 的边际替代率。

(2) 试确定：在 e 点处，消费者 b 的边际替代率。

(3) e 点满足交换的帕累托最优吗？

(4) 如果不满足，应如何调整才符合帕累托改进的要求？

5. 设 c、d 两个生产者拥有 l、k 两种要素。两个生产者的生产函数分别为：

$$Q=2k+3l+lk \quad Q=20l^{1/2}k^{1/2}$$

生产者 c 使用的 l、k 的数量分别用 l_c、k_c 表示，生产者 d 使用的 l、k 的数量分别用 l_d、k_d 表示。两种要素的总量分别为 $\bar{l}$ 和 $\bar{k}$，即有：

$$l_c+l_d=\bar{l} \quad k_c+k_d=\bar{k}$$

试确定：

（1）生产者 c 的边际技术替代率。

（2）生产者 d 的边际技术替代率。

（3）用生产者 c 使用的 l_c、k_c 来表示的生产契约曲线。

（4）用生产者 d 使用的 l_d、k_d 来表示的生产契约曲线。

6. 设某经济只生产 x、y 两种产品。它们的生产函数分别为：

$$x=C_x^{1/2} \quad y=\frac{1}{2}C_y^{1/2}$$

这里的 C_x、C_y 分别是用于生产 x、y 的资源（或成本）。全部资源的总量为 100。试求该经济的生产可能性曲线。

7. 设某经济的生产可能性曲线为

$$ax+by=c$$

式中，a、b 和 c 均大于 0。试回答：

（1）该经济可能生产的最大数量的 x 和最大数量的 y 分别是多少？

（2）该生产可能性曲线是向右下方倾斜的吗？

（3）该生产可能性曲线是向右上方凸出的吗？

（4）边际转换率是递增的吗？

（5）点（$x=b$，$y=c/b$）位于生产可能性曲线上吗？

8. 设某经济的生产可能性曲线为

$$(x+1)(y+1)=10$$

试说明：

（1）该经济可能生产的最大数量的 x 和最大数量的 y。

（2）生产可能性曲线的倾斜方向。

（3）生产可能性曲线的凹凸方向。

（4）边际转换率的变化方向。

（5）点（$x=3$，$y=1.5$）的性质。

9. 设某经济的生产可能性曲线和社会效用函数分别为

$$x^2+y^2=100 \quad u=xy$$

$a(x=6, y=8)$、$b(x=8, y=6)$ 是生产可能性曲线上的两点。试回答：

（1）a 点是不是一般均衡点？

（2）如果不是，经济将向何方调整？

（3）b 点是不是一般均衡点？

（4）如果不是，经济将向何方调整？

10. 设某经济的生产可能性曲线和社会效用函数分别为

$$y=\frac{1}{2}(100-x^2)^{1/2} \quad u=(xy)^{1/2}$$

试回答：

(1) 相对价格 ($P_x=1$，$P_y=4$) 是不是一般均衡价格？

(2) 如果不是，相对价格将如何调整？

第十章

博弈论初步

经济主体之间的相互关系有两种重要的类型。其一，某经济主体的行为对其他经济主体不会产生任何影响，或者，即使有影响，其影响也微不足道，完全可以忽略不计。在这种情况下，该经济主体在决定自己行动的时候，就无须考虑其他经济主体的反应。本书第三章讨论的消费者行为、第六章讨论的完全竞争厂商行为、第七章第一节和第二节讨论的垄断厂商和垄断竞争厂商的行为，均属此类。其二，某经济主体的行为对其他经济主体有重要的和显著的影响。在这种情况下，该经济主体在采取行动之前，就必须考虑这一行动对其他经济主体的影响，以及由此而引起的其他经济主体的反应。本书第七章第三节中讨论的寡头行为即是如此。当然，相互影响不仅存在于寡头之间，也广泛地存在于其他经济领域，甚至政治、外交和军事等方面。在这种相互作用、相互影响的环境中如何科学地进行决策呢？回答这个问题就是博弈论的任务。

第一节　博弈论和策略行为

博弈论是研究在策略性环境中如何进行策略性决策和采取策略性行动的科学。这里，策略性环境是指，每个人进行的决策和采取的行动都会对其他人产生显著的影响；策略性决策和策略性行动是指，每个人都要根据其他人的可能反应来决定自己的决策和行动。它们不同于非策略性的环境、决策和行动。在非策略性环境中，每个人在制定决策和采取行动时，都无须考虑这些决策和行动对其他人的影响以及由此而引起的其他人的反应。

根据上述定义，博弈论显然是分析寡头厂商行为的一个恰当工具。例如，寡头市场是典型的策略性环境。在该市场中，寡头厂商的行为相互影响；寡头厂商的行动和决策是典型的策略性行动和策略性决策——每个寡头厂商都需要了解其他厂商对自己所要采取的行动的可能反应，并根据这些可能反应，制定自己的决策和采取最有利的行动。

任何一个博弈都具有三个基本的要素，即参与人、参与人的策略和参与人的支付。所谓**参与人**（或称局中人），就是在博弈中进行决策的主体，如个人、企业甚至国家。参与人通过在博弈中选择最优的决策和行动来使自己的目标函数（如效用或利润）达到最大。在任何一个博弈中，都至少有两个参与人。有时，我们也可以引入一个虚拟的参与人。例如，在考虑出门是否带雨伞的博弈中，就可以把“天气”看成一个虚拟的参与人。虚拟参与人通常以一种纯机械的方式采取行动，如“天气”在特定的时点上以特定的概率随机选择“天晴”还是“下雨”。

所谓**参与人的策略**，指的是一项规则，根据该规则，参与人在博弈的每一时点上决定如何行动。每个参与人都至少应有两个可供选择的策略。这是因为，如果只有一个策略，就没有选择的必要了。当然，我们也可以把只有一个策略的情况看成是博弈的一种特例。

所谓**参与人的支付**则是指，在所有参与人都选择了各自的策略且博弈已经完成之后，参与人所得到的结果（如效用或利润）。①在一个博弈中，在所有的参与人都选择了自己的策略之后，就得到一个策略组合；对于任意一个策略组合，每个参与人都会得到一个支付；所有这些参与人的支付合在一起，即构成相对于这个策略组合的支付组合。

从博弈的三要素角度，可以对博弈进行一些简单的分类。例如，根据参与人的数量，可分为二人博弈和多人博弈；根据参与人拥有的策略的数量，可分为有限博弈和无限博弈；根据参与人的支付情况，可分为零和博弈和非零和博弈，或者常和博弈和非常和博弈。② 此外，根据参与人是否能够达成有效的协议，可分为合作博弈和非合作博弈；根据参与人是否了解有关博弈的所有信息（如所有参与人的策略和支付等），可分为完全信息博弈和不完全信息博弈；根据参与人在策略的实施上是否具有“同时性”，可分为静态博弈（或同时博弈）和动态博弈（或序贯博弈）。如果综合考虑最后两个有关信息和时间的划分标准，则可以得到如下四种基本的博弈类型，即完全信息静态博弈、完全信息动态博弈、不完全信息静态博弈和不完全信息动态博弈。

本章主要讨论的是参与人为两个、每个参与人都只有两个策略的完全信息博弈。

---

① “支付”的英文原文是“payoffs”。将“payoffs”译为“支付”，似有不妥。实际上，“payoffs”在这里的含义是“结局”，而且，这个“结局”指的是“得到”，而不是“付出”。

② 如果一个博弈的每个支付组合的所有支付之和都恰好为零，则该博弈就是所谓的零和博弈，否则为非零和博弈；如果一个博弈的每个支付组合的所有支付之和都恰好相同，则该博弈就是所谓的常和博弈，否则为非常和博弈。

其中，第二节和第三节分别讨论完全信息静态博弈的两种情况，即纯策略均衡和混合策略均衡[1]，第四节讨论完全信息动态博弈。如前所述，静态博弈是参与人同时进行决策或行动的博弈，动态博弈是参与人的决策和行动有先有后的博弈。在这里，所谓的“同时”或“先后”主要是看参与人在决策时是否已经知道其他参与人的决策，而并不一定取决于物理意义上的时间。例如，在一个博弈中，即使所有参与人的决策在时间上都不相同，但如果每个参与人在决策之前都并不知道其他参与人的决策，则该博弈仍被看成是“同时”的。

专栏 10-1
中国历史上的博弈故事：齐王赛马

第二节　完全信息静态博弈：纯策略均衡

一、例子：寡头博弈

我们从熟悉的寡头博弈的例子开始。假定在某个寡头市场上，只有甲、乙两个厂商。每个厂商都有合作和不合作两个可供选择的策略。如果两个厂商都采取合作的策略（例如，组成卡特尔，且均按照卡特尔的协议行事），则分别可得到 5 和 6 个单位的支付；如果两个厂商都采取不合作的策略（例如，像古诺模型中假定的那样），则分别只得到 2 和 3 个单位的支付；如果甲厂商采取合作的策略而乙厂商采取不合作的策略（如前者遵守卡特尔的协议价格，后者违背卡特尔的协议价格，秘密地降价），则采取合作策略的甲厂商得到 1 个单位的支付，采取不合作策略的乙厂商得到 5 个单位的支付；最后，如果甲厂商采取不合作的策略而乙厂商采取合作的策略，则采取不合作策略的甲厂商得到 7 个单位的支付，采取合作策略的乙厂商得到 1 个单位的支付。

二、支付矩阵

对上述这样一个只有两个参与人参加且两个参与人同时进行决策的简单博弈（所谓“二人同时博弈”），可以用一个以二元数组为元素的矩阵（被称为**博弈矩阵**或**支付矩阵**）来描述和分析[2]（参见表 10-1）。矩阵的左边表示甲厂商的策略，即合作或不合作，上边表示乙厂商的策略，也是合作或不合作，矩阵中四个单元格里的数字组合分别表示博弈的四个结果即支付，其中，每个数字组合的第一个数字是

---

① 纯策略均衡和混合策略均衡是相对而言的。在本章第三节讨论混合策略博弈时，我们将对它们的含义及二者之间的关系作出具体的说明。

② 描述三人博弈则需要一个“立体”的矩阵。

甲厂商得到的支付（简称甲厂商的支付），第二个数字是乙厂商得到的支付（简称乙厂商的支付）。例如，当甲厂商选择合作、乙厂商也选择合作时，结果是矩阵左上角单元格里的数字组合（5，6），其中，第一个数字5是甲厂商的支付，第二个数字6是乙厂商的支付；当甲厂商选择合作、乙厂商选择不合作时，结果是矩阵右上角单元格里的数字组合（1，5），其中，第一个数字1是甲厂商的支付，第二个数字5是乙厂商的支付；如此等等。

容易看到，表10-1的支付矩阵可以一分为二，即拆成两个"小"的子支付矩阵。其中，一个为甲厂商的支付矩阵，由原矩阵每个单元格中的第一个数字组成，另一个为乙厂商的支付矩阵，由原矩阵每个单元格中的第二个数字组成。实际上，整个支付矩阵可以被看成就是由这两个厂商的子支付矩阵合并而成的。

表10-1 寡头博弈：合作与不合作

		乙厂商的策略	
		合作	不合作
甲厂商的策略	合作	5，6	1，5
	不合作	7，1	2，3

在由表10-1给出的二人博弈中，甲厂商和乙厂商都有合作和不合作两个策略，合起来看，两个厂商共有四个策略组合，即（合作，合作）、（合作，不合作）、（不合作，合作）、（不合作，不合作），其中，每一个括号里的前一项都是甲厂商的策略，后一项都是乙厂商的策略。

现在的问题是：在这四个策略组合中，哪一个会是最终的结果呢？

三、条件策略和条件策略组合

我们先来看甲厂商的决策。首先，如果乙厂商选择合作，则甲厂商最好选择不合作，因为此时它选择不合作得到的支付为7，而选择合作得到的支付只有5。因此，不合作是甲厂商此时的最优策略。我们把甲厂商在乙厂商选择合作条件下的最优策略即不合作叫做甲厂商的条件优势策略（或相对优势策略），简称**条件策略**，把与甲厂商的这一条件策略相联系的策略组合即（不合作，合作）叫做甲厂商的条件优势策略组合（或相对优势策略组合），简称**条件策略组合**。

这里需要注意的是，条件策略不同于条件策略组合。前者是参与人在给定条件下（如其他参与人已经作出选择时）的相对优势策略，后者则是包括参与人的条件策略以及这些条件在内的相对优势策略组合。例如，设在乙厂商选择合作的条件下，甲厂商选择不合作，则不合作就是甲厂商（在乙厂商选择合作的条件下）的一个条件策略，而与此相联系的甲厂商的条件策略组合可以表示为（不合作，合作）。同理，设在甲厂商选择合作的条件下，乙厂商也选择合作，则合作就是乙厂商（在甲厂商选择合作的条件下）的一个条件策略，而与此相联系的乙厂商的条件策略组合可以表示为（合作，合作）。①

其次，如果乙厂商选择不合作，则甲厂商最好也选择不合作，因为此时它选择不合作得到的支付为 2，而选择合作得到的支付只有 1。因此，甲厂商在乙厂商选择不合作条件下的最优策略即不合作是甲厂商的另一个条件策略，与这一条件策略相联系的策略组合（不合作，不合作）是甲厂商的另一个条件策略组合。

由此可见，在表 10－1 的模型中，甲厂商有两个条件策略，即当乙厂商选择合作时选择不合作，当乙厂商选择不合作时也选择不合作，与此相联系，也有两个条件策略组合，即（不合作，合作）和（不合作，不合作）。②

再来看乙厂商的决策。一方面，如果甲厂商选择合作，则乙厂商最好也选择合作，因为此时它选择合作得到的支付为 6，而选择不合作得到的支付只有 5。换句话说，乙厂商在甲厂商选择合作时的条件策略是合作，与该条件策略相联系的条件策略组合为（合作，合作）。另一方面，如果甲厂商选择不合作，则乙厂商最好也选择不合作，因为此时它选择不合作得到的支付为 3，而选择合作得到的支付只有 1。换句话说，乙厂商在甲厂商选择不合作时的条件策略是不合作，与这一条件策略相联系的条件策略组合为（不合作，不合作）。因此，在表 10－1 的模型中，乙厂商有两个条件策略，即当甲厂商选择合作时选择合作，当甲厂商选择不合作时选择不合作，与此相联系，也有两个条件策略组合，即（合作，合作）和（不合作，不合作）。

四、纳什均衡

综上所述，在表 10－1 的二人同时博弈模型中，甲厂商有两个条件策略和与此相联系的两个条件策略组合，乙厂商也有两个条件策略和与此相联系的两个条件策略组合，合起来共有四个条件策略和四个条件策略组合。条件策略或条件策略组合具有一个非常重要的性质，即它代表了博弈中某个参与人在某个条件下的均衡状态。例如，在甲厂商的第一个条件策略组合（不合作，合作）上，甲厂商的选择即不合作是最优的，因而，它没有单独改变策略的倾向，尽管此时乙厂商有可能单独改变自己的策略；再例如，在乙厂商的第一个条件策略组合（合作，合作）上，乙厂商的选择即合作是最优的，因而，它没有单独改变策略的倾向，尽管此时甲厂商有可能单独改变自己的策略。

由此可以想到，如果要让甲厂商和乙厂商同时都不再有单独改变策略的倾向，其要求必然是，它们的条件策略组合应当恰好相同。例如，在表 10－1 中，（不合

---

① 此外，也请注意条件策略与策略以及条件策略组合与策略组合的区别。

② 在表 10－1 中，甲厂商的这种不因乙厂商的选择变化而变化的最优策略即“不合作”通常被称为它的“**占优策略**”。

作，不合作）既是甲厂商的条件策略组合，也是乙厂商的条件策略组合，故在该策略组合上，甲厂商和乙厂商都没有单独改变策略的倾向。

除了（不合作，不合作）之外，在表 10－1 中，其他策略组合都不能使两个厂商同时不存在单独改变策略的倾向。例如，（合作，合作）尽管是乙厂商的条件策略组合，从而，乙厂商在该组合处不会单独改变策略，但却不是甲厂商的条件策略组合，从而，甲厂商在该组合上仍然有单独改变策略的倾向。又例如，（不合作，合作）尽管是甲厂商的条件策略组合，从而，甲厂商在该组合上不会单独改变策略，但却不是乙厂商的条件策略组合，从而，乙厂商在该组合上仍然有单独改变策略的倾向。最后，（合作，不合作）既不是甲厂商的条件策略组合，也不是乙厂商的条件策略组合，从而，在该组合上，两个厂商都有单独改变策略的倾向。

当两个厂商的条件策略组合恰好相同，从而，两个厂商都不再有单独改变策略的倾向时，整个博弈就达到了均衡。[①] 博弈均衡是博弈各方最终选取的策略组合，是博弈的最终结果，是博弈的解。这种均衡有一个专门的名称，叫“纳什均衡”。更加严格一点说，**所谓纳什均衡，指的是参与人的这样一种策略组合，在该策略组合上，任何参与人单独改变策略都不会得到好处。**或者换个说法：如果在一个策略组合中，当所有其他人都不改变策略时，没有人会改变自己的策略，则该策略组合就是一个纳什均衡。

在纳什均衡的定义中，有两个问题需要注意。第一，“单独改变策略”。这是指任何一个参与人在所有其他人都不改变策略的情况下改变自己的策略。其他人也同时改变策略的情况不在考虑之列。第二，“不会得到好处”。这是指任何一个参与人在单独改变策略之后自己的支付不会增加。它包括两种情况：支付减少或者支付不变。我们这里假定，在后面这种情况下（即支付不变时），由于存在改变的成本和风险，参与人也不愿意单独改变策略。例如，设某厂商原来的支付为 1，单独改变策略后的支付仍然为 1，则该厂商就不会单独进行这种改变。至于在某个参与人单独改变策略之后，其他参与人的支付会如何变化，也不在纳什均衡的考虑之列。

对于表 10－1 中只有甲厂商和乙厂商两个参与人的同时博弈来说，纳什均衡可以更加具体地表示为这样一个策略组合，在该策略组合中，前一个策略是甲厂商（在乙厂商选择后一个策略时）的条件策略，后一个策略是乙厂商（在甲厂商选择前一个策略时）的条件策略。

显而易见，在表 10－1 中，策略组合（不合作，不合作）（即甲厂商和乙厂商都选择不合作）是一个纳什均衡。这是因为，在该策略组合上，无论哪个厂商都不会单独地改变自己的策略——单独改变策略将导致支付的减少：如果甲厂商单独改变策略，即从不合作变为合作，则它的支付就会从原来的 2 减少到 1；同样，如果乙厂商单独改变策略，即从不合作变为合作，则它的支付就会从原来的 3 减少到 1。

① 与消费者均衡和生产者均衡等一样，在博弈均衡中，均衡一词也意味着缺乏变化的趋势：若假定其他因素不变，则博弈各方就都不再有改变策略的动机。

除了（不合作，不合作）之外，在表 10－1 中，剩下的策略组合都不是纳什均衡。例如，（合作，合作）不是纳什均衡。这是因为，在该策略组合上，甲厂商会单独改变策略，即从合作变为不合作，通过这一改变，它的支付将从原来的 5 增加到 7（此时，乙厂商不会单独改变策略）。又例如，策略组合（不合作，合作）也不是纳什均衡。这是因为，在该策略组合上，乙厂商会单独改变策略，即从合作变为不合作，通过这一改变，它的支付将从原来的 1 增加到 3（此时，甲厂商不会单独改变策略）。再例如，（合作，不合作）仍然不是纳什均衡。这是因为，在该策略组合上，甲厂商会单独改变策略，即从合作变为不合作，通过这一改变，它的支付将从原来的 1 增加到 2；同时，乙厂商也会单独改变策略，即从不合作变为合作，通过这一改变，它的支付将从原来的 5 增加到 6。

专栏 10－2
军备竞赛

五、寻找纳什均衡的方法——条件策略下划线法

上述确定博弈均衡（或非均衡）的方法可以更加直观也更加方便地表示为所谓的**“条件策略下划线法”**。首先是用下划线来表示甲厂商的条件策略。例如，当乙厂商选择合作时，甲厂商的条件策略是不合作，此时，它得到的支付是矩阵左下角单元格中的第一个数字 7。于是，我们在这个 7 的下面画一条线，并用这个下面带线的数字 $\underline{7}$ 来表示甲厂商的条件策略（在乙厂商选择合作时选择不合作），用包含这个 $\underline{7}$ 的支付组合（$\underline{7}$，1）来表示甲厂商的条件策略组合（不合作，合作）。① 再如，当乙厂商选择不合作时，甲厂商的条件策略是不合作，此时，它得到的支付是矩阵右下角单元格中的第一个数字 2。我们在这个 2 的下面画一条线，并用这个下面带线的数字 $\underline{2}$ 来表示甲厂商的条件策略（在乙厂商选择不合作时选择不合作），用包含这个 $\underline{2}$ 的支付组合（$\underline{2}$，3）来表示甲厂商的条件策略组合（不合作，不合作）。

其次是用下划线来表示乙厂商的条件策略。例如，当甲厂商选择合作时，乙厂商的条件策略是合作，此时，乙厂商的支付是矩阵左上角单元格中的第二个数字 6。我们在这个 6 的下面画一条线，用以表示乙厂商的条件策略（在甲厂商选择合作时选择合作），并用包含这个 $\underline{6}$ 的支付组合（5，$\underline{6}$）来表示乙厂商的条件策略组合（合作，合作）。再例如，当甲厂商选择不合作时，乙厂商的条件策略是不合作，此时，乙厂商的支付是矩阵右下角单元格中的第二个数字 3。我们在这个 3 的下面画一条线，用以表示乙厂商的条件策略（在甲厂商选择不合作时选择不合作），并用包含这个 $\underline{3}$ 的支付组合（2，$\underline{3}$）来表示乙厂商的条件策略组合（不合作，不合作）。

最后是确定博弈的均衡。一旦把甲厂商和乙厂商的所有条件策略都用下划线法

① 再次提醒注意：在（不合作，合作）中，第一个策略不合作是甲厂商的选择，第二个策略合作则是乙厂商的选择。

表示出来，确定博弈均衡的任务就变得非常简单——只要找到在两个数字之下都画线的单元格即可。与这些单元格相对应的策略组合就是所要求的均衡策略组合。例如，在右下角单元格中的两个数字即 2 和 3 之下都画有线，故与该单元格对应的策略组合（不合作，不合作）是一个均衡。除此之外，其他单元格中的两个数字之下没有都画线，故与这些单元格对应的策略组合都不是均衡的。

到此，我们可以把确定博弈均衡（或不均衡）的方法更加简单地描述为如下五个步骤。第一，把整个的支付矩阵分解为甲厂商的支付矩阵和乙厂商的支付矩阵。例如，在表 10－1 中，这两个厂商的（子）支付矩阵分别为：

$$\text{甲厂商的支付矩阵}=\begin{pmatrix}5 & 1\\ \underline{7} & \underline{2}\end{pmatrix}\qquad \text{乙厂商的支付矩阵}=\begin{pmatrix}\underline{6} & 5\\ 1 & \underline{3}\end{pmatrix}$$

第二，**在甲厂商的支付矩阵中，找出每一列的最大者**（每列的最大者可能不止一个），并在其下画线。例如，在上面甲厂商的支付矩阵中，第一列的后一个数字 7 是该列最大的，第二列的后一个数字 2 是该列最大的，故应该在它们的下面画线。

第三，**在乙厂商的支付矩阵中，找出每一行的最大者**（每行的最大者也可能不止一个），并在其下画线。例如，在上面乙厂商的支付矩阵中，第一行的前一个数字 6 是该行最大的，第二行的后一个数字 3 是该行最大的，故应该在它们的下面画线。

第四，将已经画好线的甲厂商的支付矩阵和乙厂商的支付矩阵合并起来，得到如下整个的（有下划线的）支付矩阵：

$$\text{甲、乙两个厂商的共同的支付矩阵}=\begin{pmatrix}5,\ \underline{6} & 1,\ 5\\ \underline{7},\ 1 & \underline{2},\ \underline{3}\end{pmatrix}$$

第五，在带有下划线的整个的支付矩阵中，找到两个数字之下均画有线的支付组合，则由该支付组合代表的策略组合就是均衡的策略组合。除此之外，其余支付组合代表的策略组合都不是均衡的。例如，在上面甲、乙两个厂商的共同的支付矩阵中，右下角的支付组合为（$\underline{2}$，$\underline{3}$），它的两个数字之下均画有线，因此，该支付组合代表的策略组合即（不合作，不合作）是均衡的策略组合。除此之外，其余支付组合如（5，$\underline{6}$）、（1，5）和（$\underline{7}$，1）代表的策略组合即（合作，合作）、（合作，不合作）和（不合作，合作）都不是均衡的。①

关于下划线法可以总结如下：在一个单元格中，如果两个数字之下均画有线，则两个参与人都没有单独改变策略的动机，因为这两个数字分别是列最大值和行最大值；如果两个数字之下均没有线，则两个参与人都有单独改变策略的动机，因为这两个数字分别不是列最大值和行最大值；如果两个数字中一个下面有线另一个下面没线，则有线的数字所代表的参与人没有单独改变策略的动机，没线的数字所代

① 读者在熟悉上述五个步骤之后，即可以通过“心算”直接由表 10－1 得到答案，而不必再一步一步地写出每个厂商的支付矩阵以及它们的共同的支付矩阵等等。

表的参与人有单独改变策略的动机。

借助下划线法，不仅可以确定一个纯策略静态博弈中的纳什均衡和非纳什均衡，而且可以描绘从非纳什均衡走向纳什均衡的具体路径。例如，在表 10－1 中，假定一开始时，甲厂商和乙厂商的策略都是合作，从而，相应的支付组合为支付矩阵左上角单元格中的(5，6)。由于在该支付组合中，第一个数字下没有下划线而第二个数字下有下划线，故甲厂商会改变自己的策略，即从原来的合作改为不合作，而乙厂商不会改变自己的策略，即保持原来的合作不变，从而得到支付矩阵左下角单元格中的支付组合，即（7，1）。由于在该支付组合中，第一个数字下有下划线而第二个数字下没有下划线，故甲厂商不会改变自己的策略，即保持不合作不变，而乙厂商会改变自己的策略，即从合作变为不合作，从而得到支付矩阵右下角单元格中的支付组合，即（2，3）。由于在该支付组合中，两个数字下都有下划线，故甲厂商和乙厂商都不会改变自己的策略，即都将保持不合作的策略不变。

又如，在表 10－1 中，假定一开始时，甲厂商的策略为合作、乙厂商的策略为不合作，从而，相应的支付组合为支付矩阵右上角单元格中的（1，5）。由于在该支付组合中，两个数字下都没有下划线，故甲厂商和乙厂商都会改变自己的策略，即甲厂商从原来的合作改为不合作，乙厂商从原来的不合作改为合作，从而得到支付矩阵左下角单元格中的支付组合，即（7，1）。再根据与上面相同的讨论，由该支付组合出发，最后可得到支付矩阵右下角单元格中的支付组合（2，3）。

六、纳什均衡的存在性、唯一性、稳定性和最优性

1. 存在性

在完全信息静态博弈中，（纯策略的）纳什均衡既可能存在，也可能不存在。[①] 表 10－1 给出的是纳什均衡存在的例子。不存在纳什均衡的例子则可以参看表 10－2。在表 10－2 中，首先，策略组合（上，左）不是纳什均衡。在该组合上，甲厂商单独改变策略可以使自己的支付从 4 增加到 7。其次，策略组合（上，右）不是纳什均衡。在该组合上，乙厂商改变策略可以使自己的支付从 1 增加到 6。再次，策略组合（下，左）不是纳什均衡。在该组合上，乙厂商改变策略可以使自己的支付从 3 增加到 8。最后，策略组合（下，右）不是纳什均衡。在该组合上，甲厂商改变策略可以使自己的支付从 2 增加到 9。若采用条件策略下划线法，则可以看到，在表 10－2 中，没有一个单元格中的两个数字之下均被画线。

在不存在纯策略纳什均衡的表 10－2 中，两个厂商对策略的选择会出现一种永不停歇的周期状态。例如，设一开始时，支付组合为支付矩阵中左上角的（4，6）。由于在（4，6）中，只有第一个数字下没有画线，故只有甲厂商改变自己的策略，

① 后面将会看到，在完全信息静态博弈中，尽管纯策略的纳什均衡可能不存在，但混合策略的纳什均衡总是存在。

结果得到左下角的支付组合（$\underline{7}$，3）。又由于在（$\underline{7}$，3）中，只有第二个数字下没有画线，故只有乙厂商改变自己的策略，结果得到右下角的支付组合（2，$\underline{8}$）。再由于在（2，$\underline{8}$）中，只有第一个数字下没有画线，故只有甲厂商改变自己的策略，结果得到右上角的支付组合($\underline{9}$，1)。最后，由于在（$\underline{9}$，1）中，只有第二个数字下没有画线，故只有乙厂商改变自己的策略，结果回到了一开始时的左上角的支付组合（4，$\underline{6}$）。

表 10－2　没有纳什均衡的完全信息静态博弈

		乙厂商的策略	
		左	右
甲厂商的策略	上	4，$\underline{6}$	$\underline{9}$，1
	下	$\underline{7}$，3	2，$\underline{8}$

2. 唯一性

在完全信息静态博弈中，如果纳什均衡存在，则它既可能是唯一的，也可能是不唯一的。表 10－1 给出的是只有一个纳什均衡的例子。多重纳什均衡的例子则可以参看表 10－3。根据下划线法容易看到，在表 10－3 中，与左上角和右下角两个单元格相对应的策略组合即（上，左）和（下，右）都是纳什均衡。首先，（上，左）是一个纳什均衡，因为在该策略组合上，甲厂商和乙厂商都不会单独改变策略——甲厂商单独改变策略将导致自己的支付从 5 减少到 4，乙厂商单独改变策略将导致自己的支付从 6 减少到 4。其次，（下，右）也是一个纳什均衡，因为在该策略组合上，甲厂商和乙厂商也不会单独改变策略——甲厂商单独改变策略将导致自己的支付从 2 减少到 1，乙厂商单独改变策略将导致自己的支付从 3 减少到 1。除此之外，其他策略组合即（上，右）和（下，左）都不是纳什均衡。在前一个策略组合（上，右）中，甲厂商和乙厂商都有单独改变策略的动机——甲厂商单独改变策略可以使自己的支付从 1 增加到 2，乙厂商单独改变策略可以使自己的支付从 4 增加到 6；在后一个策略组合（下，左）中，甲厂商和乙厂商也都有单独改变策略的动机——甲厂商单独改变策略可以使自己的支付从 4 增加到 5，乙厂商单独改变策略可以使自己的支付从 1 增加到 3。

表 10－3　存在多重纳什均衡的完全信息静态博弈

		乙厂商的策略	
		左	右
甲厂商的策略	上	$\underline{5}$，$\underline{6}$	1，4
	下	4，1	$\underline{2}$，$\underline{3}$

当纳什均衡不存在或不唯一时，我们无法对博弈的最终结果作出肯定的说明。例如，在前一种情况下，博弈是否还有所谓的最终结果本身就是一个问题；或者，

即使还存在所谓的最终结果，用什么样的办法来找到它也还需要进一步研究。在后一种情况下，尽管我们知道最终的结果应当是多个均衡中的某一个，但却无法知道究竟是哪一个。为了解决这些问题，我们需要更多的分析工具。

3. **稳定性**

在完全信息静态博弈中，如果纳什均衡存在，则它既可能是稳定的，也可能是不稳定的。表 10-1 中的纳什均衡是稳定的，而表 10-3 中的纳什均衡则是不稳定的。如前所述，一方面，在表 10-1 中，从任何一个非均衡的支付组合［无论是（5，6），还是（7，1），或者（1，5）］出发，最终都会调整到均衡的支付组合，即（2，3）。这意味着，在表 10-1 中，唯一的纳什均衡及其相应的支付组合（2，3）是稳定的。另一方面，在表 10-3 中，从任何一个非均衡的支付组合［如（4，1）或（1，4）］出发，最后都不会调整到均衡的支付组合，即（5，6）和（2，3）。例如，设一开始时的支付组合为左下角的非均衡的（4，1），则由于在该支付组合中，两个数字下都没有画线，故两个厂商都将改变自己的策略，结果得到右上角的非均衡支付组合（1，4）。同样，如果假定一开始时的支付组合为右上角的非均衡的（1，4），则由于在该支付组合中，两个数字下都没有画线，故两个厂商都将改变自己的策略，结果得到左下角的非均衡支付组合（4，1）。这意味着，在表 10-3 中，两个纳什均衡及其相应的支付组合（5，6）和（2，3）都是不稳定的。

在存在多个纳什均衡的条件下，稳定均衡和不稳定均衡也可能同时出现。例如，我们把表 10-3 的右上角单元格中的第一个数字由 1 改为 2 之后得到表 10-4。

表 10-4 稳定和不稳定的纳什均衡

		乙厂商的策略	
		左	右
甲厂商的策略	上	5，6	2，4
	下	4，1	2，3

在表 10-4 中，纳什均衡仍然是两个，相应的支付组合仍然为（5，6）和（2，3），但现在第一个支付组合（5，6）是稳定的，而第二个支付组合（2，3）是不稳定的。这是因为，现在从任何一个非均衡的支付组合出发，最后都会调整到均衡的支付组合（5，6）。例如，设一开始时的支付组合为左下角非均衡的（4，1）。由于在该支付组合上两个数字都没有下划线，故两个厂商都将改变自己的策略，结果得到右上角非均衡的支付组合（2，4）。由于在该支付组合中，只有第二个数字没有下划线，故只有乙厂商改变自己的策略，结果得到左上角均衡的支付组合（5，6）。这意味着，在表 10-4 中，均衡的支付组合（5，6）是稳定的，而（2，3）是不稳定的。

4. **最优性**

在完全信息静态博弈中，如果纳什均衡存在，则它既可能是最优的，也可能不

是最优的。例如，在表 10 - 3 中，有两个纳什均衡，即（上，左）和（下，右），其中的第一个纳什均衡（上，左）是最优的——因为与它相对应的支付组合(5，6) 大于所有的其他支付组合，但第二个纳什均衡（下，右）却不是最优的——因为与它相对应的支付组合（2，3）小于与第一个纳什均衡相对应的支付组合（5，6）。又例如，在表 10 - 1 中，尽管只有一个纳什均衡，即（不合作，不合作），但它也不是最优的——因为与它相对应的支付组合为（2，3），同样劣于与策略组合（合作，合作）相对应的支付组合（5，6）。

七、纳什均衡和社会福利

我们已经知道，完全信息静态博弈的纳什均衡既可能是最优的，也可能不是最优的。但需要强调指出的是，这里所说的纳什均衡的“最优”或“非最优”仅仅是对博弈的参与人而非整个社会而言的。对参与人来说最优（或非最优）并不一定意味着对整个社会来说也最优（或非最优）。在下面的两个例子中，前一个（即“囚徒困境和寡头合作的不稳定性”）的纳什均衡尽管不利于博弈的参与人，但有利于整个社会，后一个（即“广告大战”）的纳什均衡则既不利于博弈的参与人，也不利于整个社会。

1. 囚徒困境和寡头合作的不稳定性

常常被用来说明不具有最优性质的纳什均衡的一个著名例子是在博弈论发展史上曾起过重要作用的所谓**“囚徒困境”**。

张三和李四以前曾抢过银行，后来在一次偷汽车的时候被抓住了。警察把他们隔离起来关押，并分开进行审问。警察向他们每个人分别提出了以下交易：现在，你偷了汽车，我们可以关你 1 年。但是，如果你承认你和你的同伙前不久抢了银行，而你的同伙却拒不承认，那么，我们就把你放了，而你的同伙则要被关 20 年；反之，如果你拒不承认，而你的同伙招供了，那么你的同伙就可以获得自由，而你则要被关 20 年。不过，如果你和你的同伙都承认了前不久抢银行的事情，那么就把你们两人都关 8 年。

在这种情况下，张三和李四如何决策呢？显然，对张三和李四两个人来说，最好的结果是两个人都不坦白，因为两个人都不坦白，每个人都只坐 1 年牢。总共坐牢时间是 2 年。其他无论是哪种情况，总的坐牢时间都要超过 2 年。

但是，张三和李四会不会都拒不坦白呢？不会的。一方面，因为张三会想：对我来讲，最好的结果是李四不坦白而我坦白。如果李四不坦白而我坦白，那我就不用坐牢了。但是，李四也可能坦白。如果李四坦白了，我怎么办呢？我最好还是坦白。因为如果我不坦白，就要坐 20 年牢，而坦白了，只要坐 8 年牢。因此，不管李四坦不坦白，我最好都坦白。

另一方面，李四也同样会这样想：如果张三不坦白，那我最好坦白，这样，我就自由了，而如果张三坦白了，我最好还是坦白，这样只坐 8 年牢，否则要坐 20

年牢。因此，不管张三坦不坦白，我最好都坦白。

因此，张三和李四的决策都是坦白。结果两个人都坐 8 年牢。总共坐牢时间是 16 年。这个结果要比两个人都不坦白、都坐 1 年牢要坏得多。由此可见，在有些情况下，每个人都追求自己的利益，可能既不能给自己带来好处，也不能给别人带来好处。因此，“看不见的手”在这里失灵了。

以上所述可以更正式地用表 10 - 5 的支付矩阵来讨论。在表 10 - 5 中，由下划线法容易看到，首先，纳什均衡是存在的。例如，当张三和李四均采取坦白的策略时，他们得到左上角单元格中的支付组合即（−8，−8）（这里，−8 表示坐 8 年牢，下同）。由于这两个数字都有下划线，故张三和李四都没有单独改变策略的动机。换句话说，（坦白，坦白）是这个博弈的纳什均衡。其次，（坦白，坦白）是表 10 - 5 中唯一的纳什均衡。这是因为，在与其他策略组合相对应的支付组合中，都不存在两个数字均具有下划线的情况，从而，在这些情况下，张三和李四两人中，至少有一个人有单独改变自己策略的动机。再次，这个唯一的纳什均衡是稳定的。这是因为，无论一开始时张三和李四采取什么样的策略，即无论一开始时他们的支付组合是在哪一个单元格里，最后都会调整到（坦白，坦白）的策略组合，从而，都会调整到左上角单元格中的支付组合。最后，这个唯一的纳什均衡不是最优的，因为与右下角单元格中的支付组合（−1，−1）相比，（−8，−8）的结果要更差。总之，在表 10 - 5 的囚徒困境博弈中，只有唯一稳定的非最优纳什均衡。这意味着，在该博弈中，对参与人来说，结果并不是最优的。当然，这种所谓的“困境”只是对囚徒而言的，对公共安全来说则是有利的。①

表 10 - 5　囚徒困境

		李四的策略	
		坦白	不坦白
张三的策略	坦白	−8，−8	0，−20
	不坦白	−20，0	−1，−1

“囚徒困境”的例子也可以用来很好地解释寡头市场的一个重要特征，即寡头厂商之间合作的不稳定性。例如，在前面的表 10 - 1 的寡头博弈中，甲和乙两个厂商均采取合作策略的支付组合为左上角的（5，6），优于均采取不合作策略的右下角的支付组合(2，3)，但是，如前所述，在（5，6）中，第一个数字没有下划线，故甲厂商会改变自己的策略，从而得到左下角的支付组合（7，1），而在（7，1）中，第二个数字没有下划线，故乙厂商又会改变自己的策略，从而最终得到的仍然是右下角的“不好”的支付组合（2，3）。总之，在表 10 - 1 的博弈模型中，寡头

① 此外，从表 10 - 5 还可看到，张三和李四分别有一个相同的占优策略即“坦白”。这两个占优策略共同构成一个“**占优策略均衡**”，即（坦白，坦白）。由此可见，所谓占优策略均衡，就是当每个参与人都有一个占优策略时的纳什均衡。

厂商之间既有勾结起来进行合作的动机，又常常会为了各自的利益而破坏这种合作，最终导致都处于不利的境地。与囚徒困境的情况一样，寡头之间这种合作（如共谋垄断）的不稳定性尽管对参与人不利，但有利于促进竞争，从而提高整个社会的福利。

2. 广告大战

可口可乐和百事可乐是一对"老冤家"。100 多年来，两家公司不断地"互掐"，上演了一幕又一幕的广告大战。表 10-6 说明了它们不得不"互掐"的"苦衷"，以及因这种"互掐"而导致的资源浪费（表中的数字当然都是虚构的）。

设在某个饮料市场上只有可口可乐和百事可乐两家公司。每家公司都面临着做广告和不做广告两种选择。如果两家公司都不做广告，则它们都可以得到较高的利润 10；如果两家公司都做广告，则由于需要支出广告费用，它们都只能得到较低的利润 7；如果一家公司做广告而另外一家公司不做广告，则做广告的公司可以得到更高的利润 12，不做广告的公司只能得到更低的利润 5。

表 10-6　广告博弈

		百事可乐的策略	
		做广告	不做广告
可口可乐的策略	做广告	7，7	12，5
	不做广告	5，12	10，10

首先，容易看到，在表 10-6 的广告博弈中，有一个且只有一个纳什均衡（做广告，做广告），即两家公司都做广告，相应的支付组合为左上角的（7，7）。其次，由于（7，7）劣于右下角的支付组合（10，10），故对两家公司来说，纳什均衡（做广告，做广告）不是最优的。最后，纳什均衡（做广告，做广告）是稳定的。例如，设一开始时的策略组合为（做广告，不做广告），即可口可乐做广告、百事可乐不做广告，从而，支付组合为右上角的（12，5）。由于在该支付组合中，只有第二个数字没有下划线，故只有百事可乐会改变自己的策略，即从原来的不做广告改为做广告，从而回到两家公司都做广告的纳什均衡。

在表 10-6 中，对可口可乐和百事可乐来说也存在合作不稳定的困境：如果它们都不做广告，则支付组合为（10，10），要优于它们都做广告的支付组合（7，7）。这意味着它们有可能通过勾结达成都不做广告的协议。然而，即使它们真的达成了都不做广告的协议，这个协议也会很容易地被它们自己所破坏。例如，假定可口可乐和百事可乐达成协议都不做广告，即策略组合为（不做广告，不做广告），从而，支付组合为右下角的（10，10），但由于在该支付组合中，两个数字都没有下划线，故两家公司都会改变自己的策略，即从原来的都不做广告改为都做广告，从而最终还是回到纳什均衡。

与表 10-5 的囚徒困境和表 10-1 的寡头博弈不同的是，在表 10-6 的广告大战中，纳什均衡不仅对参与人不是最优的——因为它们没有得到都不做广告的更好的结果，而且对整个社会不是最优的——因为在很大程度上，可口可乐和百事可乐之间的广告竞争是一种纯粹的资源浪费。

*第三节　完全信息静态博弈：混合策略均衡

本节首先讨论纯策略纳什均衡不存在时的混合策略纳什均衡。通过这一讨论我们将会发现，**即使纯策略纳什均衡不存在，相应的混合策略纳什均衡也总会存在**。其次讨论纯策略纳什均衡存在时的混合策略均衡。通过这一讨论我们将会发现，**纯策略纳什均衡往往作为特例被包括在混合策略纳什均衡中**。

一、不存在纯策略均衡时的混合策略均衡

1. 混合策略

我们已经知道，在表10-2中，所有的策略组合都不是纳什均衡。但是，我们也知道，在该表中，所有参与人对策略的选择都是“确定”的，即总是以100%的可能性来选择某个策略。这意味着，当某个参与人在选择某个策略的时候，他不能同时又选择其他策略。例如，当甲厂商选择“上”策略时，它不能同时又选择“下”策略；当乙厂商选择“左”策略时，它不能同时又选择“右”策略。

当参与人对策略的选择是“确定”的时，相应的条件策略也是“确定”的。例如，在表10-2中，甲厂商的条件策略可以表示为：当乙厂商选择“左”时，甲厂商选择“下”；当乙厂商选择“右”时，甲厂商选择“上”。但是，实际上，这些条件可以更加具体地表示为：当乙厂商“确定”地选择“左”时，甲厂商“确定”地选择“下”；当乙厂商“确定”地选择“右”时，甲厂商“确定”地选择“上”。因此，这里的条件策略也具有“确定”的性质。

最后，当参与人的条件策略是“确定”的时，最终的博弈均衡（如果有的话）也是“确定”的。例如，在本章一开始给出的表10-1中，（不合作，不合作）是一个确定的纳什均衡。这个纳什均衡意味着，甲厂商最终将“确定”地选择不合作策略，同时，乙厂商最终也将“确定”地选择不合作策略。

然而，在现实生活中，人们对策略的选择常常并不像前面所说的那样“非此即彼”，而是会以一定的可能性来选择某个策略，又以另外的可能性选择另外一些策略。例如，在表10-2中，甲厂商以0.6的可能性选择上策略、以0.4的可能性选择下策略，乙厂商以0.3的可能性选择左策略、以0.7的可能性选择右策略。

在这种情况下，甲厂商选择的就不再是原来的单纯的策略“上”或“下”，而是一种“混合”的策略，即以0.6的概率选择上策略、以0.4的概率选择下策略，或者不如说，选择的是一个概率向量（0.6，0.4），其两个分量分别是甲厂商选择

它的两个策略“上”或“下”的可能性；乙厂商选择的也不再是原来的单纯的策略“左”或“右”，而同样是一种“混合”的策略，即以 0.3 的概率选择左策略、以 0.7 的概率选择右策略，或者说，选择的也是一个概率向量（0.3，0.7），其两个分量分别是乙厂商选择它的两个策略“左”或“右”的可能性。

我们把甲厂商和乙厂商原来的策略（如“上”“下”“左”“右”等）叫做**“纯”策略**，把它们赋予这些纯策略的概率向量如（0.6，0.4）和（0.3，0.7）叫做**“混合”策略**。当然，甲厂商和乙厂商也可以赋予其纯策略其他的概率向量。例如，设甲厂商分别以 p_1 和 p_2 的概率选择策略“上”和“下”，乙厂商分别以 q_1 和 q_2 的概率选择策略“左”和“右”。在这种情况下，甲厂商和乙厂商的混合策略就分别为（p_1，p_2）和（q_1，q_2）。这里，由于 p_1、p_2 和 q_1、q_2 都是概率，故必须满足：$0\leqslant p_1, p_2, q_1, q_2\leqslant 1$，且 $p_1+p_2=1$，$q_1+q_2=1$。

由于 p_1、p_2 和 q_1、q_2 可以在 0 和 1 之间任意取值（当然要满足 $p_1+p_2=1$ 以及 $q_1+q_2=1$ 的条件），故与原来的纯策略不同，现在的混合策略不再是有限的，而成为无限的，同样，混合策略组合也不再是有限的，而成为无限的。由此可以看到，尽管在一个博弈中，纯策略可以是有限的，但以有限的纯策略为基础的混合策略却一定是无限的。这一无限性源于概率取值的无限性。

在赋予纯策略以概率之后，表 10-2 就可以重新写成表示混合策略博弈的表 10-7。如上所述，在表 10-7 中，甲厂商和乙厂商的纯策略分别为“上”“下”和“左”“右”，与这些纯策略相应的混合策略分别为（p_1，p_2）和（q_1，q_2），其含义是，甲厂商以 p_1 和 p_2 的概率分别选择策略“上”和“下”，乙厂商以 q_1 和 q_2 的概率分别选择策略“左”和“右”。

表 10-7　不存在纯策略纳什均衡的混合策略模型

			乙厂商的策略	
			q_1	q_2
			左	右
甲厂商的策略	p_1	上	4，$\underline{6}$	$\underline{9}$，1
	p_2	下	$\underline{7}$，3	2，$\underline{8}$

2. 混合策略组合

当甲厂商和乙厂商的混合策略分别为（0.6，0.4）和（0.3，0.7）时，它们的组合可以记为（(0.6，0.4)，(0.3，0.7)）。这就是所谓的**“混合策略组合”**。为了与混合策略组合相区别，可以把甲厂商和乙厂商原来的策略组合如（上，左）和（下，右）等叫做**纯策略组合**。

和纯策略组合不同，甲厂商和乙厂商的混合策略组合是一个概率向量组合，其中，每一个概率向量都是相应参与人的一个混合策略。例如，当甲厂商以 0.6 的可能性选择上策略、以 0.4 的可能性选择下策略，乙厂商以 0.3 的可能性选择左策略、以 0.7 的可能性选择右策略，从而，它们的混合策略分别为概率向量（0.6，0.4）和（0.3，0.7）时，相应的混合策略组合为概率向量组合（(0.6，0.4)，(0.3，0.7)）。

更加一般地，如果甲厂商和乙厂商的混合策略分别为概率向量（p_1，p_2）和（q_1，q_2），则相应的混合策略组合为概率向量组合（(p_1，p_2)，(q_1，q_2)）。

3. 期望支付

我们知道，在纯策略博弈中，对于每一个策略组合（在该组合中，每一项都是相应参与人所选定的一个策略），存在一个支付组合，组合中的每一项都是相应参与人在该策略组合条件下所得到的支付。例如，在表 10－2 中，当甲厂商选择上策略、乙厂商选择左策略，从而策略组合为（上，左）时，甲厂商的支付为 4，乙厂商的支付为 6。

类似地，在混合策略博弈中，对于每一个混合策略组合，也都存在一个支付组合，其中，每一项也都是相应参与人在该混合策略组合条件下所得到的支付。不过，由于现在每个参与人都是以一定的概率来选择其纯策略的，故相应的支付也就成了所谓的**"期望支付"**，即支付的期望值。例如，在表 10－7 中，当甲厂商的混合策略为（p_1，p_2）、乙厂商的混合策略为（q_1，q_2），从而相应的混合策略组合为（(p_1，p_2)，(q_1，q_2)）时，甲厂商得到支付 4 的可能性为 $p_1 \cdot q_1$、得到 9 的可能性为 $p_1 \cdot q_2$、得到 7 的可能性为 $p_2 \cdot q_1$、得到 2 的可能性为 $p_2 \cdot q_2$。于是，甲厂商的期望支付可以计算得：

$$E_{甲}=p_1 \cdot q_1 \cdot 4+p_1 \cdot q_2 \cdot 9+p_2 \cdot q_1 \cdot 7+p_2 \cdot q_2 \cdot 2$$

同理，乙厂商的期望支付可以计算得：

$$E_{乙}=p_1 \cdot q_1 \cdot 6+p_1 \cdot q_2 \cdot 1+p_2 \cdot q_1 \cdot 3+p_2 \cdot q_2 \cdot 8$$

注意：由于 p_1、p_2 和 q_1、q_2 可以在 0 和 1 之间任意取值（但需要满足 $p_1+p_2=1$ 和 $q_1+q_2=1$ 的条件），故这里的期望支付组合（$E_{甲}$，$E_{乙}$）也有无穷多个，而不是像表 10－2 中那样支付组合只有四个。

4. 条件混合策略

利用上述计算期望支付的公式可以求得甲厂商和乙厂商的**条件混合策略**（即具有相对优势的混合策略）。为方便起见，我们先将 $p_2=1-p_1$ 和 $q_2=1-q_1$ 代入上面关于 $E_{甲}$ 和 $E_{乙}$ 的表达式并整理得：

$$\begin{aligned}E_{甲}&=4p_1q_1+9p_1(1-q_1)+7(1-p_1)q_1+2(1-p_1)(1-q_1)\\&=4p_1q_1+9p_1-9p_1q_1+7q_1-7p_1q_1+2-2q_1-2p_1+2p_1q_1\\&=7p_1-10p_1q_1+5q_1+2\\&=p_1(7-10q_1)+5q_1+2\end{aligned} \tag{10.1}$$

$$
\begin{aligned}
E_{乙} &= 6p_1q_1 + p_1(1-q_1) + 3(1-p_1)q_1 + 8(1-p_1)(1-q_1) \\
&= 6p_1q_1 + p_1 - p_1q_1 + 3q_1 - 3p_1q_1 + 8 - 8q_1 - 8p_1 + 8p_1q_1 \\
&= 10p_1q_1 + 8 - 5q_1 - 7p_1 \\
&= 5q_1(2p_1 - 1) - 7p_1 + 8
\end{aligned} \tag{10.2}
$$

现在来看甲厂商的条件混合策略。我们知道，甲厂商的条件策略是甲厂商在乙厂商选择某个既定策略时所选择的可以使其支付达到最大的策略。相应地，甲厂商的条件混合策略可以定义为：甲厂商在乙厂商选择某个既定的混合策略（q_1，q_2）时所选择的可以使其期望支付达到最大的混合策略（p_1，p_2）；具体到（10.1）式来说就是：甲厂商在乙厂商选择某个既定的 q_1 时所选择的可以使 $E_{甲}$ 达到最大的 p_1。

由（10.1）式显而易见，当 $7-10q_1>0$，亦即 $q_1<0.7$ 时，为了使 $E_{甲}$ 达到最大，应当让 p_1 尽可能地大，但 p_1 最大不能大于 1，于是有 $p_1=1$；当 $7-10q_1<0$，亦即 $q_1>0.7$ 时，为了使 $E_{甲}$ 达到最大，应当让 p_1 尽可能地小，但 p_1 最小不能小于 0，于是有 $p_1=0$；最后，当 $7-10q_1=0$，亦即 $q_1=0.7$ 时，$E_{甲}=5q_1+2$，与 p_1 完全无关，于是，p_1 可以取任何值，即有 $p_1=[0,1]$。这里，$p_1=[0,1]$ 表示 p_1 可以在 0 和 1 之间取任何值（包括 0 和 1）。

综上所述，当甲厂商的期望支付由（10.1）式给出时，其条件混合策略可以表示为[①]：

$$
p_1=\begin{cases} 1 & q_1<0.7 \\ [0,1] & q_1=0.7 \\ 0 & q_1>0.7 \end{cases} \tag{10.3}
$$

再来看乙厂商的条件混合策略。由（10.2）式显而易见，当 $2p_1-1>0$，亦即 $p_1>0.5$ 时，为了使 $E_{乙}$ 达到最大，应当让 q_1 尽可能地大，但 q_1 最大不能大于 1，于是有 $q_1=1$；当 $2p_1-1<0$，亦即 $p_1<0.5$ 时，为了使 $E_{乙}$ 达到最大，应当让 q_1 尽可能地小，但 q_1 最小不能小于 0，于是有 $q_1=0$；最后，当 $2p_1-1=0$，亦即 $p_1=0.5$ 时，$E_{乙}=-7p_1+8$，与 q_1 完全无关，于是，q_1 可以取任何值，即有 $q_1=[0,1]$。这里，$q_1=[0,1]$ 也表示 q_1 可以在 0 和 1 之间取任何值。于是，当乙厂商的期望支付由（10.2）式给出时，其条件混合策略可以表示为：

$$
q_1=\begin{cases} 0 & p_1<0.5 \\ [0,1] & p_1=0.5 \\ 1 & p_1>0.5 \end{cases} \tag{10.4}
$$

5. 混合策略的纳什均衡

现在已经知道，在表 10-7 的混合策略博弈中，甲厂商和乙厂商的条件混合策

---

① 条件混合策略常常被称为“反应函数”。但是，应当注意的是，条件混合策略不同于我们通常所理解的函数。普通的函数要求：给定一个自变量的值，有唯一一个函数值与之对应；而在（10.3）式所描述的条件混合策略中，给定一个 $q_1=0.7$，却有 $p_1=[0,1]$，即有无穷多个 p_1 与之对应。

略分别由（10.3）式和（10.4）式确定。有了条件混合策略，就可以进一步确定**混合策略的纳什均衡**。参见图 10-1。

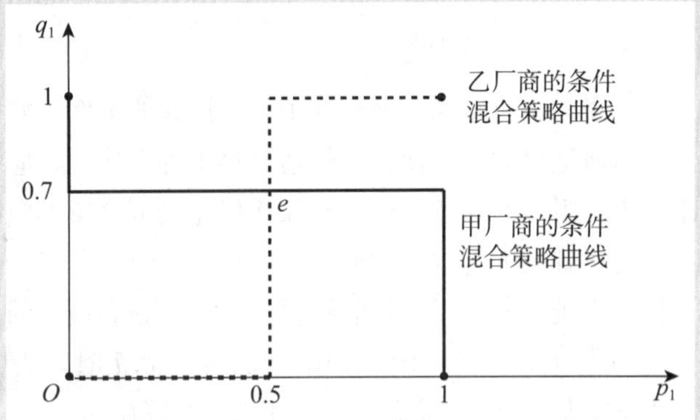

图 10-1　不存在纯策略纳什均衡时的混合策略均衡

在图中，横轴和纵轴分别表示概率 p_1 和 q_1，实线曲线为甲厂商的条件混合策略曲线，虚线曲线为乙厂商的条件混合策略曲线（黑圆点代表曲线的端点）。两条曲线的交点 e 代表了表 10-7 中混合策略博弈的纳什均衡。更加具体一点说，与交点 e 相对应的两个概率分别为 $p_1=0.5$ 和 $q_1=0.7$，从而，$p_2=0.5$ 和 $q_2=0.3$，于是，混合策略的纳什均衡可表示为：$((p_1, p_2), (q_1, q_2))=((0.5, 0.5), (0.7, 0.3))$。换句话说，当甲厂商选择混合策略（0.5，0.5）、乙厂商选择混合策略（0.7，0.3）时，博弈达到了均衡。此时，甲厂商没有单独改变的倾向，即不会偏离混合策略（0.5，0.5），这是因为，当乙厂商的混合策略为（0.7，0.3）时，甲厂商选择（0.5，0.5）的混合策略恰好能够使它的期望支付达到最大；同时，乙厂商也没有单独改变的倾向，即不会偏离混合策略（0.7，0.3），这是因为，当甲厂商的混合策略为（0.5，0.5）时，乙厂商选择（0.7，0.3）的混合策略也恰好能够使它的期望支付达到最大。在图 10-1 中，除了 e 点或混合策略组合（(0.5，0.5)，(0.7，0.3)）之外，其他任何点或混合策略组合都不是纳什均衡。

从本节的讨论可以看到，在完全信息静态博弈中，尽管纯策略的纳什均衡有可能不存在，但相应的混合策略的纳什均衡有可能存在。事实上，我们有如下的“存在性”定理：

在每个参与人都只有有限多个纯策略的博弈中，至少存在一个混合策略纳什均衡。

二、只有一个纯策略均衡时的混合策略均衡

上一小节中求解混合策略纳什均衡的方法不仅适用于纯策略纳什均衡不存在的情况（如表 10-7 所示的例子），而且适用于纯策略纳什均衡存在的情况。在后面这种情况下，我们还会看到，纯策略纳什均衡将作为特例被包含在相应的混合策略纳什均衡中。

我们知道，本章一开始给出的表 10-1 是一个纯策略博弈模型。它有一个纯策略纳什均衡，即（不合作，不合作）。现在来求解它的混合策略纳什均衡。仍然假定甲厂商的混合策略为（p_1，p_2）、乙厂商的混合策略为（q_1，q_2），即甲厂商分别以 p_1 和 p_2 的概率选择合作和不合作、乙厂商分别以 q_1 和 q_2 的概率选择合作和不合作（参见表 10-8）。

在这种情况下，两个厂商的期望支付分别为：

$$\begin{aligned}E_{甲}&=5p_1q_1+p_1(1-q_1)+7(1-p_1)q_1+2(1-p_1)(1-q_1)\\&=5p_1q_1+p_1-p_1q_1+7q_1-7p_1q_1+2-2q_1-2p_1+2p_1q_1\\&=-p_1-p_1q_1+5q_1+2\\&=-p_1(1+q_1)+5q_1+2\end{aligned}$$

$$\begin{aligned}E_{乙}&=6p_1q_1+5p_1(1-q_1)+(1-p_1)q_1+3(1-p_1)(1-q_1)\\&=6p_1q_1+5p_1-5p_1q_1+q_1-p_1q_1+3-3q_1-3p_1+3p_1q_1\\&=3p_1q_1+3-2q_1+2p_1\\&=q_1(3p_1-2)+2p_1+3\end{aligned}$$

表 10-8　存在唯一的纯策略纳什均衡的混合策略模型

			乙厂商的策略	
			q_1	q_2
			合作	不合作
甲厂商的策略	p_1	合作	5，$\underline{6}$	1，5
	p_2	不合作	$\underline{7}$，1	$\underline{2}$，$\underline{3}$

于是，甲厂商的条件混合策略可写为：

$$p_1=0 \qquad 0\leqslant q_1\leqslant 1$$

这是因为，无论 q_1 在区间［0，1］取何值，为了使 $E_{甲}$ 达到最大，p_1 总是越小越好。乙厂商的条件混合策略则可写为：

$$q_1=\begin{cases}0 & p_1<2/3\\ [0,\ 1] & p_1=2/3\\ 1 & p_1>2/3\end{cases}$$

图 10-2 是上述条件混合策略的几何表示。与之前相同，图中的实线曲线和虚线曲线分别为甲厂商和乙厂商的条件混合策略曲线。两条曲线的交点只有原点。交点为原点意味着 p_1 和 q_1 都等于 0，从而 p_2 和 q_2 都等于 1。它表示与原点相对应的混合策略组合为 $((p_1,\ p_2),\ (q_1,\ q_2))=((0,\ 1),\ (0,\ 1))$，即两个厂商都是以 0 的概率选择合作、以 1 的概率选择不合作。这恰好就是纯策略组合（不合作，不合作）。由此可见，原来的纯策略博弈中的纳什均衡现在被作为特例包括到了混

合策略纳什均衡之中。

值得注意的是，由于在图 10－2 中，除了原点之外，不存在任何其他交点，从而不存在任何其他的混合策略纳什均衡，故在这种情况下，混合策略博弈的均衡与纯策略博弈的均衡恰好完全相同，即都是（不合作，不合作）。

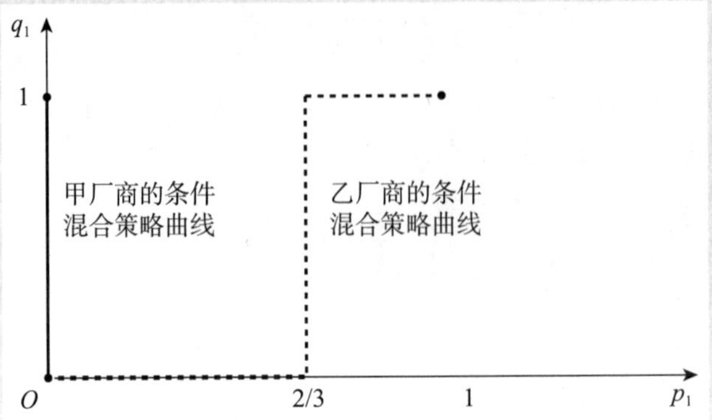

图 10－2　存在唯一的纯策略纳什均衡时的混合策略均衡

三、具有多个纯策略均衡时的混合策略均衡

本章第二节的表 10－3 给出的是一个具有多重纯策略纳什均衡的博弈模型：它有两个纯策略纳什均衡，即与左上角和右下角两个单元格相对应的策略组合（上，左）和（下，右）。为了求解相应的混合策略纳什均衡，我们仍然假定甲厂商的混合策略为（p_1，p_2）、乙厂商的混合策略为（q_1，q_2），即甲厂商分别以 p_1 和 p_2 的概率选择上和下，乙厂商分别以 q_1 和 q_2 的概率选择左和右（参见表 10－9）。

表 10－9　存在两个纯策略纳什均衡的混合策略模型

			乙厂商的策略	
			q_1	q_2
			左	右
甲厂商的策略	p_1	上	$\underline{5}$，$\underline{6}$	1，4
	p_2	下	4，1	$\underline{2}$，$\underline{3}$

在这种情况下，两个厂商的期望支付分别为：

$$\begin{aligned}E_{甲}&=5p_1q_1+p_1(1-q_1)+4(1-p_1)q_1+2(1-p_1)(1-q_1)\\&=5p_1q_1+p_1-p_1q_1+4q_1-4p_1q_1+2-2q_1-2p_1+2p_1q_1\\&=-p_1+2p_1q_1+2q_1+2\\&=p_1(-1+2q_1)+2q_1+2\end{aligned}$$

$$E_{乙}=6p_1q_1+4p_1(1-q_1)+(1-p_1)q_1+3(1-p_1)(1-q_1)$$

$$=6p_1q_1+4p_1-4p_1q_1+q_1-p_1q_1+3-3q_1-3p_1+3p_1q_1$$
$$=4p_1q_1+p_1-2q_1+3$$
$$=2q_1(2p_1-1)+p_1+3$$

于是，甲厂商的条件混合策略可写为：

$$p_1=\begin{cases}0 & q_1<1/2\\ [0,1] & q_1=1/2\\ 1 & q_1>1/2\end{cases}$$

乙厂商的条件混合策略则可写为：

$$q_1=\begin{cases}0 & p_1<1/2\\ [0,1] & p_1=1/2\\ 1 & p_1>1/2\end{cases}$$

图 10-3 是上述条件混合策略的几何表示。两条曲线共有三个交点，即原点、e_1 点和 e_2 点。与之前一样，原点意味着 p_1 和 q_1 都等于 0，从而 p_2 和 q_2 都等于 1。它表示，与原点相对应的混合策略组合为 $((p_1, p_2), (q_1, q_2))=((0, 1), (0, 1))$，即甲和乙两个厂商分别以 0 的概率选择上和左、分别以 1 的概率选择下和右。这恰好就是纯策略组合（下，右）。e_2 点意味着 p_1 和 q_1 都等于 1，从而 p_2 和 q_2 都等于 0。它表示，与 e_2 点相对应的混合策略组合为 $((p_1, p_2), (q_1, q_2))=((1, 0), (1, 0))$，即甲和乙两个厂商分别以 1 的概率选择上和左、分别以 0 的概率选择下和右。这恰好就是纯策略组合（上，左）。由此可见，原来的纯策略博弈中的两个纳什均衡现在同样被作为特例包括到了混合策略纳什均衡之中。除此之外，在图 10-3 中，还有一个不同于纯策略纳什均衡的混合策略均衡，即 e_1 点。e_1 点意味着 p_1 和 q_1 都等于 0.5，从而 p_2 和 q_2 亦都等于 0.5。它表示，与 e_1 点相对应的混合策略组合为 $((p_1, p_2), (q_1, q_2))=((0.5, 0.5), (0.5, 0.5))$，即甲和乙两个厂商都是以 0.5 的概率分别选择上和左以及分别选择下和右。

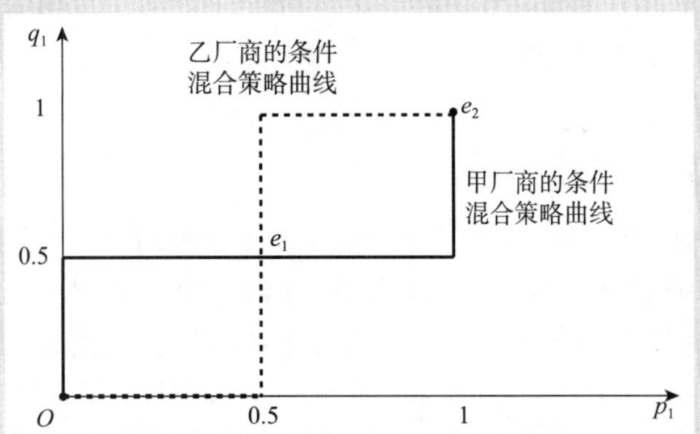

图 10-3　存在两个纯策略纳什均衡时的混合策略均衡

四、具有无穷多个混合策略均衡的博弈

我们已经知道，具有任意有限多个纯策略的博弈至少存在一个混合策略纳什均衡。那么，至多呢？至多可以多到无穷多个。参见表 10-10。

表 10-10　存在无穷多个混合策略纳什均衡的混合策略模型

			乙厂商的策略	
			q_1	q_2
			左	右
甲厂商的策略	p_1	上	$\underline{5}$，$\underline{7}$	4，$\underline{7}$
	p_2	下	3，$\underline{8}$	$\underline{6}$，2

在这种情况下，两个厂商的期望支付分别为：

$$\begin{aligned}E_{甲}&=5p_1q_1+4p_1(1-q_1)+3(1-p_1)q_1+6(1-p_1)(1-q_1)\\&=5p_1q_1+4p_1-4p_1q_1+3q_1-3p_1q_1+6-6q_1-6p_1+6p_1q_1\\&=4p_1q_1-2p_1-3q_1+6\\&=2p_1(2q_1-1)-3q_1+6\end{aligned}$$

$$\begin{aligned}E_{乙}&=7p_1q_1+7p_1(1-q_1)+8(1-p_1)q_1+2(1-p_1)(1-q_1)\\&=7p_1q_1+7p_1-7p_1q_1+8q_1-8p_1q_1+2-2q_1-2p_1+2p_1q_1\\&=-6p_1q_1+5p_1+6q_1+2\\&=6q_1(-p_1+1)+5p_1+2\end{aligned}$$

相应地，甲厂商的条件混合策略为：

$$p_1=\begin{cases}0 & q_1<1/2\\ [0,1] & q_1=1/2\\ 1 & q_1>1/2\end{cases}$$

乙厂商的条件混合策略为：

$$q_1=\begin{cases}1 & 0\leqslant p_1<1\\ [0,1] & p_1=1\end{cases}$$

参见图 10-4。甲厂商和乙厂商的条件混合策略曲线在 e_1 点之上和 e_2 点之下的线段部分重合——重合部分的每一点都代表一个混合策略纳什均衡，整个重合部分代表了无穷多个混合策略纳什均衡。与重合部分相对应的混合策略组合为 $((p_1,\ p_2),\ (q_1,\ q_2))=((1,\ 0),\ ([0.5,\ 1],\ [0,\ 0.5]))$，即甲厂商总是以 1 的概率选择上（以 0 的概率选择下）、乙厂商总是以大于等于 0.5 且小于等于 1 的概率选择左（以大于等于 0 且小于等于 0.5 的概率选择右）。其中包括甲厂商以 1 的概率选择上、

乙厂商以 1 的概率选择左。这正好是该博弈的纯策略纳什均衡（上，左）。

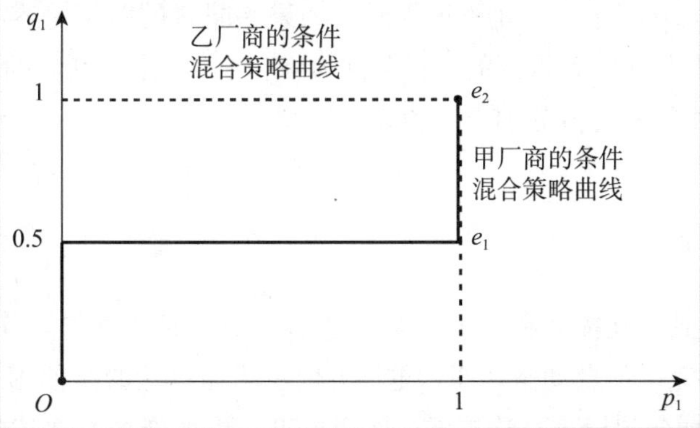

图 10－4　存在无穷多个混合策略纳什均衡时的混合策略均衡

第四节　完全信息动态博弈

前两节讨论了博弈的一种重要类型，即参与人同时选择各自策略的完全信息静态博弈。如前所述，这里的“同时”并不一定就是物理意义上的同时。在博弈论中，即使不同的参与人进行决策的时间各不相同，但只要每个参与人在确定自己的策略的时候并不知道其他参与人所选择的策略，则相应的博弈就可以被看成是所谓的同时博弈。本节要讨论的是另外一种重要的博弈类型，即所谓的“完全信息动态博弈”。在完全信息动态博弈中，参与人的决策有先有后，特别是，后行动的参与人可以观察到先行动的参与人已经采取了的策略。

一、例子：竞争者—垄断者博弈

考虑一个既有的垄断者（简称垄断者）和一个潜在的竞争者（简称竞争者）之间的博弈。在该博弈中，竞争者先决策：他决定进入还是不进入由垄断者独霸的市场；垄断者后决策：他根据竞争者的行动决定对其“容忍”（如维持原来的垄断价格，不对竞争者进行任何威胁）还是“抵抗”（如为防止竞争者的可能进入而预先实施降价威胁）。换句话说，在该博弈中，竞争者有两个策略，即进入和不进入，垄断者也有两个策略，即容忍和抵抗。因此，总共有四个策略组合，即（进入，容忍）、（进入，抵抗）、（不进入，容忍）、（不进入，抵抗）。在每个策略组合中，第一项都是竞争者（即先行动者）的策略，第二项都是垄断者（即后行动者）的策略。例如，第二个策略组合（进入，抵抗）意味着竞争者决定进入、垄断者（在竞争者决定进入的条件下）决定抵抗。每个策略组合都将导致一对参与人的支付。具体假定如下：一方面，在竞争者决定进入时，如果垄断者的对策是容忍，则竞争者和垄断者各得到支付 1 和 4，如果垄断者的对策是抵抗，则相应的支付分别为－2 和 2；另一方面，在竞争者决定不进入时，如果垄断者的对策是容忍（即维持垄断价格），则竞争者和垄断者得到的支付分别为 0 和 5，如果垄断者的对策是抵抗（即实施降价），则相应的支付分别为 0 和 3。

二、博弈树

前面我们看到，在描述和分析完全信息静态博弈时，支付矩阵是非常有用的。与此不同，对于完全信息动态博弈，更加方便也更加自然的是使用一种叫做**“博弈树”**的工具。[①] 博弈树模型又称扩展式博弈模型，以博弈树来描述的完全信息动态博弈又叫做**扩展型博弈**。参见图 10－5。

在图 10－5 中，博弈树自左向右伸展（当然，也可以视方便让博弈树向任何方向伸展）。它由一些“点”和“线段”（以及标在这些点和线段旁边的文字和数字）组成。其中，点包括“起点”（前面没有任何线段的点，如 a 点）、“中间点”（前后都有一些线段的点，如 b、c 点）和“终点”（后面没有任何线段的点，如 d、e、f、g 点）；点与点之间由线段连接；在点和线段旁边的文字和数字则进一步说明了它们各自的具体含义。

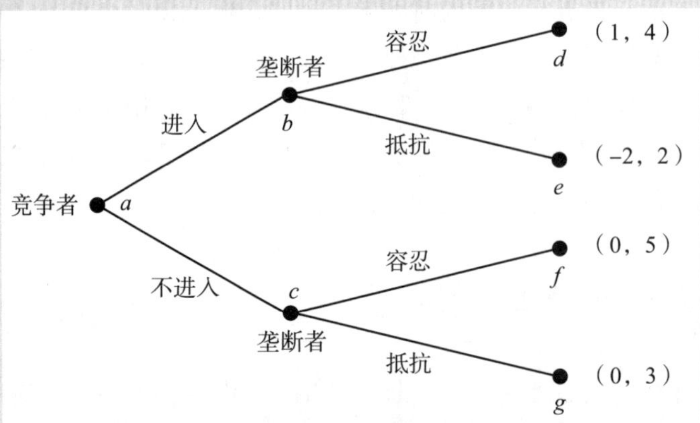

图 10－5　竞争者—垄断者博弈

“起点”又叫做“初始决策点”，通常只有一个。起点是博弈树的“根”，是完全信息动态博弈开始的地方，是博弈的最先行动者进行决策的地方。在我们上面的例子中，由于是竞争者先决策，故我们在初始决策点 a 的旁边标上“竞争者”，表示初始决策点属于竞争者。从初始决策点出发，有向右伸展的两条线段，分别表示竞争者可以采取的两个行动或策略。例如，上面一条线段表示竞争者的“进入”决

① 当然，也可以用博弈树来描述完全信息静态博弈，用支付矩阵来描述完全信息动态博弈。

策，下面一条线段表示竞争者的“不进入”决策。两条线段分别通向两个“中间点”b 和 c。中间点又叫做“中间决策点”，通常至少应有两个。在上面的例子中，由于我们假定在竞争者的初始决策之后紧跟着的是垄断者的决策，故这些中间决策点都属于垄断者。于是，我们在这些中间决策点的旁边标上“垄断者”，表示它们是垄断者做决策的地方。由于垄断者也有两个策略，即“容忍”和“抵抗”，故从垄断者的每一个（中间）决策点出发，又可以向右延伸出两条线段，分别表示“容忍”和“抵抗”两个策略。最后，表示垄断者的容忍和抵抗策略的线段都通向博弈的“终点”。[①] 终点是博弈结束的地方。与起点和中间点不同，终点不是决策点：它既不是初始决策点，也不是中间决策点。因此，终点不属于任何参与人（终点的旁边没有标注任何参与人）。终点有两层含义。第一，它代表博弈的一个策略组合——从起点开始导向某个终点的所有线段按先后次序排列的一个组合。例如，最上面的终点（d 点）表示的策略组合是（进入，容忍），即竞争者先选择进入、垄断者然后选择容忍。第二，它代表与某个策略组合相应的一个支付组合——在每一个终点的旁边，有一对用圆括号括住的数字，其中，第一个数字是先行动者的支付，第二个数字是后行动者的支付。例如，在我们上面的例子中，最上面的终点旁边的（1，4）表示，在竞争者和垄断者的策略组合为（进入，容忍）时，他们得到的支付分别为 1 和 4。

三、纳什均衡

在图 10－5 表示的竞争者—垄断者博弈中，哪些策略组合是纳什均衡呢？容易看到，（自上而下数起的）第一个［即旁边标有支付组合（1，4）的］终点所代表的策略组合（进入，容忍）是一个纳什均衡。[②] 在该策略组合上，没有哪个参与人愿意单独改变自己的策略。首先，垄断者不会单独改变自己的策略。如果他单独改变策略，即将原来的容忍变为抵抗，则策略组合就成为（进入，抵抗），从而，相应的终点就变为第二个，支付组合变为（－2，2）。这意味着，垄断者的支付将从原来的 4 下降到 2。其次，竞争者也不会单独改变自己的策略。如果他单独改变策略，即将原来的进入变为不进入，则策略组合就成为（不进入，容忍），从而，相应的终点变为第三个，支付组合变为（0，5）。这意味着，竞争者的支付将从原来的 1 下降到 0。

在图 10－5 中，除了（进入，容忍）是纳什均衡外，其余的策略组合都不是纳什均衡。首先，由第二个终点代表的策略组合（进入，抵抗）不是纳什均衡——此

---

① 在更复杂的完全信息动态博弈中，从一个中间决策点出发的线段也可能导向另外一个中间决策点，而不是直接导向博弈的终点。

② 在博弈树中，一个纳什均衡代表着一条均衡的路径。例如，纳什均衡的策略组合（进入，容忍）代表了从起点 a 出发经由进入和容忍两条线段而达到终点 d 的一条均衡路径。

时，垄断者单独改变策略将使自己的支付从 2 提高到 4，竞争者单独改变策略将使自己的支付从－2 提高到 0；其次，由第三个终点代表的策略组合（不进入，容忍）不是纳什均衡——此时，竞争者单独改变策略将使自己的支付从 0 提高到 1；最后，由第四个终点代表的策略组合（不进入，抵抗）不是纳什均衡——此时，垄断者单独改变策略将使自己的支付从 3 提高到 5。

与完全信息静态博弈的情况一样，在完全信息动态博弈中，纳什均衡也可能不止一个——尽管在图 10－5 的竞争者—垄断者博弈模型中，只有一个纳什均衡。例如，考虑下面图 10－6 的情侣博弈。在图中，作为情侣一方的男方首先决策。他有两个策略，即去看足球比赛，或去看芭蕾演出。作为后决策者的女方也有同样的两个策略：看足球和看芭蕾。于是，他们总共有四个策略组合，即（足球，足球）、（足球，芭蕾）、（芭蕾，足球）、（芭蕾，芭蕾），相应的支付向量分别为（2，1）、（0，0）、（－1，－1）、（1，2）。例如，当策略组合为（足球，足球），即男方先选择足球，女方然后也选择足球时，支付向量为（2，1），即男方得到的支付为 2，女方得到的支付为 1。

不难看到，在图 10－6 的情侣博弈中，有两个纳什均衡，一个是（足球，足球），即男方先选择足球，女方然后也选择足球，另一个是（芭蕾，芭蕾），即男方先选择芭蕾，女方然后也选择芭蕾。

首先，策略组合（足球，足球）是一个纳什均衡。此时，如果女方单独改变策略，则策略组合变为（足球，芭蕾），女方的支付将从原来的 1 下降到 0；如果男方单独改变策略，则策略组合变为（芭蕾，足球），男方的支付将从原来的 2 下降到－1。于是，无论女方还是男方，都没有单独改变策略的动机。

其次，策略组合（芭蕾，芭蕾）也是一个纳什均衡。此时，如果女方单独改变策略，则策略组合变为（芭蕾，足球），女方的支付将从原来的 2 下降到－1；如果男方单独改变策略，则策略组合变为（足球，芭蕾），男方的支付将从原来的 1 下降到 0。于是，无论女方还是男方，也都没有单独改变策略的动机。

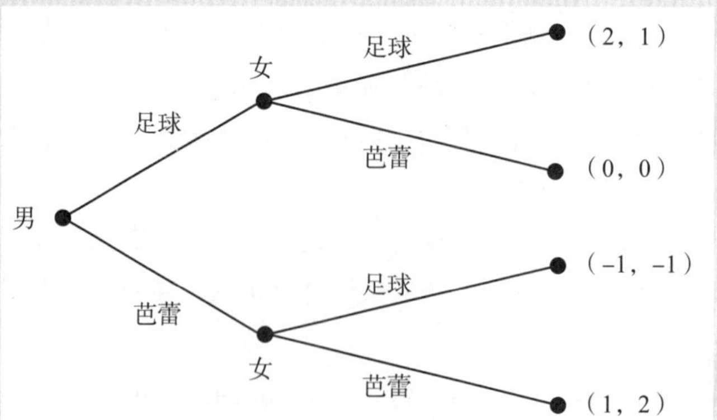

图 10－6　情侣博弈

除此之外，剩下的两个策略组合即（足球，芭蕾）和（芭蕾，足球）都不是纳什均衡。对于策略组合（足球，芭蕾），女方有单独改变策略的动机——通过这一改变她可以将支付从 0 提高到 1；男方也有单独改变策略的动机——通过这一改变他也可以将支付从 0 提高到 1。对于策略组合（芭蕾，足球），女方有单独改变策略的动机——通过这一改变她可以将支付从 −1 提高到 2；男方也有单独改变策略的动机——通过这一改变他也可以将支付从 −1 提高到 2。

四、纳什均衡的精炼：逆向归纳法

在存在多重纳什均衡的场合，有一些纳什均衡似乎很不合理。例如，在图 10－6 的情侣博弈中，男方先选择芭蕾，女方然后也选择芭蕾，即策略组合（芭蕾，芭蕾）是一个纳什均衡。但是，这个均衡有点奇怪，因为它要求男方先选择芭蕾而非足球。那么，男方为什么不先选择足球呢？图 10－6 显露出的信息是，他可能有这样的担心：一旦他先选择足球，女方就可能会报复性地选择芭蕾。例如，女方也许会威胁男方说：如果你选择足球，我就选择芭蕾，宁愿两败俱伤。如果女方真的这样做，则当男方选择足球（以及女方报复性地选择芭蕾）时，得到的支付就是 0，反而小于他选择芭蕾（从而女方也选择芭蕾）时得到的 1。

但是，仔细思考一下就会知道，男方的这种担心其实没有必要。这是因为，如果男方真的先选择足球，根据图 10－6，女方出于自身利益的考虑，一定也会选择足球而非芭蕾——她此时选择足球的支付为 1，大于选择芭蕾的支付 0。由此可见，男方对女方采取报复行动的担心其实并无必要，或者说，女方的威胁（如果他选择足球，则她就选择芭蕾）是不可信的。这也意味着，男方先选择芭蕾的行动是不合理的，从而纳什均衡（芭蕾，芭蕾）是不合理的。

现在的问题是：如何从多个纳什均衡中排除那些不合理的纳什均衡，或者如何在所有的纳什均衡中找到最有可能实现的纳什均衡？这就是所谓**对纳什均衡的“精炼”**，即要从众多的纳什均衡中进一步确定“更好”的纳什均衡。

为了解决这个问题，我们使用所谓的“逆向归纳法”。**逆向归纳法**包括两个步骤。第一步，先从博弈的最后阶段的每一个决策点开始，确定相应参与人此时所选择的策略，并把参与人所放弃的其他策略删除，从而得到原博弈的一个简化博弈；第二步，对简化博弈重复第一步骤的程序，直到最后，得到原博弈的一个最简博弈。这个最简博弈，就是原博弈的解。

例如，我们用逆向归纳法来求解图 10－6 的情侣博弈。我们已经知道，在这个博弈中，有两个纳什均衡，即（足球，足球）和（芭蕾，芭蕾）。那么，在这两个纳什均衡中，哪一个更加可能成为博弈的最终结果呢？

首先来看最后阶段即女方的决策。一方面，如果男方选择足球，则女方当然选择足球——选择足球的支付为 1，大于选择芭蕾的支付 0。于是，我们可以将图中最后阶段的四条线段中的第二条以及它后面的终点和支付组合全部删除（为方便起见，这里只做象征性的“删除”，即只把相应的线段从原来的“实线”改为“虚线”——参见下面的图 10－7 和图 10－8）。另一方面，如果男方选择芭蕾，则女方当然选择芭蕾——选择芭蕾的支付为 2，大于选择足球的支付－1。于是，我们又可以将图中最后阶段的四条线段中的第三条（以及它后面的终点和支付组合）删除。

在删除了如上所述的两条线段（以及它们后面的终点和支付组合）之后，我们便得到一个与图 10－6 等价的简化模型。参见图 10－7。注意：在简化模型图 10－7 中，我们只需要关注其“实线”部分，因为“虚线”及其后面的点和支付组合是已经被删除的部分。在这种情况下，女方的选择已经完全由男方的选择所决定：如果男方选择足球，则女方也选择足球；如果男方选择芭蕾，则女方也选择芭蕾。因此，我们现在可以进入前一决策阶段，考察男方的选择。由图 10－7 显而易见，男方的最优选择是足球——选择足球的支付为 2，大于选择芭蕾的支付 1。于是，我们可以像上面那样，把图 10－7 中第一阶段的两条线段中的第二条（以及它后面的点、线段和支付组合）删除。

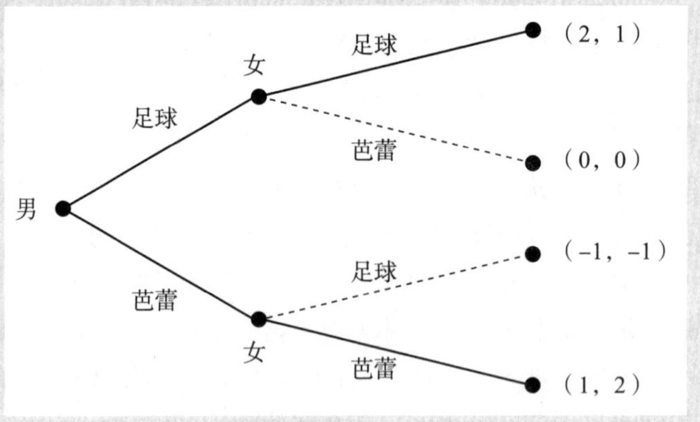

图 10－7　简化的情侣博弈（1）

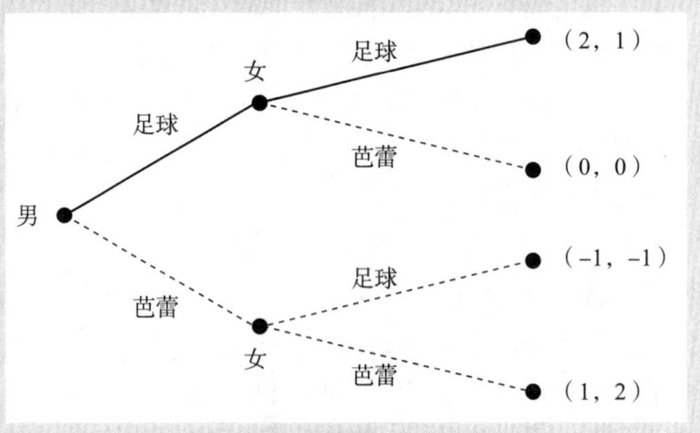

图 10－8　简化的情侣博弈（2）

在进行了如上所述的删除之后，剩下的是一个与图 10－7 从而图 10－6 等价的最简单模型。参见图 10－8。该图（实线部分）可以被看成是图 10－6 的情侣博弈模型的解：男方选择足球、女方选择足球，即最优策略组合为（足球，足球），相应的支付组合为（2，1），即男方得到2，女方得到1。我们把由图10－8（实线部分）表示的经由逆向归纳法倒推得到的最优策略组合（足球，足球）称为“逆向归纳策略”。显而易见，逆向归纳策略恰好就是我们前面已经说过的存在于图10－6情侣博弈中的两个纳什均衡之一。实际上，逆向归纳策略总是纳什均衡，尽管纳什均衡并不一定是逆向归纳策略。

在上面对情侣博弈的讨论中，我们可以看到一个十分有趣的结果：尽管在该博弈中，有两个纳什均衡，即（足球，足球）和（芭蕾，芭蕾），前者对男方更加有利，后者对女方更加有利，但是，由于男方是先行动者，通过逆向归纳法得到的最终结果就是对男方更加有利的纳什均衡，即（足球，足球），而对女方更加有利的纳什均衡（芭蕾，芭蕾）则被排除了。这个例子生动地说明了一类重要的现象，即所谓的“先动优势”——先行动者的得益大于后行动者。

如果我们把上述的情侣博弈改为女方先行动，则逆向归纳的结果就是对女方更加有利的纳什均衡（芭蕾，芭蕾），而对男方更加有利的纳什均衡将被排除。参见图10－9。与图10－6相比，图10－9的不同之处是把男方先动改成了女方先动；此外还需注意，由于现在是女方先动，故图中的支付组合中，第一个数字表示女方的支付，第二个数字表示男方的支付。

容易看到，图10－9与图10－6一样具有两个纳什均衡，即也是（足球，足球）和（芭蕾，芭蕾），但是，运用逆向归纳法得到的博弈的最终结果即逆向归纳策略却是更加有利于女方的那一个纳什均衡（芭蕾，芭蕾）。①

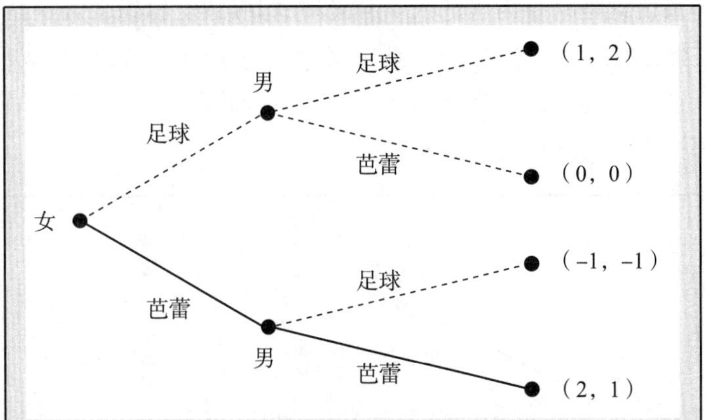

图10－9 情侣博弈：女方先动

逆向归纳法也可以用来求解图10－5的竞争者—垄断者博弈。还是先来看最后阶段的垄断者决策。一方面，如果竞争者决定进入，则垄断者显然应当容忍——容忍的支付为4，大于抵抗的支付2。于是可以删除最后阶段的四条线段中的第二条

① 应当提醒注意的是，先动者并不总是具有优势。在有些博弈中，先动反而会具有劣势。

（以及它后面的终点和支付组合）。另一方面，如果竞争者决定不进入，则垄断者显然也应当容忍——容忍的支付为 5，大于抵抗的支付 3。于是又可以删除最后阶段的四条线段中的第四条（以及它后面的终点和支付组合）。

删除上述两条线段（以及它们后面的终点和支付组合）之后，便得到如图 10 - 10 所示的简化的竞争者—垄断者博弈模型。在这个简化的博弈中，竞争者显然应当选择进入——选择进入的支付为 1，大于不进入的支付 0。于是又可删除第一阶段的两条线段中的第二条（以及它后面的点、线段和支付组合）。

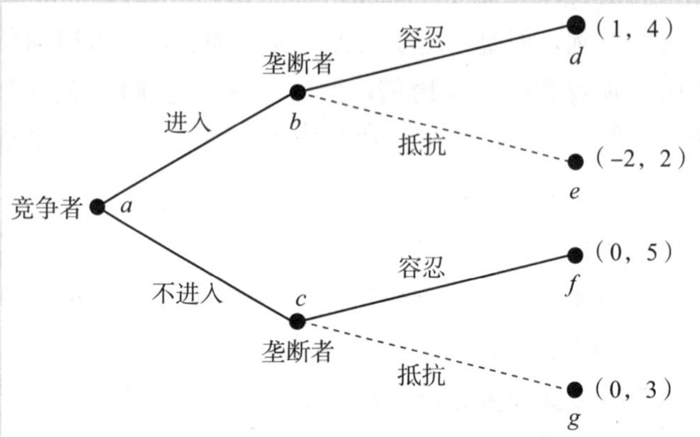

图 10 - 10　简化的竞争者—垄断者博弈（1）

最后剩下来的是与图 10 - 10 从而图 10 - 5 等价的图 10 - 11。该图（实线部分）可以被看成是图 10 - 5 的竞争者—垄断者博弈模型的解：竞争者选择进入、垄断者选择容忍，即最优策略组合为（进入，容忍），相应的支付组合为（1，4），即竞争者得到 1，垄断者得到 4。这里，我们再次看到，由图 10 - 11 中实线部分表示的逆向归纳策略（进入，容忍）就是我们前面已经说过的存在于图 10 - 5 竞争者—垄断者博弈中的那个唯一的纳什均衡。

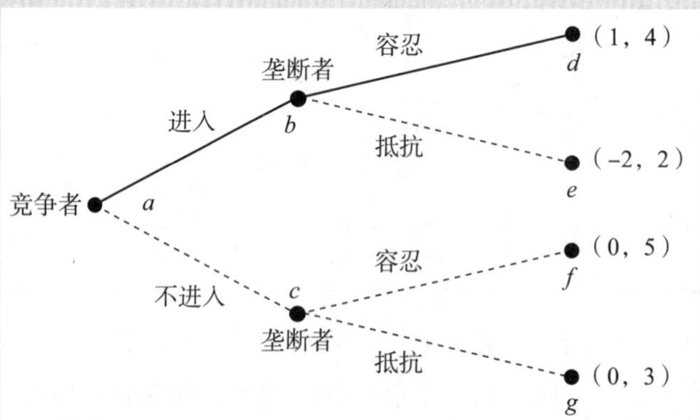

图 10 - 11　简化的竞争者—垄断者博弈（2）

值得注意的是，完全信息动态博弈和完全信息静态博弈有一个重要的区别：当博弈是“同时”的时候，如果出现多重纳什均衡，常常无法确定最终实现的是哪一个纳什均衡，但是，当博弈是“有先有后”的时候，即使纳什均衡是多重的，往往也能够从中确定一个最终的均衡。这是因为，与完全信息静态博弈相比，完全信息动态博弈提供了更多的信息——关于参与人决策秩序的信息。

五、精炼的纳什均衡与效率

我们在第二节中曾经看到，对参与人来说，完全信息静态博弈的纳什均衡并不一定是最优的。同样，在完全信息动态博弈中，亦有类似的结果。特别是，对参与人来说，由逆向归纳法“精炼”出来的完全信息动态博弈的纳什均衡也不一定是有效率的。

考虑某房屋买卖市场。在该市场中，只有一个买主，但有 A 和 B 两个卖主。假定两个卖主各有一套完全相同的住宅要出售，且他们可以接受的最低价格都是 100 万元。买主先向卖主 A 出价 101 万元，如果 A 不接受，就转向卖主 B，出价 102 万元，如果 B 也不接受，则再转向 A，出价 103 万元，如此等等，每次出价都比之前一次出价多 1 万元，直到最后向 A 出价 105 万元，如果此时 A 仍然不接受，则就终止交易。现在要问：在这种情况下，卖主 A 和 B 应当如何决策?

上述情形可以用一种特殊的博弈树即图 10 - 12 的所谓“蜈蚣博弈”来表示。该博弈从左至右共有五个决策点。每个决策点都标有一对由数字和字母构成的组合，如“1A”“2B”……这里，“1A”表示第 1 轮由 A 做决策、“2B”表示第 2 轮由 B 做决策……由每个决策点出发，都有一条垂直向下的线段和一条水平向右的线段，分别代表“卖”和“不卖”两个决策。每条垂直向下的线段都通向一个“终点”(因为卖意味着博弈结束)。终点之下有一个包括两个数字的支付组合，其中，第一个数字代表卖主 A 得到的净收益，第二个数字代表卖主 B 得到的净收益。例如，左边第一个支付组合为(1，0)，意味着 A 的净收益为 1（万元)、B 的净收益为 0（万元)，第二个支付组合为（0，2)，意味着 A 的净收益为 0、B 的净收益为 2。由左至右来看，前四条水平向右的线段都通向下一个决策点（对于买主的前四次出价，如果某个卖主决定不卖，则买主就转向另一个卖主继续出价)，但最后一条水平向右的线段通向终点（对于买主的最后一次出价，如果卖主还是决定不卖，则博弈亦将结束)，该终点处的支付组合为（0，0)，即两个卖主的净收益都将为 0。

现在来看这个博弈的结果。根据逆向归纳法，我们从最后一个（即右边倒数第一个）标有 5A 的决策点开始。在该决策点处，买主向 A 出价 105 万元。如果此时 A 决定卖，就可以得到净收益 5，如果决定不卖，则只能得到净收益 0，故 A 的决策自然是卖。于是，我们可以将图 10 - 12 中最右边表示不卖的水平线段以及它后面的终点和支付组合均删除，结果得到与图 10 - 12 等价的简化模型，即图 10 - 13。

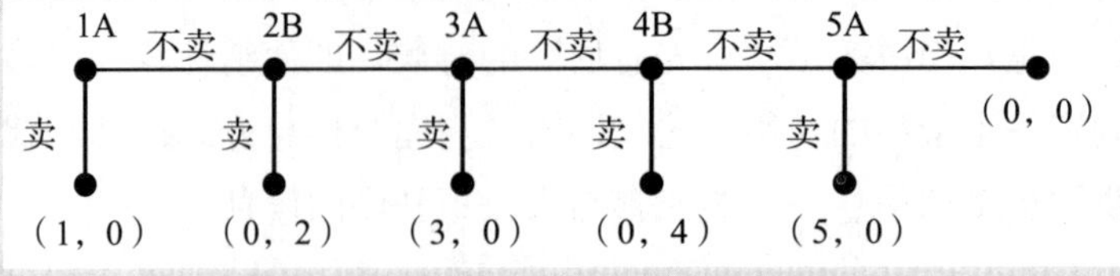

图 10-12　蜈蚣博弈

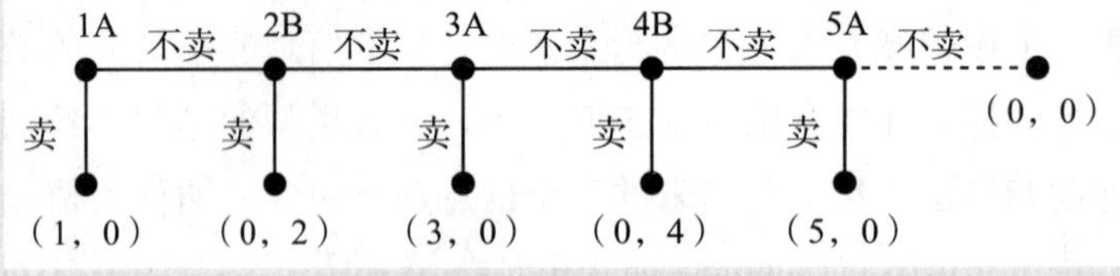

图 10-13　简化的蜈蚣博弈（1）

接着来看图 10-13 的倒数第二个决策点 4B。在该决策点处，买主向 B 出价 104 万元。如果此时 B 决定卖，就可以得到净收益 4 万元，如果决定不卖，则只能得到净收益 0——因为根据前面的讨论，A 最后总是要卖的，而在 A 卖之后，B 的净收益就是 0，故 B 的决策自然也是卖。于是，我们又可以将图 10-13 中 4B 右边的水平线段和垂直线段及其相应的终点和支付组合均删除，结果得到与图 10-13（从而图 10-12）等价的又一个简化模型，即图 10-14。

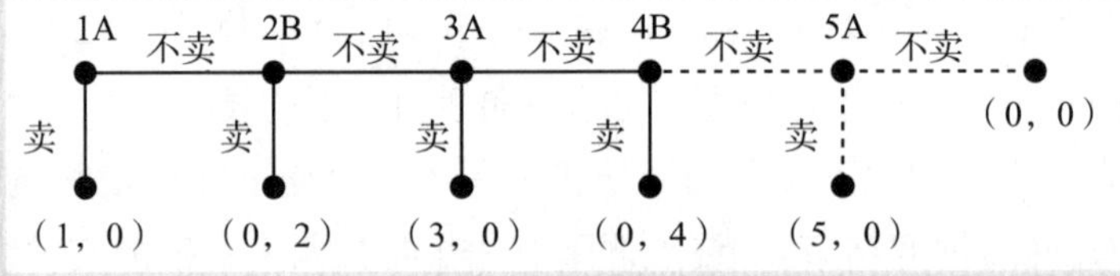

图 10-14　简化的蜈蚣博弈（2）

由上述讨论容易看到，在这一蜈蚣博弈中，每个卖主在轮到自己做决策时，总是毫无例外地决定卖。依此类推即可知道，在该博弈的一开始，即左边第一个决策点 1A 处，卖主 A 也是决定卖。所以，这个博弈在一开始时就会以 A 决定卖而结束，相应的支付组合为（1，0），即 A 得到净收益 1，B 得到净收益 0。

动态的蜈蚣博弈有点类似于前面讨论过的静态的囚徒困境博弈：每个参与人在轮到自己选择时，总是决定“卖”，结果使得博弈“一开始就结束”。这意味着，参与人只能得到总共为 1 万元的净收益，而放弃了有可能得到更高净收益的机会。例如，在图 10-12 中，如果让博弈进行到 5A 时再“卖”，则总共得到的净收益就是 5 万元，远远超过通过逆向归纳法得到的 1 万元。

第五节　结 束 语

本章要点可以归结如下：

（1）博弈论是研究在策略性环境中如何进行策略性决策和采取策略性行动的科学。在策略性环境中，每个人进行的决策和采取的行动都会对其他人产生影响。因此，每个人在进行策略性决策和采取策略性行动时，都要根据其他人的可能反应来决定自己的决策和行动。

任何一个博弈都具有三个基本的要素，即参与人、参与人的策略和参与人的支付。这里，参与人指的是在博弈中进行决策的个体，参与人的策略指的是一项规则，根据该规则，参与人在博弈的每一时点上选择如何行动，参与人的支付则是指，在所有参与人都选择了各自的策略且博弈已经完成之后，参与人获得的效用（或期望效用）。

（2）“完全信息静态博弈”是参与人同时进行决策或行动的博弈。在这种同时博弈中，在给定其他参与人的策略时，某个参与人的最优策略叫做该参与人的条件优势策略（简称条件策略），而包括该参与人的条件策略以及这些条件在内的所有参与人的策略组合叫做该参与人的条件优势策略组合（简称条件策略组合）。当所有参与人的条件策略组合恰好相同时，每个参与人都不再有单独改变策略的倾向。此时，整个博弈就达到了均衡。该均衡叫做“纳什均衡”。换句话说，所谓纳什均衡，指的是参与人的这样一种策略组合，在该策略组合上，任何参与人单独改变策略都不会得到好处。

对于一个简单的“二人完全信息静态博弈”，可以用一个以二元数组为元素的支付矩阵来表示，并用“条件策略下划线法”来确定它的纳什均衡。具体步骤如下：第一，把整个博弈的支付矩阵分解为两个参与人的支付矩阵；第二，在第一个（即位于整个博弈矩阵左方的）参与人的支付矩阵中，找出每一列的最大者，并在其下画线；第三，在第二个（即位于整个博弈矩阵上方的）参与人的支付矩阵中，找出每一行的最大者，并在其下画线；第四，将已经画好线的两个参与人的支付矩阵合并起来，得到带有下划线的整个博弈的支付矩阵；第五，在带有下划线的整个的支付矩阵中，找到两个数字之下均画有线的支付组合。由该支付组合代表的策略组合就是博弈的纳什均衡。

（3）在完全信息静态博弈中，参与人原来的策略叫做“纯策略”，他们赋予这些纯策略的概率向量叫做“混合策略”。所有参与人的混合策略的组合构成“混合策略组合”。混合策略组合与参与人的支付的乘积之和为参与人的期望支付。在其他参与人的混合策略确定之后，某个参与人选择的可以使自己的期望支付达到最大的混合策略是该参与人的条件混合策略（其几何表示为“条件混合策略曲线”）。不同参与人的条件混合策略曲线的“交点”就是混合策略条件下的纳什均衡。

（4）完全信息动态博弈是参与人的决策和行动有先有后的博弈。描述完全信息动态博弈的更加方便也更加自然的工具是“博弈树”。博弈树由“点”（包括“起点”“中间点”“终点”）、连接点的“线段”以及标在这些点和线段旁边的文字和数字组成。在博弈树中，一个纳什均衡代表一条均衡的路径。在该均衡路径上，没有哪个参与人愿意单独改变自己的策略。

在完全信息动态博弈中，可能存在具有多个纳什均衡的情况。在多个纳什均衡中，有些可能并不合理。所谓对纳什均衡的“精炼”，就是要从众多的纳什均衡中进一步确定“更好”的纳什均衡。纳什均衡的精炼方法通常是使用所谓的“逆向归纳法”，具体包括两个步骤。第一步，先从博弈的最后阶段的每一个决策点开始，确定相应参与人此时所选择的策略，并把参与人所放弃的其他策略删除，从而得到原博弈的一个简化博弈；第二步，再对简化博弈重复步骤一的程序，直到最后，得到原博弈的一个最简博弈。这个最简博弈，就是原博弈的解；而在存在多重纳什均衡时，它就是对纳什均衡的精炼。

博弈论是一种数学方法，其本身的正确性是不容置疑的。它在经济学中的应用，特别是在寡头市场的应用已经取得了大量的成果。然而，也必须指出，这些成果基本上是在解释方面，如对寡头行为的解释。但是，它对于如何解决寡头的弊端这一问题还未能提出有效的方案和对策，而研究经济学的目的归根到底还是在于提供解决问题的方案。

与其他西方经济学的理论一样，博弈论也将“自利”和“理性”作为自己的基础。然而，在该基础上推导出来的结果却并不一定总是符合实际。例如，考虑如下的同时博弈：A、B 两个旅客买了同样的花瓶，但在托运时摔坏了，于是向航空公司索赔。航空公司的回答是，请他们在 100 元以内写下花瓶的价格，如果两个价格一样，就按该价格赔，如果两个价格不一样，就按较低的价格赔，并对写得低的人奖励 2 元，对写得高的人罚款 2 元。这个博弈的解是什么呢？如果 A、B 两人都写 100，则两人都会得到 100，但是，A 会想，如果 B 写 100，那我应当写 99，因为这样可以得到 99＋2＝101，而 B 又会想，如果 A 写 99，我应当写 98，如此等等，于是，最后两人都写 0！这个结果显然并不符合实际。

因此，迄今为止，博弈论方法在经济学上的应用所取得的真正有实效的成果可以说仍然是有限的。

习题

一、简答题

1. 什么是纳什均衡？纳什均衡一定是最优的吗？

2. 在只有两个参与人且每个参与人都只有两个策略可供选择的情况下，纯策略的纳什均衡最多可有几个？为什么？

3. 在只有两个参与人且每个参与人都只有两个策略可供选择的情况下，纯策略的纳什均衡可能有三个。试举一例说明。

4. 在只有两个参与人且每个参与人都只有两个策略可供选择的情况下，如何找到所有的纯策略纳什均衡？

5. 设有 A、B 两个参与人。对于参与人 A 的每个策略，参与人 B 的条件策略有没有可能不止一个？试举一例说明。

6. 如果无论其他人选择什么策略，某个参与人都只选择某个策略，则该策略就是该参与人的绝对优势策略（简称占优策略、优势策略）。试举一例说明某个参与人具有某个优势策略的情况。

7. 混合策略博弈与纯策略博弈有什么不同？

8. 条件混合策略与条件策略有什么不同？

9. 混合策略纳什均衡与纯策略纳什均衡有什么不同？

10. 设某个纯策略博弈的纳什均衡是有限的。试问：相应的混合策略博弈的纳什均衡会是无限的吗？试举一例说明。

11. 在动态博弈中，纳什均衡与逆向归纳策略有什么不同？

二、论述题

1. 设某个纯策略博弈的纳什均衡不存在。试问：相应的混合策略博弈的纳什均衡会存在吗？试举一例说明。

2. 在下面简化的博弈树模型中（见图 10－15），确定纳什均衡和逆向归纳策略。

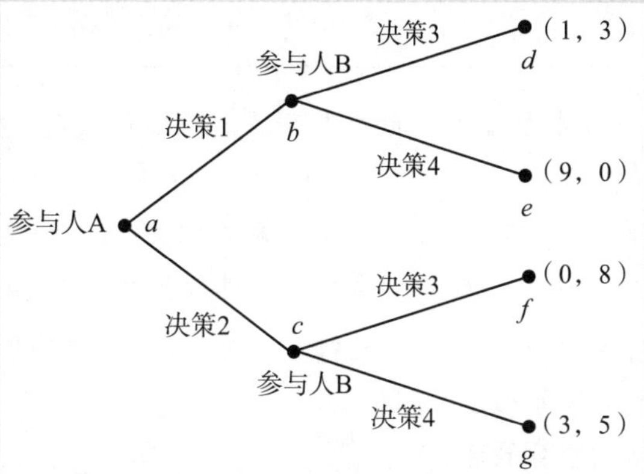

图 10－15

3. 用逆向归纳法确定下面的“蜈蚣博弈”（见图 10－16）的结果。在该博弈中，第 1 步是 A 决策：如果 A 决定结束博弈，则 A 得到支付 1，B 得到支付 0；如果 A 决定继续博弈，则博弈进入第 2 步，由 B 做决策。此时，如果 B 决定结束博弈，则 A 得到支付 0，B 得到支付 2；如果 B 决定继续博弈，则博弈进入第 3 步，又由 A 做决策。如此等等，直到最后，博弈进入第 9 999 步，由 A 做决策。此时，如果 A 决定结束博弈，则 A 得到支付9 999，B 得到支付 0；如果 A 决定继续博弈，则 A 得到支付 0，B 得到支付 10 000。

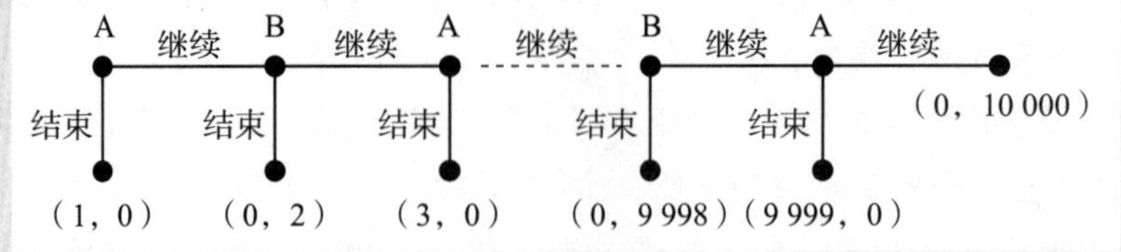

图 10-16

4. 在下面的情侣博弈中（见图 10-17），如果将第二个支付向量（0，0）改为（0，1.5），纳什均衡和逆向归纳策略会有什么变化？改为（0，1）呢？

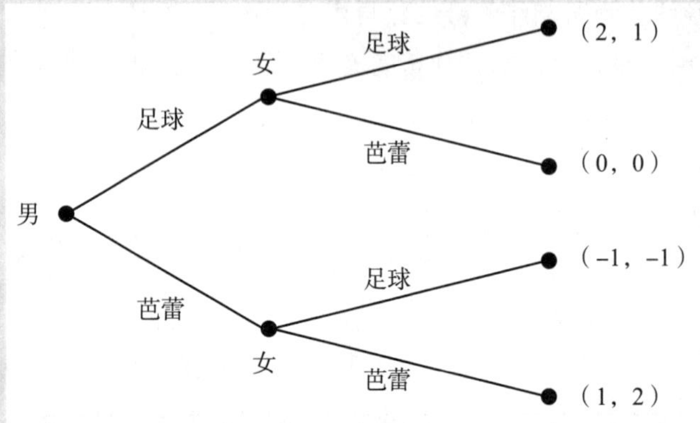

图 10-17

5. 在只有两个参与人且每个参与人都有三个策略可供选择的情况下，纯策略的纳什均衡最多可有几个？

6. 设有两个参与人 x 和 y。x 有两个纯策略 x_1 和 x_2，y 有两个纯策略 y_1 和 y_2。当 y 选择 y_1 和 y_2 时，x 选择 x_1 得到的支付分别为 x_{11} 和 x_{12}，选择 x_2 得到的支付分别为 x_{21} 和 x_{22}；当 x 选择 x_1 和 x_2 时，y 选择 y_1 得到的支付分别为 y_{11} 和 y_{21}，选择 y_2 得到的支付分别为 y_{12} 和 y_{22}。

（1）试给出相应的博弈矩阵。

（2）这种博弈矩阵的表示是唯一的吗？为什么？

7. 根据表 10-11 的二人同时博弈模型求：

表 10-11

			B 的策略	
			q_1	$1-q_1$
			左策略	右策略
A 的策略	p_1	上策略	3，2	1，1
	$1-p_1$	下策略	0，0	2，3

(1) 参与人 A 与 B 的期望支付。

(2) 参与人 A 与 B 的条件混合策略。

(3) 纳什均衡。

8. 根据表 10-12 的二人同时博弈模型求:

(1) 参与人 A 与 B 的期望支付。

(2) 参与人 A 与 B 的条件混合策略。

(3) 纳什均衡。

表 10-12

			B 的策略	
			q_1	$1-q_1$
			左策略	右策略
A 的策略	p_1	上策略	3, 0	2, 1
	$1-p_1$	下策略	3, 2	1, 1

9. 根据图 10-18 的博弈树模型求:

(1) 纳什均衡。

(2) 逆向归纳策略。

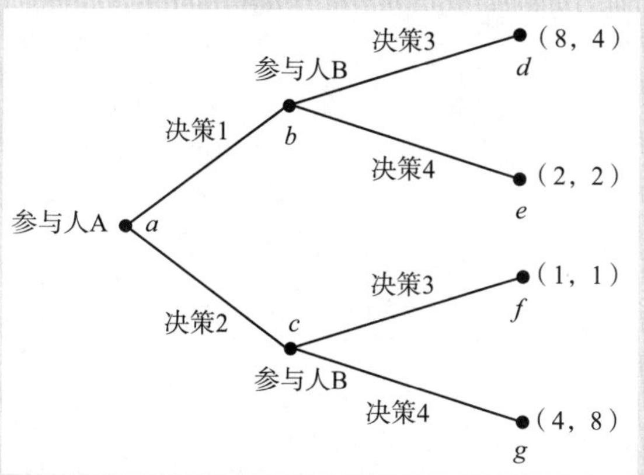

图 10-18

10. 根据图 10-19 的博弈树模型求:

(1) 纳什均衡。

(2) 逆向归纳策略。

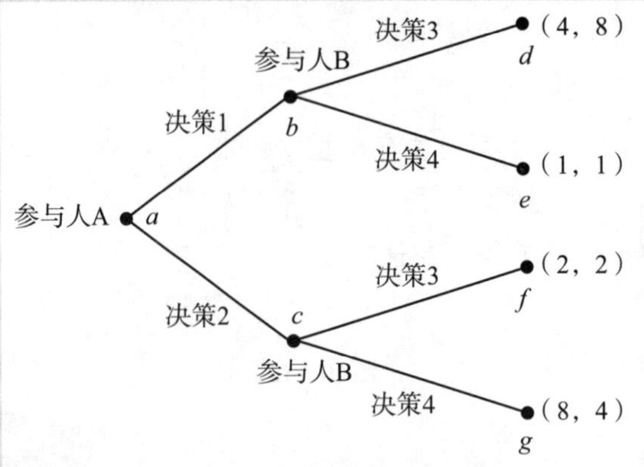

图 10-19

第十一章

市场失灵和微观经济政策

在第九章的结束语中，我们曾经指出，前述各章的西方微观经济学部分的主旨在于论证所谓“看不见的手”的原理，即：完全竞争市场经济在一系列理想化假定条件下，可以导致整个经济达到一般均衡，导致资源配置达到帕累托最优状态。但是，这个原理并不真正适用于现实的资本主义经济：由于完全竞争市场以及其他一系列理想化假定条件并不是现实资本主义经济的真实写照，因此，西方学者认为，在现实资本主义经济中，“看不见的手”的原理一般来说并不成立，帕累托最优状态通常不能得到实现。换句话说，现实的资本主义市场机制在很多场合不能导致资源的有效配置。这种情况被称为所谓“**市场失灵**”。

本章将分别论述市场失灵的几种情况，即**不完全竞争**、**外部影响**、**公共物品**、**不完全信息**以及相应的**微观经济政策**。

第一节　不完全竞争

我们知道，要使资源配置达到帕累托最优状态，必要条件之一是完全竞争。因此，在各种各样的不完全竞争（如垄断、寡头和垄断竞争）的情况下，市场就会出现失灵，而且，市场偏离完全竞争的程度越大，其失灵的程度也就越大。因此，本节以导致市场失灵程度最大的垄断为例，说明不完全竞争如何导致市场失灵以及政府如何通过微观经济政策来克服由不完全竞争导致的市场失灵。

一、垄断与低效率

首先来看某代表性的垄断厂商的利润最大化情况。参见图 11-1。图中横轴表示产量，纵轴表示价格。曲线 D 和 MR 分别为该厂商的需求曲线和边际收益曲线。此外，为简单起见，假定平均成本和边际成本相等且固定不变，它们由图中的水平直线 $AC=MC$ 表示。垄断厂商的利润最大化原则是边际成本等于边际收益。因此，垄断厂商的利润最大化产量为 q_m。在该产量水平上，垄断价格为 P_m。显然，这个价格高于边际成本。

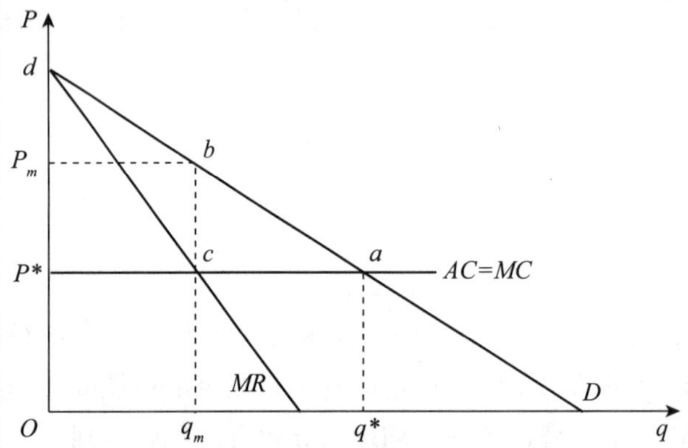

图 11-1　垄断和低效率

显而易见，上述垄断厂商的利润最大化状况并没有达到帕累托最优状态。在利润最大化产量 q_m 上，价格 P_m 高于边际成本 MC，这表明，消费者愿意为增加额外一单位产量支付的数量超过了生产该单位产量所引起的成本。因此，存在帕累托改进的余地。例如，假设消费者按照既定的垄断价格 P_m 购买了垄断产量 q_m。现在进一步考虑，是否可以有某种方式使垄断厂商和消费者的境况都变好？如果让垄断厂商再多生产一单位产量，让消费者以低于垄断价格但高于边际成本的某种价格购买该单位产量，则垄断厂商和消费者都从中得到了好处：垄断厂商的利润进一步提高，因为最后一单位产量给它带来的收益大于它支出的成本；消费者的福利进一步提高，因为他实际上对最后一单位产量的支付低于他本来愿意的支付（本来愿意的支付用需求曲线的高度衡量，即它等于垄断价格）。

垄断产量和垄断价格不满足帕累托最优条件。那么，帕累托最优状态在什么地方达到呢？在 q^* 的产量水平上达到。在 q^* 的产量水平上，需求曲线与边际成本曲线相交，即消费者对额外一单位产量的意愿支付等于生产该额外产量的成本。此时，不再存在任何帕累托改进的余地。因此，q^* 是帕累托意义上的最优产出。如果能够设法使产量从垄断水平 q_m 增加到最优水平 q^*，则就实现了帕累托最优。一种可能的方法是：垄断厂商同意生产产量 q^*，并在等于边际成本的价格 P^* 上出售该产量；这样做的结果是垄断厂商的利润下降了$(P_m-P^*)\cdot q_m$。为了弥补其损失，消费者之间达成一项协议，共同给予垄断厂商至少等于该损失的一揽子支付。在给予这一揽子支付之后，消费者的福利与垄断条件下的情况相比，仍然有所改善，因为垄断厂商将价格从P_m降到P^*给消费者带来的全部好处是被叫做消费者剩余的那一部分，即区域P_mbaP^*。这个部分超过了垄断厂商的利润损失部分$(P_m-P^*)\cdot q_m$。超过的部分为区域abc的面积。区域abc就是当产量从垄断的q_m增加到最优的q^*时所产生的全部收益。这个收益可以在垄断厂商和消费者之间进行适当的分配，从而使双方都得到好处。

那么，在实际中，为什么均衡产量不位于帕累托最优水平q^*呢？原因在于，垄断厂商和消费者之间以及消费者本身之间难以达成相互满意的一致意见。例如，垄断厂商和消费者之间在如何分配增加产出所得到的收益问题上可能存在很大分歧，以至无法达成一致意见；又如，消费者本身之间在如何分摊弥补垄断厂商利润损失的一揽子支付问题上也不能达成一致意见；最后，还可能无法防止某些消费者不负担一揽子支付而享受低价格的好处，即无法防止**"搭便车者"**。由于存在上述这些困难，实际上发生的通常便是低效率的垄断情况。

上述关于垄断情况的分析也适用于垄断竞争或寡头垄断等其他非完全竞争的情况。实际上，只要市场不是完全竞争的，只要厂商面临的需求曲线不是一条水平线，而是向右下方倾斜的，则厂商的利润最大化原则就是边际收益等于边际成本，而不是价格等于边际成本。当价格高于边际成本时，就出现了低效率的资源配置状态。而由于协议的各种困难，潜在的帕累托改进难以得到实现，于是整个经济便偏离了帕累托最优状态，在均衡时资源配置是低效率的。

二、寻租理论

根据传统的经济理论，垄断尽管会造成低效率，但这种低效率的经济损失从数量上来说相对很小。例如，在图 11－1 中，完全竞争厂商的产量为q^*，价格为P^*，经济利润为 0，消费者剩余为adP^*，总的经济福利（生产者的经济利润加上消费者剩余）也等于adP^*；垄断厂商的产量为q_m，价格为P_m，经济利润为bcP^*P_m，消费者剩余为bdP_m，总的经济福利为bcP^*d。二者相比，垄断的总经济福利减少了，但减少的数量较小，仅仅等于图中的小三角形abc。

然而，从 20 世纪 60 年代后期以来，西方一些经济学家开始认识到，上述传统的垄断理论可能大大低估了垄断的经济损失。按照他们的看法，传统垄断理论的局限性在于，它着重分析的是垄断的"结果"，而不是获得和维持垄断的"过程"。一旦把分析的重点从垄断的结果转移到获得和维持垄断的过程上，就会很容易发现，垄断的经济损失不再仅仅包括图 11－1 中那块被叫做"无谓损失"（deadweight loss）的小三角形abc，而是要大得多，它还要包括图 11－1 中垄断厂商的经济利润即bcP^*P_m的一部分，或者全部，甚至可能更多。这是因为，为了获得和维持垄断地位从而享受垄断的好处，厂商常常需要付出一定的代价。例如，向政府官员行贿，或者雇用律师向政府官员游说，等等。这种为获得和维持垄断地位而付出的代价与三角形 abc 一样也是一种纯粹的浪费：它不是用于生产，没有创造出任何有益的产出，完全是一种“非生产性的寻利活动”。这种非生产性的寻利活动被概括为所谓的**“寻租”**活动：为获得和维持垄断地位从而得到垄断利润（亦即垄断租金）而进行的活动。

寻租活动的经济损失到底有多大呢？就单个寻租者而言，他愿意花费在寻租活动上的代价不会超过垄断地位可能给他带来的好处；否则就不值得了。因此，从理论上来说，单个寻租者的寻租代价要小于或者等于图 11－1 中的垄断利润或垄断租金 bcP^*P_m。在很多情况下，由于争夺垄断地位的竞争非常激烈，寻租代价常常要接近甚至等于全部的垄断利润。这意味着，即使局限于考虑单个寻租者，其寻租损失也往往大于传统垄断理论中的“无谓损失”三角形。如果进一步考虑整个寻租市场，问题就更为严重。在寻租市场上，寻租者往往不止一个，单个寻租者的寻租代价只是整个寻租活动的经济损失的一部分。整个寻租活动的全部经济损失等于所有单个寻租者寻租活动的代价的总和。而且，这个总和还将随着寻租市场竞争程度的不断加强而增大。显而易见，整个寻租活动的经济损失要远远超过传统垄断理论中的**“无谓损失”**三角形。

三、对垄断的公共管制

垄断常常导致资源配置缺乏效率。此外，垄断利润通常被看成是不公平的。这就使得有必要对垄断进行政府干预。政府对垄断的干预是多种多样的。这里先来讨论政府对垄断价格和垄断产量的管制。

参见图 11－2。图中反映的是某垄断厂商的情况。曲线 $D=AR$ 和 MR 分别是它的需求曲线（从而平均收益曲线）和边际收益曲线。曲线 AC 和 MC 分别是其平均成本曲线和边际成本曲线。注意，这里回到平均成本曲线和边际成本曲线的一般

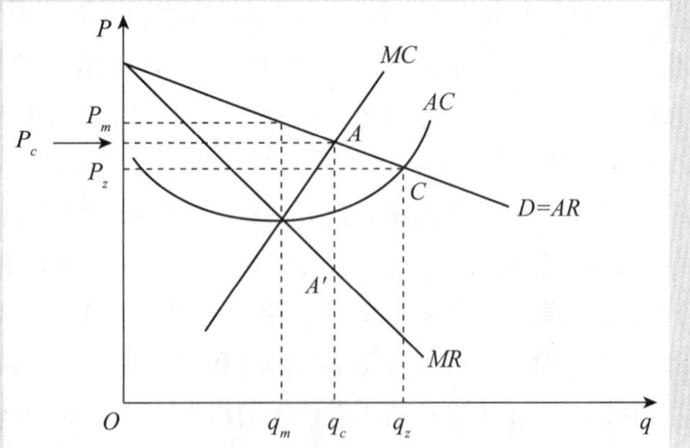

图 11－2　对垄断的管制：递增成本

形状，而不是图 11－1 中的水平直线。特别是，这里的平均成本曲线具有向右上方倾斜的部分。在没有管制的条件下，垄断厂商生产其利润最大化产量 q_m，并据此确定垄断价格 P_m。这种垄断均衡一方面缺乏效率，因为在垄断产量 q_m 上，价格高于边际成本；另一方面缺乏“公平”，因为在 q_m 上，垄断厂商获得了超额垄断利润，即经济利润不等于 0，或者说，全部利润大于正常利润。现在考虑政府的价格管制。政府应当制定什么样的价格为好呢？如果政府的目标是提高效率，则政府应当将价格定在 P_c 的水平上。当价格为 P_c 时，垄断厂商面临的需求曲线现在成为 P_cAD，从而边际收益曲线为 P_cA 和 $A'MR$。于是最大化产量为 q_c。在该产量水平上，价格恰好等于边际成本。于是实现了帕累托最优。

显然，当政府将价格定为 P_c，从而实现了帕累托最优时，垄断厂商仍然可以得到一部分经济利润，即为平均收益 P_c 超过平均成本 AC 的部分。如果政府试图制定一个更低的“公平价格”以消除经济利润，则该价格须为 P_z。在价格被定为 P_z 时，产量为 q_z。此时，平均收益恰好等于平均成本。因此，P_z 可被称为零经济利润价格。但是，现在出现了另一个问题，即在零经济利润价格水平上，帕累托最优条件被违反了：此时边际成本高于价格。因此，按帕累托效率而言，在垄断情况下产量太低、价格太高，而在零经济利润的情况下，正好相反：价格太低、产量太高。

图 11－2 反映的是平均成本曲线具有向右上方倾斜部分的垄断情况。现在考虑平均成本曲线不断下降的所谓自然垄断情况，参见图 11－3。在图中，由于平均成本曲线 AC 一直下降，故边际成本曲线 MC 总是位于其下方。在不存在**政府管制**时，垄断厂商的产量和价格分别为 q_m 和 P_m。当政府管制价格为 P_c 时，产量为 q_c，达到帕累托效率。但是，如果要制定零经济利润价格 P_z，则在这种情况下，P_z 不是低于 P_c，而是要稍高一些。值得注意的是，在自然垄断场合帕累托最优价格 P_c 和最优产量 q_c 上，垄断厂商的平均收益小于平均成本，从而出现亏损！因此，在这种情况下，政府必须补贴垄断厂商的亏损。

专栏 11－1
美国对自然垄断的管制

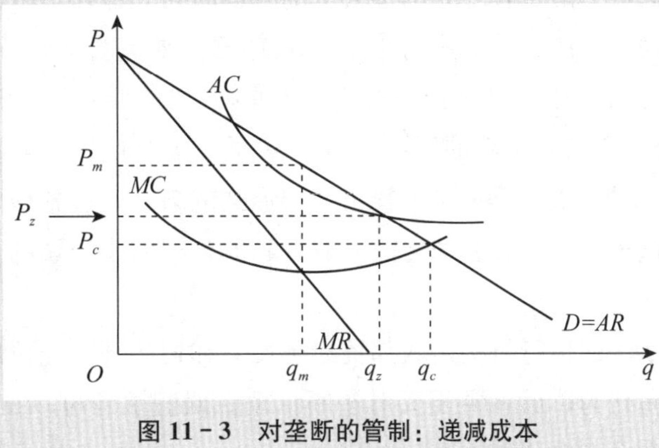

图 11－3 对垄断的管制：递减成本

四、反托拉斯法

政府对垄断的更加强烈的反应是制定反垄断法或**反托拉斯法**。西方很多国家都不同程度地制定了反托拉斯法，其中，最为突出的是美国。这里以美国为例做一概括介绍。

19 世纪末 20 世纪初，美国企业界出现了第一次大兼并。正如列宁在《帝国主义论》中所指出的那样，结果形成了一大批经济实力雄厚的大企业。这些大企业被叫做“垄断”厂商或托拉斯。这里的“垄断”不是只局限于指一个企业控制一个行业的全部供给的“纯粹”的情况，而是包括几个大企业控制一个行业的大部分供给的情况。按照这一定义，美国的汽车工业、钢铁工业、化学工业等都属于垄断市场。垄断的形成和发展深刻地影响到美国社会各个阶级和阶层的利益。

从 1890 年到 1950 年，美国国会通过了一系列法案，反对垄断。其中包括**《谢尔曼法》**（1890）、**《克莱顿法》**（1914）、**《联邦贸易委员会法》**（1914）、**《罗宾逊-帕特曼法》**（1936）、**《惠特-李法》**（1938）和**《塞勒-凯弗维尔法》**（1950），统称反托拉斯法。在其他西方国家中也先后出现了类似的法律规定。

美国的这些反托拉斯法规定，限制贸易的协议或共谋、垄断或企图垄断市场、兼并、排他性规定、价格歧视、不正当的竞争或欺诈行为等，都是非法的。例如，《谢尔曼法》规定：任何以托拉斯或其他形式进行的兼并或共谋，任何限制州际或国际的贸易或商业活动的合同，均属非法；任何人垄断或企图垄断，或同其他个人或多人联合或共谋垄断州际或国际的一部分商业和贸易的，均应被认为是犯罪。违法者要受到罚款和（或）判刑。《克莱顿法》修正和加强了《谢尔曼法》，禁止不公平竞争，宣布导致削弱竞争或造成垄断的不正当做法为非法。这些不正当做法包括价格歧视、排他性或限制性契约、公司相互持有股票和董事会成员相互兼任。《联邦贸易委员会法》规定：建立联邦贸易委员会作为独立的管理机构，授权防止不公平竞争以及商业欺骗行为，包括禁止虚假广告和商标等。《罗宾逊-帕特曼法》宣布卖主为消除竞争而实行的各种形式的不公平的价格歧视为非法，以保护独立的零售商和批发商。《惠特-李法》修正和补充了《联邦贸易委员会法》，宣布损害消费者利益的不公平交易为非法，以保护消费者。《塞勒-凯弗维尔法》补充了《谢尔曼法》，宣布任何公司购买竞争者的股票或资产从而实质上减少竞争或企图造成垄断的做法为非法。《塞勒-凯弗维尔法》禁止一切形式的兼并，包括横向兼并、纵向兼并和混合兼并。这类兼并指大公司之间的兼并和大公司对小公司的兼并，而不包括小公司之间的兼并。

美国反托拉斯法的执行机构是联邦贸易委员会和司法部反托拉斯局。前者主要反对不正当的贸易行为，后者主要反对垄断活动。对犯法者可以由法院提出警告、罚款、改组公司直至判刑。

第二节　外部影响

一、外部影响及其分类

到目前为止，我们讨论的微观经济理论，特别是其中的“看不见的手”的原理，要依赖于一个隐含的假定，即不存在所谓的“**外部影响**”。这里，外部影响是指，某一经济主体的经济行为对社会上其他人的福利造成了影响，但并没有为此承担后果。然而，在实际经济中，这个假定往往并不能够成立。一方面，在很多时候，某个人（生产者或消费者）的一项经济活动会给社会上其他成员带来好处，但他自己却不能由此而得到补偿。此时，这个人从其活动中得到的利益（即所谓的“私人利益”）就小于该活动所带来的全部利益（即所谓的“社会利益”，包括这个人和其他所有人所得到的利益）。这种性质的外部影响被称为所谓“**外部经济**”。根据经济活动的主体是生产者还是消费者，外部经济可以分为“生产的外部经济”和“消费的外部经济”。另一方面，在很多时候，某个人（生产者或消费者）的一项经济活动会给社会上的其他成员带来危害，但他自己却并不为此支付足够抵偿这种危害的成本。此时，这个人为其活动所付出的成本（即所谓的“私人成本”）就小于该活动所造成的全部成本（即所谓的“社会成本”，包括这个人和其他所有人所付出的成本）。这种性质的外部影响被称为所谓“**外部不经济**”。外部不经济也可以视经济活动主体的不同而分为“生产的外部不经济”和“消费的外部不经济”。

1. 生产的外部经济

当一个生产者采取的经济行动对他人产生了有利的影响，而自己却不能从中得到报酬时，便产生了生产的外部经济。生产的外部经济的例子有很多。例如，一个企业对其所雇用的工人进行培训，而这些工人可能转到其他单位去工作。该企业并不能从其他单位索回培训费用或得到其他形式的补偿。因此，该企业从培训工人中得到的私人利益就小于该活动的社会利益。

2. 消费的外部经济

当一个消费者采取的行动对他人产生了有利的影响，而自己却不能从中得到补偿时，便产生了消费的外部经济。例如，当某个人对自己的房屋和草坪进行保养时，他隔壁的住户也从中得到了不用支付报酬的好处。此外，一个人对自己的孩子进行教育，把他们培养成更值得信赖的公民，这显然也使其隔壁的住户甚至整个社会都得到了好处。

3. 生产的外部不经济

当一个生产者采取的行动使他人付出了代价而又未给他人以补偿时，便产生了生产的外部不经济。生产的外部不经济的例子也有很多。例如，一个企业可能因为排放脏水而污染了河流，或者因为排放烟尘而污染了空气。这种行为使附近的人们和整个社会都遭受了损失。再如，一个企业可能因生产的扩大而造成交通拥堵及对风景的破坏，等等。

4. 消费的外部不经济

当一个消费者采取的行动使他人付出了代价而又未给他人以补偿时，便产生了消费的外部不经济。和生产者造成污染的情况类似，消费者也可能造成污染而损害他人。吸烟便是一个明显的例子。吸烟者的行为危害了被动吸烟者的身体健康，但并未为此支付任何代价。此外，这方面的例子还有在公共场所随意丢弃果皮、瓜壳，等等。

上述各种外部影响可以说是无所不在、无时不在的。尽管就每一个单个生产者或消费者来说，他造成的外部经济或外部不经济对整个社会也许微不足道，但所有这些消费者和生产者加总起来，所造成的外部经济或不经济的总的效果将是巨大的。例如，由于生产扩大而引起的污染问题现在已经严重到危及人类自身生存环境的地步了。

二、外部影响和资源配置失当

各种形式的外部影响的存在造成了一个严重后果：完全竞争条件下的资源配置将偏离帕累托最优状态！换句话说，即使假定整个经济仍然是完全竞争的，但由于存在着外部影响，整个经济的资源配置也不可能达到帕累托最优状态。“看不见的手”在外部影响面前失去了作用。

为什么外部影响会导致资源配置失当？原因非常简单。例如，我们先来考察外部经济的情况。假定某个人采取某项行动的私人利益为 V_p，该行动所产生的社会利益为 V_s。由于存在外部经济，故私人利益小于社会利益：$V_p<V_s$。如果这个人采取该行动所遭受的私人成本 C_p 大于私人利益而小于社会利益，即有 $V_p<C_p<V_s$，则这个人显然不会采取这项行动，尽管从社会的角度看，该行动是有利的。显而易见，在这种情况下，帕累托最优状态没有得到实现，还存在帕累托改进的余地。如果这个人采取这项行动，则他所受的损失为（C_p-V_p），社会上其他人由此而得到的好处为（V_s-V_p）。由于（V_s-V_p）大于（C_p-V_p），故可以从社会上其他人所得到的好处中拿出一部分来补偿行动者的损失。结果是使社会上某些人的境况变好而没有任何人的境况变坏。一般而言，在存在外部经济的情况下，私人活动的水平常常要低于社会所要求的最优水平。

再来考察外部不经济的情况。假定某个人采取某项行动的私人成本和社会成本分别为 C_p 和 C_s。由于存在外部不经济，故私人成本小于社会成本：$C_p<C_s$。如果这个人采取该行动所得到的私人利益 V_p 大于其私人成本而小于社会成本，即有 $C_p<V_p<C_s$，则这个人显然会采取该行动，尽管从社会的角度看，该行动是不利的。显而易见，在这种情况下，帕累托最优状态也没有得到实现，也存在帕累托改进的余地。如果这个人不采取这项行动，则他放弃的好处即损失为（V_p-C_p），但

社会上其他人由此而避免的损失却为（C_s-C_p）。由于（C_s-C_p）大于（V_p-C_p），故如果以某些方式重新分配损失，就可以使每个人的损失都减少，亦即使每个人的"福利"都增大。一般而言，在存在外部不经济的情况下，私人活动的水平常常要高于社会所要求的最优水平。

图 11－4 具体说明了在完全竞争条件下，生产的外部不经济是如何造成社会资源配置失当的（对其他类型的外部影响亦可进行同样的分析）。图中水平直线 $D=MR$ 是某竞争厂商的需求曲线和边际收益曲线，MC 则为其边际成本曲线。由于存在着生产上的外部不经济（例如生产造成的污染），故社会的边际成本高于私人的边际成本，从而边际社会成本曲线位于边际私人成本曲线的上方，它由虚线 $MC+ME$ 表示。虚线 $MC+ME$ 与边际私人成本曲线 MC 的垂直距离，亦即 ME，可以被看成所谓边际外部不经济，即由于厂商增加一单位生产而引起的社会其他人所增加的成本。竞争厂商为追求利润最大化，将其产量定在价格（亦即其边际收益）等于其边际成本处，即为 X^*；但使社会利益达到最大的产量应当使社会的边际收益（可以被看成价格）等于社会的边际成本，即应当为 X^{**}。因此，生产的外部不经济造成产品生产过多，超过了帕累托效率所要求的水平 X^{**}。

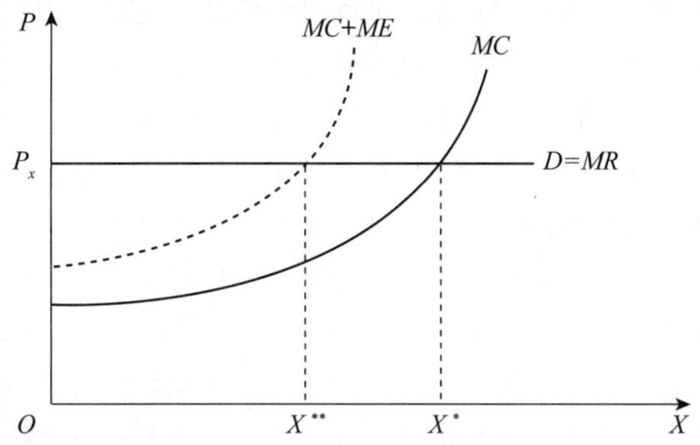

图 11－4　资源配置失当：生产的外部不经济

为什么在存在外部影响的条件下，潜在的帕累托改进不能得到实现呢？原因仍然与本章第一节所提出的那些因素有关。以上述生产的外部不经济如污染问题为例，如果污染涉及面较小，即污染者只对少数其他人的福利造成影响，则此时污染者和少数受害者可能在如何分配"重新安排生产计划"所得到的好处问题上不能达成协议；如果污染涉及面较大，即污染的受害者众多，则此时污染者和受害者以及受害者之间要达成协议就更加困难。特别是在后一种情况下，很难避免"搭便车者"。此外，在很多情况下，有关污染问题的法律也很难明确，例如，污染者是否有权污染？有权进行多大污染？受害者是否有权要求赔偿？等等。最后，即使污染者与受害者有可能达成协议，但由于通常是一个污染者面对众多受害者，因而污染者在改变污染水平上的行为就像一个垄断者。在这种情况下，由外部影响产生的垄断行为也会破坏资源的最优配置。

三、有关外部影响的政策

如何纠正由外部影响所造成的资源配置失当？西方微观经济学理论提出了如下政策建议：

第一，使用税收和津贴。对产生外部不经济的企业，国家应该征税，其数额应该等于该企业给社会其他成员造成的损失，从而使该企业的私人成本恰好等于社会成本。例如，在生产污染的情况下，政府向污染者征税，其税额等于治理污染所需要的费用。反之，对产生外部经济的企业，国家则可以采取发放津贴的办法，使得企业的私人利益与社会利益相等。无论是何种情况，只要政府采取措施使得私人成本和私人利益分别与相应的社会成本和社会利益相等，则资源配置便可达到帕累托最优状态。

第二，使用企业合并的办法。例如，一个企业的生产影响到另外一个企业。如果影响是正的（外部经济），则第一个企业的生产就会低于社会最优水平；反之，如果影响是负的（外部不经济），则第一个企业的生产就会超过社会最优水平。但是如果把这两个企业合并为一个企业，则此时的外部影响就“消失”了，即被“内部化”了。合并后的单个企业为了自己的利益将把自己的生产确定在其边际成本等于边际收益的水平上。而由于此时不存在外部影响，故合并企业的成本与收益就分别等于社会的成本与收益。于是资源配置达到帕累托最优状态。

第三，使用规定财产权的办法。在许多情况下，外部影响之所以导致资源配置失当，是由于财产权不明确。如果财产权是完全确定的并得到充分保障，则有些外部影响就可能不会发生。例如，某条河流的上游污染者使下游用水者受到损害。如果给予下游用水者以使用一定质量水源的财产权，则上游的污染者将因把下游水质降到特定质量之下而受罚。在这种情况下，上游污染者便会同下游用水者协商，将这种权利从他们那里买过来，然后再让河流受到一定程度的污染。同时，遭到损害的下游用水者也会使用他们出售污染权而得到的收入来治理河水污染。总之，由于污染者为其不好的外部影响支付了代价，故其私人成本与社会成本之间不存在差别。

四、科斯定理

上述对付外部影响的最后一个办法，即规定财产权的政策，可以被看成是更加一般化的所谓**科斯定理**①的特例，甚至连使用税收和津贴这个办法也可以被看成是科斯定理的一个具体运用。

---

① 科斯．社会成本问题．法学和经济学杂志，1960，3（1）．

关于科斯定理，科斯本人并没有一个明确的说法，其他西方经济学家则给出了许多不同的表达方式。虽然这些表达方式大体上是相同的，但仍然存在着细微的差别。下面是一种比较流行的说法：

只要财产权是明确的，并且其交易成本为零或者很小，则无论在开始时将财产权赋予谁，市场均衡的最终结果都是有效率的。

为了说明这一“定理”，我们举一个具体的数字例子。假设有一个工厂，它的烟囱冒出的烟尘使得居住于工厂附近的5户居民所洗晒的衣服受到污染，由此造成的损失为每户75元，从而5户的损失总额为75×5=375元。再假设存在着两种治理污染的办法：一是在工厂的烟囱上安装一个除尘器，其费用为150元；二是给每户居民提供一架烘干机，使他们不需要到外面去晒衣服。烘干机的费用为每户50元，5户的成本总和是250元。显而易见，在这两种解决办法中，第一种的成本低，因而代表着最有效率的解决方案。这种最有效率的解决方案在西方经济学中就被称为帕累托最优状态。

按照科斯定理的含义，在上面的例子中，不论给予工厂以烟囱冒烟的权利，还是给予5户居民以晒衣服不受烟尘污染的权利（即上述的财产权的分配），只要工厂与5户居民协商时其协商费用（即上述的交易成本）为零或者很小，那么，市场机制（即自由进行交易）总是可以得到最有效率的结果（即采用安装除尘器的办法）。

为什么会如此呢？按照科斯等西方经济学家的解释，如果把排放烟尘的财产权给予工厂，即工厂有权排放烟尘，那么，5户居民便会联合起来，共同给工厂的烟囱义务安装一个除尘器，因为除尘器的费用只有150元，远远低于5架烘干机的费用250元，更加低于未装除尘器时晒衣服所受到的烟尘之害（375元）。而如果把晒衣服不受烟尘之害的财产权给予5户居民，那么，工厂便会自动地给自己安装除尘器，因为在居民具有不受污染之害的财产权的条件下，工厂就有责任解决污染问题，而在两种解决污染的办法中，安装除尘器的费用较低。因此，科斯定理宣称，只要交易成本为零或者很小，则不论财产权归谁，自由的市场机制总会找到最有效率的办法，从而达到帕累托最优状态。

当然，科斯定理的结论只有在交易成本为零或者很小的情况下才能得到。如果不是这样，结果就会不同。例如，假设在工厂具有排放烟尘的财产权的条件下，如果5户居民联合起来共同行动的费用很大，例如为125元，那么，为了共同行动给工厂安装除尘器，他们的总支出就是125+150=275元。在这种情况下，5户居民便会各自去购买一架烘干机，因为这样做总共只需要花费250元。然而，这却不是一个最有效率的结果。

在科斯提出以他的名字命名的定理之前，西方经济学家一般认为，市场机制这一“看不见的手”只有在不存在外部影响的情况下才会起作用。如果存在外部影响，市场机制就无法导致资源的最优配置。科斯定理的出现则进一步强调了“看不见的手”的作用。按照这个定理，只要那些假设条件成立，外部影响等就不可能导致资源配置失当。或者换个说法，在所给条件下，市场力量足够强大，总能够使外部影响“内部化”，从而仍然可以实现帕累托最优状态。

为什么财产权的明确和可转让具有这样大的作用呢？按照西方学者的解释，其原因在于，明确的财产权及其转让可以使得私人成本（或利益）与社会成本（或利益）趋于一致。若以图 11－4 的生产污染问题为例，则科斯定理意味着，一旦所需条件均被满足，污染者的边际私人成本曲线 MC 就会趋于上升，直到与边际社会成本曲线 $MC+ME$ 完全重合，从而污染者的利润最大化产量将从 X^* 下降到社会最优产量水平 X^{**}。

具体说明如下。将财产权（例如开发河流的权利）明确赋予某人，并假定该权利可以自由买卖，则财产权对所有者来说就是一件有价值的特殊“商品”。特别是在生产污染的例子中，财产权（即污染权或不被污染权）就是一种有价值的特殊“生产要素”。这种要素与资本和劳动一样，无论是生产者从市场上买到的，还是生产者自身原来就拥有的，都是生产成本的一部分。如果是从市场上买到的，毫无疑问便构成成本的一部分。如果是生产者自身原来就拥有的，则可以出售而获得收益。如果生产者不出售而自己用于生产，则遭受的是本可出售而获益的机会成本。因此，在这种情况下，生产者生产产品时就存在两种成本：一种是生产产品本身的成本，与其相对应的边际成本就是图 11－4 中的（生产的）边际私人成本曲线 MC，可称为生产的边际成本；另一种是使用财产权所遭受的成本或机会成本，以及相应的使用财产权的边际成本。生产者的总成本应当是这两种成本之和。如果将使用财产权的边际成本加到生产的边际成本上，则总的边际私人成本曲线就要从 MC 向上移动，从而利润最大化产量就要从 X^* 向左边减少。在完全竞争条件下的理想均衡状态中，可以期望加入使用财产权的边际成本之后所得到的总的边际私人成本与边际社会成本相一致，从而私人最优产量与社会最优产量相一致。

运用科斯定理解决外部影响问题在实际中并不一定真的有效。有以下几个难题。第一，资产的财产权是否总是能够明确地加以规定？有的资源，例如空气，在历史上就是大家均可使用的共同财产，很难将其财产权具体分派给谁；有的资源的财产权即使在原则上可以明确，但由于不公平问题、法律程序的成本问题等也变得实际上不可行。第二，已经明确的财产权是否总是能够转让？这就涉及信息充不充分的问题以及买卖双方不能达成一致意见的各种原因，如谈判的人数太多、交易成本过高、谈判双方都能使用策略性行为，等等。第三，明确的财产权的转让是否总能实现资源的最优配置？显然，在这个过程中完全有可能得到这样的结果：它与原来的状态 X^* 相比有所改善，但并不一定恰好为 X^{**}。此外，还应该指出，分配财产权会影响收入分配，而收入分配的变动可以造成社会不公平，引起社会动乱。在社会动乱的情况下，就谈不上解决外部影响问题了。

第三节　公共物品和公共资源

一、排他性与竞用性

到目前为止，我们讨论的对象主要是所谓的“**私人物品**”，即那些在普通的市场上常见的物品，例如，用于吃的水果、用于穿的衣服，以及火车上的座位，等等。私人物品具有两个鲜明的特点。第一是“**排他性**”：只有对商品支付价格的人才能够使用该商品；第二是“**竞用性**”[①]：如果某人已经使用了某个商品（如某一火车座位），则其他人就不能再同时使用该商品。实际上，市场机制只有在具备上述两个特点的私人物品的场合才真正起作用，才有效率。

然而，在现实的经济中，还存在着许许多多不满足排他性或竞用性特点的物品。如果一件物品不具有排他性，即无法排除一些人“不支付便使用”，则它毫无疑问就会带来外部影响，并造成市场机制的失灵。“国防”和“海鱼”是缺乏排他性的两个生动例子。一个公民即使拒绝为国防付费，也可以享受国防的好处；同样，我们也很难阻止渔民自由地在公海上捕捞海鱼。“国防”和“海鱼”的区别在于“竞用性”方面。一方面，容易看到，国防除了不具有排他性之外，同时也不具有竞用性。例如，新生人口一样享受国防提供的安全服务，但原有人口对国防的“消费”水平不会因此而降低。从某种程度上讲，道路和电视广播等也与国防一样既不具有排他性也不具有竞用性。在达到一定点之前，道路上多一辆汽车不会妨碍原有汽车的行驶；某个人打开电视广播同样不会影响其他人收听。[②] 另一方面，“海鱼”则毫无疑问是具有“竞用性”的：当某个人捕捞到一些海鱼时，其他人所可能捕捞到的海鱼数量就减少了。

通常把国防这样一类既不具有排他性也不具有竞用性的物品叫做**公共物品**[③]，而把海鱼这样一类不具有排他性但却具有竞用性的物品叫做**公共资源**。[④] 公共物品和公共资源可以被看成是外部影响造成市场机制失灵的两个特殊例子。除了私人物品、公共物品和公共资源之外，还有一些物品只有排他性、没有竞用性，如有线电

---

① 这里的“竞用性”（rivalness）过去常常被译为“竞争性”。我们在这里译为前者，以便和一般意义上的“竞争性”（competitiveness）相区分。

② 当然，与国防的非排他性和非竞用性相比，道路和电视广播在程度上要稍微“轻”一些。例如，原则上可以对使用道路（以及收听电视广播）者收费，尽管这样做有时成本很大；又例如，道路的使用只是在一定的限度之内才是非竞用的，超过这一定的限度，就会出现拥挤现象，从而不再是非竞用的。

③ 不要把公共物品与政府提供的物品相混淆。政府确实提供国防、法制、环境保护等不具有排他性和竞用性的物品，但同时也提供其他一些物品或服务，如养老金、失业补助、邮政服务以及某些与私人企业所生产的完全相同的东西。这些物品或服务显然不同于公共物品。

④ 读者应注意，在西方经济学的文献和教科书中，公共物品（public goods）和公共资源（common resource）这两个概念的定义比较混乱，不同的人有不同的说法；同时，国内对这两个名词的翻译也不大一致。

视。有线电视显然具有排他性——因为只有付费的人才可以观看，但并不具有竞用性——因为某个人观看不会影响其他人观看。这些只有排他性而没有竞用性的物品常常被称为“俱乐部物品”（参见表 11－1）。俱乐部物品由于不具有消费上的竞用性，其边际成本几乎为零，故常常由自然垄断企业供给。①

表 11－1　物品的性质和分类

		竞用性	
		有	无
排他性	有	私人物品	俱乐部物品
	无	公共资源	公共物品

二、公共物品

1. 公共物品的最优数量

我们先来回顾一下私人物品最优数量的决定。为简单起见，假定社会上只有 A 和 B 两个消费者，他们对商品的需求曲线分别由 D_A 和 D_B 表示。商品的市场供给曲线为 S，参见图 11－5（a）。由于所讨论的是私人物品，故将消费者 A 与 B 的需求曲线 D_A 和 D_B 水平相加即得到某市场需求曲线 D。市场需求曲线 D 与供给曲线 S 的交点决定了该私人物品的均衡数量 Q_0 和均衡价格 P_0。这个均衡数量 Q_0 显然就是该私人物品的最优数量。这是因为在这个产量水平上，每个消费者的边际利益恰好等于商品的边际成本。我们知道，供给曲线代表了每个产量（供给量）水平上的边际成本，需求曲线代表了每个产量（需求量）水平上的边际利益。故当供给量为 Q_0 时，边际成本为 Q_0H；而在价格为 P_0 时，消费者 A 和 B 的需求量分别为 C 和 F，再根据需求曲线 D_A 和 D_B，相应的边际利益为 CE 和 FG。由图可知，$CE=FG=Q_0H$，即每个消费者的边际利益均等于边际成本。

现在来看公共物品的情况。参见图 11－5（b）。与私人物品的讨论一样，我们仍然假定每个消费者对公共物品的需求曲线都是已知的，为 D_A 和 D_B，公共物品的市场供给曲线为 S。如何从个人的需求曲线形成市场的需求曲线呢？这里的关键之处在于公共物品的市场需求曲线不是个人需求曲线的水平相加，而是它们的垂直相加。之所以如此，原因在于公共物品消费上的非竞用性特点。一方面，由于消费上的非竞用性，每个消费者消费的都是同一个商品总量，因而每个消费者的消费量都与总消费量相等；另一方面，对这个总消费量所支付的全部价格，却是所有消费者支付的价格的总和。例如，设公共物品的数量为图 11－5（b）中的 R，消费者 A 和 B 的消费量于是都是 R。当 A 和 B 的消费量均为 R 时，他们所愿意支付的价格

① 像高速公路这样的俱乐部物品（club goods），由于（在一定的限度内）没有竞用性，有时会出现“拥挤”现象，但由于排他性，故可通过收费等措施来加以克服。

按各自的需求曲线分别为 L 和 N。因此，当消费量为 R 时，消费者 A 和 B 所愿意支付的价格之和就是 $L+N=T$。

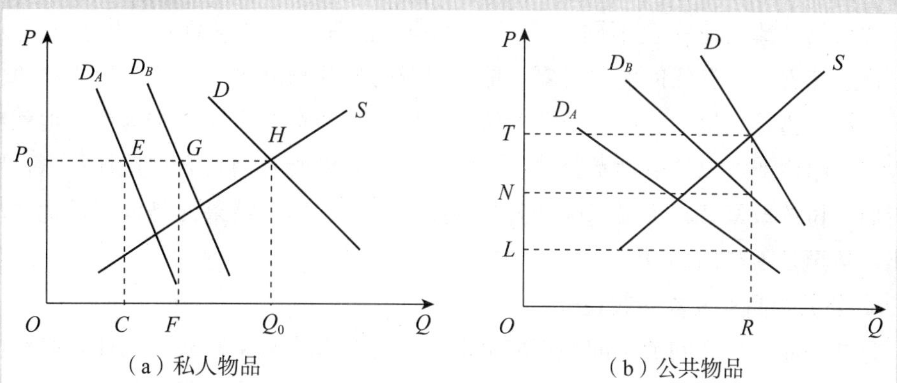

图 11-5 私人物品和公共物品的最优数量

有了公共物品的市场供求曲线，则公共物品的均衡数量即可确定，这就是市场供求曲线交点所指示的 R。实际上，这个均衡数量 R 也代表着公共物品的最优数量。要解释这一点并不困难。当公共物品数量为 R 时，根据供给曲线，公共物品的边际成本为 T，而根据消费者的需求曲线，A 和 B 的边际利益分别为 L 和 N，从而总的社会的边际利益为 $L+N=T$。于是，社会的边际利益等于边际成本，公共物品数量达到最优。这里值得注意的是，公共物品的最优标准与私人物品的最优标准不完全相同。在私人物品场合，最优标准是每个消费者的边际利益与边际成本相等。而在公共物品场合，最优标准是每个消费者的边际利益之和与边际成本相等。该区别仍然根源于是否具有消费的竞用性这个基本特点。

2. 公共物品与市场失灵

上面在假定每个消费者对公共物品的需求曲线均存在且已知的条件下，讨论了公共物品的最优数量的确定。但是，许多西方经济学家认为，这种讨论并没有多大的实际意义。原因是公共物品的需求曲线是虚假的。首先，单个消费者通常并不很清楚自己对公共物品的需求价格，更不用说去准确地陈述他对公共物品的需求与价格的关系；其次，即使单个消费者了解自己对公共物品的偏好程度，他也不会如实地说出来。为了少支付价格或不支付价格，消费者会低报或隐瞒自己对公共物品的偏好。他们在享用公共物品时都想当"搭便车者"，想不支付成本就得到利益。由于单个消费者对公共物品的需求曲线不会自动显示出来，故我们无法将它们加总来得到公共物品的市场需求曲线进而确定公共物品的最优数量。

尽管我们实际上难以通过公共物品的供求分析来确定它的最优数量，但却可以有把握地说，市场本身提供的公共物品通常将低于最优数量，即市场机制分配给公共物品生产的资源常常会不足。我们知道，在竞争的市场中，如果是私人物品，则市场均衡时的资源配置是最优的。生产者之间的竞争将保证消费者面对的是等于商品的边际成本的同样的价格，消费者则在既定的商品产出量上展开竞争。某个消费者消费一单位商品的机会成本就是在市场价格上卖给其他消费者的同样一单位商品，故没有哪个消费者会得到以低于市场价格的价格买到商品的好处。但是，如果是公共物品，情况将完全不同。任何一个消费者消费一单位商品的机会成本总为零。这意味着，没有任何消费者要为他所消费的公共物品去与其他任何人竞争。因此，市场不再是竞争的。如果消费者认识到他自己消费的机会成本为零，他就会尽量少支付给生产者以换取消费公共物品的权利。如果所有消费者均这样行事，则消费者们支付的数量就将不足以弥补公共物品的生产成本。结果便是低于最优数量的产出，甚至是零产出。

3. 公共物品和成本—收益分析

公共物品的生产和消费问题不能由市场上的个人决策来解决。因此，必须由政府来承担起提供公共物品的任务。政府如何来确定某公共物品是否值得生产以及应该生产多少呢？在这里，西方经济学家经常提到的一个重要方法是成本—收益分析。

专栏 11-2
全球公共物品：
清除太空垃圾

成本—收益分析是用来评估经济项目或非经济项目的。它首先估计一个项目所需花费的成本以及它所可能带来的收益，然后对二者加以比较，最后根据比较的结果决定该项目是否值得。公共物品也可以被看成是一个项目，并运用**成本—收益分析**方法来加以讨论。如果评估的结果是该公共物品的收益大于或至少等于其成本，则它就值得生产，否则便不值得。

三、公共资源

从上述对公共物品的分析中可知，一种物品，如果不具有排他性，则每个人出于自己的利益考虑，都会尽可能多地去利用它。在这种情况下，如果该物品又具有竞用性的特点，即是所谓的**“公共资源”**，则它可能很快就会被过度地使用，从而造成灾难性的后果。下面我们以被西方学者经常使用的**“公地的悲剧”**① 为例来说明公共资源所面临的这种困境。

考虑这样一个乡村，村里有一块公共土地，村民们在这块公地上放牧奶牛。我们的问题是：在这块公地上放牧的最优奶牛数量是多少？实际放牧的奶牛数量又是多少？下面的分析将表明：如果每个村民都能够毫无限制地使用公地，则实际的均衡奶牛数量将远远超过它的最优水平。由此引起的后果就是：公地将由于长期的超载放牧而日益衰落。这就是所谓的“公地的悲剧”。

先来看公地上的最优放牧量的决定。对这个问题的回答显然取决于整个乡村集体在奶牛放牧上的边际收益和边际成本。我们把乡村集体的边际收益和边际成本分

① 哈丁．公地的悲剧．科学，1968，162（3859）．

别叫做“边际社会收益”和“边际社会成本”。如果放牧奶牛的边际社会收益超过了相应的边际社会成本，则这意味着，增加放牧的奶牛数量能够给整个乡村带来更多的好处；反之，如果放牧奶牛的边际社会收益小于相应的边际社会成本，则这意味着，减少放牧的奶牛数量对整个乡村来说更加有利。对整个乡村来说，最优的（也就是能够使得整个乡村的利润达到最大的）放牧量应当使得边际社会收益恰好等于边际社会成本。

我们用 x 来表示公地上放牧的奶牛数量。为简单起见，假定每头奶牛可生产牛奶 1 千克。于是，x 头奶牛总共可生产牛奶 x 千克。设牛奶的需求函数为：

$$P=a-bx$$

式中，P 为牛奶的市场价格；a 和 b 均为大于零的常数。于是，放牧 x 头奶牛的总社会收益（TR_s）和边际社会收益（MR_s）分别为：

$$TR_s=P\cdot x=ax-bx^2$$

$$MR_s=TR_s'=[ax-bx^2]'=a-2bx$$

再设购买一头奶牛需要花费 1 000 元钱，并假定这就是喂养奶牛的所有支出。于是，放牧 x 头奶牛的总社会成本（TC_s）和边际社会成本（MC_s）分别为：

$$TC_s=1\ 000x$$

$$MC_s=TC_s'=1\ 000$$

使整个乡村的利润达到最大的条件是边际社会收益 MR_s 等于边际社会成本 MC_s，即：

$$a-2bx=1\ 000$$

解之即得公地的最优放牧量 x^*：

$$x^*=\frac{a-1\ 000}{2b}$$

现在来看公地的实际放牧量（亦即均衡放牧量）的决定。这个乡村果真能够按照上述使整个乡村集体的利润达到最大的条件来确定其实际放牧量吗？在两种情况下，可以做到这一点。一种情况是该乡村作出集体决策来规定在公地上放牧的奶牛数量。任何个人都不得超过所规定的数量进行放牧。在这种情况下，只要所规定的放牧量恰好等于 x^*，并且乡村能够以有力的措施来保证该规定得到切实的贯彻执行，则结果就是最优的。另一种情况是乡村的公地由某个个人所有。在这种情况下，公地的所有者就能够像乡村集体作出决策时那样对进入公地放牧的奶牛数量进行限制：他可以购买恰当数量的奶牛来实现自己的利润最大化。由于在这种情况下，公地的利益就是公地所有者的个人利益，故此时使公地所有者利润最大化的放牧量也就是公地的最优放牧量。

但是，如果对公地的使用没有明确的规定，也不存在乡村的集体决策，则结果就可能不是最优的。如果放任村民们自由地和不受任何限制地在公地上免费放牧，就会上演一场“公地的悲剧”，即实际的奶牛放牧量将会大大超过其最优水平。结果，公地的草场将由于不断的长期的超载放牧而不断地被破坏、被损坏，日益凋零和衰落下去。

为什么缺乏限制的自由放牧会造成如此后果呢？这是因为，如果每个村民都可以无限制地自由使用公地，则他就会根据自己的（注意，不是乡村集体的）利润最大化考虑而行事。也就是说，他将把自己的放牧量确定在边际私人收益和边际私人成本相等的地方。按照前面的假定，每个村民的边际私人成本很清楚，就是他购买一头奶牛时支付的价格 1 000 元。这一点与乡村集体的边际社会成本是一致的。但是，边际私人收益是什么呢？它会不会与乡村集体的边际社会收益一致呢？如果也是一致的，则个人的行为就将完全与集体的行为一样，也就不会有什么“公地的悲剧”了。可惜的是，并没有这样的好事。

假定某个村民决定增加一头奶牛。这个行动意味着整个乡村放牧的奶牛总量和生产的牛奶总量增加了。牛奶总量的增加将导致牛奶的市场价格下降。牛奶市场价格下降不仅使该村民的边际私人收益下降，而且使整个乡村的边际社会收益下降。但是，相比较而言，整个乡村的边际社会收益下降的程度要更大一些。这是因为，当一个村民决定增加自己的奶牛数量从而使牛奶的市场价格下降时，不仅他自己生产的牛奶的价格以及边际收益下降了，而且其他村民生产的牛奶的价格以及边际收益也下降了。但是，该村民在计算自己的边际私人收益时，却只需要考虑自己产品的价格下降以及收益损失，而无须考虑其他村民产品的价格下降以及收益损失。而我们在计算价格下降对整个乡村的社会收益的影响时，则不仅要考虑该村民的私人收益的损失，还要考虑所有其他村民的私人收益的损失。因此，随着某个村民的放牧量的增加，该村民的边际私人收益的下降幅度比整个乡村的边际社会收益的下降幅度要小。二者之间的差别的大小则取决于该村民拥有的奶牛数量在整个乡村的奶牛总量中所占的比例。一方面，这个比例越大，则边际私人收益与边际社会收益的差别就越小。特别是，当该村民拥有的奶牛数量的比例达到 100%，亦即乡村的全部奶牛都归该村民所有时，他的边际私人收益就等于边际社会收益——因为此时他增加放牧量不会给其他村民造成损失。另一方面，该村民拥有的奶牛数量的比例越小，则边际私人收益与边际社会收益的差别就越大。特别是，当该村民新增加的那头奶牛就是他唯一的一头奶牛时，边际私人收益与边际社会收益的差别达到最大。实际上，他的边际私人收益此时将等于放牧奶牛的平均收益！

例如，我们用 x_1 表示某个典型村民拥有的奶牛数量，x_2 表示其余村民拥有的奶牛数量。此时，牛奶的需求函数就可重写如下：

$$P=a-b(x_1+x_2)$$

式中，$x_1+x_2=x$。如果用 TR_p 和 MR_p 分别表示典型村民的总私人收益和边际私人收益，则有：

$$TR_p=P\cdot x_1=ax_1-b(x_1+x_2)x_1$$

$$MR_p=TR'_p=a-bx_2-2bx_1=a-b(x-x_1)-2bx_1=a-bx-bx_1$$

这里，边际私人收益 MR_p 是总私人收益 TR_p 对 x_1 的导数。

由于边际私人成本和边际社会成本一样，也等于 1 000，故典型村民的私人利润最大化条件为：

$$a-bx-bx_1=1\ 000$$

令 $x_1=kx$（$0\leqslant k\leqslant 1$）。这里，k 表示典型村民拥有的奶牛数量 x_1 在整个乡村拥有的奶牛总量 x 中所占的比例。k 越小，意味着典型村民拥有的奶牛数量占整个乡村的奶牛总量的比例越小。特别是，当 k 趋向于零时，表明典型村民拥有的奶牛数量相对于整个乡村奶牛总量来说小到可以忽略不计。将 $x_1=kx$ 代入上式即得：

$$a-bx-bkx=1\ 000$$

解之即可得实际放牧量 x^{**}：

$$x^{**}=\frac{a-1\ 000}{(1+k)b}$$

比较这里的实际放牧量 x^{**} 和前面的最优放牧量

$$x^{*}=\frac{a-1\ 000}{2b}$$

可得如下结论：

首先，当 $k=1$（$x_1=x$、$x_2=0$），即当典型村民拥有乡村的全部奶牛时，有：

$$x^{**}=\frac{a-1\ 000}{2b}=x^{*}$$

这表明，当某个村民拥有乡村的全部奶牛（它意味着公地完全归该村民所有）时，实际放牧量将等于最优放牧量。

其次，当 $0<k<1$（$0<x_1<x$、$0<x_2<x$），即当典型村民拥有乡村的部分奶牛时，有：

$$x^{**}=\frac{a-1\ 000}{(1+k)b}>\frac{a-1\ 000}{2b}=x^{*}$$

这表明，当每个村民都只拥有乡村的部分奶牛（它意味着公地不归任何人所有且不存在任何对放牧量的控制）时，实际放牧量就会超过最优放牧量。

最后，当 $k=0$（$x_1=0$、$x_2=x$），即当典型村民拥有的奶牛数量相对于整个乡村的奶牛总量来说小到可以忽略不计时，有：

$$x^{**}=\frac{a-1\ 000}{b}=2x^{*}$$

这表明，在极端情况下，即当所有的村民都是如同上述的典型村民，从而每个村民拥有的奶牛数量相对于整个乡村的奶牛总量均可以忽略不计时，公地上的实际放牧量将达到最大：该实际放牧量大大超过了最优放牧量，为后者的2倍。

由此可见，正是边际私人收益和边际社会收益的差别造成了“公地的悲剧”：当个人决定增加奶牛数量时，他仅仅是把他个人所可能得到的收益（边际私人收益）与奶牛的成本1 000元（边际私人成本）相比较，而忽略了这样一个事实，即他所增加的奶牛将使得所有其他村民放牧奶牛的收益均下降。也就是说，他忽略了他增加奶牛的社会代价。由于每个个人都忽略他个人行为的社会代价，结果就是公地上的奶牛放牧量增加得太多。

对“公地的悲剧”这个例子，应该指出：它并不能说明，对土地的个人所有优于集体所有；因为这个例子也同样可以说明，在对土地的使用明确作出规定时或在集体决策下，“公地的悲剧”不会出现。此外，集体所有还可以避免各种“私地的悲剧”。例如，在一片公有的海滩上，每个人都可以享受到海浴和观海的乐趣。但是，如果私人拥有该海滩并圈起了篱笆，则大家的乐趣会因之而被剥夺。

四、公共选择理论

对公共物品（以及公共资源）的处理涉及与政府行为有关的“集体选择”。所谓**集体选择**，就是所有的参加者都依据一定的规则通过相互协商来确定集体行动方案的过程。**公共选择理论**则特别注重研究那些与政府行为有关的集体选择问题。

1. 集体选择的规则

（1）一致同意规则。所谓一致同意规则，是指一个集体行动方案只有在所有参加者都认可的情况下才能够实施。这里的“认可”意味着赞成或者至少不反对。换句话说，在一致同意规则下，每个参加者都对将要达成的集体决策拥有否决权。例如，联合国安理会的任何议案都必须得到五个常任理事国的一致认可才可实施。如果有一个反对，则相关议案即被否决。由于每个参加者都拥有否决权，任何一个有可能损害某些参加者利益的集体行动方案都会被否决，于是，一致同意规则便具有如下优点：第一，能够充分地保证每个参加者的利益；第二，可以避免发生“搭便车”的行为；第三，如果能够达成协议，则协议将是帕累托最优的。一致同意规则的缺点则在于：达成协议的成本常常太大，在许多情况下甚至根本就无法达成协议。

（2）多数规则。所谓多数规则，是指一个集体行动方案必须得到所有参加者中的多数认可才能够实施。这里的多数，可以是简单多数，即超过总数的一半，也可以是比例多数，如达到总数的三分之二以上。美国国会、州和地方的立法常常使用简单多数规则，但在弹劾和罢免总统、修改宪法时，则采取三分之二的比例多数规则。与一致同意规则相比，多数规则的协商成本较低，也更加容易达成协议。多数规则存在的问题是：第一，它忽略了少数派的利益。由多数派赞成通过的集体协议强迫少数派也要服从。第二，可能出现“收买选票”的现象。这是因为，在多数规则的条件下，单个参加者的选择对最终的结果影响不大，具有可忽略性，从而一部分选民有可能不重视自己的选举权。这样一来，选举就有可能被利益集团所操纵：利益集团通过一定的小的代价来收买那些不重视自己选举权而打算不投票或投弃权票的选民，让他们按利益集团的意愿投票。第三，在多数规则下，最终的集体选择结果可能不是唯一的。不同的投票秩序会导致不同的集体选择结果，使社会成员作出前后不一致甚至可能相互矛盾的决策。这就是所谓的周期多数现象。①

(3) 加权规则。一个集体行动方案对不同的参加者会有不同的重要性。于是，可以按照重要性的不同，给参加者的意愿“加权”，即分配选举的票数。相对重要的，拥有的票数就较多，否则就较少。所谓加权规则，就是按实际得到的赞成票数（而非人数）的多少来决定集体行动方案。

(4) 否决规则。这一规则的具体做法如下：首先让每个参加对集体行动方案投票的成员提出自己认可的行动方案，汇总之后，再让每个成员从中否决自己所反对的那些方案。这样一来，最后剩下的没有被否决的方案就是所有成员都可以接受的集体选择结果了。如果有不止一个方案留了下来，就再借助于其他投票规则（如一致同意规则或多数规则等等）来进行选择。否决规则的优点是显而易见的，因为经过这一规则筛选之后留下来的集体行动方案都将是帕累托最优的。

2. 最优的集体选择规则

上面所说的各种集体选择规则都是有利有弊的。这就产生了如何确定最优的集体选择规则的问题，即按照什么样的规则来进行集体选择，才能保证所得到的结果是最有效率的？在这方面，西方公共选择理论家们提出了两个主要的理论模型。

(1) 成本模型。按照这一模型，任何一个集体选择规则都存在性质完全不同的两类成本。一类叫做决策成本，指的是在该规则下通过某项集体行动方案（亦即作出决策）所花费的时间与精力。集体决策的形成需要参加者之间进行不同程度的讨价还价。随着人数的不断增加，讨价还价行为发生的可能性将成倍增大，从而决策成本也将成倍增加。另一类叫做外在成本，指的是在该规则下通过的某项集体行动方案与某些参加者的意愿不一致而给他们带来的损失。当通过的某项集体行动方案与某些参加者个人的实际偏好一致时，这些参加者个人承担的外在成本就等于零；而当两者不一致时，他们承担的外在成本就大于零。显而易见，随着这种不一致的人数的增加和程度的提高，外在成本的总量也将增加。不同的集体选择规则的决策成本和外在成本的大小是不一样的。例如，与一致同意规则相比，多数规则的决策

---

① 参见第九章第七节第三小节关于阿罗不可能性定理的说明。

成本可能较低，因为容易作出决策，但外在成本却可能较高，因为决策的结果可能和很多人的意愿不一致。决策成本和外在成本之和叫做相互依赖成本。最优集体选择规则的成本模型的结论是，理性的经济人将按最低的相互依赖成本来决定集体选择的规则。

（2）概率模型。与成本模型不同，寻找最优集体选择规则的概率模型并不是追求社会相互依赖成本的最小化，而是力图使集体决策的结果偏离个人意愿的可能性达到最小。根据这一模型，最好的集体选择规则就是那种能使上述偏离可能性达到最小的规则。西方一些公共选择理论家证明，按照这一标准，集体选择中的多数规则是一种比较理想的规则。

3. 政府官员制度的效率

按照公共选择理论，政府官员制度是指那种由通过选举产生的、被任命的以及经过考试而录用的政府官员来管理政治事务的制度。总的来说，这种政府官员制度的效率是比较低的。其原因如下：

首先是缺乏竞争。政府的各个部门都是某些特殊服务的垄断供给者。没有任何其他的机构可以替代这些政府部门的工作。由于缺乏竞争，政府部门的效率一般都比较低下。此外，由于缺乏竞争对手，人们常常甚至无法判断政府部门的成本即每年的财政支出是否太多，或者它们的产出即所提供的服务是否太少，即很难准确地判定政府部门的效率。

其次是机构庞大。政府官员一般不会把利润最大化（或者成本最小化）作为自己的主要目标，因为他们很难把利润直接占为己有。政府官员追求的主要是规模（亦即官员机构）的最大化，因为规模越大，官员们的地位就越高，权力就越大，得到进一步提升的机会就越多。

最后是成本昂贵。政府官员会千方百计地增加自己的薪金，改善工作条件，减轻工作负担，从而不断地提高他们的服务的成本，导致浪费的极大化。

公共选择理论认为，解决政府官员制度低效率的主要途径是引入竞争机制。具体做法是：第一，使公共部门的权力分散化。分散有利于减少垄断的成分。例如，可以把过于庞大的公共机构分解成几个较小的、有独立预算的机构。第二，由私人部门承包公共服务的供给。由政府投资的公共服务，并不一定必须由政府来生产。例如，街道清扫、垃圾处理、消防、教育、体检等公共服务的生产都可以实行私有化。第三，在公共部门和私人部门之间展开竞争。如果允许私人部门和公共部门一样提供公共服务，则它们之间就会展开竞争，竞争将提高公共部门的效率。第四，加强地方政府之间的竞争。地方政府的权力不仅受到公民选票的制约，而且受到居民自由迁移的制约。当一个地方政府的公共服务的成本（税收）太高而质量太低时，居民就可能迁移到其他地区去。居民的迁出会减少当地政府的税收。因此，地方政府之间的竞争也可以促使它们提高效率。

第四节　信息的不完全和不对称

一、信息、信息的不完全和不对称

和普通商品一样，信息也是一种很有价值的资源，它能够提高经济主体的效用和利润。例如，消费者如果知道商品的质量，就能够避开那些质次价高的东西；生产者如果了解市场的需求，就能够提供恰到好处的供给。

和普通商品不同，信息在"质"和"量"上又有其独特的性质。

首先，从质的方面看，信息有点类似于我们前面讨论过的"公共物品"。信息显然不具有竞用性，因为信息可以被许多人同时利用。信息在一定程度上也可以说没有排他性：信息的最初所有者当然可以封锁信息，秘而不宣，但是，一旦信息被卖出去之后，他就很难阻止信息的买主再向其他人传播。

其次，从量的方面看，确定信息的价值大小也不像确定普通商品的价格那样简单。人们常常采用比较的方法来计算信息的价值：获得新的信息可能会促使经济主体改变自己的决策，而决策的改变又可能导致预期收益的变化，于是可以用预期收益的变化来确定这一新增信息的价值。下面用一个具体的例子加以说明。

某鲜鱼零售商考虑为明天的销售而进货。它的鱼池的容量有限，最多只能进货800千克鲜鱼。鲜鱼的进货价格是每千克6元，而明天的销售价格则是不确定的。为简单起见，假定明天鲜鱼的销售价格只存在如下两种情况：有50%的可能性行情很好，价格为每千克8元，此时，每进货和销售一千克鲜鱼可盈利2元；也有50%的可能性行情不好，价格为每千克4元，此时，每进货和销售一千克鲜鱼会亏损2元。现在要问：在信息完全和信息不完全的情况下，该零售商将如何决定自己的进货计划？相应的预期利润又是多少？

首先来看信息完全的情况。完全的信息意味着，零售商能够事先确切地知道明天的鲜鱼销售价格，从而可以据此制订正确的进货计划：如果确知明天行情好，价格为每千克8元，则今天就把进货量定在最大，即800千克，这样，赚得的利润就是 $2\times800=1\ 600$（元）；如果确知明天行情不好，价格为每千克4元，则今天就把进货量定在最小，即0千克，这样，赚得的利润就是0元（$-2\times0=0$）。由于明天的行情好和不好的可能性均为50%，故在信息完全的条件下，零售商的预期利润为：

$$50\%\times1\ 600+50\%\times0=800(\text{元})$$

现在来看信息不完全对零售商的预期利润的影响。当信息不完全时，零售商无法事先确切地知道明天的鲜鱼销售价格。在这种情况下，它如何决定自己的进货计划呢？容易证明，此时零售商无论进货多少，预期利润都是0元。例如，我们假定

零售商进货 x 千克鲜鱼。如果明天行情好，鲜鱼的销售价格为每千克 8 元，则可盈利 $2x$ 元；如果明天行情不好，鲜鱼的销售价格为每千克 4 元，则会盈利（$-2x$）元（即亏损 $2x$ 元）。于是，在信息不完全的条件下进货 x 千克鲜鱼的预期利润就等于：

$$50\%\times(2x)+50\%\times(-2x)=0(\text{元})$$

用零售商在信息完全情况下的预期利润减去其在信息不完全情况下的预期利润，即可求得（对该零售商而言的）完全信息的价值：

$$800-0=800(\text{元})$$

由此可见，信息的作用是：减少经济主体的决策风险和失误，从而提高他的预期收益。正是由于这个原因，人们需要信息，并乐意出钱出力去搜寻和购买它。在上面的例子中，鲜鱼零售商愿意花费不超过 800 元的代价去获得关于明天鲜鱼销售情况的完全信息。

完全竞争模型的一个重要假定是完全信息，即市场的供求双方对于所交换的商品具有充分的信息。例如，消费者充分地了解自己的偏好函数，了解在什么地方、什么时候存在何种质量的以何种价格出售的商品；生产者充分地了解自己的生产函数，了解在什么地方、什么时候存在何种质量的以何种价格出售的投入要素；等等。完全信息的假定（以及其他一些关于完全竞争市场的假定）保证了帕累托最优状态的实现。

显而易见，上述关于完全信息的假定并不符合现实。在现实经济中，信息常常是不完全的，甚至是很不完全的。在这里，信息不完全不仅是指那种绝对意义上的不完全，即由于认识能力的限制，人们不可能知道在任何时候、任何地方发生的或将要发生的任何情况，而且是指"相对"意义上的不完全，即市场经济本身不能够生产出足够的信息并有效地配置它们。这是因为，作为一种有价值的资源，信息不同于普通商品。人们在购买普通商品时，先要了解它的价值，看看值不值得买。但是，购买信息商品却无法做到这一点。人们之所以愿意出钱购买信息，是因为还不知道它，一旦知道了它，就没有人会愿意再为此进行支付。这就出现了一个难题：卖者让不让买者在购买之前就充分地了解所出售的信息的价值呢？如果不让，则买者就可能因为不知道究竟值不值得而不去购买它；如果让，则买者又可能因为已经知道了该信息而不去购买它。在这种情况下，要能够做成"生意"，只能靠买卖双方的并不十分可靠的相互信赖：卖者让买者充分了解信息的用处，而买者则答应在了解信息的用处之后即购买它。显而易见，市场的作用在这里受到了很大的限制。

进一步分析起来还会发现，不同的经济主体缺乏信息的程度往往是不一样的。市场经济的一个重要特点是，产品的卖方一般要比产品的买方对产品的质量有更多的了解。例如，出售二手汽车的卖主要比买主更加了解自己汽车的缺陷；出售"风险”的投保人要比保险公司更加了解自己所面临风险的大小[①]；出售劳动的工人要比雇主更加了解自己劳动技能的高低。上述种种情况都是所谓**“信息不对称”**的具体表现，即有些人比其他人拥有更多的相关信息。

信息的不完全和不对称会引起所谓的**“逆向选择”**[②] 和**“道德风险”**。前者是指，由于市场的买方或卖方无法区分不同质量的商品而导致市场提供的商品偏向较低的质量。后者是指，在信息或契约不完全的条件下，由于行为人可以不承担其行为的全部后果而导致其作出“损人利己”的行为。由于信息的不完全和不对称以及逆向选择和道德风险，市场机制有时不能很好地起作用。例如，由于缺乏足够的信息，生产者的生产可能会带有一定的“盲目”性：有些产品生产过多，而另一些产品又生产过少；消费者的消费选择也可能会出现“失误”，比如购买了一些有害健康的“坏”商品，而错过了一些有益健康的“好”商品。更坏的情况是，由于缺乏足够的信息，有些重要的市场甚至可能根本就无法产生，或者即使产生，也难以得到充分的发展。

二、信息不完全与旧车市场

信息不完全和不对称以及逆向选择导致市场低效率的一个典型例子是旧车市场。[③] 在旧车市场上，不同的汽车具有不同的质量。为简单起见，假定只有两种质量不同的旧车，一种质量较高，称作“好车”，另一种质量较低，称作“坏车”（即所谓的“柠檬”）。在旧车市场上，买卖双方都只根据汽车的质量来确定汽车的价值。例如，好车的价值是 5 000 元，而坏车的价值是 1 000 元。

如果在旧车市场上，买卖双方对汽车的质量都具有完全的信息，则可以预料，旧车市场是满足“帕累托最优”的要求的：好车和坏车将分别在 5 000 元和 1 000 元的价格上成交，所有的旧车都将被卖掉，买卖双方均将从旧车交易中得到好处。

现在来看信息不对称的结果。假定只有卖主对自己的汽车的质量具有完全的信息，而买主则没有办法了解和核实汽车的质量。在这种情况下，买主只知道在旧车市场上既存在着好车，也存在着坏车，却无法具体地知道，哪一辆车是好车，哪一辆车是坏车。于是，买主就会合理地假定，自己在旧车市场上既可能遇到好车，也

---

① 投保人和保险公司的关系很有意思。如果我们把保险市场看成是出售“保险”的市场，则投保人就是买方，他购买保险，而保险公司是卖方，它出售保险。但是，如果我们把保险市场看成是出售“风险”的市场，则关系就倒过来了：投保人是卖方，他出售自己的风险，而保险公司是买方，它购买投保人的风险。

② 逆向选择的英文是“adverse selection”，其中，“adverse”有“不利的”、“有害的”和“反面的”的意思。

③ 阿克洛夫最早分析了这类市场中的信息不完全及它给市场机制造成的困难。参见他发表于 1970 年的著名论文《“柠檬”市场：质量的不确定性和市场机制》（The Market for “Lemons”：Quality Uncertainty and the Market Mechanism），载《经济学季刊》第 84 卷。在美国俚语中，“柠檬”一词表示“残次品”或“不中用的东西”。“柠檬市场”即“次品市场”。在次品市场上，信息不对称现象尤其明显。

可能遇到坏车。碰到好车和坏车的机会则取决于旧车市场上不同汽车的质量的“分布”。现在要问的问题是：哪一种旧车最后会被卖掉——好车还是坏车？

结论似乎有点出人意料：除了质量最差的坏车之外，所有的好车都将无法卖掉！这是为什么呢？为了解释这一点，我们先来看买主的出价。显然，买主的出价一定低于好车5 000元的价格。这是因为，买主知道，旧车市场上“良莠并存”，即使出5 000元的价格也不一定就能够买回好车。但是，如果买主的出价总是低于5 000元，则好车的卖主就不会把自己的汽车提供到市场上。于是，在旧车市场上就只剩下所谓的“柠檬”——坏车。对于这个结果，买主当然也完全能够预料到。一旦买主知道，在旧车市场上实际上只有坏车，他们就会把价格定在1 000元的水平。在1 000元的价格上，坏车的买卖双方成交。于是，旧车市场最后就变成了“柠檬”市场——实际出售的只是那些质量最差的坏车。在这里，市场失灵是显而易见的：想买好车的人没有买到好车，想卖好车的人没有卖掉好车。

三、信息不完全与保险市场

信息不完全和不对称以及逆向选择和道德风险导致市场低效率的另外一个典型例子是保险市场。保险是一种特殊的商品，它由专门的保险公司提供。这种特殊商品的价格就是保险费用。保险公司的信息也是不完全的。它对投保人的情况既有所了解，又不很了解。例如，拿汽车保险来说，保险公司知道，在购买汽车保险的人当中，有一些人相对来说更加容易出事故。这些人开车时总是漫不经心，有时还喜欢喝一点酒，等等。保险赔偿主要就是被支付给了这些人。如果保险公司能够事先从投保人中区分出易出事故者，它就可以提高这些“高危”人群的保险价格，用来弥补可能的损失。但可惜的是，这一点很难做到。漫不经心的开车者不会主动向保险公司透露自己的弱点，喜欢酒后开车的人则会千方百计对保险公司隐瞒。保险公司所能做的不过是“亡羊补牢”：在续签保险合同时，提高那些已经出过事故的人的保险价格。

问题还不仅仅局限于此。对保险公司来说，更坏的情况是，那些最容易出事故的开车人常常也是购买保险最积极的人！保险公司不知道他们的底细，但他们自己知道自己的底细。他们知道自己出事故的可能性比较大，因而更加需要保险公司的帮助，也愿意接受较高的费用。与此不同，那些一直谨慎驾驶的人，也知道自己的“优点”——出事故的可能性较小。这些“好”的投保人购买保险的心情就不如“坏”的投保人那么迫切，也不像后者那么愿意为保险支付高费用。

这就引起了一个重要的结果：提高保险价格当然会减少人们对保险这种商品的需求，但是，在减少的保险需求中，主要的是那些相对“好”的投保人对保险的需求，他们现在不再愿意为保险支付过高的价格，而在留下来的投保人中，主要的则是那些相对“坏”的投保人，因为他们宁愿为得到保险支付更高一些的价格。这样一来，随着保险价格的上升，投保人的结构就发生了变化：“坏”的投保人所占的比例越来越大，“好”的投保人所占的比例越来越小，即出现了前面所说的“逆向选择”。随着“坏”的投保人的比例越来越大，保险公司对每个投保人的平均赔偿也将增加，因为平均赔偿要取决于出事故的平均概率的大小。如果为简单起见，假定保险公司的全部成本就是对投保人所遭受损失的赔偿，而不考虑例如工作人员的工资等其他成本，则在这种情况下，保险公司的平均损失就等于它的平均赔偿。由此便可得到这样的结论：保险公司的平均损失将随着保险价格的提高而提高。特别是，当保险价格在较高水平上继续提高时，投保人的结构会急剧恶化，从而平均损失会急剧上升，超过上升的保险价格所带来的好处。

从保险价格与平均损失之间的关系可以了解到保险供给的特殊性质。一方面，如果保险价格过低，经营保险肯定亏损，保险公司将不再愿意提供保险；另一方面，如果保险价格过高，经营保险也会发生亏损，保险公司也不会愿意提供保险。由此可以推出一个结论：存在一个对保险公司来说“最优”的保险价格，当保险价格恰好等于该价格时，保险供给量达到最大。如果让保险价格从这个最优水平开始上升，保险供给量就将不是增加，而是下降！

实际上，在保险市场中，信息的不完全性不仅会“扭曲”保险市场的供给者即保险公司的行为，而且会“扭曲”保险市场的需求者即投保人的行为。在保险公司很难了解到投保人的具体情况的条件下，“保险”这种商品往往会诱发投保人的**“败德”行为**：在购买到保险以前，那些潜在的投保人总是小心翼翼地提防着风险，随时随地准备采取避免风险的行动，以尽量减少由于风险出现而可能导致的损失，因为在这种情况下，风险所造成的损失完全是由他们“自负”的；然而，一旦购买了保险，这些投保人往往就变得“粗心大意”起来，不再像以前那样谨慎，因为此时出现风险的损失不再只由投保人自己来承担，而是要由保险公司承担一部分甚至全部。从保险公司的角度来看，投保人的这种“败德”行为，就是它所面临的“道德风险”。在信息不完全的时候，投保人的“败德”行为或保险公司所面临的“道德风险”会进一步造成市场机制运行的困难。实际上容易看出，这不过是我们在前面所分析过的“外部影响”的又一个例证。

四、信息不完全与商品市场

信息不完全和不对称导致市场低效率的情况不仅会出现在比较“特殊”的旧车市场和保险市场中，而且会出现在更加“一般”的商品市场中。

例如，我们知道，如果降低某种商品的价格，对该商品的需求量就会增加，这是一般商品的需求规律——需求曲线向右下方倾斜。但是，当消费者掌握的市场信息不完全时，他们对商品的需求量就可能不随着价格的下降而增加，而是相反，随着价格的下降而减少。这时，就出现了所谓的**“逆向选择”**问题。又如，我们知道，如果提高某种商品的价格，对该商品的供给量就会增加。这是一般商品的供给规律——供给曲线向右上方倾斜。但是，当生产者掌握的市场信息不完全时，他们对商品的供给量也可能不随着价格的上升而增加，而是相反，随着价格的上升而减少。这时，也出现了逆向选择问题。总之，当商品的需求变化或者供给变化出现异常时，我们就遇到了逆向选择问题。对于市场机制来说，逆向选择的存在是一个麻烦，因为它意味着市场的低效率，意味着市场的失灵。

考虑某种商品例如 X 商品市场。在以前分析完全竞争市场（以及其他一些不完全竞争市场）时，我们并没有讨论商品的质量问题。现在假定，在 X 商品市场中，商品的质量不一，有的好些，有的差些。引入质量问题对我们以前的分析会有什么样的影响呢？如果消费者（以及其他人）具有完全的信息，则不会有什么影响。消费者会把不同质量的 X 看成是不同的商品。例如，把其中质量最好的看成是 X_1，把质量稍差一些的看成是 X_2，把质量更差一些的看成是 X_3，如此等等。对于不同质量的 X 商品，消费者愿意支付的价格当然不同，例如，对高质量商品愿意支付较高的价格。对于同一质量的商品，例如 X_1，价格越高，显然消费者将购买得越少。因此，消费者对任意一种质量的商品的需求曲线仍然是向右下方倾斜的。这就是说，即使考虑不同质量的商品，只要消费者的信息是完全的，我们的分析就不会与以前的完全竞争模型有什么不同。

现在来看不完全信息的后果。假定消费者只知道 X 商品有不同的质量，但并不具体知道其中哪一个质量高，哪一个质量低。在这种情况下，消费者如何进行判断呢？消费者可以根据生产者的商品保修期的长短来判断。保修期长常常意味着产品质量高，因为对于低质产品来说，较长的保修期是不划算的，它会大大提高维修成本。消费者也可以根据生产者的生产规模的大小来判断。大规模生产者的产品似乎要更加可靠一些，不会像“小本经营”者那样可能突然“消失”。

除了保修期和生产规模之外，消费者还常常根据商品的价格来判断商品的“平均”质量。一方面，我们知道，随着某种商品价格的下降，市场上该商品的供给量就会减少。但是，在减少的供给量中，主要是那些质量较高的商品，而不是质量较低的商品，因为生产高质商品在较低价格下将不再划算，其结果是，剩下来的商品的平均质量就会下降。另一方面，随着价格的上升，供给将增加，但主要增加的是那些质量更高一些的商品，因为现在生产它们也变得有利可图，其结果是，商品的平均质量上升了。总之，消费者有理由相信，随着某种商品价格的上升，该商品的平均质量也将上升，反之亦然。

图 11－6 描绘了商品的价格与其平均质量之间的关系。图中横轴 P 代表商品价格，纵轴 q 代表商品的平均质量。图中曲线 qc 为价格—质量曲线。价格—质量曲线的特点是向右上方倾斜，表示商品的平均质量将随着其价格的上升而上升。除此之外，该曲线还具有两个特点。一是它向上凸出，二是它与横轴的交点大于零。向上凸出意味着，尽管商品的平均质量是随着价格的上升而上升的，但上升的“速度”却越来越慢。换句话说，价格变动对平均质量的影响是“递减”的；与横轴的交点大于零意味着，在价格下降到零之前，平均质量就已经下降到“零”。

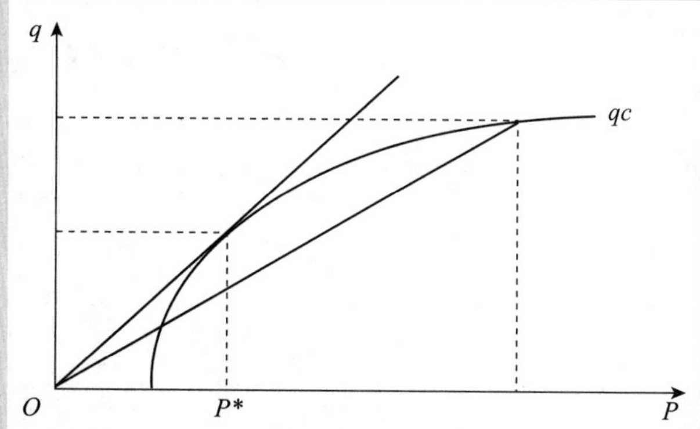

图 11-6　价格—质量曲线

从商品的价格与其质量之间的关系，可以得到商品的价格与其所谓“价值”之间的关系，而从后面这种关系，就可以推导在消费者信息不完全条件下的商品需求曲线。消费者在购买商品时不仅要考虑它的价格，而且要考虑它的质量。一件商品，即使价格很低，如果质量太差，也不会有人问津；反之，如果价格较高，但质量很好，也值得购买。价格和质量这两个指标可以综合在一起构成一个新的指标，即每单位价格上的质量 q/P。这个指标可以叫做商品的“价值”。消费者购买商品时要考虑他在该商品上支出的每单位价格所得到的质量，即要考虑该商品的“价值”。在不同的价格水平上，商品的平均质量是不同的，该平均质量与价格的比值即商品的“价值”也是不同的。在图 11-6 中，每一价格水平上的商品“价值” q/P 的几何表示是：价格—质量曲线在相应价格水平上的点到原点的连线的斜率。由图可见，这个连线的斜率在价格为 P^* 时达到最大。换句话说，商品的“价值”在一开始时随着价格的上升而上升，上升到最高点之后，再随着价格的上升而下降。

现在可以来看消费者的需求曲线了。消费者追求的是商品的最大“价值”。这个最大“价值”根据图 11-6 在价格为 P^* 时达到。因此，我们可以认为，消费者对商品的需求在价格为 P^* 时达到最大。当价格由 P^* 上升或者下降时，由于商品的“价值”都是下降的，故消费者对商品的需求量也将是下降的。由此，我们就得到了一条与以前所遇到的很不相同的需求曲线：它不再只是向右下方倾斜，而是还包含一段向右上方倾斜的部分。需求曲线现在是向后弯曲的。这条向后弯曲的需求曲线在图 11-7 中表示为曲线 D。在图中，当纵轴代表的价格 P 恰好为 P^* 时，横轴的需求量 Q 达到最大，为 Q_d。当价格高于 P^* 时，需求曲线与通常的一样，向右下方倾斜，当价格低于 P^* 时，需求曲线出现“异常”，向右上方倾斜。

由于假定不完全信息只出现在消费者一方，故只有消费者的需求方面出现“异常”，生产者的供给方面仍然与以前一样，不会有任何变化。特别是，生产者的供给曲线将仍然是向右上方倾斜的。现在把向右上方倾斜的供给曲线与向后弯曲的需求曲线合在一起考虑市场的均衡情况。

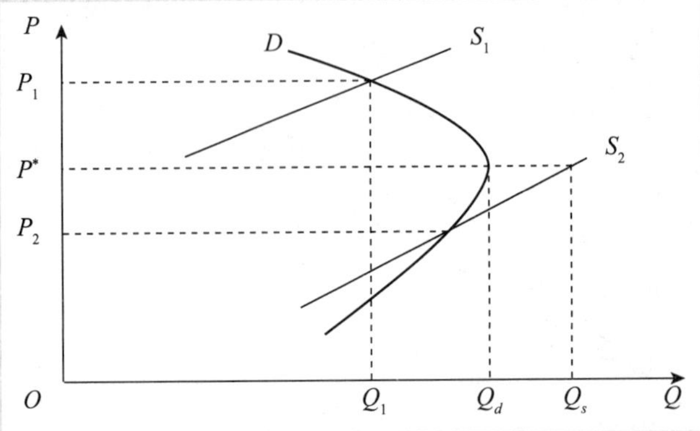

图 11－7　不完全信息与市场失灵

供给曲线的位置有两种情况：它或者与需求曲线向右下方倾斜的部分相交，例如为图 11－7 中的 S_1，或者与需求曲线向右上方倾斜的部分相交，例如为图 11－7 中的 S_2。当供给曲线为 S_1，与需求曲线向右下方倾斜的部分相交时，结果就与以前一样，没有什么不同：市场均衡将出现在供求曲线的交点上，该交点决定了均衡的价格和产量分别为 P_1 和 Q_1。这里不存在任何的低效率市场失灵。但是，当供给曲线为 S_2，与需求曲线向右上方倾斜的部分相交时，结果将与以前大不相同。此时，尽管供求均衡时的价格为 P_2，但它却不是最优的价格。这是因为，如果我们把价格从 P_2 稍微提高一点，则根据需求曲线，就可以增加产量，而在较高的产量上，需求曲线高于供给曲线，即需求价格高于供给价格，消费者和生产者都将获得更大的利益。但是，价格也不能提高到超过 P^*。如果价格超过了 P^*，则根据需求曲线，产量不仅不增加，反而会减少，从而消费者和生产者的利益都将受到损失。因此，最优价格应当就是 P^*。但是，当价格为 P^* 时，我们却可以注意到，生产者的供给将大于消费者的需求！出现了非均衡状态。这种非均衡状态显然违背了帕累托最优标准。例如，当价格为 P^* 时，产量为 Q_d，但是，在 Q_d 上，需求价格超过了供给价格，这意味着，消费者愿意为最后一单位商品支付的价格超过了生产者生产最后一单位商品所花费的成本。也可以说，在产量 Q_d 上，社会的边际收益大于社会的边际成本。因此，从社会的角度来看，消费者在商品质量上的信息不完全导致了生产过低的产量。

五、信息不完全与激励机制：委托—代理问题

在现实经济中，**委托—代理关系**是非常普遍的，例如，雇主和雇员，股东和经理，医院和医生，被告和律师，等等。在这些例子中，前者是“委托人”，后者是“代理人”。委托人委托代理人处理与自己有关的一些事务，并支付相应的报酬。但是，由于代理人的利益往往与委托人的利益并不一致（有时甚至可能完全不同），因此，对委托人来说，一个至关重要的问题就是：如何确保代理人按照自己的要求

行事？这就是所谓的**委托—代理问题**。

如果委托人对代理人的行为及其可能造成的后果有充分的了解，即具有完全的信息，则解决委托—代理问题就不会有太大的困难：他可以与代理人订立一份详细的合同，规定代理人应尽的责任，并对代理人的行为进行严格的监督，如果发现代理人有违约之处，即按照合同规定对其实施处罚。在这种情况下，委托—代理关系就不会出现严重的问题。但是，在现实生活中，委托人对代理人的情况往往缺乏足够的了解：委托人很难有足够的时间和精力来监视代理人的一举一动；即使有这样的时间和精力，也可能缺乏必要的知识和能力；更何况，在许多场合，监督本身也许都不可能。在这种信息不完全、委托人无法对代理人的行为进行直接"监控"的条件下，委托人有什么办法能够确保代理人不偷懒、不要滑、严格按照合同的规定来为自己的利益服务呢？

实际上，委托—代理问题也可以被看成是一种"外部影响"：代理人不按合同规定尽责尽力而偷懒或"干私活"的行为对委托人造成了损害，但却没有对这种损害进行补偿（或因这种损害而受到惩罚）。和其他的外部影响一样，由于信息不完全而引起的委托—代理问题也会给市场机制的正常运行带来困难，从而造成低效率的结果。

解决委托—代理问题的一个方法是采用"木马计"：委托人把自己的利益"植入"代理人的利益之中，或者"搭载"到代理人的利益之上，这样，当代理人为自己的利益而采取行动时，他同时也就是在为委托人的利益服务了。下面是"木马计"的两个例子，一个涉及股东和经理的关系，另一个涉及雇主和雇员的关系。

1. 股东—经理：股票期权计划

许多现代公司的所有权和经营权往往都是分离的。这种情况下的委托—代理问题就是：如何确保公司经营者（经理）的行为符合公司所有者（股东）的利益？

所谓股票期权计划，就是公司给予它的经营者在一定的时间期限内按照某个既定的价格购买一定数量的本公司股票的权利。例如，某个公司于 2003 年 1 月 1 日推出的股票期权计划可能是：允许本公司的高级管理人员在以后 10 年中的任何时候均按 2003 年 1 月 1 日的市场价格购买不超过 10 000 股的本公司股票。这里值得注意的是，公司给予其经营者的不是现金报酬，也不是股票本身，而是一种权利，根据这种权利，经营者可以购买本公司的股票。

股票期权计划对企业经营者具有两个方面的激励作用。一个叫做"报酬激励"，另一个叫做"所有权激励"。

股票期权的"报酬激励"是在经营者购买股票之前发挥作用的。在股票期权计划下，如果公司经营得好，公司股票的价格就能够不断地上涨，经营者就可以通过行使股票期权计划所赋予的权利（即购买既定价格和数量的公司股票）而获得可观的收益；反之，如果公司经营得不好，股票价格就不能够上涨，有时甚至会下跌，在这种情况下，经营者就可以放弃股票期权计划所赋予的特权而避免遭受损失。总之，股票期权向企业的经营者提供了一个没有任何风险的获利机会。

前面所举的某公司的例子可以用来更加具体地说明股票期权的作用。假定在开始推出股票期权计划的2003年1月1日，该公司股票的市场价格为5元。再假定由于经营有方，经过5年之后，即在2008年1月1日，股票价格上涨到15元。此时，拥有股票期权的公司高级管理人员就可以按2003年1月1日的每股5元的价格购进，并按2008年1月1日的每股15元的价格卖出总共10 000股的本公司股票。在这种情况下，每买卖一股股票可以赚取10元钱，买卖全部所允许的10 000股股票则可以赚取总共10元×10 000=100 000元钱！当然，如果预计公司的股票还会进一步升值，则这些高级管理人员也可以决定暂时不买，而等到股票价格上升到更高水平以后再买，从而获得更大的收益。由此可见，只要公司的股票能够不断地升值，股票期权计划就可以给公司的高级管理人员带来丰厚的报酬。而如果公司经营状况不佳，股票价格不断下跌，比如跌到每股3元，则每购买一股股票就要损失2元钱。在这种情况下，公司高级管理人员显然将放弃他们所拥有的股票期权。

从以上例子可以看到，股票期权计划给予企业经营者的实际上只是一种获利的可能性。要使这种可能性变为现实，还需要这些经营者积极地负起责任来，通过不断地改善经营管理来实现公司资产的不断增值，实现股票价格的不断上升。这样一来，股票期权计划就通过"报酬激励"机制把经营者的行为引导到与公司所有者的利益相一致的轨道上来了。

另外，股票期权的"所有权激励"则是在经营者购买了股票之后发挥作用的。一旦经营者购买了公司的股票，他们也就处于和普通股东同样的地位了：他们现在也成了企业的所有者。作为企业的所有者，他们的目的当然也是（或至少有一部分是）实现利润的最大化，实现资产的保值增值。于是，股票期权计划又通过"所有权激励"机制保证了经营者的行为与所有者的利益相一致。

2. 雇主—雇员：工资报酬计划

考虑如下的雇主—雇员关系。雇主雇用雇员为自己进行生产。雇主的目的是使自己的利润达到最大，但结果到底如何则要取决于雇员的努力程度及其他一些无法预知和控制的随机因素，如机器和零部件的质量等等。一方面，如果不考虑随机因素的干扰，则雇主的利润将随着雇员努力程度的提高而增加；另一方面，如果雇员的努力程度不变，则雇主的利润会随着随机因素的影响而变化。表11-2对此做了简单的概括。

表11-2　雇主的利润　　单位：元

	运气差	运气好
偷　懒	10 000	20 000
不偷懒	20 000	40 000

表11-2假定，雇员的努力程度只有两种情况——偷懒和不偷懒，随机因素的影响也只有两种情况——运气差和运气好，并且，这里两种情况出现的概率相同，

都是二分之一。雇员可以决定偷懒或者不偷懒。这两种行为对雇主的利润有不同的影响。一方面，如果雇员决定偷懒，则雇主的利润在运气差的情况下为 10 000 元，在运气好的情况下为 20 000 元；另一方面，如果雇员决定不偷懒，则雇主的利润在运气差和运气好两种情况下分别为 20 000 元和 40 000 元。从表 11－2 所给的这些数字中可以看到，雇主的信息是不充分的。雇主只有在最后的结果是 10 000 元或 40 000 元利润的情况下，才能够对雇员的努力程度作出准确的判断：如果是 10 000 元，可以断定雇员偷懒了，反之，如果是 40 000 元，可以断定雇员没有偷懒。但是，当利润为 20 000 元时，雇主就无法判断雇员到底是偷懒了还是没有偷懒。一方面，即使雇员偷懒，但如果运气好，利润照样可以达到 20 000 元；另一方面，即使雇员不偷懒，但如果运气差，利润最多也只能有 20 000 元。在现实的经济中，由于存在着各种各样的复杂的干扰因素，这种无法断定雇员努力程度的情况是相当普遍的。雇主方面的这种信息不完全，使得雇员有可能为了自己的利益而偷懒。

与雇主不同，雇员为雇主干活是为了得到一份工资收入。但是，干活不仅意味着失去闲暇，而且意味着工作时的种种单调乏味、紧张疲劳甚至不愉快，这些都是雇员提供劳动的成本。显而易见，雇员的劳动成本在偷懒和不偷懒两种情况下是不同的。为简单起见，假定雇员的劳动成本在偷懒时为 0 元，在不偷懒时为 10 000 元。雇员的目标是使工资收入减去劳动成本之后的差额（即净收益）达到最大。

现在来看雇主如何解决他所面对的委托—代理问题。从表 11－2 中可以看到，对雇主来说，最有利的结果当然是雇员不偷懒。这是因为，如果雇员偷懒，雇主的预期利润（未扣除工资）只有：

$$\frac{1}{2}\times10\ 000+\frac{1}{2}\times20\ 000=15\ 000(\text{元})$$

而如果雇员不偷懒，这一预期利润（未扣除工资）可以高达：

$$\frac{1}{2}\times20\ 000+\frac{1}{2}\times40\ 000=30\ 000(\text{元})$$

现在的问题是，雇主如何确保雇员不偷懒呢？如果雇主的信息是完全的，即雇主能够随时监控雇员的行为，他就可以把工资报酬与雇员的努力程度直接联系起来。在这种情况下，雇员无法偷懒，否则就要面临罚款甚至被解雇的危险。但是，一旦雇主方面存在着如表 11－2 所示的信息不完全，他就无法有效地监控雇员的行为，无法再把工资与雇员的努力程度直接挂钩，而只能把它与可观察的生产结果（表 11－2 中的利润）相联系。在这种情况下，不同的报酬形式（或“激励机制”）可以改变雇员的行为——从不偷懒变为偷懒，或者相反，从偷懒变为不偷懒。于是，雇主就有必要设计和采用“好”的激励机制，以确保雇员的行为与自己的要求相一致（在表 11－2 的例子中，就是要保证雇员不偷懒）。下面我们来看一下在三种不同的激励机制下雇员的行为。

（1）固定工资。

假定雇主支付给雇员 12 000 元的固定工资（其他数量的固定工资也一样）。在这种情况下，雇员为了实现自己的利益最大化，肯定会采取偷懒的行为。这是因为，如果他偷懒，他的净收益就是 12 000 元（此时的劳动成本为 0 元），而如果他不偷懒，净收益只有 12 000－10 000＝2 000（元）。其中，减去的10 000 元是不偷懒时的劳动成本。于是，在固定工资的条件下，雇员肯定偷懒。在雇员偷懒的条件下，雇主只能得到较低的预期净利润（扣除工资之后）：

$$\left(\frac{1}{2}\times 10\ 000+\frac{1}{2}\times 20\ 000\right)-12\ 000=3\ 000(\text{元})$$

而在雇员不偷懒的情况下，他的预期净利润本来可以高达：

$$\left(\frac{1}{2}\times 20\ 000+\frac{1}{2}\times 40\ 000\right)-12\ 000=18\ 000(\text{元})$$

由此可见，固定工资导致了低效率。

（2）奖勤罚懒。

与固定工资的情况相比，通过对不偷懒的行为进行鼓励，则可以使雇主和雇员双方都得到好处。例如，假定雇主给雇员制订如下的报酬计划：

“如果利润不超过 20 000 元，则工资为 0 元；如果利润达到 40 000 元，则工资为 24 000 元。”

在这种情况下，雇员偷懒的结果就是工资等于 0 元。因为在偷懒的条件下，无论运气好坏，利润都不会超过 20 000 元。由于雇员偷懒的工资为 0 元，同时其劳动成本也为 0 元，故其净收益等于 0 元。而雇员不偷懒的预期工资收入是：

$$\frac{1}{2}\times 0+\frac{1}{2}\times 24\ 000=12\ 000(\text{元})$$

减去不偷懒的劳动成本 10 000 元之后，净收益等于 2 000 元。于是，雇员出于自身利益的考虑会决定不偷懒。此时，雇主的预期净利润也比实行固定工资时大大增加：

$$\frac{1}{2}\times(20\ 000-0)+\frac{1}{2}\times(40\ 000-24\ 000)=18\ 000(\text{元})$$

（3）利润分享。

下面的“利润分享”计划也可以起到与“奖勤罚懒”相同的激励作用：

“当利润低于 18 000 元时，工资为 0 元；当利润高于 18 000 元时，超过部分即作为工资给予雇员。”

此时，如果雇员偷懒，他的预期工资收入是：

$$\frac{1}{2}\times 0+\frac{1}{2}\times(20\ 000-18\ 000)=1\ 000(\text{元})$$

其净收益也为 1 000 元（因为偷懒的劳动成本为 0 元）。而如果雇员不偷懒，则其预期工资收入为：

$$\frac{1}{2}\times(20\,000-18\,000)+\frac{1}{2}\times(40\,000-18\,000)=12\,000(\text{元})$$

减去不偷懒的劳动成本 10 000 元之后，净收益为 2 000 元。由此可见，在上述利润分享的情况下，雇员出于自身利益的考虑将决定不偷懒。这样，雇主的预期净利润就能确保为 18 000 元，与前面“奖勤罚懒”时完全一样。

当然，这里所举的例子都是非常简单化的情况，其目的仅仅在于说明激励机制有助于解决委托—代理问题。

六、信誉和信息调控

信息的不完全和不对称带来了许多问题。市场机制本身可以解决其中的一部分问题。例如，为了利润的最大化，生产者必须根据消费者的偏好进行生产，否则，生产出来的商品就可能卖不出去。生产者显然很难知道每个消费者的偏好的具体情况。不过，在市场经济中，这类信息的不完全并不会影响他们的正确决策——因为他们知道商品的价格。只要知道了商品的价格，就可以由此计算生产该商品的边际收益，从而就能够确定他们的利润最大化产量。

通过市场机制本身来解决信息不完全和不对称问题的另外一个方法是建立**“信誉”**。在信息不完全和不对称的情况下，如果没有其他的约束机制，市场就会到处充斥着劣质的产品。这是因为，一方面，消费者知道，生产和销售产品的企业比自己更加了解产品的质量，因而就有可能利用这一信息优势来进行欺骗，即生产一些成本较低的劣质产品，并把它们拿到市场上来以次充好，以获得更大的利润。基于这种认识，消费者只愿意对企业提供的产品支付较低的价格。另一方面，由于消费者只愿意支付较低的价格，企业也不愿意生产成本较高的优质产品。这样一来，结果当然就是劣质产品把优质产品逐出市场。

幸运的是，由于存在着诸多约束因素，现实的市场并没有糟糕到如上所述的地步。其中一个就是“信誉”。所谓信誉，可以被看成是消费者对企业行为的一种主观评价。消费者根据自己购买和消费某种产品的亲身体验以及来自其他消费者的“忠告”或别的因素，对生产和销售该产品的企业的诚信（或欺瞒）程度作出判断，并根据这种判断来决定以后是否会购买该企业的产品。

一般来讲，当买卖双方的关系相对固定时，信誉机制比较容易建立。在这种情况下，企业只要欺骗某个消费者一次，就可能永远失去这个消费者，甚至有可能失去更多的消费者。反之，如果是一次性的、流动性的买卖，交易结束之后，双方可能永远也不会再碰面，则建立信誉机制就比较困难，因为在这种情况下，对企业来说，“回头客”本来就不存在，也用不着担心受骗者会向其他消费者揭发自己的不是。不过，即使是在后面这种场合，信誉机制有时也可以起到一定的作用。以遍布世界的麦当劳为例。当你待在家里时，你也许并不愿意经常去麦当劳。但是，当你出差到一个陌生的地方时，去麦当劳也许就是一个不错的决定。街头那家名叫“张三”的饭馆提供的饭菜也许更有风味，但你无法肯定。你唯一能够肯定的是，这里的麦当劳和你家乡的麦当劳是完全一样的。因为麦当劳的产品全球都一样，去那里用餐不必担心受骗。于是，通过这样的“标准化”，市场在一些“一锤子”买卖的场合也可以建立起信誉机制。

信誉在解决信息不完全和不对称问题上所起的最重要的作用就是“区分市场”。信誉使由于信息不完全和不对称而搞得混乱不堪的市场变得清晰分明起来。信誉好的产品意味着质量高，信誉差的产品意味着质量低。在“区分市场”的同时，信誉也使得“高质高价”成为可能：质量高的产品价格就高，反之则低。“高质高价”鼓励了生产和销售优质产品的企业，同时也惩罚了生产和销售劣质产品的企业——它们的产品被打上劣质的烙印，无法再冒充优质产品。总之，信誉提高了企业诚信的收益和欺骗的成本。

但是，市场机制并不能够解决所有的信息不完全和不对称问题。在这种情况下，政府就有必要在信息方面进行调控。信息调控的目的主要是保证消费者和生产者能够得到充分和正确的市场信息，即提高市场的“透明度”，以便他们能够作出正确的选择。例如，就保护消费者来说，常见的政府措施包括这样一些规定：发行新股票或新债券的公司必须公布公司的有关情况、产品广告上不得有不合乎实际的夸大之辞、某些产品必须有详细的使用说明书、香烟包装上必须标明“吸烟有害健康”的字样，等等。

第五节　结 束 语

本章要点可以归结如下：

（1）市场机制一般只能保证资源配置的边际私人收益和边际私人成本相等，而无法保证边际社会收益和边际社会成本相等。当边际社会收益和边际社会成本不相等时，对整个社会而言，资源的配置就没有达到最有效率的状态。这就是市场失灵。

（2）垄断是市场失灵的一个重要原因。垄断超额利润的存在说明在该行业中资源配置得太少。为了追求和维护垄断地位而花费的代价是一种纯粹的浪费，是社会的净损失。这种非生产性的寻利活动被概括为所谓的“寻租”活动。政府对付垄断的办法包括限制垄断价格和反垄断法等。

（3）外部影响是造成市场机制低效率的又一个重要原因。从社会的角度看，私人活动的水平在存在“好”的外部影响时往往太低，而在存在“坏”的外部影响时又往往过高。对付外部影响通常有三个办法。一是税收和津贴；二是企业合并；三是明确财产权。最后这个办法的依据是科斯定理：只要财产权是明确的，而且交易成本很小，则无论把财产权赋予谁，市场都是有效率的；但是，这个办法存在很多问题。

(4) 市场机制主要是在私人物品的场合起作用，而不适用于公共物品。由于在公共物品场合存在着“搭便车”之类的现象，市场机制提供的产品数量往往太少。因此，政府有必要承担起提供公共物品的任务。

(5) 在现实的经济生活中，常常存在着信息的不完全和不对称。在这种情况下，市场机制的作用也受到很大的限制。市场机制本身只能够解决一部分信息不足的问题。因此，需要政府在信息方面进行调控，以保证消费者和生产者能够得到充分和正确的信息，以便作出正确的选择。

本章的主旨在于说明：现实生活中的四项事实破坏了完全竞争赖以存在的基础。这四项事实即本章前四节所论述的垄断、外部影响、公共物品和信息的不完全性；由于它们对完全竞争的破坏，所以资本主义的资源配置不能够达到理想的最优状态，即存在着市场失灵的情况。这时，为了尽可能地达到最优状态，国家必须执行微观经济政策来对此加以弥补。“政府有时能改善市场运行的后果”被西方学者称为经济学的十大原则之一。① 上述种种也许会引起读者的误解，从而认为：虽然完全竞争的理想状态系以严格的假设条件为前提，但是，只要执行微观经济政策来弥补假设条件的缺陷，资本主义的市场经济就仍然可以达到或接近帕累托最优状态。事实当然不是这样，下面将加以说明。

完全竞争依赖许多假设条件，其中有很多是非常严格的。例如，完全竞争假设商品具有无限的可分割性，这就是说，一台机器可以被分割成很多同样的微型机器。稍有数学基础的读者当然知道，如果没有这一假设，微积分的方法便不能被用来论证理想状态的存在。因此，无限分割的假设条件是论证所必需的。这就是说，理想状态赖以成立的一个或数个条件已经无可补救地被破坏了。处于这种情况下，本章所论证的四种政策能否使资本主义的市场经济达到或接近帕累托最优状态？根据西方经济学的“次优理论”②，答案是否定的。

全面论述“次优理论”已经超出本书的范围，但是，我们可以引用“次优理论”的结论来说明为什么答案是否定的。

“次优理论”的结论写道：“不存在任何**先验的**方法来对某些帕累托最优状态的假设条件得以满足而另一些假设条件不能满足的各种事例加以判别。更具体地说：在不能全部满足假设条件的情况下，满足较多的条件的事例并不必然，也不可能优越于满足较少条件的事例。”③

我们在上面举例说过，商品可以被无限分割的假设条件是无法满足的。这就是说，资本主义市场经济不能完全满足帕累托最优状态的全部条件。既然如此，根据“次优理论”，即使本章所介绍的四种“失灵”现象得以用政策完全弥补，即增加了四个被满足的条件，也不能证明其后果要优越于不执行政策的后果，即少满足四个条件的后果。因此，即使微观经济政策有效，也不能证实资本主义会趋向于帕累托

---

① 曼昆．经济学原理．7 版．纽约：德里顿出版社，2014.

②③ 李普赛，兰卡斯特．次优的一般理论．经济研究评论，1956—1957，24 (1)：11－32.

最优状态。

本章的结束语之所以提到“次优理论”，只是想避免使读者误解，认为微观经济政策的执行可以使西方社会达到或接近帕累托最优状态。在说明这一误解的同时，我们并不否定某些微观政策在现实经济生活中的有效性。以本章所论述的四种政策而论，针对外部影响、公共物品和信息不完全性的政策，我们认为都已经取得了一定的成果。然而，反垄断政策却应该说是失败的，或者至少没有取得显著的成功，因为西方世界的企业规模的不断扩大是有目共睹的事实。例如，1997 年，美国波音公司与麦道公司的合并使得美国仅有一家制造大型客机的厂商，它与欧洲的空中客车公司成为整个世界的同一行业中最大的两家企业。虽然二者之间也有竞争，但垄断的现象也是明显的。

第六节　微观经济学结束语

由于本章是微观经济学的最后一章，所以除了本章的结束语以外，还有必要对整个微观经济学的理论体系加以总结。

一、微观经济学的结论

本书第二章图 2－1 已经对微观理论体系作一鸟瞰。结合该图，这一体系可以被分解为下列六点内容：

第一，图中的消费者出于利己的动机，支付商品（如茶叶）的价格，从所购买的商品中获得最大的效用，即最大的满足；这便是本书第三章的内容。

第二，通过图上方的产品市场（茶叶市场）的供求关系，消费者支付的价格变为企业家的收入；对此，本书第二章已经加以论述。

第三，在完全竞争的条件下出于利己的动机，为了获得最大的利润，企业家必然要使他的（茶叶的）产量处于价格＝边际成本的水平。

第四，在完全竞争的长期均衡的情况下（即企业家不能再取得超额利润时），价格＝边际成本＝平均成本，这时，企业家必然以最低的成本进行（茶叶的）生产；第三和第四两点均由本书第四章、第五章和第六章三章加以论述。

第五，平均成本是企业家支付给生产要素的报酬，等于工资、利润（或利息）和地租的总和，三者分别补偿劳动、资本和土地在生产（茶叶）上所作出的贡献；关于这一切，我们在第八章中已经加以论述。

第六，把上述五点综合起来，图中所描述的社会能以最低的成本进行（茶叶或任何其他产品的）生产，来使消费者得到最大的满足，资本家得到最大的利润，生产要素得到各自在生产上所做的贡献作为报酬。该社会已经达到如此满意的状态，以致在不减少任何成员的福利的情况下，无法再增加任何一个成员的福利。这一状态被称为帕累托最优状态，而完全竞争的模型可保证经济制度达到这一状态。第九章所涉及的就是这些问题。

上面的六点表明，帕累托最优状态显然是一个理想的状态。关于这一状态，西方经济学最流行的一本教科书写道："整个经济社会是有效率的；只有使其他人的处境变坏才能使任何人的处境变好。"① 甚至有一位西方学者称帕累托最优状态为"天堂般的"状态。②

在这里，应该注意的是，帕累托最优状态是由具有利己心的各种人共同造成的，包括企图取得最大效用的消费者、以最大利润为目标的企业家以及想要领取最高报酬的生产要素的所有者。这些具有利己心的个人，通过竞争的作用，却能造成代表最优境界的帕累托最优状态。整个微观经济学的完全竞争模型的主要目的就在于论证这一点。

虽然为现实所逼，西方学者承认本章所论述的市场失灵的各种情况，但是，他们又声称，微观经济政策可以弥补市场失灵的不足之处。这种说法，正如上面说过的那样，在意识形态上起着相当大的误导作用。它可以造成一种印象：资本主义似乎可以通过微观经济政策来矫正现实的市场机制的缺点，从而达到接近"理想社会"的状态。

早在200多年以前，西方经济学的鼻祖亚当·斯密就已经提出了"看不见的手"的原理。斯密写了一段被广为引用的著名的话："每人都在力图应用他的资本，来使其生产品得到最大的价值。一般地说，他并不企图增进公共福利，也不知道他所增进的公共福利为多少。他所追求的仅仅是他个人的安乐，仅仅是他个人的利益。在这样做时，有一只看不见的手引导他去促进一种目标，而这种目标绝不是他所追求的东西。由于追逐他自己的利益，他经常促进了社会利益，其效果要比他真正想促进社会利益时所得到的效果为大。"③ 这段文字普遍被称为是斯密的"看不见的手"的原理。

在这里，斯密的"看不见的手"一般被认为是就资本主义的市场而言的。按照这一解释，斯密这段话的意思不外乎是：以利己心为动力的资本主义制度可以通过市场机制的作用来使整个社会得到最大的福利。把斯密"看不见的手"的原理的内容和现代微观经济学的结论相比较，后者可以说是对前者的注解。萨缪尔森写道："现代经济学的最大成就之一便是理解亚当·斯密的论点（指'看不见的手'的原理。——引者）的准确含义。"④ 这一成就在意识形态中的作用是什么？对此，一位西方学者写道："一直到目前，斯密断言资本主义市场制度的'看不见的手'能够协调一切人的自私行动并且导致生产资料'最优的'配置的说法构成在意识形态上

---

①④　萨缪尔森，诺德豪斯．经济学．19版．纽约：麦格劳-希尔公司，2009.

②　弗格森．微观经济理论．3版．霍姆伍德：伊尔文公司，1972：490.

③　亚当·斯密．国富论：下册．伦敦：丹特公司，1955：246.

维护资本主义的最完备的基础。”① 由此可见，在意识形态上，现代微观经济学不过是斯密的“原理”在目前的表现形式。

二、微观经济学组成部分的共同的局限性

微观经济学的每个组成部分都有它自己独有的局限性。例如，作为西方经济学价值论基础的效用论把体现人与人之间生产关系的价值说成表示人与物之间关系的效用。又如，作为西方经济学分配论核心内容的边际生产率分配论不过是早已被马克思彻底批判过的萨伊“三位一体”公式的翻版。关于各个组成部分的独特的局限性，我们已经在本书有关各章的结束语中加以简要说明。在这里，我们仅仅论述各个组成部分的共同局限性。从这些共同的局限性中，我们能够看到，从整个体系看来，微观经济学的结论是很难成立的。

第一，一个纯粹由个人利己动机出发而不遵守某种最基本道德标准的市场经济是不可能达到帕累托最优状态的。因为在这种情况下，市场经济中就可以出现欺诈和道德败坏的行为，从而使帕累托最优状态不能实现。关于这一点，本书第十一章第四节已经提供了一些事例。21 世纪初出版的一本专门研究这一问题的专著的结论写道：“在参与者不受道德约束的条件下，商品配置不可能达到帕累托最优的均衡状态。简言之，经济效率只能在有道德的条件下才可能存在。”② 在这里，必须注意：所有这一切并不否定利己心是市场经济的一种动力，而仅仅是说，单凭利己动机，市场经济不可能达到帕累托最优状态。

第二，微观经济学的各个组成部分都建立在一系列不符合事实的假设条件之上。既然假设条件不符合事实，其结论当然也不能成立。例如，在上面效用论的论述中已经指出，消费者被假设为能够判别不同商品的各种组合的优劣。这就是说：对消费者而言，他可以判别 2 千克面包、1 千克土豆的组合比 1 千克面包、2 千克土豆的组合带来较大、较小还是相同的效用。如果一个社会仅有两种产品，如面包和土豆，判别不同组合的优劣也许是可能的。然而，在现实生活中，社会上存在的产品种类绝不止两个。即使在物质条件很差的社会中，其产品种类也远远不止于此。在这样的情况下，要想判别种类繁多的产品的各种不同组合的优劣显然是不可能的，更不用说产品种类成千上万的现代化社会。又如，拿生产函数中提到的厂商可以自由无阻与不受损失地进入和退出任何行业来说，这一假设条件同样不符合事实。现代化的生产几乎使任何一种产品的生产都必须具备独特的设备、技术和管理才能。在这样的要求之下，厂商不但不能自由无阻地进入某一行业，甚至根本没有进入某些行业的可能。即使有可能进入和退出某一行业，厂商也必须为此支付一笔相当庞大的费用。在目前的资本主义社会中，由于垄断企

---

① 亨特，施瓦茨．对经济理论的批判．伦敦：企鹅出版社，1972：168.

② 舒尔茨．经济效率的道德条件．剑桥：剑桥大学出版社，2001：117－118.

业生产规模庞大，进入某一行业往往需要数量惊人的资本。此外，垄断组织对许多行业都加以严密的控制。这些情况使得进入和退出某一行业更加困难。拿美国的汽车业来说，由于石油价格高昂，一向以生产大型轿车为主的美国汽车业受到了日本小型汽车的严重打击。为了转产小型汽车以便和日本相竞争，美国的汽车业投入了一笔相当可观的转产费用并且需要一段调整生产的时间。这一事例表明，仅仅转移同一行业的生产的品种已经要付出昂贵的代价，完全改变行业的费用则将更高。完全竞争模型所作出的自由无阻与不受损失地进入和退出某一行业的假设是不符合事实的。

微观经济学具有很多与上述类似的严格的假设条件。由于这些假设条件不符合事实，微观经济学据此而得到的美化资本主义制度的结论当然是不能成立的。

上一节提到的西方经济学界的“次优理论”进一步表明了难以符合事实的严格的假设条件给微观经济学美化资本主义的结论所带来的严重影响。“次优理论”证明：假如微观经济学的完全竞争模型具有十个假设条件，其中一个受到破坏，其余九个得到满足，那么，该模型并不会推导出它所预期的美化资本主义的结论的十分之九。要想得到这一“次优状态”，必须在不能满足一个假设条件的情况下改变其他一些条件。这就意味着：一个不符合事实的假设条件便能使整个完全竞争模型垮台。既然该模型具有许多不能满足的假设条件，那么它所预期的美化资本主义的结论显然是无法证实的。

第三，即使抛开严格的假设条件的问题不谈，微观经济学的各个组成部分所企图论证的也不过是一些脱离任何特殊生产关系的抽象的理论。消费者选择理论所企图论证的是：任何一个具有一定收入的人都必然要使他的收入能换取最大的满足以及实现换取最大满足的条件。这一结论可以适用于任何社会，因为任何社会的人，如果持有一定量的收入，都必然要尽量使他的收入能够换取最大的满足。生产理论的目的在于证明：任何处于竞争状态下的企业经理人员都必然要使他的成本降到最低点以及实现做到这一点的条件。这一结论同样可以适用于各种不同的生产方式，不但可以适用于简单商品生产和资本主义社会，而且在抽象的意义上可以适用于社会主义社会。上面的厂商理论企图得出的结论是：如果目的在于获取最大利润，那么，厂商必然要把生产推进到边际收益和边际成本相等之点。这一结论显然可以脱离任何一种具体的生产方式而独立存在，因为既然利润是产品的卖价减去它的成本后的差额，那么，正像本书第六章第二节已经做过的那样，简单的微积分的推导可以证明：边际收益和边际成本相等是利润最大化的必要条件。至于分配论，如果该理论可以被认为也进行了论证，它的论证所依据的理由无非是：在任何情况下能存在的事物都是合理的。由于在资本主义制度下，资本家能按资本取得收入，所以资本便据此而被认为能创造价值。由此可见，微观经济学的各个组成部分所企图证明的不过是一些各种生产方式所共有的，从而也是能脱离任何特殊生产关系而存在的抽象理论。

对于这种脱离特殊生产关系的抽象理论，马克思指出：“总之，一切生产阶段所共有的、被思维当做一般规定而确定下来的规定，是存在的，但是所谓一切生产的**一般条件**，不过是这些抽象要素，用这些要素不可能理解任何一个现实的历史的生产阶段。”① 马克思的论断固然是就经济学所研究的“生产的一般条件”而言的，但这一论断也适用于微观经济学的各个组成部分。这一论点不但适用于不同社会的事物，也适用于日常生活中的情况。例如，要想判别一个具体的人，不能用一般的个人所具有的共同之点（如一个鼻子、两个耳朵等）来做到这一点，而必须指出这个人的特点。然而，微观经济学的各个组成部分所企图证明的仅仅是脱离任何特殊的生产方式都可以存在的抽象理论，因此，这些抽象理论不能被用来解释任何一种生产方式的现实情况，包括资本主义的现实情况在内。

第四，尽管微观经济学的各个组成部分所包含的论点不能解释任何一种生产方式的现实，然而，西方学者却往往利用这些论点来对资本主义的现实加以说明。

由于资本主义的现实不能用微观经济学的各个组成部分的内容来加以解释，所以西方经济学的解释和资本主义的现实情况之间存在着明显的矛盾之处。例如，厂商理论的结论之一是：为了获取最大限度的利润，资本家必然要把生产推进到边际收益等于边际成本之点，或价格等于边际成本之点。这一定价公式在西方经济学中占有非常重要的地位。例如，我们已经看到，西方学者之所以能证明完全竞争模型能够导致帕累托最优状态，其基础便是价格等于边际成本的公式。关于这样一个重要的公式，西方学者也承认，实际的价格并不是按照这个来决定的：“对事实的观察表明，厂商很少根据边际收益和边际成本的相等来决定价格。”② 我们在第六章第九节的结束语中也引用过一位颇为知名的西方学者赖斯特的话：西方国家的学生向他们的老师提出抗议，因为他们的作为企业主的爸爸并不像老师们所说的，“按照边际收益和边际成本相等来求得最大利润”③。

这种理论与事实相背离的后果是严重的。按照另一位颇为知名的西方学者埃克纳的意见，这种背离甚至使西方经济学不能算作科学。他写道：“为什么经济学还不是科学？正式的答案是：虽然不能用事实来证实它的几个关键性的命题，但是，经济学还是继续根据这些命题而进行争辩。具有很少或根本没有事实根据的关键命题是：(1) 每个家庭都具有一系列反映该家庭对两种物品的偏好的向原点凸出的无差异曲线；(2) 一系列代表生产任何一种产品所需要的劳动和其他投入品的有连续性的或平滑的等产量曲线；(3) 存在于经济中任何一个部门的一系列向上倾斜的供给曲线；(4) 存在于生产过程中的一切投入品的一系列的边际物质产品曲线，特别是‘资本’投入品的一系列的边际物质产品曲线。这四个命题构成经济理论的新古典学派的核心，从而构成萨缪尔森和希克斯所形成的新古典综合派的微观经济学的

---

① 马克思，恩格斯．马克思恩格斯文集：第 8 卷．北京：人民出版社，2009：12.

② 萨缪尔森，诺德豪斯．经济学．19 版．纽约：麦格劳-希尔公司，2009.

③ 赖斯特．关于工资—就业问题的边际分析的缺陷．美国经济评论，1946，36 (1).

那一半。”①

由于以上四个原因，从整个理论体系来看，微观经济学所企图论证的资本主义是理想社会的说法不能成立，它不过代表美化资本主义的意识形态。

三、为什么有各种局限性的理论体系却具有可取之处

综上所述，就微观经济学的各个部分的共同局限性来看，它的整个理论体系是不能成立的。既然如此，为什么这个理论体系却存在着可取之处？下面是我们对于这一问题的答案。

第一，微观经济学所使用的“边际”的概念和微积分学所使用的“导数”的概念存在着相当密切的联系。我们知道，在19世纪70年代兴起的边际效用学派的理论是和马克思主义政治经济学相对立的，因此，“边际”的概念成为资产阶级的意识形态上的武器，但这并不能证明“边际”的概念是毫无用处的。在过去，虽然帝国主义曾经使用飞机和炸弹来侵略我国，但是，这并不能证明飞机和炸弹本身是完全无用的东西。如果用于造福人类，二者显然可以起到良好的作用。“边际”的概念也是如此。②

从本书的微观经济学部分中可以看到，“边际”的概念和微积分学中的“导数”的概念是非常接近的，后者不过是前者的极限，而在概略性的应用中，二者可以被当做相同的事物。这一事实使得微积分学可以很方便地被应用于微观经济学中。

微积分学是很有用的数学方法，特别在取得最优值的问题上更是如此。例如，在本书的论述中可以看到：西方经济学者在消费者选择理论、生产理论和厂商理论中，都给自己提出了不同的问题。他们提出的问题依次为：既然具有一定收入的消费者必然要以既定的收入换取最大的效用，那么，取得最大效用的条件是什么？既然处于竞争状态的资本家必然要把生产成本压缩到最低点，那么，把生产成本压缩到最低点的条件是什么？既然厂商经营的目的是获取最大利润，那么，厂商获得最大利润的条件又是什么？

关于上述三个问题及其答案，我们已经指出了它们共同的问题所在。我们指出，由于假设条件严格、脱离了任何特殊的生产关系、明显地违背了资本主义的现实情况，所以这些问题及其答案都与微观经济学研究的对象（资本主义）无关，从而，微观经济学的结论不能成立。

但是，我们也可以看到，上述第一个问题是在收入的约束下寻求最优（最大）效用的问题，第二个问题是在产量的约束下寻求最优（最低）成本的问题，第三个

---

① 埃克纳．为什么经济学还不是科学．纽约：夏普公司，1983：8.

② 在这里，我们谈论“边际”概念的有用性质，目的仅在于说明：为什么性质错误的微观经济学的组成部分却有可取之处。我们认为，在把微积分学应用于经济问题时，社会主义国家的经济工作者并不需要使用“边际”的概念，因为他们可以直接使用“导数”的概念，其含义远比“边际”明确。

问题是在不受约束的条件下寻求最优（最大）利润的问题。它们的答案都代表使用微积分学中寻求最优值的办法所得到的结果。

由此可见，微观经济学的上述三个组成部分的部分内容可以被认为是根据一系列的假设条件用微积分学的寻求最优值的方法推导出来的结果。它们之所以是错误的，原因并不在于逻辑推理有任何不精确之处，而在于西方经济学者把根据许多难以实现的假设条件推导出来的抽象结果应用于资本主义社会，以便通过这种应用来美化资本主义制度。换言之，这里的错误并不在于他们所使用的寻求最优值的微积分学的方法，而在于他们对由此得到的结论不恰当地加以应用。从这里可以看出有各种局限性的微观经济学的各个组成部分仍有可取之处的原因所在。微观经济学的各个组成部分的结果是不符合现实的，但是，它所使用的微积分学的寻求最优值的方法却是经济研究的有用工具。

在经济工作中，经常出现寻求最优值的问题。交通应当遵循最短的路径；投资应取得最大的效果；在完成规定的生产任务中，工厂企图把成本压缩到最小的程度；当原材料的消耗为一定量时，人们也试图从其中获得最大的产量；甚至整个社会都应该以最小的代价换取最大的效果。凡此种种都是寻求最优值的问题的例证，而微积分学正是解决这种问题的有用方法之一。因此，我们应该看到：在其内容向我们提供如何把寻求最优值的方法应用于经济问题的例证的限度内，微观经济学仍然包含着有用的东西。

第二，我们正在建设有中国特色的社会主义市场经济，以市场经济而论，它与资本主义有一定限度的共同之处。上面已经指出，微观经济学的各个组成部分主要研究脱离任何特殊生产关系的抽象理论；正因为如此，这些理论既不完全适用于任何特殊的生产方式，也不完全脱离任何特殊的生产方式。因此，在市场经济的范畴内与资本主义有共同之处的我国社会主义的市场经济和微观经济学的某些部分的内容存在着一定程度的关联。由此可见，在有关联的限度内，微观经济学的内容具有值得我们借鉴的地方。例如，它可以比较具体地告诉我们，在市场经济中，分散经营和决策的个体如何通过供求关系，使得他们的经济行为大体上取得协调一致。

综上所述，西方的微观经济学具有双重性质。一方面，在整个理论体系上，它不但存在很多局限，而且是美化资本主义的意识形态。另一方面，它的部分具体内容也有值得我国的社会主义市场经济借鉴之处。

根据这一结论，我们便有理由来形成我们对西方微观经济学所应持有的态度，即：由于微观经济学的双重性质，我们在整个理论体系上，要否定它的美化资本主义的意识形态，而与此同时，在具体的部分内容上，应看到它值得借鉴的地方。只有这样，才能达到“洋为中用”的目的，即：利用它的有用之处，而与此同时，又避免它所带来的负面作用。

习题

一、简答题

1. 垄断是如何造成市场失灵的？

2. 外部影响的存在是如何干扰市场对资源的配置的？

3. 公共物品为什么不能靠市场来提供？

4. 什么是公地的悲剧？

5. 什么是委托—代理问题？

6. 市场机制能够解决信息不完全和不对称问题吗？

二、计算题

1. 设一产品的市场需求函数为 $Q=500-5P$，成本函数为 $C=20Q$。试问：

(1) 若该产品为一垄断厂商所生产，利润最大时的产量、价格和利润各为多少？

(2) 要达到帕累托最优，产量和价格应为多少？

(3) 社会纯福利在垄断性生产时损失了多少？

2. 在一个社区内有三个集团。它们对公共电视节目小时数 T 的需求曲线分别为：

$$W_1=100-T$$
$$W_2=150-2T$$
$$W_3=200-T$$

假定公共电视节目是一种纯粹的公共物品，它能以每小时 100 美元的不变边际成本被生产出来。

(1) 公共电视节目有效率的小时数是多少？

(2) 一个竞争性的私人市场会提供多少公共电视节目小时数？

3. 设一个公共牧场的成本是 $C=5x^2+2\ 000$，其中，x 是牧场上养的牛的数量。牛的价格为 $P=800$ 元。

(1) 求牧场净收益最大时牛的数量。

(2) 设该牧场有 5 户牧民，牧场成本由他们平均分担。这时牧场上将会有多少牛？这会引起什么问题？

4. 假设有 10 个人住在一条街上，每个人愿意为增加一盏路灯支付 4 美元，而不管已提供的路灯数量。若提供 x 盏路灯的成本函数为 $C(x)=x^2$，试求最优路灯安装盏数。

5. 假定一个社会由 A 和 B 两个人组成。设生产某公共物品的边际成本为 120，A 和 B 对该公共物品的需求分别为 $q_A=100-P$ 和 $q_B=200-P$。

(1) 该公共物品的社会最优产出水平是多少？

（2）若该公共物品由私人生产，其产出水平是多少？

6. 假定某个社会有 A、B、C 三个厂商。A 的边际成本为 $MC=4q_A$（q_A 为 A 的产出），其产品的市场价格为 $P=16$ 元。此外，A 每生产一单位产品都将使 B 增加 7 元收益，使 C 增加 3 元成本。

（1）在竞争性市场中，A 的产出应是多少？

（2）社会最优的产出应是多少？

7. 一农场主的作物缺水。他需决定是否进行灌溉。若他进行灌溉，或者天下雨的话，作物带来的利润是 1 000 元，但若是缺水，利润只有 500 元。灌溉的成本是 100 元。农场主的目标是预期利润达到最大。

（1）如果农场主相信下雨的概率是 50%，他会灌溉吗？

（2）假如天气预报的准确率是 100%，农场主愿意为获得这种准确的天气信息支付多少费用？

8. 设某个养蜂场的蜂蜜产量为 h，生产成本为 $C_h=h^2/100$，蜂蜜的价格为 2 元。在养蜂场的附近有一个苹果园，其苹果产量为 a，生产成本为 $C_a=a^2/100-h$，苹果的价格为 3 元。试问：

（1）如果苹果园和养蜂场独立经营，它们的产量将各为多少？

（2）如果苹果园和养蜂场合并起来，苹果和蜂蜜的产量将各为多少？

9. 某小镇有 2 000 个人，第 i 个人的效用函数为 $u_i=x_i+\sqrt{y}$。这里，x_i 和 y 分别是第 i 个人消费的私人物品和公共物品。已知私人物品的价格是 1，公共物品的价格是 10。如果小镇上每个人的效用函数均相同、小镇的总效用等于每个人的效用之和，且小镇上所有人的总收入为 m（假定收入全部用于对私人物品和公共物品的消费），试求小镇的最优公共物品数量。

10. 设某企业的成本函数为 $C=Q^2-40Q$。它每生产 1 单位产品，自己可多得 12 元，整个社会可再多得 4 元。试问：

（1）该企业的利润最大化产量是多少？

（2）整个社会的帕累托最优产量是多少？

三、论述题

1. 图 11－8 是某垄断厂商的利润最大化模型。

（1）试求垄断厂商的利润最大化产量和价格。

（2）如果政府进行管制，政府制定的“效率”价格和产量应为多少？

（3）如果政府进行管制，政府制定的“公平”价格和产量应为多少？

2. 垄断是否也有可能促进经济效率的提高？

3. 设某个人采取某项行动的私人利益和私人成本分别为 V_p 和 C_p，该行动所产生的社会利益和社会成本分别为 V_s 和 C_s。试用这些符号说明：

（1）外部经济的情况。

（2）外部不经济的情况。

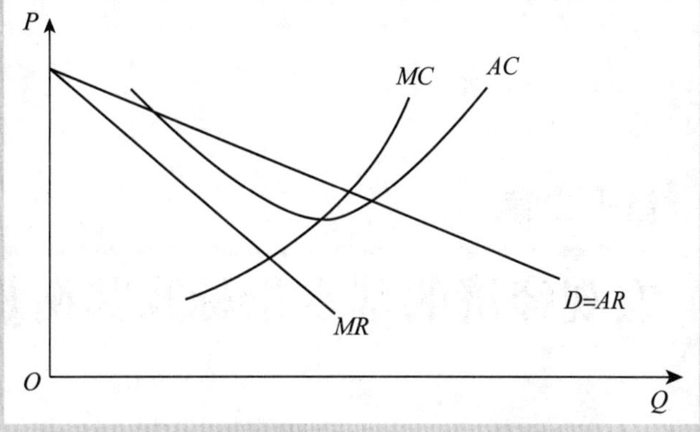

图 11-8

（3）帕累托最优状态不能实现的情况。

4. 对污染的控制是否越严越好？

第十二章

宏观经济的基本指标及其衡量

从本章起开始叙述宏观经济学的内容。本章先说明宏观经济学的特点，作为宏观部分的一个引论，再说明宏观经济的几个主要指标，尤其是国民收入核算的基本原理。

第一节　宏观经济学的特点

一、宏观经济学的研究对象

宏观经济学是相对微观经济学而言的。前面有关微观经济学的各章研究的是经济活动个体决策者的行为及其后果，例如，消费者如何购买以实现效用最大，厂商如何生产以实现利润最大，市场机制又如何把百千万个个体决策者的活动协调起来等；而宏观经济学研究的是社会总体的经济行为及其后果。现代社会是分成一个个国家的，因此，研究社会总体经济行为就是研究国民收入，即研究如何使国民收入稳定地（没有通胀和衰退）以较合适的速度增长。具体说来，宏观经济学就是要研究为什么一些国家的经济会发生时而高涨、时而萧条的周期性波动，并因此造成不同程度的失业和通货膨胀，并导致名义利率和汇率波动；为什么一些国家经济会迅速增长，而另一些国家经济发展很缓慢甚至停滞和倒退。这些问题产生的原因、后果及对策，就是宏观经济学要研究的内容。

任何一个国家宏观经济运行的情况都可以通过一些指标加以测度，就像一个人的身体健康状况可以通过体温、血压等指标加以测度一样。测度宏观经济运行情况的重要指标有国民收入及其增长率、失业率、物价水平及其变动等。

除了上述几个重要的宏观经济指标外，其他比较重要的指标还有政府预算赤字、贸易赤字和盈余的变动，利率和汇率的变动等。这些变量间有没有内在联系，一个变量的变动是否会引起另一个变量变动以及在多大程度上相互关联，这些都属于宏观经济学研究的问题。总的说来，如果微观经济学由于以价格为中心可以被称作价格理论，宏观经济学则由于以国民收入为中心可以被称作收入理论。

二、宏观经济学的基本理论框架

由于宏观经济学是研究国家经济总体运行的科学，因此不考虑个体经济的差异，只把经济划分为家庭、企业和政府三大部门并研究它们之间的相互关系。这是因为，如果认真考察一下，所有经济活动主体，尽管可以有这样那样的差异，但归根结底都不外乎属于这三大部门。所有在工厂、商店、农场、学校、金融机构等工作的工作人员都是一个个家庭的成员，而所有这些机构或者单位则都是一个个企业（当然，这里的学校不是指政府办的公立学校）。军队、法院以及所有政府机构都属于政府部门，但政府部门中所有工作人员又都是家庭的一分子。因此宏观经济学在研究家庭消费和投资行为时，就把所有家庭作为一个完整的经济部门，而不去管各个家庭有何差异或特点；在研究企业行为时，不去考虑它是经营什么业务的企业，是生产什么产品的企业，而把所有企业都当做一种生产经营的经济部门；同样在分析政府行为时，也不去管它是什么地方的政府，是中央的还是地方的政府。宏观经济学也涉及国外的家庭、企业和政府，但也只是把它们都当做一个国外部门来对待。

现代经济是市场经济。市场经济中的市场多种多样。然而宏观经济学在宏观层面上研究市场活动时，只把各种市场归结为三大类：产品市场、货币市场和劳动市场。在产品市场上，无数有形和无形的产品（服务产品）形成供给、需求和交易价格、交易量；在货币市场上，所有金融资产（银行存贷款、证券、保险、信托等）在这里形成供给、需求和交易价格、交易量；在劳动市场上，作为劳动者的劳动供给方和作为劳动需求方的企业、政府进行交易并形成劳动价格和就业量。

正是对这三大经济部门在这三大类市场的交互作用的研究，构成了目前西方宏观经济学的基本理论框架。那些仅仅研究产品市场供求关系如何决定国民收入的理论模型，称为国民收入决定的最简单的理论模型，即国民收入决定的收入—支出模型；在上述模型中加入货币市场供求关系来研究国民收入决定的理论模型，称为国民收入决定的 *IS—LM* 模型；在 *IS—LM* 模型中再加入劳动市场供求关系来研究国民收入决定的理论模型，称为国民收入决定的总需求—总供给模型，即 *AD—AS* 模型。实际上，前面两个模型只是研究总需求如何决定国民收入，第三个模型研究的是总需求和总供给如何一起决定国民收入。这里讲的还是与国外不发生关系的封闭经济的情况。如果引进国际经济部门，那么决定国民收入的总需求中，除了产品市场和货币市场，还有国际市场。关于这方面的情况，本书后面还会讲到。

三、宏观经济学和微观经济学的异同

宏观经济学和微观经济学的异同，既体现在经济理论上，也体现在经济政策上。

先看经济理论。宏观经济学和微观经济学都是研究市场经济中经济活动参与者的行为及其后果的，而市场经济中所有经济活动参与者的行为都是一定意义上的供给和需求行为，因此，宏观经济学与微观经济学的主要相同之处就在于两者都是通过需求曲线和供给曲线决定价格和产量，并且微观经济学和宏观经济学的需求曲线一般说来都是向右下方倾斜的，供给曲线都是向右上方倾斜的。然而，微观经济学研究的是个体经济活动参与者的行为及其后果，因而微观经济学中的供给曲线和需求曲线都是个体经济的供求曲线，由此决定的成交价格和成交量也是个体商品（包括产品和要素）的价格和成交量。例如，大米市场供求均衡所决定的价格也许是 1 美元/千克，成交量是 5 万吨；或者某上衣 20 美元/件，成交量是 1 万件；等等。宏观经济学中的供给曲线和需求曲线是整个社会经济的供求曲线，即总供给曲线和总需求曲线，因而由此决定的价格和产出是整个社会的价格水平和社会产出总值。例如，某国家在某年的价格指数即价格水平是 1.05 或者说 105%，意指该年的价格水平在总供给和总需求二者的作用下比基期（也许是上一年，也许是以前的某一年份）上升了 5%，同时该国在该年的总产出也许是 300 亿美元的国内生产总值。可见，微观经济学中的价格和产量是一个个具体商品的价格和产量，而宏观经济学中的价格和产量是整个社会的价格水平和产出水平。这里价格水平用价格指数表示，产出水平用货币衡量的市场价值（国内生产总值）表示。

不仅如此，微观经济学中需求曲线和供给曲线的一般形态，看起来和宏观经济学中总需求曲线和短期总供给曲线的形态都差不多地向下倾斜和向上倾斜，但其原因是不同的，这是以后要讲到的。

再看经济政策。微观经济政策和宏观经济政策的共同点在于：二者都是政府运用一定经济手段引导和规范微观经济主体的行为，使之趋向有利于改善社会的经济福利。二者的区别在于：微观经济政策的目标主要是解决资源优化配置问题，纠正市场在资源优化配置上的失灵。例如，政府用反垄断政策矫正企业因垄断行为而不能实现资源优化配置方面的失调，政府提供公共物品来解决市场经济主体不能提供社会所需要的公共物品问题。所有这些微观经济政策都是政府的“有形之手”补充市场这只“无形之手”在资源配置上的失灵。宏观经济政策目标虽然也得通过微观经济主体的行为来实现，但这个目标主要不是解决资源配置问题，而是解决资源利用问题。例如，若经济出现萧条和失业，表明经济资源没有得到充分利用，政府就要用经济政策来刺激经济，引导居民和企业增加消费和投资，以克服资源闲置和浪费。相反，若经济过热，产生了严重的通货膨胀，表明社会对资源的需求超过资源的供给能力，政府就应当用经济政策来给经济降温，引导合理的消费和投资。

四、宏观经济学的加总法

宏观经济学研究社会总体经济行为，因而不能像微观经济学那样运用个量分析方法，而要用总量分析方法，即从个量分析的加总（aggregation）中引出总量的分析方法。

“经济加总”是人们用以描述某些经济生活的一个简单的抽象。例如，总产出就是一个经济加总的概念。比方说一定数量的香蕉、上衣、钢铁等各不相同的东西无法直接加总，但是在市场上都值一定数量的钱，于是，通过货币就可以把物质形态不同的产品的产量都还原为一定的市场价值从而加总。中国有句老话：“春种田园皆万物，秋收遍地是黄金。”这是说春天播种各种农作物种子，秋天可收获各种值钱的农作物。根据收获的这些农作物的价值，也就可以计算出农业创造出的国内生产总值。

宏观经济学运用经济加总法时有几点值得注意：

一是宏观分析中有些总量变化可以从微观分析的个量中直接加总（大部分是加权平均加总）而得到，因为微观是宏观的基础，就像树木是森林的基础一样。例如每个人的消费支出加总就构成整个社会的消费总支出，每个人的消费支出与其收入成一定比例，才有总量消费函数。又如每个厂商的投资支出加总就构成全社会的总投资，每个厂商的投资随利率变化而变化，就有了总量投资函数。

二是有些时候微观经济学中一些个体变量尽管可以加总，但是这种加总达不到研究整个社会经济行为的目的。例如降低工资对每个厂商来说都可以降低成本、增加利润，从而增加生产并增雇工人，但我们无法从每个厂商降低工资的加总中得到整个社会能增加生产和就业的结论，因为如果每个厂商都降低工资，则工人们的消费支出会下降并使总需求下降，从而会导致整个社会的生产和就业下降。可见，尽管微观是宏观的基础，但总体经济行为并不是个体经济行为的简单加总。对微观经济是正确的东西，对宏观经济未必也是正确的，其原因除了经济个体与经济总体所追求的目标不同以外，还在于某些行为对经济个体之所以正确或真实，是因为假定其他情况不变，即假定某一经济个体的行为对其他个体不产生影响，但宏观经济涉及的是经济总体即所有经济个体，因而不能再假定其他同一类别的个量不变。例如在上例中，某厂商降低工资时不能假定其他厂商不降低工资。

三是有些时候一些微观经济个体的行为根本不能直接加总。例如，在一个经济社会的经济景气情况发生变化时，各个厂商的投资意愿可能有很大差异，也许有人会认为经济可能会开始走下坡路从而投资意愿和投资支出下降，而另一些人可能会认为经济会继续向好，从而投资意愿强烈，投资需求旺盛。在这样的情况下，宏观经济分析就难以通过将各厂商的投资直接加总而得出总投资会增加或者减少的结论。

可见，总量分析运用加总方法时需要谨慎，要区分能否加总的不同情况，以及弄清楚加总能否达到研究宏观经济行为的目的。

五、宏观经济学鸟瞰和本书宏观部分的章次安排

根据以上论述，宏观经济学的最终目标是寻找保持国民收入稳定增长的对策。所谓稳定的增长系指既无失业又无通货膨胀的增长。为了达到这一目标，第一，西方学者必须探寻哪些市场上的哪些经济变量决定国民收入的大小。第二，在得知这些变量以后，人们就可以进一步制定政策来控制这些变量，以使国民收入保持稳定的增长。这两项内容构成了宏观经济学的主要框架，该框架可以用图 12－1 加以说明。由于该图是对框架的鸟瞰，所以它仅仅涉及市场；每一市场所含有的变量将在对各市场的论述中显示出来。

- 国民收入
  - 短期决定及对策
    - 总需求曲线
      - 产品市场
      - 货币市场
      - 国际市场
    - 总供给曲线——劳动市场（和总量生产函数）
  - 长期决定及对策——经济增长理论
  - 有关国民收入的短期决定的不同意见和对策

图 12－1　宏观经济学鸟瞰

根据上述鸟瞰，本书宏观部分的章次大体安排是：

第十二章即本章除说明宏观经济学特点（相当于宏观经济学部分的引论）外，主要说明核算国民经济活动的核心指标——国内生产总值。第十三章到第十五章分别说明国民收入决定的三个理论模型，即国民收入决定的收入—支出模型、*IS—LM* 模型和 *AD—AS* 模型。第十六章说明国民收入短期波动引起的失业与通货膨胀问题。第十七章说明政府对国民收入波动引发的失业与通胀的调节与管理的经济政策。第十八章引入国际市场。第十九章说明国民收入长期增长理论。第二十章讨论宏观总需求的微观基础。第二十一章以总供给曲线表达式作为主要的事例来阐明当今宏观经济学两大学派的异同及其新发展。最后的第二十二章说明如何将西方经济学理论运用于我国实践。

第二节　国内生产总值及其核算方法

一、国内生产总值概念

宏观经济学研究整个社会的经济活动，首先要有定义和计量总产出或总收入的一套方法。国民收入核算就研究这套方法。核算国民经济活动的核心指标是国内生产总值（GDP），因此，首先有必要弄清什么是 GDP。为了弄清这一概念，可以先

从一个企业的生产谈起。

假设某企业在某年生产和销售 500 万美元制成品。能否说这 500 万美元产品价值都是这个企业生产的或者创造的呢？不能，因为生产中必须消耗原材料、能源等等。假定这些消耗是 200 万美元，则该企业新生产的价值充其量只有 300 万美元（其实这 300 万美元价值中还没有扣除厂房设备消耗即折旧的部分，这一点以后再说）。这 300 万美元的价值是该企业产品价值与从别的企业购进的原材料、能源等价值之间的差额。这个差额称为价值增值。这一增值部分才被认为是该企业在该年真正所生产的，真正贡献给社会的。因此，说企业在某年的产出，是指价值增值。

弄清这一点对认识经济学所说的社会一年的总产出是至关重要的。举个例子，假定一件上衣从生产到消费者最终使用共要经过 5 个阶段：种棉、纺纱、织布、制衣、销售。假设棉花价值为 15 美元，并假定它都是当年新生产的价值，不再包含为生产棉花所费的肥料、种子等的价值（当然，这事实上不可能，但为说明问题起见，需作这样的假定）。再假定棉花纺成纱售价 20 美元，于是纺纱厂生产的价值是 5 美元，即增值 5 美元。20 美元纱织成布售价 30 美元，于是织布厂生产的价值是 10 美元，即增值 10 美元。30 美元布制成成衣卖给售衣商为 45 美元，于是制衣厂生产的价值是 15 美元，即增值 15 美元。售衣商卖给消费者为 50 美元，于是售衣商在售卖过程中使得上衣增值 5 美元。可见，这件上衣在 5 个阶段中的价值创造即增值共计：15＋5＋10＋15＋5＝50 美元，正好等于这件上衣的最后售价。现在这件上衣不再出售，由其最后使用者即顾客消费了。像这样一种**在一定时期内生产的并由其最后使用者购买的产品和劳务就称为最终产品**，而棉花、纱、布等则称中间产品，**中间产品是指用于再出售而供生产别种产品和劳务用的产品和劳务**。

上衣的例子说明，一件最终产品在整个生产过程中的价值增值，等于该最终产品的价值。一个国家在一定时期内（通常指一年）生产千千万万种最终产品。这些最终产品的价值总和就等于生产这些最终产品的各行各业新创造的价值的总和。这被认为是该国在该时期内真正生产的价值，称为国内生产总值。因此，**国内生产总值是指经济社会（即一国或一地区）在一定时期内运用生产要素所生产的全部最终产品（产品和劳务）的市场价值**。这一定义含有如下几方面意思：

（1）GDP 是一个市场价值的概念。各种最终产品的价值都是用货币加以衡量的。产品市场价值就是用这些最终产品的单位价格乘以产量获得的。假如某国一年生产 200 万件上衣，每件上衣售价 50 美元，则该国一年生产上衣的市场价值为 1 亿美元。

（2）GDP 测度的是最终产品的价值，中间产品价值不计入 GDP，否则会造成重复计算。例如，上例中如果把棉花、纱、布及制衣厂手中的成品的价值都算作这一时期生产的价值，则其总额将是：15＋20＋30＋45＋50＝160 美元，而不再是 50 美元，但其卖价只能是 50 美元，因为 50 美元的价值才是这件上衣在生产中真正被创造出来的价值，而绝不能把重复计算的价值计算在内。

（3）GDP 是一定时期内（往往为一年）所生产而不是所售卖掉的最终产品价值。若某企业年生产 100 万美元产品，只卖掉 80 万美元，所剩 20 万美元产品可看做是企业自己买下来的存货投资，同样应计入 GDP。相反，虽然只生产了 100 万美元产品，然而却卖掉了 120 万美元产品，则计入 GDP 的仍是 100 万美元，只是库存减少了 20 万美元而已。

（4）GDP 是计算期内（如 2017 年）生产的最终产品价值，因而是流量而不是存量。若某人花 20 万美元买了一幢旧房，包括 19.8 万美元的旧房价值和 2 000 美元的经纪人费用，这 19.8 万美元不能计入 GDP，因为它在生产年份已计算过了，但买卖这幢旧房的 2 000 美元经纪人费用可计入 GDP，因为这笔费用是经纪人在买卖旧房过程中获得的劳务报酬。

（5）GDP 是一国范围内生产的最终产品的市场价值，从而是一个地域概念，而与此相联系的**国民生产总值（GNP）则是一个国民概念，乃指某国国民所拥有的全部生产要素在一定时期内所生产的最终产品的市场价值**。因此，一个在日本工作的美国公民的收入要计入美国的 GNP，但不计入美国的 GDP，而计入日本的 GDP。反之，一个在美国制造业中开设公司的日本老板取得的利润是日本 GNP 的一部分，而不是美国 GNP 的一部分，但它是美国 GDP 的一部分。因此，若某国一定时期内的 GNP 超过 GDP，说明该时期该国公民从外国获得的收入超过了外国公民从该国获得的收入，而 GDP 超过 GNP 时，说明的情况则正相反。

（6）GDP 一般仅指市场活动导致的价值。家务劳动、自给自足生产等非市场活动不计入 GDP 中。

上衣生产的例子不仅说明了产出是指增值，或者说产出等于新增价值，而且说明产出总是等于收入，以及产出总是等于支出。

为什么说产出总是等于收入呢？仍以上衣生产为例，假定棉农共生产 1 000 万美元棉花，并假定这 1 000 万美元就是新增价值，即假定这 1 000 万美元价值就是生产棉花所投入的生产要素（劳动、资本、土地）共同创造的。这 1 000 万美元棉花卖给纺纱厂纺成纱卖 1 500 万美元，增值 500 万美元。怎么会产生增值呢？因为纺纱厂把棉花纺成纱也需要投入劳动、资本、土地等生产要素，这 500 万美元的增值被认为就是这些要素共同创造的。由于企业使用要素必须支付代价，雇用劳动力要付工资，使用资本要付利息（购买机械设备的资金成本），使用土地要付租金，这里假定是厂房租金，这些要素报酬都被认为是这些要素在生产中作出的贡献，因而这 500 万美元的增值要转化为要素提供者的收入。假定工资是 300 万美元，利息是 100 万美元，地租是 50 万美元，则 500 万美元的增值中还剩余 50 万美元，这一余额就是利润。上述情况如表 12-1 所示。

表 12-1　一个假设的纺纱厂的年收入和产出报表　　单位：万美元

收入（支）		产出（收）	
工资	300	生产出成品（纱）	1 500
利息	100	减：购买原料棉花	1 000
地租	50		
利润	50		
总计收入	500	产出（增值）	500

纺纱厂情况是这样，织布厂、制衣厂、售衣商的情况也是这样。它们生产的价值都要转化为生产要素报酬和企业利润，即转化为要素提供者和企业经营者的收入。由于把利润看做是产品卖价扣除工资、利息和地租等成本支出后的余额，产出（生产的价值）才总等于收入。上例中利润为 50 万美元；若工资、利息、地租之和为 400 万美元，则利润为 100 万美元；若三种报酬之和为 600 万美元，则利润为－100 万美元，说明企业亏损了。一个企业的产出总等于收入，一个国家的总产出也必然等于总收入。

为什么产出又总等于支出呢？这是因为最终产品的销售收入，就是最终产品购买者的支出。例如，生产了一件上衣卖 50 美元，就是购买上衣的消费者支出了 50 美元，这 50 美元就是生产和经营上衣的五个阶段的厂商（棉农、纺纱厂、织布厂、制衣厂及售衣商）创造的价值即产出。上衣是这样，千千万万最终产品生产都是这样。因此，从全社会看，总产出就总等于购买最终产品的总支出。然而，假如社会某年生产了 1 万亿美元最终产品，只卖掉 0.8 万亿美元，总产出又怎么说是等于总支出呢？在国民收入核算中，这未卖掉的 0.2 万亿美元产品仍被看做是本企业在存货方面的投资支出，称存货投资。由于企业把存货变化也看做是自己购买自己产品的投资支出，因此，上例中的总支出就不是 0.8 万亿美元，而是 1 万亿美元了。

认识到总产出等于总收入，总产出又等于总支出，对于弄清如何核算 GDP 有着重大意义。上面说过，最终产品价值等于整个生产过程中价值增值之总和，因此，可以通过核算各行各业在一定时期中生产的价值增值来求得 GDP。这种方法称为生产法。从上述分析又已知，总产出等于总支出，因此，GDP 也可以通过核算整个社会在一定时期内购买最终产品的支出总和来求得。这种方法称为支出法。从上述分析还已知，总产出等于总收入，因此，GDP 还可通过核算整个社会在一定时期内获得的收入来求得。这种方法叫做收入法。常用的就是支出法和收入法。

二、核算 GDP 的两种方法

1. 用支出法核算 GDP

用支出法核算 GDP，就是通过核算在一定时期内整个社会购买最终产品的总支出即最终产品的总卖价来计量 GDP。谁是最终产品的购买者呢？只要看谁是产品和劳务的最后使用者。在现实生活中，产品和劳务的最后使用，除了居民消费，还有企业投资、政府购买及净出口。因此，用支出法核算 GDP，就是核算经济社会（指一个国家或一个地区）在一定时期内消费、投资、政府购买以及净出口这几方面支出的总和。

消费（指居民个人消费）**支出**（用字母 C 表示）**包括购买耐用消费品**（如小汽车、电视机、洗衣机等）、**非耐用消费品**（如食物、衣服等）**和劳务**（如医疗、旅游、理发等）**的支出**。建造住宅的支出则不包括在内。

投资指增加或更换资本资产（包括厂房、住宅、机械设备及存货）**的支出**（用

字母 I 表示）。为什么用于投资的物品也是最终产品？资本设备难道不是像中间产品一样被用来生产别的产品吗？为什么不属于中间产品呢？因为资本品（如厂房和设备等）和中间产品是有重大区别的。中间产品在生产别的产品时全部被消耗掉，但资本品在生产别的产品过程中只是部分地被消耗。一个钢铁厂若运营 40 年，则每年都只耗费部分价值，40 年后才全部耗费掉。**资本品由于损耗造成的价值减少称为折旧。折旧不仅包括生产中资本品的有形磨损，还包括资本老化带来的无形磨损。**例如，一台设备使用年限虽然未到，但过时了，其价值要贬损。

投资包括固定资产投资和存货投资两大类。固定资产投资指新厂房、新设备、新商业用房以及新住宅的增加。为什么住宅建筑也属于投资而不属于消费？因为住宅像别的固定资产一样是长期使用，慢慢地被消耗的。

存货投资是企业掌握的存货价值的增加（或减少）。如果年初全国企业存货为 1 000 亿美元而年末为 1 200 亿美元，则存货投资为 200 亿美元。存货投资可能是正值，也可能是负值，因为年末存货价值可能大于也可能小于年初存货价值。

投资是一定时期内增加到资本存量中的资本流量，而资本存量则是经济社会在某一时点上的资本总量。假定某国家在 2007 年投资 900 亿美元，该国 2007 年年末资本存量可能是 5 000 亿美元。由于机器和厂房等会不断磨损，假定每年要消耗即折旧 400 亿美元，则上述 900 亿美元投资中就有 400 亿美元要用来补偿旧资本消耗，净增加的投资只有 500 亿美元。这 400 亿美元因是用于重置资本设备的，故称**重置投资**。净投资加重置投资称为总投资。用支出法计算 GDP 时的投资，指的是总投资。

政府对产品和劳务的**购买**（G）是**指各级政府购买产品和劳务的支出**，如政府花钱设立法院、提供国防、建筑道路、开办学校等方面的支出。政府购买只是政府支出的一部分，政府支出的另一部分如转移支付、公债利息等都不计入 GDP。理由是政府购买时通过雇用公务人员、教师，建立公共设施，建造舰队等为社会提供了服务，而转移支付只是简单地把收入从一些人或一些组织转移给另一些人或另一些组织，没有相应的产品或劳务的交换发生。如政府给残疾人发放救济金，不是因为这些人提供了服务，创造了价值，而是因为他们丧失了劳动能力，要靠救济生活。

净出口指进出口的差额。用 X 表示出口，用 M 表示进口，则（$X-M$）就是净出口。进口应从本国总购买中减去，因为进口表示收入流到国外，不是用于购买本国产品的支出；出口则应加进本国总购买之中，因为出口表示收入从国外流入，是用于购买本国产品的支出。因此，只有净出口才应计入总支出，它可能是正值，也可能是负值。

把上述四个项目加总，用支出法计算 GDP 的公式可写成：

$$\mathrm{GDP}=C+I+G+(X-M) \tag{12.1}$$

以下是美国 2019 年 GDP 和需求构成情况。

GDP：217 474 亿美元

其中，

私人部门消费支出：147 592 亿美元（其中产品 45 624 亿美元；服务 101 968 亿美元）

私人部门总投资支出：37 326 亿美元（其中固定投资 37 292 亿美元；存货投资 34 亿美元）

政府部门消费和投资支出：38 053 亿美元

净出口：－5 497 亿美元（其中出口 25 157 亿美元；进口 30 654 亿美元）

2. 用收入法核算 GDP

收入法即用要素收入亦即企业生产成本核算 GDP。严格说来，最终产品市场价值除了生产要素收入构成的成本外，还有间接税、折旧、公司未分配利润等内容，因此用收入法核算的国内生产总值应包括以下一些项目：(1) 工资、利息和租金等生产要素的报酬。工资包括所有对工作的酬金、津贴和福利费，也包括工资收入者必须缴纳的所得税及社会保险税。利息在这里指人们为企业提供的货币资金所得的利息收入如银行存款利息、企业债券利息等，但政府公债利息及消费信贷利息不包括在内。租金包括出租土地、房屋等租赁收入及专利、版权等收入。(2) 非公司企业主收入，如医生、律师、农民和小店铺主的收入。他们使用自己的资金，自我雇用，其工资、利息、利润、租金常混在一起作为非公司企业主收入。(3) 公司税前利润，包括公司所得税、社会保险税、股东红利及公司未分配利润等。(4) 企业转移支付及企业间接税。这些虽然不是生产要素创造的收入，但要通过产品价格转嫁给购买者，故也应视为成本。企业转移支付包括对非营利组织的社会慈善捐款和消费者呆账，企业间接税包括货物税或销售税、周转税。(5) 资本折旧。它虽不是要素收入，但包括在应回收的投资成本中，故也应计入 GDP。

这样，按收入法计得的国民总收入＝工资＋利息＋利润＋租金＋间接税和企业转移支付＋折旧。它和支出法计得的国内生产总值从理论上说是相等的，但实际核算中常有误差，因而还要加上一个统计误差。

专栏 12-1
2020 年人均 GDP 世界排名以及我国国内各地发展不平衡情况

第三节 国民收入的其他衡量指标

在西方国民收入核算体系中，除了要弄清上面说过的国内生产总值和国民生产总值这些概念外，还要弄清国内生产净值、国民收入、个人收入和个人可支配收入这些概念及其相互关系，因为这些概念都属于从不同角度对国民收入的衡量。大体说来，这些概念的含义和相互关系是：

1. 国内生产总值（GDP）

其含义在本章第二节中已说过，它计量一定时期内一个国家或地区的所有生产活动的价值。“某年某国产出多少?”就是指国内生产总值。国内生产总值中的“总”字意指在计算各个生产单位的产出时，未扣除当期的资本耗费即折旧，如果扣除资本耗费，那就是国内生产净值。

2. 国内生产净值(NDP)

最终产品价值并未扣去资本设备消耗的价值，如把消耗的资本设备价值扣除了，就得到净增加值，即**从GDP中扣除资本折旧，就得到NDP**。“总”和“净”对于投资也具有类似的意义。**总投资是一定时期内的全部投资**，即建设的全部厂房、设备和住宅等，而**净投资是总投资中扣除了资本消耗或者重置投资的部分**。例如，某企业某年购置10台机器，其中2台用来更换报废的旧机器，则总投资为10台机器，净投资为8台机器。

3. 国民收入(NI)

这里的国民收入指按生产要素报酬计算的国民收入。**从国内生产净值中扣除间接税和企业转移支付加政府补助金，就得到一国生产要素在一定时期内提供生产性服务所得报酬即工资、利息、租金和利润的总和意义上的国民收入。**间接税和企业转移支付虽构成产品价格，但不成为要素收入；相反，政府给企业的补助金虽不列入产品价格，但成为要素收入。故前者应扣除，后者应加入。

4. 个人收入(PI)

生产要素报酬意义上的国民收入并不会全部成为个人的收入。例如，利润收入中要给政府缴纳公司所得税，公司还要留下一部分利润，只有一部分利润会以红利和股息形式分给个人。职工收入中也有一部分要以社会保险费的形式上缴有关机构。此外，人们也会以各种形式从政府那里得到转移支付，如退伍军人津贴、工人失业救济金、职工养老金、职工困难补助等。因此，**从国民收入中减去公司未分配利润、公司所得税及社会保险税（费），加上政府给个人的转移支付，大体上就得到个人收入。**

5. 个人可支配收入(DPI)

个人收入不能全归个人支配，因为要缴纳个人所得税，**税后的个人收入才是个人可支配收入**，即人们可用来消费或储蓄的收入。下面我们用2019年美国的材料说明从GDP到个人可支配收入再到个人储蓄的变化步骤，见表12-2。

表12-2 美国2019年从GDP到个人储蓄 单位：10亿美元

	国内生产总值（GDP）		21 747.4
加	本国居民来自国外的要素收入	1 165.9	
减	本国支付给外国居民的要素收入	884.8	
等于	国民生产总值（GNP）		22 028.5
减	固定资本消耗	3 474.4	
等于	国民生产净值（NNP）		18 554
减	统计误差	26.2	
等于	国民收入（NI）		18 527.8

续表

减	包含存货价值和资本消耗调整的公司利润	2 311.3	
	净税收*	1 428.5	
	净利息	586	
	社会保险税	1 432.9	
	政府所经营之企业的当期盈余	−7.9	
	企业当期转移支付	152	
加	个人资产收入	2 890.4	
	个人当期接收的转移支付	3 155.2	
等于	个人收入（PI）		18 760.8
减	个人所得税和非税支付	2 221.2	
等于	个人可支配收入（DPI）		16 539.6
减	个人各项支出**	15 335.8	
等于	个人储蓄		1 203.8

资料来源：U. S. Department of Commerce.

注：* 净税收指生产与进口税和补贴的差额。

** 个人各项支出指个人消费支出、个人利息支付及个人对本国政府和国外的转移支付。

这个材料有如下几点要说明：

第一，本国生产要素在其他国家获得的收入（如本国在外国投资获得的利润，本国公民在外国的劳务收入等）减去本国付给外国生产要素在本国获得的收入，称为来自国外要素的所得净额（net factor income from abroad），也称为国外要素净支付。这样，国内生产总值加上国外要素净支付就可以得到国民生产总值。

第二，国民收入（要素报酬）并不会都给个人，从中要减去公司保留利润和社会保障缴款。这里，社会保障缴款指公司为本公司员工参加社会保险而缴纳给社会保险机构的费用，这些要从国民收入中扣除。当然，个人收入也会从政府和企业向个人的转移支付、利息调整和红利这些途径中增加。这里，净利息是指企业付给家庭部门的利息超过家庭部门付给企业部门的利息（消费信贷）后的余额。

第四节　国民收入的基本公式

在上面分析的基础上，可以得到国民收入构成的基本公式，进而得到对分析宏观经济行为十分重要的一个命题，这就是储蓄—投资恒等式。

一、两部门经济的收入构成及储蓄—投资恒等式

这里所说的两部门系指一个假设的经济社会，其中只有消费者（家庭）和企业（即厂商），因而就不存在企业间接税。为使分析简化，暂先撇开折旧，这样，国内生产总值就等于国内生产净值和国民收入，都用 Y 表示。在两部门经济中，没有税

收、政府支出及进出口贸易，在这种情况下，国民收入的构成情况如下所示：

一方面，从支出的角度看，由于把企业库存的变动作为存货投资，因此，国内生产总值总等于消费加投资，即 $Y=C+I$。

另一方面，从收入的角度看，由于把利润看做是最终产品卖价超过工资、利息和租金后的余额，因此，国内生产总值就等于总收入。总收入一部分用作消费，其余部分则当做储蓄。于是，从供给方面看的国民收入构成为：国民收入＝工资＋利息＋租金＋利润＝消费＋储蓄，即 $Y=C+S$。

由于 $C+I=Y=C+S$，于是得到 $I=S$。这就是储蓄—投资恒等式。

必须明确的是，上述储蓄—投资恒等式是根据储蓄和投资的定义得出的。根据定义，国内生产总值等于消费加投资，国民总收入等于消费加储蓄。国内生产总值又等于国民总收入。这样，才有了储蓄—投资的恒等关系。这种恒等关系就是两部门经济中的总供给($C+S$）和总需求（$C+I$）的恒等关系。只要遵循这些定义，储蓄和投资一定相等，而不管经济是否处于充分就业，是否处于通货膨胀，是否处于均衡状态。然而，这一恒等式绝不意味着人们意愿的或者说事前计划的储蓄总会等于企业想要有的或者说事前计划的投资。在现实经济生活中，储蓄主要由居民户进行，投资主要由企业进行，个人储蓄动机和企业投资动机也不相同。这就会形成计划储蓄和计划投资的不一致，形成总需求和总供给的不均衡，引起经济的收缩和扩张。以后我们分析宏观经济均衡时所讲的投资要等于储蓄，是指只有计划投资等于计划储蓄，或者说事前投资等于事前储蓄时，才能形成经济的均衡状态，这和我们这里讲的储蓄和投资恒等不是一回事。这里讲的储蓄和投资恒等，是从国民收入会计角度看，事后的储蓄和投资总是相等的。

还要说明，这里所讲储蓄等于投资，是对整个经济而言，至于某个人、某个企业或某个部门，则完全可以通过借款或贷款，使投资大于或小于储蓄。

二、三部门经济的收入构成及储蓄—投资恒等式

在三部门经济中，把政府部门引了进来。政府的经济活动表现在，一方面有政府收入（主要是向企业和居民征税），另一方面有政府支出（包括政府对产品和劳务的购买，以及政府给居民的转移支付）。这样，把政府经济活动考虑进去，国民收入的构成如下所示：

从支出角度看，国内生产总值等于消费、投资和政府购买的总和，可用公式表示为：$Y=C+I+G$。按理说，政府给居民的转移支付同样要形成对产品的需求，从而应列入公式，但这一需求已包括在消费和投资中，因为居民得到了转移支付收入，无非是仍用于消费和投资（主要是消费，因为转移支付是政府给居民的救济性收入及津贴），因此这里公式中政府支出仅指政府购买。

从收入角度看，国内生产总值仍旧是所有生产要素获得的收入总和，即工资、利息、租金和利润的总和。总收入除了用于消费和储蓄，还要先纳税。然而，居民

一方面要纳税，一方面又得到政府的转移支付收入，税金扣除了转移支付才是政府的净收入，也就是国民收入中归于政府的部分。假定用 T_0 表示全部税金收入，t_r 表示政府转移支付，T 表示政府净收入，则 $T=T_0-t_r$，这样，从收入方面看国民收入的构成将是：$Y=C+S+T$。

按照前面说过的社会总产出等于总销售（总支出），总产出价值又构成总收入的道理，可以将三部门经济中国民收入构成的基本公式概括为：$C+I+G=Y=C+S+T$。公式两边消去 C，得 $I+G=S+T$，或 $I=S+(T-G)$。在这里，$(T-G)$可看做政府储蓄，因为 T 是政府净收入，G 是政府购买支出，二者的差额即政府储蓄，这可以是正值，也可以是负值。这样，$I=S+(T-G)$也就表示储蓄（私人储蓄和政府储蓄的总和）和投资的恒等。

三、四部门经济的收入构成及储蓄—投资恒等式

上述三部门经济加进一个国外部门就成了四部门经济。在四部门经济中，由于有了对外贸易，国民收入的构成从支出角度看就等于消费、投资、政府购买和净出口的总和，用公式表示是：$Y=C+I+G+(X-M)$。

从收入角度看，国民收入构成的公式可写成：$Y=C+S+T+K_r$，这里，$C+S+T$ 的意义和三部门经济中的意义一样，K_r 则代表本国居民对外国人的转移支付。例如，对外国遭受灾害时的救济性捐款，这种转移支付也来自生产要素的收入。

这样，四部门经济中国民收入构成的基本公式就是：$C+I+G+(X-M)=Y=C+S+T+K_r$，公式两边消去 C，则得到：

$$I+G+(X-M)=S+T+K_r$$

$I+G+(X-M)=S+T+K_r$ 这一等式，也可以看成是四部门经济中的储蓄—投资恒等式，因为这一等式可以转化为以下公式：$I=S+(T-G)+(M-X+K_r)$。这里，S 代表居民私人储蓄，$(T-G)$代表政府储蓄，而$(M-X+K_r)$则可代表外国对本国的储蓄，因为从本国的立场看，M（进口）代表其他国家出口商品，从而是这些国家获得的收入，X（出口）代表其他国家从本国购买产品和劳务，从而是这些国家需要的支出，K_r 也代表其他国家从本国得到的收入，可见，当$(M+K_r)>X$ 时，外国对本国的收入大于支出，于是就有了储蓄，反之，则有负储蓄。这样，$I=S+(T-G)+(M-X+K_r)$的公式就代表四部门经济中总储蓄（私人、政府和外国）和投资的恒等关系。

上面我们逐一分析了两部门、三部门和四部门经济中国民收入构成的基本公式以及储蓄和投资的恒等关系。在分析时是把折旧和企业间接税撇开的，实际上，即使把它们考虑进来，上述收入构成公式及储蓄和投资的恒等关系也都成立。如果上述 Y 指 GDP，则上述所有等式两边的 I 和 S 分别表示把折旧包括在内的总投资和总储蓄。如

果 Y 指 NDP，则等式两边的 I 和 S 分别表示不含折旧的净投资和净储蓄。如果 Y 指 NI，则 C、I、G 是按出厂价计量的，等式两边减少了一个相同的等于间接税的量值。可见，不论 Y 代表哪一种国民收入概念，只要其他变量的意义能和 Y 的概念相一致，储蓄—投资恒等式就总是成立的。

第五节　名义 GDP 和实际 GDP

由于 GDP 是用货币来计算的，因此，一国 GDP 的变动由两个因素造成：一是所生产的产品和劳务的数量的变动，二是产品和劳务的价格的变动。当然，二者也常常会同时变动。为弄清国内生产总值变动究竟是由产量还是由价格变动引起，需要区分名义国内生产总值和实际国内生产总值。

名义 GDP（或货币 GDP）是用生产产品和劳务的当年价格计算的全部最终产品的市场价值。实际 GDP 是用从前某一年的价格作为基期价格计算出来的全部最终产品的市场价值。假设某国最终产品以香蕉和服装代表。两种产品在 2016 年（现期）和 2006 年（基期）的价格和产量分别如表 12－3 所示，则以 2006 年价格计算的 2016 年的实际国内生产总值为 260 万美元。

表 12－3　名义 GDP 和实际 GDP

	2006 年名义 GDP	2016 年名义 GDP	2016 年实际 GDP
香蕉	15 万单位×1 美元 ＝15 万美元	20 万单位×1.5 美元 ＝30 万美元	20 万单位×1 美元 ＝20 万美元
服装	5 万单位×40 美元 ＝200 万美元	6 万单位×50 美元 ＝300 万美元	6 万单位×40 美元 ＝240 万美元
合计	215 万美元	330 万美元	260 万美元

2016 年名义国内生产总值和实际国内生产总值的差别，可以反映出这一时期和基期相比价格变动的程度。在上例中，330÷260＝126.9%，说明从 2006 年到 2016 年该国物价水平上升了 26.9%。在这里，126.9%称为 GDP 折算指数或平减指数。可见，**GDP 折算指数**是名义 GDP 和实际 GDP 的比率。如果知道了 GDP 折算指数，就可以将名义 GDP 折算为实际 GDP，其公式为：

$$\text{实际 GDP}=\text{名义 GDP}\div\text{GDP 折算指数} \tag{12.2}$$

例如，在上例中，从 2006 年到 2016 年，GDP 名义上（即从货币价值看）从 215 万美元增加到 330 万美元，实际只增加到 260 万美元，即如果扣除物价变动因素，GDP 只增长了 20.9%[(260－215)÷215＝20.9%]，而名义上却增长了 53.5%[(330－215)÷215＝53.5%]。

由于价格变动，名义 GDP 并不反映实际产出的变动。因此，如果不作特殊说明，以后各章中所讲的产出，总是指实际 GDP，并以英文小写字母来表示实际 GDP 以及其他变量。例如，用 y、c、i、g 分别表示实际产量（收入）、消费、投资和政府支出。

第六节 失业、物价水平和采购经理指数

一、失业的衡量

就业从来是一国最重要的经济和社会问题，失业与就业对应，因此失业率是衡量宏观经济运行状况的另一个重要指标，因为失业状况与居民福利和社会稳定之间关系最为密切。失业是有劳动能力的人想工作而找不到工作的社会现象。所有那些未曾受雇以及正在变换工作岗位或者未能按当时通行的实际工资率找到工作的人都是失业者。就业者和失业者的总和就是劳动力。

失业如何来测定？西方国家通常有专门机构来作调查统计。例如，美国劳工统计局每个月会对大约 6 万个家庭作随机抽样调查，了解这些家庭在过去一个月里工作与否的情况。劳工统计局关于美国失业率的统计方式是将全国人口分为三大类：

第一类人口由三部分人组成：（1）未满 16 周岁的未成年人；（2）现役军人；（3）精神病患者以及劳教人员等。

第二类人口是非劳动力，指出于某些原因而未能加入就业行列的潜在成年劳动者，主要包括：（1）操持家务者；（2）在校学习者；（3）年老退休者；（4）病残者。

第三类人口是劳动力，由两部分人组成：（1）就业者。其中又分为工作者和非工作者两种情况。工作者指正在工作岗位的人；非工作者指在职中的请假、休假以及临时不工作的人。（2）失业者。其中又分为被解雇者、自愿离职者、再次求职者和初次求职者这几种情况。被解雇者是就业者中被工作单位解雇的人员；自愿离职者指就业人员中自动退出就业行列者，例如要寻找条件更好、待遇更高工作的人员；再次求职者指被解雇的和自愿离职的再次寻求工作的人员；初次求职者指包括刚成年的初次寻求工作的人。

失业率的计算并不是失业人数和总人口的比率，而是劳动人口中失业人数和劳动力数量的比率，即：

$$\text{劳动力数量}=\text{就业人数}+\text{失业人数}$$

$$\text{失业率}=\frac{\text{失业人数}}{\text{劳动力数量}}\times 100\%$$

与失业率相关的一个统计数字是劳动力参与率，这是指成年人口中属于劳动力数量的百分比，即：

$$劳动力参与率=\frac{劳动力数量}{成年人口总数}\times 100\%$$

失业在全体公民间的分布是不均衡的，这种不均衡可按不同种族、性别、年龄段等不同劳动力类型来加以测定。在美国，黑人的失业率约为白人的两倍，20 岁以下年轻人的失业率约为老职工失业率的两倍多，女性的失业率也高于男性。

20 岁以下的失业者与其他失业者相比在性质上有一个显著的区别。前者比较多地倾向于短期失业，频繁地进入和退出劳动力队伍，老职工的失业则会持续较长时间。

需要注意的是，失业率的计算虽是经过复杂的统计计算出来的，但仍有局限性。首先，凡是得到报酬的工人都被统计在就业者之中，但不能明确地区分是全日制工作还是打短工。例如，一个每周工作 15 小时的工人和每周工作 40 小时的工人在计算失业率时是没有办法区分的。这样，在统计中忽略了实际工作时间少于劳动者愿意提供的劳动时间的情况，从而低估了失业率。其次，在这种统计计算当中还存在劳动者未能充分利用其技能的问题。例如，一个高级专家由于经济原因找不到合适的工作，而是在做些简单的工作，实际上他就是处在一种半失业状态。这样也就低估了失业率。最后，劳动者可能由于许多主客观原因而虚报、谎报就业状况以谋取好处、骗取失业救济金等，这可能导致计算不准确。

失业可以按其原因进行分类，主要的失业类型包括摩擦性失业、结构性失业和周期性失业。摩擦性失业是指在劳动力的周转中由于工人和工作之间的匹配过程而引起的失业。结构性失业是指劳动力的供给和需求不匹配所造成的失业。周期性失业是指在宏观经济运行过程中，随经济衰退而上升，随经济扩张而下降的失业。

当经济步入扩张期时，周期性失业最终会下降至零。但是，由于摩擦性失业和结构性失业的存在，经济的失业率不会为零。在宏观经济学中，把只有摩擦性失业和结构性失业的就业状态称为充分就业。换句话说，宏观经济学将摩擦性失业和结构性失业看做经济中正常的失业水平。相应地，将经济处于充分就业情况下的失业率称为自然失业率，也就是说，将摩擦性失业人数和结构性失业人数相加后除以劳动力人数所得到的失业率称为自然失业率。

二、物价水平的衡量

通货膨胀率是衡量宏观经济运行状况的又一大重要指标，因为这一指标同样与居民福利和社会稳定息息相关。通货膨胀不是指这种或者那种产品及劳务价格的上升，而是指物价总水平的上升。物价总水平或者说一般物价水平是指所有产品和劳务交易价格总额的加权平均数。这个加权平均数就是价格指数。

价格指数之所以是一个加权平均数，是因为人们购买各种产品时有的购买量大，有的购买量小，即各种产品交易量有大小。不仅如此，各种产品价格也不一样，有的贵，有的便宜。因此，在计算价格指数时不应计算所有交易产品价格的简单平均数，而应计算它们的加权平均数。不同产品交易量在计算中应有不同权数。下面举个假设的例子来说明如何建立价格指数。为此，先引出市场篮子的概念，它是指待衡量其价格的一组产品和劳务。一个明确的市场篮子既划定了产品和劳务的种类，又明确了每一种产品和劳务的数量。

假定经济中一个特定的市场篮子共有 A、B、C 三种产品，其中 A 为 2 件，B 为 1 件，C 为 3 件。给定这三种产品的基期价格和现期价格，如表 12－4 所示。

表 12－4　一个市场篮子示例

产品品种	数量	基期价格（美元）	现期价格（美元）
A	2	1	1.5
B	1	3	4
C	3	2	4

根据表 12－4，该市场篮子的价格指数可用下面的公式表示：

$$\text{价格指数}=\frac{\text{按现期价格计算的市场篮子费用额}}{\text{按基期价格计算的市场篮子费用额}}\times 100 \tag{12.3}$$

在（12.3）式中，等号右边乘以 100 主要是为了减少计算结果中小数点的位数，并不是必要的。另外，根据（12.3）式，当现期价格和基期价格合二为一时，则价格指数为 100，也就是说，基期价格指数恒为 100。

回到表 12－4 所示的例子上来，按照公式（12.3）计算出的价格指数为：

$$\text{价格指数}=\frac{1.5\times 2+4\times 1+4\times 3}{1\times 2+3\times 1+2\times 3}\times 100=172.7$$

根据上面的结果，又注意到基期的价格指数为 100，则可知，该市场篮子现期价格总水平（即价格指数）比基期价格总水平上升了(172.7－100)/100 ＝72.7%。在宏观经济学中，经济体在一定时期内价格总水平的上升被称为通货膨胀。价格总水平（价格指数）从一个时期到另一个时期的百分比变化被称为通货膨胀率。在上面的数字例子中，从基期到现期的通货膨胀率为 72.7%。

衡量通货膨胀率的价格指数一般有三种：

一是消费价格指数（CPI），又称生活费用价格指数，指通过计算城市居民日常消费的一个市场篮子的生活用品和劳务的价格水平变动而得到的指数。

二是生产者价格指数（PPI），指通过计算生产者在生产过程中所有阶段上所获得的产品的价格水平变动而得到的指数。这些产品包括制成品和原材料。

三是国内生产总值的价格指数，即 GDP 折算指数，这已在上一节做过介绍。这种指数用于修正名义 GDP 数值，从中去掉通胀因素，其统计计算对象包括所有计入 GDP 的最终产品和劳务，因而能全面反映一般物价水平变动。但是居民和厂商关心的主要是与自己有关的物价水平的变化，从中判断自己受通胀的影响有多大，满足这种需要的有 CPI 和 PPI。

这三种价格指数既相互联系，又有一定的区别。CPI 和 PPI 的区别已如名称所示。CPI 和 GDP 折算指数的区别有哪些？第一，GDP 折算指数衡量生产的全部最终产品与劳务的价格，而 CPI 衡量的是消费品价格水平，因而生产性物品（如原材料）价格上升会影响 GDP 折算指数，而不直接影响 CPI。第二，GDP 折算指数只包括国内产品价格，进口产品价格不反映在其中，但进口产品价格的变动会影响 CPI，因为居民也会购买进口消费品。第三，CPI 给各种价格分配固定权重，以便于不同时期的对比分析，但 GDP 折算指数给各种产品价格分配的权重是变动的。例如，假设某农产品今年大歉收，在计算 CPI 时仍给此产品固定权重，而在 GDP 折算指数中它的权重则下降了。

在认识这些价格指数时还有几点要说明：

一是在计算 CPI 时并非把居民所购消费品价格都计入，只是挑选了对居民生活影响较大的一些产品。这些产品是固定一篮子产品，且每种被选产品的权数都相对固定，并非基期选这些产品，现期（报告期或者本期）又选另一些产品。只有这样，才便于对比分析物价的变动。

二是 CPI 只能大致反映居民生活成本变动，但不能完全精确反映。如果篮子产品中某产品性能、质量有所下降但价格未变，CPI 就难以反映居民生活所受的影响。

三是价格指数统计计算方法上的区别。在上述例子中，计算的交易量都是基期的，只是价格一个以基期的计，一个以现期的计。现期价格指数计算的公式实际上是

$$L_P=\left(\sum P_1Q_0/\sum P_0Q_0\right)\times 100$$

这个价格指数是以基期数量计的加权价格指数，称基期加权价格指数，又称拉氏价格指数或者拉斯拜尔公式，因为这种指数是德国人拉斯拜尔在 1864 年提出的。L_P表示拉氏价格指数，Q_0为基期交易量，P_0、P_1分别是基期和现期价格。

然而，在 GDP 折算指数中，计算的数量（Q）是报告期（现期）的，价格仍旧有基期和报告期之分。这个折算指数的公式实际上是

$$P_P=\left(\sum P_1Q_1/\sum P_0Q_1\right)\times 100$$

即以本期价格乘以本期产量来计算名义 GDP，以基期价格乘以本期产量来计算实际 GDP，说明基期到报告期这段时间如果产量不变，实际上生产了多少 GDP。这个 GDP 折算指数就是以报告期（现期、本期或计算期）数量为权数的价格指数，称计算期加权价格指数，又称帕氏价格指数或者帕煦公式，因为它是德国人帕煦在 1874 年提出的。

但凡要核算一段时期（从基期到报告期）内经济实际增长了多少，就要从名义值（名义收入、名义产值等）中剔除物价上涨因素。以目前数量乘以目前价格减去

这一数量乘以基期价格所得余额，即价格上涨因素造成的名义值增加的部分，扣除这部分则为实际增量。因此，计算 GDP 折算指数的是帕氏指数。

在核查通胀因素给居民生活带来的影响时，可用拉氏指数，也可用帕氏指数，但这两个指数在衡量居民生活成本时都有一定的局限性。拉氏指数会夸大生活成本的上升，因为这一指数的交易量是固定的 Q_0，没有考虑到一种产品价格上涨时消费者会转而消费便宜的替代品；相反，帕氏指数会低估生活质量的下降，因为这种指数的交易量是 Q_1，虽然考虑到了一种产品价格上升时消费者可能转而消费替代品，但这一指数不能反映这种替代可能影响消费者福利。由于基期交易量是早已存在的，较易获得，因此通常用拉氏指数计算 CPI。

三、采购经理指数

采购经理指数就是 PMI（purchasing managers index），其主要作用是反映经济变化趋势。一般认为，PMI 的荣枯分水线为 50％。当 PMI 大于 50％时，说明经济在发展；当 PMI 小于 50％时，说明经济在衰退。PMI 是一套月度发布的、综合性的经济监测指标体系，分为制造业 PMI、服务业 PMI，也有一些国家建立了建筑业 PMI。全球已有 20 多个国家建立了 PMI 体系，世界制造业和服务业 PMI 已经建立。PMI 是通过对经理月度调查汇总出来的指数，反映了经济的变化趋势。

PMI 概括了整体制造业状况、就业及物价表现，是全球最受关注的经济资料之一。除了对整体指数的关注外，PMI 中的支付物价指数及收取物价指数也被视为物价指数的一种，而其中的就业指数更常被用来预测失业率及非农业就业人口的表现。同时，PMI 已是国际通行的宏观经济监测指标体系，对国家经济活动的监测和预测具有重要作用。PMI 为每月第一个公布的重要数据，加上其所反映的经济状况较为全面，因此市场十分重视该数据所反映的具体结果。

PMI 是以下不断变化的五项指标的一个综合性加权指数：新订单指标、生产指标、供应商交货指标、库存指标以及就业指标。加权指数在某种程度上具有代表意义，显示出变化的趋势和程度大小。首先得出每一家企业在每一个方面处于上升、下降或不变的结果，然后计算每一个方面不同结果企业所占比例，得出这五个方面的扩散指数。计算公式如下：扩散指数＝上升百分比－下降百分比＋不变百分比。然后将这五个扩散指数按照一定的权重比例扣除季节等影响因素，得出采购经理指数。

2005 年 4 月底，我国在北京和香港两地发布了中国采购经理指数。这是中国首次发布这一经济指数。采购经理指数是通过产品价格、库存等基本数据的变化，依据数学模式计算得出的。在许多发达国家，这一指数已经发布多年，采用每月公布和点评的方式反映当前的经济运行状况。随着我国逐步成为全球制造业大国，全球供应商到我国采购成品成为需要重点关注的环节。2004 年，我国社会物流总成本为 2.9 万亿元人民币，占 GDP 的 21.3％，比发达国家高一倍多。如果我国只是制造而不去关注采购物流领域，这中间巨大的利润空间就会被挤占。建立中国采购经理指数充分说明我国已经从制造环节“脱身”，开始注重物流与采购问题。

中国采购经理指数由国家统计局和中国物流与采购联合会共同合作完成，是快速及时反映市场动态的先行指标，它包括制造业和非制造业采购经理指数，与GDP一同构成我国宏观经济的指标体系。从2005年6月开始，制造业采购经理指数按月发布，并按国际通行做法，特约业内权威人士结合PMI调查数据进行宏观分析，使分析的结果更加具有前瞻性和权威性。

第七节　结 束 语

本章要点可以归结如下：

（1）宏观经济学研究社会总体的经济行为及其后果，因此，其研究对象和方法都与微观经济学不完全相同。

（2）核算国民经济活动的核心指标是国内生产总值（GDP），它是经济社会（一国或一地区）在一定时期内运用生产要素所生产的全部最终产品（产品和劳务）的市场价值。

（3）核算GDP可用生产法、支出法和收入法，最常用的是后两种方法。用支出法计得的国内生产总值＝消费(C)＋投资(I)＋政府购买支出(G)＋净出口($X-M$)；用收入法计得的国内生产总值＝工资＋利息＋利润＋租金＋间接税＋折旧。

（4）国民收入乃是衡量社会经济活动成就的一个广泛概念，实际上包括国内生产总值、国内生产净值、国民生产总值、国民生产净值、国民收入、个人收入和个人可支配收入，这些概念通过一定的关系相互关联着。

（5）国民收入核算体系中存在着储蓄和投资的恒等式关系。在两部门、三部门和四部门经济中，这一恒等式分别是 $S=I$、$I=S+(T-G)$ 以及 $I=S+(T-G)+(M-X+K_r)$。

（6）国内生产总值有名义的和实际的之分。某个时期名义国内生产总值和实际国内生产总值之间的差别，可反映这一时期和基期相比的价格变动程度。

（7）衡量宏观经济的重要指标还有失业率、通货膨胀率和采购经理指数等。

对本章的内容，应该注意以下几点：

第一，国民经济核算是以整个国民经济为总体的全面核算，它以一定经济理论为指导，综合应用统计核算、会计核算、业务核算，从实物资产、金融资产、物质产品和劳务等各个角度，以各种流量和存量形式，对能反映整个国民经济状况的各种重要总量指标及其组成成分作系统测定，并把各种指标组成一个系统来综合描述一国国民经济的联系和结构的全貌。这种核算所提供的各种指标，是研究一国经济现实的历史发展的重要根据，也是进行经济预测、编制计划和制定政策的基本依据。

国民经济核算体系是指一国（或一地区）在国民经济核算中形成的，由各总量及其组成成分之间的联系和指标概念、定义、分类、计算方法、表现形式、记录手续和相关关系所构成的一套国民经济核算的标准和制度。

这套核算体系以西方宏观经济理论为依据，将 GDP 作为核算国民经济活动的核心指标。这有其合理性，因为 GDP 确实代表了一国（或一地区）所有常住单位和个人在一定时期内全部生产活动（包括产品和劳务）的最终成果，可以对一国（或一地区）总体经济运行表现作出概括性衡量，反映出一国（或一地区）的经济实力，便于国家间（或地区间）进行比较，为制定国家（或地区）经济发展战略、分析经济运行状况以及政府调控和管理经济提供重要依据和参考。

但以 GDP 作为核算国民经济活动的核心指标也是有局限性的，也就是说，尽管 GDP 是宏观经济学所有概念中最重要的指标，但 GDP 并不是万能的。一是它不能反映社会成本。例如，某地赌博和黄色交易盛行，也许 GDP 水平很高，但并不能说明该地区经济发展能给人们带来幸福，只能说明社会生活腐朽。二是它不能反映经济增长方式付出的代价。例如，如果只顾经济总量和速度增长，而不顾环境污染、生态破坏，那么，经济可能增长了，但环境可能遭受严重污染，今天 GDP 上去了，明天可能要为治理环境污染而付出比今天增加的 GDP 高出几倍的成本。三是不能反映经济增长的效率和效益。例如，如果为了经济增长有高速度而拼命消耗资源，对资源采取低效的、掠夺式的利用，那么，可能一时经济上去了，以后经济持续增长的后劲和潜力却丧失了。四是不能反映人们的生活质量。例如两个生产了同样多 GDP 的国家，如果一国国民十分健康，人均寿命很长，享有较多闲暇，而另一国国民劳动十分紧张，疲于奔命，人均寿命也短，那么，前一国国民显然比后一国国民幸福得多。五是不能反映社会收入和财富分配的状况。例如，即使两国人均 GDP 水平相同，但一国贫富差距比另一国大得多，显然，前一国的社会总福利要比后一国低得多。

正因为 GDP 指标有这些局限性，因此，1990 年以来，联合国开发计划署每年发布一份《人类发展报告》，把用于衡量社会经济的指标体系由单纯的“GDP”指标变为“社会指标”（经济、社会、环境、生活、文化等）。同时，在国外关于 GDP 的争论中，引入一个绿色 GDP 的新概念。这是指在名义 GDP 中扣除了各种自然资源消耗之后，经过环境调整的国内生产净值，也称绿色国内生产净值（EDP）。世界银行 1997 年开始利用绿色 GDP 国民经济核算体系来衡量一国（地区）的真实财富。尽管绿色 GDP 目前在核算上还存在不少技术难题，但这一设想的方向是正确的，也符合科学发展观。

第二，经济核算体系并非一成不变。美国商务部下属的经济分析局（BEA）每五年调整一次国民收入账户核算。2013 年美国公布了新的 GDP 统计方式，将研发支出（R&D）、娱乐文化支出以及退休金等指标纳入新的 GDP 统计中，成为全球首先践行国民经济核算体系（SNA）的 2008 年新标准体系的国家并对全球经济未来发展趋势起到新的引领作用。

更新国民经济核算体系也是全球的一大趋势。联合国从 1953 年起就推行国民经济核算体系，经历了 1968 年版、1993 年版和 2008 年版。国民经济核算方法的演化是经济发展实践的要求和反映。事实表明，原有的以 GDP 为核心指标的国民经济核算已不能正确反映国民财富增长的情况，国民经济核算的全面性、真实性受到严重挑战。例如，创新是美国经济增长和竞争力提升的主要驱动力，知识产权的授予和保护是促进创新和创造力的关键。2010 年的数据显示，知识产权密集型产业对美国当年经济的贡献超过 5 万亿美元，大约占 GDP 的 34.8%。这样的数据只有在美国 GDP 核算新标准中才能得到反映。这一新标准是在《2008 年国民经济核算体系》的新变化中被确立的。这一新变化的突出表现之一正是研发的资本化。由于研发由原来的中间消耗转变为固定资产下的知识产权产品，即转变为资本，才使得生命科学、信息通信、新能源和新材料等领域的研发对经济增长的贡献得到如实反映。显然，美国 GDP 核算的新标准凸显了经济增长动力的新变化。

第三，中华人民共和国从 2003 年起开始实施一套国民经济核算工作的新的规范性文本，这就是《中国国民经济核算体系(2002)》。这套新的核算体系努力做到基本上与联合国等国际组织的国民经济核算体系相衔接。这是我国国民经济核算体系的一大转变，即由国民经济平衡表体系（MPS）和 SNA 相混合的体系向 SNA 转变。这次转变，在 GDP 的表述、人均 GDP 的计算、三次产业的划分、价格缩减指数的计算、数据发布程序等各方面都做了和 SNA 更为一致的改革。

中国国家统计局于 2016 年宣布实施的中国国民经济核算体系，将研发支出计入 GDP，改进城镇居民自有住房服务价值核算方法，将土地承包经营权流转收入计入财产收入，将雇员股票期权计入劳动者报酬。采用上述新标准的经济核算体系的意义十分重大，有利于中国经济转变发展方式。例如将企业研发投资计入固定资产投资，将有利于激励重视 GDP 增长的地方政府更加有力地推动企业投资研发和技术创新，而不像过去那样主要热衷于简单扩大生产规模，这对于产品升级和企业转型都会有深远影响。再如，新核算体系将参考一些发达国家建立国家环境资源账户体系，开展环境保护支出、资源削减成本、环境退化成本等的实际核算，使我国经济发展的生态环境得到保护，使经济增长真正被纳入环境友好型、资源节约型的轨道。

更值得注意的是，2013 年中共中央组织部下发《关于改进地方党政领导班子和领导干部政绩考核工作的通知》，规定今后考核干部不能仅把地区生产总值及其增长率作为政绩评价的主要指标，不能搞地区生产总值及增长率排名，要求各地根据本地情况设置各有侧重、各有特色的考核指标，把有质量、有效益、可持续的经济发展和民生改善、社会和谐进步、文化建设、生态文明建设、党的建设等作为考核评价的重要内容，加大资源消耗、环境保护、消化产能过剩、安全生产等指标的权重，更加重视科技创新、教育文化、劳动就业、居民收入、社会保障、人民健康状况的考核。为什么要这样？众所周知，改革开放以来，在“发展是第一要务”的理念和唯 GDP 论的指导下，中国经济迎来高速发展，同时也付出了巨大的环境资源的代价，带来了一系列问题。显然，中国干部政绩考核体系的改变对中国经济发展从高速度向高质量转变具有重大意义。

2020 年，我国因为经济发展短期面临的国内外一系列不确定因素增加，所以未具体设定全年指数增长目标，以利进一步聚焦发展民生大事，更好地把创新作为发展的第一动力，不计较目前一时速度之得失，为实现中华民族伟大复兴的长远目标而奋斗！

习题

1. 宏观经济学和微观经济学有什么联系和区别？为什么有些经济活动从微观看是合理的、有效的，而从宏观看却是不合理的、无效的？

2. 举例说明最终产品和中间产品的区别不是根据产品的物质属性而是根据产品是否进入最终使用者手中。

3. 为什么人们从公司债券中得到的利息应计入 GDP，而从政府公债中得到的利息不计入 GDP?

4. 为什么政府给公务员发的工资要计入 GDP，而给灾区或困难人群发的救济金不计入 GDP?

5. 为什么企业向政府缴纳的间接税也计入 GDP?

6. 假设某国某年发生了以下活动：(a) 一家银矿公司支付 7.5 万美元工资给矿工开采 50 千克银并卖给一个银器制造商，售价 10 万美元；(b) 银器制造商支付 5 万美元工资给工人加工一批项链并卖给消费者，售价 40 万美元。

(1) 用最终产品生产法计算 GDP。

(2) 在生产活动中赚得的工资和利润各为多少？用收入法计算 GDP。

7. 一经济社会生产三种产品：书、面包和菜豆。它们在 2016 年和 2017 年的产量和价格如下表所示。

	2016 年		2017 年	
	产量	价格	产量	价格
书	100 本	10 美元	110 本	10 美元
面包	200 条	1 美元	200 条	1.5 美元
菜豆	500 千克	0.5 美元	450 千克	1 美元

试求：

(1) 2016 年名义 GDP。

(2) 2017 年名义 GDP。

(3) 以 2016 年为基期，2016 年和 2017 年的实际 GDP 是多少？这两年实际 GDP 变化了多少百分比？

(4) 以 2017 年为基期，2016 年和 2017 年的实际 GDP 是多少？这两年实际 GDP 变化了多少百分比？

（5）“GDP 的变化取决于我们用哪一年的价格作为衡量实际 GDP 的基期价格。”这句话是否正确？

（6）以 2016 年作为基期，计算 2016 年和 2017 年的 GDP 折算指数。

8. 假定一国有下列国民收入统计资料：

某国的国民收入统计资料　　单位：亿美元

国内生产总值	4 800
总投资	800
净投资	300
消费	3 000
政府购买	960
政府预算盈余	30

试计算：(1) 国内生产净值；(2) 净出口；(3) 政府税收减去转移支付后的收入；(4) 个人可支配收入；(5) 个人储蓄。

9. 假定国内生产总值是 5 000，个人可支配收入是 4 100，政府预算赤字是 200，消费是 3 800，贸易赤字是 100（单位都是亿元）。

试计算：(1) 储蓄；(2) 投资；(3) 政府支出。

10. 举例说明资本存量、总投资、净投资和重置投资四者的关系，这四者是否都计入 GDP？它们是否一定都是正数？

11. 为什么存货会被算作资本、存货变动会被算作投资？

12. 为什么计入 GDP 的只能是净出口而不是出口？

13. 假定甲厂商为乙厂商提供服务应得的报酬为 400 美元，乙厂商为甲厂商提供服务应得的报酬为 300 美元，甲和乙商定互相抵销 300 美元，结果甲只收乙 100 美元。试问计入 GDP 的是否就是这 100 美元？

14. 根据下列统计资料计算国民收入（NI）、国内生产净值（NDP）、国内生产总值（GDP）、个人收入（PI）。

单位：亿美元

项目	数值	项目	数值	项目	数值
折旧	20	间接税	15	红利	100
公司利润	250	个人租金收入	140	社会保险税	10
雇员报酬	500	非公司企业主收入	200	政府转移支付	50
企业支付的利息	25				

15. 消费价格指数（CPI）能完美地衡量人们的生活费用变动吗？

第十三章

国民收入的决定：收入—支出模型

上一章讨论国民收入如何核算，从这一章起将讨论国民收入如何决定，即经济社会的生产或收入水平是怎样决定的。现代西方宏观经济学的奠基人凯恩斯的学说的中心内容就是国民收入决定理论。凯恩斯主义的全部理论涉及四个市场：产品市场、货币市场、劳动市场和国际市场。仅包括产品市场的国民收入决定理论被称为简单的国民收入决定理论，也就是国民收入决定的收入—支出模型。

第一节　国民收入由什么决定

一、供给还是需求

据经济史学家测算，在公元前漫长的历史年代中，世界各地经济增长和人口增长几乎完全成比例，人均 GDP 几乎处于不变的局面，1800 年以后，生产力开始空前提高，在此后两百多年中创造的财富远超过此前数千年的总和，人均 GDP 直线上升，而且各国贫富差距开始逐步扩大。这是近代资本主义发展和工业革命的结果。中国改革开放 40 多年来，经济的高速增长更是有目共睹。这些收入或者说经济增长究竟是由什么因素决定的呢?

一种说法是由供给也就是生产决定的，理由是在市场经济中所有人的生产不是为了满足自己的消费需要，而是为了交换。生产产品是为了卖出产品，换成货币，而换取货币又是为了购买自己所需要的东西，货币不过是短时间留在手中的交换媒介物，因此，本质上我卖就是你买，我买就是你卖。换句话说，一种产品生产出来就为另一种产品创造了需求，打开了销路。总之，生产或者说供给本身就能创造需求。

另一种说法是，收入或者说经济增长由需求决定，理由是在市场经济中，如果商品生产出来了没有销路，即没有人购买，不过是堆在仓库里的一堆废品。企业生产出来的大量产品如果堆在仓库里卖不出去，资金就不能回笼，企业就不能再购买原材料，工人工资也发不出来，此时不仅生产不能扩大，简单的再生产都无法维持，工人就要失业，社会经济就要进入萧条状态。因此，收入或者说经济增长归根结底是由需求决定的，这里，需求是指有支付能力的有效需求，而不是人们要不要购买产品的主观欲望。大量事实也证明，有购买能力的需求对市场经济发展是最重要、最关键的。为什么一个大超市肯到某地区开设门店？因为那里有市场需求。为什么企业大量生产某种产品？因为这种产品的市场销路很好。最早提出经济由有效需求决定的是 20 世纪的英国经济学家凯恩斯。这种理论叫做需求决定供给、决定经济的理论。

在经济学历史上，前一种理论即供给本身会创造需求的理论一直占统治地位。但是 20 世纪 30 年代西方国家发生了一场经济大萧条，生产大幅度下降，工人大规模失业，市场堆积如山的产品卖不出去，工厂和银行纷纷倒闭。在这样的背景下，人们转而相信凯恩斯理论和主张，每逢经济不景气时就采用一系列刺激经济的政策来提高有效需求。

实际上，对于这两种理论，即收入或者说经济增长由供给决定还是由需求决定，不能说哪一种绝对正确，另一种绝对不正确。这是因为，一方面，需求要靠生产或者说供给来满足；另一方面，生产或者说供给确实是为了满足需求或者说消费。生产是手段，需要是目的，生产必须符合需求，一个企业是这样，整个社会也是这样。和需求相一致的生产可称为均衡生产。一个社会究竟应当生产多少商品，首先取决于社会究竟有多少有效需求来购买这些商品。

应当认为，经济增长是供给和需求两方面综合作用的结果。这综合起来有几点值得提一下：(1) 供给和需求是相互影响的。生产多了，人们的收入才会高，购买力或者说需求就上去了；需求上去，市场情况好，又会促使企业研究开发新产品以及增加现有产品的生产和供给。(2) 短期和长期的关系。在短期，经济的产出水平主要由需求因素决定，但长期的生产能力从根本上是由供给决定的。(3) 潜在的生产能力与实际的生产水平之间的关系。潜在的 GDP（以后还要讲到）是供给方面因素决定的，因而决定经济增长主要取决于供给因素；实际 GDP 指一定时期实际上生产了多少 GDP，它是由这一定时期的社会总需求或者总支供水平决定的。现代宏观经济学通常先讨论经济的需求因素如何决定实际 GDP，也就是实际国内生产总值水平，它取决于社会的有效需求水平。

二、对国民收入决定的三个模型的一些说明

现代宏观经济学认为，国民收入首先决定于需求，不仅因为市场需求决定了要

生产多少，而且决定了要生产即供给什么。需求决定国民收入在国内外经济学教材中通常有三个依次递进的模型：收入—支出模型、*IS—LM* 模型和 *AD—AS* 模型。

收入—支出模型放第一位分析，一是因为消费是人类最基本的需求，生产归根结底是为了消费，因此国民收入均衡首先要分析生产与消费均衡，乘数理论也是在分析边际消费倾向对需求的扩张效应；二是因为收入和支出实则是产品买卖问题，故此模型又称为产品市场均衡。

IS—LM 模型放第二位分析，因为收入—支出模型先放一边的投资是总需求中的第二大因素，而投资在其他条件不变时与投资成本即利率有关，故分析投资必须分析利率及其决定因素——货币需求与供给关系，因此必须引入货币市场均衡，才能求得投资与储蓄均衡；二是因为现代市场经济运行离不开政府的财政政策与货币政策，*IS—LM* 模型恰好能清楚地显示出这两种政策的作用，产品市场均衡引进货币市场均衡后就有了 *IS—LM* 模型。

AD—AS 模型放第三位分析，一是因为此模型实际上是分析物价变动对总需求和总供给的影响，这种影响是显然的，但还是要通过对产品和货币的需求和供给才能起作用；二是物价变动影响供给必须通过影响工资及其决定因素即劳动供求来实现，故必须引进劳动市场均衡。这种总供给实际上还是从总需求角度讨论的总供给，是从成本角度讨论的总供给，与经济增长中讨论的供给问题不同。

依次分析三个模型也体现了逻辑上的理论分析要从简单到复杂，从抽象到实际的需要。下面就先分析收入—支出模型。

第二节 均衡产出

一、最简单的经济关系

说明一个国家的生产或收入如何决定，要从分析最简单的经济关系开始。为此，需要先做一些假设：

（1）假设所分析的经济中不存在政府，也不存在对外贸易，只有家庭部门（居民户）和企业部门（厂商）。消费行为和储蓄行为都发生在家庭部门，生产和投资行为都发生在企业部门。还假定企业投资是自发的或外生的，即不随利率和产量而变动。这种简单的经济关系称为两部门经济。

（2）假设不论需求量为多少，经济社会均能以不变的价格提供相应的供给量。这就是说，社会总需求变动时，只会引起产量和收入变动，而不会引起价格变动。这在西方经济学中有时被称为凯恩斯定律。凯恩斯在写作《就业、利息和货币通论》时，面对的是 1929—1933 年的大萧条，工人大批失业，资源大量闲置。在这种情况下，社会总需求的增加，只会使闲置的资源得到利用，生产增加，而不会使资源的价格上升，从而产品成本和价格大体上能保持不变。这条所谓凯恩斯定律被认为适用于短期分析，即分析的是短期中收入和就业如何决定。因为在短期中，价格不易变动，或者说具有黏性，当社会需求变动时，企业首先考虑的是调整产量，而不是改变价格。

此外，还假定折旧和公司未分配利润为零。这样，GDP、NDP、NI 和 PI 就都相等。

二、均衡产出的概念

在上述情况下，经济社会的产量或者说国民收入就决定于总需求。**和总需求相等的产出被称为均衡产出或收入。**均衡是指一种不再变动的情况。当产出水平等于总需求水平时，企业生产就会稳定下来。因为企业要根据产品销路来安排生产，一定会把生产定在和产品需求相一致的水平上。由于两部门经济中没有政府和对外贸易，总需求就只由居民消费和企业投资构成。于是，均衡产出可用公式表示为：

$$y=c+i \tag{13.1}$$

这里，y、c、i 都用小写字母表示，分别代表剔除了价格变动的实际产出或收入、实际消费和实际投资，而不是上一章里用大写字母表示的名义产出或收入、名义消费和名义投资。还要指出的是，公式中的 c 和 i 代表居民和企业实际希望持有的消费和投资，即意愿消费和投资的数量，而不是国民收入构成公式中实际发生的消费和投资。举例来说，假定企业部门由于错误估计形势，生产了 1 200 亿美元产品，但市场实际需要的只是 1 000 亿美元产品，于是就有 200 亿美元产品成为企业的非意愿存货投资或称非计划存货投资。存货投资是企业掌握的存货价值的变动。存货是处于生产过程中的产品和待出售成品的存量，包括原材料在制品和企业暂时持有的待售产品。企业要正常持续生产经营，必须保有一定数量的存货。符合生产经营所需要的存货变动是意愿存货投资或计划存货投资，超过生产经营所需要的存货变动就是非意愿或非计划存货投资。这部分存货投资在国民收入核算中是投资支出的一部分，但不是计划投资的一部分。因此，在国民收入核算中，实际产出就等于计划支出（或称计划需求）加非计划存货投资。但在国民收入决定理论中，均衡产出指与计划需求相一致的产出。因此，在均衡产出水平上，计划支出和计划产出正好相等。因此，非计划存货投资等于零。

均衡产出是和总需求相一致的产出，也就是经济社会的收入正好等于全体居民和企业想要有的支出。假定企业生产 100 亿美元产品，居民和企业要购买产品的支出也是 100 亿美元，则这 100 亿美元的生产就是均衡产出或者说均衡收入。若用 E 代表支出，y 代表收入，则经济均衡的条件是 $E=y$ [这和（13.1）式的 $y=c+i$ 其实是一个意思，因为 E 表示支出，两部门经济中 $E=c+i$]，这个关系可用图 13-1（a）表示。在图中，纵轴表示支出（单位为亿美元），横轴表示收入（单位为亿美元），从原点出发的 45°线上的各点都表示支出和收入相等。例如，A 点表示支出和收入各为 100 亿美元。图 13-1（b）中的 IU 表示非意愿存货投资，当

$IU>0$ 时，企业需削减生产；反之，则企业会扩大生产。

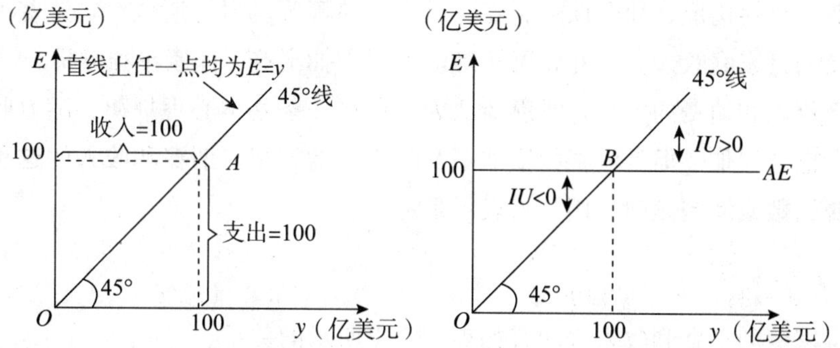

（a）支出等于收入的45°线　（b）支出决定收入

图 13-1　均衡产出

从均衡产出概念可见，要增加均衡产出，关键是要增加总需求，因为均衡产出水平决定于总需求或者说总支出水平。

三、投资等于储蓄

均衡产出或收入的条件 $E=y$，也可用 $i=s$ 表示，因为这里的计划支出等于计划消费加投资，即 $E=c+i$，而生产创造的收入等于计划消费加计划储蓄，即 $y=c+s$（这里，y、c、s 也都是剔除了价格变动的实际收入、实际消费和实际储蓄），因此，$E=y$ 也就是 $c+i=c+s$，等式两边消去 c，则得：

$$i=s \tag{13.2}$$

需再次说明，这里的投资等于储蓄，是指经济要达到均衡，计划投资必须等于计划储蓄。而国民收入核算中的 $i=s$，则是指实际发生的投资（包括计划和非计划存货投资在内）始终等于储蓄。前者为均衡的条件，即计划投资不一定等于计划储蓄，只有二者相等时，收入才处于均衡状态；而后者所指的实际投资和实际储蓄是根据定义而得到的实际数字，从而必然相等。

第三节　凯恩斯的消费理论

一、消费函数

均衡产出既然是指与总需求相一致的产出，则分析均衡产出如何决定，就是要分析总需求的各个组成部分是如何决定的。这里，首先要分析消费如何决定。消费量由什么决定？在现实生活中，影响各个家庭消费的因素有很多，如收入水平、商品价格水平、利率水平、收入分配状况、消费者偏好、家庭财产状况、消费信贷状况、消费者年龄构成、社会保障制度、风俗习惯等等。凯恩斯认为，这些因素中有决定意义的是家庭收入。为此，可从诸多因素中抽出这一因素单独分析。

关于收入和消费的关系，凯恩斯认为，存在一条基本心理规律：随着收入的增加，消费也会增加，但是消费的增加不及收入的增加多，**消费和收入的这种关系被称作消费函数或消费倾向**，用公式表示是：

$$c=c(y) \tag{13.3}$$

假定家庭的消费和收入之间有如表 13－1 所示的关系。

表 13－1　家庭消费函数

	(1) 收入(美元)	(2) 消费(美元)	(3) 边际消费倾向(*MPC*)	(4) 平均消费倾向(*APC*)
A	9 000	9 110		1.01
			0.89	
B	10 000	10 000		1.00
			0.85	
C	11 000	10 850		0.99
			0.75	
D	12 000	11 600		0.97
			0.64	
E	13 000	12 240		0.94
			0.59	
F	14 000	12 830		0.92
			0.53	
G	15 000	13 360		0.89

表 13－1 的数字表明：当收入为9 000美元时，消费为9 110美元，入不敷出。当收入为10 000美元时，消费为10 000美元，收支平衡。当收入依次增至11 000 美元、12 000美元、13 000 美元、14 000 美元和 15 000 美元时，消费依次增加到10 850美元、11 600美元、12 240美元、12 830美元和13 360美元。这就是说，当收入增加时，消费随之增加，但增加得越来越少。在表中，当收入依次增加1 000美元时，消费依次增加 890 美元、850 美元、750 美元、640 美元、590 美元和 530 美元。**增加的消费与增加的收入之比率**，也就是增加的 1 单位收入中用于增加消费部分的比率，**被称为边际消费倾向（*MPC*）**。表 13－1 中第（3）列即边际消费倾向。边际消费倾向的公式是：

$$MPC=\frac{\Delta c}{\Delta y} \quad 或 \quad \beta=\frac{\Delta c}{\Delta y} \tag{13.4}$$

若收入增量和消费增量均极小，上述公式可写成：

$$MPC=\frac{\mathrm{d}c}{\mathrm{d}y} \tag{13.5}$$

表 13-1 中第（4）列是平均消费倾向（APC），**平均消费倾向指任一收入水平上消费支出在收入中的比率**，平均消费倾向的公式是：

$$APC=\frac{c}{y} \tag{13.6}$$

根据表 13-1 可得出消费曲线如图 13-2 所示。

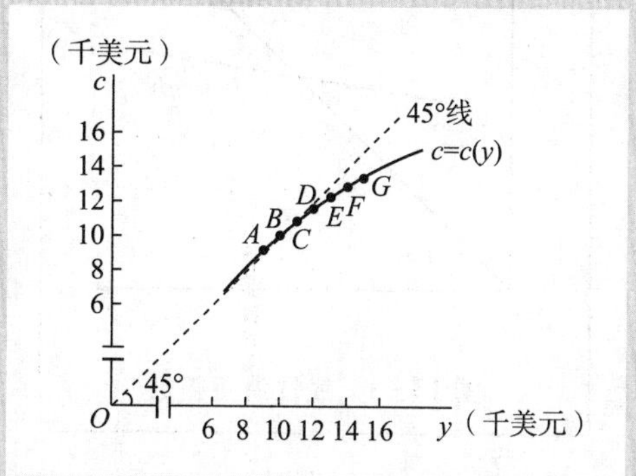

图 13-2　消费曲线

在图 13-2 上，横轴表示收入 y，纵轴表示消费 c，45°线上任一点到纵横轴的垂直距离都相等，表示收入全部用于消费。$c=c(y)$ 曲线是消费曲线，表示消费和收入之间的函数关系。B 点是消费曲线和 45°线的交点，表示这时候消费支出和收入相等。B 点左方，表示消费大于收入；B 点右方，表示消费小于收入。随着消费曲线向右延伸，这条曲线和 45°线的距离越来越大，表示消费随收入增加而增加，但增加的幅度越来越小于收入增加的幅度。消费曲线上任一点的斜率，都是与这一点相对应的边际消费倾向，而消费曲线上任一点与原点相连而成的射线的斜率，则是与这一点相对应的平均消费倾向。从图 13-2 上消费曲线的形状可以想象到，随着这条曲线向右延伸，曲线上各点的斜率越来越小，说明边际消费倾向递减，同时曲线上各点与原点的连线的斜率也越来越小，说明平均消费倾向也递减，但平均消费倾向始终大于边际消费倾向，这和表 13-1 所得的数据也是一致的。由于消费增量只是收入增量的一部分，因此边际消费倾向总大于 0 而小于 1，但平均消费倾向则可能大于、等于或小于 1，因为消费可能大于、等于或小于收入。

表 13-1 所表示的是边际消费倾向递减的情况。如果消费和收入之间存在线性关系，则边际消费倾向为一常数，这时消费函数可用下列方程表示：

$$c=\alpha+\beta y \tag{13.7}$$

式中，α 为必不可少的自发消费部分，即收入为 0 时举债或动用过去的储蓄也必须要有的基本生活消费；β 为边际消费倾向；β 和 y 的乘积表示收入引致的消费。因此，$c=\alpha+\beta y$ 的经济含义是：消费等于自发消费与引致消费之和。例如，若已知 $\alpha=300$，$\beta=0.75$，则 $c=300+0.75y$，这就是说，若收入增加 1 单位，其中就有 75%用于增加消费，只要 y 已知，就可算出全部消费支出量。

当消费和收入之间呈线性关系时，消费函数就是一条向右上方倾斜的直线，消费函数上每一点的斜率都相等，并且大于 0 而小于 1，如图 13－3 所示。

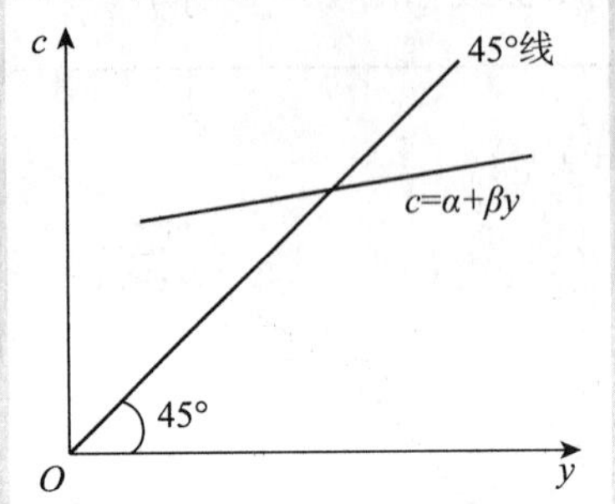

图 13－3 线性消费函数

当消费函数为线性的时，$APC>MPC$ 这一点更易看清，因为消费函数上任一点与原点相连所成射线的斜率都大于消费曲线（这里是直线）的斜率，而且从公式看，$APC=\frac{c}{y}=\frac{\alpha+\beta y}{y}=\frac{\alpha}{y}+\beta$，在这里，$\beta$ 是 MPC，由于 α 和 y 都是正数，因此，$\frac{\alpha}{y}>0$，所以，$APC>MPC$。随着收入增加，$\frac{\alpha}{y}$ 越来越小，说明 APC 逐渐趋近于 MPC。

二、储蓄函数

与消费函数相联系的还有一个储蓄函数的概念。

储蓄是收入中未被消费的部分。既然消费随收入增加而增加的比率是递减的，则可知储蓄随收入增加而增加的比率递增。**储蓄与收入的这种关系就是储蓄函数**，其公式是：

$$s=s(y) \tag{13.8}$$

根据表 13－1 的数据，读者不难作出储蓄函数的数字表和相应的几何图形。

边际储蓄倾向（*MPS*）是储蓄增量对收入增量的比率，其公式是：

$$MPS=\frac{\Delta s}{\Delta y} \tag{13.9}$$

如果收入与储蓄增量极小，上述公式可写成：

$$MPS=\frac{ds}{dy} \tag{13.10}$$

平均储蓄倾向是指任一收入水平上储蓄在收入中所占的比率，其公式是：

$$APS=\frac{s}{y} \tag{13.11}$$

如果消费曲线和储蓄曲线为一直线，则由于 $s=y-c$，且 $c=\alpha+\beta y$，因此有：

$$s=y-c=y-(\alpha+\beta y)=-\alpha+(1-\beta)y \tag{13.12}$$

三、消费函数和储蓄函数的关系

由于储蓄被定义为收入和消费之差，因此：

第一，消费函数和储蓄函数互为补数，从公式看：

$$\because \quad s=y-c$$
$$c=\alpha+\beta y$$
$$\therefore \quad s=y-c=y-\alpha-\beta y=-\alpha+(1-\beta)y$$

第二，若 APC 和 MPC 都随收入增加而递减，但 $APC>MPC$，则 APS 和 MPS 都随收入增加而递增，但 $APS<MPS$。

第三，APC 和 APS 之和恒等于 1，MPC 和 MPS 之和也恒等于 1。

根据以上性质，消费函数和储蓄函数中只要有一个确立，另一个就随之确立。

四、家庭消费函数和社会消费函数

以上分析的是家庭消费函数和储蓄函数。宏观经济学关心的是整个社会的消费函数，即总消费和总收入之间的关系。社会消费函数是家庭消费函数的总和。然而，西方经济学家认为，社会消费函数并不是家庭消费函数的简单加总。从家庭消费函数求取社会消费函数时，还要考虑一系列限制条件。

一是国民收入的分配。人们越是富有，越有能力储蓄，因此，不同收入阶层的边际消费倾向不同。富有者边际消费倾向较低，贫穷者边际消费倾向较高。因此，国民收入分配越不均等，社会消费曲线就越是向下移动，反之亦然。

二是政府税收政策。如政府实行累进个人所得税，将富有者原来可能用于储蓄的一部分收入征收过来，以政府支出形式花费掉，而按西方经济学者说法，这些支出通常成为公众的收入，最终用于消费。这样，社会中消费数量增加，社会消费曲线会向上移动。

三是公司未分配利润在利润中所占比例。公司未分配利润无形中是一种储蓄，如分给股东，则必定有一部分会被消费掉，因此，公司未分配利润在利润中所占比例大，消费就少，储蓄就多。反之，则消费就多，储蓄就少，即社会消费曲线就会向上移动。

影响社会消费函数的因素还有其他一些，因此，社会消费曲线并非家庭消费曲线的简单加总，但在考虑了种种限制条件后，社会消费曲线的基本形状仍和家庭消费曲线有很大的相似之处。

以上所述消费函数只是凯恩斯所提出的一种消费函数，它假定消费是人们收入水平的函数，这是西方消费函数最简单的形式，被称为凯恩斯的绝对收入消费理论。凯恩斯的《就业、利息和货币通论》一书出版以后，这一简单的消费函数得到了补充、修改，产生了其他一些理论，如杜森贝利的相对收入假说、弗里德曼的永久收入假说以及莫迪利安尼的生命周期假说等等。这些理论在本书后面的“宏观经济学的微观基础”一章中会有论述。

五、影响消费的其他因素

上面的分析都强调收入是影响消费的最重要因素。但大家知道，收入变动并非影响消费的全部原因。

在日常生活中，除了收入，还有其他一些因素会影响消费行为。下面选择其中重要的依次简述。

1. 利率

传统的看法认为，提高利率可刺激储蓄，但现代西方经济学家认为，提高利率是否会增加储蓄，抑制当前消费，要根据利率变动对储蓄的替代效应和收入效应而定。

什么是利率的变动对储蓄的替代效应及收入效应？一方面，当利率提高时，人们认为减少目前消费、增加将来消费比较有利，这会鼓励他们增加储蓄。利率提高使储蓄增加是利率变动对储蓄的替代效应。另一方面，利率提高使人们将来的利息收入增加，会使他们认为自己较为富有，以致增加目前消费，可能反而会减少储蓄。这种储蓄的减少是利率对储蓄的收入效应。利率如何影响储蓄，需视替代效应与收入效应之总和而定。

就低收入者而言，利率提高，主要会发生替代效应，故利率提高会增加储蓄。就高收入者而言，利率提高，主要会发生收入效应，从而可能会减少储蓄。就全社会总体而言，利率的提高究竟会增加储蓄还是会减少储蓄，则由这些人增加和减少储蓄的总和正负净额来决定。

此外，储蓄的另一目的是为将来养老或其他某一特定用途。如以将来每年能得到固定金额为目的而储蓄，则利率提高可减少目前所需积蓄之本金，因此，利率的提高会降低储蓄。可见，利率的提高，因会发生正负相反的效果，就全社会而言，难以事前判断会增加储蓄还是会减少储蓄。

2. 价格水平

影响消费的另一因素为价格水平。这里所谓的价格水平，是价格水平的变动，通过实际收入改变而影响消费。当货币收入（名义收入）不变时，若物价上升，实际收入下降，若消费者要保持原有生活消费水平，则消费倾向（平均消费倾向）就会提高；反之，若物价下跌，平均消费倾向就会下降。

若物价与货币收入以相同比例提高，实际收入不变，照理不会影响消费，但假如消费者只注意到货币收入增加而忽略了物价上升，则会误以为实际收入增加，从而平均消费倾向也会上升，即消费者存在“货币幻觉”。

3. 收入分配

前面说过，高收入家庭消费倾向较小，低收入家庭消费倾向较大，因此，国民收入分配越是平均，全国性平均消费倾向就会越大，而收入分配越是不平均，全国性平均消费倾向就会越小。

4. 社会保障制度

通常说来，社会保障制度越是完善，居民越是敢于消费，否则储蓄意愿要增强。

以上简要说明了影响消费和储蓄的非收入因素。在分析国民收入决定时，为简单起见，我们仍运用凯恩斯的收入决定消费的理论。

专栏 13-1
中美两国边际消费倾向比较

第四节 两部门经济中国民收入的决定及乘数

一、两部门经济中收入的决定——使用消费函数决定收入

第二节说明了均衡收入指与计划总支出相等的收入。计划支出由消费和投资构成，即 $y=c+i$。消费问题已经在第三节里分析过了，按理说还要分析投资如何决定才可以说明均衡收入的决定。但为使分析简化，在收入决定的简单模型中，总是先假定计划净投资是一个给定的量，不随利率和国民收入水平而变化。根据这一假定，只要把收入恒等式和消费函数结合起来就可求得均衡收入：

$$y=c+i \quad \text{（收入恒等式）}$$

$$c=\alpha+\beta y \quad \text{（消费函数）}$$

解联立方程，得到均衡收入：

$$y=\frac{\alpha+i}{1-\beta} \tag{13.13}$$

可见，如果知道了消费函数和投资量，就可得到均衡的国民收入。例如，假定消费函数为 $c=1\ 000+0.8y$，自发的计划投资始终为 600 亿美元，则均衡收入：

$$y=\frac{1\ 000+600}{1-0.8}=8\ 000 \text{（亿美元）}$$

下面再用列表和作图形式说明均衡收入的决定。

表 13-2 显示了消费函数为 $c=1\ 000+0.8y$ 及自发投资为 600 亿美元时均衡收入决定的情况。

表 13-2 均衡收入的决定 单位：亿美元

(1) 收入	(2) 消费	(3) 储蓄	(4) 投资
3 000	3 400	−400	600
4 000	4 200	−200	600
5 000	5 000	0	600
6 000	5 800	200	600
7 000	6 600	400	600
8 000	7 400	600	600
9 000	8 200	800	600
10 000	9 000	1 000	600

表 13-2 的数据说明，当 $y=8\ 000$ 亿美元时，$c=7\ 400$ 亿美元，$i=600$ 亿美元，因此，$y=c+i=8\ 000$ 亿美元，说明 8 000 亿美元是均衡收入。如果收入小于 8 000 亿美元，比方说为 6 000 亿美元时，$c=5\ 800$ 亿美元，加上投资 600 亿美元，总支出为 6 400 亿美元，超过了总供给 6 000 亿美元，这意味着企业销售出去的产量大于它们生产出来的产量。存货出现意外减少，这时扩大生产是有利可图的。于是，企业会增雇工人，增加产量，使收入向均衡收入靠拢；相反，如果收入大于 8 000 亿美元，比方说为 10 000 亿美元时，说明企业生产出来的产量大于它们的销售量，存货出现意外增加，于是，企业便会减少生产，使收入仍向 8 000 亿美元靠拢。只有在收入达到均衡水平时，既没有非计划存货投资，也没有非计划存货负投资（即存货意外减少），产量正好等于销量，存货保持正常水平，这就是企业愿意保持的产量水平。

均衡收入决定也可用图表示，图 13-4 表示如何用消费曲线加投资曲线和 45°线相交决定收入。图中横轴表示收入，纵轴表示消费加投资，在消费曲线 c 上加投资曲线 i 得到消费曲线加投资曲线 $c+i$，这条曲线就是总支出曲线。由于投资被假定为始终等于 600 亿美元的自发投资，因此，消费曲线加投资曲线所形成的总支出曲线与消费曲线平行，其间垂直距离即 600 亿美元投资。总支出线和 45°线相交

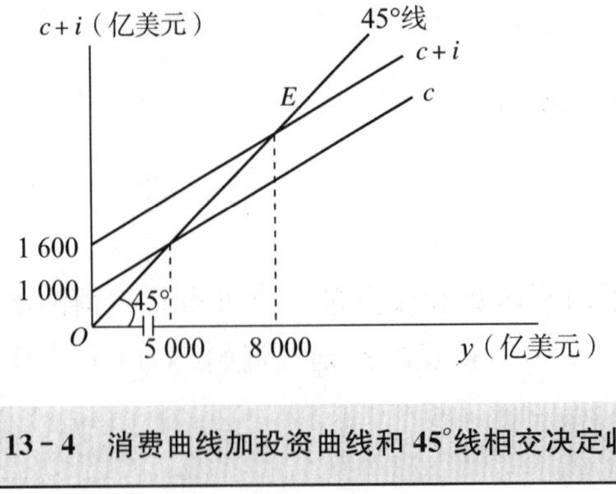

图 13-4 消费曲线加投资曲线和 45°线相交决定收入

于 E 点，E 点决定的收入水平是均衡收入 8 000 亿美元。这时，家庭部门想要有的消费支出与企业部门想要有的投资支出的总和，正好等于收入（即产出）。如果经济离开了这个均衡点，企业部门销售额就会大于或小于它们的产出，从而被迫进行存货负投资或存货投资，即出现意外的存货减少或增加，这就会引起生产的扩大或收缩，直到回到均衡点为止。

二、使用储蓄函数决定收入

上面说明了如何使用总支出等于总收入(总供给)的方法决定均衡收入，下面再用计划投资等于计划储蓄的方法求得均衡收入。计划投资等于计划储蓄即 $i=y-c=s$，而储蓄函数为 $s=-\alpha+(1-\beta)y$。

将此两式联立：

$$\begin{cases} i=s=y-c & \text{（投资等于储蓄）} \\ s=-\alpha+(1-\beta)y & \text{（储蓄函数）} \end{cases}$$

求解同样可得（均衡）收入：$y=\dfrac{\alpha+i}{1-\beta}$。

上例中，当 $c=1\,000+0.8y$ 时，$s=-1\,000+(1-0.8)y=-1\,000+0.2y$，$i=600$，令 $i=s$，即 $600=-1\,000+0.2y$，得 $y=8\,000$ 亿美元。这一结果也可从表 13－2 上得到，从表中可见，只有当收入 $y=8\,000$ 亿美元时，s 和 i 才正好相等，为 600 亿美元，从而达到了均衡。

用计划投资等于计划储蓄的方法决定收入，也可用图 13－5 表示。图中横轴表示收入，纵轴表示储蓄和投资，s 代表储蓄曲线，i 代表投资曲线。由于投资是不随收入而变化的自发投资，因而，投资曲线与横轴平行，其间距离始终等于 600 亿美元。投资曲线与储蓄曲线相交于 E 点，与 E 点对应的收入为均衡收入。若实际产量小于均衡收入水平，表明投资大于储蓄，社会上生产供不应求，企业存货意外地减少，企业就会扩大生产，使收入水平向右移动，直到达到均衡收入为止。相反，若实际产量大于均衡收入，表明投资小于储蓄，社会上生产供过于求，企业存

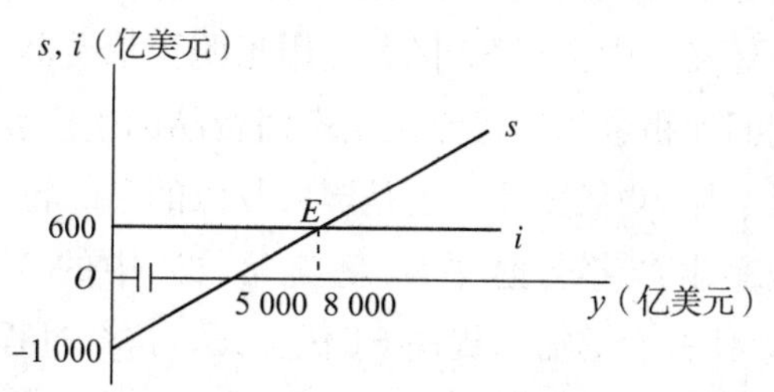

图 13－5　储蓄曲线和投资曲线相交决定收入

货意外地增加，企业就会减少生产，使收入水平向左移动，直到达到均衡收入为止。只有在均衡收入水平上，企业生产才会稳定下来。

以上两种方法其实是从同一关系中引申出来的，因为储蓄函数本来就是从消费函数中派生出来的。因此，无论使用消费函数还是储蓄函数，求得的均衡收入都一样。

三、乘数论

如上所述，若自发投资量是 600 亿美元，均衡的国民收入是 8 000 亿美元；若投资增加到 700 亿美元，则国民收入就会增加到 8 500 亿美元。在这里，投资增加 100 亿美元，收入增加 500 亿美元，增加的收入是增加的投资的 5 倍。可见，当总投资增加时，收入的增量将是投资增量的数倍。如果以 k 代表倍数，这个 k 被称为投资乘数。可见，**投资乘数指收入的变化与带来这种变化的投资支出的变化的比率，**在上述例子中，投资乘数为 5。

为什么投资增加 100 亿美元时，收入会增加 5 倍呢？这是因为增加 100 亿美元投资用来购买投资品时，实际上是用来购买制造投资品所需要的生产要素。因此，这 100 亿美元以工资、利息、利润和租金的形式流入生产要素的所有者手中，即居民手中，从而居民收入增加了 100 亿美元，这 100 亿美元是投资对国民收入的第一轮增加。

也许人们会说，100 亿美元投资怎么都会转化为居民的收入呢？如果这 100 亿美元投资是购买机器设备，难道这些机器设备中不包含制造机器设备所需要的原材料价值吗？难道这些原材料价值也会转化为居民的收入吗？西方学者解释这一问题的关键是要记住这 100 亿美元投资购买的机器设备是最终产品，犹如消费者购买的上衣是最终产品一样。最终产品的价值是国民收入，也就是说，这批机器设备的价值等于为生产这批机器设备所需要的全部生产要素（包括开采铁矿、炼钢铁、制造机器等整个生产过程中所需要的各种生产要素）所创造的价值。这些价值被认为全部转化为工资、利息、利润和地租，因此，投资购买 100 亿美元机器设备，就会使收入增加 100 亿美元。

假定该社会的边际消费倾向是 0.8（这在消费函数 $c=1\,000+0.8y$ 中为已知）。因此，增加的这 100 亿美元中会有 80 亿美元用于购买消费品。于是，这 80 亿美元又以工资、利息、利润和租金的形式流入生产消费品的生产要素所有者手中，从而使该社会居民收入又增加 80 亿美元，这是国民收入的第二轮增加。

同样，这些消费品生产者会把这 80 亿美元收入中的 64 亿美元（$100\times0.8\times0.8=64$）用于消费，使社会总需求提高 64 亿美元，这个过程不断继续下去，最后使国民收入增加 500 亿美元，其过程是：

$$100+100\times0.8+100\times0.8\times0.8+\cdots+100\times0.8^{n-1}+\cdots$$

$$=100\times(1+0.8+0.8^2+\cdots+0.8^{n-1}+\cdots)$$
$$=\frac{1}{1-0.8}\times100$$
$$=500\text{（亿美元）}$$

上式表明，当投资增加 100 亿美元时，收入最终会增加 500 亿美元。如以 Δy 代表增加的收入，Δi 代表增加的投资，则二者之比率 $k=\frac{\Delta y}{\Delta i}=5$。因此，$\Delta y=k\Delta i$。

上面的例子也说明，

$$\text{乘数}=\frac{1}{1-\text{边际消费倾向}}$$

或
$$k=\frac{1}{1-MPC} \tag{13.14}$$

如果用 β 代表 MPC，则上式变为①：

$$k=\frac{1}{1-\beta}$$

由于 $MPS=1-MPC$，因此，

$$k=\frac{1}{1-MPC}=\frac{1}{MPS} \tag{13.15}$$

可见，乘数的大小和边际消费倾向有关，边际消费倾向越大，或边际储蓄倾向越小，则乘数就越大。

以上是从投资增加的方面说明乘数效应的。实际上，投资减少也会引起收入相应程度地减少，可见，乘数效应的发挥是两方面的。

乘数效应也可用图 13-6 来表示。在图中，$c+i$ 代表原来的总支出线，$c+i'$ 代表新的总支出线，$i'=i+\Delta i$，原来的均衡收入为 y，新的均衡收入为 y'，$\Delta y=y'-y$，$\Delta y=k\Delta i$，相当于上例中投资从 600 亿美元增加到 700 亿美元（即 $\Delta i=100$ 亿美元）时，收入从 8 000 亿美元增加到 8 500 亿美元，即 $\Delta y=500$ 亿美元，$k=5$。

---

① 乘数公式可用简单代数加以证明。以 Δy 和 Δi 分别代表收入增量和投资增量，则：

$$\Delta y=\Delta i+\beta\Delta i+\beta^2\Delta i+\beta^3\Delta i+\cdots+\beta^{n-1}\Delta i=\Delta i(1+\beta+\beta^2+\beta^3+\cdots+\beta^{n-1})$$

括号中各项代表一个无穷几何级数，由于假设 β 小于 1，因此该级数是收敛的，令：

$$z=1+\beta+\beta^2+\beta^3+\cdots+\beta^{n-1} \tag{1}$$

则：
$$\beta z=\beta+\beta^2+\beta^3+\cdots+\beta^n \tag{2}$$

以（1）式减（2）式，得：

$$z(1-\beta)=1-\beta^n$$

$$\therefore\quad z=\frac{1-\beta^n}{1-\beta} \tag{3}$$

由于 $0<\beta<1$，所以当 $n\to\infty$ 时，$\beta^n\to0$，因此，$z=\frac{1}{1-\beta}=k$。

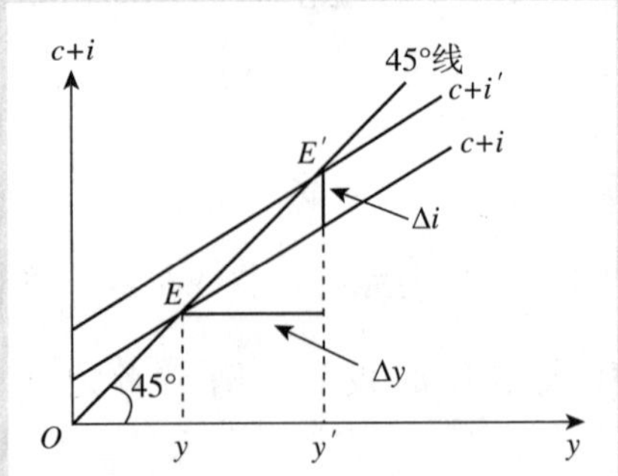

图 13-6　乘数效应

以上说明的是投资变动引起国民收入变动存在乘数效应。实际上，总需求的任何变动，如消费的变动、政府支出的变动、税收的变动、净出口的变动等等，都会引起收入的若干倍变动。拿消费来说，假定原来的消费函数为 $c=1\ 000+0.8y$，投资 $i=600$ 亿美元，则均衡收入为 8 000 亿美元。如果自发消费因人们节俭而从1 000 亿美元减为 800 亿美元，则收入将变为 7 000 亿美元（$y=\frac{800+600}{1-0.8}=7\ 000$）。可见，消费需求减少 200 亿美元，国民收入减少1 000 亿美元。关于政府支出等变动如何使收入变动，留待下一节分析。

专栏 13-2
中国的投资乘数问题

第五节　三部门经济中国民收入的决定及乘数

一、三部门经济中收入的决定

上一章第四节里说过，在有政府起作用的三部门经济中，国民收入从总支出的角度看，包括消费、投资和政府购买，而从总收入的角度看，则包括消费、储蓄和税收，这里的税收，是指总税收减去政府转移支付以后所得的净纳税额。因此，加入政府部门后的均衡收入应是计划的消费、投资和政府购买之总和同计划的消费、储蓄和净税收之总和相等的收入，即：

$$c+i+g=c+s+t \tag{13.16}$$

消去上式等号两边的 c，得：

$$i+g=s+t \tag{13.17}$$

(13.17) 式是三部门经济中宏观均衡的条件。

在这里，税收可有两种情况：一种为定量税，即税收量不随收入而变动，用 t

来代表；另一种为比例税，即税收量随收入的增加而增加。为简化起见，下面先讨论定量税情况。

假设消费函数为 $c=1\ 600+0.75y_d$，y_d 表示可支配收入，定量税为 $t=800$，投资为 $i=1\ 000$，政府购买支出为 $g=2\ 000$（单位均为亿美元）。根据这些条件，求均衡收入时要先求得可支配收入 y_d①$=y-t=y-800$，然后可根据消费函数求得储蓄函数 $s=y_d-c=y_d-(\alpha+\beta y_d)=-\alpha+(1-\beta)y_d=-1\ 600+0.25(y-800)=0.25y-1\ 800$，最后将 i、g、s 和 t 代入经济均衡的公式 $i+g=s+t$，得到：

$$1\ 000+2\ 000=0.25y-1\ 800+800$$

$$\therefore \quad y=\frac{4\ 000}{0.25}=16\ 000$$，即均衡收入为 16 000 亿美元。

这一情况可用图 13－7 表示。

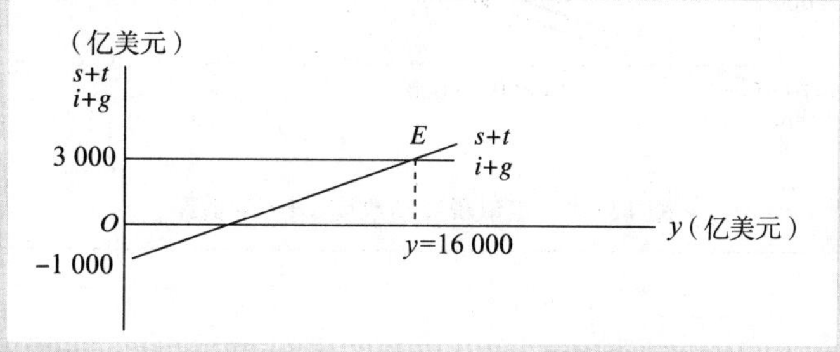

图 13－7　三部门经济收入的决定

在图 13－7 中，$i+g=3\ 000$ 亿美元，表示投资加政府支出所形成的支出线，而 $s+t=0.25y-1\ 800+800=0.25y-1\ 000$，表示储蓄加定量税所形成的曲线。当收入为4 000 亿美元时，$s+t=0$，这是因为当收入为4 000亿美元时，储蓄为－800亿美元（从$s=0.25y-1\ 800$ 中得到），税收 t 又假定为 800 亿美元，因此二者之和为零。另外，当$y=0$ 时，$s+t=-1\ 000$ 亿美元（从 $s+t=0.25y-1\ 000$ 中得到）。$i+g$ 线和$s+t$ 线相交于E 点，和 E 点相对应的收入为均衡收入 $y=16\ 000$ 亿美元。

现在假定税收从 800 亿美元增加到 $t=1\ 200$ 亿美元，而消费函数仍为 $c=\alpha+\beta y_d=1\ 600+0.75y_d$，因而储蓄函数也仍为$s=-1\ 600+0.25y_d$，但 $s+t$ 线就从 $s+t=-1\ 600+0.25\ (y-800)+800=0.25y-1\ 000$ 变为 $s+t=-1\ 600+0.25(y-1\ 200)+1\ 200=0.25y-700$。可见，$s+t$ 曲线的斜率未变化，但截距从－1 000 变动到－700。定量税变动会改变 $s+t$ 曲线的截距，见图 13－8。

在图 13－8 中，定量税从 800 亿美元增加到 1 200 亿美元，则 $s+t$ 线的截距从

① 在宏观经济学中，y_d 可以表示为收入减去税收（未有特别注明的税收都指总税收）加上转移支付，用公式可表示为 $y_d=y-t+t_r$。这里略去了政府转移支付。

$-1\ 000$ 美元增加到 -700 美元，从而均衡收入从 16 000 亿美元（$y=\frac{4\ 000}{0.25}=16\ 000$）减至 14 800 亿美元$\left(y=\frac{3\ 700}{0.25}=14\ 800\right)$，比原来低1 200亿美元，原因是税收从 800 亿美元增加到1 200 亿美元，$s+t$ 线的截距相应向上移动 300 亿美元，由于该斜率就是储蓄曲线的斜率，而储蓄曲线的斜率 $MPS=0.25$（$MPS=1-MPC=1-0.75=0.25$），因此，收入必须相应下降$\frac{300}{0.25}=1\ 200$。

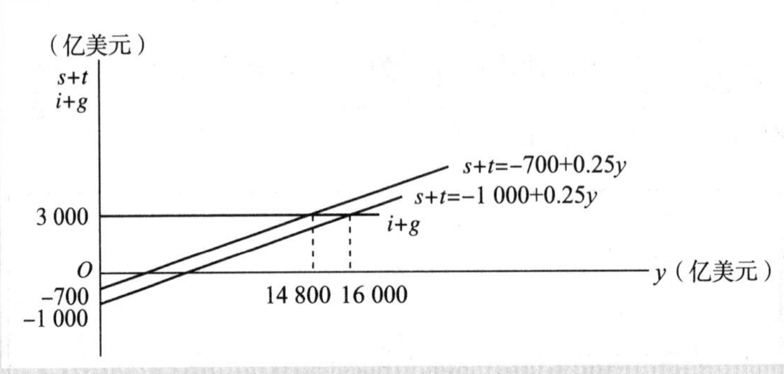

图 13－8　定量税变动改变 $s+t$ 的截距

二、三部门经济中的各种乘数

西方学者认为，加入政府部门以后，不仅投资支出变动有乘数效应，政府购买、税收和政府转移支付的变动同样有乘数效应，因为政府购买支出、税收、转移支付都会影响消费。

怎样求得这些乘数呢？

由于三部门经济中总支出为：$y=c+i+g=\alpha+\beta(y-t)+i+g$，这里，$t$ 仍是定量税，在这样的情况下，均衡收入为：

$$y=\frac{\alpha+i+g-\beta t}{1-\beta} \tag{13.18}$$

通过这一公式，就可求得上述几个乘数。

1. 政府购买乘数

所谓政府购买乘数，是指收入变动对引起这种变动的政府购买变动的比率。以 Δg 表示政府购买变动，Δy 表示收入变动，k_g 表示政府购买乘数，则：

$$k_g=\frac{\Delta y}{\Delta g}=\frac{1}{1-\beta} \tag{13.19}$$

式中 β 仍代表可支配收入的边际消费倾向，在三部门经济中，政府购买乘数和投资乘数相等。这可说明如下：

在（13.18）式即 $y=\frac{\alpha+i+g-\beta t}{1-\beta}$ 中，若其他条件不变，只有政府购买支出 g 变动，则政府购买支出为 g_0 和 g_1 时的收入分别为：

$$y_0=\frac{\alpha_0+i_0+g_0-\beta t_0}{1-\beta}$$

$$y_1=\frac{\alpha_0+i_0+g_1-\beta t_0}{1-\beta}$$

$$y_1-y_0=\Delta y=\frac{g_1-g_0}{1-\beta}=\frac{\Delta g}{1-\beta}$$

$$\therefore\quad \frac{\Delta y}{\Delta g}=k_g=\frac{1}{1-\beta}$$

可见，k_g 为正值，它等于 1 减可支配收入的边际消费倾向（β）的倒数。①

举例来说，若边际消费倾向 $\beta=0.8$，则 $k_g=5$。因此，政府购买支出若增加 200 亿美元，则国民收入可增加 1 000 亿美元；政府购买支出若减少 200 亿美元，则国民收入也要减少 1 000 亿美元。

2. **税收乘数**

税收乘数指收入变动与引起这种变动的税收变动的比率。税收乘数有两种：一种是税率变动对总收入的影响；另一种是税收绝对量变动对总收入的影响，即定量税对总收入的影响。这里仅说明后者。

假设在（13.18）式 $y=\frac{\alpha+i+g-\beta t}{1-\beta}$ 中，只有税收 t 变动，则税收为 t_0 和 t_1 时的收入分别为：

$$y_0=\frac{\alpha_0+i_0+g_0-\beta t_0}{1-\beta}$$

$$y_1=\frac{\alpha_0+i_0+g_0-\beta t_1}{1-\beta}$$

$$y_1-y_0=\Delta y=\frac{-\beta t_1+\beta t_0}{1-\beta}=\frac{-\beta\Delta t}{1-\beta}$$

$$\therefore\quad \frac{\Delta y}{\Delta t}=k_t=\frac{-\beta}{1-\beta} \qquad (13.20)$$

式中，k_t 为税收乘数，税收乘数为负值，这表示收入随税收增加而减少，随税收减少而增加，其原因是税收增加，表明人们的可支配收入减少，从而消费会相应减

① 政府购买乘数也可通过三部门经济均衡收入的表达式 $y=\frac{\alpha+i+g-\beta t}{1-\beta}$ 对政府购买支出 g 求导而得：

$$\frac{\mathrm{d}y}{\mathrm{d}g}=\frac{1}{1-\beta}$$

少，因而税收变动和总支出变动方向相反，税收乘数的绝对值等于可支配收入的边际消费倾向与1减可支配收入的边际消费倾向之比，或可支配收入的边际消费倾向与可支配收入的边际储蓄倾向之比。①

例如，若 $\beta=0.8$，则 $k_t=\frac{-0.8}{1-0.8}=-4$。如果政府增税200亿美元，则国民收入减少800亿美元；如果政府减税200亿美元，则国民收入增加800亿美元。

3. **政府转移支付乘数**

政府转移支付乘数指收入变动与引起这种变动的政府转移支付变动的比率。政府转移支付的增加，增加了人们的可支配收入，因而消费会增加，总支出和国民收入增加，因而政府转移支付乘数为正值。用 k_{t_r} 表示政府转移支付乘数，则：

$$k_{t_r}=\frac{\beta}{1-\beta} \tag{13.21}$$

这是因为写入了政府转移支付后，纳税净额即净税收（用 t_n 表示）要写成 $t_n=t-t_r$（这里 t 表示总税收），于是 $y_d=y-(t-t_r)=y-t+t_r$，因此，$y=c+i+g=\alpha+\beta y_d+i+g=\alpha+\beta(y-t+t_r)+i+g$，所以

$$y=\frac{\alpha+i+g+\beta t_r-\beta t}{1-\beta}$$

若其他条件不变，只有 t_r 变动，则转移支付为 t_{r0} 和 t_{r1} 时的国民收入分别为：

$$y_0=\frac{\alpha_0+i_0+g_0+\beta t_{r0}-\beta t_0}{1-\beta}$$

$$y_1=\frac{\alpha_0+i_0+g_0+\beta t_{r1}-\beta t_0}{1-\beta}$$

$$y_1-y_0=\Delta y=\frac{\beta t_{r1}-\beta t_{r0}}{1-\beta}=\frac{\beta\Delta t_r}{1-\beta}$$

$$\therefore \quad \frac{\Delta y}{\Delta t_r}=k_{t_r}=\frac{\beta}{1-\beta}$$

可见，政府转移支付乘数也等于可支配收入的边际消费倾向与1减可支配收入的边际消费倾向之比，或可支配收入的边际消费倾向与可支配收入的边际储蓄倾向之比，其绝对值和税收乘数相同，但符号相反。②

---

① 税收乘数也可通过三部门经济均衡收入的表达式 $y=\frac{\alpha+i+g-\beta t}{1-\beta}$ 对税收 t 求导而得：

$$\frac{dy}{dt}=\frac{-\beta}{1-\beta}$$

② 政府转移支付乘数也可通过三部门经济均衡收入的表达式 $y=\frac{\alpha+i+g+\beta t_r-\beta t}{1-\beta}$ 对转移支付 t_r 求导而得：

$$\frac{dy}{dt_r}=\frac{\beta}{1-\beta}$$

例如，若边际消费倾向 $\beta=0.8$，则 $k_{t_r}=\frac{0.8}{1-0.8}=4$。如果政府转移支付增加 200 亿美元，则国民收入增加 800 亿美元；如果政府转移支付减少 200 亿美元，则国民收入减少 800 亿美元。

由于政府购买乘数大于税收乘数以及政府转移支付乘数，因此，西方学者认为，改变政府购买水平对宏观经济活动的效果要大于改变税收和转移支付的效果，改变政府购买水平是财政政策中最有效的手段。

同时，也正是由于政府购买乘数大于税收乘数，因此，如果政府购买和税收同样地各增加一定数量，也会使国民收入增加。这就是所谓平衡预算乘数的作用。

4. 平衡预算乘数

平衡预算乘数指政府收入和支出同时以相等数量增加或减少时国民收入变动与政府收支变动的比率。上面的例子告诉我们，政府购买增加 200 亿美元时，国民收入会增加1 000 亿美元；税收增加 200 亿美元时，国民收入会减少 800 亿美元。因此，政府购买和税收同时增加 200 亿美元时，从政府预算看是平衡的，但国民收入增加 200 亿美元，即收入增加了一个与政府购买和税收变动相等的数量。以上结果可用公式来表示。用 Δy 代表政府购买和税收各增加同一数量时国民收入的变动量，则：

$$\Delta y=k_g\Delta g+k_t\Delta t=\frac{1}{1-\beta}\Delta g+\frac{-\beta}{1-\beta}\Delta t$$

由于假定 $\Delta g=\Delta t$，因此：

$$\Delta y=\frac{1}{1-\beta}\Delta g+\frac{-\beta}{1-\beta}\Delta g=\frac{1-\beta}{1-\beta}\Delta g=\Delta g$$

或

$$\Delta y=\frac{1}{1-\beta}\Delta t+\frac{-\beta}{1-\beta}\Delta t=\frac{1-\beta}{1-\beta}\Delta t=\Delta t$$

可见

$$\frac{\Delta y}{\Delta g}=\frac{\Delta y}{\Delta t}=\frac{1-\beta}{1-\beta}=1=k_b \tag{13.22}$$

式中，k_b 即平衡预算乘数，其值为 1。

第六节　潜在国民收入与缺口

一、潜在国民收入

上面讲了两部门、三部门经济中均衡国民收入如何决定。显然，这里讲的均衡收入，就是和两部门、三部门经济中的产出相等的或者说相一致的产出，也就是由总需求水平决定的国内生产总值。但必须注意，这一均衡的国民收入不一定就是充分就业状态下的国民收入。

充分就业状态下的国民收入是指**利用社会上一切可利用的经济资源（劳动、资本、土地等）所能够生产的产品和劳务的最大量值**，也**就是一国的经济潜力充分利用或发挥时所能够达到的最大产出量**，故又**称潜在国民收入**。① 一国的经济资源在一定时期是一个既定的量，因此，在一定时期总有一个潜在的国民收入水平。潜在国民收入水平决定于一国在一定时期可利用的资本、劳动、自然资源等生产要素的总量以及所达到的技术水平。

一国在一定时期的潜在国民收入不一定是该国在该时期实际所生产的国民收入。**实际国民收入**就是上面所说的**和总支出水平相一致的均衡收入，它由整个社会（该国家）的消费、投资、政府购买和净出口加总而构成的总需求水平决定**。当种种因素决定的总支出（总需求）水平较低时，实际的收入就会低于潜在的收入，尤其在经济萧条时，工人会失业，设备被闲置。

二、GDP 缺口和通缩、通胀缺口

潜在国民收入和实际均衡收入之间的差距被称为国内生产总值缺口（GDP gap）。实际收入低于潜在收入这一缺口可衡量出社会放弃了多少本来可以生产的产品和劳务。这些产品和劳务是有能力生产的，只是由于总需求不足，产品销路不好，因此未能生产出来，因此，GDP 缺口表现出经济萧条时资源闲置的情况。例如，假定充分就业的收入或者潜在的国内生产总值为10 000 亿美元，而实际的或者均衡的国内生产总值（即等于总需求的收入）只有 9 000 亿美元，则 GDP 缺口为 1 000 亿美元。假定简单的支出乘数等于 5，则总需求就要增加 200 亿美元才能使均衡国民收入达到潜在的国民收入水平。这 200 亿美元可称为通货紧缩缺口。

通货紧缩缺口也可用图形表示。在图 13－9 中假设 Y^* 是充分就业的国民收入，总支出曲线 AE 与 45°线的交点所决定的均衡国民收入 Y 低于充分就业的国民收入，因而存在通货紧缩缺口。通货紧缩缺口的大小，等于为达到充分就业的国民收入 Y^*，总支出曲线 AE 必须向上移动的距离 AB。

通货紧缩缺口测度达到充分就业所需要增加的总支出量。它之所以叫通货紧缩缺口或衰退缺口，是因为这一缺口表示了这样的事实：总支出（经济社会在某时期实际存在的总支出，在两部门经济中由消费和投资构成）不足以保证实现充分就业的收入水平，因而必然产生衰退现象。不足以保证充分就业，就是出现失业。千方百计降低失业率是宏观经济调控的首要目标。

---

① 在中文里常见到实际国内生产总值或实际国民收入两个名称。一个是 real GDP，又可译为“真实国内生产总值”，是剔除了价格因素的国内生产总值或国民收入，与名义国内生产总值（nominal GDP）或名义国民收入相对；另一个是本章所讲的实际国内生产总值或实际国民收入，英文是 actual GDP，指与总支出相一致的均衡国民收入，由社会总需求水平决定，与这里所讲的潜在国内生产总值或潜在国民收入（potential GDP）相对。

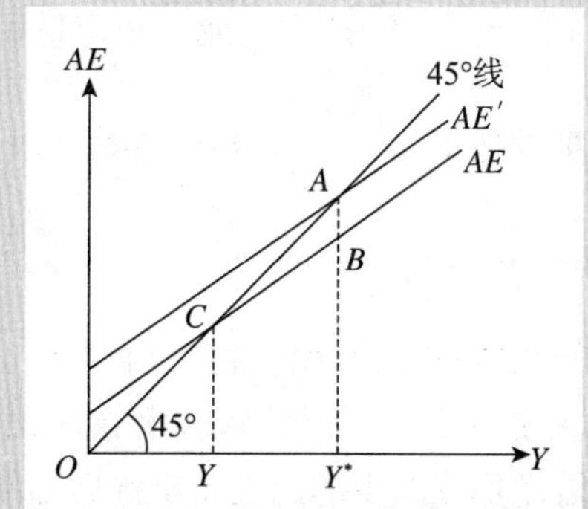

图 13－9　通货紧缩缺口

和通货紧缩缺口相反的是通货膨胀缺口。它是指实际总支出超过充分就业收入所要求的总支出之间的缺口。在上例中，假定充分就业收入为 10 000 亿美元，而实际总支出达到 11 000 亿美元，乘数仍等于 5，则就出现了 200 亿美元的通货膨胀缺口，它测度为实现充分就业均衡所需要降低的总支出。由于潜在产量（即社会上一切可用资源能够生产的产量）只有 10 000 亿美元，而总支出达到 11 000 亿美元，这超额的 1 000 亿美元当然是无法实现的。要把 1 000 亿美元的超额部分消除，只要使总支出减少 200 亿美元，通过乘数作用，就会在充分就业水平上实现均衡。这 200 亿美元也是缺口，不消除这一缺口，就会引起通货膨胀。因此，这一缺口被称为通货膨胀缺口。通货膨胀同样会影响经济运行和经营，经济效率会下降，经济增长会停滞。因此，降低通货膨胀率也是宏观经济调控的重要目标之一。

由于经济社会的产出不能总在充分就业水平上达到均衡，因此，需要政府进行宏观调控，以消除通货紧缩缺口或通货膨胀缺口，实现没有通货膨胀的充分就业。

第七节　结 束 语

本章要点可以归结如下：

（1）一国经济或者说国民收入是由需求和供给相互作用决定的。

（2）与总需求相等的产出称为均衡产出，或者说均衡的国民收入。在均衡产出水平上，计划或意愿的投资一定等于计划或意愿的储蓄。

（3）消费与收入的依存关系称为消费函数和消费倾向，消费倾向有边际消费倾向和平均消费倾向之分。相应地，储蓄倾向也有边际和平均之分。

（4）在两部门经济中，均衡国民收入决定的公式是 $y=\frac{\alpha+i}{1-\beta}$，投资乘数是 $k=\frac{1}{1-\beta}$。

（5）在三部门经济中，若用 t 表示定量税，用 t_r 表示政府转移支付，则均衡收

入决定的公式是 $y=\frac{\alpha+i+g+\beta t_r-\beta t}{1-\beta}$；相应地，在定量税情况下，三部门经济中各种乘数分别为：政府购买乘数 $k_g=\frac{1}{1-\beta}$，税收乘数 $k_t=\frac{-\beta}{1-\beta}$，政府转移支付乘数 $k_{tr}=\frac{\beta}{1-\beta}$，平衡预算乘数 $k_b=1$。

（6）一国一定时期内的经济资源充分利用时的最大产量（GDP）称潜在国民收入。由总支出（总需求）决定的实际国民收入和潜在国民收入之间的差距称 GDP 缺口。为消除这一缺口所需增加或减少的总支出量称通缩缺口或通胀缺口。

总的说来，本章阐明了西方宏观经济学中国民收入决定的简单模型。对于这一模型，我们提出以下几点，请读者加以注意：

第一，凯恩斯之前关于产出和收入的决定（也就是就业量的决定）。在凯恩斯的理论出现以前，传统的西方经济学信奉萨伊定律，即法国经济学家萨伊在 200 多年以前提出的销售论。该定律最简单的表达方式是“供给自动创造需求”；意思是说，生产者进行生产的目的（除了自己使用的部分外），是用自己的产品和其他生产者相交换，以便得到他自己所需要的东西，正像农民把多余的粮食拿到集市上来交换日用品那样。萨伊用这种事例来表明，只要社会上存在着一种供给（在这里为粮食），就会自动地存在一种相应的需求（在这里为农民所需要的日用品）；换言之，粮食的供给会创造出自己对日用品的需求。因此，按照萨伊把这一事例普遍化的说法，社会上的一切产品都能被卖掉，从而不会出现生产过剩的现象。不仅如此，由于每个生产者都想享用品种最多和数量最大的各种物品，所以每个生产者都尽量制造出最大数量的产品和别人相交换。就是说，该社会不但没有生产过剩的现象，而且能使生产达到最高的水平，即达到充分就业状态。

显然，对一个抽象的以物易物的简单生产社会，萨伊定律的没有生产过剩和失业状态的结论是可以成立的。但是，正如马克思所指出的那样，萨伊的错误在于把适用于物物交换社会中的事例应用于资本主义社会。[①] 尽管如此，直到 20 世纪 30 年代初，当时正统的西方学者仍然坚持萨伊的说法。这一说法的流行程度随着凯恩斯理论的流传而大为削弱，但到了 20 世纪 70 年代，新古典学派的兴起又使萨伊定律死灰复燃。读者将在本书第十五章中看到的传统的总供给曲线即为根据萨伊定律而作出的总供给曲线。

第二，与萨伊定律相反，凯恩斯提出产出和收入决定于总需求的理论。按照凯恩斯定律，只要存在需求，社会便可以生产出任何数量的产品与之相适应，$y=c+i+g+(x-m)$的意义即在于此。正如我们前面所说，凯恩斯写作《就业、利息和货币通论》的时代背景是 1929—1933 年的大萧条，西方社会存在着大量闲置资源，失业问题严重，而工厂则具有多余的生产能力，如果需求增加，生产确实会增加，

① 关于马克思对萨伊定律的评析，可参阅：马克思．资本论：第 1 卷．2 版．北京：人民出版社，2004：135－136．马克思．剩余价值理论：第 2 卷．北京：人民出版社，1975：571．

因而，对于一个处于经济危机中的资本主义国家而言，凯恩斯定律是有一定现实基础的。然而，就正常状态和经济高涨状态中的资本主义世界来说，情况就不同了。在这种情况下，一味强调增加需求，其主要结果可能不是生产增加，而是物价上涨。西方世界在 1970 年以后就呈现出大体相似的情况。因此，需求决定供给的理论切不可乱用，尤其对我们中国这样的经济来说，更是如此。我国当前经济生活中的问题是，经过多年的投资和出口的需求强力拉动，经济尽管有了飞速发展，但是不但增长方式是粗放式的，全要素生产率不高，而且经济结构不合理，需求结构中投资比重还显过高，消费比例较低。在消费结构中，随着经济和收入的上升，高端需求正与日俱增，服务性需求旺盛，但供给结构远远与此不相适应，无效和低端供给过多，一些传统产业产能过剩，有效供给不足，生产要素难以从无效供给领域向有效供给领域流动。因此，党中央不但作出了我国经济进入新常态的判断，而且提出了供给侧结构性改革的策略和经济发展新理念，为中国经济发展指出了正确方向。

第三，关于消费函数。不可否认，人们的消费支出是和他们的可支配收入有关的。问题在于，凯恩斯提出的消费函数，是给资本主义社会各阶级规定了一个统一的消费规律。实质上，富人的消费和穷人的消费遵循不同的方式。穷人的收入和消费从属于劳动力价值决定的规律，他们的工资一般用于维持全家基本生活，很难谈得上真正的储蓄。当然，西方的统计数字表明：在整个社会的收入和消费之间确实存在着一种类似本章所介绍的那样的函数关系。消费函数对我国经济方针的制定也具有实践意义。在消费方面，我国消费需求在总需求中的比重近几年来已不断上升，但还存在一些问题。就消费倾向而言，一则由于贫富差距较大，二则由于社会保障制度只能逐步健全，三则由于一些人的消费观念有待转变，凡此种种因素都制约我国整个消费倾向的提高，也表明我国消费潜力还可以进一步提高，以适应经济高质量发展需要。

第四，关于乘数理论。乘数理论在凯恩斯就业理论中具有重要地位，因为凯恩斯认定，由于消费需求不足而造成的总需求不足，主要靠投资来弥补；在私人投资不足的情况下，要靠政府增加公共工程投资支出来解决。在这里，说明增加投资或政府支出会使收入和就业若干倍地增加的理论就是乘数理论。应当看到，在社会化大生产中，投资、政府支出、消费、收入和就业等变量之间确实有一定的连锁反应，然而，这种连锁反应的效果远没有达到凯恩斯主义者所说的那种程度。在现实生活中，乘数作用的大小要受到一系列条件的限制：一是社会中过剩生产能力的大小。如果没有过剩生产能力，没有闲置资源，则投资增加及由此造成的消费支出增加，并不会引起生产增加，只会刺激物价水平上升。二是投资和储蓄决定的相互独立性。要假定它们相互独立，否则，乘数作用要小得多，因为增加投资所引起的对货币资金需求的增加会使利率上升，而利率上升会鼓励储蓄，削弱消费，从而会部分地抵消由于投资增加引起收入增加进而使消费增加的趋势。三是货币供给量增加能否适应支出增加的需要。假设货币供给受到限制，则投资和消费支出增加时，货币需求的增加就得不到货币供给相应增加的支持，利率会上升，不但会抑制消费，还会抑制投资，使总需求降低。四是增加的收入不能用于购买进口货物，否则 GDP 的增加会受到限制。

此外，一些西方学者也指出，政府增加的公共工程支出也可能存在一些抵消作用。例如，如果政府为增加公共工程方面的支出而提高税收，则在公共工程方面那些就业者已增加的开支就将由于纳税人在不同程度上减少支出而被抵消。又如，假设政府的支出是靠借钱而不是靠提高税收，则可能影响私人投资。因为政府借钱，一方面会使私人部门的货币减少，另一方面支出增加使收入增加时，消费者和工商企业通常都要增加货币储备，从而增加货币需求，这就会提高利率，进而排挤私人投资。

附录　四部门经济中国民收入的决定及乘数

一、四部门经济中的收入决定

当今世界各国的经济都是不同程度的开放经济，即与外国有贸易往来或其他经济往来的经济。在开放经济中，一国均衡的国民收入不仅取决于国内消费、投资和政府支出，还取决于净出口，即：

$$y=c+i+g+nx \tag{13a. 1}$$

式中，nx 指净出口，为出口与进口之差额，$nx=x-m$，它现在成为总需求的一部分，其中出口表示本国商品在外国的销售，代表国外对本国商品的需求。在总需求中为什么要引入进口这一因素呢？这是因为$c+i+g$ 虽然代表了家庭、企业和政府的全部支出，但并不意味着这些支出一定会全部花费在本国生产的商品上。企业可能购买外国设备，政府可能购买外国武器，家庭可能购买外国的消费品。因此，应当从国内总支出（$c+i+g$）中扣除进口部分的支出，其结果才真正代表对本国产品的总支出或总需求。于是，$c+i+g+x-m$ 才成为对本国产品的真正需求。显然，进出口变动也会同其他变量（如消费、投资、政府购买、税收、储蓄等）一样，影响国民收入。可见，这里有两个概念要加以区分：一是本国对产品的需求（包括对本国产品的需求和对外国产品的需求即进口需求），二是对本国产品的需求（包括本国对本国产品的需求和外国对本国产品的需求即出口需求）。

在净出口 nx 中，当国民收入水平提高时，一般可假定 nx 会减少，而当国民收入水平下降时，nx 会增加。这是因为，在 $nx=x-m$ 中，出口 x 是由外国的购买力和购买需求决定的，本国难以左右，因而一般假定是一个外生变量，即 $x=\bar{x}$。反之，进口却会随本国收入提高而增加，因为本国收入提高后，人们对进口消费品和投资品（如机器设备、仪器等）的需求会增加。影响净出口的因素除了本国收入外，还有汇率。当本国货币与外国货币的交换比率发生变化时，进口和出口都会受到影响。关于这方面的情况，留到本书后面论述国际经济部门的作用时再讲。这里只讨论净出口和收入的关系。这样，可以把进口写成收入的一个函数：

$$m=m_0+\gamma y \tag{13a.2}$$

式中，m_0 为自发性进口，即和收入没有关系或者说不取决于收入的进口部分，例如本国不能生产，但又为国计民生所必需的产品，不管收入水平如何，是必须进口的。γ 表示边际进口倾向，即收入增加 1 单位时进口会增加多少。

有了净出口以后，国民收入决定的模型可以表示如下：

$$y=c+i+g+x-m$$
$$c=\alpha+\beta y_d$$
$$y_d=y-t+t_r$$
$$t=\bar{t}$$
$$i=\bar{i}$$
$$g=\bar{g}$$
$$t_r=\bar{t}_r$$
$$x=\bar{x}$$
$$m=m_0+\gamma y$$

因此，四部门经济中的均衡收入为：

$$y=\frac{1}{1-\beta+\gamma}\left(\alpha+\bar{i}+\bar{g}-\beta\bar{t}+\beta\bar{t}_r+\bar{x}-m_0\right) \tag{13a.3}$$

二、四部门经济中的乘数

由上述四部门经济中均衡收入决定的公式可以得到：

$$\frac{\mathrm{d}y}{\mathrm{d}\bar{x}}=\frac{1}{1-\beta+\gamma} \tag{13a.4}$$

这就是对外贸易乘数，表示出口增加 1 单位引起国民收入变动多少。由于公式中 $0<\gamma<1$，因此，$\frac{1}{1-\beta}>\frac{1}{1-\beta+\gamma}$。

由公式（13a.4）可见，有了对外贸易之后，不仅出口的变动，而且投资、政府支出、税收的变动对国民收入变动的影响，与封闭经济相比，也发生了变化。在封闭经济中，投资、政府支出增加，国民收入增加的倍数是 $\frac{1}{1-\beta}$，而现在变为 $\frac{1}{1-\beta+\gamma}$，乘数变小了。这主要是由于增加的收入的一部分现在要用到进口商品上去了。

习题

1. 能否说边际消费倾向和平均消费倾向总是大于 0 而小于 1?

2. 什么是凯恩斯定律? 提出凯恩斯定律的社会经济背景是什么?

3. 为什么一些西方经济学家认为，将一部分国民收入从富人转移给穷人将提高总收入水平?

4. 为什么政府购买乘数的绝对值大于政府税收乘数和政府转移支付乘数的绝对值?

5. 平衡预算乘数作用的机理是什么?

6. 税收、政府购买和转移支付这三者对总需求的影响有何区别?

7. 假设某经济的消费函数为 $c=100+0.8y_d$，投资 $i=50$，政府购买支出 $g=200$，政府转移支付 $t_r=62.5$，税收 $t=250$（单位均为 10 亿美元）。

(1) 求均衡收入。

(2) 试求投资乘数、政府购买乘数、税收乘数、政府转移支付乘数、平衡预算乘数。

8. 在上题中，假定该社会达到充分就业所需要的国民收入为 1 200，试问：(1) 增加政府购买；或 (2) 减少税收；或 (3) 以同一数额增加政府购买和税收（以便预算平衡）实现充分就业，各需多少数额?

9. 消费支出波动比国内生产总值波动平稳的主要原因是什么?

10. 按照凯恩斯的观点，增加储蓄对均衡收入会有什么影响? 什么是“节俭的悖论”?

11. 为什么西方宏观经济学家通常可假定产量是由总需求决定的?

12. 试述乘数理论的适用性。

13. 能否说边际消费倾向递减，平均消费倾向也一定递减? 能否反过来说，平均消费倾向递减，边际消费倾向也一定递减?

14. 假设某社会经济的储蓄函数为 $s=-1\,600+0.25y$，投资从 $i=400$ 增加到 $i=600$ 时，均衡国民收入增加多少?

15. 假设某经济的消费函数为 $c=1\,000+0.75y_d$，投资为 $i=800$，政府购买为 $g=750$，净税收为 $t=600$，试求：(1) 均衡国民收入和可支配收入；(2) 消费支出；(3) 私人储蓄和政府储蓄；(4) 投资乘数。

16. 在一个两部门经济中，假设边际储蓄倾向为 0.2，投资增加 1 000 亿美元时，国民收入、消费及储蓄如何变化?

17. 假设一国经济中消费者支出增加 600，政府购买、政府转移支付和税收各减少 300，边际储蓄倾向为 0.2，试问新的均衡国民收入将如何变动?

18. 假设某经济的消费函数为 $c=150+0.75y$，试问 $y=1\,000$ 时的边际消费倾向、平均消费倾向、边际储蓄倾向和平均储蓄倾向是多少?

19. 什么是宏观税收函数?

第十四章

国民收入的决定：*IS*—*LM* 模型

上一章讨论了消费、投资、政府支出和净出口这四方面的总支出水平如何决定经济社会的总需求，从而决定了均衡的国民收入或产量。正如上一章第二节已经指出的那样，西方学者假设，不论需求量为多少，经济社会能以不变的价格提供相应的供给量。那里的分析只是讲了产品市场的均衡，可是，市场经济不但是产品经济，还是货币经济，不但有产品市场，还有货币市场，而且这两个市场是相互影响、相互依存的：产品市场上总产出或总收入增加了，需要使用货币的交易量增加了，在利率不变时，货币需求会增加，如果货币供给量不变，利率会上升，而利率上升会影响投资支出，从而对整个产品市场产生影响。产品市场上的国民收入和货币市场上的利率水平正是在这两个市场的相互影响过程中被共同决定的。凯恩斯经济学的一个重要特点是说明产品市场和货币市场并非相互独立，货币对经济并非中性。本章就来说明产品市场和货币市场一般均衡的国民收入决定的 *IS*—*LM* 模型。这一模型是由英国学者希克斯根据凯恩斯的《就业、利息和货币通论》发展出来的。[①] 一直到现在，*IS*—*LM* 模型被大多数西方学者认为是凯恩斯经济学最核心的理论。它勾画了凯恩斯的整个思想体系，并为以后分析经济政策效果提供了一个工具。

IS—*LM* 模型如果从几何形式上看，主要是由两条曲线构成的，即 *IS* 曲线和 *LM* 曲线，前者与产品市场相联系，后者与货币市场相联系。本章先说明该模型的两个构件，再说明模型的结构和应用。

---

① 希克斯．凯恩斯先生与“古典学派”．计量经济学杂志，1937，5（2）．

第一节　产品市场和 *IS* 曲线

在上一章关于国民收入决定的简单模型中，投资和消费及政府支出都是经济体总需求的组成部分，但那里的投资只是作为一个既定的外生变量参与总需求的决定。而在现实生活中，企业作为投资的主体，其对投资的决策并不是一个外生变量，而是从企业自身利益出发加以决定的内生变量。因此，要研究国民收入如何决定，就必须考虑投资本身如何决定。

一、投资的决定

凯恩斯认为，是否要对新的实物资本如机器、设备、厂房、仓库等进行投资，取决于这些新投资的预期收益率与为购买这些资产而必须借进的款项（借款筹资的方式可多种多样）所要求的利率的比较。前者大于后者时，投资是值得的；前者小于后者时，投资就不值得。因此，在决定投资的诸因素中，利率①是首要因素。这里的利率是指实际利率。实际利率大致上等于名义利率减通货膨胀率。假定某年名义利率（货币利率）为8%，通货膨胀率为3%，则实际利率等于5%。在投资的预期收益率既定时，企业是否进行投资，首先就决定于实际利率的高低。利率上升时，投资需求量就会减少；利率下降时，投资需求量就会增加。总之，投资是利率的减函数。这是因为，企业用于投资的资金多半是借来的，利息是投资的成本。即使投资的资金是自有的，投资者也会把利息看成是投资的机会成本，从而把利息当做投资的成本。因此，利率上升时，投资者自然就会减少对投资品（如机器设备等）的购买。用字母 r 代表利率，投资与利率之间的这种反方向变动关系称为投资函数，可写作：

$$i=i(r) \tag{14.1}$$

在宏观经济学中，为简单起见，通常把投资函数表示为如下线性函数：

$$i=e-dr \tag{14.2}$$

上式中，e 和 d 为正常数，e 被称为自发投资，d 为投资对利率反应程度的参数。线性投资函数的图形如图 14-1 所示。

在图 14-1 中，投资需求曲线描述对应于每个利率水平，企业在投资上支出的资金数额。当利率为 r_0 时，投资数额为 i_0，当利率下降为 r_1 时，投资数额增加到 i_1。当利率变动时，经济的投资额将沿着现存的投资需求曲线的移动发生变动。

---

① 本章第二节将对利率做进一步说明。

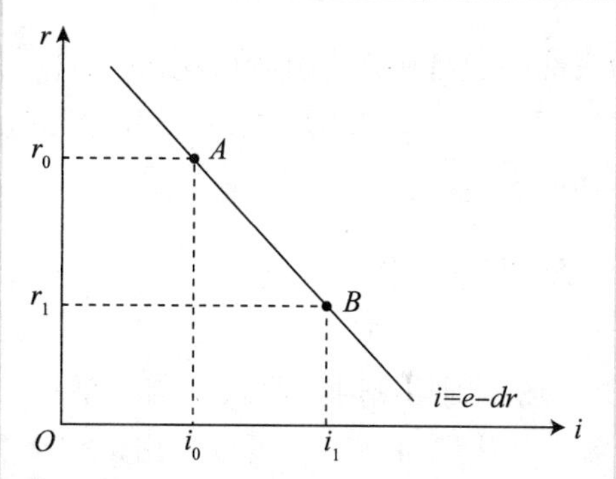

图 14-1　投资需求曲线

值得指出的是，当外部事件使得投资的预期收益率发生变动时，整条投资需求曲线将出现移动。具体地说，当企业对未来的预期更乐观时，它们认为投资收益会增加，这将提高预期收益率。有形资本使用成本的下降和资本获取成本的下降，会提高预期收益率。简言之，预期收益率的任何提高会使整条投资需求曲线向右方移动。而当企业对未来的预期更为悲观时，它们认为投资收益会减少，这将降低投资预期收益率。有形资本使用成本的上升和资本获取成本的上升，会降低投资的预期收益率。总之，投资预期收益率的任何下降会使整条投资需求曲线向左方移动。

二、*IS* 曲线及其推导

当把投资当做利率的函数之后，现在再来考察产品市场的均衡。上一章已指出，在两部门经济中，产品市场均衡，即产品市场上总供给与总需求相等可表示为 $c+s=c+i$，即$i=s$。根据本章前面的讨论有 $i=i(r)$，根据上一章的讨论有 $s=s(y)$，从而有产品市场的均衡条件如下：

$$i(r)=s(y) \tag{14.3}$$

上式表明在符合产品市场均衡条件下利率 r 和收入 y 之间的函数关系。在宏观经济学中，***IS* 曲线被定义为，在产品市场达到均衡时，表示收入（或产出）水平 y 和利率 r 之间（函数）关系的曲线。**

IS 曲线的推导一般有两种形式。一种是代数推导，即用数学运算来完成推导。另一种是借助于图形来完成推导。先来看代数推导。

在一个三部门经济中，假定家庭部门的消费函数为 $c=\alpha+\beta(y-t+t_r)$，其中 t 为税收，t_r 为政府的转移支付。企业部门的投资函数为 $i=e-dr$，政府部门的政府购买为 g_0，即有下面的关系式

$$y=c+i+g \tag{14.4}$$

$$c=\alpha+\beta(y-t+t_r) \tag{14.5}$$

$$i=e-dr \tag{14.6}$$

$$g=g_0 \tag{14.7}$$

其中（14.4）式为三部门经济中产品市场的均衡条件。为了求得经济的 IS 曲线的数学表达式，将（14.5）式、（14.6）式和（14.7）式代入（14.4）式中，经简单数学运算可得到下面的表达式：

$$y=\frac{\alpha+e+g_0-\beta t+\beta t_r}{1-\beta}-\frac{dr}{1-\beta} \tag{14.8}$$

（14.8）式即为产品市场达到均衡时，收入 y 与利率 r 之间关系的数学表达式，也是 IS 曲线的数学关系式。从（14.8）式可以看出，在消费函数和投资函数均为线性函数的条件下，经济中的 IS 曲线也是线性的。IS 曲线在以 y 为横坐标、r 为纵坐标的坐标系中是一条向右下方倾斜的直线，其斜率为负数，即$\left(-\frac{1-\beta}{d}\right)$，该曲线在 y 轴上的截距表达式为 $(\alpha+e+g_0-\beta t+\beta t_r)/(1-\beta)$。$IS$ 曲线如图 14-2 所示。

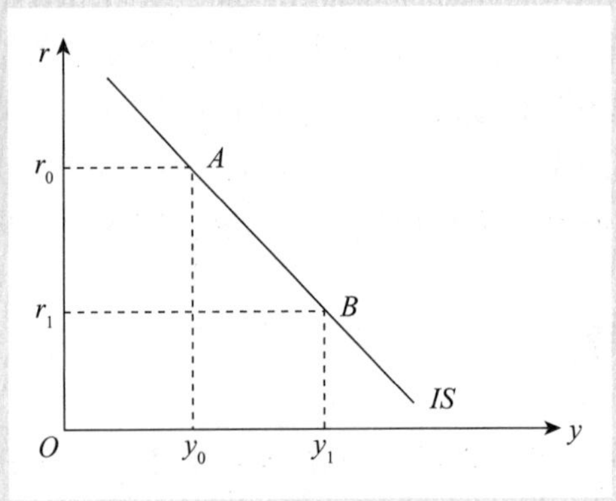

图 14-2 *IS* 曲线

下面再说明 IS 曲线的图形推导。为简单起见，这里以两部门经济，即只有家庭部门和企业部门的经济来说明，如图 14-3 所示。

图 14-3（a）表示投资函数，投资是利率的减函数。利率越高，投资越少；利率越低，投资越多。图 14-3（c）表示储蓄函数，储蓄是收入的增函数。收入越高，储蓄越多；收入越低，储蓄越少。图 14-3（b）表示投资和储蓄的均等关系。45°线上的任意一点到两坐标轴的距离都相等。$i=s$ 是两部门经济中产品市场的均衡条件。图 14-3（d）表示的是产品市场均衡时的 y 与 r 的关系，即 IS 曲线。

当图 14-3（a）中的利率为 r_1 时，对应的投资为 i_1。在图 14-3（b）中，当投资为 i_1 时，对应的储蓄为 s_1。在图 14-3（c）中，当储蓄为 s_1 时，对应的收入为 y_1。同样，当图 14-3（a）中的利率为 r_2 时，对应的投资为 i_2。在图 14-3（b）中，当投资为 i_2 时，对应的储蓄为 s_2。在图 14-3（c）中，当储蓄为 s_2 时，对应的收入为 y_2，等等。简言之，在图 14-3 中是按逆时针方向，即图 14-3（a）→图 14-3（b）→图 14-3（c）→图 14-3（d）的顺序来确定相应变量的数值的。

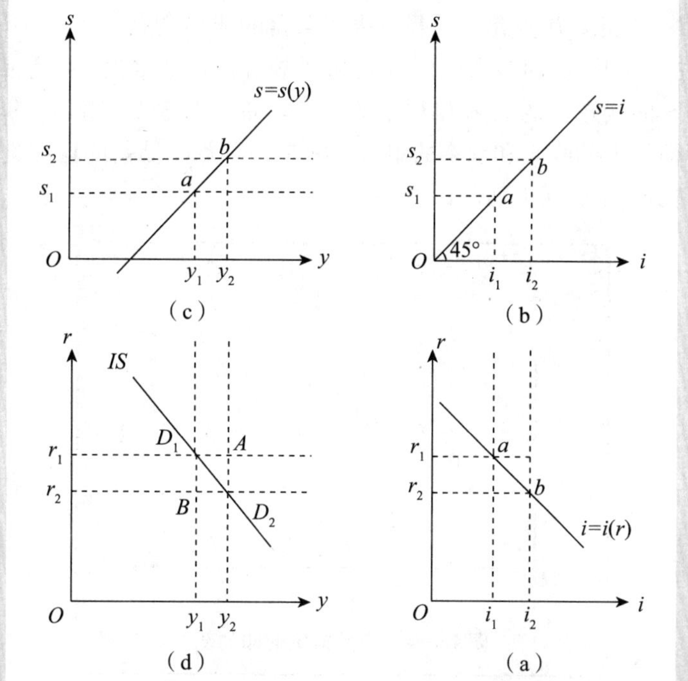

图 14－3　*IS* 曲线推导图示

现在，从图 14－3（a）中 r 为 r_1 的一点和图 14－3（c）中 y 为 y_1 的一点分别向图 14－3（d）的两个坐标轴作垂线，得到一个交点 D_1。再从图 14－3（a）中 r 为 r_2 的一点和图 14－3（c）中 y 为 y_2 的一点分别向图 14－3（d）的两坐标轴作垂线，又得到一个交点 D_2，等等。这里的每一个交点都表示在投资等于储蓄时（即两部门经济产品市场均衡时）的收入和利率的一个组合。把上述的 D_1，D_2，…各点用一条曲线连接起来，便是 IS 曲线。IS 曲线表示的是与任一给定的利率相对应的国民收入水平，在这样的水平上，投资恰好等于储蓄，即 $i(r)=s(y)$，因此这条曲线被称为 IS 曲线。

顺便指出，IS 曲线的图形推导还可以从上一章的收入—支出模型得出，兹不赘述。

值得指出的是，经济社会的每一时期的收入和利率的实际组合并不总是位于 IS 曲线上，而是可能存在产品市场的不均衡。

例如，在图 14－3 中，收入为 y_2、利率为 r_1 的收入和利率的组合，即图 14－3（d）中位于 IS 曲线右方的 A 点，就是一个非均衡点。这时，产品市场处于不均衡状态。在 IS 曲线上，当收入为 y_2 时，对应的利率应为 r_2，可是，现在的实际利率为 r_1，比应有的利率高。实际利率高于应有的利率，就会使实际的投资小于应有的投资，也就是小于应有的储蓄。因此，A 点是一个投资小于储蓄的非均衡点。又例如，收入为 y_1、利率为 r_2 的收入和利率的组合，即图 14－3（d）中位于 IS 曲线左方的 B 点，也是一个非均衡点。这时，产品市场也处于非均衡状态。在 IS 曲线上，当收入为 y_1 时，对应的利率应为 r_1，可是现在的实际利率为 r_2，比应有的利率低。实际利率低于应有的利率，就会使实际的投资大于应有的投资，也就是大于应有的储蓄。因此，B 点是一个投资大于储蓄的非均衡点。

一般地说，位于 IS 曲线右侧的收入和利率组合，都是投资小于储蓄的非均衡组合；位于 IS 曲线左侧的收入和利率的组合，都是投资大于储蓄的非均衡组合，只有位于 IS 曲线上的收入和利率的组合，才是投资等于储蓄的均衡组合。

可以用图 14－4 概括上面的讨论。

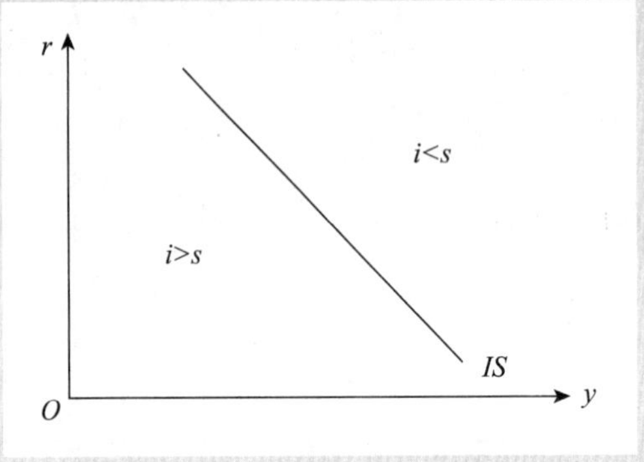

图 14－4　产品市场的非均衡

三、*IS* 曲线的进一步分析

本节引出的 IS 曲线概括了产品市场均衡时利率和收入水平之间的关系。我们已经知道，IS 曲线向右下方倾斜，斜率为负。这意味着，在产品市场达到均衡时，均衡的产出水平与利率是反方向变化的。之所以如此，主要原因是投资是利率的减函数，当利率上升时，投资水平下降，进而总需求下降（投资是总需求的一个组成部分），从而与总需求相一致的均衡产出水平就下降。

此外，IS 曲线还会受到一些因素的影响而发生移动。理解 IS 曲线发生移动一个好的视角是从 IS 曲线的数学表达式，即本节公式（14.8）着手。

根据该式，IS 曲线在 y 轴的截距为 $(\alpha+e+g_0-\beta t+\beta t_r)/1-\beta$，根据中学数学直线方程方面的知识，我们可以归纳出导致 IS 曲线发生移动的一些因素，如表 14－1 所示。

表 14－1　导致 *IS* 曲线移动的因素

序号	因素及其变化	*IS* 曲线的变化
1	使消费者支出增加的事件（如减税、股市高涨）	向右方移动
2	使企业投资增加的事件（如企业乐观情绪增加）	向右方移动
3	政府购买增加（如增加公共支出）	向右方移动
4	税收减少	向右方移动
5	转移支付增加	向右方移动

表 14－1 揭示出一个重要的信息，就是政府可以运用财政手段（改变政府购买、改变税收和改变转移支付），即财政政策影响经济的 *IS* 曲线，这从一定意义上说，为 *IS—LM* 模型的政策含义做了铺垫。

第二节　货币市场和 *LM* 曲线

上一节说明，利率决定投资，进而影响国民收入。那么，利率又是怎么决定的呢？凯恩斯在其《就业、利息和货币通论》中提出了他关于利率决定的观点。他的解释被称为流动偏好理论，因为该理论假定在货币市场上，利率调节使经济中最具流动性的资产，即货币的供求达到平衡。本节的基本内容有三：一是对利率这一重要经济变量作出说明；二是论述货币市场的均衡，说明利率的决定；三是在此基础上引出 *IS—LM* 模型的第二个构件，即 *LM* 曲线。

一、对利率的说明

利率是经济中颇受关注的一个经济变量，它与人们的日常生活息息相关，它影响着诸如消费、储蓄、购房、购买债券或是把资金存入储蓄账户等家庭决策，还影响着企业的各种经济决策。在本部分中，对利率这一经济变量做一些说明。

1. 利率的含义和种类

利率是指借款的成本或为借贷资金支付的价格。利率通常以一个百分数来表示。下面用例子来说明。假定 A 今天将 100 元借给 B，B 承诺在一年后的今天付给 A 105 元，其中的 100 元为本金，5 元是利息，本金加上利息被称为本利和。在这个例子中，利率就是利息占本金的百分比，即 5 元/100 元＝5%。

根据以上说明，利率既表示借款方支付的利率，也表示贷款方获取的利率。不管称之为借方利率还是贷方利率，数值均相同。对借款方而言，利率构成了借款成本，对贷款方而言，利率构成了贷款收益。

就像现实中对不同的商品均存在一个不同的价格一样，经济社会存在着各种各样的利率，显然，不可能也没有必要将经济社会的利率全部罗列出来。现列举如下几种利率：

（1）国库券利率，是指一国政府借款利率；

（2）企业债券利率，是指企业通过向公众发行债券（借据）筹集资金需支付的利率；

（3）储蓄存款利率，是指储蓄账户存款所获得的利率；

（4）房屋贷款利率，是指购买房屋的贷款利率；

（5）贴现率，是指商业银行为满足准备金要求向中央银行借入资金需支付的利率；

（6）联邦基金利率，是指美国商业银行隔夜拆借市场的贷款利率。

值得指出的是，尽管经济中存在着各种不同的利率，但它们通常趋于同方向变动，为避免复杂性，在宏观经济学中，通常只谈论一种利率，并将其理解为代表性利率。

2. 名义利率和实际利率

人们在新闻或银行利率报价牌上读到的利率都是名义利率（nominal interest rate），这一利率没有考虑到通货膨胀对借贷成本的影响。与此不同，实际利率（real interest rate）是经过扣除预期价格水平变化（通货膨胀）调整后的利率，以准确反映借贷的实际成本。实际利率在以 20 世纪著名经济学家欧文·费雪（Irving Fisher）命名的费雪方程式中得到严格的定义。费雪方程式指出，名义利率等于实际利率加上预期通货膨胀率。① 现用 $r_{名}$ 和 $r_{实}$ 分别代表名义利率和实际利率，π^e 代表预期通货膨胀率，则有

$$r_{名}=r_{实}+\pi^e \tag{14.9}$$

上式变形后，有：

$$r_{实}=r_{名}-\pi^e \tag{14.10}$$

上式表明，实际利率（近似）等于名义利率减去预期通货膨胀率。为了说明上述描述的合理性，考虑下面的情况。

假定 A 放出了一笔一年期贷款，利率是 4%（$r_{名}=4\%$），假定价格水平在一年中提高 6%（$\pi^e=6\%$）。一年之后，以实际可以购买的产品和服务衡量，A 将产生 2%的损失。在这个例子中，A 获得的实际利率为

$$r_{实}=r_{名}-\pi^e=4\%-6\%=-2\%$$

作为资金借出方，在这种情况下，A 显然不愿意提供贷款，因为根据实际产品和服务衡量，A 实际上获得的是负 2%的利率。相反，作为资金借入方，在这种情况下，借款人一般会得益，因为到了年底，按照实际可购买的产品和服务衡量，借款人需要偿还的数额要少 2%。这个例子说明，实际利率越低，借款和投资的激励越大，而贷款人愿意贷出的激励越小。反之，实际利率越高，借款和投资的激励越

---

① 公式（14.9）中的费雪方程式其实也只是一个近似。更精确的费雪方程式如下：

$$1+r_{实}=(1+r_{名})/(1+\pi^e) \tag{1}$$

（1）式背后的逻辑是：如果当前价格水平是 p，那么放弃 1 单位今天的消费就会使某人 A 能够在资本市场投资 p。一年以后 A 的名义财富是 $p(1+r_{名})$。给定当期和下一期之间的通货膨胀率 π^e，明天 1 单位的消费将使 A 花费 $p(1+\pi^e)$，所以一年以后 A 的购买力是 $p(1+r_{名})/p(1+\pi^e)=(1+r_{名})/(1+\pi^e)$。因此 A 的实际收益率为 $r_{实}=(1+r_{名})/(1+\pi^e)-1$，即为上面的（1）式。该式也是实际利率与名义利率关系的准确表达式。另一方面，（1）式又可表述为

$$r_{名}=r_{实}+\pi^e+r_{实}\times\pi^e \tag{2}$$

在（2）式中，对较小的 $r_{实}$ 和 π^e 而言，乘积（$r_{实}\times\pi^e$）会更小，可忽略，从而（2）式就变为（14.9）式。

小，而贷款人愿意贷出的激励越大。

在本书中，如无特别说明，利率通常指的是实际利率，用字母 r 表示实际利率，并简称利率。可以看出，当通货膨胀率很低时，实际利率和名义利率是接近的。进一步地，如果通货膨胀率为常数，则实际利率就和名义利率对等地变化。

3. 现值和贴现

有了利率的概念，就可以说明现值和贴现的概念了。众所周知，1 年后付给你 1 单位货币与今天向你支付 1 单位货币相比较，前者对你的价值更低，因为你可以把今天这 1 单位货币存入银行储蓄账户，1 年后便可得到超过 1 单位货币的偿付。现值概念就是基于这一常识而得出的。下面就对其进行说明。

假定本金为 100 元，年利率为 5%，则按照复利[①]的计息方式，有：

第 1 年的本利和为：$100\times(1+5\%)=105$ 元

第 2 年的本利和为：$105\times(1+5\%)=100\times(1+5\%)^2=110.25$ 元

第 3 年的本利和为：$110.25\times(1+5\%)=100\times(1+5\%)^3=115.76$ 元

……

从图 14－5 可以看到今天发放 100 元贷款在每年年末可以获取的本利和。

今天	第 1 年	第 2 年	第 3 年	…	第 n 年	…	时间
100 元	105 元	110.25 元	115.76 元	…	$100\times(1+5\%)^n$ 元	…	

图 14－5　本利和

一般地，以 r 表示年利率，R_0 表示本金，R_1，R_2，R_3，…分别表示第 1 年，第 2 年，第 3 年，…的本利和，则有下述表达式：

$$R_1=R_0(1+r)$$

$$R_2=R_1(1+r)=R_0(1+r)^2$$

$$R_3=R_2(1+r)=R_1(1+r)^2=R_0(1+r)^3$$

……

$$R_n=R_0(1+r)^n$$

现在把问题倒置过来，设利率和本利和已知，求本金数值。在上述数字例子中，若利率为 5%，1 年后的本利和为 105 元，则可知有 $105/(1+5\%)=100$ 元。这就是说，在利率为 5%时，1 年后的 105 元的现值是 100 元。

一般地，假定年利率为 r，n 年后的 R_n 的现值表达式为：

$$R_0=\frac{R_n}{(1+r)^n} \tag{14.11}$$

① 复利就是当前的利息收入计入下一期计息的本金的一种计息方法，俗称“利滚利”。

根据（14.11）式，**在经济学中，计算未来收入在今天（或现在）的价值的过程，称为对未来的贴现**。

4. 利率和债券价格的关系

债券是承诺在一定时间里进行定期偿付的债务凭证。债券的种类繁多，为了说明利率和债券价格的关系，这里着重考虑一种类型的债券，即息票债券。

息票债券是指这样一种债券：每年向债券持有人支付定额的利息（息票利息），一直到到期日，到期日再偿还确定的最后金额（票面值）。例如，A 持有一张面额为 1 000 元的息票债券，债券发行人可能在 10 年期内每年都向 A 支付 100 元的利息，在到期日再偿还 1 000 元的票面值。息票债券可以从三个方面加以识别：第一是发行债券的公司或政府机构；第二是债券的到期日；第三是债券的息票利率，即以债券面值的百分比表示的年支付息票利息的货币金额。

在上例中，息票债券的年息支付为 100 元，债券面值为 1 000 元，故息票利率为 100 元/1 000 元=10%。通常，政府长期债券、中期债券及公司债券都属于息票债券。

现用 P_b 表示息票债券的价格，N 表示债券距离到期日的年数，F 表示债券的面值，D 表示债券年息票利息，则利率 r 和债券价格 P_b 有下述关系式[①]：

$$P_b=\frac{D}{1+r}+\frac{D}{(1+r)^2}+\cdots+\frac{D}{(1+r)^N}+\frac{F}{(1+r)^N} \tag{14.12}$$

根据（14.12）式，在 D、N 和 F 为已知常数的条件下，利率 r 和债券价格 P_b 呈反方向变化关系：利率上升，债券价格下降；利率下降，债券价格上升。

二、货币市场和利率的决定

宏观经济学对货币市场的讨论主要围绕三个方面来展开，即货币需求、货币供给和货币市场均衡，下面分别予以介绍。

对货币的需求，又称“流动性偏好”（也称“灵活偏好”或“流动偏好”）。所谓“流动性偏好”，是指由于货币具有使用上的灵活性，人们宁可牺牲利息收入而持有不生息的货币来保持财富的心理倾向。这一概念首先由凯恩斯提出。

众所周知，人们的财富如果不以货币形式持有，而以其他形式持有，会给他们带来收益。例如，以债券形式持有，会有债息收入；以股票形式持有，会有股息及红利收入；以房产形式持有，会有租金收入；等等。那么，为什么人们愿意持有不生息的货币呢？凯恩斯认为，是因为货币具有这种使用上的灵活性，随时可满足以下三类不同的动机。

---

① 按照金融学的解释，最精确的利率计量指标被认为是到期收益率，它是指使得从债券工具上获得收益的现值与其今天价值相等的利率，按照前面对现值和贴现的说明便有（14.12）式。

第一，**交易动机，指个人和企业需要货币是为了进行正常的交易活动**。由于收入和支出在时间上不是同步的，因而个人和企业必须有足够的货币资金来支付日常需要的开支。个人或企业出于这种交易动机所需要的货币量，决定于收入水平以及惯例和商业制度，而惯例和商业制度在短期内一般可假定为固定不变，于是，按凯恩斯的说法，**出于交易动机的货币需求量主要决定于收入，收入越高，交易数量越大**。交易数量越大，所交换的商品和劳务的价格越高，从而**为应付日常开支所需的货币量就越大**。

第二，**谨慎动机或称预防动机，指为预防意外支出而持有一部分货币的动机，如个人或企业为应付事故、失业、疾病等意外事件而需要事先持有一定数量的货币**。因此，如果说货币的交易需求产生于收入和支出缺乏同步性，则货币的预防需求产生于未来收入和支出的不确定性。西方经济学家认为，个人对货币的预防需求量主要决定于他对意外事件的看法，但从全社会来看，**这一货币需求量大体上也和收入成正比**，是收入的增函数。

因此，如果用 L_1 表示交易动机和谨慎动机所产生的全部实际货币需求量，用 y 表示实际收入，则这种货币需求量和收入的关系可表示为：

$$L_1=L_1(y) \tag{14.13}$$

第三，**投机动机，指人们为了抓住有利的购买有价证券的机会而持有一部分货币的动机**。假定人们一时不用的财富只能用货币形式或债券形式来保存，债券能带来收益，而闲置货币则没有收益，那么人们为什么不全部购买债券而要在二者间做选择呢？原来是因为人们想利用利率水平或有价证券价格水平的变化进行投机。本节第一部分已指出债券价格高低与利率的高低成反比。由于债券市场价格经常波动，凡预计债券价格将上涨（即预期利率将下降）的人，就会用货币买进债券以备日后以更高价格卖出；反之，凡预计债券价格将下跌的人，就会卖出债券保存货币以备日后债券价格下跌时再买进。这种预计债券价格将下跌（即利率上升）而需要把货币保留在手中的情况，就是对货币的投机需求。可见，有价证券价格的未来不确定性是对货币的投机需求的必要前提，这一需求与利率呈反方向变化。利率越高，即有价证券价格越低，人们若认为这一价格已降低到正常水平以下，预计很快会回升，就会抓住机会及时买进有价证券，于是，人们手中出于投机动机而持有的货币量就会减少。相反，利率越低，即有价证券价格越高，人们若认为这一价格已涨到正常水平以上，预计就要回跌，于是，他们就会抓住时机卖出有价证券，这样，人们手中出于投机动机而持有的货币量就会增加。

总之，对货币的投机需求取决于利率，如果用 L_2 表示货币的投机需求，用 r 表示利率，则这一货币需求量和利率的关系可表示为：

$$L_2=L_2(r) \tag{14.14}$$

以上分析说明，对利率的预期是人们调节货币和债券配置比例的重要依据，利率越高，货币需求量越小。当利率极高时，这一需求量等于零，因为人们认为这时利率不大可能再上升，或者说有价证券价格不大可能再下降，因而人们将所持有的货币全部换成有价证券。反之，**当利率极低时，人们会认为利率不大可能再下降，或者说有价证券的市场价格不大可能再上升而只会下跌**，因而会将所持有的有价证券全部换成货币。人们有了货币也决不肯再去买有价证券，以免证券价格下跌时遭受损失。**人们不管有多少货币都愿意持在手中，这种情况被称为“凯恩斯陷阱”或“流动偏好陷阱”**。

对货币的总需求是人们对货币的交易需求、预防需求和投机需求的总和。货币的交易需求和预防需求决定于收入，而货币的投机需求决定于利率，因此，对货币的总需求函数可描述为：

$$L=L_1+L_2=L_1(y)+L_2(r) \tag{14.15}$$

货币需求函数可用图 14－6 来表示。图 14－6(a)中的垂线 L_1 表示为满足交易动机和谨慎动机的货币需求曲线，它和利率无关，因而垂直于横轴。L_2 线表示满足投机动机的货币需求曲线，它起初向右下方倾斜，表示货币的投机需求量随利率下降而增加，最后为水平状，表示“流动偏好陷阱”。图 14－6(b)中的 L 线则是包括 L_1 和 L_2 在内的全部货币需求曲线，其纵轴表示利率，横轴表示货币需求量，这条货币需求曲线表示在一定收入水平上货币需求量和利率的关系。利率上升时，货币需求量减少；利率下降时，货币需求量增加。

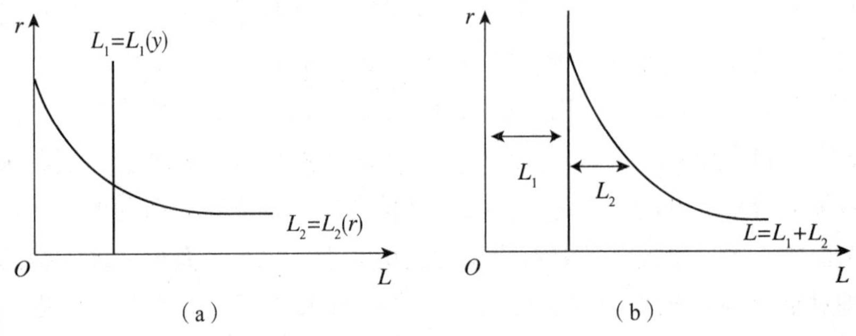

图 14－6　货币需求曲线

在宏观经济学中，为简单起见，通常把上述货币需求函数表示为如下的线性函数：

$$L=ky-hr \tag{14.16}$$

其中，k 和 h 均为正的常数，k 的值决定了当收入增加时货币需求增加多少，h 的值决定了当利率上升时货币需求减少多少。利率项的前面有负号，反映了货币需求与利率负相关。

货币供给有狭义的货币供给和广义的货币供给之分。**狭义的货币供给是指流通中的硬币、纸币和银行活期存款的总和（一般用 M1 或 M 表示）**。活期存款可随时提取，并可当做货币在市面上流通，因而是狭义货币的一个组成部分。**在狭义的货币供给上加上定期存款，便是广义的货币供给（一般用 M2 表示）。再加上个人和企业所持有的政府债券等流动资产或“货币近似物”，便是意义更广泛的货币供给（一般用 M3 表示）。**下面所讲的货币供给指 M1。

货币供给是一个存量概念，它是一个国家在某一时点上所持有的不属政府和银行所有的硬币、纸币和银行存款的总和。

上面所说的货币供给是指名义的货币量，即不考虑货币的购买力而仅仅计算其票面值的货币量。把名义货币量折算成具有不变购买力的实际货币量，必须用价格指数加以调整。设 M、m 和 P 顺次代表名义货币量、实际货币量和价格指数，则有

$$m=\frac{M}{P} \tag{14.17}$$

西方学者认为，货币供给量是由国家货币当局加以控制和调节的，因而是一个外生变量，其大小与利率无关。因此货币供给曲线如图 14－7 所示。

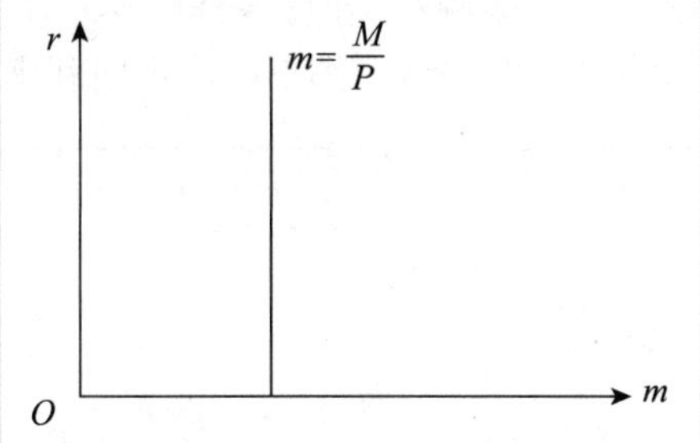

图 14－7 货币供给曲线

有了货币的需求曲线和货币的供给曲线，就可以说明货币市场的均衡了。现将上述两条曲线放在同一个坐标系中，便有图 14－8：

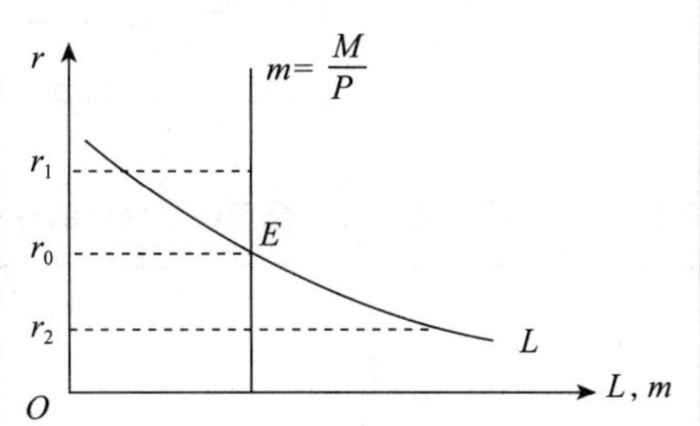

图 14－8 货币市场均衡

在图 14－8 中，货币市场均衡出现在 E 点处，在 E 点垂直的货币供给曲线与向右下方倾斜的货币需求曲线相交，这意味着，在 E 点处，货币需求等于货币供给，不

仅确定了货币市场均衡的状态，也确定了货币市场的均衡利率 r_0。

如果市场利率低于均衡利率 r_0，则说明货币需求超过供给，这时人们感到手中持有的货币太少，就会卖出有价证券，证券价格就要下降，亦即利率要上升。货币需求的减少一直要持续到货币供求相等时为止。相反，当利率高于均衡利率 r_0 时，说明货币供给超过货币需求，这时人们感到手中持有的货币太多，就会用多余的货币买进有价证券。于是，证券价格要上升，亦即利率要下降。这种情况也一直要持续到货币供求相等时为止。只有当货币供求相等时，利率才不再变动。

货币需求曲线和供给曲线会变动。例如，当人们对货币的交易需求或投机需求增加时，货币需求曲线就会向右上方移动；当政府增加货币供给量时，货币供给曲线则会向右移动。在图 14－9 中，若货币供给不变，货币需求曲线从 L 移到 L'，均衡利率就会从 r_0 上升到 r_1；相反，若货币需求不变，货币供给曲线从 m 右移到 m'，均衡利率则会从 r_0 下降到 r_2。如果货币需求和货币供给同时变动，利率就会受到二者的共同影响，在移动后的需求曲线和供给曲线的交点上达到均衡。

从图 14－9 中可以看到，当利率降低到一定程度时，货币需求曲线接近于水平状态，这就是凯恩斯所说的“流动偏好陷阱”。这时候，不管货币供给曲线向右移动多少，即不管政府增加多少货币供给，都不可能再使利率下降。

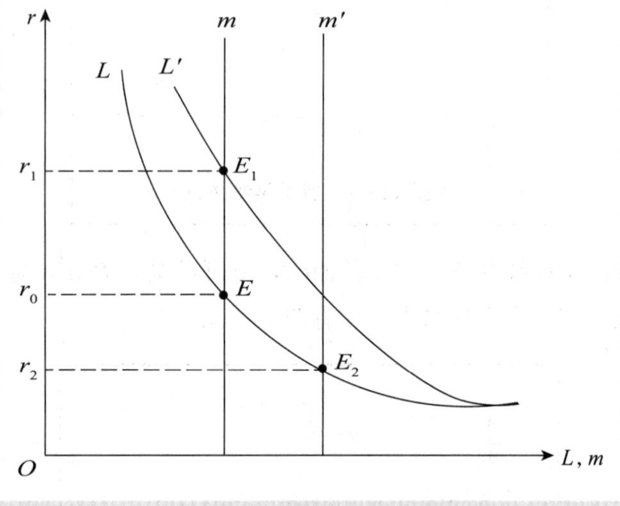

图 14－9　货币需求曲线和货币供给曲线的移动

三、*LM* 曲线

延续上面对货币市场均衡的讨论，我们已经知道，利率是由货币市场上的供给和需求的均衡决定的，而货币的供给量是由货币当局所控制，即由代表政府的中央银行所控制，因而假定它是一个外生变量。在货币供给量既定的情况下，货币市场的均衡只能通过调节对货币的需求来实现。

假定 m 代表实际货币供给量，则货币市场的均衡就是 $m=L=L_1(y)+L_2(r)=ky-hr$。从这个等式可知，当 m 为一定量时，L_1 增加，L_2 必须减少，否则不能保持货币市场的均衡。L_1 是货币的交易需求（由交易动机和谨慎动机引起），它随收入增加而增加。L_2 是货币的投机需求，它随利率上升而减少。因此，当国民收入增加使货币交易需求增加时，利率必须相应提高，从而使货币投机需求减少，才能维持货币市场的均衡。反之，当收入减少时，利率必须相应下降，否则货币市场就不能保持均衡。

以上讨论表明，在货币市场均衡时，均衡的利率 r 与收入水平 y 有对应关系，这一对应关系就引出了宏观经济学中的 LM 曲线。LM 曲线是指在货币市场达到均衡时，表示利率 r 和产出水平 y 之间关系的曲线。

1. *LM* 曲线的推导

同本章第一节 IS 曲线的情形一样，LM 曲线的推导一般也有两种形式。一种是代数推导，即用数学运算来完成推导。另一种是借助于图形来完成推导。先来看代数推导。

根据（14.16）式所示的货币需求函数和（14.17）式所示的货币供给表达式，当货币市场达到均衡时，便有 $L=m$，即有

$$ky-hr=\frac{M}{P}$$

将上式整理为

$$r=\frac{k}{h}y-\frac{1}{h}\left(\frac{M}{P}\right) \tag{14.18}$$

（14.18）式即为 LM 曲线的数学表达式。可以看到，在货币需求函数为线性的条件下，此处得到的 LM 曲线方程也是线性的。进一步地，（14.18）式中变量 y 前面的系数为正值，这意味着这里的 LM 曲线在利率为纵坐标、收入为横坐标的坐标系下是一条向右上方延伸的直线，如图 14-10 所示。

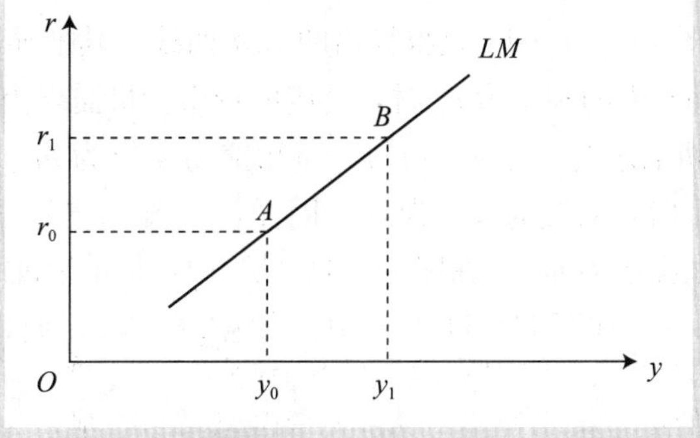

图 14-10 *LM* 曲线

值得指出的是，由（14.18）式可知，作为直线的 LM 曲线，有两个影响该直线截距项的因素：一个是经济中的货币量 M，另一个是经济的价格水平 P①，这为后面关于 LM 曲线移动因素的讨论提供了线索。

下面说明 LM 曲线的图形推导，见图 14－11。

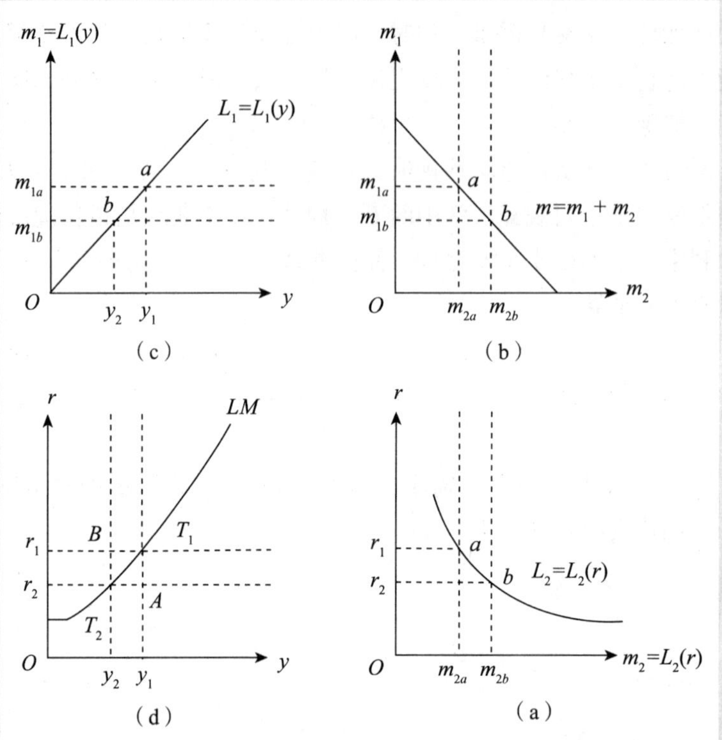

图 14－11　LM 曲线的推导

图 14－11（a）表示货币投机需求 $L_2=L_2(r)$。投机需求和利率呈反方向变化，投机需求随利率的下降而增大。当利率下降到很低水平时，投机需求将趋于无穷，曲线成为水平线。这就是前面所说的“凯恩斯陷阱”或“流动偏好陷阱”。图 14－11（b）表示货币供给关系 $m=m_1+m_2$，m_1 是满足交易动机和谨慎动机的部分，满足投机需求的部分为 m_2，在图形上为一条斜率为－1 的直线。图 14－11（c）表示交易需求曲线。图 14－11（d）是推导出的 LM 曲线。其推导过程简述如下。

当图 14－11（a）中的利率为 r_1 时，对应的货币投机需求为 m_{2a}。在图 14－11（b）中，当货币投机需求为 m_{2a}时，对应的货币交易需求为 m_{1a}。在图 14－11（c）中，当纵坐标为 m_{1a}时，对应的收入为 y_1。同样，当图 14－11（a）中的利率为 r_2 时，对应的货币投机需求为 m_{2b}。在图 14－11（b）中，货币投机需求为 m_{2b}时，对应的货币交易需求为 m_{1b}。在图 14－11（c）中，当纵坐标为 m_{1b}时，对应的收入为 y_2。

① 在对 IS—LM 模型的论述中，一般把价格水平视为外生变量，即其值是固定不变的。但在理论讨论中将其视为参数可能更有广泛性，这点在本书第十五章的论述中就能体现出来。

依此类推。简言之，图 14－11 是按逆时针方向，即图 14－11（a）→图 14－11（b）→图 14－11（c）→图 14－11（d）的顺序来确定相应变量的数值的。

从图 14－11（a）中 r 为 r_1 的一点和图 14－11（c）中 y 为 y_1 的一点分别向图 14－11（d）的两个坐标轴作垂线，得到一个交点 T_1。再从图 14－11（a）中 r 为 r_2 的一点和图 14－11（c）中 y 为 y_2 的一点分别向图 14－11（d）的两个坐标轴作垂线，又得到一个交点 T_2。依此类推。每一个点都表示在货币供给等于货币需求时的收入和利率的一个组合。现把图 14－11（d）中的 T_1，T_2，…各点连接起来所得到的图形，便是 LM 曲线。

在货币市场上，LM 曲线上的每一个点都表示货币供给等于货币需求，即满足货币市场的均衡条件。换句话说，LM 曲线表示的是使货币市场达到均衡时，收入和利率的各种组合。

值得指出的是，经济社会的每一时期的收入和利率的实际组合并不是总位于 LM 曲线上，而是可能存在货币市场的不均衡。回到图 14－11（d），图中位于 LM 曲线右方的 A 点就是一个非均衡点。这时，货币市场处于不均衡状态。在 LM 曲线上，当收入为 y_1 时，对应的利率应为 r_1，可是，现在的实际利率为 r_2，比应有的利率低。实际利率低于应有的利率，就会使实际的投机需求大于应有的投机需求，也就是大于应有的货币供给。因此，A 点是一个货币需求大于货币供给的非均衡点。又例如，当收入为 y_2 而利率为 r_1 时，收入和利率的组合即图 14－11（d）中位于 LM 曲线左方的 B 点，也是一个非均衡点。这时，货币市场也处于非均衡状态。在 LM 曲线上，当收入为 y_2 时，对应的利率应为 r_2，可是，现在的实际利率为 r_1，比应有的利率高。实际利率高于应有的利率，就会使实际的投机需求小于应有的投机需求，也就是小于应有的货币供给。因此，B 点是一个货币需求小于货币供给的非均衡点。

一般地说，位于 LM 曲线右方的收入和利率的组合，都是货币需求大于货币供给的非均衡组合；位于 LM 曲线左方的收入和利率的组合，都是货币需求小于货币供给的非均衡组合；只有位于 LM 曲线上的收入和利率的组合，才是货币需求等于货币供给的均衡组合。

可以用图 14－12 概括上面的讨论。

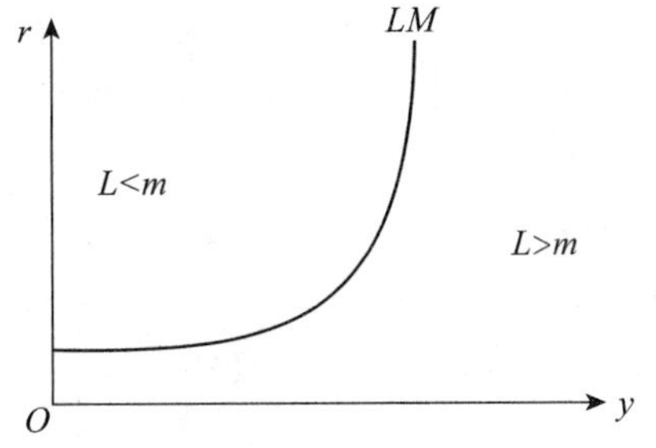

图 14－12　货币市场的非均衡

2. LM 曲线的斜率和三个区域

本节前面所给出的 LM 曲线都是一条向右上方延伸的曲线，LM 曲线的斜率为正值，之所以如此，是为了使问题简单和直观，比如，前面我们假定，经济中的货币需求量是收入和利率的线性函数［即由（14.16）式所描述的表达式］。

下面我们考虑一下货币需求函数较为复杂的几种情况，进而说明 LM 曲线的斜率。

其一，前面说过，当利率很低时，货币的投机需求趋于无限大，这就是前面提到的“凯恩斯陷阱”或“流动偏好陷阱”。由于在这一很低的利率水平上货币投机需求趋于无限大，因此货币的投机需求曲线在很低的利率水平处成为一条水平线，这会使 LM 曲线的一段成为水平状。

根据图 14－13，运用前面介绍的 LM 曲线的图形推导方法，按照逆时针方向从图 14－13（a）到图 14－13（d）寻找对应点，即可以得到图 14－13（d）中呈水平状的一段 LM 曲线，这段水平状的区域被称为凯恩斯区域。在该区域，LM 曲线的斜率为零。

其二，如果利率上升到很高水平，货币的投机需求将等于零，这时候人们除了为完成交易必须持有一部分货币（即交易需求）外，不会为投机而持有货币。由于货币的投机需求等于零，因此，图 14－13（d）中的货币投机需求曲线表现为在利率 r_3 以上是一条与纵轴相平行的垂直线。不管利率上升到 r_3 以上多高，货币投机需求量都是零，人们手中持有的货币量都是交易需求量。这样，图 14－13（d）中的 LM 曲线从利率 r_3 开始，就成为一段垂直线。LM 曲线呈垂直状态的这一区域被称为“古典区域”。LM 曲线的斜率在古典区域为无穷大。

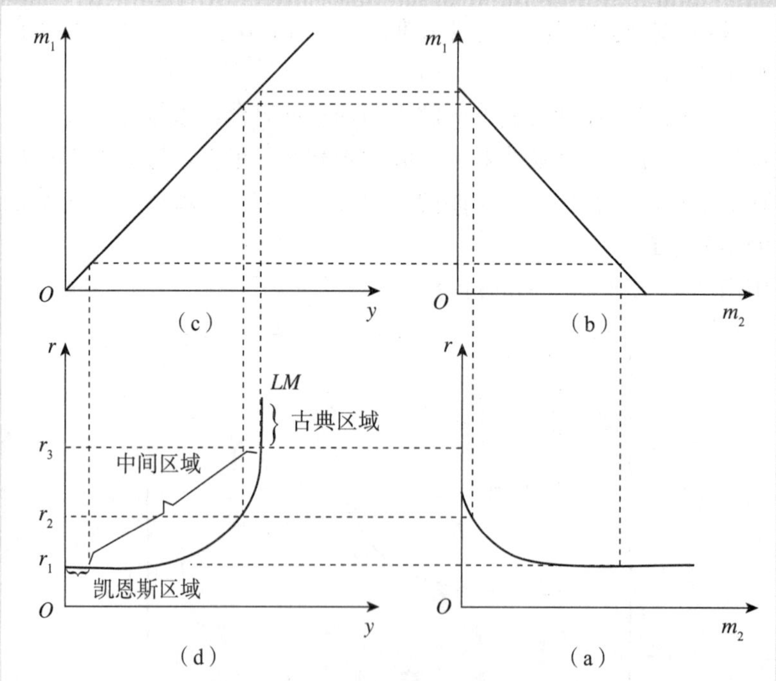

图 14－13　LM 曲线的三个区域

古典区域和凯恩斯区域之间的这段 LM 曲线是中间区域，LM 曲线的斜率在中间区域为正值。这从图 14－13 中可清楚地看出。

3. LM 曲线的移动

在 LM 曲线的代数表达式 $r=\frac{k}{h}y-\frac{m}{h}$ 中，$\frac{k}{h}$ 是 LM 曲线的斜率，而 $\frac{m}{h}$ 是 LM 曲线的截距的绝对值，因此，只有 $\frac{m}{h}$ 的数值发生变动，LM 曲线才会移动。而由于我们这里讨论的是 LM 曲线的移动，而不是 LM 曲线的转动，因此是假定 LM 曲线的斜率不变，也就是假定 k 和 h 都不变。这样，LM 曲线移动的原因就只能是实际货币供给量 m 变动。实际货币供给量是由名义货币供给量 M 和价格水平 P 决定的，即 $m=\frac{M}{P}$，因此，造成 LM 曲线移动的因素有两个，即名义货币供给量 M 和价格水平 P。

利用直线方程的知识，一般地，可以得出表 14－2 所述的结论。

表 14－2　导致 LM 曲线移动的因素

序号	因素及其变化	LM 曲线的变化
1	名义货币供给量 M 增加	向右方移动
2	价格水平 P 降低	向右方移动

表 14－2 揭示出一个重要信息，就是政府的货币当局可以运用货币手段（改变货币供给量），即货币政策影响经济的 LM 曲线，这从一定意义上说，为 $IS—LM$ 模型的政策含义做了铺垫。

第三节　模型的结构和稳定性分析

本章第一节通过讨论产品市场均衡，引出了 IS 曲线。本章第二节通过讨论货币市场均衡，引出了 LM 曲线。有了 IS 曲线和 LM 曲线这两个模型的构件，我们就可以将它们结合在一起，形成所谓 $IS—LM$ 模型。

一、模型的背景

凯恩斯在《就业、利息和货币通论》中说明了总收入取决于与总供给相等的总有效需求，而有效需求决定于消费支出和投资支出，由于消费倾向在短期是稳定的，因而有效需求主要取决于引致投资。投资量又决定于资本边际效率和利率的比较。若资本边际效率一定，则投资取决于利率，利率取决于货币数量和流动性偏好即货币需求。货币需求由货币的交易需求（包括预防需求）和投机需求构成。货币的交易需求取决于收入水平，而投机需求取决于利率水平。可见，在商品市场上，要决定收入，必须先决定利率，否则投资水平无法确定；而利率是在货币市场上决定的，在货币市场上，如果不先确定一个特定的收入水平，利率就无法确定；而收入水平又是在商品市场上决定的，因此利率的决定又依赖于商品市场。这样，凯恩斯的理论就陷入了循环推论：利率通过投资影响收入，而收入通过货币需求又影响利率；或者反过来说，收入依赖于利率，而利率又依赖于收入。凯恩斯的后继者发现了这一循环推论的错误，并把产品市场和货币市场结合起来，建立了一个产品市场和货币市场的一般均衡模型，即 *IS—LM* 模型，以解决循环推论的问题。

二、模型的结构

根据本章前面的论述，*IS—LM* 模型的结构有两种形式，一种是代数形式，另一种是几何形式。前者主要用数学方程来表示模型，后者主要用几何图形表示模型。

1. 代数形式

根据本章第一节的陈述，在一定假定下，经济的 *IS* 曲线方程为［见（14.8）式］：

$$y=\frac{\alpha+e+g_0-\beta t+\beta t_r}{1-\beta}-\frac{dr}{1-\beta}$$

根据本章第二节的陈述，在一定假定下，经济的 *LM* 曲线方程为［见（14.18）式］：

$$r=\frac{k}{h}y-\frac{1}{h}\left(\frac{M}{P}\right)$$

所谓 *IS—LM* 模型的代数形式，就是把上述两个方程联立，形成如下的方程组

$$\begin{cases}y=\dfrac{\alpha+e+g_0-\beta t+\beta t_r}{1-\beta}-\dfrac{dr}{1-\beta}\\[2ex] r=\dfrac{k}{h}y-\dfrac{1}{h}\left(\dfrac{M}{P}\right)\end{cases}\tag{14.19}$$

在上述 *IS—LM* 模型中，由该模型所决定的内生变量是收入水平 y 和利率 r，其余的或是经济参数，或是模型的外生变量。由于上述方程组是关于内生变量的线性方程组，所以当给定经济参数和外生变量的数值时，一般可以求得内生变量 y 和 r 的数值，它们分别是均衡产出的数值和均衡利率的数值。

IS—LM 模型的代数形式虽然可以较方便和精确地得到均衡产出的数值和均衡利率的数值，但这种形式与下面要讲的 *IS—LM* 模型的几何形式相比，缺乏形象性和直观性。

2. 几何形式

IS—LM 模型的几何形式，就是把本章第一节得到的 *IS* 曲线和本章第二节得到的 *LM* 曲线放在一个坐标系中，如图 14－14 所示。

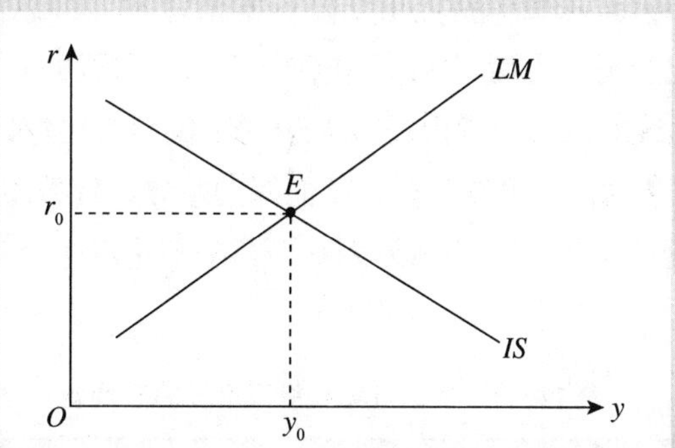

图 14－14　*IS*—*LM* 模型

我们已经知道，*IS* 曲线上收入和利率的每一组合表示产品市场的均衡。*LM* 曲线上收入和利率的每一组合表示货币市场的均衡。当 *IS* 曲线和 *LM* 曲线相交时，即上图中的 *E* 点所表示的收入 y_0 和利率 r_0 的组合，表示使产品市场和货币市场同时达到均衡的一种状态，这也是 *IS*—*LM* 模型的解。

三、模型的稳定性分析

在形成 *IS*—*LM* 模型后，不仅能求出该模型的解，也就是使产品市场和货币市场同时达到均衡时的产出水平和利率水平，而且还能对模型的解进行稳定性分析。下面就来进行说明，考虑图 14－15。

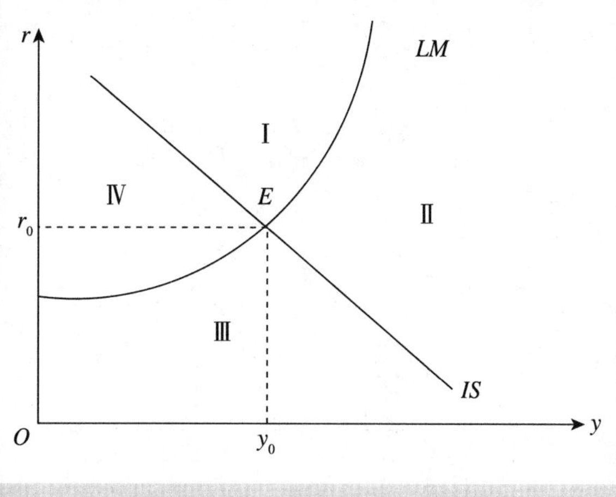

图 14－15　产品市场和货币市场的四个区域

在图 14－15 中，*IS* 曲线和 *LM* 曲线把坐标平面分成了四个区域：Ⅰ、Ⅱ、Ⅲ和Ⅳ。一方面，区域Ⅰ和Ⅱ位于 *IS* 曲线的右侧，从本章第一节的讨论可知，在 *IS* 曲线的右方，投资小于储蓄。这意味着消费支出加投资支出之和，即总需求小于总供给。区域Ⅲ和Ⅳ位于 *IS* 曲线的左侧，从本章第一节的讨论可知，在 *IS* 曲线的左方，投资大于储蓄。这意味着消费支出加投资支出之和，即总需求大于总供给。这些是产品市场的情况。另一方面，区域Ⅱ和Ⅲ位于 *LM* 曲线的右侧。从本章第二节的讨论可知，在 *LM* 曲线的右方，货币需求大于货币供给。区域Ⅰ和Ⅳ位于 *LM* 曲线的左侧，根据本章第二节的讨论可知，在 *LM* 曲线的左方，货币需求小于货币供给。

以上说明可以概括为表 14－3，该表概括了在上述四个区域产品市场和货币市场非均衡的情况。

表 14－3　产品市场和货币市场的非均衡

区域	产品市场	货币市场
Ⅰ	$i<s$ 有超额产品供给	$L<m$ 有超额货币供给
Ⅱ	$i<s$ 有超额产品供给	$L>m$ 有超额货币需求
Ⅲ	$i>s$ 有超额产品需求	$L>m$ 有超额货币需求
Ⅳ	$i>s$ 有超额产品需求	$L<m$ 有超额货币供给

一般地，各个区域中存在的各种不同组合的 *IS* 和 *LM* 非均衡状态会得到调整，*IS* 不均衡会导致收入变动——投资大于储蓄会导致收入上升，投资小于储蓄会导致收入下降；*LM* 不均衡会导致利率变动——货币需求大于货币供给会导致利率上升，货币需求小于货币供给会导致利率下降。

由此可以描绘出收入和利率由不均衡到均衡的调整过程。如图 14－16 所示。

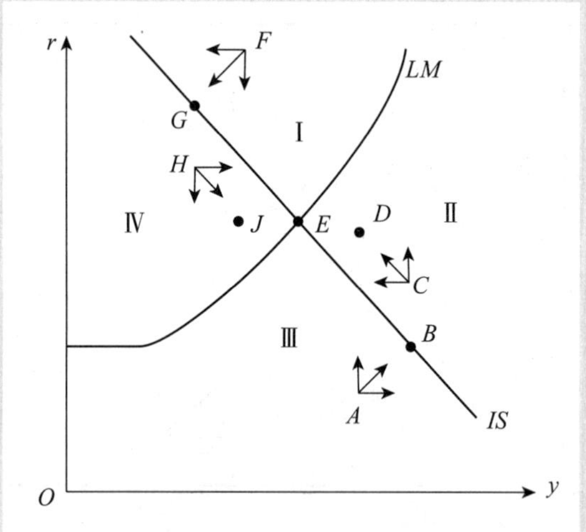

图 14－16　产品市场和货币市场从不均衡到均衡的调整

在图 14－16 中，假定经济社会处于 *A* 点所表示的收入和利率组合的不均衡状态。*A* 点位于区域Ⅲ。由表 14－3 可知，这时产品市场上投资大于储蓄，存在超额产品需求；货币市场上货币需求大于货币供给，存在超额货币需求。投资大于储蓄的结果引起收入上升，收入从 *A* 点沿平行于横轴的箭头向右移动；货币需求大于货币供给的结果引起利率提高，利率从 A 点沿平行于纵轴的箭头向上移动。投资大于储蓄和货币需求大于货币供给的共同结果，引起收入和利率的组合沿对角线的箭头向右上方移动到 B 点。B 点位于 IS 曲线上。这时，产品市场虽然达到均衡，但是，货币市场仍然不均衡。在 B 点上，货币需求大于货币供给，利率提高，收入和利率的组合又从 B 点沿着平行于纵轴的箭头向上方移动到 C 点，再移动到 D 点。理论上，经济经过诸如此类的多次调整，最后，收入和利率的组合移动到 E 点。E 点是 IS 曲线和 LM 曲线的交点，这一点表示的收入和利率的组合，是产品市场和货币市场同时达到均衡的唯一组合。从 A 点逐渐到 E 点的过程，就是产品市场和货币市场从不均衡到均衡的调整过程。

同样，在图 14－16 中，假定经济社会处于 F 点所表示的收入和利率组合的不均衡状态。F 点位于区域Ⅰ。由表 14－3 可知，这时产品市场上投资小于储蓄，存在超额产品供给；货币市场上货币需求小于货币供给，存在超额货币供给。这种不均衡状态，引起收入和利率的组合从 F 点移动到 G 点，再移动到 H 点、J 点。理论上，经济经过诸如此类的多次调整，最后移动到 E 点，达到两个市场的共同均衡。从 F 点逐渐到 E 点的过程，和从 A 点到 E 点的过程一样，也是产品市场和货币市场从不均衡到均衡的调整过程。

以上论述表明，由 IS—LM 模型所确定的均衡状态是稳定的。

第四节　模型的应用

前面几节的内容已完成了对 IS—LM 模型的介绍，本节则着重说明这一模型的应用。因为 IS—LM 模型的几何形式具有形象和直观的特点，所以本节主要以图形的方式来说明这一模型的应用。

一、解释经济波动

从理论层面看，本书第十三章定义了充分就业产量，或潜在国民收入，进而引出了通货紧缩缺口和通货膨胀缺口等概念。进一步地，在 IS 曲线和 LM 曲线的交点处，虽然同时实现了产品市场和货币市场的均衡，但是这一均衡不一定是充分就业的均衡。也就是说，产品市场实现均衡的产量不一定就是潜在产量或充分就业的产量。

从实际层面看，人们已经看到，一个经济体在其短期运行过程中，经常受到外界的干扰（或冲击）而呈现出经济波动。经济波动最经常引起两个宏观经济问题，一个是失业问题，它常常与经济衰退相联系。经济衰退的基本症状是总产出水平下降和失业增加。另一个是通货膨胀问题，其症状是价格水平上涨。

这里指出，本章所介绍的 IS—LM 模型既可以解释衰退，也可以解释通货膨胀。限于篇幅，下面用 IS—LM 模型解释衰退，见图 14－17。

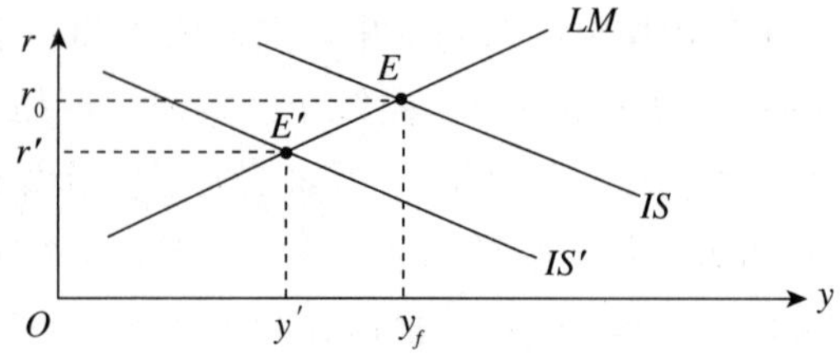

图 14-17　经济衰退的解释

在图 14-17 中，假定经济在遭受冲击前处在 E 点所示的均衡状态，E 点所对应的产量为充分就业的产量或潜在产量 y_f。

现在假定该经济遭受了一个负向需求冲击，其结果使该经济的消费需求减少和投资需求减少。用 *IS—LM* 模型的语言来表述，经济的 *IS* 曲线发生了向左方的移动，在图 14-17 中，*IS* 曲线从原来的位置向左移动到 IS'。根据该模型，该经济的均衡状态由 E 点变动到 E'点，相应地，产出水平由原来的 y_f 下降到 y'。由于 y'低于潜在产量 y_f，将存在通货紧缩缺口（产出缺口），这意味着经济体经历了衰退。

上述用 *IS—LM* 模型对衰退的解释有一个很好的实例，那就是 2001 年美国经济的衰退。①

根据经济数据，美国的失业率从 2000 年 9 月的 3.9%上升到 2001 年 8 月的 4.9%，然后在 2003 年 6 月达到 6.3%。这意味着，美国经济在这段时期遭受了衰退。

有三个值得注意的冲击有助于解释这一衰退。

第一个是股票市场的下跌。20 世纪 90 年代，由于投资者对新信息技术前景的乐观，股市经历了创历史纪录的繁荣。当乐观情绪凋谢时，从 2000 年 8 月到 2001 年 8 月，平均股票价格下跌了约 25%。股市的下跌减少了家庭财富，从而减少了消费支出。此外，对新技术盈利期望的下跌导致投资支出下降。根据 *IS—LM* 模型，这会使 *IS* 曲线向左方移动。

第二个冲击是 2001 年 9 月 11 日纽约和华盛顿遭受恐怖袭击（即“9·11”事件）。在袭击发生后的那个星期，股市又下跌了 12%。此外，袭击增加了未来的不确定性，不确定性有可能减少支出。因此，恐怖袭击将 *IS* 曲线进一步推向左方。

第三个冲击是安然（Enron）、世通公司（WorldCom）的会计丑闻。这些丑闻的后果是进一步压低相关板块的股价并阻碍了工商业投资，这导致 *IS* 曲线发生第三次向左方移动。

二、模型的政策含义

IS—LM 模型不仅可以解释经济波动，而且还可以说明，当经济遭受冲击时，

---

① 曼昆. 宏观经济学 . 6 版. 北京：中国人民大学出版社，2009：292.

政府可以运用财政政策和货币政策来政策干预（或调整）经济的可能性。下面以衰退为例加以说明，见图 14－18。

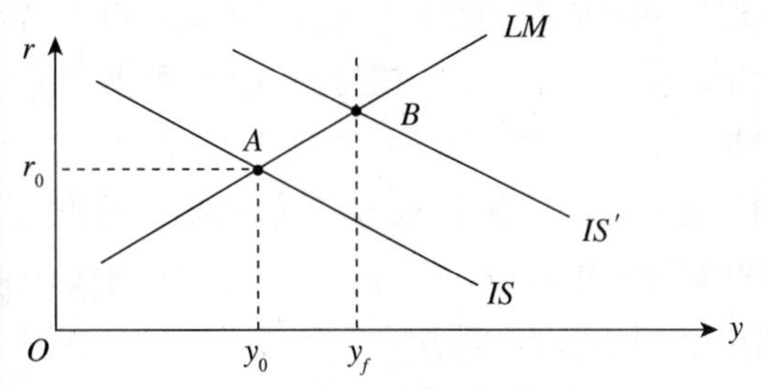

图 14－18　*IS—LM* 模型中的财政政策

在图 14－18 中，经济的运行状态位于 A 点，对应的均衡产量为 y_0，低于潜在产量或充分就业产量 y_f，这时经济经历着衰退。

面对衰退，经济决策者会问，有没有办法使经济摆脱衰退呢？根据 *IS—LM* 模型，办法是有的。

其中的一个办法是，政府可以使用财政政策移动经济的 *IS* 曲线来达到目的。具体地说，根据本章第一节对 *IS* 曲线的说明，在衰退时期，政府通过增加政府购买，或者减税，或者增加政府的转移支付，在理论上就可以将 *IS* 曲线向右方移动，比如移动到图中 *IS′* 曲线的位置，这时经济就达到了图中 B 点所示的新的均衡状态。在该状态下，均衡的产量即为潜在产量，这意味着衰退的影响基本消除了。在这里，把政府关于支出（政府购买和政府转移支付）与税收水平的选择称为财政政策。

以上论述说明，*IS—LM* 模型的一个政策含义是，政府可以运用财政政策干预和调控宏观经济。关于财政政策更具体的介绍参见本书第十七章。

回到前面的问题上来，政府使该经济能够摆脱衰退的第二个办法是，政府可以通过使用货币政策移动经济的 *LM* 曲线来达到目的。可以用图 14－19 加以说明。

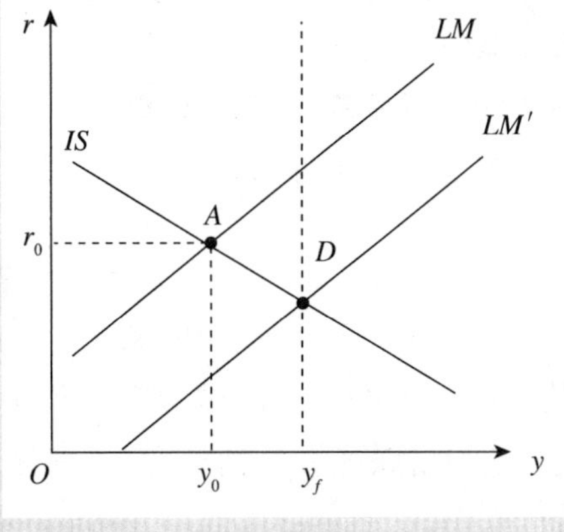

图 14－19　*IS—LM* 模型中的货币政策

具体地说，根据本章第二节对 LM 曲线的说明，在衰退时期，政府的货币当局通过增加货币供给量可以将 LM 曲线向右方移动，比如移动到图中 LM' 曲线的位置，这时经济就达到了图中 D 点所示的新的均衡状态。在该状态下，均衡产量即为潜在产量，这也意味着衰退的影响基本消除了。在这里，把货币当局关于货币供给的选择称为货币政策。以上论述说明，IS—LM 模型的另一个政策含义是，政府可以运用货币政策干预和调控宏观经济。本教材第十七章有更具体的关于货币政策的介绍。

再次回到前面的问题上来，政府使该经济能够摆脱衰退的第三个办法是，政府可以通过同时使用财政政策和货币政策，既移动经济的 IS 曲线，又移动经济的 LM 曲线来达到目的。可以用图 14－20 加以说明。

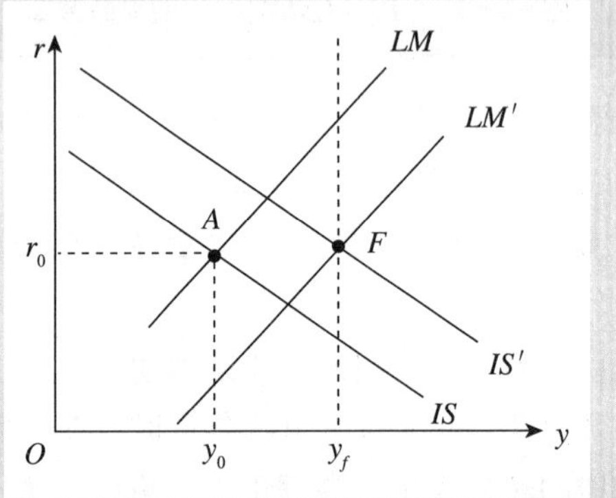

图 14－20　*IS—LM* 模型中的财政政策和货币政策

在图 14－20 中，经济处于 A 点所示的运行状态上，因为这时的均衡产出水平 y_0 低于潜在产出水平 y_f，经济经历着衰退。为了消除衰退状态，这时政府一方面运用财政政策，使经济的 IS 曲线向右移动到 IS' 曲线，另一方面政府的货币当局运用货币政策，使经济的 LM 曲线向右移动到 LM' 曲线。经过上述操作后，经济新的均衡点出现在 IS' 曲线和 LM' 曲线的交点上，也就是图中的 F 点。可以看到，在 F 点，经济的均衡产出已达到充分就业的产出水平 y_f，这意味着衰退的影响基本消除了。

以上论述说明，IS—LM 模型的第三个政策含义是，政府可以同时运用财政政策和货币政策干预和调控宏观经济。

到此，基本完成了对 IS—LM 模型政策含义的说明。

三、挤出效应

IS—LM 模型的另一个应用涉及第十三章中的政府购买乘数，在那里，政府购买乘数是指收入变动对引起这种变动的政府购买变动的比率。如果以 Δg 表示政府购买变动，Δy 表示收入变动，k_g 表示政府购买乘数，则有

$$\Delta y = k_g \Delta g = \frac{1}{1-\beta}\Delta g \tag{14.20}$$

根据上式，当知道边际消费倾向 β 的数值时，可以方便地推算出总产出如何随政府购买的变化而变化。这里需要指出，上述 Δy 和 Δg 之间的数量关系的成立是有条件的，特别地，上述关系是在只讨论产品市场的情况下得到的，如果考虑到货币市场，该表达式暗含的一个假定是，市场的利率不发生变化。

然而，利用 *IS—LM* 模型可以看到，在通常的情况下，上述假定并不一定成立。这意味着，如果考虑到货币市场，关系式（14.20）并不成立。

考虑如图 14－21 所示的 *IS—LM* 模型。

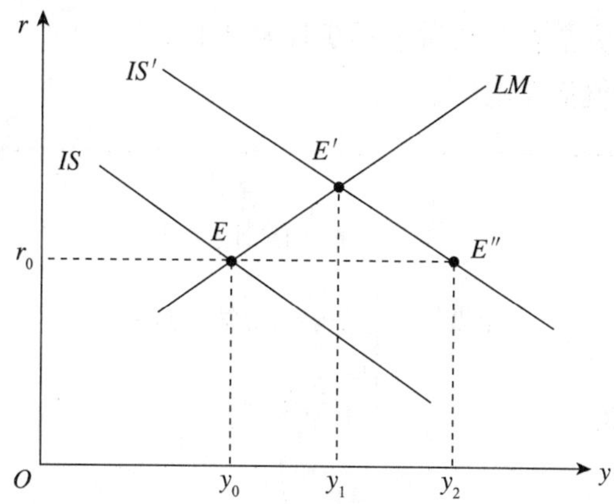

图 14－21　挤出效应

在图 14－21 中，经济最初位于 E 点的均衡状态上，假定政府购买增加 Δg，这使图中的 IS 曲线向右移动到 IS'，右移的距离为 EE''。根据第十三章介绍的乘数理论，EE''为政府购买乘数与政府购买增加额的乘积。在图 14－21 中，收入从 y_0 增加到 y_2。但这只是不考虑货币市场时的结果（或者说是假定利率不发生变化的结果）。

但是，如果考虑到货币市场，则实际上收入不可能增加到 y_2。根据图 14－21，当 IS 曲线随政府购买向右移动时，收入增加，根据货币需求理论，对货币的交易需求也增加，但货币供给并未变动，因而人们用于投机需求的货币势必要减少，这就推动利率上升①，根据投资函数，利率的上升又抑制了私人投资，从而使新的均衡为 E'点，E'的收入水平只是 y_1，而不是 y_2。

通过上述讨论，可以形成**挤出效应**的概念，它**是指随着政府购买增加，经济的产出在增加的同时会使利率上升，进而抑制投资而使产出减少的效应**。用图 14－21 来说，挤出效应是指 y_2-y_1 这一产量缺口因货币市场利率的上升而被“挤出”（即没有被生产出来）。

专栏 14－1
中国 *IS—LM* 曲线的特点

挤出效应不仅使人们更全面地认识了乘数效应，而且也进

① 在这里，理解利率上升还可以从本章第二节论述的货币市场均衡模型着手，根据该模型，在货币供给不发生变动的条件下，货币需求增加（由于产出增加）会使货币需求曲线向右移动，进而引起均衡利率上升。

一步认识了财政政策的效应。

第五节　凯恩斯的基本理论框架

前面几节介绍的产品市场均衡、货币市场均衡及两个市场的同时均衡就是西方经济学家对整个凯恩斯经济理论体系所作的阐释。凯恩斯的经济理论奠定了现代西方宏观经济学的基础，这一理论发表于他的《就业、利息和货币通论》中。由于该书晦涩难懂，因此西方学者对它做了不少诠释工作，图 14－22 就是对凯恩斯理论作出的一种通俗化的概括和阐述。①

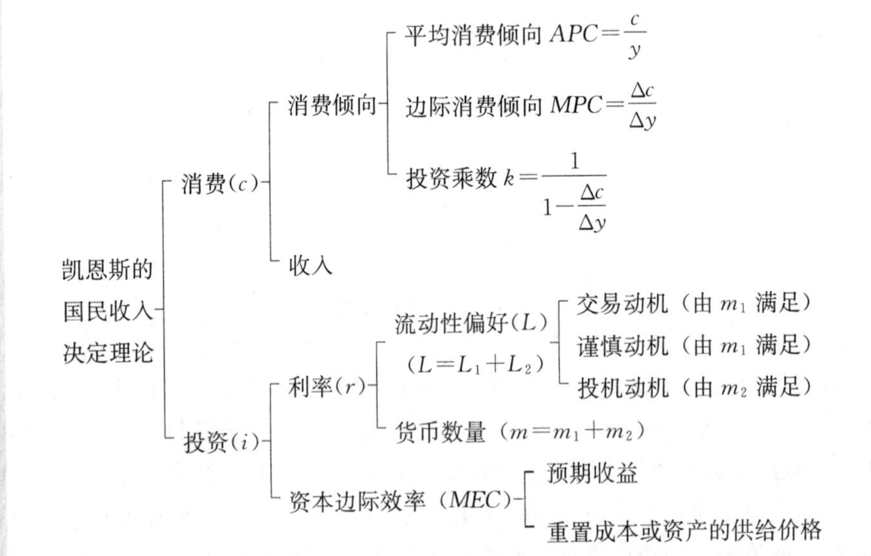

图 14－22　凯恩斯理论的概括

图 14－22 所概括的凯恩斯经济理论纲要包括以下几点：

（1）国民收入决定于消费和投资。

（2）消费由消费倾向和收入决定。消费倾向分为平均消费倾向和边际消费倾向。边际消费倾向大于 0 而小于 1，因此，当收入增加时，消费也增加。但在增加的收入中，用于增加消费的部分所占的比例可能越来越小，用于增加储蓄的部分所占的比例可能越来越大。

（3）消费倾向比较稳定，因此国民收入波动主要来自投资的变动。投资的增加或减少会通过投资乘数引起国民收入的多倍增加或相应程度的减少。投资乘数与边

① 狄拉德．凯恩斯经济学．上海：上海人民出版社，1963：46．图 14－22 中的“资本边际效率”这个概念在现代宏观经济学中已不常提到，因此本书没有进行详细介绍。

际消费倾向有关。由于边际消费倾向大于 0 而小于 1，因此，投资乘数大于 1。

（4）投资由利率和资本边际效率决定，投资与利率呈反方向变动关系，与资本边际效率呈正方向变动关系。

（5）利率决定于流动性偏好与货币数量。流动性偏好是货币需求，由 L_1 和 L_2 组成，其中 L_1 来自交易动机和谨慎动机，L_2 来自投机动机。货币数量 m 是货币供给，由满足交易动机和谨慎动机的货币和满足投机动机的货币组成。

（6）资本边际效率由预期收益和资本资产的供给价格或者重置成本决定。

凯恩斯认为，形成资本主义经济萧条的根源是消费需求和投资需求所构成的总需求不足以实现充分就业。消费需求不足是由于边际消费倾向小于 1，即人们不会把增加的收入全部用来增加消费，而投资需求不足是由于资本边际效率在长期内递减。为解决有效需求不足，必须发挥政府的作用，用财政政策和货币政策来实现充分就业。财政政策就是通过政府增加支出或减少税收以增加总需求，通过乘数原理引起收入多倍增加。货币政策是通过增加货币供给量以降低利率，刺激投资从而增加收入。由于存在“流动偏好陷阱”，因此货币政策效果有限，增加收入主要靠财政政策。

凯恩斯经济理论的要点还可以用上面说过的代表产品市场和货币市场同时均衡的数学模型来表示。

（1）$s=s(y)$ …………………………………………… 储蓄函数

（2）$i=i(r)$ …………………………………………… 投资函数

（3）$s=i$ 或 $s(y)=i(r)$ ……………………………… 产品市场均衡条件

（4）$L=L_1+L_2=L_1(y)+L_2(r)$ ………………………… 货币需求函数

（5）$\dfrac{M}{P}=m=m_1+m_2$ ………………………………… 货币供给函数

（6）$m=L$ ……………………………………………… 货币市场均衡条件

根据（1）、（2）、（3）可求得 IS 曲线。例如，设 $s=-\alpha+(1-\beta)y$，$i=e-dr$，则 $i=s$ 时，得 IS 曲线为：

$$r=\frac{\alpha+e}{d}-\frac{1-\beta}{d}y \quad \text{或} \quad y=\frac{\alpha+e-dr}{1-\beta}$$

根据（4）、（5）、（6）可求得 LM 曲线。例如，设 M、P 为已知，$m=\dfrac{M}{P}$，$L=ky-hr$，则 $m=L$ 时，得 LM 曲线为：

$$r=\frac{k}{h}y-\frac{m}{h} \quad \text{或} \quad r=\frac{k}{h}y-\frac{1}{h}\cdot\frac{M}{P}$$

求解 IS 曲线和 LM 曲线的联立方程，即可求得产品市场和货币市场同时均衡的利率和收入。

第六节 结 束 语

本章要点可以归结如下：

(1) 在国民收入决定的简单模型中，投资被当做外生变量；当把货币因素纳入收入决定模型时，投资就成为一个内生变量，要受多种因素影响。其中，利率是最重要的；作为投资的成本，投资与它有反方向依存关系，这就是投资函数。描述投资函数的曲线称投资边际效率曲线，它从资本边际效率曲线引申出来。

(2) 从产品市场均衡要求计划投资等于计划储蓄这一点出发，可以得到一条反映利率和收入相互关系的曲线，即 *IS* 曲线。*IS* 曲线的斜率主要由边际消费倾向和投资需求对利率变动的敏感程度决定，也受税率等因素的影响。当投资意愿、储蓄意愿、政府支出、税收以及进出口发生变化时，*IS* 曲线就会移动。

(3) 利率决定于货币需求和供给，货币需求按凯恩斯的说法决定于交易、谨慎和投机三大动机，并由此得到货币需求函数：$L=L_1(y)+L_2(r)=ky-hr$。用 m 表示实际货币供给量，则货币市场均衡的公式 $m=ky-hr$ 可表示为满足货币市场均衡条件下收入 y 与利率 r 的关系，表示这一关系的图形即 *LM* 曲线。这条曲线的斜率取决于货币需求对利率和收入变动的敏感程度，即 h 和 k，特别是 h。导致 *LM* 曲线移动的因素则是名义货币供给量和价格水平。

(4) *IS* 曲线和 *LM* 曲线交点处的利率和收入就是产品市场和货币市场同时达到均衡的利率和收入。这一利率和收入的数值可以通过 *IS* 方程和 *LM* 方程联立求解而获得。任何不在均衡水平上的利率和收入在两个市场充分自由的条件下总会有走向均衡的趋势。*IS* 曲线和 *LM* 曲线的移动会使均衡利率和收入发生变动。

(5) *IS—LM* 分析是对凯恩斯经济理论整个体系的最流行的阐释。

本章论述了以上各点所概括的凯恩斯基本理论体系；根据这一体系，凯恩斯得出了资本主义经济可能出现严重的失业和经济萧条的结论。他的结论虽然符合事实，但是，他的论证方法存在缺陷甚至错误。对于这些缺陷或错误，我们在这里结合本章的内容说明其中的两点。

第一，从本章介绍的理论体系来看，凯恩斯认为，资本主义国家的国民收入（或产量）之所以经常低于充分就业的水平，其原因在于三个变量的数值不能相互协调和配合。不能相互协调和配合的原因又是由于它们都受到人们自发的心理状态的影响，而现实中并不存在任何理由使得自发的心理状态所造成的三个变量的数值必然会相互协调和配合。因此，失业和经济萧条会经常出现。

这三个变量顺次为：消费函数、资本边际效率和流动性偏好。关于消费函数，凯恩斯说：“我们可以具有很大的信心来使用一条基本心理规律。该规律为：在一般情况下，平均说来，当人们的收入增加时，他们的消费也会增加，但消费的增加不像收入增加得那样多。”① 关于资本边际效率，凯恩斯说：“信心状态之所以重要，其原因在于：它是决定前者* 的主要因素之一。”② 关于流动性偏好，他指出，是人们的交易动机、谨慎动机和投机动机所造成的后果，而后者又取决于人们的心理判断。③ 由此可见，归根结底，凯恩斯认为失业和萧条是人们的心理状态所造成的。正是由于这一点，直到今天，《就业、利息和货币通论》还被西方学者认为是研究经济周期的一本权威著作，把凯恩斯的理论划入心理经济周期的理论。④

很显然，经济周期的主要原因绝不可能是人们的心理状态；否则，我们就难以解释，除了资本主义以外，在其他经济制度中（如封建社会）同样存在人们心理状态的影响却没有造成失业和经济危机的原因。

从这里可以看到，凯恩斯虽然正确地指出了资本主义的弊端，但是，他对弊端的原因所作出的解释是错误的。

第二，*IS*－*LM* 模型来源于英国经济学家希克斯发表于 1937 年的文章，目的在于使凯恩斯的利息论能和他的整个理论体系协调一致，以后逐渐演变成为在教科书中说明该理论体系的一个重要工具。即使作为一种说明的工具，该模型在西方也被认为至少具有三个缺点。

首先，如果 *IS* 和 *LM* 两条曲线的交点真正能代表 y（国民收入）的均衡点，那么，必须假设两个市场的均衡是独立形成的，即一条曲线的移动不会引起另一条曲线的移动。但这一假定并不存在，因为 *IS* 曲线与 *LM* 曲线不是相互独立，而是相互依存的。例如，在经济萧条时期，投资前景暗淡使投资水平下降，从而使 *IS* 曲线向左移动。按 *IS*—*LM* 模型，移动的 *IS* 曲线与不变的 *LM* 曲线相交于一个新的均衡点，在这一点上，利率和收入都比以前降低了。实际上，这种说法并不正确。在萧条时期，悲观气氛的增加使厂商减少了对资本品的需求，同时也增加了对货币的需求。这样，在 *IS* 曲线左移时，*LM* 曲线也相应左移。结果，收入将以更大幅度减少，但利率不一定下降。还有许多例子可以说明 *IS* 曲线与 *LM* 曲线的相互依存性。如果这两条曲线不是相互独立而是相互关联的，*IS*—*LM* 模型就在很大程度上失去了它的理论和政策上的意义，因为它不能决定国民收入的均衡值从而也就不能预测经济前景和政策效果。又例如，*IS* 曲线向右下方倾斜是建立在投资是利率的减函数这一条件之上的，但是，在资本主义经济中，投资要同时受到许多因素（如利率、产品销路、利润、社会环境、制度等）的影响。因此，投资和利率不可能必然存在一种负线性相关关系，投资需求曲线不一定向右下方倾斜，从而 *IS* 曲线也不一定向右下方倾斜。同样，储蓄也受到收入、利率和消费习惯等多种因素影响。因此，储蓄也不一定是收入的增函数，这也可能使 *IS* 曲线不一定向右下方倾斜。

---

① 凯恩斯．就业、利息和货币通论．北京：商务印书馆，1999：101－102.

* 指资本边际效率。——编者注

② 同①152－153.

③ 凯恩斯．就业、利息和货币通论．北京：商务印书馆，1999.

④ 哈伯勒．繁荣与萧条．3 版．纽约：联合国，1946.

其次，英国新剑桥学派则坚决反对 *IS*—*LM* 模型分析，其原因是：*IS*—*LM* 模型用一套联立方程体系代替了凯恩斯的因果次序关系，从而模糊了凯恩斯理论中最本质的东西。这个最本质的东西是投资决定收入，收入决定储蓄；而且利率在凯恩斯有效需求理论中是不重要的，它在收入创造过程中是由外生因素所决定。但 *IS*—*LM* 模型实际上把利率看成是决定储蓄和投资的主要因素，这就把凯恩斯理论恢复到古典经济学结构中去了。

最后，*IS*—*LM* 模型分析得出的结论也不一定与事实相符。例如，按 *IS*—*LM* 分析，投资崩溃（即 *IS* 曲线猛烈地左移）时，*LM* 曲线的右移可使 y 保持不变，这就是说，当严重的投资崩溃危机到来时，扩张性货币政策能够加以补救，这种说法显然违反事实。如在 1929 年开始的大萧条中，西方银行存在超额准备金，并不缺乏资金来源。可见，这时扩张性货币政策并不能使 *LM* 曲线右移以解决投资崩溃带来的萧条。

由于上述原因，读者似乎应认识到，该模型尽管可以简明扼要地说明一些问题，特别是在说明理论与政策效果之间的关系上，使读者能得到较为直观和明晰的印象，但是它对问题的说明和现实情况之间存在很大的差距；经济问题是复杂的，解决的办法也是如此。在利用 *IS*—*LM* 模型了解凯恩斯的理论和政策之后，我们必须记住，现实情况远不像模型所显示的那样精确与美妙。

习题

1. 怎样理解 *IS*—*LM* 模型是凯恩斯主义宏观经济学的核心？

2. 一个预期长期实际利率是 3%的厂商正在考虑一个投资项目清单，每个项目都需要花费 100 万美元，这些项目在回收期长短和回收数量上不同。第一个项目将在两年内回收 120 万美元；第二个项目将在三年内回收 125 万美元；第三个项目将在四年内回收 130 万美元。哪个项目值得投资？如果利率是 5%，答案有变化吗？(假定价格稳定。)

3. 假定每年通货膨胀率是 4%，上题中回收的资金以当时的名义美元计算，这些项目仍然值得投资吗？

4. (1) 若投资函数为 $i=100$(亿美元)$-5r$，找出利率为 4%、5%、6%和 7%时的投资量；

(2) 若储蓄函数为 $s=-40$(亿美元)$+0.25y$，找出与上述投资相均衡的收入水平；

(3) 求 *IS* 曲线并作出图形。

5. 假定：

(a) 消费函数为 $c=50+0.8y$，投资函数为 $i=100$(亿美元)$-5r$；

(b) 消费函数为 $c=50+0.8y$，投资函数为 $i=100$(亿美元)$-10r$；

(c) 消费函数为 $c=50+0.75y$，投资函数为 $i=100$(亿美元)$-10r$。

(1) 求 (a)、(b)、(c) 的 *IS* 曲线；

(2) 比较 (a) 和 (b)，说明投资对利率更敏感时，*IS* 曲线的斜率会发生什么变化；

(3) 比较 (b) 和 (c)，说明边际消费倾向变动时，*IS* 曲线的斜率会发生什么变化。

6. 假定货币需求为 $L=0.2y-5r$。

(1) 画出利率为10%、8%和6%而收入为800亿美元、900亿美元和1 000亿美元时的货币需求曲线。

(2) 若名义货币供给为150亿美元，价格水平 $P=1$，找出货币需求与供给相均衡的收入与利率。

(3) 画出 *LM* 曲线，并说明什么是 *LM* 曲线。

(4) 若货币供给为200亿美元，再画一条 *LM* 曲线，这条 *LM* 曲线与 (3) 中的 *LM* 曲线相比有何不同？

(5) 若 $r=10$，$y=1\ 100$ 亿美元，货币供给与 (4) 中的相同，则货币需求与供给是否均衡？若不均衡，利率会怎样变动？

7. 假定名义货币供给用 M 表示，价格水平用 P 表示，实际货币需求用 $L=ky-hr$ 表示。

(1) 求 *LM* 曲线的代数表达式，找出 *LM* 曲线的斜率的表达式。

(2) 找出 $k=0.20$，$h=10$；$k=0.20$，$h=20$；$k=0.10$，$h=10$ 时 *LM* 曲线斜率的值。

(3) 当 k 变小时，*LM* 曲线的斜率如何变化？当 h 增加时，*LM* 曲线的斜率如何变化？请说明变化原因。

(4) 若 $k=0.20$，$h=0$，*LM* 曲线的形状如何？

8. 假设在一个只有家庭和企业的两部门经济中，消费 $c=100+0.8y$，投资 $i=150-6r$，实际货币供给 $m=150$，货币需求 $L=0.2y-4r$（单位均为亿美元）。

(1) 求 *IS* 曲线和 *LM* 曲线；

(2) 求产品市场和货币市场同时均衡时的利率和收入。

9. 分析研究 *IS* 曲线和 *LM* 曲线的斜率及其决定因素有什么意义？

10. 为什么要讨论 *IS* 曲线和 *LM* 曲线的移动？

11. 消费函数中的自发消费支出和边际消费倾向变动时，*IS* 曲线会有什么变动？

12. 什么是 *LM* 曲线的三个区域？其经济含义是什么？

13. 如果经济中的收入和利率的组合不在 *IS* 曲线和 *LM* 曲线的交点上，市场能否使产品市场和货币市场的这种非均衡走向均衡？

14. 为什么政府支出增加会使利率和收入均上升，而中央银行增加货币供给会使收入增加而利率下降？

15. 已知 *IS* 方程为 $y=550-1\ 000r$，边际储蓄倾向 $MPS=0.2$，利率 $r=0.05$。

(1) 如果政府购买支出增加5个单位，新旧均衡收入分别为多少？

(2) *IS* 曲线如何移动？

16. 假定 $y=c+i+g$，消费需求为 $c=800+0.63y$，投资需求为 $i=7\ 500-20\ 000r$，货币需求为 $L=0.162\ 5y-10\ 000r$，价格水平为 $P=1$，试计算名义货币供给是 6 000 亿美元、政府支出是 7 500 亿美元时的 GDP 值，并证明所求的 GDP 值等于消费、投资和政府支出的总和。

第十五章 国民收入的决定：*AD*—*AS* 模型

在西方经济学中，价格和产量是由供求曲线决定的，这一原理在微观经济学和宏观经济学中都适用，而二者不同的地方在于：在微观经济学中，由供求所决定的是个别商品的价格和产量，而在宏观经济学中，由供求所决定的则是整个社会的价格水平和产量，也就是国民收入。

前面有关宏观经济问题的讨论，都是在一般价格水平固定不变的假定下进行的，这些讨论都没有说明产量（收入）和价格水平之间的关系。本章将要论述的 *AD*—*AS* 模型，即总需求—总供给模型则取消了价格水平固定不变的假定，着重说明产量和价格水平的关系。*AD* 曲线或总需求曲线和 *AS* 曲线或总供给曲线①是宏观经济学重要的分析工具，也是理解宏观经济学中的一些重大问题的基础。

本章的目的在于引出 *AD* 曲线和 *AS* 曲线，并且说明这两条曲线的作用如何造成价格水平和国民收入的波动。

第一节 *AD* 曲线

一、总需求曲线的含义

总需求是经济社会对产品和劳务的需求总量，这一需求总量通常以产出水平来表示。总需求由消费需求、投资需求、政府需求和国外需求构成。在不考虑国外需

① 在本章中，把 *AD* 曲线与总需求曲线视为同义语，同样把 *AS* 曲线与总供给曲线视为同义语。

求的情况下，经济社会的总需求是指价格、收入和其他经济变量在既定条件下，家庭部门、企业部门和政府部门将要支出的数额。因此，总需求衡量的是经济中各种行为主体的总支出：家庭购买的电冰箱、企业购买的卡车、政府购买的办公设备，等等。西方学者认为，推动总需求的力量除了价格水平、人们的收入、对未来的预期等因素外，还包括诸如税收、政府购买或货币供给等政策变量。

总需求函数被定义为以产量（国民收入）所表示的需求总量和价格水平之间的关系。它表示在某个特定的价格水平下，经济社会需要多高水平的产量。在价格水平为纵坐标、总需求量为横坐标的坐标系中，总需求函数的几何表示被称为 AD 曲线或总需求曲线。

二、总需求曲线的图形

总需求曲线如图 15－1 所示。

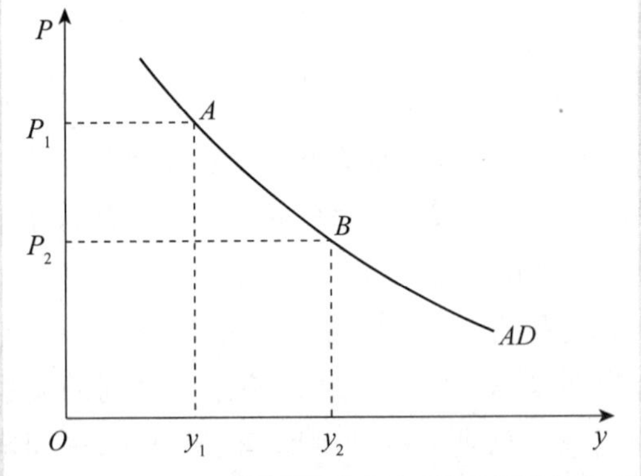

图 15－1 总需求曲线

总需求曲线通常向右下方倾斜，这意味着，在其他条件相同的情况下，经济中的价格水平下降，如图 15－1 所示，P 从 P_1 下降到 P_2，会增加产品与劳务的需求量，图中总需求量从 y_1 增加为 y_2；反之，价格水平上升会减少产品与劳务的总需求量。

为了说明为什么价格水平与总需求量具有反向变动关系，回忆一下一个经济的总产出（GDP）核算的支出等式：

$$y=C+I+G+NX \tag{15.1}$$

从理论上说，上述等式右边的四个部分中的每一部分都对经济的总需求作出了贡献。特别地，这里只需说明经济中的价格水平如何影响家庭部门的消费和企业部门的投资，即可说明总需求曲线为什么向右下方倾斜。

当价格水平下降时，提高了经济中货币的真实价值，并使消费者感觉更富有，这又鼓励他们更多地支出，消费者支出增加意味着产品与劳务的需求量更大。相反，价格水平上升降低了货币的真实价值，并使消费者感觉变穷，这又减少了消费者支出以及产品与劳务的需求量。上述说明的价格水平对消费影响的效应被称为财富效应。根据财富效应，P 与（15.1）式中的 C 反方向变动，而 C 又是总需求的重要组成部分，故总需求与价格是反方向变动的。

为了说明价格水平对投资的影响，回忆在第十四章中，价格水平是货币需求量的一个决定因素。价格水平越低，人们为了购买他们想要的产品与劳务需要持有的货币量就越少，根据货币市场理论，货币需求量下降会使利率下降，进一步地，利率的下降会鼓励企业增加投资，进而使总需求增加。反之，价格水平高，则增加了货币需求，使利率上升，进而抑制了投资支出，降低了经济的总需求。上述说明价格水平变动通过影响利率进而影响企业投资的效应被称为利率效应。[①] 根据利率效应，P 与（15.1）式中的 I 反方向变动，而 I 又是总需求的一个组成部分，故也说明了总需求与价格是反方向变动的。

三、总需求曲线的推导

总需求曲线描述了与每一价格水平相对应的经济社会的总支出。一般地，经济的 AD 曲线可以从第十四章中的 IS—LM 模型中推导出来。先来看代数形式的推导。

假设在三部门经济中，IS 曲线的方程为：

$$y=c(y-t)+i(r)+g \tag{15.2}$$

LM 曲线的方程为：

$$\frac{M}{P}=L_1(y)+L_2(r) \tag{15.3}$$

在上面两个方程中，如果把 y 和 r 当做未知数，而把其他变量，特别是价格水平 P 当做参数来对这两个方程联立求解，则所求得的 y 的解式一般包含 P 这一变量。该解式表示了不同价格 P 与不同的总需求量 y 之间的函数关系，即总需求函数。现在用一个具体的例子加以说明。假设在（15.2）式和（15.3）式中，有

$$\begin{cases}0.5y+240r=3\ 500\\0.5y-260r=\dfrac{1\ 000}{P}\end{cases}$$

求出 y 的解式，得到：

$$y=\frac{3\ 640P+960}{P}=3\ 640+\frac{960}{P} \tag{15.4}$$

---

① 利率效应还可以从第十四章中所讲的货币市场理论中货币供给的变化对利率的影响来说明。根据图 14-9，当价格水平下降时，实际货币供给量增加使货币供给曲线向右方移动，其结果将使均衡利率下降。

(15.4) 式即为总需求函数。

在这种情况下，总需求曲线反映的是产品市场和货币市场同时处于均衡时，价格水平和总需求量的关系。此外，总需求曲线也可以从 *IS*—*LM* 图形中推导出来。

在 *IS*—*LM* 模型中，一般价格水平被假定为一个常数。在价格水平固定不变且货币供给已知时，*IS* 曲线和 *LM* 曲线的交点决定均衡的收入（产量）水平。现用图 15-2 说明怎样根据 *IS*—*LM* 图形推导总需求曲线。

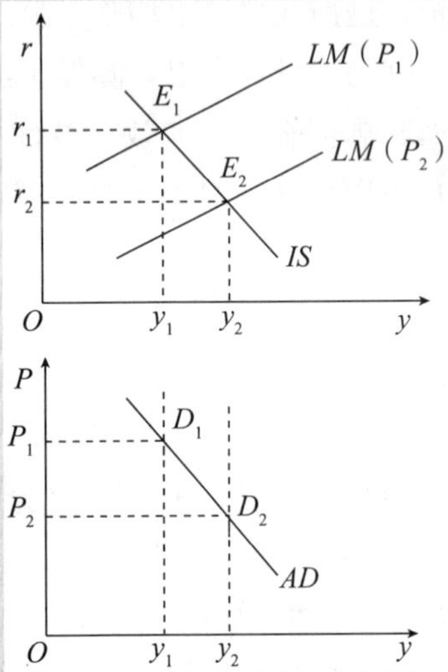

图 15-2　总需求曲线的推导

图 15-2 分为上下两个部分。上图为 *IS*—*LM* 图，下图表示价格水平和需求总量之间的关系，即总需求曲线。当价格 P 的数值为 P_1 时，此时的 *LM* 曲线 $LM(P_1)$ 与 *IS* 曲线相交于 E_1 点，E_1 点所表示的国民收入和利率顺次为 y_1 和 r_1。将 P_1 和 y_1 标在下图中便得到总需求曲线上的一点 D_1。现在，假设 P 由 P_1 下降到 P_2。根据第十四章第二节关于价格水平变动对 *LM* 曲线影响的说明，由于 P 下降，*LM* 曲线移动到 $LM(P_2)$ 的位置，它与 *IS* 曲线的交点为 E_2 点。E_2 点所表示的收入和利率顺次为 y_2 和 r_2。对应于上图中的 E_2 点，又可在下图中找到一点 D_2。按照同样的程序，随着 P 的变化，*LM* 曲线和 *IS* 曲线可以有许多交点，每一个交点都标志着一个特定的 y 和 r。于是就有许多 P 与 y 的组合，从而构成了下图中的一系列点。把这些点连在一起所得到的曲线便是 *AD* 曲线。

应指出的是，价格水平的变化对 *IS* 曲线的位置没有影响。这是因为决定 *IS* 曲线的变量被假定是实际量，而不是随价格的变化而变动的名义量。

从以上关于总需求曲线的推导中可看到，总需求曲线表示社会的需求总量和价格水平之间的反方向关系，即总需求曲线是向右下方倾斜的。向右下方倾斜的总需求曲线表示，价格水平越高，需求总量越小；价格水平越低，需求总量越大。

四、总需求曲线的移动

总需求曲线表明了价格水平与需求总量的关系。但是，许多其他因素也影响价格水平既定时的产品与劳务的需求总量。当这些因素的一种发生变动时，在每一种价格下的产品与劳务的需求量都变动了，就会引起总需求曲线的移动。

理解使总需求曲线发生移动的因素主要有两个要点：一是注意区分沿着总需求曲线点的变化和总需求曲线位置的变化。前者涉及价格水平对需求总量的影响，后者则涉及在价格水平不变的条件下（价格水平既定时），其他因素变动导致需求总量变动的影响。我们这里关注的是后者。二是受到 GDP 核算支出法的启示，把经济的总需求表示为 AD＝消费需求＋投资需求＋政府购买＋净出口，按照此表达式，除价格水平外，任何引起消费需求、投资需求、政府购买和净出口变动的因素或事件都会影响经济的总需求，从而会导致总需求曲线发生移动。一般地，有下面的表述。

在价格水平既定时，任何使消费者支出增加的事件（如减税、股市高涨）都使总需求曲线向右移动。在价格水平既定时，任何使消费者支出减少的事件（如增税、股市低迷）都使总需求曲线向左移动。

在价格水平既定时，任何使企业投资增加的事件（如对未来的乐观，或由于货币当局增加货币供给引起的利率下降）都使总需求曲线向右移动。在价格水平既定时，任何使企业投资减少的事件（如对未来的悲观，或由于货币当局减少货币供给引起的利率上升）都使总需求曲线向左移动。

政府购买增加（如增加国防或高速公路建设支出）使总需求曲线向右移动。政府购买减少（如削减国防或高速公路建设支出）使总需求曲线向左移动。

在价格水平既定时，任何增加净出口的事件（如国外经济繁荣、引起汇率下降的投机）都使总需求曲线向右移动。在价格水平既定时，任何减少净出口的事件（如国外经济衰退、引起汇率上升的投机）都使总需求曲线向左移动。

在价格水平既定时，货币供给增加使总需求曲线向右移动。在价格水平既定时，货币供给减少使总需求曲线向左移动。这里的逻辑是，根据本书第十四章第二节对货币市场均衡的分析，在价格水平既定时，货币供给增加，会使货币供给曲线向右移动，其结果使均衡利率下降，由于投资是利率的减函数，这意味着经济中的投资需求增加，而投资是总需求的一个组成部分，从而会使总需求增加。

上面的说明其实已经涉及财政政策和货币政策变化对总需求曲线的影响。为明确起见，将其概括为：无论是扩张性财政政策，还是扩张性货币政策，都会使总需求曲线向右移动；无论是紧缩性财政政策，还是紧缩性货币政策，都会使总需求曲线向左移动。下面，仅对扩张性财政政策的效果加以说明。

在图 15－3 的上图中，IS 曲线和 LM 曲线对应于一定的货币数量和价格水平 P_0。均衡点为 E 点，在下图的 AD 曲线中有与之对应的 E 点。现在增加政府支出，

其结果是 IS 曲线向右移动到 IS'。在原来的价格水平下，新的均衡点为 E'点，此时，利率提高，收入增加。在下图中，也画出对应的 E'点，该 E'点是新的总需求曲线 AD'上的一点，AD'曲线反映了增加政府支出对经济的影响。可见，在一个既定的价格水平下，政府支出的增加也就意味着总需求的增加。读者自己可以按上述分析思路得出，紧缩性财政政策会造成相反的后果。

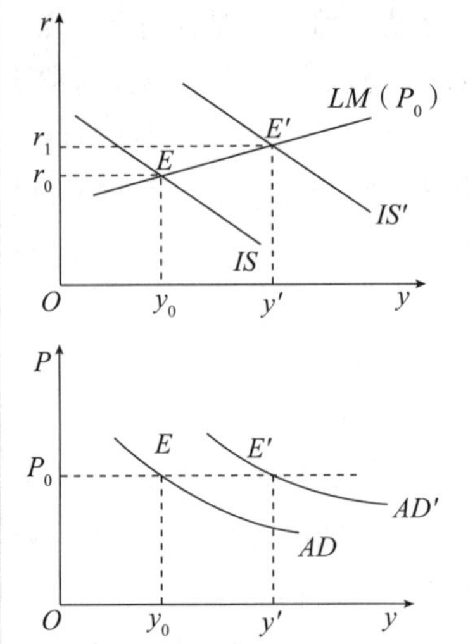

图 15-3　扩张性财政政策对总需求曲线的影响

总需求曲线不仅在允许价格变动的条件下概括了前面所述的 IS—LM 模型，而且较为直观地说明了本书前面所述的财政政策和货币政策都是旨在影响总需求的所谓需求管理政策。

表 15-1 概括了上述因素对总需求曲线的影响。

表 15-1　导致总需求曲线移动的因素

序号	因素及其变化	总需求曲线的变化
1	使消费者支出增加的事件（如减税、股市高涨）	向右方移动
2	使企业投资增加的事件（如企业乐观情绪增加）	向右方移动
3	政府购买增加（如增加城市公共项目的支出）	向右方移动
4	使净出口增加的事件（如国外经济繁荣）	向右方移动
5	货币供给增加	向右方移动

AD 曲线只是给出了价格水平和以收入水平来表达的总需求水平之间的关系，并不能决定使整个社会供求相等的价格水平和总产量。为了说明整个经济价格水平和总产量水平是如何决定的，宏观经济学需要引出另一个分析工具，即 AS 曲线。

第二节　总供给的一般说明

为了导出 AS 曲线，有必要对总供给作出一般性说明。**总供给**是经济社会所提供的总产量（或国民收入），即经济社会投入的基本资源所生产的产量。这里所说的基本资源主要包括劳动、生产性资本存量和技术。在宏观经济学中，描述总产量与劳动、资本和技术之间关系的一个合适的工具是生产函数。

一、短期与长期宏观生产函数

在西方经济学中，生产函数是指投入和产出之间的数量关系。生产函数有微观和宏观之分，本书第四章中所论述的是微观生产函数，宏观生产函数又称总量生产函数，是指整个国民经济的生产函数，它表示总投入和总产出之间的关系。如果用 y 表示总产出，假定总投入分别为就业量、资本存量、自然资源量和经济的技术水平，它们依次用字母 N、K、R 和 A 表示，则宏观生产函数可以表示为：

$$y=F(N,K,R,A) \tag{15.5}$$

在本节中，为了简单起见，假定一个经济社会在一定的技术水平下使用总量意义下的劳动和资本两种要素进行生产，则宏观生产函数可表示为：

$$y=f(N,K) \tag{15.6}$$

式中，y 为总产出；N 为整个社会的就业水平或就业量；K 为整个社会的资本存量；为了避免复杂，技术水平没有被明确地表示出来。（15.6）式表明，经济社会的产出主要取决于整个社会的就业量、资本存量和技术水平。

宏观生产函数可以被区分为短期和长期两种。在短期宏观生产函数中，由于资本存量和技术水平在短期内不可能有较大的改变，所以二者被认为是不变的常数。用 $\overline{K}$ 表示不变的资本存量，把它代入（15.6）式，有：

$$y=f(N,\overline{K}) \tag{15.7}$$

短期宏观生产函数（15.7）式表示，在一定的技术水平和资本存量条件下，经济社会生产的产出 y 取决于就业量 N，即总产量是经济中就业量的函数，随就业量的变化而变化。

西方宏观经济学假定宏观生产函数（15.7）式有两条重要的性质：一是总产量随总就业量的增加而增加；二是在技术不变和 K 为常数的假设条件下，由于“边际收益递减规律”的作用，随着总就业量的增加，总产量按递减的比率增加。① 这样，短期宏观生产函数（15.7）式可以用图 15－4 表示。

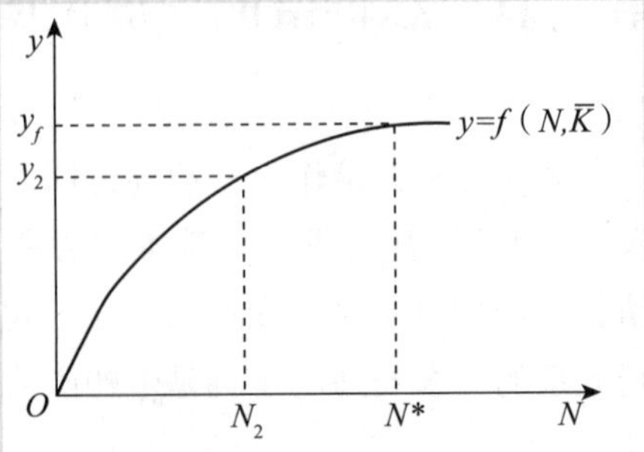

图 15－4　宏观生产函数

图中，横轴 N 表示劳动的总就业量，纵轴 y 表示总产量，曲线 $y=f(N,\overline{K})$ 表示总产量是总就业量的函数。例如，当总就业量为 N_0 时，对应的总产量为 y_0。图中曲线越来越平缓，表示总产量随总就业量的增加按递减的比率增加。当 N 达到充分就业的 N^* 时，相应的产量为 y_f。

长期生产函数与短期生产函数的不同之处在于：在长期生产函数中，包括生产函数中的三个主要自变量在内的一切自变量都可以改变。首先，技术水平可以有很大进步，存在着足够的改善技术的时间。其次，人口的增长能够影响充分就业的劳动者的数量。最后，资本的存量也会随着积累的增加有着很大的变化。这样，长期生产函数可以用（15.8）式表示出来。

$$y_f=F(N^*,K^*) \tag{15.8}$$

式中，N^* 为各个短期中的充分就业量；K^* 为各期的资本存量；技术水平的变化没有被明确表示出来；y_f 为各期充分就业时的产量，也被称为潜在产量。

目前，我们所涉及的仅仅限于短期生产函数。换句话说，正如（15.7）式所显示的那样，在一定时期和一定条件下，总供给将主要由经济的总就业水平决定。那么，经济中的总就业水平又是由什么决定的呢？为此，有必要引入另一个市场，即劳动市场。

二、劳动市场

本章已经说过，在西方宏观经济学中，关于总供给的理论是一个富有争议的领域，而这种争议在相当程度上体现在劳动市场理论方面。由于这里只是想向读者说明经济中的就业水平是如何决定的，故下面只对最简单的劳动市场——完全竞争的劳动市场加以说明。

---

① 正文中的表述用数学语言来表示就是生产函数（15.7）式满足 $f_N=\frac{\partial f(N,\overline{K})}{\partial N}>0$，$f_{NN}=\frac{\partial^2 f(N,\overline{K})}{\partial N^2}<0$。

本书第八章在论述微观经济意义下的完全竞争的要素市场时曾指出，完全竞争要素市场的特征可以描述为，要素的供求双方人数都很多、要素之间没有任何区别、要素供求双方都具有完全的信息以及要素可以充分自由地流动。

如果劳动市场是竞争性的，而企业只能接受既定的市场工资和其产品的市场价格，则企业将会选择一个就业水平，使劳动的边际产量等于实际工资，因为只有在这一就业水平下，利润才能最大化。这里，实际工资等于货币工资 W 除以价格水平 P，即 $\frac{W}{P}$。如果企业的就业低于这一水平，劳动的边际产量就将超过实际工资，因而存在着增加利润的机会。企业可以以工资 W 雇用一个工人，该工人按劳动的边际产量所给定的量生产更多的产品。企业将这些产品以价格 P 出售，便可从中获利。企业将不断利用这一获利机会，直到增雇的工人将劳动的边际产量降低到和实际工资相等时为止。图 15－5 显示了利润最大化点。

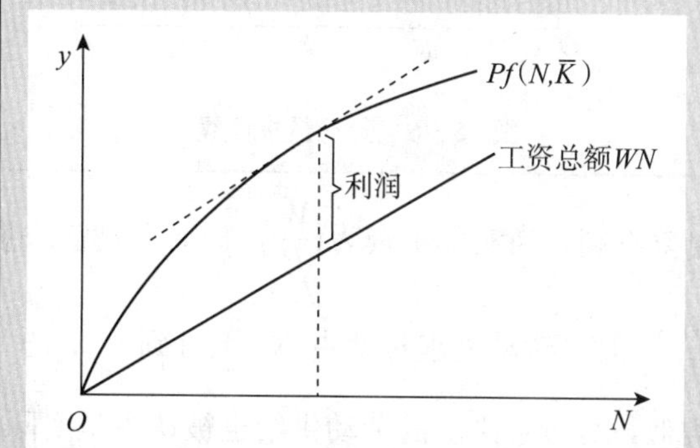

图 15－5　利润最大化的就业量

由于劳动的边际产量随劳动投入的增加而降低，所以劳动的需求函数是实际工资的减函数。① 宏观经济学认为，上述微观经济学意义上的劳动需求与实际工资的关系，对于总量意义上的劳动市场也成立。

如果用 N_d 表示劳动需求量，则劳动需求函数可表示为：

---

① 在竞争性劳动市场和产品市场条件下，企业对劳动使用量 N 的决定来自下面的利润最大化问题：

$$\max_{N} \Pi = Pf(N,\bar{K}) - WN$$

上述问题的一阶条件为：

$$Pf_N(N,\bar{K}) - W = 0 \tag{1}$$

可以把（1）式视为劳动需求 N_d 和实际工资 $\left(\frac{W}{P}\right)$ 与给定资本水平之间的隐式关系。利用隐函数的求导方法，可以证明

$$\frac{\mathrm{d}N_d}{\mathrm{d}\left(\frac{W}{P}\right)} = \frac{1}{f_{NN}(N,\bar{K})} < 0 \tag{2}$$

上式最后一个不等式用到了关于生产函数（15.7）的假定。（2）式表明，劳动需求 N_d 是实际工资 $\left(\frac{W}{P}\right)$ 的减函数。

$$N_d = N_d\left(\frac{W}{P}\right) \tag{15.9}$$

式中，$\frac{W}{P}$为实际工资；N_d 与$\frac{W}{P}$呈反方向变动关系。实际工资低时，劳动的需求量大；实际工资高时，劳动的需求量小。换句话说，劳动需求函数（15.9）式的斜率为负。这样，劳动需求函数的几何表示，即劳动需求曲线可以表示为图 15－6 中的形状。

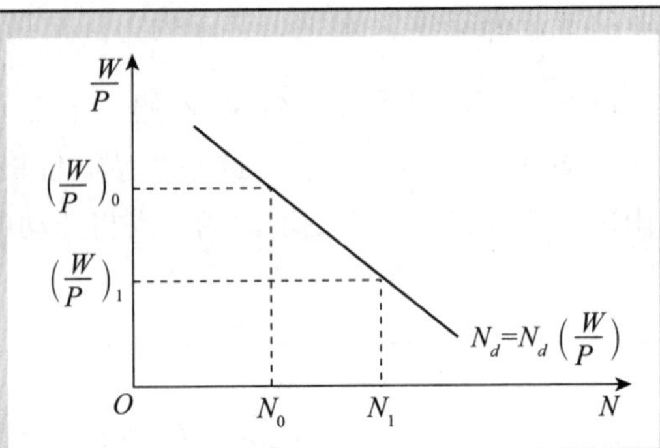

图 15－6　劳动需求曲线

从图 15－6 中可以看到，当实际工资为$\left(\frac{W}{P}\right)_0$时，劳动需求量为 N_0，当实际工资从$\left(\frac{W}{P}\right)_0$下降到$\left(\frac{W}{P}\right)_1$时，劳动需求量就由 N_0 上升到 N_1。

同劳动的需求类似，总量意义上的劳动供给也被认为是实际工资的函数，劳动供给函数可表示为：

$$N_s = N_s\left(\frac{W}{P}\right) \tag{15.10}$$

式中，N_s 为劳动供给总量。而且，劳动供给量是实际工资的增函数。实际工资低时，劳动的供给量小；实际工资高时，劳动的供给量大。劳动供给函数的几何表示，即劳动供给曲线如图 15－7 所示。

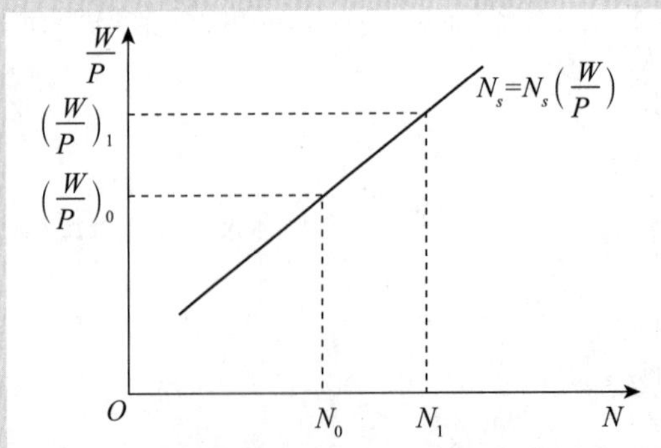

图 15－7　劳动供给曲线

从图 15 - 7 中可知，当实际工资为$\left(\frac{W}{P}\right)_0$时，劳动供给量为 N_0，当实际工资从$\left(\frac{W}{P}\right)_0$上升到$\left(\frac{W}{P}\right)_1$时，劳动供给量就从 N_0 上升到 N_1。

如果工资 W 和价格 P 两者都是可以调整的，那么实际工资$\frac{W}{P}$也是可以调整的。劳动市场的均衡就由劳动需求曲线和劳动供给曲线的交点来决定，如图 15 - 8 所示。

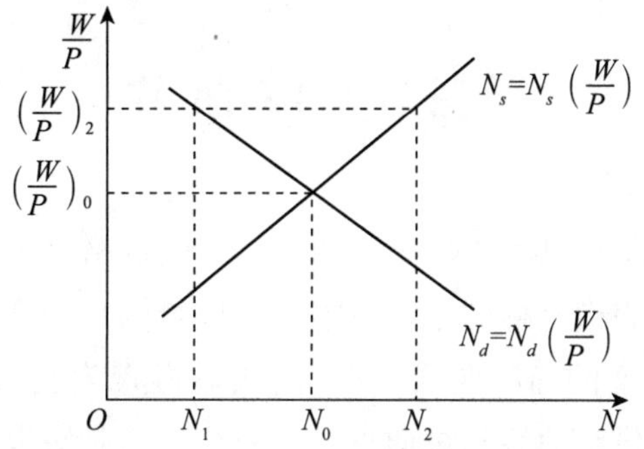

图 15 - 8 劳动市场均衡

在实际工资$\left(\frac{W}{P}\right)_0$的水平上，企业所选择的劳动数量恰好等于公众所提供的劳动数量，即就业水平为 N_0。如果实际工资太高，例如为图 15 - 8 中的$\left(\frac{W}{P}\right)_2$，则劳动的供给量为 N_2，而劳动的需求量只为 N_1，这意味着劳动供过于求，表明经济不能为所有愿意工作者提供足够的职位，在价格和工资具有完全伸缩性的情况下，实际工资就会降低，从而刺激企业的劳动需求，抑制劳动者的劳动供给。随着实际工资的不断调整，劳动的供求数量也不断进行调整，直到使劳动市场达到供求相等的均衡状态时为止。读者可以考虑当实际工资低于均衡水平时，劳动市场的调整情况。

总之，在价格和工资具有完全伸缩性的完全竞争的经济中，劳动市场的均衡条件是：

$$N_s\left(\frac{W}{P}\right)=N_d\left(\frac{W}{P}\right) \tag{15.11}$$

劳动市场的均衡一方面决定了均衡的实际工资，另一方面决定了均衡的就业量，在图 15 - 8 中分别表示为$\left(\frac{W}{P}\right)_0$和 N_0。

对于上述关于劳动市场的说明，这里还需指出两点：第一，在有伸缩性的工资和价格下，实际工资调整到劳动供求相等的水平，从而使劳动市场处于均衡状态，在宏观经济学中被称为充分就业的状态。前面曾指出，宏观经济学所说的充分就业状态并非每个愿意工作的人都能就业的状态，像摩擦性失业、自愿失业等都是在均衡状态下存在失业的例子。第二，根据本节上面的说明，在任一时点上，资本存量 K 都是由以往的投资决策决定的。将就业水平 N 和既定的资本存量 $\overline{K}$ 代入短期总量生产函数 $f(N,\overline{K})$ 中就立刻得出产量水平。这表明劳动市场在经济的总供给方面处于主导地位，因为它决定经济的总供给或产量。更进一步地，根据上面的第一点说明，在工资和价格具有完全伸缩性的情况下，经济中的产量始终等于充分就业时的产量或潜在产量。

第三节　*AS* 曲线

在宏观经济学中，总供给函数是总产量与一般价格水平的关系。在以价格水平为纵坐标、总产量为横坐标的坐标系中，总供给函数的几何表示即为总供给曲线。相对于本章第一节的 AD 曲线，AS 曲线显得较为复杂，表现在两个方面，一是需要区分长期总供给曲线和短期总供给曲线；二是短期总供给曲线具有多种形状。

一、长期总供给曲线

在对总供给曲线内容的表述中，长期是指这样一段时期，在该时期内，工资和价格完全具有伸缩性，或完全具有弹性。一般地，在长期内，所有工资和价格都具有伸缩性，产出价格和要素价格同方向变动。更高的产出价格导致更高的要素投入价格，更低的产出价格导致更低的要素投入价格。对经济中的企业而言，企业会对利润变动作出回应，调整其产出计划。但若在产出价格变动时要素投入价格也发生相同的变动，则企业利润将不会发生改变。若利润不发生变化，则企业没有激励改变生产规模和产量。

具体来说，在长期，价格和货币工资具有伸缩性，因此，按照本章第二节的说明，经济的就业水平就会处在充分就业的状态。在不同的价格水平下，当劳动市场存在超额劳动需求或超额劳动供给时，货币工资就会进行调整，进而实际工资发生调整，实际工资调整到使劳动市场达到均衡的水平。换句话说，在长期中，经济的就业水平或产量并不随着价格水平的变动而变动，而始终处在充分就业的状态。根据本章第二节的说明，经济的产量水平也将位于潜在产量或充分就业的水平，不受价格变动的影响。因此，古典学派认为，**长期总供给曲线是一条位于经济的潜在产量或充分就业产量水平的垂直线。**

如果用 $LRAS$ 表示长期总供给曲线，则其图形如图 15 - 9 所示：

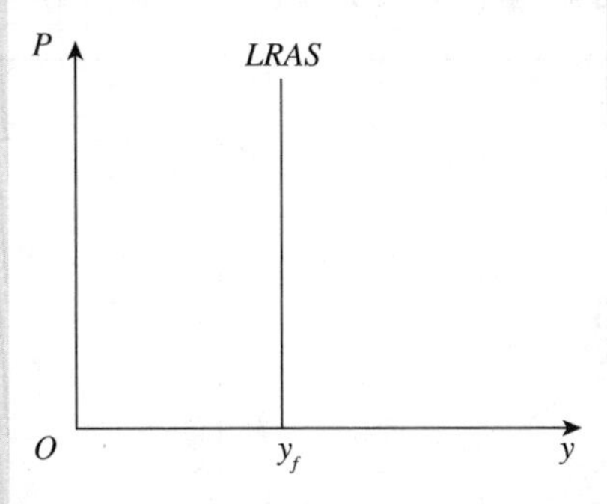

图 15－9　长期总供给曲线

为了把握长期总供给曲线所包含的逻辑，下面用图形形式给出其推导，见图 15－10。

图 15－10（a）为生产函数曲线，只不过横坐标表示的是产量，纵坐标表示的是就业量。图 15－10（b）反映劳动市场的均衡情况，横坐标表示实际工资，纵坐标表示就业量。图 15－10（c）表示货币工资曲线，其方程为$\left(\frac{W}{P}\right)\cdot P=$常数，可以看到，在以$\frac{W}{P}$为横坐标、$P$ 为纵坐标的坐标系内，它表示双曲线。图 15－10（c）画出了三条货币工资曲线，它们分别表示货币工资为 W_2、W_0 和 W_1 时的货币工资曲线（$W_2>W_0>W_1$）。图 15－10（d）表示待导出的长期总供给曲线。

假定使劳动市场达到均衡时的价格水平和货币工资分别为 P_0 和 W_0，相应地，均衡的实际工资为$\left(\frac{W}{P}\right)_f$，按照“古典”经济理论的说法，此时均衡的就业量就是充分就业下的就业量 N_f。将 N_f 代入生产函数，在图 15－10（a）中就可得到产量 y_f，这一产量正是前一节所说的充分就业的产量。由于产量 y_f 对应于价格水平 P_0，从而在图 15－10（d）中可以得到点 $J(y_f, P_0)$。

如果价格水平从 P_0 下降到 P_1，在货币工资可变的假定下，货币工资将不能维持在原来的 W_0 水平，因为在货币工资为 W_0 时，价格水平的下降使得实际工资提高。按照前面关于劳动市场均衡的论述，这将导致对劳动的过剩供给，而可变的货币工资因劳动的过剩供给将会下降，因为工人们为了得到工作而互相竞争。于是，在图 15－10（c）中，货币工资曲线将从 W_0 下降到 W_1。为了使得劳动市场恢复均衡，货币工资的这种下降同价格水平的下降是成比例的。因此，以前存在的实际工资$\left(\frac{W}{P}\right)_f$得以维持不变。在这一实际工资的基础上，就业量仍等于 N_f，从而 y 仍等于 y_f，在图 15－10（d）中，可得到点 $K(y_f, P_1)$。

类似地，如果价格水平从 P_0 上升到 P_2，则有伸缩性的货币工资就会从 W_0 上升到 W_2，以使劳动市场恢复均衡，这时就业量仍为充分就业下的就业量 N_f，从而相应的产量也就是充分就业下的产量 y_f，于是在图 15－10（d）中又得到点 $R(y_f, P_2)$。

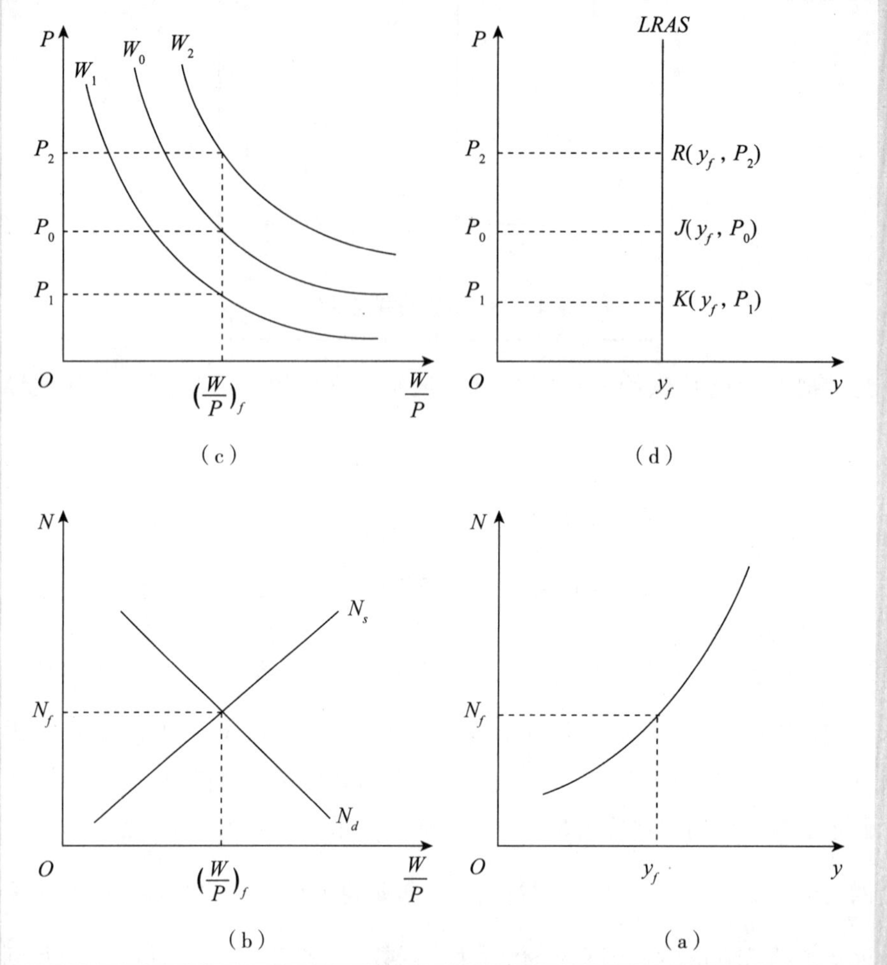

图 15－10　长期总供给曲线的推导

用同样的方法，可以考察低于 P_1 和高于 P_2 的其他所有价格水平的情况。在每一个价格水平上，有伸缩性的货币工资都会调整到充分就业的实际工资确定时为止。因此，对任何价格水平，产量都是充分就业的产量。将图 15－10（d）中的各点连接起来，便可得到一条位于潜在产量或充分就业产量 y_f 上的垂直线 $LRAS$，这就是长期总供给曲线。

在结束对长期总供给曲线的讨论前，下面再考虑一下移动长期总供给曲线的因素。理解这个问题一个合适的切入点是本章第二节引出的长期总量生产函数。即（15.5）式，现将其重新表示如下：

$$y=F(N,K,R,A) \tag{15.12}$$

在上式中，变量 y、N 和 K 的含义同前，分别为总产量、就业量和资本存量。变量 R 为整个社会的自然资源数量，变量 A 为整个社会技术水平的状态。

一般认为，根据（15.12）式所示的生产函数，在长期，该函数的四个自变量都有可能发生变化，因而经济的总产量也会相应地发生变化，这就会引起长期总供给曲线发生移动。

具体地说，在长期，劳动、资本、自然资源和技术水平一般都是稳定增长的，这些因素的变化会导致潜在产出水平发生变化，进而推动长期总供给曲线发生向右的移动，如图 15－11 所示。

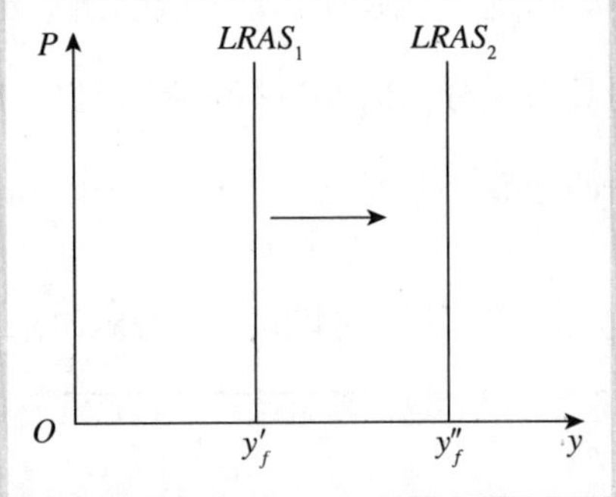

图 15－11　长期总供给曲线的移动

在图 15－11 中，最初的长期总供给曲线为 $LRAS_1$，随着时间的推移，长期总供给曲线由图中的 $LRAS_1$ 移动到 $LRAS_2$。

二、短期总供给曲线

一般来说，宏观经济学关于长期总供给曲线的争议不大，但关于短期总供给曲线有着较多的争议。为了与长期总供给曲线相区别，本章用 AS 曲线表示短期总供给曲线。综合来看，宏观经济学共有三种形状的短期总供给曲线，它们对应三种不同的名称，即古典总供给曲线、凯恩斯总供给曲线和常规总供给曲线，下面分别加以说明。

1. 古典总供给曲线

古典总供给曲线的图形如图 15－12 所示。

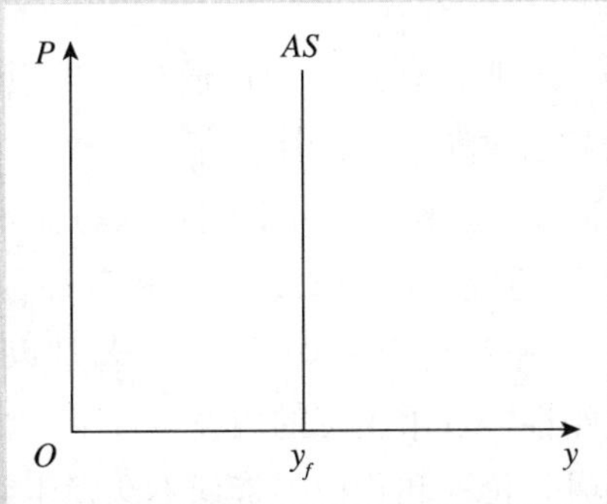

图 15－12　古典总供给曲线

比较图 15－9 和图 15－12 可知，古典总供给曲线也是长期总供给曲线。之所以如此，其理由有两个：第一，古典学派假设货币工资（W）和价格水平（P）可以迅速或立即进行调整，使得实际工资$\left(\frac{W}{P}\right)$总是处于充分就业时的水平，从而使产量或国民收入也总是处于充分就业时的水平，不受价格的影响。根据这一理由，古典总供给曲线并不意味着时期长短。换言之，只要存在 W 和 P 迅速或立即调整的假设，古典总供给曲线也是一条短期总供给曲线。第二，古典学派一般研究经济事物的长期状态，而在长期中，即使不采用 W 和 P 能够迅速或立即调整的假设，货币工资和价格水平也被认为具有充分的时间进行调整，使得实际工资$\left(\frac{W}{P}\right)$处于充分就业时的水平，从而总供给曲线是一条垂直线。以此而论，古典总供给曲线又代表长期总供给曲线。

古典总供给曲线的政策含义可以用图 15－13 表示出来。

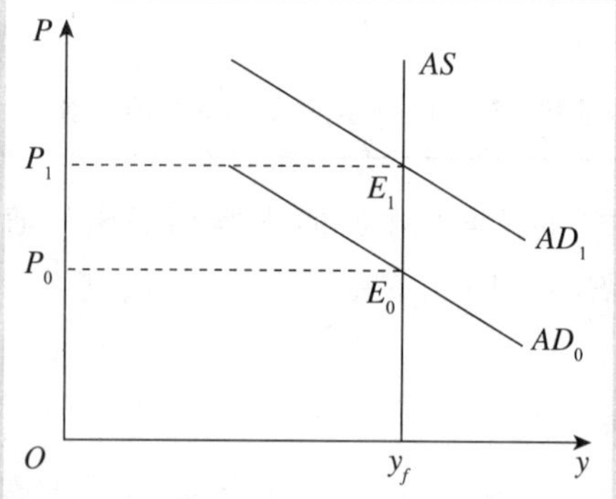

图 15－13　古典总供给曲线的政策含义

在图 15－13 中，代表总需求曲线的 AD_0 与代表古典总供给曲线的 y_f 垂直线相交于 E_0 点，此时的价格水平为 P_0，产量是充分就业时的产量 y_f。处于 E_0 的状态下，国家即使通过增加需求的政策来使 AD_0 向右移动到 AD_1 的位置，其与 y_f 垂直线的新交点为 E_1，在 E_1 点价格水平为 P_1，产量也仍然是 y_f。换言之，增加需求的政策并不能改变产量，而只能造成物价上涨，甚至通货膨胀。

2. 凯恩斯总供给曲线

凯恩斯最重要的著作《就业、利息和货币通论》出版于 1936 年。那时，整个西方世界都处于严重的大萧条时期，经济社会存在大量的失业人口和过剩的生产能力，《就业、利息和货币通论》基本上是针对这种状态而撰写的。此外，该书也提出了货币工资具有“刚性”的假设，即假设由于种种原因，货币工资不会轻易变动。关于工资的“刚性”，本书第二十一章还要进一步加以说明。

处于上述状态，在“刚性”货币工资的假设条件下，当时的事实也表明，当产量（从而国民收入）增加时，价格和货币工资均不会发生变化。因此，凯恩斯的总供给曲线被认为是一条水平线，如图 15－14 中的 P_0E_0 所示。

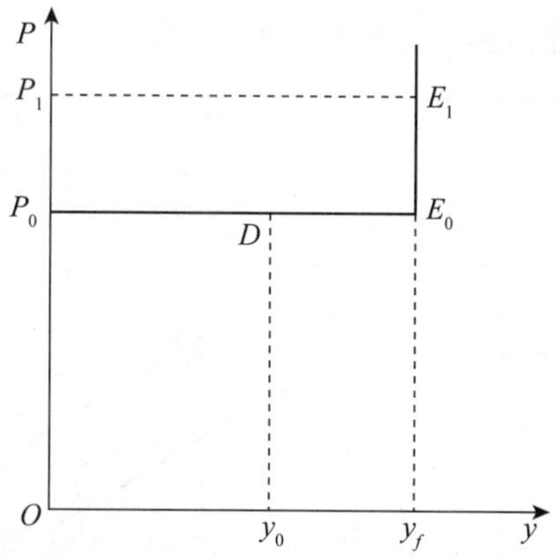

图 15 - 14 凯恩斯总供给曲线

图 15 - 14 中的 y_f 代表充分就业的产量或国民收入。P_0E_0 为水平线的意思是：在产量小于 y_f 的条件下，由于货币工资（W）和价格水平（P）都不会变动，所以在既有的价格（P_0）下，经济社会能提供任何数量的 y，即在达到充分就业以前，经济社会能按照既定的价格提供任何数量的产量或国民收入（如 y_0）。此外，该图也表明，在达到充分就业（y_f）之后，社会已经没有多余的生产能力，从而不可能生产出更多的产品，因此，增加的需求不但不会增加产量（y），反而会引起价格的上升，如图 15 - 14 中 E_0 点以上的垂直线所示。例如，在 E_1 点，产量仍旧是 y_f，但是价格已经上升到 P_1。

和古典总供给曲线相对应，凯恩斯总供给曲线之所以具有水平的形状，其理由也有两个：第一，货币工资（W）和价格水平（P）均具有刚性，也就是说，二者完全不能进行调整。第二，《就业、利息和货币通论》所研究的是短期情况①，即使不使用刚性工资的假设，由于时间很短，W 和 P 也没有足够的时间进行调整。

在目前的西方经济学文献中，这两个理由也均被使用。由于这两个理由都过分夸大了《就业、利息和货币通论》的确切含义，所以西方学者一致认为水平的凯恩斯总供给曲线代表短期总供给曲线的另一极端情况。

凯恩斯总供给曲线的政策含义是：只要国民收入或产量处在小于充分就业的水平，那么，国家就可以使用增加需求的政策来使经济达到充分就业状态，如图 15 - 15 所示。

在图 15 - 15 中，代表总需求曲线的 AD_1 与凯恩斯总供给曲线（P_0E_0）相交于 E_1 点。在 E_1 点，价格水平为 P_0，产量（y_1）处于小于充分就业的产量水平。为了改善这一状况，国家可以通过增加需求的政策来使总需求曲线（AD_1）向右移动

① 除了在学术上进行争论的文献以外，至少还有两个流传于西方的事例可以说明凯恩斯不赞成当时的古典学者只重视研究长期情况。其一，凯恩斯说过："在长期中，我们都会死掉。"对此，古典学者反驳说："但是，仍然有一些人会活下来。"其二，凯恩斯用把经济社会比喻为一条航行于大海中的船的故事来讥讽当时的古典学者。他说："当大海中的船遇到暴风疾浪时，船上的人纷纷设法阻止船的覆灭。然而此时，却有一些人说道：'不用担心，在长期，大海终究会风平浪静。'"

到 AD_0 的位置。这样，P_0E_0 与 AD_0 相交于 E_0 点。该点表明，此时的价格水平仍然为 P_0，但国民收入已经达到充分就业的产量（y_f）。

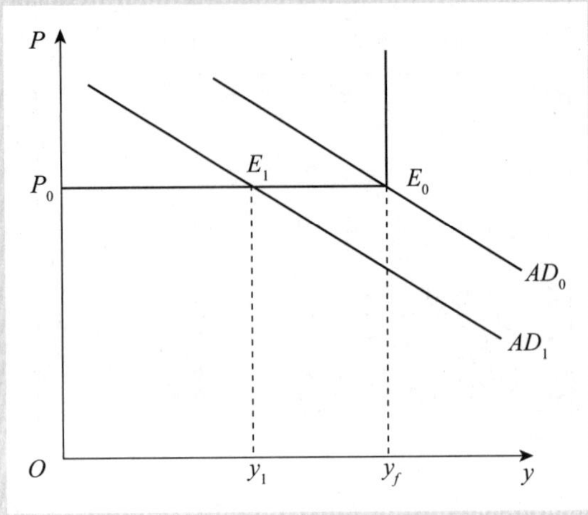

图 15-15 凯恩斯总供给曲线的政策含义

3. **常规总供给曲线**

垂直的古典总供给曲线和水平的凯恩斯总供给曲线分别代表总供给曲线的两种极端状态。前者来自货币工资（W）和价格水平（P）能够立即进行调整的假设；后者则来自货币工资和价格水平完全不能进行调整的假设。因为在《就业、利息和货币通论》所针对的严重萧条的特殊情况下，既然 W 和 P 均保持不变，则显然意味着二者完全不能自行调节。

西方学者认为，在通常的或常规的情况下，经济的短期总供给曲线位于两个极端之间，如图 15-16 中的 CC 线所示。

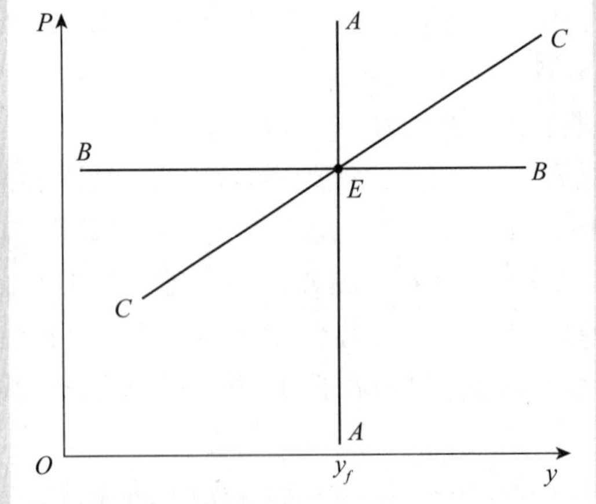

图 15-16 （线性的）常规总供给曲线

向右上方延伸的 CC 线表示，价格水平越高，经济中的企业提供的总产出就越多。从微观经济学的角度看，在短期，当经济中的工资和其他资源的价格相对固定或不太容易变化时，随着企业产品价格的提高，企业增加产量通常能够盈利。因此，更高的价格水平将导致更高的总产量。这意味着，在短期，总供给曲线是向右上方延伸的。

常规总供给曲线的推导可以从不同的理论路线来完成。下面从黏性价格模型进行推导。

该模型强调了企业不能针对需求变动即刻调整其索取的价格。有时价格是由企业与顾客之间的长期合约约定的。甚至在没有正式协议时，企业也可能保持价格的稳定，以避免频繁的价格变动给自己的长期客户造成困扰。此外，一些价格有黏性是因为一旦企业印制和分发了它的产品目录或价格单，改变起来会成本高昂。

下面先考虑个体企业的定价决策，然后把许多企业的决策累加在一起来说明一个整体经济的供给行为。

考虑一个具有定价权的典型企业的定价决策。该企业的合意价格 p 取决于两个宏观经济变量。其一，总价格水平 P。更高的价格意味着更高的企业成本，因此价格水平 P 越高，企业对自己产品收取的价格也越高。其二，总收入水平 y。更高的收入提高了对企业产品的需求。由于在更高的生产水平上边际成本增加，因此，需求越大，企业收取的价格也越高。

按照上述说明，可以把企业的合意价格表示为：

$$p=P+a(y-y_f)$$

上式说明，企业的合意价格取决于价格水平 P 和相对于自然水平的总产出水平 $(y-y_f)$。大于零的参数 a 衡量企业的合意价格对 $(y-y_f)$ 项的反应有多大。

假设经济中有两种类型的企业。一种企业的价格有弹性，它们总可以根据上式来设定其价格。另一种企业的价格是黏性的，它们根据自己预期的经济状况事先宣布自己的价格。

具有黏性价格的企业根据下式设定价格：

$$p=P^e+a(y^e-y_f)$$

式中，上标字母 e 代表一个变量的预期值。为简单起见，假设这类企业预期产出处于其自然水平，因此上式最后一项为零，于是，这类企业设定的价格为：

$$p=P^e$$

也就是说，具有黏性价格的企业根据自己对其他企业收取价格的预期设定自己的价格。

如果 b 是具有黏性价格的企业所占的比例，$1-b$ 是具有弹性价格的企业所占的比例，则价格总水平可表示为

$$P=bP^e+(1-b)[P+a(y-y_f)]$$

经整理并解出价格总水平，得

$$P=P^e+\frac{(1-b)a}{b}(y-y_f)$$

上式经过整理，可写为

$$y=y_f+\lambda(P-P^e) \tag{15.13}$$

式中，$\lambda=\dfrac{b}{(1-b)a}$。(15.13) 式即为常规总供给曲线的方程。

由 (15.13) 式表示的常规（短期）总供给曲线的图形如图 15－17 所示。

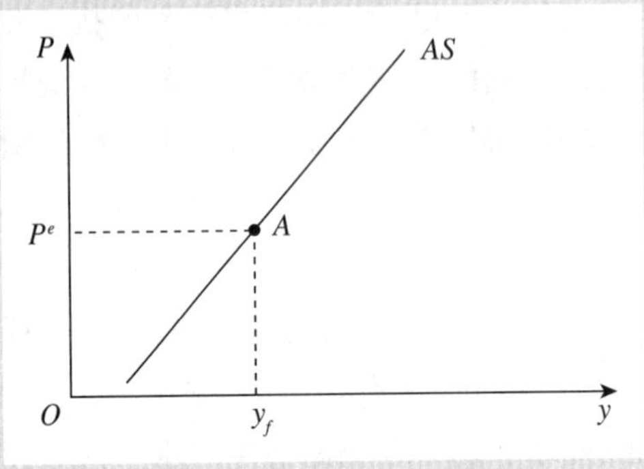

图 15－17 常规总供给曲线

常规总供给曲线具有两个特征：一是向右上方延伸，斜率为正。这意味着，对于一个给定的预期价格水平 P^e，产出增加导致价格水平上升。二是该曲线通过图 15－17 中的 A 点，即在 A 点处，$y=y_f$，$P=P^e$，也就是说，如果产出等于潜在产出 y_f，那么价格水平就等于预期价格水平。

由上述两个特征又可以得到下面两个推论，它们对于后面关于均衡产出变动的分析都很有用。

推论 1：当产出大于潜在产出时，价格水平高于预期价格水平，即 $P>P^e$。反之，当产出小于潜在产出时，价格水平低于预期价格水平，即 $P<P^e$。结合图 15－17，在 A 点左侧的 AS 曲线部分，价格水平低于预期价格水平；在 A 点右侧的 AS 曲线部分，价格水平高于预期价格水平。

推论 2：预期价格水平上升将使总供给曲线向左方移动。反之，预期价格水平下降将使总供给曲线向右方移动。这一推论可以根据 (15.13) 式和数学中直线方程截距项的知识加以证实。

专栏 15－1
为什么短期总供给曲线和长期总供给曲线不同

4. 短期总供给曲线的移动

下面考察导致短期总供给曲线移动的因素。

第一，可得到的劳动量增加使短期总供给曲线向右方移动；而可得到的劳动量减少使短期总供给曲线向左方移动。这意味着，劳动变动会引起短期总供给曲线发生移动。

第二，物质资本或人力资本（指人们通过教育、培训和经验获得的知识与技能）增加使短期总供给曲线向右方移动；而物质资本或人力资本减少使短期总供给曲线向左方移动。这意味着，资本变动会引起短期总供给曲线发生移动。

第三，自然资源可获得性的增加使短期总供给曲线向右方移动；而自然资源可获得性的减少使短期总供给曲线向左方移动。这意味着，自然资源变动会引起短期总供给曲线发生移动。

第四，技术进步使短期总供给曲线向右方移动；可得到的技术减少使短期总供给曲线向左方移动。

第五，预期价格水平上升一般会减少产品与劳务的供给量，并使短期总供给曲线向左方移动。其原因在于，当工人和企业预期价格水平要上升时，他们就倾向于达成一个高水平名义工资的合同，而高工资增加了企业的成本，进而在既定的价格水平下减少了企业供给的产品与劳务的供给量。反之，当预期价格水平下降时，则增加了产品与劳务的供给量，并使短期总供给曲线向右方移动。

对前四个因素，可以从生产函数的角度来理解，对第五个因素可以通过图 15－17 或总供给曲线方程（15.13）来理解。

除了以上导致短期总供给曲线移动的因素外，还有两个因素在这里也想指出：其一是投入品价格变化；其二是名义工资变化。

为了理解上述两个因素对短期总供给曲线的影响，回顾微观经济学关于企业的目标是追求最大利润的假定。假设某种事件导致了生产成本上升，如石油价格上升，那么在任一给定价格水平上，生产者每单位产品获得的利润减少，因此，生产者在所有价格水平上愿意供应的产量减少，考虑到累积效果可知，经济的短期总供给曲线就会向左方移动。相反，假设某种事件导致企业生产成本下降，例如名义工资下降，那么在任一给定的价格水平上，生产者每单位产品获得的利润增加，因此，生产者在所有价格水平上愿意供应的产量增加，考虑到累积效果可知，经济的短期总供给曲线就会向右方移动。

将上述分析进行概括，则有如下结论：其一，若投入品（如石油）价格上升，则经济的短期总供给曲线向左方移动；若投入品价格下降，则短期总供给曲线向右方移动。其二，若名义工资增加，则短期总供给曲线向左方移动；若名义工资下降，则短期总供给曲线向右方移动。

表 15－2 概括了上述因素对总供给曲线的影响。

表 15－2　导致总供给曲线移动的因素

序号	因素及其变化	总供给曲线的变化
1	可得到的劳动供给量增加（劳动市场相对宽松）	向右方移动
2	资本增加	向右方移动
3	自然资源可获得性增加	向右方移动
4	技术进步	向右方移动

续表

序号	因素及其变化	总供给曲线的变化
5	预期价格水平下降	向右方移动
6	投入品价格下降	向右方移动
7	名义工资下降	向右方移动

第四节　模型的结构和应用

一、模型的结构及相关分析

在得到 AD 曲线和 AS 曲线之后，将两者结合在一个坐标系中，即构成宏观经济学中的 AD—AS 模型。这一模型的几何形式表示在图 15－18 中，把总需求曲线 AD、短期总供给曲线 AS（常规总供给曲线）和长期总供给曲线 $LRAS$ 画在一幅图中，来显示宏观经济的均衡。

在宏观经济学中，把宏观经济处于总需求曲线与总供给曲线交点的状态称为宏观经济均衡。由于宏观经济学把总供给曲线区分为短期总供给曲线和长期总供给曲线，因此，相应地，宏观经济均衡可分为短期均衡和长期均衡，前者指总需求曲线与短期总供给曲线的交点，后者指总需求曲线与长期总供给曲线的交点。按照上述说明，图 15－18 中的 E 点既是短期均衡，又是长期均衡。

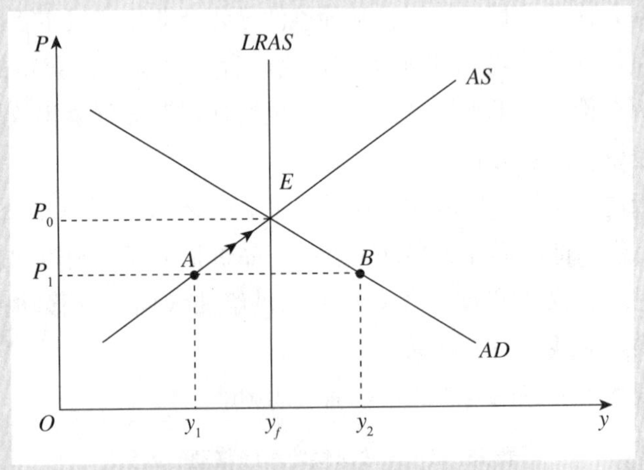

图 15－18　宏观经济长期和短期均衡

下面对宏观经济的短期均衡做进一步的分析，考察为什么该状态是均衡状态。假定经济的价格水平不是 P_0，而是低于 P_0 的 P_1，这时经济的产出水平为 y_1（即在图 15－18 中的 A 点处），在这种情况下，总需求超过此时的总供给（即在

图 15－18 中的 B 点处），所以企业无法满足对它们产品的需求，导致存货较少，消费者竞相购买产品，使企业扩大产量，提高价格，直到产量沿着 AS 曲线达到 y_f，企业才满足了对它们产品的需求，此时，价格水平也逐步回升至 P_0 处。读者也可以自己考虑当经济的价格水平高于 P_0 时经济的调整过程。

值得指出，在宏观经济均衡中，经济社会可能处于充分就业状态、高于充分就业状态和低于充分就业状态，图 15－19 显示了这三种可能性。

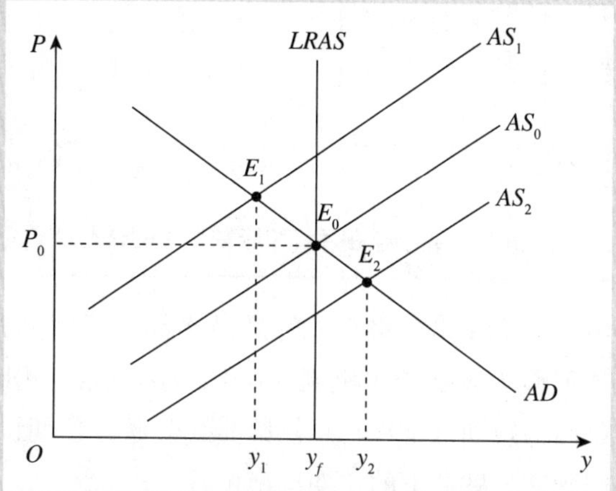

图 15－19　三种宏观经济均衡

在图 15－19 中，充分就业均衡是 E_0 所处的状态，此时经济的均衡产量等于充分就业的产量（潜在产量）y_f，这时 AD 曲线与总供给曲线 AS_0 相交。当经济的总供给曲线 AS_1 与总需求曲线在 E_1 相交时，均衡的产量 y_1 低于充分就业的产量 y_f，这时存在一个本书第十三章中所说的通货紧缩缺口，有的文献称其为衰退缺口，即 $(y_f - y_1)$。当经济的总供给曲线 AS_2 与总需求曲线在 E_2 点相交时，均衡的产量为 y_2，它高于充分就业的产量 y_f，这时存在一个本书第十三章中所说的通货膨胀缺口，即 $(y_2 - y_f)$。

当代宏观经济学认为，AD—AS 模型有一个重要特征，那就是随着时间的推移，模型存在趋向充分就业均衡的调整，下面以存在通货膨胀缺口为例进行说明，见图 15－20。

在图 15－20 中，经济的短期均衡出现在 E_2 点处，此时的均衡产量为 y_2，它高于充分就业的产量 y_f，用前面的术语来说，经济存在着通货膨胀缺口。在这种情况下，劳动市场较为紧张，通货膨胀缺口会推动工资上涨，这又使得企业提高产品价格以消化工资的上涨。随着时间的推移，预期价格水平提高了，从而促使短期总供给曲线沿着 AD 曲线从 AS_2 向上移动到 AS_0。严格地说，短期总供给曲线从 AS_2 调整到 AS_0 是一个循序渐进的过程，但是，只要存在着通货膨胀缺口，上述调整过程就会持续下去，直到短期总供给曲线调整到 AS_0，这时的均衡产出为充分就业的产出水平 y_f，新的均衡点为 E_0 点，它位于长期总供给曲线 $LRAS$ 上，所以，E_0

点的均衡为长期均衡，调整完成。

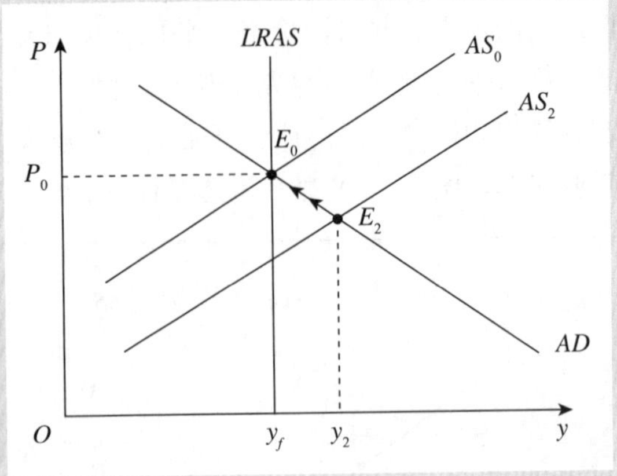

图 15-20　存在通货膨胀缺口时的调整

在上面的分析中，无论产出是多少，经济最终都会返回其充分就业产出水平。宏观经济学将这一特征称为自我校正机制（self-correcting mechanism）。自我校正机制之所以发生，是因为短期（常规）总供给曲线会通过预期价格的调整向左或向右移动，推动经济回到充分就业下的长期均衡位置。

下面依次说明上述模型的三个应用。

二、经济波动的解释

有了 *AD*—*AS* 模型，就有了分析宏观经济波动所需的基本分析工具。该模型的一个重要应用是对宏观经济短期波动进行解释。

从 *AD*—*AS* 模型的理论视角看，宏观经济短期波动有两个基本原因，即 *AD* 曲线移动和 *AS* 曲线移动。在宏观经济学中，使 *AD* 曲线发生移动的事件被称为需求冲击（demand shock），使 *AS* 曲线发生移动的事件被称为供给冲击（supply shock）。

从现实来看，宏观经济在运行过程中可能会出现三种经济问题，即失业、通货膨胀和滞胀。失业，尤其是周期性失业常常与衰退联系在一起。衰退是指所考察的经济在一定时期内经历了产出下降和失业上升的情况。通货膨胀是指所考察的经济在一定时期价格水平持续地和显著地上涨。值得指出的是滞胀（stagflation），它是经济停滞（产出下降，失业增加）与通货膨胀（价格水平上升）的结合。滞胀是 20 世纪 70 年代出现在西方发达国家的一种新的宏观经济问题。

对于图 15-18 表示的 *AD*—*AS* 模型，在忽略了 *LRAS* 曲线的情况下，运用比较静态分析方法可以得到如表 15-3 所示的结果。

表 15-3 AD—AS 模型中曲线的移动和相应的宏观经济问题

序号	曲线的移动	模型的表示	宏观经济问题
1	AD 曲线向左方移动	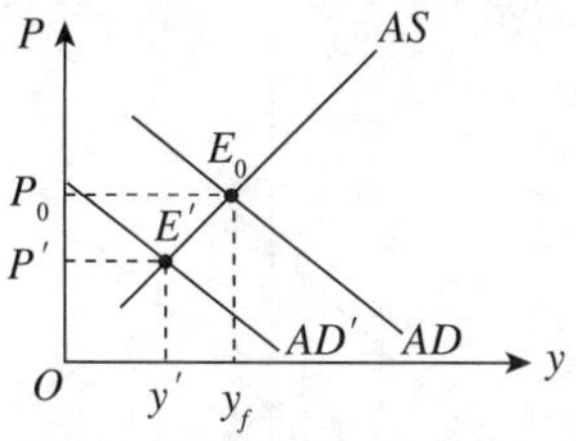	失业
2	AD 曲线向右方移动	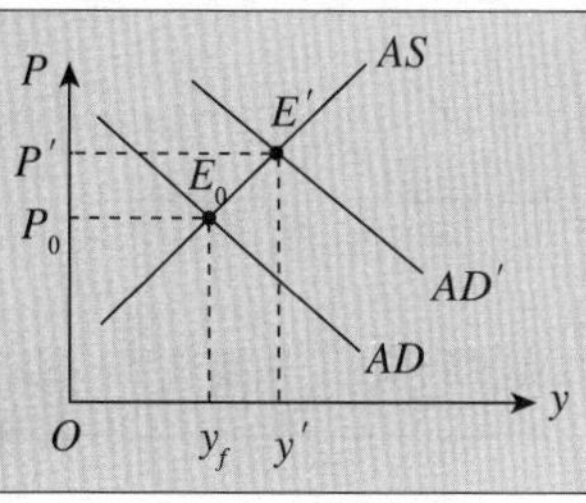	通货膨胀
3	AS 曲线向左方移动	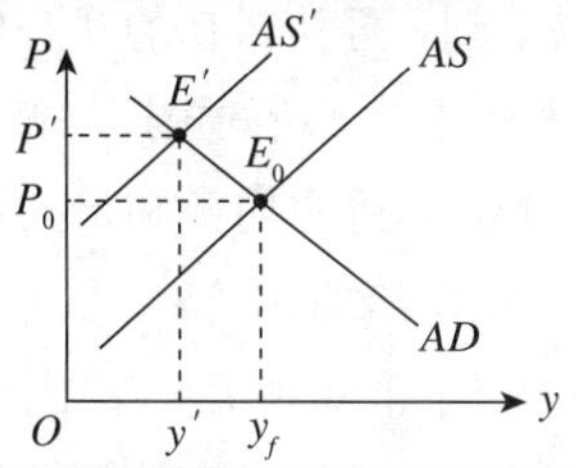	滞胀

从表 15-3 可以看到，AD—AS 模型可以对三种宏观经济问题进行解释。关于表中第二种情况和第三种情况，下一章在说明通货膨胀的原因时会进行说明，这里不做赘述。下面以第一种情况为例对经济波动进行解释。

一般地，利用 AD—AS 模型分析宏观经济波动，可遵循四个步骤：

第一步，确定现实中发生的某个事件（冲击）是使 AD 曲线移动，还是使 AS 曲线移动（或者使两条曲线同时移动）。

第二步，确定相关曲线移动的方向。

第三步，用 AD—AS 模型图形说明这种移动如何影响短期的总产量和价格水平。

第四步，用 AD—AS 模型图形分析经济如何从其新的短期均衡变动到其长期均衡。

相对于第一种情况，假定所考察的经济某时期被悲观的情绪所笼罩，原因可能是政府官员丑闻、股票市场暴跌或者海外战争爆发。按照上述经济分析的第一步，这一情况主要影响该经济的支出。在上述情况下，许多人对未来失去信心并改变了他们的计划，家庭削减了支出并推迟了大件商品的购买，企业则放弃或推迟了新设备的购买。显然，这一事件影响 AD 曲线。第二步，进一步地，由于家庭和企业现在在任何一个既定的价格水平下想要购买的产品与劳务减少了，这一事件会使 AD 曲线向左移动，如图 15-21 所示。

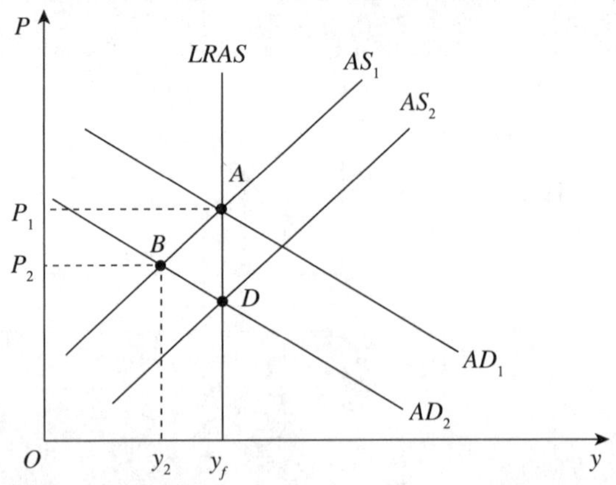

图 15－21　总需求下降的短期和长期影响

从图 15－21 中可以看到，经济最初的状态位于图中的 A 点，上述第一步和第二步表明，经济在经历上述事件后，新的短期均衡状态位于图中的 B 点。利用图 15－21 可以完成第三步，即通过比较新的均衡和最初的均衡说明总需求减少的影响。在短期，经济沿着最初的短期总供给曲线 AS_1 从 A 点变动到 B 点。此时，产量从原来的 y_f 下降到 y_2，价格水平从 P_1 下降到 P_2。产出水平下降表明经济处于衰退中。

现在进行分析的第四步，考察经济从短期均衡向长期均衡的转变。从图 15－21 中可知，由于 B 点的价格水平低于 A 点的价格水平，于是工人和企业开始对低于预期的价格水平作出调整。工人愿意接受更低的工资，因为每一单位货币的工资能够购买更多的产品和劳务，另外，衰退造成的失业率上升也使得工人愿意接受更低的工资。企业也愿意接受更低的价格，需求的减少促使企业这样选择。随着时间的推移，预期价格水平下降了，从而促使短期总供给曲线从图 15－21 中的 AS_1 向右移动到 AS_2。这种移动使经济回到长期均衡点 D 处。在新的长期均衡点 D，产量回到了其自然水平。

总之，根据上面关于总需求曲线移动的分析，可以得出两个结论：

第一，在短期，总需求的下降会造成衰退。（表现在图 15－21 中，经济从 A 点变动到 B 点。）

第二，在长期，总需求的下降只造成价格水平的下降，但不影响产量。（表现在图 15－21 中，经济从 A 点最终变动到 D 点。）

在结束这部分的论述时，还想说明几点。第一，图 15－21 中的短期总供给曲线从 AS_1 到 AS_2 的移动不会马上发生，也就是说，经济从 B 点变动到 D 点可能需要一段时间。第二，在宏观经济中，把图 15－21 中描述的 B 点向 D 点的调整过程称为宏观经济的自动调整机制，因为它的发生不需要政府采取任何行动。

除了等待自动调整机制结束衰退外，另外一种选择是政府干预，这便涉及 AD—AS 模型的另一个应用。

三、模型的政策含义

本章第一节在说明总需求曲线时已经指出，政府支出增加或者货币供给增加都会使总需求曲线向右移动，在短期总供给曲线不变的条件下，总需求曲线的移动会改变经济的均衡状态，进而能够产生调控经济的效果，这意味着，政府可以运用财政政策和货币政策影响宏观经济。

回到图 15－21 上来，当经济进入衰退，即从图中的 A 点变动到 B 点时，政府就可以采取行动增加总需求。如果决策者以足够快的速度采取足够准确的行动，他们就可以抵消总需求最初的移动，使总需求曲线回到 AD_1，并使经济回到 A 点。如果政策是成功的，低产量和低就业的痛苦时期就会缩短，其严重性也会减轻。

值得指出的是，等待自动调整机制结束衰退与采用财政政策和货币政策结束衰退这两种方法中哪一种更好，宏观经济学对此存在争论。本书第十七章第六节说明了这方面的争论。

总需求—总供给模型不仅能够说明旨在移动总需求曲线的财政政策和货币政策，而且能够在一定程度上说明旨在影响和移动总供给曲线的所谓供给管理政策。

下面仍以衰退的情况为例进行说明，如图 15－22 所示。

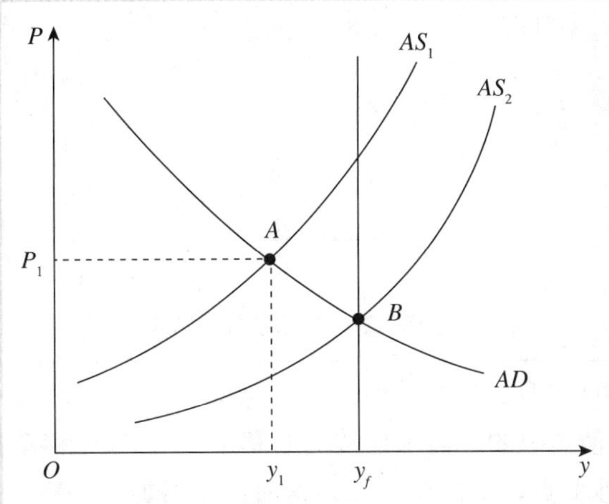

图 15－22　供给管理政策

假定当前经济位于图中的 A 点，此时经济的产量水平为 y_1，低于潜在产量 y_f，这时经济处于衰退状态。如果政府能够运用一些手段，使得经济的总供给曲线从 AS_1 向右移动到 AS_2，则经济将从 A 点变动到 B 点，B 点的产量为 y_f，是经济的潜在产量，这意味着经济已摆脱衰退状态。

那么，政府能够采取哪些手段移动经济的总供给曲线呢？虽然本章第三节在讲述总供给曲线时归纳了一些导致总供给曲线移动的因素，但这些因素由政府直接控制的并不多，政府更多的是通过一些举措间接地影响经济的总供给侧。本书第十七章说明了供给管理政策。

需要指出的是，虽然总需求—总供给模型在理论层面上说明了供给管理政策的思想，但是，由于上述原因，即便政府通过某些方式作用于宏观生产函数中的一些自变量，如劳动力、资本和技术，但这些因素能否发挥作用仍然有较大的不确定性和时间的滞后性。因此，目前的主流宏观经济学并不把供给管理政策作为短期宏观经济调控的工具。

四、货币扩张的影响

AD—*AS* 模型的一个重要应用是考察货币供给变化对经济的短期影响和长期影响，从而引出货币在长期是中性的这一命题。下面以货币扩张为例来说明。

假定经济在名义货币变化前，产出处于充分就业水平，见图 15－23。

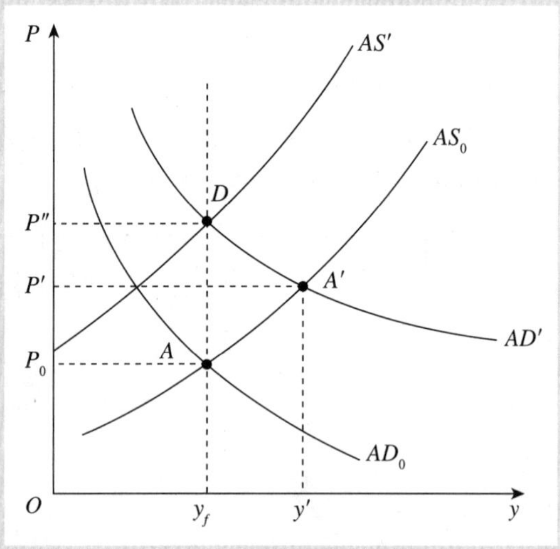

图 15－23　货币扩张的影响

在图 15－23 中，AD_0 和 AS_0 相交于 *A* 点，*A* 点的产出水平为 y_f。现在考虑名义货币增加，这使图中的总需求曲线向右移动，从 AD_0 移动到 AD'，相应地均衡点从 *A* 点变动到 *A*′点，从图中可见，这时产出增加，价格水平也提高，产出从 y_f 增加到 y'，价格水平从 P_0 提高到 P'。这大致是经济在短期中的情况。

随着时间的推移，价格预期的调整开始起作用。看到价格上升了，工人要求更高的名义工资，企业为消化高工资带来的成本上升也提高了产品价格，从而导致了更高的价格水平。根据本章前面关于（常规的）短期总供给曲线的说明，只要产出超过充分就业的产量，总供给曲线就向左方移动。① 经济沿着图中的 AD' 曲线向左上方移动，当产出回到 y_f 时，调整过程就会停止。这时，总供给曲线由 AS' 表示，经济处于 AD' 和 AS' 的交点 *D* 点，在该点，产出回到充分就业的水平，价格水平为更高的 P''。

① 见本章图 15－20 关于存在通货膨胀缺口时，产出进行调整的分析。

以上的论述表明，在长期中，名义货币的增加完全反映在价格水平的成比例增加上，它对产出没有影响。**在宏观经济学中，人们把货币对产出在长期中没有影响这一现象称为货币在长期中是中性的①，即所谓货币中性（neutrality of money）。**

第五节 考虑时间因素的 *AD—AS* 模型

本章到目前为止所阐述的总需求—总供给模型虽然为理解短期宏观经济波动和相应的政策问题提供了重要的见解，但应指出的是，目前的模型在本质上是静态模型，基本上不考虑时间因素，这在一定程度上也影响了模型的解释力。本节的内容是把时间因素加入总需求—总供给模型并进行分析。②

一、扩展的总需求—总供给模型

把时间因素加入静态的总需求—总供给模型，就是引入下面的条件：(1) 经济的潜在产量随着时间的推移不断增长，这使得经济的长期总供给曲线向右方移动；(2) 在大部分年份里，经济的总需求曲线向右方移动；(3) 除了工人和企业预期高价格水平的时期外，经济的短期总供给曲线都向右方移动。

图 15-24 表明在考虑到上述条件后基本的总需求—总供给模型所发生的变化。

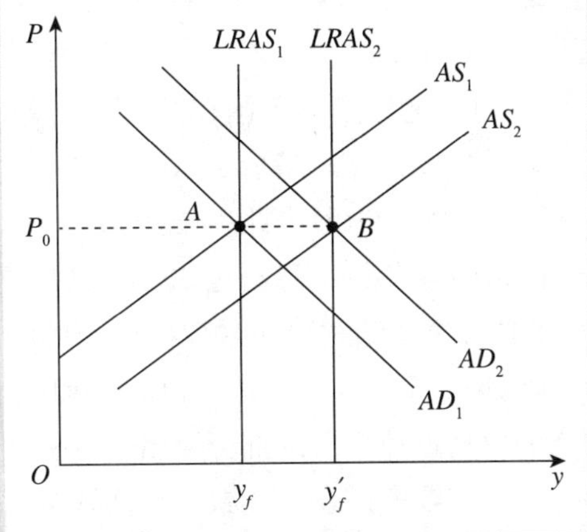

图 15-24 扩展的总需求—总供给模型

在图 15-24 中，A 点为起始点，并且是 AD_1、AS_1 和 $LRAS_1$ 三线的交点。由于 A 点在 $LRAS_1$ 上，这时经济处于长期均衡（和短期均衡）。随着时间的推移，

① 利用 *IS—LM* 模型，在假定价格水平可以变动的条件下，还可以说明，货币扩张在长期对利率没有影响。

② 在宏观经济学的高级教材中，把考虑时间因素的 *AD—AS* 模型称为动态 *AD—AS* 模型。

经济的长期总供给曲线从 $LRAS_1$ 向右移动到 $LRAS_2$。长期总供给曲线之所以向右移动，是因为每年一国的劳动力和资本存量都会增加，技术进步也在发生，从而使潜在产量增加，图中，潜在产量由 y_f 增加到 y_f'。与此同时，经济的短期总供给曲线也从原来的 AS_1 移动到 AS_2，短期总供给曲线移动的原因在于，造成长期总供给曲线右移的变量也会增加企业在短期愿意提供的产品和劳务的数量。最后，随着时间的推移，经济的总需求曲线从 AD_1 向右移动至 AD_2。总需求曲线移动的原因为：随着人口的增长和收入的提高，消费会随时间增加；随着经济的增长，企业将扩大生产能力，新企业也将建立，这导致投资增加；人口的增长和经济的扩张要求政府提供更多的服务，如增加警察和教师，从而政府购买也会增加。

在图 15 - 24 中，新的均衡点在 B 点，即 AD_2 与 AS_2 的交点，它们位于 $LRAS_2$ 上。在新均衡处，价格水平保持为 P_0，实际产出增长到 y_f'，此时不存在通货膨胀。这是因为，在图 15 - 24 中，总需求曲线和短期总供给曲线向右移动的距离正好等于长期总供给曲线移动的距离。但是这种情况不是常态。原因在于，首先，短期总供给曲线同样受工人和企业对未来价格水平变动的预期以及供给冲击的影响。这些变量可以部分或完全抵消短期总供给曲线在一年间向右移动的正常趋势。其次，消费者、企业和政府可能削减支出，支出的减少将造成总需求曲线向右移动的距离小于正常情况，甚至可能会向左移动。

总之，上述扩展的总需求—总供给模型能够使人们更现实地描述经济实际产出和价格水平的变化。下面给出扩展的总需求—总供给模型的两个应用。

二、扩展模型的应用①之一

作为扩展模型的一个应用，这里考察美国在 2007—2009 年的衰退。这次衰退始于 2007 年 12 月。三个因素的共同作用造成了这次衰退。

（1）房地产泡沫的破灭。数据显示美国住宅建设支出在 2002—2005 年迅速增长，而后在 2005 年年末至 2010 年年初下降超过 60%。住房支出的增加部分地是美联储在 2001 年衰退期间和之后为降低利率而采取的措施的结果。由于抵押贷款利率下降，更多的消费者开始购买新住房。但是，到 2005 年，已经可以很清楚地看到，新建住房和原有房产的价格迅速攀升的部分原因是投机性泡沫。当人们不再那么关注资产——无论是住房等实物资产还是股票等金融资产——本身的价格而是关注资产价格上升的预期时，泡沫就出现了。在美国某些地区，如加利福尼亚州、亚利桑那州和佛罗里达州，许多住宅的购买者是投资者，他们的目的是以更高的价格转售，而不是自住。一些深受大众喜爱的电视节目也在探究人们炒房——购买房屋后迅速转售——的方法。投机性泡沫最终走到了尽头，房地产泡沫在 2006 年开始破灭。新房销售量和房屋价格都开始下降。随着住宅建设支出——投资支出的一个

① 哈伯德，奥布赖恩．经济学精要．3 版．北京：中国人民大学出版社，2014：515 - 516.

组成部分——的下降，总需求增长速度放缓。

（2）金融危机。房地产市场出现的问题对住宅建设业的工人和企业来说都是坏消息。此外，房屋价格下降使得越来越多的借款人拖欠他们的抵押贷款。这些违约现象使银行和一些其他金融机构遭受了严重的损失。从 2008 年春季开始，美国财政部和美联储都进行了干预，目的是救助一些大型金融机构使它们免于破产。进一步的情况是，金融危机导致了信贷紧缩，这使许多家庭和企业难以获得贷款来为其支出融资。这种信贷紧缩也造成了消费支出和投资支出的下降。

（3）2008 年石油价格的大幅飙升。石油价格从 2004 年的每桶 34 美元迅速飙升到 2008 年年中的每桶 140 美元。石油价格的上涨是由迅速发展的经济体（尤其是印度和中国）对石油的需求增加和短期内难以提高开采量导致的。石油价格上升引发了导致短期总供给曲线向左移动的供给冲击。

图 15－25 通过表示出经济在 2007 年和 2008 年的短期宏观经济均衡说明了衰退的开始。在图中，2007 年的短期均衡发生在 AD_{2007} 和 AS_{2007} 的交点，实际 GDP 为 13.21 万亿美元，价格水平为 106.2。2007 年的实际 GDP 略高于 $LRAS_{2007}$ 表示的潜在 GDP（13.20 万亿美元）。2008 年总需求曲线从 AD_{2007} 向右移动到 AD_{2008}。总需求的增加量少于潜在 GDP 的增加量，这是因为房地产泡沫的破灭和金融危机对消费支出和投资支出产生了负面影响。油价上升引发的供给冲击使得短期总供给曲线从 AS_{2007} 向左移动到 AS_{2008}。在 2008 年的短期均衡，实际 GDP 为 13.16 万亿美元，价格水平为 108.6。在短期均衡，实际 GDP 和潜在 GDP 差距很大。毫不奇怪，失业率从 2007 年的 4.6% 提高至 2008 年的 5.8%。价格水平仅从 106.2 提高至 108.6，所以通货膨胀率低，仅为 2.3%。

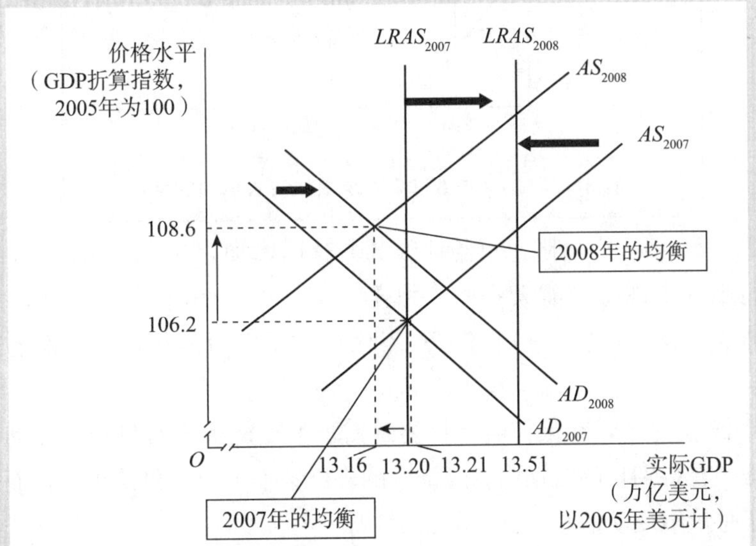

图 15－25　美国 2007—2009 年的衰退

到2009年，衰退仍在持续，潜在GDP增加至13.78万亿美元，而实际GDP降低至12.70万亿美元。实际GDP和潜在GDP的差距进一步扩大，这使得失业率猛增至9.3%。这是1981—1982年衰退以来的最高失业率，也是20世纪30年代大萧条后的第二高失业率。虽然此次衰退在2009年6月结束，但是，在2010年和2011年，实际GDP增长缓慢，失业率仍然高于9%。

三、扩展模型的应用之二

如果把扩展模型的时间维度进一步拉长，便可以看到一国经济产出与价格的变动趋势。下面仍以美国经济为例。[①]

首先，美国长期总供给曲线随着时间的推移而以稳定的速度向右移动，2%的GDP年增长率较低，而4%的GDP年增长率较高。其次，长期中的总需求则大多根据货币供给的变动而可大可小。

图15-26显示了美国20世纪70年代到2010年间一组典型的总供求曲线。

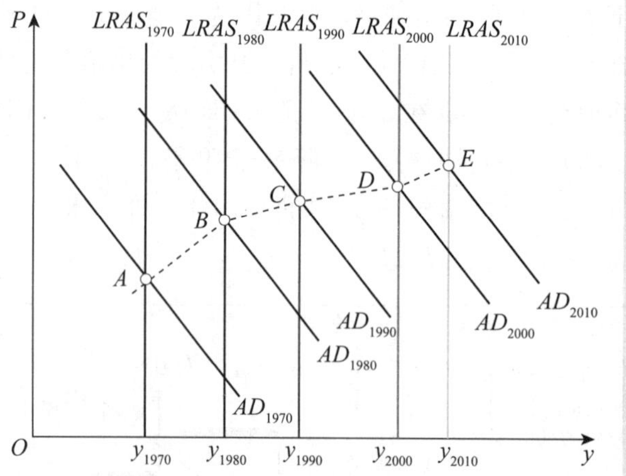

图15-26 *AD*曲线和*LRAS*曲线在长期内的移动

在图15-26中，产出随总供给曲线的右移而增加，在20世纪90年代的移动因经济运行良好也许比以前大一些。相比之下，在1970—1980年间，总需求存在较大的垂直变动，所以，20世纪70年代相对于以后的年代，价格上升得更加迅速。

图15-26也显示，无论何时，只要总需求的变动大于总供给的变动，价格水平都会上涨。在特别长的时期内，经济中的产出基本上由总供给决定，而价格水平则由相对于总供给变动的总需求变动决定。

① 多恩布什，费希尔，斯塔兹．宏观经济学．12版．北京：中国人民大学出版社，2017：88-89.

第六节　结束语

本章要点可以归结如下：

（1）和微观经济学中供求曲线的交点决定个别产品的数量和价格相类似，总需求曲线和总供给曲线的交点决定整个社会的产量和价格水平。

（2）总需求曲线表示社会需求方面的产量与价格水平之间的关系。这一关系来自假设价格不变的 $IS—LM$ 模型。去掉该模型中价格不变的假设，即可得到需求方面的产量（y）与价格水平（P）之间的关系。总需求曲线向右下方倾斜。

（3）短期总供给曲线表示社会供给方面的产量与价格水平之间的关系。这一关系来自总量生产函数和劳动市场。由于地租仅占国民收入的微小部分，所以总量生产函数仅包含两个自变量，即就业量（N）和资本存量（K）。又由于资本存量在短期中被假设为一个不变的常量，所以短期总量生产函数只存在一个自变量（N）。就业量（N）的大小取决于货币工资（W）和价格水平（P）。把总量生产函数和劳动市场结合在一起，可以得到表示社会总供给方面的产量与价格水平之间关系的总供给曲线。常规的总供给曲线向右上方延伸。

（4）总供给曲线的斜率取决于货币工资（W）和价格水平（P）之间的调整速度。古典学派认为二者的调整速度很快，甚至可以立即调整。在能够立即调整的假设下，总供给曲线成为一条垂直线，构成总供给曲线的古典学派极端，被称为古典总供给曲线。由于古典学派倾向于研究长期状态，所以垂直的总供给曲线也被称为长期总供给曲线的极端状态。

（5）凯恩斯认为货币工资（W）和价格水平（P）之间的调整速度很慢，甚至根本不能进行调整。在根本不能调整的假设下，总供给曲线成为一条水平线，构成总供给曲线的凯恩斯极端。由于凯恩斯主要研究短期的情况，所以水平的总供给曲线也被称为短期总供给曲线的极端状态。

（6）在一般情况下，总供给曲线位于古典和凯恩斯这两个极端之间。它在两个极端之间的倾斜度是一个尚在争论之中的问题。

（7）总需求曲线和总供给曲线的交点决定总产量（y）和价格水平（P）。在短期内，总需求曲线的移动比较频繁。它向左和向右的移动造成产量（y）的减少和增加以及相应的价格水平的下降和上升。在短期内，总供给曲线不易移动，但是，来自外部的冲击可以使它从充分就业的位置向左移动，从而导致失业和价格的上升，即出现滞胀状态；它在短期内从充分就业向右的移动是罕见的，甚至仅是一种理论上的设想。

关于本章的内容，有四点需要提请读者注意：

第一，对 $AD—AS$ 模型的论述可以说是本书到目前为止对全部宏观经济理论作出的总结。这一论述涉及三个市场和一个总量生产函数，即产品市场、货币市场、劳动市场和短期总量生产函数。利用产品市场和货币市场的均衡条件（即 IS—LM 模型）可以求得 y 与 P 之间的关系，此即为总需求函数或曲线。给定价格水平 P，利用劳动市场可以确定经济的就业量，将就业量代入总量生产函数，便可求得经济的总产量，进而可以得到产出水平 y 和价格水平 P 的关系，即总供给函数或曲线。把总需求函数（或曲线）和总供给函数（或曲线）联立在一起，就可以求得供求均衡时的 y 和 P。

第二，由于劳动市场均衡的方程涉及 W 和 P 的调整速度，所以对二者调整速度的不同假设会推导出不同形状的总供给曲线。当二者被假设为能够立即调整时，总供给曲线是一条垂直线，被称为短期总供给曲线的古典极端。当二者被假设为完全不能调整时，总供给曲线是一条水平线，被称为短期总供给曲线的凯恩斯极端。西方学者认为，合乎现实的总供给曲线应该处于两个极端之间，它的斜率的大小代表调整速度的快慢，被称为常规的总供给曲线。关于调整速度的快慢是西方学者正在争论中的一个热门话题，目前尚未有定论。

第三，既然总需求—总供给模型是本书宏观部分迄今所包括内容的总结，本书在前面对宏观经济学所作出的全部评析当然也适用于这个模型。为了避免重复，这里不再予以论述。

第四，在总需求—总供给模型中，生产函数是总供给曲线的一个组成部分。然而，在生产函数中，却存在着一个重大缺点：它假设整个国家只生产一种产品（y 或国民收入）。然而，这个单一的产品却有两种不同的用途：消费和投资。要想做到这一点，必须假设：不论国民收入的数值为多少，它所包含的消费品和投资品的比例都能满足消费和投资两个部门的要求，而事实表明，这种假设是没有充分根据的。

虽然生产函数的这一重大缺点并不足以推翻总需求—总供给模型，然而，它可以再一次提醒我们，西方经济学是一个很不精确的学科，从而即使以它的有用部分而论，它也只能在很粗略的意义上向我们提供参考性意见。

生产函数的单一产品的缺点也同样适用于本书微观部分第八章中的边际生产力理论。由于这一缺点不像资本衡量问题那样威胁到该理论的成立与否，所以我们在当时没有提及。但是，它仍然是涉及该理论能否存在的次要原因。

早在百余年以前，马克思就已经考虑到生产资料（投资品）和消费（消费品）两大部门的比例问题。他的简单再生产和扩大再生产的公式以及对公式的说明可以充分证实这一点。① 在今天，它们仍具有重大的意义。

习题

1. 总需求曲线的理论来源是什么？为什么在 IS—LM 模型中，由 P（价格）自由变动即可得到总需求曲线？

---

① 马克思. 资本论：第2卷. 2版. 北京：人民出版社，2004：20－21章.

2. 为什么进行宏观调控的财政政策和货币政策一般被称为需求管理政策？

3. 总供给曲线的理论来源是什么？

4. 为什么总供给曲线可以被区分为古典、凯恩斯和常规这三种类型？

5. 用总需求曲线和总供给曲线的互动，说明宏观经济中的衰退、高涨（或过热）和滞胀的状态。

6. 对微观经济学中的供求模型和宏观经济学中的 $AD—AS$ 模型加以比较，并说明二者的异同。

7. 设总供给函数为 $y_s=2\ 000+P$，总需求函数为 $y_d=2\ 400-P$。

(1) 求供求均衡点。

(2) 如果总需求曲线向左（平行）移动10%，求新的均衡点并把该点与 (1) 的结果相比较。

(3) 如果总需求曲线向右（平行）移动10%，求新的均衡点并把该点与 (1) 的结果相比较。

(4) 如果总供给曲线向左（平行）移动10%，求新的均衡点并把该点与 (1) 的结果相比较。

(5) 本题的总供给曲线具有何种形状？属于何种类型？

8. 导致总需求曲线和总供给曲线变动的因素主要有哪些？

9. 在一个三部门经济中，消费函数为 $C=200+0.75Y$，投资函数为 $I=200-25r$，货币需求函数为 $L=Y-100r$，名义货币供给量为1 000，政府购买为$G=50$，求该经济的总需求函数。

10. 决定总需求曲线斜率的主要因素有哪些？

11. 根据收入—支出模型推导总需求曲线。

12. 导致短期总供给曲线（常规）移动的因素有哪些？

13. 简要说明在总供给曲线中价格影响经济总产出的机制。

14. 假定经济的总需求函数为 $P=80-\frac{2}{3}y$，总供给函数为 $y=y_f=60$。

(1) 求经济均衡时的价格水平。

(2) 如果总需求函数变为 $P=100-\frac{2}{3}y$，价格水平可变，那么经济的价格水平和变动幅度将为多少？

15. 假设一经济的货币数量减少了，用 $AD—AS$ 模型说明：(1) 短期中价格水平与总产出水平的变动情况；(2) 长期中价格水平与总产出水平的变动情况。

第十六章

失业与通货膨胀

从上一章中可以看到，总需求曲线和总供给曲线未必相交于充分就业点，即使二者偶然相交于充分就业点，二者向左或向右移动也可以造成失业或（和）物价的变化，即经济波动。从现实情况看，总需求和总供给由于受到外界的干扰而经常处于变动中。换言之，西方的市场经济经常遭受失业和通货膨胀的痛苦和损害。

为了避免这种痛苦和损害，西方学者对失业和通货膨胀进行了比较系统的研究。本章将简要说明这方面的研究成果。

第一节　失业的描述

一、失业的数据

西方国家重视失业问题，从而经常通过民间和官方组织来收集和公布失业数据。例如，美国的盖洛普（Gallup）公司经常进行民意调查，向人们询问什么是美国面临的最主要问题，答案可能包括毒品、犯罪、污染和核战争等。1983 年，由于美国的失业率达到了 9.5%，接受调查的大多数美国人都认为失业是当时美国面临的最主要问题。而在 1996 年，美国的失业率为 5.6%，美国的民意调查表明，失业已不被认为是主要问题。也就是说，当失业率高时，失业就被视为美国的全国性问题，而当失业率低时，失业就不被列入重要问题的名单中。

图 16－1 显示了美国 1950 年以来的失业率情况。从图中可以看出，失业率总为正，这表明即便是在经济繁荣时期也有人成为失业者。

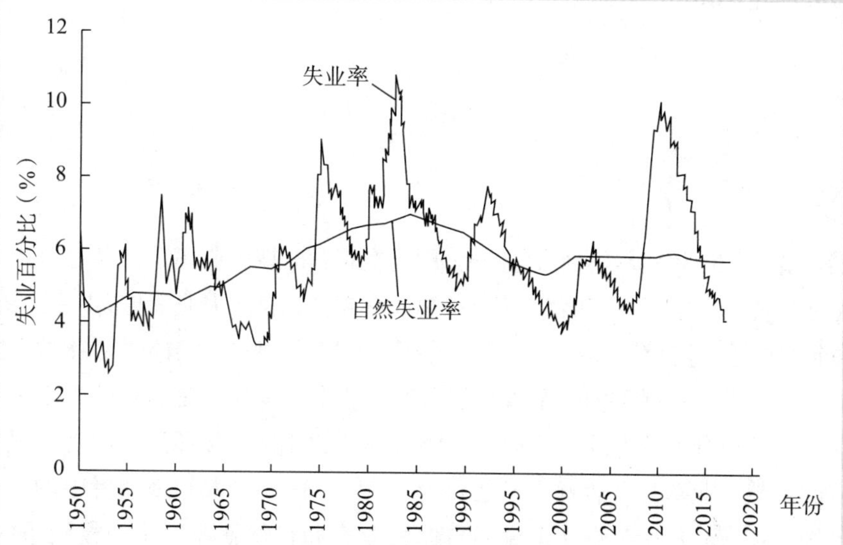

图 16-1　美国的失业率与自然失业率

资料来源：曼昆. 宏观经济学. 10 版. 北京：中国人民大学出版社，2020：138.

本书在第十二章第六节说明了，失业率是失业人数和劳动力数量的比率，失业率的波动反映了就业的波动情况。当就业率下降时，由于工人被解雇，失业率上升。一般地，失业率在经济衰退期间上升，在经济复苏期间下降。根据美国的统计数据，在 2008—2009 年经历了金融危机和衰退后，美国 9%左右的失业率持续了好几年，直到 2014 年才下降到约 6%。

专栏 16-1
中国的城镇登记失业率及其存在的问题

二、自然失业率和自然就业率

本书第十二章第六节给出了自然失业率的定义，为了更好地理解自然失业率，下面给出一种自然失业率的表示方式。

设 N 代表劳动力总数，E 代表就业者人数，U 代表失业者人数，则有 $N=E+U$，相应地，失业率为 U/N。假定劳动力总数 N 不变，并重点考察劳动力在就业与失业之间的转换。

记 l 代表离职率，即每个月失去自己工作的就业者比例；f 代表就职率，即每个月找到工作的失业者的比例。

容易理解，如果失业率既没有上升也没有下降，换句话说，如果劳动市场处于稳定状态，那么，找到工作的人数必定等于失去工作的人数。而找到工作的人数是 fU，失去工作的人数是 lE，因此，劳动市场达到稳定状态的条件就是

$$fU=lE$$

又因为 $E=N-U$，上式变为

$$fU=l(N-U)$$

解得

$$U/N=\frac{l}{l+f}$$

上式给出的失业率就是自然失业率，因为在正常时期失业率是稳定的。上式表明，自然失业率取决于离职率 l 和就职率 f。离职率越高，自然失业率越高；就职率越高，自然失业率越低。上述公式的另一个意义在于，给出了一种估计自然失业率的方法。

与自然失业率相联系的一个概念是自然就业率，其含义是与自然失业率相对应的就业率，即充分就业量除以劳动力总数所得到的比率。按照这一界定，显然，一个经济的自然失业率与自然就业率之和为 100%。这意味着知道两者中的一个，就可以推知另一个。从这个意义上说，自然失业率和自然就业率是一枚硬币的两面。在不会产生混淆的情况下，一些西方文献将它们统称为自然率。

自然失业率不仅在理解充分就业和潜在产量（或充分就业产量）方面发挥作用，也在理解宏观经济学和宏观经济政策方面发挥着重要作用。

三、失业的经济学解释

失业现象从表面上看就是过多的劳动力去追逐过少的工作岗位。为了更好地理解失业问题，西方学者使用微观经济学的供给—需求分析框架对不同类型的失业加以解释，见图 16-2。

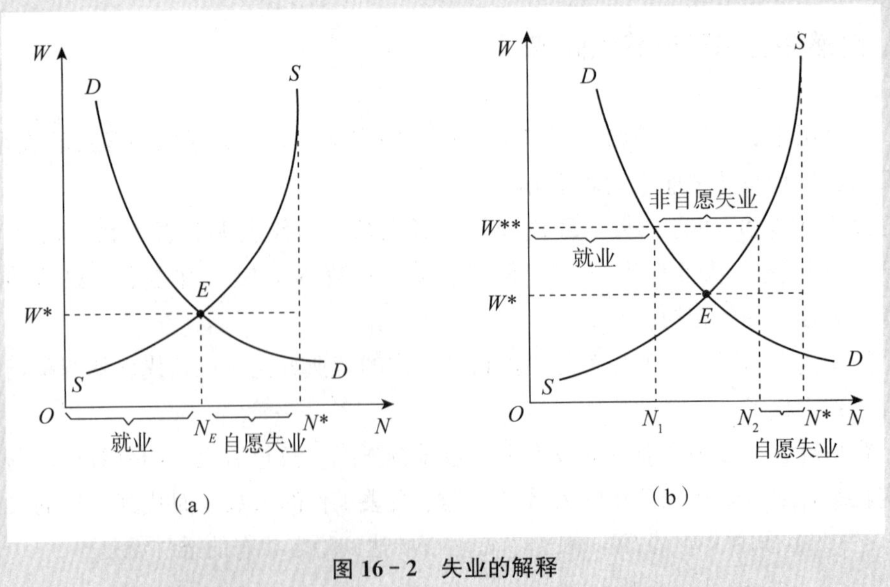

图 16-2　失业的解释

在图 16－2 中，横轴为劳动力数量，纵轴为劳动力价格，即工资率。曲线 DD 为劳动需求曲线，曲线 SS 为劳动供给曲线。图 16－2（a）描述的是竞争性的劳动供给和需求的一般情况。市场均衡点在 E 点，工资水平为 W^*。在竞争性的、市场出清的均衡状态下，厂商愿意雇用接受市场工资水平为 W^* 的合格工人，雇用的数量为 N_E。在 W^* 的工资水平上，另有数量为 N^*-N_E 的工人，他们虽愿意工作，但要求较高的工资。由于这部分工人不愿意在现行的市场工资率下工作，所以他们被认为是自愿失业的。在现行工资率下，自愿失业者可能更偏好闲暇或其他活动，而不是工作。他们可能属于摩擦性失业，也可能正在寻找第一份工作；他们可能是生产率较低的劳动力，相对于较低收入的工作，他们更愿意享受福利和失业保险。

图 16－2（b）显示的是非出清的劳动市场情况，它被用来说明没有伸缩性的工资怎样导致非自愿失业。一次经济波动使劳动市场工资过高，劳动的价格是 W^{**} 而不是均衡工资或市场出清的工资 W^*。

在过高的工资率下，寻找工作的合格工人的数量大于提供的工作职位数。愿意在工资 W^{**} 下工作的工人数量是 N_2，而企业愿意雇用的数量则为 N_1。由于工资高于市场出清水平，于是出现劳动供给过剩，N_2-N_1 表示的是这部分非自愿失业的失业者的数量。在劳动供给过剩的情况下，企业雇用劳动力时将会提出更严格的技能要求，雇用最有资格、最有经验的劳动者。

图 16－2（b）所说明的非自愿失业理论假定工资是刚性的，由此引出进一步的问题：为什么工资不上下浮动以便实现市场出清？为什么劳动市场与谷物、玉米和普通股票那样的市场不同？这些问题属于现代宏观经济学中富有争议的论题，西方经济学家还没有形成共识。

第二节　失业的原因

本书第十二章第六节把失业分为三种类型，即摩擦性失业、结构性失业和周期性失业。其中，周期性失业是由于整体经济的支出和产出水平下降，即经济的需求下降而造成的失业。本书前面所介绍的宏观经济模型或理论实际上已经对周期性失业的原因作出了解释。本节重点考察摩擦性失业和结构性失业的原因。

一、摩擦性失业的原因

在现实中，工人具有不同的偏好与能力，工作也有不同的属性，而且求职者和空缺职位的信息流动是不完全的，工人在不同地区间的流动也不是即刻的。由于这些原因，找一份合适的工作需要时间和努力，这往往会降低入职率。从这一点上说，摩擦性失业又可描述为由于一些原因，工人在工作搜寻过程中所引起的失业。

一般来说，一些摩擦性失业是难以避免的。在现实中，企业和家庭需要的产品类型随着时间变化。随着产品需求的变动，对生产这些产品的劳动力需求也在改变。例如，个人电脑的发明减少了对打字机的需求和对制造打字机的劳动力的需求。类似地，由于不同地区生产不同产品，可能一国某个地方的劳动力需求在增加，而另一个地方的劳动力需求在下降。在概念上，人们把需求在不同行业和地区之间的构成变动称为部门转移。由于部门转移总在发生，且工人改变部门需要时间，因此，摩擦性失业总是存在。

此外，当工人所在的企业倒闭了，或由于主观和客观原因，工人离职了，工人们找到新工作需要花费时间和努力。所有这些都意味着，一个经济中的摩擦性失业是无法避免的。

在劳动市场上，企业和工人都在搜寻，但两者的搜寻目标并不相同。工人想得到令人愉快并且体面的高薪工作，而企业则搜寻能够胜任特定工作且索要的工资水平合理的好员工。而工作匹配需要时间，同时自愿或被迫离开工作岗位的工人在找到新工作之前，都将会经历一段失业的时间。

二、结构性失业的原因

结构性失业是指劳动力的供给和需求不匹配所造成的失业，其特点是既有失业，又有职位空缺，失业者或者没有合适的技能，或者居住地点不当，因此无法填补现有的职位空缺。

结构性失业的一个来源是工资刚性（wage rigidity），即工资不能调整到使劳动市场的供给等于需求从而消除失业的水平。本章第一节的图 16－2（b）已经说明了没有伸缩性的工资，即工资刚性如何导致失业。在那里只是解释非自愿失业。由于结构性失业与非自愿失业会有重合和交叉，因此该图形也可以解释结构性失业。在工资刚性的情况下，工人失业并不是因为他们不积极寻找最适合于他们个人技能的工作，而是因为愿意工作的人数与可以得到的工作数之间存在根本性的不匹配。在现行工资水平下，劳动供给量超过劳动需求量，所以许多工人只是在等待招工。

既然工资刚性是结构性失业的一个来源，那么工资刚性的原因又是什么？西方学者给出了三个原因：最低工资法、效率工资和工会的垄断力量。下面说明前两个原因。

为了减少贫困和降低收入不平等，一些国家先后颁布了最低工资法。以美国为例，美国政府在 1938 年通过了该国的最低工资法《公平劳动标准法案》，该法案规定的最低工资一般为制造业平均工资的 30％～50％，现在是每小时 7.25 美元。对大多数工人来说，最低工资约束不起作用，因为他们的小时工资高于这一最低水平。但对一些工人，特别是不熟练的工人和缺乏经验的工人来说，最低工资约束将他们的工资提高到均衡水平之上。因此，最低工资减少了企业对劳动的需求。在美国，最低工资常常是一个政治上的争论话题。

效率工资理论认为，高工资使工人的生产效率更高。工资对工人效率的影响可以解释尽管存在超额劳动供给，企业也不能削减工资，因为尽管削减工资减少了企业的工资总额，但它还会降低工人的生产率和企业利润。

西方学者提出了各种理论来解释工资如何影响工人的生产率。一种理论认为，高工资减少了劳动力的更替。在现实中，员工辞职有很多原因，如接受了其他企业更好的职位、改变职业或迁移到另一个地方。企业给工人支付的工资越高，工人留在企业的激励就越大。企业通过支付高工资减少了工人辞职的频率，不仅减少了用于雇用和培训新工人所花费的时间和金钱，而且保证了企业各项业务工作的连续性。另外一种理论认为，高工资提高了工人的努力程度。一般来说，企业不可能完全监督其员工的努力程度，员工必须自己决定工作的努力程度。员工可以选择努力工作，也可以选择冒着被发现和被解雇的风险而偷懒。这便是微观经济学所提出的道德风险的例子。在这种情况下，企业通过支付高工资减少道德风险问题。工资越高，工人被解雇的代价越大。通过支付高工资，企业可以促使更多的员工不偷懒，从而提高生产效率。

第三节　失业的影响与奥肯定律

一、失业的影响

失业有两种主要的影响，即社会影响和经济影响。失业的社会影响虽然难以估计和衡量，但它最易为人们所感受到。失业威胁着作为社会单位和经济单位的家庭的稳定。没有收入或收入遭受损失，户主就不能起到应有的作用。家庭的要求和需要得不到满足，家庭关系将因此而受到损害。西方学者已经发现，高失业率常常与吸毒、高离婚率以及高犯罪率联系在一起。西方有关心理学研究指出，失业造成的创伤不亚于亲人去世或学业上的失败。此外，家庭之外的人际关系也受到失业的严重影响。一个失业者在就业的人员当中失去了自尊和影响力，面临着被同事拒绝的可能性，并且可能会失去自尊和自信。最终，失业者在情感上会遭受沉重打击。

失业的经济影响可以用机会成本的概念来理解。当失业率上升时，经济中本可由失业工人生产出来的产品和劳务就损失了。衰退期间的损失，就好像是将众多的汽车、房屋、衣物和其他物品都销毁了。从产出核算的角度看，失业者的收入总损失等于生产的损失，因此，丧失的产量是计量周期性失业损失的主要尺度，因为它表明经济处于非充分就业状态。表 16－1 给出了在 20 世纪的高失业时期，美国实际产出相对潜在 GDP 的减少量。

从表 16－1 可知，美国最大的经济损失发生在大萧条时期。而 20 世纪 70 年代和 80 年代的石油危机与通货膨胀也使产出损失高达 1 万多亿美元。相比之下，在 2001—2003 年这一时期，失业的损失非常小。

表 16-1 高失业时期的经济损失额

时期	平均失业率（%）	产出损失	
		GDP 损失（10 亿美元，以 2008 年美元计）	占该时期 GDP 的百分比（%）
大萧条时期（1929—1939 年）	18.2	2 796	30.0
石油危机和通货膨胀时期（1975—1984 年）	7.7	1 694	2.7
新经济跌落后萧条的时期（2001—2003 年）	5.5	509	1.4

资料来源：萨缪尔森，诺德豪斯．宏观经济学．19 版．北京：人民邮电出版社，2012：277.

二、奥肯定律

20 世纪 60 年代，美国经济学家阿瑟·奥肯根据美国的数据提出了经济周期中失业变动与产出变动的经验关系，即奥肯定律。

奥肯定律的内容是，失业率每高于自然失业率 1 个百分点，实际 GDP 将低于潜在 GDP 2 个百分点。换一种方式说，相对于潜在 GDP，实际 GDP 每下降 2 个百分点，实际失业率就会相对于自然失业率上升 1 个百分点。

西方学者认为，奥肯定律揭示了产品市场和劳动市场之间极为重要的联系，它描述了实际 GDP 的短期变动与失业率变动的联系。根据奥肯定律，可以通过失业率的变动推测或估计 GDP 的变动，也可以通过 GDP 的变动预测失业率的变动。例如，假定经济的自然失业率为 6%，如果实际失业率为 8%，高于 6%的自然失业率 2 个百分点，则实际 GDP 就将比潜在 GDP 低 4%左右。在宏观经济学中，GDP 偏离其潜在值的百分比被称为 GDP 缺口。

奥肯定律可以用下面的公式来表示：

$$\frac{y-y_f}{y_f}=-\alpha(u-u^*) \tag{16.1}$$

式中，y 为实际产出；y_f 为潜在产出；u 为实际失业率；u^* 为自然失业率；α 为大于零的参数。

奥肯定律的一个重要结论是，实际 GDP 必须保持与潜在 GDP 同样快的增长，以防止失业率的上升。如果政府想让失业率下降，那么，该经济社会实际 GDP 的增长必须快于潜在 GDP 的增长。

第四节　通货膨胀的描述

一、通货膨胀的数据

描述通货膨胀的主要工具是通货膨胀率。例如，1981 年，美国的通货膨胀率达到 10.4%，在盖洛普公司进行的民意调查中，接受调查的大多数美国人都认为当时通货膨胀是美国面临的最主要问题。此后，从 1983 年以来，美国的通货膨胀率都维持在 6%以下，相关的民意调查显示，通货膨胀在很长一段时间都不被认为是主要问题。①

和失业率一样，通货膨胀率是经济运行状况的主要指示器。图 16－3 反映了美国自 20 世纪 50 年代以来通货膨胀率的情况。

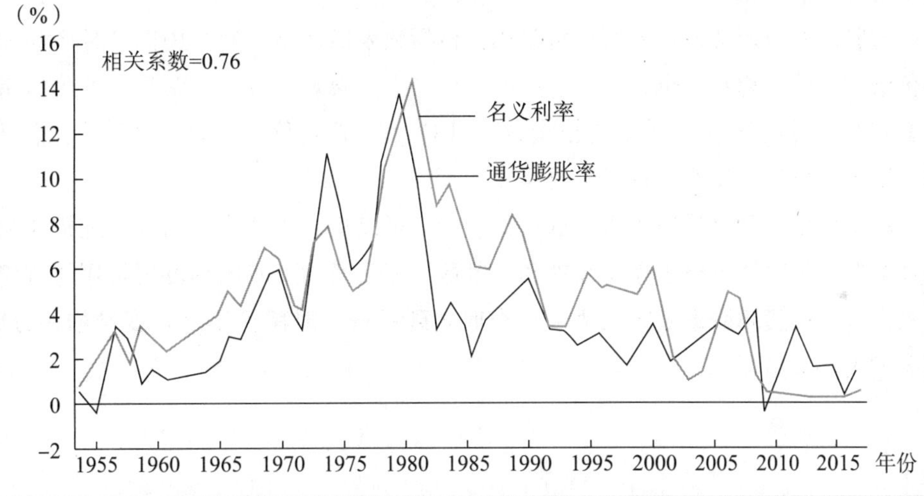

图 16－3　美国自 20 世纪 50 年代以来的名义利率和通货膨胀率

资料来源：曼昆．宏观经济学．10 版．北京：中国人民大学出版社，2020：89.

从图 16－3 中可以看出，在长达 60 多年的时间中，美国的通货膨胀率很不稳定。20 世纪 80 年代初的通货膨胀率曾达到令人难以接受的高水平，而在 20 世纪 90 年代，由于美联储的有效控制和较小的供给冲击，通货膨胀率一直稳定在较低的水平。

二、通货膨胀的衡量

当一个经济中的大多数产品和劳务的价格连续在一段时间内普遍上涨时，宏观

① 多恩布什，费希尔，斯塔兹．宏观经济学．12 版．北京：中国人民大学出版社，2017：109－110.

经济学就称这个经济经历着通货膨胀。按照这一说明，如果仅有一种商品的价格上升，这不是通货膨胀。只有大多数产品和劳务的价格持续上升才是通货膨胀。

那么，如何理解大多数产品和劳务的价格上升呢？考虑到现实经济当中成千上万种不同商品价格加总的实际情况，以及经济当中一些商品价格上涨的同时，另一些商品的价格却可能在下降，而且各种商品价格涨跌幅度也不尽相同这种复杂情况，宏观经济学运用价格指数这一概念进行说明。

先看一下人们较熟悉的股票市场的情况。在股票市场上，在开市期间的每时每刻都有许多股票在进行交易。在同一时间里，所交易的股票的价格各异，而且不断变化。有些股票价格上涨，有些股票价格下跌，且各种股票的涨跌幅度也不相同，有些大，有些小。在股票市场中，单用某一种股票价格的变化来描述整个股票市场的价格变动情况显然是不合适的。那么，究竟怎样描述整个股票市场的价格变动情况呢？为此，人们提出了股票价格指数的概念。股票价格指数是股票市场上各种股票价格的一种平均数，利用股票价格指数及其变化，人们就可以衡量和描述整个股票市场价格的变化情况。

与股票的情形类似，宏观经济学用价格指数来描述整个经济中的各种产品和劳务价格的总体平均数，也就是经济中的价格水平。宏观经济学中常涉及的价格指数主要有 GDP 折算指数、消费价格指数（CPI）和生产者价格指数（PPI），它们已在本书第十二章做了说明，这里不再重复。

有了价格水平（价格指数）这一概念，就可以将通货膨胀更为精确地描述为经济社会在一定时期价格水平持续地和显著地上涨。通货膨胀的程度通常用通货膨胀率来衡量。**通货膨胀率被定义为从一个时期到另一个时期价格水平变动的百分比。**用公式表示就是①：

$$\pi_t=\frac{P_t-P_{t-1}}{P_{t-1}}\times 100\%$$

式中，π_t 为 t 时期的通货膨胀率；P_t 和 P_{t-1} 分别为 t 时期和 $t-1$ 时期的价格水平。如果用上面介绍的消费价格指数来衡量价格水平，则通货膨胀率就是不同时期消费价格指数变动的百分比。假定一个经济的消费价格指数从上年的 100 增加到当年的 127，那么这一时期的通货膨胀率就为 $27\%\left(=\frac{127-100}{100}\times 100\%\right)$。

三、通货膨胀的分类

对于通货膨胀，西方学者从不同角度进行了分类。

① 当价格水平 P 随着时间的推移而连续变动时，通货膨胀率可以被表示为 $\pi=\frac{\dot{P}}{P}$，式中，$\dot{P}=\frac{\mathrm{d}P}{\mathrm{d}t}$。

1. 按照价格上升的速度进行分类

按照价格上升的速度，西方学者认为存在着三种类型的通货膨胀：第一，**温和的通货膨胀，指每年物价上升的比例在10%以内**。目前，许多国家都存在着这种温和的通货膨胀。一些西方经济学家并不十分害怕温和的通货膨胀，甚至有些人还认为这种缓慢而逐步上升的价格对经济和收入的增长有积极的刺激作用。第二，**奔腾的通货膨胀，指年通货膨胀率在10%～100%之间**。这时，货币流通速度提高而货币购买力下降，并且均具有较快的速度。西方学者认为，当奔腾的通货膨胀发生以后，由于价格上涨率高，公众预期价格还会进一步上涨，因而采取各种措施来保护自己，以免受通货膨胀之害，这使得通货膨胀更为加剧。第三，**超级通货膨胀，指通货膨胀率在100%以上**。当发生这种通货膨胀时，价格持续猛涨，人们都尽快地使货币脱手，从而大大加快货币流通速度。其结果是，人们对货币完全失去信任，货币购买力猛降，各种正常的经济联系遭到破坏，以致货币体系和价格体系最后完全崩溃。在严重的情况下，还会出现社会动乱。

2. 按照对价格影响的差别分类

按照对不同商品的价格影响的大小加以区分，存在两种通货膨胀类型：第一种为**平衡的通货膨胀，即每种商品的价格都按相同比例上升**。这里所指的商品价格还包括生产要素的价格，如工资率、租金和利率等。第二种为**非平衡的通货膨胀，即各种商品价格上升的比例并不完全相同**。例如，甲商品价格的上涨幅度大于乙商品价格的上涨幅度，或者，利率上升的比例大于工资上升的比例，等等。

3. 按照人们的预期程度加以区分

按照人们的预期程度，可以分为两种通货膨胀类型：一种为未预期到的通货膨胀，即价格上升的速度超出人们的预料，或者人们根本没有想到价格会上涨。例如，国际市场原料价格的突然上涨所引起的国内价格的上升，或者在长时期中价格不变的情况下突然出现的价格上涨。另一种为预期到的通货膨胀。例如，当某一国家的物价水平年复一年地按5%的速度上升时，人们便会预计到物价水平将以同一比例继续上升。既然物价按5%的比例增长成为意料之中的事，则该国居民在日常生活中进行经济核算时会把物价上升的比例考虑在内。例如，银行贷款的利率肯定会高于5%，因为5%的利率仅能起到补偿通货膨胀的作用。由于每个人都把5%的物价上涨考虑在内，所以每个人所要求的价格在每一时期中都要上涨5%。每种商品的价格上涨5%，劳动者所要求的工资、厂商所要求的利润率都会以相同的速度上涨。因此，预期到的通货膨胀具有自我维持的特点，有点像物理学上运动中物体的惯性。因此，预期到的通货膨胀有时又被称为惯性的通货膨胀。

专栏 16-2
1978—2018年中国的通货膨胀

第五节　通货膨胀的原因

关于通货膨胀的原因，西方经济学家提出了种种解释，可分为三个方面：第一个方面为货币数量论的解释，这种解释强调货币在通货膨胀过程中的重要性；第二个方面是用总需求与总供给来解释，包括从需求的角度和供给的角度进行解释；第三个方面是从经济结构因素变动的角度说明通货膨胀的原因。下面依次加以说明。

一、作为货币现象的通货膨胀

货币数量论在解释通货膨胀方面的基本思想是，每一次通货膨胀背后都有货币供给的迅速增长。这一理论的出发点是如下所示的交易方程①：

$$MV=Py \tag{16.2}$$

式中，M 为货币供给量；V 为货币流通速度，它被定义为名义收入与货币量之比，即一定时期（如一年）平均一元钱用于购买最终产品与劳务的次数；P 为价格水平；y 为实际收入水平。

方程（16.2）左边的 MV 反映的是经济中的总支出，而右边的 Py 为名义收入水平。由于经济中对产品与劳务支出的货币额即为产品和劳务的总销售价值，因而方程的两边相等。由方程（16.2）可以得到如下关系式②：

$$\pi=\hat{m}-\hat{y}+\hat{v} \tag{16.3}$$

式中，π 为通货膨胀率；$\hat{m}$ 为货币增长率；$\hat{y}$ 为产量增长率；$\hat{v}$ 为货币流通速度变化率。

根据方程（16.3），通货膨胀来源于三个方面，即货币流通速度、货币增长和产量增长。进一步地，假定货币流通速度不变，则有

$$\pi=\hat{m}-\hat{y} \tag{16.4}$$

上式表明，通货膨胀率等于货币增长率减去产量增长率。同时，在长期内，实际产量的增长率是固定不变的。因此，上述方程意味着，在长期内，货币增长率的变化

---

① 关于这一方程，本书第二十一章还将加以说明。

② 这个关系式的推导如下：将（16.2）式中的变量动态化，并取自然对数，有

$$\ln P+\ln y=\ln M+\ln V$$

对上式关于时间 t 求微分，并整理得

$$\frac{\dot{P}}{P}=\frac{\dot{M}}{M}+\frac{\dot{V}}{V}-\frac{\dot{y}}{y}$$

若记 $\pi=\frac{\dot{P}}{P}$，$\hat{m}=\frac{\dot{M}}{M}$，$\hat{v}=\frac{\dot{V}}{V}$，$\hat{y}=\frac{\dot{y}}{y}$，则有

$$\pi=\hat{m}-\hat{y}+\hat{v}$$

一对一地导致通货膨胀率的变化。

这里举一个例子。如果货币供给按每年 7%的速度增长，且实际产量按每年 4%的速度增长，则该经济每年的通货膨胀率将是 3%。

上述论断在经验上是否成立呢？下面考察美国和世界一些国家的情况进行说明。图 16－4 显示了美国自 19 世纪 70 年代至 21 世纪头十年每 10 年的货币增长率和通货膨胀率。

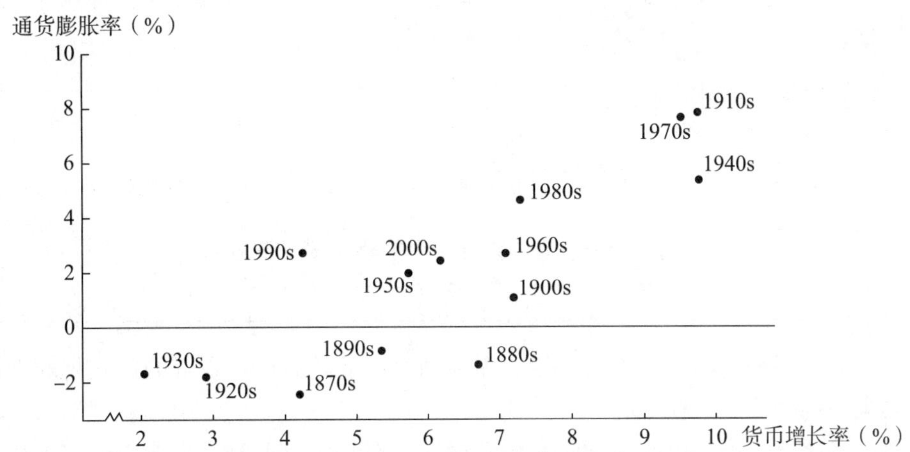

图 16－4 美国的货币增长率和通货膨胀率

资料来源：琼斯．宏观经济学．上海：上海三联书店，2010：184.

该图证实了货币增长率和通货膨胀率之间有非常紧密的关系。货币供给迅速增长的年代，如 20 世纪初和 20 世纪 70 年代，往往也是通货膨胀率高的年代。而货币增长放慢的 10 年，如 20 世纪 20 年代和 30 年代，也是通货膨胀率低的年代。事实上，在上述时期，通货膨胀率为负数，在宏观经济学中，这种现象被称为通货紧缩。

图 16－5 则显示了自 1990 年以来一批样本国家的平均货币增长率和年通货膨胀率的情况。

从图 16－5 可以看出，一些国家集中在坐标图中的左下角，这些国家具有低货币增长和低通货膨胀的特点。例如美国，在这一时期，货币增长率为 4.7%，通货膨胀率为 2.7%。像印度尼西亚（货币增长率为 18.7%，通货膨胀率为 12.5%）和墨西哥（货币增长率为 22.8%，通货膨胀率为 15.2%）这样的国家在这一时期属于中等通货膨胀的范围。而位于图 16－5 右上角的国家，如塞拉利昂和委内瑞拉，显示出高通货膨胀和高货币增长的特点，两者的增长速度平均每年都达 25%以上。

上面的论述基本上归纳出宏观经济学的一个基本共识，那就是货币主义的代表人物弗里德曼的一句名言："通货膨胀时时处处都是一种货币现象。"

在说明了货币供给与通货膨胀的关系之后，下面进一步说明通货膨胀和名义利率之间的关系。

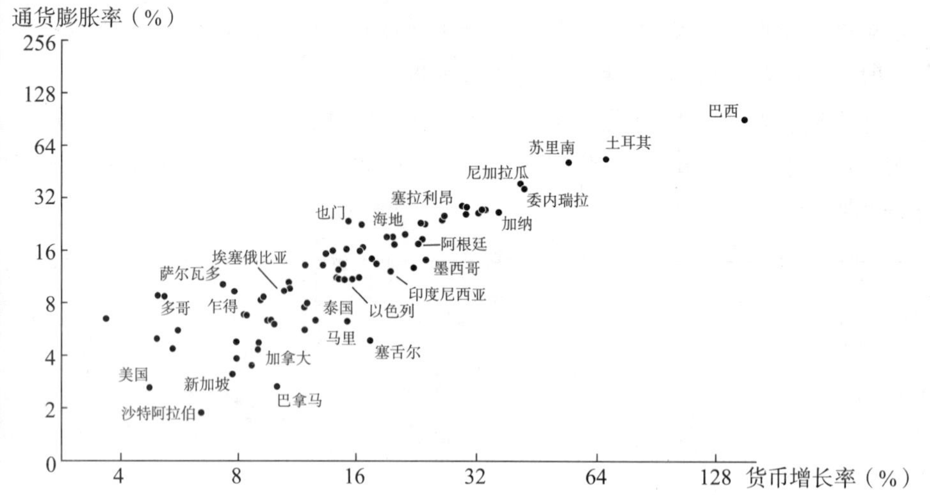

图 16-5　世界一些国家的货币增长率和通货膨胀率

资料来源：琼斯．宏观经济学．上海：上海三联书店，2010：184.

利率是宏观经济的一个重要变量，因为利率通过对储蓄和投资的影响把现在的经济与未来的经济联系在一起。

在宏观经济学中，说明通货膨胀率和名义利率的关系主要是由费雪效应来体现的。根据本书第十四章第二节引出的费雪方程①，有

$$r_{名}=r_{实}+\pi^{e} \tag{16.5}$$

式中，$r_{名}$ 为名义利率，$r_{实}$ 为实际利率，π^{e} 为预期通货膨胀率。

在现实中，当借款人和贷款人就名义利率达成协议时，他们并不知道贷款期限内通货膨胀率将是多少。因此，人们有必要区分这两个实际利率概念：进行贷款时借款人和贷款人预期的实际利率被称为事前实际利率（ex-ante real interest rate）；实际上实现的实际利率被称为事后实际利率（ex-post real interest rate）。

虽然借款人和贷款人不能确切地预期未来的通货膨胀率，但他们都能对通货膨胀率有某种预期。设 π 代表实际的未来通货膨胀率，π^{e} 代表对未来通货膨胀率的预期，则事前实际利率可表示为 $r_{名}-\pi^{e}$，而事后实际利率是 $r_{名}-\pi$。当 π 和 π^{e} 不同时，这两个实际利率会不同。

为了考察通货膨胀率与利率的关系，这里用事后实际利率的表达式，即

$$r_{名}=r_{实}+\pi \tag{16.6}$$

根据上式，实际利率和通货膨胀率两者一起决定了名义利率。特别地，根据本节上面的内容，货币增长率决定通货膨胀率，当实际利率不变时②，名义利率将根

① 费雪方程见第十四章第二节的公式（14.9）。

② 在宏观经济学中，货币供给变动并不影响实际变量的观点被称为货币中性（monetary neutrality）。主流经济学认为，货币在长期中是中性的，实际利率是实际变量，因此，货币供给增长的变动并不会影响实际利率。

据通货膨胀率的变动进行对等的调整，这一表述被称为费雪效应（Fisher effect）。

一般地说，费雪效应在长期中是正确的，下面是两组经验证据。

本章图 16－3 显示了美国自 20 世纪 50 年代以来的名义利率和通货膨胀率。从图 16－3 中可以看出，费雪效应很好地解释了过去几十年来名义利率的波动。当通货膨胀率高时，名义利率一般也高；当通货膨胀率低时，名义利率一般也低。

对费雪效应的类似支持来自对各国不同情况的考察，如图 16－6 所示。

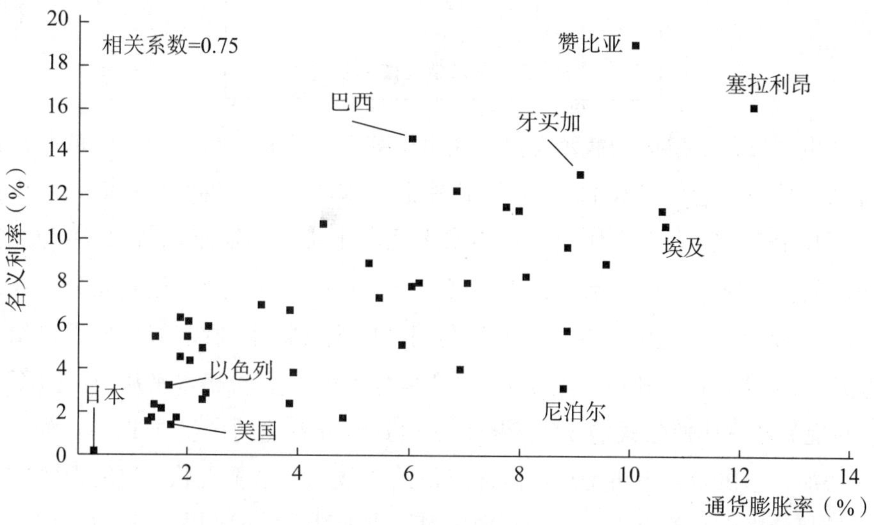

图 16－6　各国的通货膨胀率与名义利率

资料来源：曼昆. 宏观经济学. 10 版. 北京：中国人民大学出版社，2020：89.

这幅散点图表示了 1996—2004 年几十个国家的平均短期国库券的名义利率和平均通货膨胀率。从图中可以看到，一国的通货膨胀率与其名义利率密切相关。通货膨胀率高的国家往往名义利率也高，而通货膨胀率低的国家往往名义利率也低。

二、需求拉动的通货膨胀

需求拉动的通货膨胀，又称超额需求通货膨胀，是指总需求超过总供给所引起的一般价格水平的持续、显著的上涨。需求拉动的通货膨胀理论把通货膨胀解释为“过多的货币追逐过少的商品”。图 16－7 常被用来说明需求拉动的通货膨胀。

在图 16－7 中，横轴 y 表示总产量（国民收入），纵轴 P 表示一般价格水平。AD 为总需求曲线，AS 为总供给曲线。总供给曲线 AS 起初呈水平状。这表示，当总产量较低时，总需求的增加不会引起价格水平的上涨。在图 16－7 中，产量从零增加到 y_1，价格水平始终稳定。总需求曲线 AD_1 与总供给曲线 AS 的交点 E_1 决定的价格水平为 P_1，总产量水平为 y_1。当总产量达到 y_1 以后，继续增加总需求，

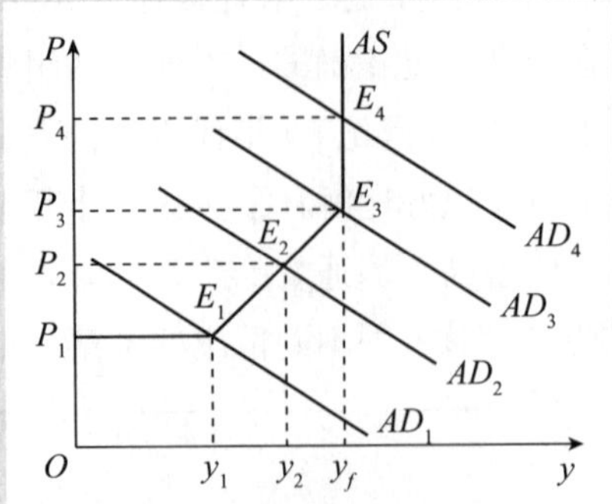

图 16-7　需求拉动的通货膨胀

就会遇到生产过程中所谓的**瓶颈现象**，即由于劳动、原料、生产设备等的不足而使成本提高，从而引起价格水平的上涨。图中总需求曲线 AD 继续提高时，总供给曲线 AS 便开始逐渐向右上方倾斜，价格水平逐渐上涨。总需求曲线 AD_2 与总供给曲线 AS 的交点决定的价格水平为 P_2，总产量为 y_2。当总产量达到充分就业的产量 y_f 时，整个社会的经济资源全部得到利用。图中总需求曲线 AD_3 同总供给曲线 AS 的交点 E_3 决定的价格水平为 P_3，总产量水平为 y_f。价格水平从 P_1 上涨到 P_2 和 P_3 的现象被称作**瓶颈式的通货膨胀**。在达到充分就业的产量 y_f 以后，如果总需求继续增加，总供给就不再增加，因而总供给曲线 AS 呈垂直状。这时总需求的增加只会引起价格水平的上涨。例如，图中总需求曲线从 AD_3 提高到 AD_4 时，它同总供给曲线的交点所决定的总产量并没有增加，仍然为 y_f，但是价格水平已经从 P_3 上涨到 P_4，这就是需求拉动的通货膨胀。西方经济学家认为，不论总需求的过度增长是来自消费需求、投资需求，还是来自政府需求、国外需求，都会导致需求拉动的通货膨胀。需求方面的原因或冲击主要包括财政政策、货币政策、消费习惯的突然改变以及国际市场的需求变动等等。

需求拉动的通货膨胀对第十五章表 15-3 中的第二种情况作出了说明。

三、成本推动的通货膨胀

成本推动的通货膨胀理论是西方学者试图从供给方面说明为什么会发生一般价格水平上涨的一种理论。**成本推动的通货膨胀，又称成本通货膨胀或供给通货膨胀，是指在没有超额需求的情况下由于供给方面成本的提高所引起的一般价格水平持续和显著的上涨。**

西方学者认为，成本推动的通货膨胀主要是由工资的提高造成的。他们把这种成本推动的通货膨胀叫做工资推动的通货膨胀，以区别于利润提高造成的成本推动的通货膨胀。

工资推动的通货膨胀是指不完全竞争的劳动市场造成的过高工资所导致的一般

价格水平的上涨。据西方学者解释，在完全竞争的劳动市场上，工资率完全取决于劳动的供求，工资的提高不会导致通货膨胀；而在不完全竞争的劳动市场上，由于工会组织的存在，工资不再是竞争性的工资，而是工会和雇主集体议价的工资。并且由于工资的增长率超过生产率的增长率，工资的提高会导致成本提高，从而导致一般价格水平上涨，这就是所谓**工资推动的通货膨胀**。西方学者进而认为，工资提高和价格上涨之间存在因果关系：工资提高引起价格上涨，价格上涨又引起工资提高。这样，工资提高和价格上涨形成了螺旋式的上升运动，即所谓**工资—价格螺旋**。

利润推动的通货膨胀是指垄断企业和寡头企业利用市场势力谋取过高利润所导致的一般价格水平的上涨。西方学者认为，就像不完全竞争的劳动市场是工资推动的通货膨胀的前提一样，不完全竞争的产品市场是利润推动的通货膨胀的前提。在完全竞争的产品市场上，价格完全取决于商品的供求，任何企业都不能通过控制产量来改变市场价格；而在不完全竞争的产品市场上，垄断企业和寡头企业为了追求更大的利润，可以操纵价格，把产品价格定得很高，致使价格上涨的速度超过成本增长的速度。

在总需求曲线不变的情况下，包括工资推动的通货膨胀和利润推动的通货膨胀在内的成本推动的通货膨胀，可以用图 16－8 来说明。

图中，总需求是既定的，不发生变动，变动只出现在总供给方面。当总供给曲线为 AS_1 时，这一总供给曲线和总需求曲线 AD 的交点 E_1 决定的总产量为 y_1，价格水平为 P_1。当总供给曲线由于成本提高而移到 AS_2 时，总供给曲线与总需求曲线的交点 E_2 决定的总产量为 y_2，价格水平为 P_2。这时，总产量比以前下降，而价格水平比以前上涨。当总供给曲线由于成本进一步提高而移动到 AS_3 时，总供给曲线和总需求曲线的交点 E_3 决定的总产量为 y_3，价格水平为 P_3。这时的总产量进一步下降，而价格水平进一步上涨。

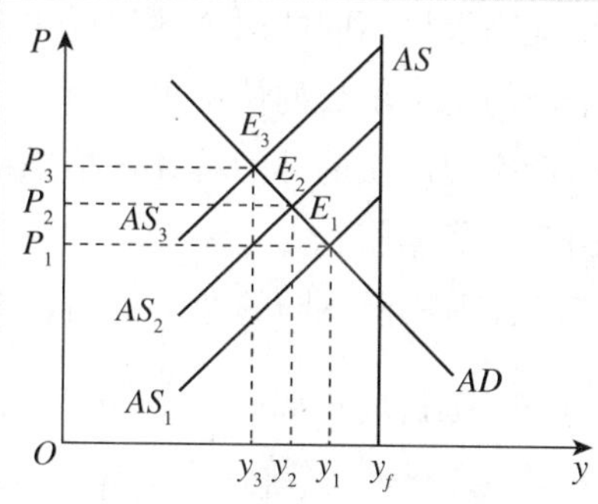

图 16－8　成本推动的通货膨胀

本书第十五章中的表 15－3 指出，在总需求曲线不发生移动的条件下，总供给曲线向左移动会引起滞胀，即经济停滞（产出下降）与通货膨胀（价格上升）同时出现。图 16－8 则从理论上说明了这种情况。不利的供给冲击（如石油价格的上涨）推动了成本上升，使短期总供给曲线向左方移动，其结果会出现滞胀。值得指出的是，滞胀的出现给凯恩斯主义者带来了很大的麻烦，也使宏观经济学由原来凯恩斯主义一家独大的局面发生了根本性的变化。

一些西方学者认为，单纯用需求拉动或成本推动都不足以说明一般价格水平持续上涨，而应当同时从需求和供给两个方面以及二者的相互影响说明通货膨胀。于是又有人提出了从供给和需求两个方面及其相互影响说明通货膨胀的理论，即**混合通货膨胀理论**。限于篇幅，本书就不对其进行介绍了。

四、结构性通货膨胀

西方经济学家认为，在没有需求拉动和成本推动的情况下，只是由于经济结构因素的变动，也会出现一般价格水平的持续上涨。他们把这种价格水平的上涨叫做结构性通货膨胀。

结构性通货膨胀理论把通货膨胀的起因归结为经济结构本身所具有的特点。根据西方学者的解释，从生产率提高的速度看，社会经济结构的特点是，一些部门生产率提高的速度快，另一些部门生产率提高的速度慢；从经济发展的过程看，社会经济结构的特点是，一些部门正在迅速发展，另一些部门渐趋衰落；从同世界市场的关系看，社会经济结构的特点是，一些部门（开放部门）同世界市场的联系十分密切，另一些部门（非开放部门）同世界市场没有密切联系。现代社会经济结构不容易使生产要素从生产率低的部门转移到生产率高的部门，从渐趋衰落的部门转移到正在迅速发展的部门，从非开放部门转移到开放部门。但是，生产率提高慢的部门、正在趋向衰落的部门以及非开放部门在工资和价格问题上都要求"公平"，要求向生产率提高快的部门、正在迅速发展的部门以及开放部门"看齐"，要求"赶上去"，结果导致一般价格水平的上涨。

西方学者通常用生产率提高快慢不同的两个部门说明结构性通货膨胀。由于生产率提高的快慢不同，两个部门工资增长的快慢也应当有区别。但是，生产率提高慢的部门要求工资增长向生产率提高快的部门看齐，结果使全社会工资增长速度超过生产率增长速度，因而引起通货膨胀。

假定 A、B 分别为生产率提高快慢不同的两个部门，二者的产量相等。部门 A 的生产增长率$\left(\frac{\Delta y}{y}\right)_A$为 3.5%，工资增长率$\left(\frac{\Delta W}{W}\right)_A$也为 3.5%。这时全社会的一般价格水平不会因部门 A 工资的提高而上涨。但是，当部门 B 的生产增长率$\left(\frac{\Delta y}{y}\right)_B$是 0.5%，而工资增长率$\left(\frac{\Delta W}{W}\right)_B$因向部门 A 看齐也达到 3.5%时，这就使全社会的工资增长率超过生产增长率。

全社会的工资增长率为：

$$\frac{\Delta W}{W}=\left[\left(\frac{\Delta W}{W}\right)_{\mathrm{A}}+\left(\frac{\Delta W}{W}\right)_{\mathrm{B}}\right]\div 2=(3.5\%+3.5\%)\div 2=3.5\%$$

全社会的生产增长率为：

$$\frac{\Delta y}{y}=\left[\left(\frac{\Delta y}{y}\right)_{\mathrm{A}}+\left(\frac{\Delta y}{y}\right)_{\mathrm{B}}\right]\div 2=(3.5\%+0.5\%)\div 2=2\%$$

这样，全社会工资增长率超过生产增长率1.5%，工资增长率超过生产增长率的百分比就是价格上涨率或通货膨胀率。① 西方学者认为，上述说明同样适用于在工资问题上渐趋衰落的部门向正在迅速发展的部门看齐、非开放部门向开放部门看齐的情况。

五、通货膨胀的持续

上面关于需求拉动的通货膨胀和成本推动的通货膨胀的分析表明了对经济的冲击如何移动了总需求曲线和总供给曲线，导致了一个新的更高价格水平的均衡。但是，通货膨胀不是价格水平的一次性改变，而是价格水平的持续上升。在大多数情况下通货膨胀似乎有一种惯性。如果经济有了8%的通货膨胀率，那么，这8%的通货膨胀率会有不断持续下去的趋势。这种情况被称为通货膨胀螺旋。

产生这种现象的原因在于，如果经济中大多数人都预期到同样的通货膨胀率，那么，这种通货膨胀预期就会变成经济运行的现实。在通货膨胀时期，劳工与厂方谈判，要求保证工资上升与物价水平的上涨相一致，以使他们的实际工资不会下降。银行在贷款时也希望确保一定的实际收益率，因此，银行在确定贷款利率时，要考虑到它们年末收回的货币值低于年初贷出时的货币值这一情况。这意味着，在以货币计量的一些名义变量（如工资、租金等）的提高和价格上涨之间存在着因果关系。以工资为例，工资提高引起价格上涨，价格上涨又引起工资提高。于是，工资提高和价格上涨形成了螺旋式的上升运动。

考虑到上述情况，可以说，单纯用需求拉动或成本推动都不足以说明一般价格

---

① 西方学者认为，在劳动生产增长率、货币工资增长率和通货膨胀率之间具有如下数量关系：

通货膨胀率＝货币工资增长率－劳动生产增长率

这一关系可以用下列方式推导出来：由微观经济学的货币工资等于劳动边际产量价值的公式 $W=P\cdot MP$［这里，W 可以理解为整个社会的（平均）货币工资，P 为社会的（平均）价格水平，MP 为整个社会的劳动的边际产量，并用 MP 大体衡量社会的劳动生产率］，并将上述三个变量动态化，即将 W、P 和 MP 都看成时间 t 的函数，则通过对 $W=P\cdot MP$ 关于时间 t 求微分，可以得到：

$$\dot{W}=\dot{P}\cdot MP+\dot{MP}\cdot P \tag{1}$$

式中，带点的字母表示该字母所代表的变量关于时间 t 的导数。例如，$\dot{W}=\mathrm{d}W/\mathrm{d}t$，等等。用（1）式除以 $W=P\cdot MP$，经变形有：

$$\frac{\dot{P}}{P}=\frac{\dot{W}}{W}-\frac{\dot{MP}}{MP} \tag{2}$$

根据各变量的含义及增长率的表达式知，（2）式即为所推导的关系。

水平的持续上涨。事实上，无论通货膨胀的原因如何，只要通货膨胀开始，需求拉动和成本推动过程几乎都发挥着作用，即使导致通货膨胀的初始原因消失了，通货膨胀也可以自行持续下去。当工人们预期物价会上涨时，他们就会坚持要求增加工资，而工资的上升又使企业成本增加，从而导致更高的价格水平。

图 16-9 进一步说明了通货膨胀螺旋。

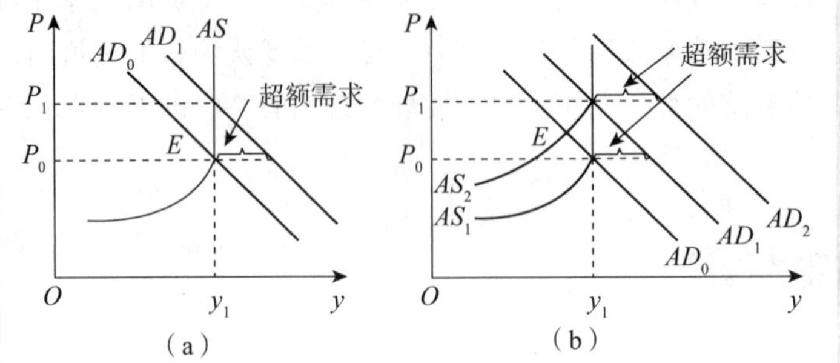

图 16-9　通货膨胀螺旋

在图 16-9（a）中，经济初始时处于均衡点 E，它位于总供给曲线比较陡的部分。现在假定出现总需求冲击，总需求曲线从 AD_0 移到 AD_1。这个移动使得在原来的价格水平上出现了超额需求，结果价格上升到 P_1。根据上面所说的工资—价格螺旋，价格上升会引起工资提高，较高的工资使总供给曲线向左上方移动，表现在图 16-9（b）中，就是总供给曲线由 AS_1 移动到 AS_2。同时，更高的工资意味着人们有更多的货币收入，导致更多的消费，从而使总需求进一步扩大，在图 16-9（b）中，总需求曲线由 AD_1 移动到 AD_2。在新的价格水平 P_1 下，新的总需求曲线 AD_2 与新的总供给曲线 AS_2 之间仍有差距。于是又存在一个对商品的超额需求，导致价格进一步上涨，又引发了另一轮的工资上涨。这样，通货膨胀的压力在整个经济中具有不断循环下去的趋势。

第六节　通货膨胀的成本

通货膨胀是一个受到密切和广泛关注的宏观经济问题。那么它的后果是什么呢？从理论的角度看，通货膨胀给整个经济施加了两种类型的成本：预期到的通货膨胀成本和未预期到的通货膨胀成本。下面分别予以介绍。

一、预期到的通货膨胀成本

1. 菜单成本

大多数企业并不是每天改变其产品的价格。相反，企业往往公布价格，并使其在几周、几个月甚至几年内保持不变。企业不经常改变价格是因为改变价格有成本。调整价格的成本被称为菜单成本（menu costs）。菜单成本包括决定新价格的成本、印刷新清单和目录的成本、把这些新价格表和目录送给中间商和顾客的成本、为新价格做广告的成本，甚至包括处理顾客对价格变动的恼怒的成本。高通货膨胀，哪怕被完全预期到了，要求企业频繁地改变价格，特别是在超级通货膨胀期间，企业必须每天甚至更频繁地变动价格，以便与经济中所有其他价格保持一致。

2. 鞋底成本

当通货膨胀率高时，通常名义利率上升以补偿价格水平的上升。结果，把现金放在口袋里的成本更高了，因为现金不能赚取任何利息。例如，假设通货膨胀使名义利率从7%上升到12%。放在你钱包中的现金如果存到银行里，现在能够赚取的利率多了5%，这可能会促使你去一趟银行把现金存入银行账户。往返银行路上所花的时间和汽油钱等开支被称为鞋底成本（shoe-leather cost），因为更经常地去银行会使你的鞋磨损得更快。当然，不能只从字面上理解这个术语，减少货币持有量的实际成本不是鞋磨损的成本，而是为了使手头保留的钱少于没有通货膨胀时的数量，人们必须牺牲的时间与便利。通货膨胀的鞋底成本似乎是微不足道的，但在经历超级通货膨胀的经济中，这种成本就很重要了。

3. 税收扭曲

在现实中，一个经济的税率不会对预期到的通货膨胀作出充分调整，这会对经济中的当事人产生一种成本。

为了说明问题，假设某人1980年以每股10美元的价格买进微软公司的股票，并在2010年以50美元的价格抛出该股票。按照美国的税法，当计算纳税人的收入时，必须把赚到的40美元资本收益包括在该人的收入中。但是，假设从1980年到2010年价格水平翻了一倍，在这种情况下，1980年该人投资的10美元就相当于2010年的20美元。当该人以50美元出售股票时，该人的真实收益仅为30美元。然而，税法并不考虑通货膨胀，而是对该人40美元的收益征税。因此，通货膨胀扩大了资本收益的规模，无形中增加了这种收入的税收负担。

4. 相对价格变动导致的资源配置不当

在通常情况下，市场经济依靠相对价格来配置稀缺资源。消费者通过比较各种产品与劳务的质量和价格决定购买什么，以及购买多少。通过这些决策，市场决定稀缺的生产要素如何在个人与企业之间进行配置。由于在同一市场竞争的企业并不总是同时改变价格，更高的通货膨胀会引起更高的相对价格的变动性。由于相对价格更可能比没有通货膨胀的情况下更高或更低，当通货膨胀扭曲了相对价格时，消费者的决策也被扭曲了，市场也就不能把资源配置到其最好的用途中。

5. 混乱与不方便

货币作为经济中的计价单位是人们用来表示价格和记录债务的东西。换句话说，货币是用以衡量经济交易的尺度。这种尺度的一致性使经济当事人能够轻易地比较产品和服务的价格。当产品和服务的价格上升时，会计师也会错误地衡量企业的收入。因为通货膨胀使不同时期的货币有不同的真实价值，所以，在存在通货膨胀的经济中计算企业的利润更加复杂。因此，在某种程度上，通货膨胀使投资者无法区分成功与不成功的企业，这又抑制了金融市场把经济中的储蓄配置到不同类型投资中的作用。

二、未预期到的通货膨胀成本

上述说明的预期到的通货膨胀成本可能是巨大的，而意料之外的通货膨胀成本甚至可能更高。具体地说，未预期到的通货膨胀成本有以下几种。

1. 不确定性的增加

对经济的当事人来说，与其预期相异的通货膨胀可能导致不正确的投资和储蓄决策，这些不正确的决策对经济当事人来说都是成本高昂的。为了说明，先考察通货膨胀低于预期的情况。假定你预期下一年的通货膨胀率为10%，但实际通货膨胀率要低一些，比如说5%。考虑两笔金融交易：

（1）购买定期存单。如果定期存单支付的利率为12%（其中10%是对预期通货膨胀作出的调整，2%是实际利率），那么你将会有意外的收获。你赚取的实际利率不是2%，而是7%（=12%−5%）。如果你早知道你会赚取如此高的收益，你甚至会储蓄更多。你未能预见到更低的通货膨胀，其成本是高昂的。

（2）获取汽车贷款。如果你以12%的利率获取汽车贷款，实际出现的通货膨胀率是5%而不是10%，这笔贷款的实际成本现在是7%（=12%−5%）而非你预期的2%（=12%−10%）。如果你知道贷款的成本会那么高，你也许就不会借钱而会推迟购买汽车。

现在，再考察通货膨胀高于预期的情况。假定实际通货膨胀率比预期的高，比如说15%。

（1）购买定期存单。你的定期存单赚取的实际收益将是−3%（=12%−15%），你会希望你没有存这么多钱。

（2）获取汽车贷款。汽车贷款的实际成本将会非常低，为−3%（=12%−15%），因此你会后悔没有借入更多钱用于投资。

未预期到的通货膨胀也会扭曲关于工作多长时间和企业应该雇用多少劳动的决策。假定你和你的老板预期来年的通货膨胀率会增加10%。你收到的工资上涨10%，以补偿预期的价格增加。实际通货膨胀率为5%，因此你的实际工资增加了5%，这5%的增加是未预期到的，你会愿意增加工作时间。而你的老板付给你的实际工资比他预期的多了5%，他希望减少你的工作时间，甚至后悔雇用你。

因此，未预期到的通货膨胀会导致许多有代价的决策，包括储蓄、投资以及就业的劳动量等决策，这会导致经济效率降低。而且，大多数人不喜欢不确定性，因此，未预期到的通货膨胀波动往往会降低经济福利。

2. 不合意的财富的再分配

未预期到的通货膨胀以一种既与才能无关又与需要无关的方式在经济中重新分配财富。其表现为：

首先，通货膨胀不利于靠固定的货币收入维持生活的人。对于固定收入阶层来说，其收入是固定的货币数额，落后于上升的物价水平。其实际收入因通货膨胀而减少，他们的每一元收入的购买力将随价格的上升而下降。而且，由于他们的货币收入没有变化，因而他们的生活水平必然相应地降低。

哪些人属于固定收入阶层呢？最为明显的就是那些领取救济金、退休金的人，那些工薪阶层、公务员以及靠福利和其他转移支付维持生活的人，他们在相当长的时间内所获得的收入是不变的。特别是那些只获得少量救济金的老人，遇到这种经济灾难，更是苦不堪言，他们是通货膨胀的牺牲品。

相反，那些靠变动收入维持生活的人，则会从通货膨胀中得益，这些人的货币收入会走在价格水平和生活费用上涨之前。例如，在扩张的行业中工作并有强大的工会支持的工人就是这样。他们的工资合同中订立有工资随生活费用的上涨而提高的条款，或是有强有力的工会代表他们进行谈判，在每个新合同中都能得到大幅度的工资增长。那些从利润中得到收入的企业主也能从通货膨胀中获利，如果产品价格比资源价格上升得快，则企业的收益将比它的成本增长得快。

其次，通货膨胀对储蓄者不利。随着价格的上涨，存款的实际价值或购买力就会降低，那些口袋中有闲置货币和存款在银行的人受到沉重的打击。同样，像保险金、养老金以及其他固定价值的证券财产等，它们本来是用于防患未然和蓄资养老的，在通货膨胀中，其实际价值也会下降。

最后，通货膨胀还可以导致债务人和债权人之间发生收入再分配的作用。具体来说，通货膨胀靠牺牲债权人的利益而使债务人获利。假如甲向乙借款1万元，一年后归还，而这段时间内价格水平上升了一倍，那么一年后甲归还给乙的1万元相当于借时的一半。这里假定借贷双方没有预期到通货膨胀的影响。但是，一旦预期到通货膨胀，则上述的再分配就会改变。

如果借贷的名义利率为10%，而通货膨胀率为20%，则实际利率为－10%。实际利率为名义利率和通货膨胀率的差额，若名义利率为10%，通货膨胀率为5%，则实际利率为5%。只要通货膨胀率大于名义利率，则实际利率就是负值。

3. 相对价格变动性的增加

我们已经看到，预期的通货膨胀会导致价格变动性的增加，这使经济效率降低。这一问题在通货膨胀没有被预期到时甚至更加严重。当通货膨胀被预期到时，设定价格不那么频繁的企业发现，随着时间的流逝，它们产品的相对价格变得更加不适当了。但是，由于它们预期一定程度的通货膨胀，它们具有制订计划以最小化由此产生的成本的某种能力。相反，如果通货膨胀没有被预期到，当企业设定的价格相对于其他价格变动时，企业可能难以明白其中的缘由。例如，假定通货膨胀率为15%，比一家企业预期的10%要高出5%。当该企业提价10%时，它可能发现其产品的需求暂时高于预期，从而可能增加生产。但是，实际上，该产品的长期需求没有上升——短期需求增加是因为相对价格暂时下降了5%，因此需求将下降到原来的水平。如果企业理解这一点，它也许就不会扩大生产了。因此，高于预期的通货膨胀可能导致生产过剩。

现在假定通货膨胀率为5%，比一家企业预期的10%要低5%。当该企业提价10%时，它会发现需求下降，从而可能削减生产。但是，该产品的长期需求实际上并没有下降。该企业产品的相对价格只是暂时上升，而企业并不知情。这样的话，企业也可能作出错误的生产决策。因此，未预期到的通货膨胀有可能急剧增加相对价格的变动性，带来经济的低效率和资源的不当配置。

第七节　失业与通货膨胀的关系——菲利普斯曲线

如前所述，失业与通货膨胀是短期宏观经济运行中的两个主要问题。如果经济决策者的目标是低通货膨胀和低失业，则他们会发现低通货膨胀和低失业目标往往是冲突的。利用总需求—总供给模型进行分析，假设决策者想用货币政策或财政政策扩大总需求，在理论上，这种政策将使经济沿着短期总供给曲线变动到更高产出和更高物价水平的一点上。较高的产出意味着较低的失业，因为当企业生产更多时，它们需要更多的劳动力，而较高的物价水平则意味着较高的通货膨胀。因此，当决策者使经济沿着短期总供给曲线向上移动时，他们降低了失业率而提高了通货膨胀率。相反，当决策者紧缩总需求并使经济沿短期总供给曲线向下移动时，失业增加，同时通货膨胀下降了。因此，有必要从理论上探讨失业和通货膨胀之间的关系，在宏观经济学中，失业和通货膨胀的关系主要是由菲利普斯曲线来说明的。

一、菲利普斯曲线的提出

1958年，在英国任教的新西兰籍经济学家菲利普斯在研究了1861—1957年英国的失业率和货币工资增长率的统计资料后，提出了一条用以表示失业率和货币工资增长率之间替换关系的曲线。**在以横轴表示失业率，纵轴表示货币工资增长率的坐标系中，画出一条向右下方倾斜的曲线，这就是最初的菲利普斯曲线。**该曲线表明：当失业率较低时，货币工资增长率较高；反之，当失业率较高时，货币工资增长率较低，甚至为负数。

以萨缪尔森为代表的新古典综合派随后便把菲利普斯曲线改造为失业和通货膨胀之间的关系，并把它作为新古典综合理论的一个组成部分，用以解释通货膨胀。

新古典综合派对最初的菲利普斯曲线加以改造的出发点在于如下所示的货币工

资增长率、劳动生产增长率和通货膨胀率之间的关系[①]：

通货膨胀率＝货币工资增长率－劳动生产增长率

根据这一关系，若劳动生产增长率为零，则通货膨胀率就与货币工资增长率一致。因此，经改造的菲利普斯曲线就表示了失业率与通货膨胀率之间的替换关系，即失业率高，则通货膨胀率低；失业率低，则通货膨胀率高。菲利普斯曲线如图 16－10 所示。

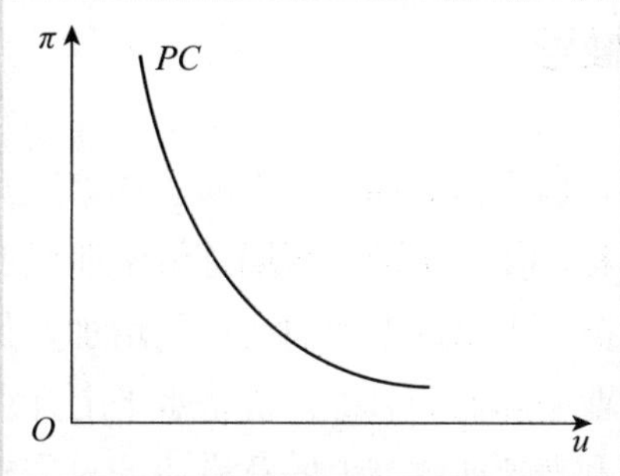

图 16－10　菲利普斯曲线

图中，横轴代表失业率 u，纵轴代表通货膨胀率 π，向右下方倾斜的曲线 PC 即为菲利普斯曲线。菲利普斯曲线所揭示的失业与通货膨胀的替换关系与美国 20 世纪 60 年代通货膨胀率和失业率的数据吻合得很好，如图 16－11 所示。

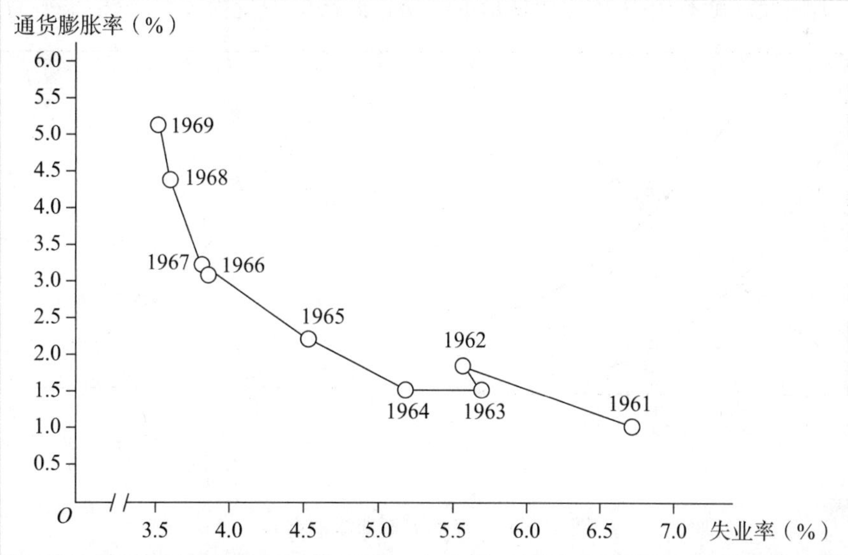

图 16－11　1961—1969 年美国的通货膨胀率和失业率

资料来源：多恩布什，等. 宏观经济学. 7 版. 北京：中国人民大学出版社，2000：98.

① 这一关系在第五节论述结构性通货膨胀时已指出。

若设 u^* 代表自然失业率，则可以将简单形式的菲利普斯曲线表示为

$$\pi=-a(u-u^*) \tag{16.7}$$

（16.7）式中，参数 a 衡量价格对于失业率变动的反应程度。举例来说，如果 a 是 2，上述方程表示，实际失业率相对于自然失业率每增加一个百分点，则通货膨胀率下降两个百分点。总之，上述方程描述的是，当失业率超过自然失业率，即 $u>u^*$ 时，价格水平就下降，当失业率低于自然失业率，即 $u<u^*$ 时，价格水平就上升。

二、 菲利普斯曲线的推导

菲利普斯曲线说明了，经济在短期中出现的通货膨胀与失业的组合是由于总需求冲击导致总需求曲线的移动使经济沿着短期总供给曲线变动。正如上一章所看到的，在短期中，产品与劳务总需求的增加引起产量增加，价格水平上升。产量增加意味着就业增多，从而失业率降低。另外，价格水平上升意味着通货膨胀率上升。

上述描述意味着，菲利普斯曲线与上一章讲述的总需求—总供给模型有重要的关系。换句话说，菲利普斯曲线可以从总需求—总供给模型中推导出来。下面就来说明菲利普斯曲线的推导。

图 16－12(a) 是用总需求—总供给模型表示的经济。如果经济的总需求较低，如图中的 AD_L 曲线所示，那么该经济就有图中的 A 点所显示的结果：经济的产量为 y_A，价格水平为 P_A。相比之下，如果经济的总需求较高，如图中的 AD_H 曲线所示，则该经济就有图中 B 点所显示的结果：经济的产量为 y_B，价格水平为 P_B。

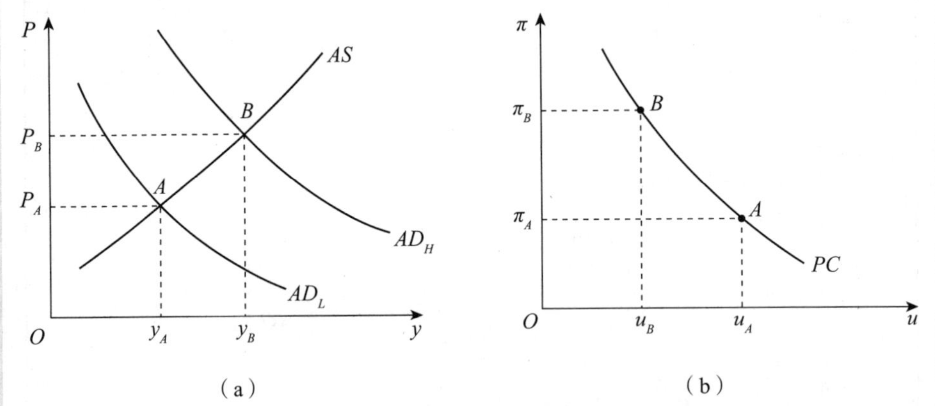

图 16－12　菲利普斯曲线的推导

图 16－12(b) 显示了上述两种可能结果对失业和通货膨胀意味着什么。因为当企业生产更多产品与劳务时，它们会需要更多的工人，所以在结果 B 时的失业率会低于在结果 A 时的失业率，即 $u_B<u_A$。另外，根据图 16－12（a），结果 B 时的价格水平高于结果 A，所以对应的通货膨胀率也比结果 A 要高，在图 16－12（b）中，即有

$\pi_B > \pi_A$。在图 16－12（b）中，连接 A 点和 B 点构成的曲线便是反映失业率和通货膨胀率关系的曲线。

三、菲利普斯曲线的政策含义

菲利普斯曲线被修正后，迅速成为西方宏观经济政策分析的基石。它表明，政策制定者可以选择不同的失业率和通货膨胀率的组合。例如，只要他们能够容忍高通货膨胀率，他们就可以拥有低的失业率，或者他们可以通过高失业率来维持低通货膨胀率。换言之，在失业和通货膨胀之间存在着一种替换关系（trade-off），即用一定的通货膨胀率的增加来换取一定的失业率的减少，或者，用后者的增加来减少前者。

具体而言，一个经济社会先确定一个社会临界点，由此确定一个失业与通货膨胀的组合区域。如果实际的失业率和通货膨胀率组合在组合区域内，则社会决策者不用采取调节行动，如在区域之外，则可根据菲利普斯曲线所表示的关系进行调节。现用图 16－13 来说明。

在图 16－13 中，假定当失业率和通货膨胀率在 4%以内时，经济社会被认为是安全的或可容忍的，这时在图中就得到了一个临界点，即 A 点，由此形成一个四边形的区域，称其为安全区域，如图中的阴影部分所示。如果该经济的实际失业率与通货膨胀率组合落在安全区域内，则决策者无须采取任何措施（即政策）进行调节。

如果实际通货膨胀率高于 4%，例如达到了 5%，即图 16－13 中的 B 点，这时根据菲利普斯曲线，经济决策者可以采取紧缩性政策，以提高失业率为代价降低通货膨胀率。从图中可以看到，当通货膨胀率降到 4%以下时，经济的失业率仍然在可忍受的范围内。

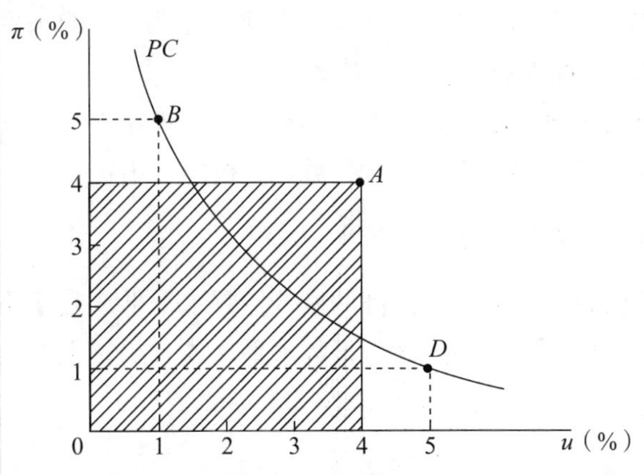

图 16－13　菲利普斯曲线与政策运用

如果经济的失业率高于 4%，例如为 5%，即图 16－13 中的 D 点，这时根据菲利普斯曲线，决策者可以采取扩张性政策，以提高通货膨胀率为代价降低失业率。从图中可以看到，当失业率降到4%以下时，经济的通货膨胀率仍然在可忍受的范围内。

四、牺牲率和痛苦指数

在定量研究的意义上，西方学者提出了牺牲率的概念，它是指为了使通货膨胀率降低一个百分点而必须放弃的一年实际GDP的百分点数。例如，如果一个经济的牺牲率为5%，则意味着该经济的通货膨胀率每下降1个百分点，该经济一年的GDP必须牺牲约5个百分点。牺牲率通常依时间、地点以及降低通货膨胀率的方式而有所变化。尽管如此，还是有一个大致估计，这对进行政策选择还是有用的。表16-2给出了一些国家平均牺牲率的估计值。

表16-2　一些国家平均牺牲率的估计值

国家	平均牺牲率（%）
澳大利亚	1.00
加拿大	1.50
法国	0.75
德国	2.92
意大利	1.74
日本	0.93
瑞士	1.57
英国	0.79
美国	2.39

资料来源：多恩布什，费希尔，斯塔兹．宏观经济学．12版．北京：中国人民大学出版社，2017：110.

进一步地，还可以用失业来表示牺牲率。本章说明的奥肯定律告诉我们，失业率变动1%，会使得GDP变动2%。因此，在牺牲率为5%的条件下，通货膨胀率降低1%，则要求周期性失业率大约上升2.5%。

一般来说，公众对通货膨胀和失业都不喜欢。在理论上，试图计量失业与通货膨胀的政治效应的一种方式被称为痛苦指数，它被定义为：

痛苦指数＝失业率＋通货膨胀率

西方一些学者认为，如果一个经济的痛苦指数水平低或趋于下降，可以说明政府政绩较好；反之，如果该经济的痛苦指数水平高或者趋于上升，则说明政府政绩较差。

五、附加预期的菲利普斯曲线

1968年，货币主义的代表人物、美国经济学家弗里德曼指出了菲利普斯曲线分析的一个严重缺陷，即它忽略了影响工资变动的一个重要因素：工人对通货膨胀的预期。[1] 弗里德曼指出，企业和工人关注的不是名义工资，而是实际工资。当劳资双方谈判新工资协议时，他们都会对新协议期的通货膨胀进行预期，并根据预期的通货膨胀相应地调整名义工资水平。根据这种说法，人们预期通货膨胀率越高，名义工资增加得越快。由此，弗里德曼等人提出了短期菲利普斯曲线的概念。这里所说的"短期"是指从预期到需要根据通货膨胀作出调整的时间间隔。**短期菲利普斯曲线就是预期通货膨胀率保持不变时，表示通货膨胀率与失业率之间关系的曲线。**

根据以上说明，为了显示预期通货膨胀的重要性，将菲利普斯曲线方程即(16.7)式改写为

$$\pi-\pi^e=-a(u-u^*)$$

即

$$\pi=\pi^e-a(u-u^*) \tag{16.8}$$

式中，π^e 表示预期通货膨胀率。(16.8)式被称为**现代菲利普斯曲线或附加预期的菲利普斯曲线**。注意，附加预期的菲利普斯曲线有一个重要性质，那就是当实际通货膨胀率等于预期通货膨胀率时，失业处于自然失业率水平。这意味着，附加预期的菲利普斯曲线在预期通货膨胀水平上与自然失业率相交。本章第一节已经以不同方式描述了自然失业率这一概念。这里想说明的是，利用(16.8)式所示的附加预期的菲利普斯曲线，**可以将自然失业率定义为非加速通货膨胀的失业率**(nonaccelerating inflation rate of unemployment，NAIRU)。在(16.8)式中，当 $\pi^e=\pi$ 时，$u=u^*$，这意味着，经济的通货膨胀既不加速也不减速时的失业率即为自然失业率。一般地，这一自然失业率的定义是西方学者使用最普遍的一个定义。附加预期的菲利普斯曲线如图 16-14 所示。

本节前面部分曾指出，菲利普斯曲线所揭示的失业与通货膨胀的替换关系与美

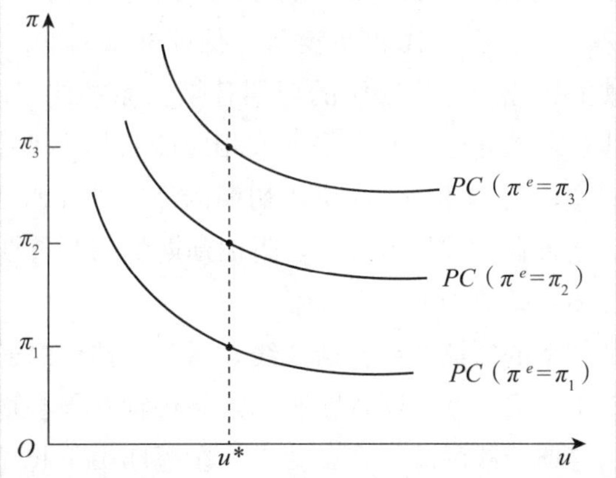

图 16-14　附加预期的菲利普斯曲线

---

① Friedman, M. The Role of Monetary Policy. *American Economic Review*, 1968, 58 (1): 1-17.

国 20 世纪 60 年代通货膨胀和失业的数据吻合得很好。然而，20 世纪 70 年代以来，简单的菲利普斯曲线与美国的实际情况相距甚远。图 16－15 给出了 1960—2016 年美国通货膨胀率与失业率的实际数据。

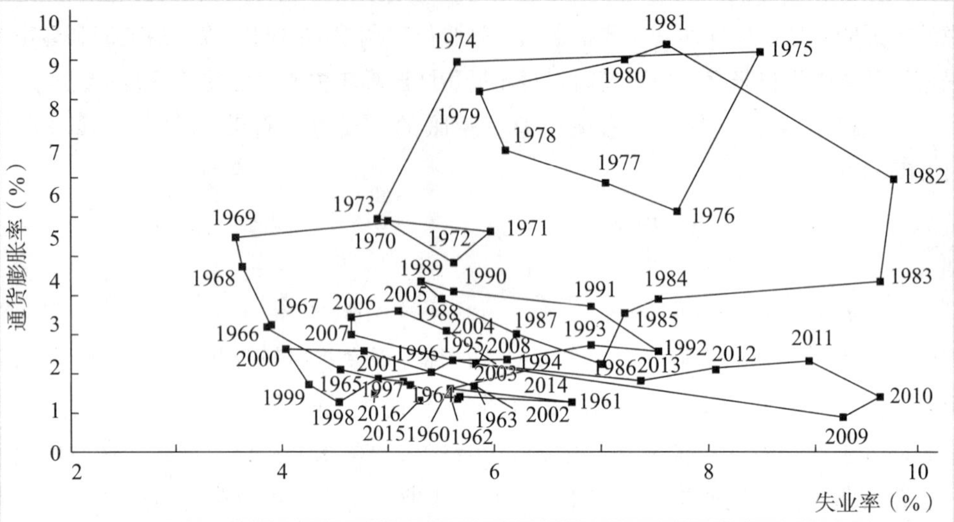

图 16－15　1960—2016 年美国通货膨胀率与失业率的实际数据

资料来源：曼昆. 宏观经济学. 10 版. 北京：中国人民大学出版社，2020：315.

从图中可以看出，20 世纪 70 年代和 80 年代，美国通货膨胀率与失业率的数据与简单的菲利普斯曲线不相吻合。针对这一情况，一些西方学者认为，这主要是由忽略预期通货膨胀这一重要因素造成的。基于这一认识，一些西方学者试图用附加预期的菲利普斯曲线来拟合实际数据。图 16－16 给出了美国 20 世纪 60 年代初期和 80 年代初期的（附加预期的）菲利普斯曲线。

图 16－16 中的两条短期菲利普斯曲线分别反映了 20 世纪 60 年代初期较低的预期通货膨胀水平与 20 世纪 80 年代初期较高的预期通货膨胀水平。有两点需要注意：一是它们所反映的失业与通货膨胀的短期替换关系相同，即它们的斜率相等。二是 20 世纪 60 年代初期的充分就业水平（或相应的自然失业率水平）与大约 2％的年通货膨胀率相对应，而 20 世纪 80 年代初期的充分就业水平与大约 7％的年通货膨胀率相对应。总之，在西方学者看来，附加预期的菲利普斯曲线在解释失业与通货膨胀的关系方面还算是成功的。

应该指出，附加预期的短期菲利普斯曲线表明，在预期的通货膨胀率低于实际的通货膨胀率的短期中，失业率与通货膨胀率之间仍存在着替换关系。由此，向右下方倾斜的短期菲利普斯曲线的政策含义就是，在短期中引起通货膨胀率上升的扩张性财政政策与货币政策是可以起到减少失业的作用的。换句话说，调节总需求的宏观经济政策在短期是有效的。①

---

① 这是货币主义的观点。

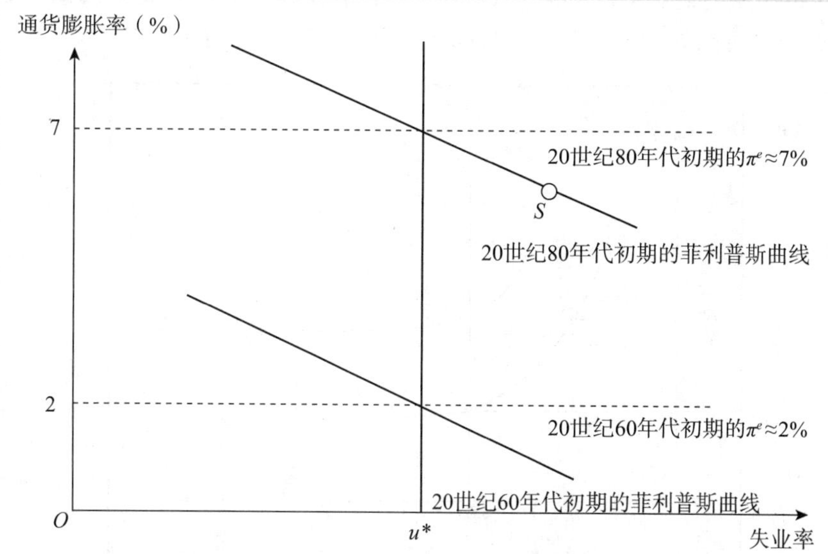

图 16－16　通货膨胀预期与短期菲利普斯曲线

六、长期菲利普斯曲线

按照一些西方学者的说法，在长期中，工人将根据实际发生的情况不断调整自己的预期，工人预期的通货膨胀率与实际的通货膨胀率迟早会一致，这时工人会要求改变名义工资，以使实际工资不变，从而较高的通货膨胀就不会起到减少失业的作用。西方学者认为，在以失业率为横坐标、通货膨胀率为纵坐标的坐标系中，长期当中的菲利普斯曲线，即长期菲利普斯曲线是一条垂直线，表明失业率与通货膨胀率之间不存在替换关系。而且，在长期中，经济社会能够实现充分就业，经济社会的失业率将处在自然失业率的水平。

可以用图 16－17 说明短期菲利普斯曲线不断移动，进而形成长期菲利普斯曲线的过程。

在图 16－17 中，假定某一经济处于自然失业率为 u^*、通货膨胀率为 3%的 A 点。若这时政府采取扩张性政策，以使失业率降低到 u_1。由于扩张性政策的实施，总需求增加，导致价格水平上升，使通货膨胀率上升为6%。因为在 A 点处，工人预期的通货膨胀率为 3%，而现在实际的通货膨胀率为 6%，高于预期的通货膨胀率，使实际工资下降，从而会增加生产，增加就业，失业率减少为 u_1。于是就会发生图中短期菲利普斯曲线 $PC_1(\pi^e=3\%)$ 所示的情况，失业率由 u^* 下降为 u_1，而通货膨胀率则从 3%上升到 6%。

但这种情况只能是短期的。经过一段时间，工人们会发现价格水平的上升和实际工资的下降，这时他们便要求提高货币工资。与此同时，工人们会相应地调整其预期，即从原来的 3%调整到现在的 6%。伴随着这种调整，实际工资回到了原有的水平。相应地，企业生产和就业也都回到了原有的水平，失业率又回到原来的 u^*。但此时经济已处于具有较高通货膨胀率预期（即 6%）的 B 点。

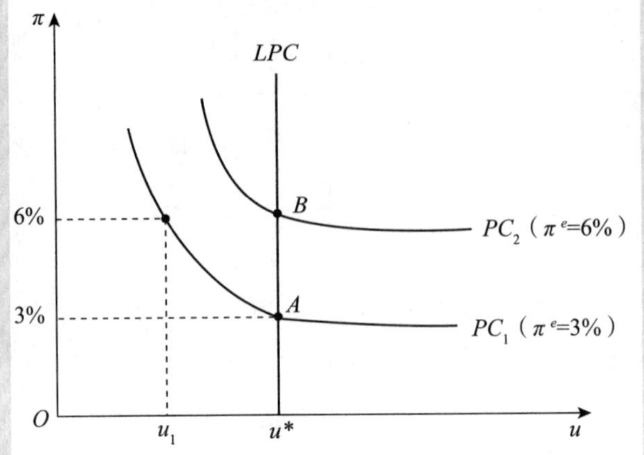

图 16-17　短期和长期菲利普斯曲线

将以上过程重复下去，可以想象，在短期，由于工人不能及时改变预期，存在着失业与通货膨胀之间的替换关系，表现在图 16-17 中，便有诸如 PC_1、PC_2 等各条短期菲利普斯曲线。随着工人预期通货膨胀率的上升，短期菲利普斯曲线不断上移。

从长期来看，工人预期的通货膨胀与实际通货膨胀是一致的。因此，企业不会增加生产和就业，失业率也就不会下降，从而便形成了一条与自然失业率重合的长期菲利普斯曲线 LPC。从图 16-17 可知，**垂直于自然失业率水平的长期菲利普斯曲线表明，在长期中，不存在失业与通货膨胀的替换关系。**

长期菲利普斯曲线的政策含义是，从长期来看，政府运用扩张性政策不但不能降低失业率，还会使通货膨胀率不断上升。

第八节　结 束 语

本章要点可以归结如下：

（1）失业可分为摩擦性失业、结构性失业和周期性失业。

（2）自然失业率是经济在稳定状态下的失业率，也是经济在正常时期的失业率，它取决于离职率和就职率。

（3）奥肯定律描述了失业与实际 GDP 的关系。

（4）失业的影响既有经济方面的，也有社会方面的。

（5）通货膨胀可以从不同角度进行分类，既可按照价格上升的速度进行分类，又可按照对价格影响的差别分类，还可按照人们的预期程度加以分类。

（6）通货膨胀现象既可从货币角度解释，又可从总供给或总需求角度解释，还可从经济结构角度解释。

（7）通货膨胀的成本包括预期到的成本和未预期到的成本。

（8）菲利普斯曲线最初反映的是失业率与工资上涨率之间的关系。现代的菲利普斯曲线主要反映失业率与通货膨胀率之间的关系。

（9）根据菲利普斯曲线，控制总需求的决策者面临通货膨胀与失业之间的短期替换关系。

（10）在以失业率为横坐标、通货膨胀率为纵坐标的坐标系中，长期菲利普斯曲线是一条位于自然失业率水平上的垂直线。

宏观经济学通常将短期定义为1～5年的时间范围。在短期内主要关注的问题是失业率与通货膨胀率的最小化波动，在理论上，这需要达到实际GDP波动的最小化。

图16－18对比了两种虚构的经济体：图16－18（a）中的“振荡经济体”和图16－18（b）中的“稳定经济体”。

两图中的潜在GDP线完全一样。两个经济体的唯一区别在于经济波动的幅度，通常以GDP缺口的大小表示。在图16－18中，缺口是指深色阴影与浅色阴影表示的实际GDP与潜在GDP之间的差额。

在图16－18（a）中，振荡不定成为宏观经济的地狱，它伴随着严重的经济波动和实际GDP与潜在GDP之间的巨大缺口。而在图16－18（b）中，稳定是宏观经济的天堂，它伴随着温和的经济波动与较小的GDP缺口。所有的宏观经济学家都更喜欢图16－18（b）描绘的经济状态，而非图16－18（a）描绘的经济状态。经济学家的基本共识是，稳定是比振荡更加良好的经济标志。

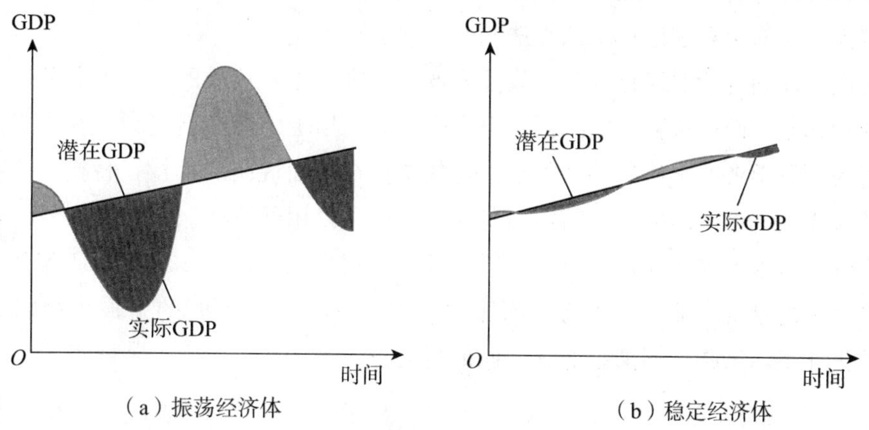

图16－18　振荡经济体和稳定经济体

关于本章介绍的内容，存在两点值得注意之处：

第一，自然失业率（或自然就业率）是一个意义比较含混而又带有一定意识形态色彩的名词。

首先，自然失业率的意义含混不清。例如，一本流行的西方经济学词典对它给出了如下定义："是现行的经济结构所意味着的失业率"①。三本流行的西方教材的定义顺次为："价格和工资的决策相互协调时的失业率"②；"处于稳定状态时的失业率，即在长期中经济社会趋于接近的失业率"③；"进入和脱离失业群体人数相等时的失业率"④。虽然这些定义的文字表达方式有所不同，但是，在西方学者之间似乎存在着一种默契，即文字表达方式的差异是由于定义所强调的方面的不同，从而大体说来，自然失业率是指"充分就业时的失业率"⑤。本章如实地反映了这一既有差异又有共同点的情况。为什么西方学者以比较隐晦的方式来定义自然失业率？对此，我们在下面加以论述。

其次，自然失业率这一名词带有一定的意识形态色彩，因为就业和失业都是社会现象而不是自然现象。把社会造成的事实看做自然形成的后果，其目的不外乎是说：这一后果是自然规律所导致的，从而这一后果的正确性不容怀疑。换言之，充分就业（即自然失业率存在时的状态）是西方市场经济运行的不容置疑的趋向。因此，当这一结果存在时，即使存在着摩擦性失业和自愿失业，也与社会制度无关。因为前者是不可避免的自然形成的事实，而后者也来源于自然的原因。正是自然所形成的偏好才使那些嫌工资太低的人处于失业的行列。针对这种类似的解释，一位西方学者写道："把这种失业率称为'自然的'并把它和充分就业联系在一起是宣传，是理论为意识形态服务。"⑥

第二，菲利普斯曲线至少具有两种含义。

首先，失业和通货膨胀是西方市场经济的两大弊端，而宏观经济学的一个重要目的正是消除它们。然而，此时，菲利普斯曲线却从理论上证明，二者的共存是市场经济运行应有的后果。这一含义反映了宏观经济学的一个自我矛盾之处，即旨在消除两大弊端的宏观理论却承认无法同时消除这对矛盾。

其次，菲利普斯曲线也表明，失业和通货膨胀是相互消长的，即失业的减少会提高通货膨胀，而通货膨胀的降低又会带来失业的增加。这也就是说，在二者之间存在着为西方学者所承认的替换关系。正如本章在前面说明的那样，替换关系在政策上的含义是：可以用失业来医治通货膨胀，也可以用通货膨胀来医治失业。这一含义不仅在学术上被认同，而且在政策上发生作用。例如，在 20 世纪 80 年代，美国遭受严重的物价上涨，其年通货膨胀率达到 10%以上。当时的里根政府以 10%左右的失业率，试图达到抑制通货膨胀的目的。

---

① 皮尔斯．现代经济学词典．伦敦：麦克米伦公司，1981：302.

② 布兰查德．宏观经济学．6 版．伦敦：普伦蒂斯-霍尔公司，2012：6.

③ 曼昆．宏观经济学．8 版．纽约：沃斯出版公司，2000：539.

④ 多恩布什，费希尔，斯塔兹．宏观经济学．12 版．纽约：麦格劳-希尔公司，2013：537.

⑤ 为了节约篇幅，这里不作说明。

⑥ 威克斯．对新古典宏观经济学的批判．伦敦：麦克米伦公司，1989：235.

然而，失业和通货膨胀都会给人们带来痛苦[①]，给社会带来损失。二者在政策上的“替换”达到什么程度则应该取决于二者对社会造成损害的大小。然而，损害并不是由所有的社会成员平均负担的；社会各阶层或阶级负担的轻重取决于政策对它们的影响。因此，一些西方学者认为，用失业把通货膨胀率降低到什么程度至少部分地取决于决策者的意识形态。在这里，我们举出希柏斯模型作为例子，并不意味着该模型是正确的，我们在这里仅仅试图说明意识形态对西方反通货膨胀政策可能造成的影响。为了说明希柏斯模型，参见图 16－19。

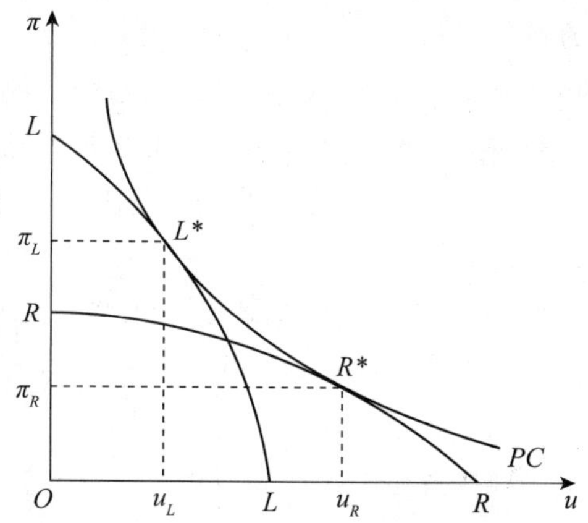

图 16－19　希柏斯模型

图 16－19 中的 PC 曲线表示一个社会的短期菲利普斯曲线。图中的 LL 曲线和 RR 曲线顺次代表左派和右派决策者的“痛苦曲线”，因为图中的横轴和纵轴分别表示失业率和通货膨胀率，而二者都会造成痛苦。“痛苦曲线”的意思与无差异曲线类似；不过，前者与后者相反，它向外凸出，用以表示痛苦量随着失业率和通货膨胀率的增加而递增。由于左派决策者偏向于劳动者，而失业对穷人的损害较大，所以 LL 曲线较为陡峭。这意味着，每增加一个百分点的失业率带来的痛苦大于每个百分点通货膨胀率的增加带来的痛苦。由于右派决策者偏向于富人，而通货膨胀对富人的损害较大，所以 RR 曲线比较平坦。这意味着，每增加一个百分点的失业率带来的痛苦小于每个百分点通货膨胀率的增加带来的痛苦。

按照左派和右派决策者的痛苦曲线，LL 曲线和 RR 曲线与 PC 曲线顺次相切于 L^* 点和 R^* 点。L^* 表示决策者选择较小的失业率（u_L）和较大的通货膨胀率（π_L），而 R^* 则相反。据说这一结果是有事实根据的。

关于希柏斯模型的正确性，虽然西方存在争论，但是，不论争论的后果如何，该模型可以向我们显示：以菲利普斯曲线为理论根据的西方经济政策并没有真正消除失业和通货膨胀，仅是用一种病痛来代替另一种病痛。该模型也为意识形态对政策选择的影响提供了一个新的说明。

---

① 如本章第七节引出的痛苦指数。

习题

1. 摩擦性失业与结构性失业相比，哪一种失业问题更严重？

2. 能否说有劳动能力的人都有工作才是充分就业？

3. 什么是自然失业率？哪些因素影响自然失业率的高低？

4. 说明短期菲利普斯曲线与长期菲利普斯曲线的关系。

5. 通货膨胀的成本有哪些？

6. 说明需求拉动的通货膨胀。

7. 若某一经济的价格水平 1984 年为 107.9，1985 年为 111.5，1986 年为 114.5，问 1985 年和 1986 年的通货膨胀率各是多少？若人们对 1987 年的通货膨胀率预期是按前两年通货膨胀率的算术平均形成的，设 1987 年的利率为 6%，问该年的实际利率为多少？

8. 设某经济某一时期有 1.75 亿成年人，其中 1.2 亿人有工作，0.1 亿人在寻找工作，0.45 亿人没工作但也没在找工作。试求：(1) 劳动力人数；(2) 劳动力参与率；(3) 失业率。

9. 设一经济有以下菲利普斯曲线：

$$\pi=\pi_{-1}-0.5(u-0.06)$$

(1) 该经济的自然失业率为多少？

(2) 为使通货膨胀率减少 5 个百分点，必须有多少周期性失业？

10. 试说明菲利普斯曲线和总供给曲线的关系。

11. 设某一经济的菲利普斯曲线为：$\pi=\pi_{-1}-0.4(u-0.06)$。

(1) 该经济的自然失业率是多少？

(2) 画出该经济的短期和长期菲利普斯曲线。

12. 试根据常规的短期总供给曲线推导出菲利普斯曲线。

13. 说明菲利普斯曲线的政策含义。

14. 已知某国货币工资上升率 $\Delta W/W$ 与失业率 u 之间的菲利普斯曲线为：

$$\Delta W/W=\frac{a}{u}+b$$

今有 W 与 u 的关系资料如下表所示：

W	100	110	115.5
u	4%	4%	6.67%

求该国的菲利普斯曲线方程。

15. 货币数量论是如何解释通货膨胀的？

第十七章 宏观经济政策

前面几章分析了国民收入决定的三个基本模型以及国民收入波动引发的失业和通胀问题。这些模型表明，国民收入在短期内的波动主要来自需求方面，同时与供给方面的变动也有关。为此有必要由政府对经济波动加以调节和管理。

第一节 宏观经济政策目标以及经济政策影响

一、宏观经济政策目标

宏观经济政策是政府为了增进整体经济福利、改善整体经济运行状况，以达到一定的政策目标而对宏观经济领域进行的有意识的干预。宏观经济政策的目标有四种：充分就业、价格稳定、经济持续均衡增长和国际收支平衡。① 宏观经济政策就是为了达到这些目标而制定的手段和措施。

充分就业是宏观经济政策第一目标。失业分为三种类型：摩擦性失业、结构性失业和周期性失业。摩擦性失业发生在个人正常寻找工作的过程中。当空缺职位要求的技能和位置与劳动力成员当前的技能和位置不匹配时，就会发生结构性失业。

---

① 除了上述目标，一些经济政策也在其他方面发挥作用。例如，累进所得税和社会保障支出有调节收入分配的作用，某些税收措施可用于扶持某些产业和地区的经济发展或防止环境污染，因而财政政策也可作为调节收入分配、调整产业结构、平衡地区发展和治理环境污染的工具。同样，货币政策也可以在这些方面发挥某些作用。然而，这里的分析仅限于宏观经济政策如何为实现上述四个目标服务。

宏观经济学认为，任何经济体通常都拥有一定数量的摩擦性失业和结构性失业。本书第十二章第六节也定义了自然失业率，当现实失业率等于自然失业率时，周期性失业为零。宏观经济学认为，一方面，周期性失业是一国政府应予以关注的重要宏观经济问题；另一方面，周期性失业是可以消除的，即当周期性失业为正时，政府可以通过财政政策和货币政策扩张经济予以减少或消除。失业总被认为会给社会及失业者本人和家庭带来损失。失业给失业者本人及其家庭在物质生活和精神生活上带来了莫大痛苦，也使社会损失了本来应当可以得到的产出量。因此，降低失业率，实现充分就业，就成为西方宏观经济政策的首要的或重要的目标。

价格稳定是宏观经济政策的第二个目标。**价格稳定是指价格总水平的稳定。**由于各种商品价格变化繁杂的统计困难，西方学者一般用价格指数来表示一般价格水平的变化。价格稳定成为宏观经济政策的目标，是由于通货膨胀对经济有不良影响。值得注意的是，价格稳定不是指每种商品的价格固定不变，而是指价格指数的相对稳定，即不出现较大通货膨胀。实践表明，西方国家的通货膨胀已经无法完全消除，因此大部分西方国家已把一般的轻微通货膨胀的存在看做基本正常的经济现象。

宏观经济政策的第三个目标是**经济持续均衡增长**。**经济增长是指在一个特定时期内经济社会所生产的人均产量和人均收入的持续增长**，通常用一定时期内实际国内生产总值年均增长率来衡量。第二次世界大战后西方国家的经济增长经历了一个从高速增长到低速增长的过程。经济增长和失业常常是相互关联的。如何维持较高的增长率以实现充分就业，是西方国家宏观经济政策追求的目标之一。

随着国际经济交往的密切，如何**平衡国际收支**也成为一国宏观经济政策的重要目标之一。国际收支对现代开放型经济的国家是至关重要的。西方经济学家认为，一国的国际收支状况不仅反映了这个国家的对外经济交往情况，还反映出该国经济的稳定程度。当一国国际收支处于失衡状态时，就必然会对国内经济形成冲击，从而影响该国国内的就业水平、价格水平及经济增长。

西方学者认为，要实现既定的经济政策目标，首先，政府运用的各种政策手段必须相互配合、协调一致。如果财政当局与货币当局的政策手段和目标发生冲突，那么就达不到理想的经济效果，甚至可能偏离政策目标更远。其次，政府在制定目标时，不能追求单一目标，而应该综合考虑，否则会带来经济上和政治上的副作用。因为经济政策目标相互之间不但存在互补性，也存在一定的冲突，如充分就业与价格稳定之间就存在两难选择。最后，还要考虑到政策本身的协调和对时机的把握程度。上述这些都影响政策有效性，即关系到政府经济目标实现的可能性和实现的程度。因此，政府在制定经济目标和经济政策时应该作整体性的宏观战略考虑和安排。

二、宏观经济政策的作用和影响

宏观经济政策可分为需求管理政策和供给管理政策，前者包括财政政策和货币政策，后者包括人力政策和收入政策等，但主要是需求管理政策，即财政政策和货币政策。

财政政策是政府变动税收和支出以便影响总需求进而影响就业和国民收入的政策。变动税收是指改变税率和税收结构。例如，经济萧条时，政府采用减税措施，给个人和企业多留些可支配收入，以刺激消费和投资需求，从而增加生产和就业。尽管这又会增加对货币的需求，使利率上升、私人投资受到一定影响、削弱减税对增加总需求的作用，但总的说来，国民收入还是增加了。再如，高收入者边际消费倾向较低，低收入者边际消费倾向较高，因而改变所得税结构，使高收入者增加些赋税负担，使低收入者减少些负担，同样可起到刺激社会总需求的作用。变动政府支出是指改变政府对产品与劳务的购买支出以及转移支付。例如，在经济萧条时，政府扩大对产品和劳务的购买，多搞些公共建设，就可以扩大私人企业的商品销路，还可以增加消费，刺激总需求。尽管这样做也会增加对货币的需求，从而使利率上升，影响一些私人投资，但总的说来，生产和就业还是会增加。政府还可以采用投资税收抵免或加速折旧等办法给私人投资以津贴，直接刺激私人投资，增加生产和就业。以上所有这些措施都是扩张性的财政政策。当然，在经济高涨、通货膨胀率上升得太快时，政府也可以采用增税、减少政府支出等紧缩性财政措施以控制物价上涨。

货币政策是货币当局即中央银行通过银行体系变动货币供给量来调节总需求的政策。例如，在经济萧条时增加货币供给，一方面可降低利率，刺激私人投资，另一方面，货币供给增加可直接支持企业扩大投资，进而刺激消费，使生产和就业增加；反之，在经济过热、通货膨胀率太高时，可紧缩货币供给量以提高利率，抑制投资和消费，使生产和就业减少或增长慢一些。前者是扩张性货币政策，后者是紧缩性货币政策。

可见，无论是财政政策还是货币政策，都是通过影响利率、消费、投资进而影响总需求，使就业和国民收入得到调节。这些影响如表 17－1 所示。

表 17－1　财政政策和货币政策的影响

政策种类	对利率的影响	对消费的影响	对投资的影响	对 GDP 的影响
财政政策（减少所得税）	上升	增加	减少	增加
财政政策（增加政府开支，包括政府购买和转移支付）	上升	增加	减少	增加
财政政策（投资津贴）	上升	增加	增加	增加
货币政策（扩大货币供给）	下降	增加	增加	增加

第二节 财政政策及其效果

一、财政的构成与财政政策工具

西方国家的经济是市场经济，但政府也直接参与经济活动，并在经济生活中起着十分重要的作用。这种作用与财政直接有关。在西方国家中，近几十年来政府参与经济活动的规模有了显著增长。拿政府支出来说，现在的美国政府支出大约占GDP的1/3，而在第一次世界大战前的1913年，政府支出还不足GDP的1/10。还要指出，美国政府支出在GDP中的比例按经济规模来说在主要工业化国家中还是比较小的，法国和德国政府支出接近GDP的一半。国家财政由政府收入和支出两个方面构成，其中政府支出包括政府购买和转移支付，而政府收入则包含税收和公债两个部分。

政府支出是指整个国家中各级政府支出的总和，由许多具体的支出项目构成，主要可分为政府购买和政府转移支付两类。**政府购买是指政府对产品和劳务的购买。如购买军需品、购买机关办公用品、发放政府雇员报酬、实施公共项目工程所需的支出等都属于政府购买。**政府购买是一种实质性支出，有着产品和劳务的实际交易，因而直接形成社会需求和购买力，是国民收入的一个组成部分。因此，政府购买是决定国民收入大小的重要因素之一，其规模直接关系到社会总需求的增减。政府购买对整个社会总支出水平具有十分重要的调节作用。在社会总支出水平过低时，政府可以提高购买水平，如举办公共工程，增加社会整体需求，以此同衰退进行斗争。反之，当总支出水平过高时，政府可以采取减少购买的政策，降低社会整体需求，以此来抑制通货膨胀。因此，变动政府购买水平是财政政策的有力手段。

政府支出中另一部分是转移支付。与政府购买不同，**政府转移支付是指政府在社会福利、社会保险、贫困救济和补助、公债利息等方面的支出**。这是一种货币性支出，政府在付出这些货币时并无相应的产品和劳务的交换发生，这是一种不以取得生产出来的产品和劳务作为报偿的支出。因此，转移支付不能算作国民收入的组成部分。它所作的仅仅是通过政府将收入在不同社会成员之间进行转移和重新分配，全社会的总收入并没有变动。据此，政府对农业的补贴也被看做政府转移支付。既然转移支付是政府支出的重要组成部分，因此，政府转移支付也是一项重要的财政政策工具。在前面的乘数分析中我们已经知道，它同样能够通过转移支付乘数作用于国民收入，但乘数效应要小于政府购买乘数效应。一般来讲，在总支出不足时，失业会增加，这时政府应增加社会福利费用，提高转移支付水平，从而增加人们的可支配收入和消费支出水平，社会有效需求因而增加；在总支出水平过高时，通货膨胀率上升，政府应减少社会福利支出，降低转移支付水平，从而降低人们的可支配收入和社会总需求水平。除了失业救济、养老金等福利费用外，其他转移支付项目如农产品价格补贴也应随经济风向而改变。

政府支出中各个构成部分在支出总额中的相对重要性是会变化的。例如，由于老龄人口的增加，包括为老龄人口支付养老金在内的社会保障支出所占比重会上升，同时，由于国家债务上升，公债利息支出所占比重会逐渐增长，因而，在政府支出中政府购买部分相对变小而转移支付部分相对变大了。

再看政府的收入。税收是政府收入中最主要的部分，它是国家为了实现其职能按照法律预先规定的标准，强制地、无偿地取得财政收入的一种手段，因此税收具有强制性、无偿性、固定性三个基本特征。正因为如此，税收可作为实行财政政策的有力手段之一。西方国家财政收入的增长，在很大程度上来源于税收收入的增长。税收依据不同标准可以作不同的分类。根据课税对象，税收可分为三类：财产税、所得税和流转税。财产税主要指对不动产即土地和土地上建筑物等所征收的税。遗产税一般包含在财产税中。所得税是对个人和公司的所得征税。在西方政府税收中，所得税占有很大比重，因此所得税税率的变动对经济活动会产生重大影响。流转税则是对流通中产品和劳务交易的总额征税。增值税是流转税的主要税种之一。根据收入中被扣除的比例，税收可以分为累退税、累进税和比例税。累退税是税率随征税客体总量增加而递减的一种税。比例税是税率不随征税客体总量变动而变动的一种税，即按固定比率从收入中征税，多适用于流转税和财产税。累进税是税率随征税客体总量增加而增加的一种税。西方国家的所得税多属于累进税。这三种税通过税率的高低及其变动来反映赋税负担轻重和税收总量的关系。因此税率的大小及其变动方向对经济活动如个人收入和消费会直接产生很大影响。税收作为一种政府收入手段，既是西方国家财政收入的主要来源，也是国家实施财政政策的一个重要手段。与政府购买、转移支付一样，税收同样具有乘数效应，即税收的变动对国民收入的变动具有倍增作用。由于税收乘数有两种，一种是税率的变动对总收入的影响，另一种是税收绝对量的变动对总收入的影响，因此税收作为政策工具，当被用来调节社会总需求时，既可以通过改变税率来实现，也可以通过变动税收总量来实现，如通过一次性减税来达到刺激社会总需求增加的目的。就税率而言，由于所得税是税收的主要来源，因此，改变税率主要是变动所得税的税率。一般来说，降低税率、减少税收都会引致社会总需求和国民产出的增长，反之则引起社会总需求和国民产出的降低。因此，在需求不足时可采取减税措施来抑制经济衰退，在需求过旺时可采取增税措施来抑制通货膨胀。

当政府税收不足以弥补政府支出时，政府就会发行公债，使公债成为政府财政收入的又一组成部分。**公债是政府对公众的债务，或公众对政府的债权。**它不同于税收，是政府运用信用形式筹集财政资金的特殊形式，包括中央政府的债务和地方政府的债务。中央政府的债务称为国债。政府借债一般有短期债、中期债和长期债三种形式。短期债一般通过出售国库券取得，主要进入短期资金市场（货币市场），利率较低，期限一般为 3 个月、6 个月和 1 年三种。中期债一般通过发行中期债券取得，期限一般在 1 年以上 5 年以下，期限在 5 年以上的为长期债。美国长期债最长的期限为40年。中长期债的利率因时间长、风险大而较高。中长期债是西方国家资本市场（长期资金市场）上最主要的交易品种之一。因此，政府公债的发行，一方面能增加财政收入，影响财政收支，属于财政政策；另一方面又能对包括货币市场和资本市场在内的金融市场的扩张和紧缩起重要作用，影响货币的供求，从而调节社会的总需求水平。因此，公债也是政府实施宏观调控的经济政策工具。

二、自动稳定与斟酌使用

政府的财政收支及其变动会直接、间接地影响宏观经济的运行。第二次世界大战后，西方国家经济虽然仍有周期性波动，但同20世纪30年代的大萧条相比，波动幅度大大变小，衰退的持续时间也大为缩短。其原因是多方面的，其中与西方财政制度和财政政策对经济的自动调节与主动调节不无关系。自动调节是指西方财政制度本身有着自动抑制经济波动即自动稳定器的作用；主动调节是指政府有意识地实行所谓反周期的相机抉择的积极财政政策。

1. 自动稳定器

自动稳定器，亦称内在稳定器，是指经济系统本身存在的一种会减少各种干扰对国民收入的冲击的机制，能够在经济繁荣时期自动抑制通货膨胀，在经济衰退时期自动减轻萧条，无须政府采取任何行动。财政政策的这种内在稳定经济的功能主要通过下述三项制度得到发挥。

首先是政府税收的自动变化。当经济衰退时，国民产出水平下降，个人收入减少；在税率不变的情况下，政府税收会自动减少，留给人们的可支配收入也会自动地少减少一些，从而使消费和需求也自动地少下降一些。在实行累进税的情况下，经济衰退使纳税人的收入自动进入较低纳税档次，政府税收下降的幅度会超过个人收入下降的幅度，从而可起到抑制衰退的作用；反之，当经济繁荣时，失业率下降，人们的收入自动增加，税收会随个人收入的增加而自动增加，可支配收入也就会自动地少增加一些，从而使消费和总需求自动地少增加一些。在实行累进税的情况下，繁荣使纳税人的收入自动进入较高的纳税档次，政府税收上升的幅度会超过个人收入上升的幅度，从而起到抑制通货膨胀的作用。税收的这种因经济变动而自动发生变化的内在机动性和伸缩性是一种有助于减轻经济波动的自动稳定因素。

其次是政府转移支付的自动变化，包括政府的失业救济和其他社会福利支出。当经济出现衰退与萧条时，失业增加，符合救济条件的人数增多，失业救济和其他社会福利开支就会相应增加，这可以抑制人们收入特别是可支配收入的下降，进而抑制消费需求的下降。当经济繁荣时，失业人数减少，失业救济和其他福利费支出也会自然减少，从而抑制可支配收入和消费的增长。

最后是农产品价格维持制度。当经济萧条时，国民收入下降，农产品价格下降，政府依照农产品价格维持制度，按支持价格收购农产品，可使农民收入和消费维持在一定水平上。当经济繁荣时，国民收入水平上升，农产品价格上升，这时政府可减少对农产品的收购并抛售农产品，限制农产品价格的上升，也就抑制了农民收入的增长，从而也就减少总需求的增加。

总之，政府税收和转移支付的自动变化、农产品价格维持制度对宏观经济活动都能起到稳定作用。它们都是财政制度的内在稳定器和应对经济波动的第一道防线。

2. 斟酌使用的财政政策

由于政府收支中转移支付和税收通过乘数作用所产生的效果都比一般自发性支出（如投资支出和政府购买支出）所能产生的效果要小，因此虽然各种自动稳定器一直在起作用，但作用有限，特别是对于剧烈的经济波动，自动稳定器更难以扭转。因此，西方经济学者认为，为确保经济稳定，**政府要审时度势，主动采取一些财政措施，变动支出水平或税收以稳定总需求水平，使之接近物价稳定的充分就业水平**。这就是**斟酌使用的或权衡性的财政政策**。当认为总需求过低，出现经济衰退时，政府应削减税收、降低税率、增加支出或双管齐下以刺激总需求；反之，当认为总需求过高，出现通货膨胀时，政府应增加税收或削减开支以抑制总需求。前者称为扩张性财政政策，后者称为紧缩性财政政策。这种**交替使用的扩张性和紧缩性财政政策，称为补偿性财政政策**。究竟什么时候采取扩张性财政政策，什么时候采取紧缩性财政政策，应由政府对经济形势加以分析权衡，斟酌使用。这样一套经济政策就是凯恩斯主义的相机抉择的“需求管理”。由于凯恩斯分析的是需求不足型萧条经济，因此他认为调节经济的重点要放在总需求的管理方面。凯恩斯主义者认为，当总需求过低，衰退和失业加剧时，政府应采取刺激需求的扩张性财政政策；当总需求过高，通货膨胀加剧时，政府应采取抑制总需求的紧缩性财政政策。简言之，要“逆经济风向行事”。

从 20 世纪 30 年代初美国罗斯福的“新政”到 60 年代初肯尼迪的繁荣，在一定的限度内，它们都是政府运用这套财政政策来提高有效需求的结果。但是 20 世纪 60 年代后期以来滞胀局面的出现，使人们对这种政策提出了怀疑。这说明斟酌使用的财政政策的作用同样具有局限性，因为在实际经济活动中存在各种各样的限制因素影响着这种财政政策作用的发挥。首先是时滞。发现总需求的变化，变动财政政策以及乘数作用的发挥，都需要时间。其次是不确定性。实行财政政策时，政府主要面临以下几个方面的不确定性：第一，乘数的大小难以准确地确定；第二，政府必须预测总需求水平通过财政政策的作用达到预定目标究竟需要多少时间，而在这一段时间内，总需求特别是投资可能会发生戏剧性的变化，这就可能导致决策失误；第三，外在的不可预测的随机因素的干扰也可能导致财政政策达不到预期结果。此外，还存在下面的章节中要分析的财政政策的“挤出效应”问题。所以，实行积极的财政政策时必须全面考虑这些因素的影响，尽量使其效果接近预期目标。

三、功能财政和预算盈余

根据权衡性财政政策，政府实施财政方面的积极政策主要是为了实现无通货膨胀的充分就业水平。当实现这一目标时，预算可以是盈余，也可以是赤字。这样的财政为功能财政。

预算赤字是政府财政支出大于收入的差额。实行扩张性财政政策，即减税和扩大政府支出就会造成预算赤字。**预算盈余是政府收入超过支出的余额。**实行紧缩性财政政策，即增税和减少政府支出，会产生预算盈余。

功能财政思想是凯恩斯主义者的财政思想。他们认为不能机械地用财政预算收支平衡的观点来对待预算赤字和预算盈余，而应根据反经济周期的需要来利用预算赤字和预算盈余。当国民收入低于充分就业的收入水平（即存在通货紧缩缺口）时，政府有义务实行扩张性财政政策，增加支出或减少税收，以实现充分就业。如果起初存在财政盈余，则政府有责任减少盈余甚至不惜出现更大的赤字，坚定地实行扩张性政策。反之，当存在通货膨胀缺口时，政府有责任减少支出，增加税收。如果起初存在预算盈余，则不应担心出现更大的盈余，而宁可盈余增大也要实行紧缩性政策；如果起初存在预算赤字，则应通过紧缩性政策减少赤字，甚至出现盈余。总之，功能财政思想认为，政府为了实现充分就业和消除通货膨胀，需要赤字就赤字，需要盈余就盈余，而不应为实现财政收支平衡而妨碍政府财政政策的正确制定和实行。可见功能财政是斟酌使用的财政政策的指导思想，而斟酌使用的财政政策是功能财政思想的实现和贯彻。它的提出是对原有财政平衡预算思想的否定。西方学者认为原有财政预算平衡思想主要是年度平衡预算和周期平衡预算两种。

年度平衡预算要求每个财政年度收支平衡。这是在 20 世纪 30 年代大危机以前普遍采取的政策原则。后来这个原则遭到凯恩斯主义者的攻击。他们认为，在经济衰退时，税收必然会随收入的减少而减少，如果坚持年度平衡预算的观点，那么为了减少赤字，只有减少政府支出或提高税率，其结果会加深衰退；当经济过热、出现通货膨胀时，税收必然随收入的增加而增加，为了减少盈余，要增加政府支出或降低税率，其结果反而会加剧通货膨胀。这样，坚持年度平衡预算只会使经济波动更加严重。

所谓**周期平衡预算是指政府收支在一个经济周期中保持平衡**。在经济衰退时实行扩张性政策，有意安排预算赤字，在繁荣时期实行紧缩性政策，有意安排预算盈余，以繁荣时的盈余弥补衰退时的赤字，使整个经济周期的盈余和赤字相抵而实现预算平衡。这种思想在理论上似乎非常完美，但实行起来非常困难。这是因为在一个预算周期内，很难准确估计繁荣与衰退的时间与程度，两者更不会完全相等，因此连预算都难以事先确定，从而周期预算平衡也无法实现。

虽然功能财政思想否定了原有的预算观点，主张预算目标不应是追求政府收支平衡，而应是无通货膨胀的充分就业，这一思想与机械地追求政府收支平衡目标相比，是一大进步，但是这种政策的实施也存在一定的困难。这不仅是由于经济波动难以预测，经济形势难以估计，而且决策也需要时间，效果也滞后，因此这种预算也难以充分奏效。例如，为消除通货膨胀而采取紧缩性政策，即增加税收或减少政府支出，但由于政策滞后，也许经济已转入衰退，但仍在实行紧缩性政策，结果会使衰退更加严重。

四、赤字与公债

按照功能财政的思想，二战后西方国家普遍实行了干预经济的积极的财政政策。这种政策从理论上说是逆经济风向行事的"相机抉择"，但事实上多数是搞扩张性财政政策，结果是财政赤字的上升和国家债务的积累。财政赤字是预算开支超过收入的结果。

弥补赤字的途径无非借债和出售政府资产。政府借债又可分为两类，一类是向中央银行借债，这实际上就是让中央银行增发货币或者说增加基础货币，这可称为货币筹资，或财政赤字货币化，其结果是通货膨胀，因而它本质上是用征收通货膨胀税的方式来解决赤字问题。另一类是向国内公众（商业银行及其他金融机构、企业和居民）和外国举债，这可称为债务筹资。一般说来，向国内公众和外国举债，不过是国内外购买力向政府部门转移，并不立即直接引起通货膨胀，因为基础货币并没有增加。然而，政府发行公债时往往会引起利率上升（因为发行或者说卖出公债时货币供给量要减少），中央银行如果想稳定利率，则必然要通过公开市场业务买进债券，从而增加货币供给。这样，预算赤字增加也会引起通货膨胀。

公债作为政府取得收入的一种形式可以为预算赤字融资，使赤字得到弥补。然而，政府发行了公债要还本付息，未清偿的债务会逐渐累积成巨大的债务净存量，这些债务净存量所要支付的利息又构成政府预算支出中一个十分庞大的支出。在美国，政府的利息支出在 GDP 中的比重在 1960—1969 年即 20 世纪 60 年代为 1.3%，而在 90 年代初已上升到 3.5%，即政府利息支出占 GDP 的份额在这 30 年左右增长了将近 2 倍，利息支出已成为政府支出中的重要组成部分。一国政府预算的总赤字等于非利息赤字（由不包括利息支付的全部政府开支减全部政府收入构成）和利息支出的总和，因此，即使非利息赤字为零或不变，只要利息支出增长，总赤字也会增加。赤字的增长如果仍是通过债务融资予以解决，则利息支出又会增加，从而使赤字进一步增加。可见，在其他条件不变时，赤字增长引起债务增长，债务增长引起利息负担增长，会使赤字进一步增长，如此循环往复，使公债利息支出本身成为赤字和公债逐步增长的重要因素之一。在美国，1992 年年底政府债务总量达 4 万亿美元，平均每个美国人分摊到 1.6 万美元，看上去这简直是一个天文数字了，但由于美国的经济总量大，因而仍可以承受。一国债务与 GDP 之比称为债务—收入比率，这一比率的变动主要取决于公债的实际利率、实际GDP的增长率和非利息预算盈余的状况。在非利息预算盈余不变时，公债利率越高，产出增长率越低，债务—收入比率就越有可能上升。如果非利息预算能不断有盈余，实际利率有所下降，实际GDP不断有所增长，则债务—收入比率会逐步下降。

近几年来，美国以及许多西方国家的财政赤字始终居高不下，财政支出的增长总是快于财政收入和GDP的增长。从收入看，由于经济增长乏力以及减税等原因，财政收入占GDP的比重逐步下降，而财政支出占GDP的比重由于人口老龄化导致医保、社保等这些刚性支出增加而持续快速攀升，加上国家债务规模带来的利息支出大幅上升，使得财政赤字不断增加。解决财政赤字问题无非增加税收、减少支出和举债三个途径。增加税收会得罪富有的选民，减少支出主要是压缩医保、社保等支出，这就会得罪贫困的选民。为争取选民，最好的办法还是政府举债。2001—2010年全球公共债务大量增加并且大部分来自西方发达国家。不仅希腊、爱尔兰、意大利、西班牙、葡萄牙等国债台高筑，而且法国、日本、美国等所谓“一线”发达国家也卷入债务危机。这就是财政赤字债务化的结果。

五、西方财政的分级管理体制

任何财政政策的制定和实施都是在一定的财政预算管理体制下进行的。一国政府通过财政政策所进行的一切干预活动，都必须以本国的财政管理体制为基础。因此，财政管理体制对政府调控宏观经济具有十分强烈的制约作用。下面对西方财政管理体制中的分级管理体制做一个简单介绍。

根据财权和事权相一致的原则，西方国家普遍采取分级管理的财政体制。在财政分级管理体制下，税收被划分为中央税、地方税和中央与地方共享税三种，分别规定为中央政府和地方政府的财政收入来源；支出也同样被划分为中央政府支出和地方政府支出，并各自规定了相应的支出范围。至于中央政府对地方政府的调节，则主要依靠税收返还制度和中央政府支出对地方政府的财政补助形式进行，中央政府财政预算与地方政府财政预算各自分开，自求平衡。美国是这种财政分级管理体制的典型代表。它实行联邦、州和地方的三级财政预算管理体系。就税收种类而言，联邦税主要包括个人所得税、财产税、社会保险税等。地方税包括财产税、公共设施税等。其中财产税由地方、州、联邦三级共同分享。联邦政府财政收入约占全部收入的60%，主要来自个人所得税、公司所得税、社会保险税这三项税收，州和地方约占40%。在联邦政府的预算支出中，约有10%用于补助州与地方。这样联邦政府既可以凭借其财力对州和地方的发展进行干预和影响，又可在一定程度上促进全国经济的平衡发展，调动地方理财的积极性，克服一切依赖中央的倾向。1932年前，州与地方政府来自联邦政府的补贴仅占总收入的3%，但自1934年后开始上升到13%，现在一般维持在10%左右。就支出而言，联邦政府的支出主要用于国防和国际关系，其次是社会保险。州与地方政府的财政支出则主要用于教育、道路、公共福利及公共设施等。在这种财政分级管理体制下，政府的预算收入与支出、所制定的税制结构与累进所得税制、失业保险等，都成为美国政府调控宏观经济、调整中央与地方关系以及帮助政府实施经济政策目标的重要手段。

六、财政政策效果的 *IS—LM* 图形分析

西方学者认为，财政政策效果可以通过 *IS—LM* 图形加以分析。财政政策效果的大小是指政府收支变化（包括变动税收、政府购买和转移支付等）使 *IS* 曲线变动对国民收入变动产生的影响。从 *IS—LM* 图形看，这种影响的大小随 *IS* 曲线和 *LM* 曲线的斜率不同而有所区别。

当 *LM* 曲线不变时，*IS* 曲线斜率的绝对值越小，即 *IS* 曲线越平坦，则移动 *IS* 曲线时收入变化就越小，即财政政策效果就越小；反之，*IS* 曲线越陡峭，则移动 *IS* 曲线时收入变化就越大，即财政政策效果就越大，如图 17 - 1（a）和（b）所示。

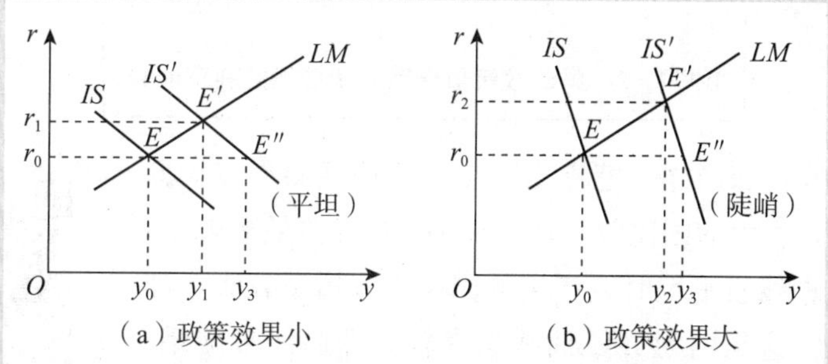

图 17 - 1　财政政策效果因 *IS* 曲线的斜率而异

从图 17 - 1（a）和（b）可见，$y_0y_1<y_0y_2$，也就是说，图 17 - 1（a）表示的政策效果小于图 17 - 1（b）表示的政策效果，原因在于图 17 - 1（a）中 *IS* 曲线比较平坦，而图 17 - 1（b）中 *IS* 曲线比较陡峭。*IS* 曲线的斜率主要由投资的利率系数决定，*IS* 曲线越平坦，表示投资的利率系数越大，即利率变动一定幅度所引起的投资变动的幅度越大。若投资对利率变动的反应较敏感，则一项扩张性财政政策使利率上升时，就会使私人投资下降很多，就是"挤出效应"较大。**"挤出效应"是指政府支出增加所引起的私人消费或投资降低的效果。**因此，*IS* 曲线越平坦，实行扩张性财政政策时被挤出的私人投资就越多，从而使国民收入增加得就越少，即政策效果越小。图 17 - 1（a）中的 y_1y_3 即由于利率上升而被挤出的私人投资所减少的国民收入，y_0y_1 是这项财政政策带来的收入。图 17 - 1（b）中的 *IS* 曲线较陡峭，政府支出的"挤出效应"较小，因而政策效果较大。

在 *IS* 曲线的斜率不变时，财政政策效果又随 *LM* 曲线的斜率不同而不同。*LM* 曲线的斜率越大，即 *LM* 曲线越陡峭，则移动 *IS* 曲线时收入变动就越小，即

财政政策效果就越小，反之，LM 曲线越平坦，则财政政策效果就越大，如图 17－2 所示。

在图 17－2 中，有一条斜率逐渐变得陡峭的 LM 曲线，相当于第十四章所说的 LM 曲线有三个区域，一般说来，在经济萧条、收入和利率较低时，LM 曲线较平缓，财政政策效果较大，而在收入水平较高、接近充分就业水平时，LM 曲线较陡峭，财政政策效果较小，表现在图中，政府支出同样增加 Δg，使 IS 曲线右移同样的距离，即 IS_1 到 IS_2 的水平距离和 IS_3 到 IS_4 的水平距离是相同的，但国民收入增加的程度 y_1y_2 明显大于 y_3y_4。

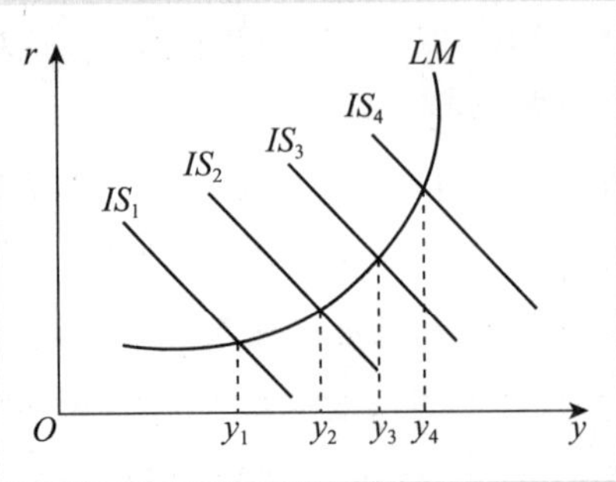

图 17－2 财政政策效果因 *LM* 曲线的斜率而异

为什么政府增加同样一笔支出，在 LM 曲线斜率较大即曲线较陡峭时，产生的国民收入增量较小，即政策效果较小；相反，在 LM 曲线较平坦时，产生的国民收入增量较大，即政策效果较大？这是因为 LM 曲线斜率较大即曲线较陡峭，表示货币需求的利率系数较小，或者说货币需求对利率的反应较不灵敏。这意味着由政府支出增加而带来的一定的货币需求增加将使利率上升较多，从而对私人部门投资产生较大的挤出效应，结果使财政政策效果较小。相反，当货币需求利率系数较大（从而 LM 曲线较平坦）时，政府由于增加支出，即使向私人部门借了很多钱（通过出售公债），也不会使利率上升很多，从而不会对私人投资产生很大影响。这样，政府增加支出就会使国民收入增加较多，即财政政策效果较大。

专栏 17－1
美国财政制度与政策变迁的简要回顾

上面说明了投资需求的利率系数和货币需求的利率系数对财政政策效果的影响。此外，支出乘数也会影响政策效果。这是因为较大的支出乘数意味着一笔政府支出会带来较多的收入增加，从而有较大的政策效果。然而，如果经济处于投资对利率高度敏感而货币需求对利率不敏感的状态，则即使支出乘数很大也无法使财政政策产生强有力的效果。

专栏 17－2
财政政策案例：肯尼迪减税

第三节 货币政策及其效果

一、商业银行和中央银行

要了解货币政策，必须首先具备一些西方银行制度的知识，因为货币政策要通过银行制度来实现。

在银行制度方面，西方主要国家的金融机构并不完全相同，大致来说包括金融中介机构和中央银行两类。金融中介机构中最主要的是商业银行，还包括储蓄和贷款协会、信用协会、保险公司、私人养老基金等。

商业银行之所以称为商业银行，是因为早先向银行借款的人都经营商业，但后来工业、农业、建筑业、消费者也日益依赖商业银行融通资金，故其客户遍及经济各部门，业务也多种多样，这时之所以仍叫商业银行，只是沿用旧称罢了。商业银行的主要业务是负债业务、资产业务和中间业务。负债业务主要是吸收存款，包括活期存款、定期存款和储蓄存款。资产业务主要包括放款和投资两类业务。放款业务是为企业提供短期贷款，包括票据贴现、抵押贷款等。投资业务就是购买有价证券以取得利息收入。中间业务是指代为顾客办理支付事项和其他委托事项，从中收取手续费的业务。

中央银行是一国的最高金融当局，它统筹管理全国的金融活动，实施货币政策以影响经济。当今世界除了少数地区和国家外，几乎所有已独立的国家和地区都设立了中央银行。它在美国是联邦储备体系（简称美联储），在英国是英格兰银行，在法国是法兰西银行，在德国是德意志联邦银行，在日本是日本银行，在中国是中国人民银行。一般认为，中央银行具有三个职能：

（1）作为发行的银行，发行国家的货币。

（2）作为银行的银行，既为商业银行提供贷款（用票据再贴现、抵押贷款等办法），又为商业银行集中保管存款准备金，还为商业银行集中办理全国的结算业务。

（3）作为国家的银行，第一，它代理国库，一方面根据国库委托代收各种税款和公债价款等收入作为国库的活期存款，另一方面代理国库拨付各项经费，代办各种付款与转账；第二，提供政府所需资金，既用贴现短期国库券等形式为政府提供短期资金，也用帮助政府发行公债或直接购买公债方式为政府提供长期资金；第三，代表政府与外国发生金融业务关系；第四，执行货币政策；第五，监督、管理全国金融市场的活动。

说明了什么是商业银行和中央银行以后，可以再来说明货币是由谁供给以及怎样供给。狭义的货币供给（M1）是指流通中的硬币、纸币和银行活期存款的总和。在西方经济学中，货币可被定义为在产品和劳务的交换及债务清偿中作为交换媒介或者支付工具而被法定为普遍接受的物品，因此最符合这个定义的是流通中的硬币、纸币和活期存款。流通中的硬币和纸币被称为通货，而活期存款同通货一样随时可用来支付债务，因而也可被看做严格意义上的货币，而且是最重要的货币，因为货币供给量中的大部分是活期存款，同时通过活期存款的派生机制还会创造货币。

二、存款创造和货币供给

商业银行吸收的存款不管是否为活期存款，银行都有随时给客户提取的义务，因为即使是定期存款或者储蓄存款，客户也可以在一定条件下（例如放弃原来的存款利率）将其变成活期存款。尽管如此，很少会出现所有储户在同一时间里取走全部存款的现象。因此，银行可以把绝大部分存款用于从事贷款或购买短期债券等盈利活动，只需要留下一部分存款作为应付提款需要的准备金就可以了。**这种经常保留的供支付存款提取用的一定金额，称为存款准备金。**在现代银行制度中，**这种准备金在存款中应当占的最低比率是由政府（具体由中央银行）规定的。这一比率称为法定准备率。按法定准备率提留的准备金是法定准备金。**法定准备金的一部分是银行库存现金，另一部分存放在中央银行的存款账户上。由于商业银行都想赚取尽可能多的利润，因此它们会把法定准备金以上的那部分存款当做超额准备金贷放出去或用于短期债券投资。正是这种可用较小比率的准备金来支持活期存款的能力，使得银行体系得以创造货币。下面举个例子说明这一点。

假定法定准备率为 20%，再假定银行客户会将其一切货币收入以活期存款形式存入银行。在这种情况下，甲客户将 100 万美元存入自己有账户的 A 银行，银行系统就因此增加了 100 万美元的存款。A 银行按法定准备率保留 20 万美元作为准备金存入中央银行，其余 80 万美元全部贷出，假定是借给一家公司用来购买机器，机器制造厂乙得到这笔从 A 银行开来的支票后又全部存入与自己有往来的 B 银行，B 银行得到这 80 万美元支票存款后留下 16 万美元作为准备金存入中央银行，然后贷放出 64 万美元，得到这笔贷款的丙厂商又会把它存入与自己有业务往来的 C 银行，C 银行留下其中 12.8 万美元作为准备金存入自己在中央银行的账户上，然后贷出 51.2 万美元。由此，不断存贷下去，各银行的存款总和是：

$$
\begin{aligned}
&100+80+64+51.2+\cdots\\
=&100\times(1+0.8+0.8^2+0.8^3+\cdots+0.8^{n-1}+\cdots)\\
=&\frac{100}{1-0.8}=500\ (\text{万美元})^{①}
\end{aligned}
$$

而贷款总和是：

---

① $1+0.8+0.8^2+0.8^3+\cdots+0.8^{n-1}+\cdots$是一个递减等比数列，其和为：

$$\frac{1}{1-0.8}=5$$

$$80+64+51.2+\cdots$$
$$=100\times(0.8+0.8^2+0.8^3+\cdots+0.8^n+\cdots)=400\text{（万美元）}$$

从以上例子可见，存款总和（用 D 表示）同这笔原始存款（用 R 表示）及法定准备率（用 r_d 表示）之间的关系为：

$$D=\frac{R}{r_d}$$

上面例子中这笔原始存款假定来自中央银行增加的一笔原始货币供给，则**中央银行新增一笔原始货币供给将使活期存款总和（亦即货币供给量）扩大为这笔新增原始货币供给量的$\frac{1}{r_d}$倍**。

在上例中就是 5 倍，$\frac{1}{r_d}$称为**货币创造乘数**，用 k 表示，则 $k=\frac{1}{r_d}$，它是法定准备率的倒数。若法定准备率是 0.2，则 $k=5$。

上述例子中的派生存款及贷款情况如表 17-2 所示。

表 17-2 银行存款的多倍派生存款 单位：万美元

存款人 (1)	银行存款 (2)=(3)+(4)	银行贷款 (3)=(2)×0.8	存款准备金 (4)=(2)×0.2
甲	100	80	20
乙	80	64	16
丙	64	51.2	12.8
⋮	⋮	⋮	⋮
合计	500	400	100

从上面的分析可知，货币的供给不能只看到中央银行起初投放了多少货币，而必须更为重视派生存款或者说派生货币，即由于货币创造乘数的作用而增加的货币供给量，而货币创造乘数的大小和法定准备率有关，法定准备率越大，乘数就越小。这是因为，法定准备率越大，说明商业银行吸收的每一轮存款中可用于贷款的份额越小，由于贷款会转化为存款，因而，下一轮存款就越少。

但应看到，以上所说货币创造乘数为法定准备率的倒数是有条件的。

第一，商业银行没有超额储备，即商业银行得到的存款扣除法定准备金后会全部贷放出去。但是，如果银行找不到可靠的贷款对象，或厂商由于预期利润率太低而不愿借款，或银行认为贷款的市场利率太低而不愿贷款，诸如此类原因都会使银行的实际贷款低于其本身的贷款能力。这部分没有贷放出去的款额就形成了**超额准备金，即超过法定准备金要求的准备金**（可用 ER 表示）。**超额准备金与存款的比率可称超额准备率**（可用 r_e 表示），法定准备金加超额准备金是银行的实际准备金。法定准备率加超额准备率是实际准备率。考虑到有超额准备金时，货币创造乘数就不再是 $k=\frac{1}{r_d}$，而应当是 $k=\frac{1}{r_d+r_e}$，即实际准备率的倒数。派生存款总额 $D=\frac{R}{r_d+r_e}$。例如，上面例子中这笔 100 万美元的原始存款在法定准备率 $r_d=20\%$时本来可派生出 500 万美元的存款，但如果超额准备率 $r_e=5\%$，则只能派生出 400 万美元的存款，因为本来银行应有 80 万美元的贷款能力，现在实际只贷出 75 万美元，还有 5 万美元的超额准备金未能形成派生存款，是一种漏出，于是货币创造乘数从 5 变成了 4。有了漏出，货币创造乘数就变为 $k=\frac{1}{r_d+r_e}$。可见，货币创造乘数不但和法定准备金有关，和超额准备金也有关。一般说来，市场贷款利率（用 r 表示）越高，银行越不愿多留超额准备金，因为准备金不能生利。因此，市场利率上升，超额准备率下降从而实际准备率会下降，货币乘数就会增大。货币乘数除了和法定准备率及市场利率有关外，还和商业银行向中央银行借款的利率或者说再贴现率有关。再贴现率或者说贴现率上升，表示商业银行向中央银行借款的成本上升，这会促使商业银行自己多留准备金，从而会提高实际准备率。可见，当贴现率上升时，货币创造乘数就会变小。

第二，银行客户将一切货币收入存入银行，支付完全以支票形式进行。假若客户未将得到的贷款全部存入银行，而是抽出一定比例的现金，则又会形成一种漏出。例如，在上面的例子中，假定银行客户（甲、乙、丙、丁等）在每一轮存款中抽出 5% 的现金，则 A 银行能贷出的款项将不再是 75 万美元（仍假定超额准备率 $r_e=5\%$）而是 70 万美元（70＝100－20－5－5），B 银行贷出的款项将是 49 万美元（49＝70－0.2×70－0.05×70－0.05×70），如此继续下去，最后形成的派生存款将是$\frac{100}{1-0.7}=$ 333.3（万美元）。现金和准备金一样不能形成派生存款。因此，若用 r_c 表示现金在存款中的比率，则有超额准备金和现金漏出时，货币创造乘数就为：$k=\frac{1}{r_d+r_e+r_c}$（注意：这里仅把活期存款当做货币供给）。

从这个式子中可以看到，货币创造乘数除了和法定准备率、超额准备率有关外，还和现金—存款比率有关。当这一比率上升时，货币创造乘数会变小。

上面说过，甲客户把 100 万美元存入银行时，这笔原始存款成为以后一轮一轮派生存款的来源或者说基础。可见，如果非银行部门（个人或企业）缩减其持有的货币，并将它存入银行，商业银行的超额准备金就会增加。这就为存款扩张或者说货币创造提供了基础。**存款扩张的基础是商业银行的准备金总额（包括法定的和超额的）加上非银行部门持有的通货，可称为基础货币或货币基础。由于它会派生出货币，因此是一种高能量的或者说活动力强大的货币，故又称高能货币或强力货币。**如果用 C_u 表示非银行部门持有的通货，用 R_d 表示法定准备金，用 R_e 表示超额准备金，用 H 表示基础货币，则有 $H=C_u+R_d+R_e$。这是商业银行借以扩张货币供给的基础。考虑到货币供给（严格意义的货币供给 M1）$M=C_u+D$，即为通货和活期存款的总和，则：

$$\frac{M}{H}=\frac{C_u+D}{C_u+R_d+R_e}$$

再将上式中右边的分子、分母都除以 D，则得：

$$\frac{M}{H}=\frac{\frac{C_u}{D}+1}{\frac{C_u}{D}+\frac{R_d}{D}+\frac{R_e}{D}}=\frac{r_c+1}{r_c+r_d+r_e} \tag{17.1}$$

这里，$\frac{M}{H}$就是货币创造乘数，它等于$\frac{r_c+1}{r_c+r_d+r_e}$。它之所以和上面例子中说过的 $k=\frac{1}{r_c+r_d+r_e}$不同，是因为上面例子中仅把活期存款总和当成货币供给量，而这里已把活期存款和通货合在一起当成货币供给量。在这里，由于$\frac{M}{H}=\frac{r_c+1}{r_c+r_d+r_e}$，即 $M=\frac{r_c+1}{r_c+r_d+r_e}\cdot H$，而货币创造乘数$\frac{r_c+1}{r_c+r_d+r_e}$又如上所述，和法定准备率、中央银行贴现率、市场借款利率及现金—存款比率有关，因此总体说来，货币供给可看做是基础货币供给、法定准备率、贴现率、市场利率和现金—存款比率的函数。所有这些影响货币供给的因素，都可以归结到准备金变动对货币供给变动的作用上来，因为准备金是银行创造货币的基础。中央银行正是通过控制准备金的供给来调节整个货币供给的。

这里必须强调指出：上述银行存款的多倍扩大的连锁反应也会发生相反的作用。例如，当甲客户从 A 银行中取走他的 100 万美元的存款时，A 银行必须支付 100 万美元的现款，其中的 20 万美元可由原有的准备金抵消，但为了弥补另外的 80 万美元，A 银行必须收回贷款 80 万美元。这样，乙为了偿付这 80 万美元，又必须从 B 银行取出存款 80 万美元，依此类推。读者可以自行计算出整个银行体系缩小的存款总额为 500 万美元。换言之，相反的连锁反应会使整个银行体系按乘数来缩小存款总额。此外还必须强调指出，这种多倍扩大或相应程度缩小只有通过一国的整个银行体系才能做到。例如，在表 17 - 2 中合计为 500 万美元的银行存款是存款人甲、乙、丙等存入不同银行的存款总和。这些不同银行意味着一国的整个银行体系。

三、债券价格与市场利率的关系

本书第十四章第二节从理论上说明了债券价格与利率的关系，债券价格与市场利率具有反方向变化的关系，即债券的价格越高，意味着利率越低；反之，债券的价格越低，意味着利率越高。这一反方向关系适用于一切金融市场，也是理解下面论述的货币政策的必要知识。这里用一个简单的例子加以说明。

假设今天（某年的 1 月 1 日）有一张 1 年到期（该年的 12 月 31 日）的、面值（到期偿付的本金）为 100 元、票面利率①（债券规定偿付的利率）为 10%的债券。

---

① 票面利率仅仅代表对某一债券人为规定的利率。它可以等于但绝不必然等于市场自发形成的利率。在西方经济学中，利率一般是指市场利率。

这就是说，在1年到期（该年的12月31日）时，该债券可以换取到110元（100元本金+10元利息=110元）。

一方面，如果这张债券在今天的市场价格为105元，则这表明：在市场上，今天的105元能换取到一年后的110元，从而今天的市场利率必然是4.76% $\left(\frac{110-105}{105}=0.0476=4.76\%\right)$，否则，该债券的市场价格就不会是105元。另一方面，如果该债券的市场价格为95元，则这表明：在市场上，今天的95元能换取到一年后的110元，从而今天的市场利率必然是15.8% $\left(\frac{110-95}{95}=0.158=15.8\%\right)$，否则，该债券的市场价格就不会是95元。由此可见，债券的价格从105元下降到95元，意味着利率从4.76%上升到15.8%。对有不同数值和规定的债券，虽然计算的步骤可以较为复杂，但是计算的基本方法和反方向的结果是一致的。总之，债券价格和市场利率呈现出的方向相反的关系存在于一切金融市场。

四、货币政策及其工具

中央银行通过控制货币供给量以及通过货币供给量来调节利率进而影响投资和整个经济以达到一定经济目标的行为就是货币政策。当然，这主要是凯恩斯主义者的观点，大致也是西方目前的主流观点。他们认为，货币政策和财政政策一样，也可以调节国民收入以达到稳定物价、充分就业的目标，实现经济稳定增长。二者的不同之处在于，财政政策直接影响总需求的规模，这种直接作用是没有任何中间变量的，而货币政策还要通过利率的变动对总需求发生影响，因而是间接发挥作用。

货币政策一般也分为扩张性的和紧缩性的。前者是通过增加货币供给来带动总需求的增长。当货币供给增加时，利率会降低，取得信贷更为容易，因此经济萧条时多采用扩张性货币政策；反之，紧缩性货币政策是通过削减货币供给来降低总需求水平，在这种情况下，取得信贷比较困难，利率也随之提高，因此，在通货膨胀严重时，多采用紧缩性货币政策。

中央银行运用哪些工具来变动货币供给量呢？西方主要国家运用工具的具体方式并不完全相同，但是在基本原则上是大体一致的。这里主要以美国的运作方式为例。

1. 再贴现率政策

这是美国中央银行最早运用的货币政策工具。**再贴现率是中央银行对商业银行及其他金融机构的贷款或者说放款利率。**本来，这种贴现是指商业银行把商业票据出售给当地的联邦储备银行，联邦储备银行按贴现率扣除一定利息后再把所贷款项加到商业银行的准备金账户上作为增加的准备金，所以把中央银行给商业银行的借款称为“贴现”。在美国，中央银行作为最后贷款人，主要是为了协助商业银行及其他存款机构对存款备有足够的准备金。如果一家存款机构（主要指商业银行）的准备金临时不足，比方说当某一银行的客户出乎意料地要把一大笔存款转到其他银行时，就会使该银行临时出现准备金不足的困难，则这时该银行就可用它持有的政府债券或合格的客户票据向当地的联邦储备银行的贴现窗口（办理这类贴现业务的地点）办理再贴现或申请借款。当这种贴现或借款增加时，就意味着商业银行准备金增加，进而引起货币供给量多倍增加。当这种贴现减少时，会引起货币供给量多倍减少。贴现率政策是指中央银行通过变动给商业银行及其他存款机构的贷款利率来调节货币供给量。贴现率提高，商业银行向中央银行的借款就会减少，准备金减少，从而货币供给量就会减少；贴现率降低，商业银行向中央银行的借款就会增加，准备金增加，从而货币供给量就会增加。但实际上，美联储并不经常使用贴现率来控制货币供给，因为贴现窗口的主要作用是允许商业银行和其他金融机构对其短期现金压力作出反应，对临时发生的准备金不足作适当调整。正因为贴现窗口主要用于满足银行临时准备金不足，因此，目前变动贴现率在货币政策中的重要性和早先相比已大大减弱。事实上，银行和其他存款机构也尽量避免去贴现窗口借款，只将它作为紧急求援手段，平时少加利用，以免被人误认为自己财务状况有问题。还需指出，通过变动贴现率控制货币供给本身也存在一些问题，例如，当银行十分缺乏准备金时，即使贴现率很高，银行依然会从贴现窗口借款。可见，通过变动贴现率来控制银行准备金的效果是相当有限的。事实上，再贴现率政策往往作为补充手段和公开市场业务政策结合在一起执行。

2. 公开市场业务

这是目前中央控制货币供给最重要也是最常用的工具。**公开市场业务是指中央银行在金融市场上公开买卖政府债券以控制货币供给和利率的政策行为。**政府债券是政府为筹措弥补财政赤字的资金而发行的支付利息的国库券或债券。这些被初次卖出的债券在普通居民、厂商、银行、养老基金等单位中被反复交易。美联储可参加这种交易，在这种交易中扩大和收缩货币供给。当美联储在公开市场上购买政府债券时，商业银行和其他存款机构的准备金将会以两种方式增加：如果美联储向个人或公司等非银行机构买进债券，则会开出支票，债券出售者将该支票存入自己的银行账户，该银行则将支票交给美联储作为自己在美联储账户上增加的准备金存款；如果美联储直接从各银行买进债券，则可直接按债券金额增加各银行在美联储中的准备金存款。当美联储售出政府债券时，情况则相反，准备金的变动就会引起货币供给按乘数发生变动。准备金变动了，银行客户取得信贷变得容易或困难了，本身就会影响经济，同时，美联储买卖政府债券的行为也会引起债券市场上需求和供给的变动，因而影响到债券价格以及市场利率。有价证券市场是一个竞争性市场，其价格由供求关系决定。当中央银行要购买债券时，对债券的市场需求就增加，债券价格会上升，而债券价格的上升就意味着利率的下降；反之亦然。公开市场业务之所以能成为中央银行控制货币供给最主要的手段，是因为运用这种政策手段有着比用其他手段更多的灵活性。例如在公开市场业务中，中央银行可及时地按照一定的目标来买卖政府债券，从而易于准确地控制银行体系的准备金。如果中央银行希望大量地变动货币供给，那么就可以根据改变量的规模来决定买进或卖出政府债券的数量；如果中央银行只希望少量地变动货币供给，那么就可以用少量的债券买卖达到目的。由于公开市场操作很灵活，因而便于被中央银行及时用来改变货币供给的方向，如变买进债券为卖出债券，立即就有可能使增加货币供给变为减少货币供给。

3. 法定准备率

中央银行有权决定商业银行和其他存款机构的法定准备率，如果中央银行认为需要增加货币供给，就可以降低法定准备率，使所有的存款机构对每一笔客户存款只需留出更少的准备金，或反过来说，让每一美元的准备金可支撑更多的存款。假定原来法定准备率为20%，则100美元存款必须留出20美元准备金，可贷金额为80美元，这样，增加1万美元的准备金就可以派生出5万美元的存款。若中央银行把法定准备率降低到10%，则100美元存款只需10美元准备金就行了，可贷金额为90美元，这样，减少1万美元的准备金（使得商业银行能够贷放出去）就可以派生出10万美元的存款，货币供给就因此增加了一倍。可见，降低法定准备率，实际上等于增加了货币供给，而提高法定准备率，就等于减少了货币供给。从理论上说，变动法定准备率是中央银行调整货币供给最简单的办法。然而，中央银行一般不愿轻易使用变动法定准备率这一手段。这是因为，商业银行向中央银行报告它们的准备金和存款状况时有一个时滞，因此今天变动的法定准备率一般要过一段日子（比方说两周以后）才起作用。再者，变动法定准备率的作用十分猛烈，一旦法定准备率变动，所有银行的信用就都必须扩张或收缩。因此，这一政策手段很少使用，一般几年才改变一次法定准备率。如果法定准备率变动频繁，那么会使商业银行和所有金融机构因正常信贷业务受到干扰而感到无所适从。

上述三大货币政策工具常常需要配合使用。例如，在中央银行在公开市场业务中出售政府债券使市场利率上升（即债券价格下降）后，正如上面已经说过的那样，再贴现率必须相应提高，以防止商业银行增加贴现。于是，商业银行对它的客户的贷款利率也将提高，以免产生亏损。相反，当中央银行认为需要扩大信用时，在公开市场业务中买进债券的同时，也可降低再贴现率。

货币政策除了以上三种主要工具外，还有一些其他工具，道义劝告就是其中之一。所谓**道义劝告，是指中央银行运用自己在金融体系中的特殊地位和威望，通过对银行及其他金融机构的劝告，影响其贷款和投资方向，以达到控制信用的目的。**如在衰退时期，鼓励银行扩大贷款，在通货膨胀时期，劝阻银行不要任意扩大信用，这也往往会收到一定的效果。但由于道义劝告没有可靠的法律地位，因而并不是强有力的控制措施。

五、货币政策操作方式、泰勒规则和通货膨胀目标制

货币政策是中央银行通过变动货币供给影响利率从而影响经济的政策，那么货币政策的中介目标究竟是利率还是货币供给量？在历史上，美联储素有以利率为中介目标的传统，但20世纪70年代货币主义兴起后，美联储慢慢信奉货币政策应实

行一个采用以长期名义 GDP 增长率为基础的确定的货币供给量增长率的“单一规则”，从而以货币供给量为中介目标的货币政策操作体系被确立了。但经过十多年的实践后，上述政策操作体系遇到巨大挑战，主要是货币供给量与物价水平的关系越来越不密切，因为 20 世纪 70 年代以来社会上充满了大量流动资金，这些资金没有被包括也很难被包括在货币供给量内，如果继续用货币供给量作为货币政策中介目标，政策就会出现重大失误。于是 20 世纪 90 年代起美联储对货币政策理念做了重大调整，确立了以调整实际利率为货币政策的主要依据和中介目标。泰勒规则对推动这一调整有着重要影响。

泰勒规则是美国斯坦福大学经济学教授约翰·泰勒于 1993 年根据美国的实际经济数据提出的针对通货膨胀率和产出增长率来调节利率的货币政策规则。具体来说，泰勒通过对美国、英国及加拿大等国货币政策的实践研究发现，在各种影响物价水平和产出增长率的因素中，真实利率是唯一能与物价和产出增长率保持长期稳定关系的变量，因此要使货币政策能真正调节物价（从而通货膨胀率）和产出增长率（从而失业率），货币当局就应把调节真实的名义利率作为主要操作方式。泰勒规则就是这样一种描述短期利率如何针对通货膨胀率和产出增长率变化调整的准则。

泰勒提出，央行的货币政策应遵循以下规则：

$$i=i^{*}+a(p-p^{*})-b(u-u^{*})$$

式中，p 和 p^{*} 分别是实际通货膨胀率和目标通货膨胀率，u 和 u^{*} 分别是实际失业率和自然失业率，i 和 i^{*} 分别是名义利率（以联邦基金利率即银行之间短期资金拆借利率衡量）和名义目标利率，a 和 b 是正的系数，表示央行对通货膨胀和失业的关心程度。

假定经济中存在一个“真实”的均衡联邦基金利率，在该利率水平上，就业率和物价均保持在由其自然法则决定的合理水平上。如果上述真实利率、经济增长率（从而就业率）和通货膨胀率的关系遭到破坏，货币当局就应采取措施予以纠正：若通货膨胀率高于目标值（$p>p^{*}$），央行就应将名义利率 i 设定为高于 i^{*} 的值，以抑制通货膨胀；若失业率高于自然失业率（$u>u^{*}$），央行就应降低名义利率，以降低失业率。

泰勒认为，没有必要刻板地执行这个规则。当经济发生严重的外来冲击时，货币政策不必拘泥于这个公式。但这个规则确实提供了一个货币政策思路：选择一个通货膨胀目标，不仅应考虑当前通货膨胀，也应考虑失业情况。研究发现，美国和德国的中央银行在制定货币政策时并不考虑泰勒规则，但这个规则很好地描述了它们过去 15～20 年的行为。难怪有人认为，1993 年和 1994 年美联储主席格林斯潘两次关于调整货币政策的证词都反映了泰勒规则的影响。

由于泰勒规则对货币政策操作方式的影响，许多人产生了一种错觉，以为美联储的操作方式改变了货币市场的运行方式，即认为是美联储决定利率而不再是货币供求关系决定利率。实际上，货币需求与供给依然决定利率的运行方式。唯一区别只是现在美联储通过调节货币供给来实现其目标利率。不能混淆美联储货币政策操作方式程序变化与经济运行方式（货币供求决定利率）变化。

泰勒规则关心的是利率和通货膨胀率与失业率的实际值与合理的目标值之差之间的关系。后来除了泰勒规则，美联储货币政策操作方式中还有一种叫做通货膨胀率目标制。从2012年1月起，美联储宣布了它的货币政策目标将保持年通货膨胀率在2%的水平上，根据此特定通货膨胀率来制定其政策。这种制定特定货币政策目标的操作方式就是通货膨胀目标制。英格兰银行也将其定为2%，其他国家则在1%～3%之间浮动。

很明显，通货膨胀目标制与泰勒规则有一定的区别。前者是前瞻性的，基于对未来通货膨胀的预期；而后者是根据已经发生的通货膨胀率和失业率来调整政策的。通货膨胀目标制的倡导者认为，它相比泰勒规则有两大优势：透明制和问责制。第一，经济不确定性降低，因为央行（美联储）的计划是透明的，公众知道通货膨胀目标制下的央行目标。第二，中央银行的成功与否可通过观察通货膨胀率与目标通货膨胀率的匹配程度来判断，可以向央行问责。

对通货膨胀目标制的批评是，它的限制性太强，因为有时候其他问题——比如金融体系的稳定性——应该优先于实现任何特定的通货膨胀率。事实上，2007年下半年和2008年年初就发生了金融动荡导致的衰退。尽管有这类批评意见，许多宏观经济学家对通货膨胀目标制还是有正面评价，因为货币政策的首要目标毕竟是控制通货膨胀。

专栏 17-3
经济复苏时期美联储的货币政策操作与泰勒规则

六、货币政策效果的 *IS—LM* 图形分析

货币政策的效果是指变动货币供给量的政策对总需求的影响。假定增加货币供给能使国民收入有较大增加，则货币政策效果就大；反之，则小。货币政策效果同样取决于 *IS* 曲线和 *LM* 曲线的斜率。

在 *LM* 曲线形状基本不变时，*IS* 曲线越平坦，*LM* 曲线的移动（由于实行变动货币供给量的货币政策）对国民收入变动的影响就越大；反之，*IS* 曲线越陡峭，*LM* 曲线的移动对国民收入变动的影响就越小，如图 17-3 所示。

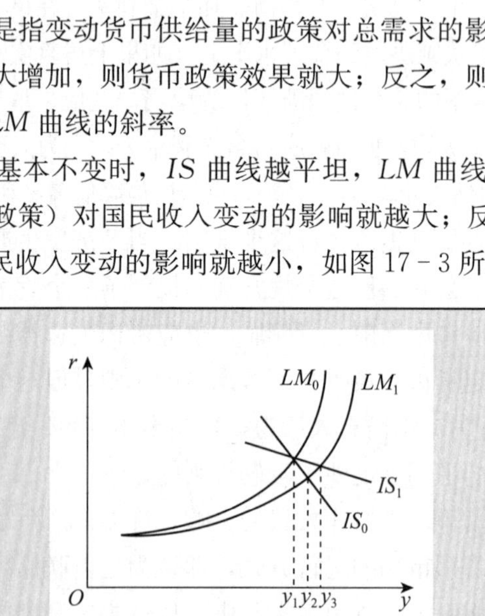

图 17-3 货币政策效果因 *IS* 曲线的斜率而异

图 17－3 中有两条 IS 曲线，IS_0 较陡峭，IS_1 较平坦。当货币供给增加使 LM 曲线从 LM_0 右移到 LM_1 时，当 IS 曲线较陡峭时，国民收入增加较少，即货币政策效果较小；而当 IS 曲线较平缓时，国民收入增加较多，即货币政策效果较大。这是因为，IS 曲线较陡峭，表示投资的利率系数较小（当然，支出乘数较小时 IS 曲线也较陡峭，但 IS 曲线的斜率主要取决于投资的利率系数），即投资对利率变动的敏感程度较差，因此，LM 曲线由于货币供给增加而向右移动使利率下降时，投资不会增加很多，从而国民收入也不会有较大增加；反之，IS 曲线较平坦，表示投资的利率系数较大，因此，货币供给增加使利率下降时，投资和收入会增加较多。

当 IS 曲线的斜率不变时，LM 曲线越平坦，货币政策效果越小；反之，则货币政策效果越大，如图 17－4 所示。

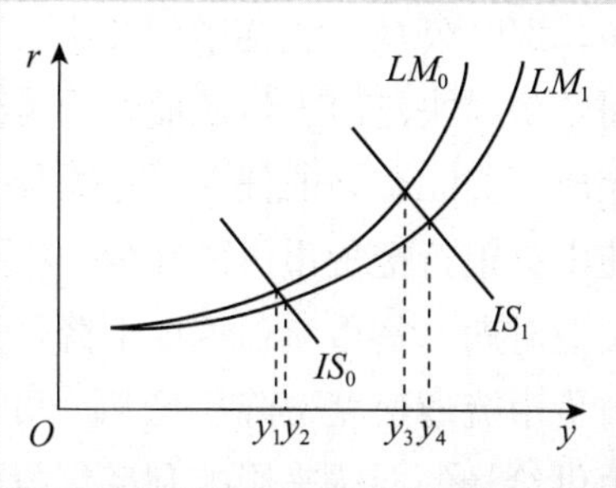

图 17－4　货币政策效果因 LM 曲线的斜率而异

在图 17－4 中，IS_0 和 IS_1 的斜率相同，货币供给增加使 LM 曲线从 LM_0 右移到 LM_1 时，LM 曲线较平坦时，收入增加较少；而 LM 曲线较陡峭时，收入增加较多。

为什么会如此？这是因为，LM 曲线较平坦，表示货币需求受利率的影响较大，即利率稍有变动就会使货币需求变动很多，因而货币供给量变动对利率变动的作用较小，从而增加货币供给量的货币政策就不会对投资和国民收入有较大影响；反之，LM 曲线较陡峭，表示货币需求受利率的影响较小，即货币供给量稍有增加就会使利率下降较多，因而使投资和国民收入有较多增加，即货币政策的效果较大。

七、货币政策的局限性

西方国家实行货币政策，常常是为了稳定经济，减少经济波动，但在实践中也存在一些局限性。

第一，在通货膨胀时期实行紧缩性的货币政策可能效果比较显著，但在经济衰退时期实行扩张性的货币政策效果就不明显。那时候，厂商对经济前景普遍悲观，即使中央银行松动银根，降低利率，投资者也不肯增加贷款而从事投资活动，银行为安全起见，也不肯轻易贷款。特别是由于存在着流动偏好陷阱，不论银根如何松动，利率都不会降低。这样，货币政策作为反衰退的政策，其效果就相当微弱。在西方有些学者把货币政策制止通货膨胀的效果比喻为马用缰绳拉车前进，意思是说效果很好；然而，他们却把货币政策促进繁荣的效果比喻为马用缰绳使车后退，即政策很难发生作用。

进一步说，即使从反通货膨胀的角度看，货币政策的作用也主要表现为反对需求拉动的通货膨胀，而对成本推动的通货膨胀，货币政策的效果就很小。因为物价的上升若是由工资上涨幅度超过劳动生产率上升幅度引起或由垄断厂商为获取高额利润引起的，则中央银行想通过控制货币供给来抑制通货膨胀就比较困难了。

第二，从货币市场均衡的情况看，增加或减少货币供给要影响利率，必须以货币流通速度不变为前提。如果这一前提并不存在，货币供给变动对经济的影响就要打折扣。在经济繁荣时期，中央银行为抑制通货膨胀需要紧缩货币供给，或者说放慢货币供给的增长率，然而，那时公众一般会增加支出，而且物价上升快时，公众不愿把货币持有在手中，而希望尽快花出去，从而货币流通速度会加快，在一定时期内本来的1美元也许可完成2美元交易的任务，这无异于在流通领域增加了1倍货币供给量。这时候，即使中央银行把货币供给减少50%，也无法把通货膨胀率降下来。反过来说，在经济衰退时期，货币流通速度下降，这时中央银行增加货币供给对经济的影响也就可能被货币流通速度下降所抵消。可见，若货币流通速度加快或放慢，那么，用变动货币供给量的办法来影响利率、投资和国民收入的货币政策效果就会受到影响或打折扣。

第三，货币政策的外部时滞也会影响政策效果。中央银行变动货币供给量，要通过影响利率来影响投资，然后影响就业和国民收入，因而，货币政策的作用要经过相当长一段时间才会充分得到发挥。尤其是，市场利率变动以后，投资规模并不会很快发生相应变动。利率下降以后，厂商扩大生产规模需要一个过程，利率上升以后，厂商缩小生产规模更不是一件容易的事，已经在建的工程难以停建，已经雇用的员工要解雇也不是轻而易举的事。总之，货币政策即使在开始采用时不用花很长时间，但从执行到产生效果有一个相当长的过程，在此过程中，经济状况有可能发生与人们原先预料的相反的变化。比方说，经济衰退时中央银行扩大货币供给，但未等这一政策效果完全发挥出来经济就已转入繁荣，物价已开始较快地上升，则原来的扩张性货币政策就不是反衰退，而是对加剧通货膨胀起了火上浇油的作用。

第四，在开放经济中，货币政策的效果还要因为资金在国际上流动而受到影响。例如，一国实行紧缩性货币政策时，利率上升，国外资金会流入，若汇率浮动，则本币会升值，出口会受抑制，进口会受刺激，从而使本国总需求比在封闭经济情况下有更大的下降；若实行固定汇率，则中央银行为使本币不升值，势必抛出本币，按固定汇率收购外币，于是货币市场上本国货币供给增加，使原先实行的紧缩性货币政

专栏 17-4
货币政策案例：沃克尔紧缩货币治通胀

策效果大打折扣。

货币政策在实践中存在的问题远不止这些，但仅从这些方面看，货币政策作为平抑经济波动的手段，作用也是有限的。

第四节　两种政策的混合使用

根据以上几节的分析可知，如果某一时期经济处于萧条状态，则政府既可采用扩张性财政政策，也可采用扩张性货币政策，还可以将两种政策结合起来使用，如图 17-5 所示。

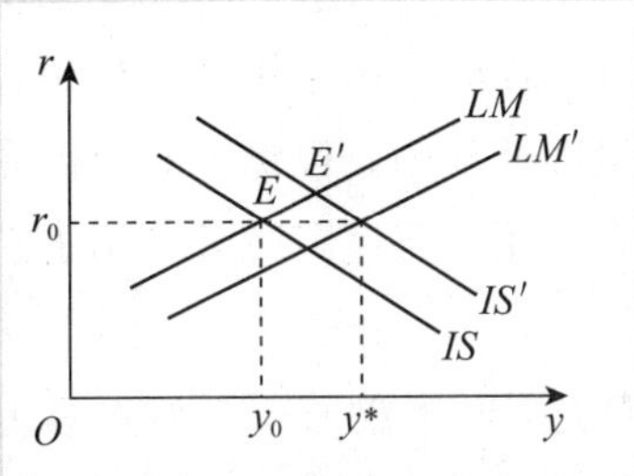

图 17-5　财政政策和货币政策的混合使用

假定经济起初处于图中的 E 点，收入为 y_0，利率为 r_0，而充分就业的收入为 y^*。为渡过萧条，达到充分就业，政府可实行扩张性财政政策将 IS 曲线右移，也可实行扩张性货币政策将 LM 曲线右移。采用这两种政策虽都可以使收入达到 y^*，但会使利率大幅度上升或下降。如果既想使收入增加到 y^*，又不使利率变动，则可采用扩张性财政政策和货币政策结合使用的办法。如图 17-5 所示，为了将收入从 y_0 提高到 y^*，可实行扩张性财政政策，使产出水平上升，但为了使利率不由于产出上升而上升，可相应地实行扩张性货币政策，增加货币供给量，使利率保持原有水平。从图 17-5 可见，如果仅实行扩张性财政政策，将 IS 曲线移到 IS'，则均衡点为 E'，利率上升到 r_0 之上，会发生“挤出效应”，产量不可能达到 y^*；如果采用“适应性的”货币政策，即按利率不上升的要求，增加货币供给，将 LM 曲线移到 LM'，则利率可保持不变，投资不被挤出，产量就可达到 y^*。

财政政策和货币政策可有多种结合，这种结合的政策效应，有的是事先可预计的，有的则必须根据财政政策和货币政策何者更强有力而定，因而是不确定的。例如，图 17-5 中 IS 曲线和 LM 曲线的移动幅度相同，因而产出增加时利率也不变，若财政政策的影响大于货币政策，IS 曲线右移的距离超过 LM 曲线右移的距离，则利率就会上升；反之，则会下降。可见，这两种政策结合使用时对利率的影响是不确定的。表 17-3 就给出了各种政策混合使用的效应。

表 17-3　财政政策和货币政策混合使用的政策效应

	政策混合	产出	利率
1	扩张性财政政策和紧缩性货币政策	不确定	上　升
2	紧缩性财政政策和紧缩性货币政策	减　少	不确定
3	紧缩性财政政策和扩张性货币政策	不确定	下　降
4	扩张性财政政策和扩张性货币政策	增　加	不确定

政府和中央银行可以根据具体情况和不同目标，选择不同的政策组合。例如，当经济萧条但又不太严重时，可采用第一种组合，用扩张性财政政策刺激总需求，又用紧缩性货币政策控制通货膨胀；当经济发生严重通货膨胀时，可采用第二种组合，紧缩货币来提高利率，降低总需求水平，又紧缩财政，以防止利率过分提高；当经济中出现通货膨胀又不太严重时，可采用第三种组合，用紧缩性财政政策压缩总需求，又用扩张性货币政策降低利率，以免财政过度紧缩而引起衰退；当经济严重萧条时，可采用第四种组合，用扩张性财政政策增加总需求，用扩张性货币政策降低利率以克服"挤出效应"。

例如，20 世纪 60 年代初美国经济萧条，为渡过衰退，政府一方面减税，另一方面采用"适应性的"货币政策，使产量增加时利率基本上保持不变。到 60 年代末 70 年代初，美国经济生活中通货膨胀率过高而失业率较低，为控制通货膨胀，实行了紧缩财政和紧缩货币相结合的政策。70 年代末 80 年代初，美国里根政府为克服通货膨胀和经济萧条并存的"滞胀"局面，采用了减税和紧缩通货相结合的政策，一方面刺激需求，增加供给，另一方面又克服通货膨胀。

在考虑如何混合使用两种政策时，不仅要看当时的经济形势，还要考虑政治上的需要。这是因为，虽然扩张性财政政策和货币政策都可增加总需求，但不同政策的后果可以对不同的人群产生不同的影响，也会使 GDP 的组成比例发生变化。例如，实行扩张性货币政策会使利率下降，投资增加，因而对投资部门尤其是住宅建设部门十分有利。可是，实行减税的扩张性财政政策，则有利于增加个人可支配收入，从而可增加消费支出。而同样是采用扩张性财政政策，如果是增加政府支出，例如兴办教育、防止污染、培训工人等，则人们受益的情况又不相同。正因为不同政策措施会对 GDP 的组成比例（投资、消费和政府购买在 GDP 中的构成比例）产生不同的影响，进而影响不同人群的利益，因此，政府在作出混合使用各种政策的决策时，必须考虑各行各业、各个阶层人群的利益如何协调的问题。

*第五节　博弈论在宏观经济政策中的应用

随着理性预期理论的兴起，宏观经济学对预期在经济政策制定中的作用给予了相当的重视，由此产生了博弈论在宏观经济政策理论方面的应用。事实上，这也构成了西方宏观经济学特别是宏观经济政策理论的一种发展。为了进一步说明宏观经济学的这一发展，本节用一个简单的博弈论模型来说明西方学者对货币政策的一种考察。

一、货币政策的博弈论描述

按照西方学者的说法，货币政策可以看成是政府（中央银行）与工会之间的一场博弈。政府为了达到低通货膨胀的目标，需要影响工人的工资协议，而这又取决于工会组织如何预期并作出相应的反应。

这场博弈的规则是，工会组织以一致要求增加货币工资作为第一步，工会须在增加货币工资还是不增加货币工资之间作出选择。政府走第二步，如果政府可以自由运用相机抉择权，它可以在提高货币增长率和不提高货币增长率之间作出选择。于是，这场博弈存在下面四种可能的结果（见图 17-6）。

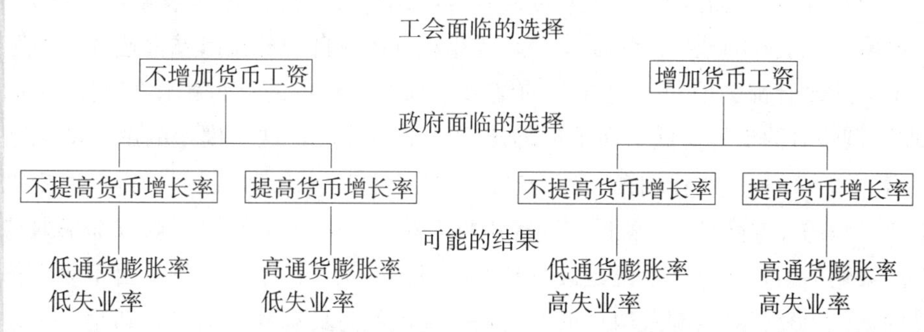

图 17-6 货币政策的博弈

二、货币政策的博弈模型

为了以简单的方式用博弈论分析上面描述的货币政策，下面用一个具体的博弈模型来说明。

如上所述，博弈的局中人为政府（中央银行）和工会。政府的策略有两个：不提高货币增长率和提高货币增长率，为简单起见，分别将其记为“不增”和“增”。工会的策略也有两个：不增加货币工资和增加货币工资，亦分别简记为“不增”和“增”。四种可能的博弈支付（即可以用货币来衡量的好处）可由矩阵表示（见图 17-7）。

在图 17-7 中，数对中的第一个数表示工会的支付，第二个数表示政府的支付。例如，策略组合（不增，增）的支付为（1，7），如果工会采取不增加货币工资策略，政府采取提高货币增长率策略，则工会的支付为1①，政府的支付为7②。读者可以对其他支付数对作类似的解释。现在的问题是求出这个模型的解。

		政府	
		不增	增
工会	不增	(5，5)	(1，7)
	增	(7，1)	(2，2)

图17-7　政府与工会的博弈

从本书微观部分所介绍的博弈论的基本知识中可知道，这里所给出的模型与"囚徒困境"的结构是一样的。于是，容易理解，从工会和政府共同的观点看，最好的选择显然是工会不要求增加货币工资，政府不增发货币，即策略组合为（不增，不增）。但是从博弈双方自身的利益看，无论对方选择什么策略，采取"增"这一策略总是最好的选择。然而，一旦博弈双方从各自的利益出发都选择"增"策略，工会和政府都会面对"更坏"的结果：双方所获得的支付都比它们同时选择"不增"策略时的支付要低。在单期静态博弈的情况下，这一模型的解，即策略组合（增，增）便构成纳什均衡，因为经济一旦处于这一状态，任何一方要改变策略都会使自身的境况变坏。③ 就像"囚徒困境"模型一样，虽然博弈双方都采取"不增"的策略的组合从总体上说是最有利的，但这一状态是不稳定的。由于双方都从利己的动机出发，结果都采取"增"策略，这虽不是最有利的结局，却是一个稳定的结局。总之，这一简单的博弈论模型刻画了政府（中央银行）和工会在宏观经济政策方面的复杂关系。

三、时间不一致性

利用前面所描述的工会与政府的博弈，还可以说明宏观经济政策的一个重要特点，即时间不一致性。

回到本节第一部分的情况中，假定在工资谈判前，政府公布紧缩性的货币政策，希望它有助于节制工资上升。如果政府坚持这样做，那么，对工会来说最有利的选择是不要求与预期通货膨胀相一致的工资上涨。这样将产生理想的结果：低通

① 由于工人的实际工资下降，从而使其境况恶化，因此，该支付数值相对较小。

② 该支付数值相对较大的原因在于，当工会没有改变货币工资时，政府提高货币增长率会使失业减少，同时不存在价格上涨压力，从而政府会获得较大的利益。

③ 这里，"境况变坏"的具体含义为支付数值减少。

货膨胀率、低失业率。若工会坚持要求增加工资，而政府仍坚持紧缩性货币政策，失业率就会提高。

然而，工会还能设想出这样的问题：一旦不要求工资上涨的工资协议定下来后，政府还会把不提高货币增长率作为最好的政策吗？答案往往是否定的。

实际的情况是，出于政治原因，政府常常倾向于采取以高通货膨胀率换取低失业率的政策。这就出现了这样一种可能性：如果工会同意不增加货币工资，政府很可能想抓住这个机会来减少失业。由于工资已经被钉住，更快的货币增长至少在短期内有利于创造就业机会，结果，工人遭受实际工资下降的损失。

另一种情况是，假如工会签订了增加货币工资的合同，政府决策者面临的选择则是：或者坚持紧缩性货币政策，让失业率上升；或者放弃紧缩性政策，以减少失业。在这种情况下，工会便会预期政府很可能放弃原来的紧缩性政策，而选择目前看来更好的政策：加快货币扩张，以降低失业率。**一项起初适合于今天的政策，随着时间的推移，就可能不再适合于明天，这就发生了时间不一致性。**① 借助于时间不一致性这一概念，可知政府最初的低通货膨胀政策因时间不一致性而受挫。如果工会意识到这一点，并预期货币将会更快地增长，那么，签订增加货币工资的合同总会使工人的处境好一些。若真如预期的那样，中央银行放弃了紧缩性政策，其结果则很可能是高通货膨胀率，而就业却不会增加。由此看来，如果政府可以根据情况的变化自由选择某个时期的政策，即使是最好的政策也存在着通货膨胀的倾向。政策的时间不一致性告诉人们，没有硬性规定政府必须执行其原来的计划，政府就有权选择目前看来更好的政策。问题在于，如果经济主体（在这里是工会）意识到这种情况，他们就会预测政策的变化并采取相应的行动，以阻止决策者所设想的目的的实现。

因此，赢得信誉的可靠办法就是：借助于人人相信决策者必须遵从有约束力的规则来消除政府改变政策的可能性。在“时间不一致性”概念被提出之前，赞成规则的人倾向于非干预主义，他们认为反通货膨胀政策是无效的，甚至是有害的。时间不一致性的概念不仅使宏观经济政策争论的焦点转移到了积极干预政策是否有效的问题上，而且启示人们，建立对规则的信任比具体的规则本身更为重要。

第六节 关于总需求管理政策的争论

上面所说的财政政策和货币政策思想，体现了凯恩斯主义经济学家的理论和政策主张，属于对经济进行干预的思潮。但也有另外一些经济学家反对这种干预，而主张经济自由。是否主张经济干预，就是是否主张对总需求加以管理和调节。如果

① “时间不一致性”这一概念最早在芬·基德兰德与爱德华·普雷斯科特合写的《宁要单一规则，不要相机抉择：最优计划的不一致性》[载《政治经济学杂志》，1977，85（2）]一文中被提出。

主张管理和调节，又怎样来管理和调节，或者说按什么规则来管理和调节，对这些问题，经济学家有不同看法。

一、要不要干预

在要不要采取政策来稳定经济的问题上，一些经济学家认为，经济波动的根源是外生因素的干扰，社会经济本身会适应这些干扰，市场会对经济环境的变化提供良好的解决办法。比方说，外生的冲击（如技术变革、战争、自然灾害等）造成了失业，只要希望工作的人肯降低工资和非货币报酬要求，总会找到工作，因而失业不会成为问题。政府不用为此进行干预，干预也无能为力。另一些经济学家（如新古典宏观经济学家）也相信市场会对经济变动作出迅速的反应，政府干预政策不但在很大程度上无效，反而会带来一些坏处。理由主要有：

一是政府预测能力有限。政府预测经济，要运用宏观计量经济模型。政府机构和私人企业为了预测市场和进行政策分析，建立了这样或那样的模型。这些模型由一些方程组成。然而这些方程的变量和参数并不会像模型中假设的那样准确。它们是多变且难以捉摸的。例如，人们的边际消费倾向并不会一成不变。这样，建立在这些模型基础上的经济政策是否能正确调控经济就成问题。此外，政策实施后要经过一段时间（即时滞）才会影响经济。但政策制定者很难预测几个月后经济会怎样变化，会不会本来以为要衰退，实际结果不仅不衰退反而走热起来，原以为要升温结果反而衰退。总之，经济变动有很大的不确定性，而人们的预测能力有限，这给制定政策带来了难度。

二是政策的时滞。这是指政策从认识到决策，再到实施和产生效果，要有一个时间过程。这种时滞分为内在时滞和外在时滞。内在时滞是指从经济中发生了不稳定到决策者制定出适当政策并付诸实施之间的时间间隔，包括认识时滞（指经济中发生了变动，对这种变动情况的资料作收集、分析、加工、整理、评价等所需的时间）、决策时滞（主要指政策制定者作决策所需要的立法程序的时间）、实施时滞（指从作出决策到付诸实施所需要的时间，也称行动时滞）。外在时滞是指经济政策从实施到对经济发生作用并达到预期目标所需要的时间过程，由于政策实施后首先要影响中间变量，再由中间变量影响到目标变量，这都需要一个时间过程。例如，减税政策实施后首先要影响到可支配收入（中间变量），然后才能影响到消费和投资，进而影响到国民收入（目标变量）。通常来说，财政政策内在时滞较长，尤其决策时滞较长，而货币政策内在时滞较短，但其外在时滞较长，因为从变动货币供给量到影响利率，再到影响投资和国民收入，需要较长时间。不管如何，财政政策和货币政策都有时滞。在此过程中，经济可能发生了与预期目标不同的变化，这就会影响经济政策的效果。

三是公众对政策的反应。例如，政府制定增加货币供给的政策时，并没有考虑到理性预期的当事人能够利用有关货币政策规则的知识很快形成未来价格和其他经济变量的正确预期并采取相应的对策（如事先就要求提高工资、利率等）。如果公众（经济当事人）作出这种理性预期的对策，那么增加货币供应的政策就会变得无效。

基于以上种种理由，这些经济学家不主张对经济波动作人为干预，相信市场本身会对经济的变动作出自动调整。

然而凯恩斯主义者则坚持稳定经济的政策是必要的、有效的。他们认为，经济在遭受来自需求方或供给方的冲击后会衰退，工资和价格并不能迅速调整到市场出清状态。如果衰退引起了大规模失业，由于种种原因（例如工资合同未到期）企业并不能立刻降低工资，因而工人并不会很快重新就业。工资和价格即使会调整，但这种调整只能缓慢进行。要让经济调整到实际产量等于正常产量状态需要一个很长的过程，甚至可能要几年的时间。在这个过程中，经济处于非均衡状态，会出现经济萧条和失业局面，给社会带来长期痛苦。政府采取稳定的政策，即刺激需求的财政政策或货币政策，就会较快恢复经济。可见，这样的政策是必要的和有效的。

这种要不要采取稳定经济的政策的讨论还会长期进行下去，但实际上各国政府在发生经济较大波动时都是采取政策来调节的。

二、关于政策有效性的争论

上面已经讲到经济学家关于政策有效性的争论中公众对政策的反应问题，但这是指公众对政府增加货币供给政策的反应问题。现在再讲一个公众对财政政策的反应问题即政府用发行公债来刺激经济有没有效果问题的争论。凯恩斯主义者认为，国家实行赤字财政政策时，用发行公债比增加税收弥补赤字要好，增加税收会影响消费需求，从而降低赤字财政政策的效果。

新古典主义经济学家 R. 巴罗根据当年（1817 年）大卫·李嘉图的一个猜测，认为政府用公债筹资和用增加税收筹资可能对经济的影响是一样的，因为人们会认识到政府还债还是要用增加税收来解决，因此他们会把相当于未来增加税收的一部分财富储蓄起来。尽管李嘉图自己并不认为上述猜测在现实中行得通，但巴罗认为，按理性行事的人们确实是如此行事的，就是政府还债的更高赋税可能部分会落到后代人身上，但人们都是关心后代的，因此还是会为后代着想而增加储蓄以应付还债。这就是所谓的巴罗-李嘉图等价定理。根据这一定理，政府借债只是公民纳税被推迟而已，故不会刺激消费。因此政府用发行公债搞赤字财政的政策是无效的。

巴罗-李嘉图等价定理受到凯恩斯主义者的批评。他们认为，人们通常并没有动机为超出自己生命限度的未来征税而积蓄财富，他们关心的是自己当前的利益，并不关心自己生命以外的事情，并不会认为今天的政府借债就是明天的更重赋税从而为未来还债增加储蓄，而会把钱用于消费和投资。因此政府用发行公债搞赤字财政来增加总需求的政策还是有效的。

三、按什么规则对经济进行干预

如果认为政府还是应该对经济运行做一定的政策干预或调节，那么就会产生另一个问题：要按什么样的规则进行干预？

以货币政策说，经济学家提出过如下几种不同的政策规则。

第一种是稳定比率货币供给量增长的规则。这就是货币主义的代表人物弗里德曼提出的所谓“单一规则”。他提出，在没有通货膨胀的情况下，按平均国民收入增长率加上人口增长率来规定并宣布一个长期不变的货币增长率，是货币政策最好的选择，此外就不要再进行其他政策调节了。据说这样的货币政策能给经济提供一个稳定的环境，可防止货币本身成为经济波动的根源。这一点本书后面还要提到。

第二种是以名义 GDP 为目标变量的政策规则。根据此规则，央行宣布一个名义 GDP 的年增长率目标，若名义 GDP 上升到此目标以上，就降低货币增长率以抑制总需求。若低于此目标，就提高货币增长率以刺激总需求。据称这种规则会比上述单一规则的政策更能导致产出的稳定。

第三种是以一定的名义通货膨胀率为目标变量的政策规则。根据此规则，央行公开宣布一个较低的通货膨胀率，然后根据实际通货膨胀率与此目标通货膨胀率的偏离程度调整货币供给，即实际通货膨胀率高于目标通货膨胀率时就降低货币增长率以抑制总需求，反之则提高货币增长率以刺激总需求。据称这一规则具有容易操作且容易公布于众的优点。

第四种是以一定的真实利率（“真实”的联邦基金利率）作为操作变量的政策规则，这就是上面讨论过的泰勒规则。泰勒认为，在各种影响物价水平和产出增长率的因素中，真实利率是唯一能与物价和产出增长率保持长期稳定关系的变量，因此要使货币政策能真正调节物价（从而通货膨胀率）和产出增长率（从而失业率），货币当局就应把调节真实的名义利率作为主要操作方式。若实际通货膨胀率和失业率偏离目标值，就应当调节名义利率，以抑制通货膨胀或降低失业率。

对比上述四种规则不难发现，第一种规则即“单一规则”实际上属于不主张政府干预的经济自由主义，因为按此规则，除政府按一定比率增加货币供给量外，其余都不用调节，市场本身会对经济波动作出调整。其余三种规则都属于主张国家对经济波动进行干预的思潮，且本质上也都是“相机抉择”的权衡性政策思想。它们都主张在经济波动时要用货币政策对经济进行干预。它们的主要区别在于把什么当做政策目标变量。第二、第三种规则的目标变量分别是 GDP 和通货膨胀率，操作变量都是货币供给量。第四种规则的目标变量是通货膨胀率和失业率（实际上也是 GDP 增长率），操作变量是利率。可见，这几种政策规则的区别只是在政策目标变量和操作变量的选择上。

第七节　供给管理政策

从完整的角度看，宏观经济政策除了前面论述的需求管理之外，还包括供给管理。本节就对后者做简要说明。

一、短期供给管理政策的含义

这里所谓的供给管理的政策不是指如何促进经济长期增长的政策，例如发展教育事业、增加资本积累、推进科技进步等方面的政策，而是指在短期内如何从供给方面采取一些政策措施来消除较大经济波动带来的失业和通胀。如果由于某种原因使 AS 曲线向左移动，可能形成失业和通胀并存的滞胀局面。短期供给管理政策通常就是用来对付这种局面的。

下面分两点来说明这种供给管理政策。

二、收入政策和人力政策

收入政策和人力政策是从供给方面分别用来对付通胀和失业的政策措施。面对20世纪70年代各主要西方国家出现的滞胀局面，调节总需求的宏观经济政策，无论是财政政策还是货币政策都显得无能为力。这些政策只能用来对付单独发生的失业和通胀。为了对付同时出现的失业和通胀，主流的凯恩斯主义经济学家即新古典综合派的主要代表人物如萨缪尔森、托宾等人主张，应当在推行宏观的财政政策、货币政策的同时配合实行收入政策和人力政策。

收入政策是用来限制垄断企业和工会对物价和工资的操纵的一种重要政策，即实行以管制工资—物价为主要内容的政策。一般说来，它包括如下不同措施：（1）制定工资—物价“指导”线，即由政府当局根据长期劳动生产率增长趋势来确定工资和物价的增长标准，要求企业和工会通过双方协商，自愿把工资和物价的增长率限制在全社会劳动生产率平均增长幅度以内。（2）对某种具体的较快上涨的工资或者物价形势，由政府进行“权威性”劝说或者施加压力来扭转局势。（3）实行工资—物价的硬性管制，即由政府颁布法令对工资和物价实施管制，甚至暂时加以冻结。（4）以税收为基础的收入政策，即政府以税收作为惩罚或者奖励的手段来限制工资增长。如果工资增长率保持在政府规定的界限以下，则以减少个人和公司所得税作为奖励；如果工资增长率超过政府规定的界限，则以增加所得税作为惩罚。

人力政策是用以改进劳动市场状况，消除劳动市场不完全性，以便克服失业和通货膨胀进退两难的困境的。这种政策通常包括以下措施：发展多吸收劳动力的服务部门；由政府直接雇用私人企业不愿招雇的工人和非熟练工人，让他们从事对社会有益的事业，并使这些处境不利的工人通过有用经验的传授和劳动习惯的养成而能够从事那些正规的永久性的工作；加强劳动力的重新培训；指导和协助失业人员寻找工作，以增加就业机会；增大劳工在地区或者职业方面的流动性等。

三、供给学派的政策主张

如果说新古典综合派的收入政策和人力政策还只是财政政策与货币政策的配角，那么20世纪70年代后期在美国兴起并作为里根总统经济政策重要参考的供给学派的政策思想，则是直接作为凯恩斯主义学派的总需求管理政策的对立面出现的供给管理政策主张。供给管理政策主张的核心是强调激励的作用，认为激励意味着给工作、储蓄、投资和企业家才能足够的报酬，而凯恩斯主义的需求管理政策使政府支出日益增加，为了弥补财政赤字，只能靠增加税收和发行货币，结果严重挫伤了人们工作、储蓄和投资的积极性，造成供给不足，从而使失业和通胀同时出现。

为了增强激励，供给学派提出了一套供给管理的政策思想，其核心是减税，特别是要降低高边际税率（增加的税收在增加的收入中的比例），因为高边际税率是妨碍工作、储蓄、投资和创新积极性及提高劳动生产率的罪魁祸首。降低了税收就会提高资产报酬率，鼓励储蓄和投资，提高劳动生产率，降低产品成本，缓和通货膨胀，并导致消费、产出和就业增加。

为了证明减税的重要性，供给学派还对肯尼迪减税政策的效果做了重新解释。1964年和1965年生效的肯尼迪减税政策使边际税率平均下降20%，带来了美国经济的高涨。对于减税的效果，凯恩斯主义经济学家将它归功于减税提高了消费和投资需求。供给学派认为并不是如此，因为减税不仅没有刺激消费，反而使储蓄增长并超过了减税额。例如1967年储蓄增加了190亿美元，相当于减税额的121%。这说明减税对经济的刺激主要在于增加了储蓄，提高了资本形成能力，从而促进了增长。①

供给学派的政策思想大大影响了里根政府的政策。1977年一些议员提出的在3年内全面削减边际税率30%的《肯普-罗思法案》就一度为里根政府所坚持并取得了促进经济复兴的效果。这是继肯尼迪减税后美国减税政策的又一成功案例。

在供给政策方面，除了减税政策这一主要思想以外，供给学派还提出以下一些主张：(1) 减少政府开支，削减福利支出。这不但可以平衡财政收支，还可以提高私人投资能力，增加供给。供给学派认为，创造就业主要得靠私人投资，不能靠公共部门扩张和增加财政支出，财政扩张只会挤出私人部门增长带来的就业。(2) 货币供给的稳定、适度和可测，使货币供给量增长和长期经济增长相适应。(3) 减少国家对经济的干预和控制，充分发挥企业家的积极性，更多依靠市场力量调节经济。②

---

① 保罗·克雷·罗伯茨．供给学派的革命．上海：上海译文出版社，1987：230.

② 尹伯成．西方经济学说史．3版．上海：复旦大学出版社，2017：129.

第八节 结束语

本章要点可以归结如下：

(1) 管理总需求的宏观经济政策主要有四个目标：充分就业、价格稳定、经济均衡增长和国际收支平衡；而西方国家使用财政和货币这两种政策力求达到这四个目标。各种财政政策工具（所得税、政府支出、投资津贴等）和货币政策工具对利率、消费、投资与 GDP 会有不同的影响。

(2) 西方国家财政由政府收入（包括税收和公债）和支出（包括政府购买和转移支付）两方面构成，而财政对经济的调节又分为自动调节和主动调节两类。自动调节是指西方财政制度本身有着自动抑制经济波动（即自动稳定器）的作用，包括政府税收的自动变化、政府支出的自动变化和农产品价格维持制度；主动调节是指政府有意识地实行积极的财政政策，即斟酌使用的熨平经济波动的财政政策。实行积极的财政政策，财政的功能就要发生从单纯地追求预算平衡到追求充分就业和物价稳定的转变，从而对财政赤字和公债的作用要有一个新的认识。

(3) 积极的货币政策是中央银行通过货币供给量来调节利率进而影响投资和整个经济的政策。狭义货币包括通货和活期存款。活期存款的派生机制，使中央银行能通过控制准备金来调节整个货币供给。中央银行变动货币供给的政策工具主要有再贴现率、公开市场业务和法定准备率。

(4) 财政政策和货币政策还可根据经济形势变化的需要作混合使用。

(5) 对于是否要用财政政策和货币政策对总需求加以调节和管理，以及按什么规则来调节和管理，主张经济自由的经济学家和凯恩斯主义者有着很大分歧和争论。

(6) 来自供给管理的政策包括主流凯恩斯主义者的收入政策、人力政策和供给学派的以减税为核心的刺激供给的政策。二者的出发点和着眼点不同。

本章论述了西方宏观经济政策的执行及其后果。在这些方面，西方学者提出了一些有关宏观经济政策的局限性的论点，其中比较普遍认可的有四个。

第一，货币政策制止严重萧条时无能为力。当严重的萧条状态出现时，人们对经济前景的信心异常低下。这时，即使采用非常宽松的货币政策，即以低微的利率提供大量的贷款，企业仍然可能不愿投资，而消费者仍然不愿增加消费；正如西方谚语所说："你可以把马牵到河边，但不能强迫它喝水。"有的西方学者把这种货币政策无能为力的情况比喻为"牛马用缰绳来推车"，意思是说，用紧缩性的货币政策来制止通货膨胀相当于牛马通过缰绳来拉车，这种办法当然有效，但是，如果反过来，用缰绳来推车前进，相当于要用宽松的货币政策走出萧条状态，这显然是难以办到的。

第二，尽管政策正确而适时，但官员们有可能由于利己的政治考虑而不予执行。这种情况有时被称为“政治经济周期”。例如，一本流行的教材写道：“政治经济周期研究经济政策的决定和政治考虑之间的关系。”① 在西方，政治官员最关心能否在竞选中取胜，因此，他们对经济政策的执行往往以能否有利于竞选取胜，而不以能否对人民真正有利为前提。这样，在他当选以后的一段时期，由于照顾党派或与己有关的利益，他可以容忍对经济表现不利的政策，从而导致经济发展迟缓，因为他可以把责任推给上一届的当权者。然而，当他快要面临再度竞选连任时，则必须迅速执行有利于经济的政策，使它呈现出蓬勃发展的面貌。如此循环交替，形成下降和上升的周期。

第三，经济政策在时间上滞后。这一点本章第六节已说过了。

第四，市场机制所牵涉的为数众多的变量和因素使财政政策和货币政策所能运用的有限手段难以完全奏效。从本章所介绍的市场机制的情况中可以看到：市场机制是复杂多变的，而与此同时，财政政策和货币政策可能运用的手段，如税收、政府开支、公开市场业务、准备率的改变等，又是为数有限的。要想以如此之少的手段来控制如此复杂多变的市场机制的运行，其效果显然难以达到预想的程度。

尽管西方的宏观经济政策在理论上和实践上存在这样那样的局限性，但是不可否认，它也确实反映了社会化大生产和现代市场经济对国家在宏观经济上加以协调和管理的要求。不管是资本主义还是社会主义的市场经济，都需要这种协调和管理，而这种协调和管理不可能依靠政府用行政命令的方式、用下达指令性计划指标的方式来实现。经济政策必须反映和符合经济规律的要求。市场经济运行只能靠符合市场经济运行规律的经济政策来调节和管理。财政政策和货币政策正是这样的宏观经济政策。因此，研究和借鉴西方经济政策和理论对我国很有现实意义，因为我国社会主义市场经济同样属于现代市场经济。

中华人民共和国成立后曾长期实行高度集中的计划管理制度。这一体制虽然曾在历史上对恢复和发展我国国民经济起过一定的积极作用，但实践证明这种经济管理体制对优化资源配置是低效率的。我国 20 世纪五六十年代的长期短缺经济事实就证明了这一点。后来，随着我国经济改革开放和社会主义市场经济的发展，计划经济体制越来越显示出阻碍生产力发展的弊端。社会主义市场经济的发展要求相应建立起一套符合市场经济发展规律的宏观经济调控机制。在这方面，西方财政政策和货币政策理论与实践经验有值得我们参考之处。以往我国宏观经济中缺少内在的、灵活的调节机制，企业对市场反应也不灵敏。我国经济统计、数据分析、综合处理手段也较落后，政府难以准确及时地掌握实际经济动态，往往要等到问题成堆、形势严峻时才能采取果断措施，而且常用行政命令方式，各行各业“一刀切”，结果常引起经济大起大落，造成不必要的损失。后来随着市场经济逐步发展，宏观调控方式慢慢改进，这种情况有所改善。但多年来我国在运用市场经济手段调控经济方面存在的一些问题始终没有得到根本解决：一是行政性垄断的央企对国家财政

---

① 多恩布什，费希尔，斯塔兹．宏观经济学．8 版．纽约：麦格劳-希尔公司，2001：154.

政策和货币政策反应不灵，因为它们产权不清晰，还常能从政府那里得到形形色色的照顾；二是地方政府为追求 GDP 增长，过去曾竭力化解中央政府的调控政策，即使是产能过剩的项目或会造成严重环境污染的项目，还照样想上马；三是金融改革始终滞后，利率市场化进度缓慢，难以使资金价格在实现资源优化配置方面真正发挥作用。资金市场上不是流动性过剩进一步吹大资产泡沫（如房地产泡沫），就是“钱荒”进一步加剧中小企业融资难度。自党的十八大以来，中央对这些问题不断果断作出决定，进一步处理好政府和市场的关系，并对更好地发挥政府作用提出了明确要求，强调政府的职责和作用主要是保持宏观经济稳定，加强和优化公共服务，保障公平竞争，加强市场监管，维护市场秩序，推动可持续发展，促进共同富裕，弥补市场失灵。在财政政策方面，决定要改革现行财税体制，建立事权和支出责任相适应的制度。要明确事权、改革税制、稳定税负、透明预算、提高效率。在金融体制方面也大大加快了改革进度。相信通过深化改革，我国调控宏观经济的政策将进一步显出其成效。

习题

1. 什么是自动稳定器？是否税率越高，税收作为自动稳定器的作用越大？

2. 平衡预算的财政思想和功能财政思想有何区别？

3. 政府发行的公债卖给中央银行和卖给商业银行或者其他私人机构对货币供给量变动会产生什么不同的影响？

4. 什么是货币创造乘数？其大小主要和哪些变量有关？

5. 在要不要干预经济的问题上，西方经济学家有哪两种不同意见？

6. 在按什么规则调节经济的问题上，西方经济学家有哪些不同意见？

7. 凯恩斯主流经济学家的收入政策和人力政策主张，同供给学派的供给政策主张的出发点和侧重点有何区别？

8. 假定现金—存款比率 $r_c=\dfrac{C_u}{D}=0.38$，准备率（包括法定的和超额的）$r=0.18$，试问货币创造乘数为多少？若增加基础货币 100 亿美元，则货币供给变动多少？

9. 假定法定准备率是 0.12，没有超额准备金，对现金的需求是 1 000 亿美元。

（1）假定总准备金是 400 亿美元，货币供给是多少？

（2）若中央银行把准备率提高到 0.2，则货币供给变动多少？（假定总准备金仍是 400 亿美元。）

（3）中央银行买进 10 亿美元政府债券（存款准备率仍是 0.12），货币供给变动多少？

10. 什么是充分就业预算盈余？它与实际的预算盈余有何区别？

11. 充分就业预算盈余概念提出的背景和意义是什么？

12. 什么是债务—收入比率？这一比率的波动受哪些因素制约？

13. 设某国的法定准备率是10%，超额准备率是2.5%，试求：(1) 实际准备率；(2) 只与法定准备率相关的理论货币乘数；(3) 既与法定准备率相关又与超额准备率相关的实际货币乘数。

14. 为什么货币乘数会随市场利率水平上升而变大，随贴现率提高而变小？

15. 为什么在严重的衰退中，货币供给变化不能带来投资水平的提高？

16. 假设某经济的货币市场上有货币供给 $M_s=11\ 000$，货币交易需求函数为：

$$M_t=0.25y$$

货币投机需求函数为：

$$M_{sp}=\frac{10\ 000}{r-2}-1\ 000,\ 2<r\leqslant 12$$

(1) 试求 $y=40\ 000$ 时的货币需求函数。

(2) $r=6$ 和 $r=12$ 是否为均衡利率？

(3) 如果不是，利率将如何调整？

(4) 当收入为多少时，$r=6$ 和 $r=12$ 成为均衡利率？

17. 货币政策存在哪些局限性？

18. 为什么政府在考虑对财政政策和货币政策的混合使用时不仅要看当时的经济形势，还要考虑政治上的需要？

19. 什么是泰勒规则？

20. 在公众与政府对货币政策的博弈中，为什么建立对规则的信任比具体规则本身更为重要？

第十八章 蒙代尔-弗莱明模型

当今的世界已经不是封闭经济，任何一个国家或地区都与其他国家或地区有一定程度的经济贸易往来。为了反映这样的事实，本章放弃封闭经济的假设，以开放经济的视角考察一国宏观经济的运行和政府政策的影响。本章的基本内容就是介绍开放经济下的一个重要的短期经济模型，即蒙代尔-弗莱明模型。该模型从某种意义上说是本书第十四章讲述的 $IS—LM$ 模型在范围上的扩展。

第一节 预备知识：汇率、净出口和资本净流出

为了顺利引出蒙代尔-弗莱明模型，本节介绍一些预备知识，依次为汇率、净出口和资本净流出。汇率是衡量国际交易的价格的变量。净出口和资本净流出则反映国家间物品流动以及资本流动的情况。

一、汇率

汇率是一个国家的货币折算成另一个国家货币的比率，它表示的是两个国家货币间的互换关系。

1. 汇率的标价

汇率主要有两种标价方法。一种被称为直接标价法，它是用一单位的外国货币作为标准，折算为一定数额的本国货币来表示的汇率。用这种标价法，一单位外币折算的本国货币量减少，即汇率下降表示外国货币贬值或本国货币升值。另一种被

称为间接标价法，它是用一单位的本国货币作为标准，折算为一定数额的外国货币来表示的汇率。用这种标价法，一单位本国货币折算的外国货币量增加，表示本国货币升值或外国货币贬值；反之，如果一单位本国货币折算的外国货币量减少，表示本国货币贬值或外国货币升值。按照上述说明，如果人们得到了某种外币的直接标价，只要取其“倒数”，即用 1 除以这个标价，就马上得到了该外币的间接标价，反之亦然。例如，在美元兑换欧元的汇率表示中，如果把 1 欧元兑换 1.207 9 美元理解为直接标价，则用间接标价法表示的汇率即为 1 美元兑换 0.827 9(＝1/1.207 9)欧元。

在实际生活中，当人们提到两个国家之间的汇率时，一般指的都是所谓名义汇率，名义汇率是指两个国家通货的相对价格。由于每个国家通货的实际购买力是与各个国家的价格因素相关的，所以名义汇率并没有考虑到两个国家价格水平的情况。而当考虑到两国价格因素时，就涉及实际汇率这一概念。我们将在后面加以说明。

在本章的论述中，用字母 e 表示没有考虑到两国价格因素的名义汇率，并约定 e 用间接标价法表示，即 e 是本币的外币价格。例如，如果把美元理解为本币，日元理解为外币，用间接标价法表示的美元兑换日元的汇率即为 1 美元兑换 100 日元。

2. 汇率制度

世界上的汇率制度主要有**固定汇率制**与**浮动汇率制**两种。固定汇率制是指一国货币同他国货币的汇率基本固定，其波动限于一定的幅度之内。浮动汇率制是指一国不规定本国货币与他国货币的官方汇率，听任汇率由外汇市场的供求关系自发地决定。浮动汇率制又分为自由浮动与管理浮动，前者是指中央银行对外汇市场不采取任何干预措施，汇率完全由外汇市场的供求力量自发地决定。后者是指实行浮动汇率制的国家，对外汇市场进行各种形式的干预活动，主要是根据外汇市场的供求情况售出或购入外汇，以通过对外汇供求的影响来影响汇率。

从第二次世界大战后的情况看，西方各国在 20 世纪 70 年代之前实行的都是固定汇率制，即按照以美元为中心的国际金融体系（又称“布雷顿森林体系”）所实施的固定汇率制。之后，由于美元危机，布雷顿森林体系崩溃，西方各国相继放弃了固定汇率制而采用浮动汇率制。目前，世界上有 80 多个国家仍然采用固定汇率制，有 60 多个国家则采用不同程度的浮动汇率制。

3. 固定汇率制的运行

根据上面的说明，在固定汇率制下，一国中央银行随时准备按事先承诺的价格从事本币与外币的买卖。以美国为例，假定美联储宣布将汇率固定在 1 美元兑换 100 日元。为了有效实行这种政策，美联储要有美元储备和日元储备。

一般地说，固定汇率制的运行会影响一国货币供给。仍以美国为例，假定美联储宣布将汇率固定在 1 美元兑换 100 日元，但由于某种原因，外汇市场均衡汇率是 1 美元兑换 150 日元。在这种情况下，市场上的套利者发现存在获利机会：他们可以在外汇市场上用 2 美元购买 300 日元，然后将 300 日元卖给美联储，从中获利 1 美元。当美联储从套利者手中购买这些日元时，向他们支付的美元自动地增加了美国的货币供给。货币供给以这种方式持续增加，直至均衡汇率降到美联储所宣布的水平。

如果外汇市场均衡汇率为 1 美元兑换 50 日元，则套利者通过用 1 美元向美联储购买 100 日元，然后在外汇市场上以 2 美元卖出这些日元而获利。而当美联储卖出这些日元时，它所得到的 1 美元就自动地减少了美国的货币供给。货币供给持续下降，直至均衡汇率上升到所宣布的水平时为止。

4. 实际汇率

前面说过，名义汇率并没有考虑到两个国家价格水平的情况，而当考虑到两国价格因素时，就涉及实际汇率（real exchange rate）这一概念。

实际汇率是两国产品的相对价格，它告诉我们能按什么比率用一国的产品交换另一国的产品。

为了说明实际汇率与名义汇率之间的关系，设想一下许多国家都生产的一种产品：汽车。假设一辆美国汽车价值 1 万美元，而一辆类似的日本汽车价值 240 万日元。为了比较这两辆汽车的价格，我们必须把它们转变为一种共同的通货。如果 1 美元价值 120 日元，那么，美国汽车价值 120 万日元。比较美国汽车的价格（120 万日元）和日本汽车的价格（240 万日元），我们可以得出结论：美国汽车的价格为日本汽车的一半。换言之，在现期价格下，我们可以用 2 辆美国汽车换 1 辆日本汽车。

我们可以把以上计算概括为：

$$\begin{aligned}\text{实际汇率}&=\frac{120\ \text{日元/美元}\times 1\ \text{万美元/美国汽车}}{240\ \text{万日元/日本汽车}}\\&=0.5\ \text{日本汽车/美国汽车}\end{aligned}$$

在这些价格和这种汇率下，我们得出每辆美国汽车相当于 0.5 辆日本汽车。更一般地说，我们把这种关系表示为：

$$\text{实际汇率}=\frac{\text{名义汇率}\times\text{国内产品的价格}}{\text{国外产品的价格}}$$

实际汇率取决于名义汇率和用本国货币衡量的两国产品的价格。

这种单一产品的实际汇率计算方法为我们定义更广义的一篮子产品的实际汇率提供了启示。设 e 代表名义汇率（每 1 美元的日元数量），P 代表美国的价格水平（用美元衡量），P_f 代表日本的价格水平（用日元衡量），那么实际汇率 ε 就是：

$$\text{实际汇率}=\text{名义汇率}\times\text{物价水平比率}$$

$$\varepsilon=e\times\frac{P}{P_f} \tag{18.1}$$

可以根据两个国家的名义汇率和物价水平来计算这两个国家之间的实际汇率。如果实际汇率较高，外国产品就相对便宜，而国内产品相对昂贵。如果实际汇率较低，外国产品就相对昂贵，而国内产品相对便宜。

二、净出口

一个开放经济以两种方式和其他经济相互交易：一是在世界产品市场上购买或销售产品与劳务；二是在世界金融市场上购买或销售股票和债券这类资本资产。净出口与前者相关。

本书第十二章在介绍用支出法核算 GDP 的内容中引出了净出口的概念。净出口是一国出口额与其进口额的差额。根据这一定义，如果净出口为正值，即出口大于进口，表明一国向国外出售的产品与劳务多于它向其他国家购买的，在这种情况下，该国有贸易盈余（trade surplus）。如果净出口为负值，即出口小于进口，则表明一国向国外出售的产品与劳务少于它向其他国家购买的，在这种情况下，该国有贸易赤字（trade deficit）。如果净出口为零，即一国的出口与进口相等，可以说该国贸易平衡（balanced trade）。

一般地说，影响一国出口、进口和净出口的因素较多，这些因素主要包括：(1) 消费者对国内与国外物品的偏好；(2) 国内与国外物品的价格；(3) 国内通货与国外通货的汇率；(4) 国内与国外消费者的收入；(5) 一国向另一国运送物品的成本；(6) 政府的国际贸易政策。

一般认为，在上述诸因素中，汇率和国内收入水平被认为是两个最重要的影响净出口的因素。

假定实际汇率较低，在这种情况下，由于国内产品相对便宜，所以，这时外国人想购买该国的许多产品，而国内居民减少购买进口产品，这导致该国的净出口增加。反之，若实际汇率较高，则会出现相反的情况。总之，按照本章约定的汇率标价法，一国净出口反向地依赖于实际汇率。

当一国收入提高时，该国消费者用于购买本国产品和进口产品的支出都会增加。一般认为，出口不直接受一国实际收入的影响。因此，一国净出口反向地取决于一国的实际收入。

基于上述说明，在宏观经济学中，通常将净出口表示为下式：

$$nx=a-\gamma y-n\varepsilon=a-\gamma y-ne\times\frac{P}{P_f} \tag{18.2}$$

(18.2) 式被称为净出口函数，式中，nx 为净出口，a、γ 和 n 均为正参数。参数 γ 被称为边际进口倾向，即净出口变动与引起这种变动的收入变动的比率。

对于净出口函数 (18.2) 式而言，为了强调实际汇率对净出口的影响，常将其简写为

$$nx=nx(\varepsilon) \tag{18.3}$$

方程 (18.3) 反映的内容可以用图 18－1 表示。

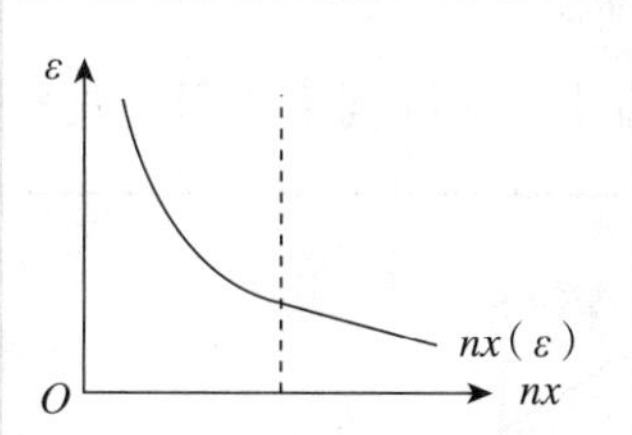

图 18－1　净出口与实际汇率

图 18－1 表明，实际汇率越低，净出口越大；反之，则越小。要注意的是净出口可以小于零。

三、资本净流出

资本净流出与在世界金融市场上购买或销售股票和债券等资本资产有关。

1. 资本净流出的概念和影响因素

资本净流出（net capital outflow）是指本国居民购买的外国资产与外国人购买的本国资产之间的差额，即

资本净流出＝本国居民购买的外国资产－外国人购买的本国资产

一国和世界各国之间的资本流动一般采取两种形式：一种形式表现为一国在另一国开了一家快餐店，这被称为外国直接投资；另一种形式表现为一国公民购买了另一国公司的股票，这被称为外国有价证券投资。

按照上述说明，资本净流出既可以是正的，也可以是负的。当它为正时，本国居民购买的外国资产多于外国人购买的本国资产。这时可以说资本流出本国。当资本净流出为负时，本国居民购买的外国资产少于外国人购买的本国资产，这时可以说资本流入本国。

一般地，影响资本净流出的因素主要有：（1）国外资产得到的实际利率；（2）国内资产得到的实际利率；（3）持有国外资产可能面对的经济与政治风险；（4）影响国外对国内资产所有权的政府政策。

在上述因素中，一般认为国内实际利率是较重要的因素。考虑一个要决定把自己的资金投在哪里的国内投资者。该投资者可以在国内投资，例如，通过贷款给国内的公司，或者也可以在国外投资，例如，通过贷款给外国公司。虽然有许多因素影响该投资者的决策，但该投资者可以赚得的利息肯定是一个重要因素。一个投资者在国内能赚到的利息越高，则国外投资的吸引力越小。

一般地，随着一国利率上升，该国的储蓄流到国外的就会越少，而从其他国家流入该国的资金就越多。所以资本净流出一般是国内利率的减函数。如果用 CF 表示资本净流出，r 为实际利率，则把下式称为资本净流出函数：

$$CF = CF(r) \tag{18.4}$$

图 18-2 显示了资本净流出与实际利率之间的关系。

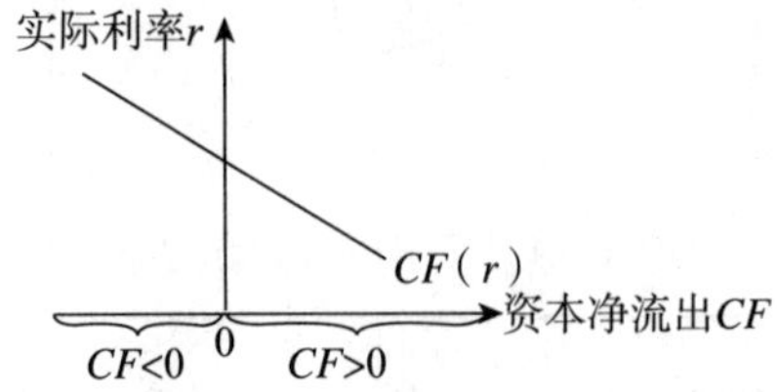

图 18-2　资本净流出函数

更高的国内利率抑制国内投资者贷款给国外，同时鼓励国外投资者贷款给国内，因此，资本净流出 CF 与利率负相关。

2. 净出口与资本净流出相等

净出口衡量一国出口与其进口之间的不平衡，而资本净流出衡量本国居民购买的外国资产与外国人购买的本国资产之间的不平衡。

这里要说明的是，对一国而言，资本净流出 CF 必然总是等于净出口 nx：

$$nx = CF \tag{18.5}$$

上述等式之所以成立，是因为影响这个等式一方的每一次交易也必然完全等量地影响另一方。例如，当一国有贸易盈余（$nx>0$）时，外国人购买的该国产品与劳务多于该国人购买的外国产品与劳务。该国人用他们从产品与劳务的国外净销售中得到的外国通货可做些什么呢？他们必定购买外国资产，因此，该国资本流向国外（$CF>0$）。相反，如果一国有贸易赤字（$nx<0$），那么该国人用于购买外国产品与劳务的支出就多于他们从国外销售中得到的收入。因此，部分支出必定通过出售该国人的国外资产来筹资，因此，外国资本流入该国（$CF<0$）。

第二节　模型的结构

在本节中，把对经济总需求的分析扩展到开放经济环境中，建立的模型被称为蒙代尔-弗莱明模型（Mundell-Fleming model）。

实际上，蒙代尔-弗莱明模型与本书第十四章论述的 $IS—LM$ 模型密切相关。这两个模型都强调了产品市场与货币市场之间的相互作用。这两个模型都假定物价水平是固定的，并说明是什么因素引起总产出的短期波动。两者的主要差异在于，$IS—LM$ 模型假设一个封闭经济，而蒙代尔-弗莱明模型假设一个开放经济。

一、关键假设：资本完全流动的小型开放经济

蒙代尔-弗莱明模型的一个关键假设是所考察的经济是资本能够完全流动的小型开放经济。这里的“小型”是指所考察的经济只是世界市场的一小部分，从而其本身对世界某些方面，特别是利率的影响微不足道。这里的“资本完全流动”是指该国居民可以完全进入世界金融市场。特别是，该国政府并不阻止国际借贷。

由于这样的假设，可以得到下面的推论，即所考察的这样的小型开放经济中的利率 r 必定等于世界利率 r_w，即 $r=r_w$。

小型开放经济中的居民绝不会以任何高于 r_w 的利率借贷，因为他们总可以以 r_w 的利率从国外得到贷款。同样，这个经济的居民也不必以低于 r_w 的利率放贷，因为他们总可以通过向国外借款而获得 r_w 的收益率。在一个小型开放经济中，国内利率在短时间内可能略有上升，而一旦出现这种情况，外国人就会注意到较高利率并开始向这个国家贷款（例如，通过购买这个国家的债券）。资本的流入使国内利率回到 r_w。同样，如果任何事件一旦开始使国内利率下降，资本就会流出该国到国外去赚取更高的收益，而这种资本流出将使国内利率回升到 r_w。因此，$r=r_w$ 代表一个假设：国际资本流动之迅速足以使国内利率等于世界利率。

二、开放经济的 *IS* 曲线

蒙代尔-弗莱明模型对产品与服务市场的描述与 *IS—LM* 模型大致相同，但它增加了净出口这个新项。特别是产品市场用下式表示：

$$y=c(y)+i(r)+g+nx(\varepsilon) \tag{18.6}$$

这个式子表明，总收入 y 是消费 c、投资 i、政府购买 g 和净出口 nx 之和。消费正向地取决于可支配收入 y。投资反向地取决于利率 r。净出口反向地取决于汇率 ε。

另外，蒙代尔-弗莱明模型假设国内物价水平和国外物价水平都是固定的，因此，实际汇率与名义汇率是同比例的。这就是说，当名义汇率升值时（比如说，从每一美元兑 100 日元上升到 120 日元），相对于国内产品而言，外国的产品变得更便宜，这就引起出口的减少和进口的增加。按照上述说明和（18.1）式，可以把 $nx(\varepsilon)$ 换成 $nx(e)$。

以上的产品市场均衡条件有两个金融变量（利率和汇率）影响产品和服务的产出，但这种情况可以通过使用完全资本流动的假设加以简化。令 $r=r_w$。我们得到

$$y=c(y)+i(r_w)+g+nx(e) \tag{18.7}$$

我们把它称为 IS^* 方程。（星号提醒我们该函数把利率保持在不变的世界利率 r_w 水平。）我们把这一方程绘制成收入/产出在横轴上、汇率在纵轴上的图形。这

一曲线由图 18－3（c）表示。

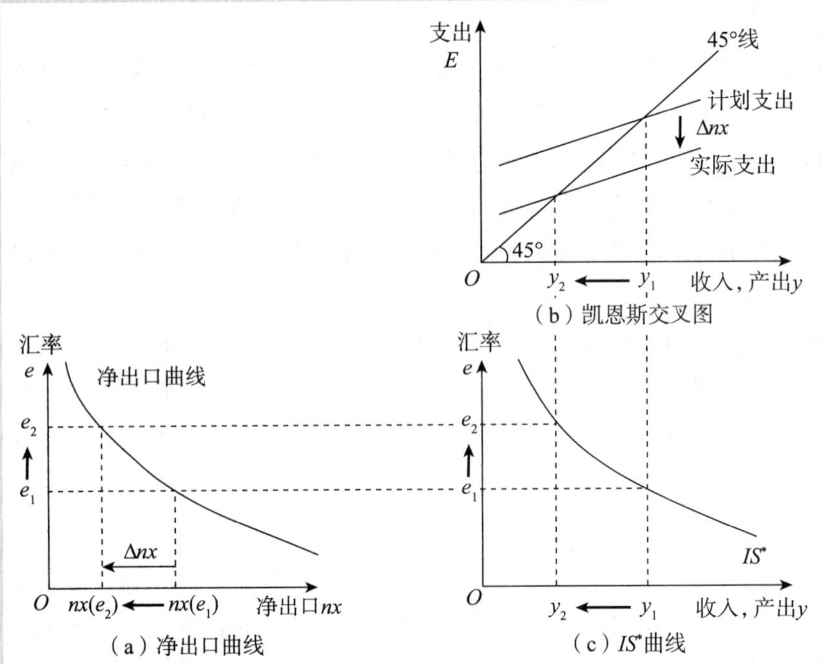

图 18－3　IS* 曲线

IS^* 曲线向右下方倾斜，这是因为较高的汇率减少了净出口，从而减少了总收入。图 18－3（a）和（b）把净出口曲线和简单凯恩斯收入决定图形结合在一起推导出 IS^* 曲线。在图 18－3（a）中，汇率从 e_1 上升到 e_2，使净出口从 $nx(e_1)$ 减少为 $nx(e_2)$。在图 18－3（b）中，净出口的减少使计划支出曲线向下移动，从而使收入从 y_1 减少为 y_2。IS^* 曲线概括了汇率 e 和收入 y 之间的关系。

根据图 18－3 可知，在其他因素不变时，政府购买增加，IS^* 曲线向右方移动，政府购买减少，IS^* 曲线向左方移动。

三、货币市场与 LM^* 曲线

蒙代尔-弗莱明模型用与 IS—LM 模型相似的一个方程来代表货币市场：

$$\frac{M}{P}=L(r,y) \tag{18.8}$$

这个方程说明，实际货币余额 M/P 等于货币需求 $L(r,y)$。实际货币需求反向地取决于利率 r，正向地取决于收入 y。货币供给 M 是由中央银行控制的外生变量，而且，由于蒙代尔-弗莱明模型旨在分析短期波动，所以假设物价水平也是外生固定的。

再次加入国内利率等于世界利率的假设，即 $r=r_w$，则有：

$$\frac{M}{P}=L(r_w,y) \tag{18.9}$$

它被称为 LM^* 方程。我们可以像图 18－4（b）那样用垂线直观地表示这个方程。LM^* 曲线之所以垂直，是因为汇率并没有进入 LM^* 方程。给定世界利率，无论汇率如何，LM^* 方程决定了总收入。图 18－4 显示了 LM^* 曲线是如何来自世界利率和 LM 曲线的，LM 曲线把利率与收入联系起来了。

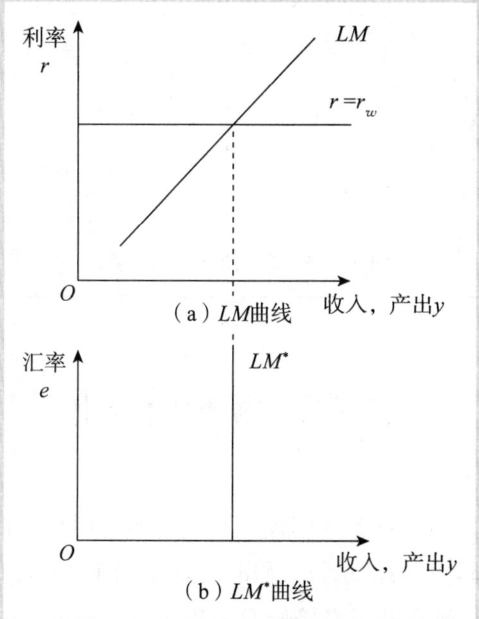

图 18－4　LM^* 曲线

根据图 18－4 可知，当货币供给量 M 增加时，LM^* 曲线向右移动，当货币供给量 M 减少时，LM^* 曲线向左移动。

四、蒙代尔-弗莱明模型

把前面说明的 IS^* 曲线和 LM^* 曲线综合在一起就形成了蒙代尔-弗莱明模型，它可以用两个方程来表示：

$$y=c(y)+i(r_w)+g+nx(e) \qquad IS^*$$

$$\frac{M}{P}=L(r_w,y) \qquad LM^*$$

第一个方程描述了产品市场的均衡，第二个方程描述了货币市场的均衡。外生变量是财政变量 g、货币变量 M、物价水平 P 以及世界利率 r_w。内生变量是收入

y 和汇率 e。

图 18-5 显示了蒙代尔-弗莱明模型的图形。经济的均衡处于 IS^* 曲线和 LM^* 曲线的交点。这个交点表示产品市场与货币市场都均衡时的汇率与收入水平。根据图 18-5，我们可以用蒙代尔-弗莱明模型说明收入 y 和汇率 e 会对政策变动作出什么反应。

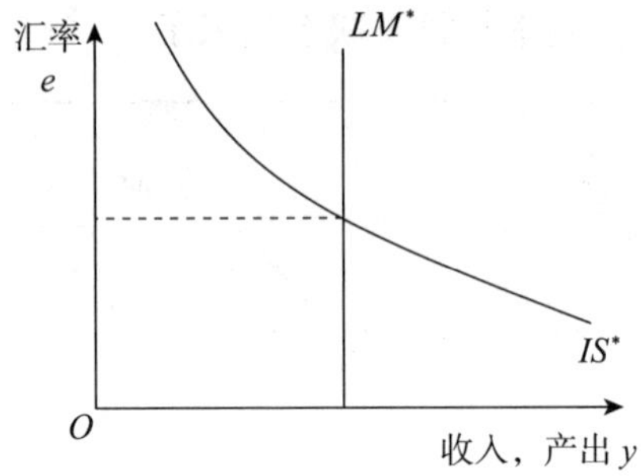

图 18-5　蒙代尔-弗莱明模型

第三节　模型的应用

在宏观经济学中，蒙代尔-弗莱明模型最重要的应用是，在该模型的假定下，考察在不同的汇率制度下，经济的总收入和汇率会对不同的政策变动作出什么反应。

该模型被描述为“研究开放经济财政政策和货币政策的主导政策范式”。本节最后还介绍了小型开放经济假定下的总需求曲线。

一、浮动汇率制下的财政政策和货币政策

在浮动汇率制下，汇率由市场供求力量决定，允许汇率对经济状况的变动作出反应，自由地变动。在这种情况下，汇率 e 调整以达到产品市场与货币市场的同时均衡。当某种力量改变均衡时，允许汇率运动到新的均衡值。先考察在蒙代尔-弗莱明框架下，财政政策变动的影响。

假定政府通过增加政府购买或减税刺激国内支出。由于这种扩张性财政政策增加了计划支出，它使 IS^* 曲线向右移动，如图 18-6 所示。结果，汇率上升了，而收入水平保持不变。

政府购买的增加或税收的减少使 IS^* 曲线向右移动。这提高了汇率，但对收入没有影响。

要注意的是，财政政策在小型开放经济中与在封闭经济中具有十分不同的影

响。在封闭经济的 $IS—LM$ 模型中，财政扩张增加了收入；而在浮动汇率的小型开放经济中，财政扩张使收入保持在同一水平上。这种不同在机制上是因为 LM^* 是垂直的，而我们用来研究封闭经济的 LM 曲线是向上倾斜的。但这个解释不能令人满意。不同结果背后的经济力量是什么呢？要回答这个问题，我们必须仔细考虑资本的国际流动发生了什么，以及这些资本流动对国内经济的含义。

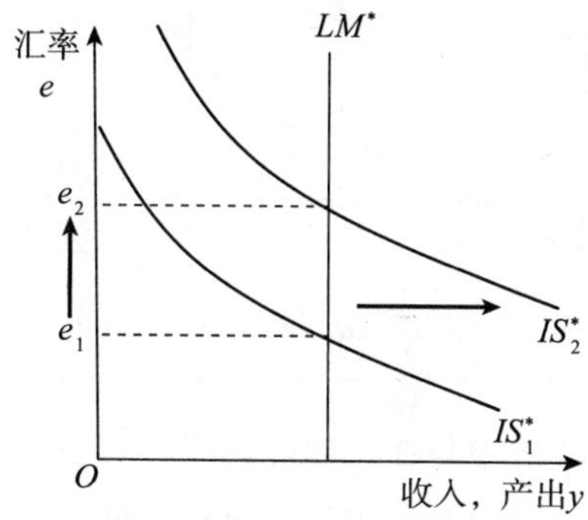

图 18-6　浮动汇率制下的财政扩张

利率和汇率是其中的关键变量。在一个封闭经济中，当收入增加时，利率上升，因为更高的收入增加了对货币的需求。在一个小型开放经济中这种情况是不可能的：只要利率上升到世界利率 r_w 以上，资本就迅速从国外流入以便从较高的回报中获益。这一资本流入不仅使利率回到 r_w，还有另一个作用：由于国外投资者需要买进本币在国内投资，资本流入增加了外汇市场上对本币的需求，抬高了本币的价值。本币的升值使国内产品相对于国外产品变得昂贵，从而减少了净出口。净出口的减少抵消了扩张性财政政策对收入的影响。

为什么净出口减少如此之大，以至财政政策完全无力影响收入呢？为了回答这个问题，考虑描述货币市场的方程：

$$\frac{M}{P}=L(r,y) \tag{18.10}$$

在封闭经济和开放经济中，实际货币余额 M/P 被中央银行固定（央行确定 M）并存在黏性价格的假设（从而使 P 固定）。需求量（由 r 与 y 决定）一定会等于这个固定的供给。在一个封闭经济中，财政扩张引起均衡利率的上升。利率的这一上升（它减少了货币需求量）使得均衡收入增加（从而又增加了货币需求量）。与此相反，在一个小型开放经济中，r 固定在 r_w，因此，可以满足这个方程的只有一个收入水平，当财政政策变动时，这一收入水平保持不变。因此，当政府增加支出或减税时，汇率的升值和净出口的减少必然会大到足以完全抵消政策对收入的扩张作用。

下面再考虑在浮动汇率制下货币政策的影响。

现在假定中央银行增加了货币供给。由于假定物价水平是固定的，货币供给的增加意味着实际货币余额的增加。实际货币余额的增加使 LM^* 曲线向右移动，如图 18 - 7 所示。因此，货币供给的增加提高了收入并降低了汇率。

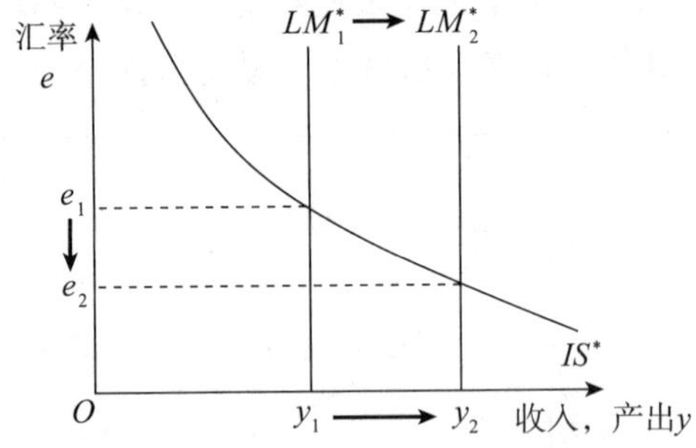

图 18 - 7　浮动汇率制下的货币扩张

虽然货币政策在开放经济中与在封闭经济中一样影响收入，但货币传递机制是不同的。回想一下，在一个封闭经济中货币供给的增加使支出增加是因为它降低了利率并刺激了投资。在一个小型开放经济中，由于利率是由世界利率固定的，所以这一货币传递渠道并不存在。那么货币政策是如何影响支出的？要回答这一问题，我们需要再次考虑资本的国际流动及其对国内经济的影响。

利率和汇率仍然是关键变量。一旦货币供给的增加给国内利率以向下的压力，由于投资者会把资金投到其他地方寻求更高的收益，资本流出该经济。资本的这一流出阻止了国内利率下降到低于世界利率 r_w 的水平。还有一个作用：由于海外投资需要把本币换成外币，资本的流出增加了外汇市场上国内通货的供给，使本币贬值。这一贬值使国内产品相对于国外产品更为便宜，从而刺激了净出口。因此，在一个小型开放经济中，货币政策通过改变汇率而不是改变利率来影响收入。

下面考察在蒙代尔-弗莱明模型中，固定汇率制下财政政策和货币政策的影响。

二、固定汇率制下的财政政策和货币政策

在固定汇率制下，一国中央银行宣布一个汇率值，并随时准备买卖本币以便将汇率保持在所宣布的水平上。

先考察财政政策如何影响有着固定汇率的小型开放经济。假定政府通过增加政府购买或减税刺激国内支出。这种政策使 IS^* 曲线向右移动，如图 18 - 8 所示，对汇率产生了向上的压力。但是根据本章第一节对固定汇率制所作的说明，由于中央银行随时准备按照固定汇率进行外国与本国通货的交换，套利者对汇率上升作出的反应是把外汇卖给中央银行，这就自动引起货币扩张。货币供给的增加使 LM^* 曲线向右移动。因此，在固定汇率制下财政扩张增加了总收入。

下面考察固定汇率制下货币政策的影响。

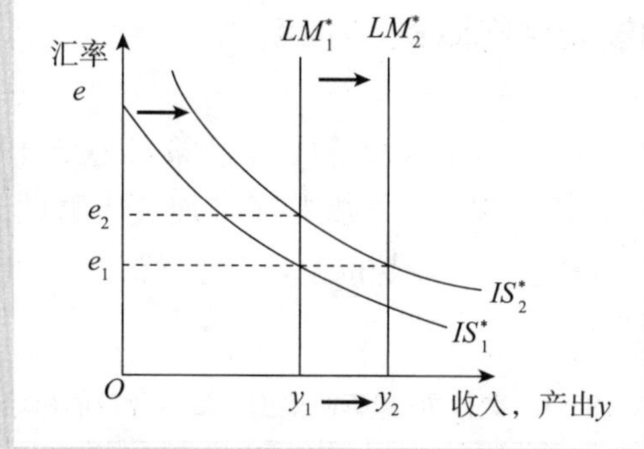

图 18-8　固定汇率制下的财政扩张

设想一个固定汇率制下运行的中央银行希望增加货币供给——例如，通过从公众手中购买债券。这会发生什么呢？这种政策的初始影响是使 LM^* 曲线向右移动，降低了汇率，如图 18-9 所示。但是，由于中央银行承诺按固定汇率交易本国与外国通货，根据本章第一节对固定汇率制所作的说明，套利者对汇率下降作出的反应是向中央银行出售本国通货，导致货币供给和 LM^* 曲线回到其初始位置。因此，在固定汇率制下货币政策通常是无效的。由于同意把汇率固定，中央银行放弃了它对货币供给的控制。然而，一个采用固定汇率制的国家也可以运用一种货币政策：它可以决定改变所固定的汇率水平。通货的官方价值的下跌被称为**货币贬值**（devaluation），通货的官方价值的上升被称为**货币升值**（revaluation）。在蒙代尔-弗莱明模型中，货币贬值使 LM^* 曲线向右移动，它起着类似于浮动汇率制下货币供给增加的作用。因此，货币贬值扩大了净出口，并增加了总收入。相反，货币升值使 LM^* 曲线向左移动，减少了净出口，并降低了总收入。

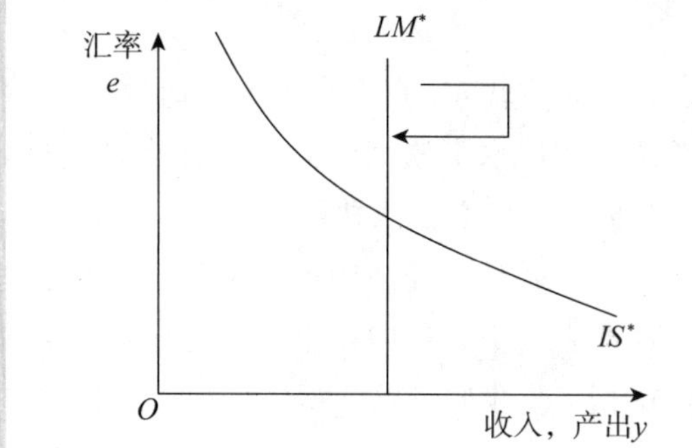

图 18-9　固定汇率制下的货币扩张

如果中央银行试图增加货币供给——例如，通过向公众购买债券，它就对汇率施加了向下的压力。为了维持固定汇率，货币供给和 LM^* 曲线必须回到初始位置。因此，在固定汇率制下，名义货币政策是无效的。

三、蒙代尔-弗莱明模型中的政策：小结

蒙代尔-弗莱明模型说明了财政政策和货币政策对小型开放经济的影响都取决于汇率是浮动的还是固定的。表 18－1 概括了前面关于财政政策、货币政策对收入、汇率的短期影响的分析。令人吃惊的是，在浮动汇率制和固定汇率制下所有结果都不同。

表 18－1　蒙代尔-弗莱明模型：政策效应的总结

政策	汇率制度					
	浮动汇率			固定汇率		
	对以下各项的影响					
	y	e	nx	y	e	nx
财政扩张	—	↑	↓	↑	—	—
货币扩张	↑	↓	↑	—	—	—

说明：本表展示了各种经济政策对收入 y、汇率 e 和贸易余额 nx 影响的方向。“↑”表示某变量增加；“↓”表示某变量减少；“—”表示无影响。要记住，汇率定义为每单位本国通货兑换的外国通货量（例如，对美国来说汇率为 1 美元兑换 100 日元）。

更具体地说，蒙代尔-弗莱明模型说明了货币政策与财政政策影响总收入的效力取决于汇率制度。在浮动汇率制下，只有货币政策能够影响收入。财政政策通常的扩张性影响被通货价值的上升和净出口的下降所抵消。在固定汇率制下，只有财政政策能够影响收入。货币政策正常潜力的丧失是因为货币供给全部用在了把汇率维持在所宣布的水平上。

四、小型开放经济的总需求曲线

到现在为止，我们一直用蒙代尔-弗莱明模型来研究当物价水平固定时的短期小型开放经济。现在考虑当物价水平改变时会发生什么。这样做将说明蒙代尔-弗莱明模型如何提供小型开放经济的总需求曲线的理论。

因为我们现在要考察价格调整，经济中的名义汇率和实际汇率不再一起变动。因此，我们必须区分这两个变量。如我们在本章所约定的，名义汇率为 e，实际汇率为 ε，实际汇率等于 eP/P_f。我们可以把蒙代尔-弗莱明模型写为：

$$y=c(y)+i(r_w)+g+nx(\varepsilon) \qquad IS^*$$

$$\frac{M}{P}=L(r_w,y) \qquad LM^*$$

第一个式子描述了 IS^* 曲线，第二个式子描述了 LM^* 曲线。要注意的是，净出口取决于实际汇率。

图 18－10 显示了当物价水平下降时所发生的情况。由于较低的物价水平增加了实际货币余额，LM^* 曲线向右移动，如图 18－10（a）所示。实际汇率贬值，而收入的均衡水平提高了。正如图 18－10（b）所示，总需求曲线概括了物价水平和收入水平之间的这种负相关关系。

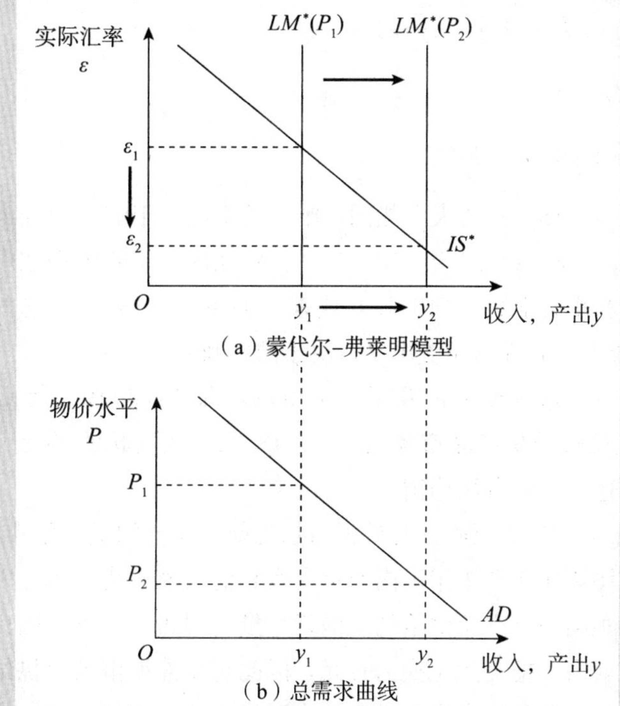

图 18－10　作为一种总需求理论的蒙代尔-弗莱明模型

因此，正如 IS—LM 模型解释了封闭经济中的总需求曲线一样，蒙代尔-弗莱明模型解释了小型开放经济的总需求曲线。在这两种情况下，总需求曲线都表示随着物价水平变动而产生的产品市场和货币市场的一组均衡。而且，在这两种情况下，除物价水平变动外，任何改变均衡收入的因素都会使总需求曲线移动。给定价格水平，增加收入的政策和事件使总需求曲线向右移动；给定价格水平，减少收入的政策和事件使总需求曲线向左移动。

第四节　模型的扩展

本章前面所论述的蒙代尔-弗莱明模型是一个小型开放经济的模型。与小型开放经济相对应的是大型开放经济，它与小型开放经济的不同在于，它的利率并不是由世界利率固定的。在一个大型开放经济中，必须考虑利率和资本流出之间的关系。本节旨在把蒙代尔-弗莱明模型扩展到大型开放经济中，进而考察政府财政政策和货币政策对经济的影响。

一、模型的结构

该模型的三个方程是

$$y=c(y)+i(r)+g+nx(e) \tag{18.11}$$

$$\frac{M}{P}=L(r,y) \tag{18.12}$$

$$nx(e)=CF(r) \tag{18.13}$$

（18.11）式与（18.7）式大致相同，唯一的不同在于前者中利率是变量，而后者中利率为常数。（18.12）式与（18.9）式大致相同，主要区别在于前者中利率是变量，而后者中利率为常数。（18.13）式来自关系式（18.5），它表示一国净出口 nx 等于资本净流出，而资本净流出又取决于国内利率。

从另一角度看，这一模型涉及了三个市场，即产品市场、货币市场和外汇市场。（18.11）式反映的是产品市场均衡；（18.12）式反映的是货币市场均衡；而（18.13）式则描述了外汇市场均衡。

为了看清（18.13）式反映的是外汇市场均衡，应该知道外汇市场有供求双方，且这一市场能够协调那些希望用国内通货交换其他国家通货的人。一般地说，资本净流出代表为购买国外资产而供给的本国货币量，例如当一家美国机构想购买日本政府债券时，它就需要把美元兑换为日元，因此它在外汇市场上供给美元。净出口代表购买本国产品与劳务的净出口需要的本国货币量，例如，当一家日本公司想购买美国产品时，它需要把日元兑换成美元，因此，它在外汇市场需要美元。图 18-11 描述了外汇市场。

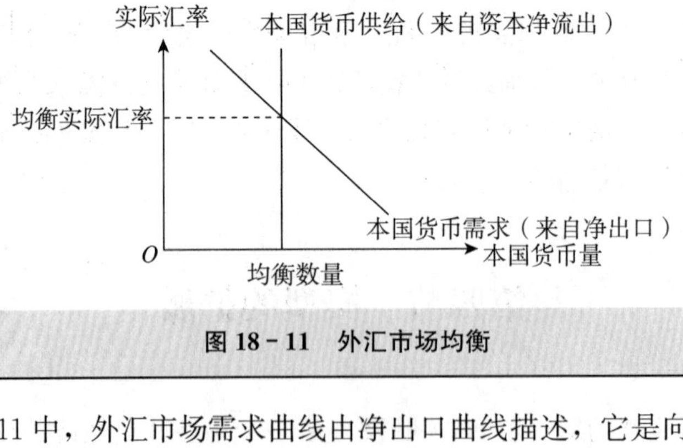

图 18-11　外汇市场均衡

在图 18-11 中，外汇市场需求曲线由净出口曲线描述，它是向右下方倾斜的，即较高的实际汇率使本国的产品更为昂贵，并减少了购买这些产品所需要的本国货币量。外汇市场的供给曲线由资本净流出描述，它是垂直的，因为由于资本净流出而供给的本国货币量并不取决于实际汇率。外汇市场上使供求相等的汇率为均衡汇率。

在图 18 - 11 中，当两条曲线相交时，外汇市场的供给量等于需求量，外汇市场达到均衡，由此便可决定均衡的实际汇率。

将（18.13）式代入（18.11）式中，则有

$$y=c(y)+i(r)+g+CF(r) \tag{18.14}$$

$$\frac{M}{P}=L(r,y) \tag{18.15}$$

上述方程与封闭经济的 IS—LM 模型的两个方程非常相似。唯一的区别是总支出中有两项取决于利率，其中之一是投资，更高的利率减少了投资。但现在，更高的利率还减少了资本净流出，从而降低了净出口。

上述模型还可以用三幅图来表示，如图 18 - 12 所示。

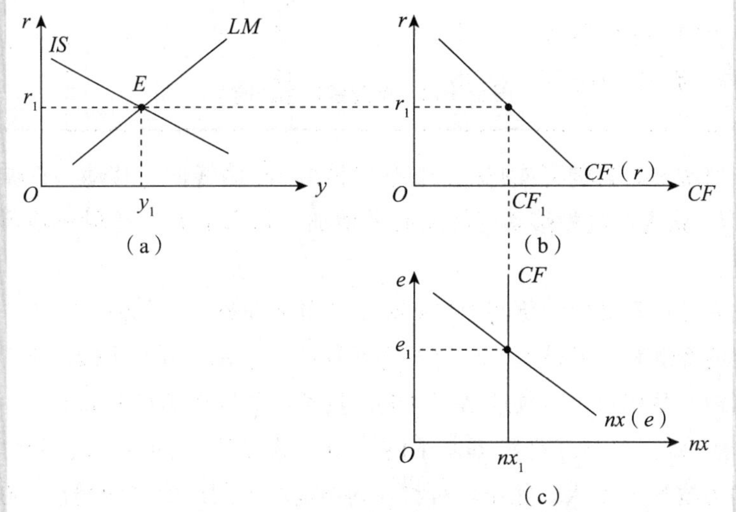

图 18 - 12 扩展的蒙代尔-弗莱明模型

图 18 - 12（a）给出了 IS—LM 图形，与封闭经济的 IS—LM 模型一样，纵轴代表利率 r，横轴代表收入 y。值得说明的是，图 18 - 12（a）中的 IS 曲线比封闭经济中的 IS 曲线更平坦，原因在于前者方程中含有资本净流出项 $CF(r)$。

图 18 - 12（b）和图 18 - 12（c）表示从图 18 - 12（a）中得出的均衡值如何决定资本净流出、净出口和汇率。由图 18 - 12（a）确定的均衡利率在图 18 - 12（b）中决定了资本净流出，确定了资本净流出后，借助于图 18 - 12（c）就确定了汇率。

下面利用上述模型考察政府政策的影响。为简单和明确起见，假定所考察的经济实行浮动汇率制。

二、财政政策的影响

图 18 - 13 显示了财政扩张的影响。

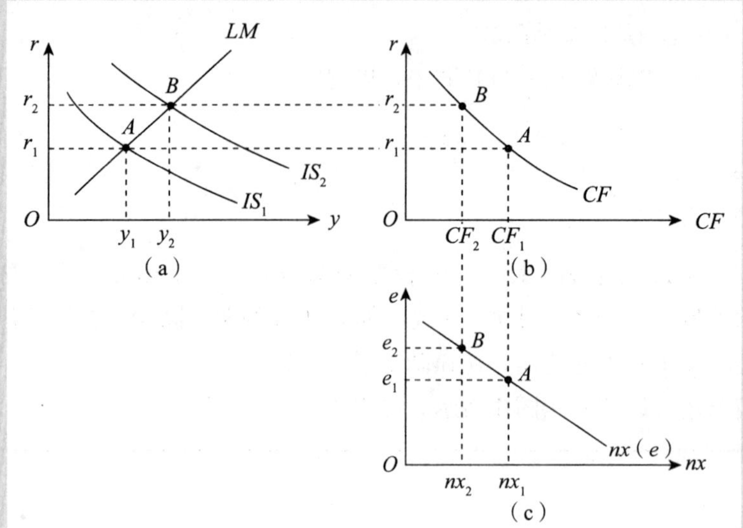

图 18-13 财政扩张的影响

一国政府增加政府购买或减税，将使经济的 *IS* 曲线向右移动，正如图 18-13（a）所示，*IS* 曲线的这种移动使收入水平增加和利率上升。这种影响类似于封闭经济的情况。

但在大型开放经济中，更高的利率减少了资本净流出，如图 18-13（b）所示。资本净流出的降低减少了外汇市场上的美元供给。汇率升值，如图 18-13（c）所示。由于国内产品相对于国外产品变得更昂贵了，所以净出口下降了。

图 18-13 显示，与浮动汇率制下的小型开放经济不同，在大型开放经济中，财政扩张确实增加了收入。然而，对收入的影响小于封闭经济的情况。在封闭经济中，财政政策的扩张性影响部分地被投资的挤出所抵消：当利率上升时，投资下降，减小了财政政策乘数。在大型开放经济中，还有另一种抵消因素：当利率上升时，资本净流出减少，外汇市场上通货升值，净出口下降，这进一步减小了财政政策乘数。（在图 18-13 中，这一额外的渠道体现为前面提到的更平坦的 *IS* 曲线：对于任何给定的 *IS* 曲线右移，更平坦的曲线意味着收入增加得更少。）这些影响加在一起也不足以像小型开放经济那样使财政政策无效，但它们确实降低了财政政策的影响。

三、货币政策的影响

图 18-14 显示了货币扩张的影响。

货币供给增加使 *LM* 曲线向右移动，如图 18-14（a）所示，收入水平上升，利率下降。这些影响仍然和封闭经济的情况类似。

然而，如图 18-14（b）所示，更低的利率导致了更高的资本净流出。*CF* 的增加提高了外汇市场上的本国货币供给，从而使得汇率降低，如图 18-14（c）所示。随着国内产品相对于国外产品变得便宜，净出口增加了。

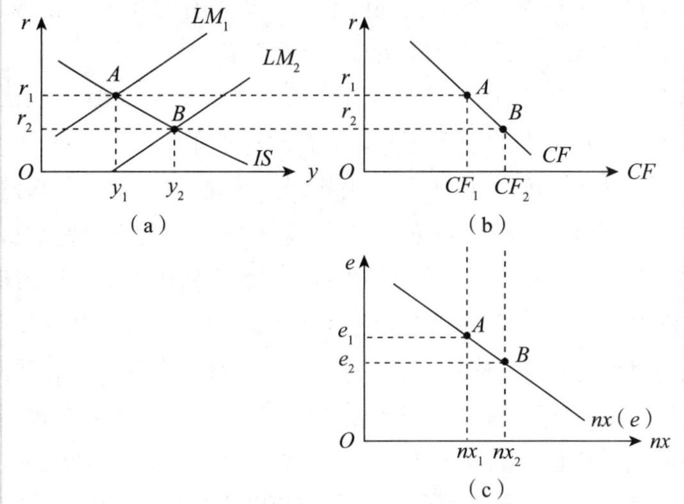

图 18-14　货币扩张的影响

现在我们可以看到，在大型开放经济中，货币传导机制通过两个渠道起作用。与封闭经济一样，货币扩张降低了利率，从而刺激了投资。与小型开放经济一样，货币扩张导致外汇市场上通货的贬值，从而刺激了净出口。这两种影响都导致了更高的总收入。确实，由于这里的 *IS* 曲线比封闭经济中的 *IS* 曲线更平坦，所以，*LM* 曲线的任何给定移动对收入都有更大的影响。

第五节　结 束 语

本章要点可以归结如下：

(1) 名义汇率是用一国通货交换另一国通货的比率。实际汇率是交换两国生产物品的比率，它表示为名义汇率乘以两国价格水平的比率。

(2) 蒙代尔-弗莱明模型是小型开放经济的 *IS—LM* 模型。它把价格水平作为给定的，然后说明引起收入和汇率波动的因素。

(3) 蒙代尔-弗莱明模型说明了在浮动汇率制下，财政政策不影响总收入，但货币政策能够影响总收入。

(4) 蒙代尔-弗莱明模型说明了在固定汇率制下，财政政策影响总收入，但货币政策不影响总收入。

本书的宏观部分从最简单的模型开始，然后加入政府部门，而本章又考虑了国际经济部门。至此，基本的短期宏观经济理论的内容已完成介绍。

虽然宏观经济理论所涉及的变量、函数、关系、政策和问题等均限于经济领域，但在现实生活中，经济事物所涉及的因素却不限于经济领域。对于这些经济领域以外的因素，经济管理人员必须加以考虑。否则，由于这些领域外因素的影响，单纯关注经济事物的举措往往不能得到应有的成果，有时反而会造成严重的问题。本节提出两个值得重视的经济领域以外的因素。

第一，信心因素。在过去的西方经济学研究中，信心一般不被认为是经济因素，然而，它却可以影响人的经济行为，从而影响经济事物的变化。

在有关美国在20世纪30年代大萧条起因的争论中，时任美联储主席伯南克（Bernanke，1983）曾提出颇有影响的非货币/金融假说。根据这种假说，在大危机爆发的初期，由于许多银行破产，金融系统崩溃，因而也就导致了银行的现有和潜在客户知识与信息网络的崩溃，更重要的是人们信心的崩溃。尽管当时许多借债人的信用是好的，但他们因此被拒绝了贷款申请。这进一步导致私人投资的急剧下降。

针对2008年下半年爆发的全球金融危机，我国时任国务院总理温家宝一针见血地指出了信心的重要性。温家宝说："从这场危机一开始，我就到处讲，信心比黄金和货币还要重要，我以为金融危机在一定程度上是信心危机和信用危机。在这个关键时刻，提振信心最为重要。只有消费者有信心，才能大胆消费。只有企业经营人有信心，才能大胆地投资。只有国家领导人有信心，才能开动脑筋，想方设法采取及时果断的措施应对危机。只有有信心，我们这个国家才有新希望。"① 2010年4月15日，国家统计局公布的中国2010年第一季度宏观经济数据表明，我国经济已走出全球金融危机所施加给我国的消极影响。这一切也表明，处于经济领域之外的信心因素是绝不应被忽略的。

第二，意识形态因素。在国际经济的决策中，经济因素当然起着重大的作用，但是，意识形态因素也具有相当重要的影响。我们仍以消除国际收支赤字作为例子。

消除国际收支赤字至少有两种政策：其一是上面说过的货币贬值，其二是对外汇施加管制。前者被认为是符合自由市场的经营原则；后者被认为是政府对市场的干预。在其他条件相同的情况下，如何在二者之间进行抉择？在这里，选择往往取决于意识形态的考虑。仍以东南亚危机为例。在货币恶性持续贬值已经成为祸根的情况下，当时的国际货币基金组织还是倾向于自由市场的经营原则，宁可把大量款项借给有关东南亚国家，用于在自由市场支持受到冲击的货币，也不愿意看到这些国家实施外汇管制政策。这种政策的选择显然与国际货币基金组织的意识形态有关。

关于国际货币基金组织的意识形态的倾向，一本专门研究世界经济组织的著作写道："国际货币基金组织的经济哲学的主导原则系根源于自由主义的经济模式……该基金组织献身于市场经济并且深信，通过自由和不受阻挠的市场力量来发

---

① 温家宝：只有有信心，我们这个国家才有新希望. 中国政府网，2009-02-28.

生作用的市场原则可以对经济复苏和增长问题提供最好的治疗方案。”① 正是由于意识形态的影响，该基金组织采用了通过自由市场的交易来制止货币贬值的政策。这说明，作为经济领域以外的因素的意识形态对经济决策能够产生相当大的影响。

附录　南—北关系的一种经济分析

本附录通过给出当今流行的南—北关系的一种经济分析，来说明将宏观经济模型化的方法扩展到两个（或多个）经济之间相互作用的情形。

一、南—北关系简述

划分世界经济的一种常用方法是区别发达国家和发展中国家。前者通常称为北方，后者通常称为南方。“南—北”这一术语暗含着一个地理上的格局，世界上较富裕的国家大多位于北半球，较贫穷的国家大多位于南半球。“南—北”这一术语产生于 20 世纪 70 年代贫困国家的领导人呼吁建立“新的世界经济秩序”的运动中。

出于便于模型化的目的，北方一般被认为是工业化的、技术先进的、高收入的地区，并向南方出口工业制成品；南方则被认为是农业占统治地位、技术相对落后、平均收入较低、向北方出口初级产品的地区。

二、南—北关系模型化的两种思路

在用经济模型分析南—北关系的过程中，存在着两种思路。一是把两个区域视为在同一个基本结构中按同一个模型运行，但两种区域的具体参数有区别；二是将两区域视为各自具有根本性区别的结构。在第一种思路中，两区域的经济是对称的，相应的分析被称为对称方法（或模型）；第二种思路被称为非对称的，相应的分析被称为非对称方法（或模型）。以下只说明对称方法。

三、用对称方法分析南—北关系

假定南北双方之间互相进行贸易。每个地区生产另一地区需求并可以进口的商品，它们或者作为消费品，或者作为中间产品。假定两个地区均存在失业，所以产出的增加是可能的。

设北方的收入恒等式为：

---

① 威廉斯．国际经济组织和第三世界．纽约：哈瓦斯特和惠特西夫出版社，1994：71.

$$y_n=\beta_n y_n+a_n+x_n-m_n y_n \tag{18a. 1}$$

式中，y_n 为北方的产出；β_n 为北方的边际消费倾向；a_n 为北方投入在自己生产中的实际支出（包括投资、政府购买和自发消费等）；x_n 为北方向南方的实际出口；m_n 为北方的边际进口倾向。

类似地，南方的收入恒等式为：

$$y_s=\beta_s y_s+a_s+x_s-m_s y_s \tag{18a. 2}$$

式中，y_s 为南方的产出；β_s 为南方的边际消费倾向；a_s 为南方投入在自己生产中的实际支出；x_s 为南方向北方的实际出口；m_s 为南方的边际进口倾向。

因为北方的出口是南方的进口，南方的出口是北方的进口，地区间便有了明确的相互依赖性。这时 x_n 和 x_s 可以写为：

$$x_n=m_s y_s \tag{18a. 3}$$

$$x_s=m_n y_n \tag{18a. 4}$$

将（18a. 3）式代入（18a. 1）式，将（18a. 4）式代入（18a. 2）式，则有：

$$y_n=\beta_n y_n+a_n+m_s y_s-m_n y_n \tag{18a. 5}$$

$$y_s=\beta_s y_s+a_s+m_n y_n-m_s y_s \tag{18a. 6}$$

上述结果表明，南方和北方的产出具有相互依赖的关系。关系式（18a. 5）式和（18a. 6）式给出了一个简单但有用的南北相互依赖的模型。该模型有两个方程、两个未知量，即两个地区的产出或收入水平。求两地区收入的均衡值，可得：

$$y_n^*=\left(\frac{k_n}{1-k_n k_s m_s m_n}\right)(a_n+m_s k_s a_s) \tag{18a. 7}$$

$$y_s^*=\left(\frac{k_s}{1-k_n k_s m_s m_n}\right)(a_s+m_n k_n a_n) \tag{18a. 8}$$

式中，$k_n=\dfrac{1}{1-\beta_n+m_n}$，$k_s=\dfrac{1}{1-\beta_s+m_s}$。

k_n、k_s 分别被称为北方和南方地区的开放经济乘数，它们不涉及这里所说的相互依赖关系，这里称其为非相依乘数。在实际当中，当一个地区的收入水平通过贸易影响到另一个地区的收入水平时，（18a. 7）式和（18a. 8）式右端第一个括号中的表达式就是考虑到经济相互依赖性下的开放经济乘数。注意到相依乘数大于非相依乘数，因为相依乘数中的分母$(1-k_n k_s m_s m_n)$是一个小于 1 的正数。

注意到两个地区的相依乘数表达式的分母相同，因此，两个地区哪一个的非相依乘数越大，则其相依乘数就越大。换句话说，若 $k_n>k_s$，则北方的相依乘数比南方的大；若$k_s>k_n$，则结论刚好相反。

相互依赖性不仅提高了每个地区的乘数，也使得各自地区对产出有贡献的自发支出提高。为了理解这一点，现在来检验一下（18a. 7）式和（18a. 8）式右端第二个括号内的各项。在（18a.7）式中，不仅北方在其商品上的自发支出决定产出的均衡水平，南方在自己商品上的自发支出也同样起决定作用。实际上，南方的进口倾向 m_s 和非相依乘数 k_s 都出现在（18a.7）式中。南方产出水平的决定也存在完全类似的情况。

在南—北关系的分析中，关键问题是哪个地区最终具有较高的收入水平。决定因素是进口倾向，具有较低进口倾向的地区会倾向于具有较高收入。例如，当北方的进口倾向 m_n 变得越小时，其非相依乘数 k_n 就变得越大，在对自己收入水平有积极影响的同时，反过来却减少了其国内自发支出对南方收入水平的积极影响。于是，从某种意义来说，具有较小进口依赖性的地区将趋于具有较优的收入实绩。

在现实世界中，北方的收入水平的确要高一些。根据这一模型的假定，可以得出结论，即北方所具有的持久的收入优势很可能是由于北方比南方有着较小的进口倾向：因南方比北方更加依赖进口从而使南北之间产生收入差距。虽然两个地区结构相似，但模型中两个重要参数（各自的进口倾向）的差异决定了它们相对收入水平的差别。

图 18a－1 阐明了在均衡状态时，北方的收入水平高于南方的情形。利用等式（18a.5）和等式（18a.6），我们可以粗略地将北方的收入描述为另一地区收入的函数，同理，南方也是这样。

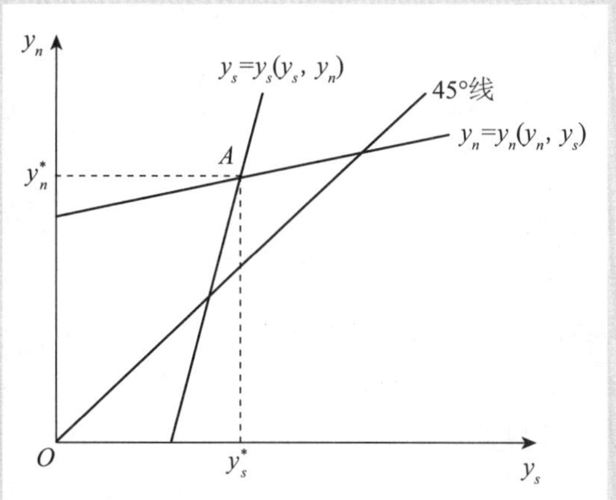

图 18a－1 实际收入的持久不均等

北方的收入曲线以下标 n 表示，南方的收入曲线用下标 s 表示。如果两条曲线恰好相交于 45°线上，两个地区就有相同的收入水平。在这种情况下，两个地区从总体上看经济均等。但如果曲线相交于 45°线两侧，那么一个地区就要比另一个地区富裕。

专栏 18a－1
希腊的债务危机

图 18a－1 中的两条收入曲线相交于 45°线左侧，说明北方的均衡收入水平较高，因此南北间便存在均衡收入的差距，

从而有了持久性的不均等。

习题

1. 均衡汇率是如何决定的？影响汇率变化的因素有哪些？

2. 说明固定汇率制的运行。

3. 假设一国的出口方程为 $X=A-my$。当 m 变大时，经济的 IS 曲线将发生什么变化？当 A 增加时，IS 曲线又将发生什么变化？

4. 结合第十三章的有关内容推导开放经济条件下政府购买乘数的表达式。

5. 资本完全流动的含义是什么？在小国和大国模型中，资本完全流动带来的结果有什么不同？

6. 在资本完全流动的小国开放经济中，为什么国内利率水平与国际利率水平总能保持一致？

7. 用蒙代尔-弗莱明模型考察固定汇率制下紧缩性货币政策的影响。

8. 用蒙代尔-弗莱明模型考察浮动汇率制下紧缩性财政政策的影响。

9. 浮动汇率制与固定汇率制的优点是什么？

10. 在不考虑资本流动和汇率变动的情况下，某经济社会的宏观经济模型为

$$y=C+I+X-M$$
$$C=40+0.8y$$
$$I=50$$
$$X=100$$
$$M=0.2y+30$$

充分就业的产出水平为 $y_f=500$，试求：

(1) 产品市场均衡时的产出水平和贸易收支。

(2) 使贸易收支均衡的产出水平。

(3) 实现充分就业时的贸易收支。

第十九章 经济增长

在西方经济学中，虽然长期和短期的划分标准并不精确，但是大体说来，本章以前所论述的内容属于短期国民收入决定的范围，而本章的内容则涉及长期国民收入的决定，旨在解释经济在几十年的时期如何演进。

第一节 经济增长的描述和事实

一、国民收入的长期趋势和波动

为了更好地认识和了解经济增长，这里有必要先说明国民收入的长期趋势和波动。图 19-1 说明了随着时间的推移，国民收入的趋势和波动的情况。

图 19-1 中的细线表示实际 GDP 的趋势过程。GDP 的趋势过程是经济中当生产要素被充分利用时，GDP 所经历的过程。给定一个特定的时期，细线所对应的产量即为经济中现有资源被充分利用时所能生产的产量，也就是本章前面所说的充分就业产量或潜在产量。一般地，随着时间的推移，潜在产量由于下述原因而呈现出上升趋势，即经济中可得到的资源更多了，人口规模增加了，厂商获得了更先进的生产工具并修建了新的工厂，土地得到改良以利于种植，新产品和新生产方法的发明和采用，增加了知识存量，等等。总之，经济中资源可得性的增加使得经济能生产出更多的产品和劳务。

图 19-1 中的粗线则表示在不同时期实际 GDP 的路径，从图中可以看出，经济中的实际产量不总是处于其趋势水平，即充分就业的水平。更经常地，产量围绕

其趋势波动。在图中所标志的复苏时期，生产要素的利用量增加，由于人们加班加点工作，几台机器轮班运转，产量有可能超过其趋势；反之，在衰退时期，由于失业增加，机器设备闲置，产量小于现有资源与技术实际能生产的水平。

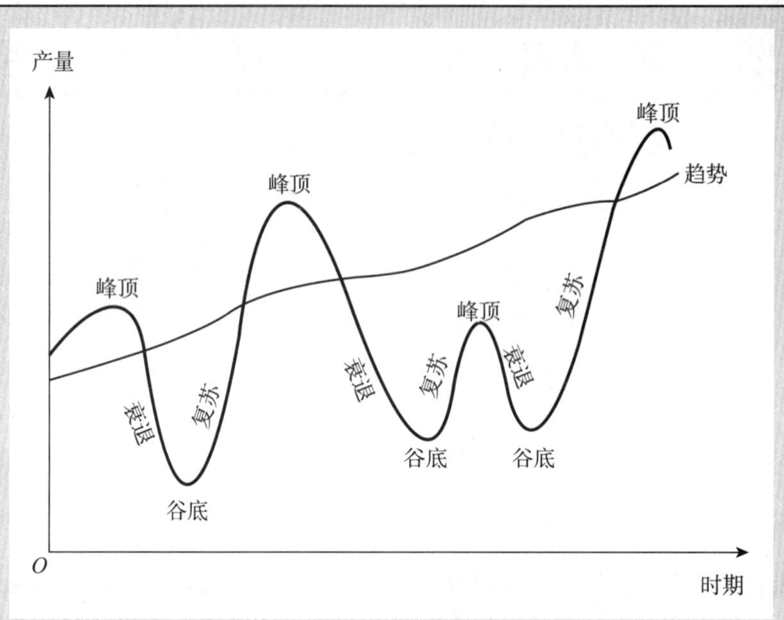

图 19-1　国民收入的趋势和波动

图 19-2 显示了美国 1990—2014 年实际产量和潜在产量的时间路径。

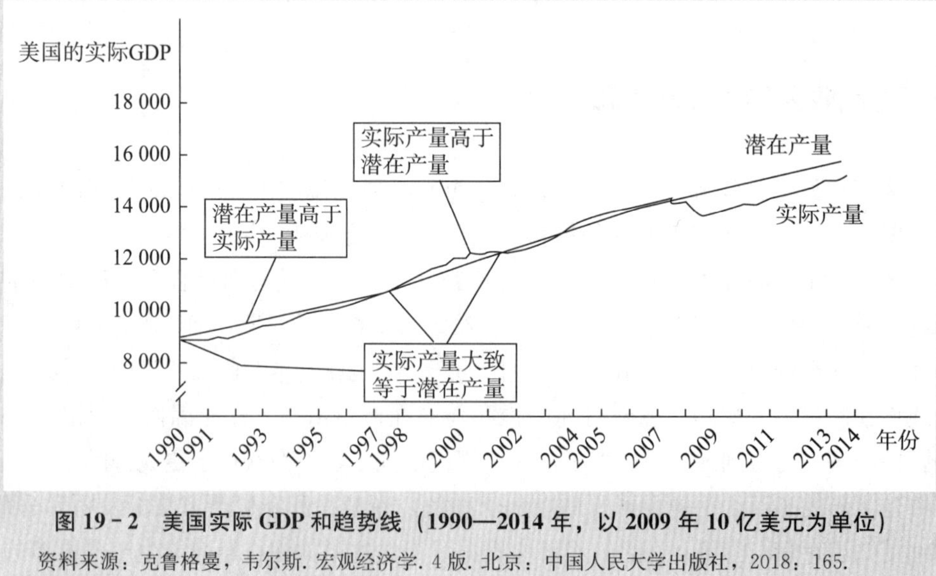

图 19-2　美国实际 GDP 和趋势线（1990—2014 年，以 2009 年 10 亿美元为单位）

资料来源：克鲁格曼，韦尔斯. 宏观经济学. 4 版. 北京：中国人民大学出版社，2018：165.

从图 19-2 中可以看到，在长达 20 多年的时期里，美国经济的实际产量围绕着其潜在产量而波动。

一般地，本章以前所论述的内容属于短期宏观经济分析的范围，旨在解释和分析经济波动。而本章的内容则属于长期宏观经济分析的范围，旨在解释和分析经济体潜在产量的演进。

二、经济增长和经济发展

经济增长（economic growth）是最古老的经济学议题之一。人类要生存、要发展，其基础和前提就是物质产品或物质财富的丰富和增加。对于一个国家而言，发展的基本目标是民富和国强。一个持续稳定增长的经济能够给该经济体的居民提供更多的福祉。那么，什么是经济增长？如何描述它呢？

从本书第十二章中可知，在宏观经济学中，国内生产总值（GDP）既是衡量一个国家（或地区）经济活动的重要指标，也是反映该国（或该地区）在一定时期内生产总成果的重要指标。因此，从理论的层面看，为了描述和反映一个经济体（国家或地区）物质产品的丰富和增加，很自然地联系到以 GDP 表示的产量的概念。

一般地，在宏观经济学中，经济增长被定义为产量的增加，这里，产量既可以表示为经济的总产量（GDP 总量），也可以表示为人均产量（人均 GDP）。经济增长的程度可以用增长率来描述。

先来考察增长率这一概念。从抽象的意义上讲，设变量 $Z(t)$ 是时间变量 t 的实值函数，则变量 Z 从时间 t 到时间 $t+\Delta t$ 的增长率被定义为如下关系式：

$$g_z=\frac{Z(t+\Delta t)-Z(t)}{\Delta t Z(t)} \tag{19.1}$$

式中，Δt 为时间改变量；g_z 为变量 Z 的增长率。在（19.1）式中，若取 $\Delta t=1$，则增长率的关系式变为：

$$g_z=\frac{Z(t+1)-Z(t)}{Z(t)} \tag{19.2}$$

关系式（19.2）就是人们较熟悉的增长率的表达式。如果让时间改变量 Δt 趋于零，则在变量 $Z(t)$ 关于时间 t 可微分的情况下，可得到变量 Z 在时间 t 的瞬时增长率表达式：

$$g_z=\lim_{\Delta t\to 0}\frac{Z(t+\Delta t)-Z(t)}{\Delta t Z(t)}=\frac{\dot{Z}(t)}{Z(t)}=\frac{\mathrm{d}\ln Z(t)}{\mathrm{d}t} \tag{19.3}$$

式中，$\dot{Z}(t)=\frac{\mathrm{d}Z(t)}{\mathrm{d}t}$ 为 $Z(t)$ 关于时间变量 t 的导数。通常，可将（19.2）式表示的增长率称为常规增长率，将（19.3）式表示的增长率称为瞬时增长率（instantaneous growth rate）。瞬时增长率由于与导数或微分相联系，从而在关于增长率的理论分析中有时可能更方便。

利用公式（19.3），可以得到关于增长率的三个结论[①]：

结论 1：如果 $Z(t)=X(t)Y(t)$，则

$$g_z=g_x+g_y \tag{19.4}$$

即两个变量之积的增长率，等于两个变量增长率之和。

结论 2：如果 $Z(t)=\dfrac{X(t)}{Y(t)}$，则

$$g_z=g_x-g_y \tag{19.5}$$

即两个变量之商的增长率，等于两个变量增长率之差。

结论 3：如果 $z(t)=[X(t)]^a$，a 为常数，则

$$g_z=ag_x \tag{19.6}$$

回到经济增长问题上来，若用 Y_t 表示 t 时期的总产量，Y_{t-1} 表示（$t-1$）时期的总产量，则总产量意义下的增长率为：

$$g_Y=\frac{Y_t-Y_{t-1}}{Y_{t-1}} \tag{19.7}$$

若用 y_t 表示 t 时期的人均产量[②]，y_{t-1} 表示（$t-1$）时期的人均产量，则人均产量意义下的增长率为：

$$g_y=\frac{y_t-y_{t-1}}{y_{t-1}} \tag{19.8}$$

考察国民经济长期问题经常涉及两个既有联系又有区别的概念，即经济增长和经济发展。前面已经说明了经济增长的概念。

如果说经济增长是一个“量”的概念，那么经济发展就是一个比较复杂的“质”的概念。从广泛的意义上说，经济发展不仅包括经济增长，还包括国民的生活质量，以及整个社会各个不同方面的总体进步。总之，经济发展是反映一个经济社会总体发展水平的综合性概念。

---

① 三个结论依次证明如下：

如果 $Z(t)=X(t)Y(t)$，对其取自然对数，则有

$$\ln Z(t)=\ln X(t)+\ln Y(t) \tag{1}$$

对（1）式关于时间变量 t 求导数，并利用（19.3）式可得

$$g_z=g_x+g_y$$

如果 $Z(t)=\dfrac{X(t)}{Y(t)}$，对其取自然对数，则有

$$\ln Z(t)=\ln X(t)-\ln Y(t) \tag{2}$$

对（2）式关于时间变量 t 求导数，并利用（19.3）式可得

$$g_z=g_x-g_y$$

如果 $Z(t)=[X(t)]^a$，对其取自然对数，有

$$\ln Z(t)=a\ln X(t) \tag{3}$$

对（3）式关于时间变量 t 求导数，并利用（19.3）式可得

$$g_z=ag_x$$

② 在本章前面的宏观经济学论述中，一般用小写字母 y 表示实际总产量。而在本章中，约定用大写字母 Y 表示总产量，用小写字母 y 表示人均产量。特此说明。

一般地，主流的宏观经济学都把经济增长作为其重要内容之一，而对经济发展问题论述得并不多。① 遵循这种做法，本章主要论述经济增长的内容。

三、经济增长的一些事实

为了更好地理解和认识经济增长问题的重要性，有必要说明经济增长和发展的一些事实。先来考察国家间收入水平的差异，然后展示国家间收入增长率的差异。

虽然就像在本书第十二章中已经指出的那样，GDP 指标有着这样那样的缺陷，但 GDP 仍不失为一个粗略地度量一国生活水平的现成指标。下面可以看到，国家间生活水平的差距如此之大，以至即使一个不十分精确的指标也足以得到人们的关注。

表 19-1 给出了 2016 年世界上 14 个人口最多的国家的人均收入情况。

表 19-1 生活水平的国际差异

国家	人均收入（2016 年，美元）	国家	人均收入（2016 年，美元）
美国	57 467	埃及	11 132
日本	41 470	菲律宾	7 806
俄罗斯	23 163	印度	6 572
墨西哥	17 862	尼日利亚	5 867
中国	15 535	巴基斯坦	5 249
巴西	15 128	孟加拉国	3 581
印度尼西亚	11 612	埃塞俄比亚	1 735

资料来源：曼昆. 宏观经济学. 10 版. 北京：中国人民大学出版社，2020：161.

该表明显地反映了这样一个事实：国家间在人均收入方面，进而在生活水平方面存在着巨大的差异。以该表为例，在 2016 年，美国以人均收入 57 467 美元列在首位，埃塞俄比亚的人均收入仅为 1 735 美元，美国人均收入约为埃塞俄比亚人均收入的 33 倍。换一种方式说，一个代表性的美国工人 1 天的工作收入相当于一个代表性的埃塞俄比亚工人工作 33 天的收入。

人均 GDP 尽管不是一个衡量人类福利的完美指标，但是正像美国经济学家曼昆所说的，GDP 高的国家负担得起孩子更好的医疗保健，负担得起更好的教育制度，也可以教育更多公民阅读和欣赏诗歌。总之，GDP 确实衡量了人们过上一种有意义生活的投入能力。②

表 19-1 显示的是不同国家的收入水平，这些数据说明国家之间的富裕程度或生活水平存在着巨大差异。下面要展示的是一些国家的收入增长率，即人均收入以多快的速度增长。增长是重要的，因为随着时间的推移，增长较快的国家的收入可以达到更高的水平。

---

① 在西方国家的经济学科中，专门论述经济发展的学科被称为发展经济学。

② 曼昆．经济学原理：宏观经济学分册．6 版．北京：北京大学出版社，2012：18.

设 y_t 和 y_{t+n} 分别为一国 t 时期和（$t+n$）时期的人均 GDP，则该国 n 期的人均 GDP 的平均增长率可表示为①：

$$g=\left(\frac{y_{t+n}}{y_t}\right)^{\frac{1}{n}}-1 \tag{19.9}$$

根据（19.9）式，当知道每个国家在任意不同年份的人均 GDP 数据时，就可求得该国在相应时期的人均 GDP 的年均增长率。

图 19－3 显示了全球 156 个国家和地区 1975—2009 年经济增长率的分布状

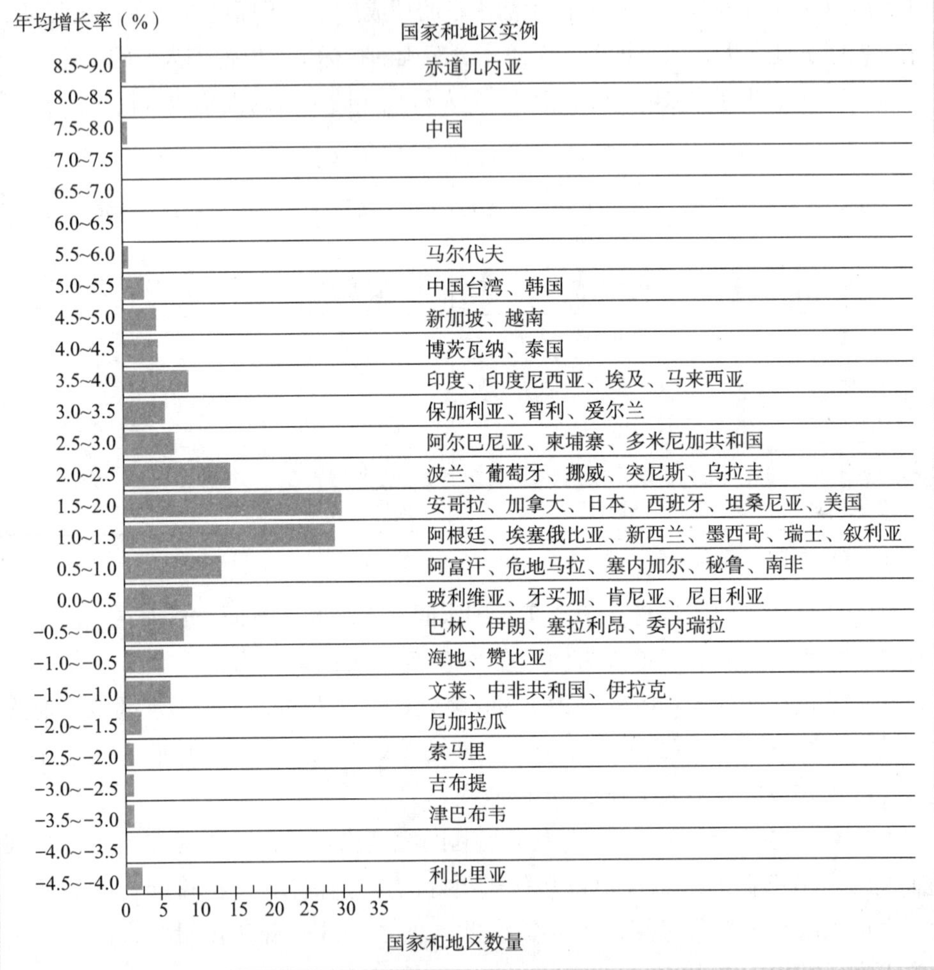

图 19－3　经济增长率分布，1975—2009 年

资料来源：D. N. Weil. *Economic Growth*. 3rd ed. London：Pearson Education Limited，2013：5.

---

① （19.9）式推导如下：记 $g=\frac{y_{t+1}-y_t}{y_t}$，则有 $y_{t+1}=(1+g)y_t$，如果 y 连续两个时期按相同的增长率 g 增长，那么（$t+1$）期和（$t+2$）期的 y 值均可以按照上式表示出来，即有 $y_{t+2}=(1+g)y_{t+1}=(1+g)(1+g)y_t=(1+g)^2y_t$。依此类推，$n$ 期的平均增长率满足 $y_{t+n}=(1+g)^n y_t$，将 g 解出，便有 $g=\left(\frac{y_{t+n}}{y_t}\right)^{\frac{1}{n}}-1$。

况。在图中，按照年均增长率对这些国家和地区进行分组，该图显示了每一组国家和地区的数据以及属于该组的其中几个国家和地区的例子。例如，加拿大在这一时期的增长率为每年 1.6%，它与另外 29 个国家和地区同处一组，它们的年均增长率落在 1.5%～2.0%的范围内。

图 19-3 显示，在一定时期内，不同国家和地区的经济增长率有显著的差异。在图形的顶部是所谓“增长奇迹”的国家和地区，位于图形底部的则是经历“增长灾难”的国家和地区，如津巴布韦、索马里、伊拉克和海地，这些地方在 30 多年的时期中都经历了负增长。

经济增长作为人类福利进步的一项基础，其重要性是不言而喻的。事实上，国家间人均收入增长率即使只有微小的差别，如果长期持续下去，也会导致不同国民之间相对生活水准的显著差别。表 19-2 显示了持续增长对于五个假想国家的生活水平的复利①效果，这五个国家的人均收入都以 1 000 美元作为起点。

表 19-2　不同增长率的累积效果

单位：美元

年数	国家 1 增长率 $g=1\%$	国家 2 增长率 $g=2\%$	国家 3 增长率 $g=3\%$	国家 4 增长率 $g=4\%$	国家 5 增长率 $g=5\%$
0	1 000	1 000	1 000	1 000	1 000
10	1 100	1 220	1 340	1 480	1 630
20	1 220	1 490	1 810	2 190	2 650
30	1 350	1 810	2 430	3 240	4 320
40	1 490	2 210	3 260	4 800	7 040
50	1 640	2 690	4 380	7 110	11 470

这些数据显示了在 50 年后这五个国家在增长率方面的差距导致的相对生活水平的巨大分化。

现实中的实例也进一步说明了这一点。根据美国学者韦尔提供的数据，1960 年韩国和菲律宾的人均收入水平大体相当（分别为 1 598 美元和 2 153 美元），但是，在随后的年份里，它们的经济增长率差异非常明显，韩国年均增长率达到 6.1%，而菲律宾的年均增长率仅为 1.3%。到 2000 年，增长率上的这种差异已经转化成两国间收入水平的巨大差异：韩国为 16 970 美元，而菲律宾只有 3 661 美元。尽管韩国经济起步时更穷一些，但到比较期末，它比菲律宾要富裕得多。

四、经济增长的基本问题

对于经济增长，摆在人们面前的难题是，为什么收入和经济增长率在世界各国存在着巨大差异？对这一难题的认识，涉及经济增长的三个基本问题，它们是：

① 复利就是当期的利息收入进入下一期计息的本金的一种计息方法，俗称“利滚利”。

第一，为什么一些国家如此富裕，而另一些国家那么贫穷？

第二，什么是影响经济增长的因素？

第三，怎样理解一些国家和地区的增长奇迹？

在宏观经济学中，对上述问题的解答有两种互为补充的分析方法：一种是增长核算，它试图把产量增长的不同决定因素的贡献程度数量化；另一种是增长理论，它把增长过程中生产要素供给、技术进步、储蓄和投资互动关系模型化。大致说来，这两种方法构成了分析增长问题的框架。

专栏 19-1
增长率的重要性

第二节　经济增长的决定因素

人们已经认识到，虽然经济增长的概念是清晰的，但导致经济增长的原因是复杂的。为了系统认识经济增长的决定因素，西方学者区分了经济增长的直接原因（proximate causes）和根本原因（fundamental causes）。

一、增长的直接原因

简单地说，增长的直接原因是用本书第十五章引出的宏观生产函数或总量生产函数来说明的。

总量生产函数提供了总量投入与总产出（GDP）之间的数量关系。假定经济的总量生产函数为

$$Y = \underset{(+)}{A}\ F(\underset{(+)}{N},\ \underset{(+)}{K}) \qquad (19.10)$$

式中，总产出 Y① 取决于劳动 N 和资本 K 两种投入以及技术水平 A。（19.10）式右侧变量下方带有的“+”号的意思是，作为因变量的 Y 与作为自变量的 A、N 和 K 之间的关系是同方向变动的。总量生产函数（19.10）式描述了在给定 A、N 和 K 的情况下，一个经济能够生产产品和劳务的能力。

根据微观经济学中规模报酬不变的概念，如果上述生产函数为规模报酬不变的，那么所有投入扩大一定比例也会使产出扩大同样的比例。在数学上，可以把（19.10）式写为

$$\lambda Y = AF(\lambda N, \lambda K) \qquad (19.11)$$

在上式中，设 $\lambda = \frac{1}{N}$，则上式变为

① 本章第一节的脚注已说明，在本章约定，用大写字母 Y 表示总产量，用小写字母 y 表示人均产量。

$$\frac{Y}{N}=AF\left(1,\frac{K}{N}\right) \tag{19.12}$$

式中，表达式 Y/N 被定义为生产率，即每单位劳动投入所生产的产品和劳务的数量。显然，在这里生产率表示每个工人的产量。因此，（19.12）式说明，生产率或每个工人的产量取决于人均资本 K/N 和代表技术状况的变量 A。

有了生产函数（19.10）式，就能简单说明经济增长的直接原因。经济增长被定义为产量的增加，而生产函数（19.10）式则表明，作为因变量的总产量 Y 取决于作为自变量的 N、K 和 A。从函数关系上说，当自变量中的一个或多个发生变化时，作为因变量的产出水平 Y 将会发生变化。特别地，根据前面对因变量 Y 和自变量 A、N 和 K 关系的说明，当 A、N 和 K 中的一个（或多个）增加时，则产出水平 Y 将会增加，进而引起经济增长。①

对于生产函数（19.10）式而言，增长的直接原因有三个，即作为生产要素的劳动 N 和资本 K，以及技术水平 A。

显然，增长的直接原因是从生产函数中的自变量着手的。在有的文献中，生产要素除了劳动和资本外，还包括人力资本②和经济的自然资源。这时，增长的直接原因也会相应地变化。

增长的直接原因不仅可以解释一个国家在不同时期由于生产函数中自变量的变化，进而引起的产出水平变化的增长现象，而且在一定条件下，还可以通过比较不同国家在劳动、资本和技术等方面的差别来解释不同国家 GDP 和生活水平的差别。

二、增长的根本原因

对增长的直接原因的探讨会引出这样一个问题：如果考虑不同国家 GDP 和生活水平的差别，为什么一些国家与另一些国家相比积累了更多的生产要素，开发和采用了更好的技术？如果增加生产要素和采用先进技术就能大量增加 GDP，那么世界上的所有国家不都想这么做吗？为什么世界上还会存在一些国家如此富裕，而另一些国家那么贫穷呢？

所谓增长的根本原因是指导致增长的直接原因有所差别的那些根源性原因。增长的根本原因和直接原因的关系如图 19－4 所示。

当社会拥有充足的生产要素并在生产中有效地使用先进技术时，社会就出现了经济增长。但这只是增长的直接原因，因为生产要素和技术是由其他更深层次的因素决定的。西方学者将增长的根本原因划分为三个方面，即制度、文化和地理。

---

① 经济增长不仅可以用总产量来定义，还可以用人均产量来定义，这时，通常用人均生产函数（19.12）式加以说明，此处从略。

② 人力资本是指人们通过教育、培训和经验获得的知识与技能。

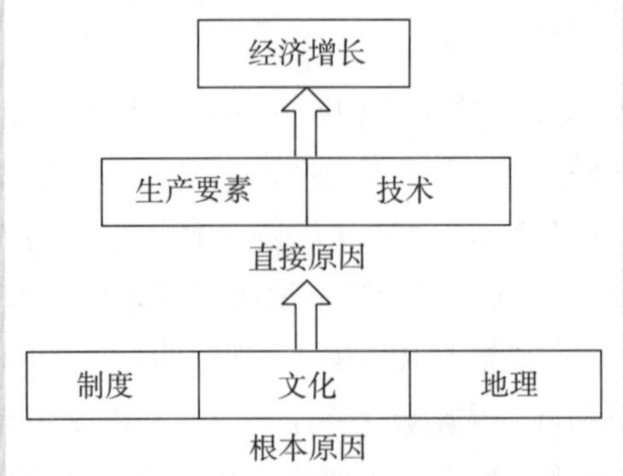

图 19－4　经济增长的根本原因和直接原因

为了更清楚地看出直接原因和根本原因之间的区别，现在举一个例子。考虑一个人由于身体出现炎症而头痛和发烧，为此该人服用了一些药物。在这个例子中，该人服用药物的直接原因是发烧和头痛，但是根本原因（也就是该人出现症状的原因）是该人身体出现炎症。

理解增长的直接原因和根本原因的另一种方式，是借助于数学中复合函数的概念。从前面的讨论知道，增长的直接原因可利用关系式（19.10）进行说明。为了说明根本原因对经济的影响，记字母 f 表示增长的根本原因，则 f 对经济产出的影响可以通过下面的复合函数来理解，即

$$Y=Y(f)=A(f)F[N(f),K(f)] \tag{19.13}$$

上述函数说明，一个经济的总产出（GDP）是通过变量 A、N 和 K 成为根本原因 f 的函数，进而通过生产函数成为根本原因 f 的复合函数。

由于篇幅所限，本章下面着重考察影响经济增长的直接原因。①

第三节　构建和分析新古典增长模型

上一节说明增长的直接原因时，主要是借助于生产函数进行的，这种分析在本质上是静态分析。为了解释为什么一个国家的国民收入会增长，以及为什么一些国家增长得比另一些国家快，则必须拓宽相关分析，以便描述经济随时间的推移而发生的变化。也就是说，需要对经济进行动态分析。

从当代的角度看，宏观经济学对经济增长理论进行的较有影响的研究有两个时期：第一个时期是 20 世纪 50 年代后期和整个 60 年代；第二个时期是 20 世纪 80 年代后期和 90 年代初期。第一个时期的研究产生了新古典增长理论；第二个时期的

① 对经济增长根本原因的考察，可参见戴维・N. 韦尔的《经济增长》（北京：中国人民大学出版社，2011）一书。

研究产生了内生增长理论。本节和下节考察新古典增长理论，第五节论述内生增长理论。

一、基本假定和思路

新古典增长模型①建立在一个新古典生产方程体系之上，强调了在一个封闭的没有政府部门的经济中储蓄、人口增长及技术进步对增长的作用，它关注的焦点是经济增长的直接原因。新古典增长模型的基本假定是：（1）经济由一个部门组成，该部门生产一种既可用于投资又可用于消费的商品；（2）该经济为不存在国际贸易的封闭经济，且政府部门被忽略；（3）生产的规模报酬不变；（4）该经济的技术进步、人口增长及资本折旧的速度都由外生因素决定；（5）社会储蓄函数为 $S=sY$，s 为储蓄率。

本着循序渐进的思路，这里关于新古典增长模型的构建分为两个部分，先论述没有技术进步的新古典增长模型，再论述具有技术进步的新古典增长模型。

二、没有技术进步的新古典增长模型

在没有技术进步的情况下，设经济的生产函数为：

$$Y=F(N,K) \tag{19.14}$$

式中，Y 为总产出；N 和 K 分别为总量劳动和总量资本，它们均随时间的推移而变化，从而 Y 也随时间的推移而变化。

根据生产规模报酬不变的假定，有：

$$\lambda Y=F(\lambda N,\lambda K)$$

对任何正数 λ 都成立，特别地，取 $\lambda=\frac{1}{N}$，上式变为：

$$\frac{Y}{N}=F\left(1,\frac{K}{N}\right)$$

为说明简便起见，假定全部人口都参与生产，那么上式说明，人均产量 Y/N 只依赖于人均资本 K/N。用 y 表示人均产量，即 $y=\frac{Y}{N}$，k 表示人均资本，即 $k=\frac{K}{N}$，则生产函数可表示为下述人均形式：

$$y=f(k) \tag{19.15}$$

① 新古典增长模型有时又被称为索洛增长模型。

式中，$f(k)=F(1,k)$。

一般地说，资本积累受两种因素的影响，即投资（形成新资本）和折旧（旧资本的损耗）。假定折旧是资本存量的一个固定比率 δ（$0<\delta<1$），人口增长率为 n，且储蓄能有效地转化为投资，则有：

$$\dot{K}=I-\delta K=S-\delta K=sY-\delta K$$

上式两边同除以 N，可得：

$$\frac{\dot{K}}{N}=\frac{sY}{N}-\frac{\delta K}{N}=sy-\delta k=sf(k)-\delta k \tag{19.16}$$

此外，由 $k=\dfrac{K}{N}$，对该式关于时间变量求导①，利用 $\dot{N}/N=n$，经运算可得：

$$\dot{k}=\frac{\dot{K}}{N}-\frac{\dot{N}}{N}\cdot\frac{K}{N}=\frac{\dot{K}}{N}-nk$$

进而有：

$$\frac{\dot{K}}{N}=\dot{k}+nk$$

将上式代入（19.16）式，并整理，可得：

$$\dot{k}=sf(k)-(n+\delta)k \tag{19.17}$$

（19.17）式是新古典增长模型的基本方程。这一关系式表明人均资本变化等于人均储蓄减去 $(n+\delta)k$ 项。表达式 $(n+\delta)k$ 可以理解为“必要”的或者是“临界”的投资，它是保持人均资本 k 不变的必需投资。为了阻止人均资本 k 下降，需要用一部分投资来抵消折旧，这部分投资就是 δk 项。同样还需要一些投资，因为劳动数量以 n 的速率在增长，这部分投资就是 nk 项。因此资本存量必须以 $(n+\delta)$ 的速度增长，以维持 k 不变。总计为 $(n+\delta)k$ 的储蓄（或投资）被称为资本的广化。当人均储蓄（投资）大于临界投资所必要的数量时，k 将上升，这时经济社会经历着资本深化。根据以上解释，新古典增长模型的基本方程（19.17）式可表述为

资本深化＝人均储蓄(投资)－资本广化

三、具有技术进步的新古典增长模型

现在构建具有技术进步的新古典增长模型，为此把经济的生产函数写为：

$$Y=F(AN,K) \tag{19.18}$$

---

① 在本章中约定，变量关于时间的导数一律用变量上加一点来表示，即 $\dot{k}=\dfrac{\mathrm{d}k}{\mathrm{d}t}$，$\dot{K}=\dfrac{\mathrm{d}K}{\mathrm{d}t}$，等等。

在上述生产函数中，当作为技术状态的变量 A 随着时间的推移增大时，说明存在着技术进步，这时，经济中劳动效率提高了。20 世纪最有影响的劳动效率提高的例子是亨利·福特通过流水线进行大规模生产的创新，根据当时的观察计算，这一技术进步把工人组装一辆汽车主要部件的时间从 12.5 小时缩短到 1.5 小时。

在生产函数（19.18）式中，表达式 AN 被称为有效劳动，在这种情况下，新古典增长理论对生产函数的假定就变为，产出 Y 是资本 K 和有效劳动 AN 的一次齐次函数。

进一步地，记 $\hat{y}=\frac{Y}{AN}$，称其为按有效劳动平均的产量；$\hat{k}=\frac{K}{AN}$，称其为按有效劳动平均的资本；则（19.18）式可写为

$$\hat{y}=f(\hat{k}) \tag{19.19}$$

关于技术进步，新古典增长模型的一个重要假定是，技术进步是外生给定的，即假定变量 A 以一个固定的比例 a 增长，即有 $\dot{A}/A=a$。

为了得到具有技术进步的新古典增长模型的基本方程，专门考虑按有效劳动平均的资本，即

$$\hat{k}=\frac{K}{AN} \tag{19.20}$$

现对方程（19.20）式关于时间变量 t 求导数，利用导数的运算规则，可得

$$\begin{aligned}\dot{\hat{k}} &=\frac{\dot{K}}{AN}-\frac{K}{(AN)^2}[A\dot{N}+\dot{A}N]\\ &=\frac{\dot{K}}{AN}-\frac{K}{AN}\cdot\frac{\dot{N}}{N}-\frac{K}{AN}\cdot\frac{\dot{A}}{A}\\ &=\frac{sY-\delta K}{AN}-\hat{k}\cdot n-\hat{k}\cdot a\\ &=\frac{sY}{AN}-\delta\hat{k}-n\hat{k}-a\hat{k}\end{aligned} \tag{19.21}$$

其中，上述第三个等式利用了假设 $\dot{N}/N=n$ 和 $\dot{A}/A=a$。

进一步地，利用 $\hat{y}=\frac{Y}{AN}$ 和关系式（19.19），（19.21）式可表示为

$$\dot{\hat{k}}=sf(\hat{k})-(n+\delta+a)\hat{k} \tag{19.22}$$

方程（19.22）便是具有技术进步的新古典增长模型的基本方程。这一方程表明，每单位有效劳动的资本存量 $\hat{k}$ 的变化取决于以下两方面的因素：等式右边第一项 $sf(\hat{k})$ 表示每单位有效劳动的实际投资量；第二项 $(n+\delta+a)\hat{k}$ 可以理解为投资平衡水平，表示投资量必须恰好使每单位有效劳动的投资保持在现有水平。

经济必须维持一定的投资水平以使 $\hat{k}$ 不下降的原因如下：首先，现有的资本存

量不断磨损，需要有新投资以使资本存量不减少。其次，由于劳动和知识的增长，有效劳动的数量是不断增加的，因此，需要足够的投资以使每单位有效劳动拥有的资本存量保持不变。

新古典增长模型的基本方程（19.17）和（19.22）在本质上是关于 k 和 $\hat{k}$ 的微分方程。在增长领域中，为了便于说明，常常将该模型用图形的方式来表示。以没有技术进步的新古典增长模型为例，其图形表示见图 19－5。

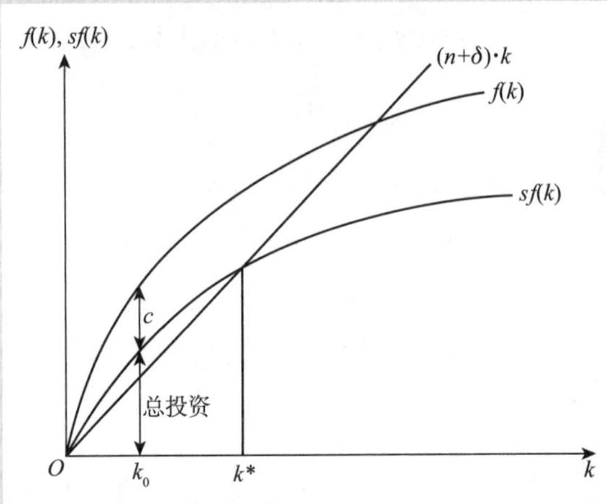

图 19－5　新古典增长模型的图形表示

在图 19－5 中，上面的曲线是生产函数曲线，基本方程（19.17）中的 $(n+\delta)k$ 项在图中是一条从原点出发的具有正斜率（$n+\delta$）的直线。（19.17）式中的 $sf(k)$ 去掉参数 s（正值），就是生产函数。在形状上，$sf(k)$ 曲线和 $f(k)$ 曲线类似，都是从坐标原点出发，斜率为正，并且随着 k 的增加而变得越来越平坦。

四、稳态及其条件

在增长文献中，稳态（steady-state）是指包括资本存量和产出在内的有关内生变量将不会随时间的推移而变化的一种状态。根据上述说明，在新古典增长模型中，经济达到稳态的条件是 $\dot{k}=0$。进一步地，根据（19.17）式，对没有技术进步的新古典增长模型来说，该模型稳态的条件是

$$sf(k)=(n+\delta)k \tag{19.23}$$

根据（19.22）式，对具有技术进步的新古典增长模型来说，该模型稳态的条件是

$$sf(\hat{k})=(n+\delta+a)\hat{k} \tag{19.24}$$

新古典增长模型的稳态条件除了用方程来表示外，还可以用图形来表示。下面以没有技术进步的新古典增长模型为例进行说明，如图 19－6 所示。

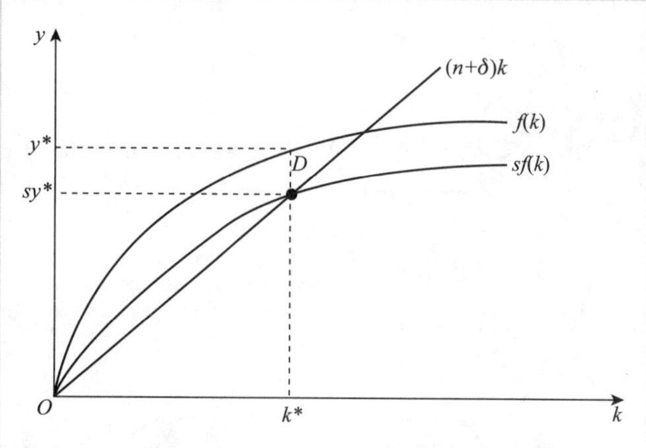

图 19-6 新古典增长模型的稳态

根据上述稳态的含义，在图 19-6 中，当经济在 D 点上运行时，对应的人均资本存量为 k^*。当 k 为 k^* 时，$sf(k)$ 曲线正好与 $(n+\delta)k$ 线相交，这意味着两者相等。而由方程（19.17）可知，此时有 $\dot{k}=0$，即这时的人均资本量将不随着时间的推移而变化。所以，图 19-6 中 D 点所对应的状态即为该模型的稳态。

进一步地，如果资本存量不等于稳态水平，情况又如何呢？图 19-6 显示，在这种情况下，随着时间的推移，经济的资本存量将向稳态移动。例如，如果实际资本水平低于稳态水平，那么，从图中可以清楚地看出，投资量 $sf(k)$ 将大于 $(n+\delta)k$，这时，资本存量将像（19.17）式所显示的那样增加。同样，如果资本存量大于稳态水平，那么 $(n+\delta)k$ 项将大于投资量 $sf(k)$，在这种情况下，经济中的资本存量将随着时间的推移而减少。以上论述表明，当经济偏离稳定状态时，无论人均资本过多还是过少，都存在着某种力量使其恢复到稳态。这意味着，新古典增长模型所确定的稳态是稳定的。

从理论上讲，新古典增长模型落在稳态的事实与资本的边际报酬递减密切相关。

由于稳态是经济的长期均衡状态，为了更充分地理解新古典增长模型的稳态，下面以浴盆模型的方式说明没有技术进步的新古典增长模型的稳态。

在新古典增长模型中，流入浴盆的流量是投资 $sf(k)$，在图 19-7 中用从水龙头流出的水量来表示。流出浴盆的流量是 $(n+\delta)k$ 项，在图中用从浴盆排水口排出的水量来表示。而浴盆中的水代表人均资本存量 k。如基本方程（19.17）表明的那样，当 $sf(k)>(n+\delta)k$ 时，流入浴盆的水量大于排出的水量，因此导致浴盆中的水代表的人均资本存量 k 上升。反之，当 $sf(k)<(n+\delta)k$ 时，流入浴盆的水量小于排出的水量，导致浴盆中水的存量下降。只有当 $sf(k)=(n+\delta)k$ 时，流入浴盆的水量与排出的水量相同，水的存量才会既不上升也不下降，因此使浴盆中的水量处于一个稳定状态，即有 $k=k^*$。

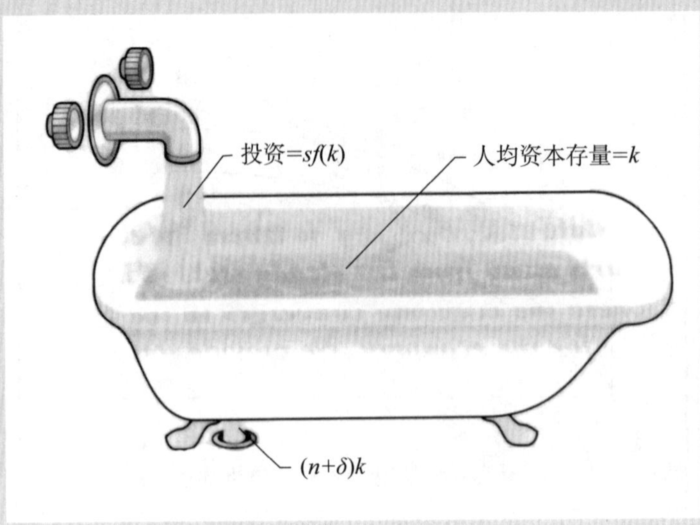

图 19－7 稳态的通俗说明

五、稳态时的增长率

下面考虑当经济达到稳态时，新古典增长模型中的相关内生变量的增长率。下面分没有技术进步的新古典增长模型和具有技术进步的新古典增长模型两种情况来说明。先考虑前者。

根据图 19－6，可知经济的稳态出现在 D 点，对应于 D 点，求得人均资本 k、人均产量 y 和人均储蓄（投资）的稳态值分别为 k^*、y^* 和 sy^*。

由于 k^* 和 y^* 都为常数，故可知它们的增长率均为零，即

$$g_k=g_y=0 \tag{19.25}$$

方程（19.25）说明了新古典增长模型中的一个非常重要的结论，即人均资本和人均产量的稳态增长率均为零。出于这个原因，可以说在没有技术进步的情况下，新古典增长模型并没有对长期人均增长的决定因素作出解释。

进一步地，由于 $k=\frac{K}{N}$ 和 $y=\frac{Y}{N}$，利用本章关系式（19.5）并注意到人口增长率为 n，即有

$$g_K=g_Y=n \tag{19.26}$$

上式说明，在不考虑技术进步的情况下，总量资本和总产量的稳态增长率为 n，即人口增长率。把上述结论用表 19－3 表示。

现在说明具有技术进步的新古典增长模型的稳态增长率。根据该模型的稳态条件（19.24）式可知，在 $f(\hat{k})$ 给定及参数 s、n、a 和 δ 确定的情况下，该方程能决定一个确定的 $\hat{k}^*$，将其代入生产函数即可求得 $\hat{y}^*$，而这里的 $\hat{k}^*$ 和 $\hat{y}^*$ 又都是不

依赖于时间的常数，故它们的增长率均为零。

表 19-3　没有技术进步的新古典增长模型的稳态增长率

内生变量	符号	稳态增长率
人均资本	$k=\frac{K}{N}$	0
人均产量	$y=\frac{Y}{N}$	0
总资本	K	n
总产量	Y	n

又由于在具有技术进步的新古典增长模型中，$\hat{k}$ 和 $\hat{y}$ 的定义如下：

$$\hat{k}=\frac{K}{AN} \tag{19.27}$$

$$\hat{y}=\frac{Y}{AN} \tag{19.28}$$

再一次用到本章前面关于增长率的结论 1 和结论 2，即关系式（19.4）和（19.5），并注意到人口增长率为 n 和技术进步增长率为 a，便可得出如表 19-4 所示的结果。

表 19-4　具有技术进步的新古典增长模型的稳态增长率

内生变量	符号	稳态增长率
按有效劳动平均的资本	$\hat{k}=\frac{K}{AN}$	0
按有效劳动平均的产量	$\hat{y}=\frac{Y}{AN}$	0
人均资本	$\frac{K}{N}=\hat{k}A$	a
人均产量	$\frac{Y}{N}=\hat{y}A$	a
总资本	$K=\hat{k}AN$	$n+a$
总产量	$Y=\hat{y}AN$	$n+a$

根据表 19-4 可知，在加入技术进步因素后，新古典增长模型终于可以解释本章前面所展示的生活水平的持续提高。也就是说，技术进步会导致人均产出的持续增长。一旦经济达到稳态，人均产出的增长率就只取决于技术进步的速率。根据新古典增长模型，只有技术进步才能解释经济持续增长和生活水平的持续上升。

第四节　应用新古典增长模型

有了新古典增长模型，本节应用该模型来考察一些相关的问题。

一、对收入差异的解释

本章第一节已经表明，在世界范围内，国家间的收入差距是巨大的，那么不考虑技术进步的新古典增长模型对此能加以解释吗？

理解新古典增长模型对收入差异的解释，在于说明对该模型所作的比较静态分析，具体而言，主要考虑经济的储蓄率增加和人口增长对经济稳态的影响。下面依次说明。

图 19－8 显示了储蓄率的增加是如何影响产量的。

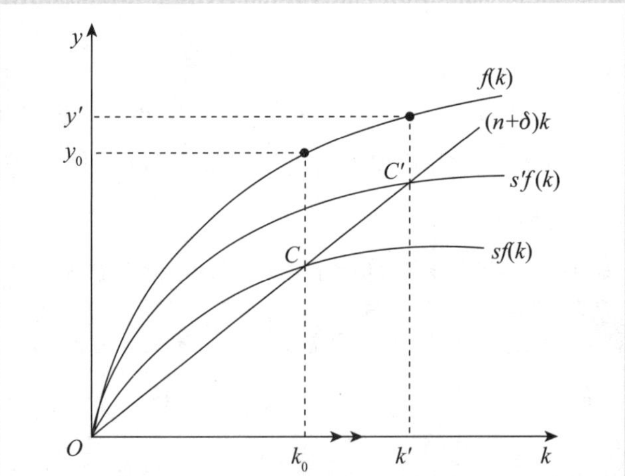

图 19－8　储蓄率增加的影响

在图 19－8 中，经济最初位于 C 点的稳态。现在假定储蓄率增加了，从 s 提高到 s'，这使储蓄曲线上移至 $s'f(k)$ 的位置。这时新的稳态位于 C' 点，比较 C 点和 C' 点，可知储蓄率的增加提高了稳态的人均资本和人均产量。

对于从 C 点到 C' 点的转变，这里需要指出两点。第一，从短期看，更高的储蓄率导致了总产量和人均产量增长率的增加，这可以从人均资本从初始稳态的 k_0 上升到新的稳态中的 k' 这一事实中看出。因为增加人均资本的唯一途径是资本存量比劳动力更快地增长，进而又引起产量的更快增长。从图 19－8 中可以看出，随着稳态人均资本从 k_0 增加到 k'，相应地，稳态人均产量从 y_0 增加到 y'。第二，由于 C 点和 C' 点都是稳态，按照前面关于稳态的分析，稳态中的产量增长率是独立于储蓄率的，从长期看，随着资本的积累，增长率逐渐降低，最终又回落到人口增长的水平。图 19－9 概括了以上分析。

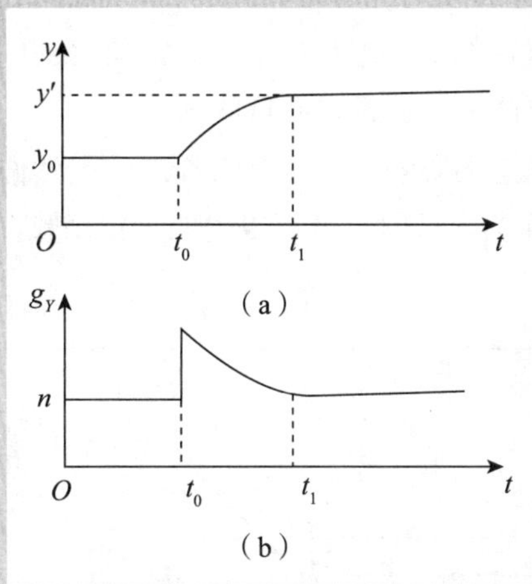

图 19-9 人均产量和总产量增长率随时间变化的轨迹

其中，图 19-9（a）显示了人均产量的时间路径。储蓄率的上升导致人均资本上升，从而增加人均产量，直到达到新的稳态为止。图 19-9（b）则显示了总产量增长率的时间路径。储蓄率的增加导致资本积累，从而带动了产量的一个暂时性的较高增长。但随着资本积累，总产量的增长最终会回落到人口增长率的水平上。

总之，新古典增长理论在这里得到的结论是，储蓄率的增加不能影响到稳态增长率，但确实能提高收入的稳态水平。用更专业的话说，就是储蓄率的增加只有水平效应，没有增长效应。

新古典增长模型的上述结论是否与现实情况吻合呢？图 19-10 给出了一些国家和地区人均收入和投资占产出的百分比的关系。

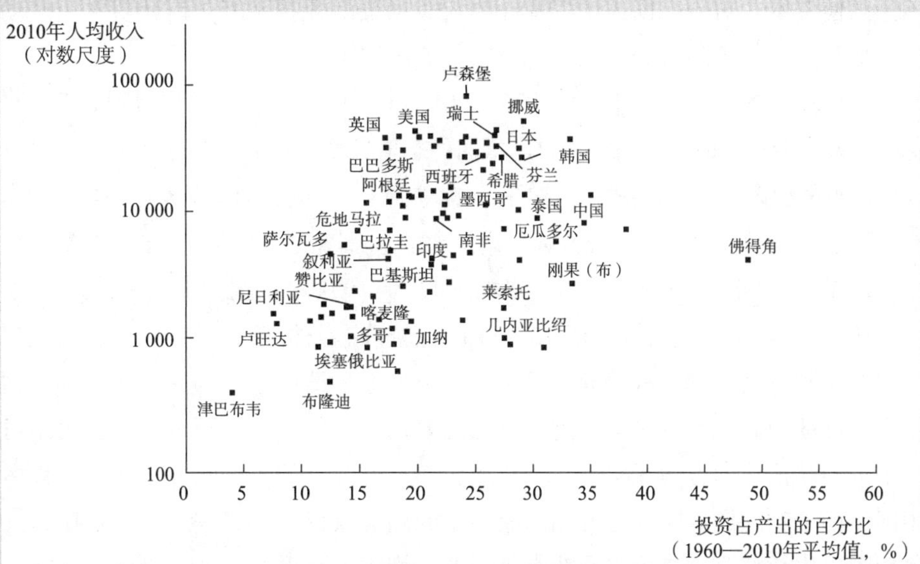

图 19-10 投资率与人均收入的国际证据

资料来源：曼昆．宏观经济学．9 版．北京：中国人民大学出版社，2016：172.

数据表明，用于投资的产出比例和人均收入水平之间存在正相关关系。也就是说，具有高投资率的国家，例如美国和日本，通常具有高收入；而具有低投资率的国家，如埃塞俄比亚和布隆迪，通常具有低收入。

再来看人口增加对稳态的影响。新古典增长理论虽然假定劳动力按一个不变的比率 n 增长，但当把 n 作为参数时，就可以说明人口增长对产量增长的影响，如图 19－11 所示。

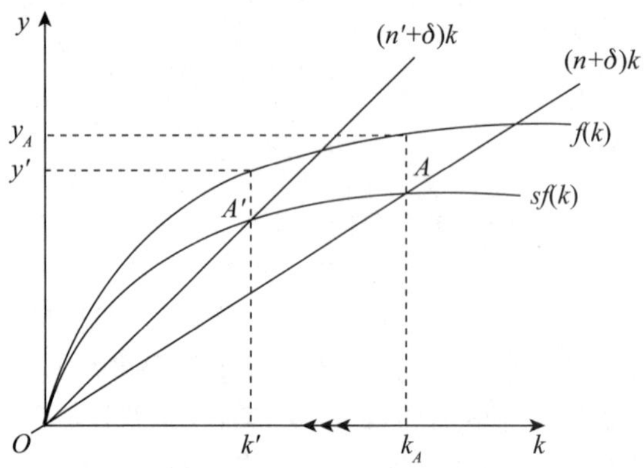

图 19－11　人口增长的影响

在图 19－11 中，经济最初位于 A 点所示的稳态。现在假定人口增长率从 n 增加到 n'，则图 19－11 中的 $(n+\delta)k$ 线便移动到 $(n'+\delta)k$ 线，这时，新的稳态为 A'点。图中从 A 点变动到 A'点的理论解释是，在当前的资本存量 k_A 下，人均投资不足以使资本—劳动比即人均资本面临人口增长时保持不变。因此资本—劳动比开始下降，它持续下降直到使 $sf(k)=(n'+\delta)k$ 的 A'点。

运用比较静态分析，通过比较图 19－11 中的 A'点和 A 点，可以得到如下三个结论：(1) 人口增长率的上升增加了总产量的稳态增长率；(2) 人口增长率的上升降低了人均资本的稳态水平（从图中原来的 k_A 减少到 k'），进而降低了人均产量的稳态水平（从图中的 y_A 下降为 y'）；(3) 人口增长率的上升不改变人均产量的稳态增长率。

上述第（1）个结论和第（3）个结论可以直接从本章第三节的表 19－3 来理解。上述第（2）个结论直接从图 19－11 的比较静态分析得到。

现在回到解释人均收入差异问题上来。根据上述结论（2），人口增长率高的国家将会有低的稳态人均资本量，进而有低的人均收入。这是从新古典增长模型得出的一个重要结论。西方学者指出，人口增长率上升产生的人均收入下降正是许多发展中国家面临的问题。两个有着相同储蓄率的国家仅仅由于其中一个国家比另一个国家的人口增长率高，就可以有非常不同的人均收入水平。

为了了解证据是否支持这个结论，再来考察国家和地区的数据。图 19－12 给出了部分国家和地区的数据散点图。

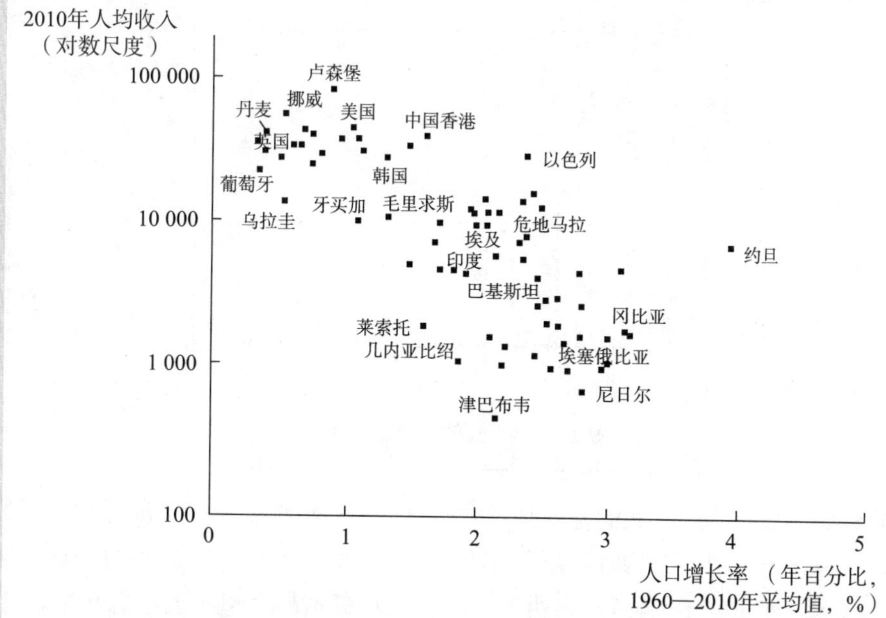

图 19-12　人口增长率与人均收入的国际证据

资料来源：曼昆．宏观经济学．9版．北京：中国人民大学出版社，2016：181.

该图表明，人口增长率高的国家和地区往往有低的人均收入水平，这与新古典增长模型的上述结论是吻合的。

二、对增长率差异的解释

本章第一节说明增长问题的另一个事实是，世界各国的增长率也具有很大的差异。下面说明新古典增长模型对该问题的解释。

先介绍在特定生产函数假定下，观察新古典增长模型的新方式。根据关系式（19.17），假设 $y=f(k)=k^{a}$（$0<a<1$），则有

$$\dot{k}=sk^{a}-(n+\delta)k$$

上式同除以 k，并记 $g_k=\frac{\dot{k}}{k}$，则有

$$g_k=sk^{a-1}-(n+\delta) \tag{19.29}$$

（19.29）式是由新古典增长模型求得的人均资本增长率方程。图 19-13 显示了上式右边两部分的关系。

根据（19.29）式和图 19-13，如果 sk^{a-1} 大于 $(n+\delta)$，则人均资本增长率将为正值，这时 k 的值较小，图 19-13 中 A 点的左边表示的就是这种情况。相反，当 k 值比较大时，$(n+\delta)$ 将大于 sk^{a-1}，这时 g_k 将为负值。换言之，人均资本存量将缩

减。当两条线相交时，人均资本增长率将等于零，此时经济达到前面所说的稳态。

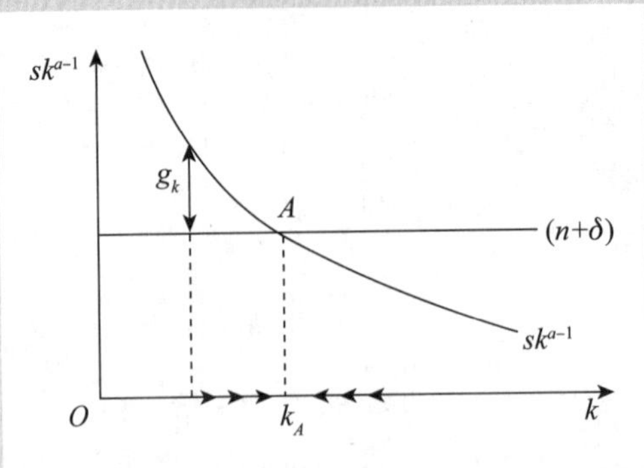

图 19－13　收敛于稳态的速度

这种观察模型的新方式的好处是，它给出了某些经济变动使经济达到稳态的速度。因为从图形上看，人均资本增长率与 sk^{a-1} 线和（$n+\delta$）线之间的距离成比例关系，因此，图 19－13 清楚地表明了，随着人均资本越来越接近稳态水平，sk^{a-1} 线和（$n+\delta$）线将逐步接近，人均资本增长率将趋近于零。

根据以上分析，一个国家的初始人均资本存量比其稳态水平低得越多，则经济增长得越快；同样，如果一个国家的初始人均资本存量远高于它的稳态水平，那么，它的资本存量将迅速减少，随着这个国家的资本存量逼近稳态水平，资本存量下降的速度将趋近于零。

更具体地，新古典增长模型形成了如下三个预言：第一，如果两个国家的储蓄率（或投资率）相同，但初始人均资本（从而初始人均收入）不同，那么，初始人均资本较低的那个国家将具有较高的经济增长；第二，如果两个国家的初始人均资本相同，但是投资率不同，那么，投资率高的那个国家将具有较高的经济增长；第三，如果一个国家提高投资水平，那么，它的收入增长率也将提高。

专栏 19－2
解释增长奇迹

总之，新古典增长模型分析相对经济增长率的关键，在于考察那些尚未处于稳态水平的经济。

三、资本的黄金律水平

根据前面介绍的新古典增长模型，储蓄率可以影响稳态的人均资本水平，人均资本水平继而决定人均产量。从全社会的角度看，产出可用于消费和积累（储蓄）两个方面。产出一定时，消费多了，积累就少了，反之亦然。因此，这里存在一个如何处理积累与消费的关系问题。显然，对这个问题的回答取决于人们对经济发展目标的认识。

一些西方学者认为，经济增长是一个长期的动态过程，因此，提高一个国家的人均消费水平是一个国家经济发展的根本目的。在这一认识下，美国经济学家费尔普斯于 1961 年找到了与人均消费最大化相联系的人均资本应满足的关系式，这一关系式被称为资本的黄金律水平。

下面借助于新古典增长模型的图形来说明和推导资本的黄金律水平，见图 19－14。

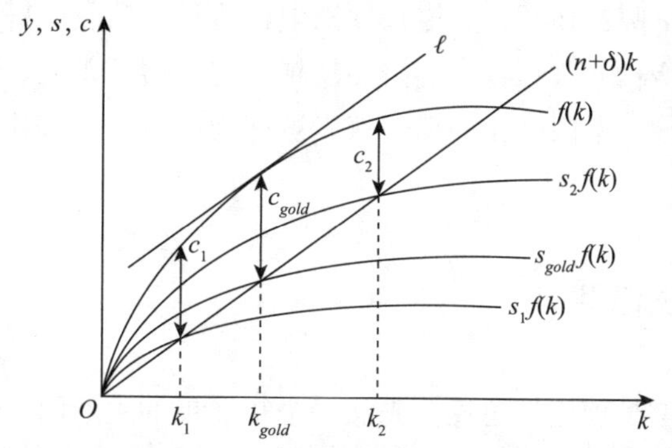

图 19－14　资本的黄金律水平

在图 19－14 中，横坐标表示人均资本，纵坐标表示人均产量、人均储蓄和人均消费。由图可知，对应于不同的储蓄率，就决定着不同的人均储蓄（投资）曲线，而对应于不同的储蓄曲线，就决定了图中不同的稳态人均资本。例如，当储蓄率为 s_1 时，就决定了相对应的稳态人均资本 k_1。为简单起见，图中只标出了三个储蓄率 s_1、s_{gold} 和 s_2，继而得到了三个不同的稳态人均资本量 k_1、k_{gold} 和 k_2。在稳态时，人均消费在图形上可表示为曲线 $f(k)$ 与直线 $(n+\delta)k$ 之间的垂直距离。从图中可以看出，与不同的稳态人均资本相对应的人均消费水平是不同的，现在的问题是，如何找到使稳态人均消费水平达到最大时的稳态人均资本水平？借助于图 19－14 可知，这相当于在图中寻找稳态人均资本 k，使曲线 $f(k)$ 和直线 $(n+\delta)k$ 之间的垂直距离最大。借助于图 19－14 可知，这时应选择 k_{gold}，此时对应的稳态人均消费为 c_{gold}，为稳态人均消费的最大值。k_{gold} 被称为资本的黄金律水平。

利用简单的几何知识可知，在 k_{gold} 处，曲线 $f(k)$ 的切线 l 应该与直线 $(n+\delta)k$ 平行。进一步地，直线 $(n+\delta)k$ 的斜率为 $(n+\delta)$，而曲线 $f(k)$ 的斜率为 $f'(k)$，故有下式成立：

$$f'(k_{gold})=n+\delta \tag{19.30}$$

上式即为资本的黄金律水平应满足的经济学条件。它表明，若使稳态人均消费达到最大，稳态人均资本量的选择应使资本的边际产量等于劳动增长率加上折旧率。一般地，一个经济并不会自动趋向于资本的黄金律水平。如果人们想要得到资本的黄金律水平，就需要一个特定的储蓄率来实现它。相应地，与资本的黄金律水平对应的储蓄率，也称为储蓄率的黄金律水平，在图 19－14 中就是 s_{gold}。

第五节　内生增长理论

经济增长理论的一个目的是解释人们在世界上大部分地方所观察到的生活水平的长期提高。上面介绍的新古典增长理论说明了这种长期增长必定来自技术进步。但技术进步来自哪里呢？在新古典增长理论中，这只是个假设！

为了充分理解增长的过程，人们需要超越新古典增长理论，并建立解释技术进步的模型，这种使增长率内生化的理论探索被称为内生增长理论。下面就简要介绍这一领域的情况。

一、简单内生增长模型

为了说明内生增长理论的思想，先从一个很简单的生产函数开始：

$$Y=AK$$

式中，Y 是产出；K 是资本存量；而 A 是一个常量，它衡量一单位资本所生产的产出量。要注意的是，这个生产函数并没有反映出资本边际收益递减的性质。无论资本量为多少，额外一单位资本生产 A 单位的额外产出，不存在资本边际收益递减是这个模型和新古典增长模型的关键区别。[①]

与前面一样，仍假设收入中的一定比例 s 用于储蓄和投资，因此，经济中的资本积累由下式描述：

$$\Delta K=sY-\delta K$$

这一式子表明，资本存量的变动（ΔK）等于投资（sY）减去折旧（δK）。将这一关系式与生产函数 $Y=AK$ 结合在一起，进行一些运算之后可得：

$$\frac{\Delta Y}{Y}=\frac{\Delta K}{K}=sA-\delta \tag{19.31}$$

这一公式表明了决定产出增长率 $\Delta Y/Y$ 的是什么。要注意的是，只要 $sA>\delta$，即使没有外生技术进步的假设，经济的收入也一直增长。因此，永久性地提高投资率的政府政策将永久性地提高经济增长率。

上述说明还可以用图 19－15 加以表示。在图 19－15 中，δk 线反映的是替代资本存量折旧部分的投资数量。sy 线是作为资本存量函数的总投资。因为 y 是 k 的线性函数，故 sy 线实际上是一条直线，这是该模型的一个重要特点。在图 19－15 中假设总投资大于总折旧。

① 这一模型在经济增长文献中被称为 AK 模型。

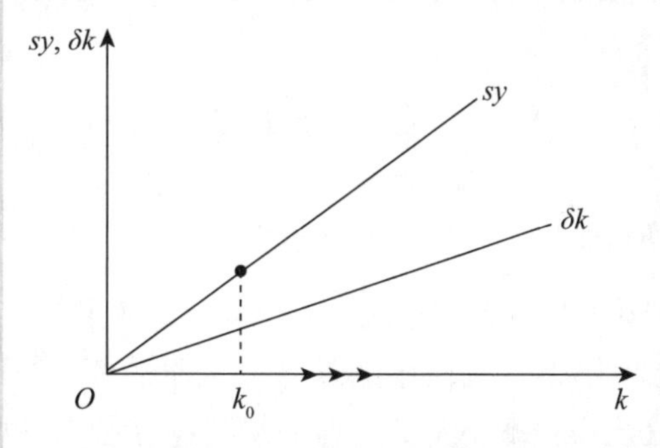

图 19－15 AK 模型的图形表示

考虑一个从 k_0 点开始的经济。在该经济中，因为总投资大于折旧，资本存量不断增加。随着时间的推移，这种增长会继续下去。在 k_0 后边的每一个点上，总投资都比总折旧更大，因此，资本存量总是在增长，在这个模型中，增长永不停止。

因此，生产函数的简单变动就可以从根本上改变对经济增长的说明。在新古典增长理论中，储蓄引致了经济的暂时增长，但资本边际收益递减最终使经济达到增长只取决于外生技术进步的稳定状态。与此相比，在这种内生增长模型中，储蓄和投资会引起长期增长。

现在的问题是，放弃资本边际收益递减的假设合理吗？回答取决于人们如何解释生产函数 $Y=AK$ 中的变量 K。如果 K 只包括通常意义下经济中的厂房与设备存量，那么，假设资本边际收益递减就是自然而然的。

但是，内生增长理论的支持者认为，如果对 K 作出更广义的解释，资本边际收益不变（而不是边际收益递减）的假设就更合理。一些西方学者认为，知识是经济生产中的一种重要投入——无论是用它来生产产品与劳务，还是用它来提供新知识。如果把知识看做一种资本，与通常意义下的资本相比，假设知识表现出收益递减的性质就不太合理了。实际上，过去几百年来科学与技术创新增长的速度使一些西方学者认为，存在着知识收益递增。如果接受知识是一种资本的观点，那么，假设资本边际收益不变的内生增长模型就更合理地描述了长期经济增长。

上述被称为 AK 模型的内生增长模型提供了一条内生化稳态增长率的途径，即如果可以被累积的生产要素有固定报酬，那么稳态增长率将被这些要素的积累率所影响。从关系式（19.31）知，储蓄率 s 越高，产出增长率也将越高。进一步地，这一模型暗示，那些能永久提高投资率的政府政策会使经济增长率不断地提高。

二、两部门模型

内生增长理论研究的一个思路是建立一个多部门模型，以便对支配技术进步的力量提供更好的描述。下面我们介绍一下沿着这种思路的一个简单例子。

假定经济有两个部门，分别称为制造业企业和研究性大学。企业生产产品与劳务，这些产品与劳务用于消费和物质资本投资。大学生产被称为“知识”的生产要素，然后这两个部门免费利用知识。企业的生产函数、大学的生产函数，以及资本积累方程描述了该经济：

$$Y=F[K,(1-u)EN] \qquad \text{企业的生产函数}$$
$$\Delta E=g(u)E \qquad \text{大学的生产函数}$$
$$\Delta K=sY-\delta K \qquad \text{资本积累方程}$$

式中，u 是在大学的劳动力比例；相应地，$(1-u)$ 是在企业的劳动力比例；E 是知识存量；函数 $g(u)$ 是表明知识增长如何取决于在大学的劳动力比例的函数。一般地，假设企业的生产函数是规模报酬不变的，即如果资本存量 K 和所谓有效工人的数量 $(1-u)EN$ 翻一番，那么，产品与劳务产出 Y 也翻一番。

如果使物质资本 K 和知识 E 都翻一番，根据以上关系式和假定可知，这时经济中两个部门的产出也都翻一番。因此，与前面的 AK 模型一样，这个模型也可以在不假设生产函数中有外生变动的情况下引起长期增长。在这里，长期增长是内生地产生的，因为大学的知识创造不会停止。

有趣的是，这个模型也与新古典增长模型类似。如果在大学的劳动力比例 u 是不变的，那么，知识存量 E 就按不变的比率 $g(u)$ 增长。这在本质上与新古典增长理论中关于技术进步的说明是一样的。而且，这个模型的其余部分，包括企业的生产函数和资本积累方程也与新古典增长模型相同。因此，对任何一个既定的 u 值，这种内生增长模型也和新古典增长模型一样发挥作用。

对内生增长理论进一步的介绍超出了本书的范围，但可以指出的是，这一增长理论的新发展深化了人们对于增长过程的认识，同时，这一理论对技术创新过程提供了更为全面的认识。

第六节　促进经济增长的政策

由（19.10）式知，政府可以影响决定经济增长的三个因素，即技术进步、资本形成和劳动投入。

一、鼓励技术进步

索洛模型表明，人均收入的持续增长来自技术进步。虽然索洛模型没有解释技术进步，在一定程度上无法理解技术进步的决定作用，但许多公共政策的目的仍在于鼓励技术进步。

例如，专利制度给新产品发明者以暂时的垄断权力。当一个人或一个企业发明了一种新产品时，发明者可以申请专利。如果认定该产品的确是原创性的，政府就授予专利，专利给予发明者在规定年限内排他性地生产该产品的权利。通过允许发明者从其发明中获得利润，尽管只是暂时的，专利制度提高了个人和企业从事研究的积极性。类似的例子还有税收法规为进行研究和开发的企业提供税收减免。

政府在改善技术进步方面的一个重要领域是教育。在美国，州和地方政府提供了对小学、中学和大学的支持中的大部分。一支高素质的研究与开发团队是改善技术进步的关键因素之一。

美国政府长期以来在创造和传播技术知识方面发挥着作用。美国政府很早就资助耕作方法研究，并建议农民如何最好地利用自己的土地。近年来，美国政府通过空军和国家航空航天局支持空间研究，同时，像国家科学基金会这样的政府机构持续直接资助大学的基础研究。

二、鼓励资本形成

根据（19.10）式，资本存量的上升会促进经济增长。从直观的角度看，由于资本是被生产出来的生产要素，因此，一个社会可以改变它所拥有的资本量。如果今天经济生产了大量新资本品，那么，明天它就将有大量资本存量，并能生产出更多的各种产品与劳务。另外，资本存量的增长是储蓄和投资推动的，因此，鼓励资本形成便主要归结为鼓励储蓄和投资。这是政府促进经济增长的一种方法，而且在长期中，这也是提高一国公民生活水平的一种方法。

图 19－16 显示了 1960—1988 年 17 个国家的投资—GDP 比率与人均 GDP 增长率的散点图。

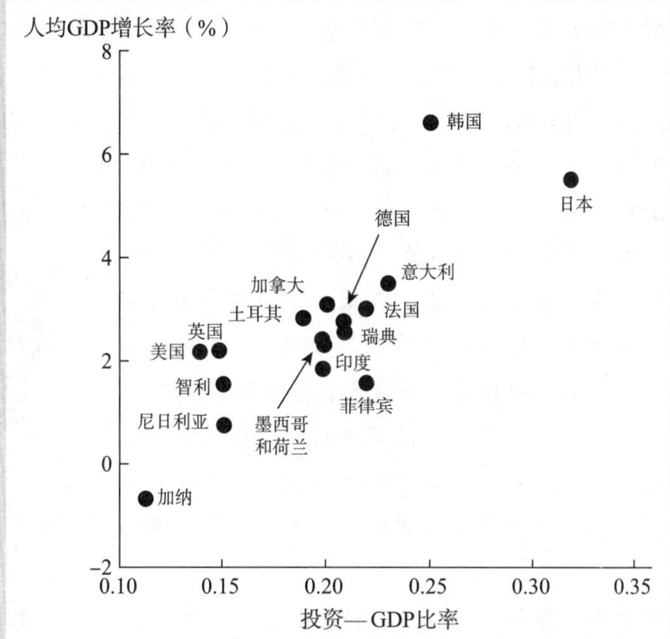

图 19－16　投资与增长

资料来源：法默．宏观经济学．2 版．北京：北京大学出版社，2009：316.

从图 19－16 中可以看出，投资—GDP 比率高的国家增长率也较高，以墨西哥、荷兰、印度和加拿大为例，尽管这些国家人均 GDP 水平有差异，但它们的增长率相近。而像韩国和日本，它们经历了高速的增长，这与它们很高的储蓄率和投资率相关。总之，上述散点图揭示了投资—GDP 比率和人均 GDP 的平均增长率存在显著的正相关关系。

三、增加劳动供给

增长核算方程表明，增加劳动供给会引起经济增长。容易理解，所得税的提高减少了工人的工作所得从而会降低工作的积极性；与之相反，所得税减免是加强激励、促使人们努力工作的一个途径。

与劳动供给相关的一个概念是人力资本，它是指劳动者通过教育和培训所获得的知识和技能。尽管基本的新古典增长模型只包括物质资本，而且没有努力去解释劳动效率，但人力资本在许多方面与物质资本类似。与物质资本一样，人力资本也提高了一国生产产品和劳务的能力。20 世纪 90 年代的一项研究强调了在解释各国生活水平的差别中，人力资本至少与物质资本同样重要。① 因此，政府政策提高生活水平的一种方法是提供良好的教育、培训体系，并鼓励人们利用这样的体系。

四、建立适当的制度

研究生活水平国际差异的西方学者把这些差异部分归因于物质和人力资本的投入差别，部分归因于使用这些投入的生产效率。各国生产效率水平不同的一个原因是指导稀缺资源配置的制度不同。因此，创建适当的制度对经济增长是非常必要的。

制度是指能支配个人和企业行为的一套规则、体制和惯例。其中，影响经济增长的最基础、最根本的制度是产权（property rights），即对财产的保护，以免被他人占用。经济当事人要求产权，这样才有激励去投资。否则，他们的成果可能会轻易被别人拿走。如果一家铁矿公司预计铁矿会被抢走，它就不会努力开采铁矿。只有该公司相信它将从铁矿随后的销售中获得收益，它才会有激励开采铁矿。

维护产权的基本方式是法制。彼此签订合同的企业依靠法院来强制执行这些合同。发明人依靠专利法的实施来维护自己的利益。私人财产的所有者也要依靠法院和警察保护他们的所有权。

专栏 19－3
阿里巴巴：从商业创新走向科技创新的中国实践

美国经济学家诺思指出：“社会没有能力形成一套有效的、低成本执行合同的

① Mankiw, Romer, and Weil. A Contribution to the Empirics of Economic Growth. *Quarterly Journal of Economics*, 1992, 107 (2).

体系，这是第三世界国家过去的经济停滞和现在的经济不发达的最主要的根源。"①

第七节 结 束 语

本章要点可以归结如下：

（1）经济增长是指一个经济体产量的增加，其中产量既可以表示为经济的总产量，也可以表示为人均产量。经济增长的程度可以用增长率来描述。

（2）在新古典增长模型的稳定状态下，人均收入增长率仅仅由外生的技术进步率决定。

（3）在新古典增长模型中，储蓄率的增加不能影响到稳态增长率，但确实能提高收入的稳态水平。

（4）在新古典增长模型中，人口增长率的上升增加了总产量的稳态增长率。

（5）资本的黄金律水平是指使稳态人均消费量达到最大化的资本量。其条件是资本的边际产量等于劳动的增长率加上折旧率。

（6）内生增长理论试图解释在新古典增长模型中作为外生变量的技术进步变量。有关的模型试图解释通过研究与开发创造知识的决策。

西方学者对经济发展的研究可以被区分为两个类别。一个类别是发展经济学，从事欠发达国家长期经济发展的研究；另一个类别被称为经济增长论，探索发达国家经济发展的途径，即为本章所论述的内容。

对于一个社会来说，要提高生活水平，人均总产量必须增长。图 19－17 对比了两个经济，每一个经济都有温和的经济波动。但在图 19－17（a）中展现了一个被称为"停滞经济"的国家，它正在经历实际 GDP 十分缓慢的增长。

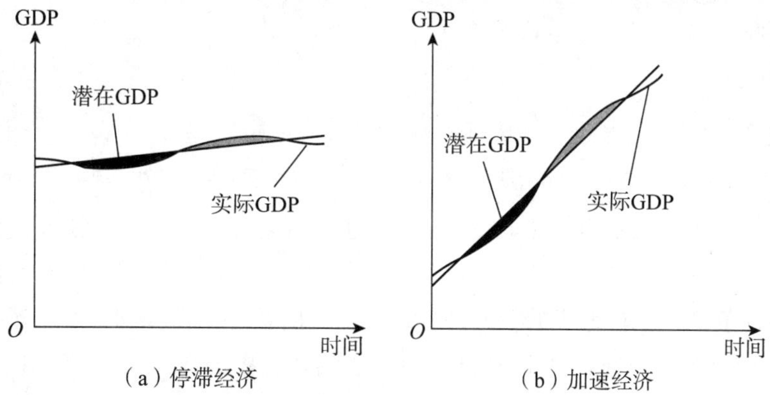

（a）停滞经济　　（b）加速经济

图 19－17　停滞经济和加速经济

① 戴维·N. 韦尔．经济增长．2 版．北京：中国人民大学出版社，2011：271.

相反，图 19－17（b）则描绘了一个被称为“加速经济”的国家，伴随它的是加速的实际 GDP 的增长。如果假定图中每个国家的人口增长相同，那么，人均产量的增长在加速经济的国家更快。在这样的国家，每个人能够购买更多的消费品，有大量的剩余产品可以用来提供更好的学校、公园、医院等。而处于停滞经济国家的公民则必须持久地面对争论：如果将更多的钱用于学校和医院，那么就必须牺牲公民的消费。

关于本章所论述的经济增长论，我们作出两点评论，分述如下：

第一，经济增长论产生的政治背景。在两百多年以前，以斯密和李嘉图为代表的西方古典经济学主要研究资本主义发展的长期趋向，以后的西方学者逐渐放弃了这一传统，关于长期发展的研究涉及较少。到了 19 世纪末期，边际效用学派的兴起使得西方学者几乎放弃了对长期发展的研究。本书的微观部分表明：这些学者所关注的假设其他条件不变的静态分析很难符合在长期发展中，一切条件都在改变的现实。虽然也出现了如“长期趋向”或“长期供给曲线”等学术成果，但它们是仅就单个厂商的发展前景而言的，与整个社会或国家的长期发展关系不大。然而，在第二次世界大战以后，西方学者却纷纷致力于经济增长论研究。什么原因促使他们这样做，促使他们回到古典学派的传统？原因之一，甚至可以说最主要的原因在于战后的世界政治格局。

第二次世界大战以后，由于许多社会主义国家的兴起，世界上形成了社会主义和资本主义两大阵营对峙的政治局面。在这种政治局面中，至少在 20 世纪 80 年代以前，主要社会主义国家的经济发展速度一般高于主要资本主义国家。例如，根据英国《伦敦经济学家》提供的数字，在 1965—1980 年间，二者发展速度的对比见表 19－5。

表 19－5　1965—1980 年间几个国家 GDP 的年均增长率

社会主义国家		资本主义国家	
国家	年均增长率（%）	国家	年均增长率（%）
苏联	5.8	美国	2.7
中国	6.4	英国	2.1
民主德国	4.9	联邦德国	3.3

资料来源：《伦敦经济学家》杂志．世界主要统计数字．伦敦：郝青森商业书籍出版社，1990：42.

这种发展速度的差距，如果长期持续下去，显然不利于资本主义制度，会使人们对它丧失信心。当时的两位美国经济学者写道：“战后的胜利并没有解决基本的意识形态的争论……在世界的很大部分，对于自由企业的信仰和信心很难说是很高的。”① 美国总统肯尼迪在其 1961 年 1 月的国情咨文中说：“总之，美国的经济正处于困境。世界上资源最丰富的工业国家却在经济增长上列于最落后的队伍之中。”因此，他要采取举措来“为加快经济增长铺设道路”。一度被奉为增长理论经典的哈

① 布坎南，卢茨．世界经济的重建．纽约：美国 20 世纪基金会，1947：272－275.

罗德-多马模型的创建者之一多马写道："目前，大家对增长论感兴趣并非偶然。一方面，它表现出一种忧虑，恐怕在我们的制度中，如果没有发展，就不能有充分就业；另一方面，它是现代国际冲突的结果。在这个冲突中，增长已成为生存的条件。"① 以上种种表明，政治上加快经济发展的需要是促成增长论出现的一个重要因素。

第二，在政治因素的推动下，一部分西方学者对经济增长问题进行了研究。虽然他们的研究成果存在不足之处，例如，成果仅仅涉及经济增长的经济技术因素而并不涉及影响它的社会因素，但这些成果还是含有不少可为我们借鉴之处。在这里，我们举出两个例子。

例一，本章论述的新古典增长模型可以使人们更形象、更直观地认识一些问题并能说明解决问题的方法。从图 19-6 中可以看出，要想提高一个国家的劳动生产率，从而提高生活水平，应使该图中的 D 点向右移动。要想使 D 点向右移动，可采用的办法有：

(1) 可以提高整条 $f(k)$ 曲线，这意味着使用新技术，在一定 k 值下提高劳动生产率；

(2) 可以提高 $sf(k)$ 曲线，这意味着增加积累或储蓄；

(3) 可以压低 $(n+\delta)k$ 线，这意味着控制人口增长率。

一般地说，一个发展中国家在其发展的初期阶段，其 k 值通常较低，以上问题和解决方法的确值得发展中国家考虑，而图 19-6 可以形象地对此进行说明。

例二，本章关于经济增长源泉的分解的分析表明，教育的加强、知识的增进以及知识的应用等，对经济增长有着举足轻重的作用。这些结论已经被世界各国普遍接受。它们表明，要想取得经济的迅速发展，必须增加对科学技术事业以及与此有关的教育事业的投资。特别是，它们反映了马克思主义的"科学技术是生产力"的正确论断，尤其值得我们注意和重视。

总之，为了充分发挥社会主义制度的优越性，如何促进我国的经济建设迅速而平稳地向前发展，是一个需要我们认真对待的重要课题。这就要求我们在深入调查、分析和研究本国经济建设实际情况的同时，吸收包括经济增长理论在内的国外一切有用的东西，为我所用，以利于我国经济发展和经济科学的建设。

附录　增长核算

一、增长核算方程

增长核算是一种经济分析方法，它将观测到的总产出（GDP）增长分解成几部分，而各部分分别与各要素投入的变化和生产技术的变化相关。

---

① 多马．经济增长论文集．牛津：牛津大学出版社，1957：18.

假设经济的生产函数为

$$Y=AK^{a}N^{1-a} \tag{19a.1}$$

式中，Y、N 和 K 顺次为总产出、投入的劳动量和投入的资本量，A 代表经济的技术状况，参数 a 介于 0 和 1 之间。

借助于本章第一节关于增长率的结论，即（19.4）式和（19.6）式，可把（19a.1）式表述为

$$g_Y=g_A+ag_K+(1-a)g_N \tag{19a.2}$$

式中，g_Y＝总产出增长率；g_A＝技术增长率（全要素生产率）；g_K＝资本增长率；g_N＝劳动增长率。

方程（19a.2）便是增长核算方程，它是生产函数（19a.1）式的增长版本。该方程表明，产出增长率等于全要素生产率加上资本和劳动增长的贡献。

方程（19a.2）中的三项对产出的增长有贡献：

生产率增长的贡献$=g_A$

资本增长的贡献$=ag_K$

劳动增长的贡献$=(1-a)g_N$

因此，增长核算方程（19a.2）式又被写为：

产出增长率＝生产率增长的贡献＋资本增长的贡献＋劳动增长的贡献

由于全要素生产率无法直接观测到，所以要间接地衡量。从方程（19a.2）中有

$$g_A=g_Y-ag_K-(1-a)g_N$$

因此，全要素生产率是作为一个余量计算出来的，即作为考虑了可以直接衡量的增长决定因素后剩余的产出增长率，由于这个原因，g_A 有时被称为索洛余量。

二、增长的经验估算

现在来看看有关增长的数据。表 19a-1 给出了美国 1948—2013 年增长核算的有关数据。

该表表明，在 1948—2013 年，美国实际 GDP 增长率平均为每年 3.5%，其中的 1.3%是由资本存量的增加贡献的，1.0%是由劳动投入的增加贡献的，另外 1.2%是由全要素生产率的提高带来的。

表 19a-1 还表明，1972—1995 年，美国全要素生产率的增长明显放慢了。为此，许多西方学者试图解释这一不利的变动。例如，有人从数据衡量方面提出解释，认为实际上生产率并没有放慢，只是因为数据有缺陷而表现在数据上。还有一

些人认为，1973年和1979年两次石油价格的大幅上升是导致生产率下降的主要原因。然而，有关生产率下降原因的种种分析都还没能对此提出一个系统而全面的解释。

表19a-1 美国经济增长的核算（%）

年份	产出的增长 $(\Delta Y/Y)$ (1)=(2)+(3)+(4)	增长的源泉		
		资本 $(\Delta K/K)$ (2)	劳动 $[(1-a)\Delta L/L]$ (3)	全要素生产率 $(\Delta A/A)$ (4)
1948—2013	3.5	1.3	1.0	1.2
1948—1972	4.1	1.3	0.9	1.8
1972—1995	3.3	1.4	1.4	0.5
1995—2013	2.9	1.1	0.6	1.1

资料来源：美国劳工部。数据为非农产业部门的年均增长百分比数据。由于四舍五入，各部分加起来可能不等于总和。

三、经济增长因素分析

经济增长是一个复杂的经济和社会现象。增长核算方程虽然说明了经济增长的源泉，但在如何认识影响经济增长的因素这个问题上，人们还需要数据做进一步的分析，也需要把有关因素进一步细化。从现实角度看，影响经济增长的因素有很多，正确地认识和估计这些因素对经济增长的贡献和影响，对于理解和认识现实的经济增长和制定促进经济增长的政策都是至关重要的。因此，很多西方学者都投身到这一研究中来，其中美国经济学家丹尼森（E. F. Denison）的工作影响较大，下面介绍一下丹尼森对经济增长因素的分析。

在经济增长因素分析中首先遇到的问题是经济增长因素的分类。丹尼森把经济增长因素分为两大类：生产要素投入量和要素生产率。关于生产要素投入量，丹尼森把经济增长看成是劳动、资本和土地投入的结果，其中土地可以看成是不变的，其他两个则是可变的。关于要素生产率，丹尼森把它看成是产量与投入量之比，即单位投入量的产出量。要素生产率主要取决于资源配置状况、规模经济和知识进展。具体而言，丹尼森把影响经济增长的因素归结为六个：（1）劳动；（2）资本存量的规模；（3）资源配置状况；（4）规模经济；（5）知识进展；（6）其他影响单位投入产量的因素。

丹尼森进行经济增长因素分析的目的，就是通过量的测定，把产量增长率按照各个增长因素所作的贡献分配到各个增长因素上去，分配的结果用来比较长期经济增长中各个因素的相对重要性。

在1985年出版的《1929—1982年美国经济增长趋势》一书中，丹尼森根据美国国民收入的历史统计数字，对上述各个增长因素进行了考察和分析，其结果被总结在表 19a-2 中。

运用 1929—1982 年间的数据，丹尼森计算出 2.92%的年实际产量增长率中的 1.9%应归功于要素投入的增加。

表 19a-2　总国民收入增长的源泉，1929—1982 年

增长因素	增长率（%）
总要素投入	**1.90**
劳动	1.34
资本	0.56
单位投入的产量	**1.02**
知识进展	0.66
资源配置	0.23
规模经济	0.26
其他	−0.13
国民收入	**2.92**

资料来源：Edward Denison. *Trends in American Economic Growth*：*1929—1982*. Washington，D.C.：The Brookings Institution，1985（Table 8-1）.

从表 19a-2 中可以看出劳动增加对经济增长的贡献相当大。其原因可以部分地从增长核算方程（19a.2）式中得到解释，即劳动份额相对较大，所以劳动的增长率就有相对较大的权重。

下面来看要素生产率增加或每单位要素投入产量增加的源泉。值得关注的是，知识进展解释了技术进步对经济增长约 2/3 的贡献。此外，资源配置这一因素对要素生产率增加的贡献也不可忽视。例如人们从薪水少的工作“跳槽”到更好的工作，从而导致产量的增加或收入的增长。另一个重要情形是劳动力从农村到城市就业而引起的生产要素的再配置。

另一个因素是规模经济。从表 19a-2 可以看到，规模经济对单位投入的产量增长率的贡献仅次于知识进展。当经济运作的规模扩大时，每单位产量所需的投入更少，这主要是因为在小规模水平上使用技术经济的效率可能不高，而在更大的生产规模上则产生节约，带来规模经济效应。

据此，丹尼森的结论是，知识进展是发达资本主义国家最重要的增长因素。丹尼森所说的知识进展包括的范围很广，它包括技术知识、管理知识的进步和由于采用新的知识而产生的结构和设备更有效的设计在内，还包括从国内和国外的有组织的研究、个别研究人员和发明家，或者从简单的观察和经验中得来的知识。丹尼森所谓的技术知识是关于物品的具体性质和如何具体地制造、组合以及使用它们的知识。他认为，技术知识进步对经济增长的贡献是明显的，但只把生产率的增长看成大部分是采用新的技术知识的结果则是错误的，他强调管理知识的重要性。管理知识就是广义的管理技术和企业组织方面的知识。在丹尼森看来，管理知识方面的进步更可能降低生产成本，增加国民收入，因此它对国民收入的贡献比改善产品物理特性对国民收入的贡献影响更大。总之，丹尼森认为，技术知识和管理知识进步的重要性是相同的，不能只重视前者而忽视后者。

习题

1. 说明经济增长与经济发展的关系。
2. 经济增长的源泉是什么？
3. 什么是新古典增长模型的基本公式？它有什么含义？
4. 在新古典增长模型中，储蓄率的变动对经济有哪些影响？
5. 在新古典增长模型中，人口增长对经济有哪些影响？
6. 推导某一时期总产量、人均产量和人口这三者的增长率之间的关系。
7. M 国的人均收入数据如下表所示：

年份	人均收入（美元）
1870	2 525
1929	7 100
1950	11 720
2004	36 880

计算该国 1870—1929 年人均收入的年均增长率和 1950—2004 年人均收入的年均增长率。

8. 在新古典增长模型中，人均生产函数为

$$y=f(k)=2k-0.5k^2$$

人均储蓄率为 0.3，人口增长率为 0.03，求：

(1) 使经济均衡增长的 k 值。

(2) 与黄金律相对应的人均资本量。

9. 设一个经济的人均生产函数为 $y=\sqrt{k}$。如果储蓄率为 28%，人口增长率为 1%，技术进步速度为 2%，折旧率为 4%，那么，该经济的稳态产出为多少？如果储蓄率下降到 10%，而人口增长率上升到 4%，这时该经济的稳态产出为多少？

10. 已知资本增长率 $g_k=2\%$，劳动增长率 $g_l=0.8\%$，产出增长率 $g_y=3.1\%$，资本的国民收入份额 $\alpha=0.25$，在这些条件下，技术进步对经济增长的贡献为多少？

11. 设一个经济中的总量生产函数为

$$Y_t=A_t f(N_t, K_t)$$

式中，Y_t、N_t 和 K_t 分别为 t 时期的总产量、劳动投入量和资本投入量；A_t 为 t 时期的技术状况。试推导经济增长的分解式，并加以解释。

12. 在新古典增长模型中，总量生产函数为

$$Y=F(K,L)=K^{\frac{1}{3}}L^{\frac{2}{3}}$$

（1）求稳态时的人均资本量和人均产量。

（2）用这一模型解释“为什么我们如此富裕，而他们那么贫穷”。

（3）求出与黄金律相对应的储蓄率。

13. 设在新古典增长模型的框架下，生产函数为：

$$Y=F(K,L)=\sqrt{KL}$$

（1）求人均生产函数 $y=f(k)$。

（2）若不存在技术进步，求稳态下人均资本量、人均产量和人均消费量。

14. 在新古典增长模型中，已知生产函数为 $y=2k-0.5k^2$，y 为人均产量，k 为人均资本，储蓄率 $s=0.1$，人口增长率 $n=0.05$，资本折旧率 $\delta=0.05$。试求：

（1）稳态时的人均资本和人均产量。

（2）稳态时的人均储蓄和人均消费。

15. 一个开始时处于新古典增长模型描述的稳态的经济遭遇了一场强烈的地震，地震摧毁了该经济一半的资本存量。利用新古典增长模型的图形说明该经济如何随时间的推移而变化。

第二十章

宏观经济学的微观基础

当代西方经济学被划分为宏观部分和微观部分两大领域。概括地说，宏观经济学主要研究经济社会总体的经济行为及其后果；微观经济学主要研究个体经济单位的经济行为及其后果。宏观经济学和微观经济学的研究对象有所不同，但按照西方学者的说法，对总体经济行为的分析离不开对个体经济行为的分析，因为后者是前者的基础。为了更深入地理解宏观经济现象，以及在理论上要求宏观经济模型具有一致性，许多西方宏观经济学教材均介绍了宏观经济学的微观基础。在探讨这方面的内容时，本章主要介绍消费、投资和货币需求这三个方面的微观基础。

第一节　消　费

消费是指一国居民对本国和外国生产的最终产品和劳务的支出，它是总支出的最大组成部分。消费者个人的消费决策是关于收入中多少用于当前支出、多少用于储蓄的决策。这本来属于微观经济学中的一个基本问题，然而消费者的消费决策也会对宏观经济运行状况和宏观经济政策的效果产生影响。

一、跨期消费决策

凯恩斯所引进的消费函数把现期消费作为现期收入的函数，这是符合人们直觉的最简单明了的假设。然而，这种关系与现实不完全相符。事实上，当人们在作出消费和储蓄决策时，既要考虑现在，又要考虑未来。人们在现期消费与未来消费之间进行取舍时，必须提前预测他们在未来能够获得的收入，以及他们希望消费的产品与劳务。1930 年，美国经济学家欧文·费雪提出跨期消费决策模型，该模型划分了不同时期，说明消费者面临的约束条件及偏好，分析理性的消费者如何在现期消费与未来消费之间作出选择。

为简化分析，我们考虑一个消费者只面临两个时期的消费决策：第一期是青年时期，第二期是老年时期。在第一期消费者取得收入 y_1 并消费 c_1，在第二期消费者取得收入 y_2 并消费 c_2。假设没有通货膨胀，并且消费者有机会进行借贷或储蓄，所以他在任何一个时期的消费都可以大于或小于那一时期的收入。

现在考虑消费者两个时期的收入如何约束这两个时期的消费。在第一期，储蓄等于收入减去消费，即：

$$s=y_1-c_1 \tag{20.1}$$

式中，s 为储蓄。

在第二期，消费等于积累的储蓄，包括储蓄所获得的利息加上第二期的收入，即：

$$c_2=(1+r)s+y_2 \tag{20.2}$$

式中，r 为实际利率。由于没有第三期，消费者在第二期既不储蓄，也不借贷，只是花光所有积蓄。

有一点需要注意，变量 s 可以代表储蓄，也可以代表借贷。如果第一期的消费小于收入，消费者储蓄，s 大于零。如果第一期的消费大于收入，消费者借贷，s 小于零。为简单起见，我们假定借贷的利率和储蓄的利率相同。

将（20.1）式和（20.2）式结合在一起，得到：

$$c_2=(1+r)(y_1-c_1)+y_2$$

经整理，有：

$$c_1+c_2/(1+r)=y_1+y_2/(1+r) \tag{20.3}$$

（20.3）式把两个时期的消费与两个时期的收入联系在一起，是表示**消费者跨期消费预算约束**的标准方法。如果利率为 0，预算约束表明两个时期的总消费等于两个时期的总收入；在利率大于 0 的正常情况下，未来消费和未来收入用（$1+r$）这个因子进行贴现，贴现后的数值被称为现值，贴现产生于储蓄所获得的利息。也就是说，消费者将现期收入存入银行，可以获得一定比例的利息，所以未来收入的价值低于现期收入的价值。同样，未来消费由赚到利息的储蓄支付，所以未来消费的成本低于现期消费的成本。因子$1/(1+r)$ 是用第一期消费衡量的第二期消费的价格；是消费者为得到 1 单位第二期消费所必须放弃的第一期消费的数量。

如图 20－1 所示，消费者的预算约束可用一条向右下方倾斜的直线来表示。由于消费者可以在两期之间借贷，预算约束线表示通过两期消费花光两期收入的所有可能的组合。在预算约束线上标出 A、B、C 三个点：在 A 点，消费者的每期消费正好等于每期收入，两个时期之间既无储蓄又无借贷；在 B 点，消费者在第一期完全不消费（$c_1=0$），将所有收入用于储蓄，因此，消费者在第二期的消费等于两期收入加上储蓄得到的利息［$c_2=(1+r)y_1+y_2$］；在 C 点，消费者计划第二期不消费，把第二期的收入完全借贷到第一期，因此，第一期的消费等于两期收入减去借贷需要支付的利息［$c_1=y_1+y_2/(1+r)$］。由（20.3）式可计算得出预算约束线的斜率为$-(1+r)$。

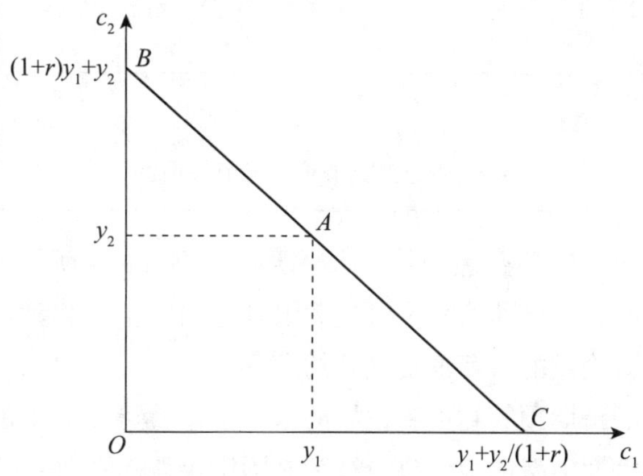

图 20-1　跨期消费预算约束

A、B、C 三点表示三种比较极端的情况。如果消费者的消费组合位于 A 和 B 之间，表明他在第一期的消费小于收入，剩余收入被储蓄起来，用于第二期。如果消费者的消费组合位于 A 和 C 之间，表明他的第一期消费大于收入，并以借贷来弥补差额。

涉及跨期消费的消费者偏好可以用**无差异曲线**来表示，无差异曲线表示使消费者获得同样满足的第一期与第二期消费的组合。消费者对同一条无差异曲线上所有点的偏好都是无差异的。如图 20-2 所示，I_1、I_2、I_3 表示消费者的三条无差异曲线，其中消费者对 I_2 曲线上 A、B、C 三点的偏好是无差异的。无差异曲线的斜率表示两期消费之间的边际替代率，即消费者愿意用第二期消费替代第一期消费的比率。消费者减少第一期的消费，则必须增加第二期的消费，才能使消费者获得同样的满足。比如从 C 点到 B 点，再到 A 点，随着第一期消费的减少，第二期消费是不断增加的。当第一期消费很高而第二期消费很低（C 点）时，边际替代率低，消费者减少 1 单位的第一期消费，只需要增加少量的第二期消费便能够获得满足；当第一期消费很低而第二期消费已经很高（A 点）时，边际替代率高，消费者减少 1 单位的第一期消费，需要增加大量的第二期消费才能够获得满足。

由于偏好的非饱和性，对于消费者而言，无论是第一期还是第二期，更多的消费总是能够带来更大的满足，因此离原点远的无差异曲线代表更高的效用水平。

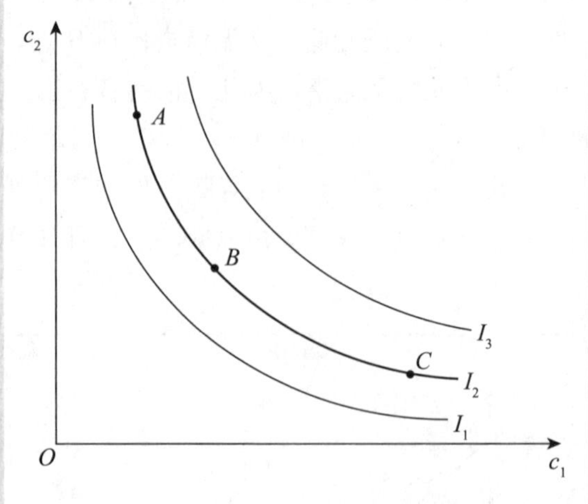

图 20-2 跨期消费的无差异曲线

如图 20-2 所示，I_3 所代表的效用水平要高于 I_1 和 I_2 所代表的效用水平，但是消费者跨期消费的无差异曲线并不可能无限制地向右上方移动，这取决于两个时期的收入，即前面讨论过的跨期消费预算约束。

在已知消费者的跨期预算约束和偏好的基础上，就可以分析消费者跨期消费的最优决策。消费者跨期消费的最优决策行为必须满足两个条件：一是最优的消费决策必须是消费者最偏好的两期消费组合；二是最优的消费决策必须位于给定的预算约束线上。因此，消费者不超出预算约束而能实现最大效用的跨期消费组合，就是无差异曲线与预算线相切的一点，如图 20-3 中的 E 点。

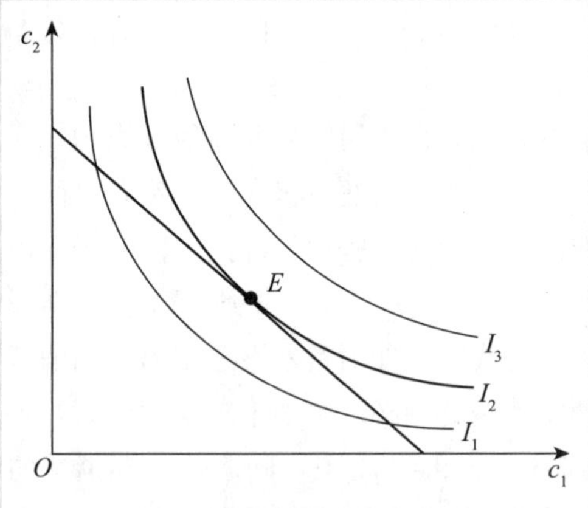

图 20-3 消费者的跨期消费决策

在最优决策点 E，无差异曲线的斜率等于预算约束线的斜率，无差异曲线的斜率是边际替代率 MRS，预算约束线的斜率是 $-(1+r)$，因此，消费者跨期消费最优决策的条件为：

$$MRS = -(1+r) \tag{20.4}$$

图 20－3 中的 E 点为消费者跨期消费的最优均衡点，那么这一点是否就是恒定不变的呢？事实上，收入的变动和实际利率的变动都会对消费者决策产生影响。

1. 收入变动对消费的影响

无论是现期收入还是未来收入的增加，都会使得预算约束线向外移动，如图 20－4 所示，收入增加使得预算约束线由 AB 外移至 $A'B'$，较高的预算约束可以让消费者选择更好的消费组合，最优决策点由 E_0 点移动到 E_1 点。当然，这种情况仅适用于消费者在两期中所消费的商品为正常品的情况。

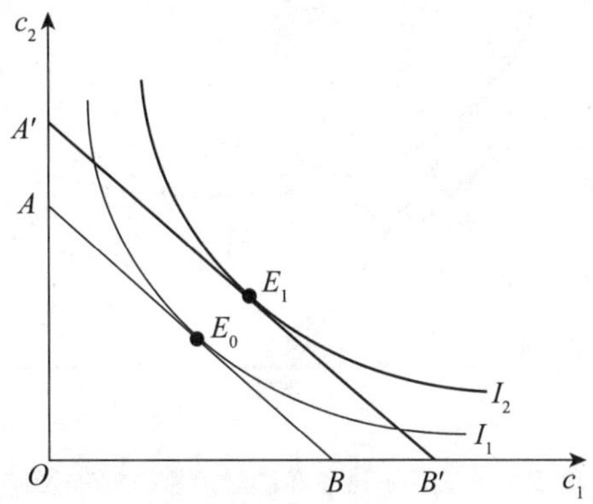

图 20－4　收入增加对消费决策的影响

从图 20－4 中还可以得出一个重要的结论，即无论是第一期还是第二期的收入增加，消费者都把它分摊到两个时期的消费上，这种行为被称为消费平稳化。由于消费者在各个时期均可以储蓄或者借贷，收入的时间与现期消费多少无关，因而，消费取决于现期收入与未来收入的现值，即：

$$\text{收入的现值} = y_1 + y_2/(1+r) \tag{20.5}$$

显然，这一结论与凯恩斯提出的现期消费取决于现期收入的论断完全不同，费雪的跨期消费决策模型说明，消费是以消费者预期在其一生中所得到的资源为基础的。

2. 实际利率变动对消费的影响

消费者的跨期收入和消费通过利率联系起来，实际利率的变动能够影响消费者的跨期消费决策。现实中存在两种情况，即消费者在第一期有可能进行储蓄或者借贷。为了简化分析，这里只讨论储蓄的情况。假定消费者在第一期储蓄，由于预算约束线的斜率为 $-(1+r)$，r 上升将使得预算约束线围绕两期收入的组合（y_1，y_2）点顺时针旋转，变得更加陡峭，从而影响消费者在两个时期的消费决策。如图 20－5 所示，随着 r 的上升，预算约束线由 AB 顺时针旋转为 $A'B'$，最优消费组合由 E_0 点移动到 E_1 点，即第一期消费减少，第二期消费增加。

实际利率上升对消费的影响可分解为两种效应：**收入效应**和**替代效应**。**收入效应**即利率的上升使得消费者收入增加，从而可以向更高的无差异曲线移动，并把增加的收入分摊到两期消费中。**替代效应**即两期消费的相对价格变动造成两期消费量的变动。在第一期储蓄的前提下，利率的上升使得第二期消费相对于第一期消费变得更便宜。也就是说，由于储蓄赚到的利息更多，消费者为得到 1 单位第二期消费所牺牲的第一期消费减少了，则消费者应该在第一期减少消费，在第二期增加消费。

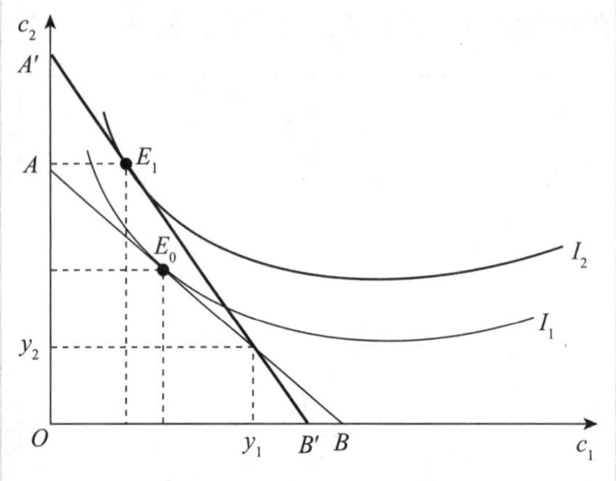

图 20-5　实际利率变动对消费决策的影响

显然，在利率上升的情况下，收入效应和替代效应都增加了第二期的消费，但两种效应对第一期消费的影响是相反的，可能增加也可能减少第一期消费。因此，利率的上升既可能刺激也可能抑制储蓄，这取决于收入效应和替代效应的相对规模。

费雪的跨期消费决策模型的一个关键假设是消费者可以借贷或储蓄，因此，每期消费与每期收入可以不完全相等。但事实上，对很多人而言，有时借贷是不可能的，例如，一个希望出国旅行的大学生也许不能用银行贷款来为自己的旅行筹资。现实中，借贷的限制使得现期消费不能大于现期收入，即：

$$c_1 \leqslant y_1$$

这种对消费者附加的约束被称为**借贷约束**或**流动性约束**。

图 20-6 显示了借贷约束对消费者消费决策的限制，消费者的选择必须既满足实际预算约束，又满足借贷约束，阴影部分代表消费者能选择的第一期消费和第二期消费的所有可能组合。

这里存在两种可能性：一种情况是消费者希望的第一期消费小于当期收入，此时借贷约束没有约束力，并不影响消费，如图 20-6（a）所示；另一种情况是消费者希望的第一期消费大于当期收入，然而借贷约束的存在使他不能达到这一目的，消费者能实现的最好选择是完全消费掉第一期的收入，如图 20-6（b）所示，消费者想要实现 D 点的消费组合，但由于借贷约束，只能实现 E 点的消费组合。

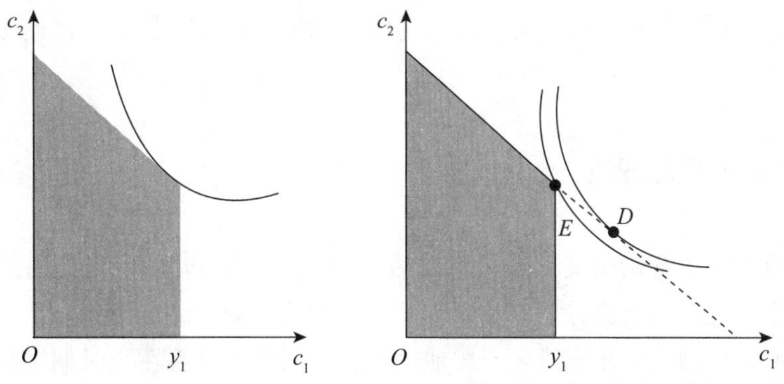

（a）借贷约束没有约束力　　（b）借贷约束有约束力

图 20-6　借贷约束下的跨期消费决策

通过对借贷约束的分析，可得出两种消费函数的结论。对一些消费者而言，借贷约束没有约束力，两个时期的消费取决于两期收入的现值 $y_1+y_2/(1+r)$；对另一些消费者而言，借贷约束有约束力，消费函数为 $c_1=y_1$，$c_2=y_2$，即现期消费只取决于现期收入。

二、消费的随机游走假说

1978 年，美国经济学家罗伯特·霍尔（Robert Hall）首次推导出理性预期对消费行为的影响。他证明了如果永久收入假说是正确的，而且如果消费者能够进行理性预期，那么，消费随着时间的推移而发生的变动就是不可预测的。这种不可预测的变动被称为**随机游走**。根据霍尔的观点，永久收入假说与理性预期的结合意味着消费的变动遵循随机游走方式。

根据永久收入假说，消费者的收入处于变化当中，并且消费者总是尽最大努力使自己的消费在时间上保持稳定。在任何一个时点，消费者总会根据当下对一生收入的预期选择消费。随着时间的推移，消费者总会根据新获得的信息修正其对一生收入的预期，并相应地调整消费。简单而言，消费的变动反映了消费者一生收入的意外变动。例如一个突然受到提拔的人会增加他的消费，但一个突然被降职的人会减少消费。如果消费者有效利用了所有可以得到的信息进行了理性预期，那么，只有不可预测的事件才会令他感到意外，从而改变消费。由此可见，消费的变动是随机游走的。

理性预期的研究方法不仅对消费预测有意义，对经济政策的分析也有意义。由上述讨论可推知，如果消费者遵循永久收入假说，而且能够进行理性预期，那么，只有未预期到的政策变动才会影响消费。这些政策通过改变人们的预期来影响人们的消费。例如，假设政府今年通过了一项在明年生效的增税政策，消费者从得知这条消息的那一日起便开始修正其预期并减少他们的消费，但当下一年这一增税政策真正开始实施时，消费者由于没有获得新的消息，因而并不会改变消费。

因此，如果消费遵循随机游走方式，则决策者不仅可以通过自己的行为影响经济发展，还可以通过影响公众对政策行为的预期来影响公众消费，进而影响整个经济发展。

三、相对收入消费理论

相对收入消费理论由美国经济学家杜森贝利（Duesenberry）提出。他认为消费者会受自己过去的消费习惯以及周围消费水准的影响来决定消费，从而消费是相对地决定的，该理论因此而得名。按他的看法，消费与所得在长时期维持一个固定比率，故长期消费函数是从原点出发的直线，但短期消费函数则为有正截距的曲线。这不论从时间数列或从横截面数列观察都是如此。

先从时间数列来观察，杜森贝利认为，依照人们的习惯，增加消费容易，减少消费则较难。因为一向有相当高的生活水准的人，即使收入降低，也多半不会马上因此降低消费水准，而会继续维持相当高的消费水准，因此消费固然会随收入的增加而增加，但不易随收入的减少而减少。因此，在进行短期观察时，可发现在经济波动过程中，收入增加时低收入者的消费会赶上高收入者的消费，但收入减少时消费水平的降低相当有限。因此，短期消费函数不同于长期消费函数。

这一理论可以用图 20－7 说明。

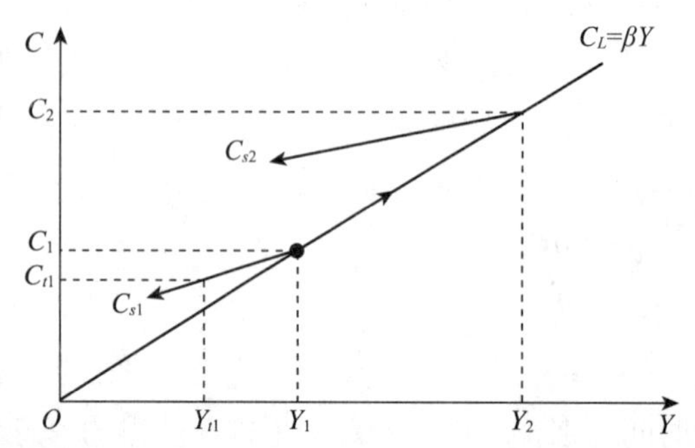

图 20－7　相对收入消费理论对短期消费函数的解释

从图 20－7 中可见，当经济稳定增长时，消费为收入的固定比率，故长期消费函数为 $C_L=\beta Y$。但在景气变动期，短期消费函数有不同的形态。例如当原先收入为 Y_1 时，消费为 C_1。当收入由 Y_1 减少时，消费不循 C_L 的路径，而循 C_{s1} 的路径变动（$C_{t1}/Y_{t1}>C_1/Y_1$，即平均消费倾向变大）。反之，当收入由 Y_{t1} 逐渐恢复时，消费循着 C_{s1} 的路径变动，直至到达原先的最高收入水平 Y_1 时的 C_1 为止。当经济由 Y_1 稳定增长时，消费又回到 $C_L=\beta Y$ 的路径，使消费与收入成固定比率，故消费函数为 C_L。然而，当收入在 Y_2 处而经济发生衰退时，短期消费函数为 C_{s2}。我们可以看到，如此继续变动的结果，实际上会有短期消费函数与长期消费函数的区别。其形态分别为：长期消费函数为$C=\beta Y$，短期消费函数为$C=C_0+cY$。这样，杜森贝利将短期消费函数正截距的产生，归因于经济周期各阶段的不同消费行为。杜森贝利理论的核心是消费者易于随收入的提高而增加消费，但不易随收入的降低而减少消费，以致产生有正截距的短期消费函数。这种特点被称为**“棘轮效应”**，即上去容易下来难。总之，杜森贝利短期消费函数之所以有正截距，是由于消费者在决定当期消费时，不能摆脱过去的消费习惯，使当期消费决定于当期收入及过去的消费支出水平。

以上是从时间数列的观察，说明短期消费函数的形态及其与长期消费函数之间的关联，而二者产生差距的主要原因在于消费者会受过去消费习惯的影响。

杜森贝利的相对收入消费理论的另一方面内容是指消费者的消费行为要受周围人们消费水准的影响，这就是所谓的**“示范效应”**。如果一个人的收入增加了，周围人或自己同一阶层人的收入也同比例增加了，则他的消费在收入中的比例并不会变化；而如果其他人的收入和消费增加了，他的收入并没有增加，但因顾及他在社会上的相对地位，他也会打肿脸充胖子提高自己的消费水平。这种心理会使短期消费函数随社会平均收入的提高而整体向上移动。

四、生命周期消费理论

美国经济学家弗兰科·莫迪利安尼（Franco Modigliani）的生命周期消费理论与凯恩斯消费理论的不同之处在于，后者假定人们在特定时期的消费是与他们在该时期的可支配收入相关的，而前者强调人们会在更长时间范围内计划他们的生活消费开支，以达到他们在整个生命周期内消费的最佳配置。一般说来，年轻人家庭收入偏低，这时消费可能会超过收入。随着他们进入壮年和中年，收入日益增加，这时收入会大于消费，不但可能偿还青年时欠下的债务，更重要的是可以积蓄些钱以备养老。等到年老退休、收入下降时，消费又会超过收入，形成所谓负储蓄状态。下面用一例说明上述理论。

假定某人从20岁开始工作，计划到60岁退休，预期在80岁时去世，这样，工作的时期（用WL表示）为40年（$=60-20$）。生活年数（用NL表示）为60年（$=80-20$），0～20岁为父母抚养他的时期，不计入NL。若每年工作收入（用YL表示）为24 000美元，则终身收入$=YL\cdot WL=24\ 000\times 40=960\ 000$（美元）。

由于生命周期消费理论假定人们总希望自己一生能比较平稳安定地生活，而不愿今朝有酒今朝醉，从而他们会计划在整个生命周期内均匀地消费这960 000美元收入，因而他每年的消费将是：

$$C=\frac{960\ 000}{60}=16\ 000=\frac{WL}{NL}\times YL=\frac{40}{60}\times 24\ 000=\frac{2}{3}\times 24\ 000\text{（美元）}$$

在这个假设的例子中，该人在工作时间内每年工作收入的$\frac{2}{3}$用于消费，这也是他工作时间（40 年）占一生（60 年）的比例，$\frac{1}{3}$用于储蓄，每年储蓄额是 8 000 美元（＝24 000－16 000），退休时共积累的储蓄额是 320 000 美元（＝8 000×40），到预期寿命结束时正好用完。

在上述简化例子中，含有一系列假定：工作期间收入保持不变，没有不确定因素，个人开始时没有积累，每年的储蓄没有利息等增值，不留遗产给后代，等等。然而，即使抛开这些假定，加进现实因素的考虑，生命周期消费理论的基本结论依然成立。这种结论可以用下列公式表示：

$$C=aWR+cYL \tag{20.6}$$

式中，WR 为实际财富；a 为财富的边际消费倾向，即每年消费掉的财富的比例；YL 为工作收入；c 为工作收入的边际消费倾向，即每年消费掉的工作收入的比例。

根据生命周期消费理论，如果社会上年轻人和老年人的比例增大，则消费倾向会提高；如果社会上中年人的比例增大，则消费倾向会下降。因此，总储蓄和总消费会部分地依赖于人口的年龄分布，当有更多人处于储蓄年龄时，净储蓄就会上升。

除了想使自己一生平稳消费这一点外，还有一系列因素会影响消费和储蓄。例如，当有更多人想及时行乐时，储蓄就会减少；当社会建立起健全的社会保障制度从而有更多人享受养老金待遇时，储蓄也会减少；当社会上有更多人想留一笔遗产给后代时，社会总储蓄率就会提高，但很高的遗产税税率又会影响这种储蓄的积极性。

五、永久收入消费理论

美国经济学家米尔顿·弗里德曼（Milton Friedman）的永久收入消费理论认为，消费者的消费支出主要不是由他的现期收入决定，而是由他的永久收入决定。永久收入是指消费者可以预计到的长期收入。永久收入大致可以根据所观察到的若干年收入数值的加权平均数计得，距现在的时间越近，权数越大；反之，则越小。举个最简单的例子，假定某人的永久收入为下列形式的一个加权平均值：

$$Y_P=\theta Y+(1-\theta)Y_{-1} \tag{20.7}$$

式中，Y_P 为永久收入；θ 为权数；Y 和 Y_{-1} 分别为当前收入和过去收入。如果 $\theta=0.6$，$Y=12\ 000$ 美元，$Y_{-1}=10\ 000$ 美元，则：

$$Y_P=0.6\times12\ 000+0.4\times10\ 000=11\ 200\text{（美元）}$$

消费者的消费支出取决于永久收入。例如，假定 $C=cY_P=0.9Y_P$，则当前收入的边际消费倾向仅为 $c\theta$，明显低于长期边际消费倾向 c。在上述例子中，$c\theta=0.9\times0.6=0.54$。短期边际消费倾向较低的原因是，当收入上升时，人们不能确信收入的增加是否会一直继续下去，因而不会马上充分调整其消费。当然，当收入下降时，人们也不能断定收入的下降是否就一直会如此。因此，消费也不会立即发生相应的下降，短期边际消费倾向仍较低。只有收入变动最终证明是永久的，人们才会在最终证明是较高或较低的永久收入水平上充分调整其消费。

按这种消费理论，一个有前途的大学生可能会在其暂时收入以外多花不少钱，这会使他欠不少债，但他相信自己将来收入会非常高。再如，当经济衰退时，虽然人们收入减少了，但消费者仍然按永久收入消费，故衰退期消费倾向高于长期平均消费倾向。相反，当经济繁荣时，尽管收入水平提高了，但消费者按永久收入消费，故这时消费倾向低于长期平均消费倾向。根据这种理论，政府想通过增减税收来影响总需求的政策是不能奏效的，因为减税而增加的收入并不会被人们立即都用来增加消费。

上述生命周期消费理论和永久收入消费理论既有联系也有区别。就区别而言，前者偏重对储蓄动机的分析，从而提出以财富作为消费函数的变量的重要理由；而永久收入理论则偏重于个人如何预测自己未来收入的问题。就联系而言，不管二者强调的重点有何差别，它们都体现了一个基本思想：单个消费者是前向预期决策者，因而在如下几点上都是相同的：

第一，消费不只同现期收入相关，而是以一生或永久收入作为消费决策的依据。

第二，一次性暂时收入变化引起的消费支出变动很小，即其边际消费倾向很低，甚至接近于零，但来自永久收入变动的边际消费倾向很大，甚至接近于1。

第三，当政府想用税收政策影响消费时，如果减税或增税只是临时性的，则消费并不会受到很大影响，只有永久性税收变动时，政策才会有明显效果。

专栏 20-1
行为经济学和消费

*第二节　投　资

生产和消费是经济活动的两个方面，在上一节分析完消费问题之后，本节将分析生产中的一个重要问题——投资。投资是购置物质资本的活动。按照新古典的传统，投资也是总需求的一部分，但是投资（需求）不同于消费（需求）之处在于，投资可以转化为未来的供给。投资可分为两大类：一类是在新资本品上的支出，称为固定投资，固定投资又可细分为企业固定投资和住房投资两部分；另一类是公司持有存货的增加，称为存货投资。

本节将分别介绍企业固定投资、住房投资和存货投资的相关理论。

一、企业固定投资

投资支出中占比例最大的一项是企业固定投资，约占总投资支出的3/4。企业固定投资，又称企业固定资产投资，是企业购买用于生产的机器设备和建筑物的活动。企业在生产和服务中使用的机器设备和建筑物构成企业固定投资的存量，或称为资本存量。资本存量在一定时期内的变动，即企业在一定时期内追加的资本存量就是企业固定投资。

现实中的大多数企业同时具备两种职能：一是生产职能，即生产产品和提供劳务；二是投资职能，即为了未来生产而进行资本品投资。在这里，可以把企业的这两种职能分开，即假设市场中存在两种企业：生产企业通过租赁资本来生产产品与提供劳务；租赁企业则专门从事固定资产的投资，它们购买资本品，并把资本转租给生产企业。这一模型大大简化了对企业固定投资的分析，被称为**新古典投资模型**。

1. 最优资本存量的决定

首先考虑典型的生产企业。生产企业使用资本和劳动生产产品和劳务，使得利润最大化。假定企业对资本和劳动的使用可以相互替代，生产给定的产品可以使用不同的资本和劳动组合。如果资本相对便宜，企业会增加资本的使用；如果劳动相对便宜，企业会增加劳动的使用。企业在生产过程中，根据资本的边际收益与资本的边际成本决定资本的使用量，即资本存量。在微观经济学中论述企业的微观决策时已经介绍过，资本的边际产量是增加一单位资本所生产的产品。对于竞争性企业而言，资本的边际收益等于资本的边际产量乘以产品价格，而资本的边际成本可以认为是资本的租赁成本，即租赁价格。为了实现利润最大化，企业增加租赁资本，直至资本的边际收益减少到等于实际租赁价格为止。企业按租金率 R 租赁资本并以价格 P 出售其产品，因此企业每单位资本的实际成本为 R/P。

投资作为对资本租用量进行选择的问题，如图 20－8 所示，在以资本存量为横轴、资本租赁价格和边际收益为纵轴的坐标系中，资本边际收益曲线向右下方倾斜，即随着企业对资本使用量的增加，资本的边际收益递减。资本的边际收益和租赁价格的交点决定了企业的最优资本存量 K_0。

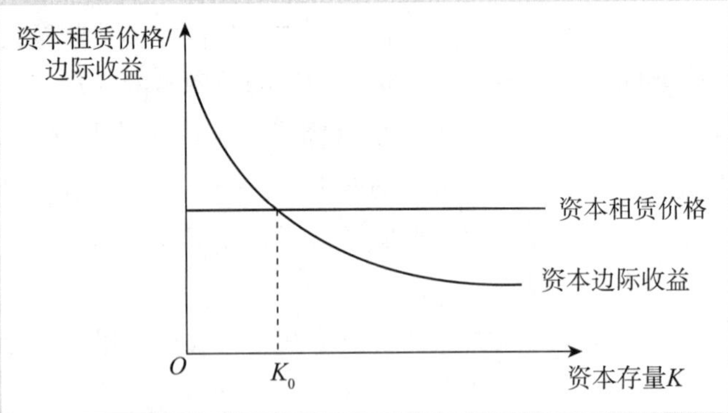

图 20－8　最优资本存量的决定

在企业租赁资本的情况下，投资的边际成本就是租赁价格。那么资本的租赁价格又是如何决定的呢？与普通商品价格的决定一样，资本的租赁价格由资本的供给与需求决定。生产企业对资本的需求由资本的边际收益决定。资本的市场需求即所有企业对资本的需求，是企业资本边际收益曲线的加总。在任何一个时点上，市场上的资本存量是固定的，因此，资本供给曲线是垂直的。资本供求的均衡点决定资本租赁价格。企业按租金率 R 租赁资本并以价格 P 出售其产品，因此企业每单位资本的实际租赁价格可以表示为 R/P，如图 20－9 所示。

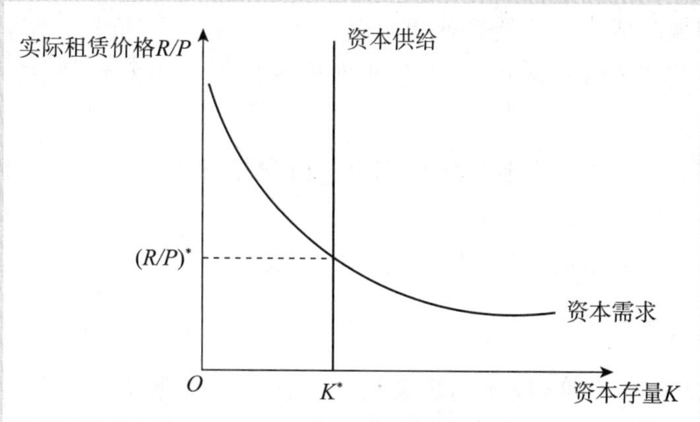

图 20－9 资本租赁价格的决定

接下来，我们引入一个特定的生产函数，即柯布-道格拉斯生产函数来说明企业对最优资本存量的选择。许多经济学家认为，柯布-道格拉斯生产函数非常接近于现实经济中投入资本和劳动，以生产产品和提供劳务的情况。

柯布-道格拉斯生产函数为：

$$Q=AK^{a}L^{1-a} \tag{20.8}$$

式中，Q 为产量；K 和 L 分别为资本和劳动投入量；A 为衡量技术水平的参数；a 为衡量资本在产出中所占份额的参数，$0<a<1$。

资本的边际产量为：

$$MP_K=aA(L/K)^{1-a} \tag{20.9}$$

在均衡状态下，资本的实际租赁价格 R/P 等于资本的边际产量，则（20.9）式可以写成

$$R/P=aA(L/K)^{1-a} \tag{20.10}$$

（20.10）式表明决定实际租赁价格的几个因素：资本存量越低，资本的实际租赁价格越高；劳动投入量越高，资本的实际租赁价格越高；技术水平越高，资本的实际租赁价格越高。

在分析完生产企业的情况之后，接下来分析**租赁企业**。租赁企业的职能仅在于购买资本品，并把它们转租出去。租赁企业所从事的投资活动同样存在收益与成本。资本的收益来源于它将资本出租给生产企业所得的收入，出租每单位资本得到

的实际租赁价格为 R/P。资本的成本则比较复杂，每出租一单位资本，租赁企业需承担三种成本：

一是利息成本。租赁企业需要投入资金购买固定资本，如果租赁企业通过借贷方式筹措资金，那么它必须为贷款支付利息。即使租赁企业没有借贷，这种利息成本也存在，因为如果企业用自己手头的现金购买一单位资本，它就损失了把这种现金存入银行所能获得的利息。

二是价格波动成本。租赁企业租出资本后，如果资本价格下降，企业遭受损失，因为企业资产价值下降了；但如果资本价格上升，企业就有收益，因为企业资产价值上升了。

三是资本折旧成本。资本在使用过程中存在磨损和消耗，称为折旧。折旧也是资本租赁成本的一部分。

因此，租赁企业出租一单位资本的成本可以表示为：

$$\text{单位资本的成本} = P_K(i - \pi^e + \delta) \tag{20.11}$$

式中，P_K 为单位资本价格；i 为名义利率；π^e 为预期通货膨胀率；δ 为折旧率。在这里，假设租赁价格的下降是由预期通货膨胀率的下降引致的。

由于 $i - \pi^e$ 等于实际利率 r，单位资本的成本可以写为：

$$\text{单位资本的成本} = P_K(r + \delta) \tag{20.12}$$

2. 最优资本存量的动态调整

从前面的分析可知，最优资本存量，即资本的租赁价格等于资本的边际收益的资本存量。达到最优资本存量是企业实现利润最大化的条件之一，然而在现实中，企业实际资本存量通常与最优资本存量不相符。由于迅速调整投资的成本较高，企业通常会逐步调整实际资本存量，以便达到最优资本存量。下面将介绍一种资本存量的动态调整模型——可变加速模型。

很显然，现在的投资决定未来的资本供给，反过来也可以说，现在的最优投资水平取决于未来的最优资本存量。假设调整过程是逐期实现的，既有资本存量与最优资本存量之间的缺口越大，企业的调整幅度越大，即投资率越快。设 K_{-1} 为上期结束时的资本存量，K^* 为最优资本存量，那么两者的缺口就是 $K^* - K_{-1}$；再设 λ 为资本缺口的调整速度，即填补投资缺口的比例，一般地，$0 < \lambda < 1$。于是，现期结束时的资本存量为：

$$K = K_{-1} + \lambda(K^* - K_{-1}) \tag{20.13}$$

(20.13) 式表明，要将资本存量从 K_{-1} 增加到 K 的水平，企业必须实现净投资

$$I = K - K_{-1} = \lambda(K^* - K_{-1}) \tag{20.14}$$

逐期投资累计完成的缺口份额 $X(t)$ 可以简单计算如下：

第 1 期：$X(1)=\lambda$

第 2 期：$X(2)=\lambda+(1-\lambda)\lambda$

第 3 期：$X(3)=\lambda+(1-\lambda)\lambda+(1-\lambda)(1-\lambda)\lambda$

…………

第 t 期：$X(t)=\lambda+(1-\lambda)\lambda+(1-\lambda)^2\lambda+\cdots+(1-\lambda)^{t-1}\lambda=1-(1-\lambda)^t$

当 $\lambda=0.5$ 且 $t=1$，2，3，…时，所对应的 $X(t)$ 分别如表 20-1 所示。

表 20-1　逐期投资累计完成的缺口份额

t	1	2	3	4	5	6	…
$X(t)$	0.5	0.75	0.875	0.937 5	0.968 75	0.984 375	…

调整过程如图 20-10 所示。

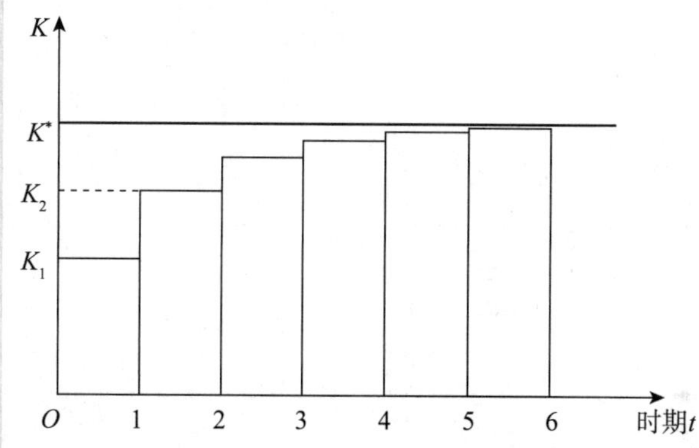

图 20-10　资本存量的调整

以上分析表明，如果 $\lambda=0.5$，意味着每年投资能够弥补缺口的一半，经过大约 4 年之后，才会接近实现当期的最优投资水平，从而接近达到当期的最优资本存量。但需要注意的是，我们一直假定厂商在当期的最优资本存量 K^* 在 $t=1$，$t=2$，$t=3$ 等各期均保持不变，而事实上，到了第 t 期，由于新信息的获取，厂商必然又会对最优资本存量作出新的判断。

总之，企业总是逐期不断地调整固定投资，目的是实现资本存量的最优，虽然各期的最优资本存量目标一直处于不断变化之中。因此，对投资波动的理解主要在于：K^* 本身的不稳定性以及 K 不断地趋向于 K^*。

二、住房投资

市场经济下，住房是居民生活中很重要的一项投资。现实中，人们购买住房主要有三种目的：一是为了自己居住，二是为了向他人出租以收取租金，三是为了获取其由于价值增加而产生的利润。

住房是一种使用年限很长的特殊产品，住房一旦建成，只要适当维护，就可以使用很长时间。住房存量是每年新建住房的积累，由于其不易损耗的特性，每年新建住房与现存住房相比，占比很小。因此，对住房投资理论的分析包括两部分内容：一是存量均衡，现有住房存量决定住房相对价格；二是流量供给，住房相对价格又决定新住房投资的流量。

如图 20 - 11 所示，图 20 - 11（a）表示住房的相对价格 P_H/P（住房价格相对于平均价格水平）是如何由现有住房存量的供给与需求决定的。在任何一个时点，住房的供给都是固定的，在横轴为住房资本存量 K_H、纵轴为住房相对价格 P_H/P 的坐标系中，我们用一条垂直的供给曲线 S_S 来表示这一存量。同时住房需求曲线 D_0（或者 D_1）向右下方倾斜，这是因为住房的相对价格越低，人们对住房的需求越大。住房需求曲线的位置取决于三个因素：

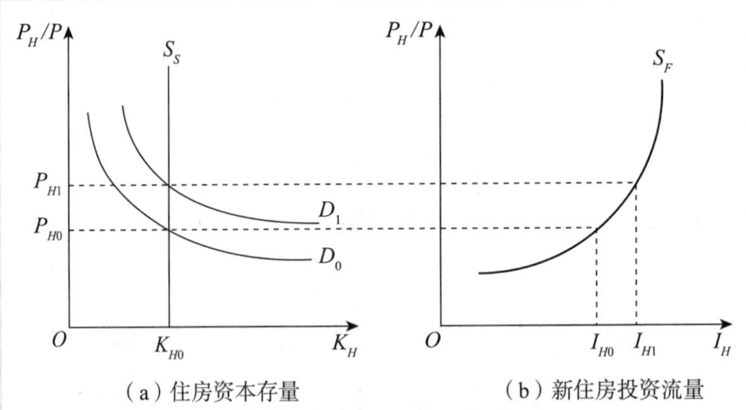

图 20 - 11 住房市场

第一，人们的财富。人们拥有的财富越多，对住房的需求越大，因此财富的增加会使得住房需求曲线从 D_0 右移到 D_1；反之，财富的减少会使住房需求曲线左移。

第二，拥有住房的真实净收益。净收益等于总收益减去总成本。总收益包括房主居住自有住房获得的隐性收益、出租住房获得的租金，以及住房增值所产生的资本收益；总成本包括抵押贷款、物业费、物业税和折旧等等。住房净收益增加，如住房资本收益上涨或抵押贷款利率下降等，会使住房需求增加，住房需求曲线从 D_0 右移到 D_1；反之，住房净收益减少则会使住房需求曲线左移。

第三，其他资产的真实净收益。作为一种资产投资方式的住房需求，取决于它与其他资产相比的相对收益。例如股票、债券等资产收益下降，投资住房就是较好的选择。也就是说，其他资产收益减少会推动住房需求曲线右移；反之，其他资产收益增加会使住房需求曲线向左移动。

图 20－11（b）表示住房的相对价格 P_H/P 如何决定新住房的供给。在以住房投资流量 I_H 为横轴、住房相对价格 P_H/P 为纵轴的坐标系中，S_F 曲线表示新住房的供给曲线。与普通商品的供给曲线一样，新住房的供给曲线向右上方倾斜，表示新住房供给量随着住房市场价格的上升而增加。建筑企业投入资本建设住房，然后按市场价格出售，其成本取决于平均价格水平（它反映了木材、砖、钢材等的成本），其收益取决于住房价格，因此，随着住房相对价格的上升，建房利润上涨，住房供给量就增加。

住房资本存量与新住房投资流量之间通过住房相对价格紧密联系。在短期，由于新住房投资与现有的住房存量相比微不足道，新住房投资对住房价格的影响甚微，因此，住房存量市场上的供给与需求决定住房价格，同时，住房价格的高低决定新住房的供给。然而在长期，日积月累的新住房投资会增加住房存量，使得供给曲线 S_S 右移，在住房需求不变的情况下，这会降低住房相对价格，从而减少新住房的投资，进而减少新住房的供给。

对住房投资理论作进一步分析，可得出如下两点结论：

第一，在长期，住房存量也会损耗，即折旧。因此，在一个人口和财富都维持不变的社会中，当住房存量保持不变时，就可以实现住房市场的长期均衡，此时，投资等于折旧，或者净投资为零。如果人口或财富以固定比率增长，均衡状态的投资率必须能够补偿折旧率和住房存量的增长率。

第二，由于新住房的建成需要耗费一定的时间（一年甚至更长），因此住房价格的变动与新住房的供给之间存在一定的时滞。住房的供给实际上不是对现期住房价格作出反应，而是对预期住房建成后的价格作出反应。一般而言，住房投资理论适用于很多耐用消费品。

三、存货投资

存货投资是企业存货的变动。存货是企业持有的作为储备的产品，包括原材料、在生产过程中的产品（在产品），以及产成品。存货占总支出中很小的一部分，但它在经济周期中的变动很大，成为经济波动研究的重点。一般而言，在经济周期的繁荣与萧条之间，存货投资会逐步减少，在经济衰退时期，企业会大量削减存货，甚至使得存货投资成为负值。因此，存货的变动是经济周期波动的一个重要标志。

企业持有存货的原因是多方面的，主要包括：

第一，保证生产的平稳化。商品的市场需求存在波动性，伴随市场需求的波动，企业的产品销量也会经历高涨与低落。由于可以持有一定数量的存货，企业不必随时调整生产以适应销售的波动，减少因频繁调整生产线和产量而造成的损失。企业可以在需求低落、产量高于销量时增加库存；在需求高涨、产量低于销量时减少存货。

第二，避免脱销。产品的生产需要时间，不可能瞬间完成，企业常常需要在了解顾客需求水平之前作出生产决策，为了避免产品销量意外高涨而脱销，企业需要持有一定数量的存货。

第三，提高经营效率。与频繁少量订货相比，企业大量订货以持有库存的成本更低。正如与每天光顾商店购买一种生活用品相比，每周一次批量采购生活用品要更节省生活成本。

第四，储备在产品。有些库存是生产过程中不可避免的，因为有的产品在生产中要求多道工序，当一种产品仅仅部分完成时，会被作为企业存货的一部分。

在市场经济条件下，在经济繁荣时期，企业预期未来的销售将增加，从而会加快生产，导致产量超过销量，存货逐步增加，这是企业存货投资的自愿增加。而当经济开始衰退时，随着市场需求下降，产量会超过销量，企业非自愿地增加了存货。在衰退过程中，生产的大幅减少可能会使企业非自愿地减少存货；当经济萧条到来时，企业发现产量大于销量，存货过多，于是自动减少生产，自愿削减存货。因此，存货投资在经济周期中的作用是自愿的存货变动和非自愿的存货变动的混合。经济周期中存货的这种变动被称为存货周期。

存货投资的周期变动可以用一种简单的模型加以说明，即加速模型。存货的加速模型假设，企业持有的存货量与企业的产出水平是成比例的，存货投资的数量取决于产出增长的快慢。当产量较高时，企业生产过程中需要更多的原材料，生产线上的在产品也较多，仓库及货架上存放的产成品也更为丰富。企业存货量与产出水平之间的关系可表示为：

$$N=aY \tag{20.15}$$

式中，N 为存货量；Y 为产量；a 为存货占产量的比例。

由于存货投资 I 是存货量的变动 ΔN，于是有：

$$I=\Delta N=a\Delta Y \tag{20.16}$$

加速模型表明，存货投资与产出的变动成比例。当产出增加时，企业想持有更多的存货量，因此存货投资很高；但当产出减少时，企业想持有的存货量减少，存货投资为负。

专栏 20-2
投资项目的净现值分析法

*第三节　货币需求

货币需求指人们在投资组合中所选择持有的现金、支票账户等货币资产的数量。选择持有多少货币是一般投资组合配置决策中的一部分。货币具有两个基本的特征：首先，货币是流动性最强的资产，这是持有货币的主要益处。凯恩斯指出，货币在使用上的灵活性能够随时满足人们的交易动机、谨慎动机和投机动机；其次，相对于股票、债券等资产，货币的收益较低（实际上通货的名义收益为0），持有货币需承担机会成本，即损失持有其他资产而带来的利息收入，因而，人们的货币需求取决于他们如何在流动性偏好与持有货币的机会成本之间进行权衡。

本节将首先讨论若干宏观经济变量对货币需求的影响，在此基础上构建货币需求函数；然后引入鲍莫尔-托宾模型，分析持有货币的成本与收益。

一、建立货币需求模型的思路

货币需求量的决定受多方面因素影响，货币需求模型的构建正是基于对各类影响因素的考虑。对货币需求具有重大影响的宏观经济变量有价格水平、实际收入和利率。较高的价格或收入提高了人们的流动性需求，从而使货币需求增加；利率通过预期收益来影响货币需求，利率越高，人们的货币需求就越大。然而，如果其他资产的利率高于货币，人们会愿意将更多财富从货币转向其他资产。

先来分析价格水平、实际收入和利率等宏观经济变量对货币需求的影响。

（1）价格水平。平均价格水平越高，人们在进行交易时所需要的货币就越多。例如改革开放初期，两个人去一家普通餐厅用餐只需花几元钱，但今天两个人去同样的餐厅用餐起码要花几十元。由于改革开放初期仅需要少量货币进行交易，当时人们所持有的货币量远少于今天人们所持有的货币量。概括而言，较高的价格水平提高了流动需求，从而导致货币的名义需求增大。

（2）实际收入。人们的收入越高，所进行的交易就越多，对持有货币的需求就越大。比如月薪8 000元的人要比月薪3 000元的人购买更多商品。需要注意的是货币需求随价格水平的变化而同比例变化，但货币需求不随实际收入的增加而同比例增长。实际收入增加1%所引起的货币需求增长通常要低于1%。

（3）利率。投资组合配置理论表明，当风险和流动性保持不变时，货币需求取决于货币及其他非货币资产的预期收益。货币预期收益的提高能够增加货币需求，而其他资产预期收益的提高则使得财富所有者将货币转换为其他高收益资产，从而降低货币需求。

价格水平、实际收入和利率对货币需求函数的影响可以表述为：

$$M^d = PL(Y, r) \tag{20.17}$$

式中，M^d 为名义货币需求量；P 为价格水平；Y 为实际收入；r 为利率。货币需求 M^d 与价格水平 P 为同比例关系，因此，若 P 上升一倍（实际收入和利率不变），M^d 也增加一倍。在任何价格水平 P 下，货币需求 M^d 通过函数 L 由实际收入 Y、利率 r 决定，Y 的增加会提高人们的流动性需求，从而增加货币需求；r 的上升使非货币资产更具吸引力，从而减少货币需求。

将（20.17）式两边同除以 P，得到

$$M^d/P = L(Y, r) \tag{20.18}$$

式中，M^d/P 为实际货币需求，有时又称为**实际余额**，是用货币所能购买的各种产品来测量的货币需求量。将实际货币需求与产出和利率联系起来的函数 L 被称为**货币需求函数**。

以上重点研究了影响货币需求的主要宏观经济变量，但现实中还存在影响货币需求的其他因素，包括预期股票收益、预期债券收益、预期通货膨胀率、实际财富等。

（1）预期股票收益。股票收益的提高会吸引人们将货币转换为股票，从而减少货币需求。

（2）预期债券收益。债券与股票一样，属于资产的一种持有方式，债券收益的提高也会吸引人们购买更多的债券从而减少货币需求。

（3）预期通货膨胀率。较高的通货膨胀率意味着较高的货币贬值率，在这种情况下，人们会减少货币的持有量，降低对货币的需求。

（4）实际财富。当财富增加时，人们可能会以货币形式持有部分新增财富。当然，如果收入和交易水平保持不变，财富所有者以货币而非其他高收益资产形式持有新增财富的动机较小，因而财富增加对货币需求的影响也比较小。

预期股票收益、预期债券收益、预期通货膨胀率和实际财富对货币需求的影响可以表述为：

$$M^d/P=L(r_s,r_b,\pi^e,W) \tag{20.19}$$

式中，r_s 为预期股票收益；r_b 为预期债券收益；π^e 为预期通货膨胀率；W 为实际财富。该式表示人们把持有货币作为自己资产组合的一部分，关键的观点是货币提供了不同于其他资产的风险与收益的组合，货币本身是没有收益的，而股票与债券的收益会上升或者下降。这一强调货币作为价值储藏手段的货币需求理论，被称为**资产组合理论**。

二、货币需求的交易理论

前面着重分析了货币作为价值储藏手段的货币需求理论，下面我们将继续分析货币作为交换媒介的货币需求理论，即**交易理论**。该理论强调人们持有货币而不是其他资产是为了进行购买，即出于交易动机。持有货币需要承担成本，也能够获得收益，货币需求的交易理论正是通过权衡持有货币的成本和收益来决定持有货币的数量。

接下来我们将引入一个著名的模型——**鲍莫尔-托宾模型**，分析持有货币的成本与收益。鲍莫尔-托宾模型在20世纪50年代由经济学家威廉·鲍莫尔（William Baumol）和詹姆斯·托宾（James Tobin）提出，该模型认为人们持有货币是有机会成本的，即用于购买债券等生息资产所能得到的利息；而人们持有货币是为了交易的方便，其收益在于减少交易成本，如果人们以货币形式持有大部分财富，那么他们总有货币可以用来交易，避免购买商品时每次都要将其他形式的资产转换为货币，减少交易成本。

假设一个消费者在一年中计划逐渐支出 Y 元，为了简化分析，我们假定在这一年中物价水平不变，因此实际支出不变，同时假定消费者支出均以现金支付。那么在这一年中，这个消费者应当持有的平均货币余额的最优规模是多少？

消费者对持有货币量的选择有多种情况：

第一种情况，消费者可以在年初把一整年计划支出的货币量 Y 一次性提取出来，并逐渐花费出去。图 20－12（a）表示该消费者在一年中的货币持有量。如果他在年初时持有货币的数量为 Y 元，到年底时为 0 元，那么一年中的平均货币持有量为 $Y/2$ 元。这种情况的特点在于消费者一年只用去一次银行，缺点在于消费者完全损失了这笔款项所能带来的利息收入。

第二种情况，消费者计划一年去两次银行。这样，他在年初提取 $Y/2$ 元，并在上半年花光这笔钱，然后又到银行提取 $Y/2$，用于下半年的消费。图 20－12（b）表示该消费者一年的货币持有量在 0 和 $Y/2$ 之间变动，那么一年中的平均货币持有量为 $Y/4$。与第一种情况相比，消费者平均持有的货币量较少，因此，个人放弃的利息也较少，但是必须去银行两次。

更多的情况是，消费者在一年中去 N（$N\geqslant 3$）次银行，每次提取 Y/N 美元，然后在一年的第 $1/N$ 时期逐渐花费完毕。图 20－12（c）表示消费者的货币持有量在 Y/N 与 0 之间变动，一年中的平均货币持有量为 $Y/(2N)$。

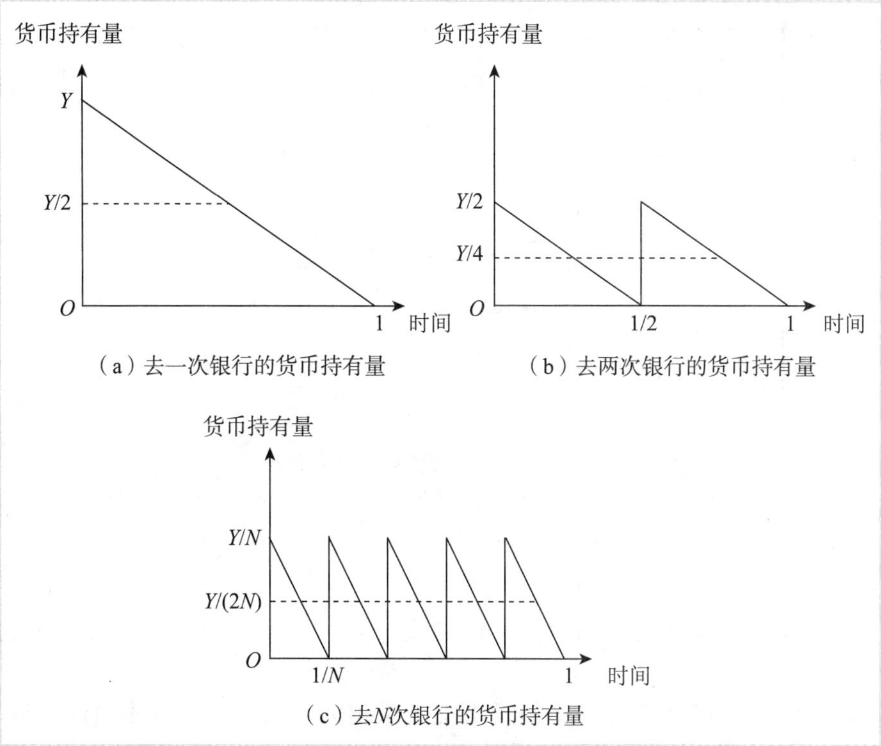

图 20－12　消费者一年的货币持有量

平均货币持有量取决于一个人每年去银行的次数，N 越大，消费者平均持有的货币越少，他所放弃的利息也越少，但随着 N 的增加，消费者提取现金所承担的交易成本也增加了。

假定消费者每次去银行的成本为某个固定值 F，因而去银行的总成本为 FN；消费者持有的平均货币量为 $Y/(2N)$，因而放弃的利息为 $rY/(2N)$。消费者承担的总成本 C 为放弃的利息与去银行的成本之和，即：

$$C=rY/(2N)+FN \tag{20.20}$$

（20.20）式表明消费者去银行的次数越多，放弃的利息越少，去银行的成本越高。但一定存在最优次数 N^*，能够使总成本 C 最小。

（20.20）式两边同时对 N 求导，导数等于零时 C 最小，整理得：

$$N^*=\left(\frac{rY}{2F}\right)^{\frac{1}{2}} \tag{20.21}$$

如图 20-13 所示，在以消费者去银行的次数为横坐标，以放弃的利息成本、去银行的成本以及总成本为纵坐标的坐标系中，利息成本随着提现次数的增加而单调递减，去银行的成本随着提现次数的增加而单调递增，于是总成本线以先单调递减后单调递增的曲线表示，当去银行的次数为 N^* 时，消费者持有货币的总成本最小。

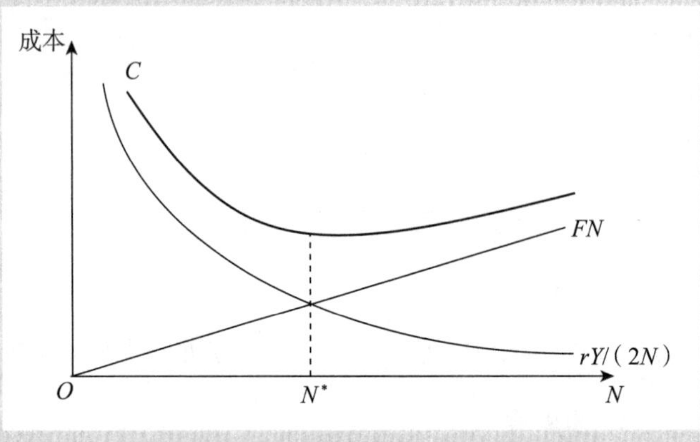

图 20-13　消费者持有货币的成本

另外，由于平均货币持有量为 $Y/(2N)$，由（20.21）式

$$\text{平均货币持有量}=Y/(2N)=\left(\frac{YF}{2r}\right)^{\frac{1}{2}} \tag{20.22}$$

（20.22）式表明消费者一年的货币支出量越大、去银行的成本越高、利率越低，则一年持有的平均货币量越大。

上述分析把鲍莫尔-托宾模型解释为通货需求模型，也就是强调人们所持有的货币为现金形式。然而，我们可以从更广义的意义上来理解这一模型。假设某人持有某种货币资产（如通货、活期存款、支票账户）和非货币资产（股票与债券）的资产组合。货币资产可用于交易，但收益率很低，令 r 代表货币资产和非货币资产之间的差额，F 代表把非货币资产转换为货币资产的成本，如抛售股票或者债券产生的费用等。关于资产转换次数的决策类似于关于去银行次数的决策。因此，鲍莫尔-托宾模型也可以用于分析个人对货币资产的需求。另外，(20.22) 式表明货币需求正向地取决于支出 Y，而反向地取决于利率 r，这为前文所描述过的货币需求函数 $L(r,Y)$ 提供了一个微观经济学上的证明。

第四节　结 束 语

本章要点可以归结如下：

(1) 在跨期消费决策模型中，消费者面临实际预算约束并选择达到一生最高满足水平的现期与未来消费。只要消费者可以储蓄和借贷，消费就取决于消费者一生的资源。

(2) 霍尔的随机游走假说把永久收入假说与消费者对未来收入有着理性预期的假设结合起来。它意味着消费的变动是不可预测的，因为消费者只有在接到关于其一生资源的消息时才会改变其消费。只有消费者未预期到的政策变动才能影响消费。

(3) 资本的边际产量决定了资本的实际租赁价格。实际利率、折旧率，以及资本品的相对价格决定了资本成本。根据新古典模型，如果租赁价格高于资本成本，企业就投资，如果租赁价格低于资本成本，企业就负投资。

(4) 住房投资取决于住房的相对价格。住房价格又取决于住房需求和现期固定的住房供给。住房需求的增加（也许是由利率下降所引起的）提高了住房价格，并增加了住房投资。

(5) 企业出于各种动机持有产品的存货：保证生产的平稳化、避免脱销、提高经营效率和储备在产品。不支持某一特定动机而作用良好的一个存货模型是加速模型。根据这个模型，存货量取决于 GDP 的水平，存货投资取决于 GDP 的变动。

(6) 货币需求的交易理论，例如鲍莫尔-托宾模型，强调了货币作为交换媒介的作用。这些理论预测货币需求正向地取决于支出，反向地取决于利率。

本章叙述了宏观总需求的消费、投资和货币需求理论的微观基础问题。对于这些内容，我们拟作如下简单评论。

关于宏观消费函数理论的微观基础，主要是根据消费者行为选择的研究。凯恩斯消费函数缺乏微观基础，简单地认为人们的消费只和他们当前的收入有关。其实消费者并不只顾眼前，还会考虑未来，因此其行为必然是跨时期最优选择的结果。弗里德曼认为，人们会根据自己不同时期的收入水平来制定消费决策。莫迪利安尼的基本思想是运用跨时期选择思路说明人们的消费如何在整个生命历程中随年龄而变化。生命周期消费理论和永久收入消费理论是上述两种模型的扩展，仍旧建立在消费者效用最大化的新古典理论基础上。20 世纪 70 年代，霍尔在生命周期和永久收入假说的基础上引入了理性预期，将消费理论从确定性条件推进到不确定性条件，应当说这是一个进步，因为现实经济生活中人们未来的收入水平是不确定的，人们只能利用相关信息对未来收入作出预测，而由于预期的永久收入随信息变化而变化，故最优消费路径也无法事先确定。这样，消费者的行为就服从随机游走。这种随机游走假说认为消费的变化具有不可预测性。但是，许多经济学家检验的结果拒绝了这一假说。例如，有人实证发现，实际消费变动与预期收入变动之间有明显的正相关性。于是以后一些经济学家又在跨时期最优分析框架内对随机游走假说做了修正，提出了预防性储蓄理论和流动性约束理论。前者强调人们会在未来收入不确定情况下增加储蓄，以防不测之需；后者强调流动性约束不论何时发生，都会使一个人的消费比他想得到的要少一些。应当认为，所有这些理论都从各个侧面不同程度地反映了消费者行为的现实性，对研究我国今天的消费问题也有一定的参考价值。改革开放以来，特别是 21 世纪以来，我国最终消费率或者说最终消费支出在 GDP 中的比率持续走低，其中主要原因之一就是改革开放以来广大居民收入虽然有了很大提高，但是收入和支出的不确定性也大大增加，下岗失业风险增大，住房、医疗、教育等支出也越来越要由个人或家庭负责。这使得居民整体消费日趋保守。为此，深入研究社会保障以及住房、医疗和教育等制度的改革和建设，帮助居民改善对未来收入和支出的预期，对于提高他们的消费信心，促进我国经济稳定、健康、持续发展不无重大意义。

关于投资理论微观基础的研究，主要也沿用新古典思路，研究各类投资的成本和收益比较。尽管各类投资的成本和收益的表现形式有所区别，但收益必须大于成本总是投资决策的主要依据。正因为这样，实际利率、税收以及对经济变动的预期，成为影响投资变化的重要因素。应当说这些观点与结论是与企业固定投资、住房投资和存货投资这三类投资实践经验相吻合的。不仅如此，西方投资理论运用大量数学工具也有可取之处，因为投资理论中的许多问题可归结为稀缺资源的最优利用、利润或者收益最大化以及成本最小化，这都适合于数量分析。当然，过于复杂的定量分析也可能带来脱离实际的倾向。投资理论的微观基础研究还表明，所有这些投资的主体都必须是企业和居民。在西方，政府一般不作为投资主体出现。然而在我国的一些领域，政府至今依然是主要的投资主体。投资收益的获取、投资风险的承担、投资决策权的掌握等等，与西方国家有着明显区别。许多企业，尤其是国有企业，与西方国家的企业仍然有本质差异。因此，如何将西方投资理论运用于中国实际，是一个需要结合国情好好深入研究的问题。例如，中国的铁路、公路以及基础设施的大量项目投资基本都由政府主导、央企操作，投资决策时主要考虑的是需要而不是成本和收益的对比。

关于货币需求理论的微观基础研究，经济学家主要提出了两种理论。一是资产组合理论，强调货币作为价值储藏作用的货币需求。这种理论预言货币需求取决于货币和其他非货币资产持有的风险和收益。但这种理论难以解释 M1 这样的狭义货币需求，而对解释 M2 或 M3 的需求有用。M1 主要用作交易媒介，强调货币作为交易媒介作用的货币需求理论称交易理论。这方面理论最具代表性的模型是鲍莫尔-托宾模型，即货币交易需求的平方根法则。这一模型的基本思想是，一个人要持有多少货币存量，实际是一个如何使利息收入损失和交易费用这两种成本之和最小的问题。不管货币需求的收入弹性和利率弹性是否确实是 1/2，收入、利率和提取款项的成本确实会影响对货币的交易需求和预防需求。因此，结合我国金融体制改革的实际研究利率市场化和金融工具多样化是有意义的。利率市场化有利于吸收居民交易需求和预防需求的货币量，有利于企业融资和增加居民收入，而金融工具多样化可增加居民投资渠道，引导他们将手中的货币投入生产领域，增加就业和收入。

习题

1. 假设甲、乙两个消费者按照费雪的跨期消费模型进行消费决策。甲在两期各收入 1 000 元，乙在第一期的收入为 0，第二期的收入为 2 100 元，储蓄或者借贷的利率均为 r。

(1) 如果两人在每一期都消费 1 000 元，利率为多少？

(2) 如果利率上升，甲在两期的消费会发生什么变化？利率上升后，他的消费状况是变好还是变坏？

(3) 如果利率上升，乙在两期的消费会发生什么变化？利率上升后，他的消费状况是变好还是变坏？

2. 本章第一节在对费雪模型的分析中，讨论了消费者在第一期进行储蓄的情况下，利率变动对消费决策的影响。现在假设消费者在第一期进行借贷，试分析利率变动对消费决策的影响，并画图说明其收入效应和替代效应。

3. 为什么说如果消费者遵循永久收入假说且能够进行理性预期，消费的变动就是不可预测的？

4. 试画图分析消费者收入变动对消费决策的影响。

5. 试说明下列两种情况下，借贷约束是增加还是减少了财政政策对总需求的影响程度：

(1) 政府宣布暂时减税；

(2) 政府宣布未来减税。

6. 假定你是一个追求跨期效用最大化的消费者，正处于青年时期，下述事件的发生将如何影响你现期的消费行为？

(1) 一位失散多年的亲戚突然与你取得联系，并在其遗嘱中将你列为其巨额财产的唯一继承人；

(2) 你目前所从事的行业属于夕阳行业，未来几年你将面临下岗的威胁；

(3) 医生根据你目前的身体状况预测你可以活到 90 岁。

7. 根据新古典投资模型，分析在什么条件下企业增加自己的固定资本存量是有盈利的。

8. 试分析利率的上升如何减少住房投资流量。

9. 试阐述企业持有存货的原因。

10. 用新古典投资模型解释下列每一种情况对资本租赁价格、资本成本以及企业净投资的影响：

(1) 政府实施扩张性货币政策提高实际利率；

(2) 一次自然灾害摧毁了部分固定资产，资本存量减少；

(3) 大量国外劳动力的涌入增加了国内的劳动力供给。

11. 假定在完全竞争市场中，某企业的生产函数 $Q=AK^{a}L^{1-a}$，产量 $Q=100$，$a=0.3$，资本的租金率 $R=0.1$，企业产品价格 $P=1$。

(1) 计算最优资本存量。

(2) 假设 Q 预期上升到 120，最优资本存量是多少？

(3) 假定最优资本存量在 5 年内保持不变，现有的资本存量为 100，企业会逐步调整资本存量使其接近于最优值，设 $\lambda=0.3$。第一年的投资量是多少？第二年的资本存量是多少？

12. 假定住房存量供给函数 $S_S=100$，需求函数 $D=Y-0.5P$，住房流量供给函数 $S_F=2P$，式中，P 为住房价格，Y 为收入。当 $Y=200$ 时，住房的均衡价格是多少？若收入增加到 300，并且假定住房能在瞬间造好，则短期住房价格为多少？新建住房价格为多少？

13. 解释货币需求的资产组合理论与交易理论之间的区别与联系。

14. 凯恩斯的消费理论与古典学派的消费理论有什么区别？

15. 凯恩斯的消费函数有哪些特性？

16. 试述生命周期消费理论的重要含义。

17. 在生命周期假设中，消费对积累的储蓄的比率一直到退休时都是下降的。(1) 为什么？有关消费的什么假设导致了这个结果？(2) 在退休以后，这个比率如何变化？

18. 假定有消费方程 $C=aWR+bY_p$，永久收入 $Y_p=\theta Y_D+(1-\theta)Y_{D-1}$，现有具体的消费方程：$C=0.045WR+0.55Y_D+0.17Y_{D-1}$。试求 θ 值。

19. 假设消费函数为 $C=200+0.9Y_p$，其中，Y_p 是永久可支配收入。同时假设消费者的永久可支配收入是当年加上前一年的加权平均：$Y_p=0.7Y_D+0.3Y_{D-1}$，其中，Y_D 是当年可支配收入。

(1) 假设第一年和第二年的可支配收入都是 6 000 元，则第二年的消费为多少？

(2) 假设第三年的可支配收入增至 7 000 元，并在将来一直保持这个收入，则第三年、第四年以及以后各年的消费为多少？

(3) 短期边际消费倾向和长期边际消费倾向各为多少？如何解释(2)？

20. 假设消费者的生活分为两期。在第一期消费者劳动，获得收入，用来满足该期的消费和储蓄。在第二期消费者不劳动，用第一期的储蓄来满足该期的消费。假设消费者在第一期的消费为 C_1，储蓄为 S，劳动收入为 W；在第二期的消费为 C_2，市场利率为 r，贴现因子为 $0<\beta<1$；设消费者的效用函数为：

$$U(C)=\frac{C^{1-\theta}-1}{1-\theta}$$

其中，θ 为正常数。

要求：

(1) 写出消费者的效用极大化问题；

(2) 求出消费者的储蓄函数，讨论利率的改变与储蓄的关系；

(3) 将上面的结论与我国当前实际相结合，分析利率下降与储蓄的关系。

第二十一章

新古典宏观经济学和新凯恩斯主义经济学

目前，参与宏观经济学争论的观点和主张大体上被区分为新古典宏观经济学和新凯恩斯主义经济学两大派别。大致说来，二者的争论和分歧主要在于对短期经济波动的解释和对政策干预的主张。本章的目的在于说明二者的争论和分歧。

第一节　新古典宏观经济学的理论渊源

新古典宏观经济学的理论渊源是货币主义。货币主义是20世纪50年代后期在美国出现的一个学派。美国经济学家米尔顿·弗里德曼被公认为货币主义的创始者和领袖。本节主要对货币主义的基本观点和政策主张做一简要概述。之所以这么做，主要出于以下两点考虑：其一，本书认为，货币主义所提出的货币数量论是现代宏观经济学的一个较为重要的内容，有必要加以介绍；其二，通过了解货币主义的观点和主张，可以更好地理解新古典宏观经济学的有关内容。

一、货币主义的理论基础

货币主义的基本理论是新货币数量论和自然率假说，下面依次加以说明。

1. 新货币数量论

货币主义认为，货币数量是解释价格水平涨落的基本因素。这种用货币数量来解释价格水平的观点并不是什么新鲜东西，历史上早已有之。为了了解新货币数量论，有必要对在货币主义出现之前的货币数量论加以论述。

1911年，美国经济学家欧文·费雪在其《货币的购买力》一书中提出了“交易方程”①：

$$Py=MV$$

式中，P 为价格总水平或价格指数；M 为流通中的货币数量；y 为一国的实际国民收入；V 为货币的流通速度，其定义为名义国民生产总值除以货币总量。按照西方学者的解释，V 是由一些“如公众的支付习惯，使用信用范围的大小，交通和通信的方便与否等制度上的因素”决定的，而这些因素在短期内不会有大的变化，因而在短期内 V 不会迅速变化。y 取决于资源、技术条件，而在充分就业的状态下，不可能发生大的变化，因此，V 和 y 被视为常量。这样，价格 P 就随着货币数量 M 正比例地发生变化。正是因为费雪在这里所强调的是货币作为交易媒介的作用，即作为流通手段的作用，所以费雪方程又叫交易方程。

剑桥学派的代表人物之一、马歇尔的嫡传弟子庇古根据前者的学说，在1917年发表的《货币的价值》一文中提出了所谓“剑桥方程”。他所关心的是人们所愿意持有的货币数量，即对货币的需求量。剑桥方程表示如下：

$$M=kY=kPy$$

式中，P 的含义同前；Y 代表以货币计量的国民生产总值，也就是名义国民生产总值；y 为实际国民生产总值；k 为经常持有的货币量，即货币需求总量和名义国民生产总值的比例，k 显然为货币流通速度的倒数。这里的 M 与交易方程中的 M 在意义上所强调的方面略有不同，它代表人们对货币的需求量从而强调货币作为储藏手段的职能，于是，剑桥方程也就是剑桥学派的货币需求方程。这个方程表明，人们对货币的需求量取决于货币流通速度和名义国民收入两个因素，与 k 的倒数即货币流通速度成反比，与收入成正比。据解释，k 的大小取决于社会的商业习惯和制度等因素，在短期内固定不变，可视为常数。y 在达到充分就业均衡时也是一个已知常数。因此，价格水平 P 同货币数量 M 成正比例变化，价格水平的高低取决于货币数量的多少。由于剑桥方程强调货币作为储藏手段的职能，即把货币作为财产的保存形式，侧重于货币的持有方面，因此，剑桥方程暗含着利率对货币需求的影响。

由上可知，交易方程和剑桥方程不但在实质上是相同的公式，而且它们所企图说明的内容也相同，即货币数量与价格水平之间存在着直接的因果数量关系，物价水平的高低取决于货币数量的多少，二者成正向关系。它们被认为是早已存在于西方经济学的“货币数量论”的现代表达形式。二者的不同之处在于：交易方程强调货币的交易媒介的作用，而剑桥方程则强调对货币的需求方面。

继交易方程和剑桥方程后，在20世纪30年代，如本书第十四章所示，凯恩斯

① 交易方程具有两种形式：$MV=PT$ 和 $MV=Py$，其适用的范围不同。为了节约篇幅，我们把目前不太流行的 $MV=PT$ 形式略去。

又以流动性偏好为基础提出了新的货币需求方程，该方程为[①]：

$$\frac{M}{P}=L(y,r)=L_1(y)+L_2(r)$$

式中，L 为对货币的总需求；L_1 为对货币的交易需求；L_2 为对货币的投机需求；r 为利率；P 为价格水平。

西方经济学家认为，凯恩斯的货币需求函数，特别是其中的货币投机需求，发展了庇古的思想观点。因为庇古的剑桥方程虽然暗含着关注利率的想法，但利率一般只对货币需求产生影响，而凯恩斯的货币需求方程则由于明确指出投机动机而突出了利率的作用。至于在交易方程中，利率对货币量的作用据说根本没有被注意到。

货币主义认为，凯恩斯的货币数量论比以往的货币数量论虽有进步，但也存在着缺点。缺点主要是它只注意到利率和收入对货币需求的影响，而忽略了人们对财富的持有量也是决定货币需求的重要因素。此外，西方学者认为，凯恩斯把财富的构成看得过于简单，好像在现实社会中，只有货币和债券两种资产可供人们选择，这些很显然都是有待改进的。

货币主义的代表人物弗里德曼在吸收和修正凯恩斯流动性偏好论的基础上，推演出了新货币数量论。在作出某种简化性的分析之后，弗里德曼提出的货币需求函数为：

$$M=f\left(P,\ r_b,\ r_e,\ \frac{1}{P}\cdot\frac{\mathrm{d}P}{\mathrm{d}t},\ w,\ Y,\ u\right) \tag{21.1}$$

式中，M 为财富持有者手中保存的名义货币量；P 为一般价格水平；r_b 为市场债券利率；r_e 为预期的股票收益率；$\frac{1}{P}\cdot\frac{\mathrm{d}P}{\mathrm{d}t}$ 为预期的物质资产的收益率，即价格的预期变动率，为说明方便，今约定 $r_p=\frac{1}{P}\cdot\frac{\mathrm{d}P}{\mathrm{d}t}$；$w$ 为非人力财富与人力财富之间的比例；Y 为名义收入；u 为其他影响货币需求的变量。

弗里德曼强调，如果用于表示价格及货币收入的单位发生了变化，那么所需要的货币数量应同比例地变动。如果用美元来表示方程（21.1）中的 P 与 Y，M 的大小为某一数量，那么，当人们改用美分来表示 P 与 Y 时，M 的大小必然为该数量的 100 倍。换句话说，方程（21.1）应被看做 P 与 Y 的一次齐次式，即：

$$f(\lambda P,r_b,r_e,r_p,w,\lambda Y,u)=\lambda f(P,r_b,r_e,r_p,w,Y,u) \tag{21.2}$$

特别地，如果令 $\lambda=\frac{1}{P}$，则（21.1）式化为：

$$\frac{M}{P}=f(r_b,r_e,r_p,w,y,u) \tag{21.3}$$

---

① 参见本书第十四章。

式中，$y=\frac{Y}{P}$为实际国民收入。(21.3)式是新货币数量论常见的表达形式，由于$\frac{M}{P}$表示财富持有者手中的实际货币量，故这一方程代表了对实际货币的需求关系。

考察货币需求函数式（21.3）可以看出，货币需求量主要取决于以下四个方面的因素：

第一，总财富。弗里德曼认为，总财富是决定货币需求的一个重要因素。按他的见解，总财富包括收入或“消费性服务”的一切源泉，其中之一是个人的生产或挣钱能力，即弗里德曼早先在消费函数理论中发展的永久性收入的概念，这样就很难得到它的估算值，所以只能以收入来代替。于是以 y 代表的永久性收入，被当做社会总财富的指标而进入货币需求函数。

第二，非人力财富在总财富中所占的比例。弗里德曼把总财富分为非人力财富和人力财富两部分。前者指有形的财富，包括货币持有量、债券、股票、资本品、不动产、耐用消费品等，后者指个人挣钱的能力，又称无形财富。弗里德曼认为，这两种财富的形式是可以互相转换的，但由于受到制度上的限制，这种转换有一定的困难，主要是人力财富转为非人力财富比较困难。例如存在大量失业时，工人的人力财富就不容易转变为货币收入，而在未转变为收入之前，人们就需要有货币来维持生存，因此，非人力财富在总财富中所占比例大小对货币需求量就有影响。当人力财富在总财富中所占比例越大，或非人力财富在总财富中所占比例越小时，对货币的需求也越大，反之亦然。因此，w 就成为影响实际货币需求的一个变量。

第三，各种非人力财富的预期报酬率。弗里德曼认为，人们选择保存资产的形式除了各种有价证券外，还包括资本品、不动产、耐用消费品等有形资产。他还认为，在各种资产中，货币与其他有形资产之间按何种比例分割，取决于它们的预期报酬率。一般地说，各种有形资产的预期报酬率越高，愿意持有的货币就越少。因为这时人们用其他有形资产的形式来替代货币的形式保存在手中对自己更为有利。因此，债券的预期报酬率（r_b）、股票的预期报酬率（r_e）和物质资产的预期报酬率（r_p）即 $r_p=\frac{1}{P}\cdot\frac{\mathrm{d}P}{\mathrm{d}t}$便成为影响货币需求的因素。

第四，其他影响货币需求的因素，例如资本品的转手量、个人偏好等，以变量 u 来概括。

如果在方程（21.2）中，令$\lambda=\frac{1}{Y}$，则方程（21.1）化为：

$$\frac{M}{Y}=f\left(r_b,\ r_e,\ r_p,\ w,\ \frac{P}{Y},\ u\right)$$

式中，$\frac{M}{Y}$为货币流通速度；利用货币流通速度的定义，则上式可写为：

$$Y=Py=V(r_b,\ r_e,\ r_p,\ w,\ y,\ u)\cdot M \tag{21.4}$$

式中，$V(r_b,\ r_e,\ r_p,\ w,\ y,\ u)=\frac{1}{f(r_b,\ r_e,\ r_p,\ w,\ y,\ u)}$为货币流通速度。

将方程（21.4）与传统货币数量论相比较，可以看到，如果将方程（21.4）中的函数V看做传统货币数量论中的V或$\frac{1}{k}$，则新货币数量论与传统货币数量论在形式上完全一样。

此外，弗里德曼强调，新货币数量论与传统货币数量论的差别在于，传统货币数量论把货币流通速度$V\left(\text{或}\frac{1}{k}\right)$当做由制度决定的一个常数，而新货币数量论则认为流通速度V不是数值不变的常数，而是决定它的其他几个数目有限的变量的稳定函数。说得明确一点，**稳定的是决定V的函数，而不是V本身**。总之，货币主义在维持传统货币数量论关于V在长期中是一个不变的数量的同时，又认为V在短期中可以作出轻微的波动。①

2. 自然率假说

自然率主要指自然失业率。按照自然率假说，任何一个资本主义社会都存在着一个自然失业率，其大小取决于该社会的技术水平、资源数量和文化传统，而在长期中，该社会的经济总是趋向于自然失业率（如6%）。这就是说，人为的经济政策的作用可以暂时或在短期中使实际失业率大于或小于自然率，但是，在长期中，不可能做到这一点。

凯恩斯以前的传统经济学承认，资本主义存在着两种失业，即摩擦性失业和自愿失业。大致说来，二者之和在全部劳动力中所占有的比例就是自然失业率。可以看到，自然率的假说，其实际的意义是：资本主义在长期中不会存在非自愿失业的现象。

二、货币主义的主要观点及政策主张

根据新货币数量论和自然率假说，货币主义形成了以下几个理论观点。

第一，货币供给对名义收入变动具有决定性作用。弗里德曼认为，货币供给完全取决于货币当局的决策及银行制度，而货币需求函数则表明，货币供给与影响货币需求的因素完全无关。在货币供求相均衡时，由新货币数量论的方程（21.4），由于货币流通速度V在短期仅仅可以作出轻微的变动，而在长期中又是不变的数量，于是货币供给量M便是影响名义收入Y的决定性因素，即货币数量是货币收入波动的主要原因。

第二，在长期中，货币数量的作用主要在于影响价格以及其他用货币表示的量（如货币工资等），而不能影响就业量和实际国民收入。根据自然率假说，就业量

① 对此，弗里德曼写道："本书中所进行的研究是以形式更为复杂的货币关系之稳定性及规范性为前提的，而不是以简单的数值为常数的流通速度为前提的。我相信，这些将会对这一稳定性及规范性的推导，对经济行为的数值'常量'的归纳产生重大的影响。"（弗里德曼．货币数量理论的重新表述//弗里德曼．弗里德曼文萃．北京：北京经济学院出版社，1991：384.）

（从而实际国民收入）是由技术水平、风俗习惯、资源数量等非货币因素决定的，因此方程（21.4）中的 y 与 M 无关。按照弗里德曼的看法，V 在长期中又是一个不变的常数，因此，货币数量 M 能影响的只能是价格 P 以及由货币所表示的变量。换句话说，通货膨胀归根到底是一种货币现象。

第三，在短期中，货币供给量可以影响实际变量，如就业量和实际国民收入。根据新货币数量论，货币流通速度 V 在短期可以具有轻微变动的解释以及货币主义从自然率假说出发，对货币政策在短期中效应的考察都支持了货币主义的这一观点。

第四，私人经济具有自身内在的稳定性，国家的经济政策会使它的稳定性遭到破坏。上面论述的自然率假说是货币主义的这一观点的理论基础。按照自然率假说，资本主义经济有趋向于自然率（即充分就业）的自行调节的机制，因此，市场机制仍然是调节资源在不同用途之间合理配置的有效工具。虽然各种随机扰动将使经济出现短期波动，但经济本身仍具有长期均衡的趋势，因此，如果国家干预干扰了市场机制的作用，反而会导致宏观经济的严重失衡。

以弗里德曼为首的货币主义者根据其理论和对经验资料所作的分析，提出了自己的政策主张，主要包括三点：（1）反对凯恩斯主义的财政政策。在弗里德曼看来，以需求管理为宗旨的财政政策最终都是通过货币量的扩张和收缩来实现其经济调节作用的，而由于扩张性财政政策的“挤出效应”，私人投资会随着政府支出的增加而减少，其后果往往为用非生产性的投资去代替生产性的投资，从而影响劳动生产率的改善。此外，过度的政府开支也会带来通货膨胀，因此，财政政策不但无效，反而对经济有害。（2）反对“斟酌使用”的（即根据情况变化而制定和执行的）货币政策。货币主义坚持这一主张的理由在于经济政策的滞后性质，这一点本书已在第十七章第六节中加以论述。（3）力主单一政策规则。弗里德曼认为，货币政策能够胜任两项任务：能够防止货币本身成为经济混乱的一个主要根源；能够给经济提供一个稳定的环境。根据这一认识，货币主义提出，在没有通货膨胀的情况下，按平均国民收入的增长率再加上人口增长率来规定并公开宣布一个长期不变的货币增长率，是货币政策唯一的最佳选择。货币主义的这一**以货币供给量作为货币政策的唯一控制指标，而排除利率、信贷流量、准备金等因素的政策建议被称为单一的政策规则**。

第二节　新古典宏观经济学的基本假设

在 20 世纪 70 年代，西方国家处于严重的滞胀困境，而传统的凯恩斯主义仍然提不出解决困境的对策。面对这种严峻的经济形势，西方社会对凯恩斯主义愈渐丧失信心。在这种形势下，作为货币主义的延续与发展，西方经济学界出现了理性预期学派。该学派采用并发展了西方学者约翰·穆思（John Muth）于 1961 年提出的理性预期的观点，形成了一系列与传统的凯恩斯主义相反的说法。这一系列说法大体与凯恩斯主义出现以前的传统的西方经济学相一致，从而使西方经济学回复到传统的被认为是“古典学派”的状态，所以理性预期学派也被称为新古典宏观经济学派，其代表人物有卢卡斯、萨金特、华莱士、巴罗等。其中，诺贝尔经济学奖获得者卢卡斯居于最重要的地位。

新古典宏观经济学派相信并且依赖于至少四个假设条件：个体利益最大化、理性预期、市场出清和自然率假说。自然率假说已经在上一节中做了说明，这里仅对前三个假设加以论述。

1. 个体利益最大化

个体利益最大化虽然早已在本书的微观部分中出现，然而，新古典宏观经济学却把这一假设与宏观经济学的研究结合在一起。因此，在这里仍有复述的必要。

新古典宏观经济学认为，宏观经济现象是个体经济行为的后果。例如，一个社会的总消费量是个体消费量的总和。微观经济学表明，个体行为的一个最基本的假设是个体利益最大化。这就是说，宏观经济理论必须具有微观经济理论的基础，特别是要符合利益最大化的基本假设条件。

2. 理性预期

所谓理性预期是在有效地利用一切信息的前提下，对经济变量作出的在长期中平均说来最为准确的，而又与所使用的经济理论、模型相一致的预期。实际上，这一假设包含三个含义：第一，作出经济决策的经济主体是有理性的。为了追求最大利益，他们总是力求对未来作出正确的预期。第二，为了作出正确的预期，经济主体在作出预期时会力图得到有关的一切信息，其中包括对经济变量之间因果关系的系统了解（当然包括有关的经济理论和模型在内）和有关的资料与数据。第三，经济主体在预期时不会犯系统性的错误。这就是说，由于正确的预期能使经济主体得到最大利益，所以经济主体会随时随地根据他们所得到的信息来修正他们的预期值的错误。当预期值高于正确值时，他们会降低预期值；当预期值低于正确值时，他们会提高预期值。因此，随时随地的修正会使他们避免作出高估或低估的错误，而不会犯系统性的错误。由于这一原因，从整体上看，在长期中，经济主体对某一经济变量的未来预期值与未来的实际值仍然会是一致的。

用通俗的语言来说，理性预期的意思是：在长期中，人们会准确地或趋向于预期到经济变量所应有的数值。①

3. 市场出清

市场出清假设是说，无论劳动市场上的工资还是产品市场上的价格都具有充分

---

① 在理性预期学派的早期，许多人对该学派所说的人们对将来的预期是相当准确的或逐渐接近于准确这一见解感到难以理解。对于这一见解，他们提出疑问：为什么在预期上普通人能做到甚至计量经济学的复杂预测模型还难以做到的事情？对此，理性预期学派一些人的通俗答案是：鸟没有学过复杂的空气动力学，却能飞得很好。这些人说：人们会利用一切信息来逐渐改善他们的预测，因为人们会从吃亏上当中吸取教训。关于这一点，这些人还经常引用西方的一句俗语：“你可以在某个时段欺骗所有人，你也可以长时期欺骗一部分人，但你绝对无法在长时期中欺骗所有人。”

的灵活性，可以根据供求情况迅速进行调整，有了这种灵活性，产品市场和劳动市场都不会存在超额供给。因为一旦产品市场出现超额供给，价格就会下降，直至产品价格降到使买者愿意购买为止；如果劳动市场出现超额供给，工资就会下降，直至降到使雇主愿意为所有想工作的失业者提供工作为止。因此，每一个市场都处于或趋向于供求相等的均衡状态。关于这一点，本书的微观部分经常提及。

第三节　实际经济周期理论

在实际经济周期理论以前，存在着一个由美国经济学家卢卡斯发展出来的货币经济周期模型。到 20 世纪 80 年代初，该模型同时陷入了理论上和经验上的困境。在理论上，人们认识到信息障碍在实际中似乎并不特别重要，货币经济周期模型对包含货币与产出之间因果关系的经济周期没有作出令人能够接受的解释。在经验方面，尽管在早期该模型取得了一些成功，但支持预期到的货币是中性的这一主张的证据并非那么有力。在这种情况下，从 20 世纪 80 年代初期开始，对总产量不稳定的新古典解释主要集中到实际冲击而非货币冲击，这就是所谓的实际经济周期理论。

一、作为波动根源的实际冲击

实际经济周期理论假定经济波动的根源是实际（供给）冲击，这些冲击包括新生产技术、新产品、恶劣天气、战争、原材料新来源以及原材料价格变化等。

上述所罗列的因素中的一个或多个发生变化，作用于总量生产函数，在几何上会使生产函数曲线发生移动。一般地，如果实际冲击使生产函数曲线发生向下的移动，则称经济遭受了不利的供给冲击。如果实际冲击使生产函数曲线发生向上的移动，则称经济受到了有利的供给冲击。

下面用总量生产函数结合劳动市场说明实际经济周期理论对不利供给冲击下产出和就业的影响。

二、不利供给冲击对产出和就业的影响

假定所考察的经济遭受了不利的供给冲击，实际经济周期理论对产出和就业影响的解释借助于图 21 - 1 来说明。

在图 21 - 1 中，F_0 曲线是冲击发生前经济的生产函数曲线。不利的供给冲击导致生产函数曲线向下移动，例如，移动到 F_1 的位置，生产函数曲线的向下移动意味着每个工人的生产率下降。这由图 21 - 1 中的上图的 B 点变动到 Z 点来说明。①

---

① 由 B 点变动到 Z 点，意味着在就业水平为 N_0 下产出水平由原来的 y_0 下降到 y_0'。

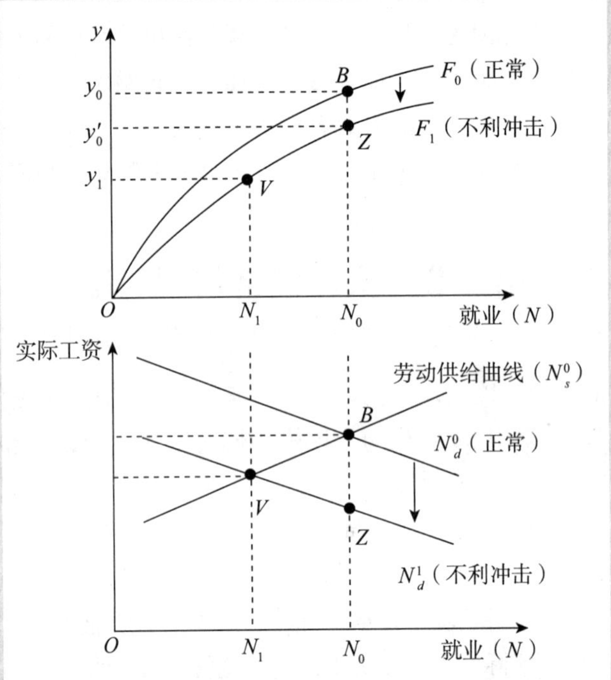

图 21-1　不利供给冲击对产出和就业的影响

图 21-1 中的下图是经济的劳动市场。不利的供给冲击对劳动市场的影响是使劳动需求曲线发生了向下方的移动。在图中，劳动需求曲线从冲击发生前的 N_d^0 变动到 N_d^1。

在冲击发生前，经济在图 21-1 中上下两图的 B 点处运行。在不利的供给冲击发生后，经济在上下两图的 V 点处运行。其结果是，在劳动市场上，就业减少，失业率上升。在产出方面，总产出下降，产量由原来的 y_0 减少为 y_1。也就是说，经济此时经历了衰退。

值得指出的是，在图 21-1 中的上图中，就业的减少量取决于劳动供给曲线的斜率。如果劳动供给曲线是垂直的①，经济将会在 Z 点而不是 V 点处运行。这时就业仍然不变，只是产出从 y_0 变动到 y_0'。

*第四节　一个新古典宏观经济学的 *AD—AS* 模型

从宏观经济理论的角度看，新古典宏观经济学的理论影响主要表现在经济波动理论方面。由于系统论述新古典宏观经济学并不是本书的任务，而且本章是从总供给的角度论述新古典宏观经济学和新凯恩斯主义经济学的争论和分歧的，因此，本

① 即在图 21-1 中的下图中，劳动供给曲线是一条连接 B 点和 Z 点的垂直线。

节说明一个新古典宏观经济学的 $AD—AS$ 模型，即卢卡斯模型。

一、卢卡斯总供给函数

卢卡斯总供给函数可以通过考察微观经济中的基本单位——企业的行为引申出来。设一个典型的企业 i 的供给函数由下式给出：

$$y_i=h(P_i-P)+y_i^* \tag{21.5}$$

式中，y_i 为企业产量；P_i 为其产品的价格；P 为反映市场价格状况的总价格水平；y_i^* 为企业潜在的或正常的产量。(21.5) 式的含义是，对企业 i 来说，当其产品的价格水平正好与该经济的总价格水平相等时，其产量（或供给）不发生变化，为其正常生产水平；如果其产品价格高于总体价格水平，则该企业就会认为扩大生产有利可图，从而把其产量增加到高于其正常生产能力的水平。[①] 反之亦然。(21.5) 式中的 h 为参数，它表示企业对其产品价格与总价格水平偏离的一种反应，并且 $h>0$，因此，在以 P_i 为纵坐标，y_i 为横坐标的坐标系中，(21.5) 式的几何表示为一条正斜率的曲线。

在实际中，由于种种原因，企业并不能知道价格水平 P，而只能对其加以估计，今用 P^e 表示企业对价格总水平 P 的估计，此时 (21.5) 式变为：

$$y_i=h(P_i-P^e)+y_i^* \tag{21.6}$$

接下来的问题是，企业如何对价格总水平进行估计呢？西方学者认为，企业对价格总水平的估计可按下述方程进行：

$$P^e=\hat{P}+b(P_i-\hat{P}) \tag{21.7}$$

(21.7) 式表示，企业 i 对价格总水平的估计由两部分组成：一部分是该社会中的有关机构预测并公布的价格预测值 $\hat{P}$；另一部分是企业根据其经验对预测值 $\hat{P}$ 的调整，参数 b 为调整系数。如果 $b=0.5$，从 (21.7) 式得知，企业对价格的估计一半是根据其产品的价格，一半是根据有关机构预测的价格。如果 $b=1$，则表示企业以自己产品的价格作为对价格总水平的估计。如果 $b=0$，则表示企业完全相信有关机构预测的价格。

将 (21.7) 式代入 (21.6) 式并整理，得：

$$y_i=h(1-b)(P_i-\hat{P})+y_i^*$$

整个经济的总供给曲线是通过对所有典型企业的供给曲线加总而得到的。设整个经济的生产由 n 个像企业 i 的企业组成，则经济的总供给函数为：

$$y=nh(1-b)(P-\hat{P})+y^* \tag{21.8}$$

---

① 例如，企业在短期内可以通过加班加点或多雇用工人来做到这一点。

（21.8）式就是卢卡斯总供给函数。式中，y 为总产出，P 为价格水平，y^* 为经济的潜在产量。卢卡斯总供给函数表明，经济的总产出与未被预期到的价格上升之间具有正相关关系。将（21.8）式中的参数 $nh(1-b)$ 用字母 γ 表示，卢卡斯总供给函数可改写为：

$$y=y^*+\gamma(P-\hat{P}) \tag{21.9}$$

式中，参数 $\gamma>0$；$\hat{P}$ 为预期价格。

卢卡斯总供给函数的含义是：预期价格与实际价格的偏离会导致实际产出与经济正常产出的偏离。

二、模型的基本思想

这里的新古典宏观经济学的模型主要说明，货币量和一般价格水平的不完全信息怎样导致了货币的非中性，也就是货币量的变化怎样导致了对一般价格和相对价格变化的短期混淆，从而带来了产出和就业的波动。由模型引申出的政策含义是，系统的货币政策无效，随机的货币政策有害。

三、简化的新古典宏观经济模型

新古典宏观经济模型最初是以相当复杂的形式出现的，在后来的文献中出现了这一模型较为简洁的表述。下面就来说明一个简化的新古典宏观经济模型。

设经济的总需求函数为：

$$y_t^d=\alpha_t+\beta(m_t-p_t),\quad \beta>0 \tag{21.10}$$

式中，α 代表除货币供给以外其他所有能引起总需求变化的因素。为了简化推导，m 和 p 是货币供给和价格水平取了对数以后的值，因而（$m-p$）等价于实际货币供给量（M/P）的对数。参数 β 是货币供给量对总需求的乘数。

附加预期的总供给函数（卢卡斯供给函数）为：

$$y_t^s=y_n+\gamma(p_t-p_t^e),\quad \gamma>0 \tag{21.11}$$

这一函数的意思是：如果价格水平等于人们的预期值（$p_t=p_t^e$），则总供给等于自然率的产出水平 y_n。否则，随着现实价格水平超出预期价格水平，产出增加到自然率水平之上。

当总供给等于总需求时，均衡产生了，此时现实的产出也等于总供给和总需求。即：

$$y_t=y_t^d=y_t^s \tag{21.12}$$

首先在给定 α 和 m 的条件下，计算理性预期的均衡产出和价格。为此，对

(21.10) 式和 (21.11) 式的两端取数学期望，然后将 (21.12) 式分别代入两式，得到：

$$y_t^e=\alpha_t^e+\beta(m_t^e-p_t^e) \tag{21.13}$$

$$y_t^e=y_n \tag{21.14}$$

式中，上标 e 代表变量的期望值。(21.14) 式说明理性预期的均衡产出等于自然率的产出水平。利用两式可以解得理性预期的均衡价格水平：

$$p_t^e=m_t^e-\frac{1}{\beta}(y_n-\alpha_t^e) \tag{21.15}$$

现在再来计算经济处于均衡状态，但预期不是理性的时的价格和产出水平，它是经济更经常呈现的状态。用 (21.10) 式和 (21.11) 式分别去减 (21.13) 式和 (21.14) 式，得到：

$$y_t-y_n=(\alpha_t-\alpha_t^e)+\beta(m_t-m_t^e)-\beta(p_t-p_t^e) \tag{21.16}$$

$$y_t-y_n=\gamma(p_t-p_t^e) \tag{21.17}$$

(21.16) 式表示总需求中未预期到的部分，(21.17) 式表示产出对自然率水平的偏离。从以上两式可以解得现实的产出和价格：

$$y_t=y_n+\frac{\gamma}{\gamma+\beta}[(\alpha_t-\alpha_t^e)+\beta(m_t-m_t^e)] \tag{21.18}$$

$$p_t=m_t^e-\frac{1}{\beta}(y_n-\alpha_t^e)+\frac{1}{\gamma+\beta}[(\alpha_t-\alpha_t^e)+\beta(m_t-m_t^e)] \tag{21.19}$$

(21.18) 式说明，当 $\alpha_t^e=\alpha_t$，$m_t^e=m_t$ 时，$y_t=y_n$，这一结果的理论解释是，由公众所预期到的总需求的变动不能导致整个经济产量和就业量的变动。只有未预期到的货币供给量（总需求）的变化才能使产出水平偏离其长期增长路径。(21.19) 式说明，预期到的和未预期到的总需求变化都能影响价格。把两者结合起来可知，完全预期到的总需求增加只会使价格水平上升。

四、新古典宏观经济模型的政策含义

按照新古典宏观经济模型，波动的根源是货币冲击，而这种冲击一般是由中央银行的货币政策引起的。

根据新古典宏观经济模型，货币冲击首先影响到一般价格水平，经济当事人得经过一段时间才能看清楚这种变化不是相对价格变化而是总需求变化，在这段时期里货币冲击的确能够影响产出。但是理性预期的经济当事人能够利用有关货币政策规则的知识，很快形成对未来价格的正确预期，纠正错误的产量决策，使社会总产量恢复到自然率水平。这就是说，只要货币当局的政策具有系统性，它就不能改变产出增长的长期路径。如果要长期影响产量，货币当局只能随机地改变货币政策，不让经济当事人掌握其规律，其代价是产出的剧烈波动。上述政策含义可以进一步用图 21－2 加以说明。

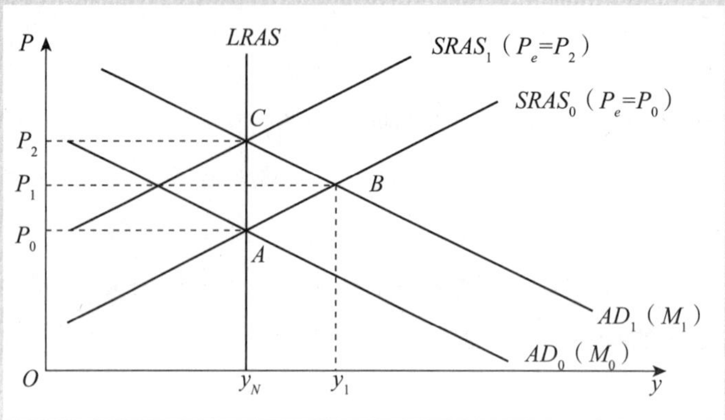

图 21－2　“政策无效性”主张

在图 21－2 中，经济起初在 A 点处运行，该点是总需求曲线 AD_0、总供给曲线 $SRAS_0$ 和 $LRAS$ 三条线的交点。在 A 点，价格水平 P_0 被完全预期到（即实际和预期的价格水平一致），产出和就业在其长期均衡的水平上。假设货币当局宣布打算提高货币供给，理性的当事人在形成他们的预期时会考虑这个信息并完全预期到货币供给的提高对一般价格水平的影响，结果，产量和就业会停留在自然率水平上不发生变动。当货币工资在一个向上的价格预期之下提高时，总需求曲线从 AD_0 向右移到 AD_1 的效果就被总供给曲线从 $SRAS_0$ 到 $SRAS_1$ 的向左移动所抵消。在这种情况下，经济将从 A 点直接移动到 C 点，停留在垂直的长期总供给曲线 $LRAS$ 上，即使在短期，产量和就业也没有变化，即货币是中性的。

另外，设想货币当局出乎当事人的意料，在未宣布其打算的情况下增加货币供给。这时，拥有不完全信息的厂商和工人把一般价格水平上升的结果错误地当做相对价格的上升，他们作出的反应是提高产量和增加劳动供给。换句话说，工人和厂商错误地把这些看做是对他们劳动和产品需求的实际增长，从而增加劳动和产品的供给。根据图 21－2，总需求曲线将从 AD_0 移动到 AD_1，在 B 点与 $SRAS_0$ 相交。从图中可以看出，这时经济的产量为 y_1，它偏离了产出的自然率水平 y_N，这被认为是当事人预期误差的结果。按照新古典宏观经济学的说法，产量和就业的任何偏离自然水平的变化都只被看做是暂时的。一旦当事人意识到相对价格并没有变化，产量和就业就会回到它们的长期均衡（自然率的）水平。根据图 21－2，一旦经济当事人充分调整了他们的价格预期，总供给曲线就会从 $SRAS_0$ 向左移动到 $SRAS_1$，与 AD_1 在 C 点相交。

总之，新古典宏观经济学的观点是：第一，能预期到的货币供给的变化将只改变价格水平，而对实际产量和就业没有影响；第二，只有未预期到的货币供给的变化才影响实际产量。

新古典宏观经济学的上述政策无效主张对关于宏观经济稳定政策的作用及实施的争论有重要意义。如果货币供给是由政府依照一些“已知”的规则决定的，那么即使在短期，政府也不可能通过系统性货币政策影响产量和就业，因为这可能被经济当事人预期到。在另外一种情况下，政府可能通过反馈政策规则（例如，对失业和产出变化的反应）来决定货币供给。同样，众所周知的反馈政策规则引起的货币增长率的变化也会被经济当事人预期到，这使反馈政策规则失效，只有对货币规则的未被预期的偏离才影响产量。换句话说，宏观经济政策要想有效，必须具有欺骗性质。另外，按照新古典宏观经济学的说法，具有理性预期的经济当事人不会在长期中系统地和持续地犯认识上的错误，因此，宏观经济政策的有效性值得怀疑。

第五节　新凯恩斯主义形成的理论背景和特征

20 世纪 80 年代，一个主张政府干预经济的新学派——新凯恩斯主义经济学在西方学术界出现了。新凯恩斯主义与新古典综合派同属凯恩斯主义阵营，两者的关键区别在于，新古典综合派的理论倾向于假定一个固定的名义工资，而新凯恩斯主义则试图为解释工资和价格黏性现象提供一个可以接受的微观基础。

一、新凯恩斯主义形成的理论背景

新凯恩斯主义产生的客观条件是，原凯恩斯主义的理论缺陷和新古典宏观经济学在解释现实问题时效微力乏。原凯恩斯主义理论的缺陷是宏观经济理论缺乏微观基础，原凯恩斯主义用需求不足和名义工资刚性解释失业的存在和持续，然而并没有很好地说明名义工资刚性。正如新凯恩斯主义者在批评原凯恩斯主义时所指出的：“原凯恩斯主义的一个微妙之处是当它在考虑失业时，几乎不讨论劳动市场。”① 原凯恩斯主义既没有解释名义工资刚性的原因，也没有说明价格刚性的成因。新古典综合派在“综合”时，“忽视”了微观经济基础。虽然萨缪尔森等人把“古典”微观理论与凯恩斯主义宏观理论结合在一起，但是，宏观经济学和微观经济学在新古典综合派手中只是机械的组合，没有构成有机的联系。以后的凯恩斯主义者如莫迪利安尼、乔根森和托宾等人虽然从微观经济的视角分析了消费函数、投资需求和货币需求，但他们所作的分析都是局部均衡分析，只论及单个供求函数，而未解决宏观经济学的微观基础问题。新古典宏观经济学明确地将微观经济理论作为宏观经济理论分析的基础，从微观经济学和宏观经济学的结合中得出宏观经济学

① Greenwald and Stiglitz. New and Old Keynesians. *Journal of Economic Perspectives*, 1993, 7 (1): 23 - 44.

结论，发展了一种有微观基础的宏观经济理论。新古典宏观经济学的特点在于，它保持了微观经济学和宏观经济学的一致性和相容性。正是在这一点上，它动摇了原凯恩斯主义的统治地位，开拓了西方学者研究宏观经济问题的新思路，但是，新古典宏观经济学片面追求理论结构和分析方法的完美性，忽略经验检验，它的市场出清的微观分析完全脱离了资本主义现实，政策无效性的宏观结论也缺乏说服力。西方发达资本主义国家的现实是产品市场和劳动市场经常存在着超额供给，所谓市场出清只是一种短暂的和偶然的现象。政府规模日益扩大，对社会经济生活的介入日益深入。新古典宏观经济学脱离实际，把市场出清当做常态，主张取消国家干预经济的政策，它的理论在实践上既缺乏经验支持，又不能为政府所接受，所以其影响主要是在学术方面。

原凯恩斯主义的不足和新古典宏观经济学在理论上的进展给新凯恩斯主义者以有益的启迪。而新古典宏观经济学在现实面前的苍白无力又诱导新凯恩斯主义者运用独特的方法和思路对劳动市场、产品市场和信贷市场进行分析，以期寻找出宏观经济波动和失业的原因。新凯恩斯主义者以工资黏性和价格黏性代替原凯恩斯主义工资刚性和价格刚性的概念。以工资黏性、价格黏性和非市场出清的假设取代新古典宏观经济学的工资、价格伸缩性和市场出清的假设，并将其与宏观层次上的产量和就业量等问题相结合，建立起有微观基础的新凯恩斯主义宏观经济学。新凯恩斯主义是原凯恩斯主义受新古典宏观经济学打击之后，汲取凯恩斯主义与其对立学派的斗争中的经验教训而形成的，并在与新古典宏观经济学的斗争中不断发展，是原凯恩斯主义的复兴。

新凯恩斯主义虽然借鉴了新古典宏观经济学的某些分析方法和观点来建立自己的理论大厦，但是，两者的基本观点是截然相反的，新凯恩斯主义和新古典宏观经济学沿着两条不同的轨迹发展。

二、新凯恩斯主义的假设条件

非市场出清假设是新凯恩斯主义最重要的假设，这一假设来自原凯恩斯主义。该假设使新凯恩斯主义和原凯恩斯主义具有相同的基础。非市场出清的基本含义是，在出现需求冲击或供给冲击后，工资和价格不能迅速调整到使市场出清的状态。缓慢的工资和价格调整使经济回到实际产量等于正常产量的状态需要一个很长的过程，例如需要几年时间，在这一过程中，经济处于持续的非均衡状态。

新凯恩斯主义和原凯恩斯主义都坚持非市场出清的假设，但两者的非市场出清理论存在重大差别，其表现为：(1) 原凯恩斯主义非市场出清模型假定名义工资刚性，而新凯恩斯主义非市场出清模型假定工资和价格有黏性，即工资和价格不是不能调整，而是可以调整的，只是调整得十分缓慢，需耗费相当的时日。(2) 新凯恩斯主义模型增添了原凯恩斯主义模型所忽略的两个假设：一是经济当事人利益最大化原则，即厂商追逐利润最大化和家庭追求效用最大化，这一假设源于传统的微观经济学；二是理性预期，这一假设来自新古典宏观经济学。经济当事人利益最大化原则和理性预期的假设使新凯恩斯主义突破了原凯恩斯主义的理论框架。

三、新凯恩斯主义的特征

新凯恩斯主义的特征可概括为对如下两个问题的回答：第一，货币是否为非中性的？第二，经济中实际市场的不完全性对于理解经济波动是否十分关键？新凯恩斯主义对这两个问题都给予了肯定的回答。货币非中性来自黏性价格，而价格的这种行为可以用市场不完全性来解释。

货币的非中性涉及“古典”的两分法。这种两分法是指经济中的名义变量对实际变量没有实质性影响。经济中的变量可以分为两类：一类是名义变量，如货币量；另一类是实际变量，如就业、实际产量等。按照古典经济学的观点，市场机制是有效的，价格、工资等都有伸缩性。所以，货币等名义变量的变化只影响价格水平等名义变量，对产量和就业等实际变量没有实质性的影响。与上述观点相反，新凯恩斯主义认为，货币等名义变量的变动会导致产量和就业量等实际变量的波动，所以，古典的两分法失效。

新古典宏观经济学与新凯恩斯主义经济学的一个关键区别在于对企业定价行为的看法。与新古典宏观经济学认为企业是“价格接受者”的观点相反，新凯恩斯主义认为企业是制定价格的、不完全竞争市场中的企业，而不是完全竞争市场中的企业。市场的不完全性，加上不对称信息等因素，使工资和价格具有不易变动的黏性，所以市场是非出清的。

工资和价格的黏性理论是新凯恩斯主义必须集中力量解决的重大问题，新凯恩斯主义为此提出了各种各样的理论。一种分类方式是将其区分为名义黏性和实际黏性。前者指在出现名义需求扰动时某种因素使得名义价格水平变动的比例不同于名义需求变动的比例；后者指某种因素阻止了实际工资的调整或存在着一种工资相对于另一种工资或一种价格相对于另一种价格的黏性。限于篇幅，下面只介绍名义黏性。

专栏 21-1
亨利·福特与效率工资

第六节　名义黏性

正统的凯恩斯主义和新凯恩斯主义都假定价格调整对外来冲击反应迟缓。不过前者武断地假定名义工资是固定的，而新凯恩斯主义则试图为工资和价格的缓慢调整提供一个微观经济基础。与新古典宏观经济学相同的是，新凯恩斯主义采取了同样的选择性理论框架，即假定工人和厂商分别为理性的效用最大化者和利润最大化者。

一、名义工资黏性

20世纪70年代后半期至80年代，早期的新凯恩斯主义者以长期劳动合同的形式引入了名义工资黏性。在发达经济中，工资不是在即时交易中决定的，而是由劳资双方以明确（或隐含）的合同确定的。长期劳动合同是指厂商和工人之间的协议，其中规定了一年或更长时间内的名义工资率。在英国，成立了工会的部门几乎毫无例外地签订了正规的劳动合同，参加工会的工人约占工人人数的15%，工会力量强大的部门包括大部分制造业、建筑业和交通运输业，而非工会的行业则包括快餐、食品和其他服务行业、零售和一部分制造业。虽然工会实力强的部门只占15%，但其工资率的确定方式常为非工会化部门的工人所模仿。之所以如此，其原因在于非工会企业不愿意它们的雇员怠工，或转入其竞争对手的企业，或要求组织工会，因此，它们愿意支付与工会力量强大的企业相当的工资率。

劳动合同中的工资并不是完全刚性或完全固定的，每当新合同谈判时就有改变。但没有劳动合同，名义工资率可能每天都自由变动。由于存在合同，名义工资率在谈判时首先就确定在合同规定的一定时间内保持不变。

合同影响经济的关键在于对工资变化的规定与对合同期限的规定。商定的工资率一般在两种情况下是可能变化的：一是有计划的变化，即在多年的长期合同中，规定了每年的工资变化；二是按生活费用协议的规定变化，即规定一个自动的工资提高率，以适应物价的上涨，也就是预先确定名义工资的变化，允许工资率上升以赶上未来的通货膨胀率。例如，有的3年合同规定，在未来的3年中工人每年可能得到3%的提高率，再加上通货膨胀率。显然，生活费用协定能够帮助稳定实际工资，若没有生活费用协定，实际工资会由于通货膨胀而下降。合同期限是指合同年限和结束时期。合同年限是合同履行的时间长短，例如3年。在整个经济中，所有的合同不可能在同一时期结束，这种现象叫做“交错合同”。在美国，绝大多数（大约80%）的劳动合同是3年期的。而在日本和欧洲的大多数国家，1年期合同最普遍。如果合同是交错的，那么在冲击面前，与现有合同同时重新谈判以适应新情况的情形相比，名义工资将表现出更大的变动滞后或变动缓慢。

新凯恩斯主义者认为，长期劳动合同是实际收入和失业呈周期性变化的原因之一，因为它们在一定程度上限制了工资和价格的灵活性，可以用图21-3说明上述观点。

图21-3中，经济最初位于A点。假定在本期出现了一个未被预期到的名义需求冲击，将总需求曲线从AD_0移动到AD_1，由于工资合同是在上期谈判确定且有效期限延至本期合同到期，因而名义工资暂时是刚性的（即为W_0），这时，经济将运行到图中的B点，实际产量将从y_n降至y_1。由于长期名义工资合同的阻力，货币当局就有可能扩张货币供给量，即使被预期到也会使AD曲线右移并在A点重新达到均衡。如果货币当局对名义需求冲击的反应快于私人部门对名义工资的调整，

相机干预就有了存在的理由。不变的名义工资使得货币当局能够影响实际工资率，从而影响就业和产量。

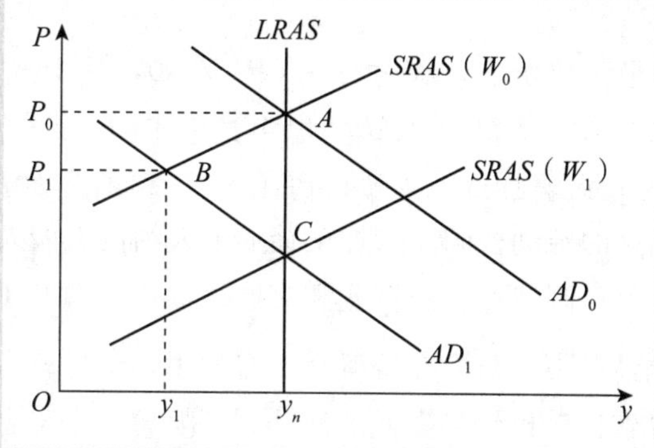

图 21-3　工资合同与政府对经济的干预

新凯恩斯主义认为，工资的黏性不仅来源于个别非理性和武断的行为，而且来源于有利于工人和厂商利益的长期的工资合同。按照美国经济学家费尔普斯的解释，建立长期劳动合同对于厂商和工人双方都会带来好处：其一，对劳资双方来说，工资谈判都很费时间。他们都要对谈判组织内部和外部的相对工资结构做一番研究，还须预测诸如生产率、通货膨胀率、需求、利润和价格之类的关键变量的未来变动情况。在处理与报酬谈判相关的各种复杂问题时，管理层都偏爱一种预先确定的规程。其二，这种谈判破裂的可能性总是存在的，工人认为可能需要求助于罢工活动以加强其谈判地位。这对于厂商和工人双方代价都很大。其三，在面临不利的需求冲击时，对于厂商来说，将工资率变动到一个新的水平可能不是一个最优策略。因为如果其他企业不这样做，该企业就降低了其相对工资，其结果将增加劳动力的流失，这对企业来说成本很大。

二、名义价格黏性

新凯恩斯主义从不完全竞争的市场出发，试图解释经济中的名义价格黏性，其中较有影响的是菜单成本理论。这一理论认为，经济中的垄断厂商是价格的决定者，能够选择价格，而菜单成本的存在阻滞了厂商调整产品价格，所以，价格有黏性。所谓菜单成本是指厂商每次调整价格要花费的成本，这些成本包括研究和确定新价格、重新编印价目表、将新价目表通知销售点、更换价格标签等所支付的成本。因为产品价格的变动如同餐馆的菜单价目表的变动，所以，新凯恩斯主义者将这类成本称为菜单成本。这些成本是厂商在调整价格时实际支出的成本。另有一类成本是厂商调整价格的机会成本，它虽不是厂商实际支出的成本，但同样阻碍着厂商调整价格，也被称为菜单成本。

设厂商的利润函数为 $\pi(P)$，其中 P 为产品价格；定义 P^* 为利润最大化价格，

P 为实际价格，由泰勒展开式，价格不调整到 P^* 的损失近似为：

$$\pi(P^*)-\pi(P)=\pi'(P^*)(P^*-P)-\frac{1}{2}\pi''(P^*)(P^*-P)^2$$

因为 P^* 是利润最大化价格，从而有 $\pi'(P^*)=0$。从上式可以看出，当价格只稍微偏离最大利润水平时，不作调整的损失是很小的。从直观的意义上说，厂商只有在调整价格后的利润增量大于菜单成本时才会调价；否则，厂商将保持价格不变。因此，菜单成本的存在使厂商不愿意经常地变动价格，从而价格具有黏性。

在价格有黏性的情况下，只要有些调整没有发生，交易就有可能在非均衡价格下进行，这又可能导致过度供给和失业的波动。新凯恩斯主义者认为，如果每一个小规模的、未能纠正的非均衡带来少量失业，所有非均衡加在一起也许会引起大规模失业。这样，就没有理由通过市场上正常的价格机制来消除失业。

*第七节　一个新凯恩斯主义的 *AD—AS* 模型

本节通过一个简单的模型来说明新凯恩斯主义经济学对经济波动的解释。为此，有必要说明新凯恩斯主义的总供给曲线。

一、新凯恩斯主义的短期总供给曲线

本章第六节说明了新凯恩斯主义的名义工资黏性，这意味着给定固定名义工资，则实际工资 W/P 取决于价格水平。同时，按照新凯恩斯主义的观点，劳动通常取决于典型企业想要雇用多少劳动量，即取决于劳动需求曲线。其理由是，在大多数劳资关系中，雇用多少工人和工人的工作时间是多少都是由企业决定的。按照这一说明，由于就业取决于市场实际工资条件下的劳动需求，则就业和产出就取决于价格水平。

下面用图 21－4 推导新凯恩斯主义短期总供给曲线。

由于名义工资在短期是固定的，所以，当价格水平变化时，实际工资 $w=\frac{W}{P}$ 也会变化。在图 21－4（a）中，如果价格水平为 P_1，则就业量就由劳动需求曲线 N^d 决定，此时就业量为 $N=N_1$，根据图 21－4（b）中的生产函数曲线可得实际产出水平为 y_1。因此，给定名义工资和价格水平 P_1，图 21－4（c）中的 $A(y_1, P_1)$ 点就表示使经济供给产出量为 y_1 的产出水平和价格水平，即 A 点为短期总供给曲线上的一点。

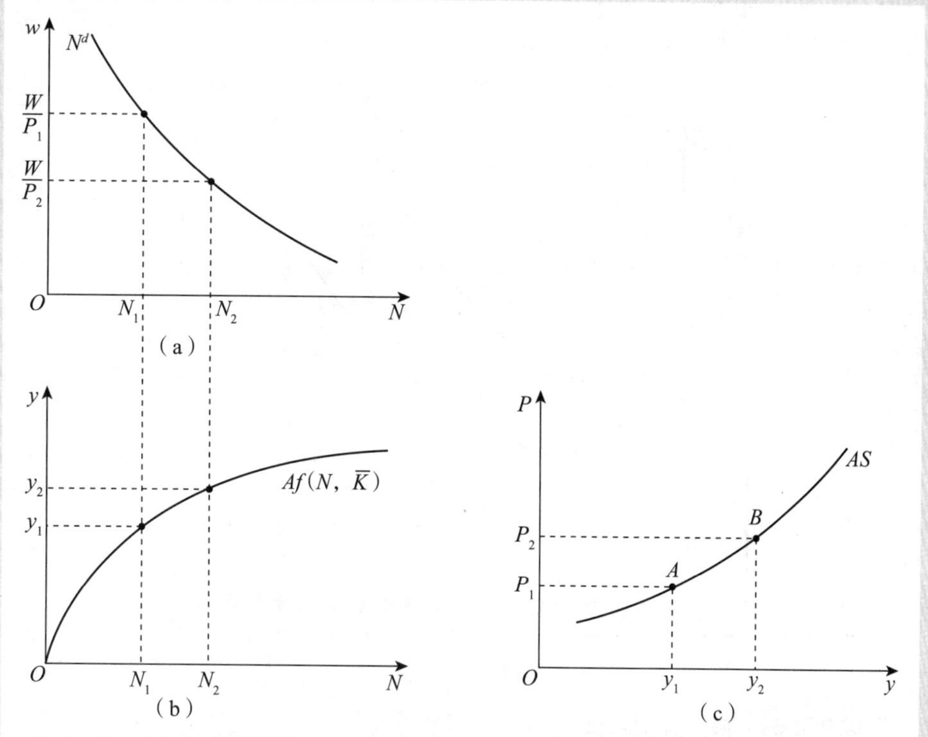

图 21-4　新凯恩斯主义短期总供给曲线的推导

如果价格水平提高，即 $P_2>P_1$，这意味着，在名义工资固定的情况下，实际工资降低，即$\frac{W}{P_2}<\frac{W}{P_1}$。由于实际工资下降，经济中的企业就会增加劳动需求，根据图 21-4（a），此时就业量为 N_2。于是，根据图 21-4（b）中的生产函数曲线，得到 y_2，且在图 21-4（c）中，$B(y_2, P_2)$ 也位于短期总供给曲线上。用同样的方法可以得到类似的点，连接 A 和 B 等点构成的曲线即为新凯恩斯主义的短期总供给曲线。总供给曲线 AS 意味着，给定固定的名义工资 W，价格水平的提高降低了实际工资，进而增加了劳动需求和就业，这又使经济的总产出增加。因此，这一总供给曲线是向右上方延伸的。

在得到短期总供给曲线之后，还有必要明确使总供给曲线移动的因素。一般而言，下面两个因素会使 AS 曲线发生移动。

其一，名义工资 W 的提高会使总供给曲线向左移动。反之，名义工资 W 的下降会使总供给曲线向右移动。如果名义工资提高，那么对于任何价格水平 P，实际工资 $w=\frac{W}{P}$ 都会提高。这意味着，劳动需求下降，从而产出减少。如图 21-5 所示。

其二，全要素生产率 A 的下降会使总供给曲线向左移动。如果 A 下降，就会使生产函数曲线向下移动，进一步地亦使劳动需求曲线向左移动。给定决定实际工资的名义工资和价格水平，则劳动需求减少，由于就业减少，故产出供给下降，总供给曲线向左方移动，如图 21－5 所示。

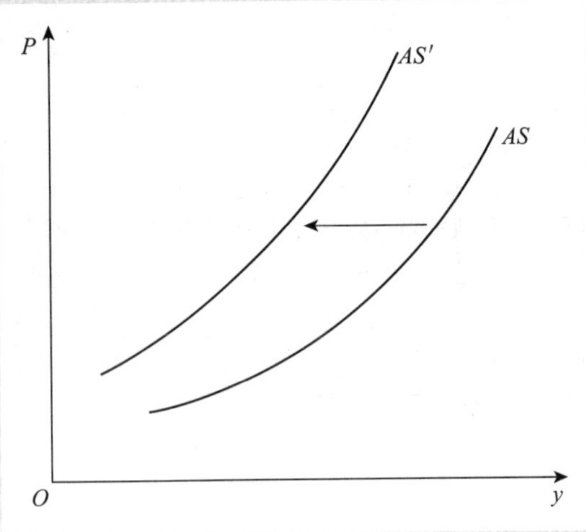

图 21－5　W 提高或 A 下降对总供给曲线的影响

二、对宏观经济波动的考察

新凯恩斯主义对宏观经济波动的考察是用总需求曲线和总供给曲线并结合长期劳动合同的交错性质来说明的，如图 21－6 所示。

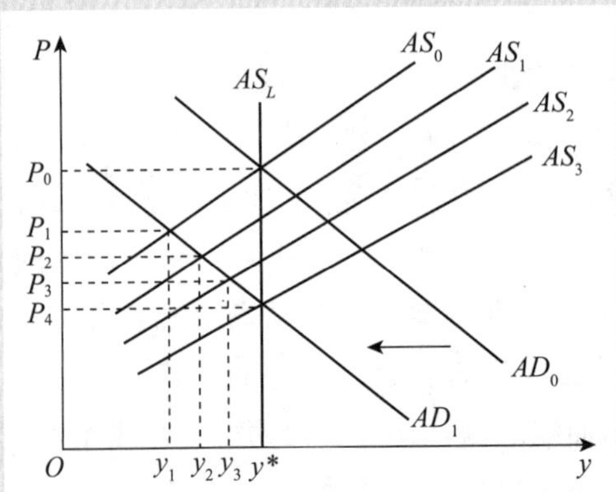

图 21－6　新凯恩斯主义对经济波动的解释

假定经济起初位于总需求曲线 AD_0 和新凯恩斯主义短期总供给曲线 AS_0 的交点上，这时价格水平为 P_0，实际收入为充分就业的收入 y^*。假定经济受到总需求冲击，例如，由于企业对将来收益的预期发生变化而减少了投资需求，全球经济的萎缩使净出口需求减少。增税、政府支出的减少，或货币供给的减少等引起了总需求的减少，反映在总需求曲线上，则使总需求曲线从 AD_0 向左移动到 AD_1。

现在假定劳动市场的工资合同为期 3 年，且每年都有占总数 1/3 的合同需要重新签订。按照新凯恩斯主义理论，当总需求曲线移到 AD_1 后，实际收入下降到 y_1，价格水平亦下降到 P_1，这种状态一直持续到第一批劳动合同被重新签订时为止。在第一批占总数 1/3 的劳动合同重新签订时，劳动供求双方达成了较低的货币工资协议，较低的货币工资使短期总供给曲线向右移动到 AS_1，这时价格水平下降到 P_2，实际收入增加到 y_2。到了经济遭受需求冲击后的第 2 年，当第二批劳动合同重新签订时，劳动供求双方又达成了较低的货币工资协议，较低的货币工资又使短期总供给曲线进一步向右移动到 AS_2，相应地，价格水平下降到 P_3，收入增加到 y_3，类似地，到了第三批劳动合同重新签订时，总供给曲线向右移动到 AS_3，这时，价格水平下降到 P_4，而收入则恢复到了总需求冲击前的充分就业的水平 y^*。

按照上述分析，在新凯恩斯主义看来，整个经济经历了 3 年左右的衰退。这便是新凯恩斯主义对宏观经济波动所作的解释。

三、新凯恩斯主义的稳定化政策

新凯恩斯主义在政策主张方面所持有的观点是，由于价格和工资的黏性，经济在遭受到总需求冲击后（例如导致经济衰退），从一个非充分就业的均衡状态回复到充分就业的均衡状态是一个缓慢的过程，因此用政策来刺激总需求是必要的，不能等待工资和价格向下的压力带来经济恢复，因为这是一个长期的、痛苦的过程。如图 21－7 所示。

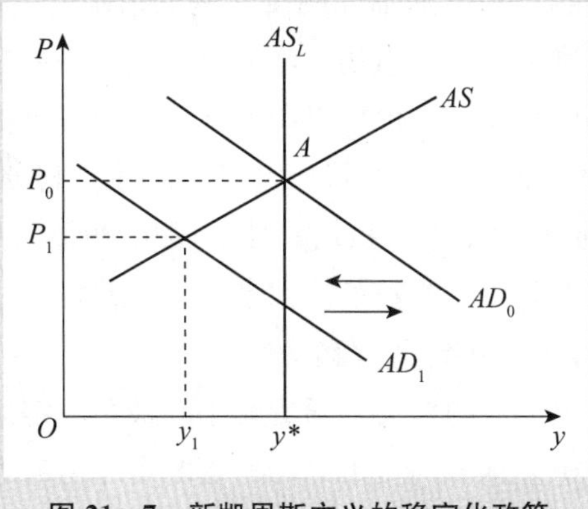

图 21－7　新凯恩斯主义的稳定化政策

假定经济最初处于由总需求曲线 AD_0 和总供给曲线 AS 的交点 A 所确定的充分就业状态，这时的收入和价格水平分别为 y^* 和 P_0。在为期一年的劳动合同被签订后的某一天，由于经济遭受总需求冲击，总需求曲线移动到 AD_1，这时，实际收入下降到 y_1，价格水平下降到 P_1。政府面临两种选择：一是使该经济停留在价格水平为 P_1，收入水平为 y_1 的萧条状态（至少短期如此）；二是政府采取旨在刺激需求的政策。新凯恩斯主义主张采用第二种方案，按照这一方案，总需求曲线又从

AD_1 回复到原来 AD_0 的位置，从而经济又回复到原来充分就业的状态。由于直到这一年的年末，尽管厂商和工人都有理性预期，但原有的劳动合同没到期，这样，就没有新的劳动合同签订，这意味着 AS 曲线并没有变动，从而上述稳定化政策是必要的。

第八节　目前宏观经济学的基本共识

在本章，从对新古典宏观经济学和新凯恩斯主义经济学的论述中可以看出，目前西方宏观经济学中的分歧还是比较多的，但这并不是说宏观经济学不存在共识。为了使读者更全面地了解西方宏观经济学在目前的状态，本节简要说明目前宏观经济学的基本共识。①

1. 在长期，一国生产产品和劳务的能力决定着该国居民的生活水平

首先，GDP 是衡量一国经济福利的重要指标。实际 GDP 衡量了经济中产品和劳务的总产出，进而衡量了一国满足其公民的需要和欲望的能力。从一定程度上说，宏观经济学最重要的问题是什么决定了 GDP 的水平和 GDP 的增长。其次，在长期，GDP 依赖于包括劳动、资本和技术在内的生产要素，当生产要素增加和技术水平提高时，GDP 增长。简言之，实际 GDP 的趋势变动主要是由供给方要素驱动的。

2. 制度对于长期经济增长是非常重要的

宏观经济学家已经意识到，基础性制度，例如清晰界定的产权和不存在腐败，对实现高经济增长是非常关键的。市场经济通过市场价格来协调市场上的企业之间以及企业和消费者之间的交易。而价格机制发挥作用的一个重要前提是经济中广泛尊重产权。英国经济学家亚当·斯密就充分了解制度在经济增长中的作用，他写道："除了和平、低税负和过得去的执法，使一国从最原始的状态发展到最富裕的状态几乎不需要其他东西，所有其他条件都来自事物的自然过程。"②

3. 在长期，货币增长率决定通货膨胀率

宏观经济强调了货币供给的增长是通货膨胀的最终决定因素，也就是说，在长期，当货币当局发行了越来越多的货币时，通货的实际价值才会随着时间的推移而下降，这个论断已被事实所证实。宏观经济学界几乎一致同意美国经济学家弗里德曼的名言："通货膨胀时时处处都是一种货币现象。"

4. 在短期，总需求影响一国生产的产品与劳务的数量

因为在短期，价格是黏性的，所以总需求至关重要。宏观经济学中的 IS—LM

---

① 曼昆．宏观经济学．7 版．北京：中国人民大学出版社，2011：484－486. 米什金．宏观经济学：政策与实践．北京：中国人民大学出版社，2012：557－561.

② 曼昆．宏观经济学．7 版．北京：中国人民大学出版社，2011：204.

模型和$AD—AS$ 模型说明了什么因素会引起总需求的变动，从而引起总产出的短期波动。由于总需求在短期影响产出，所以，所有影响总需求的变量都能够影响经济波动。由于总需求的变动对短期波动是重要的，政策制定者对经济进行密切的监控。

5. 在短期，政策制定者面临通货膨胀和失业之间的权衡

在短期，失业和通货膨胀之间存在着短期菲利普斯曲线所表示的取舍关系。宏观经济学已经说明，政策制定者可以用货币政策和财政政策扩大总需求，这会减少失业并提高通货膨胀。或者，他们也可以用这些政策紧缩总需求，根据短期菲利普斯曲线，这会降低通货膨胀和增加失业。

6. 预期是重要的

理性预期理论表明，公众和市场对政策行动的预期对经济中几乎每个部门都有重要影响。该理论强调经济主体一般受到最优化行为的驱动，因而他们对未来变量的预期应该是利用所有可以获得的信息作出的最优预测。理性预期理论证明，货币政策对经济的影响极大地受到政策是否被预期到的影响。进一步地，对预期的管理是货币政策制定的关键因素。预期管理还强调了货币当局行动的重要性：如果货币当局的行动与它想如何管理预期相一致，那么货币当局就会被信任。

第九节　本章和宏观经济学结束语

本章要点可以归结如下：

（1）新古典宏观经济学的理论渊源是货币主义。货币主义的理论基础包括新货币数量论和自然率假说。

（2）新古典宏观经济学的基本假设包括经济当事人的利益最大化、理性预期和市场出清。

（3）新古典宏观经济学的经济周期理论包括货币经济周期模型和实际经济周期理论，其中后者影响较大。

（4）新凯恩斯主义经济学力图以坚实的微观经济学基础，尤其是名义黏性，重建总需求理论。

本章完成了对西方宏观经济学的论述。在非常概略的程度上，本章也可以说总结了宏观经济学的全貌。具体说来，垂直的长期总供给曲线代表着传统的宏观经济学思想，总需求曲线代表了凯恩斯体系中的大部分说法，新古典经济学派对传统思想的发展可以由该学派的附加预期变量的短期总供给曲线表示，而在原有的凯恩斯框架之上，新凯恩斯主义者推演出了他们的短期总供给曲线。由于本章涵盖了宏观经济学的全貌，所以本章的结束语也适用于整个宏观经济学。

本章结束语的评论部分可以被分为三点：第一点，对西方宏观经济学的基本内容做一鸟瞰，其目的在于为第二点铺设道路；第二点，根据鸟瞰的结果说明这一内容的错误之处；在第三点中，我们将论述西方宏观经济学中值得借鉴的地方。

一、对宏观部分的鸟瞰

西方宏观经济学教材往往用类似图 21-8 的图表来论述它的内容。

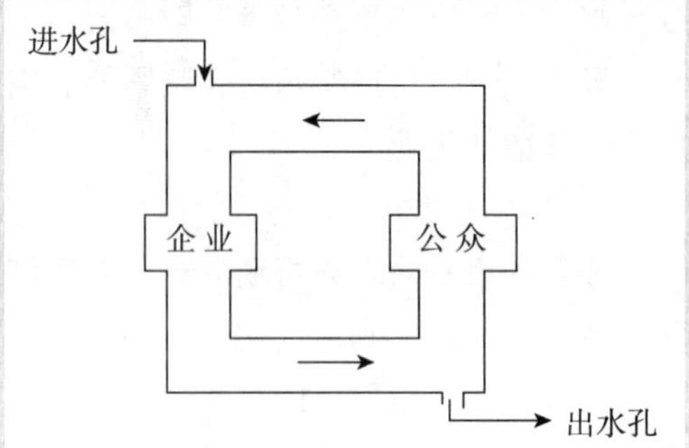

图 21-8 宏观经济学鸟瞰

图 21-8 是一个环形管道，管道中的水流量代表一个社会（国家或地区）的国民收入。管道左方的企业表示该社会全部企业的整体，右方的公众表示同一社会的全部居民，包括劳动者、资本家和土地所有者。管道的左上方和右下方顺次为进水孔和出水孔。

暂时不去理会这两个水孔，或者认为它们已经被塞住。假设在某一时期（如一年）中，该社会的全部企业一共生产了卖价（或价值总额）为 100 元的最终产品。[①] 为了生产这 100 元产品，企业必须向公众购买生产要素，如劳动、资本使用权和土地使用权。如果把利润也算作为购买“生产要素”（如风险、管理等）而支付的代价，那么，为了生产 100 元产品而必须支付的金额必然也是 100 元。所有这一切已经在第十二章中加以说明。

现在，图中企业的方框里存在着 100 元最终产品，而 100 元货币已经通过下面的管道流入公众的方框。这 100 元最终产品被认为是该社会的总供给，公众向企业购买消费品和投资品所花的钱被认为是该社会的总需求。如果公众把全部 100 元货币都用于购买消费品和投资品，总需求即为 100 元。在这种情况下，总需求等于总供给。100 元货币通过管道的上方流入企业的方框，企业所生产出的产品正好全部卖掉，因此，企业在下一时期（如一年）还会以相同的规模生产出相同数量的 100 元最终产品。这样，100 元的货币流量便在环形管道中反复流动。假设 100 元代表该社会充分就业的国民收入，该社会的宏观经济运行便处于充分就业状态。以上所说的主要是就短期情况而言；在长期中，随着技术水平的提高、教育的改善和资本

① 为了简单起见，我们使用元为单位。当然，可以用亿元或 10 亿元为单位。

的积累，正如第十九章所论述的那样，国民收入会逐渐增长，即管道中的水流量逐渐超过100个单位。

然而，西方学者认为，在短期中，由于上述两个水孔的存在，问题还要复杂一些。图中右下方的出水孔代表公众的储蓄。公众不一定把100元全部用于向企业购买产品，例如，他们可以储蓄40元，而把剩下的60元用于购买。这样，市场上有100元的总供给，仅有60元的总需求。需求小于供给，一部分产品销售不出去，企业便要缩小生产规模。结果，管道中国民收入的流量减少，整个社会处于失业和萧条状态。但是，情况是否如此，还要看管道左上方的进水孔。注入此孔的水代表公众中的资本家进行的投资。假设资本家的投资为40元，其数量正好等于储蓄，那么，总需求仍为100(＝60＋40）元。这样，总需求还是等于总供给，社会仍处于充分就业状态。

当然，投资未必一定等于储蓄。如果前者大于后者，例如投资为50元，总需求的数量便为110(＝50＋60）元。这时，由于供不应求，就会出现通货膨胀这种经济运行过热的状态。相反，如果前者小于后者，例如，投资为30元，那么，总需求的数量便为90(＝30＋60）元。这时，由于供大于求，产品滞销，就会出现失业和萧条状态。

对西方学者而言，在短期中，整个宏观经济学可以被归结为对两个问题的研究：第一，总需求是否等于总供给的问题，如果二者不平衡，就会引起宏观经济的波动；第二，用什么样的政策来对付波动。对于这两个问题，传统的西方经济学说和凯恩斯主义持有不同看法，西方宏观经济学其他各个流派也都是在这两个问题上有各自的见解。这些内容，我们已经在宏观的部分加以说明。为了找出所有不同派别的共同错误之处，我们在这里对各派见解的轮廓再次作出描述。

传统的西方学说认为，根据萨伊定律，图21-8中的投资口和储蓄口总是连接在一起的，即投资恒等于储蓄，总供给恒等于总需求，因此，国家没有必要对宏观经济的运行进行干预。凯恩斯主义则宣称：由于工资和价格的刚性和其他原因，投资口和储蓄口之间并无管道相连。投资未必经常等于充分就业状态中的储蓄，从而总供给未必经常等于总需求，因此，管道中流动的国民收入会上下波动。为了稳定宏观经济的运行，国家必须实施干预经济活动的财政政策和货币政策。换句话说，在图21-8的环形管道中，必须从进水口增添、减少或抽出水量，以便保持管道中流量的稳定。简单说来，新古典综合派所说的不过如此。

本章表明：随着新古典综合派影响的减退，在西方世界出现了具有较大影响的以货币主义为先驱的新古典宏观经济学派。这个派别认为，第二次世界大战以后，西方国家都在不同程度上受到凯恩斯理论的影响，实施国家干预经济的政策，这是造成西方经济出现滞胀的很重要的原因。

货币主义者认为，凯恩斯理论的一个重大错误在于忽视货币发行量过多的消极作用，以为可以用增加纸币发行量来解决失业问题，而不顾及通货膨胀的后果。货币主义者还认为，在凯恩斯主义的影响下，西方国家往往通过财政政策来增加政府投资。这不过是用政府投资代替了私人本来会进行的投资。由于前者往往被用于非生产性项目，如充实国防等，而后者的用途总是生产性的，所以财政政策的实施实际上是用非生产性投资来代替生产性投资。一方面，生产性投资减少了，企业雇用的人数必然减少，从而部分地造成失业问题。另一方面，生产性投资的减少也使整个社会的生产量减少，从而部分地导致通货膨胀。总的来看，货币主义者和凯恩斯主义者一样，认为资本主义宏观经济运行的毛病主要出在总需求方面，但是前者反对后者所强调的财政政策。在货币主义者看来，财政政策是滞胀的根源，只要代之以他们建议的货币政策，一切问题便可迎刃而解。用图 21－8 的环形管道来说，二者的分歧在于从进水口控制水量的手段。凯恩斯学派主张以财政政策为主要手段，而货币主义者则主张全部依靠货币政策。

新古典宏观经济学派除了否定凯恩斯主义的宏观理论的正确性以外，还企图用信息的不完全来解释资本主义宏观经济运行的波动。该学派断言，为了取得最大利益，个人力图对经济变量作出最准确的预期，以避免行动的盲目性。例如，在股票市场上，每个人都想正确地预期到股票将来的价格并以此来获取最大利润。由于缺乏充分的信息，预期在短期内未必准确，然而，随着时间的推移，信息的数量会越来越多。从长期看，人们会根据信息数量的增多而逐渐消除预期的失误，从而能够正确地预期到充分就业下的总供给量，并按照所预期的总供给量确定自己的行动。这样，市场机制就会使实际的产量达到充分就业的产量。那时，即使凯恩斯主义的政策改变了总需求的大小，由于总供给不变，其后果不过是改变价格水平的高低，而实际的变量（如就业量和产量）是不变的。也就是说，凯恩斯主义的政策在长期中是无效的。在短期内，人们由于得不到足够的信息，行动具有一定的盲目性，从而可以使总供给的数量发生变动，就业量和产量会高于或低于充分就业的水平。以这种情况而言，即使实行凯恩斯主义的政策也难以奏效。因为当信息不足时，政府也同样无法作出准确预期，政策的制定和执行也是盲目的，不可能取得良好的效果。

由此可见，用图 21－8 的表达方式，新古典宏观经济学派的意思不外乎是：传统的投资口和储蓄口连接在一起的说法基本上是正确的。环形管道中的水流量之所以上下波动，原因在于信息的不完全性。这种由信息的不完全性造成的问题不是调节进水口的流量所能解决的，从而斟酌使用的经济政策没有必要。

新凯恩斯主义者仍然坚持凯恩斯原有的工资和价格的刚性或黏性的观点，并且认为：二者的刚性或黏性根源于资本主义的体制和行事的通则，从而它们完全符合理性预期和个人利益最大化的原则。在外界力量的冲击之下，产量和就业量都会偏离充分就业状态，而工资和价格的刚性又使经济社会难以在短期内恢复到充分就业状态。在此，斟酌使用的经济政策还是有其必要性的：一方面它能抵御外界的冲击力量；另一方面，在受到冲击之后，它又能使经济社会迅速回复到充分就业状态，以便避免长时期地偏离充分就业所带来的痛苦。

用图 21－8 的表达方式，新凯恩斯主义模型的含义是：投资口和储蓄口可以存在一条连接的管道，但是，当外部冲击到来时，工资和价格黏性的泥沙却把管道堵塞住了。如果听其自然，则需要长时间管内水流的冲刷，才能使管道疏通来恢复充分就业。因此，有必要执行斟酌使用的经济政策来避免外界冲击，或者使管道内的水流能绕过泥沙的堵塞部分，使充分就业得以迅速恢复。

二、宏观经济学各派的共同错误

综上所述，尽管西方经济学各派之间有种种分歧，但它们具有一个共同之处，即都是从流通领域研究资本主义宏观经济的运行。用图 21－8 就可说明这一点。按照上面的数字例子，图中的企业具有价值为 100 元的产品，它卖掉 100 元产品给公众，然后把得到的 100 元用来向公众购买 100 元的生产要素。这一过程就是简单商品流通过程 W—G—W。从公众方框看，公众原来具有价值为 100 元的生产要素，出售给企业而得到 100 元，再向企业购买价值为 100 元的产品。这也同样是简单商品流通过程 W—G—W。各派不同的见解所涉及的无非对这两个流通过程是否能完成的解释，而它们有分歧的政策建议都是为了一个共同的目标，即保持流通渠道的畅通。只有流通渠道畅通，企业和公众之间的两个 W—G—W 过程才能完成。这里存在西方宏观经济学各派共同的正确和错误之处。

我们知道，资本主义生产的动机是谋取利润，所以其宏观经济的运行不可能是简单商品流通过程，而必须是 G—W—G'的过程。而且，马克思主义经济学告诉我们，G 到 G'的变化不仅仅是流通问题，它首先是在生产过程中产生的。以 G 到 G'的变化需要在流通过程中完成而论，西方宏观经济学是正确的。以 G 到 G'的变化首先产生于生产过程而论，不涉及生产过程的西方宏观经济学又是错误的。

这种理论上的正确和错误也决定了它的政策是否有效。以它的理论的正确方面而论，西方宏观经济学各派着重研究的是流通过程的理论和保持流通渠道畅通的政策。这对解决资本主义经济面临的问题无疑有一定作用。正是由于这一作用，战后的西方宏观经济政策取得了一定程度的成功。但是，它并没有触及生产领域，所以它并不能彻底解决西方世界的问题。因为保持流通渠道的畅通固然有助于实现在生产领域中形成的剩余价值，却不能消除剩余价值的存在。随着资本的积累和生产力的提高，存在的、有待实现的剩余价值量年复一年地日益上升。为了消除这些日益增加的剩余价值，必须持续地通过增加货币流通量的宏观政策向经济社会注入越来越多的购买力。因此，西方国家在未能根除失业问题之外，又面临着通货膨胀的后果。滞胀的由来即在于此，而西方国家迄今未能消灭滞胀的原因也在于此。因此，旨在保持流通渠道畅通的宏观经济政策不过是一种治标之道，甚至可以造成滞胀。要想彻底解决问题，必须真正理解剩余价值形成的原因并在此基础上寻求对策，然而，西方宏观经济学对此却只字不提。

三、西方宏观经济学值得借鉴的地方

总的说来，宏观经济学研究的是在生产能力相对充足的条件下，私有制的市场经济所面临的宏观经济运行的问题，而我国需要解决的是在生产能力相对贫乏的状况中，如何给社会主义市场经济提供一个良好的宏观环境，以便取得最优的成果。以此而论，由于客观情况的差异，西方宏观经济理论似乎很少有直接运用于我国的可能。例如，人均资源和生产能力均处于较高水平的西方，其宏观经济问题主要出现在需求方面；而在人均资源和生产能力均处于较低水平的我国，宏观经济问题主要应该来自供给方面。

虽然如此，由于西方和我国都推行市场经济，在市场经济中，间接调控宏观经济运行的政策不会有很大的差别。以此而论，在照顾到国情差别的条件下，西方宏观经济学说至少在下列三个方面仍有值得我们借鉴之处。

第一，作为对国民经济进行间接调控的手段，西方关于财政政策和货币政策的某些理论分析的成果和许多具体做法值得我们借鉴。在理论分析方面，有对政策的可信性研究、预期对政策效果的影响等。“上有政策，下有对策”便是预期影响我国政策的一个事例。西方关于政策的具体做法，当条件具备时，也可以在我国加以推行。事实上，许多具体的做法已经为我国所采用，如中央银行对贴现率、银行准备金的控制等等。

第二，宏观经济学中的某些模型或“寓言”① 能够以比较形象的方式来说明我国所面临的经济问题。第十九章中论述的新古典增长模型就是一个显著的例子。正如该章已经指出的那样，它可以比较形象地说明我国执行厉行节约等政策的必要性。关于这一点，第十九章的结束语也已经作出论述，这里不再重复。

当然，我国早已知道厉行节约的必要性，以此而论，新古典增长模型并非必要。然而，正如上面所说，该模型形象化的表现形式可以使必要性的论证更具有说服力。

第三，宏观经济学中的一些资料可以为我们提供参考数据。例如，第十九章中所介绍的增长因素分析以比较精确的方式证实了技术进步（从而教育）在促进国民经济发展上的重要性。这一重要性已为全世界所公认，而我国也早已认识到这一点。增长因素的分析为我们提供了一个有力的认识该问题重要性的数据。

除了上述三点以外，在西方宏观经济学中存在的其他一些论点、方法和概念对我国也具有参考和应用价值。关于这些，在有关章节中已经提到，我们不再多加说明。

---

① 萨缪尔森．资本理论中的寓言和真实性：代替生产函数．经济研究评论，1962，29（3）：193-206.

习题

1. 简述货币主义的基本观点和政策主张。

2. 简述新古典宏观经济学的假设条件。

3. 推导卢卡斯总供给曲线。

4. 推导新凯恩斯主义的短期总供给曲线。

5. 说明宏观经济政策的时间不一致性。

6. 从菲利普斯曲线推导总供给曲线。

7. 理性预期和适应性预期有何区别？

8. 黏性价格假定有什么重要性？

9. 简要说明实际经济周期理论。

10. 说明新凯恩斯主义对经济波动的解释。

11. 说明宏观经济学目前的主要共识。

12. 给出西方学者将微观经济学应用于宏观经济分析的两个例子。

13. 凯恩斯和弗里德曼都注意到了货币流通速度的顺周期性，分别用他们的理论解释这一现象。

14. 为什么新凯恩斯主义认为稳定化政策是必要的？

15. 怎样理解凯恩斯的“有效需求”概念？假如某经济社会的总供给大于总需求，则国民收入和就业将发生什么变化？凯恩斯认为应采取什么样的财政政策或货币政策？

16. 为什么说卢卡斯总供给曲线是建立在微观基础之上的宏观总供给曲线？为什么卢卡斯总供给曲线相对来说是更加经得起卢卡斯批评的？

17. 长期劳动合同论与工资黏性有什么关系？

18. 设总需求方程是 $AD=120-20P$，卢卡斯曲线控制着经济的运行。有 100 个企业，每个企业都有供给方程 $y_i=4(P_i-P^e)+1$。每个企业都用去年的价格 P_{-1} 和它自己的价格形成它对总价格水平的预算，$P^e=P_{-1}+0.5(P_i-P_{-1})$。

(1) 通过解出 P_i，求卢卡斯的总供给函数。

(2) 现在假定 $P_{-1}=1.00$，求总需求曲线和卢卡斯总供给曲线相交时的总产量水平和总价格水平。

(3) 假设需求突然上升，AD 方程变为 $AD=131-20P$，求总产量和总价格。

19. 设卢卡斯总供给函数为

$$y=c(P-\hat{P})+y^*$$

其中，$c=20\ 000$，$y^*=4\ 000$。当价格水平 P 为 1.01、预期价格 $\hat{P}$ 为 1.00 时，产量 y 为4 200，即高于潜在水平 $y^*=4\ 000$。假设总需求函数为

$$y=1\ 101+1.288G+3.221M/P$$

(1) 假设某一时期经济已处于产量为潜在水平的状态，并在近期内预期政策不会变化。货币供给为600，政府支出为750，则价格水平为多少？

(提示：如果不发生突然变动，则实际价格水平和预期价格水平不相同。)

(2) 现假设美联储宣布将把货币供给从600增加到620，新的产量水平和价格水平将为多少？

(3) 现假设美联储宣布将把货币供给增加到620，实际上却增加到了670，新的产量水平和价格水平将为多少？

20. 假定在通货膨胀政策方面政府与私人部门之间是一个非合作的斯塔克伯格博弈。政府占主导地位，私人部门对政府的决策作出反应，而政府将根据跟随者的反应作出进一步的决策。假定政府的最优化决策是

$$\max U(\pi, y) = -c\pi^2 - (y - k\bar{y})^2$$
$$\text{s.t.}\quad y = \bar{y} + \beta(\pi - \pi^e)$$
$$c > 0,\ k > 1,\ \beta > 0$$

式中，π 是通货膨胀率，π^e 是预期通货膨胀率，$\bar{y}$ 是自然失业率下的产量。假设总供给曲线是卢卡斯总供给曲线，政府厌恶通货膨胀，那么，政府零通货膨胀的政策是一个动态时间一致的政策吗？

第二十二章

西方经济学与中国

本书第一章指出西方经济学具有双重性质，它既是资本主义的意识形态，又是市场经济运行的经验总结。对于宣扬资本主义意识形态的一面，我们应当批判否定，而对于对市场经济运行进行总结的一面，我们则应予以借鉴。

第一节　我国借鉴西方经济学问题

一、西方经济学在我国的教学传播

本书第一章曾指出，西方经济学是一个内容相当广泛而松散的名词。本教材叙述的是高校中所讲授的西方经济学概论的基本内容，因此，这里所说的西方经济学在我国传播，也指西方微观经济学和宏观经济学基本理论在我国高校教学中的传播。

众所周知，从中华人民共和国建立到即将改革开放的近三十年中，我国实行的是计划经济体制。与此相适应，高校经济学教学中的基本理论也一直是马克思主义政治经济学，并且主要是苏联政治经济学教科书体系的那套理论。西方微观经济学和宏观经济学的基本理论一直是作为资产阶级理论被完全否定和排斥的，至多在部分综合性大学经济系教学中，开设有一门资产阶级经济理论批判的选修课程。

自20世纪80年代以来，随着我国经济体制逐步推进市场化取向的改革开放，高校财经管理类课程中纷纷开设起西方经济学课程，同时减少了传统政治经济学课程的课时。有人就把这种变化称为是高教战线上经济学教学中的西化。其实，这种看法并不正确。固然，那种认为只有西方那套理论才是市场经济发展的经验总结，而马克思主义政治经济学并不是现代市场经济运行的理论因而用处不大的观点是完全错误的。马克思主义永远是指导我们思想的理论基础。然而也不能因此完全否定和排斥西方经济学教学和研究的必要性和重要性。由于我国实行社会主义市场经济体制，西方经济学理论中包含的对市场经济运行和发展的一些经验总结，对我国改革开放和发展是有参考价值的。因此高校开设这门课程是必然的。

改革开放以来，大量西方经济学家的有关教材被翻译过来，同时国内学者也纷纷自己编写这类教材，林林总总不亚近百种。在这些教材中，影响最大的是高鸿业教授主编的这套《西方经济学》教材。这不但是因为这套书是我国教育部高教司组编的第一套西方经济学教材，还因为这位国内最著名的西方经济学家高鸿业教授始终有着明确的主编指导思想：内容深浅要适度，评论要恰如其分，文字要深入浅出，力求洋为中用。后来，尽管高先生走了，但这一指导思想在历次修订中始终为编写组所秉承，从而使得这套教材一直为广大读者所欢迎。

二、借鉴西方经济学必须结合我国国情

前面说过，在部分论点、概念和方法上，西方经济学有值得借鉴之处，但借鉴不是生搬硬套，必须结合我国国情，否则，非但不会带来想要的效果，反而可能产生有害影响。我国国情和西方国家有很多差异，最主要可能有以下几点：

第一，从社会制度看，西方国家实行的是资本主义制度，而我国实行的是中国特色社会主义制度。习近平同志在 2017 年 10 月 18 日举行的中国共产党第十九次代表大会的报告中和党的十九大修订的《中国共产党章程》中都提到，中国共产党的领导是中国特色社会主义最本质的特征，是中国特色社会主义制度的最大优势。党政军民学，东西南北中，党是领导一切的。事实证明，坚持和加强党的全面领导，不仅是中国革命胜利，也是中国各项建设事业胜利推进的根本保证。中国共产党之所以能够成为领导我们各项事业的核心力量，是因为只有中国共产党坚持从严治党，经受各种考验，始终不忘为中国人民谋幸福、为中华民族谋复兴的初心和使命，不断增强先进性和纯洁性。这是至今其他国家的任何政党都没有做到的。因此，中国的一切事业包括政治、经济、社会、文化、生态等各方面建设都在党领导下进行。这和市场经济的其他国家至少有两点不同：其一，西方资本主义经济制度主要强调商业利益，很难解决分享财富问题，尤其是民生问题，因此一直存在公平和效率如何协调的争论。中国由中国共产党一个政党执政，全面考虑并权衡效率与公平、经济发展与财富分享，把创新、协调和共享都作为发展理念。其二，在其他市场经济国家中，大量经济活动的决策全部是通过经济活动主体分散、自发的行为实现，这虽然具有市场配置资源的优点，但终究不如中国实施的中国共产党领导下的政策引领和市场配置相结合那样有序、有力、有效。如果没有中国共产党的领导，改革开放以来的高速发展是不可能的，中国两个一百年的伟大复兴的中国梦也

不可能提出和实现。当然，中国共产党的领导和发挥市场经济作用绝不是对立的，因为正是中国共产党在把发展作为党执政兴国的第一要务时，在坚持和发展生产力时，要坚持社会主义市场经济改革方向。中国的经济改革是市场经济取向的，坚持和加强中国共产党的领导正是更好发挥市场经济作用的根本保证，也是尽量克服缺少正确引导的市场经济中常常出现的一些副作用的基本保证。

第二，从社会发展历史方位看，经过长期努力，现在中国特色社会主义进入了新时代，社会主要矛盾已经转化为人民日益增长的美好生活需要和不平衡不充分的发展之间的矛盾。这是我国生产力水平总体提高的结果。中华民族实现站起来、富起来的目标，人民在解决温饱问题后，期盼有更好的教育、更稳定的工作、更满意的收入、更可靠的保障、更高水平的医疗、更舒适的居住条件、更优美的生态环境、更丰富的精神生活等；不仅如此，大家还从人的全面发展和社会进步角度提出了很多要求，包括民主、法治、公平、正义、社会安全等需要。但供给方面存在的不平衡不充分的发展，成为满足这些需要的制约因素。当前发展的不平衡不充分问题，既有经济领域的，也有文化、社会、生态领域的；既有城乡间、区域间的，也有人群间的。这是进一步发展要解决的矛盾。为此，发展要从注重速度向注重质量和效益转变，以满足人民日益增长的美好生活需要。中国特色社会主义进入了新时代，是我们考虑一切问题的立足点。

第三，从基本国情看，我国社会主要矛盾尽管已经变化，但仍处于并将长期处于社会主义初级阶段的基本国情以及是世界最大发展中国家的国际地位都没有变，因此要牢牢坚持党的基本路线，以经济建设为中心，坚持四项基本原则，坚持改革开放，坚定不移把发展作为党执政兴国的第一要务，坚持解放和发展生产力，坚持社会主义经济改革方向，转变发展方式，优化经济结构，转换增长动力，以供给侧结构性改革为主线，推动经济发展质量变革、效率变革、动力变革，提高全要素生产率，着力构建市场机制有效、微观主体有活力、宏观调控有度的经济体制。在加快完善社会主义市场经济体制的改革中，以完善产权制度和要素市场化配置为重点，实现产权有效激励、要素自由流动、价格反应灵活、竞争公平有序、企业优胜劣汰。在开放方面则要以“一带一路”建设为重点，坚持引进来和走出去并重，遵循共商共建共享原则，加强创新能力开放合作，形成陆海内外联动、东西双向互济的开放格局。

第四，从经济发展的基本战略看，中国要加快形成以我为主，内外兼修的国内国际双循环相互促进的新发展格局。在国际经济发展不确定性加剧形势下，中国不但有必要加快形成以国内大循环为主体、国内国际双循环相互促进的新发展格局，也完全有可能形成这种新格局，因为中国是一个有广阔领土的有 14 亿人口的大国，有日益壮大的中等收入群体，有超大规模的消费市场和较完整的工业体系。只有加快形成这种新格局，才能确保我国经济安全，确保实现中华民族伟大复兴的中国梦。

第五，从文化传统和意识观念看，我国与西方国家也有重大差别。中国历来崇尚以人为本、生命至上，而西方历来崇尚财富为本；中国人集体观念较强，而西方人个人主义较重；中国人法制观念、合同意识还不强，而西方人则比较重视这方面；中国人往往“不患寡而患不均”，而西方人往往注重个人争取。对优良传统应继承发扬，而不良意识与习惯则必须逐步克服。

第二节　政府与市场的明确定位

一、走好中国经济自己的路，必须处理好政府和市场的关系

借鉴西方经济学走好中国经济自己的路，重要的是要处理好政府和市场的关系。走好中国经济自己的路，实际上就是要在中国发展生产力。中华人民共和国成立前中国的贫穷落后是半殖民地半封建社会所造成的。中华人民共和国的成立使中国人民站起来了，但是改革开放前我国一直实行高度集中的计划经济体制。通过国家计划生产什么、为谁生产、如何生产，生产由政府统一安排。传统观念认为，计划经济是社会主义制度的基本特征，企业和个人统统吃国家“大锅饭”。事实上，计划经济就是政府决定生产、交换、分配和消费等一切经济活动的经济，也可以说计划经济就是政府经济。这种经济体制效率低下。

破除传统观念禁锢的人是改革开放的总设计师邓小平。他说，计划和市场都是方法，只要对发展生产力有好处就可以利用。这就从根本上解除了把计划经济和市场经济作为姓“资”姓“社”标志这一传统思想的束缚，为我国经济体制改革指明了方向。

正是根据邓小平理论，党的十四大、十五大、十六大、十七大都是根据这个总目标逐步推进市场化取向的经济改革，并取得了经济发展的巨大成就。

在经济走向市场化改革的过程中，政府职能也发生了一些转变，但这种转变还是初步的、滞后的，因为政府在许多场合还充当市场中一个重要的竞争主体角色，经济生活中出现的一些无序竞争甚至恶性竞争现象，背后多多少少都有政府竞争的影子。正是在这样的背景下，党的十八届三中全会在《中共中央关于全面深化改革若干重大问题的决定》中作出了“使市场在资源配置中起决定性作用和更好发挥政府作用”的新提法。

二、政府和市场的明确定位

“使市场在资源配置中起决定性作用和更好发挥政府作用”的提法使政府和市场有了明确定位，资源配置这件事由市场决定，企业说了算。好比在球场上比赛，如何踢球是球员自己的事，裁判员无权过问，只要公平裁判就行了。这个提法明明白白将政府和市场分开，令它们各有定位、各司其职，资源配置由市场决定，政府

则要在制定规章、加强监管、提供公共物品和宏观调控等方面更好地发挥作用。

资源合理配置是指能够将有限的稀缺经济资源分配到不同物品和服务的生产上以满足社会的需要。市场在资源配置中起决定性作用主要是指决定劳动、资本、土地等生产要素流动、交易、组合的，都是市场的价格机制，包括产品价格、工资、利率、汇率、租金率等，它们都由市场供求关系决定。

为什么资源配置要由市场来决定？一是市场有资源配置的适时协调作用；二是市场有资源配置的信号传递作用；三是市场有提高资源配置效率的作用。在市场经济中，如果生产者能不断改进技术和管理，就会以同样的成本耗费生产出更多、更好的产品，做到物美价廉、扩大销路、增加盈利，在市场竞争中取得胜利。

如果市场能真正决定资源合理配置，则这样的市场就是有效率的。但是资源配置由市场决定是有条件的：（1）产权明晰。如果产权不明晰，生产经营成果不能属于市场主体，他们就没有动力去捕捉经济信息，调整产品价格，改善经营管理。（2）决策分散自主，这是产品价格和产量能不能由生产经营者决定的前提。（3）公平竞争。如果市场竞争不公平，一些市场经营者的手脚被捆绑住，市场被人为封锁，或者产品价格不许随市场供求变化，资源就无法流向优势企业和项目，市场决定资源配置也将是一句空话。

以上三个条件在正确处理政府和市场关系的前提下才会被满足，因为政府和市场的关系实际上就是政府和市场主体即企业的关系。政府是政权机构，拥有强大的权力。如果政府和市场关系模糊不清，政府和企业权力边界不清，那么市场决定资源配置的各种条件就不可能存在了。

三、有为政府的作用

资源配置要让市场起决定性作用，并不是说政府不重要了。不能说管得越少的政府就是越好的政府，而是管得有效率的政府才是最好的有为政府。这里的关键是管什么、如何管？应当认为，多年来在我国社会主义市场经济发展中，政府确实做了不少事，起了不少积极作用，但也曾经存在过政府“越位”和“缺位”的问题。

政府“越位”就是政府超越自己的位置，对资源的直接配置过多，剥夺了市场决定资源配置的动能。例如，在追求经济高速增长的那些年份，地方政府为追求本地经济快速增长，不惜拼命消耗资源，不顾生态环境，拼命以最优惠条件（减免税费，无偿使用土地等）招商引资，千方百计构筑融资平台，从银行贷款来上项目、做投资。这样的模式尽管也曾带来连续多年的经济高增速，但也付出了沉重的代价，包括资源过度快速消耗，生态环境严重破坏，资产泡沫膨胀，民生问题被漠视，贫富差距扩大，手中有权的官员搞权钱交易，腐败日盛，党群关系受损等。

政府“缺位”就是政府离开了自己的位置，没有管好自己该管的事，例如，没有好好发挥对市场经济领域中活动的监管职能，也没有尽心尽力去做与民生利益相关的公共服务。这带来了一系列严重后果，包括妨碍全国统一开放有序的市场体系和公平竞争环境的形成，群众一些切身利益得不到重视和保护，一些正当诉求得不到解决，使党和政府的公信力下降等。

需要指出，政府“越位”和“缺位”与我国曾长期实行计划经济体制有关，与我国改革开放初期市场经济还不发达也有关。那时候，市场经济主体中的民营企业很少，力量极小。经济想要快速发展，则政府出面招商引资，包括用一些优惠政策吸引外资。这不仅不可避免，也是必要的。同时，政府对市场经济运行中出现的一些诸如弄虚作假的问题应该如何监督管理也缺乏经验。这样，政府在市场经济发展初期出现一些“越位”“缺位”问题也在所难免。随着我国市场经济的发展，由市场来决定资源配置的条件日益成熟，政府继续“越位”“缺位”对经济和社会发展的弊端日益明显，正确处理政府和市场的关系就显得越来越迫切了。

有为政府的作用包括哪些方面？一国政府的职能包括政治职能（包括军事、外交、治安和民主政治建设等）、经济职能、文化职能（包括发展文化、教育、科学技术、卫生体育事业等）、社会职能（包括组织社会保障、保护生态环境和自然资源、提高人口素质、促进社会化服务体系建立等）。就经济而言，政府的职能大致可分为以下几个方面：

（1）提升效率的职能，包括禁止行业垄断和不正当竞争行为，解决外部性，提供公共物品和管理信息，规划经济发展等。

（2）促进公平的职能，包括进行利用税收和转移支付缩小贫富差距的收入再分配，向全体公民提供种种社会保障和公共物品（如提供基本医疗卫生和义务教育的制度安排）等。

（3）稳定经济的职能，包括制定财政政策和货币政策等。

为什么上述对市场实行监管、为公民提供公共服务、防止经济大起大落等职能必须是政府的职能，也是政府要更好地发挥作用的舞台？这可从必要性和可能性方面进行说明。

从必要性方面来说，政府之所以要有这些职能，是因为这些领域都是市场失灵的地方。在市场经济中，经济主体（企业和居民）追逐的都是自己的利益，因此垄断企业必然会破坏公平竞争，一些企业为了私利在经济活动中很难考虑会对周围环境造成什么不利影响，有的企业还可能弄虚作假。这就需要政府出面来采取必要措施，否则社会经济效率就不能提高。另外，市场竞争必然会造成贫富两极分化，而且市场制度本身也不可能向全体公民提供无利可图的公共物品，这些公共物品都是市场经济社会生存和发展所不可缺少的。怎么办？政府出场是绝对必要的。

从可能性方面来说，政府也有能力来担当这些职能。政府是国家政权机构，它可以依法向全体公民征税和发行公债，集中必要财力来实现包括向公民提供公共物品、向中低收入者提供帮助等职能；它也可以通过立法司法来对市场进行监督管理，惩办一切违法犯罪行为，维护公平竞争的市场秩序；它还有权依法实行财政政策和货币政策，以平抑经济的过分波动，实现社会经济持续、稳定的发展。

四、加快简政放权和转变政府职能

加快简政放权是转变政府职能、提高政府管理水平和效率的迫切要求。凡是市场机制能有效调节的经济活动，一律取消审批。现在，一些自由贸易试验区实行“负面清单”管理模式，即除了清单上规定不能干的（负面的），其他都可以干，不用政府事前审批，要变事前审批为事中、事后监管。这就厘清了政府和市场的关系。这种“负面清单”管理模式与以往的行政管理模式相比是一大进步。

五、为什么我国要进一步深化经济体制改革

目前我国的市场经济体制改革已经取得很好的成绩，但是要使市场对资源配置起决定性作用，可能还要迈开更大步伐。正因为这样，党中央和国务院又出台一系列政策规定来推动市场在配置资源上更有效率，尤其是加快形成要素自由流动体制和进一步改善营商环境。

为了加快形成要素自由流动体制，要推进要素市场化配置，建立健全城乡统一的建设用地市场；要使劳动力要素合理畅通有序流动，深化户籍制度改革，畅通劳动力和人才社会性流动渠道，创造公平就业环境；要推进资本要素市场化配置，完善股票市场基础制度，加快发展债券市场，增加有效金融服务供给，健全多层次资本市场体系；要加快发展技术要素市场等。为什么要强调这些要素市场建设，因为这些要素市场建设对资源合理配置是最重要的。

进一步改善营商环境问题，就是改善企业经营环境。营商环境涉及企业设立、运营、发展、退出等各方面，涉及基础设施建设、政府的政务审批、工信部门的产业政策、金融部门的资金支持、政府执法等各个领域，必须要有统一的顶层协调机制，要有大局观。营商环境是市场主体从事经营活动的综合环境和条件，只有这样才能不断提高企业的创新活力。

第三节　西方微观经济学与经济改革

我国实行社会主义市场经济体制，因此西方微观经济学的有些理论对我国进一步深化经济体制改革有一定的可借鉴之处。

1. 均衡价格理论

在市场经济中，供求决定价格，价格协调供求。资本主义市场经济中的产品价格是供求不断自发调整的结果，中间难免有一定的盲目性并形成一定的资源浪费，但这一价格理论对我国还是很值得借鉴的。我国经济随着改革不断深化，绝大部分产品都逐步走上了市场化道路，但至今还有少数产品由于种种原因未真正被纳入市

场经济轨道，价格仍有扭曲。例如，在我国商品住房市场上，一些地区住房价格十多年来一路上涨，形成巨大泡沫，根本原因就是供给（土地从而住房）是政府计划控制的，而需求（自己住的刚性需求和投资、投机需求）是市场放开的，这种供求不对称的结果是畸形的房价收入比，违反了“房子是用来住的，不是用来炒的”定位。化解矛盾和风险的根本出路是建立符合国情和市场规律的房地产市场的长效机制。

下面再说一个供给是市场的而需求是计划的例子，那就是煤电矛盾。现在我国生产电的煤的价格市场化了，但电价还是由政府定价。煤价上涨，则电厂叫苦。

事实证明，任何商品价格的合理都离不开市场机制的正常运行。目前我国还存在看似“市场价”实为“垄断性收费”的所谓“价格”，很不合理。如一些企业每年要排放几十吨废水，当地只有一家地方政府指定的废水处理公司，价格高出市场均价近一倍。如果地方政府不搞这些“指定”“特许”“授权”等，允许引入市场竞争机制，有关企业负担就能大大减轻。

应当看到党的十八大以来，我国进一步推进价格改革，在那些改革的“硬骨头”领域，包括输配电、非居民用天然气、医疗服务、铁路运输等领域，价格改革已取得历史性突破。但要完全实现市场化改革目标，还有一段路要走。

2. 商品供求理论

西方微观经济学对商品供求理论做了比较全面的分析，尽管其中的效用理论和无差异曲线理论有不科学之处，但总的来说，商品供求理论对我们认识市场供求变化很有用处，它包括各种需求弹性理论、消费者选择理论、价格变化和收入变化对消费者均衡影响的理论、替代效应和收入效应的理论等。今天，我国消费品市场化程度已经相当充分，但这些领域存在的问题还相当多。一方面，一些大企业垄断了市场和价格，另一方面，政府在个别方面还掌握了定价权，难以让商品价格跟着供求变化走。例如，药品市场上某些药品长期脱销，消费者明明需要，但国家有关部门怕涨价影响生病的消费者的利益而不让企业调整价格，生产企业不肯亏本生产，反而损害了消费者的利益。

3. 厂商均衡理论

西方微观经济学的厂商均衡理论分析资本主义企业在一定约束条件下，如何根据成本和收益的边际变化来作出产量和定价的决策以求取最佳经济效益，分析竞争和垄断的各种市场结构产生的条件和程度，分析怎样才能获取超额利润等。这些分析都以制度既定为前提条件，实际上掩盖了资本主义私有制是厂商产权的基础，这是我们首先要认识清楚的。但是，这些理论中包含的放宽市场准入、保护知识产权激励、让厂商有更大自主权等理论对我国企业发展还是有一定参考价值的。

4. 公平竞争理论

市场经济是竞争经济。竞争需要公平。市场经济中的所有经济活动主体，包括生产者之间、消费者之间、生产者和消费者之间，都要公平有序竞争。要强化反垄断和防止资本无序扩张。反垄断、反不正当竞争是完善我国社会主义市场经济体制，推动高质量发展的内在要求。我国既要支持公有经济和非公有经济共同发展，也要依法规范发展，反对垄断和不正当竞争行为，否则广大中小企业就难以生存发展。

5. 优胜劣汰理论

传统观念认为企业优胜劣汰是两极分化的资本主义现象，但是在市场竞争中必然会有企业优胜劣汰，也必须要有优胜劣汰，否则经济就没有效率，社会也不会进步。我国在这方面还有一些问题有待解决。例如我国个别产能过剩的国有大企业，如果它们关门，大量职工如何安置就是一个大问题。再如，我国股市上有一些公司早就应该退市，这一顽症需要通过资本市场改革来解决。

6. 博弈论和信息经济学的一些理论

现代市场经济中充满了不确定性，因此近几十年来迅速发展起来的博弈论和信息经济学对我们研究许多经济现象都非常有用。我国还是一个现代市场经济发展历史不长的国家，现代市场经济所要求的人们的守约意识和诚信观念还比较薄弱。在这种情况下，策略均衡理论、逆向选择和道德风险理论、信号传递和激励机制理论等都有用处。例如，企业真正树立长期品牌意识，真正弄明白品牌和形象对企业长期发展壮大的意义，并不是一件容易的事。

7. 收入分配与贫富差距理论

西方微观经济学把国民收入分配看做要素价格问题，掩盖了资本主义雇佣劳动剥削关系，这是我们必须认识到的。但这一套理论中也有值得借鉴之处。一是关于贫富差距扩大因素的分析，认为随着资本力量越来越强大，贫富差距必然越来越大；二是关于贫富差距衡量指标的分析，包括基尼系数、洛伦茨曲线等；三是如何协调公平和效率关系的观点。这些理论和分析对研究我国收入分配问题是值得参考的。我国改革开放打破了平均主义“大锅饭”，经济有所发展，但社会贫富差距日益扩大。我国的收入分配制度改革，既不能搞平均主义做法，要提高经济效率，又不能使贫富差距过分扩大，要走向共同富裕，西方经济学家在这方面提出的一些理论观点和政策主张中有一些东西值得借鉴。当然，我国实行的精准扶贫的种种做法，可能更是既有利于实现公平又不损害效率的一种创造。

8. 市场失灵和微观经济政策的理论

无论是在西方国家还是在我国，经济生活中市场失灵的情况都是存在的，而这些情况，包括外部性的克服、公共物品的提供、垄断和竞争中的兴利除弊、贫富差距的调节等，都是无法依靠市场力量来自动纠正的。就拿负外部性中的环境污染来说，在我国改革开放以来的经济高速发展中，存在资源过度利用、环境污染问题，无论在水、空气还是土壤方面，都需要治理。这种治理不可能靠企业自己去做，甚至不能靠地方政府自觉去办，而必须靠中央政府用行政的、经济的各种手段来解决。现在，我国把加快生态文明体制改革、建设美丽中国作为建设现代化的重要战略之一，作为我国五大发展理念之一。

第四节　西方宏观经济学与经济发展

西方宏观经济学研究国家或者地区的总体经济问题，包括国民收入的衡量、决定、波动、发展和调控等，其中国民收入的决定是一条主线。因此宏观经济学又称国民收入决定理论。理解并结合我国情况研究这套理论，对认识我国经济发展的过去、现在和将来是有益的。

一、西方宏观经济学的参考价值

当代西方宏观经济理论对认识和研究我国经济发展问题的参考价值包括：

1. 关于国民收入衡量的理论

目前，我国也采用联合国的国民经济核算体系（SNA），其中最核心的指标是GDP。对于如何认识GDP、核算GDP和对待GDP，西方经济学家提出了不少值得我们思考的观点，其中包括如何与时俱进地改进国民收入核算体系的理论。例如，将研究与开发的支出列入GDP。

2. 关于国民收入决定的理论

目前西方主流经济学还是凯恩斯主义那一套有效需求理论，基本思想就是需求决定供给、生产和就业。多年来我国经济发展遵循的也是这一理论。把投资、消费和出口当做拉动经济的三驾马车，确实推动了经济快速发展，但也带来了一系列严重问题。实际上，有效需求决定生产和就业，是凯恩斯的短期均衡国民收入决定理论，凯恩斯本人也曾说过。但多年来各国都把投资、消费和出口当做拉动经济的三驾马车。现在中国共产党提出了供给侧结构性改革理论，这是对需求决定供给理论的补充和修正。但是，重视供给侧结构性改革绝不是不重视需求侧管理，而是必须同时注重需求侧管理，打通需求管理中的堵点。

3. 关于长期经济增长的理论

西方经济学家提出了一套又一套理论，其中最有参考价值的也许是新古典增长模型和内生增长理论，尤其是对要素生产率提高因素的分析，它们对深刻理解我国当前的创新驱动、转型发展很有意义。

4. 关于宏观调控的经济政策理论以及宏观经济学不同流派观点的争论

西方经济学家注重研究的财政政策和货币政策被用来稳定总需求。变动政府支出和收入，变动货币供给量和利率，同样是我国宏观经济政策中的不二选择。关于宏观经济学不同流派观点的争论，也能够启发我们思考在经济出现一定波动时，究竟是需要政府多一点干预好还是让市场自动调整多一点好；如果确实需要政府干预，是用财政政策好还是货币政策好，这些都需要权衡利弊得失。

总之，了解西方宏观经济学确实可以帮助我们认识和研究我国经济发展中的一些问题。然而，必须充分认识到，当代西方宏观经济学那套理论对思考我国宏观经济问题的意义是很有限的，因为那套理论基本上是发达市场经济国家经济运行和发展的经验教训的总结，而我国现在不但还是一个发展中国家，而且在社会制度、文化传统和其他国情各方面与西方国家有着重大区别。中国有自己的情况，要认识中国经济发展尤其是当前中国经济发展问题，还得从我们国家的实际出发。

二、当前中国社会经济发展的矛盾与判断

2020 年 8 月 24 日，习近平总书记召开经济社会领域专家座谈会，听取他们对“十四五”规划编制的意见和建议，并发表重要讲话。习近平指出：“当今世界正经历百年未有之大变局。当前，新冠肺炎疫情全球大流行使这个大变局加速变化，保护主义、单边主义上升，世界经济低迷，全球产业链供应链因非经济因素而面临冲击，国际经济、科技、文化、安全、政治等格局都在发生深刻调整，世界进入动荡变革期。”这是习近平总书记对我国社会经济发展外部环境的准确判断。

习近平强调：“我国已进入高质量发展阶段，社会主要矛盾已经转化为人民日益增长的美好生活需要和不平衡不充分的发展之间的矛盾，人均国内生产总值达到 1 万美元，城镇化率超过 60%，中等收入群体超过 4 亿人，人民对美好生活的要求不断提高。我国制度优势显著，治理效能提升，经济长期向好，物质基础雄厚，人力资源丰厚，市场空间广阔，发展韧性强大，社会大局稳定，继续发展具有多方面优势和条件。同时，我国发展不平衡不充分问题仍然突出，创新能力不适应高质量发展要求，农业基础还不稳固，城乡区域发展和收入分配差距较大，生态环保任重道远，民生保障存在短板，社会治理还有弱项。”习近平总书记的上述论述不仅刻画了我国现阶段的基本国情，而且清晰地指出了当前中国经济发展的矛盾和问题。

三、中国经济新常态

中国经济新常态是 21 世纪中国经济社会呈现的一种状态。我国经济正从高速增长转向中高速增长，经济发展方式正从规模速度型粗放增长转向质量效率型集约增长，经济结构正从增量扩能为主转向调整存量、做优增量并存的深度调整，经济发展动力正从传统增长点转向新的增长点。①

我国经济进入新常态，是过去多年高速发展的必然要求和结果。经过多年高速发展，我国资源环境压力大大增加，人口等要素成本上升，国家外部环境也变化了。所有这些都倒逼经济结构优化升级，发展转向创新驱动。这种新常态与传统不平衡、不协调、不可持续的粗放增长模式有本质区别。这种新常态是中国经济进入更高层次发展阶段后才出现的状态，推动中国经济迈上转型升级、提质增效的新阶段。

---

① 中央经济工作会议在北京举行．人民日报，2014－12－12．

中国经济新常态蕴含多方面的政策寓意：一是经济增长正式告别高速增长，宏观经济政策告别常态的调控和刺激，如果经济增速在合理区间，政府一般不会采取非常规的刺激措施；二是经济增长的动力转换，尽管发展还是第一要务，但创新已成为第一动力，人才成为第一资源；三是经济结构将"避重就轻"，在推动新型工业化的同时，强力扶持服务业；四是告别货币推动型增长模式，控制包括房地产在内的资产价格泡沫和债务杠杆会优于经济增长本身。

新常态面临多种挑战，更蕴含多种机遇。随着新型工业化、信息化、农业现代化和城镇化协同推进，中国经济完全有条件、有能力保持较长时期的中高速增长，化解"成长中的烦恼"。新常态具有长期性，要适应、引领新常态，关键还在于全面深化改革，激发市场蕴藏的活力，为创新拓宽道路，为民生提供保障，增进人民福祉。

四、供给侧结构性改革

供给侧结构性改革是指从提高供给质量出发，用改革办法推进结构调整，矫正资源配置扭曲，扩大有效供给，提高供给结构对需求变化的适应性，提高全要素生产率，更好满足广大人民日益增长的美好生活需要，促进社会经济持续健康发展。

为什么要进行供给侧结构性改革？因为当前我国经济生活中的需求结构已发生明显变化。随着收入水平提高和中等收入群体扩大，人民对物质生活、精神生活和生态环境等各方面的需求明显提高，多样化、个性化、高端化需求与日俱增。服务需求在消费需求中的占比明显上升。随着恩格尔系数持续下降，居民受教育水平普遍提高，人口老龄化加快，旅游、养老、教育、医疗等服务需求快速增长。同时，产业价值链提升对研发、设计、标准化、供应链管理、营销网络、物流配送等生产性服务也提出了更高要求。现有供给侧明显不适应需求结构的变化：无效和低端供给过多，一些传统产业产能严重过剩，产能利用率偏低，有效和中高端供给不足。供给侧改革就是为了适应需求结构升级，更好实现经济高质量发展。

国际分工格局重构对结构性改革也提出紧迫要求。前几年金融危机后，欧美国家信贷消费模式难以持续，转向推进再工业化战略，一些高端制造业出现回流；能源原材料生产国迫于新能源技术快速发展的压力，着力延伸产业链，提高产品附加值；人力资源丰富的国家凭借劳动力低成本优势，抢占劳动密集型产业的国际市场。在这种形势下，加快结构性改革是打造中国国际竞争新优势的关键。推进供给侧结构性改革，一方面要着力减少无效和低端供给，尤其是其集中表现的过剩产能和过大库存。无效和低端供给沉淀了大量的厂房、土地、设备和劳动力等生产要素，降低了资源配置效率。去产能、去库存就是减少无效和低端供给、提高经济运行效率的根本举措。另一方面要着力扩大有效和中高端供给，改变供给体系和产品品质明显不适应居民消费结构升级要求的局面。推进供给侧结构性改革，要着力推进体制机制改革，包括取消一些行业准入限制和民营企业进入障碍，完善金融市场，健全市场诚信体系，加强知识产权保护度等。

推进供给侧结构性改革并不意味着放弃需求管理，而是要更重视打通需求管理中的一些“堵点”。需求管理重在短期调控，重在引导市场预期。在国际金融市场动荡不定、国内面临经济下行压力的背景下，做好需求管理可以改善市场预期，增强人们对经济的信心，避免经济增速短期快速下行激化各种矛盾和潜在风险，避免增大改革的难度和成本。事实上，必须贯通生产、分配、流通、消费各个环节，形成需求牵引供给、供给创造需求的更高水平的动态平衡，提升国民经济体系整体效能。为此，要把握好供给侧结构性改革的时间窗口，营造稳定的宏观经济环境，为改革有序推进创造条件。

五、经济发展新理念

创新、协调、绿色、开放、共享这五大理念，是指导中国下一个时期经济发展新的“思想灵魂”。

创新发展是跨越“中等收入陷阱”难题的根本出路。在新常态下，创新是引领发展的第一动力，是国家发展全局的核心。创新包括理论创新、制度创新、科技创新、文化创新等各方面创新。未来突破发展瓶颈，推动在新常态下进一步发展，主要就是靠“创新”。

协调发展是要在优化结构、补齐短板上取得突破性进展。当前中国在协调发展方面存在三个比较突出的问题：一是城乡二元结构和城市内部二元结构的矛盾依然比较突出；二是区域发展不平衡，东中西部、东北区域间不平衡；三是社会文明程度和国民素质与经济社会发展的水平还不匹配。下一个时期的经济社会发展必须在优化结构、补齐短板上取得突破性进展，着力提高发展的协调性和平衡性。

绿色发展是人与自然和谐共生的现代化要求。过去中国经济发展中积累的大气、水、土壤污染的问题比较多，所以中国把坚持节约资源和保护环境作为基本国策，加快生态文明体制改革，建设美丽中国，坚持可持续发展，为经济转型升级添加强劲的“绿色动力”。

开放发展是要在积极融入国际社会的同时成为主动塑造者。历经 40 多年的不懈努力，中国已经成为全球最大货物贸易国、最大外汇储备国，吸引外资和对外投资也居世界前列。然而，经济全球化背景下的大国棋局正在发生深刻变化。中国和世界经济已经形成了你中有我、我中有你的格局。中国要发展更高层次的开放型经济，与世界各国同舟共济，促进贸易和投资自由化、便利化，推动经济朝更加开放、包容、普惠、平衡、共赢的方向发展。

共享发展是经济发展的出发点和落脚点。近些年来，中国在保障和改善民生上做了大量工作，也取得了明显的成效。但是与人民群众的期盼相比，公共服务和社会保障体系还不够完善，均等化程度也有待提高，因此，必须在坚持发展为了人民、发展依靠人民、发展成果由人民共享上作出更有效的制度安排，使全体人民在共建共享发展中有更多获得感、幸福感、安全感。共享发展是中国全面实现社会主义现代化的基本出发点和落脚点，要实现共享发展，除了脱贫之外，还要把优先发展教育事业、提高就业质量和人民收入、加强社会保障体系建设、实施健康中国战略、打造共建共治共享社会治理格局、维护国家安全这些事情一件件统统办好，不断满足人民日益增长的美好生活需要。

应当指出，经济新常态的判断、供给侧结构性改革的主线和五大发展理念，从经济学角度看，都统一于要提高资源配置效率的要求。从提高资源配置效率的要求看，中国经济不但要从求增速向求质量和效益转变，还必须促使经济结构优化，使资源向市场需要的、绿色环保方向流动，从创新中寻找新的发展动力。目前，供给侧结构性改革实行的去产能、去库存、去杠杆、降成本、补短板这五大任务，无一不是优化资源配置所要求的。五大发展新理念则更是体现了要进一步通过改革开放来更长远地保证优化配置、开发利用国内外一切现实的和潜在的经济资源来促进社会生产力发展的根本要求。

第五节 加快构建以国内大循环为主体、国内国际双循环相互促进的新发展格局

一、以国内大循环为主体

“加快构建以国内大循环为主体、国内国际双循环相互促进的新发展格局”是以习近平同志为核心的党中央对我国经济今后发展的重大战略决策。

什么是以国内大循环为主体？通俗地说，就是产品要以满足国内市场需求为主，以国内市场需求促进国内生产，以国内生产保障国内消费和投资需要，实现供给和需求的经济循环。

为什么要这样？众所周知，改革开放以来，尤其是自加入世界贸易组织以来，我国抓住了全球工业革命浪潮、欧美去工业化和产业全球转移的机遇，利用了相对友好的国际环境，以开放的胸怀吸引全球生产要素流入，迅速成为全球制造业中心与制造业大国。但是2008年国际金融危机后，欧美国家认识到产业“空心化”的弊端，纷纷出台“制造业再造”计划，促使制造业回流。尤其自2020年以来，全球蔓延的新冠肺炎疫情给世界经济运行和发展带来明显冲击，抑制了世界经济增长，包括发达经济体和新兴经济体在内的国际需求大幅减少。经济全球化和自由贸易的碎片化趋势愈加显现，国际经济发展中的不确定性大大增加。从国内来看，自2020年以来疫情对我国经济增长带来了较为明显的冲击，但随后我国经济数据逐步回暖，整体上国内经济呈现出趋稳向好的态势。同时，我国拥有14亿人口的消

费市场，人均 GDP 跨过 1 万美元门槛，消费已经连续 6 年成为经济增长的第一推动力。但是，现阶段我国供需两端还不匹配，直接带来的影响是购买力外流。很多国外的产品或者外商企业在中国市场很受欢迎，这说明国内企业的供给跟不上市场需求，供给能力尚有完善空间，14 亿人的消费潜力仍有待释放。

以国内大循环为主体，就是要建立国内有效的需求体系，为本国的外向型企业提供出口转内销的新出路，并为国内的企业提供强大的利润保障，这是确保国内产业链和供应链稳定的重要环节。没有消费市场的需求支撑，企业就会失去发展和创新的动力。当前，全球经济发展的不确定性和新冠肺炎疫情蔓延的叠加效应已影响到我国的产业链安全，高科技领域高度依赖进口导致的“卡脖子”短板现象已经显现。国际经验表明，只有国内产业链安全稳定，才能促进要素更加自由地流动，也只有坚持构建良好的国内循环，才能提升我国在国际循环中的地位和竞争力。

二、国内国际双循环

以国内循环为主绝不是搞闭关锁国。众所周知，个人、地区或国家进行专业分工、从事具有比较优势的生产活动，贸易可以使个人、地区或国家都获益。国民方面，贸易可增加国民福利、满足国民的不同需求偏好、提高国民生活水平、提供就业岗位等；企业方面，贸易可强化品质管理、提高企业效益、提高产品品质、加强经济合作和技术交流等；国家方面，贸易可调节市场供求关系、延续社会再生产、充分利用国际国内生产要素等。比较优势理论为不同发展阶段的国家进行自由贸易提供了理论支撑。近年来某些国家奉行“孤立主义”显然违背了经济学的基本原理，阻碍了经济全球化的进程。短期内，贸易保护主义可能保护了本国企业，但长期一定会降低国民的总体福利，导致就业岗位减少，进而影响整个国家未来的经济发展。

近年来国际形势变化不定，加之现在新冠肺炎疫情的肆虐，国际区域市场一体化充满了不确定性。在此背景下，各国或地区都将扩大内需、促进国内区域一体化发展作为应对国际经济发展不确定性和经济逆全球化的主要手段。

但是，中国的发展离不开世界，世界的发展也离不开中国，持续深化对外开放，科学谋划和主动参与国际经济循环，才能在扩大开放中获得更有力的资源、技术、人才、资金支撑。因此一定要构建一个国内国际双循环的模式。在国内国际双循环体系中，国内大循环处在主体地位，是国际循环的基础和保证；国际循环则起着带动和优化的作用，是国内循环的外延和补充。另外，随着国际经济形势的变化与国内经济的不断发展，国内循环和国际循环的关系是动态变化的。构建国内国际双循环，就是坚持发挥好国内市场和国际市场、国内循环和国际循环的相互作用，全面统筹国内国际两个大局，在持续推进国内高质量发展的前提下，更好对外开放，形成新的更为优化的发展格局。①

三、形成供给需求更高水平的动态平衡

加快构建以国内大循环为主体、国内国际双循环相互促进的新发展格局，必须紧紧扭住供给侧结构性改革这条主线，注重需求侧管理，打通堵点，补齐短板，贯通生产、分配、流通、消费各环节，形成需求牵引供给、供给创造需求的更高水平动态平衡，提升国民经济体系整体效能。

虽然供给和需求本来都是市场行为，但政府也不是无能为力。一个有为政府就是要对市场进行调节。供给侧结构性改革前面已经说过，是指从提高供给质量出发，用改革办法推进结构调整，矫正资源配置扭曲，扩大有效供给，提高供给结构对需求变化的适应性，提高全要素生产率，更好满足广大人民日益增长的美好生活需要的政府行为。所谓需求侧管理是指对需求的数量、结构和时间分配进行调节的政府行为。供给侧改革主要影响供给行为，如企业生产、居民就业等，而需求侧管理主要影响需求行为，如企业投资、居民消费等。供给侧改革主要涉及规制、产业政策等微观经济政策，需求侧管理主要涉及引导、控制等宏观经济政策。例如在疫情冲击下，有关部门在政策、标准和渠道等方面积极支持适销对路的出口产品开拓国内市场，丰富国内市场供给、带动消费升级，企业则适应市场需要创造产品。一般来说，供给侧改革属于中长期政策，需求侧管理主要是短期政策。

需求牵引供给是指需求给供给提供动力和方向，使企业和个人想方设法去发明和制造新产品、新方法；供给创造需求是指供给企业和消费者生产产品和提供新的欲望。需求和供给从来不可能是一个时点上的静态的机械平衡，而只能是一段时期内相互影响、相互作用的动态平衡。为什么供给侧结构性改革还是当前的一条主线？因为当前我国主要问题还是有效供给不够，创新能力不足。习近平同志强调，发展是第一要务，人才是第一资源，创新是第一动力。这一点对我们认识既抓住供给侧结构性改革这条主线，又注重需求侧管理，就能形成供给需求更高水平的动态平衡十分重要。

第六节　经济全球化和中国进一步扩大开放

一、经济全球化和经济逆全球化

经济全球化是指世界经济活动超越国界，通过对外贸易、资本流动、技术服务而形成相互联系、相互依存的全球范围有机经济整体的过程，也是一个以市场经济

① 张学良，杨朝远. 加快形成国内国际双循环相互促进的新发展格局. 光明网，2020-07-07.

为基础，以先进科技和生产力为手段，以经济效益为目标，通过分工、贸易、投资、跨国公司和要素流动等，实现各国市场分工与协作，相互融合的过程。

经济全球化的成因包括：一是生产力发展和高科技发展。信息技术的发展和互联网的发展使信息沟通、资本流动、商品买卖等的速度达到了难以想象的地步，这为经济全球化奠定了物质技术基础。二是原来计划经济的国家纷纷实现了市场化经济改革，越来越多的国家走上了市场化道路，为全球化提供了体制保障。三是跨国公司在全球范围的迅速扩张，为经济全球化提供了组织形式。

经济全球化是一个生产社会化程度不断提高的过程。社会分工在更大的范围内进行，资金、技术等生产要素在国际社会流动和优化配置，带来巨大的分工利益，推动世界生产力发展。长期以来，发达资本主义国家由于在经济全球化进程中占据优势地位，在制定贸易和竞争规则方面具有更大发言权，控制了一些国际组织，从而成为全球化的主要受益者。经济全球化对发展中国家也具有积极影响：经济全球化使资源在全球范围内加速流动，发展中国家可以利用这一机会引进先进技术和管理经验，实现产业结构优化，增强经济竞争力，缩短与发达国家的差距；发展中国家通过吸引外资，扩大就业，使劳动力资源的优势得到充分发挥；发展中国家也可以利用不断扩大的国际市场解决产品销售问题，以对外贸易带动本国经济的发展；发展中国家还可以借助投资自由化和比较优势从经济全球化中获益。

但是全球化也是有代价的，其中之一是全球经济的不稳定会成为一种常态。在经济全球化过程中，各国经济的相互依赖性空前加强，因而经济波动和危机的国际传染便成为经常性的而且是不可避免的事情。任何一个国家的内部失衡都可能反映为外部失衡，进而很快影响到与其具有紧密贸易和投资关系的国家，可能将所有国家不同程度地引入失衡与危机的境地。如 2008 年美国的次贷危机，很快传染到整个欧洲地区以及东南亚，从而形成严重的地区性金融危机，随后又波及拉美地区，形成了事实上的全球性金融动荡。因此形成一股经济逆全球化潮流。

所谓经济逆全球化是指一种与全球化反向而行的思潮，如主张贸易保护，反对商品、资本、人员、技术等在国际上流动，要求离开和退出国际组织或者地区性组织，走上内向道路。

为什么会出现这种逆全球化？根本原因是近几年来世界经济低迷，发达国家发展停滞；诱发因素可能是，在全球化过程中，各国内部利益分配严重不均，贫富差距进一步扩大。少数所谓“精英”更富有了，他们凭借物质资本和人力资本获取全球化得来的大量财富；相反，绝大部分中低收入劳动者得益不仅很少，而且由于全球产业链和价值的分工布局，全球生产和外包体系的建立，很多劳动密集型制造业转移和分布到了广大发展中国家，导致欧美发达国家制造业部门的失业工人增加，促使他们成了反全球化的基层群体。在英国公投中，大多数投票支持脱欧就是一个例子。政治上的诱发因素可能是国家民族主义回潮。由于全球化会使一部分国家主权有所让渡，例如贸易自由化会使本来属于国家的关税权让渡给世界贸易组织（WTO），有关国家都要按 WTO 规则进行贸易，这就是从经济角度所谓的“去国家化”，从而引起一些国家政府的不满，它们逐渐在政治上趋向保守，这与经济趋于内向相结合，形成“逆全球化”。然而，经济全球化是社会生产力发展的客观要求和科学技术进步的必然结果。它为世界经济增长提供了强劲动力，促进了商品和资本流动、科技和文明进步以及各国人民交往，符合人类历史潮流和社会发展方向。“逆全球化”不可能成为历史趋势，只是暴露了原来发达国家主导下传统全球化的诸多弊端。打造传统全球化的升级版、推动实现新的全球化势在必行。

与发达国家主导下的传统全球化不同，新的全球化具有以下一些基本特征：第一，以平等为基础，确保各国在国际经济合作中权利平等、机会平等、规则平等；第二，以开放为导向，不搞排他性安排，防止治理机制封闭化和规则碎片化；第三，以合作为动力，共商规则，共建机制，共迎挑战；第四，以共享为目的，提倡所有人参与，所有人受益。

中国是经济全球化的受益者，也是贡献者。现在，中国作为世界上最大的发展中国家，世界第二大经济体，第一大贸易国，第一大外资吸引国，第二大对外投资国，中国将继续为世界作出理念贡献、机会贡献、制度贡献，成为推动实现新的全球化的先行者、实践者、引领者：一方面切切实实从多方面提供发展机会，包括为各国提供更广阔的市场、更充足的资本、更丰富的产品、更宝贵的合作契机，另一方面实实在在地履行共商共建、共赢共享的全球治理担当，如提出“一带一路”倡议、设立丝路基金、倡建亚投行和金砖国家新开发银行，积极建设全球自贸区网络，发起《全球基础设施互联互通联盟倡议》，推进《区域全面经济伙伴关系协定》（RCEP）谈判，推动《巴黎协定》生效并作出有关承诺。总之，中国将高举新的全球化的大旗，积极推动有利于全球共同发展的贸易、投资自由化和服务便利化，继续发挥负责任大国作用，积极参与全球治理体系改革和建设，不断贡献中国智慧和力量。

二、推动形成中国全面开放新格局

“推动形成全面开放新格局”，强调“中国开放的大门不会关闭，只会越开越大”，是以习近平同志为核心的党中央准确判断国际形势新变化，深刻把握国内改革发展新要求的重大战略部署。推动形成全面开放新格局，既包括广度上的开放范围扩大，领域拓宽，也包括深度上的开放方式创新、层次加深。例如，在开放的国家对象上，不但要继续保持与发达国家的经贸联系，还要积极扩大与广大发展中国家的经贸联系，坚持向发达国家开放和向发展中国家开放并重，扩大各方利益交汇点；在开放的领域上，过去主要集中在制造业和实物贸易，今后将从制造业领域的实物贸易扩展到包括金融、保险、教育、咨询等在内的服务贸易，实现多领域对外开放；在开放的空间上，从沿海开放拓展到沿海沿边开放全面结合，形成陆海内外联动、东西双向互济的开放格局，进而形成区域协调发展新格局。

从深度上理解，“全面开放”意味着开放的方式创新、层次加深。全面开放的一个重大价值还体现在中国积极参与全球治理上，中国不仅应成为现行多边贸易体制的支持者、维护者，还应在国际规则制定、全球制度建设中有自己的贡献，努力使全球治理体制更加公平地反映大多数国家的意愿和利益。

形成全面开放新格局的重要部署中要以“一带一路”建设为重点，因为正是“一带一路”建设为相对封闭的内陆提供了加快形成陆海内外联动、东西双向互济开放格局的新契机。因此，“一带一路”建设应是今后一段时期对外开放的工作重点，谋求开放创新、包容互惠的发展前景，坚持推动构建人类命运共同体，为世界发展贡献中国智慧和力量。

三、主动扩大进口

主动扩大进口是我国进一步扩大开放的重要举措。为什么我们要主动扩大进口？

第一，扩大进口可更好满足人民群众提高生活质量的消费需求，以免他们花费高成本到国外购买，使他们在国内就享受到国外优质的产品和服务，以利于提高人民生活水平，并增加消费对经济增长的拉动力。第二，扩大进口必然对国内某些产业和企业造成一定压力，但也可转化为迫使企业技术创新和提高产品质量的动力，促进供给侧结构性改革。特别是通过进口一些国内生产具有相对劣势的产品，可刺激生产要素由效率低的产业流向效率高的产业，有利于减少无效供给，从整体上优化经济结构。第三，有利于控制金融风险，降低外汇运营成本，因为顺差越大，外汇储备就越多。适度缩小顺差，可有效规避国际金融市场波动对我国外汇储备的冲击。第四，适度减少顺差还有利于稳健货币政策更好发挥作用。对外贸易中出口商必须把外汇转换为本币才能继续生产经营，本国央行为购买外汇而付出的本币即外汇占款。顺差越大，外汇占款就越多，货币政策发挥的空间就越小。第五，扩大进口有利于有关出口国经济发展，这不但能增强它们和我国的经济友好往来，也有利于我国对它们的出口，因为经济总是有来有往的。我国需要的不是以邻为壑，也不是把自己的发展建立在别人受损的基础上，而是共同发展，构建人类命运共同体。第六，扩大进口可以减少和一些国家的贸易摩擦，也有利于我国出口企业拓展国际市场。

当然，扩大进口并不意味着可以放松出口，不仅要坚持在稳定出口的基础上重视扩大进口，而且更重要的是要增强出口产品的核心技术竞争力，优化出口产品结构，从劳动密集型和资源密集型出口向资本、技术和知识密集型出口过渡，提高出口产品附加值，将粗放型贸易转为效益型贸易。

第七节　结束语

本章要点可以归结如下：

（1）我国高校中的西方经济学课程是适应我国实行社会主义市场经济体制的需

要而开设的。

(2) 我们借鉴西方经济学时应当充分考虑我国国情，包括我国实行的是中国特色社会主义制度，而不是资本主义市场经济制度。目前中国特色社会主义进入了新时代，社会主要矛盾已经转化，但我国处于并将长期处于社会主义初级阶段的基本国情以及还是世界上最大发展中国家的国际地位没有变，因此应继续以经济建设为中心，坚持改革开放。

(3) 走好中国经济发展自己的路，必须正确处理政府与市场的关系。

(4) 西方微观经济学一些理论对我国市场化取向的经济改革有值得借鉴之处，包括均衡价格理论、商品供求理论、厂商均衡理论、公平竞争理论、优胜劣汰理论、博弈论和信息经济学的一些理论、收入分配与贫富差距理论以及市场失灵和微观经济政策的理论等。

(5) 了解当代西方宏观经济学理论对于认识和研究我国经济发展问题是有意义的，包括关于国民收入衡量的理论、关于国民收入决定的理论、关于长期经济增长的理论、关于宏观调控的经济政策理论以及宏观经济学不同流派观点的争论等。然而这些理论对思考我国当前宏观经济问题的意义是有限的。要认识中国经济发展问题，还得从中国的实际出发。中国政府针对当前实际情况作出的经济新常态判断，提出的供给侧结构性改革策略和经济发展新理念等，为中国经济发展的当前和未来指明了方向。

(6) 加快构建以国内大循环为主体、国内国际双循环相互促进的新发展格局，是以习近平同志为核心的党中央对我国经济今后发展作出的影响重大的战略决策。

(7) 经济全球化要求中国进一步扩大开放。

习题

1. 当借鉴西方经济学时必须考虑我国的哪些重大国情?

2. 你认为哪些微观经济学理论对我国的经济改革具有一定的参考价值?

3. 怎样理解博弈论和信息经济学的一些理论对认识我国当前市场经济秩序是有帮助的?

4. 你认为西方经济学中的收入分配和贫富差距理论在哪些方面对我国具有参考价值?

5. 为什么说西方经济学的市场失灵及其调节理论对我国具有一定的参考价值?

6. 为什么西方宏观经济学又称为国民收入决定理论? 了解西方宏观经济学对认识和研究我国经济发展有没有意义?

7. 为什么说西方宏观经济学对思考和认识我国宏观经济问题的意义是很有限的?

8. 中国经济新常态有哪些特点? 这种经济新常态蕴含哪些政策寓意?

9. 什么是供给侧结构性改革? 为什么要进行供给侧结构性改革? 如何推进供

给侧结构性改革?

10. 什么是中国经济的五大发展理念?

11. 什么是经济全球化?经济全球化形成的原因是什么?经济全球化可能付出什么代价?

12. 经济全球化曾经给中国带来什么机遇和利益?中国在未来的经济全球化中可能作出什么贡献?

附录一

参考文献

• 马克思. 资本论：第 1 卷，第 2 卷，第 3 卷. 2 版. 北京：人民出版社，2004.

• 马克思. 剩余价值理论：第 1 卷，第 2 卷，第 3 卷. 北京：人民出版社，1975.

• 马克思，恩格斯. 马克思恩格斯全集：第 46 卷下. 北京：人民出版社，1980.

• 马克思. 政治经济学批判. 北京：人民出版社，1957.

• 狄拉德. 凯恩斯经济学. 上海：上海人民出版社，1963.

• 多恩布什，费希尔，斯塔兹. 宏观经济学. 12 版. 北京：中国人民大学出版社，2017.

• 范里安. 微观经济学：现代观点. 8 版. 上海：上海三联书店，上海人民出版社，2011.

• 弗里德曼. 货币数量理论的重新表述//弗里德曼. 弗里德曼文萃. 北京：北京经济学院出版社，1991.

• 凯恩斯. 就业、利息和货币通论. 北京：商务印书馆，1999.

• 凯斯，费尔. 经济学原理. 9 版. 北京：中国人民大学出版社，2010.

• 克鲁格曼，韦尔斯. 微观经济学. 2 版. 北京：中国人民大学出版社，2013.

• 保罗·克雷·罗伯茨. 供给学派的革命. 上海：上海译文出版社，1987.

• 曼昆. 宏观经济学. 10 版. 北京：中国人民大学出版社，2020.

• 尼科尔森. 微观经济理论：基本原理与扩展. 9 版. 北京：北京大学出版社，2008.

• 琼斯. 经济增长导论. 北京：北京大学出版社，2002.

• 罗宾逊. 马克思、马歇尔和凯恩斯. 北京：商务印书馆，1963.

• 平狄克，鲁宾费尔德. 微观经济学. 8 版. 北京：中国人民大学出版社，2013.

• 萨缪尔森，诺德豪斯. 经济学. 19 版. 北京：人民邮电出版社，2012.

• 斯蒂格利茨. 经济学. 4 版. 北京：中国人民大学出版社，2013.

• 吴汉洪. 西方寡头市场理论与中国市场竞争立法. 北京：经济科学出版社，1998.

• 尹伯成. 西方经济学说史. 3 版. 上海：复旦大学出版社，2017.

• 参考消息，1995-10-12.

• 中共中央关于经济体制改革的决定. 北京：人民出版社，1984.

• 中共中央关于全面深化改革若干重大问题的决定. 北京：人民出版社，2013.

• 习近平. 决胜全面建成小康社会 夺取新时代中国特色社会主义伟大胜利. 北京：人民出版社，2017.

• Achibald and Lipsey. *Mathematic Economics*. New York：Harper Row Publishers，1976.（阿契鲍尔德，李普赛. 数理经济学引论. 纽约：哈珀与罗出版公司，1976.）

• Akerlof. The Market for “Lemons”：Quality Uncertainty and Market Mechanism. *Quarterly Journal of Economics*，1970，84. [阿克洛夫. “柠檬”市场：质量的不确定性和市场机制. 经济学季刊，1970 (84).]

• American Economic Association. *Readings in Price Theory*. Homewood：Irwin Inc.，1952. （美国经济学会. 价格理论论文集. 霍姆伍德：伊尔文公司，1952.）

• Asimakopulos. *Microeconomics*. Oxford：Oxford University Press，1978.（阿西马科普洛斯. 微观经济学. 牛津：牛津大学出版社，1978.）

• Boskin. *Economics and Human Welfare*. New York：Academic Press，1979.（鲍斯金. 经济学与人类福利. 纽约：学术出版社，1979.）

• Baumol and Blinder. *Economics—Principles and Policy*. Seventh ed. New York：Dryden Press，1997.（鲍莫尔，布兰德. 经济学：原理和政策. 7 版. 纽约：德里顿出版社，1997.）

• Bell and Kristal. *The Crisis in Economic Theory*. New York：Basic Books Publishers，1981. （拜尔，克里斯多尔. 经济理论的危机. 纽约：基本图书出版社，1981.）

• Blanchard. *Macroeconomics*. Sixth ed. London：Prentice-Hall Inc.，2012.（布兰查德. 宏观经济学. 6 版. 伦敦：普伦蒂斯-霍尔公司，2012.）

• Blatt. How Economists Misuse Mathematics. In：Eichner. *Why Economics*

Is Not Yet a Science. New York：Sharpe Inc.，1983.（布赖特. 经济学者如何误用数学//埃克纳. 为什么经济学还不是科学. 纽约：夏普公司，1983.）

• Blaug. *The Cambridge Revolution—Success or Failure*. London：Institute of Public Affair，1975. （布劳. 剑桥的革命：成功还是失败了. 伦敦：公共事务研究所，1975.）

• Blaug. *The Methodology of Economics*. London：Cambridge Press，1983.（布劳. 经济学方法论. 伦敦：剑桥大学出版社，1983.）

• Buchanan，Lutz. *The Rebuilding of the World Economy*. New York：The 20th Century Foundation，1947.（布坎南，卢茨. 世界经济的重建. 纽约：美国 20 世纪基金会，1947.）

• Chamberlin. *The Theory of Monopolistic Competition*. 6th ed. Boston：Harvard University Press，1948.（张伯伦. 垄断竞争理论. 6 版. 波士顿：哈佛大学出版社，1948.）

• Chiang. *Fundamental Methods of Mathematical Economics*. 3rd ed. New York：McGraw-Hill Inc.，1984. （蒋中一. 数理经济学的基本方法. 3 版. 纽约：麦格劳-希尔公司，1984.）

• Coase. The Problem of Social Cost. *Journal of Law and Economics*，1960，3（1）.［科斯. 社会成本问题. 法学和经济学杂志，1960，3（1）.］

• Colander and Brenner. *Educating Economists*. Ann Arbor：Michigan University Press，1992. （柯兰德，布兰纳. 经济学教育. 安娜堡：密歇根大学出版社，1992.）

• Dillard. *Economics of John Maynard Keynes*. New York：Prentice-Hall Inc.，1949.（狄拉德. 约翰·梅纳德·凯恩斯的经济学. 纽约：普伦蒂斯-霍尔公司，1949.）

• Domar. *Essays in the Theory of Economic Growth*. Oxford：Oxford University Press，1957.（多马. 经济增长论文集. 牛津：牛津大学出版社，1957.）

• Dorfman，Samuelson and Solow. *Linear Programming and Economic Analysis*. New York：McGraw-Hill Inc.，1958.（道夫曼，萨缪尔森，索洛. 线性规划与经济分析. 纽约：麦格劳-希尔公司，1958.）

• Durnbusch，Fischer and Startz. *Macroeconomics*. 12th ed. New York：McGraw-Hill Inc.，2013.（多恩布什，费希尔，斯塔兹. 宏观经济学. 12 版. 纽约：麦格劳-希尔公司，2013.）

• Eichner. *Why Economics Is Not Yet a Science*. New York：Sharpe Inc.，1983.（埃克纳. 为什么经济学还不是科学. 纽约：夏普公司，1983.）

• Ferguson. *Microeconomic Theory*. 3rd ed. Homewood：Irwin Inc.，1972.（弗格森. 微观经济理论. 3 版. 霍姆伍德：伊尔文公司，1972.）

• Friedman，M. The Role of Monetary Policy. *American Economic Review*，

1968，58 (1). [米尔顿·弗里德曼. 货币政策的地位. 美国经济评论，1968，58 (1).]

• Galbraith. *The New Industrial State*. 2nd ed. Boston：Hutton and Mifflin Publishers，1971. (加尔布雷思. 新工业国. 2 版. 波士顿：霍顿-米夫林公司，1971.)

• Georgescu-Roegen. Utility. In：Greenwald. *Encyclopedia of Economics*. New York：McGraw-Hill Inc.，1982. (杰奥尔杰斯库-勒根. 效用//格林沃尔德. 经济学百科全书. 纽约：麦格劳-希尔公司，1982.)

• Gillie，Levacic，and Thompson. *Politics and Economic Policy*. London：Hodder and Stoughton，1987. (吉利，赖瓦西，汤普逊. 政治与经济政策. 伦敦：霍顿与斯特劳顿公司，1987.)

• Graaff. *Theoretic Welfare Economics*. Cambridge：Cambridge University Press，1957.(格拉夫. 理论福利经济学. 剑桥：剑桥大学出版社，1957.)

• Greenwald. *The Dictionary of Modern Economics*. New York：McGraw-Hill Inc.，1983.(格林沃尔德. 现代经济学辞典. 纽约：麦格劳-希尔公司，1983.)

• Greenwald. *Encyclopedia of Economics*. New York：McGraw-Hill Inc.，1982.(格林沃尔德. 经济学百科全书. 纽约：麦格劳-希尔公司，1982.)

• Greenwald and Stiglitz. New and Old Keynesians. *Journal of Economic Perspectives*，1993，7 (1)：23-44. [格林沃尔德，斯蒂格利茨. 新旧凯恩斯主义. 经济展望杂志，1993，7 (1)：23-44.]

• Haberler. *Prosperity and Depression*. 3rd ed. New York：United Nation，1946.(哈伯勒. 繁荣与萧条. 3 版. 纽约：联合国，1946.)

• Hall and Hitch. Price Theory and Business Behaviour. *Oxford Economic Papers*，1939，2 (1). [霍尔，赫契. 价格理论和企业行为. 牛津经济论文集，1939，2 (1).]

• Hardin. The Tragedy of the Commons. *Science*，162 (3859)，1968. [哈丁. 公地的悲剧. 科学，1968，162 (3859).]

• Harris. *A Survey of Sustainable Development*. Washington，D. C.：Island Press，2001.(哈利斯. 可持续发展文献汇编. 华盛顿：阿伊兰出版社，2001.)

• Haslett. *Capitalism and Morality*. Oxford：Oxford University Press，1994.(海斯赖特. 资本主义与道德. 牛津：牛津大学出版社，1994.)

• Heilbroner and Ford. *Economic Relevance—A Second Look*. California：Goodyear Publishing Company，1976.(海尔勃伦纳，福特. 对经济学现实意义的再度考察. 加利福尼亚州：固特异出版社，1976.)

• Henderson and Quand. *Microeconomic Theory*. 3rd ed. New York：McGraw-Hill Inc.，1980.(亨德森，邝特. 微观经济理论. 3 版. 纽约：麦格劳-希尔公司，1980.)

• Hicks. *Value and Capital*. Oxford：Oxford University Press，1939. （希克斯. 价值与资本. 牛津：牛津大学出版社，1939.）

• Hicks. Mr. Keynes and the "Classics". *Econometrica*，1937，5 (2). [希克斯. 凯恩斯先生与"古典学派". 计量经济学杂志，1937，5 (2).]

• Hudson. *Business Without Economists*. New York：Amacom Publishers，1987.（赫德森. 企业不需要经济学家. 纽约：美国管理协会出版社，1987.）

• Hunt and Schwartz. *A Critique of Economic Theory*. London：Penguin Publisher，1972.（亨特，施瓦茨. 对经济理论的批判. 伦敦：企鹅出版社，1972.）

• Keynes. *The General Theory of Employment*，*Interest*，*and Money*. London：Macmillan Press，1936.（凯恩斯. 就业、利息和货币通论. 伦敦：麦克米伦公司，1936.）

• Kregel. *The Reconstruction of Political Economy*. 2nd ed. London：Macmillan Press，1978. （克雷格尔. 政治经济学的重建. 2 版. 伦敦：麦克米伦公司，1978.）

• Krishna. *Social Active Capital*. New York：Columbia University Press，2002.（克里希那. 社会无形资金. 纽约：哥伦比亚大学出版社，2002.）

• Kydland and Prescott. Rules Rather than Discretion：The Inconsistency of Optimal Plans. *Journal of Political Economy*，1977，85 (2). [基德兰德，普雷斯科特. 宁要单一规则，不要相机抉择：最优计划的不一致性. 政治经济学杂志，1977，85 (2).]

• Lester. Shortcomings of Marginal Analysis for Wage-Employment Problems. *American Economic Review*，1946，36 (1). [赖斯特. 关于工资—就业问题的边际分析的缺陷. 美国经济评论，1946，36 (1).]

• Lipsey and Lancaster. The General Theory of The Second Best. *Review of Economic Studies*，1956-1957，24 (1). [李普赛，兰卡斯特. 次优的一般理论. 经济研究评论，1956—1957，24 (1).]

• Lux. *Smith's Mistake*. London：Shambhala Publications Inc.，1990.（勒克斯. 亚当·斯密的错误. 伦敦：香勃拉出版公司，1990.）

• Lydall. *A Critique of Orthodox Economics*. London：Macmillan Press，1998.（李德尔. 对正统经济学的批判. 伦敦：麦克米伦公司，1998.）

• Mandler. *The Dilemmas in Economic Theory—Persisting Foundational Problems of Microeconomics*. Oxford：Oxford University Press，1999.（曼德勒. 经济学的困惑——持续存在的微观经济学的基本问题. 牛津：牛津大学出版社，1999.）

• Mankiw. *Principles of Economics*. 7th ed. New York：Dryden Press，2014.（曼昆. 经济学原理. 7 版. 纽约：德里顿出版社，2014.）

• Mankiw. *Macroeconomics*. Eighth ed. New York：Worth Publishers Inc.，

2000.（曼昆. 宏观经济学. 8 版. 纽约：沃斯出版公司，2000.）

• Mankiw，Romer，and Weil. A Contribution to the Empirics of Economic Growth. *Quarterly Journal of Economics*，1992，107（2）.［曼昆，罗默，韦尔. 对经济增长实证的一个贡献. 经济学季刊，1992，107（2）.］

• Marshall. *Principles of Economics*. 8th ed. London：Macmillan，1920.（马歇尔. 经济学原理. 8 版. 伦敦：麦克米伦公司，1920.）

• Mulberg. *Social Limits to Economic Theory*. New York：Routledge Inc.，1995.（穆尔堡. 经济理论的社会限度. 纽约：劳特利奇公司，1995.）

• *New York Times*，1961-01-31（《纽约时报》，1961-01-31）.

• OECD. *Competition and Economic Development*. Paris：OECD Publication，1991.（经济合作与发展组织. 竞争与经济发展. 巴黎：经济合作与发展组织出版署，1991.）

• Pearce. *The Dictionary of Modern Economics*. London：Macmillan Press，1981.（皮尔斯. 现代经济学词典. 伦敦：麦克米伦公司，1981.）

• Plosser. Understanding Real Business Cycles. *Journal of Economic Perspectives*，1989，3（3）.［普洛瑟. 理解实际经济周期. 经济展望杂志，1989，3（3）.］

• Putterman and Rueschemeyer. *State and Market in Development*. London：Lynne Rienner Publishers，1992.（柏特曼，鲁希马耶. 国家与市场在经济发展中的作用. 伦敦：林里纳出版社，1992.）

• Robinson. Foreword. In：Kregel. *The Reconstruction of Political Economy*. 2nd ed. London：Macmillan Press，1978.（罗宾逊. 序言//克雷格尔. 政治经济学的重建. 2 版. 伦敦：麦克米伦公司，1978.）

• Robinson. *The Economics of Imperfect Competition*. London：Macmillan Press，1933.（罗宾逊. 不完全竞争经济学. 伦敦：麦克米伦公司，1933.）

• Robinson. The Production Function and the Theory of Capital. *The Review of Economic Studies*，1955－1956，23（2）.［罗宾逊. 生产函数和资本理论. 经济研究评论，1955—1956，23（2）.］

• Root. *International Trade and Investment*. Cincinnati：South-Western Publishing Company，1978.（卢特. 国际贸易和投资. 辛辛那提：西南出版社，1978.）

• Rothgeb. *The Myth and Reality of Foreign Investment in Poor Countries*. New York：Preagen Press，1989.（罗斯吉勃. 外资在贫困国家的神话与现实. 纽约：普拉格出版社，1989.）

• Rothschild. Price Theory and Oligopoly. In：Stigler and Boulding. *Readings in Price Theory*. Homewood：Irwin Inc.，1952.（鲁斯希尔德. 价格理论和寡头//斯蒂格勒，博尔丁. 价格理论论文集. 霍姆伍德：伊尔文公司，1952.）

• Samuels. Ideology in Economics. In：Weintraub. *Modern Economic Thought*. Philadelphia：Pennsylvania University Press，1980. （塞缪尔斯. 经济学中的意识形态//温特鲁勃. 现代经济思想. 费城：宾夕法尼亚大学出版社，1980.）

• Samuelson and Nordhaus. *Economics*. 19th ed. New York：McGraw-Hill Inc.，2009.（萨缪尔森，诺德豪斯. 经济学. 19 版. 纽约：麦格劳-希尔公司，2009.）

• Samuelson. Parable and Realism in Capital Theory：The Surrogate Production Function. *Review of Economic Studies*，1962，29（3）.［萨缪尔森. 资本理论中的寓言和真实性：代替生产函数. 经济研究评论，1962，29（3）.］

• Samuelson. *Foundations of Economics Analysis*. Revised edition. Boston，Harvard University Press，1975.（萨缪尔森. 经济分析的基础. 增订版. 波士顿：哈佛大学出版社，1975.）

• Samuelson. Interactions between the Multiplier Analysis and the Principle of Acceleration. *The Review of Economics and Statistics*，1939，21（2）.［萨缪尔森. 乘数分析和加速原理的相互作用. 经济学和统计学评论，1939，21（2）.］

• Schultz. *The Moral Conditions of Economic Efficiency*. Cambridge：Cambridge University Press，2001.（舒尔茨. 经济效率的道德条件. 剑桥：剑桥大学出版社，2001.）

• Schumpeter. *Theory of Economic Development*. Boston：Harvard University Press，1934.（熊彼特. 经济发展理论. 波士顿：哈佛大学出版社，1934.）

• Seligman. *Main Currents in Modern Economics*. London：Macmillan Press，1962.（塞利格曼. 现代经济学的主流. 伦敦：麦克米伦公司，1962.）

• Smith，Adam. *An Inquiry into the Nature and Causes of the Wealth of Nations*. London：Dante Inc.，1955.（亚当·斯密. 国富论. 伦敦：丹特公司，1955.）

• Solow. Science and Ideology in Economics. In：Crandall and Eckaus. *Contemporary Issues in Economics*. Boston，Little Brown Inc.，1972.（索洛. 经济学中的科学和意识形态//克伦道尔，埃考斯. 当代经济问题论文集. 波士顿：利特尔·布朗公司，1972.）

• Sraffa. The Laws of Returns under Competitive Conditions. *Economic Journal*，1926，36（144）.［斯拉法. 竞争条件下的收益规律. 经济学杂志，1926，36（144）.］

• The London Economist. *Vital World Statistics*. London：Huchinson Books，1990.（《伦敦经济学家》杂志. 世界主要统计数字. 伦敦：郝青森商业书籍出版社，1990.）

• *The New Republic*，1940（7）.［《新共和》杂志，1940（7）.］

• Viner. Cost Curves and Supply Curves. In：American Economic Association. *Readings in Price Theory*. Homewood：Irwin Inc.，1952.（瓦依纳. 成本曲线与供给曲线//美国经济学会. 价格理论论文集. 霍姆伍德：伊尔文公司，1952.）

• Vlachou. *Contemporary Economic Theory*. London：Macmillan Press，

1999.（弗莱乔. 当代经济理论. 伦敦：麦克米伦公司，1999.）

• John von Neumann and Morgenstern. *Theory of Games and Competitive Behavior*. Princeton：Princeton University Press，1947.（约翰·冯·诺依曼，摩根斯坦. 博弈论与竞争行为. 普林斯顿：普林斯顿大学出版社，1947.）

• Weeks. *A Critic of Neoclassic Macroeconomics*. London：Macmillan Press，1989.（威克斯. 对新古典宏观经济学的批判. 伦敦：麦克米伦公司，1989.）

• Wilczynski. *An Encyclopedic Dictionary of Marxism，Socialism and Communism*. London：Macmillan Press，1984.（威尔辛斯基. 马克思主义、社会主义和共产主义百科辞典. 伦敦：麦克米伦公司，1984.）

• Williams. *International Organization and The Third World*. New York：Harvester Wheatsheaf Publishers，1994.（威廉斯. 国际经济组织和第三世界. 纽约：哈瓦斯特和惠特西夫出版社，1994.）

• Zamajni. *Microeconomic Theory*. New York：Blackwell Inc.，1987.（沙玛尼. 微观经济理论. 纽约：布莱克威尔公司，1987.）

附录二

重要人名译名对照表

Akerlof	阿克洛夫
Arrow	阿罗
Asimakopulos	阿西马科普洛斯
Baumol	鲍莫尔
Barro	巴罗
Blaug	布劳
Blatt	布赖特
Boskin	鲍斯金
Brenner	布兰纳
Buchanan	布坎南
Chamberlin	张伯伦
Chiang	蒋中一
Coase	科斯
Cobb	柯布
Colander	柯兰德
Cournot	古诺
Debreu	德布鲁
Denison	丹尼森
Dillard	狄拉德
Domar	多马
Dorfman	道夫曼
Douglas	道格拉斯
Duesenberry	杜森贝利
Durnbush	多恩布什
Edgeworth	埃奇渥斯
Eichner	埃克纳
Ferguson	弗格森
Fisher	费希尔
Friedman	弗里德曼
Galbraith	加尔布雷思
Giffen	吉芬
Greenwald	格林沃尔德
Harrod	哈罗德
Heckscher	赫克歇尔
Heilbroner	海尔勃伦纳
Henderson	亨德森
Hicks	希克斯
Hume	休谟
Hunt	亨特
Jevons	杰文斯
Jones	琼斯
Keynes	凯恩斯
Klein	克莱因
Kydland	基德兰德
Lester	赖斯特
Lipsey	李普赛

Lucas	卢卡斯
Mankiw	曼昆
Marshall	马歇尔
Modigliani	莫迪利安尼
Morgenstern	摩根斯坦
Muth	穆思
Ohlin	俄林
Pareto	帕累托
Pigou	庇古
Plosser	普洛瑟
Prescott	普雷斯科特
Ricardo	李嘉图
Robinson	罗宾逊
Rothschild	鲁斯希尔德
Samuelson	萨缪尔森
Sargent	萨金特
Say	萨伊
Schultz	舒尔茨
Schumpeter	熊彼特
Smith，Adam	亚当·斯密
Solow	索洛
Sraffa	斯拉法
Stiglitz	斯蒂格利茨
Taylor，John	约翰·泰勒
Tobin	托宾
Viner	瓦依纳
von Neumann	冯·诺依曼
Walras	瓦尔拉斯
Zamajni	沙玛尼

附录三

重要术语英汉对照表

A

Absolute advantage 绝对优势

Absolute income hypothesis of consumption 绝对收入消费假说

Acceleration principle 加速原理

Accelerator 加速数

Action lag 实施/行动时滞

Active deposit 活期存款

Adaptive expectation 适应性预期

Adverse selection 逆向选择

Aggregate analysis 总量分析

Aggregate demand 总需求

Aggregate demand (AD) curve 总需求曲线

Aggregate supply 总供给

Aggregate supply (AS) curve 总供给曲线

Allocation of resources 资源配置

Antitrust law 反托拉斯法

Arc elasticity 弧弹性

Asset 资产

Asymmetric information 信息不对称

Auctioneer 拍卖人

Austrian school 奥地利学派

Automatic stabilizer 自动稳定器

Autonomous planned investment 自发投资

Average cost 平均成本

Average fixed cost 平均不变成本

Average product 平均产量

Average propensity to consume 平均消费倾向

Average propensity to saving 平均储蓄倾向

Average revenue 平均收益

Average total cost 平均总成本

Average variable cost 平均可变成本

B

Balance of international payment 国际收支平衡

Balanced budget 平衡预算

Balanced budget multiplier 平衡预算乘数

Balanced output 均衡产出

Bank reserves 银行准备金

Barter 物物交换

Base year 基年

Black market 黑市

Bonds 债券

Breakeven point 收支相抵点

Budget deficit 预算赤字

Budget line 预算线

Budget surplus 预算盈余

Built-in stabilizers 内在稳定器
Business cycle 经济周期
Business fluctuation 经济波动

C

Capital 资本
Capital deeping 资本深化
Capital market 资本市场
Capital widening 资本广化
Capital-output ratio 资本—产出比
Cardinal utility theory 基数效用论
Cartel 卡特尔
Central bank 中央银行
Checking account 支票账户（或活期存款）
Classical economics 古典经济学
Clearing market 出清市场
Coase theorem 科斯定理
Cobb-Douglas production function 柯布-道格拉斯生产函数
Cobweb model 蛛网模型
Collusion 串（共）谋（用于寡头市场分析）
Commercial bank 商业银行
Common resource 公共资源
Common stock 普通股票
Comparative cost theory 比较成本说
Comparative static analysis 比较静态分析
Compensated budget line 补偿预算线
Competition 竞争
Competitive market 竞争性市场
Complement goods 互补品
Complete information 完全信息
Condition for efficiency in exchange 交换的最优条件
Condition for efficiency in production 生产的最优条件
Constant cost industry 成本不变行业
Constant returns to scale 规模收益（或报酬）不变
Consumer 消费者
Consumer price index (CPI) 消费价格指数
Consumer sovereignty 消费者统治
Consumer surplus 消费者剩余
Consumer's preference 消费者偏好
Consumer's equilibrium 消费者均衡
Consumption 消费
Consumption demand 消费需求
Consumption function 消费函数
Contract curve 契约曲线
Corporate income tax 公司所得税
Corporation 公司
Cost 成本
Cost function 成本函数
Cost-benefit analysis 成本—收益分析
Cost-push inflation 成本推动的通货膨胀
Cournot model 古诺模型
Credit 信贷
Cross price elasticity of demand 需求的交叉价格弹性
Crowding-out effect 挤出效应
Cyclical unemployment 周期性失业

D

Decreasing cost industry 成本递减行业
Decreasing returns to scale 规模收益（或报酬）递减
Deflation 通货紧缩
Demand 需求
Demand curve 需求曲线
Demand for money 货币需求
Demand function 需求函数
Demand price 需求价格
Demand schedule 需求表
Demand-pull inflation 需求拉动的通货膨胀
Depreciation 折旧
Depression 萧条
Derived demand 引致需求
Devaluation 贬值
Differentiated oligopoly industry 差别寡头行业
Diminishing returns 收益（或报酬）递减
Discount rate 贴现率
Discounting 贴现
Discretionary 相机抉择
Discretionary fiscal policy 斟酌使用的财政政策

Disequilibrium 非均衡
Disinvestment 负投资
Disposable personal income（DPI） 可支配收入
Dissaving 负储蓄
Distribution 分配
Distribution theory of marginal productivity 边际生产率分配论
Duopoly 双头垄断
Durable goods 耐用品
Dynamic analysis 动态分析
Dynamic models 动态模型

E

Easy money policy 扩张性货币政策
Economic development 经济发展
Economic globalization 经济全球化
Economic efficiency 经济效率
Economic growth 经济增长
Economic man 经济人
Economic model 经济模型
Economic profit 经济利润
Economic rent 经济租金
Economic stabilization policy 经济稳定政策
Economics of information 信息经济学
Economies of scale 规模经济
Edgeworth box 埃奇渥斯盒
Effective demand 有效需求
Effects of fiscal policy 财政政策效果
Effects of monetary policy 货币政策效果
Efficiency 效率
Elastic demand 有弹性的需求
Elasticity 弹性
Elasticity of demand 需求弹性
Endogenous growth 内生增长
Endogenous variable 内生变量
Engel's curve 恩格尔曲线
Engel's law 恩格尔定律
Entrepreneur 企业家
Entrepreneurship 企业家才能
Envelope curve 包络线
Equation of cost 成本方程
Equation of exchange 交易方程
Equilibrium 均衡
Equilibrium growth 均衡增长
Equilibrium of capital market 资本市场均衡
Equilibrium output 均衡产出
Equilibrium price 均衡价格
Equilibrium quantity 均衡数量
Euler theorem 欧拉定理
Excess reserve 超额准备金
Excess reserve ratio 超额准备率
Exchange 交换
Exchange contract curve 交换的契约曲线
Exchange rate 汇率
Exclusion principle 排他性原则
Existence of general equilibrium 一般均衡的存在性
Exogenous variable 外生变量
Expansion path 扩展线
Expectation 预期
Expected utility 期望效用
Expenditure method 支出法
Explicit cost 显性成本
Export 出口
External diseconomies 外部不经济
External economies 外部经济
External effects or Externalities 外部影响（外在性）

F

Factor demand 要素需求
Factor demand curve 要素需求曲线
Factor demand curve of firm 厂商对要素的需求曲线
Factor demand curve of market 市场对要素的需求曲线
Factor market 要素市场
Factor supply 要素供给
Factors of production 生产要素
Federal Reserve System 联邦储备体系
Final goods 最终产品
Financial crisis 金融危机

Financial derivatives 金融衍生品
Financial market 金融市场
Firm 厂商
Fiscal budget 财政预算
Fiscal policy 财政政策
Fiscal restraint 财政紧缩
Fixed cost 不变成本
Fixed exchange rates 固定汇率
Fixed input 不变投入
Flexible exchange rates 浮动汇率
Flow 流量
Foreign exchange 外汇
Foreign trade 对外贸易
Foreign trade multiplier 对外贸易乘数
Free rider 搭便车者
Free trade 自由贸易
Frictional unemployment 摩擦性失业
Full employment 充分就业
Full-employment budget surplus 充分就业预算盈余
Functional finance 功能财政
Future 期货

G

Galloping inflation 奔腾式通货膨胀
Game theory 博弈论
GDP deflator 国内生产总值折算指数
General equilibrium 一般均衡
General equilibrium position 一般均衡状态
Giffen goods 吉芬品
Gini coefficient 基尼系数
Golden rules of economic growth 经济增长的黄金律
Government purchases multiplier 政府购买乘数
Government purchase 政府购买
Government regulation 政府管制
Gross domestic product (GDP) 国内生产总值
Gross investment 总投资
Gross national product (GNP) 国民生产总值

H

High-powered money 高能货币
Human capital 人力资本
Hyperinflation 超级通货膨胀
H-O model H-O 模型

I

Ideal output 理想的产量
Identity between saving and investment 储蓄—投资恒等式
Imperfect competition 不完全竞争
Implicit cost 隐含成本
Imports 进口
Impossibility theorem 不可能定理
Income 收入
Income effect 收入效应
Income elasticity of demand 需求的收入弹性
Income method 收入法
Income theory 收入理论
Income velocity of money 货币的收入流通速度
Increasing cost industry 成本递增行业
Increasing returns to scale 规模收益（或报酬）递增
Index number 指数
Indifference curve 无差异曲线
Indirect taxes 间接税
Individual analysis 个量分析
Induced investment 引致投资
Industry 行业
Inefficiency of monopoly 垄断的低效率
Inelasticity 缺乏弹性
Inferior goods 劣等品
Inflation 通货膨胀
Innovation 创新
Input 投入
Input-output 投入—产出
Input-output analysis 投入—产出分析
Inside lag 内在时滞
Instrument of fiscal control 财政政策工具
Instrument of monetary control or Monetary policy tool 货币政策工具

Insurance 保险
Interest 利息
Interest rate 利率
Interest rate elasticity 利率弹性
Intermediate cycle 中周期
Intermediate goods 中间产品
International division of labour 劳动的国际分工
Inventory investment 存货投资
Investment 投资
Investment demand 投资需求
Investment function 投资函数
Investment multiplier 投资乘数
Investment tax credit 投资税抵免
Invisible hand theorem "看不见的手"定理
Involuntary unemployment 非自愿失业
IS curve *IS* 曲线
IS-LM analysis *IS—LM* 分析
Isocost line 等成本线
Isoquant curve 等产量曲线

K

Keynesian economics 凯恩斯主义经济学
Keynesian revolution 凯恩斯革命
Keynesian trap 凯恩斯陷阱
Keynesianism 凯恩斯主义
Keynes's law 凯恩斯定律
Kinked demand curve 弯折的需求曲线

L

Laspeyre's formula 拉斯拜尔公式
Labor 劳动
Labor theory of value 劳动价值论
Laissez faire 自由放任
Land 土地
Land price 土地价格
Lausanne school 洛桑学派
Law of diminishing marginal utility 边际效用递减规律
Law of downward-sloping-demand 需求向下倾斜规律
Least-cost production 最低成本生产
Liabilities 负债
Life cycle hypothesis 生命周期假说
Life-cycle hypothesis of consumption 消费的生命周期假说
Liquidity preference 流动性偏好
Liquidity trap 流动偏好陷阱
LM curve *LM* 曲线
Long cycle 长周期
Long run 长期
Long run consumption decision 长期消费决策
Lorenz curve 洛伦兹曲线
Lottery ticket 彩票
Low inflation 温和的通货膨胀
Luxury 奢侈品

M

Macroeconomics 宏观经济学
Marginal cost 边际成本
Marginal cost of factor 边际要素成本
Marginal efficiency of capital（MEC） 资本边际效率
Marginal efficiency of investment（MEI） 投资边际效率
Marginal product 边际产量
Marginal productivity 边际生产率
Marginal propensity to consume 边际消费倾向
Marginal propensity to save 边际储蓄倾向
Marginal rate of substitution of commodities 边际商品替代率
Marginal rate of technical substitution 边际技术替代率
Marginal rate of transformation 边际转换率
Marginal revenue 边际收益
Marginal revenue product 边际收益产品
Marginal tax rate 边际税率
Marginal utility 边际效用
Market 市场
Market failures 市场失灵
Market structure 市场结构
Menu cost 菜单成本
Mercantilism 重商主义
Microeconomics 微观经济学

Misery index 痛苦指数
Mixed economy 混合经济
Model 模型
Monetarism 货币主义
Monetary base 基础货币
Monetary illusion 货币幻觉
Monetary policy 货币政策
Monetary-fiscal policy mix 货币政策与财政政策的混合使用
Money 货币
Money market 货币市场
Money multiplier 货币乘数
Money supply 货币供给
Monopolistic competition 垄断竞争
Monopoly 垄断，卖方垄断
Monopsony 买方垄断
Moral hazard 道德风险
Moral suasion 道义劝告
Mortgage credit 抵押贷款
Multiplier 乘数
Multiplier effect 乘数效应
Multiplier theory 乘数理论
Multiplier-accelerator interaction 乘数—加速数相互作用

N

Nash equilibrium 纳什均衡
National income（NI） 国民收入
Natural monopoly 自然垄断
Natural rate of unemployment 自然失业率
Natural supply 自然供给
Necessity 必需品
Net domestic products（NDP） 国内生产净值
Net exports 净出口
Net investment 净投资
New institution school 新制度学派
New-Austrian school 新奥地利学派
New-Cambridge school 新剑桥学派
New-Classic school 新古典学派
New-Classical growth model 新古典增长模型
New-Classical synthesis 新古典综合派
New-Keynesian school 新凯恩斯学派
Nominal GDP 名义 GDP
Normal goods 正常品
Normal profit 正常利润
Normative economics 规范经济学

O

Okun's law 奥肯定律
Oligopoly 寡头垄断
Oligopoly market 寡头市场
Open market operation 公开市场业务
Opportunity cost 机会成本
Optimality of general equilibrium 一般均衡最优性
Optimum plant size 最优生产规模
Option 期权
Ordinal utility theory 序数效用论
Outside lag 外在时滞

P

Paasche's formula 帕煦公式
Parameter 参数
Pareto criterion 帕累托标准
Pareto efficiency 帕累托效率
Pareto improvement 帕累托改进
Pareto optimality 帕累托最优
Partial equilibrium 局部均衡
Payment or Expenditure 支出
Perfect competition market 完全竞争市场
Perfect elasticity 完全弹性
Perfect inelasticity 完全无弹性
Permanent income hypothesis 永久收入假说
Permanent income hypothesis of consumption 永久收入消费假说
Personal disposable income（PDI） 个人可支配收入
Personal income（PI） 个人收入
Personal income tax 个人所得税
Philips curve 菲利普斯曲线
Point elasticity 点弹性
Positive economics 实证经济学
Potential GDP 潜在 GDP

Precautionary demand 预防需求
Precautionary motive 谨慎动机（或预防动机）
Preference 偏好
Present value 现值
Price discrimination 价格歧视
Price elasticity of demand 需求的价格弹性
Price elasticity of supply 供给的价格弹性
Price expansion path 价格扩展线
Price index 价格指数
Price rigidity 价格刚性
Price stabilization 价格稳定
Price theory 价格理论
Price-consumption curve 价格—消费曲线
Principal-agent 委托—代理
Prisoner's dilemma 囚徒困境
Private cost 私人成本
Private goods 私人物品
Producer 生产者
Producer surplus 生产者剩余
Product differentiation 产品差别
Product function 生产函数
Product markets 产品市场
Production contract curve 生产的契约曲线
Production group 生产集团
Production possibility curve 生产可能性曲线
Productivity 生产率（力）
Profit 利润
Progressive tax 累进税
Proportional tax 比例税
Prosperity 繁荣
Public choice 公共选择
Public debt 公债
Public goods 公共物品
Purchasing power parity 购买力平价
Pure oligopoly industry 纯粹寡头行业

Q

Quantity equation of exchange 数量交易方程
Quantity theory of money 货币数量论
Quasi-rent 准租金
Quotas 配额

R

Rate of rediscount policy 再贴现率政策
Rate of unemployment 失业率
Rational expectations 理性预期
Rational man 理性人
Real business cycle 实际经济周期
Real GDP 实际 GDP/实际国内生产总值
Real interest rate 实际利率
Real wages 实际工资
Recession 衰退
Regressive tax 累退税
Relative income hypothesis 相对收入假说
Relative income hypothesis of consumption 相对收入消费假说
Rent 地租/租金
Rent-seeking 寻租
Replacement investment 重置投资
Reputation 信誉
Required reserve or Legal reserve 法定准备金
Reserve 准备金
Reserve rate 准备率
Revenue 收益
Rigid price 刚性价格
Risk 风险
Risk averter 风险回避者
Risk lover 风险爱好者
Risk neutral 风险中立者

S

Saving 储蓄
Say's law 萨伊定律
Scarcity 稀缺
Second best 次优
Security market 证券市场
Service 劳务
Short cycle 短周期
Short run 短期
Single rule 单一规则
Social cost 社会成本
Social walfare function 社会福利函数
Speculative demand 投机需求

Speculative motive 投机动机
Stability of general equilibrium 一般均衡的稳定性
Stagflation 滞胀
Staggered contract 交错合同
Static analysis 静态分析
Static model 静态模型
Sticky price 黏性价格
Sticky wage 黏性工资
Stock 存量/股票
Structural inflation 结构性通货膨胀
Structural unemployment 结构性失业
Subprime lending crisis 次贷危机
Subsidy 津贴
Substitutes 替代品
Substitution effect 替代效应
Supply 供给
Supply curve 供给曲线
Supply curve of capital 资本供给曲线
Supply curve of factor 要素供给曲线
Supply curve of labor 劳动供给曲线
Supply curve of land 土地供给曲线
Supply economics 供给经济学
Supply function 供给函数
Supply schedule 供给表
Supply-side school 供给学派
System of material product balances 物质产品平衡体系
System of national accounts 国民经济核算体系

T

Tariff 关税
Tatonnement process 试探过程
Tax multiplier 税收乘数
Taylor rule 泰勒规则
Technological advance 技术进步
Theory of economics of scale 规模经济理论
Tight-money policy 紧缩性货币政策
Time deposit 定期存款
Time inconsistency 时间不一致性
Tobin's q theory 托宾 q 理论
Total cost 总成本
Total fixed cost 总不变成本
Total product 总产量
Total revenue 总收益
Total utility 总效用
Total variable cost 总可变成本
Transaction demand 交易需求
Transaction cost 交易成本
Transactional motive 交易动机
Transfer payment 转移支付
Transfer payment multiplier 转移支付乘数
Treasury bills 国库券

U

Uncertainty 不确定性
Undistributed profit 未分配利润
Unemployment 失业
Unintended investment 非意愿的投资
Uniqueness of general equilibrium 一般均衡的唯一性
Unitary elasticity 单一弹性
Utility 效用
Utility function 效用函数
Utility possibility curve 效用可能性曲线

V

Value of marginal product 边际产量价值
Value-added tax 增值税
Variable cost 可变成本
Variable input 可变投入
Velocity of money 货币流通速度
Voluntary unemployment 自愿失业
Vulgar economics 庸俗经济学

W

Wage 工资
Walras general equilibrium 瓦尔拉斯一般均衡
Wealth 财富
Welfare 福利
Welfare economics 福利经济学
Wholesale price index（WPI） 批发价格指数

本书立体化数字资源说明

数字化教学平台

芸窗平台使用说明　　芸窗平台登录入口

高鸿业《西方经济学》数字教材平台是中国人民大学出版社汇聚教学名师、优秀教材和优质资源全力打造的“内容+平台”一体化的数字化教学产品，提供与传统教学紧密衔接、可扩展、智能化的数字化教学方案。我们为您提供：

优质丰富的内容资源

名师推荐教学计划、教学方案；

内置习题库、案例库、扩展阅读库等优质教学资源；

动画、音频、视频等富媒体数字化资源；

专家提炼课程知识点、关联教材内容和习题。

便捷可靠的数字化教学平台

升级传统课堂　丰富的教学内容资源和数字平台技术让课堂更生动，使教学、教务管理实现全数字化。

支持 MOOC 教学　利用平台所具有的富媒体资源、在线习题、互动讨论、个性化教学评价，辅助学校实现 MOOC 教学。

教育云服务　丰富、权威的教学资源以及开放、先进的平台技术，帮助学校轻松实现资源上线、线上学习、线上教学。

翻转课堂（O2O 教学模式）　利用学校特有的面授教学资源优势，结合产品在内容资源以及数字化教学质量评价方面的优势，帮助教师轻松实现翻转课堂，真正做到因材施教。

泛在式学习　多终端访问，学习数据同步，帮助学生完成课前预习、课后复习、互动讨论，实现学生全过程学习。

立体化学习中心

高鸿业《西方经济学》
学习中心

高鸿业《西方经济学》学习中心集学科入门、理论学习和拓展提升于一体，提供立体、丰富、生动的学习资料，微信一键登录，助力轻松学习西方经济学。

我们为您提供：

逻辑框架和内容梳理，通俗易懂易记

名校名师导读，梳理章、节、知识点之间的关系

名师教材精讲，去繁取简，注重应用，剖析重难点

精选真题讲解，巩固重难点知识

名校学霸经验分享，助力复习备考

如您在使用过程中需要帮助，请联系我们：

芸窗平台教师服务群（QQ）：758989849

人大社经济学学生交流群（QQ）：851255803

客服 1：010－62515969　QQ：3382421809

客服 2：010－62511532　QQ：2292205778

图书在版编目（CIP）数据

西方经济学：数字教材版/高鸿业主编；教育部高教司组编. --8版. --北京：中国人民大学出版社，2021.8

21世纪经济学系列教材

ISBN 978-7-300-29772-9

Ⅰ.①西… Ⅱ.①高… ②教… Ⅲ.①西方经济学-高等学校-教材 Ⅳ.①F091.3

中国版本图书馆CIP数据核字（2021）第167549号

普通高等教育“十一五”国家级规划教材
21世纪经济学系列教材
西方经济学（第八版·数字教材版）
组编　教育部高教司
主编　高鸿业
Xifang Jingjixue

出版发行	中国人民大学出版社		
社　　址	北京中关村大街31号	**邮政编码**	100080
电　　话	010－62511242（总编室）		010－62511770（质管部）
	010－82501766（邮购部）		010－62514148（门市部）
	010－62515195（发行公司）		010－62515275（盗版举报）
网　　址	http://www.crup.com.cn		
经　　销	新华书店		
印　　刷	北京市鑫霸印务有限公司	**版　　次**	1996年2月第1版
规　　格	185mm×260mm　16开本		2021年8月第8版
印　　张	52　插页1	**印　　次**	2021年8月第1次印刷
字　　数	1 100 000	**定　　价**	99.00元

教学支持说明

1. 教辅资源获取方式

为秉承中国人民大学出版社对教材类产品一贯的教学支持，我们将向采纳本书作为教材的教师免费提供丰富的教辅资源。您可直接到中国人民大学出版社官网的教师服务中心注册下载——http://www.crup.com.cn/Teacher。

如遇到注册、搜索等技术问题，可咨询网页右下角在线QQ客服，周一到周五工作时间有专人负责处理。

注册成为我社教师会员后，您可长期根据您所属的课程类别申请纸质样书、电子样书和教辅资源，自行完成免费下载。您也可登录我社官网的“教师服务中心”，我们经常举办赠送纸质样书、赠送电子样书、线上直播、资源下载、全国各专业培训及会议信息共享等网上教材进校园活动，期待您的积极参与！

2. 赠送“经管之家”论坛币

经管之家（http://www.jg.com.cn）于2003年成立，致力于推动经济学科的进步，传播优秀教育资源，做最好的经管教育，目前已经发展成国内最大的经济、管理、金融、统计类在线教育平台，也是国内最活跃和最具影响力的经济类网站。

为了更好地服务于教学一线的任课教师，凡使用中国人民大学出版社经济分社教材的教师，注册成为我社教师会员后，均可填写以下信息调查表，发送电子邮件或者邮寄或者传真给我们，我们将会向您赠送经管之家论坛币200个。

教师信息表
姓名：
学校：
论坛ID：
教授课程：
使用教材：
论坛识别码：pinggu_com_1501511_8899768

3. 高校教师可加入下述学科教师QQ交流群，获取更多教学服务

经济类教师交流群：809471792

财政金融教师交流群：182073309

国际贸易教师交流群：162921240

税收教师交流群：119667851

4. 购书联系方式

网上书店咨询电话：010-82501766

邮购咨询电话：010-62515351

团购咨询电话：010-62513136

中国人民大学出版社经济分社

地址：北京市海淀区中关村大街甲59号文化大厦1506室　100872

电话：010-62513572　010-62515803

传真：010-62514775

E-mail：jjfs@crup.com.cn